Enzyklopädie der Psychologie

ENZYKLOPÄDIE DER PSYCHOLOGIE

In Verbindung mit der
Deutschen Gesellschaft für Psychologie

herausgegeben von

Prof. Dr. Carl F. Graumann, Heidelberg
Prof. Dr. Theo Herrmann, Mannheim
Prof. Dr. Hans Hörmann, Bochum
Prof. Dr. Martin Irle, Mannheim
Prof. Dr. Dr. h. c. Hans Thomae, Bonn
Prof. Dr. Franz E. Weinert, München

Themenbereich C

Theorie und Forschung

Serie IV

Motivation und Emotion

Band 1

Theorien und Formen der Motivation

Verlag für Psychologie · Dr. C. J. Hogrefe
Göttingen · Toronto · Zürich

Theorien und Formen der Motivation

Herausgegeben von

Prof. Dr. Dr. h. c. Hans Thomae, Bonn

Verlag für Psychologie · Dr. C. J. Hogrefe
Göttingen · Toronto · Zürich

Satz: Fa. Alfred Utesch GmbH, 2000 Hamburg
Druck und Bindung: Allgäuer Zeitungsverlag GmbH, 8960 Kempten (Allgäu)
Printed in Germany

ISBN 3 8017 0506 4

Autorenverzeichnis

Prof. Dr. Hans W. Bierhoff
Fachbereich Psychologie der
Philipps-Universität Marburg
Gutenbergstr. 18
D – 3550 Marburg / Lahn

Prof. Dr. Dorothee Bierhoff-Alfermann
Institut für Sportwissenschaft
im Fachbereich 5
der Justus-Liebig-Universität
Kugelberg 62
D – 6300 Gießen

Prof. Dr. Otto Ewert
Psychologisches Institut
der Universität Mainz
Saarstraße 21
D – 6500 Mainz

Prof. Dr. Hubert Feger
Psychologisches Institut I
der Universität Hamburg
II. Obergeschoß
Von-Melle-Park 6
D – 2000 Hamburg 13

Prof. Dr. Carl F. Graumann
Psychologisches Institut
der Universität Heidelberg
Hauptstraße 47–51
D – 6900 Heidelberg

Dr. Brigitte Höcke-Pörzgen
Psychologisches Institut
der Universität Bonn
An der Schloßkirche 1
D – 5300 Bonn

Prof. Dr. Lothar Laux
Lehrstuhl IV
der Universität Bamberg
Gundelsheimerstr. 22
D – 8600 Bamberg

Prof. Dr. Erich Mittenecker
Institut für Psychologie der
Karl-Franzens-Universität
Schubertstraße 6a/II
A – 8010 Graz

Prof. Dr. Bernd Six
Erziehungswissenschaftliche
Hochschule Rheinland-Pfalz
Abteilung Landau
Im Fort 7
D – 6740 Landau/Pfalz

Dr. Volker Sorembe
Institut für Psychologie
der RWTH – Aachen
Jägerstr. zwischen 17 und 19
D – 5100 Aachen

Prof. Dr. Dr. h. c. Hans Thomae
Psychologisches Institut
der Universität Bonn
An der Schloßkirche 1
D – 5300 Bonn

Dipl.-Psych. Rolf Willig
Psychologisches Institut
der Universität Heidelberg
Hauptstraße 47–51
D – 6900 Heidelberg

Vorwort

Die ersten beiden Bände der Reihe „Motivation und Emotion" innerhalb der „Enzyklopädie der Psychologie" wurden ursprünglich im Rahmen einer Neuauflage des Bandes II des „Handbuchs der Psychologie" konzipiert. Beim Kongreß der Deutschen Gesellschaft für Psychologie (Salzburg 1974) trafen sich Herausgeber, Verfasser und Verleger, um die Prinzipien einer Neugestaltung festzulegen. Dabei wurden alle methodischen und theoretischen Weiterentwicklungen berücksichtigt und damit eine Erweiterung des ursprünglichen Umfangs ins Auge gefaßt.

Die endgültige Fertigstellung fiel in die Zeit der Planung für die Enzyklopädie. In diesem neuen Rahmen ergab sich eine Aufteilung in zwei Bände, von denen der erste die verschiedenen theoretischen Ansätze ihrer Bedeutung nach darstellt und wichtige neue Orientierungen bzw. Arbeitsgebiete wie jene der Eingliederung der Werttheorie oder der Streßforschung in die Motivationspsychologie neu aufnimmt.

Der zweite Band ist dagegen der Darstellung der Motivkonstrukte und -prozesse gewidmet, wie sie mit bestimmten Inhaltsklassen des Verhaltens (wie Ernährung, Aggression, prosoziales Verhalten, Leistungsmotivation) verbunden sind.

Leider haben einige Autoren die gesetzten Termine überzogen, wodurch jene Autoren merklich benachteiligt wurden, die die vereinbarten Termine einhielten. Der kollegialen Geduld dieser Autoren ist es zu danken, daß das Gesamtwerk in der konzipierten Weise erscheinen konnte. Der Herausgeber dankt allen Autoren für ihre Kooperation. Besonderer Dank gilt Herrn Prof. Dr. Bierhoff, der in seiner Bonner Assistentenzeit viel Mühe auf die redaktionelle Bearbeitung der Manuskripte verwandte, ebenso Herrn Privatdozent Dr. F. Petermann. Das Autorenregister wurde von Herrn cand. phil. Kruse erstellt. Auch ihm sei herzlich gedankt.

Bonn, September 1982

H. Thomae

Inhaltsverzeichnis

1. Kapitel: Motivationsbegriffe und Motivationstheorien. Von Hans Thomae

2. Kapitel: Motivation und Information. Von Erich Mittenecker

3. Kapitel: Kognitive Prozesse im Motivationsgeschehen: Attributionen als Ursachenerklärungen von Handlungen. Von Hans W. Bierhoff und Dorothee Bierhoff-Alfermann

4. Kapitel: Motivationstheorie und Handlungstheorie. Von Bernd Six und Brigitte Höcke-Pörzgen

5. Kapitel: Motivationsformen. Von Hans Thomae

6. Kapitel: Wert, Wertung, Werthaltung. Von Carl F. Graumann und Rolf Willig

7. Kapitel: Ergebnisse und Probleme der Emotionsforschung. Von Otto Ewert

9. Kapitel: Konflikt und Entscheidung. Von Hubert Feger und Volker Sorembe

1. Kapitel

Motivationsbegriffe und Motivationstheorien

Hans Thomae

1. Zur Terminologie

Eine der häufigsten einführenden Umschreibungen des Begriffs „Motivation" bezieht sich auf dessen erklärende Funktion in bezug auf konkretes menschliches und tierisches Verhalten (Ach 1935, Dashiell 1937, S. 96–100, Munn 1940, S. 195 f., Krech, Crutchfield & Ballachey 1962, S. 68 ff., Graumann 1969, S. 1 ff., Deci 1975, S. 3–5, Bergius 1976, Dreikurs – Ferguson 1976, S. 6–11, Cattell & Kline 1977, S. 159 f.). Motivationskonstrukte werden als Antworten auf die Frage nach dem „Warum?" eines bestimmten Verhaltens angesehen, „Warum steht Mr. X Streikposten, während sein Bruder doch zum Management der bestreikten Firma gehört?" (Krech et al. 1962, vgl. auch Winter 1973). „Warum fiel Judy im Examen durch? Warum muß Sandy alles anfassen?" (Deci 1975, S. 3).

Auch die Fragen, welche die Praxis an den Psychologen stellt, sind oft solche nach den möglichen Gründen eines Verhaltens, z. B. eines nicht durch Intelligenzmängel begründeten Schulversagens, einer rational nicht erklärbaren Aggression, einer überraschenden Veränderung des Käufergeschmacks oder eines dem sozio-ökonomischen Status eines Täters nicht entsprechenden Supermarktdiebstahls. Dennoch reicht die Bezugnahme auf die Funktion der Begründung des Verhaltens allein nicht, um den Motivationsbegriff von anderen psychologischen Konstrukten abzuheben. Um eine der genannten oder nicht genannten Verhaltensweisen zu erklären, müssen ja auch Wahrnehmungsvorgänge, Lernprozesse, Denkvorgänge einbezogen werden. Darüber hinaus hat jedes Verhalten physiologische Grundlagen und soziologische wie historische Bezüge. Deshalb bemühen sich fast alle Motivationspsychologen, der allgemeinen Umschreibung sogleich eine spezifische Kennzeichnung folgen zu lassen, die sich auf die besonderen Aspekte des Verhaltens beziehen, welche nur Motivationsvariablen zu erklären geeignet seien. In der Auswahl und/oder Benennung dieser motivations-spezifischen Verhaltensaspekte aber unterscheiden sich die Autoren. So finden sich in weit verbreiteten Nachschlagwerken folgende Definitionen:

„Annahmen über aktivierende und richtunggebende Vorgänge, die für die Auswahl und Stärke der Aktualisierung von Verhaltenstendenzen bestimmend sind. Die intervenierenden Motivationsvariablen sollen erklären, warum ein Mensch (oder Tier) sich unter bestimmten Umständen gerade so und mit dieser Intensität (Durchsetzung und Beharrlichkeit) verhält" (Bergius 1976, S. 379).

„Motivation soll Fragen nach dem ‚Wozu des Handelns' beantworten. Solche Fragen drängen sich auf, wenn Handeln unverständlich oder allzu willkürlich erscheint! Handeln trägt seine Absichten nicht immer voll zur Schau. Handeln ist deshalb weniger nach seinen äußeren Erscheinungsweisen als nach seiner Gerichtetheit auf bestimmte Ziele zu unterscheiden" (Heckhausen 1977b. S. 296 f., Grundbegriffe der Psychologie).

In der ersten Definition werden die Motivationsvariablen in Beziehung zu Änderungen in der Richtung und der Intensität des Verhaltens gebracht, während in der zweiten die Gerichtetheit auf Ziele in den Mittelpunkt gestellt wird. Graumann (1969) hat auf Grund einer Analyse der vorliegenden Versuche zur Umschreibung der Verhaltensaspekte, zu denen Motivationsvariable in Beziehung stehen, neben dem Aspekt von Richtung und Intensität noch jenen der Auslösung von Verhaltensweisen genannt. Außerdem erhalten Motivationsvariable auch die Funktion, die Bekräftigung (reinforcement) eines Verhaltens durch das Erreichen eines Zieles oder die Schwächung bzw. Lösung eines Verhaltens durch dessen „Bestrafung" zu erklären.

Unterschiedliche Motivationskonzepte entstehen somit durch Unterschiede in den Aspekten einer Verhaltensänderung, zu der Motivationsvariable in Beziehung gesetzt werden. Außerdem aber unterscheiden sich die verschiedenen Motivationstheorien durch das begriffliche oder theoretische Niveau, auf dem sie Verhaltensänderungen erklären. Madsen (1968) klassifizierte die vorliegenden Motivationstheorien u. a. danach, ob die jeweils theorie-relevante Motivationsvariable als „Disposition" oder als „Funktion" aufgefaßt wird. Die Erklärung eines Verhaltens durch Bezugnahme auf die Stärke eines als konsistent angesehenen Leistungsmotivs ist ein Beispiel für eine am Dispositions- oder Eigenschaftsbegriff orientierte Motivationstheorie. „Klassische", d. h. stärker mit medizinisch-biologischen Ursprungsorten harmonisierende Varianten solcher dispositional oder eigenschafts-theoretisch orientierten Motivationskonzepte sind die Instinkttheorien von McDougall (1908, 1930), die Bedürfnistheorie von Murray (1938) und die Theorie von Cattell & Kline (1977).

Funktions- oder -prozeß-orientierte Motivationstheorien sind jene, die am Homöostaseprinzip von Cannon orientiert sind (vgl. S. 10 ff.). Aber auch die Interaktion von motivationalen und kognitiven Prozessen z. B. bei der Auslösung aggressiven (Kaufmann 1965, Madsen 1974, Powers & Geen 1972, Michaelis 1976) oder kooperativen (Schwartz & Clausen 1970) Verhaltens wären Beispiele für prozeß-orientierte Motivationskonzeptionen. Verhaltensänderungen werden hier nicht durch Rückgriff auf ein dispositionales oder traitähnliches Motiv, sondern durch eine Abfolge von Vorgängen interpretiert, die ihrerseits mehr oder minder stark hypothetische Konstrukte darstellen.

Verhaltensänderungen, wie z. B. ein Schulversagen, können durch einen relativ kurzzeitigen Prozeß erklärt werden, z. B. die Belastung durch einen akuten Konflikt zwischen den Eltern. Das dadurch stark angehobene Erregungsniveau würde, dem Yerkes-Dodson-Gesetz folgend (vgl. S. 10), das Lern- und Problemlösungsverhalten stören, das für die Bewältigung der Aufgaben notwendig ist (Broadhurst 1959). Die Konstellation kann aber auch einen weitergehenden Rückgriff auf die Lebensgeschichte notwendig machen. Dann würde die prozessuale Motivationsvariable in eine psychodynamische Entwicklung übergehen, wie sie etwa durch Psychoanalyse oder Individualpsychologie oder eine der Lerntheorien konzeptualisiert wurden.

Von den Verhaltensaspekten aus, zu denen Motivationsvariable in Beziehung gesetzt werden, und von dem begrifflichen Niveau aus, auf dem sie definiert werden, würde somit eine $5 \times 3 =$ Matrix erforderlich sein, um die unterschiedlichen Motivationskonzepte klassifizieren zu können. Es zeigt sich aber bei näherer Analyse, daß nicht alle Funktionszuweisungen für Motivationsvariable haltbar sind und daß darüber hinaus bestimmte typische Kombinationen von begrifflichem Niveau der Motivationsvariable und der Art der Verhaltensänderung, der sie zugeschrieben wird, bestehen.

Deshalb seien zunächst die Verbindungen von Motivation und Verhaltensaspekten diskutiert und sodann das Problem der adäquaten Abstraktionsstufe für Motivationsvariablen erörtert.

1.1 Motivation und Verhaltensauslösung

Zu den ältesten wie den modernsten Anschauungen über die Funktion von Motivationsvariablen gehört die Auffassung, daß sie Verhalten auslösen oder „initiieren". Innerhalb der scholastischen Philosophie bildete sich der Begriff des „Motivs" als des „Bewegenden" und damit psychische Prozesse initiierenden (Gründel 1963). J. Bentham (1730) definierte „Motiv" als „anything that can contribute to give birth to or even prevent any kind of action". Der deutsche Philosoph Christian Wolff (1732) sprach von Motiv als dem Beweggrund des Wollens. Es wird hier somit zwischen Handlung und Motiv der „Wille" als intervenierende Variable gestellt, Motiv aber ist der letzte „bewegende" Grund. Die moderne Analogie zu dieser kausalen Auffassung der Beziehungen zwischen Motivation und Verhalten findet sich in einer Definition des Neobehavioristen J. S. Brown:

„Triebe, Motivation, Konationen, Emotionen und libidinöse Energien funktionieren (in den verschiedenen theoretischen Systemen der Psychologie) als die aktivierenden Agentien; während kognitive Systeme (cognitive maps), assoziative Tendenzen, und Gewohnheitsstärken im Zusammenhang mit inneren und äußeren Reizen als lenkende und die Richtung bestimmende Agentien fungieren" (J. S. Brown 1961, S. 58).

Die vorhin gegebenen Definitionen des Motivationsgeschehens von Ach (1935), die Kennzeichnung der Motive als „aktivierender Agentien“ durch Brown (1961) und die Motivdefinition von Bentham (1730) gehen von der Vorstellung aus, daß „Motivation“ den Organismus in Gang setzte, ihn aktiviere, sein Verhalten eigentlich erst einleite. In gleicher Weise definiert P. T. Young Motivation als Inbegriff der Bedingungen, welche das Verhalten des Organismus auslösen und regulieren (1961, S. 106). Woodworth spricht vom „Trieb als der Energie, welche die Maschine anspringen läßt“ (nach Young 1961, S. 92). Im gleichen Sinne umschreibt z. B. Lindsley (1957) Motivation als „Inbegriff der Kräfte, welche zielgerichtetes Verhalten auslösen (initiate), lenken und unterhalten“. In diesen Umschreibungen des Motivationsbegriffes bzw. jener Begriffe, die an seiner Stelle, aber synonym mit ihm gebraucht werden, ist die Vorstellung bestimmend, vor dem „Funktionieren“ der Motivation sei der Organismus reglos und untätig. Das wie auch immer zu erklärende Auftreten einer wie immer gearteten Motivation aktiviere den Organismus und bringe Verhalten irgend einer Art und Form zustande.

Motiv und Motivation als Bewegungs- und Veränderungsursache – unter dieser Form läßt sich somit diese Gruppe von Motivkonzeptionen umschreiben. Sie gehört zugleich zu den ältesten wie in vieler Hinsicht aktuellsten Motivationskonzeptionen. Als Hinweis auf die lange Geschichte dieser Form der Betrachtung von Motivationsproblemen kann vielleicht auch die Affektenlehre des spanischen Philosophen Vives (1538) dienen. Der Affekt ist nach ihm der Grundbegriff der Motivationslehre. Der Affekt aber ist ein „Inbegriff von Anreizen, der notwendig ist, damit die Seele nicht unter der Last des Körpers in Faulheit und Schlaf versinke“ (vgl. Dilthey 1923, 424). Das Bild des ohne Motivation unbeweglichen Organismus ist hier vollkommen, wenn auch in naiver Weise ausgedrückt.

Motivation und Antrieb

Dieses gleiche Bild bestimmt aber nicht nur die eben genannten, z. T. sehr naturwissenschaftlich orientierten Psychologen der Gegenwart. Es ist gerade in neurologisch und psychiatrisch fundierten Konzeptionen der Motivationslehre lebendig. Denn die Auffassung der Motivation als allgemeiner oder spezieller Bewegungsursache wird durch psychopathologische Erfahrungen nahegelegt. Nach den von Hauptmann (1922), Kleist, Beringer und vielen anderen gegebenen klinischen Bildern des „Antriebsmangels“ und der „Antriebsarmut“, erscheint als letzte „Quelle“ alles Verhalten und damit als Inbegriff aller motivierender Kräfte „der“ Antrieb. Er wird von W. Klages (1967) definiert als ein „Moment, das in alle motorischen, sensorischen und associativen Leistungen einfließt, diese erst ermöglicht und in seiner quantitativen und qualitativen Beschaffenheit zur individuellen Persönlichkeitsstruktur eines Menschen Entscheidendes beiträgt“. Die hirnanatomische Lokalisation dieses antreibenden

Fundus ist auf klinischem und experimentellem Wege erfolgt. Für das intakte Funktionieren dieses Fundus werden Regionen verantwortlich gemacht, die von tiefen Zentren des Stammhirns über das Striopallidum und den Thalamus bis zur Stirnhirnrinde reichen.

In der gegenwärtigen Literatur zur Psychologie der Motivation trat als neues „zentrales“ Antriebsorgan die „retikuläre Formation“ hervor, d. h. ein Neuronengewebe zwischen der Medulla und dem Thalamus (D. B. Lindsley 1957). Dieses System wurde als „aufsteigendes retikuläres Erregungszentrum“ (ARAS) umschrieben. Es leitet der Hirnrinde ständig unspezifische Reize zu, wodurch eine Aktivierung der wachen, bewußten Aktivität erfolgt (Fischel 1960, S. 31–33).

Soweit diese Dauerreizung funktioniert, besteht nach dieser Motivationskonzeption somit Aktivität. Sie muß nicht von angeborenen Instinkten geborgt oder entnommen werden. Spezielle „Motive“ haben danach die Aufgabe, diese allgemeine Aktivität zu kanalisieren. Sie leiten dem Organismus aber auch durch „spezifische Reizung“ neue Aktivität zu.

Auch die Beobachtung sozial auffälliger Persönlichkeiten, die psychiatrischerseits teils als „Psychopathen“ bezeichnet werden, hat zu der Annahme eines interindividuell verschieden großen Energiefundus geführt, der letztlich als Quelle für alle Verhaltensweisen in Frage komme. „Der Antrieb“ ist dann das Reservoir, das alle einzelnen Strebungen, Triebe, Wollungen mit Energie speist und auf diese Weise Verhalten in Gang setzt (Schröder & Heinze, 1931, Gehlen 1940, 1970, Kretschmer 1963, Thomae 1944, 1955, Klages 1967, Dietrich 1973). Er ist die „hypothetische Triebkraft alles sich aktiv erhaltenden und gestaltenden Lebens, welche in viele Bahnen gelenkt und mehr oder weniger dort fixiert werden kann“ (Bash 1957).

Diese „hypothetische Variable“ bedeutet im übrigen nicht notwendig immer die Energiequelle, sondern die für die Leichtigkeit oder Schwere der Energieauslösung entscheidende „Schaltstation“. In diesem Sinne ist insbesondere das aufsteigende retikuläre Erregungszentrum zu verstehen; im gleichen Sinne aber wird oft der Begriff des generellen Antriebs verstanden.

Das ‚Drive‘-Konzept von Hull

Gerade diese Energie auslösende Funktion der Motivationsvariablen wird nun in den an C. L. Hull (1952) anschließenden Konzeptionen des Begriffes „drive“ in den Vordergrund gestellt – und zwar gerade dann, wenn dieser an Stelle anderer Motivationsbegriffe gebraucht wird. Außer den schon genannten Definitionen von Young (1961), Woodworth (1918), Lindsley (1957) und J. S. Brown (1961) wäre hier die Feststellung von Morgan (1957) zu nennen: „The term drive refers here to the ‚energy‘ or impetus of behavior“. E. B. Holt (1931) wies gleichfalls auf die Energie auslösende Funktion des Triebes hin. Der empirische Beweis für diese generelle, „Energie" auslösende Funktion des ‚drive' im Sinne der intervenierenden Variablen D von Hull wurde in der Tatsache gesehen, daß die motorische Aktivität von Ratten mit der Dauer des Hungers zunimmt (Hull 1951, 119ff; Siegel und Steinberg 1949; Horenstein 1951). Hull hatte vorhergesagt, daß die Lebhaftigkeit der durch einen Triebzustand hervorgerufenen Reaktion eine positive zunehmende Funktion der Intensität der Bedingung sei, die sie in Bewegung setzt (Hull 1943, S. 33).

Die energetisierende Funktion des Triebes wirkt sich nach Hull vor allem in Bezug auf die Gewohnheiten des Organismus aus. Dieser Ansatz wurde von J. S. Brown weiter verfolgt, der eine ‚Reinigung' des Begriffs ‚Trieb' und damit auch dessen der Motivation von allen „lenkenden" und „richtenden" Funktionen vorzunehmen versuchte (J. S. Brown 1961). Die spezifische Funktion – und damit das Wesen – der Triebe bestehe in der Energetisierung d.h. in der Auslösung von Reaktionen. „Wenn ein Organismus eine erlernte (oder nicht erlernte) Fähigkeit zu einem spezifischen Verhalten in Bezug auf bestimmte „Schlüsselreize" besitzt, besteht eine größere Wahrscheinlichkeit, daß er das im Fall des Auftauchens eines Triebreizes tun wird als dann, wenn kein Trieb wirksam ist" (Brown, 1954, S. 3). Darüber hinaus besagt diese energetisierende Funktion, daß das Vorhandensein bestimmter Reaktionstendenzen (assoziative Prädisposition, Gewohnheiten, kognitive Vorgänge) sich in Abwesenheit eines Triebes niemals in einem nach außen zu Tage tretenden Verhalten äußern kann (J. S. Brown 1954, S. 3). Für Hull und Brown ist ‚drive' trotz der spezifischen Anlässe, die im Nahrungs- und Flüssigkeitsmangel, im Mangel an Sauerstoff oder im Überschuß von Sexualhormonen liegen können (Hull 1943, S. 33) – eine unspezifische Variable. Sie erhält ihre Richtung durch nicht zur Motivation gehörende kognitive Prozesse (vgl. auch Bergius 1976, Korman 1974).

Instinkte und Triebe als Verhaltensauslöser

Nach Ansicht vieler anderer Autoren aber können auch einzelne „spezielle Triebe" und „Instinkte" die Rolle des energetisierenden Faktors übernehmen. Die ausgebauteste Lehre in dieser Richtung ist jene von W. McDougall (1932), für den ‚Instinkt' bzw. „prospensity" „Dispositionen" des Organismus sind, auf bestimmte „Objekte" in der Umgebung in spezifischer Weise anzusprechen und auf sie zu reagieren. Jedoch finden sich bei McDougall auf der anderen Seite so viele Hinweise auf den zielgerichteten Charakter alles Verhaltens, daß die Einordnung seiner Konzeption in die hier unterschiedenen Gruppen von Definitionen nicht einfach ist. Immerhin aber zeigt sich z.B. in seiner „Sozialpsychologie", wie sehr sein „Instinkt"-begriff als „Bewegungs"- und „Verhaltensursache" gemeint war: Soziales Verhalten ist danach die Wirkung von Instinkten, es wird durch sie – und nicht etwa durch den Aufforderungscharakter der sozialen Situation, insbesondere etwa die Struktur der Gruppe, zustande gebracht.

Auch Murray's Definition von „Bedürfnis" (need), der für ihn allein wichtigen Motivationsvariablen, zeigt die Orientierung an einem Begriff der Motivation, der diese vor allem als Bewegungs- und Veränderungsursache erfaßt:

„Eine bestimmte Verhaltenstendenz kann auf eine hypothetische Kraft (einen Trieb, ein Bedürfnis oder eine Neigung) innerhalb des Organismus zurückgeführt werden. Es läßt sich darüber streiten, was der beste Weg sei, um diese Kraft begrifflich zu erfassen. Es scheint aber, daß es eine Kraft ist, welche (wenn sie nicht gehemmt wird) Aktivität verursacht, die möglicherweise eine Situation schafft, die derjenigen, die die Kraft auslöste, entgegengesetzt ist, soweit die wichtigsten Eigenheiten dieser Kraft betroffen sind" (Murray 1938, S. 42).

Hier wird die hypothetische Natur dieser „Kraft" ausdrücklich hervorgehoben, während sie freilich bei der Argumentation mit Einzelbedürfnissen leicht in Vergessenheit geraten kann. Dies scheint bei manchen Interpretationen der „drives", welche R. B. Cattell (1959) aus den Resultaten von Faktorenanalysen heraus interpretierte, ebenso der Fall zu sein wie bei manchen Operationen mit dem Begriff des „Leistungsmotivs".

In der Anwendung auf komplexe Verhaltensbereiche wie den des Sozialen zeigt sich die ganze Problematik dieser Motiv- und Motivationskonzeption. Indem man einen bestimmten Instinkt – oder in anderen Darstellungen – „den Antrieb", „die" seelische Energie, „die Libido" zu dem das Verhalten auslösenden Faktor erklärt, macht man zur „Ursache", was ja seinerseits Glied eines Geschehens ist. Die ganze Diskussion um die Realität der von McDougall aufgestellten Instinkte (dargestellt bei Woodworth 1930, G. Murphy 1949, Beach 1955 u. a.) wies diese Schwierigkeit auf. Die Vielzahl der aufgestellten Instinktlisten war das Ergebnis einer vorzeitigen Beendigung der Analyse der Anlässe des Verhaltens, wobei die Unterschiede durch unterschiedliche Zeitpunkte dieser Beendigung bzw. voneinander abweichende Gesichtspunkte bei der Durchführung der Analyse erklärt werden können. Aber auch „der Trieb" bzw. „die Lebensenergie" sind letzlich Hypothesen, mit Hilfe derer man sich Verhaltenssymptome erklären möchte. Es kann für sehr viele Probleme sinnvoll sein, bei solchen Konstrukten als den Erklärungsgründen halt zu machen, sie also gleichsam als die eigentlichen bewegenden Kräfte zu empfinden. Bei vielen Fragen aber zeigt sich, daß die Auffassung der Motivation als einer Bewegungs- und Veränderungsursache durch andere Konzeptionen zum wenigsten ergänzt werden muß.

1.2 Motivation und Intensitätsänderung des Verhaltens

Die Umschreibung von Motivationsvariablen durch ihre Verhalten auslösende Funktion ist von bestimmten Entwicklungen in der Neurophysiologie des Zentralnervensystems und der „Aktivierungstheorie" problematisiert worden.

Der Begriff der Motivation sei unnötig, um die Entstehung von Verhalten zu erklären, da das Gehirn des Menschen darauf angelegt sei, Aktivität zu entwickeln. „Solange es entsprechend ernährt wird, wird es auch weiterhin aktiv bleiben".

Die zahlreichen Hinweise auf den „ständig aktiven Organismus", die aus der Neurophysiologie, aus EEG-Forschung, Schlafforschung und Studien über die Funktion der formatio reticularis kamen (Lindsley 1960, Lindsley & Wicke 1974), machen einen Motivationsbegriff entbehrlich, der als Verhaltensursache konzipiert ist. Allenfalls kann er als Erklärungsprinzip für unterschiedliche Aktivierungs- oder Erregungsgrade des Organismus dienen.

Aktivationstheorie und Motivationstheorie

In einer sehr konsequenten Form wird die Untersuchung der mit den energetischen Aspekten der Motivationsphänomene zusammenhängenden Fragen von Vertretern der „Aktivationstheorie" des Verhaltens und den diesen nahestehenden Autoren in den Vordergrund gestellt (Duffy 1962, Hebb 1955, Lindsley 1951, 1957, Malmo 1959, Geen & O'Neal 1969, Korman 1974).

Das psychologische Studium der Motivation wird hier ausdrücklich auf das des Zusammenhangs zwischen bestimmten Motivationsvariablen und bestimmten Intensitätsveränderungen im Aktivitätskontinuum reduziert. Nicht die Einleitung eines Geschehens oder einer Richtungsänderung, sondern die Veranlassung einer Intensitätsänderung werden hier den Motivationsvariablen als Funktion zugeschrieben. Nach Duffy (1962) könne das Verhalten des Organismus beschrieben werden als etwas, was sich nur mit einem spezifischen Intensitätsgrad ereigne. Diese durchaus nicht konstante Intensität könne gemessen werden an der außen beobachtbaren Reaktion wie an den Veränderungen der inneren Prozesse, die mit der Auslösung von Energie verbunden sind. Der Prozeß aber, durch den unterschiedliche Intensitätsgrade eines Annäherungs- und Fluchtverhaltens ausgelöst werden, wird als „Aktivation" den Motivationsvariablen analog bezeichnet (Duffy 1962, S. 3 ff.). Der Unterschied zum Motivationsbegriff bezieht sich vor allem auf die physiologische Fundierung des Aktivationsphänomens: Man verweist auf die Zusammenhänge zwischen allgemeinem Antriebsniveau und Erregung des retikulären Systems im Hirnstamm (Lindsley, 1957, Rethlingshafer, 1963) auf diejenigen zwischen Antriebsniveau und anderen Hirnzentren und auf die Einflüsse hormonaler und pharmakologischer Faktoren. Man verweist andererseits auf die Intensitätsveränderungen des Muskeltonus im Zusammenhang mit hoher bzw. geringer Leistungsmotivation.

Mehrdimensionale Aktivationstheorien

Duffy ging von der Annahme einer Generalität von Aktivierungsvorgängen auf physiologischem und psychologischem Gebiet aus. „Der Nachweis einer allgemeinen Aktivierung der Funktion umweltbezogenen Verhaltens zeigt jedoch unübersehbare Lücken“ (Schönpflug 1969). Diese Feststellung konnte sich nicht nur auf Fahrenbergs (1967) Experimente stützen, sondern vor allem auf die intensive Arbeit von Lacey, der seine Ergebnisse in der Frage zusammenfaßte:

„What interpretations can be given to the dual facts that (1) in general, a large number of physiological processes are simultaneaously, probably by separate but intimately related pathways, by stimuli generally conceded to be arousing, activating, or stressful, but (2) these processes show, at best, only moderate intercorrelations?“ (Lacey 1975, S. 154).

Lacey beantwortete diese Frage durch die These, daß Veränderungen der Aktivation nicht nur eine Intensitätsdimension, sondern auch eine Qualitätsdimension haben und daß die Erregungsmuster von der Art der Beziehung zwischen Organismus und Umwelt abhängen. Korman (1974) wies des weiteren darauf hin, daß „Selbstberichte“ (Selbstbeobachtung) über Erregung besser mit physiologischen Indizes korrelierten als verschiedene physiologische Indizes untereinander.

Unter Verwendung von Selbstbericht-Methoden kam Thayer (1978) zu dem Resultat, daß die Aktivationsdimension durch eine zweite Dimension zu ersetzen sei, die durch die Pole „Spannung – Entspannung“ zu umschreiben sei. Er warf in diesem Zusammenhang die Frage auf, ob die Zahl der Aktivierungsdimensionen nicht auf vier oder mehr vermehrt werden müsse. Broadbent (1971) kam ebenfalls zu der Annahme eines zweidimensionalen Systems der Aktivierung. Andere mehrdimensionale Aktivierungsmodelle wurden von Berlyne (1967), Kahneman (1973) und Pribram & McGuiness (1975) vorgeschlagen.

All diese Befunde der neueren Aktivierungsforschung zeigen letzten Endes, daß die Erwartungen von E. Duffy (1962), Motivationsforschung durch die Erforschung objektiver „Bedingungen physiologischer Erregungsindizes“ ersetzen zu können und ein generelles „Aktivierungsmaß“ als Indikator der „Motiviertheit“ eines Organismus ansehen zu können, fehlgeschlagen sind. Dieses Ergebnis bedeutet jedoch nicht, daß die Kennzeichnung von Motivationsvariablen durch ihre Funktion der Änderung der „Intensität“ des Verhaltens hinfällig geworden wäre. Es ist nur die Reduktion der Funktion von motivationalen Vorgängen auf die Veränderung der Intensität, welche der Korrektur bedarf.

Im Gegensatz zu den Konzepten, welche Motivation und Motive quasi als Verhaltensursache sehen, konzentrierte sich die Aktivationsforschung von

von der vereinfachenden Annahme aus, daß die innere Situation keine Schlüsselreize produziere.

Verhaltensänderung als Konsequenz von Intensitätsänderungen an Motivationsvariablen

Eine konsequente neuere Behandlung des Motivationsproblems unter dem Aspekt von Intensitätsänderungen wurde in der Theorie des Handelns von Atkinson und Birch (1970) vorgelegt. Sie geht von den gleichen Voraussetzungen aus wie die Aktivationstheorie oder die neuere Neurophysiologie: Da der lebende Organismus immer aktiv ist, bedarf es keiner Motivationsvariablen, um die Auslösung von Verhalten zu erklären. Insofern habe Motivationspsychologie einzig und allein die Aufgabe, die Änderung des Verhaltens zu erklären. Der dabei am meisten interessierende Verhaltensaspekt ist die Persistenz, die Fortdauer eines spezifischen Verhaltens, und damit ein sehr klar umrissenes Intensitätskriterium. Ursprünglich konzentrierte sich die Theorie auf die Rolle von Reizen bei der Auslösung von Kräften, welche eine Zunahme der Stärke von Handlungstendenzen hervorrufen. Eine Reihe von Grundhypothesen wird in eine integrierende zusammengefaßt. Ihr zufolge ist die Zeitdauer vom Übergang von Aktivität A in Aktivität B eine Funktion des Verhältnisses der Differenzen zwischen den Reaktionstendenzen und den Hemmungstendenzen am Anfang wie am Ende eines bestimmten Verhaltensausschnitts und andererseits der antreibenden Kraft der nicht ausgeübten Tätigkeit. Die Intensitätsdimension ist hier durch die Dauer eines Verhaltens definiert. Diese Dauer mindert sich als Funktion der Veränderung der Intensität der auf die Beibehaltung und die Beendigung des Verhaltens gerichteten Reaktionstendenzen, und damit bestimmter Motivationsvariablen. Diese Reaktionstendenzen sind ihrerseits abhängig vom Vollzug und Verlauf des Verhaltens selbst, darüber hinaus aber von psychischen Faktoren, die ganz außerhalb dieser Dynamik von Aktions- und Hemmtendenzen stehen. Diese psychischen Faktoren werden als „Gedanken" eingeführt. Der „Gedanke" an einen Brief, den man sich vornahm zu schreiben, kann z. B. im Nu eine eingeleitete Tätigkeit, z. B. das Trainieren am Heimfahrrad, unterbrechen. Dies wird der Fall sein, wenn die antreibende (instigating) Wirkung des Gedankens an den Brief im Augenblick seines Auftauchens eindeutig dominant gegenüber den antreibenden Wirkungen aller übrigen Reaktionstendenzen ist (Birch, Atkinson & Bongort 1974, 80 ff.).

Die Implikationen dieser Theorie für die Interaktion von kognitiven und motivationalen Prozessen wird noch zu diskutieren sein. Wesentlich in unserem jetzigen Zusammenhang ist die Theorie von Atkinson & Birch (1970) vor allem, weil sie die von Augenblick zu Augenblick wechselnde Stärke von Motivationsvariablen (Reaktionstendenzen) beinahe ausschließlich in ihrer Beziehung zu der Intensitätsdimension des Verhaltens sieht. Diese Intensitätsdimension aber ist hier konsequent durch die Dauer des Verhaltens definiert. Da der O-Punkt der Intensität in diesem Sinne gleichbedeutend mit dem Aufhören einer Verhaltensvariante und entsprechend der Konzeption des Organismus als eines „Aktivitätskontinuums“ dem Einsetzen einer neuen Verhaltensvariante ist, umschreiben Atkinson und Birch (1970) den Begriff der Motivation durch dessen Beziehung zu Richtungsänderungen des Verhaltens. Möglicherweise kann man sogar sagen, die von Atkinson und Birch (1970) formulierten Hypothesen über die Faktoren, welche die Tendenzen für und gegen Beibehaltung eines Verhaltens beeinflussen, seien ein Versuch zur Erklärung von Richtungsänderungen des Verhaltens.

1.3 Motivation und Änderungen der Richtung des Verhaltens

Instinkttheoreme

Wesentliche Aspekte von Motivationspsychologie und Motivationstheorie sind sicher heute noch von der Instinkttheorie von McDougall, Thorndike und Woodworth beeinflußt. Alles Verhalten, auch das menschliche, auch so komplexe Verhaltensweisen wie jene, wie sie den Gegenstand der Sozialpsychologie bilden (McDougall 1908), sind durch eine bestimmte Anzahl von Instinkten als ererbten und angeborenen psychologischen Dispositionen gelenkt, welche das Individuum veranlassen, Gegenstände einer bestimmten Klasse wahrzunehmen und zu beachten, eine bestimmte emotionale Erregung bei der Wahrnehmung des Objekts zu verspüren und auf dieses Objekt in einer spezifischen Weise zu reagieren oder zum mindesten den Impuls zu dieser Reaktion zu empfinden (McDougall 1908, S. 29). Den angeborenen Fähigkeiten des Wahrnehmens und Beachtens eines bestimmten Objekts und des in spezifischer Weise auf dieses Objekt Reagierens (z. B. durch Flucht, Angriff, Pflege, konsummatorisches Verhalten) stehen die „propensities“ gegenüber, Dispositionen, welche nach ihrer Erregung eine aktive Tendenz, ein Streben, einen Impuls in Richtung auf ein spezifisches Ziel oder Objekt hervorrufen (McDougall 1932).

Die spezifischen, durch Art von Zielen oder Objekten definierten Aspekte des Verhaltens stehen somit im Mittelpunkt dieses motivationalen Konzepts. Motivationsvariable wie „propensities“, „Aktionstendenzen“, „Strebungen“ oder Impulse sind ausschließlich durch ihre Funktion definiert, das Verhalten in Richtung auf bestimmte Objekte oder Ziele zu lenken. Da eine weitgehend hereditäre Basis dieser dynamischen Dispositionen angenommen wird, müssen zur Erklärung der Multidirektionalität des Verhaltens auch mehrere solcher Impulse oder propensities angenommen werden. Ihre Zahl wird 1932 schließlich auf 18 begrenzt und schließen „richtende“ Kräfte von der Tendenz, Nahrung zu suchen, unbekannte Orte zu besuchen, Höhlen oder Häuser zum Schutz vor Unbilden zu bauen bis zum Schlaf- und Ruhebedürfnis ein.

Unter dem Einfluß von McDougall stellte Thorndike (1913) eine weitere Liste solcher angeborenen Ursprünge tierischen und menschlichen Verhaltens auf. Woodworth (1918) fand fünfzig von ihnen vor. Die Logik des Vorgehens bestand letzten Endes darin, sämtliche beobachtbare „Ziele" oder Objekte des „Verhaltens" zu klassifizieren und für jede nicht auf eine andere Klasse von Zielen reduzierbare Richtung eine spezifische Motivationsvariable, wie z. B. Nahrungstrieb, Aktivitätstrieb oder Aggressionstrieb, einzuführen. Die behavioristische Kritik an diesem Ansatz, die schon 1920 begann, konnte vor allem auf die Unterschiedlichkeit dieser Trieb- oder Motivlisten verweisen (Dunlap 1920). Die Kritik wandte sich aber nicht gegen die grundsätzliche Bedeutung des Richtungsaspekts in der Beziehung zwischen Verhalten und Motivation, sondern auf die Art der Erklärung. Durch die Einbeziehung der Lerntheorie erschien es möglich, die Gerichtetkeit des Verhaltens auf bestimmte Ziele auch ohne Annahme spezifischer angeborener Richtungsdeterminanten („Motive") zu erklären. Die Diskussion um die Motive „Angst" und „Aggression" sind ein Beleg für diese Forschungstendenz (vgl. Bd. 2 dieser Reihe).

Ein Effekt dieser Kritik bestand in der Tendenz zur Reduktion der „Motivationsvariablen", die zur Erklärung von unterschiedlichen Bevorzugungen von Verhaltensrichtungen in verschiedenen Situationen bei verschiedenen Personen in Anspruch genommen wurden.

Die Theorie des Soziologen W. I. Thomas (1923) von den „Vier Wünschen", aus deren Interaktion alle menschlichen Verhaltensweisen, insbesondere auch alle sozialen Verhaltensweisen abgeleitet werden können, ist ein Beispiel dieser Tendenz. Dabei ist der Abstraktionsgrad hinsichtlich der Formulierung des Zieles oder Gegenstandes der Wünsche erheblich größer als etwa bei McDougall, so wenn etwa ein Wunsch nach neuer Erfahrung und ein solcher nach „Sicherheit" postuliert werden. Im wesentlichen besteht aber auch hier die Tendenz, die menschliche Motivation auf der Basis von bestimmten Dispositionen zu definieren, welche Grundrichtungen des Verhaltens umschreiben. Die Einführung des Begriffes „Wunsch" bei Thomas (1923) sollte die Problematik umgehen, daß nicht alle hypothetischen Verhaltens-Determinanten „angeboren" sein und somit als „Instinkte" oder „Triebe" bezeichnet werden können.

Bedürfnis als zentrales Motivationskonzept

Während der Begriff des „Wunsches" sich weniger durchsetzte, sollte ein anderer Alternativvorschlag zur Bezeichnung der „richtenden" Motivationsvariablen große Bedeutung in der Geschichte der Motivationspsychologie erhalten. Es geht hier um den Begriff „Bedürfnis" (need) bei Murray (1938), der einerseits durch eine wie immer geartete „Kraft in der Hirnregion", andererseits durch eine jeweils spezifische Ausgangslage (press) charakterisiert wird. Die grundlegende Einheit der Betrachtung ist für Murray als einen der Begründer der „Personologie" der individuelle Lebenslauf, der sich in eine Serie von

Themen gliedert. Jedes Thema ist durch einen spezifischen Situationsdruck (press) und einen dadurch ausgelöstes Bedürfnis sowie die zur Befriedigung eines Bedürfnisses eingeleiteten Verhaltensweisen bestimmt. „A need is by definition the force within the organism which determines a certain trend or major effect" (Murray 1938).

Da die Arten von „press" sicher mannigfaltiger Natur sind, können auch die Bedürfnisse, welche die Richtung des Verhaltens bestimmen, unendlich vielfältig sein, zumal bei den „psychogenen" Bedürfnissen kulturelle und gruppenspezifische wie individuell-biographische Bedingungen die Art des Bedürfnisses beeinflussen können.

Insofern wäre es theoretisch möglich, eine unendliche Anzahl von „needs" zu postulieren. Eine Beschränkung auf eine begrenzte Gruppe von biologisch und psychisch begründeten („viszerogenen" bzw. „psychogenen") Bedürfnissen ergab sich für Murray aber dadurch, daß – anders als bei McDougall – die durch das Bedürfnis ausgelöste zielgerichtete Verhaltensstruktur direkt in dessen Definition eingeht, und zwar in einer Weise, welche einer eher „funktionalen" oder „prozessualen" Interpretation der Motivation nahekommt. Auf der andern Seite aber werden Motive als Persönlichkeitsdispositionen angesehen, und damit als erworbene Eigenschaften. Nur die Kenntnis der Motive, wie sie im Sozialisationsprozeß des Kindes entstehen, ermöglicht es zu verstehen, „warum sich der Mensch so verhält, wie er es tut" (McClelland 1956, S. 338). Dementsprechend gelten auch die ersten empirischen Untersuchungen zum Leistungsmotiv dem Nachweis der These, daß hochmotivierte sich bei Leistungsanforderungen der verschiedensten Art von niedrig motivierten unterscheiden (Lowell 1952, French & Thomas 1958).

Die von Atkinson (1957) und Heckhausen (1963) ausgehenden Studien zum Leistungsmotiv zeigten freilich, daß der Inhalt der Erwartungen, die konstitutiv für die Disposition Leistungsmotiv sind, nicht allein auf einen positiven Affekt bei Erreichen eines Gütemaßstabs gerichtet sind. Insofern sind die dispositionellen Grundlagen einer Wahl zwischen schwierigen oder leichten Aufgaben u. a. durch das Verhältnis zwischen Erfolgs- und Mißerfolgserwartung (und einer Reihe weiterer Variablen) bestimmt. Und schließlich wurde als eigentliches Ziel des Leistungsmotivierten das Streben eingeführt, Information über eine eigene Leistung zu gewinnen (Meyer 1976).

Insofern scheint es sogar in der gleichen Arbeitsgruppe nicht so einfach zu sein, den „Inhalt" des Motivkonstrukts zu definieren, mit Hilfe dessen z. B. leistungsbezogenes Verhalten erklärt werden kann. Dies mag damit zusammenhängen, daß das Leistungsmotiv nach Cattell und Kline (1977) einen Oberflächenfaktor darstellt, der durch unterschiedliche motivationale Grundfaktoren („Ergs") konstituiert sein kann. Cattell und Kline rechnen die „Ergs" der Selbstbehauptung, der positiven gefühlsmäßigen Einschätzung einer Karriere und insbesondere das Selbstgefühl zu den das Leistungsmotiv konstituierenden Faktoren.

Die These könnte natürlich nur durch eine Untersuchung bei einer Stichprobe überprüft werden, bei der sowohl die Instrumente von Cattell wie jene von McClelland bzw. Atkinson oder Heckhausen Verwendung finden. Wie immer das Experiment ausgehen würde, es würde die Problematik aufweisen, die Beziehungen zwischen Motivationsvariablen und der Richtung des Verhaltens durch Rückgriff auf ein dispositional gedachtes Motivkonstrukt zu lösen.

Insoweit Murray und McClelland diese Tendenz beeinflußt haben sollten, hätten sie eine problematische Phase der Motivationstheorie eingeleitet. Denn die Definition von Motivkonstrukten hat allenfalls klassifikatorischen Wert, trägt aber nur wenig zu der Antwort auf die Frage bei, warum ein bestimmtes Verhalten in Richtung auf Ziel A und nicht auf Ziel B gehe.

Motivation und Richtung des Verhaltens auf „Inhaltsklassen" von Person-Umwelt-Bezügen

In der Diskussion um die Umschreibung eines Motivkonstrukts wie Leistungsbedürfnis wurde der Vorschlag gemacht, dieses durch eine spezifische Inhalts-Klasse von Person-Umwelt-Bezügen zu umschreiben. Damit wurde die u. a. von McDougall begonnene Tradition fortgesetzt, die Richtung des Verhaltens, welche durch Motivationsvariable beeinflußt wird, in räumlichen Kategorien zu umschreiben. Es wird dabei die Tatsache unberücksichtigt gelassen, daß – zum mindesten erlebnismäßig – die motivational bedeutsamen Verhaltensaspekte vor allem in Zusammenhang mit einer Gerichtetheit auf die Zukunft verstanden werden (Sganzini 1940, Lersch 1968, Thomae 1944).

Mit der Umschreibung von Motivation als einer Erwartung eines spezifischen Affekts (McClelland 1951, 1953) ist diese Zukunftsdimension im Ausgangskonzept der Leistungsmotivation zwar ebenso angesprochen wie in den Konstrukten „Hoffnung auf Erfolg und Furcht vor Mißerfolg" (Heckhausen 1963). Man kann jedoch die Zukunftsgerichtetheit des Menschen, seine Fähigkeit oder Bereitschaft zur ständigen Antizipation so stark in den Mittelpunkt stellen, daß der Motivationsbegriff entbehrlich zu werden scheint.

„Wenn wir den Gedanken der Zukunftsbezogenheit konsequent für die Psychologie fruchtbar machen, sind wir – zunächst formal und für eine exakte wissenschaftliche Begriffsbildung – der Schwierigkeit enthoben, mit Instinkten, Trieben und dergleichen als psychischen Wesenheiten zu operieren" (Bergius 1956, S. 227).

Auch nach Kelly (1958) erklärt die in der Antizipation geschehene Vereinigung von Vergangenheit und Zukunft allein das „Warum" menschlichen Handelns.

Soweit man aber den Motivationsbegriff durch verschiedene Antizipationen ersetzen zu können glaubt, vergißt man, daß die Dynamik der Antizipation verschiedener Zukunftsmodi, wie sie in Konflikt und Entscheidungen vorliegen

(Thomae 1960, 1974), stark von motivationalen Faktoren beeinflußt ist. Es kann aus der von Anfang an gegebenen Präferenz für die eine mögliche Verhaltensrichtung heraus immer mehr an Argumenten beigebracht werden, warum die eine Form antizipierter Zukunft wesentlicher ist als die andere. Auch Janis und Mann (1977) haben gezeigt, daß Konflikte und motivierte Antizipationen der einen oder anderen Alternative auftreten, gerade dann, wenn die experimentelle Anordnung Entscheidungen unter Zeitdruck verlangt und keine neuen Informationen mehr erwartet werden können (Janis & Mann 1977, S. 88 ff.).

Auch dann, wenn wir die „Zukunftsperspektive" im Motivationsgeschehen in angemessener Weise berücksichtigen, ist es nicht berechtigt, den Begriff „Motivation" durch den der Antizipation zu ersetzen. Sie bildet einen Aspekt motivationalen Geschehens, ist aber nicht identisch damit. Insbesondere ist die Verhalten „richtende" Funktion von Motivation von der Orientierung an unterschiedlichen „Person-Umwelt-Bezügen" (Heckhausen 1972) her nicht ausschließlich durch antizipatorische Ereignisse erklärbar. Nuttin (1968), für den die Zukunftsperspektive eine der wichtigsten Analyseeinheiten menschlichen Verhaltens darstellt, sieht als „fundamentales" Charakteristikum von Bedürfnissen, d. h. motivationalen Variablen, „Strukturen der Interaktion" mit der Umgebung an. Diese „interaction theory of needs" postuliert, daß Motivation normalerweise ein Objekt einschließt, das der Organismus z. B. zum Zweck der Prävention von Defizitzuständen erlangen muß. Dabei wird aber eine zu starke Konkretisierung der „Objekte" vermieden und auf den Begriff der „Aufforderungscharaktere" im Sinne von W. Köhler verwiesen.

Insofern muß die Umschreibung des Motivationsbegriffes von der Funktion der Richtung des Verhaltens nicht mit der Definition von Instinkt-, Trieb- oder Bedürfnislisten von McDougall (1908), Cattell (1959) oder Murray (1938) identisch werden. Eine sehr formalisierte Version dieser „Objekt"-gerichteten Form der Motivationsdefinition liegt vielleicht in der Formulierung vor, daß Motivationsvariable person- und situationsspezifische Präferenzen für bestimmte Verhaltensziele erklären sollen. „It is this ‚purposive' or ‚moving in the direction of goals' aspect of behavior that is the dominant feature of the phenomena that are termed motivational." (Bindra 1959, S. 17). Mit dieser Feststellung wird die Beziehung von Motivation und Richtungsänderung des Verhaltens zum bestimmenden Kriterium. Es ist ein deskriptives Kriterium, das ganz im Sinne des „Zielgerichteten Behaviorismus" von E. Tolman (1932) formuliert wird.

1.4 Motivation und Änderungen der Form des Verhaltens

Bindra (1959) verweist in seiner Analyse aber zugleich auf die Mehrdimensionalität einer Zielgerichtetheit, die als „Angemessenheit", „Ausdauer" oder „als Suchen" in Erscheinung treten könne. Jedes Verhalten könne mehr oder weniger zielgerichtet sein.

Unterschiedliche Gründe der „Angemessenheit" oder des „Suchens" bzw. des direkten Zugehens auf das Ziel sind aber eigentlich nicht nur Grade von Zielgerichtetheit, sondern formale Verhaltensvarianten. Insofern will uns scheinen, daß der „mehrdimensionale" deskriptive Begriff der Zielgerichtetheit, den Bindra zum Kriterium für motivationale Ereignisse wählte, die Beziehung von Motivation und formalen Verhaltensvarianten unterstrich. Wenn dies unter dem Begriff der „Zielgerichtetheit" geschieht, so ist dies symptomatisch für die Vernachlässigung des formalen Aspekts der Motivationsproblematik in der Psychologie. In der Psychopathologie dagegen begegnet uns die Problematik der Affekthandlung, der Sucht, der Kurzschlußreaktion als spezifische Verbindungen von Motivationsvariablen und Verhaltensformen (Bash 1957, Jaspers 1950). Immerhin sei darauf verwiesen, daß Dembo (1931) in ihren Untersuchungen über Affektverläufe sehr gute Dokumente über bestimmte motivationale Zustände in ihrer Beziehung zu Verhaltensänderungen in der Form von stärker gespannter, spielerischer oder unkonzentrierter Aktivität vorlegte. Ebenso wurden von A. Karsten (1928) Hinweise auf den Zusammenhang zwischen „psychischer Sättigung" als einem motivationalen Zustand und der Änderung des aufgabenbezogenen Verhaltens der Versuchspersonen gegeben. Er wird ausdrücklich einem „Gestaltzerfall" gleichgesetzt und damit als formale Änderung gekennzeichnet.

In sehr anschaulicher Weise hat Rubinstein (1958) die Beziehung zwischen der Motivationsvariable „Interesse" und dem Verhalten des Interessierten charakterisiert. Das Interesse an etwas „ruft eine Konzentration der Gedanken, ein Bewußtwerden des Gegenstandes und seines Wertes" hervor, d. h. andere Verhaltensformen wie etwa Wünsche oder Triebe. Ach (1935) hob die enge Verbindung von bewußtem Willensakt und Verhalten hervor, das sich mit Widerständen und Schwierigkeiten auseinanderzusetzen hat. Die Motivationsform des Willens setzt dann ein, wenn es Hindernisse zu überwinden gibt und löst eine stärkere Aktivierung und Konzentration aller psychischen Vorgänge aus.

Wenn es somit auch nur vereinzelte Hinweise sind, welche den Zusammenhang zwischen Motivationsvariablen und Verhaltensformen aufweisen, so ist dieser Aspekt doch so wesentlich, daß er bei einer inhaltlichen Bestimmung des Motivationsbegriffes nicht außer acht gelassen werden sollte (vgl. Kap. 5).

1.5 Zusammenfassung der terminologischen Analyse

Die Definition von Motivationsvariablen von ihren Beziehungen zur Auslösung des Verhaltens aus muß auf Grund der neurophysiologischen und verhaltenspsychologischen Forschung, wie sie von Hebb (1955), White (1959), Atkinson und Birch (1970), Deci (1975) und anderen zusammengefaßt worden ist, als unhaltbar bezeichnet werden. Der Motivationsbegriff wird nicht benötigt, um die Auslösung von Verhalten zu erklären, wohl aber ergeben sich immer neue Hinweise auf *Beziehungen zwischen Motivationsvariablen und Veränderungen des Verhaltens in Intensität, Richtung und Form.*

Eine Einschränkung der Funktion von Motivationsgeschehnissen auf *einen* dieser Aspekte, z. B. auf Richtungsänderungen bzw. Intensitätsänderungen erscheint bei einer Analyse der vorliegenden Forschungsergebnisse ebenso wenig berechtigt wie die Ausklammerung des Verhaltensaspekts der Form.

„Der Begriff Motivation bezeichnet daher keine Schachtel, die ein paar für uns zweckmäßige Gebrauchsgegenstände enthält, sondern die Abstraktion einer der Eigenheiten des Lebensprozesses – seiner Instabilität, seines Drängens oder, wie Bergson dies gern nannte, seinen Elan. Auch dann, wenn wir herausfinden, wo der Drang beginnt, würden wir finden, daß noch andere Drangzustände am Werke sind, so daß sich weniger eine Summe von Reizen als ein komplexes Netzwerk von Anstößen ergibt. Diese Anstöße arbeiten eher in einem Fusionsprozeß als einem solchen der mechanischen Addition zusammen. Die Motive sind – wie Sherrington dies von den Reflexen behauptet –, zweckmäßige Abstraktionen'. In Übereinstimmung mit der gegenwärtigen Neurologie könnten wir sogar sagen, sie seien allzuoft recht ‚unzweckmäßige Abstraktionen'" (Murphy, 1949, 89 ff.).

In Anlehnung an diese von Murphy ja selbst als Synthese gemeinte Charakteristik ließe sich zusammenfassend feststellen, daß die unter dem Begriff *„Motivation" zusammengefaßten Variablen stets Abstraktionen aus dem Aktivitätskontinuum des Organismus darstellen. Von anderen Abstraktionen aus dem Aktivitätskontinuum, wie sie der Psychologe vornimmt, beziehen sich Motivationen stets auf Beobachtungen über Änderungen dieses Kontinuums in Intensität, Richtung und/oder Form.*

Diese Abstraktionen unterscheiden sich von Theorie zu Theorie. Einer der wesentlichsten Unterschiede bezieht sich auf die zeitliche Erstreckung der Abstraktionen aus dem Aktivitätskontinuum, die zur Erklärung von Veränderungen des Verhaltens in Intensität, Richtung und/oder Form für erforderlich gehalten werden.

Ein weiterer Unterschied bezieht sich auf die Interaktion motivationaler und kognitiver Variabler in den Konstrukten bzw. Prozeßmodellen zur Erklärung von Änderung von Intensität, Richtung und/oder Form des Verhaltens.

2. *Die zeitliche Erstreckung der Motivationsvariablen*

Bei einer Sichtung der vorliegenden Motivationskonzepte fällt neben Unterschieden in den einer Motivationsvariablen zugeschriebenen Funktionen in bezug auf Einleitung bzw. Änderung des Verhaltens die große Varianz hinsichtlich der zeitlichen Erstreckungen der vorgenommenen Abstraktionen aus dem Aktivitätskontinuum auf. Die schon erwähnten Motivkonstrukte, welche zur Erklärung der Wahl bestimmter Richtungen des Verhaltens herangezogen werden, haben eigentlich keine zeitliche Erstreckung: da sie – sei dies hereditär oder durch frühe Sozialisation bedingt – als konstante Energiequellen oder Energieverteilungszentralen angesehen werden, kann ihre Beziehung zur Zeitdimension praktisch vernachlässigt werden. Dies ist z. B. bei den „Instinkten" im System von McDougall der Fall, die als komplexe Organisationseinheiten des Verhaltens angesehen werden, die schon bei ihrer ersten Auslösung „voll operationsfähig" sind (McDougall 1932, S. 49). Da die Motivationsvariable als Disposition fertig bereitsteht, muß nur die richtige Auslösesituation gefunden werden, um eine bestimmte Verhaltensänderung „im Nu" herbeizuführen.

Eine sehr große Gruppe von Motivationstheorien zieht dagegen zur Erklärung von Verhaltensänderungen bestimmte Prozeß- oder Verlaufsmodelle heran, in die mehr oder minder komplexe, persönlichkeitsspezifisch, situativ und/oder lerntheoretisch bzw. kognitiv konzeptualisierte Vorgänge eingeordnet werden. Sie können so kurz sein, daß sie selbst einer kurzschlußartig ablaufenden Reaktion noch hypothetisch zugrunde gelegt werden können, und sie können auf Wochen und Monate ausgedehnt sein wie bei einer schwierigen Entscheidung. In beiden Fällen geht es aber um die Interaktion von kognitiven und motivationalen Prozessen, die auf eine spezifische Verhaltensänderung oder Handlung bezogen sind.

Bei der klassischen psychoanalytischen oder individualpsychologischen Interpretation des Verhaltens ist schließlich die Biographie des Individuums, insbesondere soweit sie sich auf frühkindliche Erfahrungen bezieht, zur Erklärung jedes Verhaltens heranzuziehen, insbesondere natürlich jedes klinisch relevanten Verhaltens. Insofern bedeutet Motivationsanalyse hier vor allem die Analyse der Triebschicksale im Verlauf der Ontogenese. Aber auch für die lerntheoretische Erklärung des Verhaltens müssen mehr oder minder umfassende Ausschnitte aus der Geschichte der Verstärkungen bzw. Modellerfahrungen des Menschen herangezogen werden, wenn Verhalten zureichend erklärt werden soll.

Somit lassen sich die vorhandenen theoretischen Ansätze in der Motivationstheorie drei Gruppen zuordnen, die durch die zeitliche Extension der entscheidenden Konstrukte definiert sind: einmal solche, bei denen die zeitliche Erstreckung weitgehend vernachlässigt wird, eine zweite Gruppe, welche einen mehr oder minder langen ‚Prozeß' als intervenierende Variable zwischen Ausgangssituation und Handlung postuliert und schließlich jene Gruppe, welche nur durch Bezugnahme auf einen Langzeitprozeß zureichende Evidenz für die Erklärung eines Verhaltens findet. Wir glauben, daß der Aspekt der zeitlichen Extension der Motivkonstrukte eine zentrale Stellung in der Diskussion des Wertes unterschiedlicher Motivationstheorien einnehmen sollte, obwohl wir uns bewußt sind, daß es hier nicht um einen absoluten Unterschied geht: Auch in „atemporalen" Motiv-Konstrukten wird z. B. deren Verankerung in der Stammesgeschichte mitgedacht (wie z. B. bei Konrad Lorenz). Umgekehrt können in Prozeßmodellen „ahistorische" Motivkonstrukte als eine Variable eingehen bzw. sozialisationstheoretisch erklärbare „dynamische Eigenschaften" nur von ihrer im Augenblick gegebenen Quantität aus eingeführt werden wie z. B. im Motivationsmodell von Atkinson (1957).

2.1 Die Erklärung von Verhaltensänderungen durch dynamische Eigenschaften

Ein faktorenanalytischer Ansatz

Innerhalb des sehr differenziert ausgebauten Systems der Persönlichkeitstheorie von R. B. Cattell (1959) werden neben Fähigkeits- und Temperamentseigenschaften auch „dynamische Eigenschaften eingeführt: Sie gehen letzten Endes auf die „ergs" zurück, eine Bezeichnung, die Cattell einführt, um sie von den vage und global definierten Trieben und Instinkten der Psychologen zwischen McDougall und Lorenz abzuheben. Dennoch gleicht die Definition dieser spezifischen Verhaltensursachen sehr den Umschreibungen der ‚propensity' durch McDougall: Ein ‚erg' ist danach

„an innate psychological structure which permits the organism to acquire reactivity (attention, response) to certain classes of objects more readily than others, to experience a specific emotion common to each class, and to start various courses of action (equivalents) which cease more completely at a certain common, definite, consummatory goal activity than at any other" (Cattell 1959, p. 543).

Der Weg zu diesen hypothetischen angeborenen „Verhaltensursachen" beginnt bei der durch Fragebogen ermittelten Interessenstruktur von Personen. Eine Analyse der Ausprägung von 40 Interessen bei einer nicht repräsentativen Stichprobe von 200–300 Personen wird als operationale Basis der Reduktion der unterschiedlichsten Verhaltensweisen auf wenige angeborene Verhaltensverursacher (ergs) angesehen. „For example if sexual drive or the sex erg is facilitated by going to the cinema, wearing attractive clothes and liking dancing then those in whom the sex erg is high should enjoy all these pursuits" (Cattell & Kline 1977, p. 178). Die Problematik der Reduktion einer Mannigfaltigkeit menschlicher Verhaltensweisen auf die Wirksamkeit möglichst weniger „angeborener" Strukturen, die von Psychologen seit mehr als einem halben

Jahrhundert unterstrichen wird, erfährt durch diese Argumentation des Autors der – seinem Selbstbild gemäß – einzigen wissenschaftlichen Persönlichkeits- und Motivationsanalyse einige neue Aspekte. Wenn die Präferenz für Kino, Kleider und Tanzen wirklich bei einer repräsentativen Stichprobe ermittelt worden wäre, hätte sich für die über 23jährigen kaum eine Beziehung zwischen Kinobesuch und Sex ergeben können. Ähnlich ist es mit der Reduktion von Interessen für Zeitungen und Bücher (Cattel & Kline 1977, S. 180) auf einen Explorationstrieb, wie er auf Grund von Studien an Ratten, die ohne „primär" belohnt zu werden, ein Labyrinth lernen, eingeführt wurde (Montgomery 1954). Die Beibehaltung des Motivkonstrukts „Explorationstrieb" zur Erklärung „intrinsisch" motivierten Verhaltens, das auf Erkundung der Umgebung gerichtet ist, erscheint jedoch angesichts der vielfältigen Erklärungen des gleichen Verhaltens, die alternativ für das von Montgomery (1954) postulierte Konstrukt angeboten wurden, unhaltbar. Man hat das gleiche Verhalten durch andere Triebarten [z. B. zur Meidung von Langeweile (Myers & Miller 1954), zum Manipulieren (Harlow 1953), zur sensorischen Anregung (Isaac 1962)] zu erklären versucht. Man hat bestimmte Verhaltensprinzipien wie das der optimalen Ingruität (Berlyne 1971), der Reduktion von Ungewißheit (Kagan 1972, Lanzetta 1971) oder der Kompetenz und Selbstbestimmung (White 1959, Deci 1975) dafür verantwortlich gemacht (für weitere Nachweise vgl. Bd. 2 dieser Reihe). Schon die Verschiedenheit der Konstrukte, die man zur Erklärung weit weniger unterschiedlicher Verhaltensklassen heranzog, als dies Cattell & Kline (1977) für den „Explorationstrieb" versuchen, zeigt die Problematik dieses „trieb-" oder „instinktorientierten" Ansatzes mit seiner Tendenz, die zeitliche Erstreckung im Motivationsprozeß durch die Annahme einer angeborenen oder erworbenen Kontiguität zwischen Ausgangssituation, Aktualisierung eines spezifischen Motivs und Auslösung des motiv-spezifischen Verhaltensmusters zu eliminieren.

Ethologische Ansichten

Die Hauptvertreter einer Motivationstheorie, welche Verhalten durch die in einem praktisch zu vernachlässigenden Zeitminimum geschehende Auslösung spezifischer Triebe oder Instinkte zu erklären suchen, finden sich jedoch bei den Anhängern von Lorenz (1963, 1965), Tinbergen (1951) und anderen Verhaltensforschern. Ausgangsbasis der Anpassung jedes Lebewesens, auch des Menschen, sind Verhaltenssysteme, in denen „durch *kurzfristig* funktionierende Mechanismen Information über *augenblicklich* in der Umgebung obwaltende Umstände erhalten und verwertet" wird (Lorenz 1977, S. 87). Diesen fundamentalen Verhaltenssystemen entsprechen bestimmte „Erbkoordinationen" und diesen wiederum jeweils spezifische zentralnervöse Erregungsproduktionen.

Für die Humanpsychologie ergeben sich nach Eibl-Eibesfeldt (1967, S. 70) aus der Annahme einer dem Instinktverhalten zugrunde liegenden zentralnervösen Erregungsproduktion Folgerungen von außerordentlich großer Bedeutung.

„Es spricht viel dafür, daß auch der Mensch in einigen Bereichen seines Verhaltens einer von ihm schwer kontrollierbaren, da ihm unbewußten zentralnervösen Erregungsproduktion unterliegt, die zusammen mit anderen motivierenden Faktoren seine innere Handlungsbereitschaft entscheidend bestimmt. Das gilt z. B. höchst wahrscheinlich für den Aggressionstrieb, dem in der heutigen menschlichen Gesellschaft normalerweise keine adäquaten Möglichkeiten der Abreaktion gegeben sind“ (Eibl-Eibesfeldt 1967, S. 70).

Die Suche nach dem „Warum“ spezifischer Verhaltensweisen sollte daher nicht auf Eruierung einer mehr oder minder langen Vorgeschichte, sie sollte auf den augenblicklichen Erregungszustand gerichtet sein. Zwar reicht der eigentliche Ursprung solcher „unmotivierten“ Erregungszustände weit in die Stammesgeschichte zurück. Aber für die Vorhersage des Verhaltens im konkreten Fall ist diese phylogenetische Ableitung ohne Bedeutung. Hier ist nur der Augenblick und seine in ihm gegebene Erregungskonstellation von Belang. Der Rekurs auf eine Lerngeschichte erscheint überflüssig, da jeder Akt der auf die Schädigung anderer gerichtet ist, auf einen angeborenen Instinkt zurückgeht, dessen zentralnervöse Verankerung als nachgewiesen angesehen wird (Eibl-Eibesfeldt 1974). Demgegenüber ist als Resultat eines halben Jahrhunderts intensiver Forschung festzuhalten, daß aggressives Verhalten „von einer großen Reihe verschiedener situativer und überdauernder Bedingungen“ abhängig ist. „Der Versuch, das Auftreten von Aggression auf eine einzige Bedingungsklasse, z. B. auf Frustration oder gar auf endogene Triebbedingungen, zurückführen zu wollen, kann niemals den Anforderungen, aggressives Verhalten in seinen Auftretenswahrscheinlichkeiten zu analysieren und zu kontrollieren, gerecht werden“ (Schmidt-Mummendey 1972, S. 20).

Diese Feststellung ist gültig für alle Verhaltensklassen, die der instinkttheoretischen Denktradition gemäß auf „Triebe“, „Triebkräfte“ (ergs) oder Motive im Sinne endogen verankerter oder sehr früh geprägter bzw. ansozialisierter „Verhaltensgeneigtheiten“ (prospensities) (McDougall 1908) aufgefaßt werden. Statt Verhaltensweisen, die mit Nahrungsaufnahme verbunden sind, auf einen „Primärtrieb“ oder ein einfaches Bedürfnis zurückzuführen, erschien es schon vor eineinhalb Jahrzehnten angemessen, Hunger und Durst „als sprachliche Bezeichnungen für eine Vielzahl nicht immer kovariierender physiologischer und psychologischer Prozesse“ zu definieren, „die das Auftreten bestimmter Verhaltenssequenzen wahrscheinlicher machen und zumindest beim Menschen unter gewissen Umständen eine „introspektiv faßbare Repräsentanz im bewußten Erleben aufweisen“ (Weinert 1965, S. 467).

Die Korrektur von Motivationskonzepten, welche eine Erklärung menschlichen Verhaltens durch dessen Reduktion auf die Auslösung bestimmter Bedürfnisse und Triebe versuchen, ist heute in vielen Bereichen der Psychologie beobachtbar (Nisbett 1972, Schachter & Rodin 1974, Kaufmann 1965, Michaelis 1976). So ist auch die Auffassung korrekturbedürftig geworden, man könne sexuelles Verhalten einfach durch Reduktion eines im übrigen sehr variablen Verhaltensmusters auf einen Sexualtrieb erklären. Masters und Johnson (1975) haben deshalb den Coitus als einen „intimen Austausch von Gefühlen zwischen den Partnern" charakterisiert, bei dem je nach der durch frühere Erfahrung und Entwicklung dieser Beziehung bedingten Situation Zuneigung, Ablehnung, Dominanz, Hoffnung, Verzweiflung usf. vermittelt werden können. Schmidt verweist desgleichen auf die sehr vielfältigen „nicht-sexuellen" Motivationen sexuellen Verhaltens (Bd. 2 dieser Reihe), die es als problematisch erscheinen lassen, selbst ein sehr fundamentales, physiologisch stark gesteuertes, aber zugleich kognitiv kontrolliertes Geschehen ausschließlich unter Bezugnahme auf ein „sexuelles Bedürfnis" zu erklären.

Motiv und Motivation

Von all diesen Befunden her kann die Konstruktion von Motivvariablen als relativ konstanter Verhaltensdeterminanten nur als Teil der Motivationspsychologie, nicht als deren Inhalt angesehen werden. *Motivation ist ein Prozeß,* in den bestimmte konstante Determinanten von Richtung, Intensität und Form des Verhaltens eingebettet sind. Eine zureichende Erklärung des Verhaltens ist jedoch nur durch Rückgriff auf Konzepte möglich, in denen Motivation als mehr oder minder komplexer Prozeß aufgefaßt wird. Der Vorschlag von Atkinson (1964) zwischen „Motiv" als einer Bezeichnung für „überdauernde" Determinanten und „Motivation" als dem Prozeß zu unterscheiden, der durch Auslösung eines Motivs zustande kommt, bedeutete insofern einen wesentlichen Fortschritt, wenn auch die These von dem „überdauernden" Charakter des Motivs wie jene von der den Prozeß auslösenden Funktion des Motivs der Diskussion bedürfen. Auf jeden Fall ist diese Unterscheidung sinnvoller als der Vorschlag von Stagner (1977), den Begriff der Motivation auf die Höhe der Energiemobilisierung (d. h. die Intensitätsdimension) des Organismus einzuschränken, während der Begriff „Motiv" auf „jene spezifischen organismischen Zustände wie Hunger, Durst, Sexualität" zu beziehen sei, „deren Erregung in vorhersagbarer Weise energetisches Verhalten in Gang bringt in Richtung auf vorhersagbare Ziele und welche als konkrete Beispiele des Abstraktums „Motivation" gebraucht werden können" (Stagner 1977, 104). Während die Definition des „Motivbegriffes" von Stagner mit jener von Atkinson übereinstimmt, ist die Zuordnung des Motivationsbegriffes ausschließlich zu Veränderungen der Intensitätsdimensionen als zu eng anzusehen. Gemeinsam ist beiden Definitionsvorschlägen freilich die Zuordnung des Motivbegriffs zu den relativ „überdauernden" Verhaltensdeterminanten, die des Motivationsbegriffes zu einem aktuellen Prozeß.

2.2 Prozeßmodelle der Motivation

Die adäquateste Form der Abstraktion aus dem Aktivitätskontinuum, welche die Motivationspsychologie vornehmen kann, wird stets zu der Formulierung eines „Prozeß-Modells" führen. Mag die „Abstraktion" aus dem Aktivitätskontinuum zeitlich auch auf wenige Sekunden oder den Bruchteil einer solchen reduziert sein (wie etwa bei der Erklärung einer aggressiven Kurzschlußhandlung bei hochgradigem Affekt), so wird sie doch einen Ablauf darzustellen versuchen, in dem nicht einfach ein als konstant angenommener Trieb ein immer gleiches Verhaltensmuster aktiviert. In der Diskussion über die Entwicklung der „Prozeßmodelle" der Motivation wird eine zunehmende Distanzierung von „behavioristischen", „mechanistischen" zu „kognitiven", „humanistischen" oder „interaktionistischen" Modellen hervorgehoben (Weiner 1972, Bolles 1974, Thomae 1974). Wir folgen in unserer Darstellung dieser Einschätzung der theoretischen Entwicklung, ohne deswegen die Auffassung von Bolles (1974) und anderen zu teilen, eine Konzeptualisierung von Motivationsprozessen ausschließlich im Sinne kognitiver Vorgänge sei möglich.

Das Homöostaseprinzip als Modell motivationalen Geschehens

Nicht erst seit Stagners (1977) Verteidigung des Homöostaseprinzips gegenüber neueren Motivationstheorien sind Prozeßmodelle der Motivation entweder als Fortführungen oder als Analogien zu der Theorie von Bernard (1859) aufgefaßt worden, derzufolge Verhalten im Dienste der Konstant-Erhaltung des „internen Milieus" des Organismus stehe.

Anschließend an C. Bernards (1859) Bemerkung, daß eine Tendenz zu einer Konstanterhaltung des „internen Milieus" des Organismus bestehe, formulierte Cannon (1932) sein Prinzip der Homöostase. Mit diesem Begriff sollte ein den Gleichgewichtszuständen physikalischer Prozesse entsprechender Sachverhalt im physiologischen Bereich umschrieben werden. Es ist ein Sammelbegriff für all jene regulativen Mechanismen im Organismus, welche (relativ) konstante physiologisch-chemische Bedingungen garantieren. Cannon selbst wandte dieses physiologische Interpretationsprinzip bereits auf die psychophysischen Variablen oder organischen Bedürfnisse an. Verhalten besteht nach ihm entweder aus Bewegungen, die der Beseitigung eines störenden Reizes dienen, oder solchen, welche eine angenehme Stimulation verlängern oder erneuern. Hunger und Durst sind zweckvolle „Einrichtungen" des Organismus, die der Garantie der Homöostase dienen.

Cannons Begriff wurde teilweise direkt übernommen (Dempsey 1951, Stagner 1977), teils durch den physikalischen Begriff des „Gleichgewichts" ersetzt. In diesem Sinne definierte Freeman (1939) Motivation geradezu als „Zustand des fehlenden Gleichgewichts des Organismus, der zur Wiederherstellung des Gleichgewichts führt". Schon vor Cannon hatten Rignano (1923) und Raup

(1925) die Tendenz zur Wiederherstellung des durch „Reize“ bzw. Ereignisse der verschiedensten Art gestörten Gleichgewichts als das Prinzip aller Lebensprozesse, nicht zuletzt aber als die Quintessenz aller Bedürfnisse und Verhaltensweisen beim Menschen erklärt. Je mehr der Gesichtspunkt der „Anpassung“ und der „Angepaßtheit“ aus Spencers und Darwins Philosophien psychologisches Allgemeingut wurde, desto mehr mußte eigentlich der Kreisprozeß Ausgleich – Störung – Reaktion – Ausgleich zum Modell für das Verständnis aller Verhaltensweisen werden. Stagner (1977) faßt mehrere Jahrzehnte homöostatisch orientierter Motivationsforschung in der These zusammen, daß als „Energiemobilisierung“ definierte Motivation in einer vorhersagbaren Weise auf eine Klasse von Ereignissen bezogen sei, die als ein gemeinsames Merkmal eine Diskrepanz (d) zwischen dem registrierten oder „erwarteten“ Wert und dem tatsächlich eintretenden Wert einer relevanten Variable aufweisen. Diese Auffassung sei letztlich im biologischen Begriff der Homöostase am besten repräsentiert. Diese homöostatische Konzeption könne Motivationstheorien, wie sie mit den Begriffen Dissonanz, Leistungsmotivation, Kompetenz und Selbstverwirklichung verbunden werden, ebenso integrieren wie die psychoanalytische Motivationstheorie. Der Vorteil dieser Homöostasetheorie der Motivation bestehe vor allem in der Bereitstellung eines biologischen Bezugsrahmens, ohne daß dem psychologischen Gehalt der einzelnen Theorien Gewalt angetan werden müsse.

Die homöostatische Motivationstheorie behaupte, daß die primäre Aufgabe des Organismus in der Aufrechterhaltung und dem Schutz bestimmter innerer konstanter Faktoren bestehe, nämlich dem biologischen Gleichgewichtszustand (ss). Es wird postuliert, daß jeder ss in einem neuralen Center oder System gespeichert ist, meist innerhalb des Hypothalamus und daß eine Diskrepanz zwischen diesem erwarteten Gleichgewichtszustand und dem augenblicklichen Energie mobilisiert.

Diese erwarteten Gleichgewichtszustände sind für Stagner (1977) hereditär verankert. Sie können aber auch auf pränatal entstandene Anpassungsniveaus, auf Prägungsprozesse (im ethologischen Sinn), postnatale Anspruchsniveaus, peer group-Druck und andere auf Konformität zielende soziale Einflüsse zurückgehen.

Jedes motivationale Geschehen ist somit durch die Sequenz „Gleichgewichtszustand (ss), Meldung einer Abweichung des augenblicklichen Input vom gespeicherten erwarteten Gleichgewicht (d), Energiemobilisierung, Einleitung instrumentaler Akte zur Annäherung zwischen ss und d, Rückkehr zum Gleichgewichtszustand (ss)“ bestimmt. Ähnlich wie Dempsey (1951) führt auch Stagner (1977) das Konstrukt der erwarteten Gleichgewichtsstörungen und damit der präventiven Homöostase (durch Hortung von Nahrungsmitteln, Sicherung des Eigentums vor Verlust oder Feuer, Ausbau der Landwirtschaft und Industrie) ein. Die Beziehung zum „Überlebensmodell“ der Motivation von Darwin und Hull wird mit der Aussage hergestellt: „Das Grundgebot der Homöostase ist: Kontrolliere Deine Umgebung oder sterbe." Infolgedessen kann sich ein Lebewesen dieser Theorie gemäß nicht darauf beschränken, sein internes Milieu konstant zu halten. Diese Konstanz muß auch auf die Umgebung erweitert werden, um Veränderungen in der Umgebung vorhersagen und diese Veränderungen kontrollieren zu können.

Die Lehre von der Triebreduktion von Hull als Homöostasemodell

Das Verhaltenssystem von C. L. Hull (1943, 1952) wurde als „Überlebensmodell" der Motivation bezeichnet (McClelland 1953). Der Mensch verhält sich, um zu überleben. Insofern tritt Verhalten stets ein, wenn das Überleben durch schädliche Reize wie Hunger, Durst, Schmerz, Verletzung, sexuelle Deprivation usf. bedroht ist. Das Ziel besteht in der Aufhebung dieser Bedrohung, die auch als Deprivationszustände eingeführt wurden. Jeder spezifische Deprivationszustand ist einem Trieb (d) gleichzusetzen, da die Deprivation ja Energie mobilisiert. Alle spezifischen Deprivationswirkungen (d's) summieren sich zum unspezifischen Gesamttrieb (D). Verhalten ist die Funktion des jeweils gegebenen Deprivationsgrades und der dadurch erregten angeborenen oder erlernten Reaktionstendenzen. Ist der Wert von D = O, dann gibt es auch kein Verhalten (Korman 1974). Weiner (1972) und Deci (1975) werteten die Triebtheorie von Hull als ein „mechanistisches Modell", dem sie die kognitiven Theorien gegenüberstellten. Der echte Gegensatz zu „mechanistisch" wäre freilich nicht „kognitiv", sondern „organisch" oder „organismisch". Insofern will uns die Charakterisierung von Hulls Theorie als einer homöostatisch orientierten doch angemessener erscheinen, zumal sich auch die Kritik an Hull vor allem gegen dessen Gleichsetzung von „Motivation" mit „Deprivation" richtet (vgl. White 1959, Rethlingshafer 1963, Weiner 1972, Bolles 1974).

Homöostatische Konzepte in der Psychoanalyse

Wie Stagner hervorhob, liegen die Prinzipien der Homöostase auch der Motivationstheorie der Psychoanalyse zugrunde. Eine Neuformulierung der psychoanalytischen Theorie, welche das homöostatische Motivations- und Verhaltensmodell ganz in den Vordergrund stellt, wurde von Rapaport (1959) vorgenommen.

Rapaport hat dabei einige Bemerkungen von Freud in dessen Arbeit über Traumdeutung bezüglich eines „Entropie"-Modells des Verhaltens aufgegriffen. Die beim Säugling gegebene Verhaltensfolge „Unruhe – Saugen an der Brust – Beseitigung der Unruhe" wird dabei als „das Grundmodell für alles motivierte Verhalten" (Rapaport, S. 68) bezeichnet. Durch Sekundärmodelle lassen sich daraus alle Komplexionen des Verhaltens ableiten, wie sie etwa in der psychoanalytischen Motivationstheorie enthalten sind. Auch in Rapaports

nehmen Triebzustandes ist die Dissonanzreduktion. Diese kommt durch entsprechende Informationszufuhr, sehr oft aber durch Informationsveränderung, wenn nicht durch Verzerrung zustande (Zimbardo 1969, S. 15). Ein bekanntes Beispiel in dieser Hinsicht ist etwa die einem starken Raucher gegebene Information, daß ein überzufälliger Zusammenhang zwischen Nikotinkonsum und Auftreten von Lungenkrebs gefunden wurde. Das Zusammentreffen der Kognitionen „ich rauche stark" und „starkes Rauchen kann zu Lungenkrebs führen" wird als „kognitive Dissonanz" bezeichnet. Sie kann beseitigt werden durch den Entschluß zur Einschränkung des Rauchens; in der Regel aber wird man die Bedeutung der gegebenen Information in Frage stellen, auf andere Nachricht oder Beispiele verweisen oder sie als für sich selbst nicht relevant betrachten (Janis, Mann et al. 1969).

Der „negative Triebzustand" kognitive Dissonanz mobilisiert, verdrängt oder verändert somit kognitive Prozesse. Die entscheidenden kognitiven Prozesse, die auf die Motivationslage der „kognitiven Dissonanz" folgen, stellen somit abhängige Variable eines motivationalen Prozesses dar. Von hier aus gesehen ist die „Theorie der kognitiven Dissonanz" eher eine solche der „motivationalen Dynamik kognitiver Prozesse", stellt geradezu einen Paradefall für die Anwendung des Homöostaseprinzips bei der Erörterung der Kognitions-Motivations-Interaktionen dar. Dies würde im übrigen auch bei anderen Erklärungen oder Umschreibungen des motivationalen Zustandes, der durch kognitive Dissonanz geschaffen wurde, gelten. Auch dann, wenn diese Dissonanzreduktion Resultat eines „kulturell erlernten Bedürfnisses für innere Konsistenz des Verhaltens, der Einstellungen, Werte und Überzeugungen" (Zimbardo 1969, S. 15) ist, oder wenn es bei der Dissonanzreduktion darum geht, „das Gesicht zu wahren" (Bem 1967), würden die durch diesen Zustand ausgelösten Prozesse den Ausgleich einer Störung zum Ziele haben.

2.3 Motivation und Kognition

Die Ablösung triebdynamischer durch kognitive Modelle

Zu Beginn dieses Jahrhunderts stimmten – auch außerhalb der neoscholastischen Schule – viele Psychologen mit Thomas von Aquinus' These überein: „appetitus... enim cognitionem sequitur" (zitiert nach Mercier 1923, Bd. 2, S. 93), mit anderen Worten: Intensität und Richtung der Motivation sind von kognitiven Vorgängen abhängig. Pfänder (1911) definierte Motivation als das eigentümliche Verhältnis zwischen einem „fordernden Willensgrund" (z. B. Wahrnehmung von Kälte, Erinnerung an angenehme Erlebnisse an einem bestimmten Ort) und „dem darauf gestützten Willensakt" (z. B. sich wärmer anzuziehen oder an jenen Ort zu reisen). Die Situation, so wie sie wahrgenommen wird, ist eine entscheidende Variable im Motivationsgeschehen. Noch engere Beziehungen zu neueren „kognitiven" Ansätzen liegen in der Gefühlstheorie von Lindworsky (1923) vor, wenn er das Gewahrwerden von Erfolg und Mißerfolg als die „Ursache“ der entsprechenden emotionalen Reaktionen kennzeichnet.

Zwischen 1920 und 1950 kann man dann in der Entwicklung psychologischer Theorien eine zunehmende Tendenz in Richtung auf eine Umkehrung von Thomas' Lehre beobachten. Man kann diese Umkehrung am besten anhand unserer Formel charakterisieren: „Cognitio ... enim appetitum sequitur“, mit anderen Worten: Kognitive Vorgänge sind abhängige Variablen motivationaler Prozesse und Faktoren.

Repräsentiert wird diese Umkehrung in der Theorienbildung durch die verschiedenartigsten Schulen, Arbeitsansätze und Argumentationsbereiche. Erinnert sei an das immer stärkere Vordringen der Psychoanalyse, an die Fortentwicklung der Lehre vom „Law of effect“ innerhalb der Lerntheorie etwa von Hull (1943, 1952), an die Ausbildung projektiver Verfahren (Murray 1938), an die Forschungen zum Problem „social perception“ (Bruner & Postman 1947; McGinnies 1949) und des „perceptual defense“.

In den letzten 20–30 Jahren trat jedoch ein Trend mehr und mehr in den Vordergrund, der im Prinzip eine erneute Annäherung an die Lehrmeinung des Thomas bedeutet: „appetitus enim cognitionem sequitur“. Diese Denkrichtung wird vor allem in Ansätzen repräsentiert, die sich selbst als „kognitive Theorien“ charakterisieren (z. B. Weiner 1972). Sie traten mehr und mehr in Erscheinung, als sich motivorientierte und eigenschaftsorientierte Arbeitsansätze in den relevanten Disziplinen immer mehr als unzureichende Mittel zum Verständnis wie zur Vorhersage menschlichen Verhaltens zu erweisen schienen.

Kognitive Repräsentationen der „bedeutsamen Anderen“ (Kelly 1955), der sozialen Situation (im Sinne der „social schemata“ von Kuethe 1964), kognitive Repräsentation der gegenwärtigen, vergangenen und zukünftigen Zeitperspektive (Nuttin 1964), oder des Selbst (Wylie 1974) sind Begriffe (oder Konstrukte), die eingeführt werden, um früher gebrauchte Termini wie „Triebzustand“, „Reaktions-“ oder „Hemmungspotential“, „Persönlichkeitsstruktur“ usf. zu ergänzen oder zu ersetzen.

Sehr divergierende Befunde über Reaktionen verschiedener Individuen und Gruppen auf verschiedene Formen von Streß veranlaßten Cofer u. Appley (1964), diesen Begriff im Sinne einer kognitiven Theorie des Verhaltens neu zu definieren. Streß ist danach „der Zustand eines Organismus, in dem er bemerkt, daß sein Wohlbefinden (oder seine Integrität) gefährdet ist und er all seine Kräfte zu dessen Schutz zusammenfassen muß“ (Cofer u. Appley, S. 453, vgl. auch Lazarus u. Launier 1979).

Ein wesentliches Argument für alle kognitiven Motivationstheorien ist auch in der „Zweifaktoren-Theorie“ der Emotionalität von Schachter und Singer (1962) zu erblicken.

Die zunehmende Beachtung derart „kognitiver" Variablen hat dazu geführt, daß der „motivationale" Anteil an der Beeinflussung des Verhaltens in bezug auf Intensität, Richtung und Form als äußerst gering, der kognitive Anteil als allein maßgeblich angesehen wird. Dies geschieht mit äußerster Konsequenz bei Bolles (1974), der als das für die Gegenwart repräsentative Verhaltensmodell die direkte Auslösung bzw. Lenkung des Verhaltens durch kognitive Vorgänge ansieht (vgl. Fig. 1).

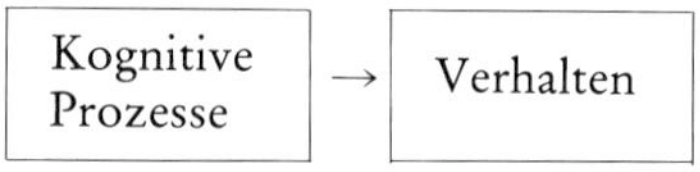

Fig. 1: Kognitives Motivationsmodell nach Bolles (1974).

Ebenso scheint es Birch et al. (1974) angemessen zu sein, zu formulieren, der Inhalt unserer Gedanken kontrolliere unser Verhalten, nicht aber Motive. „Aller Antrieb zum Handeln und zum Widerstand gegen das Handeln geht über den Gedanken."

Wie sehr derartige Übersteigerungen des Standpunktes kognitiver Theorien zu einem neuen „Reduktionismus" führen, wird in den Versuchen deutlich, Emotionen durch eine „Einfaktorentheorie" kognitiver Natur zu erklären.

Valins (1966) zeigte jungen Männern Photos von wenig bekleideten Damen und gab ihnen über Lautsprecher eine falsche Rückmeldung über den Anstieg ihrer Pulsrate bei bestimmten Bildern. Bei der anschließenden Einschätzung der Attraktivität der Damen wurden jene bevorzugt, auf deren Bild angeblich mit Erhöhung der Pulsrate geantwortet wurde.
Valins glaubt diesen Versuch als Bestätigung seiner Einfaktorentheorie des Gefühls ansehen zu können: Nur die Information über das Erregungssymptom, nicht aber ein physiologischer Erregungszustand seien notwendig, um die emotionale Reaktion hervorzurufen. In einer Nachuntersuchung konstatierte man, daß dieser Effekt auch dann nicht zurückging, wenn man die Versuchsperson über den irreführenden Charakter der Information aufklärte. Es ergab sich, daß die günstigere Einschätzung mit einer genaueren Betrachtung der Photos zusammenhing, die angeblich schnelleren Pulsschlag auslösten (Valins 1974).

Dagegen wechselten andere Autoren nach einem ersten experimentellen Mißerfolg von einem kognitiven in einen biologischen Reduktionismus über. Nisbett (1972) hatte in früheren Untersuchungen konstatiert, daß Übergewichtige stärker durch sensorische Faktoren beeinflußt seien als Normalgewichtige. Er glaubte insofern eine Kontrolle der Nahrungsaufnahme durch Kontrolle des nahrungsbezogenen sensorischen Input erreichen zu können. Nachuntersuchungen von Nisbett und Storms (1974) konnten daraus abgeleitete Annahmen nicht bestätigen.

Sie folgerten nunmehr daraus, daß das Eßverhalten übergewichtiger kaum durch kongitive Manipulation beeinflußbar sei. Ähnlichkeiten des Eßverhaltens

Übergewichtiger mit dem von Ratten, bei denen man eine Läsion des Kontrollzentrums für Nahrungsaufnahme im ventromedialen Hypothalamus herbeigeführt hatte, veranlaßten die Autoren, nunmehr Übergewichtigkeit als Resultat eines psychologisch überhaupt nicht steuerbaren biologischen Prozesses zu charakterisieren. Nach Liebhart sprechen die zahlreichen Bestätigungen des Befundes von Valins (1966) bei Rückmeldung scheinbar erhöhter Erregung (vgl. z. B. Botto, Galbraith & Stern 1974, Goldstein, D. Fink, D. Mettee 1972) dafür, „daß subjektive Unsicherheit anscheinend eine notwendige Bedingung des Valins-effekts ist" (Liebhart 1978, S. 113). Daß fiktiver Rückgang der Erregung weniger wirksam war, wird auf die Tatsache zurückgeführt, daß diese Rückmeldung weniger Mehrdeutigkeit der Situation hervorrief. Die von manchen Autoren aufgefundene reale physiologische Erregung, welche durch die fiktive ausgelöst wurde (Goldstein et al. 1972), könne nicht als alleinige Ursache der „emotionalen" Wirkung der falschen Rückmeldung herangezogen werden. Denn in weit mehr Untersuchungen wurde ein Einfluß der falschen Rückmeldung auf die autonomen Reaktionen nachgewiesen.

Immerhin bleibt die Frage ungeklärt, ob die falsche Rückmeldung nicht doch nicht ausreichend meßbare Veränderungen hervorruft. Die kognitiven Emotionstheoretiker sind aber offensichtlich so von der Richtigkeit ihrer Position überzeugt, daß Valins (1974) bei einer modifizierten Wiederholung seines Experiments erneut auf eine Registrierung der tatsächlichen autonomen Reaktionen verzichtete. Er informierte jetzt eine Gruppe seiner Versuchspersonen nach einem ersten Versuchsdurchgang über den irreführenden Charakter der gehörten Herztöne. Es zeigte sich, daß diese Information kaum einen Effekt hatte. Die Aktbilder, die zusammen mit beschleunigten oder verlangsamten falschen Herzschlagtönen projiziert wurden, erschienen den über die Täuschung Informierten fast ebenso attraktiv wie den Nicht-Informierten. Valins (1974) meint, daß die Versuchspersonen gleich bei der ersten Darbietung von Bild und vermeintlicher Pulsrate von der besonderen Attraktivität dieser Bilder endgültig überzeugt werden. Der falsche Feedback habe sie gleichsam mit einer Hypothese versehen, die sie dann bei einer genauen Betrachtung der Bilder testeten und auch bestätigten. Emotionen wären danach also Hypothesenprüfung, eine Schlußfolgerung, welche die emotionale Variable ganz im Sinne der von Bolles (1974) gegebenen Diagnose durch die kognitive ersetzt. Auch die „psycho-evolutionäre" Gefühlstheorie von Plutchik (1980) scheint diese Diagnose der Entwicklung der Motivationstheorie zu bestätigen. Wird doch als Voraussetzung jeder Emotion hier das Sichereignen einer „Kognition" bezeichnet (Plutchik 1980, S. 10). Aber als synonym mit „Kognition" wird von ihm „evaluation" gesetzt, damit also ein Prozeß, der zu den „heißen" kognitiven Vorgängen (Janis & Mann 1977), d. h. also solchen zählt, indem schon eine Kognitions-Motivations-Interaktion stattfand. *Nicht* vereinbar mit der These einer völligen Ersetzung motivationaler durch kognitive Konstrukte in der neueren Motivationstheorie ist aber vor allem die „differentielle Emotionstheorie" von Izard (1977, 1980), welche sogar ein Auftreten affektiver Vorgänge durch das Vorlaufen kognitiver Bewertungen nachzuweisen versucht.

Die rasche Sinnesänderung bei Nisbett et al. (1974) könnte ein Hinweis darauf sein, was eintritt, wenn auch auf anderen Gebieten die überschießenden Erwartungen der Kognitionstheoretiker nicht zutreffen.

Es scheint daher angebracht, die Möglichkeiten und Grenzen solcher kognitiven Motivationsmodelle eingehender zu untersuchen. Dazu ist Voraussetzung eine Sichtung der sehr verschiedenartigen kognitiven Theorien, die zur Zeit vorliegen, die Bewertung der Kriterien und die Analyse des Verhaltensausschnitts aus dem Aktivitätskontinuum des Organismus, das „kognitive Theorien" zu erklären imstande sind.

Kriterien und Varianten kognitiver Verhaltenstheorien

Mit der Zunahme der Attraktivität kognitiver Theorien des Verhaltens scheinen Inhalt und Ansatzpunkte einer solchen Theorie immer unschärfer zu werden (so auch Baldwin 1969). Nach Baldwin (1969) und Mischel (1968, 1973) ist das wesentlichste an kognitiven Theorien, daß sie zwischen dem physikalischen Reiz und der Reaktion die „kognitive Repräsentation der Situation" als intervenierende Variable einführen. Für Korman (1974) sind „kognitive" Ansätze in der Motivationstheorie und „Erwartungs-Werttheorien" (Tolman 1955, Vroom 1964) identisch. Nach Levy (1970) gehören zu einer kognitiven Theorie des Verhaltens Aussagen über Inhalt und Form kognitiver Strukturen und über die Prozesse, die in Kognition und Wahrnehmung eingeschlossen sind. Auch Weiner (1972) nennt die Bezugnahme auf Inhalt und Form kognitiver Strukturen als wichtigste Bestandteile einer kognitiven Theorie, fügt dann aber noch das Studium der Kognitions-Motivations-Interaktion hinzu.

Deci (1975), Birch et al. (1974) und andere sehen als wichtigstes Kriterium für eine kognitive Theorie die Betonung der Rolle von „Gedanken" in der Steuerung des menschlichen Verhaltens an, Hunt (1963) dagegen die Betonung der intrinsischen Motiviertheit von Informationsverarbeitung und Verhalten. Für viele andere ist jeder Ansatz zur Analyse des Verhaltens, der dieses in Analogie zu einem mehr oder minder komplexen Informationsverarbeitungssystem sieht, eine kognitive Theorie. Und schließlich wären Handlungsmodelle zu nennen, welche als Kriterien einer Abgrenzung von Handlung und übrigem Verhalten die Möglichkeit der Wahl, die Möglichkeit einer Einigung über die Beschreibung dieser Handlung z. B. zwischen Versuchsleiter und Versuchsperson und das Gegebensein einer Situation, in der die Person an sich selbst eine „Aufforderung" richte (Werbik 1976, S. 272), nennen.

Diese durchaus nicht vollständige Liste zeigt, daß es große Unterschiede in der Konzeptualisierung kognitiver Theorien des Verhaltens und damit auch verschiedene kognitive Motivationstheorien gibt, wobei die Frage nach dem gemeinsamen Nenner oft schon kaum mehr beantwortbar erscheint.

2.4 Informationstheoretische Analogien und Modelle

Manche meinen, daß die Informationstheorie die ersten Anstöße zu der Ausbildung kognitiver Theorien gegeben habe (vgl. Mittenecker, dieser Bd. S. 62, Bolles 1974, S. 14, Neisser 1976, S. 5ff.). Innere Vorgänge seien durch diese Theorie wieder als Objekt psychologischer Analyse legitim geworden. Die Phänomene „Bewußtsein" und „subjektive Erfahrung" werden von neurophysiologisch orientierten Autoren mit Hilfe von Flußdiagrammen der verschiedenen Informationsebenen zugänglich gemacht (John 1976). Nach Analogie informationstheoretischer Flußdiagramme werden auch mehr oder minder komplexe Modelle des Flusses von Informationsverarbeitung und Entscheidung zur Erklärung von angeblich so „instinktiven" oder „emotionalen" Verhaltensklassen wie dem aggressiven oder dem prosozialen Verhalten konstruiert. Das bedingungsanalytische Modell aggressiven Verhaltens von Kaufmann (1965) postuliert vier Wahl- oder Entscheidungspunkte zwischen der Aufnahme des ersten Stimulus und der aggressiven Antwort, wobei neobehavioristische Begriffe wie Gewohnheitsstärke, Hemmungspotential usf. mit kognitiven wie „Wahl" oder „Abwägen" nebeneinander stehen. Dieser Ansatz wurde von Michaelis (1976) zu einem Prozeßmodell der Aggression erweitert, bei dem kognitive Prozesse vom Augenblick der Ereigniswahrnehmung, der Bewertung des Ereignisses bis zur Auswahl der situationsangemessenen Reaktion postuliert werden.

Informationstheoretischen Denkgewohnheiten folgen sicherlich auch Anwendungen der Austauschtheorie zur Erklärung prosozialen Verhaltens bei denen in irgendeiner Weise eine Kalkulation von Nutzen und Kosten einer Hilfeleistung angenommen wird (Bierhoff, siehe Bd. 2 dieser Reihe).

Diese kognitive Theorie hat dadurch an Überzeugungskraft gewonnen, daß sehr viele situative, persönlichkeits-spezifische und sozial-kulturelle Einflüsse auf diese Bereitschaft, Hilfe zu leisten, identifiziert wurden. Insbesondere sprechen solche Untersuchungen für die Aussagefähigkeit des Modells, welche die hemmende Wirkung von hohen Kostenkalkulationen (Wheeler 1969, Bierhoff 1974) aufweisen. Psychologisch noch stärker ausgefüllt ist das Modell der Reaktionsauswahl in bezug auf Streß von Lazarus (1966, 1974), das die Prozesse der primären und sekundären Bewertung des Stressors zu entscheidenden Schaltstellen des Gesamtgeschehens macht (vgl. Laux, dieser Bd. S. 453ff.). Unmittelbar auf die Prozesse der Informationsverarbeitung bezieht sich die Analyse der „Entscheidung", die Janis und Mann (1977) vorlegten. Entscheidung wird von diesen Autoren in Übereinstimmung mit Thomae (1960, 1974) als Reaktion auf eine Belastungssituation (= Streß) und nicht als ein souveräner Wahlakt verstanden. Als empirische Basis für solche Aussagen werden Berichte über Entscheidungen bei Katastrophenwarnungen oder für oder gegen eine Organspende zugunsten von Angehörigen herangezogen. Dementsprechend sind auch die eingeschlossenen kognitiven Vorgänge nicht „kühl", sondern „heiß".

Gerade weil aber durch den Streß und seine emotionalen Folgen die Gefahr einer unzureichenden Informationsverarbeitung droht, gilt es, die Gefahrenpunkte zu kennen und auch im „heißen" kognitiven Prozeß die notwendigen Zwischen-Entscheidungen adäquat zu fällen. Für diesen Verlauf geben die Autoren ein Modell, das zeigt, wie viele richtige Zwischenentscheidungen, d. h. Kognitions-Motivations-Interaktionen stattfinden müssen, bis es zur endgültigen Entscheidung kommt (vgl. Abb. 1).

Ausgangslage	Vermittelnde Prozesse		Konsequenzen
Authentische Warnung vor einer drohenden Gefahr	Frage 1: Sind die Risiken ernst zu nehmen, wenn ich keinerlei Schutzmaßnahme treffe? ↓ vielleicht oder ja	nein	Konfliktlose Inaktivität
Informationen über Nachteile, die durch eine Situationsänderung eintreten würden	Frage 2: Sind die Risiken groß, wenn ich eine bestimmte Maßnahme treffe? ↓ vielleicht oder ja	nein	Konfliktlose Änderung der Situation
Anzeichen dafür, daß es noch mehr Informationen oder noch mehr bisher nicht ausgeübte Möglichkeiten gibt	Frage 3: Ist die Hoffnung realistisch, eine bessere Zukunft zu finden?	nein	Ende des Prozesses: ineffektive Reaktion, wenn die Gefahr akut wird
		Defensive Reaktion	
	↓ vielleicht oder ja		
Information über Termin und Zeitdruck	Frage 4: Besteht genügend Zeit, andere Wege zu suchen und darüber nachzudenken? ↓ vielleicht oder ja		Hypervigilanz
		Vigilanz	effektives coping wenn Gefahr akut wird

Abb. 1: Modell der Informationsverarbeitung vor einer Entscheidung über die bei einer drohenden Gefahr zu ergreifenden Maßnahme (auch Janis und Mann 1977).

Kognitive Repräsentation und Motivation

Einen experimentellen Nachweis für die Dominanz der kognitiven Repräsentation des Reizes gegenüber dessen physikalischen Eigenschaften in bezug auf Erleben und Verhalten legten Spanos et al. (1974) vor. Bei 80 studentischen Versuchspersonen wurde zunächst die Schmerzschwelle der Fingerkuppe überprüft: Ein scharfkantiger Keil übte dabei für 1 min einen Druck von 2000 g Gewicht aus. Vor dem Hauptversuch wurden die Versuchspersonen in verschiedener Weise instruiert bzw. beeinflußt: Eine Gruppe erhielt Hinweise, die darauffolgende Versuchsphase mittels hypnotischer Suggestionen zu bestehen. Die zweite Gruppe wurde gebeten, sich ihre rechte Hand (die zum Test ausgewählt worden war) als taub und unempfindlich vorzustellen. Außerdem wurde ein Teil der Versuchspersonen aufgefordert, bei der Einschätzung des empfundenen Schmerzes besonders ehrlich zu sein.

Die Ergebnisse verwiesen eine deutliche Abnahme der Schmerzempfindung gegenüber dem Ausgangswert bei der Gruppe, die aufgefordert worden war, sich ihre Hand als taub und unempfindlich vorzustellen. Die „kognitive Kontrolle", die somit zu einer spezifischen kognitiven Repräsentation des Schmerz empfindenden Organs führte, erwies sich als weit effizienter als Hypnose oder irgendein anderer Einfluß.

Dies ist ein klassischer Beleg für die These von Baldwin (1969), wonach nicht der physikalische Reiz, sondern seine kognitive Repräsentation das Glied in der Kette der Prozesse von dem Stimulator zur Reaktion darstellt, das entscheidend für deren Auswahl ist. Umgekehrt hat Borkovec (1976) freilich gezeigt, daß kognitive Manipulationen in bezug auf eine Angst erzeugende Situation (wie kognitive Meidungsreaktionen, falsche Rückmeldung über die Zunahme der physiologischen Indikatoren, Fehlattribuierung usf.) zur Fixierung der Angst beitragen können. Bei starker physiologischer Erregung war eine Beeinflussung des Angstzustandes auf kognitivem Wege nur schwer möglich.

Dennoch sind die Versuche sehr zahlreich, über „kognitive Kontrollen", d.h. Veränderung der kognitiven Repräsentation der Situation eine Veränderung von Reaktionen herbeizuführen, welche die Anpassung und das psychische Wohlbefinden von Patienten beeinträchtigen (vgl. Mahoney 1974, Meichenbaum 1976). Von hier aus gesehen hat kaum eine Theorie eine raschere Umsetzung in die Praxis erfahren wie die (Wieder-)Entdeckung der „Macht der Gedanken" (Birch et al. 1974).

Auch im nicht-therapeutischen Bereich gibt es zahlreiche Belege und zugleich Anwendungen der Einsicht in die Rolle „kognitiver Repräsentationen". Kane, Jospeh & Tedeschi (1976) zeigten, daß die in vielen klassischen Aggressionsexperimenten angenommene eindeutige Korrelation zwischen der Einschätzung eines Verhaltens als „aggressiv" und dessen „schädigender" Wirkung keineswegs immer gegeben ist. Die Mitteilung, daß die Zufügung von Schmerz zum

Wohl des anderen (z. B. weil er dadurch besser lerne) geschehe, könne dazu führen, daß ein solches Verhalten als Hilfe eingeschätzt werde. Die Deutung einer Handlung als „aggressiv" ist danach von einer komplexen Interaktion zwischen Beobachter und Akteur abhängig. Ein weiteres Indiz für die Diskrepanz zwischen kognitiver Repräsentation der Situation und deren objektiver Qualität zeigte sich in der Bonner Gerontologischen Längsschnittstudie (Thomae 1976): So stand der subjektive Gesundheitszustand zu mehr Verhaltensvariablen in signifikanten Beziehungen als der vom Arzt festgestellte (Lehr, Schmitz-Scherzer und Thomae 1973). Langer und Rodin (1976) zeigten in einem Feldexperiment den Einfluß „wahrgenommener Selbstverantwortlichkeit": Einer Gruppe von Pflegeheimbewohnern wurde bei der Aufnahme mitgeteilt, daß sie für sich selbst verantwortlich seien, während die Kontrollgruppe dahingehend informiert wurde, daß die Angestellten für das Wohlergehen der Bewohner verantwortlich seien. Die Aktivität und das Wohlbefinden der Kontrollgruppe nahmen in der Folgezeit deutlich ab, während jene der Experimentalgruppe zunahmen. Als Konsequenz dieser Aktivitätszunahme nahmen auch die Leistungen in Intelligenztests und Problemlösungsaufgaben zu. Diese Unterschiede verweisen nach der Interpretation durch die Autoren auf die Verhalten kontrollierende Funktion der kognitiven Repräsentation der Situation im Pflegeheim.

Von Beobachtungen und experimentellen Befunden wie den vorgegebenen aus erscheint die These von Bolles, wonach „motivationale" Prozesse durch „kognitive Prozesse" in der Erklärung menschlichen Verhaltens abgelöst werden könnten, gerechtfertigt. Die Analyse „persönlicher Konstrukte" (Kelly 1955) oder typischer „Schemata" des Umwelterlebens (Neisser 1976), des „subjektiven Lebensraumes" (Thomae 1968) scheint die Untersuchung und Postulierung von Motiven ersetzen zu können.

Die Ergänzungsbedürftigkeit des ersten Grundsatzes einer kognitiven Theorie des Verhaltens im Sinne von Baldwin (1969) durch den Hinweis auf die motivationalen Einflüsse auf die kognitive Repräsentation (Thomae 1970) wird durch eine Untersuchung von Carp (1975) gezeigt. Bei der Befragung älterer Personen wird von diesen die eigene ökonomische, insbesondere aber auch die eigene Wohnsituation als sehr befriedigend geschildert, obwohl sie objektiv äußerst schlecht ist. Man formulierte nun die Hypothese, daß diese positive „kognitive Repräsentation" einer ungenügenden Lebenslage gerade bei der Wohnung das Resultat von Abwehrmechanismen gegen das Vergegenwärtigen der Unveränderlichkeit dieser Situation sei. Man bot nach der Einschätzung der momentanen Wohnsituation einer Auswahlgruppe an, in eine bessere Gegend ziehen zu können und sicherte auch Hilfe für den Umzug zu. Nachher ließ man die gegenwärtige Situation erneut einschätzen: Dabei trat eine wesentlich ungünstigere Bewertung der momentanen Lebensbedingungen ein. Bei der Kontrollgruppe, die noch nicht zum Umzug ausgewählt worden war, ergaben sich dagegen auch weiterhin positivere Einschätzungen.

Die kognitive Repräsentation der eigenen Situation ist also weniger das Produkt des „Menschen als Wissenschaftlers“ (Kelly 1955), die sozusagen objektiv und frei geschieht, sie entsteht vielmehr motivational gesteuert und gelenkt. Dies ist ein Aspekt, der bei der Bewertung aller „kognitiver Theorien“ zu berücksichtigen sein wird und auf den wir noch zurückkommen werden.

2.5 Überzeugungen (beliefs) und Werte als Verhaltensdeterminanten

Das kognitive Motivationsmodell von Tolman (1952) sah als eine Determinante des Verhaltens eine sehr große Zahl von „Überzeugungs-Wert-Matrices“ (belief-value matrices) an, die ineinandergreifen, sich überschneiden und sich gegenseitig enthalten oder ausschließen. Solche Überzeugungssysteme werden im Laufe des Lebens in bestimmten Generalisierungsdimensionen erworben und zur Beurteilung jeder neuen Situation angewandt. Gegenüber den kognitiven Repräsentationen einer Situation, die jeweils durch die augenblicklichen sensorischen, kognitiven und/oder motivationalen Bedingungen beeinflußt sind, sind diese „belief-systems“ relativ überdauernd. Verhalten können sie aber nur dadurch bestimmen, daß sie mit bestimmten positiven oder negativen Wert-Kennzeichnungen verbunden sind. So kann die Wahl einer Gaststätte zum Mittagessen durch die durch Erfahrungen gewonnenen Überzeugungen über die Art der Lokale und die damit verbundene Bewertung hinsichtlich Güte und Kosten bestimmt sein: Außer diesen kognitiven Orientierungsmitteln werden von Tolman jedoch primäre und sekundäre Bedürfnisse postuliert, um Verhalten erklären zu können. Die kognitiven Systeme haben hier somit instrumentelle Funktion gegenüber den direktiven und energetisierenden Faktoren der Bedürfnisse.

Unabhängig von Tolman hat Rokeach (1960) seine Theorie von der Struktur von Überzeugungssystemen (belief-systems) und ihrer Zuordnung zu zwei typischen Persönlichkeitstypen entwickelt: jenem des „offenen“ bzw. des „geschlossenen“ Geistes (Rokeach 1960). Die Überzeugungen (beliefs) wurden in der Dogmatismusskala von Rokeach gemäß bestimmten Vorannahmen des Autors z. B. in folgender Weise operationalisiert:

(10) „In dieser komplizierten Welt bleibt uns nur übrig, uns auf vertrauenswürdige Führer oder Experten zu verlassen, wenn wir wissen wollen, was eigentlich auf dem Spiel steht.“

(19) „Die meisten Leute kümmern sich überhaupt nicht um andere.“

(33) „Fundamentally the world we live in is a pretty lonely place.“

Der Zusammenhang dieser Skalen mit dem Konzept der „autoritären Persönlichkeit“ von Adorno et al. (1950) wird ohne weiteres deutlich. Stärker autoritäre Überzeugungen (beliefs) werden einem geschlossenen, weniger autoritäre Annahmen einem „offenen“ Geist zugeordnet.

Die Beziehung dieser von Rokeach selbst der Persönlichkeits- und Sozialpsychologie zugeordneten Konzeptualisierung von Überzeugungssystemen zur Motivationspsychologie wurde vor allem durch Studien im klinischen Bereich unterstrichen. Ehrlich und Bauer (1966) zeigten, daß die Länge der Behandlungsdauer in psychiatrischen Institutionen in signifikanter Weise mit dem Dogmatismuswert korrelierte. Aber auch die Dogmatiswerte des Personals dieser Insitution sind von Bedeutung: Hohe Werte für Dogmatismus oder „Geschlossenheit" der Überzeugungs-Systeme fanden sich vor allem bei Mitarbeitern von psychiatrischen Institutionen, die sich einer Reform der hergebrachten Behandlungsmethoden widersetzten (Wilkinson 1974). Erblindete Personen, die ein eher „geschlossenes" Überzeugungssystem hatten, leugneten ihre Behinderung und verdrängten affektive Reaktionen darauf, während solche, die eher zu einer „offenen" Mentalität im Sinne der von Rokeach definierten Überzeugungssysteme tendierten, eher eine aktive Auseinandersetzung mit der Belastungssituation bevorzugten (Hallenbeck & Lundstedt 1966).

Ebenso wurden Zusammenhänge zwischen der „Offenheit" der Überzeugungssysteme und der Annahme bzw. Ablehnung neuer Ausdrucksformen in Musik und bildender Kunst gefunden (Soh 1972, Pyron 1966).

Die Lösung von intrapersonalen Konflikten in der Entscheidung ist ein weiterer Bereich, in dem der Einfluß von Überzeugungen auf Intensität, Richtung und Form des Verhaltens analysiert wurde. Entscheidungen kommen nicht durch die quasi-automatische „Aufladung" oder „Entladung" der miteinander konkurrierenden Reaktionspotentiale zustande, sondern durch die Einbeziehung von Überzeugungs-Wert-Systemen (Thomae 1974). Diese Übezeugungs-Wert-Systeme weisen eine hierarchische Ordnung auf, d. h. manche beziehen sich auf Gegenwart und Zukunft der individuellen und sozialen Existenz (wie z. B. „Man muß alles vermeiden, was der Gesundheit schadet"), manche sind situativ eingebunden (z. B. „Eine einzige Zigarette pro Tag kann noch nichts schaden"). Die Position des in die Konfliktlösung einbezogenen Überzeugungssystems in der Hierarchie der personalen kognitiven Systeme ist letztlich das, was über den Ausgang des Konfliks entscheidet. Insoweit ist diese Entscheidungstheorie eine kognitive Theorie. Zugleich weist sie aber am deutlichsten die Interaktion kognitiver und motivationaler Systeme auf. Durch eine Analyse von Berichten über „schwere Entscheidungen" ließ sich zeigen, daß die Einbeziehung oder Ausschaltung von „Überzeugungssystemen" nicht nur der Logik der Sache, sondern auch der Konstellation der jeweils bestimmenden Bedürfnislagen folgt. Mit der Wertung einer Situation als einer solchen von relativ begrenzter Bedeutung werden Überzeugungswertsysteme von weniger umfassender Relevanz aktualisiert werden als dann, wenn die Situation als entscheidend für die ganze eigene Zukunft oder die einer ganzen Gruppe oder einer Nation angesehen wird. Gerade diese Deutung der „peripheren" oder „zentralen" Relevanz der Situation aber ist oft nicht nur von objektiven Gründen, sondern von ganz bestimmten Bedürfnislagen abhängig (Thomae 1974, S. 99 ff.). Janis und Mann (1977) haben sehr viele Belege für die Taktiken einer Aufbauschung (bolstering) der existentiellen Bedeutung bestimmter attraktiver Alternativen herausgestellt, andererseits die Abwehrmechanismen, die mobilisiert werden, um die Erkennung von Warnzeichen für eine mögliche Gefahr zu verhindern. Dies geschieht jedoch nicht, um die Dominanz von triebdynamischen Handlungsmodellen zu erweisen. Die Prozesse, die zur Konfliktlösung durch Entscheidung führen, werden als „heiße" Kognitionen bezeichnet. Damit wird die Problematik der Interaktion zwischen kognitiven und motivationalen Variablen berührt, wenn auch die gesamte Argumentation am Optimierungsprinzip der Entscheidung orientiert bleibt. Eine solche Orientierung ist gerechtfertigt, wenn es um die Analyse von politischen oder militärischen Entscheidungen geht, findet aber seine Grenze in rein persönlichen Entscheidungen (z. B. bei dem Konflikt einer Ehefrau, die Zusammensein mit ihrem Mann nicht mehr erträgt und doch von ihm abhängig ist, vgl. Thomae 1974, S. 69 u. a.).

2.6 Erwartungen und Verhalten

Korman (1974) glaubt, alle bestehenden „kognitiven" Ansätze in der Motivationstheorie als „Erwartungstheorien" bzw. „Erwartungs-Wert"-Theorien einordnen zu können. Er orientiert sich weniger an dem „kognitiven Motivationsmodell", in dem Tolman (1951) die „beliefs" (Überzeugungen) in den Mittelpunkt stellte, sondern an dessen älteren Darstellungen (Tolman 1932), in denen der Erwartungsbegriff im Mittelpunkt stand. „Erwartungen" sind intervenierende Variable, die durch „Ähnlichkeit der augenblicklichen Situation mit einer früher erlebten" aktualisiert werden. Die Ähnlichkeit der Situation kann Erwartungen hinsichtlich der Ereignisse hervorrufen, die sich auf Grund der frühen Erfahrungen einstellen. Diese Erwartungen sind zugleich positiv bzw. negativ akzentuiert, d. h. also mit einem positiven oder negativen Wertakzent versehen.

So hält sich Bolles (1972) in der Nachfolge von Tolman für berechtigt, davon zu sprechen, daß ein Tier in einer bestimmten Situation ein bestimmtes Ergebnis erwarte. „Es erscheint auch angemessen, davon zu sprechen, daß das Tier in einer bestimmten Situation eine spezifische Erwartung habe". Die Erwartung sei ein zentraler Vorgang, ohne daß über die Lokalisation im CNS oder ihren Bewußtseinsgrad etwas ausgesagt werden könne. Wesentlich aber sei, daß man mit größerem Recht die These aufstellen könne, Erwartungen (d. h. cognitive maps, gespeicherte Information) erklärten Verhalten als zu behaupten, S-R-Verbindungen erklärten Verhalten.

Ein Gesetz der früheren Erwartungen sei insbesondere dazu angetan, bestimmte Fehlschläge von Verstärkungsversuchen zu erklären: Wenn eine Belohnung

gen angesehen, die in Situationen gesammelt wurden, die der augenblicklichen als ähnlich erlebt werden. Konkret untersucht wurden im Kreis von Rotter die generalisierten Erwartungen, die sich auf die interne vs. externe Kontrolle des Verhaltensergebnisses und jene, die sich auf die Vertrauenswürdigkeit der Umwelt beziehen. Die Auswirkung solcher generalisierter Erwartungen wurde u. a. in einer Studie von Phares (1962) gezeigt, in der die Versuchsperson einen schmerzhaften Reiz meiden konnte, wenn sie eine als Signal kaum wahrnehmbar vorgeschaltete sinnlose Silbe rechtzeitig erkannte. Bei einer Gruppe wurde die generalisierte Erwartung gebildet, daß dies ganz von der eigenen Geschicklichkeit abhänge, bei der anderen dagegen, daß Erfolg oder Mißerfolg im Meiden des Schmerzreizes vom Zufall abhänge. Es zeigte sich, daß die Gruppe, welche Erfolg als von ihrem eigenen Verhalten abhängig erlebte, zunehmend raschere Erkennungszeiten für die kritischen Silben aufwies.

Noch vielfältigere Beziehungen zu Intensität, Form und Richtung des Verhaltens weist aber die generalisierte Erwartung, selbst über Erfolg oder Mißerfolg zu bestimmen (gegenüber einer externalen „Orientierung"), auf (zusammenfassend Rotter et al. 1972, Phares 1978).

Die umfangreichste Liste von Erwartungsarten wurde von Heckhausen (1977a) vorgelegt. Zu der von Mischel (1973) vorgenommenen Unterscheidung fügte er noch eine Handlungs-Situations-Erwartung und eine Ergebnis-Konsequenzen-Erwartung hinzu. Die erste bezieht sich auf die Erwartungen bezüglich fordernder oder hemmender Einflüsse der Situation auf den Erfolg eigener Bemühungen bei der Erreichung des Zieles. Die Ergebnis-Konsequenzen-Erwartungen beziehen sich auf den instrumentellen Wert des Erfolgs oder Mißerfolgs in bezug auf weitere Ziele. Der Begriff der Erwartung wird daher als kognitive Zusatzvariable eingeführt.

Die Reaktionsbereitschaft ist schließlich von motivabhängigen Valenzen in deren durch diese Erwartungen situationsspezifisch modifizierten Stärken definiert. Eine Aktionstendenz ist somit das Resultat eines sehr komplexen Kalküls von Erwartungen hinsichtlich sehr verschiedener Aspekte der Situation. Es ist kein Wunder, daß Heckhausen (1977a) die Möglichkeiten dieses Modells am Beispiel der Überlegungen eines Bergsteigers demonstriert, der sich verirrte und vor der Frage steht, ob er den riskanten weiteren Abstieg wagt oder auf Hilfe von anderen warten soll. Solange dieses Modell auf leistungsbezogenes Verhalten bezogen bleibt, mag die hohe Einschätzung der Rolle von Erwartungen sehr spezifischer Natur ihre Berechtigung haben. Wenn aber Anstrengungen unternommen werden, daß dieses Modell auf alle Motivationsprozesse generalisiert wird, besteht doch die Gefahr, daß eine zu rationale Interpretation der „inneren Begründung" des Verhaltens vorgenommen wird.

2.7 Attribuierung und Verhalten

Die Attributionstheorie von Fritz Heider (1958) war ursprünglich ein Beitrag zur Psychologie der Personenwahrnehmung (Heider 1978, S 21 ff.), wurde jedoch schon von ihm selbst als Ansatz zur Erklärung interpersonalen Verhaltens eingeführt (Heider 1958). Soziales Verhalten ist die Folge der Zuschreibung von Ereignissen zu Personen. Ihr Stellenwert im Rahmen kognitiver Motivationstheorien wurde von Weiner (1972) dahingehend gekennzeichnet, daß sie den Reiz nicht einfach durch dessen kognitive Repräsentation (Baldwin 1969) ersetze, sondern als das wahrgenommene Ergebnis eines Ereignisses interpretiert (Weiner 1972, S. 317). Es ist eine bestimmte Erklärungsstruktur für Ereignisse, die durch soziale Normen, persönliche Normen, Höhe der Leistungsmotivation, Verstärkungspläne und Situationszwänge beeinflußt ist (Weiner 1978, S. 140). Während Heider noch eine eindimensionale Ursachenstruktur (Internal – External) angenommen hatte, wurde sie von Weiner (1972) durch die Dimension variabel – stabil (Anstrengung – Begabung) und von Weiner et al. (1978) durch jene von angenommener oder nichtangenommener Intentionalität des Ereignisses ergänzt. Die Auswirkungen der kausalen Attribuierung können sich in Intensität und Art der affektiven Reaktion und in der Erwartung bestimmter Handlungsergebnisse äußern. Im allgemeinen wurde angenommen, daß internale Attribuierung eines Handlungsergebnisses (z. B. Erfolg – Mißerfolg) zu einer Steigerung der affektiven Reaktion führe. Weiner et al. (1978) entnahmen der vorliegenden Literatur, es sei erkannt, „daß einige Affekte aufgrund externaler statt internaler Attribuierung stärker ausgeprägt sind". Die Überprüfung der einander entgegenstehenden Annahmen erfolgte in der Weise, daß studentische Versuchspersonen bestimmten, (durch Kurzgeschichten) vorgestellten Situationen mit erfolgreichem Resultat vorgegebene Namen für positive Affekte, solchen mit negativem Ausgang Bezeichnungen für negative Affekte zuordneten. Aus den Urteilen dieser Versuchspersonen wird gefolgert, „daß eine Anzahl von Attribuierungen jeweils spezifische, qualitativ verschiedene Emotionen hervorruft" (Weiner et al. 1978, 156). Es erscheint uns allerdings, daß hier eine sehr problematische Schlußfolgerung gezogen wird, denn die Frage, wie sich der Held nach Meinung der Versuchspersonen in jeder der Geschichten fühlte, konnte höchstens bestimmte Stereotypien über affektive Reaktionen bei einer studentischen Population zugänglich machen, nicht aber deren emotionale Reaktion auf die Attribuierung. Wenn die Theorie von der Abhängigkeit emotionaler Prozesse von Attribuierungsprozessen also ausschließlich durch Experimente dieser Art gestützt ist, könnte man sie kaum als erwiesen betrachten. Singer (1974) brachte als Argument für die Auswirkung von Attribuierungsprozessen auf emotionale Reaktion das Beispiel einer Frau, die mit einem Gefühl der Übelkeit aufwacht: Ihre weiteren emotionalen Reaktionen werden nun davon abhängen, ob sie diese Übelkeit auf einen Kater oder eine Schwangerschaft zurückführt. Hier wird also auf eine physiologische Information Bezug genommen, die durch den

Attribuierungsprozeß „verständlich" gemacht wird und von dieser Einsicht aus die emotionale Reaktion bestimmt.

Jeder, der beansprucht, die Auswirkung von Attribuierungsprozessen auf emotionale Reaktionen nachweisen zu können, müßte solche emotionale Reaktionen zu provozieren in der Lage sein, nicht nur mehr oder minder stereotype Annahmen über Zusammenhänge zwischen Ursachenerklärungen und emotionalen Reaktionen.

3. Langzeitmodelle und Motivation

Die psychoanalytische Theorie der Triebentwicklung

Für eine keineswegs homogene Gruppe von Autoren ist die Motivation eines bestimmten Verhaltens nicht zureichend durch den Aufweis der im Augenblick ablaufenden oder der unmittelbar vorhergehenden Erregungs- und Orientierungsvorgänge umschreibbar. Sie sehen vielmehr jeden motivationalen Zustand und seine Ergebnisse durch eine Entwicklung bestimmt, die bis auf die frühesten Lebensjahre zurückreicht. Das bekannteste und „klassische" Beispiel in dieser Hinsicht ist die Psychoanalyse von Freud, der zufolge die „Ätiologie der Störungen", wie sie der Psychoanalytiker in seiner Praxis studiert, „in der Entwicklungsgeschichte, also in der Frühzeit des Individuums zu finden ist" (S. Freud 1938/1953, S. 20). Dieser Grundgedanke führte zur Annahme von vier Stufen der Entwicklung der Libido als des am ehesten faßlichen Ausdrucks des ‚Eros', der *einen* Grundtriebkraft, die Freud neben dem „Todestrieb" postulierte. Diese Stufen stellen eine „geordnete Reifungssequenz von praeferierten Orten der Stimulation" dar (Sanford 1963). Eine orale Ausgangsphase, in welcher die Mundzone dominantes Erfahrungs- und Bemächtigungs-Organ ist, wird von einer analen, einer urethralen Phase abgelöst. Freie Assoziationen der Erwachsenen, spezifische Traumdeutungen, ihr vom Analytiker interpretierter Zusammenhang mit dem Symptom werden jeweils zum Markierungspunkt einer Verlagerung des Luststrebens von einer „Körperöffnung" auf die andere. Über die phallische Phase, in der sich der Ödipus-Komplex bilden kann, und eine Latenzphase, welche den Altersgruppen von 5–12 Jahren zugeordnet wird, geht die Entwicklung in die eigentlich genitale Phase über, falls nicht Fixierungen und Regressionen den normalen Ablauf behinderten oder verzerrten.

Abraham (1925) differenzierte die Phasenlehre durch Unterscheidung einer passiven und aktiven oralen und einer ejectiven und retentiven analen Phase. Vor allem suchte er die Verankerung von dominanten Motivgruppen wie Sparsamkeit, Geiz und Pedanterie auf bestimmte Beeinträchtigungen der libidinösen Entfaltung während dieser Phase zurückzuführen.

Revision der Freudschen Theorie innerhalb der Neopsychoanalyse

Innerhalb der verschiedenen Varianten der Neopsychoanalyse war man bestrebt, die zu starke Konzentrierung der Argumentation auf die sexuelle Entwicklung zu vermeiden und stärker die Interaktion zwischen individueller und gesellschaftlicher Entwicklung für die Konzeptualisierung der Motivationsstruktur des Erwachsenen herauszustellen. Neben den Beiträgen von Fromm (1964), Horney (1939) und Sullivan (1953) ist hier vor allem die Lehre von den Stufen und Krisen im Leben der „gesunden Persönlichkeit" von Erikson (1950) zu nennen. Er interpretierte die beiden ersten Phasen von Freud im Sinne einer Sozialpsychologie des Kindesalters um und kennzeichnete sie durch die möglichen Endresultate der Interaktion zwischen kindlichem Bedürfnis und Einwirkung der Umwelt: Der oralen Phase entspricht nun ein Grundkonflikt zwischen Vertrauen und Ur-Mißtrauen, der analen ein solcher zwischen „Autonomie gegen Scham und Zweifel". Dominante Grundgefühle im Erwachsenenalter sind danach Resultat der Schicksale, welche das Kind in der jeweils für ein solches Gefühl kritischen Entfaltungsphase erfährt. Dennoch ist die Motivationsstruktur der Erwachsenenpersönlichkeit nicht ausschließlich durch solche frühen Erfahrungen bestimmt. Erikson (1950) gab wenigstens einige skizzenhafte Darstellungen von drei entscheidenden Stufen der motivationalen Entwicklung im Erwachsenenalter, die eindimensional durch bestimmte „Aufgaben" umschrieben werden, wie z. B. jene der vollbefriedigenden Beziehungen zwischen Mann und Frau („Genitalität"), zwischen Eltern und Kindern (Generativität) und der „Integrität", d. h. eines Grades persönlicher Reife, der Frustrationstoleranz und Verständnis sowie Offenheit für die Verschiedenheit der menschlichen Natur einschließt.

Von grundlegender Bedeutung bleiben auch hier die Schicksale, welche bestimmte Grundbedürfnisse des Menschen in Kindheit und Jugend erfuhren. Durch neue Rollen aber entstehen auch neue Belange und Bedeutsamkeiten, die dann auch neue Konturierungen der Motivationsstruktur schaffen können.

Das Konzept der „Entwicklungsaufgaben" und seine motivationspsychologische Bedeutung

Von empirischen Untersuchungen aus haben Peck (1956) und Havighurst (1963) den Versuch unternommen, solche Strukturen dominanter Anliegen, Belange und Bedürfnisse für das Erwachsenenalter zu kennzeichnen. Auch hier geht in die Aussage im übrigen die Annahme ein, daß das einigermaßen erfolgreiche Bestehen von in früheren Epochen gestellten „Aufgaben" Voraussetzung der Meisterung der neuen sind. Infolgedessen erfordert jede Analyse einer zu einem Zeitpunkt gegebenen Motivationsstruktur nicht nur die Berücksichtigung der augenblicklichen, sondern auch der früheren Schicksale.

Sozialisationstheoretische Modelle

Soweit nicht hereditäre Ursprünge bestimmter Motive postuliert werden, versuchen die meisten Motivationstheoretiker Entstehungsbedingungen bestimmter Ausprägungsgrade von Motiven zu analysieren. In den Beiträgen von Band 2 wird mehr oder minder ausführlich auf die Sozialisationsbedingungen von hilfreichem Verhalten, Aggression und Leistungsmotivation eingegangen. Theorien der Sozialisation und empirische Ergebnisse der Sozialisationsforschung in bezug auf motivations-psychologisch wesentliche Variablen wurden im Bd. 7,2 (Graumann 1972) des Handbuchs der Psychologie behandelt (Fröhlich und Wellek 1972, Heckhausen 1972, Lehr 1972, Thomae 1972, 79, Weinert, 1972, v. Baeyer 1972).

Es ist allerdings hervorzuheben, daß alle sozialisationstheoretischen Ansätze nur die Ausprägung bestimmter Motive als „dynamischer Eigenschaften" erörtern. Die Analyse konkreter Motivationsprozesse in aktuellen Situationen bedarf keines Rekurses auf den Langzeitprozeß, der zur spezifischen Stärke des jeweils einbezogenen Motivs führte.

Entwicklungspsychologisch fundierte Langzeitmodelle

Demgegenüber weisen einige entwicklungspsychologische Beiträge zum Motivationsproblem insofern Ähnlichkeiten zum psychoanalytischen Langzeitmodell der Motivationsstruktur auf, als auch hier das Durchlaufen einer Phasensequenz angenommen wird, dessen Ergebnis über die im Jugend- und Erwachsenenalter vorhandene Motivationsstruktur entscheidet.

Am bedeutsamsten ist in dieser Hinsicht der Ansatz zur entwicklungspsychologischen Analyse des „moralischen Urteils" (Piaget 1954), der von Kohlberg (1963, 1969) wesentlich vertieft und erweitert wurde.

Implizit und explizit ist beiden Autoren eine entschieden kognitive Orientierung eigen, d. h. sie erwarten sich von der Analyse der „Struktur" des moralischen Urteils eine Basis für die Vorhersage wesentlicher Aspekte des sozialen Verhaltens. Kohlberg (1969) sieht die von Baldwin (1969) und anderen „Lerntheoretikern", aber auch die von informationstheoretisch orientierten Autoren genannten Kriterien einer kognitiven Verhaltenstheorie als unzureichend an, da sie die Bedeutung kognitiver *Strukturen* verkennen. Der im deutschen Sprachbereich durch Krueger (1953) und Wellek (1950) meist metaphysisch verstandene Strukturbegriff wurde von Kohlberg (1969, S. 349) einmal durch Bezugnahme auf spezifische Eigenarten der Form und der Organisation der Reaktion, zum anderen auf die Regeln der Informationsverarbeitung oder der Verbindung von erfahrenen Sachverhalten definiert oder durch das Merkmal der „Kategorisierung von Erfahrung" umschrieben.

Solche Regeln der Informationsverarbeitung differenzieren sich im Laufe der kognitiven Entwicklung. Mit ihrer Differenzierung aber ändern sich auch die „Regeln“ der moralischen Beurteilung und damit des Verhaltens. So wird das soziale Verhalten des Kindes anders verlaufen, wenn ihm die Regel der heteronomen Moral (Piaget 1954) zugrunde liegt als dann, wenn es die Stufe der moralischen Entwicklung erreicht hat, welche von der Regel der Gerechtigkeit bestimmt ist.

Kohlberg (1963, 1969) hat die Zahl der Stufen der moralischen Entwicklung, die in allen Kulturen aufweisbar seien, auf 6 erhöht und damit sechs Strukturen des moralischen Urteils umschrieben, durch welche das Verhalten bestimmt sein kann. Auf der untersten Stufe wird das Verhalten durch die Furcht vor Strafe, auf der zweiten Stufe durch den Wunsch nach Belohnung oder Vorteil bestimmt. Auf der dritten Stufe bestimmt die antizipierte Mißbilligung durch andere Menschen, auf der vierten die antizipierte institutionelle Mißbilligung das moralische Verhalten. Nur sehr wenige erreichen die beiden obersten Stufen, auf denen die Sorge um Erhaltung der Achtung von Gleichgesinnten (Stufe 5) bzw. um die Verletzung selbst gewählter Prinzipien die moralische Entscheidung bestimmt.

Der entwicklungspsychologische Aspekt dieser Sozialisationstheorie interessiert hier weniger als die These von Kohlberg, daß affektiv-emotionale Prozesse moralischen Verhaltens, wie Schuld oder Mitgefühl (Empathie), abhängige Variable der kognitiven Definition der Situation sind. Sozialisation ist danach nicht das Ergebnis der Belohnung oder Bestrafung bestimmter Verhaltensweisen, wie bestimmte Lerntheorien dies annehmen, sondern der Kommunikation von kognitiven Strukturen, welche bestimmte Situationen in spezifischer Weise definieren (Kohlberg 1969, S. 393). Studenten, welche durch diese Kommunikation die moralische Urteilsstruktur der Stufe 6 erworben haben, widerstehen der Forderung nach Gehorsam, den der Versuchsleiter im Milgram-Experiment (Milgram 1963) an sie richtete, fast ausnahmslos, während jene, welche die Versuchssituation in den kognitiven Strukturen der unteren Stufen interpretieren, nur zu 13% Widerstand leisteten (Kohlberg 1969). Die Umgebung kann das Niveau der moralischen Urteilsstruktur äußerst ungünstig beeinflussen. Kohlberg et al. (1974) stellten in einem Feldexperiment fest, daß die Mentalität eines Gefängnisses das „moralische Urteil“ denaturieren könne. Es zeigte sich, daß die Wahrnehmung der Gerechtigkeitsstruktur im Gefängnis im wesentlichen den untersten Stufen dieses Entwicklungsschemas entsprach, d. h. einem Denken in Strafe und Belohnung und gegenseitigem Interessenaustausch. Auch normalerweise vernünftig denkende Gefangene wurden durch die Macht der Gefängnissituation auf diese primitive Stufe des moralischen Denkens zurückgeworfen. Auch Gruppendiskussionen konnten daran wenig ändern. Das Autoritätssystem des Gefängnisses unterstützte straforientierte Willfährigkeit, und die starre Struktur der Rollen blockierte jede Möglichkeit therapeutischen Rollenspiels oder Verschiebungen in den Perspektiven. Diese Beobachtungen und Überlegungen führten zu einem Modellvorhaben in einer halboffenen Frauenanstalt, bei der „Gerechtigkeitsstrategien“ als Behandlungsmethode eingeführt wurden und sich allmählich eine Selbstverwaltungsstruktur entwikkelte, bei der die Gefangenen selbst über Disziplinarmaßnahmen gegen Mitgefangene entschieden. Diese Verwendung der Moral der Gerechtigkeit (statt Strafe) betonte Partizipation, Austausch, Wahl und geteilte Verantwortlichkeit für das Gemeinwesen, in dem die Gefangenen untergebracht waren. Scharf und Kohlberg (1974) berichteten von einer sehr niedrigen Rückfallquote innerhalb des ersten Jahres nach der Entlassung (5 von 33 Fällen). Bei früheren Gruppenversuchen, die allerdings nicht an einer Theorie der moralischen Stufen orientiert waren, wurden maximal 50% Erfolge – jeweils für ein Jahresintervall – erzielt (Schneider 1970). Man sollte freilich mit einer zu hohen Erwartung auf den Erfolg ähnlicher Experimente vorsichtig sein, da wahrscheinlich nur die besonderen Bedingungen dieses Pionierversuchs die Motivation zur Teilnahme schufen.

Ganz generell gewinnt man den Eindruck, daß kognitive Strukturtheorien das Problem der kognitiv-motivationalen Beziehungen ausschließlich von der direktiven Rolle der kognitiven Variable aus interpretieren. Da kognitive Strukturen in diesem Sinne das Resultat eines mehr oder minder langen Prozesses der Gleichgewichtigkeitsregulierung zwischen Individuum und Umwelt darstellen und Gleichgewichtsregulation das Paradigma homöostatisch orientierter Motivationstheorien darstellt, würde auch in dieser Hinsicht das Gleichgewicht hergestellt sein: die Dominanz einer spezifischen kognitiven Struktur wäre danach Resultat eines Prozeßmodells, das aus der Biologie in die Psychologie der Motivation übernommen wurde. Sobald aber diese kognitive Struktur ausdifferenziert wurde, sind emotionale und motivationale Reaktionen abhängige Variablen der Interpretationen, die aktuelle Situationen von dieser kognitiven Struktur aus erfahren. Solange diese Strukturen als *eine* Determinante unter anderen erscheint, stellen die Strukturen des moralischen Urteils gewisse Analogien zu dem trait-analog umschriebenen Leistungsmotiv in der Formel von Atkinson (1964) dar. Es ist die relativ überdauernde Art und Weise, moralische Dilemmas zu beurteilen, die hier als verhaltensrelevant angesehen wird. Insofern ist das Übergewicht der kognitiven Faktoren hier besonders stark ausgeprägt. Die weitere Überprüfung der Zusammenhänge zwischen der Stufe des Urteilens und dem realen Verhalten wird sicher zeigen, daß neben den kognitiven auch emotional-affektive Einflüsse berücksichtigt werden müssen.

Schlußwort

Der Weg von den „mechanistischen“ zu den kognitiven Motivationsmodellen kann sicher als ein Zeichen zunehmender Differenzierung in der Erfassung psychischer Prozesse angesehen werden. Er wird freilich in die Sackgasse des

Kognitivismus führen, wenn man auf motivationale Konstrukte überhaupt verzichten zu können glaubt oder aber den Motivationsbegriff auf ein traitähnliches Konstrukt reduziert. Fruchtbar wird die kognitive Wende nur dann, wenn sie zu einer systematischen Analyse der Motivations-Kognitions-Interaktionen führt (vgl. auch die Kritik am Kognitivismus durch Ulich 1979).

Literatur

Abraham, K. Psychoanalytische Studien zur Charakterbildung. Wien-Leipzig: Imago 1925

Ach, N. Analyse des Willens. München & Wien: Urban & Schwarzenberg 1935.

Alper, T. G. Task orientation and ego orientation in learning and retention. American Journal of Psychology, 1946, **59,** 236–248.

Alper, T. G. Task orientation and ego orientation as factors in reminiscence. Journal of Experimental Psychology, 1948, 38, 224–238.

Angleitner, A. Rigidität im Alter. Ph. D. Dissertation. Bonn 1972.

Arnold, M. B. Emotion and personality. New York: Columbia University Press 1960.

Aronson, E. Dissonance theory: progress and problems. In R. P. Abelson, E. Aronson, W. J. McGuire et al. Theories of cognitive consistency. Chicago: Rand McNally, 1968, 5–27.

Atkinson, J. W. Motivational determinants of risk-taking behavior. Psychological Review, 1957, **64,** 359–372.

Atkinson, J. W. An Introduction to motivation. Princeton, New Jersey: van Nostrand, 1964.

Atkinson, J. W. & Birch, D. The dynamics of action. New York – London: J. Wiley, 1970.

Atkinson, J. W., & Feather, N. T. (Eds.). A theory of achievement motivation. New York: Wiley, 1966.

Baeyer, W. v.: Sozialisation im politischen Verhalten. In. C. F. Graumann (Hg) Handbuch der Psychologie Bd. 7, 2. Göttingen: Verlag für Psychologie 1972, 1040–1106.

Baldwin, A. L. A cognitive theory of socialization. In D. Goslin (Ed.) Handbook of Socialization Theory and Research. Chicago: Rand McNally, 1969, 325–343.

Bash, K. W. Lehrbuch der allgemeinen Psychopathologie. Grundbegriffe und Klinik. Stuttgart: Thieme, 1957.

Bem, D. J. Cognitive alterations of feeling states: A discussion. In H. London & R. E. Nisbett (Hg.) Thought and Feeling. Chicago: Aldine, 1974, 211–233.

Bentham, J. Introduction into the principles of morals and legislation (1730, ed. 1789). Oxford: Clarendon Press, 1876.

Bergius, R. Motivation, Motivationsforschung. In Dorsch, F. Psychologisches Wörterbuch, 9. A. Bern: Huber 1976.

Berlyne, D. E. Arousal and reinforcement. In D. Levine (Ed.). Nebraska Symposium on Motivation. Lincoln: University of Nebraska Press, 1967.

Berlyne, D. E. What next? (including summary). In H. I. Day, D. E. Berlyne and D. E.

Hunt (Eds.). Intrinsic motivation: A new direction in education. Toronto: Holt, Rinehart and Winston, 1971, pp 186–196.
Berlyne, D. E. Konflikt, Erregung, Neugier. Stuttgart: Klett, 1976.
Bernard, C. Leçons sur les propriétés physiologiques et les laterations pathologiques des liquides de l'organisme. Paris: Bailliere, 1859.
Bierhoff, H. W. Kosten und Belohnung. Eine Theorie sozialen Verhaltens. Zeitschrift für Sozialpsychologie, 1973, **4**, 297–317.
Bierhoff, W. Attraktion, hilfreiches Verhalten, verbale Konditionierung und Kooperation. Eine Integration durch die Austauschtheorie. Zeitschrift für Sozialpsychologie, 1974, **5**, 84–107.
Bindra, D. Motivation. A systematic reinterpretation. New York: Ronald Press, 1959.
Bindra, D. The interrelated mechanisms of reinforcement and motivation and the nature of their influence on response. Nebraska Symposium on Motivation 1969. Lincoln, Nebraska: University of Nebraska Press, 1969, 1–59.
Birch, D., Atkinson, J. W. and Bongort, K. Cognitive control of action. In B. Weiner (Ed.) Cognitive views of human motivation. New York: Academic Press, 1974, 71–84.
Birren, J. E. and Renner, V. J. Health, behavior, and aging. In Institut de la Vie. Proceedings World Conference on Aging. A challenge to science and policy. Vichy, 1977.
Bolles, R. C. Drives and expectancies. Psychological Review 1972,
Bolles, R. C. Cognition and motivation: Some historical trends. In Weiner, B. (Ed.) Cognitive views of human motivation. New York: Academic Press 1974, 1–20.
Borkovec, T. D. Physiological and cognitive processes in the regulation of anxiety. In G. E. Schwartz & D. Shapiro (Hg.) Consciousness and self-regulation, New York: Plenum, 1976, Vol. 1, pp 261–312.
Brichain, M. & Sledr, J. Psychologie u. Ekonomicke Praxi 1974, **9**, 140–146.
Broadbent, D. E. A reformulation of the Yerkes-Dodson law. British Journal of Mathematical and Statistical Psychology, 1965, **18**, 145–157.
Broadbent, D. E. Decision and Stress. London: Academic Press, 1971.
Broadhurst, P. L. The interaction of task difficulty and motivation: The Yerkes-Dodson law revived. Acta Psychologica, 1959, **16**, 321–338.
Brown, J. S. The motivation of behavior. New York: McGraw Hill, 1961.
Brown, R. Social psychology. New York: Free Press, 1965.
Bruner, J. S. & Postman, L. Tension and tension-release as organizing factors in perception. Journal of personality, 1947, **15**, 300–308.
Byrne, D. Social Psychology and the study of sexual behavior. Personality and Social Psychology Bulletin 1977, **3**, 3–30.
Cannon, W. B. The wisdom of the body. New York: Norton, 1932.
Cannon, W. B. The body physiology and the body politics. Science, 1941, **93**, 1–10.
Carp, F. M. Ego-defense or cognitive consistency effects on environmental evaluations. Journal of Gerontology, 1975, **30**, 707–711.
Cattell, R. B. Personality and motivation. Structure and measurement. New York: McGraw Hill 1959.
Cattel, R. B. & Kline, P. The scientific analysis of personality and motivation. London – New York. Academic Press 1977.
Clark, K. B. Explosion in the ghetto. Psychology today 1967, **1**, 30–39.
Cofer, C. N. & Aplley, M. G. Motivation theory and research. New York: Wiley, 1964.

Costello, C. G. Ego-involvement, success and failure. In H. J. Eysenck (Ed.). Experiments in motivation. London: Pergamon, 1964, 161–208.

Danziger, K. Hostility management and ego involvement in discussion groups. Journal of Social Psychology, 1977, **102,** 143–148.

Dashiell, J. F. Fundamentals of general psychology. Boston-New York: Houghton Mifflin 1937.

Deci, E. L. Intrinsic motivation. New York: Plenum Press, 1975.

Dembo, T. Ärger als dynamisches Problem. Psychologische Forschung, 1931, **15,** 1–90.

Dempsey, E. W. Homeostasis. In S. S. Stevens (Hg.), Handbook of Experimental Psychology. New York-London, 1951, 209–235.

Deutsch, M. Field theory in social psychology. In G. Lindzey (Ed.) Handbook of social psychology. Reading, Mass.: Addison-Wesley 1954, Vol. 1, 181–222.

Dietrich, H. „Antrieb" in Ch. Müller (Hg.) Lexikon der Psychiatrie. Heidelberg-New York: Springer, 1973, S. 37.

Dilthey, W. Die Funktion der Anthropologie in der Kultur des 16. und 17. Jahrhunderts. In W. Dilthey, Gesammelte Schriften, Bd. 2, Leipzig-Berlin: Teubner 1923.

Dreikurs-Ferguson, E. Motivation. An experimental approach. New York: Holt, Rinehart and Winston, 1976.

Duffy, E. Activation of behavior. New York: Wiley, 1962.

Dunlap, K. Are there any instincts. Journal of Abnormal Psychology. 1920, **14,** 307–311.

Edwards, W. The theory of decision making. Psychological Bulletin, 1954, **51,** 380–417.

Ehrlich, H. J. & Bauer, M. L. The correlates of dogmatism and flexibility in psychiatric hospitalization. Journal of Consulting Psychology, 1966, **30,** 253–259.

Eibl-Eibesfeldt, I. Grundriß der Vergleichenden Verhaltensforschung. München: Piper, 1967.

Eibl-Eibesfeldt, I. Phylogenetic adaptation as determinants of aggression. I. J. de Wit & W. W. Hartup (Hg.) Determinants and origins of aggressive behavior. Den Haag, Paris: Mouton, 1974, 29–57.

Endler, N. S. & Magnusson, D. The interaction model of anxiety: an empirical test in an examination situation. Canadian Journal of Behavioral Science, 1977, **9,** 101–107.

Epstein, S. The measurement of drive and conflict in humans: theory and experiment. In M. R. Jones (Ed.), Nebraska Symposium on Motivation. Lincoln, Nebr.: Univ. of Nebraska Press, 1962, 127–206.

Erikson, H. E. Growth and crises of the healthy personality. In M. Senn (Hg.), Symposion on the healthy personality. New York: Macy Foundation, 1950, 15–146.

Ertel, S. Relationale Dynamik. Ein Beitrag zur Konsistenztheorie. Zeitschrift für Sozialpsychologie, 1970, **1,** 22–40.

Eysenck, H. J. Experiments in motivation. Oxford-London: Pergamon Press, 1964.

Fahrenberg, J. Psychophysiologische Persönlichkeitsforschung. Göttingen: Verlag für Psychologie, 1967.

Festinger, L. The motivational effects of cognitive dissonance. In G. Kelly, The assessment of human motives, New York: Wiley 1959.

Fischel, W. Grundzüge des Zentralnervensystems des Menschen. Leipzig: Akademische Verlagsgesellschaft, 1960.

Fisher, W. A. Individual differences in behavioral responsiveness to erotica: cognitive labeling, transfer of arousal, and disinhibition considerations. Unpubl. master's thesis, Purdue Univ. 1977.

Ford, C. S. & Beach, F. A. Patterns of sexual behavior. New York: Harper, 1951.
Freeman, E., Principles of general psychology. New York: Holt, 1939.
French, E. G. & Thomas, F. H. The relation of achievement motivation to problem solving effectiveness. Journal of Abnormal and Social psychology 1958, **56**, 46–48.
Freud, S. Gesammelte Werke, chronologisch geordnet. Vol I–XVII London: Imago, 1938–1952.
Freud, S. Triebe und Triebschicksale (1915) In: Gesammelte Werke, Vol. X. London: Imago, 1946.
Freud, S. Abriß der Psychoanalyse (1938) Frankfurt: Fischer, 1953.
Fromm, E. The heart of man. New York: Harper & Row, 1964.
Fromm, E. The revolution of hope. New York: Harper & Row, 1968.
Fröhlich, W. D. u. Wellek, S.: Der begrifflich-theoretische Hintergrund der Sozialisationsforschung. In Graumann, G. F. (Hg.) Handbuch der Psychologie, Bd. 7,2 Göttingen 1972, 661–714.
Geen, R. G. & O'Neal, E. C. Activation of cue-elicited behavior by general arousal. Journal of Personality and Social Psychology, 1969, **11**, 289–292.
Gehlen, A. Der Mensch. Seine Natur und seine Stellung in der Welt. Berlin: Duncker und Humboldt, 1940, 6. A. 1970.
Goldstein, K. The organism. New York: Americanbook, 1939.
Graumann, C. F. Einführung in die Psychologie. Bd. 1 Motivation. Frankfurt: Akademische Verlagsgesellschaft, 1969.
Graumann, C. F. (Hg.): Handbuch der Psychologie, Bd. 7,2 Sozialpsychologie: Forschungsbereiche. Göttingen: Verlag für Psychologie, 1972.
Gründel, J. Die Lehre von den Umständen der menschlichen Handlung. Beiträge der Gesellschaft zum Studium der Philosophie und Theologie des Mittelalters. Bd. 59. Münster, Westfalen: Aschendorff, 1963.
Hall, C. & Lindzey, G. Theories of personality, 3. Auflage. New York: Wiley 1978.
Hallenbeck, P. N. & Lundstedt, S. Some relations between dogmatism, denial and depression. Journal of Social Psychology 1966, **70**, 53–58.
Harlow, H. F. Motivation in the acquisition of new responses. In M. R. Jones (Ed.) Nebraska Symposium on Motivation 1953. Lincoln (Nebraska): University of Nebraska Press, 1953, 24–49.
Hauptmann, A. Der Mangel an Antrieb – von innen gesehen. Archiv für Psychiatrie, 1922, **66**, 615–628.
Havighurst, R. J. Dominant concerns in the life cycle. In: Z. Schenk-Danzinger & Thomae (Hg.) Gegenwartsprobleme der Entwicklungspsychologie. Göttingen: Verlag für Psychologie, 1963, 27–37.
Hebb, D. O. The organisation of behavior. New York: Wiley, 1949.
Hebb, D. O. Drives and the C. N. S. Psychological Review, 1955, **62**, 243–254.
Heckhausen, H.: Hoffnung auf Erfolg und Furcht vor Mißerfolg in der Leistungsmotivation. Meisenheim: Hains 1963.
Heckhausen, H.: Leistungsmotivation. In: H. Thomae (Hg.), Handbuch der Psychologie, Bd. 2, Göttingen: Verlag für Psychologie, 1965, S. 602–702.
Heckhausen, H.: Die Interaktion der Sozialisationsvariablen in der Genese des Leistungsmotivs. In: C. F. Graumann (Hg.), Handbuch der Psychologie, Bd. 7, 2, Göttingen: Verlag für Psychologie, 1972, S. 955–1039.
Heckhausen, H.: Achievement motivation and its constructs: a cognitive model. Motivation and Emotion, 1977a, **1**, S. 283–329.

Heckhausen, H.: Motiv und Motivation. In Th. Herrmann, R. R. Hofstätter, H. P. Huber und F. E. Weinert, Handbuch psychologischer Grundbegriffe, München: Kösel 1977b.
Heider, F.: The psychology of interpersonal relations. New York: Wiley, 1958 (Dt. A. Stuttgart: Klett 1977).
Heider, F.: Über Balance und Attribution. In: D. Görlitz et al. (Hg.) Attribution. Stuttgart: Klett, 1978, S. 19–28.
Homans, G. C.: Social behavior as exchange. American Journal of Sociology, 1958, **63**, S. 597–606.
Horney, K.: New ways in psychoanalysis. New York: Norton, 1939.
Hull, C. L.: Principles of behavior. New York: Appleton, 1943.
Hull, C. L.: A behavior system. New Haven: Yale University Press, 1952.
Hunt, J. McV.: Motivation inherent in information processing and action. In: O. J. Harvey (Hg.), Motivation and social interaction. Nee York: Ronald, 1963, S 35–94.
Isaac, W.: Evidence for a sensory drive in monkeys. Psychological Reports, 1962, **11**, S. 175–181.
Izard, C. E.: Human emotions. New York-London: Plenum Press, 1977.
Izard, C. E. & Buechler, S.: Aspects of consciousness and personality in terms of differential emotions theory. In: R. Putchik & H. Kellerman (Eds.). Emotion: Theory, research and experience. New York: Academic Press 1980, S. 165–188.
Janis, I. L. & Mann, L.: Decision making. New York: The Free Press, 1977.
Jaspers, K.: Allgemeine Psychopathologie. A. Berlin, Heidelberg: Springer, 1950.
John, E. R. A model of consciousness. In G. E. Schwartz & D. Shapiro (Hg.), Consciousness and self-regulation. New York: Plenum, 1976, 1–50.
Kagan, J. Motives and development. Journal of Personality and Social Psychology, 1972, **22**, 51–66.
Kahneman, D. Attention and effort. Englewood Cliffs, New Jersey: Prentice-Hall, 1973.
Kane, T. R., Joseph, J. M. & Tedeschi, J. T. Person perception and the Berkowitz paradigm for the study of aggression. Journal of Personality and Social Psychology 1976, **33**, 663–673.
Kanfer, F. H. & Goldfoot, D. A. Self-control and tolerance of noxious stimulation. Psychological Reports, 1966, **18**, 79–85.
Karsten, A. Psychische Sättigung. Psychologische Forschung, 1928, 10, 142–254.
Katz, I. Review of evidence relating to desegregration on the intellectual perfomance of Negroes. American Psychologist, 1964, **19**, 381–399.
Katz, I. Factors influencing Negro performance in the desegrated school. In M. Deutsch, I. Katz, and A. R. Jensen (Eds.) Social class, race, and psychological development. New York: Holt, Rinehart & Winston, 1968.
Kaufmann, H. Definitions and methodology in the study of aggression. Psychological Bulletin, 1965, **69**, 351–364.
Kausler, D. A. Study of the relationship between ego involvement and learning. Journal of Psychology, 1951, **32**, 225–230.
Keidel, W. D. Grenzen der Übertragbarkeit der Regelungslehre auf biologische Probleme. Naturwissenschaften, 1961, 48, 264–276.
Kelly, G. A. The psychology of personal constructs. Vols. 1 and 2. New York: Norton, 1955.
Kelly, G. A. Man's constructions of his alternatives. In G. Lindzey (Hg.), The assessment of human motives. New York: Rinehart, 1958, 33–64.

Meichenbaum, D. Toward a cognitive theory of self-control. In. G. E. Schwartz & D. Shapiro (Hg.), Consciousness and self-regulation. New York-London, 1976. 223–260.
Mercier, D. Psychologie. 3. A. Kempten: Kösel, 1923.
Merton, R. K. Social theory and social class (2nd. ed.). New York: Free Press, 1957.
Meyer, W. U. Leistungsorientiertes Verhalten als Funktion von wahrgenommener eigener Begabung und wahrgenommener Aufgabenschwierigkeit. In H. D. Schmalt & W. U. Meyer (Hg.), Leistungsmotivation und Verhalten. Stuttgart: Klett, 1976, S. 101–136.
Michaelis, W. Verhalten ohne Aggression? Köln: Kiepenheuer, 1976.
Milgram, S. Behavioral study of obedience. Journal of Abnormal and Social Psychology, 1963, **67**, 371–378.
Miller, N. E. & Dollard, J. Social learning and imitation. New Haven: Yale Univ. Press, 1941.
Mischel, W. Personality and assessment. New York: Wiley, 1968.
Mischel, W. Toward a cognitive social learning reconceptualization of personality. Psychological Review, 1973, **80**, 252–283.
Mitscherlich, A. & Vogel, H. Psychoanalytische Motivationstheorie. In H. Thomae (Hg.), Handbuch der Psychologie, Bd. 2. Göttingen: Verlag für Psychologie, 1965, 759–793.
Montgomery, K. C. The role of exploratory drive in learning. Journal of Comparative and Physiological Psychology, 1954, **47**, 60–64.
Morgan, C. T. Physiological mechanisms of motivation. In M. R. Jones (Ed.), Nebraska Symposium on Motivation 1957. Lincoln, Nebraska: Univ. of Nebraska Press, 1957, 1–35.
Mummendey, A. Agression und Attribution. Bielefelder Arbeiten zur Sozialpsychologie. Bielefeld 1978.
Munn, N. L. Psychology. Boston, New York: Houghton Mifflin 1940.
Murphy, G. Personality. A biosocial approach. New York: Harper 1949.
Murray, H. (Hg.), Explorations in personality. New York: Oxf. University Press, 1938.
Myers, A. K. & Miller, N. E. Failure to find a learned drive based on hunger: Evidence for learning motivated by ‚exploration'. Journal of Comparative and Physiological Psychologie, 1954, **47**, 428–436.
Neisser, U.: Cognition and reality. San Francisco: Freeman, 1976.
Nisbett, R. E.: Eating behavior and obesity in men and animals. Advances in psychosomatic medicine, 1972, **1**, 173–193.
Nisbett, R. E. & Storms, M. D.: Cognitive and social determinants of food intake. In: H. London & R. E. Nisbett (Hg.), Thought and feeling. Chicago: Aldine, 1974, S. 190–210.
Nuttin, J. & Greenwald, A. G.: Reward and punishment. New York and London: Academic Press 1968.
Pallak, M. S. & Pittman, T. S.: General motivational effects of dissonance arousal. In: Journal Personality and Social Psychology, 1972, **19**, S. 349–358.
Peck, R.: Psychological development in the second half of life. In: J. E. Anders (Hg.), Psychological aspects of life. Washington, D. C. American Psychological Association 1956, S. 42–53.
Pfänder, A.: Phänomenologie des Wollens (1900) – Motive und Motivation (1911). München: J. A. Barth, 1965.

Phares, E.: Perceptual threshold decrements as a function of skill and chance expectancies. Journal of Psychology 1962, **53,** S. 399–407.
Phares, E. J.: Locus of control. In: H. London & J. E. Exner (Eds.), Dimensions of personality. New York: J. Wiley, 1978, S. 263–304.
Piaget, J.: Das moralische Urteil beim Kinde. Zürich: Rascher 1954.
Plutchik, R. A.: A general psychoevolutionary theory of emotion. In: R. Plutchik & H. Kellermann. Emotion: Theory, research and experience, Vol. 1, New York: Academic Press 1980, 3–31.
Porter, L. W. & Lawler, E.: Managerial attitudes and performance. Homewood, Ill.: Irwin, 1968.
Powers, P. C. & Geen, R. G.: Effects of the behavior and the perceived arousal of a model on instrumental aggression. Journal of Personality and Social Psychology 1972, **23,** 175–183.
Pribram, K. H. & McGuinness, D.: Arousal, activation, and effort in the control of attention. Psychological Review, 1975, **82,** 116–149.
Pyron, B.: Rejection of avantgarde art and the need for simple order. Journal of Psychology, 1966, **63,** 159–178.
Rapaport, D.: Die Struktur der psychoanalytischen Theorie. Stuttgart: Klett, 1959.
Raup, R. B.: Complacency: the foundation of human behavior. New York: McMillan, 1925.
Rethlingshafer, D. Motivation as related to personality. New York: McGraw Hill, 1963.
Rokeach, M. The open and closed mind. New York: Basic Books, 1960.
Rignano, E. The psychology of reasoning. New York: Harcourt, 1923.
Rotter, J. B. Social learning and clinical psychology. Englewood Cliffs, N. J.; Prentice Hall, 1954.
Rotter, J. B., Chance, I. E. & Phares, E. J. Applications of a social learning theory of personality. New York: Holt, Rinehart and Winston, 1972.
Rubinstein, S. Grundlagen der Allgemeinen Psychologie. Berlin: Volk und Wissen, 1958.
Sanford, N.: Personality: Its place in psychology. In S. Koch (ed) Psychology: a study of a science. Vol. V. New York: McGraw Hill 1963, 488–592.
Selbach, H. Zur Regelkreis-Dynamik psychischer Funktionen. In H. Hiltmann & Vonessen (Hg.) Dialektik und Dynamik der Person. Köln: Kiepenheuer und Witsch, 1963, 11–36.
Sganzini, C. Vom grundsätzlichen Gebrauch des Gesichtspunktes „Vorwegnahme" (Antezipation) in Festschrift für R. Herberz. Bern: Franke, 1940.
Sherif, M. A study of some social factors in perception. Archiv psychology 1935, N° **187.**
Singer, J. E. Historical background. In H. London & R. E. Nisbett (Eds.), Thought and feeling. Chicago: Aldine, 1974, 3–13.
Sodhi, K. S. Urteilsbildung im sozialen Kraftfeld. Göttingen, 1953.
Soh, K. C. Dogmatism, training and enjoyment of Western classical music. Psychologia, 1972, **15,** 59–64.
Sullivan, H. S. The interpersonal theory of personality. New York: Norton, 1953.
Spanos, N. P. Barber, T. X. & Lang, G. Cognition and self-control: cognitive control of painful sensory input. In H. London & R. E. Nisbett (Hg.) Thought and feeling. Chicago: Aldine, 1974, 141–158.
Spence, K. W. Behavior theory and learning. Englewood-Cliffs: Prentice-Hall, 1960.
Spiro, R. J. & Sherif, C. W. Consistency and relativity in selective recall with differing ego involvement. British Journal of Social and Clinical Psychology, 1975, **14,** 351–361.

Schachter, S. & Rodin, J. (Eds.), Obese humans and rats. New York: Wiley, 1974.
Scharf, P. & Kohlberg, L. The inmate's perception of institutional rules and legal norms: a developmental perspective. Proceedings 80th. Annual Convention. American Psychological Association, 1974.
Schmalt, H. D. & Meyer, W. V. (Hg.), Leistungsmotivation und Verhalten. Stuttgart: Klett, 1976.
Schmidt-Mummendey, A. & Schmidt, H. D. (Hg.), Aggressives Verhalten. München: Juventa, 1972.
Schneider, H. J.: Behandlungsexperimente für delinquente Jugendliche in den USA, Mon. Schr. Kriminologie 1970, 33, 219–237.
Schneider, K. Motivation unter Erfolgsrisiko. Göttingen: Verlag für Psychologie, 1973.
Schönpflug, W. Vorgänge psychophysiologischer Aktivierung. In W. Schönpflug (Hg.), Methoden der Aktivierungsforschung. Bern: Huber, 1969, 12–25.
Schönpflug, W. Methoden der Aktivierungsforschung. Bern: Huber 1973.
Schröder, P. & Heinze, H. Kindliche Charaktere und ihre Auffälligkeiten. Breslau: Hirt, 1931.
Schwartz, S. H. & Clausen, G. T. Responsibility in emergency. Journal of Personality and Social Psychology 1970, **16**, 299–310.
Stagner, R. Homeostasis, discrepancy, dissonance. A theory of motives and motivation. Motivation and Emotion, 1977, **1**, 103–138.
Thayer, R. E. Toward a psychological theory of multidimensional activation (arousal). Motivation and Emotion, 1978, **2**, 1–34.
Thomae, H. Das Wesen der menschlichen Antriebsstruktur. Leipzig: J. A. Barth, 1944.
Thomae, H. Persönlichkeit. Eine dynamische Interpretation. 2. A. Bonn: Bouvier, 1955.
Thomae, H. Das Individuum und seine Welt. Göttingen: Verlag für Psychologie, 1968.
Thomae, H.: Soziale Schichten als Sozialisationsvariable. In: C. F. Graumann (Hg.) Handbuch der Psychologie Bd. 7, 2. Göttingen: Verlag für Psychologie 1972, 748–777.
Thomae, H. Cognition and motivation. Modern aspects of an ancient problem. Psychologia (Kyoto) 1973.
Thomae, H.: Familie und Sozialisation. In: C. F. Graumann (Hg.) Handbuch der Psychologie, Bd. 7, 2. Göttingen: Verlag für Psychologie 1972, 778–824.
Thomae, H. Konflikt, Entscheidung, Verantwortung. Stuttgart: Kohlhammer, 1974.
Thomae, H. (Hg.), Patterns of aging. Basel, New York, 1976.
Thomae, H.: Personality Development in two cultures. Human Development 1979, 22.
Thomas, W. I. The unadjusted girl. Boston: Little-Brown 1923.
Thomas, W. I. & Zananiecki, F. The polish peasant in Europe and America. 5 vols. Boston: Badger, 1918–1920.
Thorndike, E. L. The original nature of man. New York: Teachers College: Columbia University Press, 1913.
Tolman, E. C. Purposive behavior in animals and men. New York: Appleton Century 1932.
Tolman, E. C. A cognition-motivation model. Psychological Review, 1952, **59**, 389–400.
Tolman, E. C. Principles of performance. Psychological Review, 1955, **62**, 315–326.
Ulich, D.: Rationalismus und Subjektivismus in „kognitiven" Motivationstheorien. Zeitschrift für Pädagogik 1979, 25, 21–41.
Valins, S. Cognitive effects of false heart rate feedback. Journal of Personality and Social Psychology, 1966, 4, 400–408.

Valins, S. Persistent effects of information about internal reactions: ineffectiveness of debriefing. In H. London & R. E. Nisbett (Eds.), Thought and Feeling. Chicago: Aldine, 1974, 116–126.

Vives, J. L. De anima et vita. Basel, 1538.

Vroom, V. H. Work and motivation. New York: Wiley, 1964.

Wagner, C. M. & Wheeler, L.: Model, need, and cost effects in helping behavior. Journal of Personality and Social Psychology, 1969, 12, 11–116.

Wellek, A.: Polarität im Aufbau des Charakters. Bern: Franke 1950.

Weiner, B.: Theories of motivation. Chicago: Markham, 1972.

Weiner, B., Russel, D. & Lerman, D.: Affektive Auswirkungen von Attributionen. In: D. Görlitz et al. Attribution. Stuttgart: Klett, 1978, 139–173.

Weinert, F. E.: Hunger und Durst. In: H. Thomae (Hg.) Handbuch der Psychologie, Bd. 2, Göttingen: Verlag für Psychologie, 1965, 465–512.

Weinert, F. E: Schule und Beruf als institutionelle Sozialisationsbedingungen. In: C. F. Graumann (Hg.) Handbuch der Psychologie, Bd. 7, 2, Verlag für Psychologie: Göttingen, 1972, 824–885.

Werbik, H.: Grundlagen einer Theorie sozialen Handelns. Zeitschrift für Sozialpsychologie, 1976, **7**, 248–261.

White, R.: Motivation reconsidered: the concept of competence. Psychological Review, 1959, **66**, 317–330.

Wilkinson, G. S.: Social psychological dimensions of resistance to psychiatric innovations. Psychological Reports, 1974, **34**, 1083–1085.

Winter, D. C.: The power motive. New York: the Free Press 1973.

Woodworth, R. S.: Dynamic psychology. New York: Columbia University Press, 1918. Neuausgabe 1930.

Winter, D. C.: The power motive. New York: the Free Press 1973.

Woodworth, R. S.: Dynamic psychology. New York: Columbia University Press, 1918.

Wolff, C.: Psychologia empirica. Frankfurt: Renger, 1732.

Wylie, R. C.: the self-concept. Rev. ed. Lincoln, Nebraska: University of Nebraska Press, 1974.

Young, P. T.: Motivation and emotion. New York-London: Wiley, 1961.

Zeigarnik, B.: Das Behalten von erledigten und unerledigten Handlungen. Psychologische Forschung, 1927, **9**, 1–85.

Zimbardo, P. G. (Ed.): Cognitive control of motivation. Glencoe, Ill. Scott, Foresman & Co. 1969.

Fehlende Literaturangaben siehe H. Thomae. Die Bedeutungen des Motivationsbegriffes. In H. Thomae (Hg.) Handbuch der Psychologie, Bd. II. Göttingen: Verlag für Psychologie, 1965.

2. Kapitel

Motivation und Information

Erich Mittenecker

Einleitung

Im Jahre 1948 erschienen Norbert Wieners „Cybernetics“ und Claude E. Shannons Artikel über „Die mathematische Theorie der Kommunikation“. George A. Miller und Mitarbeiter publizierten bereits 1949 die ersten psychologischen Untersuchungen, welche die Bedeutung der Informationstheorie für die Sprachanalyse und die Verhaltenstheorie herausstellten (Miller & Frick 1949). Versuche, in den folgenden Jahren die Informationstheorie auf verschiedenen Teilgebieten der Psychologie anzuwenden, führten zu überraschenden und erfolgversprechenden Ergebnissen. Naturgemäß ist ihre Anwendung nicht auf allen Problemgebieten gleich aussichtsreich und sinnvoll; am nächsten liegen wohl Fragen der Wahrnehmung, des Lernens und des Denkens, da diese mit Kommunikation im engeren Sinne zu tun haben. Es wurden aber auch Ansätze zu allgemeinen psychologischen Modellen geschaffen, welche den Aspekt der Informationsverarbeitung in den Mittelpunkt stellen. Sie scheinen Ausdruck einer Änderung des Menschenbildes und des biologischen Denkens zu sein: Die entscheidenden Eigenschaften komplizierter Systeme, welche Ziele ansteuern können und Gleichgewichte aufrechterhalten können, werden durch informationale Analysen erfaßt, nicht durch energetische oder durch mechanistische im engeren Sinn. Solche allgemeinen Informationsverarbeitungsmodelle enthalten auch systematische Aussagen über diejenigen Verhaltensaspekte, mit denen sich die Motivationspsychologie befaßt, allerdings meist nicht in der Terminologie der mathematischen Informationstheorie, sondern eher im Rahmen kognitiv-psychologischer Gesamtkonzeptionen oder in Form von Datenflußmodellen in graphischer Darstellung. Dagegen gibt es auf konkreten Teilgebieten der Motivationspsychologie, wie „reizinduzierter Motivation“ (Neugier, Aufmerksamkeit und Exploration), Konflikt, Verstärkung (reinforcement), auch Versuche des Einsatzes der Informationstheorie im engeren Sinn. Im gegenwärtigen Stand der Entwicklung bezieht sich jedoch auch auf diesen Teilgebieten die Anwendung mehr auf die Begriffe der Informationsübertragung, wie absolute und relative Information, Redundanz usw. und die damit verbundenen Denkmodelle. Vor der Darstellung der allgemeinen und spezifischen Anwendung informationaler Begriffe in der Motivationsforschung soll eine kurze Erläuterung der wichtigsten Begriffe gegeben werden. Ausführlichere Darstellungen der Informationstheorie für Psychologen liegen auch in deutscher Sprache vor (Attneave 1965, Mittenecker & Raab 1973).

Elementare Begriffe der Informationstheorie

Information kann definiert werden als die Eigenschaft von Signalen, welche ein Nichtwissen oder eine Unsicherheit beseitigt oder reduziert. Das Ausmaß der Unsicherheit kann daher als Maß für die Information verwendet werden. Die Unsicherheit angesichts einer Entscheidung ist meßbar:

1. Sie steigt proportional mit der Anzahl m der unterschiedlichen Signalklassen. Sind nur zwei Antworten (z. B. ja-nein) auf eine Frage (z. B. auf die Frage des Vaters „Ist es ein Junge?") möglich, so reduziert die Antwort weniger Unsicherheit (= gibt weniger Information), als wenn 16 verschiedene Antworten möglich sind (z. B. auf die Frage „In welchem von 16 Häusern dieser Siedlung wohnen Sie?"). Wird die Information im ersten Fall (Alternativentscheidung) als Einheit definiert, so ist im zweiten Fall die Information viermal so groß, denn es wären im Durchschnitt vier mit ja oder nein beantwortbare Fragen nötig, um die richtige von den 16 Möglichkeiten zu erfahren. Wären zum Beispiel die unterschiedlichen „Signale" (bzw. die ihnen entsprechenden „Nachrichten") mit Nummern von 1 bis 16 versehen und das richtige, bzw. das zu erfahrende die Nummer 13, dann könnte etwa gefragt werden: a) bis 8 oder über 8?; b) gerade oder ungerade?; c) bis 11 oder darüber?; d) 13 oder 15?. Rechnerisch kann die so auf die Einheit der Alternativentscheidung bezogene Information H definiert werden als $m = 2^H$ bzw. $\log_2 m$. Die Einheit wird bit (von binary digit) genannt.

2. Im bisherigen war vorausgesetzt, daß die m „Signalklassen" gleich wahrscheinlich sind. Die Wahrscheinlichkeit einer Signalklasse i beträgt $p_i = \frac{1}{m}$, die Information pro Signal der Klasse i kann daher auch als $H = \log_2 \frac{1}{p_i}$ geschrieben werden. Sind die Signalklassen aber ungleich wahrscheinlich, dann ist die Information, die ein sehr wahrscheinliches Signal gibt, geringer als diejenige, welche ein relativ selteneres unwahrscheinliches Signal gibt. Der *Durchschnittswert* der Information *eines* Signals aus einer Menge von Signalen unterschiedlicher Wahrscheinlichkeit ist daher, wie sich leicht nachweisen ließe, $\overline{H} = \Sigma_i p_i \log_2 \frac{1}{p_i} = - \Sigma_i p_i \log_2 p_i$ (Shannons Formel); dieser Wert ist immer kleiner als der im Falle gleichwahrscheinlicher Signalklassen. Ein älterer Name für H (Information, Unbestimmtheit) ist Entropie; er stammt aus der statistischen Mechanik und bezieht sich auf den Grad der Ungeordnetheit, bzw. Unvorhersagbarkeit eines physikalischen Systems (etwa der Bewegung von Gasmolekülen).

Weitere von H direkt abgeleitete Begriffe sind die absolute Redundanz R und die relative Redundanz r. Die absolute Redundanz ist die Differenz zwischen dem unter bestimmten Bedingungen (z. B. Anzahl der verschiedenen Signalklassen) maximal erreichbaren mittleren Informationsgehalt eines Signals und dem tatsächlichen mittleren Informationsgehalt: $R = \overline{H}_{max} - \overline{H} \cdot \overline{H}_{max}$ ist im einfachsten Falle (mittlere Information von Einzelsignalen einer zufälligen Aufeinanderfolge) gleich $\log_2 m$, $\overline{H} = -\Sigma p_i \log_2 p_i$. Die Differenz R ist eine Art Maß für den Ausnutzungsgrad der Signale. Nur im Falle, daß die m verschiedenen Signalklassen gleichwahrscheinlich sind, ist in einem Signal ein Maximum potentieller Information enthalten. In allen anderen Fällen müssen zur Übermittlung der gleichen Informationsmenge mehr Signale verwendet werden: Redundanz heißt wörtlich „Überfluß" (an Signalen). Häufig wird die Redundanz auch als relatives Maß angegeben, d. h. bezogen auf die maximale Information:

$$r = \frac{\overline{H}_{max} - \overline{H}}{\overline{H}_{max}} = 1 - \frac{\overline{H}}{\overline{H}_{max}}.$$

Diese Größe kann nur Werte zwischen 0 und 1 annehmen, sie ist im einfachsten Fall einer Menge (z. B. einer zeitlichen Folge) von Einzelsignalen ungleicher Wahrscheinlichkeit in zufälliger Anordnung umso höher, je ungleicher die Wahrscheinlichkeiten der einzelnen Alternativen sind. Je redundanter Signale im Durchschnitt sind, desto leichter können sie vorhergesagt werden. Wenn z. B. in einer langen Reihe von Signalen der Klassen A und B die Wahrscheinlichkeiten der beiden Signalklassen $p_A = 0{,}9$, $p_B = 0{,}1$ sind, dann ist die Vorhersage der Signale wesentlich leichter (man wird im Durchschnitt 90% Treffer erzielen, wenn man etwa nur A vorhersagen würde), als wenn die Reihe aus Signalen gleicher Wahrscheinlichkeit bestünde: $p_A = 0{,}50$, $p_B = 0{,}50$. Die „Unsicherheit" im zweiten Falle ist sehr viel größer, nämlich 1 bit. Im ersten Falle beträgt sie $\overline{H} = -0{,}9 \log_2 0{,}9 - 0{,}1 \log_2 0{,}1 = 0{,}469$. Die relative Redundanz ist daher $r = 1 - 0{,}469/1 = 0{,}531$. H, R und r sind nicht nur als Maße für Signale im engeren Sinn zu verwenden, sondern – dies gilt für alle Informationsmaße – können immer dann bestimmt werden, wenn eine Menge von Beobachtungen oder Daten in Klassen geteilt werden kann und jede Klasse eine bestimmte Wahrscheinlichkeit hat, deren Summe über alle Klassen 1,00 ist.

Die gleichen Überlegungen wie auf die Einzelsignale einer Menge und deren Einzelinformation bzw. Durchschnittsinformation können auch auf Gruppen bzw. Folgen von 2,3 ... zeitlich oder räumlich benachbarten Signalen angewendet werden, vorausgesetzt, daß sich die Wahrscheinlichkeiten der Signale und Signalfolgen im Laufe einer sehr langen (unendlich langen) Abfolge nicht ändern (stationäre Markoff-Ketten). In einer langen zufälligen (maximal ungeordneten, unvorhersagbaren) Aufeinanderfolge von gleichwahrscheinlichen Einzelsignalen kommen die m^2 möglichen *Paare* (i, j) von Signalen gleich häufig vor. Die durchschnittliche Information eines Paares, die „Dyadeninformation" $\overline{H}_{(i,j)}$ ist doppelt so groß wie die der Einzelsymbole, da $\log_2 (m^2) = 2\log_2 m$. Sind jedoch die Einzelsignal-Klassen ungleich groß, dann sind die Wahrscheinlichkeiten $p_{(i,j)}$ von möglichen Paaren ebenfalls ungleich, aber nur bestimmt von den Einzelwahrscheinlichkeiten p_i, p_j der Signale eines Paares. Dementsprechend ist die mittlere Dyadeninformation einer ungeordneten Folge von ungleich wahrscheinlichen Signalen, wegen der Unabhängigkeit der Einzelinformation, $\overline{H}_{(i,j)} = \overline{H}_i + \overline{H}_j$. Da in einer langen Aufeinanderfolge von Nachrichten die Wahrscheinlichkeiten der Elemente i gleich denen der Elemente j sind, gilt für solche zeitlichen oder räumlichen Folgen $\overline{H}_{(i,j)} = 2\,\overline{H}_i$.

Sind jedoch die Paare außerdem noch deswegen ungleich häufig, weil auch die Elemente in ihrer Abfolge voneinander „abhängig" sind, so daß auf ein bestimmtes Einzelelement i ein bestimmtes Element j überzufällig häufig folgt, ein anderes wiederum überzufällig seltener, dann ist $\overline{H}_{(i,j)}$ kleiner als $2\,\overline{H}_i$; $\overline{H}_{(i,j)}$ kann dann auf die gleiche Weise berechnet werden wie die Information der Einzelsignale selber: $\overline{H}_{(i,j)} = -\Sigma p_{(i,j)} \log_2 p_{(i,j)}$. Im Vergleich zu einer Folge, in der keine Abhängigkeiten zwischen „Nachbarn" bestehen, also die Wahrscheinlichkeit von Paaren nur durch die Wahrscheinlichkeit ihrer Elemente i,j bestimmt wird, ist eine Folge mit ungleichen Paarwahrscheinlichkeiten redundant: $R_{(i,j)} = \overline{H}_{max\,(i,j)} - \overline{H}_{(i,j)} = \overline{H}_i + \overline{H}_j - \overline{H}_{(i,j)} = 2\,\overline{H}_i - \overline{H}_{(i,j)}$.

Um auch ein Maß für die mittlere Information *eines* Elements aus einer Folge von Elementen unter Mitberücksichtigung der Abhängigkeiten von je zwei aufeinanderfolgenden Elementen zu erhalten, wird $\overline{H}_{i(j)}$, die sogenannte Kontextinformation, bestimmt:

$$\overline{H}_{i(j)} = \overline{H}_{(i,j)} - \overline{H}_j = -\Sigma\, p_{(i,j)} \log_2 p_{(i,j)} + \Sigma_j p_j \log_2 j.$$

Die Kontextinformation ist die Information, die ein Element i zusätzlich zu derjenigen liefert, die sich aus seinem Nachbarelement j erschließen läßt. Wenn eine Reihe völlig geordnet ist, so daß aus dem Wissen um ein Element i auf das jeweils folgende j mit Sicherheit (mit der Wahrscheinlichkeit $p = 1{,}0$) geschlossen werden kann, dann ist $\overline{H}_{i(j)} = 0$.

Im Falle, daß die Beobachtungspaare (i, j) nicht aufeinanderfolgende Zeichen einer Folge sind, sondern aus zwei verschiedenen Mengen stammen, welche paarweise zuordenbare Elemente enthalten (z.B. je ein Element i einer „gesendeten" und j einer „empfangenen" Nachricht), können ebenfalls alle angeführten Werte für Signalpaare berechnet werden. $R_{(i,j)}$ drückt dann die wechselseitige Abhängigkeit von gesendeten und empfangenen Signalen aus und wird in diesem Fall als „Transinformation" bezeichnet. Sind die Paare voneinander unabhängig, kann also von einem Signal der einen Menge nicht auf bestimmte Signale der anderen Menge geschlossen werden, dann ist $R_{(i,j)} = 0$, es gibt keine übertragene oder gemeinsame Information der beiden Signalmengen.

Information und „kognitive“ Motivationsmodelle

Es herrscht keineswegs eine einheitliche Auffassung darüber, was man unter Motivation versteht. Die wichtigsten konträren, einander aber nicht ausschließenden Auffassungen sind die energetische (mobilisierende) und die direktive (richtungsgebende). Die erstere wurde vor allem gefördert durch die neurophysiologischen Forschungen zur Funktion des retikulären Systems und die damit zusammenhängende psychologische „Aktivierungstheorie“: Die Aktivierungstheorie berührt sich mit der älteren Auffassung der Motivation als Antriebskraft des Verhaltens, bzw. als Motor, der die „psychischen Funktionen“ in Bewegung setzt. Nach der direktiven Auffassung hat die Motivationslehre jedoch die Aufgabe, die Faktoren zu erforschen, welche über die Richtung des Verhaltens entscheiden. In jeder Situation sind mehrere Verhaltensweisen möglich, was sind die Bedingungen der Auswahl unter ihnen? Diese Bedingungen sind auch für das Ausmaß an Konflikt verantwortlich.

Im Rahmen eines allgemeinen Modells eines informationsverarbeitenden Systems, das dem Verhalten zugrundeliegt, wird das Motivationsproblem zu einem Problem des Treffens von Wahlen oder Entscheidungen (Taylor, 1960). Damit wird eine direktive Auffassung von der Motivation nahegelegt. Formal hat diese Entwicklung zu einer Fortsetzung älterer Versuche geführt, in den Nutzen- und Spieltheorien das ökonomische Verhalten theoretisch zu begründen und mathematisch zu analysieren. Auch im Rahmen der Konflikt- und Motivationspsychologie wurden nutzentheoretische Modelle entwickelt (gewählt wird diejenige Handlungsalternative, die den größten erwarteten Wert hat). Hier kann nur auf die entsprechende Spezialliteratur bzw. auf das Kapitel „Konflikt und Entscheidung“ dieses Handbuchs verwiesen werden. Inhaltlich haben diese Entwicklungen zu einem Wiederaufleben einer „kognitiven“ Betrachtungsweise in der Motivationspsychologie (siehe auch Kapitel 1 dieses Bandes) geführt: Innere Vorgänge werden in der Terminologie der Bewußtseinspsychologie wieder mehr in den Vordergrund gerückt (Erwartung, Bewertung). Informationstheoretische Überlegungen und Berechnungen im engeren Sinn spielen dabei nur selten eine Rolle. Ein Ansatz dazu wurde im Rahmen der Leistungsmotivationsforschung gemacht. Hier liegen detaillierte und formalisierte Untersuchungen vor, die zum Großteil am Wert-Erwartungs-Modell von Atkinson (1957, 1964) orientiert sind. Die wesentlichen Parameter stellen dementsprechend die subjektive Wertschätzung eines Handlungseffekts und die Wahrscheinlichkeit der erfolgreichen Durchführung dar. Dabei wird zwischen der Tendenz, Erfolg aufzusuchen, und der Tendenz, Mißerfolg zu vermeiden, unterschieden. Erstere ist nach Atkinson eine multiplikative Funktion von M_e (dem überdauernden Erfolgsmotiv einer Person), A_e, dem Erfolgsanreiz und p_e, der subjektiv geschätzten Wahrscheinlichkeit für Erfolg: $T_e = M_e \cdot A_e \cdot p_e$. Entsprechendes gilt für die Tendenz, Mißerfolg zu vermeiden: $T_m = - M_m \cdot A_m \cdot p_m$. Kritisch ist die weitere Annahme einer simplen

Abhängigkeit von A und p: $A_e = 1 - p_e$, $A_m = -p_e$, die aufgrund von „Alltagserfahrungen" postuliert wurde. Daraus ergibt sich, daß die Motivation maximal bei p = 0,5 wird. Empirisch wurde aber gefunden, daß Erfolgsmotivierte im allgemeinen Aufgaben mit einer Lösungswahrscheinlichkeit zwischen 0,3 und 0,4 bevorzugen. Neben anderen Erklärungen (Atkinson & Cartwright 1964, Heckhausen 1967) bietet Lerch (1976) auch eine informationstheoretische Hypothese an, indem er anstelle der geschätzten Lösungswahrscheinlichkeiten die Ihnen entsprechenden Informationswerte setzt: die „Information über Erfolg" $I_e = \log_2 \frac{1}{p_e}$ und die „Information über Mißerfolg" $I_m = \log_2 \frac{1}{1-p_e}$. Für die mittlere Information ergibt sich daraus $\overline{H} = p_e I_e + (1 - p_e) I_m$. Daraus läßt sich durch Differenzierung ein Maximalwert der gewichteten Information über Erfolg errechnen: $p_e \cdot I_e = p_e \log_2 \frac{1}{p_e} = \max$, daher $p_{max} = \frac{1}{e} = 0{,}37$. Für die gewichtete Information über Mißerfolg $(1 - p_e) \log_2 \frac{1}{1-p_e}$ ergibt sich ein $p_{max} = 1 - \frac{1}{e} = 0{,}63$ (e ist die Eulersche Zahl). Diese Werte sind mit den empirischen Beobachtungen der Lösungswahrscheinlichkeit maximal anziehender Aufgaben für Erfolgsmotivierte und für Mißerfolgsmotivierte gut übereinstimmend. Der logarithmische Zusammenhang zwischen Erfolgsanreiz und Lösungswahrscheinlichkeit wird auch durch Ergebnisse einer Untersuchung von Schneider (1973) bestätigt, bei der eine Verhältnisskala zur subjektiven Einschätzung der Erfolgsvalenz benutzt worden war. Die Einführung eines informationstheoretischen Maßes für die Anreizfunktion anstelle des direkten Einsetzens der Erfolgswahrscheinlichkeit gestattet, über die bessere Übereinstimmung mit empirischen Daten hinaus, auch die Herstellung theoretischer Brücken von einer Werterwartungstheorie der Motivation zur Erklärung des „Erregungspotentials" von Stimuli bei Berlyne (1960) bzw. zur „Komplexitäts-Präferenz-Theorie" von Walker (1964).

Die anfangs dieses Abschnittes erwähnten zwei motivationalen Aspekte der Aktivierung und der direktiven, auswählenden Funktion sind nicht unvereinbar. Der Gedanke, daß unterschiedliche Aktivierungsgrade, die durch verschiedene Bedingungen ausgelöst werden, die Richtung des Verhaltens bestimmen, ist besonders naheliegend im Falle der sogenannten stimulusinduzierten Motivation. Wenn Reize infolge der ihnen inhärenten Eigenschaften (unter anderem ihres Informationsgehaltes) unterschiedlich aktivierend wirken, dann werden bestimmte Verhaltensweisen gerade durch dieses unterschiedliche Mobilisierungspotential gelenkt werden, z. B. wird auf den einen Reiz mehr Zuwendung erfolgen als auf einen anderen. Dies könnte in reiner Form für Motivationsgeschehen gelten, das – zumindest nach Ansicht eines Teiles der Forscher auf diesem Gebiet – nur von (äußeren) Reizbedingungen und nicht auch von physiologisch-homöostatischen (inneren) Bedingungen „induziert" wird: die sogenannte reizinduzierte Motivation.

Reizinduzierte Motivation

Allgemeines

Theoretisch sollte ein enger Kontakt zwischen Motivation und Information auf dem Gebiet der „stimulusinduzierten“ Motive bestehen, d. h. bei der Motivierung von Verhaltensweisen, die durch äußere Reize ausgelöst werden und offensichtlich auf die Aufnahme von neuen Reizen, auf die Gewinnung von „Information“ aus der Umwelt gerichtet sind. Für Neugierverhalten, explorative Tätigkeiten, Manipulationstendenzen und ähnliche Verhaltensweisen gibt es motivationstheoretisch zwei prinzipielle Rahmenerklärungen: Sie werden erstens als gelernte Verhaltensweisen angesehen, die von sekundären Motiven bestimmt werden, d. h. von Motiven, die bloß abgeleitet von primären homöostatischen Triebbedingungen (Hunger, Durst etc.) sind. Die von der Hullschen Schule beeinflußten Verhaltenstheoretiker neigten zu dieser Auffassung; Dollard & Miller (1950) leiten z. B. das Bedürfnis, „orientiert zu sein“, aus der frühkindlichen Erfahrung ab; schon beim Kleinkind führt Nichtorientiertsein zu unangenehmen Konsequenzen, was die Befriedigung primärer Triebe anlangt. Freud und die Psychoanalytiker leiten Schaulust und Wissenstrieb von sexuellen Partialtrieben ab, deren „Sublimation“ sie darstellen sollen.

Im Gegensatz dazu können die genannten Verhaltensweisen auch auf selbständige Motivationsbedingungen zurückgeführt werden. In den älteren Instinkttheorien – repräsentativ für sie McDougall – wird auch ein (angeborener) „Neugier-Instinkt“ angeführt, der darauf gerichtet ist, sich Objekten, die ihn erregen, anzunähern und sie näher zu erforschen. Als auslösende Reize kommen nach McDougall (1908, S. 57 f.) alle Objekte in Frage, welche ähnlich, aber doch deutlich verschieden von den gewöhnlichen Objekten der gewohnten Umgebung des Lebewesens sind. Auch Pawlow (1923, deutsch, 1953, S. 91) behandelt unter den unbedingten Reaktionen einen „Was-ist-das?“- oder „Orientierungs-Reflex“, dem er entscheidende Bedeutung für die Entwicklung höherer Erkenntnisfunktionen zuschreibt. In neuerer Zeit ist besonders Harlow (1953) als Verfechter der Anschauung aufgetreten, daß gerade für die Motivation des menschlichen Verhaltens die von den externen Reizbedingungen ausgelösten Motive von entscheidender Bedeutung sind, und daß Neugier und Manipulationsverhalten nicht von inneren, physiologischen Ungleichgewichten ableitbar seien. Einer der Gründe für die Ablehnung einer Theorie, welche weitgehend mit „abgeleiteten“ Trieben arbeitet, ist für Harlow die Beobachtung, daß an sekundären Motiven gelernte Verhaltensweisen bei Nichtverstärkung durch primäre Bedingungen schnell der Extinktion unterliegen, Manipulations- und Explorationsverhalten dagegen äußerst resistent gegen Extinktion sind. Gegen Harlows eigene Formulierung seiner Versuchsergebnisse ist eingewendet worden, daß dabei meist die äußeren Reize das Explorations-Motiv nicht auslösen, sondern befriedigen (Brown 1952). Die Ergebnisse von Experimenten, in denen Affen und Ratten Verhaltensweisen unter Explorations- oder

Manipulations-Motivation gelernt hatten, sprechen für Browns Argument (Nissen 1930, Harlow, Harlow & Meyer 1950, Butler 1953, Montgomery 1954, Harlow & McClearn 1954, Montgomery & Segall 1955).

Auch Myers & Miller (1954), die zwar mit Harlow die Ableitung von Neugierverhalten als hungermotiviert ablehnen, erklären das Neugierverhalten als Ausdruck eines primären Triebs, der durchaus *innere*, homöostatische Grundlagen hat (Monotonievermeidungstrieb, Reizhunger). Damit würde dieser Trieb den gleichen Gesetzmäßigkeiten (Anstieg mit Deprivation, Neugierverhalten als instrumentelle Reaktion, die triebreduzierend wirkt, Befriedigung durch adäquate, nämlich variationsreiche Stimulation) unterliegen.

Hunt (1963, 1965, 1971, 1972) führte den Grundgedanken, der schon in Harlow (1950) zu finden ist, daß nämlich der Reizverarbeitung, also den kognitiven Prozessen, eine motivationale Bedeutung inhärent ist („intrinsische Motivation"), weiter. Er führt viele empirische Belege, vor allem aus dem Bereich des Explorationsverhaltens, für die Wirksamkeit eines der Triebreduktionstheorie fremden Prinzips an: Die Herstellung und Aufrechterhaltung einer *optimalen Inkongruenz* organismischer und umweltbedingter Variablen ist Ziel des Verhaltens.

Einen ersten Versuch der Integration der theoretischen Ansätze auf diesem Gebiet unternahm Berlyne (1960), und zwar bereits unter Ausnutzung der durch die informationstheoretischen Begriffe und Vorstellungen gegebenen Anregungen. Auch er lehnt, wie Harlow, die Reduktion der Motivation perzeptiver und intellektueller Verhaltensweisen auf andere primäre biologische Triebe ab und weist darauf hin, daß diese Verhaltensweisen schon außerordentlich früh in der kindlichen Entwicklung auftreten, und zwar gerade gegenüber Situationen, die sehr verschieden von solchen sind, in denen sie hätten gelernt werden können. Zumindest zum Teil könnten sie daher nicht auf Generalisation zurückgeführt werden, sondern müßten als „um ihrer selbst willen" auftretend aufgefaßt werden.

Berlynes Theorie des Konflikts

Berlyne leitete die neugierinduzierenden Eigenschaften von Stimulusbedingungen als Spezialfall des Potentials von Reizbedingungen zur „Erregung" ab, wobei er den Widerstreit, den Konflikt zwischen verschiedenen durch die (äußere) Reizsituation erzeugten Reaktionstendenzen als Spezialfall eines Konflikts zwischen Reaktionstendenzen im allgemeinen ansah. Für alle Arten von Konflikt versuchte er (1957, 1960) eine quantitative Theorie mit informationstheoretischen Aspekten zu geben. Seine Formulierungen bedienten sich ursprünglich Hullscher verhaltenstheoretischer Begriffe.

Im allgemeinen hängen die Konsequenzen eines Konflikts für das Verhalten (Störungen, Beeinträchtigung des Verhaltens, verzögerte Reaktionszeit) von der Konfliktstärke ab, weiter auch von der Art der in Konflikt stehenden Reaktionstendenzen. Um die Stärke eines Konflikts messen zu können, muß man vorher die Bedingungen der Anwesenheit oder Abwesenheit eines Konflikts definieren. In der Psychologie gibt es noch keine einheitliche Theorie des Erlebens und Verhaltens und daher auch keine des Konflikts. Als gemeinsamer Nenner verschiedener Theorien scheint jedoch die „Tendenz mehrerer unvereinbarer Verhaltensmöglichkeiten, verwirklicht zu werden", auf: In der erlebnispsychologischen Theorie Rohrachers entspricht dies dem „Kampf der Motive", die als „drängende Kräfte" bewußt erlebt werden. In den Verhaltenstheorien wird der Konflikt als Konkurrenz verschiedener „Erwartungen" oder „Reaktionspotentiale" aufgefaßt. Vorausgesetzt ist, daß die gleichzeitig wirksamen Verhaltens-Impulse unvereinbar sind, sich gegenseitig behindern und nicht gleichzeitig ablaufen können. Gäbe es keinen Konflikt in diesem Sinn, dann wäre offensichtlich auch der Begriff der Motivation nicht entstanden, da nur die Behinderung der Realisierung einer Verhaltenstendenz zur (erlebbaren) Feststellung eines „Motivs" führen kann. Nun ist infolge der großen Mannigfaltigkeit der gleichzeitig wirksamen inneren und äußeren Reize immer ein gewisser Grad an Konflikt zu erwarten. Der Konfliktgrad ist aber von drei Bedingungen abhängig (Brown & Farber 1951): Erstens steigt er mit der Anzahl der konkurrierenden Reaktionstendenzen, zweitens ist er umso größer, je mehr sich die Reaktionstendenzen einem Zustand gleicher Stärke nähern, drittens steigt er mit der absoluten Stärke der konkurrierenden Reaktionstendenzen. Das informationstheoretische Maß für die „Unbestimmtheit" bzw. „Information" $\overline{H} = -\Sigma_i p_i \log_2 p_i$ berücksichtigt nach Berlyne in idealer Weise die Bedingungen 1 und 2; vorausgesetzt ist allerdings, daß als Maß für die „Verhaltenstendenz" die Wahrscheinlichkeiten p_i des Auftretens eines Verhaltens eingesetzt werden, wobei $\Sigma p_i = 1{,}0$. Tatsächlich sind unter dieser Voraussetzung die Bedingungen 1 und 2 inhaltlich identisch mit denen, welche in der Plausibilitätserklärung für die Definition von H immer wieder angeführt werden (s. Abschnitt II). Um auch Bedingung 3 zu entsprechen, d.h. auch Unterschiede in der absoluten Stärke der konkurrierenden Reaktionstendenzen (beziehungsweise, nach Hull, „Reaktionspotentiale" $_sE_r$) ausdrücken zu können, müßte H mit einem Faktor multipliziert werden, und zwar nach einem Vorschlag Berlynes mit $\Sigma_s E_r$ (nach einem früheren Vorschlag mit dem mittleren Reaktionspotential $\overline{E}$): Die Konfliktstärke wäre demnach $C = \Sigma_s E_r \cdot H$. Vorausgesetzt ist bei diesem C-Maß, daß volle Unverträglichkeit zwischen den in einer Situation vorhandenen Reaktionstendenzen herrscht, d.h. daß auch nicht zwei davon nur „partiell" unverträglich sind (d.h. sich etwa nur in der Intensität der tatsächlich auftretenden Reaktion gegenseitig reduzieren, ohne einander völlig auszuschließen). Um das C-Maß den bekannten Verhältnissen im Falle eines Konflikts besser anzupassen, ist aber noch zumindest eine weitere Voraussetzung notwendig: Reaktionstendenzen mit sehr kleiner Wahrscheinlichkeit dürfen überhaupt nicht berücksichtigt werden, es muß ein „Schwellenwert“ für die relative Stärke p einer Reaktion existieren, der überschritten werden muß, damit die betreffende Reaktionstendenz überhaupt zum Konflikt beiträgt. Diese Annahme ist notwendig, weil in jeder Situation eine sehr große Zahl von teilweise außerordentlich schwachen Reaktionstendenzen aktiviert wird, die aber weder erlebnismäßig, noch bezüglich der beobachtbaren Verhaltensfolgen des Ausmaß des Konflikts erhöhen. Weiter bietet die Annahme eines Minimalwertes von p die Möglichkeit, den Vorgang der Auflösung eines Konflikts infolge Auftretens einer neuen starken Reaktionstendenz zu erklären: Wohl wird $\Sigma_s E_r$ erhöht, aber H geht gegen 0 und erreicht schließlich, wenn die p-Werte aller anderen Reaktionstendenzen unterschwellig geworden sind, den Wert 0: Der Konflikt verschwindet zugunsten einer einzigen überwertigen Reaktionstendenz.

Die Determinanten der Reizselektion

Die Bedeutung des Versuchs von Berlyne, ein quantitatives Maß für „Konflikt“ zu finden, liegt nicht nur in der (beschränkt) möglichen Anwendung auf Erscheinungen, die sozusagen traditionellerweise als Konflikt-Korrelate angesprochen werden können: emotionale Störungen, Reaktionszeit und Motivierungseffekt (im Sinne des „arousal“, der Mobilisierung); vielmehr sieht Berlyne den Konflikt als den wichtigsten der vier miteinander verflochtenen Faktoren an, welche die verschiedenen Formen von Stimulusselektion steuern: Konflikt, Komplexität, Unsicherheit, Neuheit.

„... the chances of a particular stimulus pattern in the contest for control over behavior depend, among other properties, on how novel the pattern is, to what extent it arouses or releaves uncertainty, to what extent it arouses or relieves conflict, and how complex it is“ (Berlyne 1960, S. 18).

Es ist offensichtlich, wurde aber teilweise auch experimentell belegt, daß diese vier Faktoren informationstheoretisch eng miteinander verbunden sind. Die Beziehung zwischen Konflikt, erlebter Unsicherheit und informationstheoretischer „uncertainty“ wurde schon behandelt. Nicht nur theoretische Überlegungen, sondern auch die introspektiven Befunde (Erlebnisbeschreibungen von Konfliktsituationen) und die objektiven Ergebnisse der Reaktionszeitverlängerung bei Erhöhung von Konflikt oder bei direkter Erhöhung der Information der Reizalternativen sprechen eindeutig dafür. Die Komplexität einer Reizstruktur hat Beziehungen zum Grad der erlebten Unsicherheit. Die informationstheoretischen Wahrnehmungsuntersuchungen legen nahe, daß als „komplex“ beurteilte Wahrnehmungsmuster auch höheren Stimulus-Informationsgehalt haben als „einfache“. Eine Zusammenstellung neuerer experimenteller

Befunde dazu wird in verschiedenen Kapiteln von Berlyne (1974) gegeben. Höherer Informationsgehalt kommt entweder aufgrund des größeren Reichtums an Einzelheiten oder der Verschiedenheit der Teilstrukturen (Freiheit von Symmetrie und Wiederholung) zustande. Die Redundanz einfacher „guter" Figuren ist dagegen außerordentlich hoch (Hochberg & McAlister 1953, Attneave 1954). Mögliche Beziehungen zwischen Komplexität und Konflikt ergeben sich ebenfalls, und zwar auf Grund von Theorien des Wahrnehmungsprozesses (Piaget 1936, Hebb 1958), welche hypothetisch der endgültigen Wahrnehmung ein Vorstadium sukzessiv verlaufender Abtastprozesse (z. B. Fixierungen, Augenbewegungen) vorangehen lassen. Der Widerstreit dieser Vorstadien untereinander ist bei komplexeren Figuren vermutlich größer als bei simplen, da die Einzelkomponenten – wie immer auch das Ganze gegliedert werden möge – einander weniger ähnlich sein werden als bei einfacheren Figuren. Schließlich bestehen auch Beziehungen zwischen den Variablen Neuheit und Komplexität. Neuheit kann nach B. einerseits als größere sukzessive Komplexität aufgefaßt werden, andererseits sind auch komplexere Figuren meist objektiv seltener als einfache; sie werden daher eher Gelegenheit haben, als „neu" und ungewohnt erlebt zu werden. Nicht nur die Produkte menschlicher Tätigkeit (Bauwerke, Möbel, Türschilder, Papierbehälter, Kochtöpfe – tausende andere Gegenstände der menschlichen Kultur), sondern auch die natürlichen Gegenstände (Pflanzen und Tiere infolge Symmetrie, Vorkommen gerader Linien) nähern sich den „guten" einfachen Gestalten (Flächen mit rechten Winkeln, mit kreisförmigen oder geradlinigen Begrenzungen), deren relativer Informationsgehalt sehr niedrig ist.

Berlyne versucht eine hypothetische Zusammenfassung der Beziehungen dieser auch informational erfaßbaren Variablen Konflikt, Komplexität, Unsicherheit, Neuheit (wobei zur Neuheit noch Wechsel und Überraschung hinzukommen) zu geben: Er sieht ihre Gemeinsamkeit darin, daß sie *„kollativen"* (vergleichenden) Charakter haben; ihr wesentlicher Aspekt sei das Vorhandensein von Ähnlichkeiten und Unterschieden, Verträglichkeiten und Unverträglichkeiten zwischen Elementen, und zwar zwischen einem gegenwärtigen Reiz und früher erlebten Reizen (Neuheit und Wechsel), zwischen einem Element eines Musters und anderen Elementen des gleichen Musters (Komplexität), zwischen gleichzeitig ausgelösten Reaktionstendenzen (Konflikt), zwischen Reizen und Erwartungen (Überraschung), zwischen gleichzeitig erzeugten Erwartungen (Unsicherheit).

Eine ähnliche Analyse der verschiedenen Situationstypen als Auslöser des „Orientierungsverhaltens" im Pawlowschen Sinne führt Klix (1971, S. 477 f.) durch. Er unterscheidet Neuheit (insbesondere teilweise Bekanntheit von Situationseigenschaften), Überraschung (unerwarteter Eintritt eines bekannten Ereignisses), Konflikt (simultan widersprüchliche Information). Allen drei Auslösungsbedingungen gemeinsam sei, daß sie eine Entscheidungsunsicherheit des wahrnehmenden Organismus veranlassen.

Daß die kollativen Variablen nicht voneinander unabhängig sind, geht auch aus einer Faktorenanalyse von Interkorrelationen zwischen den Variablen „Heterogenität der Elemente", „Unregelmäßigkeit der Anordnung", „Menge des Materials", „Unregelmäßigkeit der Kontur", „Unkongruenz und inkongruente Gegenüberstellung" durch Keller (1975) hervor, welche zwei gemeinsame Faktoren erbrachte, die als „Neuheit" und „Komplexität" umschrieben werden konnten.

Berlyne (1973) betont (später noch mehr als am Beginn der Entwicklung seiner Theorie), daß die Kapazität von Reizen, Aufmerksamkeit zu erregen, das Verhalten zu beeinflussen, ja die „motivationale Bedeutung" schlechthin, kaum durch informationale Maße *allein* erfaßt werden könne. Auch psychophysische (Reizintensität usw.) und ökologische Faktoren (Assoziationen betreffend die bisherige Verwendung etc.) determinieren die Wirkung mit.

Explorationsverhalten

Die „kollativen" Variablen der Stimulus-Selektion sind zwar, zusammen mit anderen (wie Reiz-Intensität, Affektwert, Motivationszustand) auch Determinanten der „zentralen" Auswahl unter den einlangenden Informationen (Aufmerksamkeit), besondere Bedeutung kommt ihnen aber als Determinanten derjenigen Vorgänge zu, welche schon peripher, reiznäher, die Auswahl der Umgebungs-Stimuli beeinflussen, indem sie das Reizfeld selbst verändern. Solche Vorgänge können allgemein unter dem Begriff des „explorativen Verhaltens" zusammengefaßt werden. Dieses kann entweder nur auf dem Wege über die direkte und indirekte motorische Steuerung der Sinnesorgane allein (Orientierungsverhalten) oder mittels Ortsveränderungen des ganzen Organismus (lokomotorische Exploration, in erster Linie Annäherungs- und Suchbewegungen) seligierende Funktion haben oder, zur Unterstützung der taktilkinästhetischen und der visuellen Orientierung, Manipulationen mit Gegenständen der Umgebung betreffen (Untersuchungs- und Manipulationsverhalten). Die Unterscheidung zentraler Aufmerksamkeits-Selektion und mehr peripher ansetzender explorativer Verhaltensweisen ist jedoch vermutlich nicht scharf, wenn überhaupt, zu treffen, da auch die explorativen Verhaltensweisen nur nach Vorverarbeitung der Reizsituation durch zentrale Systeme in Gang gesetzt werden können.

Die kollativen Variablen, bzw. die Faktoren Neuheit und Komplexität, wirken umso stärker, je ausgeprägter sie sind, sie lösen jedoch in hoher Ausprägung, infolge übermäßiger Aktivierung, auch andere Reaktionen (Abwendung, Furcht) aus. Die Frage, welche Form die Abhängigkeit des Explorationsverhaltens in seinen verschiedenen Formen von der Neuheit und Komplexität von Reizen hat, wurde bereits intensiv experimentell bearbeitet. Im allgemeinen wird die Hypothese eines verkehrt U-förmigen Zusammenhanges angenommen: Mittelhohe, nicht übermäßig hohe Aktivierung auslösende Intensitäten rufen das stärkste Explorationsverhalten hervor (Berlyne & Lewis 1963). In einer Reihe von Experimenten wurde jedoch eine monoton ansteigende Beziehung zwischen Komplexität und visuellem Explorationsverhalten beobachtet. Nunnally (1971) und Nunnally & Lemond (1973) wiesen daher die Annahme einer verkehrt U-förmigen Beziehung zugunsten einer monotonen zurück. Gegen diese Kritik wendet aber Maddi (1971) ein, daß Inkongruenz und Komplexität in den meisten Arbeiten zuwenig variiert wurde; es wären keine so hohen Grade an Komplexität geboten worden, daß es zu einer Abnahme der Zuwendung gekommen wäre. Voss (1976) bestätigte experimentell, daß eine mittelhohe Komplexität von Mustern (225 bit, 20–80% Redundanz) zu maximalem Explorationsverhalten führt.

Hinsichtlich der experimentellen Variation der Komplexität schlägt Heckhausen (1964) allerdings vor, sie nicht nach Stimulusinformation, sondern ausschließlich phänomenal zu definieren, da Verhalten nur eine direkte Funktion subjektiv erlebter Komplexität sein könne. So würden im Extremfall zu kleine Details zwar einen objektiv hohen Informationswert haben, subjektiv aber nicht mehr aufgelöst werden und den Eindruck einer mehr oder weniger homogenen Textur (z. B. „gesprenkelt") machen. In einem ähnlichen Sinn unterscheidet Livson (1967) in seiner Analyse der verschiedenen Neugierformen zwischen wahrgenommener Komplexität als Vorgang im Organismus und Komplexitätsniveau des Reizmusters, faßt aber beide Begriffe als informationstheoretisch quantifizierbar auf.

Die Ergebnisse weiterer Untersuchungen und die dabei angewendeten Methoden werden im folgenden für die verschiedenen Formen von Explorationsverhalten getrennt behandelt.

a) Orientierungsverhalten

Auf seine Bedeutung hat Pawlow als erster hingewiesen, eine große Zahl von Experimenten stammt aus seiner Schule. Später sind Untersuchungen dieser Art auf einer neuen theoretischen Basis durchgeführt worden, welche Sokolow (1960), beeinflußt durch Anochin (1959) und durch die Kybernetik, ihnen gegeben hat. Schon Pawlow hatte betont, daß der Orientierungsreflex bei einer Diskordanz neuer mit bereits vertrauten Reizbedingungen ausgelöst werde. Nach Sokolow sind letztere in einem „kortikalen neuronalen Modell" (einer im Lauf der Erfahrung aufgebauten Abbildung der Reizstruktur der Umgebung) repräsentiert. Dieses kortikale System steht in Wechselbeziehung zum subkortikalen retikulären System, welches die Rolle eines Verstärker- oder Aktivierungsmechanismus spielt, es löst den Orientierungsreflex aus, wenn vom kortikalen Repräsentations-System eine Diskrepanz zwischen der gegenwärtigen und der gespeicherten (gleichsam „erwarteten") Information gemeldet wird; dagegen kommt es bei Konkordanz, z. B. als weitere Folge von Orientierungsverhalten, nämlich durch Veränderung der Reizsituation oder des internen Modells, zu einer kortikofugalen Hemmung des Aktivierungssystems. Diese neuro-psychologische Hypothes (verwandt dem Grundmodell des Verhaltens TOTE von Miller, Galanter & Pribram 1960) ist vereinbar mit dem theoretischen Ansatz von Berlyne und von anderen „Neugier"-Forschern (wie McReynolds 1962, 1971), welche der Diskrepanz von Informationen bzw. dem daraus entstehenden Bedürfnis nach kognitiver Umstrukturierung, eine besondere Rolle zuweisen.

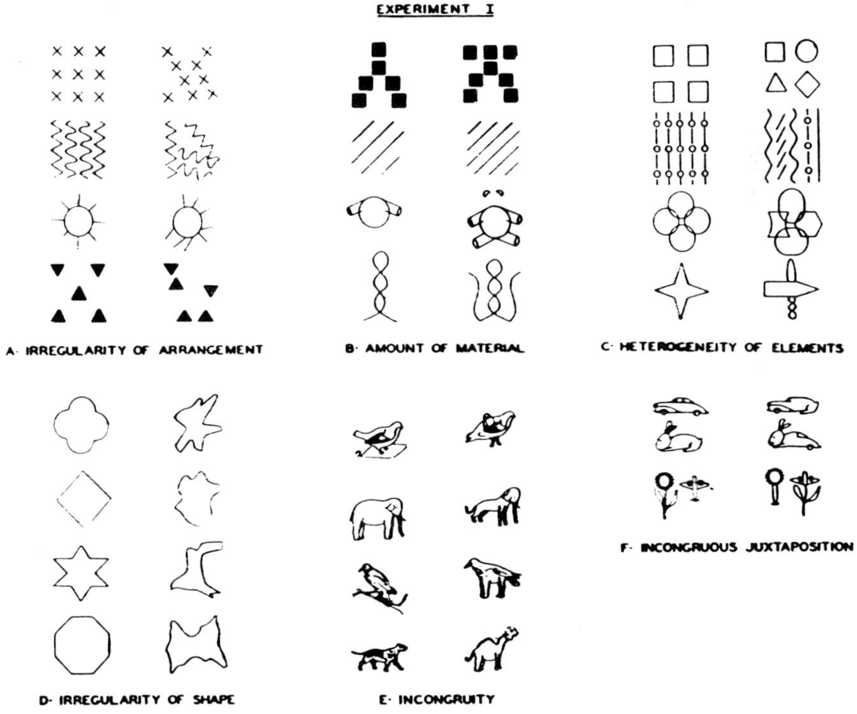

Abb. 1: Das Reizmaterial im Experiment von Berlyne. Aus: Berlyne, D. E.: The influence of complexity and novelty in visual figures on orienting responses. J. exp. Psychol. 55, 1958, S. 291

Ein Experiment, das Berlyne (1958) zur Wirkung der Variable „Komplexität" an Erwachsenen durchgeführt hat, illustriert die Rolle der das Orientierungsverhalten auslösenden Reizfaktoren und auch die Zusammengehörigkeit bzw. Untrennbarkeit der verschiedenen Formen „kollativer" Variablen. Es soll kurz skizziert werden. 20 Erwachsene (Studenten) wurden Figurenpaare geboten, die je 10 sec. lang auf einem Projektionsschirm sichtbar waren. Durch eine Öffnung im Schirm wurde von einem der Vl beobachtet, wie lang jede Figur eines Paares fixiert wurde. Die „Komplexität" der verwendeten Figurenpaare (siehe Abb. 1) war nach 6 Gesichtspunkten variiert worden: Bei den ersten vier Paaren (Gruppe a der Abb.) nach der Unregelmäßigkeit der Anordnung; die regelmäßigen Figuren eines jeden Paares – in der Abb. links – sind gleichzeitig aber auch vertrauter, enthalten weniger „Konflikt" und sind in informationstheoretischer Betrachtung als die redundanteren zu bezeichnen, die unregelmäßigeren sind komplexer, haben mehr Neuheitswert, erzeugen im Sinne einer Sukzessiv-Auffassungstheorie der Wahrnehmung mehr Konflikt und enthalten eine höhere absolute und relative „Unbestimmtheit" im informationalen Sinn. Serie b variiert nach der Reizmenge; die linken Figuren enthalten nur einen Teil des Materials ihrer rechten Partner. Ihre absolute Unbestimmtheit ist kleiner. In c ist die Heterogenität der Elemente variiert; Neuheit, Konflikt und relative Unbestimmtheit sind bei den komplexeren Figuren höher; das gleiche gilt für d, wo die Unregelmäßigkeit der Form variiert; dieselbe Kovariation der kollativen Variablen liegt für die Kategorien e und f, „Inkongruität" und „inkongruente Zusammenstellung" vor – gemeint ist die Unvereinbarkeit auf Grund der erfahrungsbedingten Erwartungen. Die Ergebnisse der Versuche zeigten, daß die „komplexen" Figuren in allen Kategorien signifikant länger fixiert wurden (M = 4,7 sec.) als die weniger komplexen (M = 3,3 sec.). In einem ergänzenden Versuch wurde übrigens die Explorationszeit auf 2 Minuten verlängert, um dem Einwand zu begegnen, daß die Ergebnisse infolge der schwierigen Erkennbarkeit der komplexeren Figuren trivial seien. Auch in dieser Versuchsserie widmeten die Vpn den komplexeren Figuren mehr Zuwendungszeit.

Neben den von Berlyne verwendeten Figurenpaaren wurden auch andere Materialien verwendet, die es gestatten sollten, präzisere Maße für den Informationsgehalt einer Figur zu bestimmen, so etwa unregelmäßige Polygone (Vielecke), die nach der Seitenzahl, der Anzahl der unabhängigen Wendungen, dem Umfang und der Zahl der unterscheidbaren Teilfiguren systematisch variiert werden können (Munsinger & Kessen 1964, 1966a). Besonders leicht scheint die Berechnung des Stimulus-Informationsgehaltes bei schachbrettähnlichen Mustern (angeregt von Attneave 1954), in denen die Größe der Rasterquadrate, deren Anordnung und eventuell auch Farbe variiert werden können (Fantz 1958, Smets 1973), und bei Unterteilung von Kreisen in verschiedenfärbige Sektoren (Driscoll & Sturgeon 1969) zu sein. Im allgemeinen wurden die Ergebnisse Berlynes bestätigt: Neue und komplexe Gegenstände werden mehr exploriert als bekannte bzw. einfach strukturierte Gegenstände. Umstritten ist, welche der verschiedenen möglichen abhängigen Variablen am geeignetsten zur Erfassung des visuellen Explorationsverhaltens sind. Neben subjektiven Beurteilungen („interessant") werden als objektive Maße die Gesamtdauer der Fixierung, die ein Stimulus in einer freien Betrachtungszeit erhält, die Erst-Fixierung bei simultaner Darbietung von Alternativen, die Anzahl der von der Vp gewünschten (oder durch Knopfdruck herbeigeführten) Kurzdarbietungen eines Reizes und schließlich physiologische Aktivierungsparameter (z. B. Änderungen der Pulsfrequenz) eingesetzt. Eindeutige Ergebnisse bezüglich der Korrelation der nach Stimulusmaterial und Reaktionsart verschiedenen Maße für Orientierungsverhalten untereinander existieren nicht (siehe z. B. Keller & Voss o. J.). Im allgemeinen überwiegt mehr und mehr die Ansicht, daß neben informationalen Reizaspekten auch andere Variablen, wie Gestaltmerkmale, kognitive und emotionale Seiten der Reizverarbeitung das Orientierungsverhalten bzw. die Betrachtungsdauer beeinflussen (Terwilliger 1963, Munsinger & Kessen 1964, 1966, McCall & Kagan 1967, Green & Courtis 1969, Schwarz & Werbik 1975, Kreitler & Kreitler 1976, Voss 1981).

Eine große Zahl von Forschungsarbeiten beschäftigt sich mit der Entwicklung des Orientierungsverhaltens, vor allem in den ersten Monaten nach der Geburt. Schon in den Untersuchungen von Ch. Bühler (z. B. Bühler, Hetzer & Mabel 1928) wurde im Alterszeitraum von 2½ bis 6½ Monaten ein starker Anstieg der positiven Reaktionen gegenüber Neuem und Fremdem, bei gleichzeitiger Abnahme der negativen, beobachtet. Viele neue Untersuchungen ergaben, daß komplexere und neuere Reize länger exploriert werden als bekannte und einfache (Fantz 1958, 1964, Thomas 1965, Brennan, Ames & Moore 1966, McCall & Kagan 1967, Caron & Caron 1968, 1969, Greenberg 1971, Greenberg & Weizmann 1971 u. a., zusammenfassend: Keller 1981) und daß die Zuwendungsreaktionen im Lauf des ersten Lebensjahres zunehmen.

Karmel (1969) vermutete allerdings, daß die in einem Großteil dieser Experimente verwendeten schachbrettartigen Muster bei höherer Komplexität erst von älteren Säuglingen, und zwar infolge Zunahme ihrer visuellen Auflösungsfähigkeit und der Fixierungstechnik, adäquat aufgenommen werden können. In Experimenten von Martin (1975) mit zwei bis fünf Monate alten Säuglingen wurden daher geometrische Figuren verschiedener Komplexität als Stimuli verwendet, die auf der Achse eines Motors langsam bewegt dargeboten wurden. Dabei stellte sich bereits bei den jüngsten Kindern eine wesentlich längere Fixationszeit für komplexe Figuren heraus; der Unterschied in der Betrachtungszeit von komplexen und einfachen Figuren wurde mit dem Alter sogar kleiner. Allerdings ist ungeklärt, ob die unterschiedliche Reaktion auf visuelle Muster, bzw. die bereits bei Neugeborenen beobachtbare Reaktion auf olfaktorische Reize (Engen, Lipsitt & Kaye 1963) und die Habituation von solchen Wahrnehmungsreaktionen schon etwas mit „Explorationsverhalten“ zu tun hat oder ob nicht eine undifferenzierte primitivere Vorstufe der Reizverarbeitung erfaßt wird.

In neueren Untersuchungen an Säuglingen wird die Unterscheidung verschiedener Arten von Exploration beachtet, die schon von Berlyne (1963) bei älteren Vpn. gefunden wurde: Die Anzahl der von der Vp herbeigeführten Darbietungen einer Figur hängt von der Dauer der Erstexposition ab. Nach einer solchen von 0,5 Sekunden bevorzugten die Vpn. das weniger regelmäßige von zwei Bildern, nach einer Darbietung von vier Sekunden jedoch das regelmäßigere. Berlyne erklärt dies mit der Annahme von zwei Arten des Explorationsverhaltens: „spezifische Exploration", deren Ziel die Ergänzung unvollständiger Information ist, und „diversive Exploration", deren Ziel die Ablenkung, das Amusement, das ästhetische Vergnügen ist. Ähnlich unterscheidet auch Livson (1967) zwischen „noticing curiosity" und „examining curiosity". Orientierungsverhalten im engeren Sinn ist wohl die erste Art von Reaktion. Ertel (1973) berichtet von Experimenten (ähnlich Berlyne 1963) an Erwachsenen, in denen Muster verschiedener Komplexität auch mittels semantischen Differentials zu charakterisieren waren. Der Autor kommt zur Schlußfolgerung, daß sich die Eigenschaften eines wahrgenommenen Objekts während der Wahrnehmungszeit verändern; es komme zu konstruktiven Verarbeitungsprozessen, zum Versuch der Ausbildung besser „passender", ausgeglichenerer Strukturen, zur Einordnung in vorhandene Bedeutungsschemata; je nachdem, in welchem Moment dieses Prozesses Reaktionen registriert werden, kann das Ergebnis (Zuwendungsstärke, Interesse, Befriedigung) anders ausfallen.

Cohen (1972) entwickelte eine Versuchstechnik, mit deren Hilfe sie „attention getting" und „attention holding" bereits bei Säuglingen getrennt erfassen konnte, und zwar anhand der Zuwendungs-Latenzzeit und der durchschnittlichen Dauer pro Fixierung. Einige Stimulusparameter (Größe, Bewegung des Stimulus) beeinflußten mehr die erste, andere (Komplexität und Neuheit) mehr die zweite Komponente. In einem weiteren Experiment (Cohen, Deloache & Rissman 1975) an 17 Wochen alten Säuglingen wurde aber auch ein Einfluß der Reizkomplexität auf den attention getting-Prozeß festgestellt.

b) Lokomotorische Exploration

Auf die lokomotorische Exploration und ihre Motivierung wurde das Augenmerk der behavioristischen Psychologen gelenkt, als Dashiell (1925) und Nissen (1930) zeigten, daß Ratten auch dann Explorationsverhalten zeigten, wenn sie offensichtlich nicht durch einen primären Trieb oder durch die Gegenwart von Reizen, die mit der Befriedigung solcher Triebe assoziiert sind, motiviert waren. Man war daher geneigt, die Existenz eines selbständigen „Explorationstriebs" anzunehmen. Von theoretischer Bedeutung war diese Feststellung spontanen, nicht durch vitale Triebe motivierten Explorationsverhalten von Ratten und das damit verbundene Lernen der räumlichen Orientierung im Labyrinth für die Entwicklung der „kognitiven" Lerntheorie Tolmans.

Um die Vermutung zu widerlegen, daß der (von äußeren Reizen aktivierte) lokomotorische Explorationstrieb nicht etwa identisch sei mit einem organisch verankerten, von inneren Reizen hervorgerufenen „Aktivierungstrieb", führte

Montgomery (1963) ein entscheidendes Experiment durch. Er unterwarf eine Versuchsgruppe von Ratten während einer achttägigen Versuchsperiode einer weitgehenden Beschränkung ihrer Bewegungsfreiheit (sehr kleiner Käfig), eine Kontrollgruppe dagegen hatte freien Zugang zu einem „Aktivitäts-Rad" (Laufrad). Einmal täglich wurde das Ausmaß des Explorationsverhaltens beider Gruppen in einem geschlossenen Y-Labyrinth gemessen (Anzahl der Überquerungen von Linien, die die Gänge unterteilten). Die Aktivitäts-Deprivation der einen Gruppe hatte überhaupt keinen Effekt auf das Ausmaß des Explorationsverhaltens, auch nicht auf die Abnahme der Explorationstätigkeit im Laufe der Minuten einer Labyrinth-Darbietung und im Lauf der Tage des Experiments.

Charlesworth und Thompson (1957) untersuchten die Wirkung von noch weitergehender Deprivation, indem sie auch das optische Milieu der Versuchstiere auf ein Minimum reduzierten. Die eingeschränkten Tiere zeigten bei Zugang zu einem neuen Käfig mehr Explorationstätigkeit als die Kontrollfälle.

Montgomery (1953a) stellte weiter die Wirkung von verschiedenen Graden von Hunger und Durst auf das Explorationsverhalten fest, indem er Ratten nach 0, 24, 48 und 72 Stunden Nahrungs- bzw. Flüssigkeitsentzug hinsichtlich Stärke und Geordnetheit der Exploration beobachtete. Nach 24 Stunden stellte er eine Reduktion des Ausmaßes der Explorationstätigkeit ohne Abnahme der Geordnetheit fest, längere Deprivationszeiten hatten keine weitere beeinträchtigende Wirkung. M. schloß daraus, daß das Explorationsverhalten durch äußere Reize ausgelöst werde und physiologische Triebe, wie Hunger und Durst, eher störend wirken, auf keinen Fall aber zu seiner Kausalerklärung herangezogen werden können.

Daneben gibt es auch, wie im Falle des Orientierungsverhaltens, eine große Zahl von Befunden, die auf die entscheidende Bedeutung bestimmter äußerer Reizfaktoren, vor allem der kollativen Variablen, hinweisen. Neue Objekte, neue Labyrinthteile lösen ein viel stärkeres Explorationsverhalten aus als bereits bekannte (Berlyne 1950, 1955, Thompson & Solomon 1954, Berlyne & Slater 1957). Die Explorationstätigkeit nimmt mit der Zeit und mit der Ähnlichkeit zu vertrauten Reizen ab (Montgomery 1953). Komplexere Reizbedingungen (Variation des Labyrinth-Anstriches oder der darin befindlichen Gegenstände) lösen stärkere lokomotorische Exploration aus (Berlyne 1955, Williams & Kuchta 1957, Dember, Earl & Paradise 1957). Zwölf Monate alte Kinder nähern sich in Wahlsituationen eher neuen Räumen und neuem Spielzeug (Ross, Rheingold & Eckerman 1972).

c) Untersuchungs- und Manipulationsverhalten

Bei höheren Tieren und besonders beim Menschen besteht „Untersuchungsverhalten" hauptsächlich aus der Manipulation mit beweglichen (oder sonstwie veränderlichen) Gegenständen. Hier sollen nur solche Manipulationsreaktionen behandelt werden, die nicht auch als Mittel-Zweck-Handlungen, als gelernte instrumentelle Reaktionen zur Erreichung eines Ziels im Dienste eines anderen Motivs erklärt werden können. In einer Reihe von Beobachtungen des spontanen, spielerischen Hantierens mit Gegenständen, und zwar an Kindern (Bühler 1928, Piaget 1936) und an Tieren, vor allem an Menschenaffen (Inhelder 1955, Welker 1956, Harlow, Blazek & McClearn 1956) wird auf die Bedeutung der Neuheit, weiter auf die Bedeutung der Komplexität (Welker 1956a) für die Auslösung von Manipulationsreaktionen hingewiesen. Auch in Laboratoriumsexperimenten, vor allem an Kindern, wurde Manipulationsverhalten untersucht. Hutt (1967) konstruierte dazu einen Metallkasten mit einem Hebel, bei dessen Bewegung je nach Richtung verschiedenartige überraschende Effekte (Töne, bunte Lichter) auftreten. Hutt (1970) unterscheidet auf Grund ihrer Versuche zwei Phasen der Manipulation, die der Berlyneschen Klassifikation von spezifischer und diversiver Exploration entsprechen: eine erste Phase (Motto: „Was tut das Objekt?") und eine zweite Phase („Was kann ich mit dem Objekt tun?"). Knaben zeigen mehr manipulative Neugier als Mädchen (Kreitler, Zigler & Kreitler 1975).

Auch Pielstick & Woodruff (1968) und Mendel (1965) beschäftigten sich in Experimenten vor allem mit dem Faktor der Neuheit bei der Bevorzugung von Spielzeug.

d) Epistemische Neugier

Außer den drei mehr motorisch-explorativen Verhaltensarten behandelt Berlyne noch eine vierte, die „epistemische Neugier", etwa den konventionellen Begriffen der Wißbegier oder des Erkenntnistriebs entsprechend. Die Stärke der Wißbegier steigt nach seiner Theorie mit dem Grad des „begrifflichen" Konflikts, bzw. des Konflikts zwischen symbolischen Reaktionstendenzen (Einstellungen, Gedanken). In einem der dazu durchgeführten Experimente (Berlyne 1962) wurden 88 höheren Schülern 30 Zitate aus Literatur und Geschichte vorgelegt, die angeblich von 2 oder 3 verschiedenen, namentlich genannten Autoren stammten. Der Vpn wurde auch bekanntgegeben, wie viele Stimmen jeder der drei Autoren bei einer angeblich vorher durchgeführten Befragung von Lehrern nach dem wahren Autor auf sich vereinigen konnte. Die Information dieser Verteilung wurde für die verschiedenen Zitate variiert (z. B. hohe Information bei einer angeblichen Verteilung der Lehrerstimmen von 34:33:33, $H = 1.58$ bit, extrem niedrige bei 90:10, $H = 0{,}47$ bit). Danach hatten die Vpn diejenigen 12 Zitate zu markieren, deren wahre Autoren sie am liebsten erfahren wollten, und sie in eine Rangreihe (nach der Neugier) zu bringen. Die Ergebnisse in diesem und ähnlichen Experimenten bestätigten die Erwartungen: Die Neugier ist stärker, wenn H größer ist. Jedoch sind die Resultate nur klar, wenn Anzahl der Alternativen und Verteilung der Wahrscheinlichkeiten nicht gleichzeitig variiert werden.

Brickenkamp (1967) versuchte, ohne die nicht sehr realistischen Informationen über die Verteilung der einzelnen Wahlmöglichkeiten auszukommen, und prüfte weiters, ob zwischen subjektiver (auf einer Fünfpunkte-Skala geschätzter) und objektiver Ungewißheit ein Zusammenhang besteht. Seine Vpn sollten den angeblich vom Künstler intendierten Ausdrucksgehalt von 16 gegenstandslosen Liniengebilden unter 4 Auswahlantworten herausfinden. Die Auswahlantworten waren zur Erzielung unterschiedlicher Grade von Ungewißheit so zusammengestellt worden, daß entweder eine oder zwei oder drei oder alle vier „akzeptabel" waren, d. h. als passend aufgefaßt werden konnten (und dann tatsächlich von mehr als 5% der Vpn. gewählt wurden). Die Vp. hatte anschließend an die Wahl „ihrer" Alternative den Grad der erlebten Ungewißheit bei den Entscheidungen anzugeben und schließlich diejenigen acht grafischen Gebilde herauszusuchen, deren „wahren" Ausdrucksgehalt sie am liebsten erfahren wollte. Danach hatte sie die acht ausgewählten Reize nach der Wißbegier, die sie erweckten, in eine Rangreihe zu bringen. Der daraus berechnete Wißbegier-Score steigt, ziemlich wie erwartet, mit der Anzahl (1 bis 4) der „akzeptablen" Alternativen: 1,55 – 1,81 – 2,63 – 2,58. Um auch die verschiedenen Wahrscheinlichkeiten der Alternativen zu berücksichtigen, wurde H auf Grund der Verteilung der erhaltenen Antworten berechnet. Zwischen H und dem mittleren Grad der Wißbegier ergab sich eine Rangkorrelation von $r_s = 0{,}47$. H korrelierte auch mit den subjektiven Ungewißheits-Schätzungen – $r_s = 0{,}64$ – und bemerkenswerterweise ist der Zusammenhang zwischen der subjektiven Ungewißheit und der Wißbegier mit $r_s = 0{,}78$ deutlich höher als der zwischen objektiver (als H definierter) Ungewißheit und der Wißbegier.

Allerdings ist auch für die „subjektive Ungewißheit" ein linearer Zusammenhang mit Wißbegier nicht gesichert: Crandall (1971) fand in seinen Experimenten eine inverse U-Funktion. Frick & Cofer (1972) bestätigen dagegen die ursprünglichen Befunde Berlynes, wobei sie einschränken, daß durch konflikthaltige Probleme nicht eine allgemeine, sondern nur eine auf die spezifischen Fragen bezogene Neugier ausgelöst wird.

Krieger (1976) wird durch eine Reihe von Experimenten in seiner theoretischen Analyse bestärkt, nach der „objektive" Ungewißheitsmaße bedeutungslos, aber auch subjektive nicht unbeschränkt bedeutungsvoll sind, sondern nur insoweit sie sich auf einen „relevanten" kognitiven Konflikt beziehen. Seine Ergebnisse bestätigen eher die Tendenz zu einer verkehrt U-förmigen Funktion zwischen subjektiver Ungewißheit und Wißbegier.

Langeweile – Exploration – Angst als Effekte verschieden großer Informationsbelastung

Sehr reizarme Situationen bzw. längeres Andauern einer Reizung führen zu Langeweile, im Extremfall zu schweren Verhaltensstörungen, wie sie in Reizisolierungsexperimenten (Bexton, Heron & Scott 1954, Lilly 1956, Heron, Doane & Scott 1956, Zubek 1969) beobachtet wurden. Offen ist dabei geblieben, ob der informationale Aspekt der tatsächlich entscheidende ist. In der Untersuchung von Jones, Wilkinson & Braden (1961) wurde ein erster Versuch gemacht, als relevante Variable im reizarmen Milieu die „Informationsdeprivation" anzusehen. Die isolierten Vpn in diesen Experimenten hatten Gelegenheit, so oft sie wollten, einen Knopf zu betätigen, welcher die Produktion einer aus 24 Reizen bestehenden Serie von schwachen Lichtreizen (von 2 Glimmlampen) auslöste. Die Anzahl der Knopfbetätigungen korrelierte linear mit dem relativen Informationsgehalt der Reizserie. Damit scheint erstmals nachgewiesen zu sein, daß nicht (oder nicht nur) ein Motiv nach Reizung an sich, sondern nach „Information" existiert. Allerdings scheint das Reizsuche-Motiv nur bei Unterschreitung eines optimalen Aktivierungsniveaus wirksam zu sein (Fiske & Maddi 1961). Die Intensität und Häufigkeit des Neuheits- bzw. Variations-Suche-Motivs sind, diesem Optimum entsprechend, auch individuell verschieden (Zuckerman 1974). Zur Messung der Variations-Suche-Motivation wurden auch diagnostische Verfahren, überwiegend Fragebogentests, entwickelt (Garlington & Shimota 1964, Zuckerman et al. 1964, Pearson & Maddi 1966, Penney & Reinehr 1966, Pearson 1970, Fischer & Wiedl 1973, Wacker & Nohl 1974, Flade 1976).

Eine Reihe weiterer Beobachtungen (Löwenfeld 1927, Bühler, Hetzer & Mabel 1928) und Experimente (Montgomery 1955, Montgomery & Monkman 1955, Barnett 1958, Welker 1959, Hayes 1960, Sokolow 1963) spricht ebenfalls für eine Stimulationsoptimumhypothese. Gewisse Umstände der Reizung (extreme Neuheit, Reiz-Übermaß) und damit zusammenhängende Vorbedingungen im Individuum (Alter, Erfahrung, bei Tieren auch Art- und Rassenunterschiede) entscheiden darüber, ob auf einen Reiz mit Furcht bzw. Fluchtverhalten oder mit „Exploration", vor allem lokomotorischer Annäherung, reagiert wird. Unter bestimmten Umständen treten beide Reaktionen miteinander in Konflikt, es kommt zu einer Oszillation (Beobachtungen an Buchfinken von Hinde 1954, Marler 1956), aber auch zu komplexeren, zum Teil noch ungeklärten Wechselbeziehungen, auch mit anderen Verhaltensweisen aus dem Repertoire des betreffenden Lebewesens (Bindra & Spinner, 1958). Daß einfache theoretische Lösungen, wie die von Montgomery (1955), wonach das geäußerte Ausmaß an Exploration dem Nettobetrag von Annäherungstendenz und Furcht entspricht, oder von McReynolds (1971), wonach Exploration aus der Wechselwirkung zwischen der Angstminimalisierung und der Tendenz zu einem optimalen Stimulusniveau resultiere, nicht befriedigend sind, geht schon aus der offensichtlichen Möglichkeit hervor, auf eine Situation gleichzeitig mit orientierender Zuwendung und lokomotorischer Abwendung zu reagieren. Eine komplexere Hypothese stellt Zuckerman (1975) auf, indem er situatives Risiko, Aktivierung, Empfindungssuche und Angst in einem Interaktionsmodell vereint. Zum Unterschied von den genannten Forschern sehen Halliday (1966) und Lester (1967, 1968) Angst nicht als eine unvereinbare Reaktionstendenz, sondern sogar als die motivationale Grundlage des Explorationsverhaltens an. Durch explorative Informationsaufnahme werde Unsicherheit reduziert und die Ursache der Angst kognitiv beseitigt.

Informationsgehalt und emotionale Wirkung

Ebenso kompliziert und umstritten wie die Frage nach dem Zusammenhang zwischen dem Informationsgehalt von Reizen und der Auslösung orientierender und explorativer Zuwendung bzw. furchtsamer Abwendung ist das Problem der emotionalen Wirkung von unterschiedlich informationshaltigen Reizen. Da sich der Begriff der Emotion (als Teilaspekt des Motivationsgeschehens) in unmißverständlicher Weise in erster Linie auf Zustände des menschlichen Bewußtseins bezieht, wurden in vielen Experimenten zur emotionalen Wirkung verschiedener Grade von Unbestimmtheit bzw. Redundanz rein verbale Methoden angewandt. Berlyne & Peckham (1966) ließen Figuren, ähnlich denen von Abb. 1, die nach mehr oder weniger Komplexität bzw. Regelmäßigkeit variierten, auf drei für die Faktoren des Semantischen Differentials charakteristischen Skalen einordnen, und zwar: schön-häßlich (für den evaluativen Faktor), schnell-langsam (für Aktivität) und stark-schwach (für Potenz). Während die Ergebnisse im ersten und im dritten Faktor nur schwer interpretierbar sind, ergab sich für „Aktivität" eine verkehrt U-förmige Beziehung, ähnlich wie sie ein Mitarbeiter von Berlyne (Day 1965, zitiert nach Berlyne 1971, und Day 1967, 1968) für „Interessantheit" in Abhängigkeit von der Komplexität (Seitenzahl) von Polygonen gefunden hatte. Es wäre auf Grund der Ergebnisse mit nichtverbalen Methoden (z. B. psychogalvanische Reaktion, Bryson 1969, Harding & Punzo 1971) zu erwarten, daß „Aktivität" und „Interesse" mit der Komplexität ansteigen, aber möglicherweise sind die komplexesten Figuren in dieser Untersuchung von Berlyne bereits zu verwirrend und detailreich, so daß subjektiv gar nicht mehr der Eindruck hoher Komplexität entstehen konnte.

Mit präziseren Methoden zur Bestimmung der Komplexität einerseits und der emotionalen Wirkung andererseits arbeitete Werbik (1971). Als Reizmaterial wählte er (in einer der Versuchsserien) 32 einstimmige Tonfolgen, die so hergestellt wurden, daß ihre melodische und rhythmische Information bzw. Redundanz (zweiter Ordnung) systematisch, und zwar unabhängig voneinander, (in je 4 Stufen) variierten. Tonfolgen als Versuchsmaterial haben den großen Vorzug, mit höherer Wahrscheinlichkeit, als dies bei visuellen nichtgegenständlichen Figuren der Fall ist, überwiegend „syntaktische" Information zu besitzen und viel seltener „semantische" (inhaltliche Bedeutung, wie etwa in der sogenannten Programm-Musik). Außerdem kann, wie Werbik demonstrierte, ziemlich exakt der gesamte Informationsgehalt von Tonfolgen in verschiedenen Dimensionen (nicht nur, wie dies von einer Reihe anderer Autoren gemacht wurde, in einer Dimension allein) bestimmt bzw. experimentell variiert werden.

Die auf Querflöte dargebotenen Zufallsmelodien wurden von den Vpn. in 20 unipolaren Eigenschaften nach ihrem Gefühls- und Stimmungsgehalt, z. B. anmutig, beruhigend, düster, kraftvoll usw. beurteilt (5stufiges Rating). Aus der großen Zahl von Detailergebnissen und ihrer Weiterverarbeitung (z. B. mittels Faktorenanalyse) sollen nur einige charakteristische Einzelresultate herausgegriffen werden: Die Eindrucksqualität „ruhig" nimmt ein wenig (nicht signifikant) mit steigender melodischer und sehr deutlich (statistisch signifikant) mit steigender rhythmischer Unbestimmtheit ab, und es ist eine starke Wechselwirkung der beiden unabhängigen Variablen vorhanden.

Ähnlich verwickelte Verhältnisse herrschen bei einer Reihe weiterer Dimensionen, wie „heiter".

Schwarz & Werbik (1971) bestimmten die Wirkung der bedingten Information $H_{i\,(j)}$ von Häuserzeilen (gefilmte Modelle) durch Variation des Abstandes von der Straße und des Winkels zur Straße. Auf diese Weise wurden Häuserzeilen mit H zwischen 0 bit und 3,6 bit erzeugt und von einer entlangbewegten Kamera aufgenommen. Die Eindrucksbeurteilung auf dem Semantischen Differential wies für die Faktoren Aktivität und Valenz eine Tendenz zu einem verkehrt U-förmigen Zusammenhang auf, d. h. Folgen mittlerer Redundanz wurden am anregendsten und harmonischsten erlebt. Eine ähnliche Fragestellung bearbeitete auch Bortz (1972), nämlich die Wirkung von einzelnen Gebäudefassaden auf den drei Dimensionen des Semantischen Differentials.

Viele neuere Untersuchungen auf dem großen Gebiet der „Experimentellen Ästhetik" überschneiden sich methodisch und inhaltlich mit den in diesem Kapitel dargestellten. Die ästhetische wird teilweise der emotionalen Wirkung gleichgesetzt, teilweise wird eingeschränkt auf einzelne Aspekte, wie die verbale Beurteilung des Wohlgefallens (schön-häßlich) oder die nicht näher spezifizierte „Bevorzugung" bei der Auswahl unter mehreren Stimuli, oder der ästhetische Effekt wird operational als Dauer der Zuwendung (und damit identisch mit dem schon behandelten Neugier- und Explorationsmotiv) gemessen.

Die außerordentlich große Zahl von experimentellen und theoretischen Veröffentlichungen auf dem Gebiet einer neuen Wissenschaft zwischen Psychologie und Ästhetik erlaubt es nicht, im Rahmen dieses Artikels auf Einzelheiten einzugehen. Jedenfalls sind Ergebnisse erzielt worden, die zwar im Detail sehr uneinheitlich und widersprüchlich sind, aber doch demonstrieren, daß sich informational meßbare Unterschiede auf das ästhetische Urteil auswirken können. Umfassende Darstellungen der informationstheoretischen Ästhetik sind in Moles (1958), Gunzenhäuser (1962), Frank (1964), Ronge (1968), Bense (1969), Berlyne (1971, 1974) und Raab (1976, 1981) enthalten.

Schluß

Die hier zusammengestellten Arbeiten, in denen Beziehungen zwischen Motivation und Information erforscht wurden, sind methodisch und inhaltlich heterogen. Im großen und ganzen handelt es sich um den Versuch einer Neuorientierung mit Hilfe der Begriffe und Methoden der Informationstheorie. Welche der Vorstellungen und Hypothesen, die auf diese Weise entstanden sind, auf längere Sicht bestehen bleiben werden, kann noch nicht entschieden werden. In einigen Fällen handelt es sich wohl nur um die „Übersetzung" bisherigen Gedankenguts in die Informations-Terminologie, in anderen jedoch zeigt sich, daß Informationsverarbeitungsmodelle für bestimmte Probleme besonders geeignet sind, und in einigen Fällen wird auch die Anwendung mathematischer Methoden der Informationstheorie fruchtbar sein. Auf dem Gebiet der Motivation ist es sicher schwieriger als in den kognitiven Bereichen, informationale Modelle zu konkretisieren. Die Darstellung der vorliegenden Ansätze im Rahmen einer Enzyklopädie erscheint insofern gerechtfertigt, als auch auf anderen Gebieten der psychologischen Motivationsforschung noch keineswegs allgemein anerkannte Lehrmeinungen und Theorien existieren, welche ein zweifelsfrei gesichertes Fundament darstellen würden.

Literatur

Anochin, P. K. New conception of the physiological architecture of the conditioned reflex. In Brain mechanisms and learning (CIOMS Symposium Montevideo 1959). Oxford, 1959.

Atkinson, J. W. Motivational determinants of risk-taking behavior. Psychological Review, 1957, **64**, 359–372.

Atkinson, J. W. An introduction to motivation. Princeton, N.J.: Van Nostrand, 1964.

Atkinson, J. W. & Cartwright, D. Some neglected variables in contemporary conceptions of decision and performance. Psychological Reports, 1965, **14**, 575–590.

Attneave, F. Some informational aspects of visual perception. Psychological Review, 1954, **61**, 183–193.

Attneave, F. Informationstheorie in der Psychologie. Bern: Huber, 1965.

Barnett, S. A. Experiments on „neophobia" in wild and laboratory rats. British Journal of Psychology, 1958, **49**, 195–201.

Bense, M. Einführung in die informationstheoretische Ästhetik. Reinbek: Rowohlt, 1969.
Berlyne, D. E. Novelty and curiosity as determinants of exploratory behaviour. British Journal of Psychology, 1950, **41**, 68–80.
Berlyne, D. E. The arousal and satiation of perceptual curiosity in the rat. Journal of Comparative and Physiological Psychology, 1955, **48**, 238–246.
Berlyne, D. E. Uncertainty and conflict: a point of contact between information-theory and behavior-theory concepts. Psychological Review, 1957, **64**, 329–339.
Berlyne, D. E. The influence of complexity and novelty in visual figures on orienting responses. Journal of Experimental Psychology, 1958, **55**, 289–296.
Berlyne, D. E. Conflict, arousal and curiosity. New York: McGraw-Hill, 1960 (deutsch Konflikt, Erregung, Neugier. Stuttgart: Klett, 1974).
Berlyne, D. E. Uncertainty and epistemic curiosity. British Journal of Psychology, 1962, **53**, 27–34.
Berlyne, D. E. Complexity and incongruity variables as determinants of exploratory choice and evaluative ratings. Canadian Journal of Psychology, 1963, **17**, 274–290.
Berlyne, D. E. Aesthetics and psychology. New York: Appleton-Century-Crofts, 1971.
Berlyne, D. E. The vicissitudes of aplopathematic and thelematoscopic pneumatology (or the hydrography of hedonism). In D. E. Berlyne & K. B. Madsen (Hrsg.), Pleasure, reward, preference. New York: Academic Press, 1973.
Berlyne, D. E. (Hrsg.) Studies in the new experimental aesthetics: steps toward an objective psychology of aesthetic appreciation. Washington, D. C.: Hemisphere Publ. Corp., 1974.
Berlyne, D. E. & Lewis, J. L. Effects of heightened arousal on human exploratory behavior. Canadian Journal of Psychology, 1963, **17**, 398–441.
Berlyne, D. E. & Madsen, K. B. (Hrsg.). Pleasure, reward, preference. New York: Academic Press, 1973.
Berlyne, D. E. & Peckham, S. The semantic differential and other measures of reaction to visual complexity. Canadian Journal of Psychology, 1966, **20**, 125–135.
Berlyne, D. E. & Slater, J. Perceptual curiosity, exploratory behavior and maze learning. Journal of Comparative and Physiological Psychology, 1957, **50**, 228–232.
Bexton, W H., Heron, W. & Scott, T. H. Effects of decreased variation in the sensory environment. Canadian Journal of Psychology, 1954, **8**, 70–76.
Bindra, D. & Spinner, N. Responses to varying degrees of novelty: the incidence of various activities. Journal of the Experimental Analysis of Behavior, 1958, **1**, 341–350.
Bortz, J. Beiträge zur Anwendung der Psychologie auf den Städtebau. II. Erkundungsexperiment zur Beziehung zwischen Fassadengestaltung und ihrer Wirkung auf den Betrachter. Zeitschrift für experimentelle und angewandte Psychologie, 1972, **19**, 226–281.
Brennan, W. M., Ames, E. W. & Moore, R. W. Age differences in infant's attention to patterns of different complexities. Science, 1966, **151**, 354–356.
Brickenkamp, R. Untersuchungen über den Zusammenhang von Ungewißheit und Wißbegier. Ber. 25. Kongreß d. Ges. f. Psychol. Göttingen: Hogrefe, 1967, 540–544.
Brown, J. S. Comments on Professor Harlow's paper. In Current Theory and Research in Motivation. A. Symposium. Lincoln, Nebr.: University of Nebraska Press, 1953, 49–55.

Brown, J. S. & Farber, I. E. Emotions conceptualized as intervening variables with suggestions toward a theory of frustration. Psychological Bulletin, 1951, **38**, 465–495.

Bryson, J. B. Conceptual complexity and internal arousal. Psychonomic Science, 1969, **17**, 71–72.

Bühler, Ch. Zwei Grundtypen von Lebensprozessen. Zeitschrift für Psychologie, 1928, **108**, 222–239.

Bühler, Ch., Hetzer, H. & Mabel, F. Die Affektwirksamkeit von Fremdheitseindrücken im ersten Lebensjahr. Zeitschrift für Psychologie, 1928, **107**, 30–49.

Butler, R. A. Discrimination learning by rhesus monkeys to visual exploration motivation. Journal of Comparative and Physiological Psychology, 1953, **46**, 95–98.

Caron, R. F. & Caron, A. J. The effects of repeated exposure and stimulus complexity on visual fixation in infants. Psychonomic Science, 1968, **10**, 207–208.

Caron, R. F. & Caron, A. J. Degree of stimulus complexity and habituation of visual fixation in infants. Psychonomic Science, 1969, **14**, 78–87.

Charlesworth, W. R. & Thompson, W. R. Effect of lack of visual stimulus variation on exploratory behavior in the adult white rat. Psychological Reports, 1957, **3**, 509–512.

Cohen, L. B. Attention-getting and attention-holding processes of infant visual preference. Child Development, 1972, **43**, 869–879.

Cohen, L. B., DeLoache, J. S. & Rissman, M. W. The effect of stimulus complexity on infant visual attention and habituation. Child Development, 1975, **46**, 611–617.

Crandall, J. E. Relation of epistemic curiosity to subjective uncertainty. Journal of Experimental Psychology, 1971, **88**, 273–276.

Dashiell, J. F. A quantitative demonstration of animal drive. Journal of Comparative Psychology, 1925, **5**, 205–208.

Day, H. Evaluations of subjective complexity, pleasingness and interestingness for a series of random polygons varying in complexity. Perception & Psychophysics, 1967, **2**, 281–286.

Day, H. The importance of symmetry and complexity in the evaluation of complexity, interest and pleasingness. Psychonomic Science, 1968, **10**, 339–340.

Dember, W. N., Earl, R. W. & Paradise, N. Response by rats to differential stimulus complexity. Journal of Comparative and Physiological Psychology, 1957, **50**, 514–518.

Dollard, J. & Miller, N. E. Personality and psychotherapy. New York: McGraw-Hill 1950.

Driscoll, J. M. & Sturgeon, L. B. Uncertainty (H) estimation. Journal of Experimental Psychology, 1969, **79**, 565–567.

Engen, T., Lipsitt, L. P. & Kaye. H. Olfactory responses and adaption in the human neonate. Journal of Comparative and Physiological Psychology, 1963, **56**, 73–77.

Ertel, S. Exploratory choice and verbal judgment. In: Berlyne, D. E. & Madsen, K. B. (Hrsg.). Pleasure, reward, preference. New York: Academic Press, 1973, 115–132.

Fantz, R. L. Pattern vision in young infants. Psychological Record, 1958, **8**, 43–47.

Fantz, R. L. Visual experience in infants: decreased attention to familiar patterns relative to novel ones. Science, 1964, **146**, 668–670.

Fischer, M. & Wiedl, K. H. Variationsmotivation. Psychologische Beiträge, 1973, **15**, 478–521.

Fiske, D. W. & Maddi, S. R. (Hrsg.) Function of varied experience. Homewood, Ill.: Dorsey Press, 1961, 1–10.

Flade, A. Das Konstrukt der Variationsmotivation im gedächtnispsychologischen Experiment. Psychologische Beiträge, 1976, **18,** 571–580.

Frank, H. Kybernetische Analysen subjektiver Sachverhalte. Quickborn: Schnelle, 1964.

Frick, J. W. & Cofer, C. N. Berlyne's demonstration of epistemic curiosity: an experimental reevaluation. British Journal of Psychology, 1972, **63,** 221–228.

Garlington, W. K. & Shimota, H. E. The Change Seeker Index: a measure of the need for variable stimulus input. Psychological Reports, 1964, **14,** 919–924.

Green, R. T. & Courtis, M. C. Information theory and figure perception: the metapher that failed. In: J. Hogg (Hrsg.). Psychology and the visual arts. London: Penguin Books, 1969.

Greenberg, D. J. Accelerating visual complexity levels in the human infant. Child Development, 1971, **42,** 905–918.

Greenberg, D. J. & O'Donnell, W. J. Infancy and the optimal level of stimulation. Child Development, 1972, **43,** 639–645.

Greenberg, J. & Weizmann, F. The measurement of visual attention in infants: a comparison of two methodologies. Journal of Experimental Child Psychology, 1971, **11,** 234–243.

Gunzenhäuser, R. Ästhetisches Maß und ästhetische Information. Quickborn: Schnelle, 1962.

Halliday, M. S. Exploration and fear in the rat. Symposia of the Zoological Society of London, 1966, **18,** 45–59.

Harding, G. & Punzo, F. Response uncertainty and skin conductance. Journal of Experimental Psychology, 1971, **88,** 265–272.

Harlow, H. F. Learning and satiation of response in intrinsically motivated complex puzzle performance by monkeys. Journal of Comparative and Physiological Psychology, 1950, **43,** 289–294.

Harlow, H. F. Motivation as a factor in the acquisition of new responses. In: Current theory and research in motivation. A Symposium. Lincoln: Univ. of Nebraska Press, 1953, 24–49.

Harlow, H. F., Blazek, N. C. & McClearn, G. E. Manipulatory motivation in the infant rhesus monkey. Journal of Comparative and Physiological Psychology, 1956, **49,** 444–448.

Harlow, H. F., Harlow, M. K. & Meyer, D. F. Learning motivated by a manipulation drive. Journal of Experimental Psychology, 1950, **40,** 228–234.

Harlow, H. F. & McClearn, G. E. Object discrimination learned by monkeys on the basis of manipulation motives. Journal of Comparative and Physiological Psychology, 1954, **47,** 73–76.

Hayes, K. J. Exploration and fear. Psychological Reports, 1960, **6,** 91–93.

Hebb, D. O. The motivationg effects of exteroceptive stimulation. American Psychologist, 1958, **13,** 109–113.

Heckhausen, H. Complexity in perception: phenomenal criteria and information theoretic calculus – a note on D. E. Berlyne's complexity effects. Canadian Journal of Psychology, 1964, **18,** 168–173.

Heckhausen, H. The Atkinson model reshaped. APA-Kongreß-Referat. Washington, 1967.

Heron, W., Doane, B. K. & Scott, T. H. Visual disturbances after prolonged perceptual

isolation. Canadian Journal of Psychology, 1956, **10,** 13–18.
Hinde, R. A. Factors governing the changes in strength of a partially inborn response as shown by the mobbing behavior of the chaffinch (Fringilla coelebs). Proceedings of the Royal Society B, 1954, **142,** 306–358.
Hochberg, J. & McAlister, E. A quantitative approach to figural „goodness". Journal of Experimental Psychology, 1953, **46,** 361–364.
Hunt, J. McV. Motivation inherent in information processing and action. In: O. J. Harvey (Hrsg.) Motivation and social interaction: cognitive determinants. New York: Ronald Press, 1963, 35–94.
Hunt, J. McV. Intrinsic motivation and its role in psychological development. In: D. Levine (Hrsg.). Nebraska Symposium on motivation. Lincoln: Univ. Nebraska Press, 1965, 189–282.
Hunt, J. McV. Toward a history of intrinsic motivation. In: H. I. Day, D. E. Berlyne & D. E. Hunt (Hrsg.). Intrinsic motivation: a new direction in education. Toronto: Holt, Rinehart & Winston, 1971, 1–32.
Hunt, J. McV. The epigenesis of intrinsic motivation and early cognitive learning. In: J. O. Whittacker (Hrsg.). Recent discoveries in psychology. Philadelphia: Saunders, 1972, 84–97.
Hutt, C. Effects of stimulus novelty on manipulatory exploration in an infant. Journal of Child Psychology and Psychiatry, 1967, **8,** 241–247.
Hutt, C. Specific and diversive exploration. In: H. W. Reese & L. P. Lipsitt (Hrsg.). Advances in child development and behavior, Bd. 5. New York: Academic Press, 1970, 120–172.
Inhelder, E. Zur Psychologie einiger Verhaltensweisen – besonders des Spiels – von Zootieren. Zeitschrift für Tierpsychologie, 1955, **12,** 88–144.
Jones, A., Wilkinson, H. J. & Braden, I. Information deprivation as a motivational variable. Journal of Experimental Psychology, 1961, **62,** 126–137.
Karmel, B. The affect of age, complexity, and of contour on pattern preferences in human infants. Journal of Experimental Child Psychology, 1969, **7,** 339–354.
Keller, H. Neugier und Explorationsverhalten in seiner Beziehung zu Intelligenz, Geschlechtszugehörigkeit und dem sozioökonomischen Status. Unveröffentl. Diss., Univ. Mainz 1975.
Keller, H. Entwicklung explorativen Verhaltens im ersten Lebensjahr. In: H.-G. Voss & H. Keller (Hrsg.). Neugierforschung. Weinheim: Beltz, 1981, 56–79.
Keller, H. & Voss, H.-G. Neugier und Exploration. Theorien und Ergebnisse. Stuttgart: Kohlhammer 1976.
Keller, H. & Voss, H.-G. The relationship between different measures of exploratory behavior of children at ages 7 and 9. Zit. n. Keller & Voss, 1976.
Klix, F. Information und Verhalten. Bern: Huber 1971.
Kreitler, H. & Kreitler, S. Cognitive orientation and behavior. New York: Springer, 1976.
Kreitler, S., Zigler, E. & Kreitler, H. The nature of curiosity in children. Journal of School Psychology, 1975, **13,** 185–200.
Krieger, R. Determinanten der Wißbegier. Bern: Huber, 1976.
Lerch, H. J. Informationspsychologische Analyse der Anreizfunktion im Leistungsmotivationskonzept. Psychologische Beiträge, 1976, **18,** 581–590.
Lester, D. Sex differences in exploration: toward a theory of exploration. Psychological Record, 1967, **17,** 55–62.

Lester, D. The effect of fear and anxiety on exploration and curiosity: toward a theory of exploration. Journal of General Psychology, 1968, **79,** 105–120.

Lilly, J. C. Mental effects of reduction of ordinary levels of physical stimuli on intact, healthy persons. Psychiat. Res. Reports, 1956, **5.**

Livson, N. Toward a differentiated construct of curiosity. Journal of Genetic Psychology, 1967, **111,** 73–84.

Löwenfeld, B. Systematisches Studium der Reaktionen der Säuglinge auf Klänge und Geräusche. Zeitschrift für Psychologie, 1927, **104,** 62–96.

Maddi, S. R. Comments on Nunnally's and Suchman's papers. In: H. I. Day, D. E. Berlyne & O. E. Hunt (Hrsg.) Intrinsic motivation: a new direction in education. Toronto: Holt, Rinehart & Winston, 1971, 83–90.

Marler, P. Behavior of the chaffinch, Fringilla coelebs. Leyden: Brill, 1956.

Martin, R. M. Effects of familiar and complex stimuli on infant attention. Developmental Psychology, 1975, **11,** 178–185.

McCall, R. B. & Kagan, J. Attention in the infant. Effects of complexity, contour, perimeter and familiarity. Child Development 1967, **38,** 939–946.

McDougall, W. An introduction to social psychology. London: Methuen 1908.

McReynolds, P. Exploratory behavior: a theoretical interpretation. Psychological Reports, 1962, **11,** 311–318.

McReynolds, P. The three faces of cognitive motivation. In: H. I. Day, D. E. Berlyne & D. E. Hunt (Hrsg.) Intrinsic motivation: a new direction in education. Toronto: Holt, Rinehart & Winston, 1971, 33–45.

Mendel, G. Children's preferences for different degrees of novelty. Child Development, 1965, **36,** 453–465.

Miller, G. A. & Frick, F. C. Statistical behavioristics and sequences of responses. Psychological Review, 1949, **56,** 311–324.

Miller, G. A., Galanter, E. & Pribram, K. Plans and the structure of behavior. New York: Henry Holt 1960.

Mittenecker, E. & Raab, E. Informationstheorie für Psychologen. Göttingen: Hogrefe, 1973.

Moles, A. Theorie de l'information et perception esthétique. Paris: Flammarion, 1958.

Montgomery, K. C. The effect of activity deprivation upon exploratory behavior. Journal of Comparative and Physiological Psychology, 1953, **46,** 438–441.

Montgomery, K. C. The effect of the hunger and thirst drives upon exploratory behavior. Journal of Comparative and Physiological Psychology, 1953a, **46,** 315–319.

Montgomery, K. C. Exploratory behavior as a function of „similarity" of stimulus situations. Journal of Comparative and Physiological Psychology, 1953b, **46,** 129–133.

Montgomery, K. C. The role of the exploratory drive in learning. Journal of Comparative and Physiological Psychology, 1954, 47, 60–64.

Montgomery, K. C. The relation between fear induced by novel stimulation and exploratory behavior. Journal of Comparative and Physiological Psychology, 1955, **48,** 254–260.

Montgomery, K. C. & Monkman, J. A. The relation between fear and exploratory behavior. Journal of Comparative and Physiological Psychology, 1955, **48,** 132–136.

Montgomery, K. C. & Segall, M. Discrimination learning based upon the exploratory drive. Journal of Comparative and Physiological Psychology, 1955, **48,** 225–228.

Munsinger, H. & Kessen, W. Uncertainty, structure and preference. Psychological Monographs, 1964, **78**, 1–24.

Munsinger, H. & Kessen, W. Stimulus variability and cognitive change. Psychological Review, 1966, **73**, 164–178.

Myers, A. K. & Miller, N. E. Failure to find a learned drive based on hunger; evidence for learning motivated by „exploration". Journal of Comparative and Physiological Psychology, 1954, **47**, 428–436.

Nissen, H. W. A study of exploratory behavior in the white rat by means of the obstruction method. Journal of Genetic Psychology, 1930, **37**, 361–376.

Nunnally, J. C. Determinants of visual exploratory behavior: a human tropism for resolving informational conflicts. In: H. I. Day, D. E. Berlyne & D. E. Hunt (Hrsg.). Intrinsic motivation: a new direction in education. Toronto: Holt, Rinehart & Winston, 1971, 73–82.

Nunnally, J. C. & Lemond, L. C. Exploratory behavior and human development. In H. W. Reese (Hrsg.) Advances in child development and behavior, Bd. 8. New York: Academic Press, 1973, 60–109.

Pawlow, I. P. Sämtliche Werke Band III/1: Zwanzigjährige Erfahrungen, 1953, (1. Aufl. russ. 1923).

Pearson, P. H. Relationship between global and specified measures of novelty seeking. Journal of Consulting and Clinical Psychology, 1970, **34**, 199–204.

Pearson, P. H. & Maddi, S. R. The Similes Preference Inventory: development of a structured measure of the tendency toward variety. Journal of Consulting Psychology, 1966, **30**, 301–308.

Penny, R. K. & Reinehr, R. C. Development of a stimulus-variation seeking scale for adults. Psychological Reports, 1966, **18**, 631–638.

Piaget, J. La naissance de l'intelligence chez l'enfant. Neuchâtel & Paris: Delachaux & Niestlé, 1936.

Pielstick, N. L. & Woodruff, A. B. Exploratory behavior in children. Psychological Reports, 1968, **22**, 515–531.

Raab, E. Bildkomplexität, Farbe und ästhetischer Eindruck. Graz: Akademischer Verlag, 1976.

Raab, E. Ästhetik und Neugier. In: H.-G. Voss & H. Keller (Hrsg.). Neugierforschung. Weinheim: Beltz, 1981, 263–308.

Ronge, H. (Hrsg.) Kunst und Kybernetik. Köln: DuMont Schaumburg 1968.

Ross, H. S., Rheingold, H. L. & Eckerman, C. O. Approach and exploration of a novel alternative by 12-month-old infants. Journal of Experimental Child Psychology, 1972, **13**, 85–93.

Schneider, K. Motivation unter Erfolgsrisiko. Göttingen: Hogrefe, 1973.

Schwarz, H. & Werbik, H. Eine experimentelle Untersuchung über den Einfluß der syntaktischen Information der Anordnung von Baukörpern entlang einer Straße auf Stimmungen des Betrachters. Zeitschrift für experimentelle und angewandte Psychologie, 1971, **18**, 499–511.

Schwarz, H. & Werbik, H. Eine experimentelle Überprüfung der Annahme einer monoton wachsenden Beziehung zwischen Zuwendungszeit und Informationsgehalt von Ereignisfolgen. Psychologische Beiträge, 1975, **17**, 1–36.

Shannon, C. E. A mathematical theory of communication. Bell System Technical Journal, 1948, **27**, 379–623.

Smets, G. Aesthetic judgment and arousal. Leeuven: Leeuven Univ. Press, 1973.

Sokolow, E. N. Neuronal models and the orienting influence. In: M. A. B. Brazier (Hrsg.) The central nervous system and behavior. New York: Macy Found. 1960, 187–239.

Sokolow, I. Perception and the conditioned reflex. Oxford: Pergamon Press, 1963.

Taylor, D. W. Toward an information processing theory of motivation. In M. R. Jones (Hrsg.), Nebraska Symposium on Motivation. Lincoln, Nebr.: University of Nebraska Press, 1960, 51–79.

Terwilliger, R. F. Pattern complexity and affective arousal. Perceptual and Motor Skills, 1963, **17**, 387–395.

Thomas, H. Visual fixation responses of infants to stimuli of varying complexity. Child Development, 1965, **36**, 629–638.

Thompson, W. R. & Solomon, L. M. Spontaneous pattern discrimination in the rat. Journal of Comparative and Physiological Psychology, 1954, **47**, 104–107.

Voss, H.-G. Exploration und Kreativität unter verschiedenen Bedingungen der Aktivation. Zeitschrift für experimentelle und angewandte Psychologie, 1976, **23**, 297–309.

Voss, H.-G. Kognition und exploratives Handeln. In: H.-G. Voss & H. Keller (Hrsg.). Neugierforschung. Weinheim: Beltz, 1981, 175–196.

Wacker, A. & Nohl, W. Über die Entwicklung einer Abwechslungspräferenzskala (APS) für Erwachsene. Psychologische Rundschau, 1974, **25**, 127–142.

Walker, E. L. Psychological complexity as a basis for a theory of motivation and choice. In: D. Levine (Hrsg.), Nebraska Symposium on Motivation. Lincoln, Nebr.: University of Nebraska Press, 1964, 65–97.

Welker, W. I. Some determinants of play and exploration in chimpanzees. Journal of Comparative & Physiological Psychology, 1956, **49**, 84–89.

Welker, W. I. Variability of play and exploratory behavior in chimpanzees. Journal of Comparative and Physiological Psychology, 1956 a, **49**, 181–185.

Welker, W. I. Escape, exploratory and food-seeking responses of rats in a novel situation. Journal of Comparative and Physiological Psychology, 1959, **52**, 106–111.

Werbik, H. Informationsgehalt und emotionale Wirkung von Musik. Mainz: Schotts Söhne, 1971.

Wiener, N. Cybernetics or control and communication in the animal and the machine. New York: Wiley & Sons, Hermann et Cie, 1948.

Williams, C. D. & Kuchta, J. C. Exploratory behavior in two mazes with dissimilar alternatives. Journal of Comparative and Physiological Psychology, 1957, **50**, 509–513.

Zubek, J. P. (Hrsg.). Sensory deprivation: fifteen years of research, New York: Appleton-Century-Crofts, 1969.

Zuckerman, M. The sensation seeking motive. In: B. A. Maher (Hrsg.), Progress in experimental personality research, Bd. 7. New York: Academic Press, 1974, 80–148.

Zuckerman, M. Sensation seeking and anxiety, traits and states as determinants of behavior in novel situations. Paper presented at the NATO conference on Dimensions of Anxiety and Stress, Oslo, 1975.

Zuckerman, M. Kolin E. A., Price, L. & Zoob, I. Development of a sensation-seeking scale. Journal of Consulting Psychology, 1964, **28**, 477–482.

3. Kapitel

Kognitive Prozesse im Motivationsgeschehen: Attributionen als Ursachenerklärungen von Handlungen

Hans Werner Bierhoff und
Dorothee Bierhoff-Alfermann

1. Allgemeine Modelle und Grundlagen

Der Zusammenhang von Attributionen und Motivation läßt sich in zwei Richtungen deuten: Motive als Ursache für Attributionsvorgänge einerseits und andererseits Attributionen als Ursache für die Entstehung und Veränderung von Motiven. Eine ähnliche Unterscheidung wird von Kelley & Michela (1980) getroffen, die die Frage der Beziehung zwischen Antezedenten und Attributionen den Attributionstheorien zuweisen und die Beziehung von Attributionen zu Konsequenzen den attributionalen Theorien (s. Fig. 1).

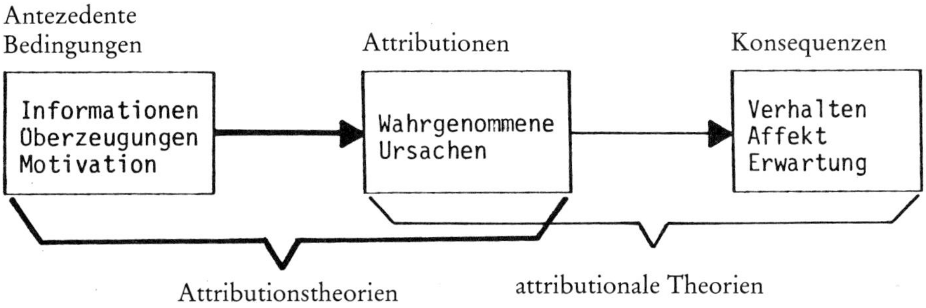

Fig. 1: Generelles Modell des Attributionsfeldes (nach Kelley & Michela, 1980)

Somit lassen sich zwei Facetten der Attributionsforschung unterscheiden (s. auch Kelley, 1980). Allerdings läßt sich diese Trennung nicht auf alle empirischen Arbeiten übertragen: Gelegentlich wird der Gesamtzusammenhang zwischen antezedenten Bedingungen und Konsequenzen untersucht, wobei Attributionsprozesse als hypothetische Konstrukte zur Erklärung des erwarteten Zusammenhangs herangezogen werden können (s. Kelley's, 1972a, Interpretation der Studie von Thibaut & Riecken, 1955, bzw. Nisbett & Kanouse, 1969, in bezug auf Hunger als Determinante des Kaufverhaltens im Supermarkt).

Die erste Facette der Attributionstheorie ist z. B. in der ANOVA-Theorie von Kelley (1967) oder in der Theorie korrespondierender Inferenz (Jones & Davis, 1965; Jones & McGillis, 1976) repräsentiert, die im folgenden ausführlicher besprochen werden sollen. Die zweite Facette ist weit weniger theoretisch ‚vermessen', wenn man etwa von Weiner's attributionaler Theorie des Leistungsverhaltens (Weiner, 1974) oder von Schopler's Analyse reziproker Hilfeleistung (Schopler, 1970) absieht. Statt dessen findet man häufig enger gefaßte Hypothesen, die in einzelnen Untersuchungen überprüft werden, etwa die Hypothese, daß eine andere Person gemocht wird, wenn ihr Verhalten auf positiv bewertete, wünschenswerte oder „gute" persönliche Charakteristika zurückgeführt wird (s. Regan, 1978, im Anschluß an Thibaut & Riecken's klassische Studie).

In diesem Zusammenhang erscheinen Attributionen nicht als Epiphänomene bei der Ausführung von Handlungen, sondern als Handlungsdeterminanten (s. oben). Die wahrgenommenen Ursachen des Verhaltens einer anderen Person determinieren z. B. die Attraktion. An die Stelle einer dualistischen Konzeption tritt die Annahme einer gegenseitigen Abhängigkeit zwischen Handlungen und Attributionen (vgl. Weiner, 1976). Figur 2 verdeutlicht diese Konzeption.

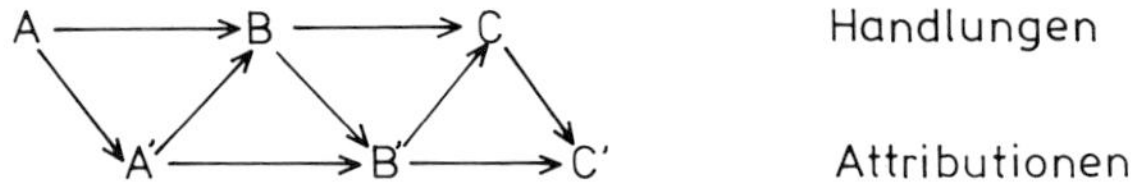

Fig. 2: Handlungssequenz und Attributionen: Interaktionistische Perspektive (modifiziert nach Weiner, 1976, S. 284)

Beachte: Durchgezogene Linien bezeichnen primäre Einflüsse, gestrichelte Linien kennzeichnen sekundäre Einflüsse.

Man sollte an dieser Stelle beachten, daß Attributionen nicht die einzigen Handlungsdeterminanten und auch nicht immer die wichtigsten sind. Wenn etwa die Akteure in der sozialen Episode in hohem Maße involviert sind – wenn also hedonistische Relevanz gegeben ist (s. Jones & Davis, 1965) – wird die Beurteilung der Attraktion des Partners in ausgeprägter Weise davon bestimmt, ob er/sie ein positives Urteil über die Person abgegeben hat (s. Lowe & Goldstein, 1970). Mit anderen Worten: Der Interaktionskontext, die Ziele und Ängste der Interaktionspartner, beeinflussen in beträchtlicher Weise das Mögen des Partners.

Ein ähnlicher Gedanke wurde schon von Jones & Thibaut (1958) geäußert, als sie soziale Wahrnehmung in Beziehung zu dem Interaktionskontext setzten (S. 151). Im übrigen erwähnen diese Autoren das Interaktionsziel der direkten

Maximierung wohltätiger sozialer Reaktionen, wie es vermutlich bei persönlicher Betroffenheit der Person (wie in der Involvement-Bedingung von Lowe & Goldstein, 1970) aktiviert wurde.

Die Berücksichtigung des sozialen Kontextes, in dem sich eine Handlung abspielt, führt zu einem gegenüber Fig. 2 erweiterten Bezugssystem, das in Fig. 3 dargestellt ist.

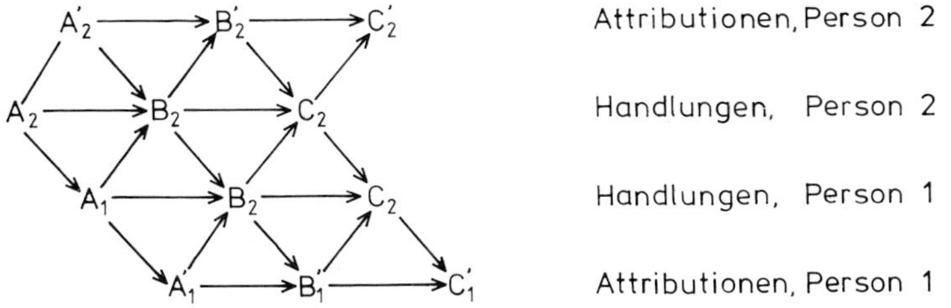

Fig. 3: Erweiterte interaktionistische Perspektive: Handlungen und Attributionen im sozialen Kontext

Die Leser, die mit der Analyse von sozialen Interaktionen vertraut sind, werden durch Fig. 3 unmittelbar an die unterschiedlichen Formen sozialer Interaktion erinnert (s. Graumann, 1972; Jones & Gerard, 1967; Jones & Thibaut, 1958). Wenn man dementsprechend eine Unterscheidung zwischen primären und sekundären Einflüssen durchführt, ergibt sich eine Vielzahl von Denkmöglichkeiten, in denen sich ein gegebenes sozial motiviertes Verhalten fassen läßt. So wäre Fig. 3 eine Darstellung des Falles, in dem beide Interaktionspartner einem sozialen Einfluß unterliegen, während gleichzeitig der Einfluß ihrer individuellen Pläne auf ihr eigenes Verhalten deutlich und im Idealfall gleich stark ausgeprägt ist. Weiterhin wäre der fortlaufende Einfluß aus der Handlungssequenz gleich stark verglichen mit den Einflüssen aus den Attributionen, die ihrerseits von Handlungen wie von früheren Attributionen bestimmt werden.

Es sind natürlich auch andere Fälle denkbar. Etwa, daß Person 1 stärker von Person 2 beeinflußt wird als umgekehrt und daß Person 2 mehr durch Attributionen im Verhalten bestimmt wird, während Person 1 nur eine schwache kognitive Vermittlung ihrer Handlungssequenz aufweist (s. Fig. 4).

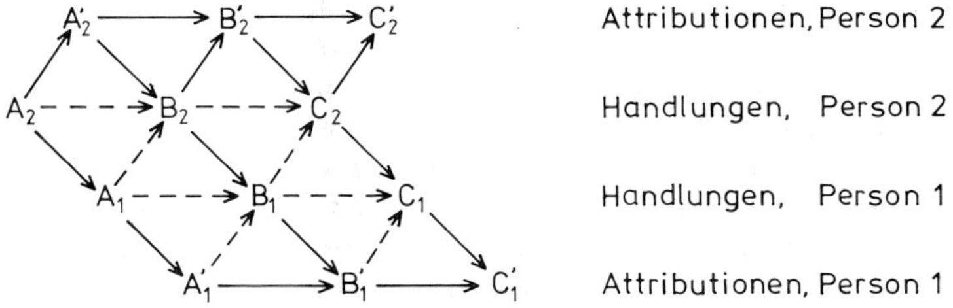

Fig. 4: Hypothetische Darstellung der Handlungssequenz bei hoher Ich-Beteiligung und Streben nach Billigung in dem Experiment von Lowe & Goldstein (1970)

Ein solches Schema könnte etwa den Kontext kennzeichnen, in dem ein Beurteiler (Person 1) Attraktivitätsurteile abgibt, wenn er/sie involviert ist und der Partner (Person 2) sich um ein Verhalten bemüht, das möglichst gebilligt werden sollte (s. die Bedingungskombination Involvement × Billigung suchen, Lowe & Goldstein, 1970). Ein solcher Interaktionskontext läßt sich mit Jones & Thibaut (1958) allgemein als ‚value maintenance inferential set' bezeichnen.

An dieser Stelle sollte hinzugefügt werden, daß in Fig. 3 und 4 immer noch die tatsächlichen Zusammenhänge vereinfacht werden. So ist zu berücksichtigen, daß neben direkten Einflüssen (z. B. A_1–A_1' oder B_1–C_2) auch indirekte Einflüsse zweiter und höherer Ordnung auftreten werden (z. B. A_1'–C_1'; B_2'–C_1; A_2'–B_1'). Man kann sich darauf einigen, daß diese indirekten Einflüsse in den direkten Pfeilen der Einfachheit halber mitgedacht werden, obwohl im Einzelfall eine differenziertere Analyse erforderlich sein kann. Dies wäre etwa der Fall, wenn gefragt wird, wie die Attributionen von Person 1 die Attributionen von Person 2 beeinflussen (vgl. Heider, 1958, Kap. 3) bzw. vor allem, wie Person 1 glaubt, sich bei Person 2 durch eine passende Selbstdarstellung beliebt zu machen (s. Jones, 1964; Jones & Wortman, 1973).

Fig. 3 und 4 sollten dazu dienen, den sozialen Kontext in Weiner's interaktionistische Perspektive (s. Fig. 2) einzubeziehen. Als nächstes wird die Sequenz von Handlungen und Attributionen während einer Verhaltensepisode in vier Phasen unterteilt (vgl. Weiner, 1976, S. 286):

(1) Motivationale Anregung (arousal), verbunden mit Registrierung neuer Informationen und/oder Beginn einer neuen Intention.
(2) Instrumentelle Aktivität und Persistenz zielgerichteten Verhaltens, verbunden mit sozialen Vergleichen, Aktivierung von Wissen, Informationsverarbeitung etc.
(3) Ziel-Erreichung oder -Verfehlung, verbunden mit Registrierung relevanter Hinweisreize (Cues), strategischen Zielsetzungen etc.
(4) Eintreten von Verhaltenskonsequenzen, verbunden mit gedanklicher Rückschau, Bewertung in bezug auf Zielsetzung, Modifikation der Strategie im Hinblick auf zukünftige Ereignisse, auf die sich die Erfahrung übertragen läßt etc.

Genauso wie eine Einbeziehung des sozialen Kontext erforderlich erscheint, um die interaktionistische Perspektive Weiner's zu vervollständigen, ist die Einordnung der Attributionsprozesse in die gesamte Verhaltensepisode wünschenswert. In allen vier Phasen werden Attributionsprozesse bedeutsam: etwa die Zuschreibung von Intentionen und Wahlfreiheit (Phase 1), die Erklärung fortlaufenden Verhaltens mit einer naiven psychologischen Theorie (Phase 2), Attributionen im Zusammenhang mit Ingratiation, Verantwortung und Kontrolle (Phase 3), rückblickende Feststellungen über die Verursachung eines Ereignisses, z. B. als internal oder external determiniert (Phase 4).

Genug der Vorstrukturierung! Was ist das Spezifische von Attributionstheorien? In die Richtung einer Antwort geht die Arbeit von Kruglanski, Hamel, Maides & Schwartz (1978), nicht etwa die von Kruglanski (1975). Hier wird Attribution verstanden als naive Epistemologie, analog der wissenschaftlichen

Epistemologie. Eine solche Erkenntnistheorie läßt sich nach Inhalt, Logik und Verlauf epistemischen Verhaltens kennzeichnen. Inhalt bezieht sich auf die verwendeten Begriffe und die Relationen, die unter ihnen gestiftet werden (z. B. kausale). Logik meint, daß sich die Konsistenz/Inkonsistenz von Begriffen mit Hilfe der Aussagenlogik beschreiben läßt. Verlauf der epistemischen Episode bezeichnet die Sequenz von Schlußfolgerungen, die dem Ziel dienen, eine bedeutsame Steigerung des Wissens herbeizuführen.

Eine häufig genannte Konkretisierung wissenschaftlichen Vorgehens findet sich in dem ANOVA-Modell von Kelley (1967). Es erinnert an J. St. Mill's Methoden der Kausalanalyse, die Methode der Übereinstimmung und die Differenzmethode (die in modifizierter Form auch dem modernen Experiment zugrunde liegen). Hier wird der naive Erkenntnistheoretiker wie ein Experimentator aufgefaßt, der die Kovariation zwischen Ursache und Effekt untersucht. Neben solchen Kovariationskonzepten sind auch Konfigurationskonzepte zu beachten, in denen elementare Verknüpfungsregeln der Aussagenlogik zum Ausdruck gebracht werden. Darüber hinaus sind weitere Strategien epistemischen Verhaltens möglich, etwa eine Analyse nichtgemeinsamer Effekte, wie sie in der Theorie korrespondierender Inferenz in den Mittelpunkt gerückt wird.

Attributionsforschung wurde nicht erst 1965 von E. E. Jones und K. E. Davis erfunden. Zumindest sind Thibaut & Riecken's Analyse der Bewertung von Nachgiebigkeit bei Statusniedrigen/-höheren aus dem Jahre 1955 und Heider's theoretische Analyse einer ‚naiven' Common-sense-Psychologie interpersoneller Beziehungen aus dem Jahre 1958 wichtige Meilensteine der Entwicklung, die in der zweiten Hälfte der sechziger Jahre fortgesetzt wurde und in den Siebzigern zur vollen Entfaltung kam, nicht zuletzt mit den Sammelbänden von Jones, Kanouse, Kelley, Nisbett, Valins & Weiner (1972) und von Harvey, Ickes & Kidd (1976, 1978).

Noch wesentlich früher liegen Untersuchungen von Narziß Ach zur Objektion (1932), unter der „die Verlegung seelischer Tatbestände auf das Objekt" (S. 267) verstanden wird und die in drei Hauptarten auftritt: emotionale Objektion, sensorielle Objektion und voluntionale Objektion. So wird unter emotionaler Objektion verstanden, daß uns ein Gegenstand sympathisch wird, „wenn wir an ihm wiederholt leichte und angenehme Tätigkeit ausüben, dagegen wird er bei unlustbetonter Betätigung unangenehm" (S. 269/70). Die Funktion der Objektion wird in der Entlastung der „Ichseite des Bewußtseins" gesehen, wobei die Erlebnisse von der Subjektseite auf die Objektseite verlegt werden. Der Entlastungstendenz entgegen wirkt die Perseverationstendenz, die zu einer Belastung des Innenlebens führt. Ein Überwiegen der Objektion wird dem extravertierten Typ zugeschrieben, während ein Überwiegen der Perseveration den introvertierten Typ charakterisieren soll (s. Kirsch, 1934).

Unter den Konsequenzen einer geringen Objektionsfähigkeit wird eine unzureichende Aufmerksamkeitszuwendung (Kirsch, 1934) und eine geringe Bereitschaft, Verantwortung zu übernehmen (Ach, 1932), genannt. Unter den antezedenten Bedingungen wird vor allem die Wiederholung von Tätigkeiten mit bestimmten Objekten hervorgehoben (Ach, 1932). Dieser Gesichtspunkt führt zwanglos zu einer lerntheoretischen Analyse, wie sie von Franz (1969) auf der Grundlage von Mowrer's Zwei-Faktoren-Theorie durchgeführt wurde.

Wie Franz (1969) treffend formuliert, ergibt sich aus der Theorie der Objektion, daß „die Emotion bei Ausführung einer Handlung zum Gefühlston des Objekts wird" (S. 2). Hoffnung und Furcht als sekundäre Verstärker werden mit bestimmten Cues der Aufgabenstellung im Gedächtnis verbunden, und bei häufiger Wiederholung tritt eine Verselbständigung der erworbenen Signalbedeutung ein (Franz, 1969).

Wir sind hier ausführlicher auf Ach's Objektionstendenz eingegangen, weil ihre Analyse eine Reihe von Themen und Gedanken anspricht, die in der Attributionsforschung entfaltet wurden. Zunächst einmal: Objektion läßt sich – in der gegenwärtigen Terminologie – als defensive Attribution auffassen (s. unten). Mit starker Betonung auf motivationalen Prozessen (Entlastung/Belastung) wird sowohl auf die antezedenten Bedingungen wie auf die Konsequenzen kognitiver Vermittlungsprozesse eingegangen. Schließlich werden Fragen der Aufmerksamkeitszuwendung (vgl. die Theorie der objektiven Selbstaufmerksamkeit, Duval & Wicklund, 1972) wie der kausalen Analyse (unter dem Stichwort ‚Vermeidung von Verantwortung') angesprochen. Die lerntheoretische Analyse von Franz (1969) schließlich leitet über zur behavioristischen Theorie der Selbstwahrnehmung (Bem, 1967).

Das Thema Motivation wird seit längerem unter dem Aspekt kognitiver Vermittlungsprozesse gesehen (s. Kelley, 1967; Weiner, 1972). Unterschiede finden sich in der Gewichtung des kognitiven Anteils (s. Weiner, 1972). Während Motivationstheorien in der Tradition von S-R-Ansätzen den kognitiven Anteil mehr oder weniger stark vernachlässigen (mit der bemerkenswerten Ausnahme von Mowrer, 1960), wird in der Attributionstheorie der Schwerpunkt auf kognitive Prozesse gelegt: „Die Inhalte der kognitiven Prozesse werden nicht als bloße Epiphänomene ablaufender Grundvorgänge betrachtet: Sie beeinflussen vielmehr entscheidend das Motivationsgeschehen und damit die erfolgenden Handlungen" (Heckhausen, 1980a, S. 41).

Grundannahme einer solchen „kognitiven" Theorie der Motivation ist somit, daß jedes Handeln von kognitiven Zwischenprozessen begleitet und gesteuert wird. Eine wichtige Gruppe von Theorien, die sich auf diese Zwischenprozesse bezieht, sind Attributionstheorien. Sie befassen sich mit solchen Vorgängen, die kognitive Erklärungen für Handlungen beinhalten. Sie spielen eine wichtige Rolle zum einen in der einer Handlung nachfolgenden Phase der Erklärung und Bewertung, zum anderen für Erwartungen im Hinblick auf zukünftige Handlungen, etwa über den Handlungsausgang oder den Kräfteeinsatz.

Wenn ich beispielsweise ein Handlungsergebnis auf Zufall zurückführe, so gibt mir dies keine Hinweise auf zukünftig zu erwartende Handlungen eines Akteurs oder auf Attribute des Akteurs. Insofern kann ich nicht mit größerer Genauigkeit zukünftige Ergebnisse und Kräfteeinsatz eines Akteurs voraussagen als zuvor. Anders hingegen bei einer Ursachenerklärung, die beispielsweise auf Fähigkeiten, die in der Person des Akteurs zu suchen sind, abzielt. Hier liefert mir das Ergebnis (mit seiner Erklärung) Informationen über zukünftig zu erwartende Handlungsergebnisse des Akteurs in einer gegebenen Situation.

Eine vollständige Analyse des motivationalen Geschehens läßt sich als Kognitions-Motivations-Interaktionen (Thomae, 1974) darstellen, in denen die Wechselwirkung zwischen kognitiven und motivationalen Prozessen zum Ausdruck kommt. Motive lassen sich kognitiven Systemen zuordnen, die in ihrer Bedeutsamkeit mehr oder weniger zentral/peripher in der subjektiven Rangordnung des Handelnden sind.

In der Attributionsforschung wird die kognitive Seite des Motivationsgeschehens in den Mittelpunkt gestellt. Das bedeutet nicht, daß Motive völlig beiseite gelassen werden. Zum einen muß das Attributionsgeschehen selber auf zugrundeliegende Motive zurückgeführt werden (s. Kruglanski, Hamel, Maides & Schwartz, 1978), etwa auf den Wunsch, einen Erkenntnisgewinn zu erzielen. Zum anderen wird auch die Bedeutung motivationaler Verzerrungen gegenüber einem rationalen Attributionsansatz diskutiert, wie es in brillanter Form in Stevens & Jones' (1976) Studie zur ANOVA-Theorie von Kelley (1967) geschehen ist (s. u.) und wie es üblicherweise unter den Stichworten defensive Attribution und ‚self-serving biases' abgehandelt wird.

Eine brauchbare Definition unseres Themas wurde von Kelley (1980) gegeben: „Das Studium der wahrgenommenen Kausalität wird mit dem Begriff Attributionstheorie identifiziert, wobei Attribution sich auf die Wahrnehmung oder Schlußfolgerung einer Ursache bezieht" (S. 459). Im Rahmen dieser Definition wird im folgenden zunächst einmal ein Überblick über allgemeine Grundlagen und Modelle der Attributionstheorie gegeben, bevor auf Attributionsvorgänge in bezug auf andere Personen und in bezug auf sich selbst ausführlicher eingegangen wird. Abschließend wird am Beispiel zweier Handlungsbereiche – im Rahmen der Psychologie hilfreichen Verhaltens und im Zusammenhang mit geschlechtstypischem Verhalten – der Stellenwert der Attributionstheorie für das motivationale Geschehen verdeutlicht.

a. Schematische Ursachenerklärung: Konfigurationskonzepte

Ein spezifischer Beitrag der Attributionsforschung besteht in der Formulierung und Überprüfung bestimmter Formalismen, die sich zur schematischen Ursachenerklärung eignen. Einfache Schemata beinhalten bestimmte logische

Verknüpfungsregeln und werden von Kelley (1973) als Konfigurationskonzepte bezeichnet. Noch grundlegender sind unterschiedliche Typen kausaler Relationen zwischen einer Ursache und einem Effekt (Bindra, 1976).

Kausale Relationen

Menschen wie Tiere besitzen Wissen über korrelierte Ereignisse in der Umwelt. Z. B. Pavlov's Hunde lernen eine Kontingenz zwischen Ton und Futter. Diese Relationen lassen sich durch bedingte Wahrscheinlichkeiten quantifizieren. Die Differenz zwischen der bedingten und der einfachen Wahrscheinlichkeit des gemeinsamen Auftretens von Ursache und Effekt gibt an, welchen Voraussagewert die Ursache für den Effekt hat (Bindra, 1976).

Wenn man die Häufigkeiten des gemeinsamen und isolierten Auftretens von Ursache und Effekt in einem 2 × 2 Schema tabelliert, lassen sich vier unterschiedliche Typen kausaler Beziehungen unterscheiden (Fig. 5). In Fall 1 ist Ursache A eine notwendige und hinreichende Bedingung für das Auftreten des Effektes E. In Fall 2 ist A zwar keine notwendige, aber eine hinreichende Bedingung für das Auftreten von E. Im dritten Fall ist A notwendig, aber nicht hinreichend in bezug auf E. Im letzten Fall schließlich ist A weder notwendig noch hinreichend, aber zum Auftreten des Effektes beitragend (Bindra, 1976). Diese Typen kausaler Relationen stellen das einfachste Wissen über Kausalität dar.

		E_2	
		Ja	Nein
E_1	Ja	100	0
	Nein	0	0

		E_2	
		Ja	Nein
E_1	Ja	60	0
	Nein	40	0

		E_2	
		Ja	Nein
E_1	Ja	60	40
	Nein	0	0

		E_2	
		Ja	Nein
E_1	Ja	60	20
	Nein	20	0

Fig. 5: Hypothetische Verteilungen relativer Häufigkeiten von Beobachtungen zweier Ereignisse, die gemeinsam oder zeitlich getrennt auftreten (modifiziert nach Bindra, 1976)

Beachte: E_1 und E_2 bezeichnen eine Ursache und einen Effekt. In den Tabellen ist die relative Häufigkeit des Auftretens/Nicht-Auftretens von E_2 (in %) in der ersten/zweiten Spalte eingetragen. Die Tabelle oben links bezeichnet den Fall, wo E_1 eine notwendige und hinreichende Bedingung für E_2 ist. In der Tabelle oben rechts ist E_1 eine hinreichende, in der unten links eine notwendige Bedingung für E_2. In der Tabelle unten rechts ist E_1 eine beitragende Bedingung zu E_2.

In der theoretischen Analyse von Reeder & Brewer (1979), die korrespondierende Schlüsse zwischen einer Verhaltensdimension und einer Dispositionsdimension schematisch erfassen, werden solche kausalen Relationen vorausgesetzt. Hier ist die Disposition Ursache, und das Verhalten stellt den zu erklärenden Effekt dar.

Kausale Schemata

Kausale Relationen kennzeichnen die Beziehungen zwischen einer Ursache und einem Effekt. Kausale Schemata bezeichnen die Beziehung zwischen zwei (oder mehreren) möglichen Ursachen und einem Effekt. Sie werden vor allem dann angewandt, wenn komplexere Sachverhalte erklärt werden müssen, ohne daß eine systematische Datensammlung – wie sie etwa ein Experimentator durchführen würde – zur Verfügung steht (Kelley, 1973).

Aus einer formalen Analyse des Urteilsprozesses ergibt sich die Folgerung, daß Objekte/Personen auf Dimensionen eingeordnet werden und daß die Dimensionswerte durch bestimmte Kombinationsregeln verbunden werden (Bierhoff, 1979). Im Fall der Attribution von Ursachen bezeichnen die Dimensionen bestimmte Erklärungen, die einen gegebenen Effekt (oder auch eine ganze Matrix von Effekten) betreffen. Häufig werden diese Erklärungen danach unterteilt, ob sie internale oder externale Ursachen nennen (vgl. Heider, 1958). Aber man kann auch differenziertere Urteilsdimensionen in Betracht ziehen, insbesondere psychologische Erklärungen einer Verhaltensepisode (Nachahmung, Rollenerfüllung, Verstärkung, unbewußte Motive etc.).

Kelley (1972b, S. 151) definiert ein kausales Schema als „eine generelle Konzeption, die eine Person darüber hat, wie bestimmte Arten von Ursachen bei der Hervorrufung einer bestimmten Art von Effekten interagieren. Jedes Schema kann in Termini einer hypothetischen Datenmatrix beschrieben werden, die die Meinungen und Annahmen des Attribuierenden über die Verteilung der Effekte auf verschiedene Kombinationen der kausalen Faktoren zusammenfaßt." Weiterhin stellt Kelley (1972b, S. 152) fest, daß kausale Schemata Aussagen darüber beinhalten, wie Informationen zu kausalen Schlüssen genutzt werden. Sie sind ein Repertoire abstrakter Vorstellungen über kausale Zusammenhänge.

Welche Schemata sind in diesem Repertoire enthalten? Zwei der Verknüpfungsregeln, die in Tab. 1 enthalten sind, haben besondere Beachtung gefunden: das Schema multipler notwendiger Ursachen (8) und das Schema multipler hinreichender Ursachen (2). Es ist die Meinung der Autoren, daß verschiedene weitere Verknüpfungsregeln ein ähnliches Interesse verdienen. Das gilt vor allem für die Schemen (7) und (10) sowie für die Schemen (5) und (3), die aussagenlogisch als Äquivalenz und ausschließendes Oder einerseits und als Implikation und Replikation andererseits bezeichnet werden.

Tabelle 1: Sechzehn Verknüpfungsregeln der zweiwertigen Logik

		(1)	(2)	(3)	(4)	(5)	(6)	(7)	(8)	(9)	(10)	(11)	(12)	(13)	(14)	(15)	(16)
p	q	w	w	w	w	w	w	w	w	f	f	f	f	f	f	f	f
p	$\bar{q}$	w	w	w	w	f	f	f	f	w	w	w	w	f	f	f	f
$\bar{p}$	q	w	w	f	f	w	w	f	f	w	w	f	f	w	w	f	f
$\bar{p}$	$\bar{q}$	w	f	w	f	w	f	w	f	w	f	w	f	w	f	w	f

Beachte: p und q stehen für zwei Aussagen. Der Querstrich soll eine Verneinung der Aussage symbolisieren, w und f stehen für wahr und falsch.

Schema multipler notwendiger Ursachen

Wie man sieht, lassen sich kausale Schemata als aussagenlogische Verknüpfungen darstellen. Das Schema multipler notwendiger Ursachen bringt – entsprechend der konjunktiven Verknüpfung der Ursachen – zum Ausdruck, daß der Effekt nur dann zustande kommt, wenn beide Ursachen wirksam sind. Nur eine Ursache bei Wegfall der zweiten kann den Effekt nicht auslösen. Die Quintessenz liegt darin, daß der Effekt von dem Vorhandensein beider Ursachenfaktoren abhängt.

Kelley (1972b) stellte auch eine Hypothese darüber auf, unter welchen Umständen die Verwendung dieses Schemas besonders wahrscheinlich ist. Wie muß ein Effekt beschaffen sein, damit er auf zwei zur Verfügung stehende Ursachen gleichzeitig attribuiert wird? Antwort: Je extremer ein Effekt ausfällt, desto eher kommt es zu einer konjunktiven Verknüpfung der Ursachen. Andererseits sollten Effekte, die im mittleren Bereich liegen, eher auf nur einen der Ursachenfaktoren zurückgeführt werden.

Tatsächlich finden sich Hinweise auf die Angemessenheit dieser Hypothese in empirischen Untersuchungen (Cunningham & Kelley, 1975; Kun & Weiner, 1973): Unerwartete, seltene Ereignisse werden eher mit mehreren Ursachen erklärt als gewöhnliche, alltägliche Ereignisse. Die subjektive Logik ist klar: Bei ungewöhnlichen Ereignissen wird angenommen, daß eine einzelne Ursache nicht ausreicht, um sie zu erklären. Man muß schon das Zusammenwirken mehrerer Faktoren postulieren, um einem solchen Ereignis gerecht werden zu können.

Eine einfache Methode zur Erfassung des Schemas multipler notwendiger Ursachen wurde von Cunningham & Kelley (1975) angewendet. Sie legten den Beurteilern Subjekt-Prädikat-Objekt-Sätze vor, die interpersonelle Beziehungen beschrieben (wie ‚Ted fühlt sich Norm unterlegen' oder ‚Tom hilft Phil'). Die Sätze enthielten entweder mäßige oder extreme Modifikationen (‚Ted fühlt sich Norm ein wenig unterlegen' vs. ‚Tom hilft Phil sehr viel').
Für jede Aussage wurden zwei mögliche Ursachen genannt, wovon sich die eine (a) auf den Handelnden bezog und die andere (b) auf die Zielperson, die als Objekt der Handlung genannt wurde. Die Beurteiler sollten auf einer 7-Punkte-Skala angeben, in welchem Ausmaß *beide* Ursachen (a) und (b) bei den einzelnen Sachverhalten gegeben

sein mußten. Ein hoher Wert dieses Ratings bringt zum Ausdruck, daß das Schema multipler notwendiger Ursachen verwendet wird.

Über alle vorgegebenen interpersonellen Geschehnisse hinweg ergab sich – wie erwartet – ein Haupteffekt der Extremität: Extremere Ereignisse wurden stärker auf beide Ursachen zusammen zurückgeführt. (Allerdings war dieser Effekt nicht bei allen Sachverhalten gleich stark ausgeprägt. Während er etwa für das Verb ‚hilft' signifikant war, ergab das Verb ‚fühlt sich unterlegen' einen Nulleffekt. Der generelle Trend der Mittelwertunterschiede ist aber eindeutig in der erwarteten Richtung.)

Wenn Kausalattributionen dem Schema multipler notwendiger Ursachen folgen, lassen sich – bezogen auf die Generalisierung über Akteur und Zielperson – zwei Fälle unterscheiden:

- Mit einem Anstieg der Ereignisgröße wächst die Generalisierung im Hinblick auf Zielpersonen und Akteure. D. h. man glaubt, daß der Akteur sein Verhalten auch gegenüber anderen Zielpersonen zeigt und daß andere Akteure das Verhalten gegenüber der gegebenen Zielperson zeigen. Dies charakterisiert ein Schema multipler notwendiger Ursachen, in dem jeder Faktor für sich einen kleinen Effekt hat, beide zusammen aber einen großen Effekt („resultant effect schema").
- Mit einem Anstieg der Ereignisgröße sinkt die Generalisierung im Hinblick auf Zielpersonen und Akteure. In diesem Fall führt nur die spezifische Kombination beider Faktoren den Effekt herbei („emergent effect schema"). Ein Beispiel dafür ist in der Aussage ‚Charles mag Ed' gegeben. Das gegenseitige Mögen ist spezifisch für die Kombination der zwei gegebenen Personen Charles und Ed und erlaubt keine Generalisierung auf andere Personenkombinationen.

Zwei weitere Fälle kennzeichnen ein Überwiegen der Zuschreibung auf die Zielperson bzw. der Zuschreibung auf den Akteur:

- Die wahrgenommene Verursachung ist durch eine Zuschreibung auf den Akteur bestimmt. Bei zunehmender Ereignisgröße wird mehr auf andere mögliche Zielpersonen generalisiert. Z. B. in dem Fall ‚Ted fühlt sich Norm stark unterlegen' ergibt sich die Generalisierung, daß sich Ted auch anderen Zielpersonen stark unterlegen fühlt. Nur eine Ursache – nämlich bezogen auf den Akteur – wird durch die höhere Extremität in der Bedeutung gesteigert.
- Im letzten Fall schließlich ist eine Zuschreibung auf die Zielperson zu erwarten. Bei zunehmender Ereignisgröße wird mehr auf andere Akteure generalisiert. Gleichzeitig sollte nur die Ursache, die mit der Zielperson in Zusammenhang steht, durch die höhere Extremität in ihrer Bedeutung gesteigert werden. In diese Richtung deuten etwa die Ergebnisse aus der Aussage ‚Fred dominiert Bill'.

Schema multipler hinreichender Ursachen

Das Schema multipler hinreichender Ursachen besagt, daß jede Ursache für sich genommen – wie auch beide in Kombination – den Effekt erklären kann. Die benutzte aussagenlogische Verknüpfung ist das einschließende Oder. Wenn ein Effekt gegeben ist, kann man nicht eindeutig rückschließen, ob eine gegebene Ursache – z. B. eine positiv bewertete im Vergleich zu einer negativ bewerteten Erklärung – den Effekt herbeiführt oder nicht.

Immer wieder – zuletzt von Kelley & Michela (1980) – wird die Untersuchung von Thibaut & Riecken (1955) als eine der ersten empirischen Arbeiten genannt, in der

Attributionsprinzipien sichtbar werden. Da ihre Ergebnisse wiederholt repliziert wurden (Ring, 1964; Strickland, 1958; Kruglanski, 1970), soll sie im folgenden kurz dargestellt werden.
In einer Studie waren drei Personen beteiligt. Die eine wies einen relativ hohen und die zweite einen relativ niedrigen Status gegenüber dem Beurteiler auf. Nachdem der Beurteiler beide Personen um Hilfe gebeten hatte und beide der Bitte entsprochen hatten, sollte beurteilt werden, inwieweit jeder der Befragten freiwillig eingewilligt hatte bzw. aufgrund äußeren Drucks zugestimmt hatte.
Bei hohem Status wurde bevorzugt eine internale Attribution vorgenommen, indem das Verhalten eher auf einen freiwilligen Entschluß zurückgeführt wurde. Bei niedrigem Status wurde das Verhalten bevorzugt auf eine externale Ursache zurückgeführt.
Im letzteren Fall stehen dem Beurteiler zwei plausible Gründe zur Verfügung, auf die er die Nachgiebigkeit der Person mit niedrigem Status zurückführen kann. Entweder bringt es der Statusunterschied mit sich, daß man sich bei niedrigem Status zum Nachgeben gezwungen fühlt, oder man hilft aus eigenem Entschluß, um Hilfe zu gewähren. Somit stehen zwei plausible Ursachen zur Wahl, von denen jede für sich oder in Kombination die Nachgiebigkeit hervorgerufen haben könnte. Hier sollte der Beurteiler also das Schema multipler hinreichender Ursachen in Anwendung bringen.
Während diese Resultate die Beziehung von Antezedenten zur Ursachenattribution betreffen, beziehen sich weitere Ergebnisse auf die Beziehung von Antezedenten zu Konsequenzen der Ursachenzuschreibung. Interessanterweise ergab sich, daß die Veränderung der Bewertung der zwei Personen von Beginn bis zum Abschluß des Experiments unterschiedlich war. Bei hohem Status fand sich eine positivere Veränderung als bei niedrigem Status. Wer – weil er einen hohen Status besitzt – aus scheinbar internalen Gründen hilft, gewinnt mehr an Ansehen als jemand, der dem Situationsdruck nachzugeben scheint.

Abwertungs- und Aufwertungsprinzip

Wenn zwei Ursachen einen Effekt – jede für sich – verursacht haben könnten, entsteht eine gewisse Unsicherheit bei der Beantwortung der Frage, welche Ursache für den Effekt verantwortlich ist. Diese Unsicherheit hat bedeutsame Konsequenzen, die Kelley (1972a) mit dem Abwertungsprinzip (discounting) beschrieben hat. Danach wird eine gegebene Ursache (z. B. eine positiv bewertete Ursache des Verhaltens einer anderen Person) abgewertet, wenn eine zweite plausible Ursache (etwa eine weniger positiv bewertete Erklärung) zur Verfügung steht. Empirische Studien zeigen, daß diesem Prinzip folgend geurteilt wird, u. z. etwa vom zweiten Schuljahr beginnend (Karniol & Ross, 1976a, 1979; Kassin, Lowe & Gibbons, 1980; Smith, 1975).

Das Abwertungsprinzip beschreibt einen Kompensationsvorgang. Sein Gegenstück ist das Aufwertungsprinzip (augmentation), das ebenfalls einen Kompensationsmechanismus beschreibt. Bisher sind wir davon ausgegangen, daß die plausibel erscheinenden Ursachen den Effekt begünstigen, ihn herbeiführen oder sein Auftreten erleichtern. Man muß aber eine Zweiteilung der Ursachen danach vollziehen, ob sie das Auftreten des Effektes erleichtern oder ihn unterdrücken bzw. hemmen (Kelley, 1972a). Wenn ein Effekt auftritt, während eine hemmende und eine förderliche Ursache wirksam sind, sollte die Stärke der förderlichen Ursache besonders hoch eingeschätzt werden (im Vergleich zu einer Bedingung, in der nur die förderliche Ursache plausibel ist). Diese direkte Kompensation einer hemmenden durch eine förderliche Ursache führt zu einer Aufwertung der förderlichen Ursache.

Die Bedeutung des Aufwertungsprinzips wurde in Leistungssituationen (Kun, 1977) und in interpersonellen Konfliktsituationen (Enzle, Hansen & Lowe, 1975) unter Beweis gestellt. Außerdem konnte es auf der Ebene rein wahrnehmungsmäßiger Urteile aufgewiesen werden (Kassin & Lowe, 1979), indem die Kausalwahrnehmung bei der Bewegung geometrischer Figuren untersucht wurde.

Bewegungsabläufe von geometrischen Figuren wurden von Heider & Simmel (1944) in einer klassischen Studie verwendet, um Kausalurteile in Situationen, in denen keine Personen auftreten, zu untersuchen. Eine typische Szene mit zwei Dreiecken und einem Kreis sowie einem großen geöffneten Rechteck ist in Fig. 6 dargestellt. In der Trickfilmdarstellung bewegten sich die geometrischen Figuren so, als würden sie das Rechteck betreten, einander nachjagen oder miteinander kämpfen. Es ist nicht verwunderlich, daß die Beobachter – sowohl wenn sie instruiert waren, den Film zu interpretieren wie wenn sie instruiert wurden, die Bewegungen als Handlungen von Personen zu interpretieren – anthropomorphe Schilderungen gaben.

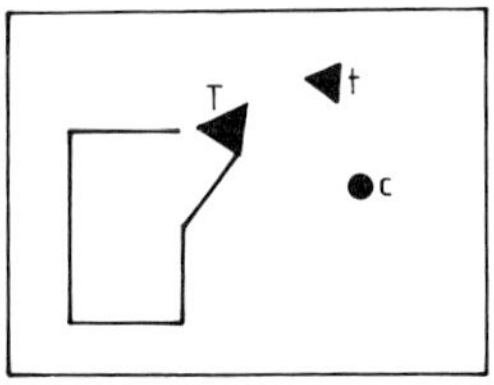

Fig. 6: Trickfilmbild zur Untersuchung phänomenaler Kausalität (nach Heider, 1958)

In einem ähnlichen Ansatz geht Michotte (1963) der Frage nach, unter welchen Bedingungen visueller Stimulation in der sprachlichen Beschreibung kausale Begriffe verwendet werden. In einer typischen Versuchsanordnung werden zwei farbige Rechtecke gezeigt. Rechteck A, das sich links von Rechteck B befindet, fängt an, sich zu bewegen in Richtung auf B. Wenn A das Rechteck B erreicht, fängt B in der gleichen Geschwindigkeit wie A an, sich zu bewegen, so daß sie sich für ein kurzes Stück zu berühren scheinen, bevor sie verschwinden. Unter diesen Umständen ergibt sich bei Beobachtern mehr oder weniger übereinstimmend der Eindruck, daß A das Rechteck B angestoßen hat bzw. trägt, während B als völlig passiv erscheint.

Ein wahrnehmungszentrierter Ansatz hat – methodisch gesehen – einige Vorteile für die Analyse kausaler Schemata: Man vermeidet weitgehend Probleme der sprachlichen Vermittlung, wie sie etwa in den Studien von Cunningham & Kelley (s. o.) oder von McArthur (1972, s. u.) auftreten könnten. Außerdem werden normative Erwartungen über die Beziehung unter den Akteuren/Ereignissen vermieden. Die Reaktionen setzen eine weniger komplexe Informationsverarbeitung voraus als bei sprachlicher Darbietung des Stimulusmaterials.

Den Ansatz von Heider & Simmel (1944) und insbesondere den von Michotte (1963) aufgreifend, boten Kassin & Lowe (1979) Kindern unterschiedlicher Altersstufen (Kindergarten, 2. Schuljahr, 4. Schuljahr) 8-Sekunden-Trickfilme dar, in denen die Bewegung zweier Dreiecke auf ein Haus hin dargestellt wurde (s. Fig. 7). Während eines der Dreiecke freie Bahn hatte, mußte das andere ein schwarzes Hindernis aus dem Weg räumen. Beide Dreiecke waren gleich lang unterwegs und betraten das Haus zur gleichen Zeit.

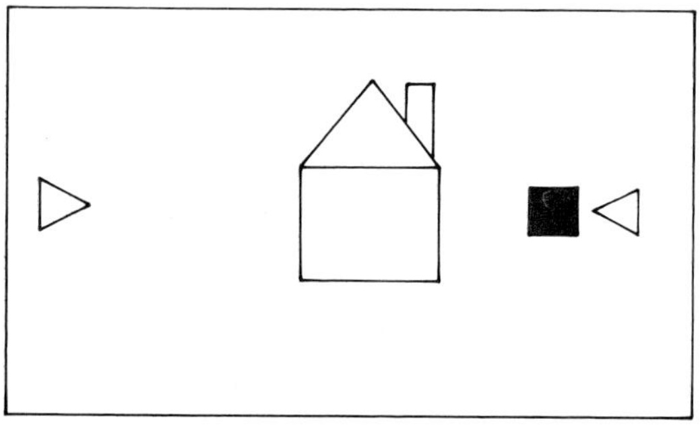

Fig. 7: Trickfilmbild zur Darstellung des Aufwertungsprinzips (nach Kassin & Lowe, 1979)

Die Ergebnisse zeigen, daß schon Kindergartenkinder ein elementares Verständnis des Aufwertungsprinzips haben. Sie geben nämlich zu 93% an, daß das Dreieck, das ein Hindernis beiseite räumt, mehr bestrebt ist, das Haus zu erreichen (2. Sj.: 87%; 4. Sj.: 100%). In dem untersuchten Altersbereich finden sich Altersunterschiede nur in den verbalen Erklärungen, die diesen Urteilen folgen. Obwohl die Kindergartenkinder das Aufwertungsprinzip auf einem elementaren Niveau anwenden, gelingt ihnen häufig noch keine angemessene Erklärung für ihre Wahl (40% erklären angemessen, im Vergleich zu 67% und 100% im 2. und 4. Sj.).

Das Prinzip der Aufwertung läßt sich von Alles-oder-Nichts-Vergleichen auf abgestufte Vergleiche erweitern (Kun, 1977). So könnten etwa in Fig. 7 Hindernisse unterschiedlicher Größe gezeigt werden, um unterschiedliche Grade von Hemmung zum Ausdruck zu bringen. In diesem Fall zeigt sich ein deutlicher Entwicklungstrend im Querschnittvergleich (Kassin & Lowe, 1979): Kindergartenkinder antworten nur in 33 % dem erweiterten Prinzip folgend (im Vergleich zu 73 % und 93 % im 2. und 4. Sj.). Bei der Verwendung angemessener Erklärungen für die Wahl des Dreiecks, das mehr bestrebt ist, das Haus zu erreichen, findet sich ein ähnlicher Trend.

Wenn man das Aufwertungs- wie das Abwertungsprinzip gleichermaßen berücksichtigt, läßt sich eine Rangreihe in der Stärke bilden, die einer bestimmten förderlichen Ursache bei gegebenem Effekt beigemessen wird:

förderliche Ursache + starke hemmende Ursache (stärkste)
förderliche Ursache + schwache hemmende Ursache
förderliche Ursache allein
förderliche Ursache + schwache förderliche Ursache
förderliche Ursache + starke förderliche Ursache (schwächste)

Die Abweichungen von der Einschätzung der Stärke der förderlichen Ursache, wenn sie isoliert auftritt, werden nach oben durch das Aufwertungsprinzip und nach unten durch das Abwertungsprinzip erklärt.

Quattrone & Jones (1978) haben die Wirksamkeit beider Prinzipien im motivationalen Kontext untersucht (s. auch Jones, 1980), indem sie sich mit dem Wunsch nach positiver Selbstdarstellung und Ingratiation auseinandersetzten. Wie stellt man unter Beweis, daß man eine bestimmte Fähigkeit besitzt, und wie hebt man diesen positiven Tatbestand hervor, wenn feststeht, daß man die Fähigkeit besitzt?

Angenommen, es stehen drei förderliche und drei hemmende Faktoren zur Verfügung, die sich auf das Gegebensein einer Fähigkeit (wie etwa die Fähigkeit, die Rolle in einem Theaterstück zu übernehmen) beziehen. Von den je drei Faktoren wird einer sehr positiv bewertet, einer ist neutral und der dritte wird jeweils sehr negativ bewertet. (Z. B. eine positive förderliche Ursache wäre, daß man auf eine Reihe von positiven Kritiken hinweisen kann, die man in der Vergangenheit erhalten hat. Eine negative hemmende Ursache wäre, wenn man selbst in einem Artikel die Rolle, die man übernehmen soll, als unglaubwürdig und sentimental dargestellt hätte.)
Wenn nun jemand seine Fähigkeit eindeutig unter Beweis gestellt hat (z. B. durch eine Aufführung, in der man die Rolle mit großem Erfolg gespielt hat), sollte er/sie – unter den förderlichen Ursachen – nur die positivste nennen. Denn die Erwähnung der beiden anderen Ursachen würde die Bedeutung der positivsten Ursache abwerten (= discounting).
Aus dem Aufwertungsprinzip folgt andererseits, daß jemand, der seine Fähigkeit unter Beweis gestellt hat, gerne auf hemmende Einflüsse verweist. Denn man hat unter diesen Umständen die Fähigkeit trotz störender Einflüsse erworben und erzielt dadurch in der Selbstdarstellung den beeindruckenden Zustand einer „heroischen" Leistung.
Wenn andererseits die in Frage stehende Leistung nicht eindeutig unter Beweis gestellt werden kann, entsteht ein Selbstdarstellungsdilemma: Man versucht, durch Hinweis auf förderliche Ursachen unterschiedlicher Qualität den Besitz der Fähigkeit als wahrscheinlich erscheinen zu lassen und muß somit in Kauf nehmen, daß eine Abwertung der positivsten Ursache eintritt und der Gesamteindruck verschlechtert wird. Außerdem verbietet sich die Nennung hemmender Ursachen, weil sonst Zweifel daran hervorgerufen würden, ob man die Fähigkeit überhaupt besitzt.
Aus dieser Analyse ergibt sich die Annahme systematischer Selbstdarstellungsunterschiede je nach dem Vorhandensein/Fehlen des letzten Beweises. Läßt man einmal die positive förderliche Ursache beiseite (die in beiden Bedingungen sehr häufig erwähnt werden sollte), dann sollte man bei Fehlen des letzten Beweises eine Betonung der

restlichen förderlichen Ursachen finden und bei Vorhandensein des Beweises eine Betonung der hemmenden Ursachen. Diese Voraussage ergibt sich aus einer Kombination von Aufwertungs- und Abwertungsprinzip.
Unter Verwendung von 27-Punkte-Skalen (–13 bis +13) ergibt sich ein zu der Hypothese passendes Resultat, daß in Tab. 2 dargestellt ist.

Tabelle 2: Neigung zur Hervorhebung förderlicher und hemmender Einflußfaktoren (nach Quattrone & Jones, 1978)

	Letzter Beweis	
	Nicht vorhanden	Vorhanden
förderliche Faktoren	3.96[a]	–1.21[b,c]
hemmende Faktoren	–3.77[c]	–1.01[b]

Beachte: Mittelwerte, die keinen gemeinsamen Buchstaben aufweisen, unterscheiden sich signifikant ($p < .05$). Bei den förderlichen Faktoren wurde der positivste Faktor unberücksichtigt gelassen.

Darüber hinaus läßt sich im Einzelvergleich der Bereitschaft zur Erwähnung einzelner förderlicher/hemmender Faktoren sowohl die Bedeutung des Aufwertungs- wie des Abwertungsprinzips aufweisen. So wird die neutrale förderliche Ursache weniger gerne genannt, wenn der letzte Beweis erbracht werden kann (Gefahr der Abwertung!), während die neutrale hemmende Ursache mehr genannt wird, wenn der Beweis erbracht worden sei (Nutzung der Aufwertung).

In der Untersuchung von Quattrone & Jones (1978) wird eine Bedingung, in der korrespondentes Verhalten gegeben ist (Selbstdarstellung und Verhalten stimmen eindeutig überein), verglichen mit einer Bedingung, in der die Korrespondenz fraglich ist. Bei gegebener Korrespondenz werden neutrale und negative förderliche Ursachen lieber zurückgehalten, während gleichzeitig die Selbstdarstellung durch die Nennung hemmender Ursachen aufgewertet wird – eine Strategie, die gleichzeitig das Abwertungs- wie das Aufwertungsprinzip nutzt.

Interessanterweise ist die Verwendung des Aufwertungsprinzips auch zu beobachten, wenn man erwartet, den Beweis einer Fähigkeit demnächst möglicherweise nicht erbringen zu können (s. Wortman, Costanzo & Witt, 1973), oder wenn man glaubt, versagt zu haben. In diesem Fall fungiert der Hinweis auf hemmende Ursachen als Entschuldigung für ein (mögliches) Versagen, eine Selbstdarstellungsstrategie, die den Charakter eines selbst errichteten Handicaps haben kann, wenn z. B. auf Drogen oder Alkohol zurückgegriffen wird, um (mögliches) Versagen zu rechtfertigen (Berglas & Jones, 1978; Jones, 1980).

Berglas & Jones verwandten einen Analogietest, der entweder meist unlösbare oder meist lösbare Aufgaben enthielt. Nichtsdestoweniger wurde in beiden

Fällen durch entsprechendes Feedback der Eindruck erzeugt, die Aufgabe erfolgreich bewältigt zu haben. Bevor ein weiterer intellektueller Leistungstest bearbeitet werden sollte, wurde Gelegenheit gegeben, eine leistungsfördernde/leistungshemmende Droge zu nehmen. Bei Männern (nicht bei Frauen) ergab sich nach Erfolg bei den unlösbaren Aufgaben (= nichtkontingenter Erfolg) eine Bevorzugung der Wahl einer leistungshemmenden Droge.

Bei Erfolgsunsicherheit und Wahrnehmung fehlender Kontrolle scheint ein ängstliches Bemühen hervorgerufen zu werden, ein Versagen bei zukünftigen Leistungstests (defensiv) zu externalisieren (nämlich auf eine leistungshemmende Droge). Der Wunsch nach Beibehaltung eines positiven Leistungsbildes, über das man sich sehr unsicher ist, motiviert paradoxerweise eine Strategie des Selbst-Handicaps, die den zukünftigen Mißerfolg nahezu gewiß macht.

Quattrone & Jones (1978) zeigen, daß Alltagsmenschen entsprechende Strategien der Selbstdarstellung mehr oder weniger bewußt einsetzen können. Die Ergebnisse von Berglas & Jones (1978) lassen vermuten, daß eine subtile Anwendung des Aufwertungsprinzips eine Ursache für eine Drogen- oder Alkohol-Karriere sein kann und das Errichten von Selbst-Handicaps bei möglichem Mißerfolg motivieren kann. Denn wenn man ein Selbst-Handicap errichtet hat, wird ein Erfolg „heroisch" überhöht, während ein Mißerfolg external attribuierbar und entschuldbar wird, ohne daß man sein positives Selbstbild verändern muß.

Abwertung und Aufwertung bezeichnen Kompensationsprozesse (Kassin, Lowe & Gibbons, 1980; Kun, 1977). Bei gegebenem Effekt wird die Veränderung einer Ursache durch die Veränderung einer anderen Ursache kompensiert. Dies geschieht als direkte Kompensation im Fall der Aufwertung (je nach Hemmung, desto mehr Förderung ist erforderlich, um den Effekt zu erzeugen) und als umgekehrte Kompensation im Falle der Abwertung (stärkere externale Ursachen werden z. B. durch schwächere internale Ursachen kompensiert).

Kun (1977) leitet aus diesem Vergleich von direkter und umgekehrter Kompensation ab, daß das Aufwertungsprinzip von Kindern zuerst beherrscht werden sollte. Diese Annahme stimmt damit überein, daß Beurteiler Schwierigkeiten haben, aus negativer Evidenz die richtigen Schlüsse zu ziehen (Wason & Johnson-Laird, 1972).

Wenn auch Shultz et al. (1975) abweichende Resultate berichten, zeigt sich doch bei Zugrundelegung eines Wahrnehmungsansatzes, der an Michotte (1963) anschließt, eine Bestätigung der genannten Hypothese (Kassin, Lowe & Gibbons, 1980). Kindergartenkinder sowie Kinder aus der 2., 4. und 6. Klasse und College-Studenten sahen Trickfilme, in denen dargestellt wurde, wie zwei Dreiecke sich in gleicher Geschwindigkeit auf ein Haus zu bewegten, wo sie gleichzeitig ankamen. Ein Dreieck wurde durch ein schwarzes Quadrat

„getragen“, insofern es sich in Bewegung setzte, als das Quadrat sich angenähert hatte und genau unterhalb des Dreiecks lokalisiert war (s. Fig. 8).

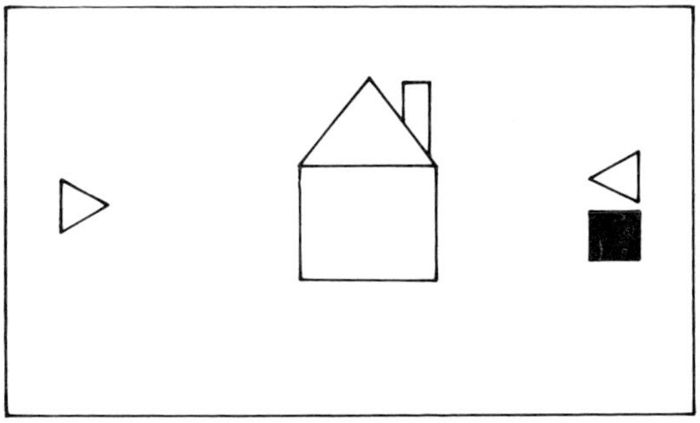

Fig. 8: Trickfilmbild zur Darstellung des Abwertungsprinzips (nach Kassin, Lowe & Gibbons, 1980)

Erst bei Zweitkläßlern zeigte sich eine erfolgreiche Verwendung des Abwertungsprinzips, indem sie auf die Frage, welches Dreieck mehr auf das Haus zugehen wollte, überzufällig häufig auf dasjenige zeigten, daß nicht unterstützt wurde. Außerdem fand sich zwischen dem 4. Schuljahr und dem College-Alter ein Anstieg angemessener Erklärungen von 12.5 % über 43.75 % (Sechstkläßler) auf 75 %. Im Vergleich zu den Resultaten von Kassin & Lowe (1979), die ein vergleichbares Untersuchungsparadigma für das Aufwertungsprinzip verwandten (s. o.), ergibt sich somit ein späterer Beginn des Verständnisses für das Abwertungsprinzip, da das Aufwertungsprinzip schon von Kindergartenkindern erfolgreich verwendet wurde.

Bei Verwendung von kurzen Geschichten zur Untersuchung des Aufwertungs- oder Abwertungsprinzips ist der Informationsverarbeitungsprozeß komplexer als in den elementaren Wahrnehmungsstudien von Kassin und seinen Mitarbeitern. Daher kann es nicht verwundern, daß Smith (1975) für das Abwertungsprinzip bis zu den Viertkläßlern einen bedeutsamen Anstieg der angemessenen Verwendung des Abwertungsprinzips feststellte. Kindergartenkinder schienen demgegenüber nach Zufall zu antworten.

Was für einen solchen Untersuchungsansatz wesentlich zu sein scheint, ist die Sicherstellung von Verständnis und Behalten, insbesondere bei den jüngeren Kindern. Zufallswahlen in dieser Gruppe können auf fehlendem Behalten oder Verstehen beruhen. Tatsächlich findet sich – wenn man eine angemessene Kommunikation sicherstellt –, daß auch Kindergartenkinder Schema-konsistente Antworten geben. Bei Zusammenfassung der Wahlen bei je zwei Geschichten-Paaren (die jeweils miteinander kontrastiert wurden und Jungen darstellten, die mit/ohne Belohnungserwartung mit einem Spielzeug spielten) findet sich eine kleine Gruppe unter den Kindergartenkindern (etwa 10–20 %), die dem Abwertungsprinzip konsistent folgen, während eine größere Gruppe

(55–70 %) einem additiven Modell folgen (Karniol & Ross, 1976a). Auf die Frage „Welcher Junge wollte wirklich mit dem Spielzeug X spielen?“ geben die Addierer an, daß der Junge wirklich spielen wollte, dem seine Mutter eine Belohnung versprochen hat (während die Abwerter umgekehrt den Jungen nennen, der spontan gespielt hat).

In dieser Kindergartengruppe lassen sich also zwei Untergruppen von Laien-Theoretikern unterscheiden. Die einen folgen dem Leitgedanken der klassischen Konditionierung, die anderen antworten im Sinn der Attributionstheorie (Karniol & Ross, 1976b). Allerdings nimmt der Anteil der Addierer bei älteren Kindern schnell ab (63.2 % – 54.5 % – 9.1 % im 1., 2. und 3. Schuljahr bei Karniol & Ross, 1979), und die Attributionstheoretiker gewinnen die Oberhand (10.5 % – 27.2 % – 63.6 % in den entsprechenden Klassenstufen).

Welche Prozesse unterliegen dem Umschwung weg von dem additiven Modell hin zu dem Abwertungsmodell? Eine Möglichkeit besteht darin, daß es darauf ankommt, welche Bedeutung der Belohnung beigemessen wird. Karniol & Ross (1979) berichten zwei Experimente, die die Annahme unterstützen, daß Addierer die Belohnung als positiven Anreiz sehen, der die Attraktivität des Spiels erhöht, während Abwerter in der Belohnung eine (manipulative) Beeinflussung sehen. Eine Konsequenz dieser Annahme besteht darin, daß Kindergartenkinder teilweise von dem additiven Modell abgehen und das Abwertungsmodell anwenden, wenn ihnen die manipulative Absicht der Belohnung deutlich erklärt wird.

Zusammenfassend läßt sich feststellen, daß die Verwendung des Abwertungsprinzips schon im 2. Schuljahr aufgewiesen wurde, insbesondere wenn elementare Wahrnehmungsprozesse erfaßt werden, und schon im Kindergartenalter vorfindbar ist, wenn die manipulative Absicht einer Handlung verdeutlicht wird. Das läßt vermuten, daß kausale Schemata im Alltag keine automatische Anwendung finden müssen, sondern daß die Anwendung des Schemas in Abhängigkeit von der Interpretation des sozialen/physischen Kontextes erfolgt (Karniol & Ross, 1979; Kassin et al., 1980 im Vergleich von Experiment 1 und 2).

Algebraische Modelle für kausale Schemata

Die Abwertung der Bedeutung einer Ursache im Augenblick des Auftretens einer zweiten plausiblen Ursache erscheint als einsichtiges und rationales Urteilsverhalten. Denn der Effekt bleibt der gleiche, während die Zahl plausibler Ursachen ansteigt. Stellt man sich einen rationalen Informationsverarbeiter vor, der bemüht ist, alle relevanten Informationen zu beachten, dann sollte der Erklärungsanteil, der auf eine gegebene Ursache zurückgeführt wird, umso geringer werden, je mehr plausible alternative Erklärungen vorhanden sind.

Dieser Zusammenhang ist dem Funktionieren einer Balkenwaage vergleichbar. Auf der einen Seite wird quasi der Effekt aufgelegt, während auf der anderen Seite die Ursachen aufgelegt werden, die den Effekt „aufwiegen". Bleibt das Gewicht des Effektes gleich, dann muß die Hinzufügung der zweiten Ursache mit einer Reduktion des Gewichts der ersten Ursache verbunden sein, damit die Waage im Gleichgewicht bleibt. Mit dieser Analogie läßt sich auch das Aufwertungsprinzip veranschaulichen. Diesmal wird das Gewicht des Effektes erhöht, so daß die zur Verfügung stehende Erklärung für das Auftreten des Effektes an Gewicht zunehmen muß, um Gleichgewicht zu erreichen.

Auf- und Abwertungsprinzip folgen also derselben Logik, die der Funktionsweise einer Balkenwaage analog ist. Auf algebraischer Ebene finden sich ähnliche Überlegungen bei Anderson (1974), der von einem additiven Kraft-Modell spricht. Verschiedene Studien (Mills & Jellison, 1967; Jones, Davis & Gergen, 1961; Strickland, 1958; Kruglanski, 1970; Festinger & Carlsmith, 1959) lassen sich auf der Grundlage dieser qualitativen algebraischen Modelle elegant analysieren (s. Anderson, 1974). Eine quantitative Analyse von Auf- und Abwertungsprinzip findet sich in der Untersuchung von Himmelfarb & Anderson (1975).

Unzureichende Abwertung

Wenn auch das Abwertungsprinzip einer algebraischen Regel zu folgen scheint, so wird es doch möglicherweise durch den Alltagsmenschen in unzureichender Weise angewendet. Jones & Harris (1967) stellten – als Nebenergebnis von drei Untersuchungen zur Theorie korrespondierender Inferenz – fest, daß einem Akteur mehr Verantwortung für ein Verhalten zugeschrieben wird als vernünftig erscheint. Beurteiler sollten in zwei der Experimente die Einstellung eines Studenten einschätzen, der in einem 200-Worte-Aufsatz einen Pro- oder Anti-Castro-Standpunkt vertreten hatte. Dazu standen zehn 7-Punkte-Ratingskalen zur Verfügung, die sich auf die Beurteilung von Castro und Cuba bezogen. Ein Wert von 10 bedeutet dann eine maximal zugeschriebene Antipathie, während ein Wert von 70 maximal zugeschriebene Sympathie signalisiert.

An dieser Stelle entscheidend sind nun die beiden Versuchsbedingungen, in denen die Beurteiler erfuhren, daß der Autor den Aufsatz auf Anordnung geschrieben hatte. In der Anti-Bedingung lautete die Anweisung: „Schreiben Sie – basierend auf den letztwöchigen Diskussionen und Vorträgen – eine überzeugende Kritik über Castro's Cuba, als wenn Sie ein einleitendes Statement in der Debatte geben würden." In der Pro-Bedingung stand anstelle von ‚Kritik' das Wort ‚Verteidigung'.

Trotz der offensichtlichen Tatsache, daß die Aufsätze auf Anordnung geschrieben worden waren, wurde dem Schreiber eine positivere Castro-Haltung zugeschrieben, der einen Pro-Aufsatz schreiben mußte. Die beiden Mittelwerte von 44.1 und 22.9 (Exp. 1) bzw. 41.3 und 23.7 unterscheiden sich sehr deutlich.

Dieses Ergebnismuster wurde von Jones & Harris in einem dritten Experiment repliziert, diesmal bezogen auf das Thema der Rassentrennung, und Jones (1979) kann schon auf zahlreiche Untersuchungen verweisen, in denen der Effekt auftritt (vgl. Jones, Worchel, Goethals & Grumet, 1971; Jones, Riggs & Quattrone, 1979; Miller, 1976; Snyder & Jones, 1974). Was in diesen Untersuchungen evident wird, ist die Tatsache, daß eine Meinungsäußerung auch dann als Hinweisreiz auf die zugrundeliegende Einstellung dient, wenn die Meinung unter Zwang formuliert worden ist. Diese Cue-Funktion der geäußerten Meinung geht nur dann verloren, wenn der Autor vorgefertigte Argumente verwendet bzw. wenn jemand einen vorgelegten Text einfach abschreibt (Snyder & Jones, 1974).

Die Tendenz, aus kontext-abhängigem Verhalten zugrundeliegende Einstellungen zu erschließen, ist so prägnant, daß sie als fundamentaler Attributionsfehler bezeichnet wurde (Ross, 1977). Zur Erklärung läßt sich die Verankerungs-Heuristik heranziehen (Jones, 1979), wie sie von Tversky & Kahneman (1974) zusammenfassend beschrieben wurde. Danach besteht in der Urteilsbildung die Tendenz, mit der anfänglich evidenten Information einen Anker zu bilden und weitere Informationen in einer Anpassung des Ankers zu berücksichtigen, wobei aber die Anpassung zu gering ausfällt.

Ein gutes Beispiel ist der Vergleich einer Aufgabe von der Form $1 \times 2 \times 3 \times 4 \times 5 \times 6 \times 7 \times 8$ mit der Aufgabe $8 \times 7 \times 6 \times 5 \times 4 \times 3 \times 2 \times 1$. Wenn man nicht genug Zeit hat, das Produkt bis zum Ende auszurechnen, beginnt man mit den ersten Zahlen, was in der zweiten Serie die Etablierung eines höheren Ankers verursacht als in der ersten Serie. Diese angenommene Ankerbildung erklärt, daß die Schätzung des Produktwertes im ersten Fall niedriger liegt als im zweiten (512 vs. 2250!).

Was ist nun der Anker in der Einstellungsattribution? Nach Jones (1979) findet sich zunächst ein direkter Schluß von der Handlung (also der vertretenen Meinung) auf den Akteur (also auf dessen zugrundeliegende Einstellung). Dieser korrespondierende Schluß schafft einen Anker, der dann unter Berücksichtigung der vorhandenen Situationszwänge bzw. Kontexteinflüsse adjustiert wird, aber – der Heuristik entsprechend – in unzureichender Weise. Wenn andererseits freie Wahl gegeben ist, entfällt die Adjustierung aufgrund situativer Einflüsse und der korrespondierende Schluß bestimmt das abschließende Urteil.

Wenn auch Kelley & Michela (1980) Zweifel an der Existenz des fundamentalen Attributionsfehlers anmelden, meinen wir doch, daß die gegebene Evidenz – unterschiedliche Einstellungsattribution je nach Standpunkt trotz Zwang – nicht wegdiskutiert werden kann. In einer Situation, in der äußere Zwänge eine völlige Abwertung der internalen Ursache plausibel machen, wird die vertretene Position in gewissem Ausmaß zur Diagnose der wahren Einstellung herangezogen. Beobachter unterstellen auch bei extrem hohem äußeren Druck ein hohes Ausmaß eigenverantwortlichen Verhaltens, auch wenn sich nur eine Minderheit von Akteuren dem Situationsdruck entziehen kann (Bierbrauer, 1979).

Ein anderes Beispiel für unzureichende Abwertung ist im Fall der Dissonanzreduktion nach einstellungskonträrem Verhalten zu sehen. In allen typischen Dissonanzsituationen (Aronson & Carlsmith, 1963; Festinger & Carlsmith, 1959) glaubt der Akteur, sein Verhalten sei durch die äußeren Umstände nicht voll gerechtfertigt, obwohl in Wirklichkeit nahezu alle Personen dem äußeren Zwang folgen und sich einstellungskonträr verhalten (s. unten).

Der fundamentale Attributionsfehler wird verstärkt, wenn die diagnostische Information zuerst und die Kontextinformation zuletzt gegeben wird (Jones et al., 1979). In diesem Fall ist die Einstellungsattribution bei freier Wahl nicht extremer als unter Zwang! Damit wird das Abwertungsprinzip weitgehend vernachlässigt (s. Fig. 9), und die Tendenz, ausgeübten Zwang in seiner Wirkung zu unterschätzen (s. Miller, Mayersohn, Pogue & Whitehouse, 1977), wird dominierend.

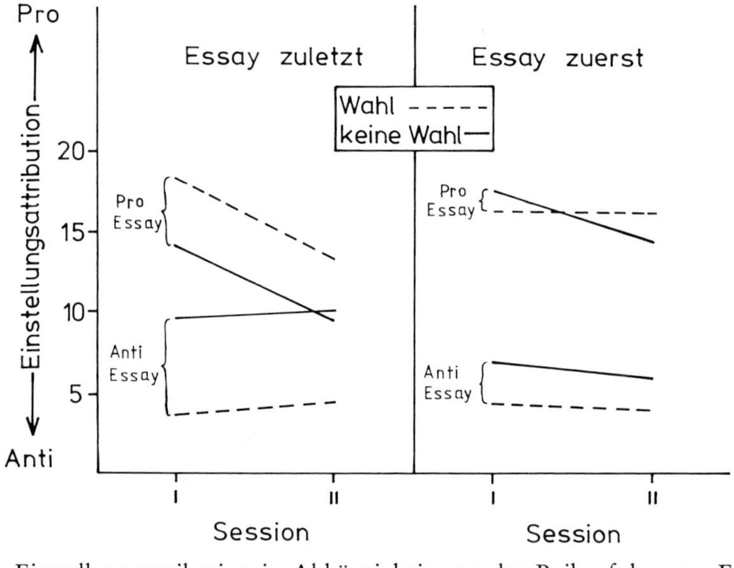

Fig. 9: Einstellungsattribution in Abhängigkeit von der Reihenfolge von Essay und Kontext-Information (nach Jones, Riggs & Quattrone, 1979, S. 1232)

Ein („stringenter") Test der unzureichenden Abwertung wurde von Snyder & Frankel (1976) durchgeführt, die die Annahme prüfen, daß Beobachter einen emotionalen Hinweisreiz in der Situation von der situativen Quelle dissoziieren und auf die beteiligte Person als Disposition attribuieren. So gesehen besteht die

Tendenz, die Person mit dem situativen Kontext, in dem sie sich befindet, persönlich zu identifizieren. Tatsächlich wurde einer Stimulusperson mehr Ängstlichkeit als Disposition zugeschrieben, wenn sie sich in einer Situation befand, in der es plausibel war, Angst zu haben (so lange die Kontextinformation der Verhaltensepisode vorausging).

Das Phänomen der unzureichenden Abwertung ist auch mit Hilfe eines komplexen Modells der Informationsverarbeitung zu erklären (Lopes, 1972). Ein solches Modell, das im Nachhinein an die Daten angepaßt wird, berücksichtigt u. a. die Diskrepanz zwischen dem erwarteten und dem tatsächlichen Verhalten (vgl. Jones, Worchel, Goethals & Grumet, 1971). Das Gewicht der Diskrepanz nimmt mit der Größe der Abweichung von der Erwartung zu, und das Gewicht der diagnostischen Information nimmt ab, wenn die Freiheit der Wahl gering ist. Ein solches Modell leistet eine gute quantitative Voraussage der Ergebnisse. Ob es die subjektive Urteilslogik widerspiegelt, müssen zukünftige Untersuchungen zeigen. Die Anker-Heuristik erscheint als sehr plausible Erklärung für den Effekt des „Verhaltens, das das Feld verschlingt" (Heider, 1958), insbesondere unter Beachtung der Ergebnisse von Jones, Riggs & Quattrone (1979).

b. Schematische Ursachenerklärung: Kovariationskonzepte

Mit Kelley (1973) lassen sich zwei allgemeine Fälle unterscheiden, die eine attributionstheoretische Analyse eines gegebenen Effektes darstellen: Entweder hat der Attributor nur sehr unvollständige Informationen – im Extremfall nur eine einzige Beobachtung – zur Verfügung oder er/sie kann sich auf Informationen aus verschiedenen Beobachtungen über sich selbst und andere Personen – im Idealfall über ein zeitliches Kontinuum verteilt – stützen.

Bei unvollständiger Information finden Konfigurationskonzepte (s. oben) Verwendung, während bei vollständiger Information Kovariationskonzepte herangezogen werden können. Einem Wissenschaftler vergleichbar kann der Attributor abtesten, wo die Ursache für einen Effekt liegt. Meist werden als relevante kausale Faktoren Personen, Stimuli, Zeitpunkte und Modalitäten der Interaktion betrachtet (Kelley, 1967). Ausschlaggebend soll nun sein, ob der Effekt bei allen Personen auftritt (Konsensus?), bei nur einem Stimulus (Distinktheit?), zu allen Zeitpunkten und in unterschiedlichen Modalitäten der Interaktion (Konsistenz?).

Konsensus, Distinktheit und Konsistenz: Der ANOVA-Würfel von Kelley

Das theoretische Modell

Kelley (1967) geht davon aus, daß Kausalattribution zwar im Sinne einer naiven Psychologie des Alltagsmenschen, aber mit den Methoden der Wissenschaft betrieben wird. Er vergleicht die Vorgehensweise der Ursachenlokalisierung mit dem Vorgehen bei einer dreifachen Varianzanalyse. Die vier Merkmale Personen, Entitäten, Zeit und Modalitäten der Interaktion entsprechen drei Dimensionen (somit drei unabhängigen Variablen in einer Varianzanalyse), die sich graphisch als Würfel anordnen lassen. Diese Dimensionen von Konsensus, Distinktheit und Konsistenz geben den Ausschlag dafür, ob die Ursache einer Handlung eher external oder eher internal oder in einer spezifischen Interaktion zwischen Person und Entität gesehen wird.

Ein Beispiel, das wir von Shaver (1975) übernehmen, mag die Grundlogik dieses varianzanalytischen Modells (deshalb spricht man auch von dem ANOVA-Modell) verdeutlichen, die im übrigen der Mill'schen Methode der Differenzen nachempfunden ist: Man schreibt die Ursache der Dimension zu, in der sich eine systematische Variation findet.

Nehmen wir an, daß die Autoren dieses Beitrags in ein Streitgespräch mit einem Studenten geraten, das sich auf die Attributionstheorie bezieht. Im Anschluß an die heftige Auseinandersetzung stellen wir uns die Frage, was dieses unerfreuliche Ereignis verursacht haben könnte: wir oder der Student oder unsere spezifische Interaktion oder das Thema etc.?

Um eine Antwort zu finden, versuchen wir, unsere Datenbasis zu erweitern und stellen zunächst fest, daß wir im Gespräch mit zwei anderen Studenten nur Übereinstimmungen erzielt haben. Außerdem kennen wir einen Kollegen, der ebenfalls mit dem fraglichen Studenten Streit über die Attributionstheorie gehabt hat, während ein anderer Kollege mit einem der anderen Studenten bei diesem Thema volle Übereinstimmung erzielte. Von dem Kollegen, der sich schon über die Attributionstheorie gestritten hat, erfahren wir außerdem, daß er sich mit demselben Studenten über Musik gestritten habe und daß der andere

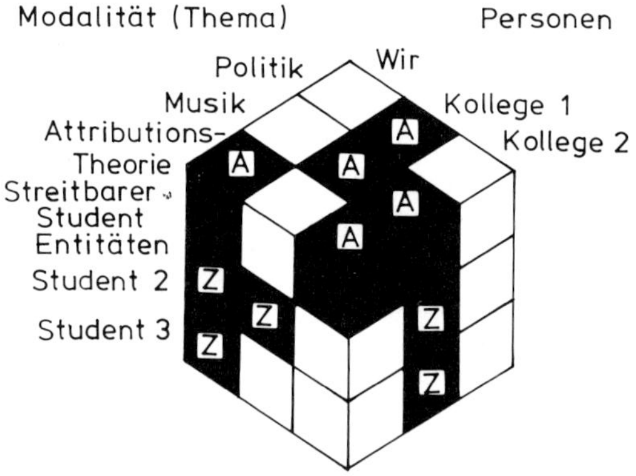

Fig. 10: Attributionstabelle: Streitbarer Student (nach Shaver, 1975, S. 54)

Beachte: A steht für Ablehnung und Z für Zustimmung.

Kollege sich mit ihm über Musik und Politik gestritten habe. Am Ende der Erkundigungen könnte unsere Datensammlung die Darstellung ermöglichen, die in Fig. 10 zu finden ist.

Aus der attributionalen Datentabelle in Fig. 10 läßt sich die Antwort auf unsere Frage ablesen: Es lag vermutlich an dem streitbaren Studenten. Denn auch andere Kollegen geraten mit ihm aneinander (Konsensus hoch), der Streit ist ganz unabhängig von dem spezifischen Thema (Konsistenz der Modalität hoch), und das streitbare Verhalten dieses einen Studenten hebt sich deutlich von dem Verhalten seiner Kommilitonen ab (Distinktheit hoch).

Man geht also mit Kelley (1967) davon aus, daß der Effekt einer Handlung auf die Dimension zurückgeführt wird, mit der er in konsistenter Weise kovariiert. Wenn ein bestimmter Effekt regelmäßig bei Vorhandensein einer bestimmten Entität (im Beispiel der streitbare Student) auftritt und wenn umgekehrt der Effekt (im Beispiel der Streit) wegfällt, wenn die Entität nicht vorhanden ist, dann ist diese Entität die wahrscheinliche Ursache des Effektes.

In Fig. 10 kann man sich darüber hinaus leicht veranschaulichen, daß wir auf uns selbst rückschließen müßten, wenn der Streit konsistent in Interaktion mit uns auftreten würde (wenn also in der hinteren „Scheibe" des Würfels die Streit-Fälle eingeordnet wären), und daß wir auf die Thematik schließen müßten (also glauben müßten, das Thema Attribution führt eher zum Streit als andere Themen), wenn der Streit konsistent auftritt, wenn es im Gespräch um die Attributionstheorie geht.

Empirische Belege

Kelley's ANOVA-Modell besticht auf den ersten Blick durch seine Einfachheit und Stringenz. Nichtsdestoweniger muß empirisch überprüft werden, ob der Alltagsmensch der ANOVA-Logik folgt. Inzwischen liegt eine ansehnliche Zahl von Untersuchungen vor, die sich mit dem ANOVA-Modell beschäftigen, beginnend mit der Arbeit von McArthur (1972), in der die Gültigkeit des ANOVA-Modells erstmalig empirisch überprüft wurde.

McArthur legte ihren studentischen Beurteilern einen Fragebogen mit jeweils 16 verschiedenen Szenenbeschreibungen vor. Jede Beschreibung bestand aus einem Satz, in dem eine Person eine bestimmte Reaktion gegenüber einem Stimulus zeigte. McArthur variierte vier Arten von Reaktionen: Emotionen (z. B. Angst haben), Leistungen (z. B. etwas übersetzen), Meinungen (z. B. glauben, daß) und Handlungen (z. B. Geld spenden). Zusätzlich zu diesem Basissatz von der Form Subjekt-Verb-Objekt erhielten die Beurteiler in den Experimentalbedingungen Informationen hinsichtlich Konsensus, Konsistenz über die Zeit und Distinktheit. Insgesamt bestand somit jede Szenenbeschreibung aus vier Sätzen etwa der folgenden Art:
Susanne hat Angst vor dem Hund.
Fast jeder, der den Hund sieht, hat Angst vor ihm (hoher Konsensus).
Susanne hat vor keinem anderen Hund Angst (hohe Distinktheit).
In der Vergangenheit hat Susanne auch stets Angst vor dem Hund gehabt (hohe Konsistenz).

Die Aufgabe der Beurteiler bestand darin anzugeben, ob die Reaktion der Person (hier Susanne) auf Susanne selbst, auf den Stimulus (also den Hund), auf die besonderen Umstände der Situation oder auf eine Kombination von diesen drei Möglichkeiten zurückzuführen sei (wobei eine genauere Analyse der Antworten ergab, daß fast ausschließlich die Interaktion von Person und Stimulus bei dieser vierten Antwortmöglichkeit genannt wurde).

Die Auswertung der Kausalattributionen erbrachte folgendes Bild. Die Attribution auf Person und die auf Stimulus wurde primär durch die Information der Distinktheit des

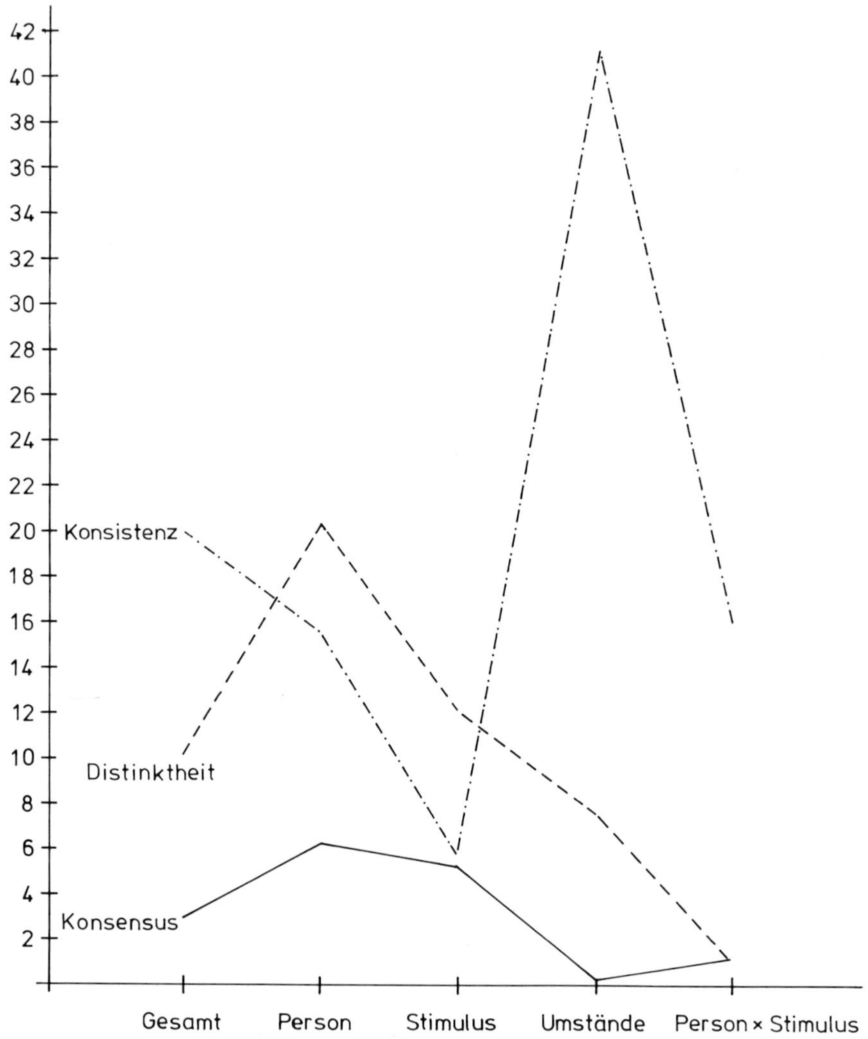

Fig. 11: Prozentualer Anteil der drei Faktoren Konsensus, Distinktheit und Konsistenz an der Gesamtvarianz bei der Kausalattribution (nach McArthur, 1972, S. 182)

Verhaltens nahegelegt, gefolgt von der Konsistenz-Information. Bei der Attribution auf ‚Umstände' erwies sich die Konsistenz-Information als weitaus einflußreichste, gefolgt mit weitem Abstand von der Information über die Distinktheit des Verhaltens. Bei der vierten Attributionsmöglichkeit schließlich, einer Interaktion von Person × Stimulus, war fast ausschließlich die Konsistenz des Verhaltens von Einfluß auf das Urteil der Probanden. Eine Zusammenfassung der Varianzanteile der einzelnen Urteilsdimensionen am Zustandekommen der Kausalattribution findet sich in Figur 11.

Zusammenfassend lassen sich die Ergebnisse von McArthur (1972) wie folgt darstellen: Neben einer generellen Bevorzugung internaler Attribution, die der These von Jones & Nisbett (1972) entspricht, wonach Beobachter stärker zu internalen Ursachenzuschreibungen neigen (s. unten), fanden sich spezifische Kombinationen der drei Kelleyschen Faktoren, die eher zu einer internalen oder einer externalen Kausalattribution führten.

Dies ist in Tabelle 3 veranschaulicht.

Tabelle 3: Bevorzugte Attributionsrichtung je nach Ausprägung von Konsensus, Distinktheit und Konsistenz (nach McArthur, 1972)

Konsensus[1)]	Distinktheit[1)]	Konsistenz[1)]	Attribution
niedrig (3)	niedrig (1)	hoch (2)	Person (internal)
hoch (3)	hoch (1)	hoch (2)	Stimulusobjekt, Entität (external)
niedrig (3)	hoch (2)	niedrig (1)	Umstände (external)
hoch (2)	niedrig (3)	hoch (1)	Interaktion Person × Stimulus
niedrig (2)	hoch (3)	hoch (1)	

[1)] Die Zahl in Klammern soll jeweils andeuten, welchen Rangplatz diese Variable im Hinblick auf ihre Bedeutung für die Kausalattribution einnimmt (vgl. auch Figur 11)

Auf der Basis des ANOVA-Modells war die Kombination der drei Faktoren für die Attribution auf Person und die auf Stimulus bzw. Entität vorhergesagt worden. Außerdem hatte McArthur 3 weitere Vorhersagen hinsichtlich der Ausprägung jedes einzelnen Faktors derart gemacht, daß sie bestimmte Haupteffekte postulierte. Davon wurde insbesondere die Hypothese bestätigt, in der eine Attribution auf Umstände bei niedriger Konsistenz (im Vergleich zu hoher) vorhergesagt wurde. Aus Figur 11 läßt sich die vergleichsweise große Bedeutung der Konsistenz bei der Attribution auf „Umstände" ersehen und aus Tabelle 3 die richtig vorhergesagte Ausprägung des Faktors Konsistenz. Insgesamt verdient folgendes festgehalten zu werden:

(1) Das ANOVA-Modell von Kelley wurde in seinen wesentlichen Aussagen bestätigt. Allerdings sollte erwähnt werden, daß die Art der untersuchten Reaktionen (ob Emotion, Leistung, Meinung oder Handlung) einen Einfluß auf die Kausalattribution ausübte, ein Befund, der durch den ANOVA-Würfel nicht vorhergesagt wurde.

(2) Etwas überraschend und in nachfolgenden Untersuchungen besonders beachtet war die relative Bedeutungslosigkeit der Konsensus-Variablen.

scheiden über Distinktheit: Sind beide gleich, sprechen wir von niedriger, sind beide unterschiedlich, von hoher Distinktheit.
(3) Schließlich enthält Kelley's Modell den Hinweis auf die Konsistenz wiederholter Verbindungen von Person zu Stimulusobjekt (hier symbolisiert durch eine Reihe von Linien).
Diese drei Komponenten sind in Kelley's Modell enthalten, aber auch nicht mehr. Die linke Hälfte von Figur 12 läßt erkennen, daß – so vollständig das Modell als Würfel aussieht – bei der vorliegenden Anordnung wichtige Verbindungen unberücksichtigt bleiben, die im Diamantmodell (rechts daneben) eingeplant sind.
(4) Da sind zunächst die beiden gestrichelt gezeichneten Verbindungen von Person zu anderen Personen und von Stimulusobjekt zu Vergleichsobjekt. Im ANOVA-Modell wird stillschweigend von einer jeweils ausreichenden Ähnlichkeit ausgegangen. Aber, wie z. B. Goethals (1972) und Fontaine (1975) feststellten, kann eine Variation der Ähnlichkeit zwischen der Person und den ‚anderen Personen' die Lokalisierung der Ursache eines Effekts beeinflussen. In dieselbe Richtung geht das Ergebnis von Wells & Harvey (1977) zur Repräsentativität der anderen Personen. Das bedeutet also, daß die Art der wahrgenommenen Verbindung Person-andere Personen die Kausalattribution beeinflußt.
Das gleiche gilt für die Verbindung Stimulusobjekt-Vergleichsobjekt. Bei hoher Ähnlichkeit zwischen beiden, aber einer dennoch konstatierten Bevorzugung des Stimulusobjekts, müßte die an sich naheliegende Attribution (es liegt am Wein) auf das Objekt geschwächt und gleichzeitig die Personattribution gestärkt werden.
(5) Weiterhin wird im Diamant-Modell die Verbindung von Vergleichsobjekt-andere Personen berücksichtigt, d. h. der Aspekt des Konsensus über das Vergleichsobjekt. Die Höhe dieses Kosensus dürfte direkte Auswirkungen auf die Person- bzw. Stimulusobjekt-Attribution haben. Bei niedrigem Konsensus z. B. ist anzunehmen, daß die Glaubwürdigkeit der Person erschüttert wird. Ihr positives Urteil über den Wein (Stimulusobjekt) erscheint dann mehr als eine persönliche Eigenart der Person denn des Weines.
(6) Schließlich wird im Diamant-Modell der Konsistenzfaktor erweitert. Konsistenz bedeutet hier nicht mehr nur Konsistenz in der Verbindung Person-Stimulusobjekt, sondern Konsistenz in drei weiteren Verbindungen (Person-Vergleichsobjekt; Vergleichsobjekt-andere Personen; Stimulusobjekt-andere Personen). Dies ist in Figur 12 (rechte Hälfte) durch jeweils mehrere durchgezogene Linien gekennzeichnet.

Pruitt & Insko (1980) haben sich nicht mit der theoretischen Darstellung des Modells begnügt, sondern außerdem eine erste empirische Überprüfung (Experiment 1) vorgenommen, die vier Faktoren einbezieht, nämlich zwei Formen des Konsensus (zum Stimulusobjekt und zum Vergleichsobjekt; in der obigen Darstellung in Punkt 1 bzw. 5 näher ausgeführt), Distinktheit (s. o. Punkt 2) und Konsistenz zwischen Person und Stimulusobjekt (s. o. Punkt 3). Somit wurde nicht das gesamte Modell überprüft, sondern Teile davon. Gleichzeitig war durch Einbeziehung sämtlicher Kelley-Faktoren eine Überprüfung des ANOVA-Modells möglich.

Nach einem 2 × 2 × 2 × 2-between subjects-Versuchsplan wurden die genannten vier Faktoren in jeweils hoher bzw. niedriger Ausprägung variiert. Die studentischen Versuchspersonen erhielten zunächst eine von zwei verschiedenen Stimulusgeschichten,

in denen es entweder darum ging, daß eine Person (Frank) ein Urteil über ein bestimmtes Restaurant (von insgesamt 10 möglichen Restaurants) oder über einen bestimmten Videofilm (von insgesamt 10 möglichen) abgab (da sich keine Unterschiede je nach Erzählung fanden, konnte diese Unterscheidung bei der späteren Auswertung unberücksichtigt bleiben). Die vier Faktoren wurden so manipuliert, daß die Beurteiler ihre Ausprägung jeweils aus den Geschichten abstrahieren konnten. Sie wurden somit nicht ausdrücklich darauf aufmerksam gemacht. Diese Art der Manipulation war auch effektiv, wie sich aufgrund der Manipulationschecks ergab.
Die Variation des Stimulusobjekt-Konsensus wurde dadurch erreicht, daß die Meinung von neun weiteren Personen (= andere Personen) über das fragliche Restaurant bzw. den Videofilm (= Stimulusobjekt) widergegeben wurde.
Vergleichsobjekt-Konsensus wurde so manipuliert, daß die Meinung der übrigen neun Personen zu den übrigen neun Restaurants (= Vergleichsobjekte) dargestellt wurde.
Die Variation der Distinktheit erfolgte dadurch, daß die Meinung von Frank auch zu den übrigen neun Restaurants angegeben wurde.
Konsistenz schließlich bezog sich auf Franks Meinung zu dem fraglichen Restaurant nach wiederholten Besuchen. Insgesamt erhielten die Beurteiler Informationen über sechs solcher Bewertungen über das Stimulusobjekt.

Figur 13 stellt analog dem Diamant-Modell dar, welche Verbindungen zwischen den vier Elementen in dem Versuchsplan berücksichtigt wurden.

Die Urteile der Versuchspersonen wurden zum einen unabhängig voneinander auf 3 siebenstufigen Ratingskalen erhoben, die sich darauf bezogen, wie bedeutsam die Vp jede von drei Ursachen einschätzte: Person (Frank), das Stimulusobjekt (das Restaurant bzw. der Videofilm) und die speziellen Umstände. Zusätzlich gaben die Vpn ihre Urteile in Prozent an (analog dem Vorgehen von Stevens & Jones, 1976).

Schließlich wurde noch die wahrgenommene Ähnlichkeit zwischen Frank und den ‚anderen Personen' erfaßt. Wäre diese als unabhängige Variable experimentell manipuliert worden, so hätte sich dieser fünfte Faktor in Figur 13 in einer waagerechten Verbindungslinie zwischen ‚Person' und ‚andere Personen' niedergeschlagen.

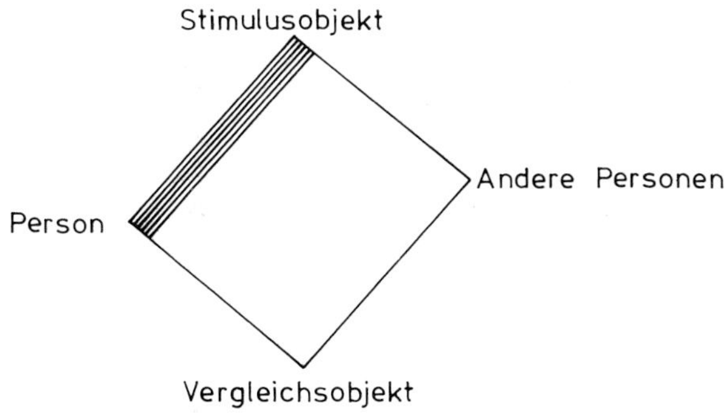

Fig. 13: Symbolische Darstellung des Versuchsplans von Pruitt & Insko (1980) analog dem Diamant-Modell (vgl. Figur 12)

Die Ergebnisse lassen sich wie folgt zusammenfassen: Zum einen findet sich eine Bestätigung früherer Ergebnisse zum ANOVA-Würfel, indem die varianzanalytische Auswertung Haupteffekte von (Stimulusobjekt)-Konsensus, Konsistenz und Distinktheit auf die Attribution auf Person bzw. Stimulusobjekt aufzeigt, sowie einen Haupteffekt Konsistenz auf die ‚Umstände'-Attribution.

Zum anderen, und dies ist nun direkt für die Ausweitung des ANOVA-Modells auf das Diamant-Modell von Belang, läßt sich ein Haupteffekt (Vergleichsobjekt)-Konsensus auf Person- wie Stimulusobjekt-Attribution nachweisen. Die Autoren interpretieren dies so, „daß hoher Vergleichsobjekt-Konsensus das Vertrauen in die Gültigkeit des Urteils der Person erhöht, während niedriger Vergleichsobjekt-Konsensus das Gegenteil bewirkt" (S. 51). Dies führt dazu, daß bei hohem Konsensus relativ hohe Stimulusobjekt-Attribution und entsprechend niedrige Person-Attribution auftritt, bei niedrigem Vergleichsobjekt-Konsensus relativ niedrige Stimulusobjekt-Attribution und entsprechend höhere Person-Attribution.

Natürlich kann diese Untersuchung nur als erster Ansatz für eine empirische Überprüfung gelten. Sie wurde zusammen mit dem dazugehörigen Diamant-Modell hier deshalb so ausführlich dargestellt, weil sowohl die angewandte Untersuchungstechnik, die Auswertungsmethode wie auch das Modell selbst in eine vielversprechende Richtung weisen. Es scheint der Kompliziertheit vieler Interaktionssituationen, in denen Attributionen vorgenommen werden, zumindest nach dem ersten Anschein besser gerecht zu werden, als dies der ANOVA-Würfel vermag. Vielleicht läßt sich bei einer nächsten Auflage dieses Handbuchs schon mehr darüber sagen.

Die Theorie korrespondierender Inferenz

Die Version von Jones & Davis (1965)

Bei dem oben beschriebenen ANOVA-Modell wie auch in der erweiterten Fassung des Diamant-Modells geht es um ein Abwägen verschiedener Kriterien mit dem Endergebnis einer Kausalattribution, die internale und/oder externale Ursachenlokalisierung vornimmt. Außerdem erfolgt die Schlußfolgerung auf der Basis mehrmaliger Ereignisse.

Demgegenüber geht die Theorie korrespondierender Inferenz in ihrer ursprünglichen Fassung von Jones & Davis (1965) von einmaligen Handlungen aus, was in der Fassung von Jones & McGillis (1976) korrigiert und auf mehrmalige Ereignisse ausgedehnt wurde. Außerdem steht im Mittelpunkt der Analyse die Frage, wie aus einer beobachteten Handlung eines Akteurs auf eine zugrundeliegende Disposition dieses Akteurs geschlossen wird. Somit versucht die Theorie korrespondierender Inferenz die Bedingungen zu spezifizieren, unter denen eine (internale) Person-Attribution wahrscheinlicher ist.

Um von einer Handlung auf eine zugrundeliegende Disposition des Akteurs schließen zu können, muß die Handlung intendiert gewesen sein. Dies ist unter drei Bedingungen der Fall:

Der (die) Handelnde muß
- die Effekte der Handlung vorhersehen können (knowledge)
- in der Lage sein, den gewünschten Effekt zu erzielen (ability)
- Handlungsfreiheit haben, so daß der Effekt auch tatsächlich erzielt werden sollte (choice).

Voraussetzung für eine Dispositionszuschreibung als Ursache für eine Handlung ist also in jedem Falle, daß der Beobachter zu dem Schluß kommt, die Handlung und ihr Effekt sei intendiert gewesen. Dieser Schlußfolgerungsprozeß ist in Figur 14 dargestellt.

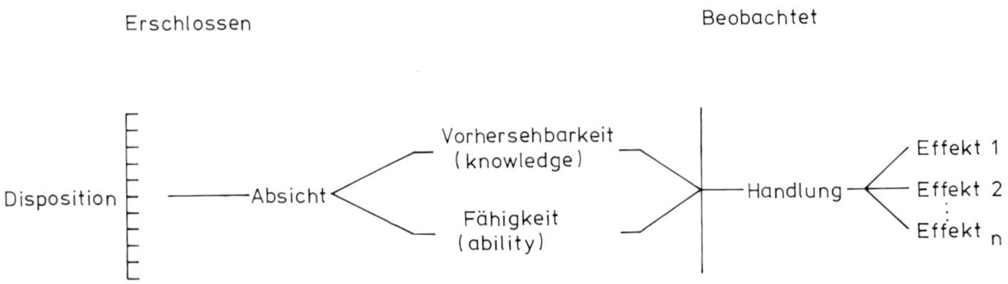

Fig. 14: Schlußfolgerungsprozeß von einer beobachteten Handlung auf eine entsprechende Disposition des Akteurs (nach Jones & Davis, 1965, S. 222)

Aber auch wenn diese Grundvoraussetzung gegeben ist, dürfte es immer noch nicht in allen Fällen möglich sein, eine Person-Attribution in Form einer Dispositionsattribution vorzunehmen. Dies hängt vielmehr von zwei Bedingungen ab:

(1) Jede Handlung, so wird angenommen, wird aus einer Reihe (zumindest aber zwei) möglicher Alternativen ausgewählt. Gleichzeitig bringt jede Handlung, die gewählte wie die nichtgewählte, eine Reihe von Effekten mit sich. Diese Effekte können zwischen den Handlungsalternativen jeweils die gleichen sein (gemeinsame Effekte), sie können aber auch verschieden sein (nichtgemeinsame Effekte). Besonders aufschlußreich sind nun die *nicht*gemeinsamen Effekte, denn sie informieren den Beobachter darüber, welche Effekte besonders wichtig zu sein scheinen und somit letztendlich, ob die Handlung eine damit korrespondierende Eigenschaft offenbart. Je geringer nun die Zahl *nicht*gemeinsamer Effekte der gewählten und anderer möglicher, nichtgewählter Handlungen ist, desto wahrscheinlicher ist eine korrespondierende Inferenz, d. h. „das Ausmaß, in dem die Handlung und das zugrundeliegende Charakteristikum oder Attribut von dem Inferenzprozeß in ähnlicher Weise beschrieben werden" (Jones & Davis 1965, S. 223). Die Analyse gemeinsamer und nichtgemeinsamer Effekte läßt sich kurz an einem Beispiel demonstrieren:
Angenommen, Sie ärgern sich über Ihren zweijährigen Sohn, weil er die Tischdecke heruntergezogen hat und dabei einiges angerichtet hat. Sie haben nun, im einfachsten

Fall, zwei Reaktionsmöglichkeiten, um ihm klarzumachen, daß er so etwas nicht wieder tun soll:

A: Sie hauen ihm eine runter

B: Sie erklären ihm, daß und warum er das nicht wieder tun soll

Jede dieser Handlungen hat nun bestimmte Effekte, gemeinsame und nichtgemeinsame:

a – Kind hört mit dieser Tätigkeit in Zukunft auf

b – Ihr Ärger ist vorbei

c – Kind läuft weg

d – Kind weint

e – Kind lernt Einsicht

Graphisch ist diese Analyse in Figur 15 dargestellt.

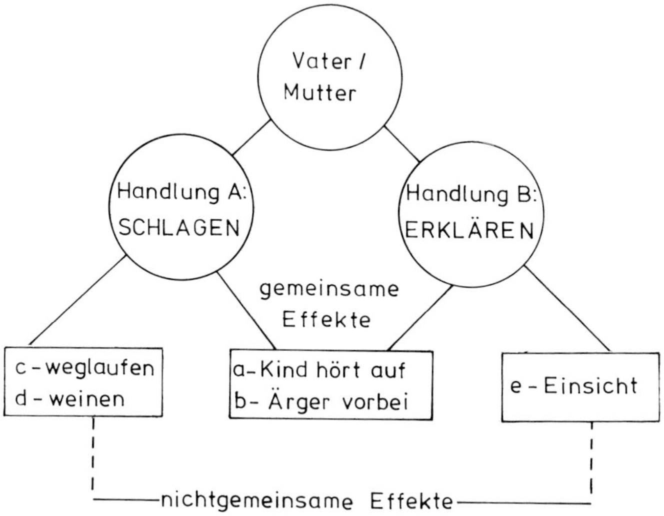

Fig. 15: Analyse nichtgemeinsamer Effekte zweier Handlungsalternativen

Die nichtgemeinsamen Effekte c bis e entscheiden nach Jones & Davis über die Art der Schlußfolgerung.

Angenommen, Sie haben Handlung B gewählt. Dann ist die Wahrscheinlichkeit, daß Sie als rational handelnder Mensch angesehen werden, vermutlich relativ groß.

(2) Die zweite Bedingung, die über eine korrespondente Schlußfolgerung entscheidet, bezieht sich auf die angenommene Erwünschtheit des Verhaltens. Jones & Davis gehen hierbei von dem Informationsgewinn aus, den eine Handlung im Hinblick auf Eigenschaften des Akteurs bringt. Dabei ist der Informationsgewinn größer, wenn er ein Verhalten zeigt, daß *nicht* mit kulturellen oder Erwartungen seiner Subgruppe in Einklang zu bringen ist. Ein Akteur, der ‚unerwartetes', d. h. allgemeinen oder speziellen Normen zuwiderlaufendes Verhalten an den Tag legt, wird nach den Annahmen der Theorie korrespondierender Inferenz eher mit einer Eigenschaft, das seinem Verhalten entspricht, bedacht werden, als ein Akteur, der ‚erwartetes' Verhalten zeigt.

Diese zunächst paradox klingende und anderen attributionstheoretischen Annahmen scheinbar widersprechende Aussage beinhaltet, auf eine einfache Formel gebracht, folgendes: Sozial erwünschtes und rollenadäquates Verhalten wird weniger auf eine

Disposition des Akteurs zurückgeführt werden als sozial unerwünschtes und rolleninadäquates Verhalten.

Zusammenfassend kann also folgendes gesagt werden: Immer dann, wenn Akteure ein Verhalten zeigen, das (vorausgesetzt, es war intendiert) wenige (im optimalen Fall nur einen) *nicht*gemeinsame Effekte mit ebenfalls möglichen, aber nicht gewählten Handlungsalternativen hat, und wenn das Verhalten nicht den Erwartungen an den Akteur entspricht – weil sozial unerwünscht oder rolleninadäquat – dann liegt der Schluß auf eine mit der Handlung korrespondierende Eigenschaft, Einstellung usw., kurz Disposition, nahe:

Einem Gefängnisdirektor, der sich für eine Liberalisierung des Strafvollzugs einsetzt (obwohl er es auch lassen könnte) und der dafür als nichtgemeinsamen Effekt dieser beiden Alternativen eine Schelte seines Dienstvorgesetzten einstecken muß, wird mit großer Wahrscheinlichkeit eine liberale Haltung zugeschrieben werden. „Der Schluß von einer Handlung auf eine Disposition ist korrespondent als inverse Funktion von (a) der Anzahl nichtgemeinsamer Effekte, die auf die Handlung folgen, und (b) der angenommenen sozialen Erwünschtheit dieser Effekte" (Jones & Davis, 1965, S. 228).

Zwar versteht sich die Theorie korrespondierender Inferenz als rationales Basismodell, aber es werden – anders als beim ANOVA-Würfel – auch motivationale Komponenten berücksichtigt. So wird zum einen ausdrücklich darauf hingewiesen, daß der korrespondente Schluß eines Beobachters keineswegs der Realität entsprechen müsse, und zum anderen, daß die persönliche Involviertheit des Beobachters in die Handlung des Akteurs als möglicher motivationaler Einfluß auf das Urteilsverhalten wirksam werden könne.

Motivationale Einflüsse können durch zwei Faktoren zustandekommen. Da ist zunächst einmal die hedonistische Relevanz der Handlung für den Beobachter. Die hedonistische Relevanz hängt von der motivationalen Bedeutsamkeit eines Effektes für den Beobachter ab. Effekte, die für den Beobachter einen positiven Wert darstellen, haben positive Relevanz, solche, die Werten des Beobachters entgegenstehen, haben negative Relevanz. Jones & Davis nehmen an, daß die Wahrscheinlichkeit einer korrespondierenden Inferenz mit wachsender hedonistischer Relevanz steigt, aufgrund der Tatsache, daß hedonistische Relevanz die Gruppierung gemeinsamer bzw. nichtgemeinsamer Effekte von Handlungsalternativen beeinflußt wie auch die Bewertung der Effekte (angenommene Erwünschtheit).

Der zweite Faktor, der als motivationaler Einfluß wirksam werden kann, bezieht sich darauf, inwieweit die zu beurteilende Handlung des Akteurs erkennen läßt, daß sie eine Schädigung oder im Gegenteil eine Stärkung des Beobachters beinhaltet, anders ausgedrückt: inwieweit sie einen persönlichen Bezug auf den Beobachter erkennen läßt. Dieser als Personalismus bezeichnete Faktor beeinflußt nach den Annahmen von Jones & Davis die Kausalattribution, indem die Wahrscheinlichkeit zu korrespondenter Schlußfolgerung insbesondere für solche Dispositionen erhöht wird, die eine Bewertung beinhalten. Dieser Effekt tritt verstärkt auf bei zusätzlicher hedonistischer Relevanz.

Bevor wir nun auf die empirische Überprüfung des Attributionsmodells von Jones & Davis eingehen, soll zunächst die erweiterte Fassung von 1976 kurz dargestellt werden.

Die Version von Jones & McGillis (1976)

In einer Fortführung des Ansatzes von Jones & Davis haben Jones & McGillis (1976) zwei wichtige Veränderungen vorgenommen. Zum einen erweitern sie das ursprünglich auf eine einzelne Handlung bezogene Modell auf den Fall einer Handlungssequenz und nähern sich damit dem Konfigurationskonzept von Kelley. In der Tat versuchen die Autoren auf diese Weise auch Parallelen zum Kelley-Ansatz herzustellen. Zum anderen ersetzen sie den Begriff der angenommenen Erwünschtheit durch den der Effektvalenz. Je niedriger die Valenz des intendierten Effektes, desto größer die Korrespondenz der Schlußfolgerung zwischen Handlung(en) und Disposition. Die Effektvalenz kann aus Kategorien- und/oder aus Targetinformationen erschlossen werden. Erstere sind Informationen, die die zu beurteilende Person als Angehörige einer oder mehrerer Gruppen (z. B. Rasse, Geschlecht) ausweisen. Letztere sind Informationen über früheres Verhalten in bezug auf andere oder verwandte Sachverhalte. Aufgrund dieser Informationen bildet ein Beurteiler Vermutungen über das zu erwartende Verhalten eines Akteurs. Diese Erwartungen, die sich in a priori-Wahrscheinlichkeiten ausdrücken lassen, konstituieren die Effektvalenz. Erwartungen, die sich auf Kategorien-Informationen stützen, basieren auf allgemeinen Annahmen über das ‚übliche' Verhalten von Angehörigen dieser Gruppe, sei es in Form von stereotypen Zuschreibungen („diese Person ist eine Frau, also ist die Wahrscheinlichkeit groß, daß sie nicht logisch denken kann"), sei es aufgrund normativer Vorschriften (ein Gefängnisdirektor, der für eine Liberalisierung des Strafvollzugs plädiert, verstößt damit gegen die Erwartungen seiner Vorgesetzten und muß mit negativen Sanktionen rechnen; dies deshalb, weil er normative Vorschriften verletzt hat). Erwartungen, die sich auf Target-Informationen stützen, werden aus dem Verhalten des Akteurs in früheren Situationen generiert. Dabei werden implizite Persönlichkeitstheorien aktiviert: Eine Person, von der bekannt ist, daß sie sich für die Fristenlösung des Abtreibungsparagraphen eingesetzt hat, wird vermutlich auch eher für eine Abschaffung des Strafgesetzes zur Tötung auf Verlangen von unheilbar Kranken eintreten.

Die Erweiterung des Ansatzes von Jones & Davis besteht somit darin, daß Jones & McGillis (1976) zwischen der Beobachtung einer Handlung und ihren Effekten und der Schlußfolgerung einer Intention (und sich daran anschließender Kausalattribution) eine a priori-Wahrscheinlichkeitsanalyse einbauen (s. Figur 16), die im Endergebnis zu einer Aussage über die angenommene Effektvalenz führt. Effektvalenz und die Zahl nichtgemeinsamer Effekte entscheiden über den korrespondenten Schluß: Korrespondenz ist eine „inverse Funktion von Effektgemeinsamkeit und Effektvalenz", wobei „letzteres sich auf den erwarteten oder angenommenen Wert bezieht, den eine Handlung für den Akteur hat, bevor er die Handlung ausführt" (Jones & McGillis, 1976, S. 392). Bei niedriger Effektvalenz *und* geringer Anzahl nichtgemeinsamer Effekte wird höchstwahrscheinlich, vorausgesetzt, die Handlung war intendiert, ein korrespondenter Schluß von einer Handlung auf eine Eigenschaft des Akteurs gezogen.

Im Gegensatz zum ANOVA-Modell wurden zur Theorie korrespondierender Inferenz bisher bemerkenswert wenige Studien durchgeführt.

Dies mag zum einen daran liegen, daß sie als schwerer überprüfbar erscheint,

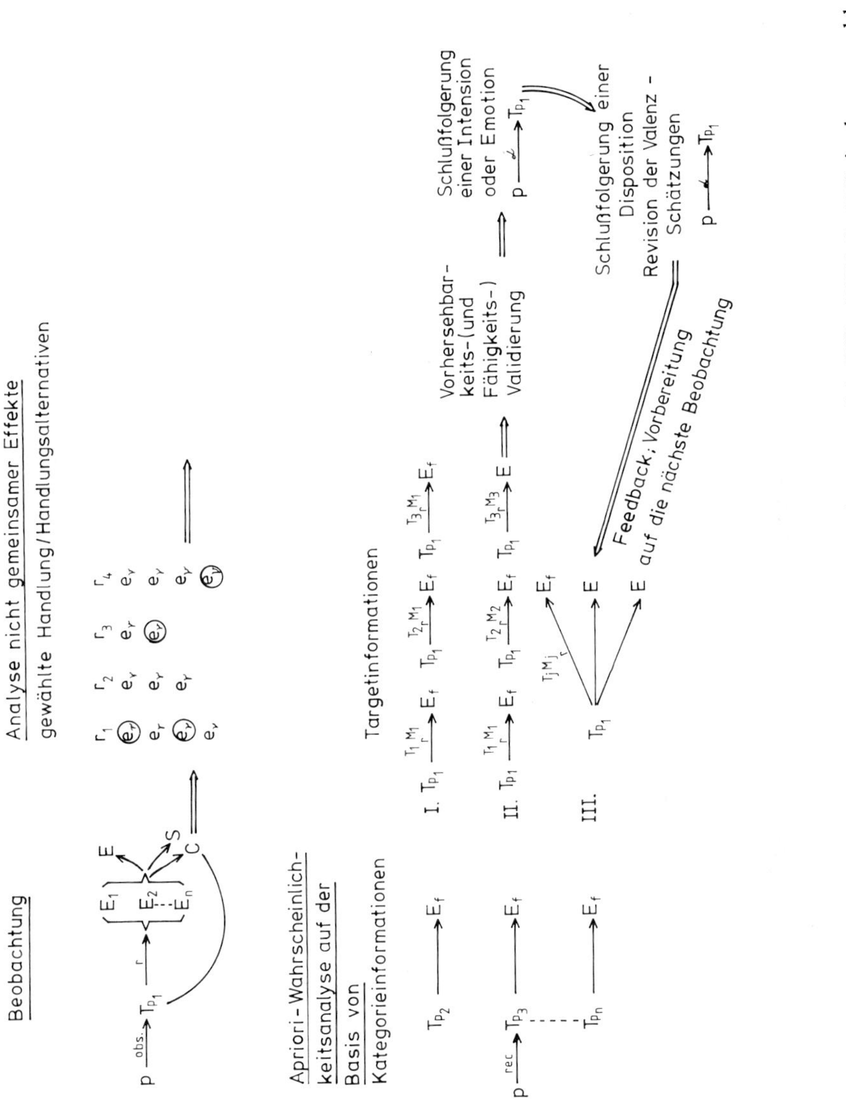

Fig. 16: Ablaufschema des Schlußfolgerungsprozesses nach Jones & McGillis (1976, S. 415), in dem sowohl Elemente des ANOVA-Würfels wie der Theorie korrespondierender Inferenz enthalten sind

Beachte: p = wahrnehmende Person; Tp = Stimulusperson; e = Effekt; ⓔ = nichtgemeinsamer Effekt; obs = beobachten; rec = erinnern; α = Attribution; T = Zeit; M = Modalität; E = Entität; E_f = figurale Entität; S = Setting; C = Umstände; γ = Valenz

zum anderen daran, daß E. E. Jones selbst in den Veröffentlichungen seit 1965 immer mehr Bestimmungsstücke der Theorie hat fallenlassen, um schließlich (1979) in einem Aufsatz mit dem bezeichnenden Titel „The rocky road from acts to dispositions", der auf den Titel von 1965 anspielt, nahezu ausschließlich auf das Phänomen des „behavior engulfing the field" einzugehen, also der Tatsache, daß (egal ob freiwillig oder unfreiwillig gezeigtes) Verhalten eine entsprechende korrespondente Schlußfolgerung nach sich zieht (s. oben).

Bisherige Arbeiten zur Theorie korrespondierender Inferenz beziehen sich (1) auf die Bedeutung der Wahlfreiheit (choice), (2) auf die angenommene Erwünschtheit bzw. Wahrscheinlichkeit des Verhaltens und (3) auf die nichtgemeinsamen Effekte einer Handlung. Schließlich liegen zu der von Jones & McGillis (1976) angenommenen a priori-Wahrscheinlichkeitsanalyse aufgrund von Target- und Kategorien-Informationen Studien vor.

Die meisten Untersuchungen befassen sich mit dem Einfluß der Wahlfreiheit auf die Dispositionsattribution (Ajzen, 1971; Davidson & Steiner, 1971; Jones & Harris, 1967; Jones, Worchel, Goethals & Grumet, 1971; Snyder & Jones, 1974), wobei in drei Studien gleichzeitig die angenommene Erwünschtheit (anders ausgedrückt: die a priori-Wahrscheinlichkeit) des Verhaltens variiert wurde.

Davidson & Steiner (1971) erhielten von ihren Beurteilern Angaben über die Sicherheit, mit der sie ihre Ratings abgaben. In Übereinstimmung mit der Theorie korrespondierender Inferenz stellte sich heraus, daß die Vpn eine größere Urteilssicherheit angaben, wenn die zu beurteilende Stimulusperson offenbar Wahlfreiheit in ihren Handlungen gehabt hatte. Jones & Harris (1967) und Jones et al. (1971) variierten in vier Experimenten sowohl die Wahlfreiheit (hoch/niedrig) wie die a priori-Wahrscheinlichkeit des Verhaltens (erwartet/unerwartet). In allen Experimenten gab eine Stimulusperson einen Aufsatz, eine Rede oder etwas ähnliches ab, in der eine pro- oder contra-Einstellung zu einem bestimmten Thema geäußert wurde. Die Stimuluspersonen hatten ihr Statement entweder freiwillig oder unter Zwang abgegeben, und die Richtung ihrer Einstellung war entweder erwartet oder unerwartet.
Die Versuchspersonen sollten anschließend die Einstellung der Stimulusperson einschätzen. Allen Experimenten lag die Hypothese zugrunde, daß nur bei niedriger a priori-Wahrscheinlichkeit ein Unterschied zwischen Wahl- und Nichtwahl-Bedingung auftreten würde. Dieser Interaktionseffekt wurde von Jones & Harris im zweiten und für einen Teil der Daten auch im dritten Experiment bestätigt. Jones et al. (1971) konnten ebenfalls den erwarteten Interaktionseffekt nachweisen (vgl. Figur 17).

Danach ergibt sich unter der Bedingung der Wahlfreiheit eine stärkere Dispositionsattribution als unter der Bedingung der Nichtwahlfreiheit, wenn das Verhalten eher unerwartet (oder eher unerwünscht) ist, während diese unterschiedliche Attribution bei erwartetem Verhalten nicht auftritt, wie sich aus Figur 17 unschwer erkennen läßt. Da erwartetes Verhalten wenig Informationsgewinn über den Akteur zuläßt, ist es hier relativ unerheblich, ob das Verhalten unter Zwang oder freiwillig erfolgte. Hingegen ist bei unerwartetem Verhalten diese Unterscheidung wichtig. Unerwartetes Verhalten liefert mehr Informationen über den Akteur, insbesondere, wenn man weiß, daß die Handlung freiwillig erfolgte.

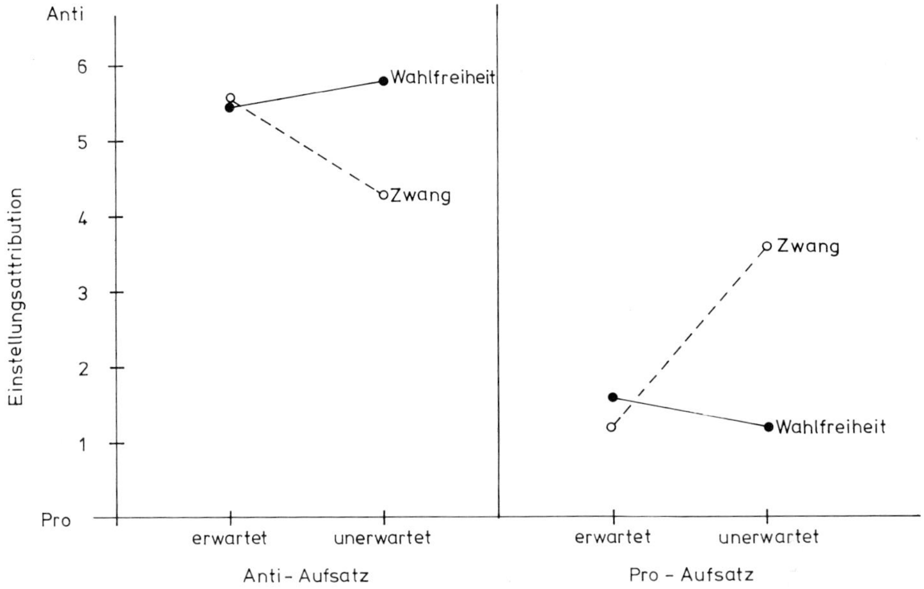

Fig. 17: Einstellungsattribution in Abhängigkeit von Wahlfreiheit, Erwartung und Richtung des Aufsatzes (nach Jones et al., 1971)

Die Experimente von Jones & Harris (1967) und von Jones et al. (1971) können also im großen und ganzen als Bestätigung der Annahmen der Theorie korrespondierender Inferenz angesehen werden. Allerdings zeigt sich hier der von der Theorie nicht vorhergesagte Effekt des „behavior engulfing the field" sehr deutlich. Auch bei erzwungener Handlung wird dem Akteur eine entsprechende Disposition zugeschrieben, ein Effekt, der von Snyder & Jones (1974) in fünf weiteren Experimenten repliziert wurde (s. o.).

Ajzen (1971) variierte nach einem 2×2-Design die Entscheidungsfreiheit des Akteurs bei der Wahl einer Alternative und die angenommene Erwünschtheit des Verhaltens für den Akteur. Auch Ajzen stellte einen Interaktionseffekt fest. Ein Anstieg der Tendenz zur Dispositionsattribution war größer bei hoher als bei geringer Entscheidungsfreiheit, aber nur, wenn das Verhalten des Akteurs als erwünscht galt, nicht bei unerwünschtem Verhalten. Dies ist somit eine glatte Umkehrung des Ergebnisses der oben berichteten Studien von Jones und seinen Mitarbeitern. Es muß hier allerdings hinzugefügt werden, daß möglicherweise Unterschiede in der Operationalisierung der Erwünschtheit (bzw. der Wahrscheinlichkeit) einer Handlung dazu beigetragen haben.

Bell, Wicklund, Manko & Larkin (1976), Chaikin & Cooper (1973) und Jones, Davis & Gergen (1961) untersuchten die Auswirkung der angenommenen Erwünschtheit bzw. Wahrscheinlichkeit des Verhaltens.

Jones et al. (1961) variierten entsprechend der Hypothese, daß rollenadäquates Verhalten weniger Informationen über einen Akteur liefert und damit eine geringere Dispositionsattribution nach sich zieht als rolleninadäquates Verhalten, das Verhalten zweier Akteure (Astronaut – Unterseebootoffizier) als rollenadäquat oder -inadäquat. Dabei zeigte sich eine stärkere Dispositionsattribution bei rolleninadäquatem Verhalten als bei rollenentsprechendem Verhalten, so daß die Hypothese bestätigt wurde.

Chaikin & Cooper (1973) variierten in einem 2 × 3-Versuchsplan das Rollenverhalten des Akteurs und die hedonistische Relevanz (positiv/neutral/negativ). In Übereinstimmung mit der Hypothese zeigte sich, daß hedonistische Relevanz auf beide erhobene Bewertungsmaße – kognitive Fähigkeiten und emotionale Eigenschaften – einen Einfluß hatte, das Rollenverhalten hingegen sich nur auf den kognitiven Aspekt auswirkte: Hier wurden Stimuluspersonen mit rolleninadäquatem Verhalten extremer bewertet als solche mit rollengemäßem Verhalten. Unabhängig von der hedonistischen Relevanz wurden erstere außerdem für aufrichtiger und glaubwürdiger gehalten. Dies entspricht der Annahme der Theorie korrespondierender Inferenz, daß rollenunangemessenes Verhalten mehr über den Akteur aussagt als rollengemäßes.

Bell et al. (1976) überprüften die Hypothese, daß unerwartetes Verhalten stärker auf eine Disposition des Akteurs zurückgeführt wird als erwartetes. In einer theoretischen Analyse, die sie in zwei Experimenten empirisch bestätigen können, kommen sie zu dem Schluß, daß diese Attribution auf die Person des Akteurs nur dann auftritt, wenn den Beurteilern vorher wenig über den Akteur bekannt ist. Hingegen tritt eine Attribution auf die Umgebung auf, wenn die Beurteiler zunächst wenig Informationen über die Umgebung haben. Unerwartetes Verhalten wird also stets der Ursache zugeschrieben, über die man zunächst weniger weiß. Liegt die Konzentration des Beobachters ursprünglich mehr auf der Umgebung, dann wird das Verhalten des Akteurs seiner Person zugeschrieben, liegt die Konzentration des Beobachters ursprünglich mehr auf der Person des Akteurs, dann wird sein Verhalten auf Umgebungsmerkmale zurückgeführt. Dies bedeutet somit eine Modifizierung der Hypothese der Theorie korrespondierender Inferenz: Nur dann wird unerwartetes Verhalten eines Akteurs seiner Person zugeschrieben, wenn es einen Informationsgewinn über den *Akteur* bedeutet. Da dies in den Studien von Jones et al. (1961) und von Chaikin & Cooper (1973) der Fall war, ergaben sich hier auch entsprechend stärkere Dispositionsattributionen.

Ajzen & Holmes (1976) und Newtson (1974) überprüften die These, daß eine Handlung mit wenigen nichtgemeinsamen Effekten zu stärkerer Personattribution führt, als wenn viele nichtgemeinsame Effekte vorliegen. Leider wurde in beiden Studien nicht gleichzeitig die Erwünschtheit des Verhaltens manipuliert, so daß Aussagen über die Wirkung der Kombination beider Faktoren nicht möglich sind. Dieser Einwand gilt im übrigen für alle berichteten Untersuchungen zur Theorie korrespondierender Inferenz. Eine Überprüfung unter Einbeziehung aller als wichtig postulierten Variablen ist bisher nicht erfolgt (während der ANOVA-Würfel auch mit vollständigen Designs überprüft wurde).

Die beiden genannten Studien lassen sich dahingehend zusammenfassen, daß sie die Hypothese bestätigen: Die Personattribution nimmt mit steigender Anzahl nichtgemeinsamer Effekte deutlich ab.

Eine zusammenfassende Bewertung der bisherigen Forschungslage zur Theorie korrespondierender Inferenz führt zu folgenden Schlußfolgerungen:

(1) Sozial unerwünschtes, unerwartetes oder rollenunangemessenes Verhalten wird in der Tat – wie vorhergesagt – stärker auf die Person des Akteurs attribuiert als das gegenteilige Verhalten (Chaikin & Cooper, 1973; Jones & Harris, 1967; Jones et al., 1961, 1971). Dieser Befund tritt z. T. in Interaktion mit der Wahlfreiheit des Verhaltens auf. Abweichende Ergebnisse liefern die Arbeiten von Bell et al. (1976) und von Ajzen (1971).

(2) Hohe Wahlfreiheit vergrößert die Tendenz zur Dispositionsattribution im Vergleich zu geringer Wahlfreiheit (Ajzen, 1971; Davidson & Steiner, 1971; Jones & Harris, 1967; Jones et al., 1971; Snyder & Jones, 1974). Allerdings findet sich eine (wenn auch abgeschwächte) Personattribution selbst bei völlig fehlender Wahlfreiheit.
(3) Wenige, im Vergleich zu vielen, nichtgemeinsame Effekte vergrößern die korrespondierende Inferenz.

Im großen und ganzen wurden somit die Vorhersagen des Modells von Jones & Davis (1965) – zumindest für die jeweils untersuchten Teilaspekte – bestätigt. Diese Aussage gilt allerdings mit Einschränkungen, die sich zum einen aus der relativ schmalen Datenbasis ergeben und zum anderen aus der Tatsache, daß Studien fehlen, die alle relevanten Faktoren des Modells berücksichtigen. Außerdem erweist sich das Selbstkonzept eines involvierten Beurteilers als bedeutsam für die Inferenz (Stroebe, Eagly & Stroebe, 1977).

Zu der neueren Fassung der Theorie korrespondierender Inferenz (Jones & McGillis, 1976) liegt bisher wenig empirisches Material vor. Die beiden im folgenden geschilderten Arbeiten haben sich mit dem relativen Einfluß von Kategorien-Informationen einerseits und Target-Informationen andererseits auf die Attribution beschäftigt.

Jones & Berglas (1976) untersuchten diese Frage am Beispiel der Einstellungsattribution. Studentische Beurteiler lasen die Meinungsäußerung (sog. ‚diagnostisches Statement') einer Stimulusperson zu einem bestimmten Thema. (Vier verschiedene Themenbereiche wurden in der Untersuchung angesprochen: Gleichberechtigung der Frau; Verpflichtung des Staates zu Sozialleistungen; Liberalisierung des Abtreibungsparagraphen; Legalisierung von Marihuana.) Zuvor oder danach erhielten die Beurteiler eine Information über die Stimulusperson, die entweder ihre Gruppenzugehörigkeit beinhaltete (Kategorien-Information) oder eine angebliche frühere Äußerung zu einem anderen Thema (Target-Information). Diese Informationen entsprachen entweder der Richtung des diagnostischen Statements (erwartungsgemäße Information) oder nicht (erwartungswidrige Information). Auf diese Weise wurden drei Faktoren in einem $2 \times 2 \times 2$-between subjects-Versuchsplan variiert: Erwartungsrichtung der Information (erwartungsgemäß/ erwartungswidrig); Reihenfolge (erst Statement, dann Erwartungsinformation oder umgekehrt) und Art der Erwartungsinformation (Kategorien-/Target-Information). Auf die beiden außerdem noch berücksichtigten within subjects-Faktoren braucht hier nicht weiter eingegangen zu werden.
Als abhängige Variable wurde zu jeder Stimulusperson ein Maß für die Einstellungsattribution erhoben. Um die Versuchsanordnung zu verdeutlichen, findet sich in Tabelle 4 ein Beispiel zum Einstellungsobjekt „Gleichberechtigung der Frau".

Die Ergebnisse von Jones & Berglas (1976) lassen sich wie folgt zusammenfassen:
(1) Es finden sich keine Unterschiede je nach Informationsart: Kategorien-Informationen beeinflussen die Einstellungsattribution nicht stärker als Target-Informationen.
(2) Die (erwartungswidrige) Kategorien- oder Target-Information beeinflußt nur dann die Einstellungsattribution, wenn sie an zweiter Stelle gegeben wird, nicht aber, wenn sie vor dem diagnostischen Statement erfolgt. Dieser Interaktionseffekt von Reihenfolge $\times$ Erwartungsrichtung war zwar nicht vorhergesagt worden, erweist sich aber als äußerst robust und läßt sich als recency-Effekt interpretieren: Die jeweils zuletzt gegebene

Information beeinflußt die Einstellungsattribution am stärksten. Auf die Weise wird die Erwartungsinformation nur dann berücksichtigt, wenn sie dem diagnostischen Statement *folgt,* nicht aber, wenn sie ihm vorausgeht.

Tabelle 4: Beispiel für das von Jones & Berglas (1976) benutzte Stimulusmaterial zum Einstellungsobjekt „Gleichberechtigung der Frau" je nach Art der Erwartungsinformation und Erwartungsrichtung

	Erwartungsrichtung	
	erwartungswidrig	erwartungsgemäß
Kategorien-Information	„R. C. Jones, der Vize-Sheriff von Buncomb County, N. C."	„Helen C. Tucker, die erste Richterin am Gerichtshof des 5. Bezirks"
Target-Information	„Zufällig hörte jemand, wie R. C. Jones sagte: ‚Wenn alle Gemeinden gegen das Schulbusfahren zur Integration kämpfen würden wie Süd-Boston, dann steckten wir heute nicht so in der Bredouille'"	„Zufällig hörte jemand, wie Helen C. Tucker sagte: ‚Sexuelle Orientierung (d. h. Hetero- oder Homosexualität) sollte in unserer Gesellschaft keine Bedingung für eine Anstellung sein'"

Einstellungsobjekt und Ratingskala:
„Wir sollten nicht ruhen, bis die Gleichberechtigung der Frau gesetzlich garantiert ist" (1 = stimme zu; 10 = stimme nicht zu)

Verhalten (diagnostisches Statement):
„Ich bin davon überzeugt, daß wir unsere Aufmerksamkeit stärker auf das Problem der Gleichberechtigung der Frau im Beruf und in anderen Bereichen richten sollten".

Zusammenfassend kann somit festgehalten werden, daß mit diesem Untersuchungsansatz kein *unterschiedlicher* Einfluß von Kategorien- bzw. Target-Information aufgezeigt und die Erwartungsinformation nur unter bestimmten Umständen wirksam wurde. Kritisch ist hierzu allerdings anzumerken, daß das diagnostische Statement derart eindeutig ausfällt (s. das Beispiel in Tabelle 4), daß die Vpn vermutlich gar nicht anders konnten, als eine dementsprechende Einstellungsattribution vorzunehmen, so daß andere Informationen nur noch wenig berücksichtigt wurden.

Bierhoff-Alfermann (1979b) untersuchte die Frage, welchen Einfluß Target- bzw. Kategorien-Informationen auf die Kausalattribution haben. In zwei Feldstudien wurden Lehrer gebeten, die ursächliche Bedeutung verschiedener vorgegebener Faktoren für die Leistung eines konkreten Schülers (ausgedrückt in einer Note) in einem Unterrichtsfach einzuschätzen.
Dabei wurden nach einem 2×2-Versuchsplan das Geschlecht der Schüler (Kategorien-Information) und der bisherige Leistungsstand der Schüler (Target-Information) variiert. Als Ergebnis verdient festgehalten zu werden, daß in beiden Studien der Einfluß

der Target-Information auf die Kausalattribution im Vergleich zur Kategorien-Information (Geschlecht) deutlich überwiegt. Einschränkend muß hier allerdings gesagt werden, daß im Gegensatz zur Studie von Jones & Berglas (1976) nicht bloß Dispositionsattributionen, sondern auch andere Kausalattributionsmaße erhoben wurden. Damit unterscheidet sich dieser Ansatz insbesondere in den verwendeten abhängigen Maßen stark von dem von Jones & Berglas.

Die Frage nach dem *relativen* Einfluß beider Informationsarten (Kategorien- bzw. Target-Information) auf die Attribution läßt sich somit bisher nicht abschließend beantworten. Vermutlich läßt sich hier auch keine allgemein gültige Gesetzmäßigkeit finden (was sich in weiteren Studien natürlich erst einmal herausstellen müßte). So ist etwa anzunehmen, daß Kategorien-Informationen dann gewichtiger werden, wenn Urteile zu Beginn einer Interaktionsphase abgegeben werden sollen, wo also der Bekanntheitsgrad zwischen Stimulusperson und Beobachter noch relativ gering ist. Hingegen dürften Target-Informationen umso größeren Einfluß gewinnen, je mehr ein Beobachter über die Stimulusperson weiß. Diese Annahme stützt sich auf die Beobachtung, daß Stereotype (und Kategorien-Informationen sollen ja Stereotype aktivieren) vor allem in „Einmal-Interaktionen" relevant werden, während ihre Bedeutung in längerdauernden Interaktionssequenzen immer mehr zurücktritt. In letzterem Falle werden stärker individuell auf den Interaktionspartner abgestimmte Urteilsmuster aktiviert, die Stereotype weitgehend verdrängen.

Die bisher spärlich erfolgte empirische Überprüfung läßt sicher noch keine Schlüsse darüber zu, wieweit sich die Theorie als brauchbar erwiesen hat. Jones & McGillis (1976) selbst sehen sie als rationale Basislinie an, mit deren Hilfe sowohl Abweichungen vom Modell wie der Verlauf des Schlußfolgerungsprozesses selbst beschrieben werden kann. Insofern, so glauben sie, „kann die Theorie von experimentellen Befunden nicht mehr widerlegt werden als die Spieltheorie durch die Wahlen von Spielern in einem Gefangenen-Dilemma-Spiel" (S. 404). Sie halten daher Widerlegungen des Modells eher durch logische Einwände als durch empirische Daten für möglich und sehen seinen Wert mehr darin begründet, die Forschung zu stimulieren. Daran gemessen, hat die Theorie korrespondierender Inferenz – verglichen mit dem ANOVA-Modell – noch einige Wechsel einzulösen.

ANOVA-Würfel und Theorie korrespondierender Inferenz: Ein Vergleich

Wie schon erwähnt, bestand ein Ziel der Arbeit von Jones & McGillis darin, ihr Attributionsmodell und den ANOVA-Würfel von Kelley auf Gemeinsamkeiten und Unterschiede hin zu analysieren. Zusammenfassend läßt sich dazu sagen:

(1) Die Analyse nichtgemeinsamer Effekte und die Überprüfung der vorauslaufenden Bedingungen (knowledge, choice, ability) ist im Kelley-Modell nicht enthalten. Ein Vergleich sich daraus ergebender Vorhersagen ist somit obsolet.

(2) Das Konzept der a priori-Wahrscheinlichkeitsanalyse bei der Theorie korrespondierender Inferenz einerseits und die drei Dimensionen des Kelley-Würfels (Konsensus, Distinktheit, Konsistenz) andererseits weisen zwar strukturelle Ähnlichkeiten auf, führen aber zu teilweise unterschiedlichen Vorhersagen. Diese sind Tabelle 5 zu entnehmen.

Tabelle 5: Vergleich von Variablen und Vorhersagen des ANOVA-Modells von Kelley und der Theorie korrespondierender Inferenz in bezug auf Personattribution

ANOVA-Modell	Theorie korrespondierender Inferenz
KONSENSUS	KATEGORIENINFORMATION
hoch: Personattribution gering	Verhalten wie erwartet: Personattribution gering
niedrig: Personattribution hoch	Verhalten unerwartet: Personattribution hoch
DISTINKTHEIT	TARGETINFORMATIONEN
niedrig: Personattribution hoch	Verhalten wie erwartet: Personattribution gering
hoch: Personattribution gering	Verhalten unerwartet: Personattribution hoch
KONSISTENZ	TARGETINFORMATIONEN
hoch: Personattribution hoch	Verhalten wie erwartet: Personattribution gering
niedrig: Personattribution gering	Verhalten unerwartet: Personattribution hoch

Während das ANOVA-Modell bei niedriger Distinktheit und bei hoher Konsistenz Personattribution vorhersagt, geht die Theorie korrespondierender Inferenz gerade umgekehrt davon aus, daß unerwartetes Verhalten (entsprechend hoher Distinktheit und niedriger Konsistenz) zu größerer korrespondenter Schlußfolgerung führt. Dies gilt unter der Voraussetzung, daß die Randbedingungen für eine korrespondente Schlußfolgerung erfüllt sind, nämlich Wahlfreiheit, Vorhersehbarkeit und Fähigkeit zur Ausführung einer Handlung. Und hierin liegen vermutlich auch die Gründe für die Unterschiede in den Vorhersagen beider Modelle.

Nehmen wir einmal den wiederholt nachgewiesenen Befund aus der Leistungsmotivationsforschung, daß unerwartete Ergebnisse bevorzugt mit instabilen Ursachen, insbesondere ‚Zufall', erklärt werden. Ein Ergebnis, das aus der Reihe tanzt, wird somit auf irgendwelche Unwägbarkeiten zurückgeführt, was vom ANOVA-Modell auch genauso vorhergesagt wird (niedrige Konsistenz und/oder hohe Distinktheit). Was aber heißt ‚Zufall'? Jones & McGillis (1976) halten eine solche Attribution von Beurteilern für ein „Eingeständnis von Unwissen" (S. 411) und schlagen vor, eine Analyse nichtgemeinsamer Effekte der Handlungen des Akteurs vorzunehmen, um so dem Unterschied zwischen der einen kritischen Handlung und den anderen Handlungen auf die Spur zu

kommen. Dies mag auf den von den Autoren zitierten Fall aus der McArthur-Studie (1972) zutreffen, wo auf ‚Umstände' (was ja so etwas ähnliches ist wie Zufall) attribuiert wurde. Eine Erklärung könnte aber auch so aussehen, daß hier eine der Voraussetzungen nicht erfüllt ist, um entsprechend der Theorie korrespondierender Inferenz auf eine Disposition des Akteurs zu schließen, insbesondere die Voraussetzungen der Vorhersehbarkeit und der Fähigkeit. Dies führt dazu, daß dem Akteur die *Intention* zum Handlungseffekt abgesprochen wird. ‚Zufall' als Erklärung heißt doch wohl, daß ich als Beurteiler der Handlung davon überzeugt bin, daß nicht der Akteur den Effekt (absichtlich) herbeigeführt hat, sondern irgendwelche äußeren Umstände. Nur dann also, wenn einem Akteur die Intention zum Handlungseffekt zugeschrieben werden kann, werde ich von einer unerwarteten Handlung (= niedrige Konsistenz) einen Informationsgewinn über die Person erhalten und zu einer korrespondenten Schlußfolgerung neigen.
Dies sei am Unterschied von Totschlag und Mord erläutert.
Angenommen, ein guter Bekannter von Ihnen erschlägt im Streit seinen Gesprächspartner, es liegt also Totschlag vor. Ihr Bekannter hat so etwas noch nie getan (niedrige Konsistenz), solch eine Tat ist überhaupt recht selten (niedriger Konsensus), und von Ihrem Bekannten ist ansonsten nichts im Hinblick auf aggressive Tendenzen bekannt (hohe Distinktheit). Nach McArthur's Ergebnissen (1972) müßte hier bevorzugt auf ‚Umstände' attribuiert werden, nach der Theorie korrespondierender Inferenz hingegen auf eine Disposition des Akteurs, vorausgesetzt, dem Akteur wird eine Intention zu seiner Tat unterstellt. Und genau dies ist bei dem genannten Beispiel zu bezweifeln: Da der Effekt offensichtlich nicht beabsichtigt war (sonst müßte man ja auch von Mord sprechen; s. u.), dürfte eine Personattribution (z. B. „aggressiv") relativ schwach ausfallen (der möglicherweise hier eine Rolle spielende Effekt hedonistischer Relevanz sei der Einfachheit halber einmal beiseite gelassen).
Mit anderen Worten: Es ist anzunehmen, daß hier die Vorhersage des ANOVA-Modells eintritt und deutlicher auf ‚Umstände' attribuiert wird als auf ‚Person'.
Wie sieht es aber aus, wenn nicht Totschlag, sondern Mord vorliegt? Der entscheidende Unterschied zum zuvor erörterten Fall von Totschlag besteht darin, daß hierbei ganz klar die *Intention* des Akteurs zur Tötung unterstellt werden kann. Somit ist die Grundvoraussetzung der Theorie korrespondierender Inferenz erfüllt. Da jetzt aus der Handlung des Akteurs eine Absicht erkennbar ist, dürfte diesmal vermutlich nicht das ANOVA-Modell zutreffen (das dieselbe Vorhersage macht wie bei Totschlag, nämlich eine Attribution auf ‚Umstände'), sondern die Theorie korrespondierender Inferenz: Gerade weil das Verhalten so unerwartet und ungewöhnlich ist, zusätzlich von hoher hedonistischer Relevanz, dürfte eine Personattribution wahrscheinlich sein.

Die obigen Überlegungen sollten dabei helfen, die offensichtlichen Widersprüche in den Vorhersagen beider Modelle zu klären. Daneben nehmen Jones & McGillis (1976) aber auch Gemeinsamkeiten an, nämlich zwischen Kategorieninformationen einerseits und Konsensus andererseits. Sie gehen davon aus, daß beide Variablen operational ähnlich und vergleichbar sind und daher auch gleiche Vorhersagen zulassen (Tabelle 5). Diese Annahme dürfte für den Fall zutreffen, daß mit Kategorieninformationen bestimmte stereotype Erwartungen über das, was ein Mitglied einer Gruppe üblicherweise tut (z. B. Rollenerwartungen) verbunden sind. Etwas anders sieht es allerdings aus, wenn normative Erwartungen ins Spiel kommen, die mit dem Begriff der sozialen

Erwünschtheit umschrieben werden können. Hier scheint es durchaus nicht so selbstverständlich anzunehmen, daß „übliches" Verhalten (hoher Konsensus) gleichzeitig auch sozial erwünschtes Verhalten ist. Es lassen sich Fälle denken, bei denen sozial erwünschtes Verhalten das relativ selten gezeigte Verhalten und umgekehrt sozial unerwünschtes Verhalten weit verbreitet ist. Anders ausgedrückt: Konsensus und Kategorieninformationen sind nicht in jedem Fall, wie von Jones & McGillis angenommen, vergleichbare Konzepte.

Dieser Frage sind Bierhoff-Alfermann & Vermaasen (1981) nachgegangen und konnten zeigen, daß Unterschiede in Konsensus einerseits und sozialer Erwünschtheit andererseits auch von den Beurteilern in der Kausalattribution berücksichtigt werden. Konsensus und soziale Erwünschtheit müssen also keineswegs übereinstimmen und dementsprechend weder die daraus abzuleitenden Vorhersagen noch die von Beurteilern vorgenommenen Attributionen.

Die Vergleichbarkeit des ANOVA-Modells und der Theorie korrespondierender Inferenz ist, das läßt sich abschließend sagen, nur begrenzt gegeben. Überschneidungen ergeben sich im Hinblick auf die a priori-Wahrscheinlichkeitsanalyse, wobei aber beide Modelle teilweise konkurrierende Vorhersagen liefern. Es wäre sicher ein lohnendes Unterfangen, mit vergleichenden Untersuchungen den Geltungsbereich jedes Modells einmal abzustecken.

Hamilton (1980) kommt in einer theoretischen Analyse zu dieser Frage zu dem Schluß, daß beide Modelle unterschiedlichen Zielsetzungen des Attributionsprozesses dienen. Das ANOVA-Modell soll danach dann adäquat sein, wenn das Ziel der Attribution darin besteht, die „Ursache eines unerwarteten oder überraschenden Effekts" (S. 768) einer Handlung zu entdecken, wenn also primär Erklärungen für eine Handlung gesucht werden.

Die Theorie korrespondierender Inferenz ist nach Hamilton für solche Fälle zuständig, in denen das Ziel der Attribution in einer Verantwortlichkeitszuschreibung besteht. Dieser Attributionsprozeß wird von Hamilton als Sanktionierung bezeichnet. Er vergleicht ihn mit dem in der Strafrechtssprechung üblichen Verhalten: jemand anderen für sein Tun moralisch verantwortlich machen, wenn er/sie – zumindest prinzipiell – hätte anders handeln können.

Abgesehen von der Gleichsetzung des ANOVA-Modells mit erklärender Attribution und der Theorie korrespondierender Inferenz mit Verantwortlichkeitsattribution besteht der wichtigste Beitrag von Hamilton's Analyse sicher in der konzeptuellen Unterscheidung von Erklären zum einen und Sanktionieren zum anderen.

2. *Selbstwahrnehmung*

Ein wichtiger Beitrag zur Einstellungsforschung ist Bem's Formulierung der Selbstwahrnehmungs-Theorie (1967). In einem Ansatz, den er selbst als dem radikalen Behaviorismus Skinnerscher Prägung verbunden bezeichnet, geht

Bem von der Annahme aus, daß Selbstwahrnehmung einen Spezialfall interpersoneller Wahrnehmung darstellt. Fragt man danach, ob jemand braunes Brot mag, so könnte er/sie selbst antworten: „Ich glaube ja, ich esse es immer" während ein Beobachter antworten könnte „Ich glaube ja, er ißt es immer".

Somit wird eine funktionale Ähnlichkeit zwischen selbst-beschreibenden Aussagen und interpersonellen Aussagen konstatiert. Als Basis der erschlossenen Einstellung erscheint das wahrgenommene Verhalten, einmal aus der Sicht des Beobachters und einmal aus persönlicher Sicht. Man erschließt seine Einstellung aus dem eigenen Verhalten (Bandler, Madaras & Bem, 1968; Kiesler, Nisbett & Zanna, 1969; Nisbett & Valins, 1972; Salancik, 1976; Salancik & Conway, 1975; Taylor, 1975; Zanna, 1973).

Warum sollte jemand die eigenen Einstellungen aus der Beobachtung seines Verhaltens erschließen? Möglicherweise deshalb, weil Feststellungen über persönliche Einstellungen und Gefühle häufig eine sehr unklare Grundlage haben. Die angemessene Verwendung von selbstbeschreibenden Feststellungen gelingt häufig nur in Abhängigkeit von öffentlichen Verhaltensweisen, aus denen ein Beobachter den inneren Zustand erschließen kann. Die Gemeinschaft der Mitmenschen muß einen angemessenen Ausdruck, der einen inneren Zustand beschreibt, genau dann verwenden, wenn der innere Zustand auftritt. Dies scheint aber nur auf der Grundlage beobachtbarer Reize und Reaktionen möglich, wobei implizit eine Analogie zwischen öffentlichen und privaten Reizen angenommen wird.

Die Selbstwahrnehmungs-Theorie erklärt eine ganze Reihe von empirischen Resultaten (vgl. Bem, 1972; Grabitz, 1978). Auf der anderen Seite ist vor einer Übergeneralisierung zu warnen: Wenn die Selbstbeschreibung auf einem stabilen internen Standard beruht, wird der Selbstwahrnehmungs-Effekt gering sein. Hingegen sind die deutlichsten Auswirkungen des Verhaltens auf die Selbstbeschreibung zu erwarten, wenn der interne Standard schwach ist.

Im folgenden werden zwei Bereiche der Selbstwahrnehmung ausführlicher analysiert: Auswirkungen der Wahl einer Handlung auf die Bewertung der Handlungsalternativen und Veränderung von Gefühlen durch externe Stimuli und falsches Feedback.

a) Auswirkungen einer Wahl: Unzureichende Rechtfertigung, übermäßige Rechtfertigung und Dissonanz

Um die Frage, welche Auswirkung die Wahl einer Alternative unter mehreren möglichen auf die Bewertung der Alternativen hat, haben sich hitzige Kontroversen ergeben. Der Ausgangspunkt der Diskussion ist in Festingers Dissonanztheorie zu sehen (1957, 1964), die zunächst durch Bems Selbstwahrnehmungs-Theorie (1967, 1972) in Frage gestellt und später auf bestimmte Attributionsprinzipien, wie Aufwertungs- und Abwertungsprinzip, zurückgeführt wurde.

Festinger (1964) betont besonders den qualitativen Sprung zwischen Vor- und Nachentscheidungsphase. Während die Vorentscheidungsphase durch eine möglichst objektive Informationsverarbeitung und -bewertung gekennzeichnet sein soll, wird die Nachentscheidungsphase als im Grunde defensiv und nach Rechtfertigung für die getroffene Wahl suchend beschrieben. Damit wird ein ‚dynamischer' Unterschied zwischen beiden Phasen postuliert.

Die Nachentscheidungsphase ist das Feld der Dissonanzreduktion. Kognitive Dissonanz entsteht, wenn zwei Kognitionen bei einer Person gleichzeitig bestehen, die miteinander inkonsistent sind. Inkonsistenz bezieht sich auf Kognitionen, die widersprüchliche Verhaltensimplikationen haben (Jones & Gerard, 1967, S. 708; eine formale Darstellung des Konsistenzprinzips geben Kruglanski, Hamel, Maides & Schwartz, 1978). Die Kognitionen stehen entweder in konsonanter, dissonanter oder irrelevanter Beziehung zueinander (Festinger, 1957).

Mit Festinger nehmen Dissonanztheoretiker an, daß ein Zustand der Dissonanz unangenehme Spannungen hervorruft (vgl. Cooper, Zanna & Taves, 1978; Zanna & Cooper, 1974). Durch die Dissonanzreduktion wird der Spannungszustand – auf dem einen oder anderen Weg – reduziert. Im Fall der Wahl einer Alternative unter Verzicht auf eine andere besteht ein naheliegender Weg der Dissonanzreduktion in der Aufwertung der gewählten und/oder der Abwertung der zurückgewiesenen Alternative (‚spreading apart' Effekt, Festinger, 1964).

Eine ausführliche Darstellung der Dissonanztheorie ist an dieser Stelle nicht möglich (s. Frey, 1978; Irle & Möntmann, 1978; Stroebe, 1980; Wicklund & Brehm, 1976). Es reicht aus, einige Fragestellungen zu besprechen, die in dissonanztheoretischen Analysen im Mittelpunkt stehen, um die attributionstheoretischen Beiträge zur Psychologie der Wahl besser einordnen und verstehen zu können.

Zunächst einmal: Empirische Belege sprechen dafür, daß die Diskrepanz in der Bewertung der Alternativen nach der Wahl zunimmt (Brehm, 1956; Davidson & S. B. Kiesler, 1964; Jecker, 1964), wenn eine echte Bindung an bestimmte Konsequenzen erfolgt (Allen, 1964; Gerard, Blevins & Malcolm, 1964) und wenn Freiheit der Wahl besteht (Holmes & Strickland, 1970; Linder, Cooper & Jones, 1967).

Bindung wird induziert, wenn jemand daran gehindert wird – aufgrund bestimmter Regeln oder einschränkender Gegebenheiten oder Öffentlichkeit des Verhaltens – seine Entscheidung rückgängig zu machen. Wenn der scheinbare äußere Druck gering ist, wird die Bindung an eine Entscheidung verstärkt, wie sich im verstärkten Widerstand gegen Gegen-Kommunikationen zeigt (Kiesler & Sakamura, 1966).

Wenn Bindung Dissonanzreduktion bei einstellungskonträrer Evidenz herbeigeführt hat, sollte die wahrgenommene Freiheit der Wahl in zweierlei Hinsicht zunehmen: Man glaubt, eine sehr gute Grundlage der Wahl (gehabt) zu haben (hohe diskriminative Wahl), weil die Alternativen gut unterscheidbar geworden sind, und man glaubt außerdem, insgesamt gesehen eine gute Wahl getroffen zu haben (hohe evaluative Wahl; s. Steiner, 1980). Diese Attributionseffekte sind vermutlich sekundär gegenüber dem Wunsch, sich nach der Entscheidung wohl zu fühlen und sich (defensiv) zu rechtfertigen.

In diesem Zusammenhang ist auf einen bemerkenswerten Unterschied zwischen Akteuren und Beobachtern hinzuweisen: Während Akteure dann, wenn sich eine Entscheidung als definitiv mit negativen Konsequenzen verknüpft erweist, defensiv attribuieren sollten (also z. B. eine geringe Wahlfreiheit für sich reklamieren sollten), wird von Beobachtern erwartet, daß sie mehr Freiheit der Wahl in den oben erwähnten zwei Bedeutungen zuschreiben, wenn eine Entscheidung negative Konsequenzen nach sich zieht.

Harvey, Harris & Barnes (1975) bestätigen diese Hypothese in einer Milgram-ähnlichen Lernaufgabe. Parallel dazu schreiben sich Akteure weniger Verantwortung bei negativen Konsequenzen zu, während Beobachter genau dann mehr Verantwortung zuschreiben (und was noch bemerkenswerter ist, um so mehr Verantwortung zuschreiben, je negativer die Konsequenzen sind; s. Walster, 1966). Offensichtlich sind Akteure defensiv motiviert, während Beobachter mehr der Jones & Davis-Logik folgen: Man nimmt an, daß jemand die Wahl stärker selbst verursacht und somit neigungsgemäß gehandelt hat, wenn sich negative Konsequenzen einstellen.

Die Möglichkeit einer aktiven Vermeidung möglicherweise unangenehmer Konsequenzen ist schon dann gegeben, wenn jemand ein einstellungskonsistentes Verhalten öffentlich zeigen soll. Eine Bindung an ein konsistentes Verhalten ist oft nicht ganz unproblematisch, da die Implikationen uneindeutig sind und daher einen negativen Stimulus darstellen, der eine aktive Vermeidung der Einstellungsimplikationen des Verhaltens hervorruft (Kiesler, Roth & Pallak, 1974, Exp. 1). Weiterhin besteht die Tendenz, bei hoher Bindung (= öffentliche Darbietung einer Rede, bei der Name und Adresse genannt wird) eine Gelegenheit zur Umdefinition des Verhaltens als einstellungsmäßig harmlos zu suchen (Kiesler et al., Exp. 2).

Diese Ergebnisse sind auch für die Selbstwahrnehmungs-Theorie von Bedeutung. Die angehenden Redner, die sich einstellungs-konsistent äußern sollen, streben nicht etwa danach, korrespondierende Schlüsse aus ihrem Verhalten zu ziehen. Vielmehr werden die Implikationen oft als unsicher und potentiell bedrohlich eingestuft und im Denken vermieden bzw. uminterpretiert. Keine gute Basis für eine korrekte Selbstwahrnehmung! Bindung erhöht möglicherweise das objektive Selbstbewußtsein (s. Duval & Wicklund, 1972). Ein solcher Zustand wird als unangenehm erlebt, weil damit die Frage in den Mittelpunkt rückt, ob man sich korrekt entschieden hat. Negative Implikationen werden also nicht passiv hingenommen, sondern man bemüht sich defensiv, sie zu vermeiden (Kiesler et al., 1974).

Eine objektiv selbstbewußte Person zentriert ihre Aufmerksamkeit auf sich selbst. In dem Ausmaß, in dem sie mit einer größeren inneren Selbst-Diskrepanz konfrontiert wird, resultiert ein negativer Affekt. Eine Vermeidung objektiven Selbstbewußtseins sollte die Folge sein (Duval & Wicklund, 1972). Diese Beschreibung trifft gut auf die angehenden Redner in der Kiesler et al.-Studie zu. In ihrem unangenehmen Zustand objektiven Selbstbewußtseins neigen sie zu aktiver Vermeidung und Uminterpretation der Einstellungsimplikationen des einstellungs-konsistenten Verhaltens, wenn hohe Bindung gegeben ist.

Unzureichende und übermäßige Rechtfertigung: Revision nach unten?

Unzureichende Rechtfertigung

Das ‚forced-compliance' Paradigma weist interessante attributionstheoretische Implikationen auf. Die ‚forced-compliance' Situation besteht in der Hervorrufung von Verhaltensweisen, die mit bestimmten kognitiven Urteilen inkonsistent sind, z. B. die persönliche Herabwürdigung einer Person, die man ursprünglich sympathisch findet (vgl. Davidson, 1964; Davis & Jones, 1960). Diese einstellungsdiskrepanten Verhaltensweisen werden unter Aufrechterhaltung einer „Illusion der Freiheit" hervorgerufen (Kelley, 1967), indem die scheinbare Möglichkeit zur Zurückweisung des erzwungenen Verhaltens erwähnt wird.

Subtile Hinweisreize in der ‚forced-compliance' Situation sind so stark, daß sich ihnen praktisch niemand entziehen kann. Andererseits ist der offen sichtbare äußere Zwang (etwa eine geringfügige Bezahlung) so schwach, daß man nicht daran gehindert wird, sich eine Freiheit der Wahl zuzuschreiben. Es kommt also viel darauf an, die Balance zwischen objektivem Zwang und subjektiver Wahlfreiheit zu halten. Denn wenn man glaubt, freiwillig beleidigend aufgetreten zu sein, entsteht ein Rechtfertigungsdruck, etwa weil das beleidigende Verhalten im Widerspruch zu dem eigenen Selbstkonzept einer netten, freundlichen Person steht, die nicht grundlos aggressiv reagiert. Je weniger Gründe jemand für sein einstellungskonträres Verhalten findet, desto mehr Dissonanz wird erregt.

Diese Interpretation folgt der Idee der Dissonanztheorie und führt zu der Voraussage einer Abwertung des Opfers der Aggression. Genauer gesagt: Die Abwertung sollte in umgekehrtem Verhältnis zu der Belohnungshöhe stehen, wenn man sich bei der Wahl der negativen Folgen bewußt war und wenn man sich persönlich verantwortlich fühlt (s. Collins & Hoyt, 1972). Negative Konsequenzen, die vorhergesehen wurden oder vorhersehbar gewesen wären, erzeugen selbstrechtfertigende Einstellungsänderungen, wenn freie Wahl gegeben ist (Goethals, Cooper & Naficy, 1979). In diese Richtung deuten auch die Ergebnisse von Cooper (1971) und Cooper & Worchel (1970). Die Hypothese lautet, daß keine Dissonanz erzeugt wird, wenn keine unerwünschten Folgen vorhergesehen werden. Ausdrücklich wird betont (Cooper & Worchel, 1970), daß die unerwünschten Konsequenzen vor der Entscheidung auf der Hand liegen müssen, damit der erwartete Effekt auftritt (vgl. Goethals et al., 1979).

Wenn man diese empirischen Generalisierungen akzeptiert, bietet sich eine alternative bzw. ergänzende attributionstheoretische Erklärung an. Danach könnte eine hohe Belohnung für das einstellungskonträre Verhalten – vor der Entscheidung für eine Alternative – zu einer Revision der Bewertung der Alternative nach unten führen. Eine solche Revision hätte dann dieselben empirischen Konsequenzen für die Bewertung in der Nachentscheidungsphase wie eine unzureichende Rechtfertigung, die eine selbstunterstützende Einstellungsänderung erzeugt (Steiner, 1980). Wenn es wesentlich darauf ankommt, daß die negativen Konsequenzen schon vor der Entscheidung absehbar sein müssen – bei freier Entscheidung –, erscheint eine solche Hypothese als plausibel.

Gibt es Hinweise darauf, daß ein solcher Vorentscheidungsprozeß – möglicherweise in Ergänzung zur Dissonanzreduktion – abläuft? Die Nachgiebigkeit der Zielperson ist in der ‚forced-compliance' Situation auch bei geringer Belohnung gesichert (Illusion der Freiheit). Das Verhalten ist also schon hinreichend motiviert. Wenn nun in einer Bedingung eine substantielle Belohnung hinzukommt (hohe Belohnung), wird impliziert, daß der Belohnende glaubt, die bestehenden Anreize seien nicht ausreichend. Warum sonst sollte die hohe Belohnung angeboten werden?

Man bietet im allgemeinen nur dann eine hohe Belohnung an, wenn davon auszugehen ist, daß ohne diese massive Unterstützung das Verhalten unzureichend motiviert ist. Auf diesem Hintergrund muß die Zielperson zu dem Schluß kommen, daß die Ausführung der belohnten Handlung nicht so attraktiv sein kann, wie sie ursprünglich geglaubt hat (s. Salancik, 1976). Resultat: Eine Revision der Bewertung nach unten in Übereinstimmung mit der Intention, die man dem Belohnenden zuschreiben kann, nämlich daß er ein wenig attraktives Verhalten durch hohe Belohnung erzwingen will. Diese Hypothese ist prüfbar, wenn man – ähnlich wie Walster (1964) in der Nachentscheidungsphase – mehrere Messungen der Bewertung in der Vorentscheidungsphase eines ‚forced-compliance' Konfliktes durchführen würde.

Wenn man nun die negativen Konsequenzen voraussehen kann, sollte eine solche Revision nach unten besonders naheliegend sein. Obwohl diese Hypothese nicht das gesamte Datenmuster erklärt (vor allem nicht Unterschiede in der Bewertung je nach dem Auftreten negativer Konsequenzen bei unzureichender Rechtfertigung), scheint sie zumindest einen Teil der Einstellungseffekte einer ‚forced-compliance‘ aufzuklären.

Übermäßige Rechtfertigung

Die Hypothese einer Revision nach unten ist aber vor allem deshalb auch von Bedeutung, weil sie zwanglos ein weiteres Phänomen erklärt: die Auswirkungen einer übermäßigen Rechtfertigung auf die intrinsische Motivation. Deci (1971, 1972, 1975) hat als einer der ersten auf die Möglichkeit hingewiesen, daß extrinsische Belohnungen einen nachteiligen Effekt auf die intrinsische Motivation ausüben könnten.

Dies gilt etwa für Geld als Belohnungsmittel, wie sich in zwei Experimenten, in denen Rätsel gelöst werden mußten bzw. Überschriften zu erfinden waren, zeigte. Deci kommt daraufhin zu dem Schluß, daß die Geldzahlung zu einer kognitiven Neubewertung führt, die eine Herabsetzung der intrinsischen Motivation bewirkt. Eine solche Unterminierung intrinsischer durch extrinsische Motivation wird auf eine Veränderung der wahrgenommenen Quelle der Kontrolle zurückgeführt. An die Stelle einer mehr internalen tritt eine externale Kontrollerwartung. Die Instrumentalität der Aktivität für das Erreichen einer Belohnung wird hervorgehoben. Andererseits besteht auch die Möglichkeit, daß das positive Feedback als Hinweis auf die eigene Kompetenz interpretiert wird (s. u.)

In der Tat konnten Unterminierungseffekte mehrfach empirisch demonstriert werden (Benware & Deci, 1975; Deci, 1972; Dollinger & Thelen, 1978; Folger, Rosenfield & Hays, 1978; Kruglanski, Freedman & Zeevi, 1971; Lepper, Greene & Nisbett, 1973; Lepper & Greene, 1975; Ross, 1975; Ross, Karniol & Rothstein, 1976), und es kann kaum ein Zweifel daran bestehen, daß deutlich erkennbare extrinsische Belohnungssysteme bei ihrer Installierung eine vorhandene (hinreichende) intrinsische Motivation, eine interessante Tätigkeit auszuüben, beeinträchtigen. Im Alltag kann man einen solchen Effekt vor allem in der Primarstufe der Schulen vermuten (s. Bates, 1979; Deci, 1979; Greene, Sternberg & Lepper, 1976; Workman & Williams, 1980).

Lepper, Greene & Nisbett (1973) sprechen in diesem Zusammenhang – im Unterschied zum Fall der unzureichenden Rechtfertigung – von übermäßiger Rechtfertigung. Sie nehmen an, daß man im Sinne der Selbstwahrnehmung bei der Ausführung einer Tätigkeit vor allem dann auf eine intrinsische Motivation schließt, wenn keine hervorstechenden eindeutigen und hinreichenden extrinsischen Kontingenzen wahrgenommen werden, denen das Verhalten attribuiert werden könnte (vgl. Salancik, 1976, der bei Aktualisierung externaler Attributionen nur geringe Verhaltens-Einstellungs-Korrelationen fand).

Man kommt – dieser Theorie folgend – aufgrund des extrinsischen Belohnungssystems zu dem Schluß, daß das Verhalten durch extrinsische Konsequenzen motiviert ist. Es ist klar, daß dieser Schluß der Anwendung des Abwertungsprinzips gleichkommt: Wenn zwei Ursachen (intrinsische und extrinsische Motivation) zur Erklärung des Verhaltens plausibel sind (anstelle einer einzigen intrinsischen), wird die intrinsische Ursache in ihrer Bedeutung abgewertet. (Zur Verdeutlichung kann man sich erneut das Balkenwaage-Modell vor Augen führen.)

Lepper et al. demonstrierten diesen Effekt bei 3–5jährigen Kindern. Nach einer 3 × 1-stündigen Beobachtungsphase wurden die Kinder auf drei Gruppen aufgeteilt: In einer Bedingung wurde den Kindern eine symbolische Belohnung für das Malen von Bildern angeboten: ein Stern mit rotem Band. In der zweiten Gruppe wurde keine Belohnung angekündigt, aber im nachhinein wurde (unerwarteterweise) die Belohnung verteilt. Schließlich wurden – in der Kontrollgruppe – keine extrinsischen Anreize geboten.
7–14 Tage später wurde eine erneute Klassenbeobachtung durchgeführt. Von den 51 Kindern, die den drei Gruppen zugeteilt worden waren und beobachtet werden konnten, wurde in der Gruppe, der die Belohnung für das Malen vorangekündigt worden war (in der Versuchsphase), in nur 8.59 % der Spielzeit gemalt. Anders in den beiden Vergleichsgruppen, in denen in 16.73 % der Spielzeit (Kontrollgruppe) bzw. 18.09 % der Zeit (bei unerwarteter Belohnung in der Versuchsphase) gemalt wurde.
Außerdem fand sich nur in der ersten Gruppe ein signifikantes Absinken der Malaktivität von der ersten zur zweiten Beobachtungsphase. Eine Beurteilung der Bilder nach ihrer Qualität ergab in dieser Gruppe schlechtere Ratings als in den Vergleichsgruppen. Aufgrund dieser Ergebnisse merken Lepper et al. an, daß extrinsische Belohnungskontingenzen Bumerangeffekte auslösen können.

Wie im Fall der ‚forced-compliance' Forschung bietet sich auch hier die Hypothese an, daß eine Revision nach unten stattfindet (Steiner, 1980). Bei hoher Belohnung – so wurde weiter oben im Zusammenhang mit der Dissonanzforschung argumentiert – wird der Schluß gezogen, daß die Aktivität weniger attraktiv sein muß. Warum sonst sollte jemand eine große Belohnung versprechen als wegen seiner Erwartung, daß die Ausführung der Aktivität in sich wenig belohnend ist? Somit informiert die Belohnung die Zielperson darüber, daß der Belohnende die in Frage stehende Tätigkeit als uninteressant einstuft.

Im Fall des Malens von Bildern etwa sollte die Ankündigung einer Belohnung bei den Kindern zu einer revidierten Bewertung der Malaktivität führen, die nun weniger positiv eingeschätzt werden sollte. Eine Zielperson, die nach extrinsischer Belohnung ihr intrinsisches Interesse an einer Tätigkeit verliert, ahmt das von ihr angenommene Bewertungsmuster des Belohnenden nach. Eine kognitiv vermittelte Form des Nachahmungslernens auf der Basis eines sozialen Vergleichs könnte also für die Revision nach unten bedeutsam sein und den Abwertungseffekt verstärken.

Natürlich hat nicht jedes Belohnungssystem den genannten unterminierenden Effekt. Nach einer ersten kontroversen Diskussion der Ergebnisse von Deci bzw. Lepper, Greene & Nisbett (s. Calder & Staw, 1975; Feingold & Mahoney,

1975; Reiss & Sushinsky, 1975) hat sich in der Zwischenzeit der Schwerpunkt der Forschung auf die Frage verlegt, unter welchen Bedingungen eine extrinsische Belohnung den Unterminierungseffekt auslöst. Wenn die Aktivität eine geringe Auftretenswahrscheinlichkeit hat oder wenn eine normative Erwartung besteht, daß die Aktivität belohnt wird, werden die negativen Nebeneffekte vermieden. Kruglanski, Riter, Amitai, Margolin, Shabtai & Zaksh (1975) und Staw, Calder, Hess & Sandelands (1980) demonstrierten, daß eine extrinsische Belohnung nur dann unterminierende Effekte hat, wenn eine Norm besteht, nicht zu belohnen. In diesem Fall erscheint die Belohnung als nichtnormative Manipulation, die das intrinsische Interesse reduziert und eine Korrektur des intrinsischen Anreizwertes nach unten bewirkt (Steiner, 1980).

In der Untersuchung von Staw et al. wurden Studenten informiert, daß sie im Rahmen ihrer Übungsverpflichtungen an einem Experiment teilnehmen müßten. Ein Teil der Studenten erfuhr, daß es angemessen sei, die Teilnahme an dem Experiment bezahlt zu bekommen, während die anderen erfuhren, daß man üblicherweise für die Teilnahme an solchen Experimenten nicht bezahlt werde.
Während die experimentelle Aufgabe – das Lösen von 15 Puzzlen – absolviert wurde, blickte ein Teil der Studenten auf eine 1-Dollar-Note, die ihnen vor Beginn der Problemlösungsaufgaben als Bezahlung versprochen wurde. Bei den übrigen Studenten wurde kein Geld während der Durchführung des Experiments erwähnt.
Somit ergibt sich ein 2 × 2 (Norm der Bezahlung × Tatsächliche Bezahlung) Design. Nach Beendigung des Experiments sollten die Studenten ihre Zufriedenheit mit der Aufgabe anhand von sechs Items (schlecht vs. gut; monoton vs. interessant; Arbeit vs. Freizeit etc.) einstufen. In einem Gesamtindex der Aufgabenzufriedenheit zeigt sich die erwartete Interaktion deutlich. Wenn eine Norm der Bezahlung bestand, sind diejenigen zufriedener, die tatsächlich bezahlt werden. Wenn eine Norm bestand, keine Bezahlung zu leisten, sind diejenigen zufriedener, die nicht bezahlt werden. Derselbe Interaktionseffekt zeigt sich in der Beurteilung der Einstellung des Versuchsleiters zu der Aufgabe. Dieses Resultat unterstützt die Annahme, daß dem Versuchsleiter je nach Versuchsbedingung unterschiedliche Bewertungen der Aufgabe unterstellt werden. Normative Informationen bestimmen also, ob eine extrinsische Belohnung für die Ausführung einer Tätigkeit einen förderlichen oder hemmenden Effekt hat. Eine eindeutige Erklärung dieses Zusammenhangs ist wenigstens auf vierfache Weise möglich (vgl. Staw et al., 1980):
- als durch das Abwertungsprinzip in der Selbstwahrnehmung verursacht,
- als Ablenkung von der Aufgabe (Reiss & Sushinsky, 1975),
- als sozialer Vergleich bzw. Analogieschluß zwischen der angenommenen Einstellung des Versuchsleiters und der eigenen Einstellung („Er muß wirklich glauben, die Aufgabe ist langweilig, wenn er mich unangemessenerweise bezahlt"),
- als Effekt der Verletzung von Erwartungen (s. Carlsmith & Aronson, 1963).

Vermutlich werden mehrere dieser Mechanismen gleichzeitig wirksam, wenn norm-abweichendes Verhalten auftritt. Während etwa eine unangemessene Bezahlung in der Selbstwahrnehmung zu einem Abwertungseffekt führt, der über die erschlossene Haltung des Belohnenden verstärkt wird, kann gleichzeitig durch die Verletzung der durch die Norm begründeten Erwartung ein Dissonanzeffekt ausgelöst werden.

Der Hinweis auf den sozialen Vergleich führt zu einem weiteren modifizierenden Einflußfaktor. Häufig wird durch den Vergleich mit anderen Personen definiert, was eine gute Leistung ist. Belohnungen, die auf das Leistungsniveau – relativ zu einer Bezugsgruppe – bezogen sind, ermöglichen einen sozialen Vergleich, der bei positivem Ergebnis das Gefühl der Kompetenz und Effektivität (s. White, 1959) steigern sollte.

Extrinsische Belohnungen üben so lange einen förderlichen Einfluß aus, wie sie bei der Zielperson das Selbstkonzept einer kompetenten, effektiven Person verstärken (Rosenfield, Folger & Adelman, 1980). Hingegen führen Belohnungen, die das relative Leistungsniveau nicht verdeutlichen – ob sie nun kontingent oder nicht-kontingent zur Lösung von Aufgaben verteilt werden –, zu unterminierenden Auswirkungen.

In Übereinstimmung mit dieser Analyse konnte schon bei 4–9jährigen Kindern gezeigt werden, daß eine Belohnung, die einen relativ hohen Leistungsstand signalisiert, keinen negativen Effekt hat, während eine nicht auf den relativen Leistungsstand bezogene Belohnung das Interesse an einem Spiel herabsetzt (Karniol & Ross, 1977). Allerdings fand sich bei schlechter Leistung das umgekehrte Ergebnismuster. Vermutlich wird durch die kompetenz-bezogene Rückmeldung sowohl der positive Effekt des Erfolges wie der negative Effekt des Mißerfolges betont.

Diese Ergebnisse wurden wiederholt bestätigt (s. auch Karniol & Ross, 1975, Exp. 1, zit. nach Ross, 1976), und eine theoretische Analyse auf der Grundlage von Decis kognitiver Evaluationstheorie (Deci, 1975; Deci & Porac, 1978) liegt nahe. Wie schon weiter oben beschrieben, weisen Belohnungen zwei Konnotationen auf: Sie kennzeichnen die Instrumentalität der Tätigkeit im Dienste der erwarteten Belohnung, und andererseits vermitteln sie den Eindruck von Kompetenz und Meisterschaft. Wenn die erste Konnotation dominiert, sind unterminierende Effekte zu erwarten, während Kompetenz-Feedback – das natürlich auch ohne die Verwendung von Belohnungen gegeben werden kann (s. Rosenfield et al., 1980) – eher positive Effekte hat. Das sollte vor allem dann gelten, wenn die Belohnung die einzige Kompetenz-Information ist, die einem zur Verfügung steht (Ross, 1976).

Eine weitere Unterscheidung (Williams, 1980) kann hinzugefügt werden. Belohnungen haben zwei Aspekte: Sie beinhalten einen mehr oder weniger attraktiven Belohnungswert, und sie implizieren eine Verhaltenseinengung aufgrund wahrgenommener Kontrolle. Während der zuletzt genannte Aspekt aversive Konsequenzen hat und einen unterminierenden Effekt ausüben sollte, wird dem erstgenannten Aspekt eine positive Bewertung zugeschrieben, wenn die Belohnungen nur genügend attraktiv sind. Allerdings war das intrinsische Interesse bei Verwendung attraktiver Belohnungen nicht größer als in der Kontrollgruppe, in der keine Belohnungen eingesetzt wurden (Williams, 1980).

Mittel-Zweck-Analyse

Eine erweiterte Attributionsanalyse extrinsischer und intrinsischer Motivation (Lepper & Greene, 1975) bezieht sich auf jede Ausübung von extrinsischer Kontrolle, sei es durch Belohnungen (s. oben), durch Überwachung (Lepper & Greene, 1975) oder durch die Einführung von Zeitlimits (Amabile, DeJong & Lepper, 1976). Neben der Unterscheidung von extrinsischen und intrinsischen Anreizen ist für diesen Ansatz die Unterscheidung von unmittelbarer Beschäftigung mit der Aufgabe nach dem Versprechen einer Belohnung und nachfolgender Wahl einer Tätigkeit im Sinne eines Langzeiteffektes (direktes Engagement vs. zukünftige Wahl) bedeutsam.

Folgendes verblüffende Resultat führt unmittelbar zu einer Mittel-Zweck-Analyse: Schon die Veränderung eines Labels, das mit einer Aktivität verbunden ist, reicht aus, ihren intrinsischen Anreizwert zu verändern. Eine ‚nominale' Kontingenz, die allein darauf beruht, daß dieselbe Aktivität als „Mittel" oder „Zweck" bezeichnet wird, führt zu Unterschieden im nachfolgenden Wahlverhalten: weniger Beschäftigung mit dem „Mittel" und Bevorzugung der „Zweck"-Aktivität (Lepper, Sagotsky & Greene, 1977, zit. nach Lepper & Greene, 1975).

Verwandte Labels sind etwa „Arbeit" und „Spiel" oder „Beruf" und „Freizeit". Man kann vermuten, daß hervorstechende extrinsische Kontrollen eine Tätigkeit implizit als „Mittel" erscheinen lassen, obwohl sie bei von Anfang an fehlender Kontrolle implizit mit dem „Zweck"-Label versehen worden wäre. Das erweiterte theoretische Modell der Mittel-Zweck-Analyse (s. Lepper & Greene, 1975) stellt das Phänomen der übermäßigen Rechtfertigung in den größeren Kontext der Einstellungsforschung (Campbell, 1963).

Ein attraktiver Aspekt der Mittel-Zweck-Analyse liegt in der umfassenden Erklärung einer Reihe von Phänomenen, die mit der Ausübung von Kontrolle im Zusammenhang stehen. Kontrolle kommt etwa in dem Faktor der Verhaltenseinschränkung einer jeden Belohnung zum Ausdruck (Williams, 1980) oder in norm-diskrepanten Belohnungen (Kruglanski et al., 1975; Staw et al., 1980). Wie Deci (1975) in seiner Theorie im Anschluß an deCharms (1968) betont, tritt unter diesen Umständen an die Stelle einer internalen eine eher externale Kontrollerwartung.

Wie wir auf der anderen Seite gesehen haben, ist nicht jede Belohnung unterminierend. Man kann ein Kontinuum konstruieren, auf dem sich Belohnungen einordnen lassen, die eine Reduktion des intrinsischen Interesses (im Vergleich zu einer Kontrollgruppe, z. B. Lepper et al., 1973; Ross, Karniol & Rothstein, 1976), weder positive noch negative Effekte (Karniol & Ross, 1977; Williams, 1980) oder ein gesteigertes Interesse (Rosenfield et al., 1980; Staw et al., 1980) zur Folge haben. Obwohl sich schon ein Gerüst von Erklärungen anbietet, diese unterschiedlichen Effekte zu erklären, bleibt doch ein Fragezeichen bestehen (vgl. die Diskussion zwischen Reiss & Sushinsky,

1976, und Lepper & Greene, 1976), und weitere Untersuchungen müssen abgewartet werden, bis eine Übersicht über die wichtigsten modifizierenden Variablen (wie Prägnanz und Güte der Belohnung, gute/schlechte Leistung, Norm-Angemessenheit, Instrumentalitäts-Feedback vs. Kompetenz-Feedback) gegeben werden kann.

Wahlfreiheit: Drei Wege zur Selbst-Attribution, eine Entscheidung treffen zu können

Wie schon weiter oben erwähnt wurde, lassen sich verschiedene Aspekte der Wahlfreiheit voneinander trennen. Mit Steiner (1979) läßt sich die Erfahrung, eine Wahl getroffen zu haben, als Folge des Schlusses auf das Selbst als Agent, der entscheidet, welche von zwei oder mehr Alternativen angenommen wird, bezeichnen. Wahrgenommene Kontrolle über den Entscheidungsprozeß im Sinne einer internalen Kontrollerwartung beeinflußt das Ausmaß der erlebten Wahlfreiheit.

Eine theoretische Analyse, die diese Definition und das Konzept des Vergleichsniveaus (Thibaut & Kelley, 1959) zugrundelegt, führt zu der Unterscheidung von drei Wegen, auf denen die Erfahrung einer Wahlfreiheit hervorgerufen werden kann (Steiner, 1979, 1980):

- Bewertende Wahl, abhängig von dem Nutzen der besten Alternative in Relation zu einem Bewertungsstandard, wie er durch das Vergleichsniveau gewonnen wird. Wenn wenigstens eine attraktive Alternative ausgewählt werden kann, ist die erlebte Wahlfreiheit größer, als wenn nur unattraktive Alternativen zur Wahl stehen (Kruglanski & Cohen, 1974; Solomon & Rodin, 1976, zit. nach Steiner, 1979, 1980).
- Diskriminative Wahl, abhängig von dem Ausmaß der Unterscheidbarkeit des Nutzens der Alternativen. Bei zwei Alternativen kommt diese Differenz dem Unterschied zwischen dem Nutzen der besten Alternative und dem Vergleichsniveau für Alternativen, das durch die zweitbeste Alternative bestimmt wird, gleich. Steiner (1979) berichtet von einer Untersuchung, in der die Frage nach dem Ausmaß der Bedeutsamkeit der Wahl den Aspekt der diskriminativen Wahl erfaßte.
- Autonome Wahl, bei komplexen Alternativen, die sich auf verschiedenen Dimensionen unterscheiden. Jede Alternative hat Vorteile, die der anderen fehlen, während der Gesamtnutzen beider Alternativen etwa gleich ist. Studien von Harvey & Johnston (1973) und Steiner, Rotermund & Talaber (1974) zeigen, daß sich bei solchen komplexen Alternativen die höchste wahrgenommene Wahlfreiheit bei geringer Diskrepanz des Nutzens ergibt. Ein solcher Effekt wird aber nur erwartet, wenn der Nutzen der Alternativen hoch (statt niedrig) ist (s. Harvey & Harris, 1975).

Diskriminative und autonome Wahl stehen in einem inversen Verhältnis (bei generell hohen Nutzenwerten). Hingegen sind bewertende und diskriminative Wahl häufig positiv korreliert. Wenn z. B. durch Dissonanzreduktion bei geringer Rechtfertigung einer Wahl eine Neubewertung der Alternativen ausgelöst wird, nehmen evaluative und diskriminative Wahl gleichermaßen zu. Denn einerseits verursacht der ‚spreading apart' Effekt eine Vergrößerung der Bewertungsdifferenz unter den Alternativen (= mehr diskriminative Wahl im Rückblick), zum anderen wird die gewählte, positivere Alternative aufgewertet, so daß sie relativ zu dem bestehenden Vergleichsniveau positiver eingestuft wird (= mehr evaluative Wahl im Rückblick). Andererseits impliziert das spreading-apart, daß das Ausmaß der autonomen Wahl abnimmt, da im nachhinein eine der Alternativen eindeutiger als vorher bevorzugt wird.

Abschließend ist anzumerken, daß Attributionen bei fehlender Wahlfreiheit von großer praktischer Bedeutung zu sein scheinen, insofern sie die Wahrnehmung (fehlender) Kontrolle mit der Erwartung (fehlender) Kontrolle verbinden (Seligman & Miller, 1979). Ob jemand nach einer Erfahrung der Hilflosigkeit (Seligman, 1975) aufgrund unkontrollierbarer aversiver Ereignisse mit Selbstwertverlust reagiert oder nicht, wird davon beeinflußt, ob er/sie die Hilflosigkeit internal oder external attribuiert (Abramson, 1978, zit. nach Seligman & Miller, 1979). Nur im ersteren Fall wird der Selbstwert beeinträchtigt. Ob die Erfahrung der Hilflosigkeit generalisiert, hängt davon ab, ob man sie stabil, internal und global („Ich bin dumm") oder instabil, external, spezifisch („Das Testexemplar trug die Zahl 13, die für mich eine Unglückszahl ist") erklärt (Seligman & Miller, 1979; Abramson, Seligman & Teasdale, 1978). Das erstgenannte Attributionsmuster scheint bei Depressiven nach bedeutsamen Mißerfolgen aufzutreten, wie neue Untersuchungsergebnisse andeuten (Seligman & Miller, 1979, S. 364).

b. Emotionen

Woher man weiß, in welcher Stimmung man sich gerade befindet, ist vom wissenschaftlichen Standpunkt aus nicht ganz einfach zu beantworten (wenn man auch subjektiv keine Schwierigkeiten hat, die jeweilige Stimmung zu benennen). Im folgenden werden zunächst drei theoretische Konzeptionen zur Erklärung subjektiver Emotionen unterschieden (vgl. Schachter, 1964; Leventhal, 1974; Zillman, 1978), von denen die Kognitions-Erregungs-Theorie ausführlicher diskutiert wird.

Die James-Lange-Theorie nimmt an, daß emotionale Gefühle durch die Wahrnehmung von Körperveränderungen hervorgerufen werden. Insbesondere viszerale Prozesse sollen Gefühle bestimmen. Dagegen spricht (vgl. Ruch & Zimbardo, 1974),

- daß dieselben viszeralen Veränderungen bei unterschiedlichen emotionalen Zuständen eintreten,

- daß künstliche Veränderungen der viszeralen Reaktionen (durch Adrenalin-Gabe) keine entsprechenden emotionalen Reaktionen auslösen,
- daß viszerale Reaktionen zu langsam sind, als daß sie als Grundlage subjektiver Gefühlsempfindung in Frage kämen.

Die zentral-neurale Theorie weist zentralen Mechanismen – etwa im limbischen System – eine wesentliche Rolle bei der Hervorrufung von Gefühlen zu. Ungeklärt bleibt aber, welche Gehirnbereiche zuständig sein sollen – offensichtlich nicht nur das vermeintlich ‚primitive' limbische System – und welche Cue-Muster ausschlaggebend sind.

Zusammenfassend läßt sich feststellen, daß Gefühlsreaktionen nicht auf physiologische Reaktionen reduzierbar sind. In einer klassischen Studie von Marañon (1924, zit. nach Schachter, 1964) wurden Patienten nach einer Adrenalin-Injektion, die vermutlich einen Erregungszustand auslöste, über das Erlebnis von Gefühlen befragt. Typisch waren Antworten, die sich als Berichte über „als ob" Emotionen interpretieren lassen. In den Berichten kam zum Ausdruck, daß die Befragten sich z. B. fühlten, als ob sie Angst hätten, ohne wirklich ängstlich zu sein.

Eine alternative Kognitions-Erregungs-Theorie (Schachter, 1964; Schachter & Singer, 1962) betrachtet physiologische Erregung als relativ undifferenziert und für die Intensität von Gefühlen verantwortlich. Hingegen wird die Qualität der Gefühle durch Vorstellungen, Wahrnehmungen und Ideen bestimmt, die zur Identifikation subjektiver Gefühle bei einer gegebenen physiologischen Erregung führen. Insbesondere wird postuliert,

- daß physiologische Erregung, die nicht unmittelbar aus dem Kontext heraus verständlich ist, ein Label erhält in Begriffen der vorhandenen Kognitionen,
- daß bei klarer Einsicht in das Zustandekommen des emotionalen Zustands (etwa bei Adrenalin-Injektion, wenn man weiß, daß Adrenalin physiologische Nebenwirkungen hat) kein Label anhand alternativer Kognitionen verwendet wird,
- daß bei einer gegebenen kognitiven Strukturierung nur dann eine gefühlsmäßige Reaktion ausgelöst wird, wenn physiologische Erregung induziert worden ist.

In Begriffen der Attributionstheorie lassen sich diese Hypothesen wie folgt darstellen (Zillman, 1978):

- Wenn man sich keines erhöhten Erregungsniveaus bewußt ist, kann kein Bedürfnis für eine Kausalattribution für diese Erregung entstehen (also bei niedriger oder normaler Aktivierung autonomer Aktivität), und emotionales Verhalten kann nicht auftreten.
- Wenn man sich eines erhöhten Erregungsniveaus bewußt ist, wird ein epistemisches Bedürfnis aktiviert, das die Formulierung von Attributionen über die autonome Reaktion auf eine induzierende Bedingung motiviert. Das epistemische Bedürfnis ist mit der Generierung einer plausiblen kausalen Erklärung befriedigt.
- Die Generierung einer plausiblen kausalen Erklärung beendet die Bildung von Attributionen, und die Einschätzung des emotionalen Zustands wird beibehalten.

In einem wegweisenden Experiment (Schachter & Singer, 1962) wurde durch Injektion von Epinephrin ein physiologischer Erregungszustand hervorgeru-

reduziert die erlebte Emotion (bei Frauen, während bei Männern kein systematischer Zusammenhang zu finden ist, Cupchik & Leventhal, 1974). Das spricht dagegen, daß man die körperlichen Reaktionen beobachtet, sich fragt, was sie bedeuten und sie dann mit einem emotionalen Label versieht (Leventhal, 1974). Wenn Studentinnen ihr Lachen bei der Darbietung eines humoristischen Films beobachten, lachen sie objektiv mehr, geben aber im Vergleich zu Studentinnen, die sich nicht selbst beobachten, eine weniger positive Einschätzung der Lustigkeit des Films ab (Cupchik & Leventhal, 1974, Exp. 2).

- Im dritten Schritt findet ein Emotions-Labeling statt. Es scheint eine plausible Hypothese zu sein (s. Leventhal, 1974), daß die Auswahl des Labels durch den Gesichtsausdruck beeinflußt wird. Aus der ärgerlichen oder euphorischen Mimik des Verbündeten könnten die Beobachter das korrespondierende Gefühl erschließen. Der Gesichtsausdruck scheint interkulturell nachvollziehbar zu sein (Ekman & Friesen, 1971) und beruht offensichtlich bis zu einem gewissen Ausmaß auf angeborenen Reaktionsmustern (Eibl-Eibesfeldt, 1973). Insofern wäre der Gesichtsausdruck ein brauchbarer Indikator für emotionale Gefühlszustände, um so mehr, als er reichhaltige statische und Bewegungsinformationen über Furcht, Trauer, Glück, Überraschung, Ärger und Ekel liefert (Bassili, 1979).

Drei-Faktoren-Theorie der Emotion

Auch Zillman (1978) geht in seiner Drei-Faktoren-Theorie der Emotion davon aus, daß die physiologische Erregung unspezifisch ist und daß das Individuum aus der Erregung allein nicht feststellen kann, was es veranlaßt, erregt zu sein. Zillman betont, daß der experimentelle Befund, wonach ein unerklärter Erregungszustand sowohl als Glücksgefühl wie als Ärger aufgefaßt werden kann, in großer Deutlichkeit demonstriert, daß das Individuum externale Cues benutzt, um eine spezifische Emotion zu erschließen.

Die wichtigste Botschaft, die in den Untersuchungsergebnissen von Schachter & Singer enthalten ist, ist die große Plastizität emotionaler Reaktionen. Wenn auch die Zwei-Faktoren-Theorie intuitiv plausibel erscheint, so ist sie doch ergänzungsbedürftig, um sowohl die Selbstzuschreibung von Attributionen unter zweideutigen wie unter eindeutigen Reaktionsbedingungen erklären zu können.

Zillman (1978) unterscheidet drei Komponenten eines emotionalen Zustands:

- Die dispositionale Komponente als unmittelbare Reaktionsbereitschaft, die das mit der Emotion verbundene motorische Verhalten direkt auslöst und aus unkonditionierten oder konditionierten Reaktionen hergeleitet wird.
- Die Erregungskomponente als reaktions-energetisierender Mechanismus, ebenfalls bestimmt durch unkonditionierte oder konditionierte Reaktionen, die durch kognitive Prozesse nicht vermittelt werden und eine erhöhte Handlungsbereitschaft herstellen.
- Die Erfahrungskomponente, die sich in einem bewußten Gefühlszustand zeigt und die

weitere kognitive Prozesse anregt. Unter bestimmten Bedingungen kommt eine Bewertung der emotionalen Reaktion zustande, die auf die dispositionale und die Erregungskomponente modifizierend zurückwirkt und die ‚primitive' emotionale Reaktionsbereitschaft innerhalb einer gewissen Bandbreite kontrolliert.

Die kognitiven Prozesse, die in der Bewertungsphase ausgelöst werden, lassen sich als Attributionen beschreiben. Solche Attributionen werden nur dann erwartet, wenn eine Erregung ausgelöst wird, ohne daß sie von einer unmittelbar stimmigen motorischen Reaktion begleitet wird, also in unklaren Situationen, wie sie in typischer Form in der nicht informierten und der fehlinformierten Bedingung des Schachter & Singer-Experiments vorhanden sind.

Wenn keine direkte Einsicht in die gegebene emotionale Reaktion gegeben ist, beginnt eine epistemische Suche, um den eigenen erregten Zustand zu verstehen (analog dem Streben nach Bewertung der eigenen Gefühle, Schachter, 1964). Je nachdem, welche Ursachenzuschreibung zustandekommt, wird die emotionale Reaktion in spezifischer Weise verstanden (z. B. als Ärger) und möglicherweise verstärkt.

Wesentlich ist in diesem Zusammenhang die Idee, daß die Attribution von Ursachen nur dann eintritt, wenn nicht von vorneherein Klarheit in der Reaktionssituation besteht. Dann stimmen dispositionale und Erregungskomponente überein, und es besteht keine Ursache für eine epistemische Suche. Wenn jemand massiv beleidigt wird, wird er vermutlich nicht in Gedanken die resultierende Erregung auf die Beleidigung als Ursache attribuieren, bevor er weiß, daß er verärgert ist (Zillman, 1978).

Die Bedeutung von Attributionen in zweideutigen Situationen wird durch das Phänomen des Erregungstransfers (s. Zillman, 1979) überzeugend illustriert. Wenn ein Erregungszustand induziert worden ist (etwa durch intensive sportliche Betätigung), klingt die Erregung nur langsam ab. Residuen der Erregung können sich somit in nachfolgenden Erfahrungszuständen niederschlagen.

Voraussetzung dafür ist aber, daß die Residuen der Erregung fehlattribuiert werden. Anstatt sie auf die sportliche Aktivität zurückzuführen, werden sie etwa einer nachfolgenden Beleidigung oder einem sexuellen Stimulus zugeschrieben. Als Folge wird eine Intensivierung des Ärgers oder der sexuellen Erregung und somit eine Überreaktion erwartet.

Die vermittelnde Rolle von (Fehl)attributionen für nachfolgende Aggression bzw. sexuelle Erregung wurde eindrucksvoll in Experimenten von Zillman, Johnson & Day (1974) bzw. Cantor, Zillman & Bryant (1975) unter Beweis gestellt. Die Grundannahme war, daß eine Fehlattribution der Residualerregung dann unwahrscheinlich ist, wenn die Verbindung zu der ersten Quelle der Erregung transparent ist. Wenn jedoch keine kausale Verknüpfung zwischen der ersten Quelle und der Residualerregung gegeben ist, dann sollte die Erregung, die auf eine zweite Quelle zurückzuführen ist, intensiviert werden.

Cantor, Zillman & Bryant (1975) demonstrierten eine Fehlattribution eines Erregungsresiduals auf sexuelle Erregung. In einem Vorversuch stellten die Autoren fest, daß eine Minute Tretarbeit auf einem Fahrrad-Ergometer nach einer Minute bzw. nach fünf Minuten eine meßbare physiologische Residualerregung hinterläßt, während nach 9 Minuten die Ausgangsbasis wieder erreicht wird. Andererseits zeigt sich im Selbstrating der wahrgenommenen Erregung, daß schon nach 5 Minuten subjektiv der Eindruck entsteht, nicht mehr erregt zu sein. Somit findet sich nach einer Minute und nach neun Minuten Übereinstimmung zwischen physiologischer Messung und Selbstrating, während nach fünf Minuten eine Diskrepanz auftritt.
Diese Diskrepanz wurde nun im Hauptexperiment genutzt, um Bedingungen herzustellen, in denen eine Fehlattribution erwartet oder nicht erwartet wird. Eine Minute nach der Tretarbeit sollte eine Fehlattribution der Erregung unwahrscheinlich sein, weil man subjektiv richtig wahrnimmt, durch die Tretarbeit erregt zu sein. Nach fünf Minuten hingegen ist eine Fehlattribution zu erwarten, da die Residualerregung subjektiv unentdeckt bleibt und eine neu induzierte Erregung steigern kann. Schließlich nach 9 Minuten ist die Residualerregung abgeklungen, so daß kein Erregungstransfer auftreten kann. Nur nach 5 Minuten scheint eine Fehlattribution und als Folge davon eine Intensivierung einer neu induzierten Erregung möglich.
Nach einminütiger Tretarbeit wurden den männlichen Studenten kurze Ausschnitte aus einem erotischen Film („Naked under Leather") gezeigt. Sie sollten nach vier Abschnitten jeweils angeben, in welchem Ausmaß sie sexuell erregt seien. Der zeitliche Abstand zwischen Tretarbeit und Filmdarbietung betrug entweder eine, fünf oder neun Minuten.
Nach einer und nach neun Minuten war das Ausmaß wahrgenommener sexueller Erregung gleichermaßen gering im Vergleich zu der Fünf-Minuten-Bedingung. Auf einer 100-Punkte-Skala wurden durchschnittliche Werte von 28, 31 und 52 ermittelt. Außerdem wurde in der Fünf-Minuten-Bedingung der ästhetische Wert und der Unterhaltungswert des Films höher eingeschätzt als in den beiden Vergleichsbedingungen.

Somit erscheint eine Fehlattribution als Voraussetzung für einen Erregungstransfer bzw. für eine Intensivierung emotionaler Gefühle, die zu einem späteren Zeitpunkt induziert werden. Man verliert nach kurzer Zeit die Einsicht in die Verursachung der Residualerregung, die aber weiterbesteht und irrtümlich einer zweiten Erregungsquelle zugeschrieben wird.

Die Zwei-Faktoren-Theorie von Schachter & Singer hat mit der Drei-Faktoren-Theorie von Zillman (1978) die Betonung der Variabilität emotionaler Gefühle gemeinsam. Auf der Basis einer unspezifischen physiologischen Erregung kommt es – je nach Ursachenzuschreibung – zu divergierenden Gefühlszuständen. Dieser Tatbestand hat ein großes Interesse für Fragen der Fehlattribution und der Auswirkungen von falschem Feedback ausgelöst, die im folgenden kurz besprochen werden sollen.

Fehlattribution der Erregung

Schon das Schachter & Singer-Experiment beruht im Grunde auf einem Paradigma der Fehlattribution. Personen, die durch die Injektion erregt und über die Ursache der Erregung falsch oder überhaupt nicht aufgeklärt werden, deuten ihre Erregung (fälschlicherweise) als Euphorie oder Ärger, je nachdem, welcher Gefühlszustand durch die Kontextbedingungen plausibel gemacht wird.

Wie schon angemerkt wurde, konnte diese Fehlattribution weitgehend eliminiert werden, wenn die Erregung (korrekterweise) auf die Injektion zurückgeführt wurde. Möglicherweise ist aber eine „Drogen"-Attribution auch durch falsche Information hervorzurufen. In der Tat zeigte sich ein solcher Effekt, wenn eine Placebo-Tablette verabreicht wurde, von der man behauptete, sie erzeuge schock-typische physiologische Symptome wie etwa ein Zittern der Hand (Nisbett & Schachter, 1966). Wenn nun schmerzhafte Elektroschocks appliziert werden, sollte die resultierende Erregung weniger auf die Schocks als vielmehr auf die Tablette zurückgeführt werden. Tatsächlich halten in dieser Weise fehlinformierte Personen, bei denen wenig Furcht induziert worden ist, wesentlich stärkere Schocks aus als Personen, die andere physiologische Effekte der Tablette erwarten. Die Toleranzschwelle wird nach oben verschoben.

Ohne Zweifel ist das Paradigma der Fehlattribution effektiv. So wird die Hilfsbereitschaft bei einem erregenden Unfall reduziert, wenn die Beobachter glauben, aufgrund von Lärm oder wegen einer Tablette, die sie zuvor geschluckt haben, erregt zu sein (Harris & Huang, 1973; Coke, Batson & McDavis, 1978, Exp. 1). Nach Einnahme einer Placebo-Tablette, die angeblich erregend wirkt, ist die Bereitschaft zum Mogeln größer, als wenn nicht die Möglichkeit besteht, die Erregung vor und während des Mogelns auf die Tablette zu attribuieren (Dienstbier & Munter, 1971).

Weitere Beispiele verdeutlichen die Brauchbarkeit des Paradigmas: Einstellungsänderung nach einstellungs-diskrepantem Verhalten wird auf die Basisrate reduziert, wenn man eine Tablette genommen hat, von der man glaubt, daß sie erregend wirkt. Umgekehrt wird die Einstellungsänderung verstärkt, wenn man glaubt, daß die Tablette eine beruhigende Wirkung hat (immer im Vergleich zu einer Kontrollgruppe, in der keine Nebeneffekte erwartet werden und unter der Voraussetzung, daß die wahrgenommene Wahlfreiheit hoch ist, Zanna & Cooper, 1974). Andererseits konnte gezeigt werden, daß eine angebliche Placebo-Tablette, die in Wirklichkeit einen Erregungszustand herbeiführte, verstärkte Einstellungsänderung nach einstellungs-konträrem Verhalten hervorrief, während eine angebliche Placebo-Tablette, die tatsächlich ein Beruhigungsmittel war, das Ausmaß der Einstellungsänderung reduzierte. Dies gilt für den Fall hoher Wahlfreiheit. Aber selbst bei niedriger Wahlfreiheit wird eine erhöhte Einstellungsänderung registriert, wenn die Tablette erregend ist (Cooper, Zanna & Taves, 1979). Diese Ergebnisse stellen eine starke Evidenz

In einem Experiment, das angeblich physiologische Reaktionen auf sexuelle Stimuli erfassen sollte, wurde männlichen Studenten ein falsches Herzschlag-Feedback gegeben, während sie Bilder von Playboy-Mädchen betrachteten. Tatsächlich wurden keine physiologischen Messungen vorgenommen, sondern den Studenten wurde ein vorprogrammierter Herzschlag als ihr eigener ausgegeben. Die Rückmeldung war so programmiert, daß bei 5 oder 10 Bildern ein deutlicher Anstieg oder ein deutlicher Abfall der Herzfrequenz auftrat. Diese Prozedur wurde zweimal wiederholt.
Abschließend wurden die Fotos ein drittes Mal gezeigt, diesmal ohne falsches Feedback. Auf einer 100-Punkte-Skala sollte eingeschätzt werden, wie attraktiv jedes der Mädchen gewirkt habe. Im Vergleich zu einer Kontrollbedingung (in der zwar auch die Töne zu hören waren, aber unter dem Vorwand, daß sie völlig bedeutungslos für den Studenten seien) zeigte sich ein starker Effekt der Herzfrequenz-Veränderung: Bei Fotos, die mit einem Anstieg der Herzfrequenz verbunden wurden, ergab sich ein um 18.3 Punkte höheres Rating als bei Fotos, bei denen eine gleichbleibende Herzfrequenz aufgetreten war. Ein schwächerer Effekt (um 6.7 Punkte erhöhtes Ratings) ergab sich bei Abfall der Herzfrequenz. In der Kontrollgruppe waren keine vergleichbaren Effekte zu beobachten. Der Einfluß des Feedbacks war noch nach vier Wochen in der Bildung einer Rangreihe unter den Fotos nachweisbar.

Valins (1966) nimmt an, daß eine korrekte Wahrnehmung des Erregungszustandes dieselben Auswirkungen haben sollte wie eine inkorrekte Repräsentation. Internale Stimuli werden zu einer Quelle kognitiver Information. Die hervorstechende emotionale Erklärung wird als Label benutzt, um die Reaktionen zu verstehen. Darüber hinaus wird schon frühzeitig darauf hingewiesen, daß der kognitive Prozeß nur unzureichend als Selbstwahrnehmung beschrieben werden kann. Vielmehr scheint eine aktive Selbst-Überredung stattzufinden, insofern der Anstieg der Herzfrequenz eine genauere Betrachtung der Bilder und eine Hervorhebung der positiven Merkmale der Mädchen nach sich zieht (s. auch Nisbett & Valins, 1972).

Mit aktiver Selbst-Überredung ist gemeint, daß eine Sequenz des Hypothesen-Bildens und -Testens abläuft, die eine systematische Suche nach positiver Evidenz – also nach Informationen, die mit dem falschen Feedback in Übereinstimmung stehen – einschließt (s. Girodo, 1973). Ein Beleg dafür findet sich in der Tatsache, daß der Valins-Effekt nur auftritt, wenn hinreichend Gelegenheit zur Informationssuche gegeben wird (Barefoot & Straub, 1971). Bei 25 Sekunden Darbietungszeit der Playboy-Mädchen findet sich ein bedeutsamer Unterschied in der Attraktivität von Bildern, die durch Herzfrequenz-Änderung verstärkt wurden und die nicht verstärkt wurden, während bei 10 Sekunden Darbietungszeit kein vergleichbarer Effekt auftritt. (Die genauen Zeitangaben sollten mit dem verwendeten Stimulusmaterial variieren, je nachdem, wie leicht ein erklärender Aspekt in dem Stimulusmaterial gefunden werden kann; s. Liebhart, 1979).

Daß ein relativ komplexer Prozeß der Informationssuche und Selbst-Überzeugung stattfindet, wird auch durch die Tatsache unterstützt, daß der Valins-Effekt auch auftritt, wenn man die Beurteiler vor Abgabe der Attraktivitätsurteile davon informiert, daß die Herzfrequenz-Rückmeldung fiktiv gewesen ist (Valins, 1974). Vermutlich haben die Beurteiler – durch genaueres Hinsehen, Hervorheben positiver Merkmale und erhöhte Aufmerksamkeit – tatsächlich den Eindruck gewonnen, daß die Mädchen, deren Darbietung verstärkt wurde, attraktiver sind.

Liebhart (1979) bezieht in seine Übersicht über Untersuchungen zum falschen Feedback etwa 40 einschlägige Untersuchungen ein. Er kann eine Reihe von widersprüchlichen Ergebnissen aufklären (z. B. die Studien von Goldstein, Fink & Mettee, 1972, und Detweiler & Zanna, 1976, die scheinbar dafür sprechen, daß der tatsächliche physiologische Erregungszustand ausschlaggebend ist, zumindest bei starken emotionalen Reaktionen) und kommt zu dem Schluß, daß der Valins-Effekt eine beeindruckende empirische Unterstützung erhalten hat.

In seiner theoretischen Analyse des Valins-Effektes nennt Liebhart (1979) vier notwendige Bedingungen:

- Informationssuche nach einer Erklärung für das Feedback (s. o.)
- Vorhandensein von Kontextbedingungen, die einen potentiellen Erklärungswert besitzen
- Kausalattribution des fiktiven Feedbacks auf einen Situationsaspekt
- geringe Zweideutigkeit der wahrgenommenen Ursachen.

Liebhart (1979) gibt auch eine einleuchtende Erklärung für die effektivere Verwendung von Frequenz-Steigerungen gegenüber Frequenz-Verringerungen. Danach ist ein abfallendes Feedback weniger zweideutig und aufmerksamkeits-beanspruchend als ein ansteigendes Feedback. Dementsprechend sollte ein abfallendes Feedback weniger Erklärungsunsicherheit hervorrufen.

Möglicherweise ist es noch zu früh, die Technik des falschen Feedbacks routinemäßig in der Therapie einzusetzen (Kelley & Michela, 1980; Liebhart, 1979). Immerhin konnten Valins & Ray (1967) in einer der ersten Untersuchungen zum falschen Feedback Schlangenfurcht durch falsches Feedback reduzieren. Sie verwendeten bei Schlangenbildern ein stabiles Feedback, um den Eindruck fehlender emotionaler Reaktionen hervorzurufen, während sie bei – damit abwechselnden – Schockdurchgängen einen Frequenzanstieg simulierten.

In zwei Experimenten konnte gezeigt werden, daß Studenten sich nach einer entsprechenden Feedback-Prozedur einer 90 cm langen Boa constrictor mehr näherten, insbesondere wenn sie nie zuvor eine Schlange berührt hatten. Durch das stabile Feedback wurde der Eindruck hervorgerufen, daß Schlangen keine bedeutsamen internalen Reaktionen (nämlich Schlangenfurcht) hervorriefen. Diese Hypothese wurde durch eine stärkere Annäherung an die Boa getestet. Je nachdem, wie dieser Realitätstest ausfällt, werden Attributionsveränderungen erwartet (Nisbett & Valins, 1972). Natürliche Attributionen lassen sich als zirkuläre kausale Prozesse auffassen (Kelley & Michela, 1980; Storms & McCaul, 1976).

Die Verwendung falschen Feedbacks zum Abbau von Vermeidungsverhalten wird auch als kognitive Desensibilisierung bezeichnet. Eine erfolgreiche Anwendung solcher Methoden sollte nicht zuletzt davon abhängen, daß man mehr Informationen über eine „naive Psychophysiologie“ erhält (s. Liebhart, 1979). Wie groß darf z. B. der Abstand sein zwischen dem Ereignis, dem der fiktive Erregungszustand zugeschrieben werden soll, und dem fiktiven Feedback? Darf das Feedback schon einsetzen, wenn das Ereignis noch nicht oder noch nicht vollständig stattgefunden hat? Was glaubt ein ‚naiver‘ Beurteiler, wird durch eine gesteigerte/abfallende Herzfrequenz oder eine Veränderung des PGR zum Ausdruck gebracht, und welche Ursache sieht er/sie für solche Reaktionen des autonomen Nervensystems als auslösend an?

Wenn auch noch viele Fragen – vor allem in bezug auf die technischen Möglichkeiten der Implementierung – offen sind, so kann man doch andererseits darauf verweisen, daß sich Effekte falschen Feedbacks in unterschiedlichen Verhaltensbereichen auffinden lassen. So wird das aggressive Verhalten nach einer Beleidigung beeinflußt (Berkowitz, Lepinski & Angulo, 1969; Berkowitz & Turner, 1974), Auswirkungen auf hilfreiches Verhalten werden sichtbar (Coke, Batson & McDavis, 1978), Einstellungsänderungen werden verstärkt (Giesen & Hendrick, 1974; Harris & Jellison, 1971), die Informationssuche wird beeinflußt (Girodo, 1973; Liebhart, 1977) und Testangst wird gesteigert, während die intellektuelle Leistung sinkt (Koenig, 1973).

In einem gewissen Sinn gibt Valins (1966) eine Ein-Faktor-Erklärung der Emotion. Die Verwendung von Labels bzw. Erklärungen für internale Zustände erscheint als wichtiger als die tatsächlichen physiologischen Erregungszustände, so daß sich die Vermutung ergibt, daß Personen, die eine starke physiologische Reaktivität besitzen, relativ wenig emotional in ihrem Verhalten sind (s. Valins, 1967) und an die sympathische Hyperreaktivität der kriminellen Soziopathen erinnern, wie sie von Schachter & Latané (1964) beschrieben wird. Diese Personengruppe soll chronisch unemotional sein, möglicherweise eine Folge ihrer geringen Neigung zur Verwendung von Labels für internale Zustände.

Eine Ein-Faktor-Theorie der Emotion ist impliziert, wenn eine funktionale Identität zwischen falschem physiologischem Feedback und tatsächlichem Feedback über das autonome Nervensystem angenommen wird (Harris & Jellison, 1971; Valins, 1966). Folgt man dieser Gleichsetzung, dann läßt sich der Begriff der Triebreduktion auf „falsche“ Erregung während einer Furcht erregenden Kommunikation anwenden (Harris & Jellison, 1971). Diesem Ansatz folgend, erscheint das Feedback als Informationsquelle, aus der – je nach Kontext – Schlußfolgerungen über den emotionalen Zustand genauso gezogen werden wie über persönliche Einstellungen.

Ein solcher Ansatz hat zweifelsohne eine gewisse Überzeugungskraft. Auch Untersuchungen, aus denen hervorgeht, daß durch falsches Feedback die

Informationssuche und als Folge die Erinnerung an bestimmte Filminhalte reduziert werden kann (Girodo, 1973), sind beeindruckend und liegen ganz auf der Linie einer Betonung der Informationsverarbeitung. Auf der anderen Seite: Nicht alle emotionalen Erfahrungen sind das Resultat von Informationssuche, Erklärungsversuch, Selbst-Überredung und abschließendem Labeling (s. Zillman, 1978). Viele Emotionen – vor allem unter klaren, eindeutigen, bekannten Kontextbedingungen – werden unmittelbar erlebt, wenn der passende Stimulus auftritt (s. o.). Daher favorisieren wir mehr die Drei-Faktoren-Theorie (Zillman, 1978, s. oben), die den unterschiedlichen Formen emotionaler Reaktionen eher gerecht zu werden scheint. (Am Rande sei nur angemerkt, daß Zillman's Studien zur Fehlattribution (Cantor, Zillman & Bryant, 1975; Zillman, Johnson & Day, 1974) die bisher überzeugendste Evidenz dafür bilden, daß eine beachtliche Plastizität emotionaler Reaktionen besteht.)

3. Interpersonelle Wahrnehmung und Selbstwahrnehmung

Weiter oben war schon ausführlich von interpersoneller Wahrnehmung die Rede, insbesondere im Zusammenhang mit der unzureichenden Abwertung, der Theorie korrespondierender Inferenz und dem ANOVA-Würfel. Im folgenden soll nun auf mögliche Unterschiede zwischen interpersoneller Wahrnehmung und Selbstwahrnehmung eingegangen werden.

Die Frage nach solchen Unterschieden scheint in der Tat das wichtigste Thema der Attributionsforschung in den siebziger Jahren gewesen zu sein. Wenn Bem (1972, S. 42) vermutete, daß die Überprüfung von Akteur/Beobachter-Unterschieden die Forschungsrichtung in den nächsten Jahren bestimmen werde, dann hat er damit recht behalten.

Wenn sich unterschiedliche Perspektiven von Akteuren und Beobachtern auffinden lassen, ist das ein Ergebnis von hohem theoretischen und praktischen Wert. Auf der theoretischen Seite wird dadurch eine Revision von Bems Selbstwahrnehmungstheorie notwendig, weil Selbstwahrnehmung dann bestenfalls nur noch partiell mit interpersoneller Wahrnehmung gleichgesetzt werden kann (s. Bem, 1972). Auf der praktischen Seite wäre eine Analyse von Konflikten möglich, wie sie z. B. zwischen Lehrer und Schüler entstehen oder zwischen Gericht und Angeklagtem. Denn wenn Akteure und Beobachter unterschiedliche Wahrnehmungsperspektiven aufweisen, dann sollten sich allein aufgrund dieser Divergenz widersprüchliche Interpretationen eines bestimmten Verhaltens (etwa eines Schülers, der in einer Klassenarbeit mogelt) ergeben. Hinzu kommt das Problem, daß zumindest Gerichtsreferendare dem normativen Modell des ANOVA-Würfels nur bedingt und erst nach vorherigem Training folgen (Haisch, 1980) und insbesondere bei umweltbedingten Verhaltensweisen die Schuldzumessung nicht entsprechend herabsetzen (es sei denn nach vorherigem Attributionstraining, vgl. auch Batson, 1975).

a. Divergente Wahrnehmung der Ursachen des Verhaltens: Akteure und Beobachter

Die oft zitierte Hypothese, die von Jones & Nisbett (1972, S. 80) in ihrem einflußreichen Beitrag formuliert wurde, besagt, „daß es eine durchgängige Tendenz für Akteure gibt, ihre Handlungen auf situationale Erfordernisse zu attribuieren, wohingegen Beobachter dazu tendieren, dieselben Handlungen auf stabile persönliche Dispositionen zu attribuieren“. Aus der Sicht des Akteurs werden also Umwelteinflüsse betont, während aus der Sicht eines Beobachters die kausale Bedeutung stabiler Dispositionen des Akteurs hervorgehoben wird.

Ein gewisser experimenteller Beleg für diese Hypothese findet sich schon in den Experimenten, die von Jones, Rock, Shaver, Goethals & Ward (1968) berichtet werden. Die Beurteiler sollten die Intelligenz eines Problemlösers und die Aufgabenschwierigkeit einschätzen. Wenn sie die Leistung einer Stimulusperson bewerteten, schätzten sie die Intelligenz höher ein, wenn sie in einer Serie von 30 Aufgaben zuerst massiert Erfolge hatte, als wenn die Erfolge gegen Ende der Serie massiert auftraten (bei der gleichen Gesamtzahl von Erfolgen), ein deutlicher Primacy-Effekt. Hingegen fanden sich nur geringfügige Auswirkungen auf die Einschätzung der Item-Schwierigkeit. Wenn die Beurteiler ihre eigene Leistung bewerteten, fanden sich keine Unterschiede in der erschlossenen Intelligenz je nach aufsteigender/abfallender Serie der Erfolge. Statt dessen wurden die ersten Items als leichter eingeschätzt, wenn man bei ihnen mehr Erfolg gehabt hatte, während die letzten Items als leichter eingeschätzt wurden, wenn sie häufig mit Erfolgen verbunden waren.

In der Selbstbeurteilung finden sich also gut verankerte Konzeptionen der Intelligenz, und Leistungsunterschiede werden auf Aufgabencharakteristika zurückgeführt. Umgekehrt werden Verlaufsunterschiede in der Leistung einer anderen Person eher auf stabile Dispositionen (wie die Intelligenz) zurückgeführt und weniger auf situative Merkmale.

In dieselbe Richtung weist ein Resultat von McArthur (1970, zit. nach Jones & Nisbett, 1972), wonach Akteure ihre Teilnahme an einer Befragung eher der Bedeutung der Befragung zuschreiben, während Beobachter die Teilnahme eher dispositionalen Faktoren zuschreiben. Während diese Untersuchung noch methodische Probleme aufweist, wurde in drei Experimenten von Nisbett, Caputo, Legant & Marecek (1973) der Akteur/Beobachter-Unterschied gezielter untersucht.

Nisbett et al. (1973) führen Akteur/Beobachter-Unterschiede vor allem auf zwei Faktoren zurück: Die Aufmerksamkeit des Akteurs ist auf die Umgebung konzentriert, wohingegen für den Beobachter der Akteur quasi die Figur im Wahrnehmungsfeld darstellt (und die Situation den Hintergrund). Weiterhin ist zu bedenken, daß der Akteur mehr Informationen über sein Verhalten besitzt als der Beobachter (insbesondere Informationen über Ereignisse aus der Vergangenheit).
In ihren Experimenten benutzten Nisbett et al. drei unterschiedliche Indikatoren für Akteur/Beobachter-Unterschiede: Voraussagen für zukünftiges Verhalten in ähnlichen Situationen (Exp. 1), Kausalzuschreibungen (Exp. 2) und Eigenschafts- vs. Situationszuschreibungen (Exp. 3). Das Vorgehen soll im folgenden durch das dritte Experiment verdeutlicht werden.
Die Beurteiler sollten angeben, ob in bezug auf verschiedene Personen (Selbst, bester Freund, Vater, bewunderter Bekannter gleichen Alters, Fernsehkommentator) bei jeweils 20 Gelegenheiten eine Eigenschaft, das Gegenteil der Eigenschaft oder eine situative Gegebenheit ausschlaggebend ist. Die Mittelwerte für die Eigenschafts-Zuschreibung waren 11.9, 14.2, 13.4, 13.4, 15.1. Bei der Selbstzuschreibung wurden also die wenigsten Eigenschafts-Attributionen vorgenommen.
Dieses Ergebnis war nicht auf die Tendenz zurückzuführen, sich selbst in ein positives Licht zu stellen. Außerdem konnte in einer Nachuntersuchung festgestellt werden, daß auch nicht die Tendenz bestand, sich selbst eine mittlere Position (die ‚ideale' Mitte) zuzuschreiben.
Schließlich ergab sich in der Nachuntersuchung noch ein bemerkenswertes Ergebnis. Die Beurteiler sollten für sich selbst und den besten Freund Ratings auf 6-stufigen Skalen abgeben, um die Situationsabhängigkeit/Eigenschaftsabhängigkeit des Verhaltens zu beurteilen. Für die Urteile in bezug auf den Freund ergab sich, daß ihm um so weniger Eigenschaften zugeschrieben werden, je länger man ihn kennt ($r = -.45$).

Die Ergebnisse von Nisbett et al. (1973) lassen sich dahingehend interpretieren, daß Beurteiler unterschiedliche implizite Persönlichkeitstheorien für sich und für andere Personen in Anwendung bringen. Während der Handelnde dazu tendiert, sein Verhalten als situationsbedingt aufzufassen, neigt der Beobachter dazu, in dem Verhalten der Stimulusperson eine Manifestation von Dispositionen zu sehen (s. auch Harvey, Harris & Barnes, 1975; Miller, 1975; Wolfson & Salancik, 1977).

Dieser Unterschied zwischen Akteur und Beobachter wurde schon von Heider (1958, S. 157) vorausgesehen, der von ‚polaren Tendenzen in der Attribution' spricht: „Die Person tendiert dazu, ihre eigenen Reaktionen auf die Objektwelt zu attribuieren, und die eines anderen, wenn sie sich von den eigenen unterscheiden, auf persönliche Charakteristika."

Figur/Hintergrund-Umkehrung

Die erste Untersuchung, die nach Gründen für die genannten Akteur/Beobachter-Unterschiede suchte, wurde von Storms (1973) berichtet. Eine Möglichkeit besteht darin, daß sich die Sichtweisen (points of view) bzw. die Orientierungen systematisch unterscheiden. Für die Orientierung des Beobachters ist der Akteur zentral, während für die Orientierung des Akteurs die umgebende Situation als zentral erscheint.

Aus dieser Analyse ergibt sich die Konsequenz, daß eine Veränderung der Orientierung des Wahrnehmenden auch zu einem Wechsel in der Verhaltensinterpretation führen sollte (Storms, 1973). Um diese Annahme zu überprüfen, wurde eine Diskussion zwischen zwei Akteuren inszeniert, die von zwei Beobachtern betrachtet wurde. Außerdem wurde jeder der Akteure gefilmt. Während der fünfminütigen Diskussion war jeder der Beobachter instruiert, einen der Akteure zu betrachten.

Im Anschluß an die Diskussion wurden Akteuren wie Beobachtern Videoaufnahmen der Diskussion vorgeführt. Für die Akteure wurden zwei Bedingungen hergestellt, indem der einzelne Akteur die Videoaufnahme des anderen Akteurs sah (Akteur-gleiche Orientierung) oder die von sich selbst (Akteur-neue Orientierung). Ähnlich wurden für die Beobachter zwei Bedingungen hergestellt. Der Beobachter sah entweder die Videoaufnahme des Akteurs, den er beobachtet hatte (Beobachter-gleiche Orientierung), oder er sah die Videoaufnahme des zweiten Akteurs (Beobachter-neue Orientierung). In einer Kontrollbedingung wurde schließlich keine Videoaufnahme vorgeführt.

Anhand eines dispositional-situationalen Index, der aus mehreren Ratings über Situations-/Dispositionsabhängigkeit bestimmt wurde, ergab sich zunächst in der Kontrollbedingung der erwartete Unterschied zwischen Akteuren und Beobachtern. Dasselbe Ergebnismuster fand sich auch in den Bedingungen mit gleicher Orientierung: Der Akteur urteilte mehr situationsabhängig, während der Beobachter mehr dispositionsabhängig einschätzte. Entscheidend ist nun die Tatsache, daß diese Unterschiede in den Bedingungen mit neuer Orientierung umgekehrt wurden: Die Akteure bevorzugten nun zur Erklärung ihres eigenen Verhaltens sehr stark die Dispositionsattribution, während sich die Beobachter mehr einer situationsabhängigen Sichtweise annäherten. Mit einem Wort: Die Orientierungen von Akteuren und Beobachtern waren umgekehrt worden.

Diese Ergebnisse stellen eine starke Evidenz für die Annahme dar, daß Akteur/Beobachter-Unterschiede auf die unterschiedlichen Wahrnehmungsperspektiven zurückzuführen sind. Zwischen Akteur und Beobachter scheint eine Figur/Grund-Umkehrung stattzufinden, die die divergente Wahrnehmung der Verhaltensursachen hervorruft. Ähnliche Schlüsse ergeben sich aus der Tatsache, daß Personen, die durch eine TV-Kamera in einen Zustand intensiver Selbstbeobachtung versetzt werden (hohes objektives Selbstbewußtsein), im Vergleich zu Beobachtern stärker eine dispositionale Attribution bevorzugen (Arkin & Duval, 1975).

Diese Erklärung läuft auf die unterschiedliche Informationsverarbeitung von Akteuren und Beobachtern hinaus (Jones, 1976; Jones & Nisbett, 1972). Ein Beobachter sieht das Verhalten des Akteurs als dynamisch und das Wahrnehmungsfeld beherrschend, während Akteure den Einfluß der Situation stärker gewichten. Jones (1976) verweist auf Duncker (1938) und Wallach (1959), um die theoretische Analyse zu erweitern: Wahrnehmungs-Fokussierung bestimmt die Attribution. Die kausale Ursache wird dort gesucht, wo der Fokus der Aufmerksamkeit liegt.

Gute Evidenz für diesen Punkt ist in einer Untersuchung von Taylor & Fiske (1975) enthalten. Wenn die kausale Ursache mit dem Fokus der Aufmerksamkeit variiert, dann sollte sich schon die Sitzordnung der Beobachter auf die Ursachenzuschreibung auswirken. Die Person, die man ansieht, sollte man als verursachend ansehen, wenn ein Dialog zwischen zwei Akteuren beobachtet wird.

Um diese Annahme zu überprüfen, wurden sechs Beobachter um zwei Akteure herum, die ein Gespräch führten, unterschiedlich angeordnet (s. Fig. 18). Je zwei Beobachter sahen dem Akteur A oder dem Akteur B ins Gesicht, während zwei zusätzliche Beobachter seitwärts saßen und beide Akteure gleichermaßen ansehen konnten. Alle Beobachter sahen dieselbe Diskussion und sollten im Anschluß beurteilen, welche kausale Rolle jeder der Akteure gespielt habe (nämlich wie stark der einzelne Akteur den Verlauf der Diskussion beeinflußte, über die ausgetauschte Information bestimmte und das Verhalten des anderen Akteurs beeinflußte). In einem zusammenfassenden Index der drei Ratings ergab sich, daß man dem Akteur die größere kausale Rolle zuwies, den man angesehen hatte, während bei seitwärts sitzenden Beobachtern keine entsprechenden Unterschiede auftraten.

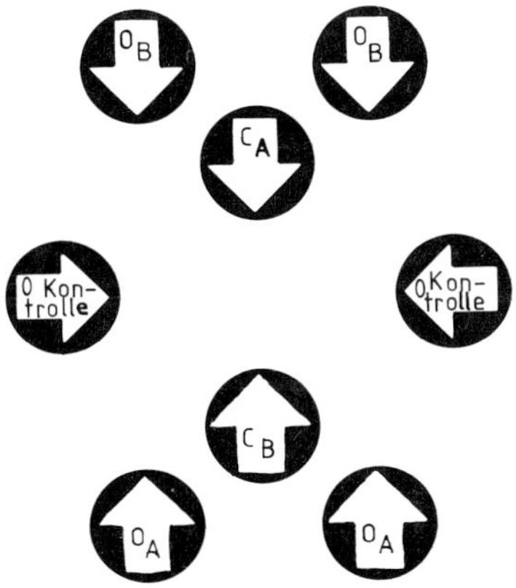

Beachte: Pfeile kennzeichnen die visuelle Orientierung.

Fig. 18: Sitzanordnung von Diskutanten (C) und Beobachtern (O), nach Taylor & Fiske (1975)

Diese Effekte des Fokus der Aufmerksamkeit ließen sich allerdings nicht bei Fragen nachweisen, die sich auf die Dispositions-/Situationsabhängigkeit des Verhaltens (vgl. Storms, 1973) bezogen. Statt dessen gelang es in einer weiteren Untersuchung (Taylor, Fiske, Close, Anderson & Ruderman, 1977, zit. nach

Taylor & Fiske, 1978), eine weitere Implikation der Hypothese über die Fokussierung der Aufmerksamkeit aufzuzeigen. Wenn in einer Gruppe von Personen einer durch abweichende Merkmale hervorsticht (z. B. die einzige Frau, der einzige Schwarze oder der einzige Mann), sollte dieser Person überproportional viel Aufmerksamkeit zugewandt werden. In der Konsequenz sollte der Person, die einen Solo-Status hat, eine überproportional große Rolle zugeschrieben werden. In Sechser-Gruppen wurde die Zusammensetzung systematisch variiert, um die Auswirkungen eines Solo-Status zu überprüfen. Der Solo-Person wurde nach einer Gruppendiskussion ein überproportional großer Einfluß zugeschrieben, egal ob sie männlich, weiblich oder schwarz war.

In einer Serie von Untersuchungen (McArthur & Post, 1977), die ebenfalls den Fokus der Aufmerksamkeit variierten, fanden sich Ergebnisse, die mit denen von Taylor & Fiske nur teilweise übereinstimmen. In der ersten Studie fanden sich vergleichbare Resultate, da einem hell beleuchteten Diskutant eine größere kausale Rolle im Sinne von Taylor & Fiske (1975) zugewiesen wurde als einem schwach beleuchteten. In zwei weiteren Studien ergab sich, daß (wie in Studie 1) die Dispositionsabhängigkeit des Verhaltens (im Sinne von Storms, 1973) größer war, wenn der Akteur sich auf seinem Stuhl bewegte (statt stillzusitzen) oder ein kühn gemustertes Hemd trug (statt eines einfarbigen grauen). Vermutlich erzeugte Helligkeit, Bewegung oder Komplexität mehr Aufmerksamkeitszuwendung, die dann die erhöhte Dispositionszuschreibung bewirkte.

In zwei weiteren Experimenten wurden diese Gegebenheiten umgekehrt. Diesmal wurden statt Zweier- Vierer-Gruppen beobachtet. Kontextbedingte Neuheit wurde variiert, indem ein Akteur ein Hemd trug, das eine andere Farbe hatte als die Hemden der drei anderen Teilnehmer der Diskussion (von denen sich zwei schweigsam verhielten). Eine andere Variation der kontextbedingten Neuheit bestand in dem Geschlecht der Teilnehmer, insofern sich ein Teilnehmer der Diskussion durch sein Geschlecht von den drei übrigen unterschied. In diesen beiden Experimenten wurde der Person mit dem Solo-Status weniger Dispositionsabhängigkeit zugeschrieben!

Diese Ergebnisse werden verständlich, wenn man annimmt, daß in den 3 vs. 1 Studien die Solo-Person genauso eine Figur bildeten wie die Dreier-Gruppe, wobei letztere aufgrund des Gesetzes der Ähnlichkeit (s. Haber & Hershenson, 1973; Koffka, 1935) eine Einheit bildeten. Damit ist eine Neuinterpretation der Jones & Nisbett-Hypothese verbunden: Nicht der Fokus der Aufmerksamkeit, bezogen auf den Akteur, ist ausschlaggebend, sondern das Hervorstechen der Umgebung des Akteurs. Wenn die Umgebung des Akteurs keine Aufmerksamkeitszuwendung erhält, wird die Dispositionsabhängigkeit des Akteurs hoch eingeschätzt, während umgekehrt eine stärkere Situationsabhängigkeit wahrgenommen wird, wenn die Umgebung des Akteurs hervorstechend ist (z. B. deshalb, weil sie selbst als Figur wahrgenommen wird). Somit wird die Hypothese aufgestellt, daß das Ausmaß des Überwiegens dispositionsbezogener Attributionen in umgekehrtem Verhältnis zu dem Hervorstechen der Umgebung des Akteurs steht. Eine Reihe von Untersuchungsergebnissen (Arkin & Duval, 1975, Storms, 1973; Taylor & Fiske, 1975) können durch diese neue Hypothese erklärt werden (McArthur & Post, 1977).

Eine weitere Implikation besagt, daß man in der Selbstwahrnehmung die eigene kausale Rolle überschätzen sollte, wenn man die Aufmerksamkeit auf sich selber richtet, wenn also etwa durch einen Spiegel ein Zustand objektiven Selbstbewußtseins (s. Duval & Wicklund, 1972) hervorgerufen wird. Wenn die Umgebung auf diese Weise aus dem Mittelpunkt der Aufmerksamkeit gerückt wird, findet eine Verstärkung der Selbstzuschreibung der Verantwortung statt (s. Duval & Hensley, 1976). Dies ist etwa der Fall, wenn man in einer hypothetischen Schilderung eines Autounfalls beurteilen soll, inwieweit man selbst oder eine andere vorgestellte Person für das Ereignis verantwortlich ist (Duval 1972, in Duval & Wicklund, 1972). Umgekehrt wird weniger Verursachung dem Selbst zugeschrieben, wenn die Selbst-Fokalisierung durch motorische Aktivität reduziert wird (Duval & Wicklund, 1973). Unter starker Berücksichtigung gestaltpsychologischer Gesetzmäßigkeiten der Einheitsbildung, insbesondere des Gesetzes der Ähnlichkeit, wird aus solchen Ergebnissen die „Fokus-der-Aufmerksamkeit-Kausalattributions-Hypothese" abgeleitet (Duval & Hensley, 1976), wonach die Ähnlichkeit der Fokalisierung die Kausalattribution beeinflußt. Objekte und Ereignisse, die die gleiche Position auf der Dimension der Fokalisierung einnehmen, sollten kausal in Beziehung gesetzt werden. Wenn dem Autounfall der Fokus der Aufmerksamkeit zugewandt wird und die Selbstaufmerksamkeit gleichzeitig erhöht ist, sollte die Selbstzuschreibung von Verursachung zunehmen.

Die Bedeutung des Fokus der Aufmerksamkeit für die Kausalzuschreibung ist mehrfach belegt (s. auch Hansen, Ruhland & Ellis, zit. nach Jones, 1976; McArthur & Solomon, 1978; Taylor et al., 1979). Da offensichtlich dahin attribuiert wird, was einem als erstes einfällt, sprechen Taylor & Fiske (1978) von dem „Top of the head"-Phänomen. Eine wichtige Ursache mag die Kategorien-Zugänglichkeit in der Erinnerung sein (Srull & Wyer, 1979, 1980). Beurteiler, die z. B. Feindseligkeit oder Freundlichkeit als Begriffe aktiviert haben (während einer Satzkonstruktionsaufgabe), verwenden später diese Begriffe eher, wenn sie einer Person Eigenschaften zuschreiben sollen. Diese Effekte sind abhängig von der Stärke der Aktivierung der Kategorie und den Zeitabständen zwischen Aktivierung und Darbietung der relevanten Informationen bzw. Zuschreibung der Eigenschaften.

Möglicherweise führt die Aufmerksamkeitszuwendung zu einer erhöhten Kategorie-Zugänglichkeit (s. Bruner, 1957), die dann eine entsprechende Kausalzuschreibung wahrscheinlich macht. Damit wäre der Unterschied zwischen Akteuren und Beobachtern auf Kodierungsstrategien von Begriffen und deren Abrufung zurückgeführt, ein Aspekt, der zunehmend Beachtung findet, wenn es um die kognitiven Grundlagen der sozialen Wahrnehmung und der Attribution im besonderen geht (s. Hastie, Ostrom, Ebbesen, Wyer, Hamilton & Carlston, 1980).

Als bestimmend für die Aufmerksamkeitszuwendung wiederum ist die figurale Qualität der Stimuli anzusehen (McArthur & Post, 1977). Figurale Hervorhebung der Umgebung des Akteurs bzw. des Akteurs selber scheint dafür verantwortlich zu sein, ob einem Akteur überproportional großer kausaler Einfluß bzw. übermäßige Dispositionsabhängigkeit zugeschrieben wird.

Gedankenlosigkeit

Eine mit dem „Top of the head"-Phänomen verwandte Erscheinung ist die geringe gedankliche Strukturierung des Verhaltens in sozialen Interaktionen (Langer, 1978). Gedankenlosigkeit (s. auch Langer, 1979) stellt sich dann ein, wenn zunehmend weniger Aufmerksamkeit auf die Ausführung einer Handlung verwendet wird, bis die Handlung schließlich in passenden Situationen quasi automatisch ausgelöst wird. Jones & Gerard (1967) sprechen in diesem Zusammenhang von einer ‚Kontrolle der Cues': Wenn die geeigneten Hinweisreize geliefert werden, wird routinemäßig mit einer bestimmten Reaktionssequenz geantwortet.

Ein gutes Beispiel für Gedankenlosigkeit in sozialen Situationen stellt die Erfüllung geringfügiger Bitten dar (s. Langer, Blank & Chanowitz, 1978): Benutzer von Fotokopierern wurden gebeten, jemand anderen vorzulassen. Bei solchen Bitten wird routinemäßig ein Grund genannt, der das Anliegen rechtfertigen kann. Denn wieso sonst sollte man jemand vorlassen, als weil ein guter Grund vorliegt? Bei kleinen Bitten (5 Seiten fotokopieren) wurde entweder kein Grund genannt, oder man nannte eine sinnlose Begründung („Darf ich die Xerox-Maschine benutzen, weil ich Kopien zu machen habe"), oder man nannte einen wirklichen Grund („Darf ich die Xerox-Maschine benutzen, weil ich es eilig habe?"). Ohne Nennung eines Grundes wurde die Bitte in 60 % der Fälle erfüllt, mit Nennung eines bedeutungslosen Grundes und mit Nennung eines wirklichen Grundes in 93 % bzw. 94 % der Bitten.

In solchen Routine-Situationen scheinen Individuen nur eine minimale Informationsmenge zu verarbeiten und eine abstrakte Idee oder Kategorie zu bilden (Langer & Imber, 1979, 1980). Mit Abelson (1976) kann man vermuten, daß sie einem „Skript" folgen. Im Beispiel der geringfügigen Bitte könnte dieses Skript lauten: ‚Wenn Dich jemand bittet und einen Grund nennt, dann erfülle die Bitte'. Auf diese Weise wird erklärlich, daß – unabhängig von der Triftigkeit der Begründung – eine gesteigerte Hilfsbereitschaft auftritt, wenn nur ein Grund genannt wird.

Gedankenlose („mindless") Beurteiler sollten eher bereit sein, aus einer gegebenen Persönlichkeitseigenschaft weitere Eigenschaften zu erschließen. Im Stil der klassischen Untersuchungen zur „warm-kalt"-Variable (Asch, 1946;

Kelley, 1950) wurde Studenten ein Sprecher entweder als „kalt, fleißig, kritisch, praktisch und resolut“ oder als „warm, fleißig, kritisch, praktisch und resolut“ vorgestellt (Langer & Newman, 1979). Im Anschluß an den Vortrag wurde erfaßt, inwieweit spezifische Informationen, die der Redner gegeben hatte, behalten worden waren. Für die Zuhörer, die wenig behalten hatten, fand sich das bekannte Ergebnis: Man attribuierte ihm eher Eigenschaften, die mit „warm“ oder „kalt“ konsistent waren (z. B. humorvoll/humorlos). Hingegen zeigte sich kein vergleichbarer Unterschied bei den Personen, die aufmerksam zugehört hatten und die vermutlich nicht einem automatisierten Skript gefolgt waren. Nur die gedankenlosen Beurteiler nahmen die „warm–kalt“-Information als Cue, der ihre weiteren Attributionen beeinflußte. Gedankenvolle („mindful“) Beobachter sollten andererseits in ihren Wahrnehmungen genauer sein und – damit zusammenhängend – extremere Urteile fällen (Langer & Imber, 1980). Somit sollten extremere Urteile gefällt werden, wenn die Fokussierung der Aufmerksamkeit erhöht wird (McArthur & Solomon, 1978).

Ein kognitives Skript läßt sich als „kohärente Sequenz von Ereignissen, die von einem Individuum erwartet werden und es entweder als Teilnehmer oder Beobachter einbeziehen“, definieren (Abelson, 1976, S. 33). Die Verwendung von Skripten charakterisiert soziale Urteilsprozesse (vgl. Wyer & Carlston, 1979). Möglicherweise läßt sich z. B. das Abwertungsprinzip als Resultat der Aktivierung von zwei Skripten verstehen, die gleichermaßen ein gegebenes Verhalten erklären können.

Im Zusammenhang mit Akteur/Beobachter-Unterschieden ist an die Möglichkeit zu denken, daß Akteure geneigt sind, andere Skripte zu benutzen als Beobachter. Die Beobachtungssituation stellt den Akteur in den Mittelpunkt der Aufmerksamkeit. Die entsprechenden Hinweisreize sollten ein Skript aktivieren, das dispositionellen Ursachen ein großes Gewicht gibt. Umgekehrt wird ein Akteur vor allem mit der Umgebung konfrontiert. Die Umgebungs-Cues sollten ein Skript plausibel machen, das situative Determinanten als Ursachen bezeichnet. Vermutlich attribuieren Akteure und Beobachter – in vielen Situationen, die ihrer Alltagserfahrung entsprechen – quasi automatisch mit unterschiedlichen Skripten.

Vielfältigkeit der Information und Genauigkeit der Attribution

Eine Erklärung von Akteur/Beobachter-Unterschieden beruht auf Unterschieden in der Informationsverarbeitung (s. o.). Ein anderer Gesichtspunkt bezieht sich auf Unterschiede in den Informationen, die die Beurteiler zur Verfügung haben (s. Jones & Nisbett, 1972). Es ist naheliegend anzunehmen, daß Akteure und Beobachter ihren attributiven Schlußfolgerungen unterschiedliche Informationen zugrunde legen. „Typischerweise hat der Akteur mehr, und präzisere, Information als der Beobachter über seinen eigenen emotionalen Zustand und seine Intentionen“ (Jones & Nisbett, 1972, S. 85).

Ein Akteur weiß auch im allgemeinen insofern mehr, als er/sie das Verhalten in der Gegenwart mit ähnlichen Situationen in der Vergangenheit vergleichen kann. Der Akteur kann eher die zeitliche Konsistenz abschätzen als der Beobachter (vgl. den ANOVA-Würfel). Das sind klare Vorteile, die es dem Akteur ermöglichen sollten, zu angemesseneren Attributionen zu gelangen als der Beobachter (Monson & Snyder, 1977). Wenn über Situationen hinweg (bzw. über die Zeit) Konsistenz der Reaktionen festgestellt wird, ist eine Dispositionsabhängigkeit zu erschließen, während bei Variabilität über Situationen und Zeitpunkt eine Situationsabhängigkeit erschlossen werden kann.

Als Konsequenz aus der Tatsache, daß ein Akteur mehr und bessere Evidenz zur Verfügung hat als ein Beobachter, ergibt sich die Hypothese, daß Akteure mehr situativ attribuieren sollten als Beobachter, wenn das in Frage stehende Verhalten tatsächlich unter einer situativen Kontrolle steht. Umgekehrt sollten Akteure mehr auf Dispositionen attribuieren als Beobachter, wenn ihr Verhalten unter dispositionaler Kontrolle steht (Monson & Snyder, 1977). Während der erste Teil dieser Hypothese mit der Jones & Nisbett-Annahme in Übereinstimmung zu bringen ist, wird diese Annahme im zweiten Teil umgekehrt!

Wieso wurde dann häufig gefunden, daß Beobachter mehr Dispositionsabhängigkeit erschließen als Akteure? Eine einfache Antwort besagt, daß die untersuchten Verhaltensweisen meist unter situativer Kontrolle gestanden haben, so daß Akteure in der Tat die genaueren Attributionen gezeigt haben. Auf der anderen Seite zeigt sich in einem Kontext, in dem das Akteur-Verhalten eindeutig für den Interaktionsverlauf verantwortlich ist, daß Akteure mehr dispositionale Faktoren als Ursachen erschließen als passive Beobachter (Miller & Norman, 1975). Akteure schrieben sich mehr Verantwortung zu und nahmen stärker Dispositionen in ihrem Verhalten an als Beobachter (s. auch Miller & Porter, 1980, Exp. 3).

Ein weiterer Gesichtspunkt ist beachtenswert, um die Monson & Snyder-Hypothese angemessen beurteilen zu können: Akteure sollten dann eher auf die Dispositionen als Ursache schließen, wenn sie die Situation frei gewählt haben. Offensichtlich ist es nun aber so, daß in typischen Experimenten keine freie Wahl der Situation möglich ist, so daß es plausibel erscheint, daß Akteure unter diesen Umständen eine situative Attribution bevorzugen. Schließlich haben sie keine freie Wahl, und die Attributionen von Akteuren sollten die Verwirklichung oder Nicht-Verwirklichung ihrer Intentionen stärker berücksichtigen als die von Beobachtern (s. o.).

Zusammenfassend läßt sich feststellen, daß Akteure deshalb häufig situational attribuieren, weil ihr Verhalten
- durch eine experimentelle Manipulation hervorgerufen wird,
- in einem Kontext ausgeführt wird, in dem sie wenig Kontrolle ausüben,

- durch situative Hinweisreize unterstützt wird, die eine Abwertung dispositionaler Ursachen hervorrufen (Abwertungsprinzip),
- sich von früheren Verhaltensweisen unterscheidet, insofern die experimentelle Situation neu ist,
- inkonsistent mit früheren Selbst-Attributionen ist (ebenfalls wegen der Neuheit der experimentellen Situation),
- keine Vorgeschichte hat.

Auf der anderen Seite sollte eine dispositionale Attribution von Akteuren bevorzugt werden, wenn natürliche Bedingungen gegeben sind, Kontrolle des Verhaltens besteht, keine förderlichen situativen Hinweisreize dominieren, Ähnlichkeit des Verhaltens und Konsistenz der Selbst-Attribution gegeben ist und eine Beziehung zu einer größeren kausalen Kette mit vorgeordneten dispositionalen Ursachen besteht (Monson & Snyder, 1977).

Um diese revidierte Interpretation der Ergebnisse angemessen einzuordnen, ist darauf hinzuweisen, daß eine Reihe von Untersuchern die erwarteten Akteur/Beobachter-Unterschiede nicht finden. Das fängt schon an mit der Tatsache, daß ein Beobachter, der instruiert wird, sich in einen Akteur hineinzuversetzen, mehr situativ attribuiert als ein neutraler Beobachter (Finney, Marrifield & Helm, 1976; Galper, 1976; Regan & Totten, 1975). Während dieser Empathie-Effekt noch mit einem Perspektiven-Wechsel des Beobachters erklärt werden kann – der Beobachter bemüht sich, die Dinge aus dem Blickwinkel des Akteurs zu sehen, und blickt somit in dessen Umgebung –, sind andere abweichende Resultate weniger leicht erklärbar (s. Jones, 1976). So meinen Akteure, eine größere Verhaltensfreiheit zu besitzen als Beobachter, wenn sie die Wahl zwischen zwei Alternativen haben (Bell, 1973; Wolosin, 1968; Wolosin & Denner, 1970, alle zit. nach Gurwitz & Panciera, 1975). Die Einschätzung der Freiheit in einer gegebenen Situation scheint andererseits der Jones & Nisbett-Hypothese zu folgen (Gurwitz & Panciera, 1975). Generell läßt sich feststellen, daß eine Reihe von Untersuchungen Hinweise darauf erbracht haben, daß Akteure stärker eine dispositionale Erklärung bevorzugen als Beobachter (Calder, Ross & Insko, 1973; Langer & Roth, 1975; Wolosin, Sherman & Mynatt, 1972), vor allem auch nach Erfolg (Ross, Bierbrauer & Polly, 1974; Snyder, Stephan & Rosenfield, 1976; Wolosin, Sherman & Till, 1973).

Darüber hinaus scheint es so zu sein, daß Beobachter mehr Wahlfreiheit attribuieren, wenn eine Handlung mit der Disposition des Akteurs konsistent zu sein scheint und wenn sie mit situativen Zwängen inkonsistent ist (Kruglanski & Cohen, 1973). Offensichtlich spielt es für die Bevorzugung einer Attribution auf Dispositionen eine wesentliche Rolle, ob man sich selbst treu bleiben kann oder ob man von Situationszwängen bestimmt wird.

Wie Kelley & Michela (1980) zu Recht anmerken, wird sich das Thema der Genauigkeit der Attribution letztlich nicht endgültig klären lassen. Nichtsdestoweniger ist der Hinweis auf die Besonderheiten der Experimente, die die typischen Akteur/Beobachter-Unterschiede gefunden haben, wichtig, insofern die Generalisierbarkeit der Ergebnisse aufgezeigt wird.

Schließlich ist darauf hinzuweisen, daß echte Akteur/Beobachter-Unterschiede für die Beurteilung von Rechtsverstößen bedeutsam sind. Personen, die zu einer Watergate-ähnlichen Aktion verführt werden sollten, gaben eher situative Ursachen für ihre Entscheidung (mitzumachen oder die Zusammenarbeit zu verweigern) an als Beobachter, die sich in das Szenario hineinversetzten. Letztere sahen eher Dispositionsfaktoren als wirksam an, wenn es um die Frage geht, ob man dem Ansinnen, einen Einbruch durchzuführen, zustimmt oder nicht (West, Gunn & Chernicky, 1975).

Offensichtlich wurde in dieser Felduntersuchung ein starker Druck auf die Befragten ausgeübt, um ihre Willfährigkeit zu erzwingen. Wenn man zusammenfassend feststellt, daß Akteure auf Situationen attribuieren und Beobachter eher auf Personen, dann ist das kein universelles Gesetz, aber eine weit anwendbare empirische Generalisierung (Jones, 1976). Insbesondere wird auf eine wichtige Ursache interpersoneller Mißverständnisse hingewiesen. Aufgrund dieser Mißverständnisse besteht die Gefahr, daß der Beobachter gegenüber dem Akteur im Sinne einer sich selbst erfüllenden Prophezeiung wirkt.

Dieser Effekt zeigt sich z. B., wenn Männer mit Frauen telefonieren, von denen sie glauben, daß sie entweder physisch attraktiv oder unattraktiv sind (Snyder, Tanke & Berscheid, 1977). Die Tonbandaufnahmen – getrennte Spuren für beide Telefonpartner – wurden Beobachtern zur Beurteilung vorgelegt. Nicht nur, daß die Männer als kühner, humorvoller, extravertierter, sexuelle Wärme ausstrahlend etc. angesehen wurden, wenn sie glaubten, mit einer attraktiven Frau zu sprechen, sondern den „attraktiven“ Frauen wurde auch mehr Selbstvertrauen und mehr Mögen des Partners attribuiert.

b) Motivationale Einflüsse auf Attributionsprozesse: Strategien der Selbstwerterhaltung

Aus den bisherigen Ausführungen dürfte deutlich geworden sein, daß die Attributionsforschung den Menschen primär als rationales Wesen ansieht, das mit logischer Stringenz Informationen verarbeitet und Schlußfolgerungen zieht. Aber von Anfang an wurden Abweichungen von dieser Sichtweise in der Forschung deutlich. Schon Ach (1932) und später Heider (1958) waren davon überzeugt, daß motivationale ebenso wie kognitive Komponenten die Attributionsvorgänge beeinflußten. Diesen Gedanken nahmen Jones & Nisbett (1972) in ihre Analyse der Akteur/Beobachter-Unterschiede auf, indem sie neben den im vorigen Abschnitt bereits diskutierten informationstheoretischen Erklärungen auch motivationale Prozesse erwähnten.

Sie vermuteten, daß diese die Akteur/Beobachter-Unterschiede entweder verstärken oder eliminieren können. Ein Motiv, das in diesem Zusammenhang häufig genannt wird, ist das Streben nach Aufrechterhaltung eines positiven Selbstwertgefühls. Akteure sollten danach ihre blamablen Leistungen durch situative Zuschreibungen zu entschuldigen suchen (defensive Attribution), andererseits brillante Leistungen durch dispositionale Selbstzuschreibung möglichst vollständig auskosten (selbstwerterhöhende Attribution; andere Autoren, wie Snyder, Stephan & Rosenfield (1978), benutzen stattdessen den Terminus ‚egoistische Attribution'). Das bedeutet für die Akteur/Beobachter-Unterschiede, daß Mißerfolg die Unterschiede vergrößern, Erfolg sie abschwächen (oder sogar umkehren) müßte.

Wir wollen im folgenden untersuchen, inwieweit Kausalattributionen (nicht nur im Akteur/Beobachter-Paradigma, sondern auch in anderen Situationen) weniger von rationalen Bestrebungen als vielmehr von persönlichen Voreingenommenheiten beeinflußt werden, die dazu dienen, ein positives Bild von der eigenen Person aufrechtzuerhalten. Dabei werden wir uns weitgehend auf Arbeiten zur Erklärung von Erfolg/Mißerfolg beschränken. Der Untersuchungsansatz, der sich mit der Zuschreibung von Verantwortlichkeit – aufbauend auf dem Experiment von Walster (1966) – befaßt, soll hier aus Platzgründen keine Berücksichtigung finden. Es sei erwähnt, daß auch hier die Diskussion um motivationale (z. B. Shaver, 1970) und nonmotivationale Interpretationen geführt wird (Brewer, 1977).

Die Gegenposition wurde von Miller & Ross (1975) formuliert. Sie konnten in einer Übersichtsarbeit zu bis dahin erschienenen Untersuchungen feststellen, daß motivationale Einflüsse bisher nicht schlüssig nachgewiesen seien. „Faktum oder Fiktion?" lautete ihre etwas provokant formulierte Frage, die sie zugunsten der Fiktion und damit informationstheoretischer Erklärungen beantworteten. Bisherige Arbeiten, die internale Attributionen für positive Ereignisse (Selbstzuschreibung des Erfolgs) und/oder externale für negative (Externalisierung des Mißerfolgs) nachgewiesen haben wollten (und damit eine zu eigenen Gunsten verzerrte Sichtweise), wurden von ihnen neu interpretiert. Sie machten drei Mechanismen für dieses asymmetrische Attributionsmuster verantwortlich, die alle auf informationstheoretischen Überlegungen beruhen.

Erstens, so argumentieren sie, werde Erfolg eher erwartet als Mißerfolg. Erfolg sei somit, in den Augen von Beurteilern, das wahrscheinlichere Ereignis. Erwartete Ereignisse aber würden mehr internal erklärt als unerwartete. Dieses Argument übersieht aber, daß Erwartungen sich primär auf die Dimension der Stabilität von Ursachen auswirken: Erwartete Ereignisse werden eher mit stabilen, unerwartete mit variablen Erklärungen bedacht. Insofern trifft die Schlußfolgerung von Miller & Ross (1975) nicht voll zu.

Zweitens weisen die Autoren darauf hin, daß der Alltagsmensch eher dazu neige, eine Kovariation zwischen Verhalten und Ergebnis bei ansteigendem Erfolg als bei konstantem Mißerfolg anzunehmen; Verhaltensänderungen (wie etwa vermehrte Anstrengung) werden somit nur mit Erfolg in Zusammenhang gebracht, nicht aber mit

Mißerfolg, bei dem eine Kausalbeziehung zwischen Verhalten und Ergebnis nicht berücksichtigt wird. Dies aber wirkt sich dann auf die Bereitschaft aus, sich für Mißerfolg verantwortlich zu fühlen.
Drittens hätten die meisten Individuen eine fehlerhafte Auffassung über die Kontingenz von Ereignissen. Dies führe dazu, daß internale Kontrolle nur bei erwünschten Ereignissen, nicht aber bei unerwünschten wahrgenommen werde (Miller & Ross, 1975, S. 223/4).

Die Autoren gingen somit zum damaligen Zeitpunkt davon aus, daß sich die gefundenen Unterschiede in der Erfolgs- und Mißerfolgsattribution mit kognitiven Prozessen erklären ließen. Sie leugneten nicht grundsätzlich die Möglichkeit selbstwerterhaltender Attributionstendenzen, fanden sie aber in den bisherigen Studien nicht schlüssig nachgewiesen. „Es wäre jedoch sicher voreilig, die Möglichkeiten selbstwerterhaltender Kausalattributionen zu leugnen." Und „es bleibt die Herausforderung für zukünftige Forscher, den relativen Erklärungswert motivationaler und nonmotivationaler Interpretationen asymmetrischer Kausalattributionsmuster zu bestimmen" (Miller & Ross, 1975, S. 224).

Diese Herausforderung wurde inzwischen angenommen, und die Waage scheint sich nunmehr zugunsten motivationaler Interpretationen zu neigen. Eine erste umfassende Antwort auf Miller & Ross (1975) formulierte Bradley (1978), auf die Miller (1978) zwar noch einmal verteidigend Stellung bezog, aber spätestens mit der sorgfältigen Analyse von Zuckerman (1979) dürfte klar sein, daß „the motivational bias is alive and well" (Zuckerman, 1979, S. 245). Das bedeutet: Motivationale Voreingenommenheiten beeinflussen in bestimmten Situationen die Kausalattribution. Welche Situationen dies sind, in welche Richtung die Attribution verzerrt und unter welchen Bedingungen diese Tendenz verstärkt wird, soll im folgenden dargestellt werden.

Wie schon erwähnt, wollen wir uns auf Untersuchungen zur Erklärung von Erfolg oder Mißerfolg konzentrieren. Es geht dabei jeweils darum, die Ursachen für die erfolgreiche oder nicht erfolgreiche Absolvierung bestimmter Aufgaben oder Erfüllung bestimmter Anforderungen zu bestimmen. Dabei lassen sich drei Hauptvarianten der Erfolgs-/Mißerfolgssituation unterscheiden.

(1) Soziale Einflußnahme: Versuchspersonen fungieren als Lehrer, Therapeuten, Supervisoren und bringen anderen (Schülern, Klienten, Untergebenen) etwas bei, geben einen Rat und ähnliches. Diese Aufgabe wird mehr oder weniger erfolgreich erledigt, wie aus der Rückmeldung an die Versuchsperson hervorgeht. Ein Attributionsmuster, das ein positives Selbstwertgefühl aufrechterhält, müßte so aussehen, daß Erfolg primär den eigenen Bemühungen und Mißerfolg der Zielperson angelastet wird.

Besonders bekannt geworden ist zweifelsohne das Lehrer/Schüler-Paradigma, bei dem die Vp als „Lehrer" einem vermeintlichen oder tatsächlichen Schüler etwas beibringt (Ames, 1975; Beckman, 1970, 1973, 1976; Johnson, Feigenbaum & Weiby, 1964; Ross,

Bierbrauer & Polly, 1974). Die frühen Studien von Beckman (1970) und von Johnson et al. (1964) wurden zunächst als Beweis einer motivational begründeten Attributionsasymmetrie angesehen. Sie haben (berechtigt) methodische Kritik erfahren, gerade auch von Miller & Ross (1975). In den Nachfolgestudien wurde dieses asymmetrische Attributionsmuster nicht mehr gefunden.

Insgesamt erweist sich das Paradigma sozialer Einflußnahme weder in der Lehrer-Schüler-Situation noch in der Therapeut-Klient-Situation noch in anderen Versuchsanordnungen als besonders erfolgreich beim Aufspüren motivationaler Attributionsvoreingenommenheiten. Nur wenn Bedingungen vorliegen, die das Selbstwertgefühl des Akteurs besonders aktivieren, lassen sich selbstwerterhöhende bzw. -verteidigende Strategien erkennen (z. B. objektive Selbstaufmerksamkeit, erhöhte Ich-Beteiligung, s. auch weiter unten).

Ein Grund für das Fehlen asymmetrischer Attributionen könnte darin liegen, daß in der experimentellen Situation der Fokus der Aufmerksamkeit auf der Zielperson (z. B. „Schüler") liegt und – entsprechend dem von Miller & Ross vorgetragenen dritten Argument, wonach Beurteiler eher einen Zusammenhang zwischen Reaktionen und erwünschten Ergebnissen als zwischen Reaktionen und unerwünschten Ergebnissen wahrnehmen – dadurch Erfolg eher der Zielperson zugeschrieben, Mißerfolg hingegen weitgehend ignoriert wird. Eine weitere mögliche Erklärung zielt auf die Lehrer/Schüler-Position ab: Die Rollenerwartungen, die an Lehrer, Therapeuten usw. gerichtet werden, laufen darauf hinaus, daß derjenige in der überlegenen Position dem Unterlegenen hilft, einen höheren Fähigkeits- und Kenntnisstand zu erreichen. Dazu gehört auch, daß Fortschritte der Lernenden, Klienten usw. deren eigenen Bemühungen zugeschrieben werden und nicht der Lehrer – bildlich gesprochen – den Rahm absahnt.

Zusammenfassend läßt sich sagen, daß die Evidenz für selbstwerterhaltende Attributionsstrategien im Paradigma sozialer Einflußnahme uneinheitlich ausfällt. Die Gründe hierfür dürften in der speziellen Experimentalsituation liegen.

(2) Leistungssituationen: Eine große Anzahl von Studien untersuchte die Kausalattribution von Akteuren für Erfolg und Mißerfolg bei unterschiedlichsten Aufgaben. Die Hypothese unter dem Gesichtspunkt selbstwerterhaltender Strategien lautet: Akteure erklären Erfolg eher internal (machen sich also selbst für den Erfolg verantwortlich), Mißerfolg hingegen eher external (machen also außerhalb der eigenen Person liegende Ursachen verantwortlich).

Die Belege für den ersten Teil der Hypothese sind äußerst zahlreich. Erfolg wird bevorzugt internal erklärt. Dieses Ergebnis kann als gut gesichert angesehen werden (Bierhoff-Alfermann et al., 1980; Bradley, 1978; Zuckerman, 1979, S. 279 f.).

Auch der zweite Teil der Hypothese findet sich in etlichen Arbeiten bestätigt, wenn auch dieser Effekt nicht so konsistent ausfällt. Bradley (1978) äußert den Verdacht, daß die Strategie des Mißerfolg-auf-andere-Schiebens allzu plump wirken könnte und deshalb unter bestimmten Umständen, z. B. wenn die

Gefahr besteht, daß das eigene Urteil von anderen überprüft werden könnte, lieber vermieden wird. Es kann gelegentlich taktisch klüger sein, die Verantwortung für Mißerfolg *nicht* nach außen zu verlagern. Die Subtilität der Selbstdarstellung ist im Rahmen der Forschung zur Ingratiation wiederholt aufgezeigt worden (s. etwa Stires & Jones, 1969). Defensive Attribution nach Mißerfolg muß demnach also nicht unbedingt externale Attribution bedeuten. Insofern wäre die Hypothese zu modifizieren. Defensive Attribution kann z. B. auch eine Leugnung eigener Verantwortlichkeit bedeuten, ohne daß gleichzeitig externale Attributionen auftreten. Ickes & Layden (1978, Studie 2 für einen Teil der Versuchspersonen) und Bierhoff-Alfermann et al. (1980) berichten z. B., daß Mißerfolg generell für weniger erklärbar gehalten wurde. Die Akteure waren außerstande, plausible Ursachen für den Mißerfolg anzugeben.

Warum nun lassen sich die Ergebnisse zum Leistungsparadigma als Ausdruck von motivationalen und nicht von kognitiven Einflüssen interpretieren?

Wie erinnerlich brachten Miller & Ross drei Argumente für eine kognitive Interpretation: größere subjektive Wahrscheinlichkeit von Erfolg, wahrgenommene Kovariation zwischen Verhalten und Erfolg, nicht aber Mißerfolg, fehlerhafte Kontingenzwahrnehmung. Alle drei Argumente lassen sich inzwischen durch neuere Studien widerlegen (insbesondere Miller 1976; Snyder, Stephan & Rosenfield, 1976, s. auch 1978; Stevens & Jones, 1976). Am Beispiel des Experiments von Stevens & Jones (1976), das zugleich auch die Grenze der Gültigkeit des ANOVA-Modells (s. v.) aufzeigt, sei dies demonstriert.

Studenten nahmen an einem angeblichen Experiment zur sensorischen Diskrimination teil. Sie absolvierten vier Aufgaben, bei denen sie jeweils falsches Feedback erhielten. Die vierte Aufgabe, im folgenden als „kritische" bezeichnet, bestand darin, unterschiedliche Längen von Linien zu unterscheiden. Für diese Aufgabe wurden Kausalattributionen im Hinblick auf Begabung, Anstrengung, Zufall und Schwierigkeit der Aufgabe erhoben, u. z. einmal als voneinander unabhängige Ratings und zum anderen durch Angabe von Prozentwerten. Durch fingiertes Feedback wurde die Erfolgs-/Mißerfolgsmanipulation induziert. Daneben wurden in einem vierfaktoriellen between-subjects-Versuchsplan die drei ANOVA-Würfel-Dimensionen Konsensus, Distinktheit und Konsistenz manipuliert. Hohe bzw. niedrige Konsistenz wurde durch gleiches oder unterschiedliches Abschneiden bei der ersten und der vierten Aufgabe variiert, wobei die Ähnlichkeit beider Aufgaben betont wurde. Hohe bzw. niedrige Distinktheit wurde durch unterschiedliches oder gleiches Abschneiden bei der 2. und 3. Aufgabe im Vergleich zur vierten, kritischen Aufgabe manipuliert. Hierbei wurde die Unterschiedlichkeit beider Aufgabentypen (2 und 3 im Vergleich zu 4) betont. Hoher bzw. niedriger Konsensus wurde durch Informationen über das Abschneiden anderer bei der kritischen Aufgabe abgestuft.
Aufgrund der Tatsache, daß in diesem Experiment die Dimensionen des ANOVA-Würfels manipuliert wurden, der als rationale Basislinie angesehen werden kann, läßt sich an den Ergebnissen nun ablesen, inwieweit kognitive und inwieweit motivationale Einflüsse auf die Kausalattributionen eingewirkt haben.
Akteure mit konstantem Mißerfolg, die nach dem ANOVA-Modell internal attribuieren müßten (niedriger Konsensus, niedrige Distinktheit, hohe Konsistenz), erweisen sich als

die am wenigsten rational urteilenden Personen. Sie externalisieren den Mißerfolg am stärksten von allen. Zwar findet sich für alle Versuchspersonen eine Tendenz zur Externalisierung des Mißerfolgs, aber in keiner Bedingung ist sie so stark wie in der genannten. Selbst diejenigen, die nach dem ANOVA-Modell den Mißerfolg externalisieren *müßten* (in der Bedingung hohe Konsistenz, hohe Distinktheit, hoher Konsensus), erreichen nicht so hohe Werte wie die zuvor genannte Gruppe.
Erfolg wird stärker internalisiert, aber die drei ANOVA-Dimensionen haben deutliche Auswirkungen auf diese Tendenz. Daraus kann man schließen, daß die Informationsverarbeitung bei erlebtem Erfolg rationaler verläuft als bei erlebtem Mißerfolg. „Die Attributionsregeln des Kelley-Modells werden am ehesten dann untergraben oder umgeworfen, wenn die Leistungen einer Person unveränderlich schlecht sind" (S. 819). Daraus kann man schließen: Erfolg führt, gemessen am ANOVA-Modell, zu rationalerer Kausalattribution als Mißerfolg. Motivationale Faktoren „scheinen stärker bei der Leugnung der Verantwortlichkeit für Mißerfolg als bei der Übernahme der Verantwortlichkeit für Erfolg eine Rolle zu spielen" (S. 819).

Die von Stevens & Jones bevorzugte motivationale Interpretation ihres Ergebnisses insbesondere für Mißerfolgsattributionen trifft aus folgenden Gründen zu. Erstens gingen die Versuchspersonen ohne Vorerwartungen an die Aufgabe heran. Eine subjektiv größere Wahrscheinlichkeit für Erfolg (Argument 1 von Miller & Ross, 1975) lag nicht vor. Zweitens wurden die unabhängigen Variablen jeweils nach Beendigung der kritischen Aufgabe hergestellt. Ein Einfluß auf das Verhalten *während* der Aufgabe (z. B. im Hinblick auf Anstrengung) durch die unabhängigen Variablen kann somit ausgeschlossen werden. Das heißt aber auch, daß die wahrgenommene Kovariation von Verhalten (z. B. Anstrengung) und Erfolg/Mißerfolg eigentlich nicht unterschiedlich je nach Ergebnis gewesen sein darf (Argument 2 von Miller & Ross). Dieselbe Schlußfolgerung kann im Hinblick auf die wahrgenommene Kontingenz gezogen werden. Kontrolle über den Ausgang (Erfolg/Mißerfolg) war in keinem der Fälle gegeben. Aber gerade bei Mißerfolg wurde die eigene Verantwortlichkeit geleugnet, u. z. für Begabung *und* Anstrengung.

Die deutlichste Sprache aber spricht der Vergleich des Urteilsmusters mit dem nach dem Kelley-Modell zu erwartenden. Akzeptiert man die Vorhersagen des Modells als rationale Schlüsse, so sind Abweichungen davon Ausdruck motivationaler Tendenzen.

(3) Perspektiven-Paradigma: Die dritte und letzte Art der Versuchsanordnung zur Überprüfung selbstwertbezogener Voreingenommenheiten in der Kausalattribution, die hier besprochen werden soll, führt einen Vergleich von Attributionen für dasselbe Ereignis bei unterschiedlichen Perspektiven der Beurteilung durch. Zwei Arten von Experimenten lassen sich unter dem Perspektiven-Paradigma einordnen. Akteure haben in einem within subjects-Versuchsplan ihre eigene Leistung und die einer anderen Person (beim gleichen Ergebnis) auf ihre Ursachen hin zu beurteilen (Vergleich Ego/Alter) oder in einem between subjects-Versuchsplan ihre eigenen Leistungen zu beurteilen und Beobachter die der Akteure (Vergleich Akteur/Beobachter). Aufschluß-

reich ist in beiden Versuchsanordnungen die Interaktion von Perspektive × Ergebnis: Als Nachweis selbstwerterhaltender Attributionen müßte gelten, daß Akteure ihren eigenen Erfolg stärker internal und ihren eigenen Mißerfolg stärker external erklären als den anderer bzw. als Beobachter.

Bleiben wir zunächst bei dem Vergleich Ego/Alter. Hierbei können die Beurteiler und eine andere Person (Alter) *unabhängig* voneinander an einer Aufgabe arbeiten, an derselben Aufgabe *miteinander* arbeiten oder im Wettstreit *gegeneinander* konkurrieren.

Die erste Art der Aufgabensituation wurde von Wortman, Costanzo & Witt (1973) hergestellt. Ihre Ergebnisse lassen zwar das Auftreten defensiver Attributionen erkennen, sind aber nicht eindeutig als motivational verursacht zu interpretieren.

Wie sieht es bei Untersuchungen mit kooperativen und kompetitiven Partnern aus? In zahlreichen Studien wurde entweder die erste Art der Interaktion (in kooperativen Paaren oder Gruppen: Iso-Ahola, 1977; Schlenker, 1975; Schlenker & Miller, 1977a, b; Schlenker, Soraci & McCarthy, 1976; Schlenker et al., 1979; Wolosin, Sherman & Till, 1973, Exp. I), die zweite Art (zwischen kompetitiven Paaren oder Gruppen: Snyder, Stephan & Rosenfield, 1976; Stephan, Rosenfield & Stephan, 1976; Streufert & Streufert, 1969; Wolosin et al., 1973, Exp. II) oder beide Arten hergestellt (Stephan, Burnam & Aronson, 1979; Stephan, Kennedy & Aronson, 1977; Stephan, Presser, Kennedy & Aronson, 1978). Die Ergebnisse stützen im allgemeinen die Hypothese selbstwerterhaltender Attributionen nach Erfolg und Mißerfolg. Allerdings finden sich Modifikationen je nach Niveau der interpersonalen Beziehung innerhalb der Paare oder Gruppen.

So scheint zwar Wettbewerb die Tendenz zu selbstwerterhaltenden Attributionen zu verstärken, aber näherer Kontakt zwischen den Gegnern (Stephan et al., 1979) oder gar Freundschaft (Stephan et al., 1977) reduziert diese Neigung. Derselbe Effekt findet sich bei kooperativen Gruppen je nach Zusammenhalt: Hohe Gruppenkohäsion verhindert selbstwerterhaltende Attributionen (Schlenker & Miller, 1977a).

Insgesamt erweist sich also das Perspektiven-Paradigma beim Vergleich Ego/Alter als überzeugend für den Nachweis selbstwerterhaltender Attributionen.

Diese Aussage trifft auf den Akteur/Beobachter-Vergleich nicht zu. Die Ergebnisse sind uneinheitlich. In realen Situationen finden sich im allgemeinen nicht die erwarteten Unterschiede, die auf motivationale Einflüsse hindeuten würden, wohl aber in hypothetisch vorgestellten Situationen (Bierhoff-Alfermann, 1977b; Eiser, Sutton & Wober, 1978; Lowe & Hansen, 1976; Taylor & Koivumaki, 1976). In allen vier Studien wird der Einfluß der sozialen Erwünschtheit des Verhaltens betont. Entsprechend der zu Beginn dieses

Abschnitts diskutierten Hypothese zu motivationalen Einflüssen auf Akteur/Beobachter-Unterschiede ist festzustellen, daß sozial erwünschtes bzw. positives Verhalten von Akteuren ebenso oder sogar stärker internal erklärt wurde wie von Beobachtern (Bierhoff-Alfermann 1977b; Lowe & Hansen; Taylor & Koivumaki). Sozial unerwünschtes Verhalten wird entweder von beiden Gruppen eher external erklärt (Lowe & Hansen; Taylor & Koivumaki) oder von Akteuren stärker als von Beobachtern (Eiser et al.).

Die Ergebnisse zu Akteur/Beobachter-Unterschieden lassen sich vermutlich eher als Positivitätseffekt denn als Selbstwerteffekt interpretieren (Tillman & Carver, 1980). Positive Ergebnisse werden internal, negative external erklärt, wobei es aber auf die Art des zu erklärenden Verhaltens ankommt (vgl. etwa Bierhoff-Alfermann, 1977b; Eiser et al., 1978) und auf die Enge der Beziehung zwischen Akteur/Beobachter (Taylor & Koivumaki, 1976). Offensichtlich ist aber der Akteur/Beobachter-Vergleich nicht besonders gut geeignet, motivationale Faktoren eindeutig zu isolieren. Die Konfundierung mit kognitiven Mechanismen ist – aufgrund der unterschiedlichen Beurteilerperspektive und den unterschiedlichen Vorinformationen von Akteuren und Beobachtern (vgl. den vorherigen Abschnitt über Akteur/Beobachter-Unterschiede) – nicht zu übersehen. Eine eindeutige Entscheidung für oder gegen motivationale Interpretationen ist in diesem Paradigma bisher nicht gelungen. Vermutlich ist Taylor & Koivumaki (1976, S. 407) zuzustimmen, daß „sowohl motivationale wie auch kognitive Prozesse zu berücksichtigen sind", aber auf welche Fälle welche Seite der Medaille – die motivationale oder die kognitive – besser paßt, muß in zukünftigen Studien noch deutlicher herausgearbeitet werden.

Somit läßt sich festhalten: Selbstwerterhaltende Strategien treten mit großer Regelmäßigkeit in Leistungssituationen und im Perspektiven-Paradigma beim Vergleich Ego/Alter auf. Situationen sozialer Einflußnahme und Akteur/Beobachter-Unterschiede liefern uneindeutige Ergebnisse. Das bedeutet aber, daß *rein* kognitive Interpretationen – wie sie noch von Miller & Ross (1975) vorgeschlagen wurden – nicht zutreffend sind. *Auch* motivationale Einflüsse müssen bei der Interpretation von Kausalattributionen berücksichtigt werden.

Wann nun ist zu erwarten, daß motivationale Komponenten besonders aktiviert werden? Bradley (1978) nennt vier Faktoren, die eine selbstwerterhöhende bzw. defensive Attributionsstrategie fördern. Erstens muß die Leistung durch die Akteure öffentlich und zweitens freiwillig erfolgen. Als dritter Faktor ist eine hohe Ich-Beteiligung zu nennen (siehe dazu etwa Bierhoff-Alfermann et al., 1980, Studie 1; Miller, 1976) und als vierter Faktor hohe objektive Selbstaufmerksamkeit (Federoff & Harvey, 1976). Alle diese Bedingungen führen (einzeln oder in Kombination) vermutlich dazu, daß das Selbstwertgefühl der Akteure tangiert wird und auf diese Weise dann die Kausalattributionen beeinflußt werden.

c. Psychologische Erklärungen und Ursachenattribution

Die Aufteilung der wahrgenommenen Ursachen des Verhaltens in situative und dispositionale Faktoren ist künstlich und nicht voll befriedigend (Monson & Snyder, 1977). Dasselbe gilt für die Dichotomie von internalen und externalen Ursachen, die möglicherweise mehr das Denken der Attributionsforscher als das ‚naiver' Alltagsmenschen bestimmt.

In einem Versuch, diese Begrenzungen zu überwinden, verwendeten einige Autoren psychologische Erklärungen, um ihre Bedeutung als ‚naive' Verhaltenstheorien aufzuzeigen (Bierhoff-Alfermann & Bierhoff, 1979; Borg, Hulman & Waern, 1976). Dieser Ansatz ist im wesentlichen eine Erweiterung der kausalen Einheiten, die in der traditionellen Forschung verwendet werden.

Zunächst stellt sich die Frage nach den Unterschieden zwischen der Verwendung psychologischer Erklärungen und Eigenschaften. Drei Gesichtspunkte sind hervorzuheben:

- Während Eigenschaftsurteile untereinander hoch korreliert sind, wie der weitverbreitete Halo-Effekt unter Beweis stellt, lassen sich psychologische Erklärungen auf unterschiedlichen Urteilsdimensionen lokalisieren. Z. B. ergab sich, daß fünf psychologische Erklärungen, die von Wyer & Polsky (1972) verwendet wurden, voneinander weitgehend unabhängig sind (Bierhoff & Bierhoff-Alfermann, 1976, 1977). Diese Erklärungen rekurrieren auf ‚äußere Bedingungen', ‚Verstärkung', ‚Rollen', ‚unbewußte Motive' und ‚Modelle' als Ursachen des Verhaltens einer Person. Sie repräsentieren unterschiedliche Dimensionen der Attribution. Der Aspekt der Mehrdimensionalität von Ursachenfaktoren wurde wiederholt hervorgehoben (Elig & Frieze, 1975; Kelley, 1979; Passer, Kelley & Michela, 1979).
- Eigenschaften sind relativ uninformativ (Rodin, 1972). Daraus ergibt sich die Konsequenz, daß Eigenschaftsurteile mit relativ großer Unsicherheit abgegeben werden sollten, weil die Bedeutung der Eigenschaft für eine bestimmte Person nicht eindeutig ist. Andererseits sollten psychologische Erklärungen mit größerer Sicherheit verwendet werden, weil sie sich direkt auf das fortlaufende Verhalten der Person beziehen (Bierhoff, 1980b). Tatsächlich ergab sich der erwartete Unterschied in der Einschätzung der Urteilsunsicherheit. Dies war aber nur der Fall, wenn die Eigenschaften zuerst verwendet wurden.
- Urteilsdimensionen auf der Basis von Eigenschaftsurteilen scheinen eher für den Beurteiler als für die Beurteilten typisch zu sein (Schneider, 1973). Demgegenüber konnte für die Verwendung psychologischer Erklärungen gezeigt werden, daß sie je nach dem Interaktionsmuster der Stimulusperson unterschiedlich verwendet werden (Bierhoff, 1976; Bierhoff & Bierhoff-Alfermann, 1976, 1977; Bierhoff-Alfermann & Bierhoff, 1979, im Druck a).

Ein interessantes Ergebnis dieser Untersuchungen (Bierhoff, 1980 b; Bierhoff-Alfermann & Bierhoff, im Druck a) besteht darin, daß die generelle Erklärbarkeit – definiert als das Ausmaß, in dem psychologische Theorien in bezug auf eine Stimulusperson im Durchschnitt für anwendbar gehalten werden – mit der Bewertung der Stimulusperson in Zusammenhang steht: je negativer die Bewertung, desto größer die generelle Erklärbarkeit. Während man sich das positiv bewertete Verhalten eines Lehrers weniger gut erklären kann, findet sich die höchste Erklärbarkeit gegenüber einem Lehrer, der ein extrem autoritäres Verhalten zeigt und der besonders negativ bewertet wird.

Diese Ergebnisse erinnern an das Phänomen, daß negative Eigenschaften die Personwahrnehmung stärker beeinflussen als positive (Hodges, 1974; Van der Pligt & Eiser, 1980; Wyer, 1973). Möglicherweise erscheinen negativ bewertete Stimuluspersonen als bedrohlich, so daß die Fähigkeit, die Situation zu kontrollieren, für den Beurteiler in Frage gestellt wird (vgl. Kelley, 1972a; Pittman & Pittman, 1980). Das verweist auf ein grundlegendes Motiv, das Kausalattributionen hervorruft: den Wunsch, die Umwelt vorhersehbar und kontrollierbar zu machen, um von sich selber Schaden abzuwenden (s. unten).

Das Bild wird abgerundet durch das Ergebnis, daß negativ bewertete Personen differenzierter wahrgenommen werden als positiv bewertete. Somit kann man sagen, daß gegenüber negativ eingeschätzten Personen ein erhöhtes Vigilanzniveau zu beobachten ist (Irwin, Tripodi & Bieri, 1967).

4. Attribution und soziale Motive

Ursprünglich vor allem im Bereich der Leistungsmotivation, dann aber auch zunehmend im Zusammenhang mit Aggression, Altruismus, Geschlechtsunterschieden, Hunger und Durst sowie Streß haben attributionstheoretische Ansätze ihre Anwendung auf Motive gefunden. Eine ausführliche Darstellung dieser Motive ist hier nicht beabsichtigt. Zum Thema Leistungsstreben finden sich eine ganze Reihe von umfangreichen Darstellungen (Heckhausen, 1980a; Schneider & Schmalt, 1981; Weiner, 1972, 1980b). Andere attributionstheoretische Ansätze, etwa zur Aggression und zu Hunger und Übergewichtigkeit, werden an anderer Stelle in diesem Band schon behandelt. Daher haben wir uns im folgenden auf Altruismus und Geschlechtsunterschiede konzentriert, um die attributionstheoretische Perspektive für soziale Motive zu erläutern.

a. Hilfreiches Verhalten

Die Bedeutung von Attributionsprozessen für Altruismus läßt sich nicht an einem einzigen Paradigma aufzeigen. Vielmehr sind die Handlungsmuster, die unter dem Terminus „hilfreiches Verhalten" zusammengefaßt werden, so unterschiedlich, daß je nach der Form hilfreichen Verhaltens unterschiedliche

Erklärungsansätze herangezogen werden müssen (s. Bierhoff, 1980a). Je nach der Form der Interaktion zwischen Helfer und Hilfsbedürftigem werden kognitive Vermittlungsprozesse in unterschiedlichem Ausmaß wirksam. Vermutlich die stärkste Beeinflussung durch Attributionsprozesse läßt sich für reziproke und asymmetrische Interaktionen konstatieren.

Reziproke Hilfeleistung

Wenn Hilfeleistung auf der Basis der Gegenseitigkeit stattfindet, ist im allgemeinen eine normative Orientierung der Interaktionspartner festzustellen. Die Norm der Reziprozität (Gouldner, 1960) beinhaltet zwei Erwartungen:
- daß man dem helfen sollte, der einem geholfen hat,
- daß man den, der einem geholfen hat, nicht verletzen sollte.

Gouldner (1960) stellt die Annahme auf, daß reziproke Hilfe variiert je nach
- dem wahrgenommenen Wert der ersten Hilfe
- den Mitteln des ersten Gebers und damit den Kosten der Hilfe
- den Motiven, die diesem Geber zugeschrieben werden, insbesondere im Zusammenhang mit seiner (Un-)Eigennützigkeit.

Es wird angenommen, daß diese Merkmale das Ausmaß der Verpflichtung des Hilfeempfängers zu reziprokem Verhalten beeinflussen. Je größeren Wert die Wohltat hat, je mehr der Geber aufwenden muß und je uneigennütziger die Hilfe ist, desto größer ist die Dankbarkeit (Tesser, Gatewood & Driver, 1968; Lane & Anderson, 1976). Die Dankbarkeitsurteile folgen – wenn man die algebraische Integrationsregel prüft – dem Durchschnittsmodell.

Bei einer Hilfeleistung stellt sich für den Empfänger die Frage nach den Motiven des Gebers. In diesem Zusammenhang lassen sich zwei generelle Klassen von Motiven unterscheiden (Schopler, 1970):
- Empfänger-ausgelöste Hilfeleistung; die Hilfe kommt um der Wohltat selbst willen zustande
- Geber-ausgelöste Hilfeleistung; die Hilfe wird gegeben, um sich einen Vorteil zu verschaffen, also mit manipulativer Absicht.

Die Hypothese ist naheliegend, daß nur Empfänger-ausgelöste Hilfeleistung zu einer Gegenleistung verpflichtet. Verschiedene Faktoren sollten andererseits eine Geber-ausgelöste Hilfeleistung wahrscheinlich machen (Schopler, 1970):
- Vorhandensein von Belohnungen, über die der Empfänger verfügt und die dem ersten Geber von potentiellem Nutzen sind,
- keine spezifische Passung der Hilfeleistung auf die Bedürfnisse des Empfängers, wie etwa bei einer Geldzuwendung,
- Verletzung der normativen Erwartungen in einem gegebenen Kontext.

Die Bedeutung der zuletzt genannten Bedingung wird in einem Experiment von Schopler & Thompson (1968) deutlich. Ein Interviewer führte das Interview entweder in formaler Weise (mit einer Stoppuhr ausgerüstet) oder in informeller Weise durch. Einem Teil der befragten Frauen schenkte der Interviewer zum Abschluß der kurzen Befragung eine Rose mit der Bemerkung „This is from my garden. I would like you to have it.“

Das Ausmaß der Hilfsbereitschaft wurde erfaßt mit der Frage, wie oft man in einer Woche bereit ist, eine Bluse zu Testzwecken zu Hause mit der Hand zu waschen. In dem formalen Kontext wurde die Hilfsbereitschaft durch das Geschenk reduziert (10.5 vs. 14.1 Waschgänge). Hingegen hatte das Geschenk in dem informellen Kontext eine förderliche Wirkung auf die Hilfsbereitschaft (18.3 vs. 8.8 Waschgänge). Die Attributionsanalyse wird durch die Tatsache unterstützt, daß in der informellen Bedingung, in der ein Geschenk überreicht wurde, die wahrgenommene Großzügigkeit am höchsten ausgeprägt ist.

Die Bedeutung der Unterscheidung von Geber- und Empfänger-ausgelöster Hilfeleistung zeigt sich auch in einer Untersuchung, in der die Auswirkungen einer Hilfeleistung auf Attribution und Bewertung untersucht wurden (Thompson, Stroebe & Schopler, 1971). Wenn ein Student einem Professor (statt einem Portier) hilft, wird er als weniger großzügig und attraktiv eingestuft. In diesem Fall wird also das Vorhandensein von Belohnungen, über die der Hilfe-Empfänger verfügt, variiert. Eine Hilfeleistung gegenüber einer mächtigen Person erscheint eher als selbstsüchtig und unangemessen.

Ein weiterer Faktor, der die reziproke Hilfe beeinflussen sollte (Gouldner, 1960), ist die wahrgenommene Freiwilligkeit der ersten Hilfe. Damit wird die Frage nach der internen oder externen Verursachung der Hilfe angesprochen. Bei interner Verursachung (Freiwilligkeit) sollte die reziproke Hilfe größer sein als wenn die Hilfe durch eine Instruktion von außen erzwungen wurde. Schließlich sollte die Hilfsbereitschaft am geringsten sein, wenn der andere zuvor eine Hilfe verweigert hat. Die Bestätigung dieser Annahmen (Goranson & Berkowitz, 1966) stellt einen guten Beleg für die Vermutung dar, daß die Norm der Reziprozität von Attributionsprozessen beeinflußt wird.

Kelley (1972a) hat diesen Einfluß darauf zurückgeführt, daß bei äußerem Zwang die Intention des Helfers nicht eindeutig erschlossen werden kann. Denn für sein Verhalten stehen zwei plausible Ursachen zur Verfügung: Entweder hilft er aus einer wohltätigen Intention heraus oder weil er dem äußeren Zwang nachgibt. Somit ist die Ursachenattribution nicht eindeutig. Hingegen läßt sich freiwillige Hilfe am ehesten auf die gute Intention des Helfers zurückführen, und eine Abwertung der Intention durch andere Ursachen ist nicht plausibel. Vermutlich erklärt das Abwertungsprinzip auch die Unterschiede zwischen Hilfeleistungen, die Empfänger- oder Geber-ausgelöst sind. Im letzteren Fall wird die wohltätige Intention des Gebers durch seine manipulative Absicht abgewertet, so daß die Verpflichtung zur Rückzahlung reduziert wird.

Asymmetrische Interaktionen: Legitimität der Notlage

Zwei Untersuchungen (Berkowitz, 1969; Schopler & Matthews, 1965) wandten sich schon frühzeitig der Frage zu, ob Hilfe geringer ist, wenn die Ursache der Abhängigkeit der Hilfsbedürftigen internal ist. Wenn die Abhängigkeit durch äußere Umstände, die jenseits der persönlichen Kontrolle liegen, begründet ist, sollte die Hilfsbereitschaft größer sein. Wenn die Ursache der Abhängigkeit z. B. ein Fehler des Experimentators ist, wird einer anderen Versuchsperson mehr geholfen als wenn die Ursache in ihrer Unachtsamkeit liegt. Dieser Effekt ist besonders stark ausgeprägt, wenn die Abhängigkeit hoch ist (Berkowitz, 1969).

Im Unterschied zu reziproker Hilfeleistung ist in asymmetrischen Interaktionen nicht das Ausmaß der Vorleistung ein bestimmender Faktor (da keine Vorleistungen gegeben sind, kann auch nicht eine Rückzahlung erfolgen), sondern das Ausmaß der Abhängigkeit des Hilfsbedürftigen. Je stärker er/sie auf den Helfer angewiesen ist, desto größer ist seine Abhängigkeit. Die Norm sozialer Verantwortung (s. Berkowitz & Daniels, 1963) strukturiert die Interaktion so, daß der potentielle Helfer einem einseitigen Normdruck unterliegt, der ihm vorschreibt, auch ohne die Erwartung einer Rückzahlung Hilfe zu leisten (s. Bierhoff, 1980a).

Die Abhängigkeit des Hilfsbedürftigen aktiviert die Norm sozialer Verantwortung. Wie die Ergebnisse von Berkowitz (1969) zeigen, ist das aber nur dann der Fall, wenn die Notlage, die die Abhängigkeit herbeigeführt hat, als legitim erscheint. Eine illegitime Notlage ist durch zwei Charakteristika bestimmt (Schwartz & Fleishman, 1978): Sie ist das Ergebnis einer intentionalen Handlung (z. B. Faulheit), und sie resultiert aus der Verletzung bestehender normativer Erwartungen (z. B. moralische Vergehen wie Betrug).

Die Tatsache, daß bei illegitimer Notlage weniger geholfen wird, zeigt sich auch gegenüber einem Alkoholiker in der U-Bahn (Piliavin, Rodin & Piliavin, 1969) und in der Reaktion auf Spendenaufrufe (Bryan & Davenport, 1968; zit. nach Berkowitz, 1975). Ickes & Kidd (1976, s. auch Ickes, Kidd & Berkowitz, 1976) haben versucht, die Legitimität der Notlage auf der Grundlage von Weiners Klassifikation der Ursachenfaktoren zu analysieren.

Weiner (1974) unterscheidet im Anschluß an Heider (1958) zwei Ursachendimensionen: Stabilität/Instabilität und Internalität/Externalität. In dem resultierenden 2 × 2-Schema lassen sich verschiedene Determinanten der Leistung einordnen (Tab. 7). Eine Konsistenzprüfung erweist die drei Kausalfaktoren Aufgabenschwierigkeit, Anstrengung und Zufall als hinreichend reliabel, während die Begabungsattribuierung mit Hilfe von Ratings weniger zufriedenstellend gemessen wird (Schneider & Posse, 1978). Mit größerer objektiver Schwierigkeit steigt die wahrgenommene Aufgabenschwierigkeit, während gleichzeitig die Bedeutung von Anstrengung und Glück höher eingeschätzt wird, möglicherweise auf der Grundlage des Schemas multipler notwendiger Ursachen (vgl. Schneider & Posse, 1978). Die Klassifikation in Tab. 7 läßt sich durch die Dimension der Intentionalität erweitern (Rosenbaum, 1972; zit. nach Ickes & Kidd, 1976). Dieser Erweiterung ist auch Weiner (1979) nach einer Umbenennung dieser Dimension als Kontrollierbarkeit gefolgt.

Tabelle 7: Klassifikationsschema wahrgenommener Determinanten leistungsbezogenen Verhaltens

	Personabhängigkeit	
Stabilität über Zeit	internal	external
stabil	Begabung	Aufgabenschwierigkeit
instabil	Anstrengung	Zufall

Ickes & Kidd (1976) stellen die Hypothese in den Mittelpunkt, daß nicht die Internalität/Externalität der Verursachung der Notlage für die wahrgenommene Legitimität entscheidend ist, sondern die Intentionalität. Wenn das Opfer seine Notlage absichtlich herbeigeführt hat, sollte die Hilfsbereitschaft geringer sein als wenn die Notlage nicht absichtlich hervorgerufen wurde. Für intendierte Abhängigkeit wird dem Opfer die Verantwortung selbst zugeschrieben, so daß sich der potentielle Helfer weniger oder keine Verantwortung zuschreibt. Unter diesen Umständen sollte die Norm der sozialen Verantwortung nicht aktiviert werden. In verschiedenen Experimenten überprüften Ickes, Kidd und ihre Mitarbeiter, wie sich die Zuschreibung eines Handlungseffektes auf Fähigkeit, Glück oder Anstrengung auf die Hilfsbereitschaft auswirkt. Die höchste Spendenbereitschaft findet sich, wenn man die eigenen Handlungskonsequenzen als internal durch Fähigkeit verursacht ansieht und die Notlage des anderen als external verursacht (Ickes, Kidd & Berkowitz, 1976, Exp. 2). Unter diesen Umständen sollte es einerseits besonders leicht sein, sich in die Lage des anderen hineinzuversetzen, während andererseits der Sinn für die eigene Verantwortung gestärkt wird. Interessanterweise ist diese Attributionsstruktur genau das Gegenstück zu den üblichen Akteur/Beobachter-Unterschieden (Jones & Nisbett, 1972): Nur wenn man die eigenen Handlungskonsequenzen als internal und die des Hilfsbedürftigen als external vermittelt sieht, wird die Hilfsbereitschaft maximiert.

In dieser Untersuchung (Ickes et al., 1976) ist nicht zu entscheiden, ob es die Internalität/Externalität oder die Intentionalität ist, die Unterschiede in der Hilfsbereitschaft hervorruft. Ein direkter Test der Intentionalität ergibt, daß Studenten eher bereit sind, ihre Mitschriften einem Kommilitonen zu überlassen, wenn dessen Notlage durch mangelnde Fähigkeit statt durch mangelnde Anstrengungsbereitschaft verursacht ist (Barnes, Ickes & Kidd, 1979).

Auf der Grundlage dieser Untersuchungsansätze wurde in einem Szenario eine vollständige Variation der drei Ursachenfaktoren der Notlage des Hilfsbedürftigen (Internalität/Externalität, Intentionalität und Stabilität) durchgeführt (Meyer & Mulherin, 1980; Weiner, 1980a, Exp. 1). Danach hat die Intentionalitäts-Dimension einen dominierenden Einfluß auf die wahrgenommene Hilfsbereitschaft (Meyer & Mulherin, 1980) bzw. eine Reduktion der Hilfsbereitschaft tritt ein, wenn die Notlage internal und intentional ist (Weiner, 1980a). Demjenigen wird eher geholfen, der krank ist (statt betrunken), der keine

Kontrolle über seinen Zustand hat (niedrige Intentionalität) und auf den mit Sympathie (statt mit Abscheu) reagiert wird (Weiner, 1980a, Exp. 6).

Ein einfaches pfadanalytisches Modell sagt die wahrgenommene Hilfsbereitschaft gut voraus (Meyer & Mulherin, 1980): Die Intentionalität hat einen direkten und einen indirekten Einfluß auf die wahrgenommene Hilfsbereitschaft. Der indirekte Einfluß ist über die beiden Affekt-Dimensionen Ärger und Empathie vermittelt. Dieses Modell steht mit dem Konzept der Legitimität der Notlage (Schwartz & Fleishman, 1978) in Übereinstimmung.

Altruistisches Selbstkonzept

Die „foot-in-the-door"-Technik besteht aus einer Sequenz von zwei Bitten, wobei die erste Bitte relativ geringfügig ist und mit hoher Wahrscheinlichkeit erfüllt wird, während die Erfüllung der zweiten Bitte, die eine substantielle Forderung enthält, für den Bittsteller von eigentlichem Interesse ist. Wenn ein potentieller Geber zunächst eine Kleinigkeit zugesteht, scheint er im Anschluß daran zu einer größeren Hilfeleistung bereit zu sein (Bierhoff, 1978; Harris, 1972; Miller & Suls, 1977; Seligman, Bush & Kirsch, 1976; Snyder & Cunningham, 1975; Uranowitz, 1975).

Zur Erklärung dieses Sequenzeffektes bietet sich die Selbstwahrnehmungstheorie von Bem (1967) an (s. DeJong, 1979; Lepper, 1973): Der Handelnde liest aus seiner Reaktion auf die erste Bitte ab, daß er/sie eine Person ist, die derartige Bitten erfüllt. Diese Selbstzuschreibung sollte die Wahrscheinlichkeit zukünftiger Hilfeleistungen erhöhen.

Das grundlegende theoretische Modell wurde von McArthur, Kiesler & Cook (1969) dargestellt. Wenn man erfolgreich eine Hilfeleistung induziert hat, wird das Selbstkonzept einer Person aktiviert, die so handelt wie sie denkt. Dieses „Doer"-Selbstbild sollte im Zusammenhang mit Altruismus besonders wirksam sein, weil Hilfeleistung im allgemeinen eine sozial wünschenswerte Handlung ist. Man muß also die Zielperson nicht mehr davon überzeugen, daß Hilfeleistung eine gute Tat darstellt. Vielmehr geht es vor allem darum, die schon vorhandene positive Bewertung von Hilfeleistung in tatsächliche Hilfeleistung umzusetzen.

Altruismus sollte dadurch erhöht werden, daß man die Konsistenz zwischen Einstellung und Verhalten steigert. Eine solche Steigerung kann durch die Hervorrufung eines „Doer"-Selbstbildes, wie es vermutlich durch die „foot-in-the-door"-Technik vermittelt wird, herbeigeführt werden. Auf diese Weise entsteht eine Eigendynamik hilfreichen Verhaltens (Bierhoff, 1980a).

Lepper (1973) hat aus diesen Ergebnissen für die Dissonanztheorie die Konsequenz gezogen (und bestätigt), daß anfängliche Willfährigkeit – ausgelöst durch milde Drohung – die Willfährigkeit zu einem späteren Zeitpunkt erhöht, während umgekehrt eine massive Drohung die spätere Willfährigkeit verringern sollte (wegen übermäßiger Rechtfertigung s. o.). Nachdem Kinder durch milde oder massive Drohung am Spiel mit einem attraktiven Spielzeug gehindert worden waren, fand sich drei Wochen später mehr Mogeln bei einem Bowling-Spiel (bei dem man nur durch Mogeln gewinnen konnte), wenn eine massive Drohung verwendet worden war. Hingegen war der Widerstand gegen Versuchung (im Vergleich zu einer Kontrollgruppe) besonders stark, wenn eine milde Drohung verwendet worden war.

Interessanterweise tendierten die Kinder nach milder Drohung dazu, sich mehr Ehrlichkeit zuzuschreiben (s. auch Festinger & Freedman, 1964). Analoge Effekte sollten auftreten, wenn man das Selbstkonzept auf direktem Wege beeinflußt. Bei Verwendung einer solchen Technik wurde das Sauberkeitsverhalten beeinflußt (Miller, Brickman & Bolen, 1975, indem den Kindern gesagt wurde, sie seien ordentlich und sauber), das Kooperationsverhalten verändert (Jensen & Miller, 1977) und hilfreiches Verhalten hervorgerufen (Batson, Harris, McCaul, Davis & Schmidt, 1979; Grusec, Kuczynski, Rushton & Simutis, 1978; Grusec & Redler, 1980).

Bei Verwendung einer Sequenz von zwei Bitten ergab sich mehr Hilfsbereitschaft bei der zweiten Bitte, wenn die altruistische Reaktion nach der ersten Bitte auf Mitleid statt auf Willfährigkeit aufgrund äußeren Drucks zurückgeführt wurde (Batson et al., 1979). Während diese Ergebnisse mit Studentinnen gefunden wurden, zeigte sich bei Kindern ein Anstieg der Spendenbereitschaft, wenn man ihnen sagte, daß Helfen Spaß macht (statt daß sie helfen, um die an sie gestellten Erwartungen zu erfüllen; Grusec et al., 1978). Schließlich konnte gezeigt werden, daß eine Attribution in Übereinstimmung mit dem Selbstkonzept einer hilfreichen Person in 4 Tests, die über mehrere Tage verteilt und scheinbar unabhängig voneinander waren, eine generalisierte Hilfsbereitschaft hervorrief. Dies war nicht bei 5jährigen, wohl aber bei 8jährigen Kindern der Fall (Grusec & Redler, 1980).

Diese Ergebnisse verweisen auf neue und effektive Wege, sozial wünschenswerte Verhaltensweisen zu vermitteln. Ironischerweise scheint das am ehesten zu gelingen, wenn milder Druck oder geringfügiger äußerer Einfluß ausgeübt wird, wenn also das Abwertungsprinzip nicht angewandt wird. Abschließend ist noch auf zwei weitere Anwendungsbereiche der Attributionsforschung zu verweisen: auf die Auswirkungen der Professionalisierung auf die Bevorzugung internaler Attributionen für abweichendes Verhalten (Batson, 1975) und auf die Bedeutung des negativen Feedbacks, der durch eine Hilfeleistung auf die wahrgenommene Kompetenz des Hilfsbedürftigen ausgeübt wird (Meyer, 1980; Nadler, Fisher & Streufert, 1976). In beiden Bereichen sind interessante Entwicklungen in der Zukunft zu erwarten.

b. Geschlechtsunterschiede

Wurde im Abschnitt zuvor der Einfluß von Attributionen auf die Hilfsbereitschaft (und umgekehrt) untersucht und damit unmittelbar die Beziehung von Kognitionen und prosozialem Verhalten, so geht es im folgenden um die Frage, welche Bedeutung die Geschlechtsvariable, also eine Kategorieninformation (Jones & McGillis, 1976, s. v.), auf Attributionen hat. Dabei interessieren wir uns primär für die Ursachenerklärung von Handlungen (bzw. Handlungsergebnissen) und nicht etwa für die unterschiedliche Zuschreibung von Eigenschaften je nach Geschlecht von Akteuren/Beobachtern. Dieser – eher zum Bereich der Personwahrnehmung gehörende – Prozeß wird im vorliegenden Kontext vielmehr als vermittelnde Variable aufgefaßt. Darauf wird weiter unten noch ausführlicher einzugehen sein.

Auch werden wir unsere Darstellung weitgehend exemplarisch auf leistungsbezogene Handlungen konzentrieren, nicht zuletzt deshalb, weil hierzu bisher die meiste Forschungsarbeit geleistet wurde. Weitere Fragestellungen, wie die geschlechtsspezifische Zuschreibung von Emotionen, von Diagnosen bei psychischen Störungen und von Verantwortlichkeit sowie die geschlechtsspezifische Attribution psychologischer Theorien werden dann zum Schluß noch kurz diskutiert.

Unterschiede in Leistungssituationen

Wie Kay Deaux (1976) in ihrem Beitrag zum ersten Band der Reihe von Harvey, Ickes & Kidd dargestellt hat, läßt sich die Geschlechtsvariable bei Attributionsprozessen prinzipiell unter drei Gesichtspunkten analysieren: Geschlecht der Stimulusperson, Geschlecht des Akteurs (als Beurteiler) und Geschlechtsspezifität der Aufgabe oder der Handlung. Auf allen drei Ebenen kann die Geschlechtsvariable zu Unterschieden in der Kausalattribution bei Leistungsergebnissen beitragen.*)

Im folgenden sollen hierzu zunächst die theoretischen Vorüberlegungen dargestellt und sodann die bisherigen Befunde zusammengefaßt werden. Eine generelle Annahme, die den Untersuchungen über Geschlechtsunterschiede in der Kausalattribution zugrundeliegt, bezieht sich darauf, daß Geschlechterstereotype die Erfolgserwartungen im Hinblick auf den Ausgang einer Handlung beeinflussen. (Vor kurzem hat Zuckerman (1979) eine motivationale Interpretation vorgelegt, auf die hier ergänzend verwiesen wird.) Diese Erfolgserwartungen lassen sich dahingehend zusammenfassen, „daß die Erwartungen für Männer immer höher sind als die für Frauen, zumindest in aufgabenorientierten Situationen" (Deaux, 1976, S. 339). Wie kommt es zu diesen Erwartungen, und wie wirken sie sich unter dem Gesichtspunkt der oben

*) Zusätzlich ließe sich noch das Geschlecht der Beobachter berücksichtigen. Darauf wird hier aber nicht weiter eingegangen.

genannten drei Aspekte der Geschlechtsvariable (Stimulusperson; Akteur/Beurteiler; Aufgabe) aus?

(1) Geschlecht der Stimulusperson: Wenn ein Beurteiler gebeten wird, die Leistungen einer Stimulusperson zu erklären, so hängen diese Kausalattributionen davon ab, inwieweit die tatsächlich erzielte Leistung und die ursprünglich an die Stimulusperson herangetragenen Erwartungen übereinstimmen. Diese a priori-Wahrscheinlichkeitsannahmen werden zum einen von Targetinformationen und zum anderen von Kategorieninformationen beeinflußt. Die Geschlechtsvariable ist ein Beispiel für Kategorieninformationen. Die dadurch hervorgerufenen Erwartungen beruhen auf den impliziten Theorien der Beurteiler über Männer und Frauen, anders ausgedrückt: auf den Vorstellungen über maskulines und feminines Verhalten. Diese als Stereotyp zu bezeichnenden Vorstellungen bestehen aus Eigenschaftsdimensionen, die Männern und Frauen unterschiedlich zugeschrieben werden. So werden Männer meist als intelligent, kompetent und aktiv, Frauen als warm, emotional und einfühlsam beschrieben.

Diese impliziten Theorien wirken sich nun auf die Erwartungen aus, die an die Handlungen von Männern und Frauen herangetragen werden. Sie bewirken speziell in Leistungssituationen, daß man von Männern eher eine erfolgreiche Lösung gestellter Aufgaben erwartet als von Frauen. Um es mit Sara B. Kiesler (1975, S. 203) auszudrücken: „In Amerika, wie auch in anderen Ländern, ist es eindeutig eine Realität, daß Frauen seltener als Männer in den Aktivitäten erfolgreich sind, auf die das Wort „Erfolg" gewöhnlich angewendet wird... Somit ergibt sich die Hypothese, daß die Erfolgserwartungen, oder die wahrgenommene Erfolgswahrscheinlichkeit, sowohl von Beobachtern wie von Akteuren niedriger für Frauen als für Männer ausfallen werden."

Tabelle 8: Hypothetisch angenommene Attributionsmuster für Erfolg und Mißerfolg/männliche und weibliche Stimuluspersonen bzw. Akteure*)

erwartetes Ergebnis/Geschlecht von Stimulusperson oder Akteur		
	Erfolg/Männer	Mißerfolg/Frauen
Erfolg	stabil (hohe Fähigkeit)	variabel (Glück/hohe Anstrengung)
tatsächliches Ergebnis		
Mißerfolg	variabel (Pech/geringe Anstrengung)	stabil (geringe Fähigkeit)

*) Mit den Erwartungen übereinstimmende Ergebnisse werden auf stabile Ursachen (Fähigkeit), mit den Erwartungen nicht übereinstimmende Ergebnisse auf variable Ursachen (Zufall, Anstrengung) zurückgeführt. Wenn es zutrifft, daß entsprechend den im Text geschilderten Stereotypen mit männlichen Personen eher Erfolg assoziiert wird und mit weiblichen Personen eher Mißerfolg, dann müßte die männliche Kategorie funktional äquivalent mit Erfolgserwartungen sein, die weibliche mit Mißerfolgserwartungen. Deshalb wurde hier ‚Erfolg' mit ‚männlich' und ‚Mißerfolg' mit ‚weiblich' gleichgesetzt.

Eine wichtige (im allgemeinen bestätigte) Annahme der Leistungsattributionsforschung läßt sich dahingehend zusammenfassen, daß erwartete Ergebnisse mit stabilen und unerwartete mit variablen Ursachen erklärt werden. Auf dieser Basis (vgl. etwa Feather, 1969; Simon & Feather, 1973) läßt sich das in Tabelle 8 dargestellte Attributionsmuster ableiten (vgl. auch weiter oben Tabelle 7).

Tabelle 8 enthält in der linken Hälfte die Vorhersagen für männliche Stimuluspersonen und in der rechten Hälfte die für weibliche. Sie beruhen darauf, daß das maskuline Stereotyp Erfolgserwartungen hervorruft, das feminine hingegen eher Mißerfolgserwartungen. Tabelle 8 impliziert somit, daß das Geschlecht der Stimulusperson als Etikett wirkt, das zu unterschiedlichen Kausalattributionen für Erfolg und Mißerfolg in leistungsbezogenen Situationen führt. Erfolg männlicher Stimuluspersonen müßte demnach zur Attribution einer stabilen Ursache (hohe Fähigkeit) führen, der Erfolg von Frauen hingegen durch variable Ursachen, nämlich Glück und/oder Anstrengung, erklärt werden. Auf der anderen Seite sollte Mißerfolg von Frauen auf geringe Fähigkeit, Mißerfolg von Männern auf Pech oder mangelnde Anstrengung zurückgeführt werden.

(2) Geschlecht der Akteure (als Beurteiler): Ähnliche Vorhersagen wie zuvor lassen sich auch unter Berücksichtigung des Geschlechts des Akteurs einer Handlung machen. Wie Crandall (1969; s. auch die Zusammenfassung bei Bierhoff-Alfermann, 1977a, Kap. 3.3.4.1.) überzeugend darstellt, unterscheiden sich die Erwartungen von männlichen und weiblichen Personen vor Beginn einer Aufgabe deutlich voneinander. Während Jungen/Männer optimistische Erfolgsprognosen äußern, pflegen Mädchen/Frauen ihre Erfolgsaussichten zu unterschätzen. Daraus folgt, daß dieselben Schlußfolgerungen wie im Falle des Geschlechts der Stimulusperson gezogen werden können (Tabelle 8).

Männer erwarten eher Erfolg und führen diesen, sofern er eintritt, auf eine stabile Ursache (hohe Fähigkeit) zurück, den (unerwarteten) Mißerfolg hingegen eher auf variable Ursachen (Pech, mangelnde Anstrengung). Frauen müßten genau umgekehrt attribuieren: nach Erfolg auf Anstrengung, nach Mißerfolg auf mangelnde Fähigkeit.

(3) Geschlechtsspezifität der Aufgabe: Die letzte hier zu besprechende Variable führt zu einer größeren Komplexität bei der Analyse des Zusammenhangs von Geschlecht und Attribution. Im allgemeinen müßten zunächst einmal geschlechtstypische Aufgaben das Attributionsmuster wie bei Erfolg hervorrufen, geschlechtsuntypische das wie bei Mißerfolg. Tabelle 9 stellt diese Beziehung dar.

Tabelle 9: Hypothetisch angenommene Attributionsmuster für geschlechtstypische und geschlechtsuntypische Aufgaben

		Art der Aufgabe	
		geschlechtstypisch	geschlechtsuntypisch
Ergebnis	Erfolg	stabil	variabel
	Mißerfolg	variabel	stabil

In Untersuchungen, in denen gleichzeitig das Geschlecht der Akteure und die Geschlechtsspezifität der Aufgabe berücksichtigt wird, müßte dies zu einem Interaktionseffekt führen. Frauen müßten das in Tabelle 9 gezeigte Attributionsmuster bevorzugen, Männer hingegen – aufgrund der allgemein erhöhten Erfolgswahrscheinlichkeit, die ihre Erwartungen offenbar auszeichnet – unabhängig von der Geschlechtsspezifität der Aufgabe das in Tabelle 8 widergegebene Attributionsmuster.

Wie sieht nun die empirische Evidenz für diese Annahmen aus? Aus den zusammenfassenden Darstellungen über Geschlechtsunterschiede je nach Geschlecht der Stimulusperson und der Akteure von Bierhoff-Alfermann (1977a, Kap. 2.4.2. und 3.3.4.2.), Deaux (1976), Frieze (1975) und Zuckerman (1979) geht hervor, daß zumindest für Untersuchungen aus dem angloamerikanischen Bereich die in Tabelle 8 aufgeführten Hypothesen weitgehend zuzutreffen scheinen. Für erfolgreiche Handlungen wird männlichen Akteuren eher die internale und stabile Ursache ‚Fähigkeit' attribuiert, weiblichen eher ‚Glück' oder ‚Anstrengung'. Dies gilt zumindest für solche Leistungen, die aus dem akademischen und intellektuellen Bereich stammen (und damit vermutlich maskulinen Charakter tragen). Die Ergebnisse zur Mißerfolgsattribution fallen etwas uneinheitlicher aus. So finden sich einerseits Ergebnisse, wonach Frauen generell eher zu externalen Attributionen, und somit auch für Mißerfolg, neigen (etwa Bar-Tal & Frieze, 1976, 1977; Simon & Feather, 1973). Andererseits zeigt sich durchaus eine stärkere Fähigkeitsattribution von Mädchen nach Mißerfolg, als dies bei Jungen zu beobachten ist (so Nicholls, 1975).

Zusammenfassend läßt sich sagen: Untersuchungen zum Einfluß des Geschlechts der *Stimulusperson* auf Kausalattributionen durch Beurteiler zeigen überwiegend das erwartete Ergebnismuster. Dweck, Davidson, Nelson & Enna (1978, Studie II) konnten dies auch bei Beobachtungen in natürlichen Situationen im Schulunterricht feststellen. In unseren eigenen Untersuchungen an zwei Stichproben deutscher Lehrer, die gebeten wurden, die Ursachen für gute bzw. schlechte Leistungen von Schüler(inne)n einzuschätzen, konnten allerdings diese charakteristischen Unterschiede je nach Geschlecht der Schüler nicht aufgezeigt werden (Bierhoff-Alfermann, 1979b), auch nicht unter Berücksichtigung des Geschlechts der beurteilenden Lehrer und der Geschlechtsspezifität des Faches.

Untersuchungen zum Einfluß des Geschlechts der *Akteure* (als Beurteiler) auf die Kausalattribution nach Erfolg/Mißerfolg erbringen überwiegend ebenfalls das erwartete Urteilsmuster, wobei sich zeigt, daß die Geschlechtsspezifität der Aufgabe bei Frauen tatsächlich stärker zu der erwarteten Asymmetrie der Attributionen beiträgt (so bei Deaux & Farris, 1977; s. auch Deaux, 1976; Zuckerman, 1979), während Männer weniger durch die Geschlechtsspezifität der Aufgabe in ihren Attributionen beeinflußt zu sein scheinen. Auch hier ist hinzuzufügen, daß wir in unseren eigenen Untersuchungen keine konsistenten

Unterschiede je nach Geschlecht der Akteure (Bierhoff-Alfermann & Bierhoff, im Druck b, Studien 1–5) bzw. der Aufgabe (Studien 2, 4, 5 und 7) finden konnten.

Diese Unterschiede zwischen den Ergebnissen, die an Stichproben aus dem überwiegend nordamerikanischen Bereich gewonnen wurden, und unseren eigenen deuten auf mögliche kulturelle Unterschiede beim Phänomen geschlechtsspezifischer Attribution hin. Möglicherweise spiegelt sich hierin aber auch bereits ein epochaler Wandel wider. Unsere eigenen Untersuchungen sind in der Regel neueren Datums als die meisten der aus den USA berichteten. Es ist aber nicht zu übersehen, daß gerade in den letzten Jahren die Fragestellung der Geschlechterrollen und ihrer Veränderung zunehmende wissenschaftliche wie auch alltagspsychologische Bedeutung gewonnen hat.

Frieze (1975, S. 169) etwa erwartet daher eine zunehmende Veränderung insbesondere des Attributionsmusters der Frauen in den nächsten Jahren. Vermutlich hat diese Veränderung schon begonnen.

Schließlich sei noch darauf verwiesen, und dies gilt für die hier diskutierte Fragestellung generell, daß die Geschlechtsvariable sensu biologisches Geschlecht möglicherweise weniger bedeutsam ist als die Geschlechtsrollenidentität der Beurteiler bzw. Akteure, d. h., als die eigene geschlechtsspezifische Einstellung. Eine Berücksichtigung dieser – mehr im Sinne eines psychologischen Geschlechts zu verstehenden – Variable könnte für weitere Forschung sicher vielversprechend sein (s. dazu auch die Diskussion bei Frieze, 1975).

Weitere Fragestellungen

Neben der Kausalattribution für leistungsbezogene Handlungen lassen sich im Kontext des vorliegenden Handbuchs noch weitere Fragestellungen anführen, auf die hier aber aus Raumgründen nur kurz eingegangen werden soll. Ein interessanter Ansatz, der zumindest Erwähnung finden sollte, ist die Frage nach einer geschlechtsspezifischen Attribution von Emotionen. Exemplarisch sei hier die Arbeit von Condry & Condry (1976) angeführt.

Condry & Condry variierten experimentell das Geschlechtsetikett einer Stimulusperson (eines Säuglings), indem sie das Kind jeweils gegenüber der Hälfte ihrer Versuchspersonen als männlich bzw. als weiblich bezeichneten. Die Aufgabe der Versuchspersonen bestand darin, dem Kind bestimmte Emotionen (Freude, Angst, Furcht) als Ursache für sein Verhalten in vier verschiedenen per Videoband vorgeführten Situationen zuzuschreiben. Die Ergebnisse weisen auf eine geschlechtsspezifische Attribution von Emotionen hin, die um so deutlicher hervortritt, je uneindeutiger das Verhalten des Kindes ausfällt. Dann also, wenn keine eindeutigen Hinweisreize für die Attribution vorliegen, wird das Geschlecht des Kindes offenbar als Entscheidungshilfe mit herangezogen. Dies zeigt sich besonders deutlich in einer Situation, in der das Kind Anzeichen eines Annäherungs-Vermeidungs-Konflikts offenbart: Erst schreit es, dann kreischt es vor Vergnügen. Hier wird dem „Jungen“ stärker Ärger attribuiert als dem „Mädchen“ und umgekehrt dem „Mädchen“ stärker Furcht als dem „Jungen“.

Während die Arbeit von Condry & Condry neue Perspektiven der Forschung zur Attribution von Emotionen eröffnet, die sicherlich noch weiterer Klärung bedürfen, zeichnet sich auf einem anderen Gebiet, das schon seit längerem untersucht wird, inzwischen ein gut belegtes Ergebnis ab. Gemeint ist die geschlechtsspezifische Zuschreibung von klinischen Diagnosen (und Therapievorschlägen) bei psychischen Störungen. Während es zunächst so schien, als gebe es z. B. allein schon unterschiedliche Standards für „psychische Gesundheit" je nach Geschlecht des Klienten (Broverman, Broverman, Clarkson, Rosenkrantz & Vogel, 1970), von weiteren Folgen, wie Diagnose und Therapie einmal ganz abgesehen, kommen neuere Arbeiten zu dem Urteil, daß ein „doppelter Standard" auf diesem Gebiet nicht zu existieren scheint (Laux, 1979; Smith, 1980). Das bedeutet, die Diagnose (für die wir uns hier besonders zu interessieren haben, stellt sie doch eine Kausalattribution für psychische Störungen dar) wird nicht oder nur geringfügig durch geschlechtsspezifische Voreingenommenheiten beeinflußt.

Eine weitere interessante Fragestellung ist die Zuschreibung von Verantwortlichkeit für Straftaten je nach Geschlecht des Täters, des Opfers und des Beurteilers. Umfangreichere Literatur existiert bisher zur Verantwortlichkeitszuschreibung bei Vergewaltigungsdelikten, wobei hier die Frage untersucht wurde, ob männliche und weibliche Beurteiler dem Opfer (der Frau) unterschiedlich starke Eigenverantwortung an der Tat zuschreiben (so von Calhoun, Selby, Cann & Keller, 1978; Calhoun, Selby & Warring, 1976; Cann, Calhoun & Griffin, 1978; Smith, Keating, Hester & Mitchell, 1976; Selby, Calhoun & Brock, 1977, die Geschlechtsunterschiede fanden; und von Jones & Aronson, 1973; Kahn et al., 1977, die keine Unterschiede aufweisen konnten).

Schließlich bietet sich, etwa ausgehend von Untersuchungen zur Attribution psychologischer Theorien (s. o.), die Fragestellung an, ob Männer und Frauen unterschiedliche Attributionspräferenzen aufweisen. Bierhoff-Alfermann (1979a) zeigte für 14jährige Hauptschüler Unterschiede in der Attribution bei zwei der vorgelegten psychologischen Theorien auf. Jungen sahen stärker als Mädchen das Verhalten der Stimulusperson (Lehrer/in) durch den Einfluß von Vorbildern verursacht, Mädchen stärker als Jungen durch unbewußte Regungen. Auch dieser Ansatz der geschlechtsspezifischen Kausalattribution für Interaktionsverhalten ist bisher nur wenig erforscht und bietet sich als interessantes Thema für weitere Untersuchungen an, wobei hier wiederum das Geschlecht der Stimulusperson, des Beurteilers und die Geschlechtsspezifität des Verhaltens variiert werden kann (s. dazu auch die Arbeiten von Taynor & Deaux, 1973, 1975).

5. Wann, warum und wie wird attribuiert?

Die Attributionsforschung wurde in vielen Bereichen der Psychologie nicht nur mit Wohlwollen begrüßt. Allerdings fand sie schon früh innerhalb der Sozialpsychologie als Fortsetzung der Forschungen zur Personwahrnehmung Anerkennung (s. Meyer & Schmalt, 1978) und wird in den letzten Jahren auch zunehmend in der Motivationsforschung und der Klinischen Psychologie beachtet.

a. Wann wird attribuiert?

Man geht sicher fehl in der Annahme, daß der Alltagsmensch die meiste Zeit damit verbringt, Attributionsprobleme zu lösen (Heckhausen, 1980b). Wenn es auch einen beachtlichen Anpassungsvorteil hat, negative Ereignisse auf kausale Ursachen zurückzuführen, so ist doch ein großer Teil des alltäglichen Verhaltens durch Gedankenlosigkeit und quasi-automatisches Befolgen von Skripten gekennzeichnet (Langer, 1978), ein Zustand, der allerdings leicht eine ‚Illusion der Inkompetenz' trotz erfolgreichen Handelns und Selbst-erzeugte Abhängigkeit hervorrufen kann (Langer, 1979).

Das Problem, wann die Frage nach den Ursachen gestellt wird, ist somit von einigem Interesse, und erste Untersuchungsansätze zu ihrer Beantwortung liegen vor (Bierhoff, 1980b; Langer, Blank & Chanowitz, 1978; Lau & Russel, 1980; Wong & Weiner, 1980). So scheint zu gelten, daß unerwartete Ereignisse Anlaß zu einer Attributionsanalyse geben. Das paßt gut zu der Annahme von Jones & Davis (1965), daß Rollen-diskrepantes Verhalten Anlaß zu Dispositionszuschreibungen bietet (s. Jones et al., 1961). Außerdem scheint die Neigung, kausale Erklärungen anzuwenden, mit der Bedrohlichkeit der Situation zuzunehmen (s. o.).

b. Warum wird attribuiert?

Kelley (1972a, S. 22) schreibt: „Hier wird die Ansicht vertreten, das Attributionsprozesse nicht nur als Mittel verstanden werden müssen, das dem Individuum eine wahre Sicht seiner Welt verschafft, sondern auch als Mittel zur Ermutigung und Aufrechterhaltung seiner effektiven Ausübung von Kontrolle in dieser Welt." So lassen sich defensive Attributionen als im Dienste dieses Strebens nach Kontrolle auffassen (Wortman, 1976) und genauso die Neigung zur Überschätzung von Kontrollmöglichkeiten bei Zufallsereignissen (Langer, 1975, 1977). Offensichtlich neigt man dazu, die eigenen Kontrollmöglichkeiten unter bestimmten Bedingungen – wie Familiarität und Wahlfreiheit – zu überschätzen. Auch die Akteur/Beobachter-Unterschiede sind hier erwähnenswert, insofern eine Personzuschreibung durch den Beobachter die wahrgenommene Kontrollierbarkeit und Voraussagbarkeit zukünftiger Ereignisse vergrößern sollte (Wortman, 1976).

Wenn Streben nach Kontrolle Attributionsprozesse anregt, dann sollte eine Deprivation von Kontrolle (im Sinne einer Hervorrufung gelernter Hilflosigkeit) eine gesteigerte Neigung, kausale Ursachen zu erschließen, hervorrufen (möglicherweise in ganz anderen Bereichen als denen, in denen der Kontrollverlust auftrat). In Übereinstimmung mit dieser Annahme fand sich in einer provozierenden Studie eine klarere Trennung zwischen externaler und internaler Verursachung nach Kontrollverlust aufgrund unlösbarer Aufgaben in der Beurteilung des Ausmaßes externaler Einflüsse auf das Verhalten eines Kommunikators (Pittman & Pittman, 1980).

c. Wie wird attribuiert?

Relativ wenig ist über die kognitiven Vermittlungsprozesse bekannt, die Attributionen beeinflussen und modifizieren. Ein Grund dafür mag darin liegen, daß sich die Attributionsforschung relativ unabhängig von der Untersuchung der Prozesse der Urteilsbildung entwickelt hat (Fischhoff, 1976). Erst in letzter Zeit haben sich Berührungspunkte gefunden, etwa in der Anwendung des „Gesetzes der kleinen Zahl" auf die Konsensus-Dimension des ANOVA-Würfels (s. o.) bzw. in der Untersuchung von Bedingungen, unter denen dieser Urteilsfehler auftritt (Quattrone & Jones, 1980) sowie in der Anwendung der Anker-Heuristik auf das Phänomen der unzureichenden Abwertung (s. o.).

Heuristiken sind – im Gegensatz zu Algorithmen – Regeln, die eine Problemlösung ermöglichen, ohne unbedingt die richtige Lösung zu gewährleisten. In ihrem einflußreichen Beitrag nennen Tversky & Kahneman (1974) drei Heuristiken der Urteilsbildung:

- Repräsentativität: Die Einordnung eines Objektes in eine Klasse von Objekten hängt von der Ähnlichkeit ab, die der Beurteiler zwischen Objekt und Klasse wahrnimmt. Das ‚Gesetz der kleinen Zahl' ist ein Spezialfall.
- Zugänglichkeit: Die Einschätzung der Häufigkeit oder Plausibilität eines Sachverhalts hängt davon ab, wie leicht man sich ihn vorstellen oder sich an ihn erinnern kann.
- Anpassung und Verankerung: Die Voraussage eines Ergebnisses wird dadurch beeinflußt, daß ein Anker als erste Schätzung auf das abschließende Urteil gebildet wird, der dann aufgrund zusätzlicher Informationen nur unzureichend geändert wird.

Offensichtlich war der anfängliche Optimismus über die Anwendbarkeit einer intuitiven Statistik verfehlt (s. Slovic, Fischhoff & Lichtenstein, 1977), so daß wahrscheinlichkeitstheoretische Modelle nur bedingt als Prozeßmodelle der Urteilsbildung brauchbar sind (s. Bierhoff, 1979) und eher schon als Voraussagemodelle dienen können (Shanteau & Phelps, 1977). Allerdings sind diese Fragen der Urteilsbildung noch nicht voll ausdiskutiert (vgl. Anderson & Shanteau, 1977 mit Dawes & Corrigan, 1974, und Dawes, 1979).

Ein Überblick über systematische Urteilsverzerrungen (Liebhart, 1980; Nisbett & Ross, 1980) macht deutlich, daß eine Vielzahl von verzerrenden und modifizierenden Faktoren zu berücksichtigen ist, von denen die Vernachlässigung statistischer Information über die Verteilung von Merkmalen an der Stelle von konkreten, lebendigen Informationen für die Attributionsforschung besonders wichtig ist (Borgida & Nisbett, 1977; Nisbett, Borgida, Crandall & Reed, 1976). Konkretheit dominiert über statistische Information.

Möglicherweise ist eine solche Attributionstendenz nur wirksam, wenn die statistische Information keine kausale Bedeutung für das zu beurteilende Ereignis hat bzw. wenn die Bedeutung dieser Information mit einem bestehenden kausalen Schema im Widerspruch steht (Ajzen, 1977; Tversky & Kahnemann, 1980; s. auch die Unterscheidung von explizitem und implizitem Konsensus weiter oben). Aus dieser Hypothese ergeben sich interessante Hinweise auf den Prozeß der Attribution, insofern eine Abhängigkeit von bestehenden kausalen Schemata und statistischen Informationen hergestellt wird.

Man kann wünschen, daß diese Ansätze in der Zukunft weiter verfolgt werden. Das in der Einleitung gegebene Beispiel, nämlich die Interpretation der Objektionsfähigkeit auf der Grundlage von Mowrers Zwei-Faktoren-Theorie (s. Franz, 1969) ist nicht zuletzt deshalb erwähnenswert, weil ein Prozeßmodell für einen Attributionsvorgang entwickelt wird. Wenn sich die Erklärungsansätze auch wandeln, so ist doch der Versuch, den Prozeß der Attribution zu erklären, bemerkenswert und in die Zukunft weisend. Dies um so mehr, als motivationale Aspekte kognitiver Aktivität vernachlässigt wurden (Estes, 1978).

Ein abschließender Kommentar

Wir haben in diesem Beitrag nicht alle Aspekte der Motivationsforschung gleichermaßen ausführlich berücksichtigen können. Heiders eigenständiger Beitrag wurde nur unzureichend beschrieben, wird aber in anderen Übersichten über die Attributionsforschung (Meyer & Schmalt, 1978; Shaver, 1975) umfangreicher dargestellt. Die Modelle von Reeder & Brewer (1979) wurden nur kurz erwähnt, weil sich ihre Bedeutung für die Attributionsforschung noch nicht voll abschätzen läßt. Die Analyse der Dissonanztheorie konnte aus Raumgründen nicht systematisiert werden. Ihre Darstellung wird dadurch erschwert, daß wenigstens vier alternative Attributionserklärungen für Dissonanz-Phänomene bekannt sind (als Abwertung, durch wahrgenommene Singularität des eigenen Verhaltens, als Revision der Bewertung nach unten, als

Selbstwahrnehmung) und zahlreiche kritische Experimente (Bem, 1967; Calder, Ross & Insko, 1973; Cooper, Jones & Tuller, 1971; Fazio, Zanna & Cooper, 1977; Frey, Irle & Kumpf, 1973; Green, 1974; Harvey & Mills, 1971; R. A. Jones et al., 1968; Liebhart, 1972; Piliavin et al., 1969; Ross & Shulman, 1973; Schlenker & Schlenker, 1975; Snyder & Ebbesen, 1972; s. auch Greenwald, 1975; Ronis & Greenwald, 1979 vs. Fazio et al., 1979) durchgeführt wurden.

Das oben erwähnte fehlende Wohlwollen gegenüber der Attributionsforschung ist z. T. verständlich aufgrund problematischer Versuchspläne (Bierhoff, 1981), die aber im übrigen auch in anderen Bereichen der Erforschung der Urteilsbildung Verwendung finden, einer Popularisierung weniger – relativ trivialer – Konzepte und der Beschränkung auf die Dichotomie von Externalität und Internalität der Erklärung. Außerdem wurde möglicherweise die Bedeutung der kognitiven Komponente der Motivation überbetont (Thomae, 1979). In entspannten Situationen (bei unerwarteten Ereignissen) dominiert der Prozeß der kognitiven Informationsverarbeitung, während in gespannten Situationen ein Streben nach Reduktion der Unausgeglichenheit/Deprivation dominiert und in Abhängigkeit davon kognitive Prozesse ausgelöst werden (Thomae, 1979).

Viele Probleme der Attributionsforschung – z. B. Akteur/Beobachter-Unterschiede (vgl. Buss, 1978; Hamilton, 1980; Harvey & Tucker, 1979; Kruglanski, 1979) und die Bildung einer umfassenderen Attributionstheorie (vgl. Jones & McGillis, 1976; Kruglanski et al., 1978) – scheinen noch nicht endgültig gelöst. In einer Zeit, in der jeden Monat zahlreiche Beiträge zur Attributionsforschung veröffentlicht werden, muß die hier vorgelegte Zusammenfassung mehr den Charakter eines Berichts über fortlaufende Forschungen haben als den einer abschließenden Bewertung. Wenn wir die Entwicklung der Attributionstheorie als ‚kausale Kette' (Brickman, Ryan & Wortman, 1975) deuten, dann ist zwar der Anfang erforscht (s. Harvey, Ickes & Kidd, 1976, 1978), aber das Ende der Kette ist noch nicht erkennbar.

Literatur

Abelson, R. P. Script processing in attitude formation and decision making. In J. S. Carroll & J. W. Payne (Hrsg.), Cognition and social behavior. Hillsdale, N. J.: Lawrence Erlbaum, 1976.

Abramson, L. Y., Seligman, M. E. P. & Teasdale, J. D. Learned helplessness in humans: Critique and reformulation. Journal of Abnormal Psychology, 1978, **87**, 49–74.

Ach, N. Finale Qualität (Gefügigkeitsqualität) und Objektion. Archiv für die gesamte Psychologie, Zweiter Ergänzungsband, 1932, 267–366.

Ajzen, I. Attribution of dispositions to an actor: Effects of perceived decision freedom and behavioral utilities. Journal of Personality and Social Psychology, 1971, **18,** 144–156.

Ajzen, I. Intuitive theories of events and the effects of base-rate information on prediction. Journal of Personality and Social Psychology, 1977, **35,** 303–314.

Ajzen, I., & Holmes, W. H. Uniqueness of behavioral effects in causal attribution. Journal of Personality, 1976, **44,** 98–108.

Allen, V. Uncertainty of outcome and post-decision dissonance reduction. In L. Festinger, Conflict, decision, and dissonance. Stanford: Stanford University Press, 1964.

Amabile, T. M., DeJong, W., & Lepper, M. R. Effects of externally imposed deadlines on subsequent intrinsic motivation. Journal of Personality and Social Psychology, 1976, **34,** 92–98.

Ames, R. Teachers' attributions of responsibility: Some unexpected nondefensive effects. Journal of Educational Psychology, 1975, **67,** 668–676.

Anderson, N. H. Cognitive algebra: Integration theory applied to social attribution. In L. Berkowitz (Hrsg.), Advances in Experimental Social Psychology, Bd. 7. New York: Academic Press, 1974.

Anderson, N. H., & Shanteau, J. Weak inference with linear models. Psychological Bulletin, 1977, **84,** 1155–1170.

Arkin, R. M., & Duval, S. Focus of attention and causal attributions of actors and observers. Journal of Experimental Social Psychology, 1975, **11,** 427–438.

Aronson, E., & Carlsmith, J. M. Effect of severity of threat on the devaluation of forbidden behavior. Journal of Abnormal and Social Psychology, 1963, **66,** 584–588.

Bandler, R. J., Madaras, G. R., & Bem, D. J. Self-observation as a source of pain perception. Journal of Personality and Social Psychology, 1968, **9,** 205–209.

Barefoot, J. C., & Straub, R. B. Opportunity for information search and the effect of false heart-rate feedback. Journal of Personality and Social Psychology, 1971, **17,** 154–157.

Barnes, R. S., Ickes, W., & Kidd, R. F. Effects of the perceived intentionality and stability of another's dependency on helping behavior. Personality and Social Psychology Bulletin, 1979, **5,** 367–372.

Bar-Tal, D., & Frieze, I. H. Attributions of success and failure for actors and observers. Journal of Research in Personality, 1976, **10,** 256–265.

Bar-Tal, D., & Frieze, I. H. Achievement motivation for males and females as a determinant of attributions for success and failure. Sex Roles, 1977, **3,** 301–313.

Bassili, J. N. Emotion recognition: The role of facial movement and the relative importance of upper and lower areas of the face. Journal of Personality and Social Psychology, 1979, **37,** 2049–2058.

Bates, J. A. Extrinsic reward and intrinsic motivation: A review with implications for the classroom. Review of Educational Research, 1979, **49,** 557–576.

Batson, C. D. Attribution as a mediator of bias in helping. Journal of Personality and Social Psychology, 1975, **32,** 455–466.

Batson, C. D., Harris, A. C., McCaul, K. D., Davis, M., & Schmidt, T. Compassion or compliance: Alternative dispositional attributions for one's helping behavior. Social Psychology Quarterly, 1979, **42,** 405–409.

Beckman, L. J. Effects of students' performance on teachers' and observers' attributions of causality. Journal of Educational Psychology, 1970, **61,** 76–82.

Beckman, L. J. Teachers' and observers' perceptions of causality for a child's performance. Journal of Educational Psychology, 1973, **65,** 198–204.

Beckman, L. J. Causal attributions of teachers and parents regarding children's performance. Psychology in the Schools, 1976, **13,** 212–218.

Bell, L. G., Wicklund, R. A., Manko, G., & Larkin, C. When unexpected behavior is attributed to the environment. Journal of Research in Personality, 1976, **10,** 316–327.

Bem, D. J. Self-perception: An alternative interpretation of cognitive dissonance phenomena. Psychological Review, 1967, **74,** 183–200.

Bem, D. J. Self-perception theory. In L. Berkowitz (Hrsg.) Advances in Experimental Social Psychology, Bd. 6. New York: Academic Press, 1972.

Benware, C., & Deci, E. L. Attitude change as a function of the inducement for expousing a proattitudinal communication. Journal of Experimental Social Psychology, 1975, **11,** 271–278.

Berglas, S., & Jones, E. E. Drug choice as a self-handicapping strategy in response to noncontingent success. Journal of Personality and Social Psychology, 1978, **36,** 405–417.

Berkowitz, L. Resistance to improper dependency relationships. Journal of Experimental Social Psychology, 1969, **5,** 283–294.

Berkowitz, L. A survey of social psychology. Hinsdale, Illinois: Dryden Press, 1975.

Berkowitz, L., & Daniels, L. R. Responsibility and dependency. Journal of Abnormal and Social Psychology, 1963, **66,** 429–436.

Berkowitz, L., Lepinski, J. P., & Angulo, E. J. Awareness of own anger level and subsequent aggression. Journal of Personality and Social Psychology, 1969, **11,** 293–300.

Berkowitz, L., & Turner, C. Perceived anger level, instigating agent, and aggression. In H. London and R. E. Nisbett (Hrsg.) Thought and feeling: Cognitive alteration of feeling states. Chicago: Aldine, 1974.

Berscheid, E., & Walster, E. A little bit about love. In: T. L. Huston (Hrsg.) Foundations of interpersonal attraction. New York: Academic Press, 1974.

Bierbrauer, G. Why did he do it? Attribution of obedience and the phenomenon of dispositional bias. European Journal of Social Psychology, 1979, **9,** 67–84.

Bierhoff, H. W. The use of psychological theories by ‚naive' judges: A second look. European Journal of Social Psychology, 1976, **6,** 369–374.

Bierhoff, H. W. Aufeinanderfolgende Bitten und Attribution: Grenzen des „den-Fuß-in-die-Tür-stellen". In L. Eckensberger (Hrsg.) Bericht über den 31. Kongreß der Deutschen Gesellschaft für Psychologie, Bd. 1. Göttingen: Verlag für Psychologie, 1978.

Bierhoff, H. W. Kognitive Organisation, Wahl und Voraussage. Göttingen: Verlag für Psychologie, 1979.

Bierhoff, H. W. Hilfreiches Verhalten. Darmstadt: UTB, 1980 (a).

Bierhoff, H. W. Naive psychologische Theorien und Eigenschaften als Funktion des Interaktionsmusters der Stimulusperson. Zeitschrift für Sozialpsychologie, 1980, **11,** 181–188 (b).

Bierhoff, H. W. Impression formation and repeated measures: The design as a stimulus. European Journal of Social Psychology, 1981, **11,** 173–187.

Bierhoff, H. W., & Bierhoff-Alfermann, D. The use of psychological theories by „naive" judges: A study in implicit personality theory. European Journal of Social Psychology, 1976, **6,** 429–445.

Bierhoff, H. W., & Bierhoff-Alfermann, D. Attribution impliziter Persönlichkeitstheorien in einer Interaktionssituation durch Beurteiler. Zeitschrift für Sozialpsychologie, 1977, **8,** 50–66.

Bierhoff-Alfermann, D. Psychologie der Geschlechtsunterschiede. Köln: Kiepenheuer & Witsch, 1977 (a).

Bierhoff-Alfermann, D. Competitive sport and attributions of actors and observers. In Kongreßbericht vom IV. Internationalen Kongreß für Sportpsychologie. Prag, 1977 (b).

Bierhoff-Alfermann, D. Interaktionsstil und Verhaltenserklärung durch Jungen und Mädchen. Psychologische Beiträge, 1979, **21,** 277–293 (a).

Bierhoff-Alfermann, D. Der Einfluß von Kategorien- und Target-Informationen auf die Ursachenerklärungen von Schülerleistungen durch Lehrer. In L. Eckensberger (Hrsg.) Bericht über den 31. Kongreß der Deutschen Gesellschaft für Psychologie, Bd. 1. Göttingen: Verlag für Psychologie, 1979 (b).

Bierhoff-Alfermann, D., Bartels, M., Michels, R., Pätzold, R., & Souren, R. Unerklärbarkeit des Mißerfolgs: Eine Variante defensiver Attribution. Zeitschrift für Sozialpsychologie, 1980, **11,** 60–68.

Bierhoff-Alfermann, D., & Bierhoff, H. W. Wie Lehrer das Verhalten von Lehrern erklären. Psychologie in Erziehung und Unterricht, 1979, **26,** 207–215.

Bierhoff-Alfermann, D., & Bierhoff, H. W. Entwicklung der Attribution von Verhaltenserklärungen bei Schülerinnen und Schülern der 5. bis 13. Klasse. In D. Görlitz (Hrsg.) Verhaltenserklärung bei Kindern. Entwicklungspsychologische Beiträge in der Attributionsforschung. Weinheim: Beltz, im Druck (a).

Bierhoff-Alfermann, D., & Bierhoff, H. W. The importance of sex and outcome in causal attribution: Some data with German samples. In H. Hiebsch & H. H. Kelley (Hrsg.) Attribution processes in social perception. Berlin und Amsterdam: Verlag der Wissenschaft und North-Holland, im Druck (b).

Bierhoff-Alfermann, D., Boll, A., & Herzog, S. Die Verwendung kausaler Schemata in Abhängigkeit vom Geschlecht der Stimulusperson, Geschlechtsspezifität der Aufgabe und Erfolg/Mißerfolg. Unveröffentlichtes Manuskript, Gießen, 1981.

Bierhoff-Alfermann, D., & Vermaasen, M. Konsensus = Soziale Erwünschtheit? Eine vergleichende Untersuchung zu zwei Attributionsmodellen. In W. Michaelis (Hrsg.) Bericht über den 32. Kongreß der Deutschen Gesellschaft für Psychologie. Göttingen: Verlag für Psychologie, 1981.

Bindra, D. A theory of intelligent behavior. New York: Wiley, 1976.

Borg, A., Hultman, E., & Waern, Y. Conflict resolution and social understanding in six to twelve year old boys. Reports from the Department of Psychology, University of Stockholm, Nr. 481, 1976.

Borgida, E. Scientific deduction – Evidence is not necessarily informative: A reply to Wells and Harvey. Journal of Personality and Social Psychology, 1978, **36,** 477–482.

Borgida, E., & Nisbett, R. E. The differential impact of abstract vs. concrete information on decisions. Journal of Applied Social Psychology, 1977, **7,** 258–271.

Bradley, G. W. Self-serving biases in the attribution process: A reexamination of the fact or fiction question. Journal of Personality and Social Psychology, 1978, **36,** 56–71.

Brehm, J. W. Postdecision changes in the desirability of alternatives. Journal of Abnormal and Social Psychology, 1956, **52,** 384–389.

Brewer, M. B. An information-processing approach to attribution of responsibility. Journal of Experimental Social Psychology, 1977, **13,** 58–69.

Brickman, P., Ryan, K., & Wortman, C. B. Causal chains: Attribution of responsibility as a function of immediate and prior causes. Journal of Personality and Social Psychology, 1975, **32,** 1060–1067.

Broverman, I. K., Broverman, D. M., Clarkson, F. E., Rosenkrantz, P. S., & Vogel, S. R. Sex-role stereotypes and clinical judgments of mental health. Journal of Consulting and Clinical Psychology, 1970, **34,** 1–7.

Bruner, J. S. On perceptual readiness. Psychological Review, 1957, **64,** 123–152.

Buss, A. R. Causes and reasons in attribution theory: A conceptual critique. Journal of Personality and Social Psychology, 1978, **36,** 1311–1321.

Calder, B. J., Ross, M., & Insko, C. A. Attitude change and attitude attribution: Effects of incentive, choice, and consequences. Journal of Personality and Social Psychology, 1973, **25,** 84–99.

Calder, B. J., & Staw, B. M. Interaction of intrinsic and extrinsic motivation: Some methodological notes. Journal of Personality and Social Psychology, 1975, **31.**

Calhoun, L. G., Selby, J. W., Cann, A., & Keller, G. T. The effects of victim physical attractiveness and sex of respondent on social reactions to victims of rape. British Journal of Social and Clinical Psychology, 1978, **17,** 191–192.

Calvert-Boyanowsky, J., & Leventhal, H. The role of information in attenuating behavioral responses to stress: A reinterpretation of the misattribution phenomenon. Journal of Personality and Social Psychology, 1975, **32,** 214–221.

Campbell, D. T. Social attitudes and other acquired behavioral dispositions. In S. Koch (Hrsg.) Psychology: A study of a science, Bd. 6. New York: McGraw-Hill, 1963.

Cann, A., Calhoun, L. G., & Griffin, K. Social context variables in the social perception of rape. Vortrag auf der Tagung der American Psychological Association, Toronto, 1978.

Cann, A., Calhoun, L. G., & Selby, J. W. Attributions for delinquent behavior: Impact of consensus and consistency information. British Journal of Social and Clinical Psychology, 1980, **19,** 33–40.

Calhoun, L. G., Selby, J. W., & Warring, L. J. Social perception of the victim's causal role in rape: An exploratory examination of four factors. Human Relations, 1976, **29,** 517–526.

Cantor, J. R., Zillman, D., & Bryant, J. Enhancement of experienced sexual arousal in response to erotic stimuli through misattribution of unrelated residual excitation. Journal of Personality and Social Psychology, 1975, **32,** 69–75.

Carlsmith, J. M., & Aronson, E. Some hedonic consequences of the confirmation and disconfirmation of expectancies. Journal of Abnormal and Social Psychology, 1963, **66,** 151–156.

Chaikin, A. L., & Cooper, J. Evaluation as a function of correspondence and hedonic relevance. Journal of Experimental Social Psychology, 1973, **9,** 257–264.

Coke, J. S., Batson, C. D., & McDavis, K. Empathic mediation of helping: A two-stage model. Journal of Personality and Social Psychology, 1978, **36,** 752–766.

Collins, B. E., & Hoyt, M. F. Personal responsibility-for-consequences: An integration and extension of the „forced compliance" literature. Journal of Experimental Social Psychology, 1972, **8,** 558–593.

Condry, J., & Condry, S. Sex differences: A study of the eye of the beholder. Child Development, 1976, **47**, 812–819.
Cooper, J. Personal responsibility and dissonance: The role of foreseen consequences. Journal of Personality and Social Psychology, 1971, **18**, 354–363.
Cooper, J., Jones, E. E., & Tuller, S. M. Attribution, dissonance, and the illusion of uniqueness. Journal of Experimental Social Psychology, 1972, **8**, 45–57.
Cooper, J., & Worchel, S. Role of undesired consequences in arousing cognitive dissonance. Journal of Personality and Social Psychology, 1970, **16**, 199–206.
Cooper, J., Zanna, M. P., & Taves, P. A. Arousal as a necessary condition for attitude change following induced compliance. Journal of Personality and Social Psychology, 1978, **36**, 1101–1106.
Cordray, D. S., & Shaw, J. I. An empirical test of the covariation analysis in causal attribution. Journal of Experimental Social Psychology, 1978, **14**, 280–290.
Crandall, V. C. Sex differences in expectancy of intellectual and academic reinforcement. In C. P. Smith (Hrsg.) Achievement-related motives in children. New York: Russell Sage, 1969.
Cunningham, J. D., & Kelley, H. H. Causal attributions for interpersonal events of varying magnitude. Journal of Personality, 1975, **43**, 74–93.
Cupchik, G. C., & Leventhal, H. Consistency between expressive behavior and the evaluation of humorous stimuli: The role of sex and self-observation. Journal of Personality and Social Psychology, 1974, **30**, 429–442.
Darley, J. M., & Latané, B. Bystander intervention in emergencies: Diffusion of responsibility. Journal of Personality and Social Psychology, 1968, **8**, 377–383.
Davidson, A. R., & Steiner, I. D. Reinforcement schedules and attributed freedom. Journal of Personality and Social Psychology, 1971, **19**, 357–366.
Davidson, J. R., & Kiesler, S. B. Cognitive behavior before and after decisions. In L. Festinger, Conflict, decision, and dissonance. Stanford: Stanford University Press, 1964.
Davis, K. E., & Jones, E. E. Change in interpersonal perception as a means of reducing cognitive dissonance. Journal of Abnormal and Social Psychology, 1960, **61**, 402–410.
Dawes, R. M. The robust beauty of improper linear models. American Psychologist, 1979, **34**, 571–582.
Dawes, R. M., & Corrigan, B. Linear models in decision making. Psychological Bulletin, 1974, **81**, 95–104.
Deaux, K. Sex: A perspective on the attribution process. In: J. H. Harvey, W. J. Ickes & R. F. Kidd (Hrsg.) New directions in attribution research, Bd. 1. Hillsdale, N. J.: Lawrence Erlbaum, 1976.
Deaux, K., & Farris, E. Attributing causes for one's own performance: The effects of sex, norms, and outcome. Journal of Research in Personality, 1977, **11**, 59–72.
de Charms, R. Personal causation. New York: Academic Press, 1968.
Deci, E. L. Effects of externally mediated rewards on intrinsic motivation. Journal of Personality and Social Psychology, 1971, **18**, 105–115.
Deci, E. L. The effects of contingent and noncontigent rewards and controls on intrinsic motivation. Organizational Behavior and Human Performance, 1972, **8**, 217–229.
Deci, E. L. Intrinsic motivation. New York: Plenum, 1975.
Deci, E. L. Applications of research on the effects of reward. In: M. R. Lepper & D.

Greene (Hrsg.) The hidden costs of reward. Hillsdale, N. J.: Lawrence Erlbaum, 1978.

Deci, E. L., & Porac, J. Cognitive evaluation theory and the study of human motivation. In M. R. Lepper and D. Greene (Hrsg.) The hidden costs of reward. Hillsdale, N. J.: Lawrence Erlbaum, 1978.

DeJong, W. An examination of self-perception mediation of the foot-in-the-door effect. Journal of Personality and Social Psychology, 1979, **37**, 2221–2239.

Detweiler, R. A., & Zanna, M. P. Physiological mediation of attitudinal responses. Journal of Personality and Social Psychology, 1976, **33**, 107–116.

Dienstbier, R. A., & Munter, P. O. Cheating as a function of the labeling of natural arousal. Journal of Personality and Social Psychology, 1971, **17**, 208–213.

DiVitto, B., & McArthur, L. Z. Developmental differences in the use of distinctiveness, consensus, and consistency information for making causal attributions. Developmental Psychology, 1978, **14**, 474–482.

Dollinger, S. J., & Thelen, M. H. Overjustification and children's intrinsic motivation: Comparative effects of four rewards. Journal of Personality and Social Psychology, 1978, **36**, 1259–1269.

Duncker, K. Inducted motion. In W. D. Ellis (Hrsg.) A sourcebook of Gestalt psychology. New York: Harcourt Brace, 1938.

Dutton, D. F., & Aron A. P. Some evidence for heightened sexual attraction under conditions of high anxiety. Journal of Personality and Social Psychology, 1974, **30**, 510–517.

Duval, S., & Hensley, V. Extensions of objective self-awareness theory: The focus of attention – causal attribution hypothesis. In J. H. Harvey, W. J. Ickes & R. F. Kidd (Hrsg.) New directions in attribution research, Bd. 1. Hillsdale, N. J.: Lawrence Erlbaum, 1976.

Duval, S., & Wicklund, R. A. A theory of objective self-awareness. New York: Academic Press, 1972.

Duval, S., & Wicklund, R. A. Effects of objective self-awareness on attribution of causality. Journal of Experimental Social Psychology, 1973, **9**, 17–31.

Dweck, C. S., Davidson, W., Nelson, S., & Enna, B. Sex differences in learned helplessness: II. The contingencies of evaluative feedback in the classroom and III. An experimental analysis. Developmental Psychology, 1978, **14**, 268–276.

Eibl-Eibesfeldt, I. Vorprogrammierung im menschlichen Sozialverhalten (urspr. 1971). In I. Eibl-Eibesfeldt, Der vorprogrammierte Mensch. München: Deutscher Taschenbuch Verlag, 1976.

Eiser, J. R., Sutton, S. R., & Wober, M. Smokers, non-smokers, and the attribution of addiction. British Journal of Social and Clinical Psychology, 1977, **16**, 329–336.

Ekman, P., & Friesen, W. V. Constants across cultures in the face and emotion. Journal of Personality and Social Psychology, 1971, **17**, 124–129.

Elig, T. W., & Frieze, I. H. A multidimensional scheme for coding and interpreting perceived causality for success and failure events: The coding scheme for perceived causality (CSPC). Journal Supplement Abstract Service-Documents, 1975, **5**, Manuskript Nr. 1069.

Enzle, M. E., Hansen, R. D., & Lowe, C. A. Causal attribution in the mixed-motive game: Effects of facilitory and inhibitory environmental forces. Journal of Personality and Social Psychology, 1975, **31**, 50–54.

Estes, W. K. The information-processing approach to cognition: A confluence of metaphors and methods. In: W. K. Estes (Hrsg.) Handbook of Learning and Cognitive Processes, Bd. 5. Hillsdale, N. J.: Lawrence Erlbaum, 1978.

Fazio, R. H., Zanna, M. P., Cooper, J. Dissonance and self-perception: An integrative view of each theory's domain of application. Journal of Experimental Social Psychology, 1977, **13**, 464–479.

Fazio, R. H., Zanna, M. P., & Cooper, J. On the relationship of data to theory: A reply to Ronis and Greenwald. Journal of Experimental Social Psychology, 1979, **15**, 70–76.

Feather, N. T. Attribution of responsibility and valence of success and failure in relation to initial confidence and task performance. Journal of Personality and Social Psychology, 1969, **13**, 129–144.

Federoff, N. A., & Harvey, J. H. Focus of attention, self-esteem and attribution of causality. Journal of Research in Personality, 1976, **10**, 336–345.

Feingold, B. D., & Mahoney, M. J. Reinforcement effects on intrinsic interest: Undermining the overjustification hypothesis. Behavior Therapy, 1975, **6**, 367–377.

Feldman, N. S., Higgins, E. T., Karlovac, M., & Ruble, D. N. Use of consensus information in causal attributions as a function of temporal presentation and availability of direct information. Journal of Personality and Social Psychology, 1976, **34**, 694–698.

Festinger, L. A theory of cognitive dissonance. Stanford: Stanford University Press, 1957. (dt. Theorie der kognitiven Dissonanz. Huber: Bern, 1978).

Festinger, L. Conflict, decision, and dissonance. Stanford: Stanford University Press, 1964.

Festinger, L., & Carlsmith J. M. Cognitive consequences of forced compliance. Journal of Abnormal and Social Psychology, 1959, **58**, 203–210.

Festinger L., & Freedman, J. L. Dissonance reduction and moral values. In P. Worchel & D. Byrne (Hrsg.) Personality change. New York: Wiley, 1964.

Fiedler, K. Kognitive Verarbeitung statistischer Information: Der „vergebliche Konsensus-Effekt". Zeitschrift für Sozialpsychologie, 1980, **11**, 25–37.

Finney, P., Marrifield, C., & Helm, B. The actor's behavioral history, his current role, and the divergence between actor and observer responsibility attributions. Journal of Research in Personality, 1976, **10**, 358–368.

Fischhoff, B. Attribution theory and judgement under uncertainty. In J. H. Harvey, W. J. Ickes & R. F. Kidd (Hrsg.) New directions in attribution research, Bd. 1. Hillsdale, N. J.: Lawrence Erlbaum, 1976.

Folger, R., Rosenfield, D., & Hays, R. P. Equity and intrinsic motivation: The role of choice. Journal of Personality and Social Psychology, 1978, **36**, 557–564.

Fontaine, G. Causal attribution in simulated versus real situations: When are people logical, when are they not? Journal of Personality and Social Psychology, 1975, **32**, 1021–1029.

Franz, A. Objektionsprozeß als Lern- und Regelungsvorgang. Semesterarbeit, Psychologisches Institut der Universität Marburg, 1969.

Frey, D. Die Theorie der kognitiven Dissonanz. In D. Frey (Hrsg.) Kognitive Theorien der Sozialpsychologie. Bern: Huber, 1978.

Frey, D. Irle, M., & Kumpf, M. Attribution oder Reduktion kognitiver Dissonanz. Zeitschrift für Sozialpsychologie, 1973, **4**, 366–377.

Frieze, J. H. Women's expectations for and causal attributions of success and failure. In M. S. Mednick, S. Tangri & L. Hoffman (Hrsg.) Women and achievement: Social and motivational analyses. Washington: Hemisphere 1975.

Galper, R. E. Turning observers into actors: differential causal attributions as a function of „empathy". Journal of Research in Personality, 1976, **10**, 328–335.

Gerard, H. B., Blevins, S. A., & Malcolm, T. Self-evaluation and the evaluation of choice alternatives. Journal of Personality, 1964, **32**, 395–410.

Giesen, M., & Hendrick, C.: Effects of false positive and negative arousal feedback on persuasion. Journal of Personality and Social Psychology, 1974, **30**, 449–457.

Girodo, M. Film induced arousal, information search, and the attribution process. Journal of Personality and Social Psychology, 1973, **25**, 357–366.

Goethals, G. R. Consensus and modality in the attribution process: The role of similarity and information. Journal of Personality and Social Psychology, 1972, **21**, 84–92.

Goethals, G. R., Cooper, J., & Naficy, A. Role of foreseen, foreseeable, and unforeseeable behavioral consequences in the arousal of cognitive dissonance. Journal of Personality and Social Psychology, 1979, **37**, 1179–1185.

Goldstein, D., Fink, D., & Mettee, D. R. Cognition of arousal and actual arousal as determinants of emotion. Journal of Personality and Social Psychology, 1972, **21**, 41–51.

Goranson, R. E., & Berkowitz, L. Reciprocity and responsibility reactions to prior help. Journal of Personality and Social Psychology, 1966, **3**, 227–232.

Gouldner, A. W. The norm of reciprocity: A preliminary statement. American Sociological Review, 1960, **25**, 161–178.

Grabitz, H. J. Die Theorie der Selbst-Wahrnehmung von Bem. In D. Frey (Hrsg.) Kognitive Theorien der Sozialpsychologie. Bern: Huber, 1978.

Graumann, C. F. Interaktion und Kommunikation. In: C. F. Graumann (Hrsg.) Handbuch der Psychologie, Bd. 7.2. Göttingen: Verlag für Psychologie, 1972.

Green, D. Dissonance and self-perception analysis of „forced compliance": When two theories make competing predictions. Journal of Personality and Social Psychology, 1974, **29**, 819–828.

Greene, D., Sternberg, B. & Lepper, M. R. Overjustification in a token economy. Journal of Personality and Social Psychology, 1976, **34**, 1219–1234.

Greenwald, A. J. On the inconclusiveness of „crucial" cognitive tests of dissonance versus self perception theories. Journal of Experimental Social Psychology, 1975, **11**, 490–499.

Grusec, J. E., Kuczynski, L. Rushton, J. P. & Simutis, Z. M. Modeling, direct instruction, and attributions: Effects on altruism. Developmental Psychology, 1978, **14**, 51–57.

Grusec, J. E. & Redler, E. Attribution, reinforcement, and altruism: A developmental analysis. Developmental Psychology, 1980, **16**, 525–534.

Gurwitz, S. B. & Panciera, L. Attributions of freedom by actors and observers. Journal of Personality and Social Psychology, 1975, **32**, 531–539.

Haber, R. N. & Hershenson, M. The psychology of visual perception. New York: Holt, 1973.

Haisch, J. Anwendung von Attributionstheorie als normatives Modell für eine rationale Strafzumessung: Experimentelle Überprüfung eines Trainingsprogrammes. Zeitschrift für experimentelle und angewandte Psychologie, 1980, **27**, 415–427.

Hamilton, V. L. Intuitive psychologist or intuitive lawyer? Alternative models of the attribution process. Journal of Personality and Social Psychology, 1980, **39,** 767–772.

Hansen, R. D. Actors rely on distinctiveness and observers rely on consensus: Two causal schemata. Personality and Social Psychology Bulletin, 1976, **2,** 242–247.

Hansen, R. D. & Donoghue, J. M. The power of consensus: Information derived from one's own and others' behavior. Journal of Personality and Social Psychology, 1977, **35,** 294–302.

Hansen, R. D. & Lowe, C. A. Distinctiveness and consensus: The influence of behavioral information on actors' and observers' attributions. Journal of Personality and Social Psychology, 1976, **34,** 425–433.

Harris, M. B. The effects of performing one altruistic act on the likelihood of performing another. Journal of Social Psychology, 1972, **88,** 65–73.

Harris, M. B. & Huang, L. C. Helping and the attribution process. Journal of Social Psychology, 1973, **90,** 291–297.

Harris, V. A. & Jellison, J. M. Fear-arousing communications, false physiological feedback, and the acceptance of recommendations. Journal of Experimental Social Psychology, 1971, **7,** 269–279.

Harvey, J. H. & Harris, B. Determinants of perceived choice and the relationship between perceived choice and expectancy about feelings of internal control. Journal of Personality and Social Psychology, 1975, **31,** 101–106.

Harvey, J. H., Harris, B. & Barnes, R. D. Actor-observer differences in the perceptions of responsibility and freedom. Journal of Personality and Social Psychology, 1975, **32,** 22–28.

Harvey, J. H., Ickes, W. J. & Kidd, R. F. (Hrsg.) New directions in attribution research, Bd. 1 und 2. Hillsdale, N. J.: Lawrence Erlbaum, 1976 und 1978.

Harvey, J. H. & Johnston, S. Determinants of the perception of choice. Journal of Experimental Social Psychology, 1973, **9,** 164–179.

Harvey, J. & Mills, J. Effect of a difficult opportunity to revoke a counterattitudinal action upon attitude change. Journal of Personality and Social Psychology, 1971, **18,** 201–209.

Harvey, J. H. & Tucker, J. A. On problems with the cause-reason distinction in attribution theory. Journal of Personality and Social Psychology, 1979, **37,** 1441–1446.

Hastie, R., Ostrom, T. M., Ebbesen, E. B., Wyer, R. S., Hamilton, D. L. & Carlston, D. E. Person memory: The cognitive basis of social perception. Hillsdale, N. J.: Lawrence Erlbaum, 1980.

Heckhausen, H. Motivation und Handeln. Berlin: Springer, 1980 (a).

Heckhausen, H. Attributional analysis of achievement motivation: Some unresolved problems. Vortrag anläßlich der ‚Conference on attributional approaches to human motivation', Bielefeld, 1980 (b).

Heider, F. The psychology of interpersonal relations. New York: Wiley, 1958.

Heider, F. & Simmel, M. An experimental study of apparent behavior. American Journal of Psychology, 1944, **57,** 243–259.

Himmelfarb, S. & Anderson, N. H. Integration theory applied to opinion attribution. Journal of Personality and Social Psychology, 1975, **31,** 1064–1072.

Hodges, B. H. Effect of valence on relative weighting in impression formation. Journal of Personality and Social Psychology, 1974, **30,** 378–381.

Holmes, J. G. & Strickland, L. H. Choice freedom and confirmation of incentive expectancy as determinants of attitude change. Journal of Personality and Social Psychology, 1970, **14,** 39–45.

Ickes, W. J. & Kidd, R. F. An attributional analysis of helping behavior. In J. H. Harvey, W. J. Ickes & R. F. Kidd (Hrsg.) New directions in attribution research, Bd. 1. Hillsdale, N. J.: Lawrence Erlbaum, 1976.

Ickes, W. J., Kidd, R. F. & Berkowitz, L. Attributional determinants of monetary help-giving. Journal of Personality, 1976, **44,** 163–178.

Ickes, W. J. and Layden, M. A. Attributional styles. In J. H. Harvey, W. J. Ickes and R. F. Kidd (Hrsg.) New directions in attribution research, Bd. 2. Hillsdale, N. J.: Lawrence Erlbaum, 1978.

Irle, M. & Möntmann, V. Die Theorie der kognitiven Dissonanz: Ein Resümee ihrer theoretischen Entwicklung und empirischen Ergebnisse 1957–1976. In L. Festinger, Theorie der kognitiven Dissonanz. Bern: Huber, 1978.

Irwin, M., Tripodi, T. & Bieri, J. Affective stimulus value and cognitive complexity. Journal of Personality and Social Psychology, 1967, **5,** 444–448.

Iso-Ahola, S. Immediate attributional effects of success and failure in the field: Testing some laboratory hypotheses. European Journal of Social Psychology, 1977, **7,** 275–296.

Jecker, J. D. The cognitive effects of conflict and dissonance. In L. Festinger, Conflict, decision, and dissonance. Stanford: Stanford University Press, 1964, 21–30.

Jensen, A. M. and Moore, S. J. The effect of attribute statements on cooperativeness and competitiveness in school-age boys. Child Development, 1977, **48,** 305–307.

Johnson, J. E. & Leventhal, H. Effects of accurate expectations and behavioral instructions on reactions during a noxious medical examination. Journal of Personality and Social Psychology, 1974, **29,** 710–718.

Johnson, T. J., Feigenbaum, R. & Weiby, M. Some determinants and consequences of the teacher's perception of causation. Journal of Educational Psychology, 1964, **55,** 237–246.

Jones, C. & Aronson, E. Attribution of fault to a rape victim as a function of respectability of the victim. Journal of Personality and Social Psychology, 1973, **36,** 415–419.

Jones, E. E. Ingratiation. A social psychological analysis. New York: Appleton-Century-Crofts, 1964.

Jones, E. E. How do people perceive the causes of behavior? American Scientist, 1976, **64,** 300–305.

Jones, E. E. The rocky road from acts to dispositions. American Psychologist, 1979, **34,** 107–117.

Jones, E. E. Strategies in the shaping of competence attributions. Vortrag auf der Tagung ‚Attributional approaches to human motivation', Bielefeld, 1980.

Jones, E. E. & Berglas, S. A recency effect in attitude attribution. Journal of Personality, 1976, **44,** 433–448.

Jones, E. E. and Davis, K. E. From acts to dispositions: The attribution process in person perception. In L. Berkowitz (Hrsg.) Advances in Experimental Social Psychology, Bd. 2. New York: Academic Press, 1965.

Jones, E. E., Davis, K. E. & Gergen, K. J. Role playing variations and their informational value for person perception. Journal of Abnormal and Social Psychology, 1961, **63,** 302–310.

Jones, E. E. & Gerard, H. B. Foundations of social psychology. New York: Wiley, 1967.

Jones, E. E. & Harris, V. A. The attribution of attitudes. Journal of Experimental Social Psychology, 1967, **3**, 1–24.

Jones, E. E., Kanouse, D. E., Kelley, H. H., Nisbett, R. E., Valins, S. & Weiner, B. Attribution: Perceiving the causes of behavior. Morristown, N. J.: General Learning Press, 1972.

Jones, E. E. & McGillis, D. Correspondent inferences and the attribution cube: A comparative reappraisal. In J. H. Harvey, W. J. Ickes & R. F. Kidd (Hrsg.) New directions in attribution research, Bd. 1. Hillsdale, N. J.: Lawrence Erlbaum, 1976, 389–420.

Jones, E. E. & Nisbett, R. E. The actor and the observer: Divergent perceptions of the causes of behavior. In E. E. Jones et al. (Hrsg.) Attribution: Perceiving the causes of behavior, Morristown, N. J.: General Learning Press, 1972.

Jones, E. E., Riggs, J. M. & Quattrone, G. Observer bias in the attitude attribution paradigm: Effect of time and information order. Journal of Personality and Social Psychology, 1979, **37**, 1230–1238.

Jones, E. E., Rock, L., Shaver, K. G., Goethals, G. R. & Ward, L. M. Pattern of performance and ability attribution: An unexpected primacy effect. Journal of Personality and Social Psychology, 1968, **10**, 317–340.

Jones, E. E. & Thibaut, J. W. Interaction goals as bases of inference in interpersonal perception. In R. Tagiuri and L. Petrullo (Hrsg.) Person perception and interpersonal behavior. Stanford, Cal.: Stanford University Press, 1958.

Jones, E. E., Worchel, S., Goethals, G. R. & Grumet, J. F. Prior expectancy and behavioral extremity as determinants of attitude attribution. Journal of Experimental Social Psychology, 1971, **7**, 59–80.

Jones, E. E. & Wortman, C. Ingratiation: An attributional approach. Morristown, N. J.: General Learning Press, 1973.

Jones, R. A., Linder, D. E., Kiesler, C. A., Zanna, M. & Brehm, J. W. Internal states or external stimuli: Observers' attitude judgments and the dissonance-theory-self-persuasion controversy. Journal of Experimental Social Psychology, 1968, **4**, 247–269.

Kahn, A., Gilbert, L. A., Latta, R. M., Deutsch, C., Hagen, R., Hill, M., McGaughey, T., Ryen, A. H. & Wilson, D. W. Attribution of fault to a rape victim as a function of respectability of the victim: A failure to replicate or extend. Representative Research in Social Psychology, 1977, **8**, 98–107.

Kahneman, D. & Tversky, A. On the psychology of prediction. Psychological Review, 1973, **80**, 237–251.

Karniol, R. & Ross, M. The development of causal attributions in social perception. Journal of Personality and Social Psychology, 1976, **34** (a), 455–464.

Karniol, R. & Ross, M. Children's attributions for rewarded behavior: Adding vs. discounting. Vortrag auf der Tagung der American Psychological Association, 1976 (b).

Karniol, R. & Ross, M. The effect of performance-relevant and performance-irrelevant rewards on children's intrinsic motivation. Child Development, 1977, **48**, 482–487.

Karniol, R. & Ross, M. Children's use of a causal attribution schema and the inference of manipulative intentions. Child Development, 1979, **50**, 463–468.

Kassin, S. M. Consensus information, prediction, and causal attribution: A review of the literature and issues. Journal of Personality and Social Psychology, 1979, **37**, 1966–1981.

Kassin, S. M. & Lowe, C. A. On the development of the augmentation principle: A perceptual approach. Child Development, 1979, **50**, 728–734.

Kassin, S. M., Lowe, C. A. & Gibbons, F. X. Children's use of the discounting principle: A perceptual approach. Journal of Personality and Social Psychology, 1980, **39**, 719–728.

Kelley, H. H. Attribution theory in social psychology. In D. Levine (Hrsg.) Nebraska symposium on motivation. Lincoln, Nebraska: University of Nebraska Press, 1967.

Kelley, H. H. Attribution in social interaction. In E. E. Jones et al. (Hrsg.) Attribution: Perceiving the causes of behavior. Morristown, N. J.: General Learning Press, 1972 (a).

Kelley, H. H. Causal schemata and the attribution process. In E. E. Jones et al. (Hrsg.) Attribution: Perceiving the causes of behavior. Morristown, N. J.: General Learning Press, 1972 (b).

Kelley, H. H. The processes of causal attribution. American Psychologist, 1973, **28**, 107–128.

Kelley, H. H. Personal relationships: Their structures and processes. Hillsdale, N. J.: Lawrence Erlbaum, 1979.

Kelley, H. H. The two major facets of attribution research. XXII. Internationaler Kongreß für Psychologie, Leipzig 6.–12. Juli 1980, Abstract Guide, Bd. 2, 459.

Kelley, H. H. & Michela, L. Attribution theory and research. Annual Review of Psychology, 1980, **31**, 457–501.

Kellogg, R. & Baron, R. S. Attribution theory, insomnia, and the reverse placebo effect: A reversal of Storms and Nisbett's findings. Journal of Personality and Social Psychology, 1975, **32**, 231–236.

Kenrick, D. T. & Johnson, G. A. Interpersonal attraction in aversive environments: A problem for the classical conditioning paradigm? Journal of Personality and Social Psychology, 1979, **37**, 572–579.

Kiesler, C. A., Nisbett, R. E. & Zanna, M. P. On inferring one's belief from one's behavior. Journal of Personality and Social Psychology, 1969, **11**, 321–327.

Kiesler, C. A. & Pallak, T. S. Arousal properties of dissonance manipulations. Psychological Bulletin, 1976, **83**, 1014–1025.

Kiesler, C. A., Roth, T. S. & Pallak, M. S. Avoidance and reinterpretation of commitment and its implication. Journal of Personality and Social Psychology, 1974, **30**, 705–715.

Kiesler, C. A. & Sakamura, J. A test of a model for commitment. Journal of Personality and Social Psychology, 1966, **3**, 349–353.

Kiesler, S. B. Actuarial prejudice toward women and its implications. Journal of Applied Social Psychology, 1975, **5**, 201–216.

Kirsch, E. Aufmerksamkeit und Objektionsfähigkeit. Ein Beitrag zur Typenlehre. Untersuchungen zur Psychologie, Philosophie und Pädagogik, 1934, **8**.

Koenig, K. P. False emotional feedback and the modification of anxiety. Behavior Therapy, 1973, **4**, 193–202.

Koffka, K. Principles of Gestalt psychology. New York: Harcourt Brace, 1935.

Kruglanski, A. W. Attributing trustworthiness in supervisor-worker relations. Journal of Experimental Social Psychology, 1970, **6**, 214–232.

Kruglanski, A. W. The endogenous-exogenous partition in attribution theory. Psychological Review, 1975, **82,** 387–406.

Kruglanski, A. W. Causal explanation, teleological explanation: On radical particularism in attribution theory. Journal of Personality and Social Psychology, 1979, **37,** 1447–1457.

Kruglanski, A. W. & Cohen, M. Attributed freedom and personal causation. Journal of Personality and Social Psychology, 1973, **26,** 245–250.

Kruglanski, A. W., Feedman, J. & Zeevi, G. The effects of extrinsic incentive on some qualitative aspects of task performance. Journal of Personality, 1971, **39,** 606–617.

Kruglanski, A. W., Hamel, J. Z., Maides, S. A. & Schwartz, J. M. Attribution theory as a special case of lay epistemology. In J. H. Harvey, W. Ickes and R. F. Kidd (Hrsg.) New directions in attribution research, Bd. 2. Hillsdale, N. J.: Lawrence Erlbaum, 1978, 299–333.

Kruglanski, A. W., Riter, A., Amitai, A., Margolin, B.-S., Shabtai, L. & Zaksh, D. Can money enhance intrinsic motivation?: A test of the content-consequence hypothesis. Journal of Personality and Social Psychology, 1975, **31,** 744–750.

Kulik, J. A. & Taylor, S. E. Premature consensus on consensus? Effects of sample-based versus self-based consensus information. Journal of Personality and Social Psychology, 1980, **38,** 871–878.

Kun, A. Development of the magnitude-covariation and compensation schemata in ability and effort attributions of performance. Child Development, 1977, **48,** 862–873.

Kun, A. & Weiner, B. Necessary and sufficient causal schemata for success and failure. Journal of Research in Personality, 1973, **7,** 197–207.

Lane, J. & Anderson, N. H. Integration of intention and outcome in moral judgment. Memory and Cognition, 1976, **4,** 1–5.

Langer, E. J. The illusion of control. Journal of Personality and Social Psychology, 1975, **32,** 311–328.

Langer, E. J. The psychology of chance. Journal for the Theory of Social Behaviour, 1977, **7,** 185–208.

Langer, E. J. Rethinking the role of thought in social interaction. In J. H. Harvey, W. J. Ickes and R. F. Kidd (Hrsg.) New directions in attribution research, Bd. 2. Hillsdale, N. J.: Lawrence Erlbaum, 1978.

Langer, E. J. The illusion of incompetence. In L. C. Perlmuter & R. A. Monty (Hrsg.) Choice and perceived control. Hillsdale, N. J.: Lawrence Erlbaum, 1979, 301–313.

Langer, E., Blank, A. & Chanowitz, B. The mindlessness of ostensibly thoughtful action: The role of „placebic“ information in interpersonal interaction. Journal of Personality and Social Psychology, 1978, **36,** 635–642.

Langer, E. J. & Imber, L. G. When practice makes imperfect: Debilitating effects of overlearning. Journal of Personality and Social Psychology, 1979, **37,** 2014–2024.

Langer, E. J. & Imber, L. Role of mindlessness in the perception of deviance. Journal of Personality and Social Psychology, 1980, **39,** 360–367.

Langer, E. J. & Newman, H. M. The role of mindlessness in a typical social psychological experiment. Personality and Social Psychology Bulletin, 1979, **5,** 295–298.

Langer, E. J. & Roth, J. Heads I win, tails it's chance: The illusion of control as a function of the sequence of outcomes in a purely chance task. Journal of Personality and Social Psychology, 1975, **32,** 951–955.

Lau, R. R. & Russell, D. Attributions in the sports pages. Journal of Personality and Social Psychology, 1980, **39,** 29–38.

Laux, J. Geschlechtsunterschiede in therapeutischen Prozessen. In H. Keller (Hrsg.) Geschlechtsunterschiede. Weinheim: Beltz, 1979.

Lepper, M. R., Greene, D. & Nisbett, R. E. Undermining children's intrinsic interest with extrinsic reward: A test of the „overjustification" hypothesis. Journal of Personality and Social Psychology, 1973, **28,** 129–137.

Lepper, M. R. Dissonance, self-perception, and honesty in children. Journal of Personality and Social Psychology, 1973, **25,** 65–74.

Lepper, M. R. & Greene, D. Turning play into work: Effects of adult surveillance and extrinsic rewards on children's intrinsic motivation. Journal of Personality and Social Psychology, 1975, **31,** 479–486.

Lepper, M. R. & Greene, D. On understanding „overjustification": A reply to Reiss and Suchinsky. Journal of Personality and Social Psychology, 1976, **33,** 25–35.

Leventhal, H. Emotions: A basic problem for social psychology. In C. Nemeth (Hrsg.) Social Psychology: Classic and contemporary interpretations. Chicago: Rand McNally, 1974.

Leventhal, H. & Mace, W. The effect of laughter on evaluation of a slapstick movie. Journal of Personality, 1970, **38,** 16–30.

Liebhart, E. H. Attribution und Dissonanz: Kritische Bemerkungen zu der Kontroverse und ein Entscheidungsexperiment. Zeitschrift für Sozialpsychologie, 1972, **3,** 277–285.

Liebhart, E. H. Effects of false heart rate feedback and task instructions on information search, attributions, and stimulus ratings. Psychological Research, 1977, **39,** 185–202.

Liebhart, E. H. Information search and attribution: Cognitive processes mediating the effects of false autonomic feedback. European Journal of Social Psychology, 1979, **9,** 19–37.

Liebhart, E. H. Illusionen, Laborexperimente und das wirkliche Leben: Zur Generalisierbarkeit in der Psychologie des intuitiven Urteilens. Zeitschrift für Klinische Psychologie, 1980, **9,** 294–305.

Linder, D. E., Cooper, J. & Jones, E. E. Decision freedom as a determinant of the role of incentive magnitude in attitude change. Journal of Personality and Social Psychology, 1967, **6,** 245–254.

Loftis, J. & Ross, L. Effects of misattribution of arousal upon the acquisition and extinction of a conditioned emotional response. Journal of Personality and Social Psychology, 1974, **30** (a), 673–682.

Loftis, J. & Ross, L. Retrospective misattribution of a conditioned emotional response. Journal of Personality and Social Psychology, 1974, **30** (b), 683–687.

Lopes, L. L. A unified integration model for „Prior expectancy and behavioral extremity as determinants of attitude attribution". Journal of Experimental Social Psychology, 1972, **8,** 156–160.

Lowe, C. A. & Goldstein, J. W. Reciprocal liking and attribution of ability: Mediating effects of perceived intent and personal involvement. Journal of Personality and Social Psychology, 1970, **16,** 291–297.

Lowe, C. A. & Hansen, R. D. Motivational influence of behavioral desirability on actors' and observers' attributions. Social Behavior and Personality, 1976, **4,** 17–25.

McArthur, L. A. The how and what of why: Some determinants and consequences of causal attribution. Journal of Personality and Social Psychology, 1972, **22,** 171–193.
McArthur, L. Z. The lesser influence of consensus than distinctiveness information on causal attributions: A test of the person-thing hypothesis. Journal of Personality and Social Psychology, 1976, **33,** 733–742.
McArthur, L. A., Kiesler, C. A. & Cook, B. P. Acting on an attitude as a function of self-percept and inequity. Journal of Personality and Social Psychology, 1969, **12,** 295–302.
McArthur, L. Z. & Post, D. L. Figural emphasis and person perception. Journal of Experimental Social Psychology, 1977, **13,** 520–535.
McArthur, L. Z. & Solomon, L. K. Perceptions of an aggressive encounter as a function of the victim's salience and the perceiver's arousal. Journal of Personality and Social Psychology, 1978, **36,** 1278–1290.
Meyer, J. P. & Mulherin, A. From attribution to helping: An analysis of the mediating effects of affect and expectancy. Journal of Personality and Social Psychology, 1980, **39,** 201–210.
Meyer, W.-U. Effects of evaluative and helping behavior on perceived ability and affect. Vortrag auf der Tagung ‚Attributional approaches to human motivation'. Bielefeld, 1980.
Meyer, W.-U. & Schmalt, H.-D. Die Attributionstheorie. In D. Frey (Hrsg.) Kognitive Theorien der Sozialpsychologie. Bern: Huber, 1978, 98–136.
Michotte, A. The perception of causality. London: Methuen, 1963.
Miller, A. G. Actor and observer perceptions of the learning of a task. Journal of Experimental Social Psychology, 1975, **11,** 95–111.
Miller, A. G. Constraint and target effects in the attribution of attitudes. Journal of Experimental Social Psychology, 1976, **12,** 325–339.
Miller, A. G., Mayerson, N., Pogue, M. & Whitehouse, D. Perceivers' explanations of their attributions of attitude. Personality and Social Psychology Bulletin, 1977, **3,** 111–114.
Miller, D. T. Ego involvement and attributions for success and failure. Journal of Personality and Social Psychology, 1976, **34,** 901–906.
Miller, D. T. What constitutes a self-serving attributional bias? A reply to Bradley. Journal of Personality and Social Psychology, 1978, **36,** 1221–1223.
Miller, D. T. & Norman, S. A. Actor-observer differences in perceptions of effective control. Journal of Personality and Social Psychology, 1975, **31,** 503–515.
Miller, D. T. & Porter, C. A. Effects of temporal perspective on the attribution process. Journal of Personality and Social Psychology, 1980, **39,** 532–541.
Miller, D. T. & Ross, M. Self-serving biases in the attribution of causality: Fact or fiction? Psychological Bulletin, 1975, **82,** 213–225.
Miller, R. L., Brickman, P. & Bolen, D. Attribution versus persuasion as a means for modifying behavior. Journal of Personality and Social Psychology, 1975, **31,** 430–441.
Miller, R. L. & Suls, J. Helping, self-attribution, and the size of an initial request. Journal of Social Psychology, 1977, **103,** 203–207.
Mills, J. & Jellison, J. M. Effect on opinion change of how desirable the communication is to the audience the communicator addressed. Journal of Personality and Social Psychology, 1967, **6,** 98–101.

Monson, T. C. & Snyder, M. Actors, observers, and the attribution process: Toward a reconceptualization. Journal of Experimental Social Psychology, 1977, **13,** 89–111.
Mowrer, O. H. Learning theory and behavior. New York: Wiley, 1960.
Nadler, A., Fisher, J. D. & Streufert, S. When helping hurts: Effects of donor-recipient similarity and recipient self-esteem on reactions to aid. Journal of Personality, 1976, **44,** 392–409.
Newtson, D. Dispositional inference from effects of actions: Effects chosen and effects foregone. Journal of Experimental Social Psychology, 1974, **10,** 489–496.
Nicholls, J. G. Causal attributions and other achievement-related cognitions: Effects of task outcome, attainment value, and sex. Journal of Personality and Social Psychology, 1975, **31,** 379–389.
Nisbett, R. E. & Borgida, E. Attribution and the psychology of prediction. Journal of Personality and Social Psychology, 1975, **32,** 932–943.
Nisbett, R. E., Borgida, E., Crandall, R. & Reed, H. Popular induction: Information is not necessarily informative. In J. S. Carroll & J. W. Payne (Hrsg.) Cognition and social behavior. Hillsdale, N. J.: Lawrence Erlbaum, 1976.
Nisbett, R. E., Caputo, C., Legant, P & Marecek, J. Behavior as seen by the actor and as seen by the observer. Journal of Personality and Social Psychology, 1973, **27,** 154–164.
Nisbett, R. E. & Kanouse, D. E. Obesity, food deprivation and supermarket shopping behavior. Journal of Personality and Social Psychology, 1969, **12,** 289–294.
Nisbett, R. & Ross, L. Human inference: Strategies and shortcomings of social judgment. Englewood Cliffs, N. J.: Prentice Hall, 1980.
Nisbett, R. E. & Schachter, S. Cognitive manipulation of pain. Journal of Experimental Social Psychology, 1966, **2,** 227–236.
Nisbett, R. E. & Valins, S. Perceiving the causes of one's own behavior. In E. E. Jones et al. (Hrsg.) Attribution: Perceiving the causes of behavior. Morristown, N. J.: General Learning Press, 1972.
Orvis, B., Cunningham, J. D. & Kelley, H. H. A closer examination of causal inference: The roles of consensus, distinctiveness, and consistency information. Journal of Personality and Social Psychology, 1975, **32,** 605–616.
Passer, M. W., Kelley, H. H. & Michela, J. L. Multidimensional scaling of the causes for negative interpersonal behavior. Journal of Personality and Social Psychology, 1978, **36,** 951–962.
Piliavin, J. M., Rodin, J. & Piliavin, J. A. Good samaritanism: An underground phenomenon? Journal of Personality and Social Psychology, 1969, **13,** 289–299.
Piliavin, J. A., Piliavin, J. M., Loewenton, E. P., McCauley, C. & Hammond, P. On observers' reproductions of dissonance effects: The right answers for the wrong reasons? Journal of Personality and Social Psychology, 1969, **13,** 98–106.
Pittman, T. S. & Pittman, N. L. Deprivation of control and the attribution process. Journal of Personality and Social Psychology, 1980, **39,** 377–389.
Pligt, J. v. d. & Eiser, J. R. Negativity and descriptive extremity in impression formation. European Journal of Social Psychology, 1980, **10,** 415–419.
Pruitt, J. D. & Insko, C. A. Extension on the Kelley attribution model: The role of comparison-object consensus, target-object consensus, distinctiveness, and consistency. Journal of Personality and Social Psychology, 1980, **39,** 39–58.
Quattrone, G. A. & Jones, E. E. Selective self-disclosure with and without

correspondent performance. Journal of Experimental Social Psychology, 1978, **14,** 511–526.

Quattrone, G. A. & Jones, E. E. The perception of variability within ingroups and outgroups: Implications for the law of small numbers. Journal of Personality and Social Psychology, 1980, **38,** 141–152.

Reeder, G. D. & Brewer, M. B. A schematic model of dispositional attribution in interpersonal perception. Psychological Review, 1979, **86,** 61–79.

Regan, D. T. Attributional aspects of interpersonal attraction. In J. H. Harvey, W. J. Ickes & R. F. Kidd (Hrsg.) New directions in attribution research, Bd. 2. Hillsdale, N. J.: Lawrence Erlbaum, 1978.

Regan, D. T. & Totten, J. Empathy and attribution: Turning observers into actors. Journal of Personality and Social Psychology, 1975, **32,** 850–856.

Reiss, S. & Sushinsky, L. W. Overjustification, competing responses, and the acquisition of intrinsic interest. Journal of Personality and Social Psychology, 1975, **31,** 1116–1125.

Reiss, S. & Sushinsky, L. W. The competing response hypothesis of decreased play effects: A reply to Lepper and Greene. Journal of Personality and Social Psychology, 1976, **33,** 233–244.

Ring, K. Some determinants of interpersonal attraction in hierarchical relationships: A motivational analysis. Journal of Personality, 1964, **32,** 651–665.

Rodin, M. The informativeness of trait descriptions. Journal of Personality and Social Psychology, 1972, **21,** 341–344.

Ronis, D. L. & Greenwald, A. G. Dissonance theory revised again: Comment on the paper by Fazio, Zanna and Cooper. Journal of Experimental Social Psychology, 1979, **15,** 62–69.

Rosenfield, D., Folger, R. & Adelman, H. F. When rewards reflect competence: A qualification of the overjustification effect. Journal of Personality and Social Psychology, 1980, **39,** 368–376.

Ross, L. The intuitive psychologist and his shortcomings: Distortions in the attribution process. In L. Berkowitz (Hrsg.) Advances in Experimental Social Psychology, Bd. 10. New York: Academic Press, 1977.

Ross, L., Bierbrauer, G. & Polly, S. Attribution of educational outcomes by professional and nonprofessional instructors. Journal of Personality and Social Psychology, 1974, **29,** 609–618.

Ross, L., Greene, D. & House, P. The „false consensus effect": An egocentric bias in social perception and attribution processes. Journal of Experimental Social Psychology, 1977, **13,** 279–301.

Ross, L., Rodin, J. & Zimbardo, P. G. Toward an attribution therapy: The reduction of fear through induced cognitive-emotional misattribution. Journal of Personality and Social Psychology, 1969, **12,** 279–288.

Ross, M. Salience of reward and intrinsic motivation. Journal of Personality and Social Psychology, 1975, **32,** 245–254.

Ross, M. The self-perception of intrinsic motivation. In J. H. Harvey, W. J. Ickes & R. F. Kidd (Hrsg.) New directions in attribution research, Bd. 1. Hillsdale, N. J.: Lawrence Erlbaum, 1976.

Ross, M., Karniol, R. & Rothstein, M. Reward contingency and intrinsic motivation in children: A test of the delay of gratification hypothesis. Journal of Personality and Social Psychology, 1976, **33,** 442–447.

Ross, M. & Shulman, R. F. Increasing the salience of initial attitudes: Dissonance versus self-perception theory. Journal of Personality and Social Psychology, 1973, **28,** 138–144.

Ruble, D. N. & Feldman, N. S. Order of consensus, distinctiveness, and consistency information and causal attributions. Journal of Personality and Social Psychology, 1976, **34,** 930–937.

Ruch, F. L. & Zimbardo, P. G. Lehrbuch der Psychologie. Berlin: Springer, 1974.

Salancik, G. R. Extrinsic attribution and the use of behavioral information to infer attitudes. Journal of Personality and Social Psychology, 1976, **34,** 1302–1312.

Salancik, G. R. & Conway, M. Attitude inferences from salient and relevant cognitive content about behavior. Journal of Personality and Social Psychology, 1975, **32,** 829–840.

Schachter, S. The interaction of cognitive and physiological determinants of emotional state. In L. Berkowitz (Hrsg.) Advances in Experimental Social Psychology, Bd. 1. New York: Academic Press, 1964.

Schachter, S. & Latané, B. Crime, cognition, and the autonomic nervous system. In D. Levine (Hrsg.) Nebraska symposium on motivation. Lincoln, Nebraska: University of Nebraska Press, 1964.

Schachter, S. & Singer, J. E. Cognitive, social, and physiological determinants of emotional state. Psychological Review, 1962, **69,** 379–399.

Schachter, S. & Wheeler, L. Epinephrine, chlorpromazine, and amusement. Journal of Abnormal and Social Psychology, 1962, **65,** 121–128.

Schlenker, B. R. Self-presentation: Managing the impression of consistency when reality interferes with self-enhancement. Journal of Personality and Social Psychology, 1975, **32,** 1030–1037.

Schlenker, B. R. & Miller, R. S. Group cohesiveness as a determinant of egocentric perceptions in cooperative groups. Human Relations, 1977 (a), **30,** 1039–1055.

Schlenker, B. R. & Miller, R. S. Egocentrism in groups: Self-serving biases or logical information processing? Journal of Personality and Social Psychology, 1977 (b), **35,** 755–764.

Schlenker, B. R., Miller, R. S., Leary, M. R. & McCown, N. E. Group performance and interpersonal evaluations as determinants of egotistical attributions in groups. Journal of Personality, 1979, **47,** 575–594.

Schlenker, B. R. & Schlenker, P. A. Reactions following counterattitudinal behavior which produces positive consequences. Journal of Personality and Social Psychology, 1975, **31,** 962–971.

Schlenker, B. R., Soraci, S. & McCarthy, B. Self-esteem and group performance as determinants of egocentric perceptions in cooperative groups. Human Relations, 1976, **29,** 1163–1176.

Schneider, D. J. Implicit personality theory: A review. Psychological Bulletin, 1973, **79,** 294–309.

Schneider, K. & Posse, N. Subjektive Unsicherheit, Kausalattribuierungen und Aufgabenwahl I. Zeitschrift für experimentelle und angewandte Psychologie, 1978, **25,** 302–320.

Schneider, K. & Schmalt, H.-D. Motivation. Stuttgart: Kohlhammer, 1981.

Schopler, J. An attributional analysis of some determinants of reciprocating a benefit. In J. R. Macaulay & L. Berkowitz (Hrsg.) Altruism and helping behavior. New York: Academic Press, 1970.

Schopler, J. & Matthews, M. W. The influence of the perceived causal locus of partner's dependency on the use of interpersonal power. Journal of Personality and Social Psychology, 1965, **2,** 609–612.

Schopler, J. & Thompson, V. D. Role of attribution processes in mediating amount of reciprocity for a favor. Journal of Personality and Social Psychology, 1968, **10,** 243–250.

Schwartz, S. H. & Fleishman, J. A. Personal norms and the mediation of legitimacy effects on helping. Social Psychology, 1978, **41,** 306–315.

Selby, J. W., Calhoun, L. G. & Block, T. A. Sex differences in the social perception of rape victims. Personality and Social Psychology Bulletin, 1977, **3,** 412–415.

Seligman, C., Bush, M. & Kirsch, K. Relationship between compliance in the foot-in-the-door paradigm and size of first request. Journal of Personality and Social Psychology, 1976, **33,** 517–528.

Seligman, M. E. P. Helplessness: On depression, development, and death. San Francisco: Freeman, 1975.

Seligman, M. E. P. & Miller, S. M. The psychology of power: Concluding comments. In L. C. Perlmuter & R. A. Monty (Hrsg.) Choice and perceived control. Hillsdale, N. J.: Lawrence Erlbaum, 1979.

Shanteau, J. & Phelps, R. H. Judgment and swine: Approaches and issues in applied judgment analysis. In M. F. Kaplan & S. Schwartz (Hrsg.) Human judgment and decision processes in applied settings. New York: Academic Press, 1977, 255–272.

Shaver, K. G. Defensive attribution: Effects of severity and relevance on the responsibility assigned for an accident. Journal of Personality and Social Psychology, 1970, **14,** 101–113.

Shaver, K. G. An introduction to attribution processes. Cambridge, Mass.: Winthrop, 1975.

Simon, J. G. & Feather, N. T. Causal attributions for success and failure at university examinations. Journal of Educational Psychology, 1973, **64,** 46–56.

Slovic, P., Fischhoff, B. & Lichtenstein, S. Behavioral decision theory. Annual Review of Psychology, 1977, **28,** 1–39.

Smith, M. C. Children's use of the multiple sufficient cause schema in social perception. Journal of Personality and Social Psychology, 1975, **32,** 737–747.

Smith, M. L. Sex bias in counseling and psychotherapy. Psychological Bulletin, 1980, **87,** 392–407.

Smith, R. E., Keating, J. P., Hester, R. K. & Mitchell, H. E. Role and justice considerations in the attribution of responsibility to a rape victim. Journal of Research in Personality, 1976, **10,** 346–357.

Snyder, M. & Cunningham, M. R. To comply or not comply: Testing the self-perception explanation of the „foot-in-the-door" phenomenon. Journal of Personality and Social Psychology, 1975, **31,** 64–67.

Snyder, M. & Ebbesen, E. B. Dissonance awareness: A test of dissonance theory versus self-perception theory. Journal of Experimental Social Psychology, 1972, **8,** 502–517.

Snyder, M., Tanke, E. D. & Berscheid, E. Social perception and interpersonal behavior: On the self-fulfilling nature of social stereotypes. Journal of Personality and Social Psychology, 1977, **35,** 656–666.

Snyder, M. & Frankel, A. Observer bias: A stringent test of behavior engulfing the field. Journal of Personality and Social Psychology, 1976, **34,** 857–864.

Snyder, M. & Jones, E. E. Attitude attribution when behavior is constrained. Journal of Experimental Social Psychology, 1974, **10**, 585–600.
Snyder, M., Schulz, K. & Jones, E. E. Expectancy and apparent duration as determinants of fatigue. Journal of Personality and Social Psychology, 1974, **29**, 426–434.
Snyder, M. L., Stephan, W. G. & Rosenfield, D. Egotism and attribution. Journal of Personality and Social Psychology, 1976, **33**, 435–441.
Snyder, M. L., Stephan, W. G. & Rosenfield, D. Attributional egotism. In J. H. Harvey, W. J. Ickes & R. F. Kidd (Hrsg.) New directions in attribution research, Bd. 2. Hillsdale, N. J.: Lawrence Erlbaum, 1978.
Srull, T. K. & Wyer, R. S. The role of category accessability in the interpretation of information about persons: Some determinants and implications. Journal of Personality and Social Psychology, 1979, **37**, 1660–1672.
Srull, T. K. & Wyer, R. S. Category accessability and social perception: Some implications for the study of person memory and interpersonal judgments. Journal of Personality and Social Psychology, 1980, **38**, 841–856.
Staw, B. M., Calder, B. J., Hess, R. K. & Sandelands, L. E. Intrinsic motivation and norms about payment. Journal of Personality, 1980, **48**, 1–14.
Steiner, I. D. Three kinds of reported choice. In L. E. Perlmuter & R. A. Monty (Hrsg.) Choice and perceived control. Hillsdale, N. J.: Lawrence Erlbaum, 1979.
Steiner, I. D. Attribution of choice. In M. Fishbein (Hrsg.) Progress in social psychology, Bd. 1. Hillsdale, N. J.: Lawrence Erlbaum, 1980.
Steiner, I. D., Rotermund, M. & Talaber, R. Attribution of choice to a decision maker. Journal of Personality and Social Psychology, 1974, **30**, 553–562.
Stephan, C., Burnam, M. A. & Aronson, E. Attributions for success and failure after cooperation, competition, or team competition. European Journal of Social Psychology, 1979, **9**, 109–114.
Stephan, C., Kennedy, J. C. & Aronson, E. The effects of friendship and outcome on task attribution. Sociometry, 1977, **40**, 107–112.
Stephan, C., Presser, N. R., Kennedy, J. C. & Aronson, E. Attribution to success and failure after cooperative or competitive interaction. European Journal of Social Psychology, 1978, **8**, 269–274.
Stephan, W. G., Rosenfield, D. & Stephan, C. Egotism in males and females. Journal of Personality and Social Psychology, 1976, **34**, 1161–1167.
Stevens, L. & Jones, E. E. Defensive attribution and the Kelley Cube. Journal of Personality and Social Psychology, 1976, **34**, 809–820.
Stires, L. K. & Jones, E. E. Modesty versus self-enhancement as alternative forms of ingratiation. Journal of Experimental Social Psychology, 1969, **5**, 172–188.
Storms, M. D. Videotape and the attribution process: Reversing actors' and observers' points of view. Journal of Personality and Social Psychology, 1973, **27**, 165–175.
Storms, M. D. & McCaul, K. D. Attribution processes and emotional exacerbation of dysfunctional behavior. In J. H. Harvey, W. J. Ickes & R. F. Kidd (Hrsg.) New directions in attribution research, Bd. 1. Hillsdale, N. J.: Lawrence Erlbaum, 1976.
Storms, M. D. & Nisbett, R. E. Insomnia and the attribution process. Journal of Personality and Social Psychology, 1970, **16**, 319–328.
Strickland, L. H. Surveillance and trust. Journal of Personality, 1958, **26**, 200–215.
Stroebe, W. Grundlagen der Sozialpsychologie I. Stuttgart: Klett, 1980.

Stroebe, W., Eagly, A. H. & Stroebe, M. S. Friendly or just polite? The effect of self-esteem on attributions. European Journal of Social Psychology, 1977, **7**, 265–274.

Taylor, S. E. On inferring one's attitudes from one's behavior: Some deliminating conditions. Journal of Personality and Social Psychology, 1975, **31**, 126–131.

Taylor, S. E., Crocker, J., Fiske, S. T., Sprinzen, M. & Winkler, J. D. The generalizability of salience effects. Journal of Personality and Social Psychology, 1979, **37**, 357–368.

Taylor, S. E. & Fiske, S. T. Point of view and perceptions of causality. Journal of Personality and Social Psychology, 1975, **32**, 439–445.

Taylor, S. E. & Fiske, S. T. Salience, attention, and attribution: Top of the head phenomena. In L. Berkowitz (Hrsg.) Advances in Experimental Social Psychology, Bd. 11. New York: Academic Press, 1978.

Taylor, S. E. & Koivumaki, J. H. The perception of self and others: Acquaintanceship, affect and actor-observer differences. Journal of Personality and Social Psychology, 1976, **33**, 403–408.

Taynor, J. & Deaux, K. When women are more deserving than men: Equity attribution and perceived sex differences. Journal of Personality and Social Psychology, 1973, **28**, 360–367.

Taynor, J. & Deaux, K. Equity and perceived sex differences: Role behavior as defined by the task, the mode, and the actor. Journal of Personality and Social Psychology, 1975, **32**, 381–390.

Tesser, A., Gatewood, R. & Driver, M. Some determinants of gratitude. Journal of Personality and Social Psychology, 1968, **9**, 233–236.

Thibaut, J. W. & Kelley, H. H. The social psychology of groups. New York: Wiley, 1959.

Thibaut, J. W. & Riecken, H. W. Some determinants and consequences of the perception of social causality. Journal of Personality, 1955, **24**, 113–133.

Thomae, H. Konflikt, Entscheidung, Verantwortung. Stuttgart: Kohlhammer, 1974.

Thomae, H. Zur Motivation sozialen Verhaltens. In Die Psychologie des 20. Jahrhunderts, Bd. 7. Zürich: Kindler, 1979, 276–282.

Thompson, V. D., Stroebe, W. & Schopler, J. Some situational determinants of the motives attributed to the person who performs a helping act. Journal of Personality, 1971, **39**, 460–472.

Tillman, W. S. & Carver, C. S. Actors' and observers' attributions for success and failure: A comparative test of predictions form Kelley's cube, self-serving bias, and positivity bias formulations. Journal of Experimental Social Psychology, 1980, **16**, 18–32.

Tversky, A. & Kahneman, D. Judgment under uncertainty: Heuristics and biases. Science, 1974, **185**, 1124–1131.

Tversky, A. & Kahneman, D. Causal schemas in judgments under uncertainty. In M. Fishbein (Hrsg.) Progress in social psychology, Bd. 1. Hillsdale, N. J.: Lawrence Erlbaum, 1980.

Uranowitz, S. Helping and self attributions: A field experiment. Journal of Personality and Social Psychology, 1975, **31**, 852–854.

Valins, S. Cognitive effects of false heart-rate feedback. Journal of Personality and Social Psychology, 1966, **4**, 400–408.

Valins, S. Emotionality and information concerning internal reactions. Journal of Personality and Social Psychology, 1967, **6,** 458–463.
Valins, S. Persistent effects of information about internal reactions: Ineffectiveness of debriefing. In H. London & R. E. Nisbett (Hrsg.) Thought and feeling: Cognitive alteration of feeling states. Chicago: Aldine, 1974.
Valins, S. & Nisbett, R. E. Attribution processes in the development and treatment of emotional disorder. In E. E. Jones et al. (Hrsg.) Attribution: Perceiving the causes of behavior. Morristown, N. J.: General Learning Press, 1972.
Valins, S. & Ray, A. A. Effects of cognitive desensitization on avoidance behavior. Journal of Personality and Social Psychology, 1967, **7,** 345–350.
Wallach, H. The perception of motion. American Scientist, 1959, **201,** 56–60.
Walster, E. The temporal sequence of post-decision processes. In L. Festinger, Conflict, decision, and dissonance. Stanford: Stanford University Press, 1964, 112–128.
Walster, E. Assignment of responsibility for an accident. Journal of Personality and Social Psychology, 1966, **3,** 73–79.
Wason, P. C. & Johnson-Laird, P. N. Psychology of reasoning. Structure and content. London: Batsford, 1972.
Weiner, B. Theories of motivation. Chicago: Rand McNally, 1972.
Weiner, B. Achievement motivation as conceptualized by an attribution theorist. In B. Weiner, Achievement motivation and attribution theory. Morristown, N. J.: General Learning Press, 1974.
Weiner, B. Motivation from the cognitive perspective. In W. K. Estes (Hrsg.) Handbook of learning and cognitive processes, Bd. 3. Hillsdale, N. J.: Lawrence Erlbaum, 1976.
Weiner, B. A theory of motivation for some classroom experiences. Journal of Educational Psychology, 1979, **71,** 3–25.
Weiner, B. A cognitive (attribution)-emotion-action model of motivated behavior: An analysis of judgements of help-giving. Journal of Personality and Social Psychology, 1980, **39,** 186–200(a).
Weiner, B. Human motivation. New York: Holt, 1980 (b).
Wells, G. L. & Harvey, J. H. Do people use consensus information in making causal attributions? Journal of Personality and Social Psychology, 1977, **35,** 279–293.
Wells, G. L. & Harvey, J. H. Naive attributors' attributions and predictions: What is informative and when is an effect an effect. Journal of Personality and Social Psychology, 1978, **36,** 483–490.
West, S. G., Gunn, S. P. & Chernicky, P. Ubiquitous Watergate: An attributional analysis. Journal of Personality and Social Psychology, 1975, **32,** 55–65.
White, R. W. Motivation reconsidered: The concept of competence. Psychological Review, 1959, **66,** 297–333.
Wicklund, R. A. & Brehm, J. W. Perspectives on cognitive dissonance. Hillsdale, N. J.: Lawrence Erlbaum, 1976.
Williams, B. W. Reinforcement, behavior constraint, and the overjustification effect. Journal of Personality and Social Psychology, 1980, **39,** 599–614.
Wolfson, M. R. & Salancik, G. R. Observer orientation and actor-observer differences in attributions for failure. Journal of Experimental Social Psychology, 1977, **13,** 441–451.

Wolosin, R., Sherman, S. J. & Mynatt, C. R. Perceived social influence in a conformity situation. Journal of Personality and Social Psychology, 1972, **23**, 184–191.

Wolosin, R. J., Sherman, S. J. & Till, A. Effects of cooperation and competition on responsibility attribution after success and failure. Journal of Experimental Social Psychology, 1973, **9**, 220–235.

Wong, P. T. P. & Weiner, B. When people ask „why" questions and the heuristics, of attributional search. Journal of Personality and Social Psychology, 1981, **40**, 650–663.

Workman, E. A. & Williams, R. L. Effects of extrinsic rewards on intrinsic motivation in the classroom. Journal of School Psychology, 1980, **18**, 141–147.

Wortman, C. B. Causal attributions and personal control. In J. H. Harvey, W. J. Ickes & R. F. Kidd (Hrsg.) New directions in attribution research, Bd. 1. Hillsdale, N. J.: Lawrence Erlbaum, 1976.

Wortman, C. B., Costanzo, P. R. & Witt, T. R. Effect of anticipated performance on the attributions of causality to self and others. Journal of Personality and Social Psychology, 1973, **27**, 372–381.

Wyer, R. S. Effects of information inconsistency and grammatical context on evaluation of persons. Journal of Personality and Social Psychology, 1973, **25**, 45–49.

Wyer, R. S. & Carlston, D. E. Social cognition, inference, and attribution. Hillsdale, N. J.: Lawrence Erlbaum, 1979.

Wyer, R. S. & Polsky, H. Test of a subjective probability model for predicting receptiveness to alternative explanations of individual behavior. Journal of Experimental Research in Personality, 1972, **6**, 220–229.

Zanna, M. P. On inferring one's beliefs from one's behavior in a low-choice setting. Journal of Personality and Social Psychology, 1973, **26**, 386–394.

Zanna, M. P. & Cooper, J. Dissonance and the pill: An attribution approach to studying the arousal properties of dissonance. Journal of Personality and Social Psychology, 1974, **29**, 703–709.

Zanna, M. P. & Cooper, J. Dissonance and the attribution process. In J. H. Harvey, W. J. Ickes & R. F. Kidd (Hrsg.) New directions in attribution research, Bd. 1. Hillsdale, N. J.: Lawrence Erlbaum, 1976.

Zillman, D. Attribution and misattribution of excitatory reactions. In J. H. Harvey, W. J. Ickes & R. F. Kidd (Hrsg.) New directions in attribution research, Bd. 2. Hillsdale, N. J.: Lawrence Erlbaum, 1978.

Zillman, D. Hostility and aggression. Hillsdale, N. J.: Lawrence Erlbaum, 1979.

Zillman, D., Johnson, R. C. & Day, K. D. Attribution of apparent arousal and proficiency of recovery from sympathetic activation affecting excitation transfer to aggressive behavior. Journal of Experimental Social Psychology, 1974, **10**, 503–515.

Zuckerman, M. Actions and occurrences in Kelley's cube. Journal of Personality and Social Psychology, 1978, **36**, 647–656.

Zuckerman, M. Attribution of success and failure revisited, or: The motivational bias is alive and well in attribution theory. Journal of Personality, 1979, **47**, 245–287.

Zuckerman, M. & Mann, R. W. The other way around: Effects of causal attributions on estimates of consensus, distinctiveness, and consistency. Journal of Experimental Social Psychology, 1979, **15**, 582–597.

4. Kapitel

Motivationstheorie und Handlungstheorie

Bernd Six und *Brigitte Höcke-Pörzgen*

Einleitung

Der „take-off" der Handlungstheorie in den Sozialwissenschaften läßt sich für die Psychologie als einen wiederholten Versuch kennzeichnen, eine ihrer Grundkategorien zumindest konzeptuell exakter zu bestimmen.

Der vorliegende Beitrag versucht sich als Einführung in eine Problemstruktur, die durch eine Reihe von Disziplinen inzwischen zu einem unüberschaubaren Geflecht begrifflicher, theoretischer und empirischer Untersuchungen geführt hat, an der u. a. Philosophen, Soziologen, Kulturanthropologen, Psychologen und Pädagogen ihre Fäden gesponnen haben.

Die Einführung in diese Thematik legitimiert sich zum einen durch die versuchte Systematik der Problembearbeitung und Problemdarstellung, bei der die Fragen, – sowohl gelöste als auch nur vorläufig gelöste oder ungelöste – wichtiger sind als die Antworten, die darzustellen den Umfang dieses Beitrags sprengen würden; zum andern durch die Vielzahl der Probleme, die gleichzeitig ins Blickfeld geraten, wenn eine derartig zentrale Kategorie, die zumindest für die Sozialwissenschaften als „nervus rerum" fungiert, Forschungsgegenstand wird.

Wir werden deshalb in einem ersten Teil Definitionsversuche und Merkmalsbeschreibungen zusammenstellen, um so ein für die weitere Darstellung hoffentlich brauchbares Analyseraster bereitzustellen, mit dem dann in einem zweiten Teil auf Klassifikationen und Taxonomien Sozialen Handelns eingegangen wird. In einem dritten Teil sollen dann diejenigen Probleme einer ausführlicheren Diskussion unterzogen werden, die als konzeptuelle Probleme im ersten Teil aufgezeigt worden waren und die einer intensiveren empirischen und theoretischen Analyse unterzogen worden sind. Abschließend werden dann in einem vierten Teil einige der für die psychologische Forschung relevant erscheinende Konzeptualisierungen und Modelle Sozialen Handelns dargestellt.

1. Definitionen

Die generelle Problematik der Bestimmung des Konzepts des Sozialen Handelns – wir werden im folgenden zum Zwecke der Vereinheitlichung der Terminologie immer dann von „Sozialem Handeln" sprechen, wenn die Autoren nicht ausdrücklich soziales Handeln oder Verhalten aus ihrem Definitionsbereich ausgenommen haben – besteht primär in der Schwierigkeit, solche theoretisch und empirisch begründeten Merkmale zur Definition des Sozialen Handelns zu verwenden, die es gestatten, a) konzeptuell und operational Einheiten des Sozialen Handelns zu identifizieren und dadurch von anderen Einheiten abzugrenzen und b) Klassen interdependenter oder äquivalent erscheinender Einheiten zu bilden.

Darüber hinaus werden in den Definitionsversuchen sehr häufig zum Zweck der Explikation Zusatzbegriffe verwendet, wie z. B. Ziel, Sinn, Situation, Aufgabe, Tätigkeit etc., die ähnlich unpräzise definiert sind bzw. vielfach überhaupt nicht definiert worden sind, so daß nicht selten die Definitionsproblematik des Konzepts „Soziales Handeln" mit der dieser Zusatzbegriff einhergeht.

(1) Tolman (1951) orientiert sich bei seiner Definition an den Intentionen des Handelnden (actors): „... ein bestimmtes Verhalten oder eine Handlung (action) läßt sich nur ... durch die Art und Weise definieren, wie durch dieses Verhalten versucht wird, physikalische, soziale oder kulturelle Sachverhalte (objects) bezüglich eines bestimmten Handelnden verändert oder neu geordnet werden" (Tolman, 1951, 281). Die in seinem Verhaltensmodell vorgelegte Analyse, die sich eng an die Verhaltenskonzeption des molaren Verhaltens anschließt (Tolman, 1932, zit. nach 1967), verwendet für die aktuelle Verhaltensanalyse das Konzept des Verhaltensraumes (behavior space), der dadurch gekennzeichnet ist, das er spezifische Wahrnehmungskomplexe gegenüber Gegenständen und Relationen und dem „sich verhaltenden Selbst" beinhaltet, die durch die vorliegende Stimulus-Situation und durch eine Überzeugungs-Wert-Matrix, die einen kontrollierenden und aktivierenden Einfluß ausübt, ausgelöst werden.

Die vier zentralen Bestimmungsstücke des Handlungsbegriffs von Tolman (1932, 1951) –
1. die Ausrichtung des Verhaltens an einem bestimmten Ziel
2. die Kennzeichnung des Verhaltens durch die spezifische Art der Interaktion, dieses Ziel zu erreichen
3. die Orientierung des Verhaltens an einem normativen Kontext
4. die Zwecksetzung des Verhaltens im Sinne einer Veränderung

sind Merkmale, wie sie z. B. auch in den Definitionen von Stern (1950) und Thomae (1965, 1968) enthalten sind. Die Definition von Thomae (1965, 1968), so sehr sie auch äußerlich mit der von Tolman (1951) übereinzustimmen scheint, ist dabei eher Ausgangspunkt einer Diskussion der Bestimmung von Handlungseinheiten: „Als solche Ausgangseinheit erscheint uns vielmehr die zielgerichtete Handlung als relativ in sich geschlossene Folge von Ereignissen innerhalb des subjektiven Aktivitätskontinuums, die eine für das handelnde Subjekt sinnvolle Veränderung der Welt – wie dieses sie erlebt – bewirkt" (Thomae, 1965, zit. nach 1968, 107). Die Identifikation dessen, was als Verhaltens- oder Handlungseinheit anzusehen ist und welche Kriterien zur Abgrenzung einer Handlungseinheit von einer anderen verwendet werden können, muß auch heute noch als ein weithin ungelöstes Problem angesehen werden. Die von Thomae (1968) hierzu entwickelten „formalen Grundkategorien einer psychologischen Biographik" (Thomae, 1968, 124 f) sind ein erster Lösungsansatz, insofern sie bei vorgegebenen Handlungseinheiten Kategorien zu deren Beurteilung darstellen.

Wie bloß illustrativ vielfach Definitionen Sozialen Handelns sind, verdeutlicht die Definition und anschließende Erläuterung von Triandis (1977, 5): „An act is a socially defined pattern of muscle movements." Diese stark behavioristisch anmutende Definition soll bei Triandis (1977) im Kontext einer Theorie des interpersonellen Verhaltens, auf die wir noch eingehen werden, ein elementarer Baustein seiner Theorie werden. Der Versuch einer inhaltlichen Erläuterung der Definition erfolgt durch eine beispielhafte Aufzählung von Muskelbewegungen, die seiner Meinung nach eben nicht als Soziales Handeln aufzufassen sind: jemanden schlagen, vor jemanden den Hut ziehen, jemanden ins Gesicht spucken. So plausibel die Erklärung auch klingen mag, die dafür angeführt wird, daß derartige Verhaltensweisen *nicht* als Baustein einer Theorie des interpersonellen Verhaltens fungieren können (sie seien in ihrem Ablauf viel zu kurz, zu zahlreich und viel zu vielen Einflüssen ausgesetzt), so verstärkt jedoch gerade diese Art der Veranschaulichung den Eindruck, daß diese Definition des Sozialen Handelns sich auf beobachtbare Verhaltenseinheiten stützt, die dem Vorverständnis von Sozialem Handeln nicht entsprechen.

Neben dem Anspruch der Identifikation von Sozialem Verhalten, theoretisch relevante und empirisch abgrenzbare Einheiten zu finden, enthalten die bislang genannten Definitionen einen Aspekt, der vor allem durch die neueren Ansätze der Attributionsforschung wiederentdeckt worden ist: das Problem der Instanz dieser Identifikation, d. h.: wer definiert die zu identifizierenden Einheiten der Beobachter oder der Akteur? Dieses Problem der Beobachtungsquelle und der Validität der entsprechenden Aussagen ist forschungslogisch dem der Identifikation vorgeordnet, denn es kann nach den bislang vorliegenden Ergebnissen zu diesem Problembereich (vgl. hierzu vor allem Jones & Wisbett, 1972) davon ausgegangen werden, daß die Beurteilungsperspektive einen entscheidenden Einfluß darauf hat, was als Handlungseinheit kogniziert wird.

(2) Eine Definition des Verhaltens (behavior), die Verhalten als Handlung (action) verstanden wissen will und immer dann von Handlung spricht, wenn folgende vier Merkmale identifizierbar sind, haben Parsons & Shils (1951, zit.

nach [3]1965, 53) vorgelegt: „1. Verhalten ist auf die Erreichung von Zielen oder Zwecken oder anderen antizipierten Zuständen ausgerichtet. 2. Es findet in Situationen statt. 3. Es ist normativ reguliert. 4. Es beinhaltet Energieaufwand oder Anstrengung oder ‚Motivation'..."

Neben jenen Merkmalen, die bereits in der Definition von Tolman (1951) enthalten waren, wird Soziales Handeln durch seinen Situationsbezug definiert. Die enge Verknüpfung des Verhaltens mit einem situativen Kontext wird vor allem in neueren Arbeiten aus dem Bereich der Persönlichkeitsforschung (Mischel, W. 1968) herausgearbeitet und läßt sich als Versuch werten, durch eine Kennzeichnung der Situation das Soziale Handeln selbst näher bestimmen zu können. Voraussetzung für diese Hilfsfunktion der Situation wäre eine leistungsfähige Situationskonzeption, durch die Handlungen nicht nur voneinander abgrenzbar wären, – denn dann wäre durch eine neue Situation auch ein jeweils neuer Handlungsabschnitt definiert – sondern auch die Möglichkeit geschaffen, Handlungen so darzustellen, wie sie als Interaktionen mit anderen oder mit Gegenständen in einem überschaubaren Zusammenhang ablaufen.

Das vierte von Parsons & Shils (1951) verwendete Handlungsmerkmal impliziert u. E. das Problem der Typologisierung von Handlungen. Ob allerdings sämtliche Handlungen durch Energieaufwand, Anstrengung oder ‚Motivation' beschrieben werden können, erscheint fraglich. Wichtig an dieser Stelle ist jedoch nur die Feststellung, daß eine Handlungskonzeption auch eine Typologie oder Klassifikation von Handlungen umfaßt. (Auf die Modifikationen des Handlungsbegriffs von Parsons, wie er seit 1953 verwendet wird und die vor allem dadurch gekennzeichnet sind, daß der Systemcharakter des Handlungszusammenhanges herausgearbeitet wird, soll hier nicht eingegangen werden; man vergleiche dazu Fröhlich & Wellek, 1972, 684 f).

(3) Die Definition von M. Weber ([5]1976) macht auf zwei weitere Probleme aufmerksam, die in der gegenwärtigen Forschung thematisiert werden: die Abgrenzung des „inneren" und „äußeren" Verhaltens bzw. Handelns und dessen Bedeutungshaltigkeit. Weber definiert: „‚Handeln' soll dabei ein menschliches Verhalten (einerlei ob äußeres oder innerliches Tun, Unterlassen oder Dulden) heißen, wenn und insofern als der oder die Handelnden mit ihm einen subjektiven Sinn verbinden. ‚Soziales Handeln' aber soll ein solches Handeln heißen, welches seinem von dem oder den Handelnden gemeinten Sinn nach auf das Verhalten anderer bezogen wird und daran in seinem Ablauf orientiert ist."

(4) Nicht Sinnkriterien, sondern anthropologische Kategorien bilden die Grundlage der Definition des Handlungsbegriffes von Rubinstein (1946, zit. nach [9]1977): „Der Mensch ist kein passives, nur betrachtendes, sondern ein tätiges Wesen. Man muß ihn deshalb im Handeln, in seiner spezifischen Aktivität studieren" (Rubinstein, 1977, 665). Diese undialektische „Festset-

zung" des Menschen wird jedoch durch das Konzept der Tätigkeit aufgehoben: „Unter Tätigkeit verstehen wir die Aktivität des Subjekts, die auf die Veränderung der Welt, auf die Erzeugung eines bestimmten objektivierten Produkts der materiellen oder geistigen Kultur gerichtet ist" (Rubinstein, 1977, 236). Jede Tätigkeit besteht als Grundeinheit aus einzelnen Handlungen (Rubinstein, 1977, 227), wobei sowohl praktische als auch theoretische Tätigkeiten (= Verhalten, vgl. Rubinstein, 1977, 30) und inneres und äußeres Handeln gemeint sind (man vergleiche hierzu allerdings die abweichende Konzeption bei Hacker, 1973 und Volpert, 1974). Diese Grundeinheit der Handlung ist jedoch nicht nur in ein System gesellschaftlicher Beziehungen einbezogen, sondern ist als Grundeinheit der Psychologie (Rubinstein, 1977, 229) dazu geeignet, „die Keime aller Elemente der Psychologie" aufzudecken. Konstitutiv für diese Grundeinheit ist, daß sie bewußte und zielgerichtete Handlung ist; daß sie Einwirkung und Veränderung der Wirklichkeit darstellt und gleichzeitig aber auch die Beziehung des Subjekts zum Objekt und zu den gesellschaftlichen Strukturen widerspiegelt. Insofern Handlungen Grundeinheiten der Tätigkeit und Operationen Akte oder Abschnitte von Handlungen sind, impliziert die Konzeption der Tätigkeit eine hierarchische Struktur, in der sich das spezifisch menschliche Handeln in der Arbeit als Arbeitstätigkeit herausbildet (Rubinstein, 1977, 673). „Weil die Arbeitstätigkeit immer eine Tätigkeit ist, die auf die Erzeugung eines bestimmten Produkts gerichtet ist, ist das Handeln des Menschen immer auf ein bestimmtes Ergebnis eingestellt" (Rubinstein, 1977, 673).

Einige der nach Rubinstein (1977) kennzeichnenden Merkmale der Handlung finden sich mehrfach auch in den bereits dargestellten Definitionsansätzen: so die Zweck- und Zielgerichtetheit, aber auch die Funktion der Handlung als Vermittlungsinstanz zwischen Individuum und Gesellschaft – beides Handlungsaspekte, die sich in Gestalt des Rollenbegriffs bei Parsons nachweisen lassen; auch das Veränderungspotential wird von einer Reihe von Autoren als Merkmal genannt. Neu muß jedoch zum einen der Anspruch genannt werden, die Kategorie der Handlung als Grundeinheit zur Analyse sämtlicher Problembereiche der Psychologie zu verwenden und zum anderen die starke Betonung des Aufgabencharakters der Handlung, d. h. die Ausrichtung der Handlung an einem Ergebnis. Hier wird vor allem der enge Bezug der Tätigkeitspsychologie zur Psychologie der Arbeitstätigkeit deutlich, wie sie z. B. bei Hacker (1973) und Volpert (1974) als Weiterentwicklung und Anwendung der Arbeit von Rubinstein (1977) angesehen werden kann.

Eine einheitliche terminologische Verwendung des Konzepts der Aufgabe im Rahmen der Theorie Sozialen Handelns liegt zwar noch nicht vor, dennoch scheinen die unterschiedlichen Ansätze zu konvergieren, so uneinheitlich sie auch auf den ersten Blick wirken mögen: Leont'ev (1975, zit. nach 1977), der der Handlung sowohl einen intentionalen als auch einen operationalen Aspekt zuordnet, bezeichnet einmal die sich vollziehende Aufgabe als Handlung, gleich anschließend setzt er sie mit dem Ziel der Handlung gleich (Leontév, 1977, 36); demgegenüber verstehen Hacker (1973, 65) und Tomaschewski (1978, 63) unter Aufgabe sowohl die Zielantizipation als auch das Programm zu seiner Realisierung; während Volpert (1974) Handlung mit Handlungssoll gleichsetzt (Volpert, 1974, 70).

(5) Für G. H. Mead (1956, zit. nach 1969) sind Handlungen zwar einerseits aus „Reizen, Reaktionen und den Ergebnissen der Reaktionen" (Mead, 1969, 141) zusammengesetzt, andererseits jedoch – jenseits dieses kruden Definitionsversuchs in vulgär-behavioristischer Manier – kann durch die Handlung der einzelne – in Interaktion mit der Umwelt – „auch eine Beziehung zu sich selbst herstellen und so sich selbst als Objekt in seine Handlung einbeziehen" (Mead, 1969, 145), was nichts anderes heißen soll, als daß Handeln, wenn es sich auf einen bestimmten Sachverhalt bezieht, „als integralen Bestandteil auch eine Reaktion des Individuums auf sich selbst enthält" (Mead, 1969, 145).

H. Blumer (1969), zit. nach 1975) hat nicht nur wie Mead (1969) darauf aufmerksam gemacht, daß „ein Mensch Gegenstand seiner eigenen Handlung sein kann" (Blumer, 1975, 92), sondern vor allem auf das Handlungskonzept als Interpretationskonstrukt hingewiesen: Im wesentlichen besteht das Handeln eines Menschen darin, daß er verschiedene Dinge, die er wahrnimmt, in Betracht zieht und auf der Grundlage der Interpretation dieser Dinge eine Handlungslinie entwickelt" (Blumer, 1975, 92). Neben dieser Interpretationsleistung, die u. a. auch darin besteht, die Absichten anderer zu berücksichtigen und die Bedeutungen ihrer Handlungen zu kennen, muß der Mensch „mit Situationen fertig werden" (Blumer, 1975, 95), denen er ständig begegnet und in denen er sich der Bedeutung der Handlungen anderer versichert und seine eigenen Handlungen aufbauen und steuern. Dieses gegenseitige aufeinander Abstimmen der Handlungslinien durch die Beteiligten läßt nach Blumer (1975, 96) ein „gemeinsames Handeln" entstehen, das durch untereinander verkettete Handlungslinien gekennzeichnet ist.

Der Selbstbezug der Handlung auf die eigene Person, die Konzeption der Handlung als Interpretationskonstrukt und die Konzeption von Handlungen als Handlungsketten zum Aufbau von Interaktionen, die im Interaktionsprozeß korrigierbar sind, sind die zentralen Merkmale, die wir diesen beiden Ansätzen, vertreten von wichtigen Repräsentanten des Symbolischen Interaktionismus, entnommen haben.

Die bislang – unsystematisch gefundenen – Merkmale stellen einen aggregierten Katalog dessen dar, was zur Beschreibung von Handlungen und Verhalten verwendet worden ist. Unberücksichtigt geblieben sind bis dahin die Typologien, Dimensionen, Gründe und Ursachen von Handlungen und die als Alternativ-Konzeptionen verwendeten Begriffe wie Interaktion, Situation, Umwelt, persönlicher Raum (personal space) etc.

Die wesentlichen Merkmale des Sozialen Handelns, so wie wir sie den Definitionen entnommen haben, lassen sich im folgenden (vorläufigen) Kriterienkatalog zusammenfassen. Danach sind Handlungen stets:

a) zielorientiert
b) situationsbezogen
c) interpretativ
d) sozial definiert (normorientiert)
e) sinnbezogen
f) dynamisch (prozessual)
g) reflexiv
h) interaktiv
i) regel- und steuerbar.

Inwieweit sämtliche Handlungen darüber hinaus noch änderungsinduzierend und aufgabenbezogen sind, läßt sich zum mindesten für solche Handlungen negativ bescheiden, die als Unterlassungen bezeichnet werden, d. h. die dadurch gekennzeichnet sind, daß ein bestimmtes Verhalten ausbleibt. Auch für die übrigen Merkmale lassen sich Beispiele finden, bei denen das eine oder andere Merkmal nur minimal repräsentiert ist, wie z. B. die Regel- und Steuerbarkeit von Handlungen in Situationen, die starker externer Kontrolle unterliegen (z. B. Fließbandarbeit oder Unfallsituationen etc).

2. *Typologien und Klassifikationen*

Typologien und Klassifikationen Sozialen Handelns lassen sich unter mehr als nur einem Aspekt legitimieren:

1. Sie dienen der *Deskription* von Sozialem Handeln im sozialen Kontext (in der Schule, an der Arbeitsstelle, im Straßenverkehr etc.)
2. Sie werden erstellt, um bestimmte Soziale Handlungen einer *Evaluation* zu unterziehen (in der Lehr-Lern-Forschung in der Einstellungsänderungsforschung; in der Diagnostik etc.)
3. Sie werden zur Überprüfung von *Prognosen* verwendet, bei denen ein bestimmtes Kriteriumsverhalten erwartet wird (in der Klinischen Psychologie zur Überprüfung von Verhaltensmodifikationen; in der Pädagogischen Psychologie bei der Vorhersage des Schulerfolgs; in der Industriellen Psychologie bei der Prognose von Arbeitsleistungen etc.).

Wenn wir im folgenden einige dieser Typologien und Klassifikationen darstellen, dann geschieht dies nicht, um einen Katalog von Verhaltensmerkmalen zusammenzustellen, die bislang in der Forschung zur Segmentierung des Sozialen Handelns verwendet worden sind: eine derartige Aggregierung würde ein höchst zweifelhaftes enzyklopädistisches Interesse vielleicht zufriedenstellen, während der Grad der Produktivität dieser Arbeit – gemessen am Arbeitsaufwand – unverhältnismäßig gering wäre.

Statt dessen soll dieser Katalog zur Systematisierung der Fragen beitragen, die im Kontext einer reflektierten Zuwendung zu den Problemen des Sozialen Handelns gestellt werden. Als Leitfaden zur Selektion orientieren wir uns dabei an den folgenden Kriterien:

1. an der *Perspektivität* der Etablierung der Typologien und Klassifikationen als demjenigen Merkmal zur näheren Kennzeichnung der Typologien und Klassifikationen, das sich auf den konzeptuellen „Vorlauf" oder den „Rahmen" bezieht, der vor der formalen oder inhaltlichen Definition der Typen bzw. Klassen des Sozialen Handelns implizit oder explizit die Selektionsprozesse beeinflußt und mit den theoretischen Ansätzen zur Erklärung des Sozialen Handelns korrespondiert.
   Diese perspektivischen Ansätze lassen sich derzeit grob schematisch in drei Gruppen einteilen:
   a) der personzentrierte Ansatz, b) der interaktionszentrierte Ansatz, c) der situationistische Ansatz;

2. an der *Art der Gewinnung* der Typologien und Klassifikationen, wobei wir zwei sich nicht völlig einander ausschließende Vorgehensweisen unterscheiden:
   a) primär begrifflich-analytische Unterscheidungen vs. empirische Disjunktionen.
   Mit diesem Problem der Generierungsmodalitäten ist das Problem der Gewinnung bzw. Bestimmung der Einheiten des Sozialen Handelns aufs engste verknüpft, da bereits sowohl für die a-priori als auch für die a-posteriori gewonnenen Typologien und Klassifikationen eine Entscheidung über die Handlungseinheiten fallen muß: die Extension der begrifflich-analytischen Einheiten wird implizit oder explizit fixiert und die Erhebungseinheit bei einer empirischen Typologie oder Klassifikation muß ebenfalls konventionalisiert werden.
   b) die Gewinnung der Typologien und Klassifikationen aus der Perspektive des Handelnden (actor-perspective) oder durch einen Beobachter (observer-perspective).
   Nicht zuletzt im Gefolge der neueren Untersuchungen zum Attributionskonzept hat sich mehrfach gezeigt, daß (1) identische Verhaltensdaten verschieden beschrieben werden und (2) diese Beobachtungen verschieden interpretiert werden, je nachdem, ob die Handlungen vom Handelnden selbst oder von einem Beobachter beschrieben und erklärt werden.

3. an dem *Verwendungszweck* der Typologien und Klassifikationen, wodurch die Handlungseinheiten zusätzlich durch den Kontext, in dem sie verwendet werden sollen, definiert werden und wodurch nicht zuletzt auch die Handlungseinheiten bestimmt werden: zum einen wird der Umfang der Handlungsbeschreibungen auf äquivalent erscheinende Handlungen (wie z. B. aggressive, prosoziale etc. Handlungen) eingeschränkt, zum anderen

zusätzlichen Beurteilungskriterien oder normativen Standards ausgesetzt, die in Ist-Soll-Vergleichen bestehen.

Die folgenden Beispiele illustrieren Versuche, Handlungen ohne Vorgabe einzelner Handlungseinheiten zu beschreiben bzw. Handlungen in solche Einheiten zu gliedern, daß das jeweilige Ziel oder Ergebnis als einheitsstiftend – ohne jegliche weitere Differenzierung – angesehen wird. Derartige Versuche sind weiterhin dadurch gekennzeichnet, daß sie einem personzentrierten oder einem interaktionistischen Ansatz zuzurechnen sind, die primär begrifflich-analytisch aus der Beobachter-Perspektive gewonnen wurden und unter normativen Standards beurteilt werden:

So unterscheidet z. B. Heckhausen (1977a, 176) – ohne allerdings je damit die Absicht zu verbinden, eine vollständige Disjunktion von Handlungen vorzulegen – Leistungshandeln, Anschlußhandeln, Machthandeln, Hilfehandeln und Aggression. Neben der Kennzeichnung dieser Verhaltensweisen durch a) ein Konstrukt und b) ein Kriterium („Leistungshandeln... liegt vor, wenn zu erkennen ist, daß ein Tüchtigkeitsgrad maßgebend ist; d. h. wenn das Handlungsergebnis etwas besser, ebenso gut, nicht viel schlechter sein soll." (Heckhausen, 1977, 176) werden meist implizite normative Standards mitverwendet (Tüchtigkeit; Kontakt; Prestige; Machtgefühl etc.). Unter der Voraussetzung, daß Konstrukt und Kriterium ausreichend präzise und konsistent verwendet würden, bestünde der Vorteil derartiger Klassenbildungen darin, daß auf diese Weise die Trennung von Handlungsklassen erfolgreich vorgenommen werden könnte.

Nicht gelöst ist durch eine derartige Klassifikation das Problem der Gewinnung von Verhaltenseinheiten und das Problem einer erschöpfenden Systematik des Sozialen Handelns. Werden statt dessen solche Klassifikationen verwendet, bei denen – zumindest nach der Intention der Verfasser – eine vollständige Disjunktion erreicht wird, dann ist die Einteilung derart grob, daß sie vielfach nicht nur an den Rändern unscharf wird, sondern derart viele unterschiedliche Handlungen unter eine Klasse subsumiert, so daß Subklassifikationen unerläßlich sind.

Die an Tolman (1932) orientierte Unterscheidung in molares und molekulares Verhalten, die von Weber (^{5}1976) eingeführte Klassifikation in zweckrationales, wertrationales, affektuelles und traditionales Handeln oder die von LaPierre & Farnsworth (1949) getroffene Unterscheidung in „offenes" (overt), „verdecktes" (covert), „symbolisches" (symbolic) und „nicht-symbolisches" (nonsymbolic) Verhalten, sind begrifflich-analytische und personzentrierte Klassifikationen aus der Beobachter-Perspektive, die über den bloßen Versuch einer Deskription nicht hinausgehen und eigentlich auch nicht mehr erreichen wollen als eine vorläufige Segmentierung des Sozialen Handelns, um dadurch eine Reduktion der Komplexität zu erreichen.

Zu diesen grobklassifikatorischen Versuchen müßten auch alle jene Unterscheidungen gezählt werden, die vielfach funktionale-bewertende Handlungskategorien (d. h. Kategorien, in denen Handlungen sowohl aufgrund ihrer Funktionen klassifiziert werden als auch gleichzeitig eine wertende Beurteilung erfahren) beinhalten, wie z. B. die „Willenshandlungen", die „Gewohnheitshandlungen", die „Routinehandlungen", das „Erkundungsverhalten", das „konsumatorische" Verhalten, das „geplante" Handeln, das „impulsive" Handeln, die „Affekthandlungen", das „instrumentelle" Handeln. Diese explikativen Konstrukte halten wir im Kontext weiterer Merkmale zur Kennzeichnung von Handlungen für differenzierungsfähig – ohne zusätzliche Kriterien zur Beschreibung von Handlungen sind sie, jenseits aller bestehenden konzeptuellen Unterschiede „praktisch" verzichtbar.

Die von Pike (1966) getroffene Unterscheidung der Analyse von Verhalten in eine „etic" und eine „emic" Perspektive (die an die Unterscheidung der Begriffe phonetic und phonemic anschließt) ist jenseits ihrer Verwendung bei der Analyse von Sprach- und Kultursystemen auf die Beschreibung Sozialen Handelns anwendbar.

Bei der Beschreibung des Sozialen Handelns unter einer „etic"-Perspektive werden vor allem die formalen Verhaltensmerkmale berücksichtigt, die noch vor der inhaltlichen Verhaltensanalyse festgelegt werden können (z. B. Verhaltensbeobachtungen ohne jegliche Interpretation oder Bewertung des Verhaltens; Verhaltensregistratur). Demgegenüber ist bei der Verhaltensanalyse unter der „emic"-Perspektive der Rekurs auf die Bedeutung des Verhaltens konstitutiv, d. h. die Kenntnis der „Verhaltensgrammatik" ist Voraussetzung einer derartigen Analyse, die es dann allerdings auch ermöglicht, individuelles Verhalten vorherzusagen.

Diese Grobklassifikation der Erfassung von Verhalten erscheint insofern nützlich, als die unterschiedlichen Beschreibungsinventare prinzipiell auf diese beiden Varianten reduzierbar sind: auf Taxonomien und Klassifikationen, die ausschließlich an einer formalen Segmentierung des Verhaltens interessiert sind und auf solche, die Soziales Handeln als sinnvolles, zum mindesten aber als verstehbares Verhalten rekonstruierbar machen wollen.

Daß diese strenge Dichotomisierung auch dann durchbrochen wird, wenn einzig und allein Verhalten im zeitlichen Ablauf protokolliert wird, zeigen u. a. auch die Untersuchungen von Barker und seinen Mitarbeitern (vgl. auch 4.4), aus deren Arbeitskreis drei klassische Arbeiten zur Verhaltensanalyse hervorgegangen sind (Barker & Wright, 1951, Barker & Wright, 1955, Barker (ed) 1963). Selbst die minutiöse Protokollierung der Verhaltensweisen des siebenjährigen Raymond Birch (Barker & Wright, 1951) enthält seitens der Beobachter eine Reihe von Interpretationen des interaktiven Verhaltens des Jungen mit seinen Eltern und anderen Personen, die ohne Kenntnis der „Bedeutung" derartiger Verhaltensweisen gar nicht als Verhaltensweisen hätten kategorisiert werden können.

Die theoretische Aufarbeitung der Resultate aus den drei Barker-Studien erfolgt von Barker und seinen Mitarbeitern in dem von Barker (1963) herausgegebenen Band, der insofern programmatische Bedeutung hat, als die Autoren nicht nur eine für damalige Verhältnisse „moderne" ökologische Perspektive der Verhaltensanalyse propagieren, sondern das Problem der Verhaltensanalyse konzeptuell fixieren als:

1. Problem der Identifikation von Verhaltenseinheiten, d. h. hier der Selektion von Verhaltenseinheiten aus dem Verhaltensstrom.

Dieses Problem ist gleichbedeutend mit der Frage nach der Struktur des Verhaltensstromes, der Definition seiner Einheiten und der empirischen Abgrenzung dieser Einheiten durch die Kennzeichnung ihres Beginns und ihres Endes. Diese ‚minimalen molaren Einheiten oder Phasen" (Dickman, 1963, 25) werden bei Barker & Wright (1955, 252) folgendermaßen definiert: „Eine Phase ist das kleinste Verhaltenssegment in einer Handlungshierarchie (action hierarchy). Als solche ist sie die kleinste Handlungseinheit in dem Sinne, daß eine weitere deskriptive Unterteilung sie in ‚actones' zerfallen lassen würde." (actones sind Muskelbewegungen)

2. Problem der Entscheidung für bestimmte Analyseeinheiten des Verhaltensstromes, die von ihnen als „behavior units" und „behavior tesserae" bezeichnet werden.

Die „behavior units" repräsentieren die „inhärenten Segmente des Verhaltensstromes" (Barker, 1963, 1), während die „behavior tesserae" die „Verhaltensfragmente, die vom Untersucher in Übereinstimmung mit seinen Zielen geschaffen bzw. selegiert worden sind" darstellen (Barker, 1963, 2).

Die feldtheoretische Tradition, in der die Arbeiten Barkers und seiner Mitarbeiter stehen, wird besonders an der Konzeption der „behavior settings" deutlich, die vor allem in der ökologischen Psychologie zur Beschreibung von Person-Umwelt-Interaktionen verwendet werden.

Auf die Konzeption der „behavioral settings" als Klassifikationsversuch werden wir im folgenden Abschnitt eingehen, in dem wir diejenigen Klassifikationen des sozialen Handelns diskutieren, die nach der Art ihrer Gewinnung und auch hinsichtlich ihres Verwendungszwecks primär für empirische Untersuchungen konzipiert worden sind.

Weder soll an dieser Stelle ein Katalog der Beobachtungssysteme vorgelegt werden, die zwar alle mehr oder weniger differenzierte Kategorien zur Verhaltensregistratur bereitstellen (man vgl. die Gesamtdarstellungen von v. Cranach & Frenz, 1969, Grümer, 1974, Koolwijk & Wieken-Mayser, 1974, Vol. 3, Merkens & Seiler, 1978, Weick, 1968), denen es insgesamt jedoch an konzeptueller Fundierung mangelt, noch werden wir die für bestimmte Verhaltensbereiche gewonnenen Verhaltensdimensionen darstellen (wie sie etwa in der Literatur zum Führungsverhalten, Erziehungsverhalten, Arbeitsverhalten, Leistungsverhalten, Aggressionsverhalten etc. berichtet werden); es sei denn, ein derartiges Verfahren enthielte eine Lösungsstrategie, die helfen könnte, die prinzipiell mit derartigen Verfahren verbundenen Probleme (meist a-priori Festlegung der Kategorien oder Klassifikationsversuche aufgrund von Verhaltensintentionsbeschreibungen oder zu unscharfe, d. h. einander nicht ausschließende Kategorien etc.) unter dem Aspekt der Handlungsanalyse zu klären, zu innovieren oder gar zu beseitigen.

Als einer der frühen Versuche, systematische Beobachtungen als Mittel der Verhaltensanalyse einzusetzen, kann die Arbeit von Thomas et al. (1933) gelten, die sich auf Vorarbeiten von Arrington (1932) stützt. Viele der hier aufgetretenen Schwierigkeiten treten auch in nachfolgenden Beobachtungsstudien auf und dies nicht so sehr aus technisch-methodischen Gründen, sondern aus konzeptuell-theoretischen Gründen.

So ist zwar von Anfang an klar das definierte Ziel der Untersuchungen von Thomas et al. (1933), das soziale Verhalten von Kleinkindern zu erfassen, unklar bleibt jedoch, auf welcher Abstraktionsebene dieses soziale Verhalten erhoben werden soll. In einer ersten Vorentscheidung werden von den Autoren zwei große Verhaltenskategorien eingeführt, wobei in die erste Kategorie solche Aktivitäten eingeordnet werden wie z. B. „Kontakt mit Gegenständen", „physische Aktivitäten" und „keine offenen Aktivitäten"; in die zweite Kategorie kommen solche Verhaltensdaten wie „Sprechen", „Lachen", „Schreien" etc. Die Beobachtungen – für jede der beiden großen Kategorien wurde ein Beobachter eingesetzt – über 5 Monate verteilt, und jeweils während eines Zeitraums von fünf Minuten in fünf Sekunden Einheiten erhoben, wurden bei diesem a-priori Schema vor allem in der ersten Kategorie in viel zu breite Subkategorien eingeordnet. Damit stand die geradezu filigranartige Aufzeichnung in krassem Gegensatz zu den sehr differenzierten Subkategorien, so daß eine erste Rivision des Beobachtungsschemas vorgenommen wurde, bei der ein a-posteriori Kategoriensystem eingesetzt wurde, dessen Kategorien sich wechselseitig ausschließen sollten. Die ungenügende Definition der einzelnen Kategorien und mehr noch, die Vernachlässigung des prozessualen Aspekt des Sozialen Handelns führte dazu, daß die Verhaltensweisen nach ihrer Kategorisierung erhebliche Überlappungen aufwiesen, so daß eine erneute Revision erforderlich wurde, bei der vier Kategorien gebildet wurden (I = Aktivitäten mit Gegenständen und Personen; II = Aktivitäten nur mit Gegenständen; III = Soziale Aktivitäten; IV = Aktivitäten, die in der Beschäftigung mit der eigenen Person bestanden). Da die erste Kategorie bei weitem am häufigsten zur Beurteilung des Verhaltens verwendet wurde, so daß die Differenzierungsfähigkeit des gesamten Kategoriensystems unzureichend war, entwickelte man ein Kategoriensystem aus 7 Verhaltenskategorien. (I = Kontakt mit Gegenständen; II = Gehen oder andere physische Aktivitäten; III = Unterlassen offener Aktivitäten; statt dessen Herumschauen etc.; IV = Sprechen; V = physischer Kontakt mit anderen Personen; VI = Lachen; VII = Schreien).

Nach zwei Jahren Erfahrungen mit diesem Beobachtungssystem kommen die Autoren zu der resignierenden Feststellung, daß ein einzelner Beobachter mit diesem Beobachtungssystem überfordert ist, um das Verhalten eines Kindes in all seinen Einzelaktivitäten zu klassifizieren. Als Alternative zu diesem Beobachtungssystem entwickeln die Autoren dann ein Beobachtungssystem, mit dem ausschließlich die physischen und verbalen *Kontakte bei sozialen Interaktionen* klassifiziert werden. Ohne auf die Entwicklung dieses Kategorienschemas im einzelnen einzugehen, läßt sich feststellen, daß es durch eine stärkere Systematisierung und eine geringere Kategorienzahl gekennzeichnet ist. So werden z. B. nicht mehr einzelne Verhaltensweisen klassifiziert, sondern Rollenverhalten und Reaktionen auf Verhaltensklassen, d. h. die Rolle des zu beobachtenden Kindes und die Rolle des Interaktionspartners werden z. B. danach kategorisiert, ob auf Kontaktverhalten Passivität, Widerstand, Flucht oder Kooperation gezeigt wird.

Diese Kurzbiographie der Entwicklung eines Beobachtungsystems demonstriert eindringlich folgende Grundproblematik für die Analyse des Sozialen Handelns im sozialen Kontext:

1. die mangelnde Klarheit des intendierten Abstraktionsgrades der Analyse
2. die fehlende Ableitung der verwendeten Kategorien aus einem theoretischen Konzept
3. die unpräzise Definition der einzelnen Kategorien, die unter anderem zu Überlappungen der Kategorisierungen führt.
4. die unzureichende Berücksichtigung des prozessualen Verlaufs des Handlungsgeschehens.

Darüber hinaus illustriert die Aufeinanderfolge der Revisionen bis hin zur Entscheidung, sich auf bestimmte Verhaltensaspekte zu beschränken, die begrenzte Möglichkeit, Verhalten durch die bloße Aufzeichnung des Verhaltens zu analysieren.

3. Soziales Handeln als Konstrukt

Die bisherigen Versuche, Soziales Handeln zu definieren und zu klassifizieren, zeichnen sich nach unserer Meinung im wesentlichen durch folgende Mängel aus:

- durch eine mangelnde Klarheit des intendierten Abstraktionsgrades,
- durch eine fehlende Ableitung aus theoretischen Konzepten,
- durch eine mangelnde Präzision in der Angabe des empirischen Geltungsbereiches und
- durch eine fehlende Berücksichtigung a) der Komplexität, b) des prozessualen Aspektes und c) der Situationsbezogenheit Sozialen Handelns.

In der Konsequenz sind die konzeptionalen Ansätze, von denen einige unter (4.) problematisiert werden, trotz gewisser inhaltlicher Überlappungen sowohl untereinander als auch mit einem vorwissenschaftlichen Vorverständnis inkompatibel. Dies mag mit ein Grund für die zunehmende Attraktivität sogenannter handlungstheoretischer Ansätze sein, die eine Kompatibilität von Konzeptionen des Sozialen Handelns in verschiedenen theoretischen und vortheoretischen Zusammenhängen anstreben.

Anders als viele handlungstheoretisch orientierte Autoren gehen wir nicht davon aus, daß die unbefriedigende Konzeptionalisierung Sozialen Handelns in der Anwendung nomothetisch-empirischer erkenntnistheoretischer Ansätze begründet ist. Diese Ansätze, die sich vergröbernd unter dem Sammelbegriff Analytische Wissenschaftstheorie zusammenfassen lassen, werden unserer Meinung nach von diesen Kritikern zum Teil hinsichtlich ihrer theoretischen Setzungen und hinsichtlich ihrer Anwendung in einigen psychologischen Theorien oft undifferenziert rezipiert, und enthalten insbesondere in ihrer Weiterentwicklung Elemente, die Lösungsansätze für eine adäquate Beschreibung und Erklärung Sozialen Handelns darstellen.

Die von uns vertretene Position, die insbesondere von Carnap (1956) initiiert und in vielerlei Hinsicht modifiziert und differenziert wurde (eine Übersicht über die Entwicklung geben insbesondere Feigl (1956), Hempel (1963), Kraft (1953), Morgenbesser (1967) und Suppe (1977)) gewährleistet dabei, wenn zusätzlich kompatible Elemente anderer erkenntnistheoretischer Ansätze mit einbezogen werden, sowohl die Beibehaltung von Ergebnissen der empirischen und theoretischen Forschung in der Psychologie als auch die reflektierte Berücksichtigung der notwendigen Verflochtenheit von Definition und Erklärung und damit der theoriespezifischen Verschiedenheit der Behandlung des Explanandums Soziales Handeln (S. dazu insbesondere Achinstein (1968), Hanson (1971), Kuhn (1962, 1970) und Shapere (1977)).

Der Anspruch, das Phänomen „Soziales Handeln“ in seiner Ganzheit und theorieneutral konzeptionalisieren zu können, wird als vorwissenschaftlich und positivistisch zurückgewiesen. Es bleibt allerdings zu betonen, daß die handlungstheoretischen Ansätze, die solch einen Anspruch oft implizit zu enthalten scheinen beziehungsweise davon ausgehen, Soziales Handeln unter Berücksichtigung als verbindlich betrachteter intuitiver Vorverständnisse konzipieren zu können (vgl. Thomas, 1978), in ihrer Betrachtung des Phänomens Aspekte mitberücksichtigen, die von nomothetisch-empirisch orientierten Ansätzen vernachlässigt wurden. Wir verstehen hier Soziales Handeln als Hypothetisches Konstrukt im Sinne eines Theoretischen Terms (s. Stegmüller, 1974, 125 ff), der, wie die anderen Theoretischen Terme in der jeweiligen Theorie, in die er eingebettet ist, seine Bedeutung erlangt durch Symptomsätze erster Art, die ihn mit Aussagen über beobachtbare Sachverhalte verbinden (s. Stegmüller, 1974, 126) und durch Symptomsätze zweiter Art, die sich auf die anderen Theoretischen Terme beziehen (s. Stegmüller, 1974, 127).

Die Sachverhalte, die dem Term Soziales Handeln seine partielle empirische Bedeutung verleihen, sind im wesentlichen die jeweils in Übereinstimmung mit der theoretischen Bedeutung festgesetzten, d. h. nicht theorieneutral beobachtbaren Erscheinungsweisen des Sozialen Handelns, sowie die damit einhergehenden, beziehungsweise verursachten Veränderungen der Situation.

In denjenigen theoretischen Ansätzen zur Erklärung Sozialen Handelns, die den Theoretischen Term Motivation als Determinante enthalten, werden diese Erscheinungsweisen dabei unter anderem unter dem Aspekt der Richtung betrachtet (s. dazu Thomae, 1965, 58 ff) und damit, nach Heckhausen (1977, 297), unter der Berücksichtigung von Inhaltsklassen, die sich in der Konzeptionalisierung sogenannter Motivklassen als fruchtbar erwiesen haben.

Damit ist bereits angedeutet, daß sowohl die Akzentuierung bestimmter „Verhaltenseinheiten (s. dazu S. 228ff.), und der an ihnen fokussiert betrachteten Aspekte, als auch die Klassifikation als interdependent oder äquivalent erachteter „Verhaltenseinheiten" durch den jeweiligen Erklärungsansatz determiniert werden. Das heißt: die Beschreibung und Klassifikation Sozialen Handelns stellen ihrerseits „wahrnehmende Handlungen" (s. Herrmann, 1976, 95) dar, die theoriegeleitet sind. Unterschiedliche Erklärungsansätze Sozialen Handelns beziehen sich demnach auf unterschiedliche empirische Geltungsbereiche, oder weisen identischen empirischen Geltungsbereichen unterschiedliche Bedeutung zu (vgl. Stegmüller, 1980). So hat etwa Turner (1967, 194) aufgewiesen, wie die Beobachtung einer simplen molekularen Verhaltensweise je nach theoretischem Erklärungsansatz als Beleg für verschiedene, inkompatible Theorieansätze gewertet werden kann. Neben der Verknüpfung mit theoriespezifisch verschiedenen Verhaltensdaten ist also die Verknüpfung mit den anderen in der jeweiligen Theorie enthaltenen Theoretischen Termen für die Bedeutung des Terms Soziales Handeln ausschlaggebend. Diese weiteren Terme können hier simplifizierend als Konzepte klassifiziert werden, die sich auf Personen- und Situationsmerkmale beziehen. (Herrmann (1976, 66 ff) hat verdeutlicht, daß selbst dispositionszentrierte Forschungsprogramme, die im wesentlichen Persönlichkeitsmerkmale für die Erklärung von Verhalten verwenden, in ihren Verifikationsverfahren Annahmen über relevante Situationsbedingungen zumindest implizit enthalten.)

Eine unterschiedliche Konzeptionalisierung des gleichen theoretischen Terms wie zum Beispiel der Motivation trägt dann auch wieder zur unterschiedlichen konnotativen Bedeutung Sozialen Handelns bei, wenn es beispielsweise einmal als Reaktion auf bestimmte Mangelzustände interpretiert wird und ein anderes Mal als Annäherung, beziehungsweise Vermeidung (s. auch Hall, 1961, 30).

Wenn Soziales Handeln als Theoretischer Term durch Symptomsätze Bedeutung erlangt, und dabei sowohl die empirische als auch die theoretische Bedeutung durch die Explanantien und deren Bedeutung beeinflußt ist, so besteht andererseits eine Abhängigkeit der Bedeutung der Explanantien von der

Konzeption des Sozialen Handelns. Wir verstehen im Anschluß an die wissenschaftstheoretische Diskussion Persönlichkeitsmerkmale weder – wie in der essentialistischen Auffassung – als beobachtbare Entitäten, die „hinter“ dem Verhalten stehen, noch als vage zu umschreibende Gründe, die für den Akteur und bzw. oder den Handelnden verstehbar sind. Damit wenden wir uns gegen eine simple Ursachenerklärung, die Ursachen als unabhängige Ereignisse kausal mit einem vermeintlich theorieneutral beobachtbaren Verhalten in Beziehung setzt. In diesem Zusammenhang sei lediglich auf die differenzierte Problematisierung des Ursachen-, Erklärungs- und Gesetzesbegriffs im Rahmen der Analytischen Wissenschaftstheorie und anderer erkenntnistheoretischer Ansätze verwiesen (s. dazu u. a.: Achinstein (1971), Braithwaite (1953), Brandt & Kim (1963), Burks (1977), Danto (1956), Davidson (1963), Donagan (1964), Ducasse (1925), Feyerabend (1965), Goodman (1955), Goldman (1967), Hempel (1962), (1965), Hempel & Oppenheim (1948), Lorenzen (1974), Nagel (1968), Niiniluoto & Toumela (1973), Passmore (1958, 1962), Peters (1958), Rescher (1970), Riedel (1976), Schwemmer (1975), Scriven (1959) und Stegmüller (1958/59).

Gleichzeitig muß aber auch eine einseitige, undifferenzierte Konzeption von psychischen Determinanten als „Gründen“ problematisch erscheinen, wenn darin

a) apodiktisch von der Vorannahme von Personen- oder Systemeigenschaften ausgegangen wird, die empirisch nicht belegt und theoretisch unzureichend präzisiert werden, wie zum Beispiel in der Setzung einer unbefriedigend definierten „Rationalität“ in dem Modell der rationalen Erklärung Drays (1957, 1959, 1964), das in einigen Aspekten zum Beispiel von Mischel, Th. (1969, 1976) übernommen und besonders von Hempel (1961) kritisiert wurde; oder die Vorannahme der regulativen Funktion von Regeln in einigen hermeneutisch oder sprachanalytisch orientierten soziologischen Ansätzen (s. bes. Winch, 1958, 1964);

b) Verhaltenserklärung einseitig mit der Rechtfertigung devianten Verhaltens identifiziert wird, ohne den Anspruch wissenschaftlicher Theorien, Aussagen über allgemeine Regelmäßigkeiten zu treffen, mitzureflektieren (s. z. B. Peters, 1958), oder

c) aus der Annahme, daß hinsichtlich bestimmter Relationen von beobachtbaren Verhaltens-, Situations- und Personenvariablen keine zutreffenden Allaussagen möglich sind, die Schlußfolgerung gezogen wird, daß auch keine probabilistischen Gesetze möglich sind.

Persönlichkeitsmerkmale sollen hier als Dispositionsbegriffe (s. dazu insbes. Goodmann, 1955) verstanden werden, deren empirische Bedeutung a) auf der Beobachtung von Regelmäßigkeiten zwischen Situations- und Verhaltensvariablen beruht, deren Auswahl und Interpretation theorieabhängig sind (s. o.) und

b) auf Verhaltensdaten, die durch Symptomsätze erster Art direkt mit den Dispositionsbegriffen verknüpft werden. Zu den letzteren zählen auch Selbstbeschreibungen.

Herrmann (1976, 65) faßt die empirische Bedeutung von Dispositionsbegriffen in einer ersten Annäherung zusammen und macht dabei auch die Interdependenz von Verhaltensdefinition und -erklärung deutlich, wenn er als „minimale Orientierungsdefinition" das „Ensemble interdependenter Verhaltens- und Erlebnisweisen bzw. Reaktionen, emotionalen und volitiven Zuständen, von Urteilen und von Wertungen" angibt.

Die Tatsache, daß Persönlichkeitsmerkmalen in der psychologischen Forschung mittlerweile nur noch in den seltensten Fällen empirische Bedeutung lediglich in sogenannter operationalisierender Weise (s. Herrmann, 1976) zugesprochen wird, das heißt: nur über die Beobachtung von Regelmäßigkeiten zwischen zu erklärenden Verhaltensweisen und bestimmten Situationsmerkmalen, wird erstaunlicherweise bei der Behandlung des Dispositionsbegriffes in der Wissenschaftstheorie (s. Juhos, 1959) und sprachanalytisch orientierten Kritikansätzen an der Persönlichkeitsforschung (vgl. Herrmann, 1973) häufig vernachlässigt.

Diese Entwicklung, die mit der Entwicklung des Dispositionskonzeptes in der Psychologie über intervenierende Variablen und Hypothetische Konstrukte korrespondiert (s. dazu u. a.: Carnap (1936), Feigl (1950), Hull (1943), Lindzey (1953), Maxwell (1962), Turner (1967) und Westmeyer (1972)), und auch vor dem Hintergrund der Betonung „kognitiver" Erklärungsansätze zu reflektieren ist, liefert möglicherweise einen Hinweis darauf, daß im Rahmen der empirischen Forschung die Trennung zwischen beobachtbaren Ursachen des Handelns und den Gründen des Handelnden mittlerweile ebenso verwischt, wie in einigen wissenschaftstheoretischen Ansätzen (vgl. Stegmüller, 1969). Dieser Berücksichtigung von Aspekten, die nicht mehr eindeutig einem positivistischen Standpunkt zuzuordnen sind, entspricht auch eine Ausweitung des Konzeptes der Situation im Rahmen der psychologischen Forschung. Besonders die empirische und theoretische Bedeutung von denjenigen Termen, durch die Handeln erklärt werden soll, und die sich nicht auf Personenvariablen beziehen, muß immer noch als äußerst unzureichend präzisiert gelten.

In der Erweiterung dieses bisher nur ungenau umschriebenen Situationskonzeptes durch Aspekte, die mittlerweile im Anschluß an die Diskussion um das „behavior setting" und um den „situationism" hervorgebracht wurden (s. S. 236–237; 259–264) sehen wir allerdings auch eine Möglichkeit, Soziales Handeln in seiner subjektiven Bezogenheit auf die soziale Umwelt zu konzeptionalisieren. In diesem Zusammenhang ist auch zu reflektieren, inwieweit Konzepte divergierender erkenntnistheoretischer Ansätze, wie die der „gesellschaftlichen Bedingungen" und der „Gegenständlichkeit der Tätigkeit" zu einer adäquaten Thematisierung situationsspezifischer Determinanten Sozialen Handelns beitragen können (s. dazu die Darstellung des Ansatzes von Leontjev, S. 270–271).

Die Mängel in den bisherigen Versuchen, Soziales Handeln zu definieren, entsprechen nach Kriterien der analytischen Wissenschaftstheorie demnach den folgenden Mängeln in theoretischen Ansätzen zur Erklärung Sozialen Handelns:

- einer unzureichenden Berücksichtigung von Aspekten des Phänomens Soziales Handeln, von denen man in der paradigmatischen Untersuchungssituation abstrahieren zu können glaubt;
- einer fehlenden Präzision und Begründung in der Einführung der beobachtbaren Verhaltensweisen und der an ihnen fokussierten Aspekte, die in der jeweiligen Theorie mit dem Term Soziales Handeln verknüpft werden;
- einer unbefriedigenden Berücksichtigung von inhaltlich relevant erscheinenden Aspekten personspezifischer und situationsspezifischer Determinanten Sozialen Handelns und deren Interrelationen, die u. a. durch die Vorannahme isolierbarer Variablen begründet ist;
- einer unbefriedigenden Erläuterung der empirischen und theoretischen Bedeutung der in der jeweiligen Theorie akzentuierten Situations- und Dispositionskonzepte;
- einer mangelnden Präzision und Begründung in der Erläuterung der in den jeweiligen Theorien postulierten Relationen
  a) zwischen den mit dem Term Soziales Handeln verknüpften beobachtbaren Verhaltensweisen und den Indikatoren für die eingeführten Situations- und Dispositionskonzepte,
  b) zwischen diesen Indikatoren, und
  c) zwischen den mit dem Term Soziales Handeln verknüpften beobachtbaren Verhaltensweisen und den theoretischen Bedeutungen der Situations- und Dispositionskonzepte, d. h. der „Überschußbedeutung" der beobachtbaren Verhaltensweisen.

4. Perspektiven der Handlungsforschung

4.1 Der Ansatz der Analytischen Handlungstheorie

Die Analytische Handlungstheorie versteht sich nach Meggle (1977) als gemeinsame Metatheorie verschiedener Handlungstheorien, wie der empirischen (also etwa der Psychologie), der normativen (z. B. der Rechtswissenschaft) und der rationalen (z. B. der Entscheidungstheorie). Sie stellt sich als solche die Aufgabe, wesentliche handlungstheoretische Grundbegriffe wie Handlung, Motiv, Handlungskonsequenz, Erwartung, bzw. Überzeugung, und Bewertung in einer Weise zu klären, die sowohl dem alltagssprachlichen Vorverständnis als auch der jeweils spezifischen Bedeutung in den verschiedenen theoretischen Kontexten Rechnung trägt.

Nach der Ansicht von Th. Mischel (vgl. 1964, 1966, 1969, 1976), Harrè & Secord (1977), Bergius (1977) und in der Tendenz auch Werbik (1971, 1976, 1978) und Laucken (1974) kann eine Reflexion der in der Analytischen Handlungstheorie enthaltenen Positionen zu einer Umstrukturierung und Differenzierung der Betrachtung von Sozialem Handeln und seiner Erklärung im Rahmen der Psychologie führen.

Die Analytische Handlungstheorie ist sicherlich nicht als einheitlicher Ansatz zu betrachten (vgl. Luhmann, 1978), sondern eher als Geflecht analytischer, das heißt nicht empirisch gewonnener Aussagen vor dem Hintergrund einer sprachphilosophischen Methode und einer Ablehnung einseitiger phänomenologischer und positivistischer Ansätze in den empirischen Sozialwissenschaften (vgl. die zusammenfassende Darstellung v. Wrights (1974)). Eine Darstellung der Analytischen Handlungstheorie kann und soll hier nur punktuell anhand derjeniger Grundpositionen erfolgen, deren Reflexion für eine Differenzierung der Konzeptionalisierung und Erklärung Sozialen Handelns im Rahmen einer empirisch-nomothetisch orientierten Psychologie fruchtbar werden könnte. Die Analytische Handlungstheorie definiert Soziales Handeln keineswegs in einheitlicher Weise. Anstelle einer Aufzählung verschiedener Definitionsansätze sei auf die charakterisierende Beschreibung von Stegmüller (1975, 109) im Anschluß an v. Wright (1974) verwiesen. Danach bezeichnet der Begriff der Handlung in der Analytischen Handlungstheorie das Insgesamt von Intention, Überzeugung, dem nach Ansicht des Handelnden mit Intention und Überzeugung konsistenten Handeln und Handlungskonsequenz.

Sowohl die inhaltliche Bestimmung dieser Terme, als auch die Ausführungen hinsichtlich ihrer Interrelation, als auch deren Einbettung in ein ideales Modell, das die Konnotation einer „Rationalität" Sozialen Handelns enthält, müssen vor dem Hintergrund a) der Elaboration dieser Terme, b) der empirischen und theoretischen Befunde und Ansätze hinsichtlich ihrer Interrelation und c) der bisherigen Versuche, das alltagssprachliche Vorverständnis „rationalen Handelns" zu präzisieren, im Rahmen der empirischen Sozialforschung als vorläufig gelten (vgl. hier besonders Stegmüller (1969)).

Eine Beschreibung motivierten Verhaltens, die in den Grundzügen der Handlungsdefinition in der Analytischen Handlungstheorie entspricht, aber durch ihre Einbettung in ein empirisch-theoretisches Aussagengeflecht deren Mängel (s. o.) meidet, findet sich bei Heckhausen (1977), wenn er folgende „Stationen" einer Handlung unterscheidet:

a) die Wahrnehmung der Situation, mit ihrem motiv-relevanten Aufforderungsgehalt,
b) die Handlung,
c) das Ergebnis der Handlung und
d) die Folgen mit ihren Anreizwerten, die den Anreiz des Ergebnisses bestimmen.

In ähnlicher Weise berücksichtigen v. Cranach et al. (1980) den in der Analytischen Handlungstheorie betonten Aspekt „handlungsbezogener Kognitionen" (v. Cranach et al. 1980, 204 ff) und definieren Handeln als „zielgerichtetes, bewußtes, geplantes und beabsichtigtes Verhalten" (v. Cranach et al. 1980, 77), „Handlung" als eine „Einheit des Handelns, die sich durch ihre konkrete Ausrichtung auf ein konkretes Ziel kennzeichnen läßt" (v. Cranach et al. 1980, 77).

Auffällig ist an allen Definitionen Sozialen Handelns innerhalb der Analytischen Handlungstheorie und in verwandten Ansätzen zum einen die enge Verflochtenheit von Verhaltensdefinition mit Verhaltenserklärung und zum andern der explizite Verzicht auf eine Einbeziehung physikalischer Erscheinungsweisen des Verhaltens in die Definition.

Diesem Unterschied zur gängigen Konzeption von Verhalten entspricht auch eine andere Auffassung von den psychologischen Explanantien des Verhaltens, wie den Motiven, Zielen, Überzeugungen und Werthaltungen, die v. Wright (1974, 85 ff.) als „inneren Aspekt" von Handlungen konzipiert. Besonders die sprachphilosophisch orientierten Vorläufer der Analytischen Handlungstheorie, wie Wittgenstein (1953, 1964, 1967a, 1967b, 1969), Melden (1961) und Anscombe (1951), auf deren methodischen Ansätzen die Analytische Handlungstheorie weitestgehend fußt, fassen die psychologischen Explanantien des Sozialen Handelns weder in einer undifferenzierten phänomenologischen Konzeption als reale Entitäten auf, denen der gleiche ontologische Status zugesprochen wird wie dem Handeln, noch in positivistischer Weise als theoretische Konstrukte, die einem vermeintlich theorieneutral beobachtbaren Verhalten gegenüberstehen.

Eine phänomenologische Fassung des Dispositionskonzeptes findet sich zum Beispiel in den Aussagen Allports, wenn er schreibt „Persönlichkeit ist etwas und tut etwas" (1959, 49). Eine positivistische Fassung von Disposition und Handeln ist besonders in den oben angesprochenen behavioristischen Ansätzen zu finden.

Die gemeinsamen Probleme in beiden Positionen, die eine adäquate Fassung Sozialen Handelns erschweren, können in dem ernst zu nehmenden Hinweis von Rotter gesehen werden, daß es bisher keine theoretisch und empirisch hinreichend fundierten Klassifikationen funktionaler Verhaltensweisen, psychologischer Explanantien, sozialer Situationen und Konsequenzen sozialer Handlungen gibt (1972, 338). Diese fehlenden Klassenbildungen lassen sowohl eine vermeintlich theorieneutrale Konzeption von Sozialem Handeln als auch dessen Erklärung durch Explanantien, deren inhaltliche Bedeutung, Bezug zu beobachtbaren Sachverhalten und Interrelationen untereinander ungeklärt sind, zumindest als vorläufig erscheinen. Das spezielle Problem der phänomenologischen Grundposition für die adäquate Erklärung Sozialen Handelns wird besonders deutlich in der Frage hinsichtlich der Interrelation zwischen kognitiven und affektiven, beziehungsweise motivationalen Explanantien, die als scheinbar isolierbare Entitäten angesehen werden (vgl. Campbell, 1963, 136f.). Das genuine Problem positivistischer Definitions- und Erklärungsansätze des Sozialen Handelns wurde in der Inferenz von vermeintlich theorieneutral beobachtbaren Handlungskonsequenzen auf erklärende intervenierende Variable oder hypothetische Konstrukte gesehen. Besonders Werbik (1971) hat darauf hingewiesen, daß eine solche Vorgehensweise nicht nur dem Vorverständnis Sozialen Handelns – hier am Beispiel aggressiven Verhaltens – zuwiderläuft, sondern auch der Intention, Handeln adäquat erklären und zutreffend vorhersagen zu können, widersprechen kann.

Die Analytische Handlungstheorie wendet sich explizit von der phänomenologischen und der positivistischen Konzeptionalisierung Sozialen Handelns ab und vertritt statt dessen eine sogenannte „double-aspect"-Theorie (vgl. Shaffer, 1967, 340ff.). Danach handelt es sich bei psychologischen Explanantien und zu erklärendem beobachtetem Verhalten nicht um verschiedene Entitäten, Sachverhalte oder Prozesse, sondern um verschiedene Beschreibungsweisen einer Einheit, nämlich der handelnden Person.

Eine solche „double-aspect"-Theorie klingt auch bei Rotter (1972, 5) an, wenn er davon ausgeht, daß Soziales Handeln sowohl durch psychologische, als auch durch physiologische Terme beschrieben werden kann, und dabei betont, daß es sich dabei um verschiedene Sprechweisen handelt, aus denen keine Kausalrelation abgeleitet werden kann.

In diesem Zusammenhang kann und soll eine wesentliche Grundannahme der Analytischen Handlungstheorie nicht diskutiert werden, die die Möglichkeit einer Verbindung zwischen einer psychologischen Handlungserklärung durch psychologische Explanantien – in der Terminologie der Analytischen Handlungstheorie: durch „Gründe" – und einer physiologischen Handlungserklärung durch sogenannte „Ursachen" prinzipiell ausschaltet. Siehe dazu auch die ausführlichen Darstellungen bei Beckermann (1977), Borger & Cioffi (1970), Manninen & Toumela (1975) u. Ryle (1976). Ebensowenig kann hier der spezielle Ansatz der Analytischen Handlungstheorie hinsichtlich der logischen Relation zwischen den Aussagen über Handlungsgründe und Aussagen über zu erklärendes Handeln hinreichend erläutert werden, der sich – in unterschiedlichen Interpretationen – auf den aristotelischen praktischen Syllogismus beruft. Vgl. dazu insbesondere Anscombe (1951), Ducasse (1925), v. Wright (1977) und Stegmüller (1975).

Festzuhalten ist in diesem Zusammenhang der genuine Ansatzpunkt der Analytischen Handlungstheorie, daß je nach theoretischer Einbettung Soziales Handeln sowohl mit Hilfe psychologischer als auch mit Hilfe physiologischer Terme beschrieben und erklärt werden kann.

Die Analytische Handlungstheorie nimmt dabei im Anschluß an Anscombe (1951) und Winch (1958) noch eine weitere Differenzierung vor.

Sie verweist darauf, daß sowohl für die Handlungsbeschreibung als auch für die Handlungserklärung wahrgenommene Konsequenzen und situationaler Kontext der Handlung konstitutiv werden. Die vom Handelnden antizipierten, bzw. die vom Beobachter als antizipiert unterstellten Folgen einer Handlung müssen nach der Ansicht von Anscombe als konstitutive Elemente für die wahrgenommene Bedeutung einer Handlung gesehen werden. Ebenso wird der situationale Kontext für den Akteur handlungsleitend, für den Beobachter interpretationsleitend (vgl. Winch, 1958).

Handelnder und Beobachter können aber in ihren Wahrnehmungen und Bewertungen hinsichtlich der antizipierten Handlungskonsequenzen und des situationalen Kontextes und damit in ihren Interpretationen einer bestimmten Handlung divergieren. Soziales Handeln ist demnach, wenn es verstanden, und nicht „nur" unter Naturgesetze subsumiert werden soll, dann adäquat zu erklären, wenn der Handelnde selbst nach seinen Absichten befragt wird (s. dazu bes. v. Wright, 1977).

In diesem Geflecht analytischer Aussagen, das sich aus einer Ablehnung bestehender Konzeptionalisierungen Sozialen Handelns in der empirischen Sozialforschung ergibt, werden mehrere Aspekte angesprochen, die in anderen Zusammenhängen auch in psychologischen Ansätzen auftauchen.

1. Das generelle Problem der Abhängigkeit zwischen Definition und Erklärung Sozialen Handelns wurde unter dem erkenntnistheoretischen Aspekt u. a. von Herrmann (1973), unter einem empirisch-theoretischen Gesichtspunkt von Rotter (1972, 338 f.) und im Rahmen der psychologischen Forschung besonders im Zusammenhang mit der Untersuchung der Personenwahrnehmung (vgl. 4.2) diskutiert.

2. Das spezielle Problem der Abhängigkeit zwischen der Wahrnehmung von Handlungskonsequenzen und der Handlungserklärung in der Form von Attributionen wird u. a. innerhalb der Naiven Verhaltenstheorie und der verschiedenen Ansätze zur Kausalattribution (vgl. 4.2) untersucht. Allerdings haben diese Problematisierungen bisher nicht in alle Ansätze zur Erklärung Sozialen Handelns Eingang gefunden (vgl. 4.3).

Die Analytische Handlungstheorie löst das Problem der Interdependenz zwischen Wahrnehmung von Handlungskonsequenzen und Attribution von Dispositionen, wenn sie beide Elemente als „äußeren" und „inneren" Aspekt (v. Wright, 1974) in die Handlungsbeschreibung einbezieht. Ähnlich geht auch Rotter (1972, 10 f.) von der „double-aspect"-Theorie aus, wenn er postuliert, daß es sich bei der Unterscheidung zwischen „need" und „goal" bei der motivationstheoretischen Erklärung von Sozialem Handeln eher um einen semantischen als um einen konzeptuellen Unterschied handelt. Er nimmt an, daß die Bedürfnislage in der Handlungserklärung akzentuiert wird, wenn die motivierte Person im Zentrum der Betrachtung steht, dagegen das Ziel oder Objekt, wenn der Umweltbezug der motivierten Person relevant erscheint.

3. Harrè & Secord (1977) sehen in den Annahmen Winchs, daß Soziales Handeln in seinen jeweiligen situationalen Kontexten zu betrachten ist und von daher eher durch Regeln determiniert als durch Naturgesetze zu erklären ist, Parallelen zu den Ansätzen von Chomsky hinsichtlich des Spracherwerbs und von Levi Strauss' im Rahmen der Sozialen Anthropologie (Harré & Secord, [3]1977). Ähnliche Ansätze sind sicherlich im Symbolischen Interaktionismus zu finden, wo ebenfalls komplexe Abläufe Sozialen Handelns durch z. T. nicht verifizierbare Hypothesen über „Tiefenstrukturen" erklärt werden. Ein fundamentales Problem scheint allerdings auch hier wieder darin zu bestehen, daß die Annahme der Determination von Handlungen durch nicht beobachtbare und kontrollierbare Faktoren auf einer Klassifikation von Handlungen aufbauen muß, die ihrerseits nur a priori erfolgen kann.

4. Wenn die Analytische Handlungstheorie und im Anschluß daran z. B. Th. Mischel (1976, 188f.) aus der Problematisierung der Subjektivität jeglicher Verhaltensbeobachtung dem „agents point of view" Priorität in der Handlungserklärung zuschreiben, müssen sicherlich folgende Probleme berücksichtigt werden:

a) Es bleibt zu diskutieren, welche Relation zwischen den Selbstbeschreibungen der Handelnden hinsichtlich ihrer Intentionen, Motive oder Überzeugungen (die im Rahmen der empirischen Sozialforschung ebenfalls häufig als „Beobachtungsbasis" für die Zuschreibung von bestimmten Determinanten Sozialen Handelns verwendet werden) und
- den augenblicklich wirksamen Motivationen, Handlungsabsichten usw., sowie
- den konkreten beobachtbaren Verhaltensweisen

postuliert werden soll.

Die Anzahl von Untersuchungen zu dem Paradigma „Einstellung und Verhalten" und deren unterschiedliche Ergebnisse dokumentieren eindrucksvoll, daß die Annahme einer homomorphen Relation zwischen bestimmten Selbstbeschreibungen von Handelnden und an ihnen beobachtetem Handeln zu widerlegen ist (vgl. auch 4.2).

b) Weiterhin ist bisher die Frage hinsichtlich der Relation zwischen den Bedeutungen ungeklärt, die (verschiedene) theoriengeleitete Beobachter und der Handelnde selbst einer Handlung zuschreiben.

Nach unserer Ansicht ist die Beantwortung dieser Frage nur zusammen mit der Frage hinsichtlich der Relation zwischen verschiedenen Konzeptionalisierungen Sozialen Handelns in verschiedenen Theorien zur Erklärung des Sozialen Handelns zu beantworten. Dieses Problem kann unserer Meinung nach bisher nicht gelöst werden, da die Einschätzung einer möglichen Kompatibilität von

Theorien, die das gemeinsame Explanandum „Soziales Handeln“ zum Gegenstand haben, aufgrund der theorie-immanenten Mängel (s. Abschn. 3) nicht in befriedigender Weise vorgenommen werden kann.

Die analytische Handlungstheorie enthält – obwohl sie von einem anderen erkenntnistheoretischen Paradigma ausgeht – aufgrund ihrer spezifischen Problematisierung der Defintion sozialen Handelns Ansatzpunkte, die für eine differenziertere Konzeptionalisierung Sozialen Handelns im Rahmen einer empirisch-nomothetisch orientierten Psychologie fruchtbar werden können:

1. Die Analytische Handlungstheorie strebt eine Kompatibilität verschiedenster theoretischer Bereiche mit dem gemeinsamen Gegenstand Sozialen Handelns an, ohne dabei reduktionistisch von der Priorität eines dieser Bereiche auszugehen.
2. Sie betont dabei die Interdependenz zwischen Handlungsdefinition und Handlungserklärung und sieht diese darin begründet daß Handlung, Handlungskonsequenz, Akteur und sozialer Situation nicht unabhängig von wissenschaftlichen oder intuitiven Theorien wahrgenommen werden.
3. Die Analytische Handlungstheorie trägt der von ihr betonten Interdependenz von Definition und Erklärung Rechnung, indem sie die mit der konkreten Handlung konsistent beobachteten bzw. kognizierten weiteren Variablen in die Handlungsdefinition mit einbezieht. Die spezifische Elaboration dieser weiteren Variablen, die sich auf die Situation, den Handelnden und die Handlungskonsequenz beziehen (sowie deren Einbettung in ein Modell, dem die Bedeutung des „Rationalen Handelns“ anhaftet), entsprechen dabei nicht den Vorverständnissen und empirischen wie theoretischen Ansätzen in weiten Bereichen der Psychologie, die entweder von einem personzentrierten oder von einem situationistischen Ansatz ausgehen.
4. Die Analytische Handlungstheorie betont die Möglichkeit verschiedener Ebenen der Definition und Erklärung Sozialen Handelns. Sie geht dabei allerdings a) von einer Dichotomisierung in physiologische und in psychologische Ebenen aus und b) von einer prinzipiellen Unverbundenheit zwischen diesen beiden Ebenen.

4.2 Der attributionstheoretische Ansatz

Attributionstheoretische Konzepte übernehmen in der gegenwärtigen Phase sozialwissenschaftlicher Forschung die Funktion von Klammerkonzepten. Sie stellen ein Beispiel für den Trend dar, anstelle elaborierter Theorien Konzeptualisierungsversuche zu unternehmen, die möglichst universell verwendbar sind.

Die derzeit verfügbaren Attributionskonzeptionen werden dabei sowohl in der Motivationsforschung (im deutschsprachigen Bereich vor allem in der Leistungsmotivationsforschung), in der Aggressions- und Altruismusforschung, in der Einstellungs- und Vorurteilsforschung als auch in der Umweltpsychologie (Untersuchungen zur sozialen Dichte) der Klinischen Psychologie (Erlernte Hilflosigkeit und Depressionsforschung), der Personwahrnehmung und Selbstwahrnehmung, der Psychologie der Verantwortungszuschreibung, den Problemen der Kooperations- und Konfliktforschung, den Erklärungsvarianten zum Problem der Sozialpsychologie des Experiments (Rosenthal-Effekt) verwendet. Diese wohl immer noch nicht vollständige Liste verdeutlicht die inflationäre Verwendungsvielfalt dieses Konzeptes. Die Ubiquität des Konzepts in der Anwendung ist einerseits ein Beleg für die Funktion als Klammerkonzept, andererseits erhöht sich das Risiko, daß ein Konzept im Stadium seiner Entwicklung an seiner eigenen Präpotenz eingeht und zur Leerformel verkommt.

Läßt sich das allgemeine Problemlösungsschema der unterschiedlichen attributionstheoretischen Ansätze auf die Fragestellung reduzieren, auf welche Informationen bei der Interpretation von Ereignissen und Verhaltensweisen im Alltag zurückgegriffen wird (Ross, 1977), so wird deutlich, daß die Analyseperspektive der attributionstheoretischen Ansätze die eines „intuitiven Psychologen" ist (Ross, 1977, 174), der sich zur Aufgabe gemacht hat, a) kausale Erklärungen für die eigenen oder die Handlungen anderer zu finden, b) diese Kausalerklärungen in einem sozialen Inferenzprozeß zu präzisieren (d. h. sie dispositionellen und/oder situativen Komponenten zuzuordnen) und c) daraus Vorhersagen für zukünftiges Verhalten abzuleiten.

Durch diese attributionstheoretische Perspektive werden u. E. nicht nur die Probleme der Forschungen zum Verhältnis von Handlungsursachen und Handlungsgründen, wie sie von der Analytischen Handlungstheorie diskutiert werden, um eine sozialwissenschaftliche Variante bereichert, sondern vor allem wird das Problem der Verantwortlichkeit für Handlungen jenseits aller rigoros ethischen Fragestellung in das Licht einer empirischen Untersuchung der individuellen Verantwortlichkeitszuschreibung unter Berücksichtigung der situativen Bedingungen gerückt. Die subjektive normative Interpretation von Handlungen, wie sie z. B. von Dienstbier et al. (1975), Salili et al. (1976), Schroeder & Linder (1976), Phares & Wilson (1972) untersucht worden sind, macht deutlich, daß Attributionsprozesse der Verantwortlichkeitszuschreibung von Handlungen einer eindeutigen Zuschreibung in endogene vs. exogene Faktoren (vgl. hierzu auch Kruglanski, 1975) nicht unterliegen.

Spezifiziert man die generelle Problemstellung der attributionstheoretischen Ansätze hinsichtlich der Unterscheidung der Ursachenerklärung des Sozialen Handelns in ein Problem der Erklärung der eigenen Handlungen und in ein Problem der Erklärung fremder Handlungen, so resultiert daraus nicht nur der für die attributionstheoretischen Ansätze so wichtige Aspekt der unterschiedlichen Ursachenzuschreibung ein und derselben Handlung, sondern der möglicherweise unterschiedlichen Klassifikation ein und derselben Handlung je nachdem, ob die „actor"- oder die „observer"-Perspektive eingenommen wird.

Explizite Definitionen von Handlungen wird man bei den drei klassischen Vertretern der Attributionstheorie (Heider, 1958; Jones & Davis, 1965; Kelley, 1967) vergebens suchen, während sich immer wieder Beispiele von Alltagshandlungen finden, die zur Illustration der Terminologie verwendet werden. Der systematische Stellenwert des Handlungskonzepts ist bei allen drei Repräsentanten unterschiedlich: Heider (1958), nach dessen Darstellung „das Ergebnis der Handlung von einer Kombination wirksamer persönlicher Kraft und wirksamer Umweltkraft" abhängt (Heider, 1958, zit. nach 1977, 102), ist primär an einer Analyse der Handlungskonstituenten interessiert, die als invariante Elemente für die Interpretation, Vorhersage und Kontrolle von Handlungen fungieren können (Heider, 1958, zit. nach 1977, 102).

Jones & Davis (1965) unterscheiden Handlungen (acts), die sie als molare Reaktionen kennzeichnen, und Handlungseffekte (effects) als deren Konsequenzen. Die Analyseeinheiten sind die (multiplen) beobachtbaren Effekte einer Handlung, die hinsichtlich ihres Informationswertes (vgl. dazu die Einführung des Konzepts der Korrespondenz) für die Verknüpfung der Effekte mit den Dispositionen beurteilt werden. Im Gegensatz zu dem Ansatz von Heider (1958), bei dem der Attributionsprozeß ein Prozeß der Wahrnehmungsorganisation selbst ist, ist das Schema von Jones & Davis (1965) ähnlich dem Ansatz von Kelley (1967) ein Deduktionsschema, wobei Jones & Davis (1965) primär auf eine differenziertere Gewichtung des „inputs" Wert legten, während Kelley (1967) eher eine Kombination der zur Verfügung stehenden Informationsquellen aufzuschlüsseln versuchte und dabei Entitäten (Umweltgegebenheiten), Personen und Zeitpunkte als solche Informationsquellen bereitstellte.

Welche dieser Informationsquellen und mit welcher Gewichtung letztlich verwendet werden, wird über das Kovariationsprinzip unter Verwendung sogenannter Kausalschemata entschieden. Insofern der Attributionsprozeß sich auf die *Kognitionen* der Ursachen für Verhalten bezieht und nicht auf die davon möglicherweise differierenden *tatsächlichen* Ursachen, können Unterschiede zwischen den Kognitionen eines oder mehrerer Beobachter und den Kognitionen des Akteurs bestehen, die im attributionstheoretischen Modell nicht zu Widersprüchen führen.

So konnten z. B. Regan et al. (1974) zeigen, daß prosoziale Verhaltensweisen von den Beobachtern dispositionell bzw. situativ erklärt wurden, wenn die Beurteiler die Vpn. eher positiv bzw. eher negativ beurteilten.

Untersuchungen zu fehlerhaften Attribuierungsprozessen finden sich in den Arbeiten von Davison & Valins (1969), Nisbett & Schachter (1966), Nisbett &

Valins (1971), Ross et al. (1969), Valins (1966), Valins & Nisbett (1971) Regan & Totten (1975), McArthur (1972), Imamoglu (1976), Jones & Nisbett (1971), Snyder (1976), Nisbett et al. (1973). Ob sich die generellen Befunde, daß Fremd-Beobachter (observer) eher dispositionsorientiert attribuieren (Jones & Nisbett, 1971; Jones & Harris, 1967; Jones et al., 1968; McArthur, 1970, 1972, Nisbett et al., 1973) auch auf die Situation ausweiten lassen, in der Personen bei einem Perspektivenwechsel auch zu einer Reorientierung bei der Interpretation ihres Verhaltens kommen (Storms, 1973), indem sie ihr eigenes Verhalten, das sie als situationsdeterminiert ansahen, im Anschluß an eine Beobachtung (als Video-Aufnahme auf einem Bildschirm) als dispositionsorientiert interpretieren, ist derzeit noch nicht entscheidbar.

Insofern als attributionstheoretische Ansätze subjektive Interpretationen der Klassifikation von Verhalten im allgemeinen Sinne sind, läßt sich der Versuch von Newtson (1976), die Verhaltenseinheiten durch die subjektiven Urteile derjenigen Personen zu bestimmen, die als Verhaltensbeobachter fungieren, den Arbeiten zur Attributionsforschung zuordnen.

Newtson und seine Mitarbeiter (vgl. Newtson et al., 1977) haben den Prozeß der Bildung von Verhaltenseinheiten den Beobachtern selbst übertragen. Diese Beobachter hatten einzig und allein die Aufgabe, Filmsequenzen danach zu beurteilen, wann eine Handlung endet und wann eine neue beginnt. Den Beginn einer neuen Handlungseinheit hatten die Vpn. durch Knopfdruck anzuzeigen, wobei die Autoren verschiedene Instruktionsbedingungen auswählten, wie z. B. nach solchen Verhaltenseinheiten zu suchen, die als kleinste bzw. größte Einheiten noch natürlich und bedeutungsvoll erschienen.

Die Ergebnisse zeigten z. T. erhebliche interindividuelle Streuungen bei relativ hoher intraindividueller Übereinstimmung der Klassifikationen nach 5 Wochen (.87 sowohl für die Verhaltensbildung bei der Instruktion, große Verhaltenseinheiten auszuwählen, als auch für die Instruktion, möglichst kleine Verhaltenseinheiten zu bilden).

Auch die Vergleiche mit thematisch unterschiedlichen Verhaltensweisen erzielten Ergebnisse, die darauf schließen ließen, daß die re-test Reliabilität der individuellen Urteile relativ gute Übereinstimmungen erreichten.

Zentrale Resultate der Arbeiten von Newtson und seinen Mitarbeitern, die sowohl für die konzeptuellen Probleme der Definition von Handlungen als auch für die empirische Verhaltensanalyse relevant sind, lassen sich folgendermaßen zusammenfassen:

1. Personen sind sehr wohl in der Lage, auf unterschiedlichen Abstraktionsstufen Verhalten zu analysieren.
   Dies ist nicht nur eine Rechtfertigung für unser drittes Selektionsmerkmal, sondern gleichzeitig ein deutlicher Hinweis dafür, daß Verhalten oder Handlungen nicht perspektivlos analysierbar sind.

Der Wechsel der Abstraktionsstufen kann dabei sowohl für unterschiedliche Verhaltensweisen als auch für den Verhaltensablauf einer thematisch zusammengehörigen Verhaltensweise vorgenommen werden, bei der sich z. B. im Verhaltensablauf zeigt, daß sie zunehmend an Bedeutung gewinnt, wobei sich entgegen der Erwartung in einer Arbeit von Newtson (1973) zeigte, daß mit zunehmender persönlicher Relevanz die Verhaltenseinheiten nicht kleiner, sondern größer wurden.

2. Die von den Beobachtern gewählten „Schnitte" (break points) im Verhaltensablauf ließen sich nachweislich als solche Markierungen interpretieren, die die Funktion von organisationsstiftenden „Interpunktionen" hatten. Sie stellen demnach nicht nur Zusammenfassungen des bisherigen Ablaufs bis zu einem gewissen Punkte dar, sondern sind „Punkte der perzeptuellen Organisation selbst" (Newtson, 1976, 229), so daß Newtson dazu tendiert, den Prozeß der Wahrnehmung des Verhaltens als diskontinuierlich zu interpretieren und nicht mehr als kontinuierlichen Prozeß der Informationsverarbeitung.

3. Der grundlegende Prozeß der Bildung derartiger Verhaltenseinheiten wird durch Veränderungen der Merkmale initiiert, die im Verhaltensablauf kogniziert werden. Verhalten wird danach segmentiert, ob bei denjenigen Merkmale, die für den Beobachter als „kritische" Merkmale definiert werden, Veränderungen auftreten, d. h., Verhalten wird nicht dadurch in Verhaltenseinheiten segmentiert, daß „Serien diskreter Stimuli-Zustände" (Newtson, 1976, 236) zusammengefaßt werden, sondern daß Veränderungen der Stimuli bzw. Stimulus-Merkmale kogniziert werden. Dieser Prozeß der Merkmalskontrolle (feature monitoring process) bestimmt damit letztlich auch darüber, welches Verhalten aus dem „Verhaltensstrom" als sinnvolles Verhalten herausgefiltert wird und anschließend in Verhaltenseinheiten zerlegt wird.

Insofern als neben einer einfallsreichen Prozedur der Verhaltenssegmentierung ein theoretisches Rahmenkonzept der Verhaltensanalyse mitgeliefert wird, lassen sich die Untersuchungen von Newtson und seinen Mitarbeitern als Anfänge einer Verhaltensanalyse kennzeichnen, bei der nicht nur Verhalten als Prozeß erfaßt wird, sondern gleichzeitig die Interpretation des Verhaltens als Interpretationskonstrukt mitberücksichtigt werden kann.

4.3 Der lerntheoretische Ansatz

In den lerntheoretischen Ansätzen wird Verhalten unter dem Motivationsaspekt als Reaktion betrachtet, die in vergleichbaren Situationen zu positiven Konsequenzen geführt, beziehungsweise negative Konsequenzen verhindert hat. Dabei unterscheiden sich die einzelnen Ansätze unter anderem durch den Grad der Differenziertheit sowohl der Konzeption des Verhaltens als auch seiner Erklärung. Die simpelste Position nehmen die stimulus-response Theorien ein sowie diejenigen Ansätze, die neben externen Reizen organismische Zustände und Prozesse in die Erklärung der Reaktion aufnehmen. Das Motivationskonzept ist in diesen Ansätzen entweder mit dem Verstärkungskonzept synonym (s. z. B. Bolles, 1967, 439) oder reduziert sich auf organismische Sättigungs- beziehungsweise Deprivationszustände (s. z. B. Hebb, 1949, 197).

Aber bereits bei diesem simplen lerntheoretischen Ansatz wird ein gemeinsames erkenntnistheoretisches Problem aller behavioristischen Theorien erkennbar: auch wenn Verhalten als objektiv beobachtbare Körperbewegung definiert wird, so enthält seine Beschreibung durch die theoretische Einordnung eine zusätzliche Bedeutung, die durch den positivistischen Ausgangspunkt eigentlich ausgeschlossen werden sollte und die sich bei dem Versuch, Soziales Handeln zu beschreiben und zu erklären, als problematisch erweist.

Bei der Zuschreibung von Motivationsvariablen beziehungsweise von Variablen, die mit dem Motivationskonzept synonym sind, gehen die lerntheoretischen Ansätze von der Betrachtung funktionaler Verhaltensweisen aus, das heißt von Verhaltensweisen, die nach der Ansicht des theoriengeleiteten Beobachters zu objektiv erkennbaren äquivalenten Konsequenzen führen. Die Klassifikation von Konsequenzen geht aber stets von impliziten Hypothesen und bestimmten Wertstandpunkten aus (vgl. dazu Werbik, 1976) und ist als Grundlage zur Erklärung von Verhalten allenfalls unter Laborbedingungen zulässig, in denen andere als relevant erachtete unabhängige Variablen kontrolliert werden können (s. dazu Westmeyer, 1976, 13 f.). Das Problem der impliziten Bewertung von Konsequenzen ergibt im Rahmen der lerntheoretischen Ansätze, die Soziales Handeln nicht nur durch primäre Verstärkungsprozesse oder organismische Zustände erklären wollen, die deutlichsten Widersprüche (s. u.) Die Frage der ökologischen Validität lerntheoretischer Ansätze erscheint in bezug auf die stimulus-response Theorien besonders gravierend. Darüber hinaus stellt sich die Frage vor dem Hintergrund der oben dargestellten Punkte, ob es sich bei den von den stimulus-response Theorien behandelten molekularen Verhaltensweisen tatsächlich um objektivierbare Untersuchungseinheiten handelt, deren Erklärung dann in elaborierter Form auf komplexere Soziale Handlungen in sozialen Interaktionen übertragen werden kann, wie z. B. A. W. Staats (1968, 17 ff.) annimmt.

Die neobehavioristischen Ansätze, die neben speziellen Reiz- und Organismusbedingungen weitere kognitive Variablen berücksichtigen, scheinen eher auch eine Erklärung Sozialen Handelns gewährleisten zu können. Zum einen thematisieren diese Ansätze Variablen, die in jede motivationale Erklärung von Verhalten notwendig mit eingehen müssen (s. dazu Thomae (1965, 13 ff.) und Mischel, Th. (1969, 262)) und erfüllen damit eher als die stimulus-response Theorien das Kriterium der Vollständigkeit von Erklärungen. Dabei erscheint das Problem der Interrelation von „kognitiven“ und „motivationalen“ Variablen und damit auch der Zulässigkeit von Klassen funktionaler Verhaltensweisen als Indikatoren für motivationale Variablen nach wie vor ungeklärt (s. dazu besonders Mischel, Th. (1976)).

Zum anderen berücksichtigen diese Ansätze auch den situativen und den antizipatorischen Charakter der Verhaltensweisen, die wir als Soziales Handeln begreifen, besonders dann, wenn sie die kognitive Repräsentation der Reizbedingungen hervorheben und die kognitive Repräsentation der erwarteten Konsequenzen. Als besonders fruchtbare Ausgangspunkte für die Diskussion erwiesen sich hier Tolmans Konzeptionen des Zeichenlernens und der Erwartung.

Wenn auch die neobehavioristischen Ansätze durch die Einbeziehung kognitiver Variablen in das Explanans den Aspekt der Rationalität, der dem Explanandum des Sozialen Handelns zumindest konnotativ immer anhaftet (s. dazu Werbik, 1978, 18 f.), mit berücksichtigen, so bleibt ihre Thematisierung des „sozialen Aspektes“ Sozialen Handelns noch unbefriedigend. Verhaltensweisen, deren Konsequenzen nicht direkt mit organismischen Bedürfnissen in Verbindung gebracht werden können, erklären diese Theorien unter motivationstheoretischen Gesichtspunkten entweder durch mehr oder weniger angeborene „secondary drives“ oder durch Resultate von Verstärkungsprozessen. Dabei rücken diese Erklärungen zum Teil in die Nähe der Behandlung von Motivarten (s. Thomae, 1965, 21 ff.). Diese Behandlung erscheint in mehrfacher Hinsicht unzureichend:

Besonders die Erklärungsversuche Sozialen Handelns durch Prozesse wie „secondary reinforcements“ verlieren notwendigerweise um so mehr an methodischer und theoretischer Stringenz, je weiter sie sich von der paradigmatischen Laborsituation entfernen und erhalten dann oft den Charakter von Erklärbarkeitsbehauptungen (s. dazu Kuhn, 1970). Zum anderen erweist sich der lerntheoretische Ansatzpunkt für die Zuschreibung von Motivationsvariablen in der scheinbar theorieneutralen Klassifikation funktionaler Verhaltensweisen (s. dazu etwa Hulls Konzept der habit-family) bei der Betrachtung komplexer Handlungen in sozialen Interaktionen als zu wenig differenziert. Dieses Problem der Übertragbarkeit der Erklärungsversuche von manipulierbaren Verhaltensweisen unter kontrollierbaren Laborbedingungen auf Soziales Handeln in Interaktionen dokumentiert sich möglicherweise in den von den einzelnen Autoren scheinbar relativ beliebig postulierten, nicht immer kompatiblen Listen sozialer Motive.

Neben dieser Schwierigkeit, Soziales Handeln durch soziale Motive zu erklären, deren theoretische Genese in der positivistischen Klassifikation von Verhaltenskonsequenzen begründet ist, enthalten die behavioristischen Lerntheorien auch das Problem, sowohl die Komplexität als auch die soziale Eingebundenheit Sozialen Handelns nicht zureichend zu berücksichtigen.

Diejenigen lerntheoretischen Ansätze, die sich stärker mit diesen Aspekten befassen, sind die Theorien des Sozialen Lernens.

Bei dem Versuch der Sozialen Lerntheorien, den behavioristischen lerntheoretischen Grundansatz auf komplexe Handlungen in sozialen Interaktionen zu übertragen, ergeben sich drei wesentliche Probleme:

1. das Problem der inhaltlichen Bestimmung der lerntheoretischen Konstrukte, das heißt der Formulierung von Symptomsätzen erster und zweiter Art (s. Stegmüller, 1969)
2. das Problem der Präzisierung der Interrelation dieser Konstrukte und
3. das Problem der Überlappung der Kernannahmen und empirischen Geltungsbereiche (vgl. Herrmann, 1976, 41 ff.) der einzelnen Ansätze in den Theorien des Sozialen Lernens mit entsprechenden Elementen anderer psychologischer Ansätze. Rotter et al. (1972) unternehmen den Versuch, die lerntheoretische Verhaltungsgleichung:

$$BP_{(x-n),\ s(l-n),\ R(a-n)} = f\ [E_{(x-n),\ s(l-n),\ R(a-n)}\ \&\ RV_{(a-n),\ s(l-n)}]$$

auf Soziales Handeln zu übertragen (1972, 14).

Diese Gleichung setzt $BP_{(x-n)}\ s_{(l-n),\ R(a-n)}$ als die Möglichkeit, daß in bestimmten Situationen $s_{(l-n)}$ von denjenigen möglichen Klassen funktionaler Verhaltensweisen die Klasse (x–n) funktionaler Verhaltensweisen auftritt, in Beziehung zu der Kombination von $E_{(x-n),}\ s_{(l-n),\ R(a-n),}$ als der Erwartung, daß in diesen Situationen $s_{(l-n)}$ auf die Verhaltensweisen (x–n) diejenigen Verstärker $_{R(a-n)}$ erfolgen, mit denen sie bereits vorher kontingent waren, und $RV_{(a-n)}$, $s_{(l-n)}$, als der Bewertung dieser Verstärker $_{R(a-n)}$ in diesen Situationen $s_{(l-n)}$.

Die Probleme, die bei dieser Übertragung entstehen, sieht Rotter (1972, 338 f.) darin begründet, daß es bisher keine adäquaten Klassifikationen funktionaler Verhaltensweisen außerhalb der Laborsituation, damit korrespondierender Erwartungen und Bewertungen, erforderlicher Kompetenzen und Sozialer Situationen gibt.

Wenn die Verhaltensgleichung auf Verhalten in Laborsituationen angewendet wurde, konnte die inhaltliche Bestimmung dieser Komponenten zum Teil durch die experimentellen Manipulationen und zum Teil aufgrund der vermeintlich theorieneutralen Beobachtung evozierter Reaktionen erfolgen. Dieser Ausgangspunkt ist für eine inhaltliche Füllung der Konstrukte, wenn sie zur Erklärung Sozialen Handelns beitragen sollen, nicht mehr gegeben, unter anderem deshalb, weil das Explanandum des Sozialen Handelns in konkrete soziale Situationen eingebettet gesehen werden muß, und der Nachweis relevanter struktureller Ähnlichkeiten in Labor- und Alltagssituationen bisher noch aussteht.

Das spezifische Wissenschaftsverständnis des Behaviorismus, das nach Westmeyer (1976, 13) auf der Vorannahme beruht, daß Verhaltensereignisse erst dann erklärt und vorhergesagt werden können, wenn sie unter Laborbedingungen kontrolliert beobachtet werden konnten, ist auf das Explanandum des Sozialen Handelns in dieser Form nicht ungeprüft anwendbar.

Neben diesem Problem der adäquaten inhaltlichen Konkretisierung der lerntheoretischen Konstrukte stellt sich für die Theorien des Sozialen Lernens mehr noch als für die oben genannten behavioristischen und neobehavioristischen Ansätze die Frage nach der Art der Relation zwischen den einzelnen Komponenten. Hier ergibt sich nicht mehr nur als ungelöstes Problem die Frage nach der Beziehung zwischen kognitiven Variablen einerseits und affektiven und motivationalen Variablen andererseits, sondern auch die Frage nach der Relation zwischen diesen Variablen und der sozialen Situation. (Vgl. in diesem Zusammenhang auch die Diskussion um den sogenannten „situationism", z. B. anhand von Alston (1975), Bowers (1973), Craik (1969), Endler & Magnusson (1976), Kilkowski (1975), Price (1974) und Wachtel (1973).)

Neben den Problemen der inhaltlichen Spezifikation der Komponenten in den einzelnen Ansätzen der Theorien des Sozialen Lernens und der Bestimmung ihrer Interrelation, erhebt sich darüber hinaus die Frage, inwieweit die im lerntheoretischen Modell enthaltenen Komponenten für eine Beschreibung und Erklärung Sozialen Handelns ausreichen. Es erhebt sich also die Frage, ob das Modell mit der darin enthaltenen Idealisierung (vgl. Bunge, 1967) dem realen Bezugspunkt des Explanandums gerecht wird, wenn die Theoretischen Terme durch Symptomsätze präzisiert und ihre Interrelation im Modell hypothetisch angegeben wurden.

Einen Ansatzpunkt für die Beantwortung dieser Frage ergibt sich möglicherweise aus der Beobachtung, daß die einzelnen Theorien des Sozialen Lernens sich in unterschiedlicher Art und Weise mit anderen Theorien überlappen. Die von Cofer & Appley (1964, 179) geforderte Verbindung des Motivationskonzeptes – das besonders nach der Ansicht soziologisch orientierter Autoren den Ansatzpunkt zur Beschreibung und Erklärung Sozialen Handelns zu sehr im intraviduellen Bereich sucht (vgl. Stone & Haguel, 1978) – mit Konzepten, die stärker in den Forschungsprogrammen der Sozialpsychologie elaboriert werden, versucht z. B. Rotter (1972, 337) herzustellen, wenn er das Konzept der Erwartung auf das Konzept der Sozialen Einstellung überträgt. Hingegen thematisiert W. Mischel (1968, 1969, 1971), der wie Rotter als zentrale Determinanten für Soziales Handeln die Wahrnehmung und Beurteilung personaler und situationaler Bedingungen postuliert, vergleichbar mit Staats (1968) in seinem Ansatz Konstrukte und Variablen, die traditionellerweise im Rahmen der Persönlichkeitsforschung untersucht werden; dabei geht er ähnlich wie Bandura (1971, 2) von der Wirksamkeit individueller „selbstregulatorischer Prozesse" aus. Dollard und Miller sowie Mowrer, die stärker in der Tradition Hulls stehen, berühren besonders in ihren – unterschiedlichen – Ausdifferenzierungen des „drive"-Konzeptes zuweilen die theoretischen Kernaussagen und empirischen Geltungsbereiche von Forschungsansätzen, die sich besonders dem Problem der Erklärung und Veränderung devianten Handelns verpflichtet haben. (Vgl. bes. Dollard & Miller (1950), Miller (1948), Mowrer und Kluckhohn (1944) und Mowrer (1950, 1954).)

Bei einer solchen Ausweitung des Modells ist zu prüfen, ob die aufgenommenen Elemente noch mit dem Modell kompatibel sind, da diese selbst aufgrund ihrer Eingebundenheit in theoretische Gefüge bereits eine spezielle Bedeutung erlangt haben. (Vgl. dazu Herrmanns Auffassung von der psychologischen Forschung als System unterschiedlicher Forschungsprogramme (1976).)

4.4 Der situationszentrierte Ansatz

Gegenüber den bislang dargestellten Ansätzen unterscheidet sich der situationszentrierte Ansatz vor allem dadurch, daß damit erstmals der Versuch unternommen wird, anstelle des sozialen Handelns als einem relativ isoliertem Konstrukt, das auch bei einem hohen Ausprägungsgrad seiner Beschreibung und Erklärung in dieser Isoliertheit kaum zu konzeptualisieren ist, *Handlungen in sozialen Situationen* bzw. *soziale Situationen, in denen Personen handeln,* als Konstrukt einzuführen.

Dies beinhaltet keine Rückkehr zum Situationismus, wie er von Bowers (1973) kritisiert worden ist, sondern hat zur Konsequenz, daß:

1. Situationen bzw. Personen nicht mehr als determinierende Einflußgrößen sozialen Handelns eingeführt werden, sondern im Sinn einer interaktionistischen Konzeption der Situation werden Personen als konstitutive Bestandteile der Situation gewertet, die die Situation definieren. Eine derartige Konzeption wäre u. E. mit der Position interaktionistischer Persönlichkeitstheoretiker vergleichbar, für die in unterschiedlichem Ausmaß Situationen und Personen handlungsdeterminierend sind.
   So erfolgt z. B. für Alker (1977, 250) die Generierung und Definition der Situation *unter Beteiligung* der Personen; nach Bowers (1973, 327) sind „Situationen *in der gleichen Weise eine Funktion der Person* als das Verhalten der Person eine *Funktion der Situation* ist" (Unterstreichungen vom Verf.), während für Zlotowics (1977, 391) Soziales Handeln einen *nicht mehr separierbaren Aspekt der Situation* enthält: „Es gibt kein Verhalten außerhalb von Situationen und die einzigen Situationen sind diejenigen, die sich im Verhalten zeigen." (Vgl. in ähnlicher Position Magnusson, 1976.)

2. Neben dieser Rekonzeptualisierung des sozialen Handelns mit Hilfe des Situationskonzepts hätte dies bei konsequenter Berücksichtigung des situationszentrierten Ansatzes unter methodisch-empirischem Aspekt zur Folge, daß anstelle von Personen oder einzelnen Handlungen Situationen als Erhebungseinheiten (Friedrichs, 1974) verwendet werden müßten.

Pawlik (1978, 120) hat u. E. ein brauchbares Modell vorgestellt (vgl. Abb.), bei der zur Beschreibung des verhaltenswirksamen Biotops einer Person P_j einzelne Reizbedingungen (oder Situationen) und die als verhaltenswirksam definierten ökologischen Variablen ($S_1 \ldots S_N$) verwendet werden: „Jeder Reizbedingung s_g entspricht dann ein Zeilenvektor von N-Stimuluswerten, u_{gi}, der die Situation in den N berücksichtigten Variablen $S_1 \ldots S_N$ beschreibt. Für eine Person P_j ergeben die bis zum Zeitpunkt t realisierten Situationen eine N-spaltige Matrix U_j, wenn man sich die diese Situationen beschreibenden Zeilenvektoren (S-Werte-Vektoren) fortlaufend untereinander geschrieben denkt" (Pawlik, 1978, 120). Die Menge dieser N verhaltenswirksamen Stimulusvariablen, die aus Kennwerten der Erhebungssituationen, d. h. situationsbeschreibende Maße sind, stellen das verhaltenswirksame Biotop der Person P_j dar.

	Verhaltenswirksame ökologische oder Stimulusvariable						
	S_1	S_2	S_3	...	S_i	...	S_N
s_1					⋮		
s_2					⋮		
s_3					⋮		
⋮					⋮		
s_g	....	....	....	....	u_{gi}	....	....
⋮					⋮		
s_t					⋮		

Abb. 1: aus Pawlik, 1978, 121: Schematische Darstellung der Matrix U_j zur Beschreibung des verhaltenswirksamen Biotops einer Person P_j.

Das Problem der Abgrenzung einzelner Situationen voneinander wird dadurch versucht zu lösen, daß immer dann der Beginn einer neuen Situation festgelegt wird, „... wenn Veränderungen in einer oder mehreren S-Variablen mit einer über die zufällige Verhaltensoszillation hinausgehenden Verhaltensänderung bei der Person einhergehen. Nach dieser Definition stellen zwei Raum-Zeit-Bedingungen für dieselbe Person dann verschiedene Situationen dar, wenn die Unterschiede in den S-Variablen im Wiederholungsfall mit denselben Unterschieden in denselben Verhaltensvariablen einhergehen und diese Unterschiede in den R-Variablen (Reaktionen, Verhaltensvariablen, d. Verf.) größer sind als die Verhaltensvariabilität, die bei mehrfacher Realisation derselben Reizbedingung festzustellen ist" (Pawlik, 1978, 126).

Im Anschluß an die programmatischen Forderungen für ein interaktionistisches Situationskonzept und vor der Etablierung von Modellen zur

Abbildung derartiger interaktionszentrierter Konzeptionen stellt sich das Problem der Definition des Situationskonzepts. So läßt sich zwar einerseits feststellen, daß die Bedeutung der Situation für die Analyse sozialen Handelns zunehmend Anerkennung erfährt (Frederiksen, 1972, Moos, 1973, Price, 1974, Wicker, 1972), andererseits sind die vorrangigen konzeptuellen Probleme noch in einem vergleichsweise ähnlichen Zustand, wie ihn Stebbins 1967 beschrieben hat: „... the popularity of the term ‚situation' ist equally by its vagueness" (Stebbins, 1967, 148).

Vor aller konzeptuellen Kleinarbeit ergeben sich bei einer Inspektion der vorliegenden Definitionen Abweichungen bezüglich der *Bestimmung der Zahl der Personen,* die in einer Situation anwesend sein müssen oder sollen. Nach Thomas (zit. nach Friedrichs, 1974, 46) sind es sowohl *einzelne Personen* als auch *Gruppen,* die konstituierende Merkmale von Situationen sein können, während es bei Goffman (1971) zumindest eine *Dyade* sein muß, die eine Situation konstituiert, denn eine Situation ist für ihn „diejenige räumliche Umgebung, und zwar in ihrem ganzen Umfang, welche jede in sie eintretende Person zum Mitglied der Versammlung macht, die gerade anwesend ist (oder dadurch konstituiert wird). Situationen entstehen, wenn gegenseitig beobachtet wird, sie vergehen, wenn die zweitletzte Person den Schauplatz verläßt" (Goffman, 1971, 29). Demgegenüber läßt Friedrichs (1974, 47) die Zahl der Akteure unbestimmt: „Situationen umfassen das Handeln einer oder mehrerer Akteure auf einem angebbaren, nicht offenen Zeitraum." Demgegenüber definiert Wakenhut (1978, 14) Situationen als Umgebungen von Einzelpersonen: „Situation ist ein räumlich und zeitlich begrenzter Ausschnitt der aktuellen Umwelt einer Person, die darin handelt oder zu handeln beabsichtigt." Frederiksen (1972, 22) definiert zwar ohne Festsetzung der Zahl der Personen – eine Limitierung erscheint uns ebenfalls unnötig –, führt jedoch als wichtige Kriterien der Situation Verhaltensänderung und Wiederauftretenswahrscheinlichkeit auf: „... a situation is a set of circumstances that is likely to influence the behavior of at least some individuals, and that is likely to recur repeatedly in essentially the same form." Das Problem der minimalen bzw. maximalen Anzahl von Personen in einer Situation ist insofern einer Entscheidung zuführbar, als auch unter dem hier vertretenen Konzept der Situation als interaktionalem Modell sozialen Handelns jeweils der Abstraktionsgrad (level, Niveau) der Analyse angegeben werden müßte, so daß je nach Analyseperspektive und damit je nach intendiertem Geltungsbereich entsprechende Aussagensysteme *Situationen als Ganzes* (mit mehreren Personen, Interaktionssequenzen etc.) oder in *einzelnen Ausschnitten* (eine Person, Handlungssequenz etc.) als Gegenstand der Analyse benannt werden müßten.

Die Unterscheidung von Situationen in „subjektive" und „objektive" (Stebbins, 1967), in „psychologische" und „physikalische" (Koffka, 1935, Lewin, 1936, Murray, 1938) bleibt beliebig, da sie nicht zuletzt von der Instanz abhängig ist, der die Kompetenz zugesprochen wird, eine Situation „objektiv" zu definieren bzw. diejenigen physikalischen Merkmale zu bestimmen, die konstitutiv für die Situation sind. Nicht zuletzt wird die ökologische Forschung durch diesen Dualismus zwischen der subjektiven Interpretation der Umwelt durch die Vpn. einerseits und die Aggregierung ihrer physikalischen (einschließlich geographischer, klimatischer, architektonischer etc.) Merkmalsvielfalt durch wissenschaftliche Experten gekennzeichnet. Stebbins (1967, 150) versucht, in seiner Definition objektive und subjektive Situation voneinander zu trennen: Die objektive Situation definiert er „als die unmittelbare soziale und physische Umgebung und die derzeitigen physiologischen und psychologischen Zustände des Handelnden", während die subjektive soziale Situation diejenigen Komponenten der objektiven Situation beinhaltet, die „seitens des Handelnden in der Weise wahrgenommen werden, daß sie seine Handlungsorientierungen beeinflussen und deshalb von ihm Bedeutungen verliehen bekommen müssen, ehe er handeln kann" (Stebbins, 1967, 150). Wir halten die Definition der subjektiven Situation für nicht mehr als eine elaboriertere Version der „Definition der Situation" (Thomas Theorem) von Thomas (1928, 572): „If men define situations as real, they are real in their consequences" (für eine extensive Interpretation vgl. man Ball, 1972, und McHugh, ^{2}1968).

Sowohl für die Beschreibung der „objektiven" wie der „subjektiven" Situation ergibt sich theoretisch und empirisch das „Stichprobenproblem" der Selektion der Merkmale zur Kennzeichnung der Situation. Für die immer wieder geforderten Dimensionsanalysen – vor allem der subjektiven bzw. psychologisch bedeutsamen Situationen (vgl. Ekehammar, 1974, Sells, 1963) – sind mit der Bestimmung der Stichprobenelemente (einschließlich der Festlegung der Population, ihres Umfanges, der Modalitäten ihrer Gewinnung etc.) wesentliche Vorentscheidungen gefallen.

Auf die Darstellung einzelner Methoden und Verfahren sei an dieser Stelle verzichtet. Ekehammar (1974), Frederiksen (1972) und Moos (1973) haben erste Systematisierungsversuche dieser Methoden und Verfahren vorgelegt. Lofland (1971) und Wakenhut (1978) geben ausgezeichnete Überblicke über einzelne Methoden und Verfahren. Lantermann (1978, a, b) hat das Meßmodell der verbundenen Messung auf Situationswahrnehmungen angewendet, und Wakenhut (1978) legt eine ausgearbeitete Forschungsstrategie zur Einbeziehung von Situationen in psychologische Messungen vor.

Inwieweit die bislang vorliegenden dimensionsanalytischen Untersuchungen von Situationen mehr sind als bloße Einzelresultate wird vor allem von der Systematik abhängen, mit der derartige Untersuchungen vorangetrieben werden. So sinnvoll es ist, im Rahmen derartiger Untersuchungen Äquivalenzklassen von Situationen bzw. Situationsdimensionen (Alker, 1977, 245) zu bilden, um durch die Reduktion von Einzelsituationen zu überschaubaren Situationsgruppierungen zu kommen, so hoffnungslos naiv wäre es, eine „basic taxonomy of situations" (Mischel, 1976) anzustreben, wie es Krause (1970) versucht.

Die wenigen bislang vorliegenden dimensionanalytischen Arbeiten sind in der Mehrzahl im Bereich der Forschungen zum Interaktionismus bzw. der Person-Situation-Forschung in der neueren Persönlichkeitsforschung entstanden, wobei es primär nicht um die Feststellung der Dimensionalität von Situationen geht, sondern um die Verteilung der Verhaltensvarianz der Personen bzw. Situationen auf individuelle Unterschiede oder Unterschiede in den Situationen bzw. den Interaktionen zwischen Personen und Interaktionen.

Magnusson (1971) legte seinen drei studentischen Vpn. 36 Situationsbeschreibungen zur Ähnlichkeitsbeurteilung vor und erhielt 5 Faktoren, die als Situationsdimensionen interpretiert wurden. Die zusätzlich berechneten Interkorrelationen der Faktorladungen für jeden einzelnen Beurteiler zeigten gute Übereinstimmungen und die für zwei Beobachter vorliegenden Wiederholungsmessungen im Abstand von zwei bzw. drei Wochen korrelierten ebenfalls relativ hoch, so daß zum mindesten auf der Basis der Korrelationen die dimensionale Struktur der Situationen als stabil angesehen werden kann. Bestätigt wurden diese Ergebnisse auch durch die Replikation der Untersuchung (mit insgesamt 12 Studenten) durch Magnusson & Ekehammar (1973).

Mit der Intention, über die bloße Deskription von Dimensionen der Situation (wie z. B. bei Forgas, 1976) hinauszugehen und die Angemessenheit bestimmter Verhaltensweisen in bestimmten Situationen zu ermitteln, haben Price & Bouffard (1974) eine Untersuchung durchgeführt, in der sie 52 Vpn. 15 Verhaltensweisen in 15 verschiedenen Situationen auf ihre Angemessenheit hin beurteilen ließen. Diese Daten wurden in der Arbeit von Price (1974) dazu verwendet, eine Clusteranalyse der Situationen durchzuführen, die zu 4 unterscheidbaren Clustern führten, in denen die 15 Alltagssituationen (z. B. im Park, im Kino, beim Essen, im Bus) gruppiert waren.

Eine Untersuchung, in der nicht nur Situationen, sondern auch Kurzcharakteristiken der Situationen, die emotionale Anteilnahme in diesen Situationen und die Beschreibungen des eigenen Verhaltens in diesen Situationen erhoben wurden, hat Pervin (1977) durchgeführt. Eine derartige Untersuchungstechnik, die vor allem für die Vpn. sehr zeitraubend ist, erlaubt neben der dimensionsanalytischen Untersuchung der Situationen auch die Kennzeichnung der Situation aufgrund der subjektiven kognitiven und evaluativen Interpretation.

Auf die Ergebnisse im einzelnen soll hier nicht eingegangen werden. Wichtig erscheint nur, daß neben reinen dimensionsanalytischen Untersuchungen eine derartige Vorgehensweise ein Situationsmodell impliziert, in dem die Komponenten der Situationen im Sinne von Argyle (1977) berücksichtigt werden. Zu diesen Komponenten würden u. a. zählen: die Ziele, die innerhalb einer Situation angestrebt werden, die Rollen- und Rollenverteilungen der interagierenden Personen, die Regeln und Normen, die in bestimmten Situationen für bestimmte Handlungsweisen gelten, die Funktionen der anwesenden Personen (z. B. als Helfer, als Aggressor etc.), die Funktion der non-personalen

Bedingungen (Gegenstände als Hindernisse, Barrieren oder Werkzeuge; das Insgesamt an facilitiven und inhibierenden Faktoren).

Zu einer derartig umfassenden Situationsanalyse müßten dann sicher auch noch Kennzeichnungen der in der Situation ablaufenden Prozesse hinzukommen (vgl. Raush, 1977), in denen z. B. die Veränderung der funktionalen Relevanz von Situationen für Personen im Zeitverlauf berücksichtigt würde.

Ein derartiger Themenkatalog macht leicht den Eindruck, vor Programmatik überzuborden und denjenigen, die an empirisch zu realisierenden Fragestellungen Interesse zeigen, mit lauter schwierigen Problemen den Weg zu verbauen.

Die enumerierten Probleme illustrieren u. E. allerdings statt dessen, daß das Situationskonzept für den interaktionistischen Ansatz in der Persönlichkeitsforschung und für die zahlreichen Varianten der Umweltpsychologie, aber auch für soziologische Ansätze im Rahmen der soziologischen Handlungstheorie und der Soziologie des Alltags (vgl. Hammerich & Klein, 1978, Arbeitsgruppe Bielefelder Soziologen, 1973) und für kulturvergleichende Arbeiten (vgl. Boesch, 1980, Eckensberger, 1978, Triandis, 1972), für eine Psychopathologie des Alltags (Boesch, 1976), aber auch für die Analysen von Organisationen (Frederiksen et al. 1972) und Lernumwelten (Stern, 1970) die Funktion eines Klammerkonzepts übernehmen kann.

Als ein derartiges Klammerkonzept würde das Konzept der Situation nicht nur eine vielversprechende Alternative zur Handlungsanalyse darstellen, sondern gleichzeitig auch solche Konzepte wie das des personalen Raumes und der vier Distanzzonen (Hall, 1966, dtsch. 1976) integrieren können.

Der personale Raum als Konzept zur Beschreibung individueller Distanzen bei Interaktionen würde eine weitere Differenzierung der Situation erlauben, d. h., der Wert dieses Konzepts (definiert als „derjenige Raum, den Personen aktiv um sich herum aufrechterhalten und in den andere nicht eindringen können, ohne Unbehagen zu erzeugen“ (Hayduk, 1978, 118)) würde darin liegen, soziale Situationen nach dem Grad der Intensität der Interaktionen zu klassifizieren. Als eine inzwischen durchaus bewährte Differenzierung hat sich die Unterteilung in 4 Distanzzonen nach Hall (1966) herausgestellt, der einen intimen, persönlichen, sozialen und öffentlichen Distanzbereich unterscheidet (vgl. hierzu die Ergebnisse bei Evans & Howard, 1973, Porteus, 1977, und die kritische Forschungsübersicht bei Altman & Vinsel, 1977).

4.5 Der marxistische Ansatz

Die marxistischen Ansätze zur Erklärung Sozialen Handelns, die hier verkürzt unter den Aspekten behandelt werden sollen, die unter der Fragestellung einer adäquateren Konzeptionalisierung Sozialen Handelns relevant erscheinen, sind

– wie die Ansätze der Analytischen Handlungstheorie – nicht als geschlossenes System zu verstehen.

Ihre Unterschiedlichkeit rührt zum einen von der divergierenden Rezeption der verschiedenen Ansatzpunkte Marx' her und zum anderen von der jeweiligen empirischen Ausgangsposition. So geht die Kritische Theorie der Frankfurter Schule stärker von den ideologiekritischen Frühschriften Marx' aus und bewegt sich in der Konzeptionalisierung Sozialen Handelns in einer soziologischen Terminologie (vgl. dazu bes.: Adorno (1955, 1966), Adorno et al. (1969); Habermas (1968, 1969, 1976); Horkheimer (1968, 1970); Schmidt (1971, 1976).

Die vor allem in der BRD einflußreichste Gruppe marxistischer Autoren um Holzkamp stützt sich auf die polit-ökonomischen Schriften Marx und geht von einer Erklärbarkeit Sozialen Handelns durch psychologische Ansätze aus (s. dazu bes.: Holzkamp (1970, 1971a, 1971b, 1972, 1973, 1977a, 1977b), Holzkamp-Osterkamp (1975, 1976); Albert (1971), Herrmann (1971) und geht dabei ähnlich wie einige Autoren um Leont'ev vor.

Neuere Ansätze, wie die von Datan Reese (1977), Riegel (1978) und Rychlak (1976, 1978), die sich auf eine als dialektisch bezeichnete erkenntnistheoretische Position stützen und Begründungen für deren Relevanz im wesentlichen aus entwicklungspsychologischen oder humanistischen Positionen ableiten, können hier nur um den Preis der Undifferenziertheit als marxistische Ansätze etikettiert werden und sollen hier, wie andere dialektische Ansätze, nicht berücksichtigt werden. Die marxistischen Ansätze gehen – je nach Übereinstimmung mit der gesellschaftspolitischen Grundposition Marx' in unterschiedlichem Maß akzentuiert – von zwei Grundpositionen hinsichtlich der Erklärung Sozialen Handelns aus:

1. Soziales Handeln ist als Prozeß zu betrachten, der, vermittelt über bewußt handelnde Personen, durch historisch-gesellschaftliche Zusammenhänge determiniert wird.

2. Die empirische Sozialforschung reißt das Phänomen Soziales Handeln aus seinem sinnkonstituierenden Zusammenhang, betrachtet es vermeintlich wertfrei, in Wahrheit aber verschleiernd, das heißt unter Vernachlässigung seiner polit-ökonomischen Dimension.

Die marxistischen Ansätze postulieren also eine dialektische Wechselwirkung zwischen Umweltbedingungen spezifischer Dimensionalität, Sozialem Handeln und bestimmten psychischen Determinanten, die sowohl in die Konzeptionalisierung als auch in die Untersuchung Sozialen Handelns eingehen muß. Nur eine marxistische ideologiekritische bzw. politökonomische Sichtweise gesellschaftlicher Zusammenhänge kann dabei eine adäquate Konzeptionalisierung gewährleisten, da sonst, wie Adorno (1969, 48) polemisierend warnt, das zu erklärende Soziale Handeln „von aller windigen begrifflichen Zutat gesäubert", aber das entscheidende, letztlich sinnkonstituierende vernachlässigt wird.

Auch die Analytische Handlungstheorie forderte eine Einbeziehung von Umweltbedingungen a) konkreter alltäglicher Ausgangssituationen der Handlung und b) beabsichtigter und nicht beabsichtigter Konsequenzen der Handlung in die psychologische Konzeptionalisierung Sozialen Handelns. Sie begründete die explizite Einbeziehung psychischer und situationaler Faktoren in die Beschreibung Sozialen Handelns primär im Anschluß an Anscombe mit dem Hinweis auf die implizite Einbeziehung dieser Faktoren in jegliche Beobachtung Sozialen Handelns, lehnte aber die Postulierung einer ontologisch gegebenen Interrelation zwischen diesen Elementen ab.

Die marxistischen Ansätze gehen dagegen von der These aus, daß das menschliche Wesen „kein dem einzelnen Individuum innewohnendes Abstraktum" darstellt, sondern das „Ensemble der gesellschaftlichen Verhältnisse" (Marx, 1958, 534) und sehen die menschliche Tätigkeit wie Leont'ev (1973, 421) eingebettet in das System gesellschaftlicher Beziehungen und als Resultat psychischer Prozesse, die ihrerseits als Ergebnis der aktiven und passiven Auseinandersetzung mit der Umwelt zu betrachten sind. Die Forderung, in die Konzeptionalisierung und Untersuchung Sozialen Handelns die Interrelation zwischen den Determinanten und dem Handeln selbst einzubeziehen, wird also bei den marxistischen Ansätzen mit dem Hinweis auf eine dialektische Wechselwirkung zwischen diesen Phänomenen begründet.

Auch die neobehavioristischen Ansätze gingen von einer funktionalen Relation zwischen bestimmten situationalen und psychischen Determinanten und dem Verhalten aus und berücksichtigten weiterhin durch ihre – paradigmatisch begründete – Betonung von Verhaltenskonsequenzen die „Gegenstandsbezogenheit" der Tätigkeit, die allerdings nur als individuell wirksames Abbild thematisiert wurde (vgl. Leont'ev, 1977, 25).

Es kann und soll hier nicht untersucht werden, ob psychische und situationale Determinanten als objektivierbare Phänomene konzeptionalisiert werden können und ob von einer kausalen Wechselwirkung zwischen ihnen und Sozialem Handeln gesprochen werden kann (vgl. dazu etwas Habermas, J. & Luhmann, 1971).

Es soll hier nur anhand einiger Gesichtspunkte diskutiert werden, ob die Konsequenzen dieser Postulate zu einer adäquateren Konzeptionalisierung Sozialen Handelns führen können, bzw. die Mängel vorliegender Konzeptionalisierungen erklären. Die wesentlichen Probleme der Beschreibung und Erklärung Sozialen Handelns in den behavioristischen Ansätzen und ihrer Weiterentwicklungen bestanden a) in der fehlenden fundierten Klassifikation von situationalen und psychischen Determinanten Sozialen Handelns, von Sozialen Handlungsweisen und von Konsequenzen Sozialen Handelns, und b) der fehlenden Korrespondenz zwischen Verhaltenserklärungen auf der Grundlage kontrollierter Laborbedingungen und Erklärungsversuchen Sozialen Handelns in komplexen sozialen Situationen.

Diese Probleme sind zumindest dem Anspruch nach in den marxistischen Ansätzen ausgeschlossen;

– die marxistischen Ansätze betonen die Notwendigkeit einer marxistischen Rahmentheorie, in die die psychologische Erklärung Sozialen Handelns eingebettet wird und die dieser erste Ansatzpunkte zur Klassifikation relevant erscheinender Aspekte der Determinanten und des Explanandums liefert (vgl. Holzkamp (1971a, 13), Wolf (1976, 207), Lefebvre (1977a, 150);

– sie fordern die Aufhebung der positivistischen Trennung zwischen Entstehungs- und Begründungszusammenhang wissenschaftlicher Theorien und damit auch die Konzeptionalisierung der Untersuchungssituation als Sozialer Situation (vgl. Vossenkuhl (1978, 193), Haug (1978)).

Das wesentliche Problem der Realisierung dieser Forderungen in der Erklärung und Beschreibung Sozialen Handelns scheint aber nun darin zu liegen, soziales Handeln und seine Determinanten aus dem dialektischen Wechselwirkungsprozeß jeweils thematisch heraus zu isolieren. Soziales Handeln kann hier nicht mehr als isolierbarer Prozeß angesehen werden, der unabhängig von manipulierbaren situationalen Bedingungen konzipiert werden kann, und Rückschlüsse auf „unabhängige Variablen" erlaubt (vgl. dazu auch Kussmann (1977, 109)). Bei dem Versuch der Konzeptionalisierung psychischer Determinanten des Sozialen Handelns zeigt sich, daß die Marx'schen Grundkategorien wie etwa „Produktion" und „Reproduktion" (s. Lorenzer, 1974), „wahre" Bedürfnisse (s. Heller, 1976) und „Ideologie" (s. Schnädelbach, 1969) a) nicht hinreichend elaboriert und präzisiert und b) nicht genügend mit einer psychologischen Beobachtungssprache verknüpft sind, um neben einer Analyse gesamtgesellschaftlicher Bedingungen auch eine Konzeptionalisierung Sozialen Handelns terminologisch zu fundieren.

Es kann und soll hier nicht diskutiert werden, ob eine „Rahmentheorie" oder die Postulierung einer materialistischen Beobachtungssprache notwendige Voraussetzungen für eine adäquate Konzeptionalisierung Sozialen Handelns darstellen. Im Rahmen der Auseinandersetzung mit behavioristischen Ansätzen wurde herausgearbeitet, daß eine theorieneutrale und wertfreie Analyse und Erklärung Sozialen Handelns unmöglich scheint, also z. B. Bedürfnisse oder Motive als Determinanten Sozialen Handelns „nicht an sich feststellbar sind", sondern nur „im Rahmen einer Theorie signifikant erscheinen" (Vossenkuhl, 1978, 197).

Im Rahmen der Auseinandersetzung mit der Analytischen Handlungstheorie wurde die Notwendigkeit betont, in die Definition des Handelns die Interrelation zwischen subjektiver Repräsentation der Situation, konkreter Handlung und Folgen der Handlung aufzunehmen. Boesch (1980) repräsentiert eine dialektische Konzeption dieser Interrelation, wenn er davon ausgeht, „daß Handlungen die Wirklichkeit konstituieren: unsere Umwelt wird erst dadurch gestaltet und gegliedert, daß sie Bedingungen, Ziele und Instrumente unseres Handelns enthält." (Boesch, 1980, 27)

Es kann auch nicht geleugnet werden, daß eine Rahmentheorie, die – wenn auch nur ausgewählte – konkrete Lebensbereiche thematisiert und – unter Berücksichtigung eines materialistischen Erkenntnisstandpunktes – diese als Anhaltspunkte zur Konzeptionalisierung psychischer Determinanten sozialen Handelns heranzieht, a) zu einer Klassifikation von Motiven führt, die über die Einteilung in primäre und sekundäre hinausgeht (vgl. Leont'ev, 1977, 83 ff.), und b) die Berücksichtigung von Möglichkeiten der Bedürfnisbefriedigung als konstituierende Aspekte zur Definition von Bedürfnissen erlaubt (Vossenkuhl, 1978, 196). Dabei ist aber sicherlich nicht zu vernachlässigen, daß eine fehlende Präzision in der Konzeptionalisierung psychischer Determinanten nicht mit normativ anmutenden Hinweisen auf idealtypische Konstruktionen (vgl. Schuon, 1969) wie die des „Gattungswesens", „gesellschaftlicher Ziele" oder der „prinzipiellen Ableitbarkeit begrifflicher Bestimmungen auf empirischem Wege" (s. z. B. Holzkamp-Osterkamp, 1977, 78), Lefebvre (1977b, 40), Holzkamp (1977b, 85) verwischt werden können, ohne die „scholastische Illusion eines geschlossenen Wissenschaftssystems" wach zu rufen (Herrmann, 1976a, 75). (Vgl. in diesem Zusammenhang auch die sogenannte Werturteilsdiskussion, die hier nicht noch einmal dargestellt werden muß (s. bes. Adorno et al. (1969).) Ein Grund für die Schwierigkeit marxistischer Ansätze, das Explanandum des Sozialen Handelns und seine Determinanten befriedigend zu konzeptionalisieren, liegt demnach in der oft voreilig und undifferenziert erscheinenden Übernahme der Grundterme der marxistischen Rahmentheorie. Der zweite wesentliche Grund für diese Schwierigkeit der marxistischen Ansätze liegt in der hochgradig komplexen Struktur der Rahmentheorie, die von der dialektischen Wechselwirkung der Elemente der Theorie ausgeht. Insbesondere die Vertreter der Kritischen Theorie (s. bes. Adorno et al., 1969), die an der empirischen Sozialforschung die Vernachlässigung gesellschaftlicher und historischer Dimensionen in der Konzeptionalisierung und Untersuchung sozialer Prozesse kritisieren, betonen, daß die als Totalität konzipierte Wechselwirkung von psychischen Determinanten, situationalen Determinanten und Sozialem Handeln als „komplexere Zusammenhänge von hochgradiger Interdependenz sich den wissenschaftlich kontrollierten Eingriffen entziehen" (Habermas, 1969, 168). Diese Totalität muß um so weniger greifbar erscheinen, wenn in ihre inhaltliche Bestimmung a) die historische Veränderung gesellschaftlicher Bedingungen und b) die individuelle Besonderheit der handelnden Personen mit einbezogen wird (s. etwa Sève, 1972). In diesem Zusammenhang soll das Problem der adäquaten Methode zur Erfassung von „Elementen" dieser komplexen Struktur nicht behandelt werden (vgl. dazu etwa Haug, 1978; Leiser, 1978).

Es erscheint in diesem Zusammenhang interessant, daß diejenigen marxistischen Ansätze, die explizitere Konzeptionalisierungen von Sozialem Handeln und seinen Determinanten sowie Hinweise zu ihrer Erfassung liefern und dabei postulieren, die relevanten Faktoren in ihrer Wechselwirkung berücksichtigt zu haben, auf die Annahme enger, wenn nicht homomorpher Relationen zwischen gesellschaftlichen Bedingungen und Bewußtsein oder zwischen Bewußtsein und Tätigkeit angewiesen sind.

Eine enge Relation zwischen gesellschaftlichen Bedingungen und Bewußtsein unterstellen die sogenannten „vulgärmarxistischen Ansätze", die nach einer einseitigen Übernahme der These, daß das Sein das Bewußtsein bestimme, psychische Determinanten „als Anhängsel gesellschaftlicher Bedingungen" konzipieren und, von einer Widerspiegelungstheorie ausgehend, wie behavioristische Ansätze die „Probleme des verstehenden Anknüpfens an alltagssprachlich formulierte Sinngehalte" (die als Vermittlung zwischen objektiven gesellschaftlichen Bedingungen und dem handlungsleitenden Bewußtsein angesehen werden könnten) „... in das Reich metaphysischer Scheinprobleme" verbannen (Ritsert, 1971, 26). Eine homomorphe Relation zwischen gesellschaftlichen Bedingungen und Bewußtsein unterstellen auch diejenigen marxistischen Ansätze, die die Bedingungen materieller Art durch den Versuch einer „Synthese von Einzelbefragungen" erfassen wollen. Dieses Verfahren, das auch in der empirischen Sozialforschung praktiziert wird, erscheint vor dem Hintergrund einer materialistischen Auffassung besonders diskrepant, weil hier a) der Bedingungscharakter der Untersuchungssituation nicht diskutiert wird, b) die als bedeutsam postulierte schichtspezifische Unterschiedlichkeit gesellschaftlicher Bedingungen ausgeklammert wird und c) unterstellt wird, daß ideologiespezifische Effekte in den Situationsdeutungen durch mathematisch-statistische Manipulationen ausgeglichen werden können. (S. dazu bes. die Kritik von Haug (1978) an der empirischen Forschung in der DDR und die Überlegungen von Hahn (1968) zur adäquaten Konzeptionalisierung der handlungsregulierenden gesellschaftlichen Bedingungen.)

Ein weiteres Beispiel für die Problematik einer Unterstellung einer engen Relation zwischen Bewußtsein bzw. Sprache und situationalen Determinanten Sozialen Handelns stellt der Ansatz von Lefebvre dar. Dieser setzt, ähnlich wie Winch, im Rahmen der Analytischen Handlungstheorie „die sozialen Beziehungen zwischen Menschen und die in ihnen verkörperten Ideen (... gemeint sind Regeln, normative Prinzipien) gleich" (Ritsert, 1971, 35) und muß dazu, wie auch Winch, eine „Sprachgemeinschaft" zwischen dem Untersucher und den handelnden Personen postulieren (Lefebvre, 1977b, 113). Hier wird, wie Ritsert (1971, 35) an der Theorie Winchs kritisierend feststellt, Soziologie zu Erkenntnistheorie.

Beispiele für die – sehr viel differenzierteren – Ansätze auf der Grundlage einer Postulierung einer engen Relation zwischen Bewußtsein und Sozialem Handeln stellen die Ansätze von Holzkamp und Leontjev dar (vgl. Leontjev, A. A. & Leont'ev, A. N., 1977).

Dabei stützt sich Holzkamp auf die Konzeptionalisierung der Wahrnehmung als Tätigkeit. Diese bezieht sich auf Gegenstandsdeutungen, die der Handlung vorangehen und die „... wenngleich auf individuierende Weise angeeignet, modal adäquat erkannt werden, wenn Reproduktion und Produktion möglich sein soll" (Holzkamp, 1973, 192f.). Eine ähnliche, die prozessual enge Relation zwischen Bewußtsein und Sozialem Handeln betonende Position klingt bei Holzkamp an, wenn er die übliche Trennung zwischen Wahrnehmungssubjekt und -objekt, bzw. zwischen Zeichen und Bezeichnetem hinterfragt (Holzkamp, 1977b). Leont'ev, der sich das Ziel setzt, ein „psychologisches Verständnis von Kategorien, die besonders wichtig sind für die Entwicklung eines widerspruchsfreien Systems der Psychologie" zu entwickeln (Leont'ev, 1977, 14), geht nach Thomae (1977, 7) von einer „kognitiven Theorie der Motivation" aus, „welche die Umwelt nicht einfach als „Abbild" in das Handlungsgeschehen einführt". Vor allem gestützt auf die sowjetische Interiorisationstheorie, die geistige Handlungen als das Ergebnis der Übertragung materiellen Handelns postuliert (vgl. Galperin, 1967), sieht er dabei zum einen eine enge Relation zwischen Bewußtsein und Tätigkeit. Zum anderen betont er wie andere motivationale Erklärungen Sozialen Handelns, Bedürfnisse als „innere Bedingung, als eine der unabdingbaren Voraussetzungen der Tätigkeit (Leont'ev, 1977, 25). Darüber hinaus expliziert er seinen dialektischen Ansatzpunkt, wenn er schreibt, daß auch „die Entwicklung der Tätigkeit ... selbst die Motive der Tätigkeit ... formt und neue Bedürfnisse entstehen läßt" (Leont'ev, 1977, 16).

Das Problem an der Theorie Leont'evs, die sicherlich in hohem Maße den wachsenden Forderungen nach psychologischen Ansätzen „mit größerem Volumen (bestimmt durch die Qualitätsdimensionen Breite, Tiefe und Genauigkeit ...)" Rechnung trägt, „... die auch soziale, ökologische, politökonomische Bedingungen und Folgen individuellen Erlebens und Verhaltens explizieren" (Brandstätter, 1976, 233), scheint auch hier wieder in dem „eigentümlichen Vakuum" zwischen „den allgemeintheoretischen marxistischen Grundlagen der Psychologie und ihren empirischen Ergebnissen" zu liegen (Leont'ev, 1977, 12). Thomae (1977, 7) meint, daß das, „was Leont'ev den ‚persönlichen Sinn' nennt", in vielen kognitiven Ansätzen „noch unzureichend erfaßt ist". Zur Explikation dieser Kategorie „muß man die wirklichen Übergänge verstehen, die die psychische Verfassung der konkreten Individuen mit dem gesellschaftlichen Bewußtsein verbinden" (Leont'ev, 1977, 15). Der „persönliche Sinn", der mit der individuellen Bewußtwerdung und Erreichung konkreter Ziele korrespondiert, fällt dabei nicht unbedingt mit der erkannten objektiven Bedeutung der Handlungen eines Subjekts direkt zusammen (Leont'ev 1977, 57).

Beispielhaft für den Versuch, die marxistische Rahmentheorie mit ihren Theoretischen Termen und ihren hochgradig komplexen Strukturannahmen auf eine zentrale Kategorie der Psychologie anzuwenden, ist Leont'evs Untersuchung zur Bestimmung der „Tätigkeit" (Leont'ev, 1977). Die Relevanz der Kategorie der Tätigkeit in der marxistischen Philosophie bietet dabei den notwendigen und hinreichenden Grund ihrer Legitimation, so daß Leontjev (1977, 23) sich darauf beschränken kann, die Kategorie der Tätigkeit in die Psychologie einzuführen und die dadurch verursachte Veränderung des gesamten Begriffsapparates der Psychologie darzustellen (Leont'ev, 1977, 23).

Konstituierendes Merkmal der Tätigkeit ist ihre Gegenständlichkeit. Dabei besteht zwischen der sinnlich-praktischen Tätigkeit als der äußeren Form und der inneren Tätigkeit strukturelle Übereinstimmung (s. o.), so daß unter dieser Prämisse die allgemeine Struktur der Tätigkeit bestimmt werden kann (Leont'ev, 1977, 33). Insofern Tätigkeiten in ihrer abstrakten Form nicht vorkommen, sondern immer nur bestimmte Tätigkeiten sind, die sich auf jeweils bestimmte Gegenstände beziehen, lassen sie sich nach einer Vielzahl von Merkmalen unterscheiden; das wesentlichste Unterscheidungskriterium stellt der – nach der Ansicht Leont'evs im Rahmen der Theorie eindeutig bestimmbare – Gegenstand dar, auf das die Tätigkeit gerichtet ist.

Spezifisch menschliche Tätigkeiten, deren hauptsächliche Komponenten die diese Tätigkeiten realisierenden Handlungen darstellen, werden als Prozeß gekennzeichnet, der einem bewußten Ziel untergeordnet ist: „Die Bestimmung der zielgerichteten Handlungen als Komponenten konkreter Tätigkeiten wirft natürlich die Frage nach deren inneren Verbindungen auf" (Leont'ev, 1977, 35). Der Prozeßcharakter der Tätigkeit zeigt sich in den einzelnen Handlungen bzw. Handlungsketten; Tätigkeiten erscheinen also aus mehreren Handlungen komponierbar, und eine bestimmte Menge von Handlungen ist dabei jeweils Teilzielen untergeordnet (Leont'ev, 1977, 35). Handlungen beziehen sich auf Ziele – sie sind intentional – und gleichzeitig auch auf bestimmte Verfahren des Handlungsvollzuges, die als Operationen bezeichnet werden. Bei unverändertem Ziel, aber veränderten Bedingungen zur Erreichung dieses Zieles garantiert eine Änderung der Operationskomponenten der Handlungen die Lösung der Aufgabe (als das unter bestimmten Bedingungen gegebene Ziel).

Die Einheiten der menschlichen Tätigkeit: 1. einzelne Tätigkeiten, unterschieden nach ihrem Gegenstandsbezug (von Leont'ev (1977, 34) auch als Motiv bezeichnet), 2. Handlungen, als bewußten Zielen untergeordnete Prozesse, und 3. Operationen zur Lösung bestimmter Aufgaben bilden deren Makrostruktur (Leont'ev, 1977, 38). Die Analyse der Tätigkeit erfordert dabei die Aufdeckung der inneren Systembeziehungen, der Transformationsprozesse, das heißt des wechselseitigen Zusammenhangs von Tätigkeit und Handlung, und der psychophysiologischen Mechanismen. Die Forderung nach der Analyse der Tätigkeit auf derart unterschiedlichen Analyseebenen unterstreicht eigentlich eher die programmatische Form derartiger Konzeptionen und läßt ihre pragmatische und praktische Relevanz zunächst zurücktreten.

Es erscheint uns demnach auch nicht verwunderlich, daß Hacker (1973) sich in seiner Tätigkeitsanalyse auf Arbeitstätigkeiten beschränkt, die durch 5 Merkmale gekennzeichnet werden:

1. Arbeitstätigkeit ist bewußte und zielgerichtete Tätigkeit;
2. sie ist auf die Verwirklichung eines Ziels als vorweggenommenem Resultat gerichtet, das
3. vor dem Handeln ideell gegeben war.
4. Sie wird willensmäßig auf das bewußte Ziel hin reguliert.
5. Sie hat gleichzeitig persönlichkeitsformende Wirkungen.

(Hacker, 1973, 61).

Da die „psychischen Seiten" (Hacker, 1973, 65) der Arbeitstätigkeit – definiert als funktionelle Einheit motivationaler, volitiver, kognitiver und motorischer Vorgänge – zum Gegenstandsbereich der Psychologie gehören, muß präzisiert werden, wodurch diese Art der Tätigkeit gekennzeichnet ist: Grundeinheit der psychologischen Arbeitsanalyse ist die Handlung (Hacker, 1973, 71), die die „kleinste Einheit der willensmäßig gesteuerten Tätigkeit" (Hacker, 1973, 70) ist.

Neben der Zielgerichtetheit der Arbeitstätigkeit ist jedoch noch ein weiteres Merkmal von besonderer Bedeutung: die (psychische oder innere) Struktur. Die Komponenten dieser Struktur sind Elemente des Entwurfs von Handlungsprogrammen, „die auf Zustandsbeurteilungen einschließlich Soll-Ist-Vergleichen beruhenden Entscheidungen für Mittel und Wege der Herbeiführung des Ergebnisses (Operationsfolge) sowie die rückkoppelnden Kontrollprozesse des Vergleichens von erreichtem Zwischenzustand und abgeleitetem Teilziel." (Hacker, 1973, 83).

Die Interaktion und die regulierende Funktion der Komponenten der Arbeitstätigkeit vor der eigentlichen praktischen Ausführung erfolgt in einem sogenannten „operativen Abbildsystem" (OAS), das die innere Repräsentation derjenigen Tätigkeiten darstellt, die als äußere Tätigkeiten reguliert werden sollen. Als dieses innere Schema ist das OAS ein selektives, akzentuiertes Abbild, das vor allem den prozessualen Charakter jeder Tätigkeit widerspiegelt und Tätigkeitsabläufe antizipiert.

Die Konkretisierung derartiger Abbildsysteme für spezifische Tätigkeiten erfolgt in Form von Aktionsprogrammen (Plänen), in denen Unteraufgaben und Zwischenziele hierarchisiert werden; das heißt, daß nicht Abbilder von sich aus Handlungen regulieren, sondern dabei auf spezielle Einheiten in der Tätigkeitshierarchie zurückgreifen, die sich durch Aufgabenanalysen herausgebildet haben. Entscheidendes Merkmal derartiger regulativer Funktionseinheiten ist ihr Regelkreischarakter. Diese regulativen Funktionseinheiten (VVR = Vergleichs-Veränderungs-Rückkopplungseinheiten) unterscheiden sich nur unwesentlich von der TOTE (Test-Operation-Test-Exit)-Einheit, die Miller, Galanter und Pribram (1960, dtsch. 1973) als Grundelement des Verhaltens angesehen haben, werden insgesamt jedoch differenzierter ausgearbeitet.

Volpert (1974), der sich eng an Hacker (1973) anlehnt, hat mit Recht darauf aufmerksam gemacht, daß beim derzeitigen Stand der Handlungstheorie vor allem Probleme der individuellen Handlungsregulation diskutiert werden. „Demzufolge tritt gegenüber dem Moment der Gegenstand-(Aufgaben-), Orientierung einer Handlung das Moment der Kooperation, der Handlung als Interaktion in den Hintergrund ... (Volpert, 1974, 56). Insofern kapitalistische Produktionssysteme vielfach „zerstückelte Arbeitshandlungen" (Volpert, 1974, 58) erwarten, sind derartige Handlungen nach der Ansicht von Volpert nur noch partialisierte Handlungen, die isoliert und restringiert sind; das heißt, daß zum einen der Bezug der einzelnen Handlungen zu überindividuellen Handlungsebenen fehlt und zum anderen derartige Tätigkeiten auf niedrigerem (perzeptivem oder sensumotorischem, nicht intellektuellem) Niveau reguliert werden.

Insofern an dieser Stelle ohnehin nur auf grundlegende terminologische Probleme marxistisch orientierter Handlungsanalysen eingegangen werden konnte, verzichten wir auf eine Darstellung der polnischen Tätigkeitspsychologie, wie sie derzeit z. B. von Tomaszewski (1978) vertreten wird, da die Übereinstimmungen zu den bereits aufgeführten Autoren beträchtlich sind und die eigenständigen Modifikationen eine in jeglicher Hinsicht breitere Darstellung verlangen würden.

5. *Paradigmen der Handlungsforschung*

Die vorgestellten unterschiedlichen Perspektiven der Handlungsforschung sind keine erschöpfende Darstellung der derzeitigen multidisziplinären Problemauffächerung. Anstelle eines enzyklopädistischen Aggregierungsversuchs wurde eine Darstellungsform gewählt, in der anstelle einer annotierenden Bibliographie eine paradigmatische Aufbereitung zentraler Fragestellungen versucht wurde. Die systematische Darstellung wurde in Form paradigmatisch ausgewählter Ansätze in ihren exponierten Standpunkten skizziert. Daß auf diese Weise nur eine begrenzte Anzahl von Perspektiven sichtbar wird, soll für diejenigen Problemstellungen keine Diskriminierung darstellen, die an dieser Stelle nicht referiert worden sind.

Soziales Handeln als theoretischer Term wird je nach theoretischer Einbettung und je nach erkenntnistheoretischem Ausgangspunkt in unterschiedlicher Weise konzeptionalisiert. Als zentraler Gegenstand sozialwissenschaftlicher Forschung ist er damit einer Vielzahl theoretischer Konzeptionalisierungen unterworfen, die sich nicht ohne unzulässige Vergröberungen in isolierbare Gruppen aufteilen lassen:

Zum einen wird es im Rahmen unterschiedlicher Forschungsprogramme (vgl. Herrmann, 1976) behandelt, die in verschiedener Gewichtung personzentrierte, situationszentrierte und interaktionszentrierte Konstrukte enthalten, zum anderen unter Berücksichtigung der verschiedenen in den Sozialwissenschaften möglichen erkenntnistheoretischen Ausgangspositionen betrachtet.

An Stelle einer relativ unübersichtlichen und wenig fruchtbaren Darstellung der vielen einzelnen Ansätze konzentrierten wir uns a) auf eine Analyse der grundsätzlichen Probleme und Merkmale der verschiedenen Konzeptionen des Sozialen Handelns (vgl. hierzu vor allem Abschn. 1, 2 und 3) und b) auf die Darstellung einiger ausgewählter Grundpositionen.

Wir haben dabei den erkenntnistheoretischen Positionen der modernen Wissenschaftstheorie, der Analytischen Handlungstheorie und der marxistischen Ansätze besondere Beachtung geschenkt, weil sie entweder – zumindest in den relevanten Aspekten – in den verschiedensten Konzeptionalisierungen Sozialen Handelns Eingang finden, und deshalb in ihren Grundannahmen zu untersuchen sind, oder Elemente enthalten, die für eine adäquatere Konzeptionalisierung Sozialen Handelns fruchtbar zu sein scheinen. Entsprechend haben wir als inhaltlich-theoretische Konzeptionalisierungsansätze zum einen den lerntheoretischen Ansatz ausgewählt – und hier besonders die Probleme herausgestellt, die sich aus einer positivistischen Betrachtung Sozialen Handelns ergeben – sowie die situationszentrierten und attributionstheoretischen Ansätze, die in ihren empirischen Weiterentwicklungen fruchtbare Elemente der sprachphilosophischen und der dialektischen Ausgangspositionen enthalten.

Auf die Darstellung des Konstruktivismus und seiner empirischen Konkretisierung, wie sie in den Arbeiten von Werbik (1978, für einen Gesamtüberblick) vorliegen, wollen wir im einzelnen nicht eingehen. Werbik (1978, 50) läßt Handlungen mit Selbstaufforderungen der handelnden Person beginnen. Der Handlungsablauf wird dabei in drei Untersystemen abgebildet: das erste, übergeordnete Untersystem enthält die Entscheidungen, ob die von einer anderen Person formulierte Aufforderung, ein bestimmtes Ziel zu erreichen, als Selbstaufforderung akzeptiert wird oder nicht. Wird diese Aufforderung nicht akzeptiert, wird die Handlung abgebrochen, ansonsten wird das zweite Untersystem angesteuert, das einen Suchprozeß der adäquaten Verhaltensstrategie zur Erreichung des Zieles repräsentiert. Wird ein bestimmtes Mittel für die Erreichung des Zieles akzeptiert, ist damit der Eingang in das dritte Untersystem frei (falls kein Mittel als geeignet angesehen wird, bricht die Handlung ab): „Die Wahl eines Mittels z_1 ist Eingang für ein drittes Untersystem, welches wir ‚Ausführung z_1‘ nennen. Seine möglichen Ausgänge sind: Erreichen des Ergebnisses z_1 oder Verzicht auf z_1.“ (Werbik, 1978, 51).

Die insgesamt sehr übersichtlich aufgebaute theoretische Konzeption ist bezüglich ihres Geltungsbereiches primär auf kontrollierte Interaktionen (im Labor, in Therapiesitzungen etc.) ausgerichtet; haben, wie z. B. das Problem des Praktischen Syllogismus, das im Anschluß an Aristoteles (Nikomachische Ethik, 1147, a, b) von Anscombe (1951) wieder aufgegriffen wurde.

Auch auf die damit eng verknüpften Probleme der Funktion von Handlungsintentionen für Handlungen wurde nicht näher eingegangen, da die generellen Probleme der Gründe- und Ursachen-Kontroverse (Beckermann, 1977) u. E. erst dann in eine sinnvolle Fragestellung überführt werden können, wenn präzisere Handlungskonzeptionen vorliegen. Die „Gründe-Ursachen"-Kontroverse stellt dabei nur die fundamentale Dichotomie der zahlreichen unterschiedlichen Ansätze zur Erklärung des Sozialen Handelns dar. Nordenfeldt (1974) hat einen Katalog der Antworten auf die Frage vorgelegt, was es heißt, eine Handlung (action) zu erklären:

1. Eine Handlung erklären heißt, sie zu re-charakterisieren. Aussagen der Form „A hebt seinen Arm" werden in ihrer Interpretation als „A droht jemandem" re-charakterisiert und damit (partiell) erklärt. Goldman (1970) hat für diese Art der Erklärung den Terminus „level generation" geprägt.

2. Eine Handlung erklären heißt, ihre Angemessenheit zu zeigen. Eine Handlung läßt sich dadurch erklären, daß man auf Normen (Regeln) verweist, denen bestimmte Handlungen entsprechen (mit denen sie übereinstimmen).

3. Eine Handlung erklären heißt, ihren Zweck aufzuweisen, d. h., eine Handlung wird teleologisch dadurch erklärt, daß man nachweist, daß sie ausgeführt wurde, um ein Ziel überhaupt erreichen zu können.

4. Eine Handlung erklären heißt, eine logische Schlußfolgerung ziehen. Eine derartige Konzeption impliziert als logische Schlußform einen praktischen Syllogismus der Form:
   A will ein Ziel Z erreichen
   A stellt fest, daß ein Hindernis H diesem Ziel Z im Wege ist
   ___
   Also beseitigt A dieses Hindernis H

Die bei Nordenfeldt (1974, 64 f.) aufgelisteten Typen der Handlungserklärung, die im Kontext der AHT Forschungsgegenstand sind, werden danach unterschieden, ob sie a) sich auf kognitive Merkmale (mental property) des Handelnden beziehen, und dazu zählen dann Intentionen, Überzeugungen, Wünsche, Emotionen, Einstellungen, Empfindungen Wahrnehmungen, oder ob sie b) sich auf Tatsachen außerhalb des Handelnden beziehen, wobei zwischen Bezügen auf non-normativ-Fakten zur Erklärung von Handlungen (etwa zur Erklärung des Ereignisses: A sprang zurück auf den Bürgersteig, da ein Auto auf ihn zufuhr) und non-normativen Fakten unterschieden wird, die in Form von Regeln, Normen und Werten als Handlungserklärungen verwendet werden (wie in dem Beispiel: A half der alten Dame über die Straße.)

Es wird deutlich, wie stark diese Erklärungsansätze trivialen Motivationskonzepten entsprechen, so daß viele der sprachanalytischen Interpretationsversuche eher den Eindruck naiver Motivationspsychologie erwecken, als den

Versuch einer durch Begründungszusammenhänge abgesicherten Handlungserklärung.

Zu erwähnen sind an dieser Stelle Konzeptionalisierungen Sozialen Handelns, die im Unterschied zu den hier dargestellten 1. Konstrukte der Soziologie enthalten, deren Reduzierbarkeit bzw. Kompatibilität mit den hier stärker elaborierten psychologischen Konstrukten als umstritten gelten muß (vgl. Eberlein & Kondratowitz, 1977) und 2. sich in unterschiedlicher Weise auf den Begriff und die Methode des Verstehens berufen (vgl. hierzu die generelle Problematisierung des Verstehenskonzepts durch Abel, 1948).

Die mit der Inkompatibilität dieser Ansätze einhergehende Problematik einer befriedigenden Darstellung implizierte für uns einen Verzicht auf die Darstellung und Analyse der Rolle der *Bedeutung*, die Handeln als „verständliches" „Sichverhalten zu Objekten für Akteur und Beobachter hat" (Weber, 1913, 25f.), wie sie sich z. B. in Thomas' Konzeptionalisierung der subjektiven „Definition der Situation" (Thomas, 1931) niederschlägt und durch Schütz (1932) in der Konzeption von *Sinnbereichen* und durch Goffman (1974) in der Konzeption von *Konventionen* als handlungsdeterminierender subjektiver Variablen von Gruppenmitgliedern ausgearbeitet wurden.

Aus den gleichen Gründen mußte auf die Problematisierung einer Erklärung Sozialen Handelns vor dem Hintergrund einer Bezogenheit des Akteurs auf Interaktionspartner, wie sie vor allem von Mead (1930) betont wurde, verzichtet werden. Es bleibt zu erwähnen, daß die Ansätze der „verstehenden" Soziologie des Symbolischen Interaktionismus und der Ethnomethodologie, insbesondere in ihrer Akzentuierung kommunikativer Prozesse als Grundlagen des kontrollierten Fremdverstehens zum einen die konstruktivistischen grundlagentheoretischen Bezüge der Lorenzen-Schule (vgl. Lorenzen, 1974, Lorenz, 1978) und die Universalpragmatik Habermas (Habermas, 1971, 1976) berühren und zum anderen die methodologisch-erkenntnistheoretischen Ausgangspositionen der Analytischen Handlungstheorie.

Mit dem Anspruch, eine generelle Verhaltenstheorie vorzulegen, bei der versucht wird, diejenigen Determinanten für das Verhalten ausfindig zu machen, die einen Verhaltensprozeß initiieren, haben Alisch & Rössner (1977) eine Theorie vorgelegt, die als Summe zweier Teiltheorien, einer Theorie des Diagnostizierens und einer Theorie des Folgeverhaltens, aufgefaßt werden kann. Die Theorie des Diagnostizierens wird benötigt, um einen theoretischen Rahmen für die vom Individuum getroffenen Ist-Soll-Vergleiche bezüglich der zukünftigen positiven oder negativen Ereignisse zu gewährleisten. Sind diese Zukunftsvermutungen des Individuums negativ, dann setzt Folgeverhalten ein: „Das Individuum bricht den begonnenen Verhaltensablauf ab, wenn ein tolerierbares Vergleichsergebnis als Diagnose vorliegt, und es realisiert Folgeverhalten als Diskrepanz-Aufhebungs-Verhalten aufgrund der Aktivierung von Reaktionselementen, wenn es über ein nicht tolerierbares Vergleichsergebnis als

Diagnose verfügt." (Alisch & Rössner, 1977, 26). Derartige Reaktionselemente sind in einem Erfahrungs-Corpus gespeichert und beinhalten die Maßnahmen zur Lösung der Diskrepanzen.

Inwieweit die vorgelegte Theorie tatsächlich als generelle Verhaltenstheorie eingestuft werden kann und darüber hinaus auch noch für die Verhaltensvorhersage einzelner Verhaltensweisen geeignet ist, erscheint vor allem aufgrund der schmalen Basis der psychischen Ausgangszustände (Erwartung, Befürchtung, positive und negative Gewißheit, Hoffnung und Verzweiflung), die Verhalten veranlassen, fraglich und bleibt einer ausgiebigen empirischen Überprüfung überlassen, die zumindest einen derartigen Anspruch zwar nicht beweisen, aber immerhin unterstützen könnte.

Ebensowenig konnten in diesem Zusammenhang diejenigen soziologischen Ansätze berücksichtigt werden, die sich, wenn auch in wenig dezidierter Form und auch aus anderen Gründen, gegen eine ausschließliche Erklärung des Sozialen Handelns durch kausale Erklärungen wenden.

Literatur

Abel, T. The operation called verstehen. American Journal of Sociology, 1948, **54**, 211–218.

Achinstein, P. Concepts of science. Baltimore: John Hopkins University Press, 1968.

Achinstein, P. Law and explanation. Oxford: Oxford University Press, 1971

Adorno, T. W. Zum Verhältnis von Soziologie und Psychologie. In Adorno, T. W. & Dirks, W. Sociologica I. Aufsätze, Max Horkheimer zum 60. Geburtstag gewidmet. Frankfurt: Europäische Verlagsanstalt, 1955.

Adorno, T. W. Negative Dialektik. Frankfurt: Suhrkamp, 1966.

Adorno, T. W., Albert, H., Dahrendorf, R. Habermas, J., Pilot, H. & Popper, K. R. (Hrsg.), Der Positivismusstreit in der deutschen Soziologie. Neuwied: Luchterhand, 1969.

Albert, H. Traktat über kritische Vernunft. Tübingen: Mohr, 1968

Albert, H. Konstruktivismus oder Realismus. Bemerkungen zu Holzkamps dialektischer Überwindung der modernen Wissenschaftslehre. Zeitschrift für Sozialpsychologie, 1971, **2**, 5–23.

Albert, H. & Keuth, H. (Hrsg.), Kritik der kritischen Psychologie. Hamburg: Hoffmann und Campe, 1973.

Alisch, L. M. und Rössner, L. Grundlagen einer generellen Verhaltenstheorie. München; Ernst-Reinhardt 1977.

Alker, H. A. Is personality situationally specific or intrapsychially consistent? Journal of Personality, 1972, **40**, 1–16.

Alker, H. A. Beyond ANOVA psychology in the study of person-situation interactions. In D. Magnusson and N. S. Endler (Hrsg.) Personality at the crossroads: Current issues in interactional psychology. New York: Wiley, 1977, 243–260

Allport, G. W.: Persönlichkeit. Meisenheim/Glan: Hain, [2]1959

Alston, W. P. Toward a logical geography of personality: traits and deeper lying personality characteristics. In H. E. Kiefer & M. K. Kunitz (Hrsg.), Contemporary philosophic thought (Vol. 2). Albany: Albany State University Press, 1970.
Alston, W. P. Traits, consistency and conceptual alternatives for personality theory. Journal of the Theory of Social Behavior, 1975, **5**, 17–48.
Altman, I. & Vinsel, A. M. Personal space: an analysis of E. T. Hall's proxemics framework. In I. Altman & J. F. Wohlwill (Hrsg.), Human Behavior and Environment (Vol. 2). New York: Plenum Press, 1977, 181–259
Anscombe, G. E. M. Intention. Oxford: Basil Blackwell, 1951.
Apel, K. O. Sprachpragmatik und Philosophie. Frankfurt: Suhrkamp, 1975.
Arbeitsgruppe Bielefelder Soziologen Bd. 1 u. 2. Hamburg: Rowohlt.
Argyle, M. Predictive and generative rules of P × S interaction. In D. Magnusson & N. S. Endler (Hrsg.) Personality at the crossroads: Current issues in interactional psychology. New York: Wiley, 1977, 353–370
Ball, D. W. ‚The definition of situation': Some theoretical and methodological consequences of taking W. I. Thomas seriously. Journal for the theory of social behavior, 1972, **2**, 61–82.
Bandura, A. Social learning theory. New York: General Learning Press, 1971.
Barker, R. G. (Hrsg.), The stream of behavior. New York: Appleton, 1963
Barker, R. G. & Wright, H. F. One boy's day. New York: Harper & Row, 1951.
Barker, R. G. & Wright, H. F. Midwest and its children. New York: Harper & Row, 1955.
Beckermann, A. Analytische Handlungstheorie (Bd. 2) Handlungserklärungen. Frankfurt: Suhrkamp, 1977.
Berger, H. & Jetzschmann, H. Der soziologische Forschungsprozeß. Methodologische und Methodische Aspekte. Berlin: Dietz, 1973.
Berger, P. L. and Luckmann, T. The sociological construction of reality. A treatise in the sociology of knowledge. Garden City, N. Y.: Doubleday, 1966.
Bergius, R. Bemerkungen zu den Grundlagen einer Theorie des sozialen Handelns. Teil I. Zeitschrift für Sozialpsychologie, 1977, **8**, 67–69.
Bittner, E., Garfinkel, H. & Sachs, H. Reasonable accounts. Sixteenth annual conference on world affairs. University of Colorado, 1963.
Blumer, H. Sociological implications of the thought of. G. H. Mead. American Journal of Sociology, 1966, **71**, 535–544.
Blumer, H. Symbolic interactionism. Perspective and method. Englewood Cliffs: Prentice Hall, 1969.
Blumer, H. Der methodologische Standort des symbolische Interaktionismus. In: Alltagswissen, Interaktion und gesellschaftliche Wirklichkeit. Arbeitsgruppe Bielefelder Soziologen. Hamburg: Rowohlt 1975, 80–146.
Boesch, E. Psychopathologie des Alltags. Bern: Huber, 1976
Boesch, E. Kultur und Handlung. Bern: Huber, 1980.
Bolles, R. C. Theory of motivation. New York: Harper and Row, 1967
Borger, R. & Cioffi, T. Explanation in the behavioral sciences. Cambridge, Cambridge University Press, 1970.
Bowers, K. S. Grand illusions: traits or interactions. Canadian Psychological Review, 1973, **17**, 174–181.
Bowers, K. S. Situationism in psychology: An analysis and critique. Psychological Review, 1973, **80**, 307–336

Braithwaite, R. B. Scientific explanations. New York: Harper Torchbooks, 1953.
Brandt, R. & Kim, J. Wants as explanations of actions. Journal of Philosophy, 1963, **60**, 425–435.
Brandstätter, J. Zur Bestimmung eines Tabugegenstandes der Psychologie. In Eberlein, G. & Pieper, R. (Hrsg.), Psychologie – Wissenschaft ohne Gegenstand? Frankfurt: Campus, 1976.
Bunge, M. Scientific Research (Vol. 1). The search for system. New York: Springer, 1967
Burks, A. W. Cause, chance and reason. Chicago: University of Illinois Press, 1977.
Campbell, D. T. Social attitudes and other acquired behavioral dispositions. In S. Koch (Hrsg.), Psychology: A study of a science (Vol. 6). New York: McGraw Hill, 1963.
Carnap, R. Testability and meaning. In Feigl, H. & Brodbeck, M. (Hrsg.), Readings in the philosophy of science. New York: Appleton Century Crofts, 1953.
Carnap, R. The methodological character of theoretical concepts. In Feigl, H., Scriven, M. & Maxwell, G. (Hrsg.), Minnesota Studies in the philosophy of science (Vol. 2). Minneapolis: University of Minnesota Press, 1956.
Chua, B. On roles, rules and interpretative understanding. Journal for the Theory of Social Behavior, 1974, **4**, 71–87.
Churchland, P. M. The logical charakter of action explanations. Philosophical Review, 1970, **79**, 214–236.
Cicourel, A. v. Methode und Messung in der Soziologie. Frankfurt: Suhrkamp, 1970.
Colodny, R. (Hrsg.), Beyond the edge of certainty. Englewood Cliffs, N. Y.: Prentice Hall, 1965.
Colodny, R. (Hrsg.), The nature and function of scientific theories. Pittsburgh: University of Pittsburgh Press, 1970.
Cofer, C. N. & Appley, M. H. Motivation: theory and research. New York: Wiley, 1964.
Craik, K. Personality unvanguished. Contemporary Psychologist, 1969, **14**, 147–148.
Cranach, M. v., Kalbermatten, Indermühle, K., Gugler, B. Zielgerichtetes Handeln. Bern: Huber 1980.
Cranach, M. v. & Frenz, H. G. Systematische Beobachtung. In C. F. Graumann (Hrsg.), Handbuch der Sozialpsychologie, Vol. 7,1. Göttingen: Hogrefe, 1969, 269–331
Danto, A. On explanation in history. Philosophical Science, 1956, **23**, 15–30.
Datan, N. & Reese, H. W. (Hrsg.), Life-span developmental psychology. Dialectical perspectives on experimental research. New York: Academic Press, 1977.
Davidson, D. Actions, reasons and causes. Journal of Philosophy, 1963, **60**, 685–700.
Davison, G. C. & Valins, S. Maintenance of self-attributed and drug-attributed behavior change. Journal of Personality and Social Psychology, 1969, **11**, 25–33.
Dickman, H. R. The perception of behavioral units. In R. G. Barker (Hrsg.), The stream of behavior. New York: Appleton-Century-Crofts, 1963, 23–41.
Dienstbier, R. A., Hillman, D., Lehnhoff, J., Hillman, J. and Valkenaar, M. C. An emotion-attribution approach to moral behavior: interfacing cognitive and avoidance theories of moral development. Psychological Review, 1975, **82**, 299–315.
Dollard, J. & Miller, N. W. Personality and psychotherapy: an analysis in terms of learning, thinking and culture. New York: McGraw Hill, 1950.
Donogan, A. The Popper-Hempel theory reconsidered. In W. Dray (Hrsg.), Philosophical analysis and history. New York: Harper & Row, 1966.
Douglas, J. D. (Hrsg.), Understanding everyday life. Toward the reconstruction of sociological knowledge. London: Routledge, 1971.

Dray, W. Laws and explanation in history. Oxford: Oxford University Press, 1957.
Dray, W. „Explaining what" in history. In P. Gardiner (Hrsg.), Theories of History. Glencoe, Ill.: Free Press, 1959.
Dray, W. Philosophy of History. Englewood Cliffs, N. Y.: Prentice Hall, 1964.
Dray, W. H. (Hrsg.), Philosophical analysis and history. New York: Harper & Row, 1966.
Ducasse, C. J. Explanation, mechanism and teleology. Journal of Philosophy, 1925, **22**, 150–155.
Durkheim, E. The rules of sociological method. Chicago: University of Chicago Press, 1938.
Eberlein, G. & Kondratowitz, H.-J. V. Psychologie statt Soziologie? Zur Reduzierbarkeit sozialer Strukturen auf Verhalten. Frankfurt: Campus, 1977.
Eberlein, G. und Pieper, R. (Hrsg.), Psychologie – Wissenschaft ohne Gegenstand? Frankfurt: Campus, 1976.
Eckensberger, L. H. Die Grenzen des ökologischen Ansatzes in der Psychologie (Korreferat). In C. F. Graumann (Hrsg.), Ökologische Perspektiven in der Psychologie. Bern: Huber, 1978, 49–78.
Ekehammar, B. Interactionism in personality from a historical perspective. Psychological Review, 1974, **80**, 307–336.
Endler, N. & Magnusson, D. Interactional psychology and personality. New York: Wiley, 1976.
Evans, G. W. & Howard, R. B. Personal space. Psychological Bulletin, 1973, **80**, 334–344
Feigl, H. Existential hypotheses. Philosophical Science, 1950, **17**, 35–62.
Feigl, H. Some major issues and developments in the philosophy of science. In Feigl, H., Scriven, M. & Maxwell, G. (Hrsg.), Minesota studies in the philosophy of science (Vol. 2). Minneapolis: University of Minnesota Press, 1956.
Feigl, H. & Brodbeck, M. (Hrsg.), Readings in the philosophy of science. New York: Appleton Century Crofts, 1953.
Feigl, H., Scriven, M. & Maxwell, G. (Hrsg.), Minnesota studies in the philosophy of science (Vol. 2). Minneapolis: University of Minnesota Press, 1956.
Feigl, H. & Maxwell, G. (Hrsg.), Minnesota studies in the philosophy of science (Vol. 3). Minneapolis: University of Minnesota Press, 1962.
Feyerabend, P. Problems of empiricism. In Colodny, R. (Hrsg.), Beyond the edge of certainty. Englewood cliffs, N. Y.: Prentice Hall, 1965.
Feyerabend, P. Problems of empiricism (II). In Colodny, R. (Hrsg.), The nature and function of scientific theories. Pittsburgh: Pittsburgh University Press, 1970.
Forgas, J. P. The perception of social episodes: categorical and dimensional representations in two different social milieus. Journal of Personality and Social Psychology, 1976, **34**, 199–209.
Friedrichs, J. Situation als soziologische Erhebungseinheit. Zeitschrift für Soziologie, 1974, **3**, 44–53.
Frederiksen, N. Toward a taxonomy of situations. American Psychologist, 1972, 114–123.
Frederiksen, N., Jensen, O. Beaton, A. Prediction of organizational behavior. Elmsford, N. J.: Pergamon Press, 1972.
Gadamer, H. G. Kausalität in der Geschichte. In Ideen und Formen. Festschrift für Hugo Friedrich. Frankfurt: Klostermann, 1964.

Galperin, P. Die Entwicklung der Untersuchungen über die Bildung geistiger Operationen. In H. Hiebsch (Hrsg.), Ergebnisse der sowjetischen Psychologie. Berlin: VEW, 1967.
Gardiner, P. (Hrsg.), Theories of history. Glencoe, Ill.: Free Press, 1959.
Garfinkel, H. Studies in Ethnomethodology. Englewood Cliffs: Prentice Hall.
Goffman, E. Frame Analysis. An Essay on the organization of experience. Cambridge, Mass.: Harvard University Press, 1974.
Goffman, E. Verhalten in sozialen Situationen. Gütersloh: Bertelsmann, 1971.
Goldmann, A. A causal theory of knowledge. Journal of Philosophy, 1967, **64**, 357–372.
Goodman, N. The structure of appearance. Cambridge, Mass.: Harvard University Press, 1951.
Goodman, N. Fact, fiction and forecast. Cambridge, Mass.: Harvard University Press, 1955.
Grümer, K. W. Beobachtung. Stuttgart: Taeubner, 1974.
Habermas, J. Erkenntnis und Interesse. Frankfurt: Suhrkamp, 1968.
Habermas, J. Analytische Wissenschaftstheorie und Dialektik. In Adorno, Th. W., Albert, H., Dahrendorf, R., Habermas, J., Pilot, H. & Popper, K. R. (Hrsg.), Der Positivismusstreit in der deutschen Soziologie. Neuwied: Luchterhand, 1969.
Habermas, J. Zur Rekonstruktion des Historischen Materialismus. Frankfurt: Suhrkamp, 1976.
Habermas, J. & Luhmann, N. Theorie der Gesellschaft oder Sozialtechnologie. Frankfurt: Suhrkamp, 1971.
Hacker, W. Allgemeine Arbeits- und Ingenieurpsychologie. Berlin: VEB Deutscher Verlag der Wissenschaften, 1973.
Hahn, E. Historischer Materialismus und Marxistische Soziologie. Berlin: Dietz, 1968.
Hall, J. F. Psychology of motivation. Chicago: Lippincott, 1961.
Hall, E. T. Die Sprache des Raumes. Düsseldorf: Schwann 1976 (erstmals 1966: The hidden dimension, New York: Doubleday).
Hammerich, K. & Klein, M. (Hrsg.), Materialien zur Soziologie des Alltags. Kölner Zeitschrift für Soziologie und Sozialpsychologie, Sonderheft 20, 1978.
Hanson, N. R. Observation and explanation: a guide to the philosophy of science. New York: Harper & Row, 1971.
Harrè, R. & Secord, P. F. The explanation of social behavior. Oxford: Basil Blackwood, [3]1977.
Haug, F. Dialektische Theorie und empirische Methodik. Argument, 1978, **111**, 644–656.
Hayduk, L. A. Personal space: an evaluative and orienting overview. Psychological Bulletin, 1978, **85**, 117–134.
Hebb, D. O. The organization of behavior. New York: Wiley, 1949.
Heckhausen, H. Motiv und Motivation. In Herrmann, T., Hofstätter, P. R., Huber, H. & Weinert, F. Handbuch psychologischer Grundbegriffe. München: Kösel, 1977 a,
Heckhausen, H. Motivation: Kognitionspsychologische Aufspaltung eines summarischen Konstrukts. Psychologische Rundschau, 1977 b, 175–189.
Heller, A. Theorie der Bedürfnisse bei Marx. Berlin: VSA, 1976.
Heider, F. The psychology of interpersonal relations. New York: Wiley, 1958
Heider, F. Psychologie der interpersonellen Beziehungen, Stuttgart, Klett, 1977.
Hempel, G. Rational action. Proceedings and addresses of the American Psychological Association, 1961, **35**, 5–23.

Hempel, G. Deductive-nomological versus statistical explanation. In Feigl, H. & Maxwell, G. (Hrsg.), Minnesota studies in the philosophy of science (Vol. 3). Minneapolis: University of Minnesota Press, 1962.
Hempel, G. Implications of Carnaps work for the philosophy of science. In P. Schilpp (Hrsg.), The philosophy of Rudolph Carnap. La Salle, Ill.: Open Court, 1963.
Hempel, G. Aspects of scientific explanation and other essays in the philosophy of science. New York: Free Press, 1965.
Hempel, G. and Oppenheim, P. Studies in the logic of explanation. Philosophy of Science, 1948, **15**, 135–175.
Herrmann, T. Über einige Einwände gegen die nomothetische Psychologie. Zeitschrift für Sozialpsychologie, 1971, **2**, 123–149.
Herrmann, T. Persönlichkeitsmerkmale. Bestimmung und Verwendung in der psychologischen Wissenschaft. Stuttgart: Kohlhammer, 1973.
Herrmann, T. Die Psychologie und ihre Forschungsprogramme. Göttingen: Hogrefe, 1976.
Herrmann, T. Zur Bestimmung eines Einheitsgegenstandes der Psychologie. In Eberlein, G. & Pieper, R. (Hrsg.), Psychologie – Wissenschaft ohne Gegenstand? Frankfurt: Campus, 1976 (a).
Herrmann, T., Hofstätter, P. R., Huber, H. & Weinert, F. Handbuch psychologischer Grundbegriffe. München: Kösel, 1977.
Holzkamp, K. Wissenschaftstheoretische Voraussetzungen kritisch-emanzipatorischer Psychologie. Zeitschrift für Sozialpsychologie, 1970, **1**, 5–21, 109–141.
Holzkamp, K. Konventionalismus und Konstruktivismus. Zeitschrift für Sozialpsychologie, 1971 (a), **2**, 24–39.
Holzkamp, K. „Kritischer Rationalismus" als blinder Kritizismus. Zeitschrift für Sozialpsychologie, 1971 (b), **2**, 248–270.
Holzkamp, K. Kritische Psychologie. Vorbereitende Arbeiten. Frankfurt: Fischer, 1972.
Holzkamp, K. Sinnliche Erkenntnis – Historischer Ursprung und gesellschaftliche Funktion der Wahrnehmung. Frankfurt: Athanäum, 1973.
Holzkamp, K. Die Überwindung der wissenschaftlichen Beliebigkeit psychologischer Theorien durch die Kritische Psychologie. Zeitschrift für Sozialpsychologie, 1977, **8**, 1–22, 78–97.
Holzkamp-Osterkamp, U. Grundlagen der psychologischen Motivationsforschung (Teil 1). Frankfurt: Campus, 1975.
Holzkamp-Osterkamp, U. Grundlagen der psychologischen Motivationsforschung (Teil 2). Frankfurt: Campus, 1976.
Horkheimer, M. Psychologie und Soziologie im Werk Wilhelm Diltheys. In Schmidt, A. (Hrsg.), Kritische Theorie (Bd. 2). Frankfurt: Europäische Verlagsanstalt, 1968.
Horkheimer, M. Geschichte und Psychologie. Zeitschrift für Sozialforschung, 1932, **1/2**, 1970.
Hull, C. L. The problem of intervening variables in molar behavior theory. Psychological Review, 1943, **50**, 273–291.
Hunt, J. Personality and the behavior disorders. New York: Ronald Press, 1944.
Imamoglu, E. O. Attribution of intentionality as a function of age, outcome quality and effect for the actor. European Journal of Social Psychology, 1976, **1**, 25–39.
Janich, P., Kambartel, F. & Mittelstraß, J. Wissenschaftstheorie als Wissenschaftskritik. Frankfurt: Aspekte, 1974.
Jones, E. E. & Davis, K. E. From acts to dispositions (The attribution process in person

perception). In L. Berkowitz (Hrsg.), Advances in Experimental Social Psychology Vol. 2. New York: Academic Press, 1965, 220–266.
Jones, E. E. & Harris, V. A. The attribution of attitudes. Journal of Experimental Social Psychology, 1967, **3**, 1–24.
Jones, E. E. & Nisbett, R. E. The actor and the observer: divergent perceptions of the causes of behavior. Morristown, N. J.: General Learning Press
Jones, E. E., Rock, L., Shaver, K. G., Goethals, G. R. & Ward, L. M. Pattern of performance and ability attribution: An unexpected primacy effect. Journal of Personality and Social Psychology, 1968, **10**, 317–340.
Jüttemann, G. Was nützen uns Eigenschaftskonstrukte? Psychologische Rundschau, 1972, **23**, 91–114.
Juhos, B. Über die Definierbarkeit und empirische Anwendung von Dispositionsbegriffen. Kantstudien, 1959/1960, **51**, 272–284.
Kambartel, F. (Hrsg.), Praktische Philosophie und konstruktive Wissenschaftstheorie, Frankfurt: Suhrkamp, 1974.
Kaufmann-Mall, K. Kognitiv-hedonistische Theorie menschlichen Verhaltens. Zeitschrift für Sozialpsychologie, Beiheft 3, 1978.
Kelley, H. H. Attribution theory in social psychology. In D. Levine (Hrsg.), nebraska symposition on motivation. Lincoln: University of Nebraska Press, 1967, 192–238.
Kilkowski, J. M. Traits, situations and the logic of explanation in psychology: a selective review of the issues and evidence. ORI Research Monographs, 1975, **15**, No. 3.
Kim, J. Explanation, prediction and retrodiction: some logical and pragmatic considerations. PhD Thesis, Princeton University, 1962.
Koffka, K. Principles of Gestalt Psychology. New York: Harcourt, 1935.
Kraft, V. The Vienna Circle. New York: Philosophical Library, 1953.
Kruglanski, A. W. The endogenous partition in attribution theory. Psychological Review, 1975, **82**, 387–406.
Kuhn, T. S. The structure of scientific revolutions. Chicago, Ill.: University of Chicago Press, 1962.
Kuhn, T. S. Logic of discovery or psychology of research. In: Lakatos, I. & Musgrave, A. (Hrsg.), Criticism and the growth of knowledge. Cambridge: Cambridge University Press, 1970.
Kussmann, T. Nachwort des Herausgebers. In: Leont'ev, A. N. Tätigkeit, Bewußtsein, Persönlichkeit. Stuttgart: Klett, 1977.
Lakatos, I. & Musgrave, A. Criticism and the Growth of knowledge. Cambridge: Cambridge University Press, 1970.
Landesmann, Ch. The new dualism in the philosophy of mind. Review of Metaphysics, 1965/66, **19**, 329–345.
Lantermann, E. D. Person, Situation und Handlung. Phil. Habil. Aachen, 1978 a.
Lantermann, E. D. Situation × Person: Interindividuelle Differenzen des Verhaltens als Folge und Ursache idiosynkratischer Konstruktion von Situationen. In C. F. Graumann (Hrsg.) Ökologische Perspektiven in der Psychologie. Bern: Huber, 1978 b, 143–160.
LaPiere, R. T. & Farnsworth, P. R. Social Psychology. New York: McGraw-Hill, ³1949.
Laucken, U. Naive Verhaltenstheorie. Stuttgart: Klett, 1974.
Lefebvre, H. Kritik des Alltagslebens. Kronberg: Athenäum, 1977 (a), (b), (c).
Leiser, E. Methodologische Grundlagen der kritischen Psychologie I. Der Widerspiegelungscharakter von Logik und Mathematik. Frankfurt: Campus, 1978.

Leont'ev, A. N. Probleme der Entwicklung des Psychischen. Mit einer Einführung von K. Holzkamp und V. Schurig. Frankfurt: Campus, 1973.

Leont'ev, A. N. Tätigkeit, Bewußtsein, Persönlichkeit. Stuttgart: Klett, 1977.

Leont'ev, A. A. und Leont'ev, A. N. Zur psychologischen Konzeption der sinnlichen Erkenntnis. Probleme und Ergebnisse der Psychologie, 1977, **61,** 5–12.

Lewin, K. A dynamic theory of personality. New York: McGraw-Hill, 1936.

Lindzey, G. Hypothetical constructs, conventional constructs and the use of physiological data in theory. Psychiatry, 1953, **16,** 27–33.

Lorenz, K. (Hrsg.), Konstruktionen versus Positionen. Beiträge zur Diskussion um die konstruktivistische Wissenschaftstheorie. (Bd. 1, 2) Paul Lorenzen zum 60. Geburtstag. Berlin: de Gruyter, 1978.

Lorenzen, P. Konstruktive Wissenschaftstheorie. Frankfurt: Suhrkamp, 1974.

Lorenzer, Die Wahrheit der psychoanalytischen Erkenntnis. Frankfurt: Suhrkamp, 1974.

Lofland, J. Analyzing social settings. 1971.

Luhmann, N. Handlungstheorie und Systemtheorie. Kölner Zeitschrift für Soziologie und Sozialpsychologie, 1978, **30,** 211–227.

Magnusson, D. An analysis of situational dimensions. Perceptual and Motor Skills, 1971, **32,** 851–867.

Magnusson, D. & Ekehammar, B. An analysis of situational dimensions: a replication. Multivariate Behavioral Research, 1973, 331–339.

Manis, J. G. and Meltzer, B. N. Symbolic interaction. A reader in social psychology. Boston: Allyn and Bacon, 1967.

Mannheim, K. Ideologie und Utopie. Frankfurt: Schulte-Bulmke, 1969[5].

Manninen, J. & Toumela, R. Essays on Explanation and understanding. Dordrecht: Reidel, 1975.

Margolis, J. In Defense of „mental states". Behaviorism, 1976, **4,** 223–230.

Marx, K. & Engels, F. Die deutsche Ideologie. Kritik der neuesten deutschen Philosophie in ihren Repräsentanten Feuerbach, B. Bauer und Stirner und des deutschen Sozialismus in seinen verschiedenen Propheten. MEW, Bd. 3[1]. Marx, K. und Engels F.: Werke. Institut für Marxismus/Leninismus beim ZK der SED, Berlin: Dietz, 1958.

Maxwell, G. The ontological status of theoretical entities. In: Feigl, H. & Maxwell, G. (Hrsg.), Minnesota studies in the philosophy of science (Vol. 3). Minneapolis: University of Minnesota Press, 1962.

McArthur, L. Appropriateness of the behavior and consensus and distinctiveness information as determinants of actors ‚and observers' attribution. Unpubl. manuscript. Yale University, 1970.

McArthur, L. The how and what of why: some determinants and consequences of causal attribution. Journal of Personality and Social Psychology, 1972, **22,** 171–192.

McHugh, P. Defining the situation. New York: Bobbs-Merrill, [2]1968.

Mead, G. H. The philosophy of the act. Hrsg. von Moris, W. Chicago: University of Chicago Press, 1938.

Mead, G. H. Sozialpsychologie, eingeleitet und herausgegeben von A. Strauss. Neuwied: Luchterhand, 1969.

Meggle, G. (ed.) Analytische Handlungstheorie. Bd. I, Frankfurt/M.: Suhrkamp 1977.

Melden, A. I. Free action. London: Routledge & Kegal, Paul, 1961

Merkens, H. & Seiler, H. Interaktionsanalyse. Stuttgart: Kohlhammer 1978.

Miller, G. A. Galanter, E. Pribram, K. H. Strategien des Handelns. Stuttgart: Klett 1973.
Miller, N. E. Theory and experiment relating psychoanalytic displacement to stimulus-response generalization. Journal of abnormal and social Psychology, 1948, **43,** 155–178.
Mischel, T. Personal constructs, rules and the logic of clinical activity. Psychological Review, 1964, **71,** 180–192.
Mischel, T. Emotion and motivation in the development of English psychology. Journal of the history of the Behavioral Sciences, 1966, **2,** 123–144.
Mischel, T. (Hrsg.), Human action. New York: Academic Press, 1969.
Mischel, T. Psychological explanations and their vicissitudes. In: Cole, J. K. (Hrsg.), Nebraska Symposion on Motivation (Vol. 23), 1975, Lincoln: University of Nebraska Press, 1976.
Mischel, W. Personality and assessment. New York: Wiley, 1968.
Mischel, W. Continuity and change in personality. American Psychologist, 1969, **24,** 1012–1018.
Mischel, W. Introduction to personality. New York: Holt, Rinehart & Winston, 1971.
Mischel, W. The interaction of person and situation. In D. Magnusson & N. S. Endler (Hrsg.), Personality at the crossroads: Current issues in interactional Psychology. New York: Wiley, 333–352.
Mischel, W. Facing the issues. Journal of abnormal Psychology, 1973, **82,** 541–542.
Mittelstraß, J. (Hrsg.), Methodologische Probleme einer normativ-kritischen Gesellschaftstheorie. Frankfurt: Suhrkamp, 1975.
Moos, R. H. Conceptualizations of human environments. American Psychologist, 1973, **28,** 652–665.
Morgenbesser, S. Philosophy of science today. New York: Basic Books, 1967.
Mowrer, O. H. and Kluckhohn, C. Dynamic Theory of Personality. In: J. Hunt (Hrsg.), Personality and the Behavior Disorders. New Yoirk: Ronald Press, 1944.
Mowrer, O. H. Learning theory and personality dynamics. New York: Ronald Press, 1950.
Mowrer, O. H. Ego psychology, cybernetics, and learning theory. In Kentucky Symposion on learning theory, personality theory and clinical research. New York: Wiley, 1954.
Murray, H. A. Explorations in Personality. New York: Oxford University Press, 1938.
Nagel, E. The structure of science. Problems in the logic of scientific explanation. New York: Routledge & Kegan Paul, 1968.
Newtson, D. Attribution and the unit of perception of ongoing behavior. Journal of Personality and Social Psychology, 1973, **28,** 28–38.
Newtson, D. Foundations of attribution: the perception of ongoing behavior. In J. H. Harvey et al. (Hrsg.), New Directions in attribution research. Vol. I. Hillsdale, N. J.: Lawrence Erlbaum, 1976, 223–247.
Newtson, D., Engquist, G. & Bois, J. The objective basis of behavior units. Journal of Personality and Social Psychology, 1977, **35,** 847–862.
Niiniluoto, J. & Toumela, R. Theoretical concepts and hypothetico-inductive inference. Dordrecht: Reidel, 1973.
Nisbett, R. E., Caputo, C., Legant, P. & Marecek, J. Behavior as seen by the actor and as seen by the observer. Journal of Personality and Social Psychology, 1973, **27,** 154–164.

Nisbett, R. E. & Schachter, S. Cognitive manipulation of pain. Journal of Experimental Social Psychology, 1966, 227–236.

Nisbett, R. E. & Valins, S. Perceiving the causes of one's own behavior. Morristown, New Jersey: General Learning Press, 1971.

Parsons, T. and Shils, E. A. Toward a general theory of action. New York: Harper 1951, ^{3}1965.

Passmore, J. Law and explanation in history. Australian Journal of Politics and History, 1958, **4**, 269–271.

Passmore, J. Explanation in everyday life, in science and in history. History and Theory, 1962, **2**, 105–123.

Pawlik, K. Umwelt und Persönlichkeit: Zum Verhältnis von ökologischer und differentieller Psychologie. In: C. F. Graumann (Hrsg.), Ökologische Perspektiven in der Psychologie. Bern: Huber, 1978, 112–134.

Pervin, L. A. The representative design of person-situation research. In: D. Magnusson & Endler, N. S. (Hrsg.), Personality at the crossroads: current issues in interactional psychology. New York: Wiley, 1977, 371–384.

Peters, R. S. The concept of motivation. New York: Humanities Press, 1958.

Phares, E. J. and Wilson, K. G. Responsibility attribution: role of outcome severity, situational ambiquity, and internal-external control. Journal of Personality, 1972, **40**, 392–406.

Pike, K. L. Etic and emic standpoints for the description of behavior. In: A. G. Smith (Hrsg.), Communication and culture, New York: Holt, 1966, 152–163.

Popper, K. The open society and its enemies (Vol. 2). London: Routledge & Kegan Paul, 1945.

Porteus, J. D. Environment and behavior. Reading, Mass.: Addison-Wesley.

Price, R. H. The taxonomic classification of behaviors and situations and the problem of behavior-environment congruence. Human Relations, 1974, **27**, 567–585.

Price, R. H. & Bouffard, D. L. Behavioral Appropriateness and situational constraints as dimensions of social behavior. Journal of Personality and Social Psychology, 1974, **30**, 579–586.

Raush, H. L. Paradox levels, and junctures in person-situation systems. In: D. Magnusson & N. S. Endler (Hrsg.), Personality at the crossroads: current issues in interactional psychology. New York: Wiley, 287–304.

Regan, D. T., Straus, E. & Fazio, R. Liking and the attribution process. Journal of Experimental Social Psychology, 1974, **10**, 385–397.

Regan, D. T. & Totten, J. Empathy and attribution: turning observers into actors. Journal of Personality and Social Psychology, 1975, **32**, 850–856.

Rescher, N. Scientific explanation. New York: Free Press, 1970.

Riedel, M. Teleologische Erklärung und praktische Begründung. Zur methodologischen Lücke in der analytischen Theorie der Humanwissenschaften. In Lorenz, K. (Hrsg.), Konstruktionen versus Positionen. Aufsätze zur Wissenschaftstheorie. Berlin: Springer 1976.

Riegel, K. F. (Hrsg.), Zur Ontogenese dialektischer Operationen. Frankfurt: Suhrkamp, 1978.

Ritsert, J. Erkenntnistheorie, Soziologie und Empirie. Aufsätze 1968–1970. Amsterdam: de Munter, 1971.

Ross, L. The intuitive psychologist and his shortcomings: distortions in the attribution process. In L. Berkowitz (Hrsg.), Advances in Experimental Social Psychology

(Vol. 10). New York: Academic Press, 1977, 173–220.
Ross, L. D. Rodin, J. & Zimbardo, Ph. Toward an attribution therapy: the reduction of fear through induced cognitive-emotional misattribution. Journal of Personality and Social Psychology, 1969, **12,** 279–288.
Rotter, J. B. Beliefs, social attitudes and behavior. A social learning analysis. In Rotter, J. B., Chance, J. E. & Phares, E. J. Applications of a social learning theory of personality. New York: Holt, Rinehart & Winston, 1972.
Rotter, J. B. & Hochreich, D. J. Personality. Glenview: Scott Foresman, 1975.
Rubinstein, S. L. Grundlagen der Allgemeinen Psychologie. Berlin: VEB 1977.
Ryan, A. Die Philosophie der Sozialwissenschaften. München: List, 1973.
Rychlak, Dialectic: humanistic rationale for behavior and development. Basel: Karger, 1976.
Ryle, G. The concept of mind. London: Hutchinson's University Library, 1949.
Ryle, G. Contemporary aspects of philosophy. Stocksfield: Oriol Press, 1976.
Salili, F., Maehr, M. L. & Gillmore, G. Achievement and morality: a cross-cultural analysis of causal attribution and evaluation. Journal of Personality and Social Psychology, 1976, **33,** 327–337.
Scriven, M. Truisms as grounds for historical explanations. In Gardiner, H. G. Theories of history. Glenco, Ill.: Free Press, 1959.
Sells, S. B. Dimensions of stimulus situations which account for behavior variance. In S. B. Sells (Hrsg.), Stimulus determinants of behavior. New York: Ronald Press, 1963, 3–15.
Sève, Marxismus und Theorie der Persönlichkeit. Berlin: Dietz, 1972.
Shaffer, J. Mind-body problem. In: P. Edwards (Hrsg.), The encyclopedia of Philosophy (Vol. 5). New York: Macmillan Company & the Free Press, 1967.
Shapere, D. The Influence of knowledge on the description of facts. In: Suppe, F. & Asquith, P. (Hrsg.), Proceedings of the 1976 Biennal Meetings of the Philosophy of Science Assembly (Vol. 2). East Lansing, Mich.: Philosophy of Science Association, 1977.
Snyder, M. Attribution and behavior: social perception and social causation. In J. H. Harvey, W. J. Ickes, R. F. Kidd (Hrsg.), New Directions in attribution research. (Vol. 1). Hillsdale, N. J.: Lawrence Erlbaum, 1976, 53–72.
Suppe, F. (Hrsg.), The structure of scientific theories. Urbana: University of Illinois Press, [2]1977.
Schilpp, P. (Hrsg.), The philosophy of Rudolph Carnap. La Salle, Ill.: Open Court, 1963.
Schmidt, A. Der Begriff der Natur in der Lehre von Marx. In Adorno, T. W. & Dirks, W. (Hrsg.), Frankfurter Beiträge zur Soziologie. Bd. 2. Frankfurt: Europäische Verlagsanstalt, 1962.
Schmidt, A. Der Begriff der Natur in der Lehre von Marx (überarbeitet und mit einem Postskriptum versehen). Frankfurt: Europäische Verlagsanstalt, 1971.
Schmidt, A. Die kritische Theorie der Geschichtsphilosophie. München: Hanser, 1976.
Schnädelbach, H. Was ist Ideologie? Argument, 1969, **50,** 71–92.
Schroeder, D. A. & Linder, D. E. Effects of actor's causal role, outcome severity, and knowledge of prior accidents upon attributions of responsibility. Journal of Experimental Social Psychology, 1971, **12,** 340–356.
Schütz, A. Der sinnhafte Aufbau der Welt. Wien: J. Springer, 1932.
Schütz, A. On multiple realities. Philosophy and Phenomenological research, 1945, **5,** 533–576.

Schuon, K. T. Typologie und Kritische Theorie. Argument, 1969, **50**, 93–124.
Schwemmer, O. Begründen und Erklären. In Mittelstraß, J. (Hrsg.), Methodologische Probleme einer normativ-kritischen Gesellschaftstheorie. Frankfurt: Campus 1975.
Staats, A. W. Learning, language and cognition. New York: Holt, Rinehart & Winston, 1968.
Stebbins, R. A. A theory of the definition of the situation. The Canadian Review of Sociology and Anthropology, 1967, 148–164.
Stegmüller, W. Conditio irrealis, Naturgesetze und Induktion. Kantstudien, 1958–1959, **50**, 363–390.
Stegmüller, W. Probleme und Resultate der Wissenschaftstheorie und Analytischen Philosophie (Bd. 1). Studienausgabe, Teil 3, Berlin: Springer, 1969.
Stegmüller, W. Probleme und Resultate der Wissenschaftstheorie und Analytischen Philosophie. Band 2: Theorie und Erfahrung. Berlin: Springer, 1973.
Stegmüller, W. Probleme und Resultate der Wissenschaftstheorie und Analytischen Philosophie (Bd. 1). Studienausgabe, Teil 1 (verbesserter Nachdruck), Berlin: Springer, 1974.
Stegmüller, W. Hauptströmungen der Gegenwartsphilosophie. Stuttgart: Kröner, 1975.
Stern, G. G. People in Context. New York: Wiley, 1970.
Stern, W. Allgemeine Psychologie auf personalistischer Grundlage. Den Haag 1950.
Storms, M. D. Videotape and the attribution process: reversing actors' and observers' points of view. Journal of Personality and Social Psychology, 1973, **27**, 165–175.
Stone, G. P. & Haguel, L. Über den Umgang mit Motiven. In Materialien zur Soziologie des Alltags. Kölner Zeitschrift für Soziologie und Sozialpsychologie, Sonderheft 20, 1978, 30–66.
Thomae, H. (Hrsg.), Die Motivation menschlichen Handelns. Köln: Kiepenheuer & Witsch, 1965.
Thomae, H. Das Individuum und seine Welt. Göttingen: Hogrefe 1968.
Thomae, H. Vorwort. In: Leont'ev, A. N. Tätigkeit, Bewußtsein, Persönlichkeit. Stuttgart: Klett, 1977.
Thomas, W. I. The unadjusted girl. Boston: Little, Brown and Co., 1931.
Thomas, D. S., Loomis, A. M., Arrington, R. E. Observational Studies of social behavior. (Vol. I) Social behavior patterns. Institute of Human Relations. New Haven: Yale University Press, 1933.
Thomas, W. I. The child in America. New York: Knopf, 1928.
Tolman, E. C. A psychological model. In Parsons, T. & Shils, E. A. (Hrsg.), Toward a general theory of action. New York: Harper, 1951, 279–361.
Tolman, E. C. Purposive behavior in animals and men. New York: Appleton-Century Crofst, 1967.
Tomaszewski, T. Tätigkeit und Bewußtsein. Weinheim: Beltz, 1978.
Triandis, H. C. The analysis of subjective culture (Hrsg.), New York: Wiley, 1972.
Triandis, H. C. Interpersonal Behavior. Monterey, Cal.: Brooks-Cole 1977.
Turner, M. B. Philosophy and the science of behavior. New York: Appleton-Century-Crofts, 1967.
Valins, S. Cognitive effects of false heart-rate feedback. Journal of Personality and Social Psychology, 1966, **4**, 400–408.
Valins, S. & Nisbett, R. E. Attribution processes in the development and treatment of emotional disorder. Morristown, N. J.: General Learning Press, 1971.

Volpert, W. Handlungsstrukturanalyse als Beitrag zur Qualifikationsforschung. Köln: Pahl-Rugenstein, 1974.
Vossenkuhl, W. Zur Legitimationsfunktion sozialer Bedürfnislagen. In: Hubig, C. & v. Rahden, W. (Hrsg.), Konsequenzen kritischer Wissenschaftstheorie. Berlin: de Gruyter, 1978.
Wachtel, P. L. On fact, hunch and stereotype: a reply to Mischel. Journal of abnormal Psychology, 1973, **82,** 537–540.
Wakenhut, R. Über die Einbeziehung von Situationen in psychologische Messungen. Frankfurt/M.: Peter Lang, 1978.
Weber, M. Über einige Kategorien der verstehenden Soziologie. Logos, 1913, **4,** 253–294.
Weber, M. Gesammelte Aufsätze zur Wissenschaftslehre. Tübingen: Mohr, 1922.
Weber, M. Wirtschaft und Gesellschaft. Tübingen: Mohr 1921.
Weick, K. E. Systematic observational methods. In: G. Lindzey & E. Aronson, The handbook of social psychology, Vol. 2, Reading, Mass.: Addison-Wesley, 1968, 357–451.
Weingarten, E. Sack, F. und Schenkein, J. (Hrsg.), Ethnomethodologie. Beiträge zu einer Soziologie des Alltagshandelns. Frankfurt, 1976.
Werbik, H. Theorie der Gewalt. München: Fink, 1974.
Werbik, H. Das Problem der Definition „aggressiver" Verhaltensweisen. Zeitschrift für Sozialpsychologie, 1971, **2,** 233–247.
Werbik, H. Grundlagen einer Theorie Sozialen Handelns (Teil 1 u. 2). Zeitschrift für Sozialpsychologie, 1976, 248–261, 310–326.
Werbik, H. Handlungstheorien. Stuttgart: Kohlhammer, 1978.
Werbik, H. & Munkert, R. Kann Aggression handlungstheoretisch erklärt werden? Psychologische Rundschau, 1978, 195–208.
Westmeyer, H. Logik der Diagnostik, Stuttgart: Kohlhammer, 1972.
Westmeyer, H. Kritik der Psychologischen Unvernunft. Stuttgart: Kohlhammer, 1973.
Westmeyer, H. Verhaltenstherapie: Anwendung von Verhaltenstheorien oder kontrollierte Praxis. In Gottwald, P. & Kraiker, C. Zum Verhältnis von Theorie und Praxis in der Psychologie. Sonderheft 1 der Mitteilungen der GVT e.V., 1976.
Wicker, A. W. Processes which mediate behavior-environment congruence. Behavioral Science, 1972, **17,** 265–277.
Winch, P. The idea of a social science and its relation to philosophy. London: Routledge & Kegal Paul, 1958.
Winch, P. Understanding a primitive society. American Philosophical Quarterly, 1964, **1,** 307–324.
Wittgenstein, L. Philosophische Untersuchungen. Oxford: Basil Blackwood, 1953.
Wittgenstein, L. Philosophische Bemerkungen. Oxford: Basil Blackwood, 1964.
Wittgenstein, L. Zettel, Oxford: Basil Blackwood, 1967 (a).
Wittgenstein, L. Gespräche, aufgezeichnet von Friedrich Waismann. Hrsgeg. von B. F. McGuiness. Frankfurt: Suhrkamp, 1967 (b).
Wittgenstein, L. Philosophische Grammatik. Frankfurt: Suhrkamp, 1969.
Wolf, F. O. Psychologie oder Kritische Theorie. In: Eberlein, G. & Pieper, R. (Hrsg.), Psychologie – Wissenschaft ohne Gegenstand? Frankfurt: Campus, 1976.
v. Wright, G. H. Erklären und Verstehen. Frankfurt: Fischer Athanäum, 1974.
v. Wright, G. H. Handlung, Norm und Intention. Untersuchungen zur deontischen Logik. Berlin: de Gruyter, 1977.

Zlotowicz, M. Situations, interactions, and comparative psychology, In: D. Magnusson & N. S. Endler (Hrsg.), Personality at the crossroads: current issues in interactional psychology. New York: Wiley, 1977, 385–400.

Literaturnachtrag

Fröhlich, W. D. & Wellek, St. Der begrifflich-theoretische Hintergrund der Sozialisationsforschung. In: C. F. Graumann (Ed.) Handbuch der Psychologie Bd. 7/2, 661–714, Göttingen: Hogrefe 1972.

Goldmann, A. I. A theory of human action. Princeton: University Press.

Koolwijk, J. v. & Wicken-Mayser, M. (Ed.) Techniken der empirischen Sozialforschung (Vol. 3). München: Oldenburg 1974.

Magnusson, D. The person and the Situation in an interactional model of behavior. Scandinavian: Journal of Psychology 1976, **17**, 253–279.

Nordenfeldt, L. Explanation of human actions. Diss. Uppsala 1974.

Thomas, D. Naturalism and social Science. Cambridge, Cambridge University Press.

5. Kapitel

Motivationsformen

Hans Thomae

Einführung

Nach Berlyne (1978) werden „interne motivationale Bedingungen durch Bezeichnungen wie „desires, wishes, passions, emotions, or impulses", aber auch durch Folgen des Verhaltens wie „Lust" oder „Befriedigung" umschrieben. Die motivationalen Bedingungen des Verhaltens werden hier somit weder durch Ziele noch durch Intensitätsgrade, sondern durch sprachliche Bezeichnungen umschrieben, die eher auf unterschiedliche Formen des psychischen Geschehens verweisen. Noch größer ist die Zahl der Bezeichnungen für Motivationsformen, die Graumann (1969) der Umgangssprache entnimmt (siehe Tab. 1).

Tabelle 1: Worte der Umgangssprache, die Motivationsformen umschreiben (nach Graumann 1969)

Ablehnung, Abneigung, Abscheu, Absicht, Affekt, Ansporn, Anspruch, Anreiz, Antrieb, Bedürfnis, Begierde, Bemühung, Bereitschaft, Beweggrund, Drang, Einstellung, Ekel, Entbehrung, Entscheidung, Entschluß, Erregung, Erwartung, Gefühl, Gesinnung, Gier, Haltung, Hemmung, Impuls, Initiative, Instinkt, Intention, Interesse, Konflikt, Laune, Leidenschaft, Lockung, Lust, Motiv, Neigung, Plan, Reiz, Scheu, Sehnsucht, Spontaneität, Stimmung, Streben, Sucht, Tendenz, Trieb, Triebfeder, Triebkraft, Überzeugung, Unlust, Verlangen, Voreingenommenheit, Vorliebe, Vorsatz, Vorurteil, Wahl, Werthaltung, Widerwillen, Willkür, Wunsch, Zwang.

Diese Motivationsformen werden dabei – unter Berufung auf Thomae (1965) – von den Motivarten unterschieden, die umgangssprachlich durch Bezeichnungen wie z. B. Durst, Ehrgeiz, Leistungsstreben, Machthunger, Neid, Selbstbehauptungswille, Sexualität oder Zerstörungstrieb umschrieben werden. Während Motivarten somit unterschiedliche Ziele und/oder Anlässe von Verhalten beschreiben, stellen Motivationsformen (patterns of motivations) Varianten von Prozessen dar, die durch Unterschiede im zeitlichen Verlauf, in der Zeitperspektive, der Intensität und Extensität der ausgelösten internalen Prozesse und insbesondere in der jeweils gegebenen Form der Interaktion kognitiver und motivationaler Presse bedingt sind.

In phänomenologischen Ansätzen zur Behandlung des Motivationsproblems wurde dem Problem der Motivationsformen große Beachtung geschenkt (Pfänder 1900/1963, Lindworsky 1923, Ach 1935, Lersch 1970, Wellek 1950). Insbesondere wurde innerhalb solcher Ansätze die deskriptive Erfassung von *emotionalen Reaktionen,* die oft nur eine mittelbare Beziehung zu einer Verhaltensänderung aufweisen, gepflegt (siehe insbes. Lersch 1970). Unter dem Einfluß des Behaviorismus wurde gerade dieser Aspekt des Motivationsproblems vernachlässigt, zum mindesten innerhalb der offiziellen akademischen Psychologie. In Tiefenpsychologie wie in der Psychopathologie blieb dagegen der Problemkreis der Motivationsformen immer ein wichtiger Aspekt der Forschung. Unter dem Einfluß der „kognitiven" Theorien sind heute auch in der „akademischen" Psychologie wieder verschiedene Zugänge zum Problem der Motivationsform gegeben, insbesondere von dem neu erweckten Bewußtseinsproblem (Kussmann 1971, Tart 1972, Hilgard 1977), jenem der „kognitiven Kontrolle des Verhaltens" und der Selbstregulation aus (Zimbardo 1969, Hartig 1973, Schwartz & Shapiro 1976).

Mit Rücksicht auf diese sehr wechselvolle Geschichte der Problematik erscheint es zweckmäßig, zunächst auf einige Zugänge zur Erfassung von Motivationsformen einzugehen, um sodann die wichtigsten Ordnungs- oder Klassifikationskriterien wie zeitliche Ordnung und Erstreckung, Intensität und Kognitions-Motivations-Interaktion zu erörtern.

Denkpsychologische Zugänge

Verschiedene Ansätze zu einer Differenzierung verschiedener Formen einer inneren Steuerung des Verhaltens wurden im Zusammenhag mit Studien zur Problemlösung entwickelt, so z. B. in der Unterscheidung „probierender", „impulsiver" und planender Annäherungsweisen an die Lösung (Gottschaldt 1933, Thomae 1954, Mathey 1956). Seit Kagan's Operationalisierung des Begriffs „Impulsivität" im Sinne von kurzer Lösungszeit und hoher Fehlerzahl und von „Reflexivität" als der entgegengesetzten Kombination der beiden Indices (Kagan 1965) wurden diese Formen der „inneren Kontrolle" des Verhaltens zum Thema intensiver und umfangreicher Forschungsbemühungen (Messer 1976). Zumeist wird diese Thematik der Persönlichkeitspsychologie zugeordnet.

Einer vereinfachenden eigenschaftstheoretischen Auffassung von „Reflexivität" und „Impulsivität" stehen aber sowohl die Einsichten über die Trainierbarkeit des sozial besser angepaßten „reflexiven" Verhaltens (Wagner 1973, 1975) wie jene über den Einfluß situativer Faktoren wie Aufgabenschwierigkeit

(Grimm u. Meyer 1976) entgegen. Wie immer auch die Diskussion über die Konstanz impulsiver vs reflexiven Problemlösungsverhaltens auch ausgehen mag, so unterstreicht die starke Beachtung dieses Forschungsbereichs die Bedeutung formaler Varianten des Verhaltens und der ihm zugeordneten Motivationsvariablen. Der gleiche Verhaltensaspekt wurde ausdrücklich im Zusammenhang mit einer Handlungstheorie von Easterbrook (1978) einer Dimension „proaktives, geplantes, durch Voraussicht bestimmtes Verhalten" vs. „Impulsivität" (bzw. Nichtintentionalität) zugeordnet. Mit der Herausstellung der vielen Formen von „proaktivem" Verhalten möchte Easterbrook zugleich die behavioristische Reduktion aller Verhaltensweisen auf nichtintentionale Akte korrigieren.

Verhinderung der Problemlösung und die Motivationslage der Frustration

Von Untersuchungen zur Problemlösung, in die ein Fehlschlag von vornherein eingeplant war, ging ein weiterer Ansatz zur Erfassung von Motivationsformen aus. Dembo (1931) registrierte im Rahmen der Untersuchungen zur Handlungs- und Affektdynamik von Kurt Lewin das Verhalten von Versuchspersonen bei einer objektiv unlösbaren, aber als lösbar eingeführten Aufgabe. Sehr häufig konnte dabei der Übergang einer rational gesteuerten, aufgabenbezogenen Handlungsabfolge in eine stark von Affekt und Aggression beherrschte Stimmungs- oder Reaktionslage beobachtet werden. Zugleich bildet die Untersuchung den ersten experimentellen Beitrag zur Analyse der Frustration als einer „Interferenz mit dem Ablauf einer ausgelösten Zielreaktion" (Dollard et al, 1939). Cofer und Appley haben Frustration als einen motivationalen, „unangenehmen emotionalen Zustand" umschrieben, zugleich aber die Bedingungen dieses Zustandes und die Reaktionen, die er auslöst, als Bestandteile des Konstruktes angesehen. Nicht eine bestimmte Gruppe von Motivarten muß in ihrer Zielverwirklichung gehemmt sein, wenn Frustration eintreten soll, jede, die für das Individuum wichtig ist (Cofer und Appley 1964, S. 418), kann diesen Zustand auslösen, der durch höheres Erregungsniveau spezifischer Art gekennzeichnet ist.

Die das Verhalten nivellierende, d. h. also in seiner Form verändernde Konsequenz von Frustration wurde in dem Spielzeug-Experiment von Barker, Dembo und Lewin (1941) aufgewiesen. Der Entzug von attraktiverem Spielmaterial, das noch in Sichtweite der Kinder bleibt, und sein Ersatz durch weniger attraktives läßt das Spiel von Schulkindern auf eine primitivere Stufe zurückfallen. Die Integration der Befunde durch Lewin im Sinne einer Entdifferenzierung verweist deutlich auf den formalen Aspekt, unter dem Beziehungen zwischen Motivation und Verhalten hier erörtert werden.

Streß als Motivationsform

Ein weiterer Forschungsbereich, innerhalb dessen Probleme der Motivationsform mehr oder minder explizit behandelt werden, bezieht sich auf die Phänomene des Streß. Die Definition von Streß als einer „unspezifischen Reaktion des Körpers auf jegliche Art von Anforderung" (Selye 1976, p. 55) unterstreicht diesen formalen Aspekt durch die Kennzeichnung der Reaktion („unspezifisch"). Cofer und Appley (1964, S. 451) definieren Streß als „extremen Motivationszustand", der durch Gegenwart und Wahrnehmung von Bedrohung bedingt ist. In dem „transaktionalen Streßmodell" von Lazarus und Launier (1978) wird zum entscheidenden Streßkritierum schließlich, daß bestimmte äußere oder innere Anforderungen die adaptiven Möglichkeiten eines individuellen, biologischen oder sozialen Systems stark in Anspruch nehmen oder überfordern („tax or exceed"). Streß wird zu einem relationalen Phänomen, bei dem es vor allem um die Höhe der gestellten Anforderungen einerseits und die adaptiven Ressourcen des herausgeforderten Systems geht. Als transaktional, mediational, zeit-orientiert und prozeß-orientiert wird die neue psychologische Streßtheorie umschrieben und damit ausschließlich in formalen Kategorien charakterisiert. Daß diese formale Analyse keineswegs den Zugang zur Erfassung der zahlreichen inhaltlichen Streß-Probleme verstellen muß, wird aus dem Beitrag von Laux (vgl. S. 453 ff.) deutlich.

Die Motivationsform Konflikt und Entscheidung

Konflikt als Resultat der Auslösung von zwei oder mehr gleicher aber unvereinbarer Reaktionstendenzen (Berlyne 1964, 1978, Cofer & Appley 1964, Feger 1968, 1978) ist eine psychologische Situation, die damit nach allgemeiner Übereinstimmung durch ein strukturelles Merkmal gekennzeichnet ist. Nicht der jeweilige Inhalt oder die Ziele bzw. die Ausgangsorte sind entscheidend, sondern erstens die gleichzeitige Erregung mehrerer Reaktionstendenzen und zweitens die Unvereinbarkeit der gleichzeitigen Ausführung der Reaktionen, auf die sich die relevanten Tendenzen beziehen. Die verschiedenen Reaktionen auf diese motivationale Situation, insbesondere jene der Entscheidung, werden von Feger und Sorembe in diesem Band ausführlich behandelt (vgl. S 536 ff.).

Tiefenpsychologische Ableitungen von Motivationsformen

Einen klassischen Beitrag zur Lehre von den Motivationsformen hat zweifellos Freud in seiner Lehre von der Verdrängung geliefert. Bedingung des Eintritts der Verdrängung ist eine spezifische Konstellation zwischen der Lust, die von der Befriedigung sexueller Wünsche erwartet wird, und dem „Unlustmotiv", das aus dem Konflikt jener Wünsche mit anderen Vorsätzen und Ansprüchen entstehe. Das Wesen der Verdrängung aber wird in der „Abweisung und Fernhaltung vom Bewußtsein" gesehen, damit in einer Veränderung des motivationalen Geschehens, die sich weder auf Intensität noch auf Richtung, sondern auf die Form der unbewußten, nur in Fehlhandlungen und Träumen in Erscheinung tretenden Erscheinungsweise bezieht (Freud 1915). Der Hinweis auf den unbewußten Charakter der „eigentlichen Motive menschlichen Verhaltens" und die vordergründige Natur der im Bewußtsein erscheinenden Beweggründe ist zweifellos der wichtigste und am weitesten von der Bewußtseinspsychologie von kognitiven Psychologen wie Lindworsky (1923) oder Weiner (1972) entfernte Zugang zum Problem der Motivationsformen.

Die experimentellen Versuche zur Überprüfung der psychoanalytischen Annahmen über die Verdrängung waren zum Teil erfolgreich, insofern zum mindesten bei einer Gruppe von Versuchspersonen verzögerte Auffassung und/oder Verbalisierung von tabuisierten oder bedrohenden Reizen beobachtet wurde (Bruner & Postman 1947, Koeppler 1972). Dieser Effekt wurde als Hinweis auf die Existenz eines Abwehrmechanismus gedeutet, später aber in Beziehung zu einer eher persönlichkeitsspezifischen Reaktion innerhalb einer Annäherungs-Meidungsdimension in bezug auf bedrohende Reize gebracht (Bell & Byrne 1978).

Psychologie des Antriebs und Motivationsformen

Gegenüber der nur sporadischen Behandlung des Problems der Motivationsformen in der Psychologie finden wir eine lange Forschungstradition in diesem Bereich innerhalb der Psychopathologie. So wurden z. B. in dem klassischen Werk von Jaspers über die Allgemeine Psychopathologie, das 1913 zum ersten Mal erschien, unter dem Abschnitt über die „Einzeltatbestände des Seelenlebens" u. a. Probleme der formalen Veränderung von Gefühlen und motivationalen Prozessen in der Form von Dranghaftigkeit und Impulsivität behandelt. Kretschmer (1956) gab differenzierte Analysen der „hypobulischen Mechanismen", in denen „Willensimpulse und affektiv bedingte Reflexmechanismen, Willensausdruck und Affektausdruck" noch nicht differenziert seien. Die Differenzierung der Erlebnis- und Verhaltensformen der Dranghandlungen (Thiele 1940, Dietrich 1973), der Explosivität (Kretschmer 1956), der Suchtphänomene (Matussek 1959, Täschner und Wanke 1972, Wanke und Täschner 1976, Lennertz 1974), der Zwangshandlungen und -Vorstellungen (Bräutigam 1968) und anderer „psychopathologischer" Reaktionen ist auch für die allgemeine Psychologie relevant, zumal die Übergänge von der Norm zur Pathologie hier sehr fließend sind.

Gesichtspunkte zur Klassifikation der Motivationsformen

Die große Bedeutung, welche den Motivationsformen von Emotion, Konflikt, Frustration, Streß, Sucht, Drang, Triebhandlung usw. zukommt, hätte längst eine systematische Behandlung dieser Thematik erwarten lassen. Doch ist auch heute noch zu viel an Fragen offen. Unter Weiterentwicklung erster eigener Ansätze zu einer derart „differentiellen Motivationspsychologie" (Thomae 1944, 1965) seien im folgenden bestimmte Klassifikationsgesichtspunkte erörtert, die sich aus dem zeitlichen Kontext, der kognitiv-motivationalen Interaktion und der Binnenstruktur des Geschehens ergeben.

Varianten der zeitlichen Ordnung und des Zeitbezugs

Motivationstheorien unterscheiden sich hinsichtlich der zeitlichen Erstreckung der von ihnen identifizierten bzw. hypostasierten Motivationsvariablen voneinander (vgl. S. 297). Aber auch innerhalb der Prozeßmodelle kann die zeitliche Dauer des Motivationsgeschehens sehr variieren. Besondere Aufmerksamkeit wurde dieser Frage in bestimmten Forschungsansätzen zur Entscheidungszeit unter experimentellen Bedingungen gewidmet. Feger und Sorembe (S. 536ff. dieses Bandes) verweisen auf Zusammenhänge zwischen Konfliktstärke und zunehmender Entscheidungszeit, aber auch auf die Tatsache, daß auch „komplexe Entscheidungen" „überraschend schnell" gefällt werden. Überhaupt scheint es, als ob die an sich naheliegende Annahme, daß die Entscheidungszeit mit zunehmender Komplexität der Situation und der psychischen Struktur zunehme, aufgegeben werden müsse.

Die gleiche Schlußfolgerung ergibt sich auf den verschiedenen handlungs- oder informationstheoretischen Interpretationen der Auslösung aggressiven (Kaufmann 1965, Michaelis 1976), kooperativen (Bierhoff 1974), leistungsbezogenen (Atkinson 1964) oder nahrungsbezogenen (Diehl 1978) Verhaltens. Denn die in diesen Modellen angenommenen hoch-komplexen Informationsverarbeitungs- und Entscheidungsprozesse müssen sich oft in Bruchteilen von Sekunden vollziehen, wenn sie Verhalten in realen Lebenssituationen erklären sollen. Von hier aus gesehen ist die zeitliche Dauer eines Motivationsgeschehens als abhängige Variable einer Vielzahl von situations- und persönlichkeitsspezifischen wie von lerntheoretisch zu interpretierenden Faktoren anzusehen und nicht als Klassifikationsgesichtspunkt für spezifische Motivationsformen geeignet. Die einzige Zuordnung, die sich treffen läßt, bezieht sich auf die Kurzschlußhandlung oder das impulsive Verhalten auf der einen Seite und die allmählich reifende Entscheidung etwa vor einer Berufs- oder Ehepartnerwahl. Die Positionen zwischen diesen Polen können je nach Person und Situation von den unterschiedlichsten Motivationsformen besetzt sein.

Motivation und Zeitperspektive

Da motivationale Prozesse als zielgerichtete vor allem zukunftsbezogene Prozesse sind (vgl. S. 16ff.), sind Ausdehnung und Strukturierung der Zukunftsperspektive Aspekte, die von den verschiedensten Ausgangsorten aus berücksichtigt wurden. Die zeitliche Erstreckung des Inhalts (der Aufgaben, Ziele, Pläne), welche ein Motivationsgeschehen konstituieren, bildet nach Nuttin (1976) ein Kontinuum. Eine in einem bestimmten Augenblick auszuführende Handlung kann für einen späteren Zeitpunkt völlig ohne Bedeutung sein – sie kann auf der anderen Seite nur im Hinblick auf einen mehr oder minder weit entfernten Zeitpunkt von Bedeutung sein. Zwischen diesen beiden Extremen besteht eine große Mannigfaltigkeit von Orientierungen und Bezugnahmen, welche dem gegenwärtigen Verhalten unterschiedliche Grade der Öffnung zur Zukunft hin geben. Es zeigt sich eine deutliche Tendenz zur Reduzierung der Zukunftsperspektive mit zunehmendem Alter (Nuttin & Grommen 1975), daneben aber signifikante Zusammenhänge zwischen Extension der Zukunftsperspektiven und sozialer Schicht und dominanter Interessenrichtung. Besondere Bedeutung gewinnt im höheren Alter offensichtlich der nahe Zukunftsraum (Nuttin et al. 1975, Thomae 1968, Schreiner 1970), innerhalb dessen eine Mannigfaltigkeit von konkreten Zielrichtungen ermöglicht wird. Erwartungsgemäß zeigte sich ein enger Zusammenhang zwischen (objektiv festgestellter) Gesundheit und sozio-ökonomischem Status einerseits und der Extension wie der positiven Tönung des Zukunftsbezugs (Schreiner 1970) (vgl. auch Lehr 1967). Ganz offensichtlich können weiter ausgreifende Pläne im Leben mehr Einfluß gewinnen, wenn wirtschaftliche und gesundheitliche Deprivationen gering sind.

Den strukturellen Aspekt der Zukunftsperspektive hatte Lewin (1954) als differenzierendes Merkmal herausgearbeitet. Kind, Jugendlicher und Erwachsener unterscheiden sich danach hinsichtlich der Differenzierung der Zukunft in einen Nah- und Fernbereich, hinsichtlich der Trennung von Realitäts- und Irrealitätsebene und von emotionaler und kognitiver Ebene. In der klinischen Psychologie hat man Extension und Strukturierung der Zukunftsperspektive als bedeutsames diagnostisches Kriterium bei der Differenzierung von Normalen und Schizophrenen erkannt (Wallace 1956, Ballbe 1962). Sowohl die Spannweite der zukunftsbezogenen Zeitperspektive als auch der Grad der Organisation der in der Zukunft liegenden Inhalte erwies sich in der Patientengruppe als deutlich reduziert.

Zeitliche Ordnung

Wenn man mit Atkinson (1964) das im Verhalten zum Ausdruck kommende Leben eines Organismus als eine Sukzession von molaren Aktivitäten betrachtet und den Übergang von einer Aktivität in die andere als eines der fundamentalen

Motivationsprobleme ansieht, dann wird die zeitliche Gliederung spezifischer Motivationsgeschehnisse zu einem wichtigen Differenzierungsgesichtspunkt.

Lehr (1956), Schapitz (1956) und Erfmann (1956) haben das Verhalten von Kindern vom 1.–6. Lebensjahr während des freien Spiels beobachtet und dabei einen periodischen Wechsel der Spielinhalte, des Spielortes und der Spieltätigkeiten konstatiert. Gilles (1971) konnte auch bei Grundschulkindern bis zum Alter von 10 Jahren einen periodischen Wechsel zwischen verschiedenen Spielen und Betätigungen feststellen, unter der Voraussetzung freilich, daß das Spiel völlig unbeeinflußt durch Beobachter oder andere Personen blieb.

Suffenplan (1976) fand unter den besonderen Arbeitsbedingungen der Montessorischule sogar eine „Makrorhythmik" der Interessen- und Arbeitsinhalte von Neun- bis Elfjährigen bei freier Arbeitswahl vor. Während die vorgenannten Arbeiten das Spielverhalten von Kindern während einer ca. 2stündigen Beobachtungszeit unter dem Gesichtspunkt der Aufeinanderfolge verschiedener Spielarten und Spielgegenstände analysierten, verfolgte Suffenplan (1975) den Wechsel von Präferenzen für verschiedene (auch schulische) Tätigkeiten in einer Schulsituation mit freier Arbeitswahl an 30 Beobachtungstagen. Er konnte dabei zeigen, daß Zuwendung und Nichtzuwendung in bezug auf bestimmte Arbeitsinhalte (Deutsch, Rechnen, Naturkunde) in ein bis mehrtägigen Phasen wechselten und verwies auf enge Zusammenhänge zwischen dieser periodischen Gliederung der Aktivitäts-Veränderung und der durchgängig als intrinsisch empfundenen Motiviertheit des Verhaltens. Auf jeden Fall verlaufen die Übergänge von einer Aktivität zu anderen in der entspannten, nicht durch Leistungsdruck oder Deprivation bestimmten Situation periodisch, eine bestimmte Tätigkeit verliert nach einer bestimmten Zeit an Anreizwert und macht einer anderen Platz, um nach einer bestimmten Latenzzeit wieder zurückzukehren. Manchmal sind es bis zu vier verschiedene Spielarten, die in ähnlichen zeitlichen Abständen einander ablösen.

Gemeinsam ist all diesen Befunden der Hinweis auf zeitliche Gliederungen des Verhaltenskontinuums, welche an die biologische Rhythmik oder Periodik erinnern. Die Wiederkehr ähnlicher Aktivitätsgrade und -Arten in ähnlichen Zeitabständen, wie sie in den Studien zum Spiel und freien Arbeitsverhalten von Kindern aufgewiesen wurden (Lehr 1956, Erfmann 1956, Schapitz 1956, Gilles 1971, Suffenplan 1975), weist unverkennbar Analogien zu der diurnalen Rhythmik von Wachen und Schlafen (Aschoff 1965) oder zu der regelmäßigen Abfolge von drei bis sechs Schlafzyklen von 90–120 min. während des Nachtschlafs auf (Koella 1973, Papousek 1975). Die nicht von außen gesteuerte, „intrinsisch motivierte" Aktivität würde danach durch ein zeitliches Muster von motivationalen Prozessen gelenkt, das *Analogien* zu biologischen Rhythmen erkennen läßt.

Auch die Ethologie verweist auf „gesetzmäßige Schwankungen bestimmter innerer Handlungsbereitschaften" (Eibl – Eibesfeldt 1967) und sieht sie als sichersten Hinweis auf die hereditäre, instinktive Verankerung dieser Verhaltenstendenzen an. Diese Schlußfolgerung möchten wir für die Herkunft der intrinsischen Motivationen in Spiel und freiem Arbeitsverhalten nicht ohne weiteres übernehmen, ebensowenig die metaphysischen Folgerungen, die L. Klages (1929) aus der Konstatierung der rhythmischen Gliederung aller spontanen und von vitalen Bedürfnissen bestimmten Aktivität und der taktförmigen Zäsuren, die Willensakte schaffen sollen, zog. Der Gegensatz von „Rhythmus" und „Takt" in der zeitlichen Gliederung von Erlebnissen und Verhaltensweisen sollte diesem Autor zufolge die metaphysische Gegnerschaft von „Seele" und „Geist" widerspiegeln.

Ohne solche metaphysischen und wertenden Implikationen wurde die gleiche Unterscheidung solcher Motivationsformen unter schichtentheoretischem Gesichtspunkt durch E. Rothacker (1965) und Ph. Lersch (1970) aufgegriffen. Daß auf der anderen Seite zwischen „rhythmisch" verlaufenden und willensmäßig taktförmigen Verhaltensweisen sehr viele Übergänge bestehen, wurde an Hand der Diskussion einiger Argumente von Klages auch vom Verfasser (1944) zu zeigen versucht.

Die Wiederkehr des Gleichen in gleichen Abständen ist am meisten in der Motivationsform der Sucht verwirklicht. „Statt im Aufbau eines Lebens geschieht alles nur in süchtiger Wiederholung des Gleichen. Denn die Unbefriedigung wird nur im Augenblick verdeckt, aber nicht aufgehoben. Sie ist sogleich wieder da und bedarf der Wiederholung ohne Besinnung und ohne die im Gehalt steigende Kontinuität." (K. Jaspers 1959 S. 269). In dieser Umschreibung wird die strenge Form des kreisförmigen Verlaufs als eine pathologische Variante des Motivationsgeschehens dargestellt. Allerdings tritt in den neueren Definitionen der Sucht stärker die Extensität einer bestimmten Motivrichtung und ihre Durchsetzung gegenüber allen hemmenden Faktoren hervor (Matussek 1959, Weitbrecht 1963).

Rhythmische Tagesschwankungen der Befindlichkeit werden nicht nur für depressive Zustandsbilder, sondern für eine „breite Skala psychologischer und psychopathologischer Phänomene" berichtet (Waldmann 1972, Papousek 1975). Supprian (1975) formulierte ein Modell der zirkadianen Organisation des Stimmungs- und Antriebssystems und fand es in der Phasenverteilung manisch-depressiver Psychosen im Jahresablauf bestätigt.

Eine besondere Bedeutung wird der periodischen Folge bestimmter motivationaler Prozesse auch in der Psychologie des Lebenslaufs zugeschrieben. Je nach der astrologischen oder philosophischen Orientierung des Autors glaubte man einen Sieben- oder Vierzehn-Jahresrhythmus im Auftreten neuer „Krisen" und Wachstumsimpulse feststellen zu können (Nachweise bei Lehr 1978). Auch dort, wo die kosmologisch-biologische Orientierung nicht so deutlich ausgeprägt ist, sah man grundlegende psychische Veränderungen während des psychologischen Lebenslaufs als Resultat zuerst kurzfristiger, später in 10- bis

15jährigen Abständen einsetzender innerer Entwicklungsimpulse an (Busemann 1953, Bühler 1933/59, Moers 1953, Erikson 1950).

Nicht-periodische Verläufe
So faszinierend die Beobachtung periodischer Gliederung des Verhaltenskontinuums auch sein mag, so kann sie doch nicht darüber hinwegtäuschen, daß die externale Auslösung eines motivationalen Vorgangs doch die Regel ist, ohne daß deswegen ein abrupter Übergang von einem zum anderen Geschehenstypus festzustellen wäre. Das Bild der „Welle" ist auch auf jene „regulatorischen" Motivationsformen anzuwenden, bei denen keine Wiederkehr des Ablaufs in absehbarer Zeit vorhersehbar ist. Für viele Stimmungen, Gefühle, Triebregungen und Wünsche gilt: „sie wachsen, sie steigern sich zu ihrer jeweiligen Intensität, sie klingen oder ebben ab, verflachen und vergehen... nicht blitzartig, in Bruchteilen von Sekunden, sondern wenn schon rasch, so doch in einem deutlichen An- und Abschwellen, eben in jenem dem autonomen Nervensystem eigenen Ablaufstempo, kommen und gehen Stimmungen, Triebe, Hunger, Durst und verwandte vegetative Vogänge und Regungen" (Zutt, 1955, S. 286).

Motivationsformen und kognitv-motivationale Interaktionen

Varianten der Ziel- und Mittelorientierung

Die Primitivreaktion oder Kurzschlußhandlung ist durch einen nahezu völligen Ausfall kognitiver Kontrolle, die Planhandlung durch eindeutiges Übergewicht dieser Kontrolle gekennzeichnet. Die Motivformen, welche die zwischen diesen Polen einzuordnenden Verhaltensweisen bestimmen, werden in der Umgangssprache durch Begriffe wie Drang, Affekt, Trieb, Sucht, Neigung, Wunsch, Begehren, Vorsatz, Entschluß umschrieben.

Dietrich (1973) sieht eine Stufenleiter von den Automatismen über die Dranghandlungen, die durch „ihr immanentes Gerichtetsein charakterisierten Triebhandlungen" und die durch Ziel- und Zweckvorstellung geleiteten Willenshandlung. In der Kennzeichnung der Dranghandlung als eines Syndroms von „Mangel an richtunggebenden Interessen", „iterativ-perseveratorischen Erscheinungen", „Beharrlichkeit und Lästigkeit als Symptom vermehrter Anregbarkeit" (Dietrich 1973) oder als eines „inhaltlosen und richtungslosen" Geschehens (Jaspers 1959) kommt die weitgehende Ausschaltung der kognitiven Kontrolle zum Ausdruck. Eliasberg (1970) nimmt auch für die Situation, die durch Aktualisierung eines „unwiderstehlich gewordenen Triebes" charakterisiert ist, schwerwiegende Störungen, wenn nicht totalen temporären Ausfall des Bewußtseins an. Manche Verhaltensweisen werden auch als quasireflektorisch charakterisiert, so etwa die Unfallflucht bei Kraftfahrern als Folge einer Schockwirkung (Nass 1968). Dabei seien nicht nur situative, sondern auch persönlichkeitsspezifische Momente entscheidend. Folge der Schockwirkung ist dann ein Verhaltenssystem, in dem nur der Gedanke an die Entfernung vom Ort des Geschehens erhalten bleibt. Insofern würden hier alle kognitiven Prozesse, die sich auf die Vergegenwärtigung der normativen und sozialen Situation beziehen, weitgehend durch den affektiven Schock beeinträchtigt, während die kognitiven Prozesse, die sich auf Verhaltensweisen beziehen, die instrumentellen Charakter in bezug auf das Vorhaben der Flucht haben, erhalten bleiben. Nass (1970) räumt aber ein, daß neben solchen schockbedingten Fällen von Unfallflucht auch überlegte und geplante Formen der Entfernung vom Unfallort vorkommen.

Die Erhaltung der „instrumentellen Orientierung", d. h. an den Mitteln zur Verwirklichung eines Vorhabens, ist auch bei Affekttätern zu beobachten, die aus lange gespeicherter Wut, Verzweiflung und Enttäuschung den Intimpartner töten (Undeutsch 1970).

Einen hohen Grad der Spezialisierung in bezug auf die Ziel- und Mittelorientierung weisen jene Motivations- und Verhaltensweisen auf, die unter den Begriffen der „Trieb"- und „Instinkt"-handlungen gefaßt werden (Viaud 1959). Während früher beide Begriffe oft synonym gebraucht wurden (vgl. Kortlandt 1955) ist heute entweder der Instinktbegriff in den Mittelpunkt gerückt (wie etwa in der „Ethologie" von Tinbergen, Lorenz und anderen) oder aber es wurde der Instinktbegriff und die mit ihm verbundene Annahme angeborener Reaktionsfolgen völlig aufgegeben und der „Trieb"-begriff an seiner Stelle gebraucht. Die Dominanz des Instinktbegriffes geht auf McDougall zurück, der diesen Begriff gemäß einer schon erwähnten Definition umschreibt als „eine erlebte oder angeborene psychophysische Disposition, welche ihren Inhaber dazu bestimmt, bestimmte Objekte wahrzunehmen und ihnen Beachtung zu schenken, bei der Wahrnehmung solcher Objekte eine emotionale Erregung einer spezifischen Qualität zu empfinden und auf sie in einer spezifischen Weise zu reagieren bzw. einen Impuls zu einer derartigen Reaktion zu empfinden" (McDougall 1908, S. 30).

Die Frage der vererbten bzw. angeborenen Genese des Instinkts wurde schon berührt. Für den jetzigen Zusammenhang ist vor allem die Betonung des Spezialisierungsgrades dieser dynamischen Konstanten und die relativ geringe Änderungsfähigkeit dieser Instinkte wesentlich. McDougall wollte aus solchen spezialisierten Urformen der Antriebe die große Komplexität sozialer Prozesse erklären.

Lorenz (1937) hob die Begriffe „Instinkt" und „Trieb" voneinander ab. Dieser wurde zur Bezeichnung des energetischen Faktors, der Begriff „Instinkt" dagegen soll nur noch im Sinne einer angeborenen Bewegungsform, der „Endhandlung", gebraucht werden. Tinbergen (1952) sieht den Instinkt zugleich als eine hypothetische Variable, und zwar als „hierarchisch organisierten nervösen Mechanismus, der auf bestimmte vorwarnende, auslösende und richtende Impulse, sowohl innere wie äußere, anspricht und sie mit wohl koordinierten lebens- und arterhaltenden Bewegungen beantwortet" (S. 104). Jedem der Instinke ist eine reaktionsspezifische Energie zuzuordnen (Cofer & Appley, S. 62 f.). Diesen auf tierpsychologischen Befunden beruhenden Annahmen wird von Lorenz und Tinbergen mehr oder minder unbegrenzte Gültigkeit für den Menschen zugeschrieben. Auch von Bash (1955) und Kretschmer (1956) werden Triebe als „dynamische Faktoren" definiert, deren Richtung und Ziel durch keinerlei Vorwissen, sondern allein durch die Natur des Organismus selbst gegeben ist. Die Spezialisiertheit und Zielsicherheit dieser Orientierung gerade beim Menschen wird aber von vielen Autoren bestritten. Sogar für das tierische Verhalten wird die Unwandelbarkeit der „instinktiven" Abläufe in Abrede gestellt (Beach 1955, Young, 1961, Kunz, 1946, Cofer u. Appley 1964, S. 95 ff).

Varianten der Orientierung an der Gesamtlage

Innerhalb des menschlichen Verhaltens sind die wesentlichen Antriebe und Bedürfnisse nicht nur an deren „Zielen" und den „Mitteln" zu deren Erreichung orientiert, sondern in mehr oder minder umgreifendem Sinne an der „Lage". Diese „Lageorientierung" wird teils auf die Wirksamkeit von „kortikalen" Sekundärsystemen (Freud, H. Hartmann, Nunberg, Rothacker u. a.), teils auf diejenige von mehr „endothym" verlaufenden Regulationen zurückgeführt.

Unbewußte Orientierungsformen

Beispiele für solche mehr „endothym" verlaufenden „Realitäts"-anpassungen im Motivationsbereich sind z. B. jene Regungen, die in der Umgangssprache mit den Begriffen „Wunsch", „Sehnsucht", „Hoffnung" usf. umschrieben werden.

K. Lewin (1935) und seine Schüler haben diese Varianten durch die Unterscheidung einer „Realitätsebene" und einer „Irrealitätsebene" berücksichtigt. Im Falle der Unmöglichkeit, gesetzte „Barrieren" im augenblicklichen „realen" Feld zu überwinden, kann diese Überwindung in Form von Tagträumen, von „Hoffnungen" und Wünschen geschehen (J. F. Brown 1933). Auch magische Beendigungen einer sonst nicht zu lösenden Situation zählen hierher (Dembo 1931, S. 111). Die Gliederung des psychischen Feldes in eine Realitäts- und Irrealitätsebene wurde auch von Bergius bei seinem Versuch einer Typisierung verschiedener Formen des Zukunftsbezuges zugrunde gelegt. Wird bei Lewin das „Wünschen" als Bedürfnisbefriedigung in der Irrealitätsebene erfaßt, so lassen sich doch viele Beispiele für eine ganz spezifische Realitätsangemessenheit dieser Form einer Zukunftsgerichtetheit finden. J. Volkelt (1930) hat einige von ihnen ausgewertet. Es heißt hier zwar ganz in Übereinstimmung mit Lewin, daß das Wünschen in einer Sphäre des Irrealen verlaufe. „Wünschen ist eine Verwirklichungstendenz innerhalb des Unwirklichen" (S. 79). Wesentlich aber ist, daß diese „Verwirklichungstendenz" von dem sei es bewußten, sei es unbewußten „Wissen" um die Ungewißheit der Erfüllbarkeit des Wunsches getragen ist. (So auch Fischel 1962, S. 266) Die Verlagerung in die Irrealitätsebene geschieht also im Wunsche nicht komplett. Es ist gerade ein ständiges „Wissen" um die Unveränderlichkeit des eigenen Tuns und Begehrens in dieser Form des Zukunftsbezugs lebendig. Insofern ist der Wunsch eine Variante des Motivationsgeschehens, bei dem spezifische Wirkungen des „Lageschemas" (Thomae, 1958) beobachtet werden können.

Empirische Hinweise auf die steuernde Funktion der im „Lageschema" repräsentierten Situationsaspekte werden in den hohen Werten für Arbeitszufriedenheit bei älteren Arbeitnehmern oder bei älteren Bewohnern von Notwohnungen (Carp 1975) deutlich. In einem wissenschaftlich begleiteten Hilfsprogramm nahm die günstige Einschätzung solcher Wohnungen deutlich ab, wenn die Möglichkeit eröffnet worden war, in eine bessere Wohnung überwechseln zu können (Carp 1975).

Eine Grundüberzeugung über die „Unveränderlichkeit ökonomischer und gesundheitlicher Belastung" wird bei eintretender Schwierigkeit häufiger Depression, aber auch aktiven Widerstand gegen eine der Krankheit entsprechende Lebensweise hervorrufen als bei Personen, die sich in objektiv gleich schlechter Verfassung befinden, aber diese Grundüberzeugung über „Unveränderlichkeit" nicht so stark ausgeprägt haben (Thomae 1979).

„Wille" und „Ich" als Organe der Realitätsorientierung

Als Prototyp extrem norm- und realitätsorientierten Verhaltens gilt in der traditionellen akademischen Psychologie der Wille (im engeren Sinne des Wortes). Er wird als eine „einzigartige Steuervorkehrung", als „universelle Hemmtriebfeder" (L. Klages), als „Neinsager" angesehen, welcher die „Triebe" hemmt, um den Ablauf des Verhaltens im Sinne der aufgefaßten generellen Aspekte der Situation, einschl. der Normen und Leitbilder zu garantieren (K. Schneider 1966, Ph. Lersch 1970). Außerhalb schichtentheoretischer Gedankengänge hat S. Rubinstein den engen Zusammenhang zwischen „Wille" und normorientiertem Verhalten herausgearbeitet:

„Das Pflichtgemäße ist die allgemeine bedeutsame moralische Komponente des persönlichen Willens, das heißt des Willens eines Individuums, für das das gesellschaftlich Bedeutsame auch persönlich bedeutsam ist" (Rubinstein 1958, S. 629).

„Der Wille in dem für den Menschen spezifischen Sinn des Wortes, der sich über das Niveau seiner naturhaften organischen Triebe erhebt, setzt das Vorhandensein eines gesellschaftlichen Lebens voraus, in dem das Verhältnis des Menschen durch Sittlichkeit und Recht geordnet wird" (S. 630).

Wille in diesem engeren Sinne ist immer durch eine mehr oder minder bewußte Konfrontation des Verhaltens mit jenen Normen gekennzeichnet. Jedoch wurden wir von den verschiedensten Ausgangsorten aus darüber belehrt, daß normatives Verhalten und willentlich-rationale Steuerung des Verhaltens keineswegs identisch seien. Dies wurde vor allem durch die weitgehende Ersetzung des Begriffs „Wille" (als eines stark an bewußte Erlebnisse gebundenen Phänomens) durch die psychoanalytische Terminologie von „Ich" und „Überich" möglich. Das „Über-Ich" als Organ der „Realitätsprüfung" (Freud) ist in erster Linie normorientiert. Denn Angepaßtheit an „Mittel und Ziele" der Bedürfnisbefriedigung besitzt ja bereits das am „Lustprinzip" orientierte Triebgeschehen. Demgegenüber repräsentiert das „Ich" das, was man Vernunft und Besonnenheit nennt.

Diese „Ich"-instanz, von H. Hartmann (1960) und anderen weit stärker noch als von Freud als generelles, spezifisch menschliches Anpassungssystem umschrieben, ist nun aber in ihrer Wirksamkeit keineswegs an das Einsetzen bewußter Akte gebunden. Es gibt auch unbewußte „Anteile" des Ich. Insbesondere aber wirkt die vor allem normorientierte Teilstruktur des „Ich", wie sie im „Überich" gebildet ist, weitgehend unbewußt.

Die von der Psychoanalyse her mitbeeinflußte „sozialanthropologische Schule" der Persönlichkeitsforschung wies auf, wie sehr die wichtigsten normativen Regulationen des menschlichen Verhaltens durch Sozialisationsprozesse geschehen, welche bei entsprechendem Erfolg keine „willensmäßige" Anstrengung erfordern (vgl. u. a. Kardiner 1945, Le Vine 1969). Auf mannigfache persönliche und soziale Voraussetzungen des Funktionierens der „Ich-Kontrolle" verweisen Livson und Mussen auf Grund einer experimentellen Untersuchung. Darüber hinaus aber ist auf alle jene Beiträge zur Psychologie des Gewissens zu verwiesen, die zeigen, daß die Zentren „normativer" Regungen gerade nicht in der kortikalen Sphäre, in den Organen der „Anpassung" fundiert sind, sondern in den nur z. T. bewußt werdenden „Tiefendimensionen" des Erlebens, in Gemüt und Gewissen (A. Wellek 1959).

Ganz ausdrücklich wies K. Lewin (1926) die Gleichsetzung von „Willenshandlung" und normorientiertem Verhalten zurück. Lewin trägt dem Tatbestand des „normorientierten" Verhaltens in seinem Begriff der „beherrschten Handlung" (1926, S. 375 ff.) Rechnung, die der „Feldhandlung" gegenübergestellt wird. Bei der „beherrschten" Handlung bleibt ein gewisses Maß von Reserviertheit, von Über-der-Sache-stehen, man behält die Handlung stärker in der Hand (S. 378). Es besteht eine größere Unabhängigkeit oder stärkere Dominanz des „Ichsystems". Die Gleichsetzung von „beherrschter" Handlung und „Willenshandlung" aber wäre ebenso irreführend wie jene von „Triebhandlung" und Feldhandlung. Die „beherrschte" Handlung kann auf einen unmittelbar gefaßten bewußten Vornahmeakt zurückgehen, sie kann aber auch auf die Nachwirkung einer früheren Vornahmehandlung zurückgehen, bei der sich das Individuum ganz der „Wirkung des Feldes" überläßt. „Beherrschtes", an Norm wie an der Gesamtsituation orientiertes Geschehen ist im Regelfalle durchaus nicht bewußt und ausschließlich durch Willensakte gesteuert (vgl. auch Witte 1976). Der bewußte, forciert einsetzende Willensakt zeigt sich vielmehr erst da, wo es zu Störungen und Krisen kommt (Ach 1935, Rothacker 1965, Thomae 1944).

Formen der Ausschaltung der Normorientierung

Die Ausschaltung der Orientierung an der Gesamtlage erfolgt einmal unter den Bedingungen extremer „affektiver" Erregung, zum anderen durch situativ bedingte kognitive Verzerrungen. Der Begriff des Affektes wird in diesem Zusammenhang freilich in einem sehr spezialisierten Sinne verwendet, nicht in dem allgemeineren, in dem er „Gefühlserregbarkeit", „Empfänglichkeit für Lust und Unlust" usf. bedeutet (Bash, S. 65, Young 1961). In diesem weiteren Sinne kommt der Begriff heute noch in der Wortbildung „Affektivität" vor, die synonym mit „Emotionalität" gesehen wird (Kretschmer, Weitbrecht, Bash). Affekt meint seinem im Deutschen heute vorherrschenden Sinne nach ein „rasch anspringendes, große Intensität erreichendes Gefühl". Die Beziehung dieser Motivationsform zu den Problemen der Norm-Orientierung ergibt sich aus der Aussage von I. Kant, wonach Affekte Gefühle seien, welche „die Schranken der inneren Freiheit im Menschen überschreiten" (Anthropologie § 61 Anm.)

Das Außerkraftsetzen der norm-orientierenden Instanzen innerhalb der Persönlichkeit, das in der Motivform des Affektes geschieht, wurde von Lersch sehr anschaulich beschrieben. „Es findet ein Abbau der noëtisch-willensmäßigen Schicht der Person, ein Absinken in eine vorintellektuelle, ungeistige und willensmäßig unkontrollierte Haltung statt" (1970, S. 225).

Auf Grund von experimentell erzeugten Analogien zu Affekterlebnissen hat auch Dembo diesen Charakter der „Sinnlosigkeit", des Unüberlegten am Affekt beschrieben. Sie unterscheidet dabei die „reine Affektäußerung", die „Affekthandlung" und die „affektive Tönung" von Erlebnissen. Im allgemeinen zeigen die affektiv getönten Geschehnisse nicht jene Hemmungslosigkeit und Sinnlosigkeit, die für die Affekthandlungen charakteristisch ist. Hier „setzt sich die Vp über alle Hemmungen der Instruktion oder des Anstandes und stößt triebhaft zu ihrem Ziele durch." (Dembo, S. 97.) In dieser Äußerung wird zugleich hervorgehoben, daß die Zielorientierung im Affekt durchaus gegeben ist. Allerdings ist zugleich mit der Normorientierung die Orientierung an den Mitteln gestört oder unterbrochen. Nur primitivste Formen der Situationsbewältigung wie Aggression oder „Aus-dem-Felde-gehen" stehen an Stelle des sonst vorhandenen reicheren Inventars zur Verfügung.

Die „reinen" Affektäußerungen werden von Dembo geradezu als Äußerung der inneren Erregung ohne Beziehung auf ein bestimmtes Ziel umschrieben. Die

Mittelorientierung ist hier auf die rein destruierenden, gewalttätigen Reaktionen verengt.

Der Abbau bzw. die Zerstörung der Norm-Orientierung im Affekt hat große forensische Bedeutung. K. Jaspers, Kretschmer und andere haben die das Bewußtsein trübende, einengende und sonstwie destruierende Funktion des Affektes in diesem Zusammenhang herausgearbeitet. Undeutsch (1957 b, 1970 und Thomae und Schmidt (1967) erörterten die forensisch-psychologischen Fragen der Beurteilung des psychiatrisch unauffälligen Affekt-Täters.

Gleichfalls aus dem kriminalpsychologischen Erfahrungsbereich kommen die prägnantesten Hinweise auf Formen der Ausschaltung der Normorientierung infolge einer kognitiven Verzerrung. Dietrich (1960) hat aufgrund sehr intensiver Explorationen mit kriminellen Jugendlichen bestimmte Formen der Ausschaltung von Bedenken beschrieben, wie sie in der Vorgeschichte krimineller „Entschlüsse“ oft geschehen. Dazu gehören Bagatellisierungsversuche, bei denen die zu begehende Tat als „Bubenstreich“ umgedeutet wird; es gehören dazu erhebliche Überschätzungen der Chancen, „nicht erwischt“ zu werden. Auch soziale Ressentiments spielen dabei eine Rolle.

Derartige Formen der Ausschaltung der Normorientierung sind freilich nicht auf den kriminal-psychologischen Bereich beschränkt. Sie spielen in allen Situationen, in denen auf eine Versuchung im Sinne der „normwidrigen“ Intentionen reagiert wird, eine Rolle (Thomae 1974).

Abschließende Bemerkungen

Die in diesem Band behandelten Motivationsformen sind nur eine Auswahl der nach den genannten Klassifikationskriterien unterscheidbaren. Der Bereich der Gefühle wird gelegentlich sogar von jenem der Motivation abgetrennt, da die Beziehung zu Änderungen des Verhaltens in Intensität, Richtung oder Form in Bezug auf Emotionen nicht so deutlich seien. Auf der anderen Seite charakterisierte Izard (1977) die Gefühle als das wichtigste Motivationssystem und Lazarus (1974) sah seine kognitive Emotionstheorie als einen Beitrag zu den kognitiven Motivationstheorien an, um nur einige der vielen Kronzeugen für die Zugehörigkeit der Emotionen zur Motivationspsychologie zu nennen.

Bezüglich der Einordnung des Beitrags von Graumann und Willig (vgl. Seite 312) mag man zweifeln, ob hier nicht eine Gruppe von inhaltlich zu definierenden Motivationsarten behandelt werde. Die von den Autoren hervorgehobene Beziehung von Werten und Wertung zu dem Komplex von Normorientierung ordnet den Beitrag jedoch der Problematik der Motivationsformen unter dem Auspekt kognitiv-motivationaler Interaktionen zu. Die gleiche Zuordnung trifft für die Beiträge zu den Problemen Frustration und Streß von Laux (S. 453) sowie Konflikt und Entscheidung (Feger und Sorembe, vgl. S. 537) zu.

Literatur

Ach, N. Analyse des Willens. München und Wien: Urban & Schwarzenberg, 1935.
Aschoff, J. (Hg.). Circardian clocks. Amsterdam: North Holland Publishing Company, 1965.
Atkinson, J. W. An introduction to motivation. Princeton, N. J.: Van Nostrand, 1964.
Ballbe, R. Wahnbewußtsein und Zeit. Jahrbuch für Psychologie und Psychotherapie, 1962, **9**, 21–228.
Barker, R. T. Dembo & K. Lewin. Frustration und regression. An experiment with young children. University of Iowa Studies of Child Welfare, 1941, **18**, No. 1, 1–314.
Bash, K. W. Lehrbuch der allgemeinen Psychopathologie. Stuttgart: Thieme, 1957.
Beach, F. A. The descent of instinct. Psychological Review, 1955, **62**, 401–410.
Bell, P. A. & D. Byrne. Repression – Sensitization. In: H. London & J. Exner, Jr. (Eds.), Dimensions of Personality. New York: Wiley, 1978, 449–485.
Berlyne, D. E. Attention, curiosity, and decision. In: P. Hunt & D. L. Zink (Eds.) Predecisional processes in decision making. Proceedings of a symposion. Ohio, 1964, 101–115.
Berlyne, D. E. Curiosity and learning. Motivation and Emotion. 1978, **2**, 97–175.
Bierhoff, H. W. Attraktion, hilfreiches Verhalten, verbale Konditionierung und Kooperation: eine Integration durch die Austauschtheorie. Zeitschrift für Sozialpsychologie, 1974, **5**, 84–107.
Bräutigam, W. Reaktionen – Neurosen – Psychopathien. Stuttgart: Thieme, 1968.
Brown, J. F. Über die dynamischen Eigenschaften der Realität und Irrealität. Psychologische Forschung, 1933, **14**, 2–26.
Bruner, J. S. & L. Postman. Emotional selectivity in perception and reaction. Journal of Personality, 1947, **16**, 69–77.
Bühler, C. Der menschliche Lebenslauf als psychologisches Problem. Leipzig 1933, 2. A. Göttingen: Verlag für Psychologie, 1959.
Busemann, A. Krisenjahre im Ablauf der menschlichen Jugend. Ratingen: Henn 1953.
Carp, F. M. Ego-defense or cognitive consistency effects on environmental evaluations. Journal of Gerontology, 1975, **30**, 707–711.
Cofer, C. N. & Appley, M. H. Motivation: Theory and research. New York: Wiley, 1964.
Dembo, T. Ärger als dynamisches Problem. Psychologische Forschung, 1931, **15**, 1–144.
Diehl, J. M. Ernährungspsychologie. Frankfurt: Fachbuchhandlung für Psychologie, 1978.
Dietrich, H. „Drang“ und „Dranghandlung“. In: C. Müller (Hg.), Lexikon der Psychiatrie. Stuttgart: Thieme, 1973, 140–141.
Dollard, J., N. E. Miller, L. W. Doob, O. H. Mowrer & R. R. Sears. Frustration and Aggression. New Haven: Yale Univ. Press, 1939.
Easterbrook, J. A. The determinants of free will. New York: Academic Press, 1978.
Eibl-Eibesfeld, I. Grundzüge der Verhaltenslehre. München: Piper, 1967.
Eliasberg, W. G. Unwiderstehlicher und nicht widerstandener Trieb. Monatsschrift für Kriminologie, 1970, **53**, 159–174.
Erfmann, I. Periodische Erscheinungen im Spiel von zwei- bis vierjährigen Kindern. Zeitschrift für experimentelle und angewandte Psychologie, 1956, **3**.

Erikson, H. E. Growth and crises of the healthy personality. In: M. Senn (Hg.), The healthy personality. New York: J. Macey Foundation, 1950.
Feger, H. Untersuchungen zur Bedeutsamkeit von Entscheidungssituationen. Phil. Diss. Bonn 1968.
Feger, H. Konflikterleben und Konfliktverhalten. Bern: Huber, 1978.
Fischel, W. Struktur und Dynamik der Psyche. Bern: Huber, 1962.
Freud, S. Triebe und Triebschicksale (1915). In: Freud, S. Gesammelte Werke, Vol. X. London: Imago Publ., 1946.
Gilles, B. Über den Aktivitätsrhythmus 6–10jähriger Kinder. Zeitschrift für Entwicklungspsychologie und Pädagogische Psychologie 1971, **3**, 89–105.
Gottschaldt, K. Der Aufbau kindlichen Handelns. Leipzig: J. A. Barth, 1933. (2. A. 1954).
Graumann, C. F. Einführung in die Psychologie. Bd. 1 Motivation. Wiesbaden: Akademische Verlagsgesellschaft, 1969.
Grimm, K. H. & W. U. Meyer. Impulsivität – Reflexivität. Ein korrekturbedürftiges Konstrukt. Zeitschrift für Entwicklungspsychologie und Pädagogische Psychologie 1976, **8**, 235–244.
Hartig, M. (Hg.). Selbstkontrolle. München: Urban & Schwarzenberg, 1973.
Hartmann, H. Ichpsychologie und Anpassungsproblem. 2. A. Stuttgart: Klett, 1960.
Heckhausen, H. Motivation und Handlung. Berlin 1980.
Hilgard, E. R. Divided consciousness. Multiple controls in human thought and action. New York: Wiley, 1977.
Izard, C. E. Human emotions. New York: Plenum, 1977.
Jaspers, K. Allgemeine Psychopathologie. Berlin-Heidelberg: Springer, 1913 (7. A. 1959).
Kagan, J. Impulsive and reflective children. In: J. D. Krumboltz (Hg.), Learning and the educational process. Chicago: Rand McNally, 1965, 133–161.
Kardiner, A. Psychological frontiers of society. New York: Columbia Univ. Press, 1945.
Kaufmann, H. Definitions and methodology in the study of aggression. Psychological Bulletin, 1965, **64**, 351–364.
Klages, L. Der Geist als Widersacher der Seele. Leipzig: J. A. Barth, 1929 ff.
Koella, W. P. Physiologie des Schlafes. Stuttgart: Kohlhammer, 1973.
Koeppler, K. F. Unterschwellig Wahrnehmen, unterschwellig lernen. Stuttgart: Kohlhammer, 1972.
Kortlandt, A. Aspects and prospects of the concept of instinct. Leiden, 1955.
Kretschmer, E. Medizinische Psychologie. 11. A. Leipzig: Thieme, 1956.
Künkel, F. Die Lebensalter. Jena: Fischer, 1939.
Kunz, H. Aggressivität und Zärtlichkeit. Bern: Franke, 1946.
Kussmann, Th. (Hg.). Bewußtsein und Handlung. Probleme und Ergebnisse der sowjetischen Psychologie. Bern, Stuttgart: Huber, 1971.
Lazarus, R. S. Cognitive and coping processes in emotion. In: B. Weiner, (Ed.), Cognitive views on motivation. New York, Academic Press, 1974, 21–32.
Lazarus, R. S. & Launier, R. Stress related transactions between person and environment. In: Pervin, L. A. & M. Lewis (Eds.). Internal and external determinants of behavior. New York: Plenum, 1978.
Lehr, U. Die Periodik von Verhaltensweisen bei Kindern vom 1.–3. Lebensjahr. Zeitschrift für experimentelle und angewandte Psychologie, 1956, **3**, 1–43.

Lehr, U. Entwicklung und Periodizität. In: H. Thomae (Hg.), Handbuch der Psychologie, Bd. 3, 2. A. Göttingen: Verlag für Psychologie, 1959, Bd. 3, 2. A. Göttingen: Verlag für Psychologie, 1959, 196–219.
Lehr, U. Attitudes toward the future in old age. Human Development, 1967, **10**, 230–238.
Lehr, U. Kontinuität und Diskontinuität im Lebenslauf. In: L. Rosenmayr (Hg.), Die menschlichen Lebensalter. München: Piper, 1978, 315–340.
Lennertz, E. Verhaltensgewohnheit und Drogenbindung. Freiburg-München: K. Alber, 1974.
Lersch P. Aufbau der Person. 11. A. München: Barth, 1970.
Le Vine, R. A. Culture, personality, and socialization: an evolutionary view. In: D. A. Goslin (Ed.), Handbook of socialization theory and research. Chicago: Rand McNally, 1969, 503–542.
Lewin, K. A dynamic theory of personality. New York: McGraw Hill, 1935.
Lewin, K. Field theory and experiment in social psychology, concepts and methods. American Journal of Sociology, 1939, **44**, 868–898.
Lindworsky, J. Der Wille, seine Erscheinung und seine Beherrschung. 2. A. Leipzig: J. A. Barth, 1923.
Lorenz, K. Über den Begriff der Instinkthandlung. Folia Biotheoretica, 1937, **2**, 17–30.
Mathey, F. J. Verhalten, Leistung und Persönlichkeit. Bonn: Bouvier, 1956.

Matussek, P. Süchtige Fehlhaltungen. In: V. E. Frankl et al. (Hg.), Handbuch der Neurosenlehre und Psychotherapie, Bd. 2. München: Urban & Schwarzenberg 1959.
McDougall, W. Social Psychology. London: Methuen, 1908.
Messer, S. B. Reflection – impulsivity. Psychological Bulletin, 1976, **83**, 1026–1052.
Michaelis, W. Verhalten ohne Aggression? Köln: Kiepenheuer & Witsch, 1976.
Moers, M. Die Entwicklungsphasen menschlichen Lebens. Ratingen: Henn, 1953.
Nass, G. Psychologie der Flucht. Monatsschrift für Kriminologie, 1968, **51**, 210–222.
Nuttin, J. R. Motivation and reward in human learning. In: W. K. Estes (Ed.), Handbook of Learning and Cognitive Processes, Vol. 3. Hillsdale, New Jersey: L. Erlbaum, 1976.
Nuttin, J. R. & R. Grommen. Future time perspective in adulthood and old age in three socio-economic groups. In: U. Lehr & F. E. Weinert (Hg.), Persönlichkeit und Entwicklung. Stuttgart: Kohlhammer, 1975.
Papoušek, M. Chronobiologische Aspekte der Zyklothymie. Fortschritte der Neurologie, Psychiatrie, 1975, 381–440.
Pfänder, A. Phänomenologie des Wollens (1900). Motive und Motivation (1911) 3. Ausgabe, Hg. v. H. Spiegelberg. München, 1963.
Rothacker, E. Schichten der Persönlichkeit, 6. A. Bonn: Bouvier, 1965.
Rubinstein, S. Grundlagen der Allgemeinen Psychologie. Berlin: Volk und Wissen, 1958.
Schapitz, R. Periodische Gliederung von Spielabläufen bei 4–6jährigen Kindern. Zeitschrift für experimentelle und angewandte Psychologie 1956, **3**.
Scheler, M. Die Stellung des Menschen im Kosmos. Darmstadt: 1926.
Schneider, K. Klinische Psychopathologie. 7. A. Stuttgart: Thieme, 1966.
Schreiner, M. Zur zukunftsbezogenen Zeitperspektive älterer Menschen. Zeitschrift für Entwicklungspsychologie und Pädagogische Psychologie, 1970, **2**, 28–46.

Schwartz, G. E. & Shapiro, D. (Eds.). Consciousness and selfregulation, Vol. 1. New York – London: Plenum 1976.
Selye, H. The stress of life. Revised edition. New York: McGraw Hill, 1976.
Suffenplan, W. Untersuchungen zur Makroperiodik von Lernaktivitäten bei Neun- bis Elfjährigen in einer Schulsituation mit freier Arbeitswahl. Päd. Dissertation. Dortmund, 1975.
Supprian, U. Chronopathologische Struktur einiger langer Katamnesen bei manisch-depressiver Erkrankung. Fortschritte der Neurologie, Psychiatrie, 1975, **43**, 575–601.
Täschner, K. L. & K. Wanke. Drogenabhängigkeit bei Jugendlichen. Medizinische Klinik, 1972, **67**, 515–520.
Tart, C. T. States of consciousness and state-specific sciences. Science, 1972, **176**, 1203–1210.
Thiele, R. Person und Charakter. Leipzig: Thieme, 1940.
Thomae, H. Das Wesen der menschlichen Antriebsstruktur. Leipzig: Barth, 1944.
Thomae, H. Die Rolle der Probierbewegungen im menschlichen Verhalten. In: A. Wellek (Hg.), Bericht über den 19. Kongreß der Deutschen Gesellschaft für Psychologie (Köln 1953). Göttingen: Verlag für Psychologie, 1954.
Thomae, H. Lage und Lageschema. In: G. Funke (Hg.) Konkrete Vernunft. Bonn: Bouvier, 1958.
Thomae, H. Das Problem der Motivformen. In: H. Thomae (Hg.), Handbuch der Psychologie, Bd. II, 1. A. Göttingen: Verlag für Psychologie, 1965, 205–228.
Thomae, H. Das Individuum und seine Welt: Göttingen: Verlag für Psychologie, 1968.
Thomae, H. Konflikt, Entscheidung, Verantwortung. Stuttgart: Kohlhammer, 1974.
Thomae, H. Reaktionen auf gesundheitliche Belastung. Zeitschrift für Alternsforschung, 1979 (im Erscheinen).
Thomae, H. & H. D. Schmidt. Psychologische Aspekte der Schuldfähigkeit. In: U. Undeutsch (Hg.), Handbuch der Psychologie, Bd. 11, Forensische Psychologie, Göttingen: Verlag für Psychologie, 1967, 326–396.
Tinbergen, N. Instinktlehre. Berlin – Hamburg: 1952.
Undeutsch, U. Schuldfähigkeit unter psychologischem Aspekt. In: G. Eisen (Hg.), Handwörterbuch der Rechtsmedizin. Stuttgart: Enke, 1974, 9–115.
Viaud, G. Les instincts. Paris: Presses Universitaires, 1959.
Volkelt, J. Versuch über Fühlen und Wollen. München: Beck, 1930.
Wagner, I. Trainingsversuche mit kognitiv impulsiven Kindern. Archiv für Psychologie, 1973, **125**, 288–316.
Wagner, I. Vorbild – lernen mit impulsiven Kindern: Entwicklungspsychologische Wirksamkeit der Trainingsfaktoren. Zeitschrift für Entwicklungspsychologie und Pädagogische Psychologie, 1975, **7**, 195–202.
Waldmann, H. Die Tagesschwankung in der Depression als rhythmisches Phänomen. Fortschritte Neurologie und Psychiatrie 1972, **40**, 83–104.
Wallace, M. Future time perspective. Journal of abnormal and social Psychology, 1956, **52**, 240–245.
Wanke, K. & K. L. Täschner. Mißbrauch und Sucht. In: Soziale Dienste. Bonn: Eichholz Verlag, 1976.
Weitbrecht, H. J. Psychiatrie im Grundriß. Heidelberg: Springer, 1963.
Weiner, B. Theories of motivation. Chicago: Markham, 1972.
Wellek, A. Polarität im Aufbau des Charakters. Bern: Franke, 1950.

Werbik, H. Theorie der Gewalt. München: W. Fink, 1974.
Witte, W. Ist all das, was man umgangssprachlich Handeln nennt, Verhalten spezifischer Art? In: A. Thomas (Hg.), Handlung und Bewegung. Psychologia Universalis, Bd. 32. Meisenheim: Hain, 1976, 23–55.
Young, P. T. Motivation and emotion. New York: Wiley, 1961.
Zimbardo, P. G. Cognitive control of motivation. Glencoe, Ill.: Scott, Foresman and Co., 1969.
Zutt, J. Vom ästhetischen im Unterschied zum affektiven Erlebnisbereich. Wiener Zeitschrift für Nervenheilkunde, 1955, **10**, 285–298.

6. Kapitel

Wert, Wertung, Werthaltung

Carl F. Graumann und *Rolf Willig*

1. *Zur Problemlage*

In den Bereichen Wertforschung und Moralwissenschaft hat sich im vergangenen Jahrzehnt ein bemerkenswerter Wandel vollzogen. Vom fast tabuisierten sozialwissenschaftlichen Problem haben sich Wertfragen zum beinahe schon modischen Gegenstand entwickelt. Von dieser Rehabilitierung zeugen eine stattliche Zahl von Symposien und Tagungen und die daraus üblicherweise resultierenden dickleibigen Bände, ebenso wie die neuerliche Herausgabe eines breit angelegten Lexikons der Ethik (Höffe, 1977) und einiger Zeitschriften*).

Innerhalb der Psychologie fällt das rapide Wachsen des Interesses an Werten und Moralität besonders ins Auge. Obschon gerade namhaftere Autoren die Bedeutung von Werten für eine Humanpsychologie stets gesehen haben (Dewey, Köhler, Lewin, Heider, Allport, Morris, Piaget, Kohlberg, aber in ihrer Weise auch Hull und Skinner), blieb Wertforschung bis zum Ende der sechziger Jahre weitgehend außerhalb der „mainstream psychology", sie war ein ziemlich „isolierter Bereich innerhalb des Feldes der Sozialpsychologie" (Levitin, 1975, 489). Danach jedoch wurde das „Plädoyer für die (Wieder-) Verwendung des Wertkonzepts in der Sozialpsychologie" – so der Untertitel von Scholl-Schaaf (1975) – allmählich unüberhörbar: Kelvin (1969) legte den Versuch vor, die Grundlagen des Sozialverhaltens „in terms of order and value" zu formulieren. In den *Psychological Abstracts* finden sich im Zeitraum von 1969 bis 1979 unter dem Stichwort *value* ungefähr 9000 Verweise, darunter eine beachtliche Zahl von Monographien; *morality* und *morals* erscheinen als Stichwörter ab 1972. Harold H. Kelleys (1971) im Rahmen einer Präsidentschaftsadresse vorgetragenes emphatisches Votum für die Analyse moralischer Bewertung kennzeichnet den sich anbahnenden Trend ebenso wie Milton

*) vgl. z. B. Hook 1967, Baier & Rescher 1969, International Congress of Philosophy 1969; Tiselius & Nilsson 1970; Campbell & Converse 1972; Kuypers 1972; Moser & Huning 1975; „The Journal of Value Inquiry"; „Value and Counseling"; Symposium „Werteinstellung und Wertwandel", Mai 1978; Nebraska Symposium on Motivation on the „Social Psychology of Beliefs, Attitudes, and Values", 1978–79.

Rokeachs bewußte Abwendung vom Einstellungsbegriff und seine Hinwendung zum Wertkonzept (vgl. Rokeach, 1973, 18; 1978).
Wie kam es zu dieser auffälligen Verschiebung des Forschungsinteresses? Diese Frage darf nicht bloß rhetorisch gestellt und ebenso beantwortet werden, denn spätestens seit den Analysen von Solla Price (1959, dt. 1974) ist es unhaltbar geworden, sich der offenkundigen Notwendigkeit einer vernünftigen Planung und Rechtfertigung der Wissenschaftsentwicklung durch das Beharren auf der romantischen Vorstellung einer Eigengesetzlichkeit der Wissenschaftsdynamik zu entziehen. Aber nicht allein aus wissenschaftlicher und gesellschaftlicher Verantwortung muß nach dem Warum und Wozu psychologischer Wertforschung gefragt werden, sondern insbesondere auch deshalb, weil im Rahmen der geisteswissenschaftlichen Psychologie Wert- und Gesinnungsforschung vor ungefähr einem halben Jahrhundert bereits eine Blüte erlebt hat (vgl. Scheler, Dilthey, Jaspers, Pfänder, Spranger), ohne jedoch als wissenschaftlicher Ansatz in der Psychologie überdauern zu können.
Innerhalb der Sozialpsychologie dürfte vor allem das immer häufiger artikulierte Unbehagen am artifiziellen Charakter sozialpsychologischer Experimente (Orne, 1962; Mertens, 1975; Timaeus, 1974; Maschewski, 1977), an der Belanglosigkeit und Unverbundenheit mancher Fragestellungen (Holzkamp, 1977; Nelson & Kenneberg, 1976) und schließlich an der Unverbindlichkeit und Uneindeutigkeit von Forschungsergebnissen ausschlaggebend für die Offenheit gegenüber inhaltlichen und methodischen Alternativen gewesen sein (vgl. Ring, 1967; McGuire, 1969; Israel & Tajfel, 1972; Strickland, Aboud & Gergen, 1976). Ein naheliegendes Beispiel für diesen bedenklichen Zustand stellt die Einstellungsforschung dar, gegen die nach Durchführung hunderter raffinierter Experimente radikale empirische, begriffliche und praktische Bedenken vorgebracht worden sind (Abelson, 1972; Münch, 1972; Liska, 1975; Nuttin, 1975). Nun weist aber der Wertbegriff gerade einige jener Momente auf, in denen eine ganze Gruppe von Kritikern der Sozialpsychologie das Heilmittel für deren desolate Verfassung sehen zu können glaubt (vgl. Scholl-Schaaf, 1975, 8; Rokeach, 1971, 21). Zum einen verspricht das originär interdisziplinäre Wertkonzept, den gesellschaftlichen Kontext persönlichen Handelns der Sozialpsychologie wieder näher zu bringen, zweitens kommt es als typisch geisteswissenschaftliches dem breiten Trend zur „Rekognitivierung" der Psychologie sehr entgegen (Weimer & Palermo, 1974; Dember, 1974). Nicht zuletzt auch weil Werten in der Soziologie gesellschaftskonstitutive (Parsons, 1961), in der Psychologie identitätsverbürgende (Sherif, 1936; G. W. Allport, 1955; Habermas, 1976) und in der linguistischen Pragmagtik alter-motivierende Eigenschaften (Aiken, 1950) bereits unterstellt worden sind, scheinen die hohen Erwartungen nicht unbegründet, die an deren stärkere Beachtung geknüpft werden.
Weiterhin wird man davon ausgehen können, daß Entwicklungen in Philosophie und Wissenschaftstheorie nicht ohne Einfluß auf die neuere Sozialpsychologie geblieben sind – wenn auch nicht in unmittelbarer Weise: Es ist durchaus

anzunehmen, daß weder der Positivismusstreit – der ja zu guten Teilen eine Fortsetzung des Werturteilstreits war (vgl. Luhmann, 1978, 96) – noch die Ethik und Epistenmologie umfassenden konstruktivistischen Entwürfe (Lorenzen & Schwemmer, 1975[2]), noch die allgemeine „Rehabilitation der praktischen Philosophie" (Riedel) mit dem wiedererwachten Interesse an Wertforschung in direkte Verbindung zu bringen sind. Weder die allgegenwärtige Rede vom Paradigmenwechsel noch die allmählich sich durchsetzende Erkenntnis, daß aus dem inzwischen doch sehr relativierten Falsifikationismus eine Methodologie problemlos abzuleiten sei (Herrmann, 1977), noch die Untersuchungen der Philosophischen Psychologie haben je für sich genommen einen entscheidenden Einfluß auf die inhaltliche und methodische Neuorientierung der Sozialpsychologie ausgeübt. Zusammengenommen jedoch gelang es diesen Bewegungen, die geistige Vorherrschaft des klassischen Positivismus zu brechen und so Wege zu bahnen für einen liberaleren, problemorientierten Fachgeist. Es sollte dabei aber nicht übersehen werden, daß die Auflösung des restriktiven methodologischen „Über-Ichs" zu einem beträchtlichen Teil auch von Autoren betrieben wurde und wird, die dem Lager der analytischen Philosophie nahestehen (Toulmin, von Wright, Harré), und daß diese mit der Analyse psychologischer Kernbegriffe wie Handeln, Motiv, Absicht etc. zugleich grundlegende Vorarbeiten für eine neue, „undogmatische" Psychologie geleistet haben (vgl. T. Mischel, 1969; 1971; 1974; 1977; Brown, 1974; Harré & Secord, 1972).

Der dritte denkbare Grund für die Aktualität der Wertforschung ist eher direkter Natur. Unvorhergesehene Folgen des sozialen und technologischen Wandels, ökologische Fehlentwicklungen und nicht zuletzt auch die sich möglicherweise chronifizierende Rezession führten in der jüngsten Vergangenheit zu beträchtlichen sozialen und personalen Desintegrationserscheinungen. Zwar sind solche Phänomene von den Klassikern der Soziologie längst unter Begriffen wie Entfremdung, Anomie, Niedergang der protestantischen Ethik etc. beschrieben worden, allein der sozialtechnologisch ambitionierte Zugriff erfolgte erst in den vergangenen Jahren (Hake, 1973; Hillmann, 1975; Kohl, 1976; Kmieciak, 1976). Die sogenannte Sozialberichterstattung (social indicator movement) bemüht sich ihrem neueren Selbstverständnis nach nicht mehr bloß um die empirisch begründete Prognose sozialer Entwicklungen und um die Erfassung von Werten und Einstellungen der Bevölkerung (Moralstatistik), sondern fragt darüber hinaus nach den „Möglichkeiten und Grenzen der Beeinflussung dieser Einstellungen", arbeitet an interdisziplinär angelegten Theorien von „sozialtechnologischer Relevanz" (vgl. Kmieciak, 1977), kurz, es geht ihr ums „Wert-Management" (Klages). Das allzu eng gefaßte Ziel dieses Unternehmens, die subjektiven Folgen der Wachstums- und Legitimationskrise zu beschreiben und zu kontrollieren, drängt die Vermutung auf, daß ausschließlich in diesem Interesse betriebene Wertforschung Gefahr läuft, zur Krisenwissenschaft zu degenerieren.

Sozialwissenschaftliche Wertforschung erweist sich beim ersten Hinsehen als ungewöhnlich inhomogenes Feld: Durchgängig ist allenfalls die Klage über das Fehlen gemeinsamer Begriffe und die Betonung der Dringlichkeit interdisziplinärer Zusammenarbeit. Den auffälligen Unterschieden in Begrifflichkeit und Sichtweise liegen unüberbrückbare Differenzen der Gegenstandskonstituierung (vgl. Herrmann, 1976) und der Vorstellungen über die Aufgaben der Wertforschung zugrunde. Normative, naturalistische, empirisch-deskriptive Wertforschung und Meta-Ethik stehen weitgehend unvereinbar nebeneinander. Die rein normative Wertforschung, welche moralische Fragen direkt inhaltlich zu beantworten sucht, ist in der Psychologie mit der Einführung des Wertfreiheitspostulats de jure abgeschafft worden; die Meta-Ethik dagegen, die den Gebrauch axiologischer und ethischer Begriffe – wie etwa wertvoll, gut, richtig, angenehm – untersucht, schickt sich eben an, den Schritt von der Sprachphilosophie zur Sozialwissenschaft zu vollziehen.

Dem ethischen Naturalismus, dem sich bekannte Autoren wie z. B. Dewey, Perry und Kohlberg verpflichtet fühlen, kommt in der Psychologie besondere Bedeutung zu, denn nach dieser Lehre sind Werturteile aus Sätzen der empirischen Sozialwissenschaften ableitbar. Moralische Prädikate bezeichnen danach „natürliche" Eigenschaften und sind durch Ausdrücke wie „angenehm", „brauchbar" oder „nützlich" zu ersetzen (vgl. Stegmüller, 1969, 506; Handy, 1969; Höffe, 1977). Dies impliziert nicht weniger, als daß „sittliche Urteile sich dann aus wahren Sätzen über den Menschen und die Welt ableiten (lassen), die Suche nach *der richtigen* Moral wird zur Angelegenheit der *empirischen* Wissenschaften" (Höffe, 1977, 157 [Hervorhebg. d. d. Ref.]). Genau diese Schlußfolgerung ist aber bekanntlich seit Moores Principia Ethica als „naturalistischer Fehlschluß" heftig umstritten. Gegner des Naturalismus logisch-positivistischer Provenienz plädieren deshalb für eine empirisch-deskriptive Wertforschung, die ausschließlich darüber berichten soll, was und wie bestimmte Personen (Personengruppen) zu bestimmten Zeiten (Epochen) moralisch werten. Zugleich soll sie die Erklärung der Variabilität und der psychologischen und sozialen Konsequenzen bestimmter Wert- oder Moralsysteme leisten, indem sie a) bestimmte Ausprägungen von Wertsystemen in Abhängigkeit von spezifischen sozio-historischen und/oder lebensgeschichtlichen Bedingungen betrachtet und b) indem sie die beschriebenen Wertsysteme zu bestimmten Empfindungs- und Handlungsweisen in Beziehung setzt.

Obwohl die grundlegenden Unterschiede in den genannten allgemeinen Ethik-Konzeptionen, deren Zahl sich bei Berücksichtigung inhaltlicher Fragen, wie etwa nach dem ontologischen Status von Werten, nach Kognitivität von Werturteilen und so weiter potenziert (vgl. Moritz, 1972), eine entsprechende Vielfalt von Wertdefinitionen erwarten lassen, wird selbst der abgebrühteste Untersucher angesichts von *über 200* z. T. leider dürftiger Bestimmungsversuche betroffen aufmerken (vgl. Lautmann, 1971). So stellt denn auch Rescher (1969, 1) in der Einleitung zu seiner Einführung in die Werttheorie resigniert fest:

„No proposal for a delineation of value terminology has been able to generate any significant degree of concurrence, let alone become a focus of settled consensus. The sociologist Clyde Kluckhohn, who strove for decades to put value studies on a firm conceptual footing, has surveyed the field of proposed characterizations of ‚value' on several occasions with the same dreary upshot of confronting a chaos."

Indessen ist eine allmähliche Klärung der werttheoretischen Begrifflichkeit abzusehen, denn die Meta-Ethik sieht gerade hierin Sinn und Aufgabe ihrer manchmal geradezu penetrant-akribischen Untersuchungen moralischer Rede. Da aber die Darstellung solch detaillierter begriffsanalytischer Anstrengungen den Rahmen dieses Beitrags sprengen würde, sei hier der bloße Verweis auf die inzwischen schon sehr umfangreiche Literatur gestattet (vgl. Adler, 1956; Lewis, 1962; Baier, 1969; Aschenbrenner, 1971; Margolis, 1971; Laszlo & Wilbur, 1973; Margolis, 1973; Castaneda, 1974; Grewendorf & Meggle, 1974; Iwin, 1975; Lenk, 1975; Najder, 1975; Fisher, 1978).

Von größerem empirisch-sozialwissenschaftlichen Interesse ist ohnehin die Frage, welche Wertkonzeptionen faktisch in der Psychologie größere Bedeutung erlangt haben. Sie läßt sich u. E. sinnvoll nur beantworten, indem man die sehr unterschiedlichen Rekonstruktionen wertbezogenen Handelns innerhalb der bekannteren Forschungsprogramme untersucht.

2. Werterleben und -verhalten

Orientierung an Werthaftem durchzieht, ausdrücklich wie implizit, alltägliches Erleben und Verhalten, und die Sprache, in der wir unsere Angelegenheiten besorgen, ist durchsetzt mit wertbezogenen Redewendungen.

Es hat keinen Wert, darüber zu streiten – Der Wert des Dollars sinkt – Die Jugend erkennt keine Werte mehr an – Klaus-Eberhard ist ein wertvoller Mensch.

Derartige Sätze sind ebenso alltäglich üblich und verständlich wie unsere Bereitwilligkeit, Dinge, Personen, Zustände und Ereignisse als gut oder schlecht, wünschenswert oder unerwünscht, schön oder häßlich zu bewerten. Nennen wir den gesamten Bereich, innerhalb dessen wir die kategoriale Spanne zwischen dem Wertvollen und dem Wertlosen verwerten, den Bereich des Werthaften, so bleibt als erstes festzustellen, daß dies kein Bereich ist außerhalb und unabhängig von anderen („wertfreien") Bereichen. Alles wozu wir uns erkennend, fühlend, handelnd verhalten, ist potentiell werthaft, kommt als Objekt einer Wertung in Frage.

In welcher Weise aber machen wir solche Werterfahrungen? Gäbe es eine ausgearbeitete Phänomenologie des Wertens, so wäre es ihre grundlegende Leistung, Struktur und Formen der Werterfahrung beschrieben zu haben. Doch gibt es sie nicht trotz wichtiger Teilanalysen bei Max Scheler (1954 ff.), Nicolai Hartmann (1962) und Raymond Polin (1944; 1945). In Ermangelung einer systematischen Phänomenologie bedienen wir uns der wenigen deskriptiven strukturanalytischen Ansätze, die zu diesem Problembereich vorgelegt worden sind.

(a) Die Werthaftigkeit von Dingen und Ereignissen
Was uns – vor aller wissenschaftlichen Analyse – als unsere Umwelt begegnet und wozu wir uns verhalten, sind Dinge, Personen, Ereignisse. Zumindest wenn wir aktuell handelnd auf sie bezogen sind, weisen sie in der unmittelbaren Erfahrung Qualitäten auf, die sie als für unsere Handlungsintention mehr oder minder geeignet erscheinen lassen; sei es als Ziel oder Zweck, sei es als Mittel. Der Schuh, den wir jetzt anprobieren, „paßt" und sieht „besser" aus als die bisherigen. Die Schraube hat die „richtige" Länge; sie ist zur Montage des Regals „geeignet". Der Kandidat „erfüllt die Voraussetzungen". Der neue Kultusminister ist „schlecht für" die Universitäten. Seine Frau ist eine „ideale" Mutter etc.

Die hier in Anführungszeichen gesetzten Attribute lassen sich auch als „Eigenschaften" der Tauglichkeit, Geeignetheit, Brauchbarkeit, Zweckdienlichkeit bezeichnen und meinen letztlich immer „gut (schlecht) für" oder „gut (schlecht) als", je nachdem ob es sich eher um „instrumentelle" Mittelfunktionen oder um „finale" Zweckbestimmungen handelt. Zwar ist sich der so Attribuierende nicht notwendig bewußt, ob das Gute (Schlechte), das er in den Dingen und Ereignissen unmittelbar zu erkennen vermeint, lediglich gut für ihn, gut für Menschen seiner Art oder gut für alle ist, gut für das, was er gerade vorhat oder überhaupt gut ist. Beobachtungen legen jedoch nahe, daß die „Güte" von etwas am ehesten dann bewußt wird, wenn innerhalb eines Handlungszusammenhangs entweder *Entscheidungen* zu fällen sind zwischen alternativen Mitteln oder Zielen oder Gegebenes an einem vorgegebenen *Maßstab („Gütestandard")* zu beurteilen ist.

In solchen wertbezogenen Situationen wird naiv-psychologisch der Wert, der einer Sache zukommt, als in der Sache selbst liegend, in ihren Eigenschaften begründet erfahren, gleich ob es sich um Sach- oder Persönlichkeitsmerkmale handelt.

Zugleich wird aber deutlich, daß jedes Gut als „gut für" eine *relationale* Größe ist. Was gut für diesen ist, muß es nicht für jenen sein, was gut für diesen Zweck ist, wird es nicht für jenen sein. Selbst ein „guter Zweck" (wie die Praxis der Mildtätigkeit oder der Nächstenliebe) muß nicht immer und unter allen Umständen den gleichen Wert haben, selbst wenn Verfechter dieser Werte uns deren Absolutheits- bzw. Universalitätsanspruch beteuern. Relational heißt demnach auch immer, was gut (schlecht) ist, ist besser oder schlechter als anderes, gemessen an einem Anspruch bzw. Maßstab. Die verschiedenen Maßstäbe, die wir an ein und dieselbe Sache anlegen können und die oft genug in Konflikt miteinander treten (wie Qualität und Preis bei Dingen, wie Charakter und Tüchtigkeit bei Personen), zeigen uns zugleich, daß wir ein und dieselbe Person oder Sache verschiedenartig bewerten, d.h. sie in Hinblick auf unterschiedliche Werte beurteilen können, je nachdem, was wir wollen, woran wir jeweils interessiert sind. Mit diesem „Wollen“ und „Interesse“ ist der motivationale Charakter solcher Wertbezüge angesprochen.

Zwei Varianten der Werthaftigkeit von Dingen und Ereignissen hat als erster Lewin (1926) genauer beschrieben und in ihrem motivationalen Charakter herausgearbeitet: die *Valenzen.*

Obwohl Lewins ursprünglicher Terminus der „Aufforderungscharakter“ war und „Valenz“ sich erst mit der (amerikanisierten) Remigration seiner Konzepte (vgl. Lewin, 1982) als feldtheoretisches Konstrukt einbürgerte, bleiben wir bei dem allgemeineren Konstrukt der Valenz oder Wertigkeit, weil, wie im folgenden zu explizieren ist, aus der Mannigfaltigkeit von Manifestationen der Werthaftigkeit von Dingen und Ereignissen nur wenige Aufforderungscharakter im engeren Sinne sind.

(1) Nur eine Klasse der von Lewin beschriebenen Manifestationen der Werthaftigkeit oder Wertigkeit von Dingen und Ereignissen ist im engeren Sinne des Wortes *Aufforderungscharakter,* nämlich jene Qualitäten, die uns „in unserer Eigenschaft als handelnde Wesen“ zu bestimmten Handlungen „auffordern“ (Lewin, 1926, 350). „Das schöne Wetter, eine bestimmte Landschaft locken zum Spazierengehen. Eine Treppenstufe reizt das zweijährige Kind zum Heraufklettern und Herunterspringen . . .“ (ebda.). Was immer an einer Sache, Person oder einem Ereignis uns, phänomenologisch gesprochen, reizt, lockt, einlädt, auffordert, drängt, verführt, etwas Bestimmtes zu tun oder zu lassen, ist spezifischer Aufforderungscharakter im eigentlichen Sinn. „Von der *‚unwiderstehlichen Lockung‘*, der ein Kind oder ein Erwachsener ohne Besinnung nachgibt und der gegenüber eine Beherrschung gar nicht oder nur schwer möglich ist, gibt es alle Übergänge vom *‚Befehlscharakter‘* bis zu den schwachen Graden des *‚Nahelegens‘* . . ., denen man ohne weiteres widerstehen kann . . .“ (a.a.O., 350f.).

(2) Daneben hat Lewin alle phänomenalen Qualitäten von Dingen und Ereignissen, die bestimmten Bedürfnissen oder Vorsätzen (Quasi-Bedürfnissen) korrelativ zugeordnet sind, als Aufforderungscharakter bezeichnet, nicht nur alle „Mittel zur Bedürfnisbefriedigung“ (= selbständige Aufforderungscharaktere), sondern auch situationsspezifische „Mittel zum Zweck“ (= abgeleitete Aufforderungscharaktere) (a.a.O., 351). Beide Manifestationsarten der Wertigkeit von Dingen und Ereignissen unter den Begriff des Aufforderungscharakters zu fassen, nimmt dem ursprünglichen Lewinschen Terminus das Charakteristikum; zumindest phänomenologisch ist zu unterscheiden zwischen dem Stück Apfelstrudel, das allererst Appetit macht, und dem Kuchen, der (wie auch andere Speisen) einen bestehenden Hunger stillt.

(3) Der *Forderungs*charakter, den Aspekte unserer Umwelt gelegentlich aufweisen, der uns anzeigt, daß etwas zu tun *erforderlich* ist, wurde – nach Lewin – von Wertheimer (1935) und Köhler (1938; 1968) als handlungsrelevante Qualität „unvollständiger" oder i.e.S. problematischer Situationen beschrieben. Diese Qualität gehört – als Merkmal der psychologischen Umwelt – zur „Erfahrung des Sollens" (Asch, 1952; Heider, 1958; 1977) oder – spezifisch – zu den Bedingungen kritischer Auseinandersetzung mit Unstimmigkeit (Graumann, 1959). Gegebenes (datum) wird in einer bestimmten Intention (Perspektive) als Zuverwirklichendes, Zutuendes (agendum) erfahren (Graumann, 1960, 141 ff.; 1964) bzw. Gegebenes auf Gefordertes hin betrachtet, wie es Duncker ([1935] 1966) für die Problemsituation i. e. S. formelhaft beschrieben hat. Derartige Valenzen haben, so lautet der Sprachgebrauch, *Hinweis*-Charakter (cue function), stellen also, um eine Anleihe bei der Theorie des (sprachlichen) Zeichens zu machen, nicht nur dar, sondern „appellieren" (Bühler, 1965). Sie haben in der unbefriedigenden Diktion heutiger Psychologie kognitive und motivationale Funktion.

(4) Schließlich hat in eben diesem Sinne und in ausdrücklicher Anlehnung an Lewin M. T. Orne (1962; 1969) den Begriff der *demand characteristics* eingeführt, um in der experimentellen Situation die Hinweise oder Hinweisreize zu bezeichnen, aus denen die Versuchsperson Aufschluß über die ihr unbekannte Hypothese oder überhaupt die Versuchsabsicht gewinnt. Da die Vp wie jede andere Person darauf aus ist, Situationen Sinn und Zweck abzugewinnen bzw. zuzuschreiben (1962, 239), versucht sie, anhand aller möglichen Hinweise herauszufinden, welches Verhalten, welche Rolle von ihr erwartet wird.

Wir lassen hier die methodologische (Artefakt-)Problematik, die ethische der Täuschung und die sozialpsychologische der Konformitätsbereitschaft, beiseite und halten lediglich fest, daß auch die *demand characteristics* der Versuchssituation den kognitiv-motivationalen Doppelcharakter aufweisen. Dieser Doppelcharakter hat Autoren wie Adair (1973) und Weber & Cook (1972) dazu gebracht, das Konstrukt der demand characteristics aufzugliedern in *performance cues,* also Hinweisreize, die Aufschluß über die zu vollbringenden Leistungen geben, und *role attitude cues,* die geeignet sind, die Versuchsperson rollenbewußt zu machen, wodurch sie u. U. stärker für oder auch gegen das Experiment eingenommen wird im Sinne der von Weber & Cook dargestellten vier Typen von Vpn: (1) die gute (kooperative) Vp, (2) die brave (loyale) Vp, (3) die besorgte Vp und (4) die negativistische Vp. Diese Typen seien hier nur genannt, weil sie im Hinblick auf sicher unterschiedliche Werte wohl auch von unterschiedlichen Valenzen affiziert werden müßten. Ob sie es werden, ist eine empirische Frage; ob es dadurch zu systematischen Artefakten der experimentellen Forschung kommt, bleibt fraglich (vgl. etwa Kruglanski, 1975; Mertens, 1975).

So unterschiedlich die eben beschriebenen Klassen von Valenzen sein mögen, ihnen allen gemeinsam ist ihre korrelative Bindung an den motivationalen Zustand der betreffenden Person.

„Der Leckerbissen, der noch vor kurzem einen starken Reiz ausgeübt hat, wird neutral, sobald die betreffende Person *gesättigt ist.* Bei *Übersättigung* tritt sogar typisch ein Aufforderungscharakter mit entgegengesetztem Vorzeichen ein: Was noch eben gelockt hat, stößt ab" (Lewin, 1926, 352).

Analoges gilt für die Lösung einer Aufgabe, das Nachlassen einer Befürchtung, den Wechsel einer Intention: Die jeweilige Situation ändert ihr Relief. Und nicht selten, so konstatierte Lewin phänomenologisch korrekt, sind die anschaulichen Veränderungen der Valenzen auch die *ersten* „Anzeichen einer Veränderung der inneren Situation" (a. a. O., 353).

Wenn wir also von der Werthaftigkeit oder Valenz von Dingen und Personen sprechen, verwenden wir ein *interaktionales Konstrukt.* Werthaftigkeit im psychologischen Sinne von Valenz ist nicht etwas, das „objektiv" in den Dingen liegt, noch handelt es sich um etwas, das „subjektiv" Personen zugehört und lediglich von diesen auf die Dinge projiziert wird. Vielmehr konstituieren sich Valenzen aus der Interaktion von (objektiv bestimmt gearteten) Personen, die Ziele haben, mit (objektiv bestimmt gearteten) Umwelten, die diese Ziele sind oder zu ihnen führen.

„So erscheint das *datum* dem Für-sich niemals als Naturprodukt und An-sich; es wird immer als *Anlaß* (motif) entdeckt, da es sich nur im Lichte eines Zieles, durch das es aufgehellt wird, enthüllt. Situation und Veranlassung (motivation) sind eins" (Sartre, 1962, 618).

Bisher haben wir die verschiedenen Manifestationen der Wertigkeit von Dingen und Ereignissen nur soweit betrachtet, wie sie sich erlebnis- und verhaltensdeskriptiv fassen lassen. Für Lewin jedoch war Valenz nicht nur ein „phänotypischer" Begriff; vielmehr war er „konditional-genetisch" gemeint. Valenz entspricht damit einem „Kraftfeld": „... Aufforderungscharaktere wirken ... als Feldkraft in dem Sinne, daß sie die psychischen Prozesse, vor allem die *Motorik,* im Sinne einer *Steuerung beeinflussen*" (Lewin, 1926, 317). Mit der Konzeptualisierung als Feldkraft lassen sich Verhaltensweisen gegenüber Valenzen nur noch nach Stärke und Richtung, dargestellt durch einen Vektor, differenzieren. Entsprechend heißt positive Valenz verhaltensmäßig hin-zu oder Annahme, negative Valenz von-weg oder Ablehnung (Köhler, 1968, 242).

Beide „Kräfte in Richtung auf positive und weg von negativen Valenzen nennen wir *treibende* Kräfte" (Lewin, 1963, 292).

Diese Unterscheidung wird trotz der mit ihr gesetzten Simplifizierung motivationspsychologisch wichtig für die Lewinsche Konzeption des *Konflikts.* Er herrscht, wenn Kräfte von etwa gleicher Stärke und entgegengesetzter Richtung gleichzeitig auf eine Person wirken, also wenn sich die Person zwischen zwei (gleich starken) positiven oder zwei (gleich starken) negativen Valenzen befindet oder aber eine positive und negative Valenz in der gleichen Richtung liegen (a. a. O., 293).

In Anlehnung an (und Übereinstimmung mit) Lewin arbeitet auch W. Köhler (1968) mit Vektoren, wenn er „Interesse" bestimmt.

„Interesse als ein Vektor wird als *von einem ganz bestimmten Teil des Feldes* ausgehend erlebt. Wenn es ‚mein Interesse' ist, dann geht es von dem besonderen Feldteil aus, den ich mein ‚Ich' nenne ..." (a. a. O., 53). „Das Interesse wird nicht nur erlebt als etwas, das von einem bestimmten Teil des phänomenalen Feldes ausgeht; es wird auch erlebt als gerichtet auf einen anderen und meist ganz bestimmten Teil dieses Feldes" (a. a. O., 54).

Dieser „Interesse-Vektor" kann qualitativ so unterschiedliche Eigenschaften wie Haß, Furcht, Verachtung, Zustimmung, Liebe haben; allen gemeinsam aber ist, daß „das Ich die entsprechenden Objekte entweder annimmt oder ablehnt" (a. a. O., 54).

Hin-zu/Weg-von bzw. Annehmen/Ablehnen machen nicht nur in dieser gestalt- und feldtheoretischen Sicht die „Dynamik" des wertbezogenen Verhaltens aus. Auch in anderen theoretischen Bezugssystemen werden *Anreize* (incentives) und *„Anregungsbedingungen"* als Elemente eines Motivationszusammenhanges anerkannt. Behavioristisch heißt also auch „Anreiz" die „Eigenschaft des Reizobjekts, die das Ausmaß seiner ‚Anziehungskraft auf den Organismus bedingt'" (Hilgard & Bower, 1971, 742).

Während bei Tolman die „Erwartung" des „Guten" oder „Schlechten" noch keine eigentliche kognitionstheoretische Kategorie ist (und deshalb der Anführungszeichen bedarf), finden sich in der heutigen Motivationspsychologie (wiederum in Rekurs auf Lewin) kognitive Valenz-Konzepte sowohl für die aktualen Anregungsbedingungen der jeweiligen Situation (Heckhausen: *Aufforderungsgehalte*) wie für die vorweggenommenen späteren Handlungsfolgen (Heckhausen: *Anreize*). Beide regen Motive an, die ihrerseits verstanden werden als „hochgeneralisierte Wertungsdispositionen für einzelne ‚Grundsituationen', die letztlich in der menschlichen Existenzweise ... begründet sind" (Heckhausen, 1974, 142) und damit – als „wiederkehrende Anliegen" – eng auf Werte bezogen sind (vgl. hierzu den Beitrag von Kuhl, Bd. 2 dieser Reihe). Auch für die Anregungsbedingungen gilt, daß sie nur als interaktionale Konzepte verständlich sind. Zwar kann man objektiv Anregungen setzen, etwa um ein bestimmtes Leistungsverhalten zu motivieren, aber ob sie die Valenz der Anregung tatsächlich haben, ergibt sich erst aus der Interaktion konkreter Individuen und Gruppen mit diesen situativen Bedingungen.

Bis in die heutige Sozialpsychologie findet sich die Valenz-Anreiz-Konzeption von Werten, wenn es etwa bei Jones & Gerard (1967, 158 f.) heißt:

„In unserem Sprachgebrauch bezieht sich Wert auf einen weiteren Bereich motivationaler Phänomene. Jeder einzelne Zustand oder Gegenstand, nach dem ein Individuum strebt, auf den es zugeht, den es lebt, ergreift, freiwillig konsumiert, den zu erwerben es sich etwas kosten läßt, ist ein positiver Wert. Was immer ein Individuum vermeidet, flieht, mißbilligt, ablehnt oder angreift, ist ein negativer Wert. Werte beleben die Person; sie halten sie in ihrer Umwelt in Bewegung, weil sie ihre attraktiven und abstoßenden Abschnitte definieren."

Allerdings findet sich bei den gleichen Autoren an derselben Stelle eine u. E. andere Bedeutung von *value,* die zwar sachlich eng mit der ersten verbunden, aber analytisch besser von ihr unterschieden bliebe. Denn wenn man mit Jones & Gerard (a. a. O., 159) feststellt, daß der Wertbegriff eine Beziehung ausdrückt zwischen den Gefühlen eines Menschen und bestimmten kognitiven Kategorien, Werte also „teils kognitiv, teils affektiv" *seien,* dann werden „values" nach einer gängigen kognitiv-affektiven Definition der sozialen Einstellung selber zu solchen „attitudes": „Ein Wert kann eine neugebildete Einstellung oder auch eine zugrundeliegende und seit langer Zeit bestehende Überzeugung sein" (ebda.).

Über die evaluative Komponente von sozialen Einstellungen (Attitüden) wird noch (S. 365 ff.) zu handeln sein; hier genüge die Feststellung, daß über der Einsicht in den interaktionalen Charakter des psychologischen Wertkonzepts die Analyse (übrigens nicht nur bei Jones & Gerard) unversehens von der Werthaftigkeits-Qualität von Objekten hinübergleitet in Merkmale der Person. Dieser Manifestation des wertbezogenen Erlebens und Verhaltens wenden wir uns als nächstes zu.

(b) Wertungen und Werthaltungen von Personen

Die Perspektive auf die Werthaftigkeit von Dingen und Ereignissen, so sehr sie sich seit Lewin durchzusetzen begonnen hat, ist – als eine primär phänomenologische – nicht die eigentlich psychologische Sichtweise im Sinne des traditionellen Selbstverständnisses der Psychologie als einer individuumzentrierten Wissenschaft. Dieser Psychologie näherliegend ist die Untersuchung des wertenden Individuums bzw. die Frage nach dem, was Individuen zum Werten disponiert.

Wir unterscheiden deshalb zwischen der aktual-psychologischen Frage nach der Tätigkeit des Wertens (des *preferential behavior,* der Werturteile, der Evaluation) und der dispositional-psychologischen nach dem, was auf seiten der Person derartige Aktivitäten bedingt (Werthaltungen, Wertorientierungen). Auch wenn sich die motivationspsychologische Analyse eher auf das richtet, was zum Werten motiviert (also auf Werthaltungen als motivationale Konstrukte), sei kurz skizziert, was sich in der empirischen Wertforschung als Werten, d. h. wertendes Verhalten, darstellt.

(1) *Wertendes Verhalten*

Die Wertbezogenheit des *Verhaltens* kann prinzipiell zwei verschiedene Formen annehmen: 1) Bestimmte Handlungsweisen gelten innerhalb einer

Kultur, einer Gruppe als wertvoll; sie haben eine positive (beispielsweise ethische oder ästhetische) Valenz (Nächstenliebe üben; Musizieren); 2) Verhalten wird dadurch werthaft, daß es sich auf Dinge oder Ereignisse positiver bzw. negativer Valenz richtet, um sie zu erreichen (gewinnen, verwirklichen) bzw. zu fliehen (vermeiden, beeinträchtigen, vernichten).

Beide Formen wertbezogenen Handelns werden im behavioristischen Ansatz Skinners nivelliert, wenn alles Verhalten seinen „Wert" rein aus der Bekräftigung gewinnt (s. u. S. 347); sie bleiben aber differenzierbar, wenn man das unter (1) genannte Verhalten als „selbst-bekräftigend" auffaßt*), während das instrumentelle Verhalten unter (2) durch das Erreichen oder Fliehen der entsprechenden Valenz (positiv oder negativ) bekräftigt wird.

Für das in diesem Sinne selektive, d. h. auf Valenzen orientierte Verhalten, das (noch) kein sprachliches Verhalten zu sein braucht, hat sich der Terminus *„preferential behavior"* eingebürgert: Verhalten gegenüber dem, was einer faktisch – bei gegebener Wahl – vorzieht bzw. meidet. Morris (1949) macht derartige Präferenzen des Verhaltens zum objektiven, d. h. überprüfbaren Kriterium von „Wertsituationen" und damit zum Ansatz für eine verhaltenswissenschaftliche Wertforschung.

Allerdings muß man, um der Komplexität der Werterfahrung gerecht zu werden, auch unterscheiden zwischen dem Vorgezogenen *(preferred)* und dem Vorzüglichen im Sinne des Vorzuziehenden *(preferable).*

In einem noch rein verhaltensdeskriptiven Sinne ziehe ich das Objekt A dem Objekt B vor, wobei Objekt = Gegenstand schlechthin einschließlich eigener Verhaltensweisen oder Zustände. Das, was die solchermaßen vorgezogenen Objekte auszeichnet, nennt Morris (1956 b, 10) ihren *„operativen* Wert". In einem erlebnisdeskriptiven oder kognitiven Sinn ziehe ich bestimmte (antizipierte) Folgen eigenen Handelns vor. Die bspw. positive Konsequenz einer Handlung stelle ich mir als wünschenswert, erstrebenswert vor, auch wenn ich mich im Augenblick außerstande sehe, dies „operativ" zu erreichen. Insofern spricht Morris (ebda.) hier nur vom *„vorgestellten* Wert" *(conceived value).* Mit diesem Wertbegriff lehnt sich Morris an C. Kluckhohn (1951, 422) an:

„Value is more than mere preference; it is limited to those types of preferential behavior based upon conceptions of the desirable".

Schließlich kann man nach Morris (a. a. O., 11) von objektiv Wertvollem *(object value)* reden, wenn es das schlechthin Vorzuziehende, etwa eine objektiv optimale Mittel-Zweck-Relation gibt, gleich ob sie für einen einzelnen „operativ", ob sie von ihm „vorgestellt" wird oder nicht.

Der Weg zur Erfassung operativer Werte ist das entsprechend bevorzugende

*) Dem „selbstbekräftigten" entspricht teilweise das seit Harlow (1950) und vor allem Hunt (1965) sogenannte „intrinsisch motivierte" Verhalten, auf deutsch: das etwas um seiner selbst willen Tun.

Verhalten (vgl. ähnlich Adler (1956)); zur Erfassung vorgestellter Werte bedarf es zusätzlich der Bevorzugung indizierenden (bzw. sprachlichen) Symbole; der empirische Weg zu den „Objektwerten“ ist noch unklar. Da aber, zumindest der Intention nach, alle Manifestationen des Wertvollen an das Wahlverhalten *(preferential behavior)* gebunden sind, läßt sich aus dieser Perspektive „Axiologie als die Wissenschaft vom Wahlverhalten“ bestimmen (Morris, 1949; 1956, 187).

Sich etwas als wertvoll oder wertlos vorstellen, ein Konzept des Werthaften haben, ist als kognitive Wertrepräsentation nicht mehr Verhalten i. e. S. Gleichwohl bedienen wir uns, um Aufschluß über das jeweilige Wertbewußtsein zu erhalten, des sprachlichen Verhaltens, speziell der *Äußerung von Werturteilen.* Sie seien – im motivationspsychologischen Kontext – nur insoweit angesprochen, als sie indikativ für Werthaltungen und andere Wertungsdispositionen sind.

Dewey (1939) hat in seiner „Theorie der Wertung“ die Aktivität des Wertens nach Formen unterschieden, die motivationspsychologisch relevant sind. Die elementarste Form des Wertausdrucks nennt Dewey „ejakulatorisch“, wohl um den unreflektiert-exklamatorischen Charakter von *Interjektionen* wie Ah, Ach, Brr, Hmm, Pfui u. ä. zu betonen, mit denen wir gefühlsmäßig Stellung beziehen zu personal oder sozial bedeutsamen Valenzen von Situationen.

Im wissenschaftstheoretischen Kontext der Unity of Science-Bewegung (Otto Neurath, Rudolf Carnap) legt Dewey geradezu behavioristischen Wert darauf, daß die exklamatorischen Wertausdrücke Bestandteile öffentlichen wertenden Verhaltens und nicht „Ausdruck“ von privaten „Gefühlen“ sind. Dasselbe gilt für die Wertungsklasse des *Mögens und Nichtmögens* (a. a. O., 13 ff.) und die ihr zugeordneten Verhaltensweisen des Begehrens, Aufsuchens, Sichzuwendens, Pflegens, als Variationen des „Wertschätzens“ *(prizing)* und des „Genießens“ *(enjoying)**).

Auch das hierher gehörige *Interesse* wird im Sinne eines Observationalismus bestimmt:

> „Wenn immer jemand ein Interesse an etwas hat, steht für ihn im Lauf der Ereignisse und ihrem Ausgang etwas auf dem Spiel – etwas, das ihn dazu bringt zu handeln, um ein ganz bestimmtes Resultat ... zu erzielen“ (a. a. O., 17).

Ob dies eine Aussage über Observables ist, bleibe dahingestellt; auf jeden Fall plädiert Dewey (wie ja auch Morris) dafür, alle axiologischen Aussagen an entsprechende öffentliche Wertungsaktivitäten zu binden, deren differenzierte-

*) Nur E. C. Tolman (1932) hat unter den Psychologen sich ähnliche Mühe gegeben, traditionell „mentalistisch“ verstandene Phänomene des Denkens, Fühlens, Wollens verhaltensmäßig zu definieren. Als ein markantes Beispiel diene die Gleichsetzung von Genuß (enjoyment) und Umgang-mit (commerce-with) (a. a. O., 134 f., 444).

ste schließlich das explizite Werturteil ist, deren handlungswirksamste vielleicht Gebote und Verbote sind.

Die Überzeugung, daß Werten, welcher Art auch immer, eine Objektivität zukommt bzw. zugeschrieben wird, wird nicht nur von den Vertretern einer objektivistischen Psychologie geteilt. Auch für die kognitivistische, ja die „naive" Psychologie gilt die von Heider (1977, 270) angesetzte „kognitive Objektivität von Wert" und der aus ihr herzuleitende verhaltenswirksame Sollens-Charakter.

„Da Werte, genau wie wahrgenommene Objekte, so betrachtet werden, daß sie zu einer objektiven Realität gehören, die für jeden dieselbe ist, wollen wir, daß andere Menschen dieselben Werte haben wie wir selbst" (a. a. O., 271).

Diese Aussage, die eine These zur Wertkonformität enthält, führt direkt in ein sozialpsychologisches Bezugssystem (s. u. S. 360 ff.). Bevor wir dem Umstand gerecht werden, daß ein großer Teil der heutigen wertpsychologischen Konzepte und Theorien im Kontext der Sozialpsychologie entwickelt worden ist, wenden wir uns der i. e. S. motivationspsychologischen Frage der Wertungsdisposition zu.

2.1 Werthaltungen

Begriffliche Vorbemerkungen

Bevor wir uns nun dem Problem der empirischen Erhebung von Werthaltungen zuwenden, wollen wir vorab kurz auf den Begriff Werthaltungen eingehen, denn im Bereich der Wertforschung stößt man auf ein geradezu peinliches Mißverhältnis zwischen der Anzahl angebotener Erhebungsinstrumente auf der einen und begrifflich-theoretischen bzw. empirisch gehaltvollen Aussagen auf der anderen Seite. Wichtige Autoren zu diesem Thema geben überhaupt keine Definition von Werthaltungen; manche geben mehrere, nicht erkennbar kompatible; vereinzelt werden Definitionen von ihrem Autor selbst nicht durchgehalten. So kommt es, daß unter *value* alles subsumiert wird, angefangen bei allgemeinsten existentiellen Orientierungen (Kluckhohn & Strodtbeck, 1961; Krus & Krus, 1978) über entscheidungstheoretisch begriffene *utilities* (Becker & McClintock, 1967) und rein moralische Werte (Rettig & Pasamanick, 1959; Hogan, 1973) bis hin zu Berufsinteressen und schlichten Wünschen (vgl. T. Levitin, 1975[3], 489 ff.). „Mangelnde oder unsorgfältige Differenzierung des Wertkonzeptes", so klagt Margret Scholl-Schaaf (1975, 47) in ihrer umfassenden Monographie über Werthaltungen vollkommen zu Recht, „scheint mir mit ein Grund dafür zu sein, daß so geringe Fortschritte in diesem Bereich erzielt werden".

Während beispielsweise die linguistische Pragmatik und Ethnomethodologie Wertvokabeln als überzeugungskräftige Einheiten eines Sprachsystems zum Forschungsgegenstand erheben, die strukturell-funktionale Soziologie seit langem Werte als kritische Komponenten kultureller Systeme untersucht, ist der Psychologie eine vergleichbar einheitliche Konzeptualisierung des Wertbegriffes versagt.

Die Verhaltenstheorie etwa (s. S. 345 ff.), die die Person als Organismus zu sehen gewohnt ist, analysiert Werte anhand von *biologisches System* × *Umwelt-Interaktion* und handelt primär von Verstärkungswerten; die Theorie der moralischen Entwicklung dagegen konzipiert die Struktur von Werten als moralische Entwicklungsstufen, die ihrerseits Bestandteile eines allgemeinen *kognitiven Systems* bilden (Kohlberg, 1971, 230). In den dispositionszentrierten Ansätzen der Psychologie, die für sich in Anspruch nehmen, am *Persönlichkeitssystem* direkt anzusetzen, wurden Werthaltungen sehr oft mit Einstellungen (Campbell, 1963; Newcomb, Turner & Converse, 1965; Oerter, 1970) oder mit Charaktereigenschaften (vgl. Wright, 1971, 202 ff.) gleichgesetzt. Die erstaunliche Vielfalt der Zusammenhänge, in denen innerhalb der Sozialpsychologie von Werten die Rede sein kann, kommt in einer prägnanten Passage von Rokeach sehr gut zum Ausdruck: „Values ... have to do with modes of contact and end-states of existence ... Once a value is internalized it becomes, consciously or unconsciously, a standard or criterion for guiding action, for developing and maintaining attitudes toward relevant objects and situations, for justifying one's own and others' actions and attitudes, for morally judging self and others, and for comparing self with others. Finally, a value is a standard employed to influence the values, attitudes, and actions of at least some others – our children's, for example" (1968, 159f.).

Der allgemeine Wertbegriff hat bei seiner Hereinnahme in unterschiedliche psychologische Forschungsprogramme eine je programmspezifische Interpretation erfahren. Die motivationspsychologisch ergiebigste Rekonstruktion des Wertbegriffs dürfte die dispositionale sein, für die im folgenden die Bezeichnung *Werthaltung* bzw. *Wertorientierung**) vorbehalten wird.

Die häufig geübte Identifikation von Werthaltung und Einstellung scheint uns trotz unübersehbarer Gemeinsamkeiten, wie etwa die Implikation eines evaluativen und kognitiven Moments oder die Charakterisierung als Disposition, nicht angebracht, weil dadurch psychologisch und soziologisch bedeutsame Unterschiede nivelliert werden. Einstellungen pflegt man in Persönlichkeitssystemen eine weniger zentrale Position einzuräumen als Werthaltungen (Reich & Adcock, 1976, 20), letztere gelten gemeinhin als überdauernder (Kelly, 1955; Williams, 1979); allgemeiner**), resistenter gegenüber Veränderungsversuchen (vgl. von Cranach et al., 1973; ferner Luhmann, 1969) und motivierender als ephemere Einstellungen (vgl. Rokeach, 1973, 18 f.). Viele Autoren gestehen

*) Wertorientierung wird hier also in einer von Kluckhohn (1962) abweichenden Weise gebraucht.

**) While an attitude represents several beliefs focused on a specific object or situation, a value is a single belief that transcendentally guides actions and judgments across specific objects and situations, and beyond immediate goals to more ultimate end-states of existence (Rokeach, 1968, 160).

Einstellungen lediglich den Status von Derivaten von Werthaltungen zu (z. B. Newcomb, Turner & Converse, 1965; Watson, 1966). G. W. Allport unterstellt Werthaltungen eine geradezu identitätsverbürgende Funktion (vgl. ferner Sherif, 1936; Turner, 1968; Ossorio & Davis, 1968; Habermas, 1976), wenn er sie als jene überdauernden Bedeutungen apostrophiert, „die als auf das Selbst bezogen wahrgenommen werden“.

„Whenever I make a self-referred value judgment – as if to say, ‚This in keeping with my self-image, that is not‘ – then I feel a sense of obligation that has no trace of fear in it ... Guilt is a sense of violated value, a disgust at failing short of one's ideal self-image“ (Allport, 1955, 72, 74).

Durch die Betonung der Leistung von Werthaltungen, dem Handeln Persistenz und transsituative Konsistenz zu verleihen, rückt der Begriff in die Nähe des Eigenschaftskonzepts. Persönlichkeitseigenschaften stellen allerdings rein allopsychologisch beschriebene Verhaltenswahrscheinlichkeiten dar; sie können im Gegensatz zu Werthaltungen nicht im Hinblick auf die eigene Identität oder eine gesellschaftliche Norm als verpflichtend oder gefordert erlebt werden (vgl. Smith, 1969, 104 ff.)*). Der Wertorientierungsbegriff setzt aber die durch die „exzentrische Positionalität“ (Plessner) des Menschen ermöglichte Besinnung auf das eigene Handeln und dessen Rechtfertigung vor dem Hintergrund der Idee des guten Lebens notwendig voraus (Rescher, 1969, 8 ff.; Lenk, 1975, 141 ff.). Daß der Wertorientierungsbegriff nicht ohne beträchtlichen Bedeutungsverlust mit dem der Einstellung oder der Charaktereigenschaft gleichgestellt werden kann, zeigt sich besonders deutlich, wenn man dessen umfangreiche Explikationsversuche innerhalb der soziologischen und anthropologischen Theorienbildung (Parsons & Shils, 1962; Rudolph, 1959; Kluckhohn, 1962) in Augenschein nimmt. Während man sich in unserem Fach bisher vornehmlich unter psychologisch-funktionalen, in der neueren Soziologie unter eher „demoskopischen“ Gesichtspunkten mit Einstellungen befaßte (King & McGinnies, 1972), hat der Begriff der Wertorientierung dagegen durch Parsons eine systematische Verortung innerhalb dessen allgemeiner Theorie des sozialen Handelns erfahren. Wertorientierung ist dadurch zu einer Kategorie geworden, die wie kaum eine andere eine Verbindung psychologischer und soziologisch-anthropologischer Theorie ermöglicht.

Parsons ging es stets – so Schwanenberg, 1970 – um die Hobbes'sche Frage, wie ein geordnetes Zusammenleben bedürftiger Individuen möglich sei. Um sie zu beantworten, bietet er eine penible Analyse des sozialen Handelns und eine funktionale Untersuchung des Sozialisationsgeschehens an.

Handeln weist *Orientierung* auf, wenn es durch den *Sinn* geleitet wird, den der Handelnde ihm im Hinblick auf seine Ziele und Interessen zuweist. Die Orientierung des Handelns an Gegenständen schließt *Selektion* und – gegebenenfalls – *Wahl* ein. Selektion

*) Eine sehr informative Zusammenstellung der heterogenen experimentellen Arbeiten über die psychischen Auswirkungen amoralischer Handlungen findet sich bei Klass (1978).

wird möglich durch *kognitive* Unterscheidungen. Die Tendenz, positiv oder negativ auf Gegenstände zu reagieren, je nachdem, ob sie befriedigen oder Befriedigung behindern, wird als *kathektischer* Orientierungs-Modus bezeichnet. Damit Selektion zwischen unterschiedlich wertvollen Gegenständen zu einem Zeitpunkt möglich wird, bedarf es der Bewertung. Diese Bewertung orientiert sich ihrerseits an *Wert-Normen,* von denen drei Klassen unterschieden werden: (a) *kognitive Normen,* an denen sich das Handeln hinsichtlich der Gültigkeit seiner Unterscheidungen und Urteile orientiert, (b) (im weitesten Sinne des Wortes) *ästhetische Normen,* an denen das Maß der Befriedigung, das ein Gegenstand verspricht, abgeschätzt wird, und (c) *moralische Normen,* nach denen die Folgen eines bestimmten Handelns beurteilt werden können.

Es gilt demnach, bei der Analyse des Handelns Wertung und Wertorientierung auseinanderzuhalten.

Die Orientierung des Handelnden in seiner Situation muß also normativ-wertbezogen gesehen werden. „Die *Wertorientierung* bezieht sich auf diejenigen Aspekte der Orientierung eines Handelnden, die ihn immer dann zu einer Einhaltung bestimmter Normen, Richtlinien und Selektionskriterien bringen, wenn er sich in einer Situation befindet, die eine Wahl zu treffen gestattet“ (Parsons, 1962, 59). Wo immer also eine Wahl zu treffen ist, sei es zwischen Zielen oder den Mitteln, die dazu führen, sei es zwischen verschiedenen konkurrierenden Bedürfnissen, mag sich der Handelnde in seinen Wertorientierungen auf Normen der drei genannten Klassen festlegen, um – grob formuliert – zwischen richtig und falsch, angenehm und unangenehm, gut und böse seine Unterscheidungen und Entscheidungen treffen zu können. Wertorientierung meint also, daß wir uns dabei bestimmter kulturell vorgegebener Richtlinien oder Regeln bedienen können, die unser Handeln auch im Hinblick auf Interessen der anderen optimal einzurichten gestatten. Der „Kampf aller gegen alle“ wird durch die sozialisatorische Implementierung von Werten, die ja Bestandteile des kulturellen Systems ausmachen, vermieden. Die internalisierten Elemente finden sich dann in jedem „enkulturierten“ personalen System wieder als Wertorientierungen, welche, psychoanalytisch gesprochen, Überich-Funktionen übernehmen, indem sie das ungezügelte Ausagieren individueller Strebungen unterbinden und so eine allgegenwärtige, manifeste Kontrolle überflüssig machen.

Daß Parsons imponierender Entwurf – der freilich nicht ohne Kritik geblieben ist (vgl. Friedrichs, 1968; Schwanenberg, 1970; Eisenstadt, 1974; Gouldner, 1974) – in der Sozialpsychologie trotz des zunehmenden Bedürfnisses nach Theorien von hohem Integrationswert relativ wenig Anklang gefunden hat (Graumann, 1979), hängt vermutlich damit zusammen, daß die wissenschaftstheoretische Idee einer sozialen „downward causation“ (D. T. Campbell) Psychologen weit weniger vertraut ist als die umgekehrte der Reduktion sozialer Tatsachen auf psychologische bzw. auf physiologische (vgl. Homans, 1974; Eysenck, 1976).

In der psychologischen Literatur werden Werthaltungen meist in Analogie zu Persönlichkeitseigenschaften als dispositionelle intervenierende Variablen bzw. als hypothetische Konstrukte angesetzt. Rokeach (1973, 5) beispielsweise definiert Werthaltung als „an enduring belief that a specific mode of conduct or end-state of existence is personally or socially preferable to an opposite or converse mode of conduct or end-state of existence". Daß Rokeach mit dieser „überdauernden Überzeugung" von zu bevorzugenden Zweckhandlungen und Zielzuständen nicht nur eine kognitive Repräsentation, eine Vorstellung des zu Tuenden und zu Erreichenden meint, wird deutlich, wenn Rokeach der Werthaltung (womit wir value übersetzen) neben der kognitiven eine „affektive" = gefühlsmäßig wertende und eine „verhaltensmäßige" Komponente zuschreibt. Value wird so zur „intervening variable that leads to action when activated" (a. a. O., 7). Oerter (1970) weist Werthaltungen den gleichen wissenschaftstheoretischen Ort zu, spricht jedoch in korrekterer Anwendung der von McCorquodale & Meehl (1948) vorgeschlagenen Terminologie von hypothetischen Konstrukten. Die dieser Konzeptualisierung zugrundeliegende Idee ist allerdings ebenso plausibel wie problematisch: Ihr zufolge können Werthaltungen durch die Untersuchung regelmäßiger Beziehungen zwischen wertthematischen Situationen einerseits und Werturteilen, Handlungen (z. B. Wahlen) und Affekten (z. B. Selbstgefälligkeit, Scham) andererseits gewissermaßen interpoliert werden. Über die prinzipielle Möglichkeit und das Wie solcher Interpolationen von Wertorientierungen als vermittelnden Verhaltensmaximen existiert eine ebenso alte – schon Max Weber befaßte sich mit den Möglichkeiten und Schwierigkeiten von „Wertinterpretationen" – wie nunmehr sprachphilosophisch komplexe Diskussion (Abel, 1964; Habermas, 1971; Giegel, 1969). Die grundlegende Frage lautet, ob von intentionalen bzw. wertbezogenen Handlungen auf Werthaltungen durch kommunikationsfreie Beobachtung geschlossen werden kann, oder ob nicht notwendigerweise Kommunikation und Interaktion „das System der Erfahrung (bilden), in dem diese Daten zugänglich sind" (Habermas, 1971, 140). Wenn nämlich werthafte Handlungen und wertbezogene Affekte nicht als „natürliche", sondern als „institutionelle Tatsachen" (Searle) anzusehen sind, insofern sie erst durch ein geltendes Wert- und Regelsystem konstituiert werden, dann wird die hermeneutische Aneignung von Lebensformen, die den Boden individueller Wertorientierungen ausmachen, zur unüberspringbaren Propädeutik (vgl. Kluckhohn, 1962, 396; von Wright, 1974). Wenn Rokeach beispielsweise Probanden nach ihren Werthierarchien befragt (s. u.), so setzt er bei ihnen wie selbstverständlich die Fähigkeit voraus, über sie unverfälscht berichten zu können, und wenn Allport und Vernon ihren Versuchspersonen Handlungsalternativen anbieten, so wird auf Seiten der Testkonstrukteure die nicht weiter thematisierte Fähigkeit unterstellt, kulturspezifisch valide Entscheidungssituationen als Indikatoren für Werthaltungen fingieren zu können. Nur dem „psychologischen Ethnozentrismus" (D. T. Campbell), der sich auch in der Vernachlässigung derjenigen methodologischen Probleme äußert, die allein in der diachronen und transkulturellen Forschung auftreten können, weil dort die Voraussetzung eines von Untersucher und Untersuchten geteilten Symbolsystems wegfällt, ist es zuzuschreiben, daß das für Erhebungen und Erhebungsinstrumente vorausgesetzte kulturelle Wissen bisher nahezu unerforscht geblieben ist (vgl. Cicourel, 1970).

Die bislang unzulängliche Ausarbeitung der Interpolationsprozedur geht einher mit einer noch unbefriedigenden logischen Explikation des Werthaltungsbegriffes selbst. Da ihm kognitive, affektive und verhaltensmäßige Komponenten zugeschrieben werden, fällt er formal mit dem der Einstellung zusammen.

Beim Einstellungsbegriff ebenso wie beim Werthaltungsbegriff werden aber Verhalten und Propositionen, also „völlig verschiedene Gegenstandsarten in ein und demselben Begriff zusammengefaßt. Die kognitive Komponente bezieht sich auf mentale Zustandsprädikate, die eine Ansicht, eine Bewertung oder einen Standard einer Person ausdrücken. Affektionen und Verhalten sind jedoch per se andere Gegenstände, wobei Affektionen möglicherweise als Teilklasse von Verhalten zu betrachten sind. Mentale Zustandsprädikate und Verhalten können nicht zusammen Bedeutungsbestandteile ein und desselben Begriffs sein, weil sie auf verschiedenen Gegenstandsebenen liegen. Verhalten, ob physikalisch oder mental, steht mit mentalen Zustandsprädikaten allenfalls in einem Bedingungszusammenhang..." (Münch, 1972, 2).

Wie der Bedingungszusammenhang von Wertorientierungen, Einstellungen u. ä. und Handlungen zu verstehen ist – ob ursächlich, durch einen praktischen Syllogismus vermittelt oder nur korrelativ-kontingent – wird derzeit wieder intensiv diskutiert (von Wright, 1974; Ritsert, 1975; Stegmüller, 1975; Liska, 1975; Herrmann, 1981). Parsons z. B. sieht Wertungen nicht als durch Wertorientierungen eindeutig determiniert, und auch aus Formulierungen von Rokeach, wie etwa „a value... leads to action" bzw. „transcendentally guides behavior", läßt sich entnehmen, daß er values, obgleich er sie als intervenierende Variable einführt, eher als dispositionelle *Beweggründe* des Handelns denn als hypothetische Verhaltens*ursachen* auffaßt. Für die Interpretation von Werthaltungen als überdauernde Beweggründe liefert Rokeach (1973, 215 ff.) selbst das gewichtigste Argument, indem er zeigt, daß Werthaltungen sich durch Aufweis interner Widersprüche langfristig verändern lassen. Hypothetische Konstrukte jedoch beziehen sich auf empirische Sachverhalte, zwischen denen bekanntlich kein logischer Widerspruch bestehen kann, wohingegen Inkonsistenzen in personalen Konstrukten und die Möglichkeit ihrer Korrektur/Modifikation durch rationale Argumentation und role-taking bekannte psychologische Phänomene darstellen (Ellis, 1967; Kelly, 1955).

Ob mit der Konzeptualisierung von Werthaltungen als dispositionelle Beweggründe eine Abwendung von der in der Psychologie geläufigen subsumptionstheoretischen Auffassung wissenschaftlicher Erklärung einhergehen muß, ist ein weiteres, noch offenes Problem. Hempel glaubt die subsumptionstheoretische Konzeption von Erklärungen auf Beweggründe ausdehnen zu können (Hempel, 1965, 469 ff.), wohingegen beispielsweise von Wright (1974) Erklärungen von Handlungen durch Intentionen, Gründe, Motive etc. einer grundsätzlich anderen Deutung unterzieht (vgl. ferner: Borger & Cioffi, 1970; Ritsert, 1975; Stegmüller, 1975).

Auch T. Herrmann (1981), der einen grundlegenden Versuch unternommen hat, Wertungsdispositionen zu explizieren als „interindividuell variierende, zeitlich relativ stabile Neigungen zu individuellen Wertungen bzw. als interindividuell variierende Auftretenswahrscheinlichkeiten der Elemente von Klassen individueller Wertungen", die „grundsätzlich situationsgebunden und objektbezogen" seien, muß konzedieren, „daß es der Psychologie bis heute noch nicht gelungen ist, zufriedenstellende Vorstellungen über die Beziehung zwischen Normen, Maximen, Regeln u. dgl. einerseits und Verhaltensweisen andererseits zu entwickeln".

Diese kurzen Bemerkungen, die kaum mehr sein konnten als Andeutungen, waren u. E. notwendig, weil hinter den angesprochenen Problemen die alten Antagonismen von Natur- und Geisteswissenschaft, von methodologischem Holismus und Individualismus, schließlich von nomothetischem Erklären und Sinnverstehen vorscheinen. So lange aber diese anstehenden Fragen eher verdrängt als präzise gestellt werden – so scheint es –, werden Psychologen jenen Stand wissenschaftlicher Selbstreflexion nicht überschreiten können, den Kurt Lewin (1930/1931) vor 50 Jahren mit seiner hervorragenden, neuerdings bezeichnenderweise häufig zitierten (Harrè & Secord, 1972; Weimer & Palermo, 1974; von Wright, 1974; Maschewski, 1977) Darstellung des Gegensatzes von aristotelischem und galileischem Wissenschaftsverständnis markiert hat.

Die empirische Bestimmung von Werthaltungen

Die empirische Bestimmung von Werthaltungen ist zu einem Forschungs-Bereich geworden, in dem sich die Interessen verschiedener Disziplinen treffen. Der Sozialanthropologe will in Erfahrung bringen, welche Werte tatsächlich Norm-Charakter haben, d.h. die Glieder einer Kulturgruppe in ihrem Handeln leiten. Der Psycholinguist ist daran interessiert zu erfahren, was die in aller Munde bekundeten oder auch als selbstverständlich stillschweigend akzeptierten Werte dem einzelnen konnotativ bedeuten. Der Psychologe schließlich muß überdauernde Orientierungen des Handelns an Normen und Richtlinien in seine Konzeption der Persönlichkeitsstruktur einzubeziehen bemüht sein. Von diesen drei Forschungs-Richtungen ist denn auch die Ermittlung und Messung von Werthaltungen in Gang gebracht worden. „Zur Zeit muß (allerdings; die Ref.) davon ausgegangen werden, daß die Methodologie und die auf ihr beruhende Verfahrenstechnik der Erhebung und Verarbeitung sogenannter subjektiver Daten starke Mängel aufweisen. Was die Erhebung und Verarbeitung subjektiver Daten zur Wertorientierung und zum Wertwandel betrifft, so lassen sich die Schwächen nicht zuletzt auf ein erhebliches Defizit an sachgerechten Explikationen dieses Problemfeldes zurückführen" (Herrmann, im Druck).

Der Heterogenität von Werthaltungskonzeptionen und -definitionen, auf die wir eingangs hingewiesen haben, entspricht die Unterschiedlichkeit diskutierter und vorliegender Erhebungsmethoden (Catton, 1954; Thurstone, 1959; Pittel & Mendelsohn, 1966; Handy, 1970; Scholl-Schaaf, 1975). Neben den ubiquitären paper- und pencil-Tests haben projektive Verfahren, die Inhaltsanalyse, das klinische Gespräch und die Verhaltensbeobachtung Anwendung gefunden. Da die Bedeutung projektiver Verfahren in den letzten Jahren erheblich gesunken ist, weil sie in der Regel wesentlich aufwendiger, weniger objektiv und weniger zuverlässig zu sein pflegen als i. e. S. psychometrische Tests, besonders aber weil am hypostasierten Mechanismus der Projektion selbst bislang unausgeräumte Zweifel aufgekommen sind (vgl. Hörmann, 1964), werden wir trotz ihrer früheren Verbreitung (vgl. Pittel & Mendelsohn, 1966) hier nicht näher auf sie eingehen. Auch das klinische Gespräch, das durch die wegweisenden Untersuchungen Piagets zur Entwicklung des moralischen Urteils beim Kinde (1954) wieder zu Ehren gekommen ist, werden wir unberücksichtigt lassen, denn es eignet sich natürlich nicht zur Erfassung von Werthaltungen größerer Gruppen (vgl. aber L. Kemmler et al., 1970). Dasselbe gilt für die Verhaltensbeobachtung, mit Hilfe derer auf Werthaltungen und erst recht auf Werthaltungssysteme nur unter sehr spezifischen Bedingungen geschlossen werden kann (Friedrichs & Lüdtke, 1971; Johnson & Bolstad, 1973). Das Verfahren der systematischen Inhaltsanalyse wurde bei der Untersuchung individueller Werthaltungen bislang vergleichsweise selten in Anspruch genommen (White, 1944; Spindler, 1963; Katz, 1966), da diese Methode das Vorliegen umfangreicher Texte (Protokolle) erfordert; sie eignet sich wesentlich besser zur Analyse soziokultureller Wert- und Denksysteme (Johns-Heine & Geerth, 1949; Albrecht, 1956; DeCharms & Moeller, 1962; Silbermann, 1964; White 1944, 1951, 1972; Dillman & Christenson, 1974).

Testverfahren zur Erhebung von Werthaltungen und -systemen nehmen in der Literatur den bei weitem breitesten Raum ein, denn sie bieten gegenüber den genannten Methoden eine Reihe von Vorteilen: Sie sind in der Regel unkompliziert genug, um damit größere Populationen oder repräsentative Stichproben beschreibend erfassen zu können; sie gestatten Gruppen- und Zeitreihenvergleiche und bieten sich für vielfältige Validierungsstudien an (s. u.). Derzeit existieren ungefähr 20 bekanntere *value scales* (Draguns & Kennedy, 1975; Levitin, 1975), die sich bezüglich Befragungsmethode und -inhalte, Verwendungsmöglichkeiten (Berufsberatung, transkulturelle und diachrone Studien und Forschung), psychometrischer Qualität und Aussagekraft ganz beträchtlich unterscheiden. Einige Verfahren, wie beispielsweise die von Rettig und Pasamanick (1959), Ewell (1954) oder Scott (1965), konfrontieren Probanden mit wertthematischen hypothetischen Handlungen und/oder Aussagen, die mit Begriffen wie „richtig/falsch", „gut/schlecht" oder „bewundernswert/abzulehnen" zu bewerten sind, wobei natürlich davon ausgegangen wird, daß sich in den so gewonnenen Werturteilen Werthaltungen widerspiegeln. Andere Verfahren (z. B. Morris, 1956; Rokeach, 1973, 358 ff.; Stiksrud, 1976) erfragen Werthaltungen direkt, indem sie ein Repertoire an

Vokabeln oder aber sehr wortreiche Umschreibungen vorgeben (s. u.), die von den Untersuchten in eine Präferenzordnung zu bringen sind. Eine dritte Kategorie von Tests verlangt den Versuchspersonen eine persönliche Entscheidung zwischen konkreten, vorgegebenen Handlungsalternativen bzw. Propositionen ab.

Die Crux der meisten Verfahren besteht darin, daß sie trotz gelegentlich bewundernswertem methodischem Raffinement (vgl. Oerter, 1970) oder umsichtigster Entwicklung (Scott, 1959; 1965) mangels zureichender Validierungsbemühungen (vgl. etwa Scholl-Schaaf, 1975, 147 ff.) bzw. wegen fehlender oder mangelhafter Standardisierung keine empirischen Verallgemeinerungen zulassen, ja, wegen ihres „one-shot-study"-Charakters nicht einmal von beeindruckend deskriptivem Wert sind. Wir haben uns aus diesem Grunde entschlossen, uns im folgenden hauptsächlich auf die exemplarische Darstellung der drei bedeutendsten Instrumente zu konzentrieren, die zwar ebenfalls methodisch und inhaltlich kritisierbar sind, die aber wegen ihrer vielseitigen Verwendung, wenn schon – in einem strengen Sinne – keine Konstruktvalidierung, so doch eine pragmatische erfahren haben.

Die deutlichste Anlehnung an eine bestehende Wert-Theorie haben Vernon & Allport (1931) mit ihrem Study of Values (Allport & Vernon, 1931) gesucht. Auf der Suche nach umfassenden, doch faßbaren, nach allgemeinen und doch für den einzelnen charakteristischen Einheiten der Persönlichkeit stießen sie auf Werte und Interessen:

„Der Bereich der Werte und Interessen scheint am ehesten diesen Anforderungen gerecht zu werden und so eine brauchbare Grundlage zu sein, um darauf eine Skala zu konstruieren... Ein Inventar einiger der allen gemeinsamen menschlichen Grundwerte ist die Voraussetzung für eine ihrer Messung dienende Skala... Die sinnvollste und überzeugendste Analyse a priori der Werte, wie sie von Menschen erlebt werden, dürfte nach Meinung der Verfasser die von Eduard Spranger (1921) sein. Seine ausgezeichnete Arbeit hat die vorliegende Skala nahegelegt. Allerdings sind nur zwei Auffassungen des Sprangerschen Gedankengebäudes übernommen worden, nämlich die Ansicht, daß man Menschen am besten durch ein Studium ihrer subjektiven Werte erkennt, und die sechsfache Klassifikation derartiger Werte" (Vernon & Allport, 1931, 232).

Andere der für Sprangers Geisteswissenschaft wesentlichen Überzeugungen werden ausdrücklich unberücksichtigt gelassen und sind auch für die Konstruktion einer empirischen Wert-Skala unerheblich, wenn nicht widersprüchlich, so die Lehre von der überindividuellen geistigen Struktur, vom entelechialen Charakter und einer ethischen Rangordnung der „Lebensformen".

Die Skala selbst besteht aus zwei Teilen: Teil I umfaßt 30 Fragen mit je zwei vorgegebenen Alternativ-Antworten (Bsp.: Das Hauptziel wissenschaftlicher Forschung sollte eher die Entdeckung der reinen Wahrheit als ihre praktische Anwendbarkeit sein. (a) Ja (b) Nein). Den 15 Fragen des Teils II sind jeweils vier Alternativ-Antworten zugeordnet, die durch die Pbn in eine Rangordnung zu bringen sind. (Bsp. für männliche Pbn: Wenn Sie heiraten – oder verheiratet sind

–, ziehen Sie eine Frau vor, die (a) gesellschaftliches Prestige erringt und die Bewunderung anderer auf sich zieht, (b) gerne zu Hause bleibt und sich häuslich betätigt, (c) eine im Grunde religiöse Haltung dem Leben gegenüber einnimmt, (d) künstlerisch begabt ist?). Die beiden Beispiele zeigen, wie die sechs Wertbereiche des Theoretischen, Ökonomischen, Politischen, Sozialen, Religiösen und Ästhetischen in insgesamt 120 Fragen auf ihre Dominanz hin erfragt werden.

Der Allport/Vernon-Test, unter der Mitwirkung von G. Lindzey in zweiter (veränderter) und dritter (nur formal verbesserter) Auflage (1960) erschienen, ist in mehreren 100 empirischen Untersuchungen verwendet worden; Cantril/Allport (1933), Schaefer (1936), Duffy (1940), Dukes (1955), Buros (1965; 1972), Newcomb & Feldman (1968) und Roth (1972) informieren über die zahlreichen Validierungsversuche*). Unter diesen finden sich beispielsweise Arbeiten über den Einfluß von Colleges auf Werthaltungen von Studenten (Feldman & Newcomb, 1969), über Geschlechtsdifferenzen**), über die Ontogenese von Werthaltungen (Oerter, 1966; Merz, 1967), über die Bedeutung der Wertkongruenz zwischen Lehrern und Schülern für den Schulerfolg (Bills, 1952) und die Bedeutung der Wertkongruenz für Freundschaftsbildung (Newcomb, 1961), über das Verhältnis von Werthaltungen und Widerstand gegen Gruppendruck (Vaughan & Mangan, 1963), ebenso wie über die Rolle der ästhetischen Werthaltung bei der Reaktion auf Veränderungen des Stadtbildes (Waterhouse, 1972) oder über Faktoren, die Wertverschiebungen bei Erwachsenen bedingen (Hoge & Bender, 1974).

Die Split-half-Reliabilität, Retest-Reliabilität und Item-Konsistenz sind sehr zufriedenstellend. Faktorenanalytische Überprüfungen der sechs Sprangerschen Typen haben die Sechs-Zahl nicht bestätigen können; z. T. sind mehr – Brogden (1951) nennt zehn –, z. T. weniger Faktoren extrahiert worden; eine frühe Studie von Lurie (1937) erbrachte nur vier Faktoren (vgl. ferner Sciortino, 1970).

„In allen Untersuchungen konnte eine theoretische und eine soziale Wertrichtung identifiziert werden, dagegen wurde häufig kein ästhetischer Faktor gefunden. Items für die ökonomische und solche für die politische Werthaltung hatten häufig hohe Ladungen auf demselben Faktor. Dies alles ist ein Hinweis darauf, daß in den untersuchten Stichproben die Struktur der Werthaltungen von der theoretisch postulierten und dem Test zugrundegelegten abwich" (Duffy, 1940, zit. nach Scholl-Schaaf, 1975, 86).

Die Auswahl der Items, die geradezu konservativ-bildungsbürgerlich anmutet, ebenso wie die anspruchsvolle Diktion (vgl. Levy, 1958) und die zur Standardisierung herangezogene Stichprobe (über 1800 College- und ca. 12 600 High School-Studenten) legen den Verdacht nahe, daß „the values chosen seem

*) Buros (1972) weist 687 Untersuchungen aus.

**) Frauen neigen dazu, den ästhetischen, sozialen und religiösen Werten den Vorrang einzuräumen, wohingegen Männer die theoretische, ökonomische und politische Werthaltung favorisieren.

to cover an idealized version of socially acceptable values. Perhaps they best describe the aspirations of a middle class student in the 1950s" (Reich & Adcock, 1976, 21).

Eine andere Schwäche des Verfahrens, nämlich die Konfundierung von Werten mit Interessen, ist schon öfter beklagt worden. Nur einige wenige Items enthalten den für den moralischen Diskurs wesentlichen Begriff „sollte", im übrigen wird nach schlichten Verhaltenspräferenzen gefragt. Damit aber disqualifiziert sich der Test als Erhebungsinstrument für moralische Werte und gerät statt dessen in die Nähe zu den sogenannten Interessentests, was durch den Untertitel („Eine Skala zur Messung dominanter Interessen der Persönlichkeit") ja auch ausgewiesen wird (vgl. McLaughlin, 1965). Schließlich muß noch darauf aufmerksam gemacht werden, daß wegen der gegebenen Rangprofil-Auswertung nur die relative Stärke von Werthaltungen gemessen wird, nicht jedoch ihre absolute Intensität.

„Two men may put a similarly high value on power in comparison with other values, but do they necessarily agree on the strength of the drive – to what extent will each pursue the realization of this value? The Allport, Vernon and Lindzey test can not deal with that type of question. According to Allport the test has been most useful for counselling purposes as it can indicate what kind of subject particular students ought to study at college, or what kind of career they ought to take up" (Reich & Adcock, 1976, 22).

Von Roth wurde 1972 die Study of Values ins Deutsche übertragen*), wobei zu monieren ist, „daß angesichts gewichtiger, grundlegender Mängel die Gelegenheit einer gründlichen Überarbeitung... von Roth nicht genutzt werde" (Scholl-Schaaf, 1975, 142). Dieser Vorwurf wird verständlich, wenn man in einem Test, dessen Anwendungsbereich sich ja nicht nur auf Akademiker beschränkt, auf in ihrer Weltfremdheit fast verwirrende Fragen stößt, wie etwa: „Lesen Sie mit mehr Interesse Biographien über Männer wie (a) Alexander der Große, Julius Caesar und Karl der Große oder (b) Aristoteles, Sokrates und Kant?" Oder: „Wenn Sie Leonardo da Vincis Bild ‚Das Abendmahl' betrachten, ist es für Sie (a) Ausdruck höchsten frommen Strebens und Gefühls, (b) eines der unbezahlbaren und unersetzlichen Kunstwerke, (c) ein Dokument für Leonardos Vielseitigkeit und seine Bedeutung für die Geschichte, (d) der Inbegriff für Harmonie und Maltechnik?"

Ein weiterer Anstoß zur empirischen Ermittlung von Werthaltungen ging von den Kultur- und Sozialwissenschaften aus. Morris (1956 a) konzipierte drei universell gemeinte Persönlichkeits-Komponenten, die „buddhistische", „prometheische" und „dionysische", deren Kombination sieben „Lebensweisen" oder „Lebenswege" ergab. Aus empirischen Notwendigkeiten auf dreizehn angereichert, wurden diese Wertdimensionen in einer Reihe von empirischen Untersuchungen amerikanischen, indischen, chinesischen und kleineren Stich-

*) Die Retest-Reliabilitäts-Koeffizienten des eingedeutschten Verfahrens liegen nach zwei Monaten zwischen .66 und .80 und somit erheblich unterhalb der amerikanischen Werte.

proben anderer Pbn zur Einstufung auf einer Siebener-Skala vorgelegt (Morris & Jones, 1955; Jones & Morris, 1956; Morris, 1956 b).

Die 13 „Lebenswege" lauteten, kurz charakterisiert:
Weg 1: Erhaltung der Besten in der Gesellschaft
Weg 2: Selbstgenügsamkeit, Nachdenken und Meditation
Weg 3: Nächstenliebe und Sorge um die Mitmenschen
Weg 4: Hingabe an Sinnenlust
Weg 5: Handeln in der Gruppe auf gemeinsame Ziele hin
Weg 6: Fortschritt durch wirklichkeitsnahe Lösungen von Problemen
Weg 7: Integration der Mannigfaltigkeit (Verschiedenheit)
Weg 8: volles Genießen schlichter Behaglichkeit
Weg 9: stille Hinnahme des Erlebten
Weg 10: würdige Selbstbeherrschung
Weg 11: Versenkung in das eigene reiche Innenleben
Weg 12: dynamisch-körperliche Auseinandersetzung mit der Umwelt
Weg 13: demütige Einordnung in den Sinn des Kosmos

Eine Faktorenanalyse ergab eine erstaunliche Übereinstimmung in der Faktorenstruktur über die verschiedenen Kulturen hinweg, wenngleich mit wechselnden Bevorzugungen (Morris & Jones, 1955). Angesichts der Formulierung der 13 Werte in je ca. 100 Worten (Morris, 1956 b) erhebt sich die Frage, ob diese Übereinstimmung nicht dadurch zustande gekommen ist, daß jede Kulturgruppe das aus dem Text „herausgelesen" hat, was ihrem (Wert-) Verständnis entgegenkam. Um diese Frage und die allgemein-psychologisch bedeutsame nach der erlebnismäßigen Bedeutung solcher „Lebensweisen" zuverlässiger beantworten zu können, hat Osgood zusammen mit Morris eine semantische Differenzierung der 13 „Lebensweisen" vorgenommen, die anschließend einer doppelten Faktorenanalyse unterworfen wurde (Osgood et al., 1961). Auf diese Analyse sei einmal wegen ihrer interkulturellen Bedeutung näher eingegangen, zum anderen, weil an ihr die genannte Zusammenarbeit von Anthropologie, Psychologie und Psycholinguistik ideal demonstriert werden kann.

Aus den durch Osgood, Suci & Tannenbaum (1957) faktorisierten Skalen fanden 26 polare Wortpaare Verwendung, die sieben Faktoren repräsentierten: evaluation, potency, activity, stability, receptivity, novelty, tautness. 55 männliche Vpn, im Durchschnitt 20–21jährige Studenten der Stanford University, skalierten die 13 „Lebenswege", die in je 100 Worten formuliert waren, mit Hilfe des semantischen Differentials sowie mit Hilfe der von Morris verwendeten siebenstufigen Präferenzskala („like very much" bis „dislike very much").

Es ergab sich, daß diese amerikanischen Studenten die „Lebenswege" 7, 1, 6 und 12 bevorzugten, 13, 9 und 11 dagegen am wenigsten schätzten. Die Übereinstimmung mit der amerikanischen Studenten-Gruppe von Morris & Jones war sehr hoch ($\varrho = +0{,}93$). In terminis der Skalen charakterisierte sich dabei der „Lebensweg" 7 (Integration der Verschiedenheit) als interessant, zeitgemäß, erfolgreich, aktiv, aromatisch, gut und wichtig, der abgelehnte „Weg" 11 (Versenkung in ein reiches Innenleben) als unzeitgemäß, alt, erfolglos, passiv, fade, langsam, farblos, schwach, ruhig und kraftlos.

Die anschließend vorgenommene Faktorenanalyse der konnotativen Bedeutungen der „Lebenswege" ergab vier Faktoren, die 95,1 % der Gesamt-Varianz decken. Die vier bipolaren Faktoren werden wie folgt benannt und durch ihre polare Trennung der „Lebenswege" gekennzeichnet:

Faktor I = *Dynamik;* er hebt die Wege 9, 11, 13 von 5, 6, 7 und 12 ab.
Faktor II = *Sozialisation;* er stellt die Wege 2 und 4 den Wegen 1, 3, 8 gegenüber.
Faktor III = *Steuerung* oder Beherrschung trennt 1, 2, 10 von 4, 8, 13.
Faktor IV = *Wagemut* (venturousness) hebt 4, 5, 7, 12 von 2, 8, 10 ab.

Durch die verschiedenartige Aufladung der „Lebenswege" mit diesen vier Faktoren ist es nun möglich, sie konnotativ zu charakterisieren. So bedeutet dem amerikanischen Studenten der von ihm bevorzugte „Weg" Nr. 7 (Integration der Verschiedenheit) soviel wie „wagemutige bzw. risikobereite Dynamik", während er sich unter der abgelehnten Versenkung ins Innenleben (Nr. 11) eine „reine, kaum gesteuerte Passivität" vorstellt. Die anderen bejahten Wertvorstellungen lauten in der „faktoriellen" Terminologie: beherrschte Sozialisation (1), beherrschte Dynamik (6) und egozentrische wagemutige Dynamik (12). Gering bewertet werden (außer 11) auch: wenig sozialisierte Passivität (9) und reine, sich hingebende Passivität (13).

Um die bereits angeschnittene Frage zu klären, ob die Vpn bei ihren Zuordnungen (Bewertungen) auf die Grundbedeutung der 100wortigen Aussagen oder auf einzelne Begriffe, d. h. verschiedene Bedeutungen, reagieren, wurde eine zweite Faktorenanalyse der semantischen Skalen unternommen, wobei jede Skala mit jeder anderen Skala über die 13 „Begriffe" hinweg korreliert wurde. Die diesmal extrahierten Faktoren ließen sich – ausweislich der ja faktoriell bereits determinierten Skalen – interpretieren als: eine Erfolgs-Dimension (Faktor I), eine Dimension der Vorhersagbarkeit (II) und eine der Freundlichkeit (III). Wie schon der „Lebensweg"-Faktor der Dynamik, so hat auch der „Skalen"-Faktor des Erfolgs die größte Trennschärfe, wodurch es möglich wird, bei dieser amerikanischen Stichprobe die dreizehn universellen Lebenswerte sowohl danach klar zu unterscheiden, wieviel „Dynamik" ihnen beigemessen wird, wie auch danach, wie „erfolgversprechend" sie zu sein scheinen. Die Projektion der 13 universellen Lebenswerte auf die dreidimensional errichteten bipolaren Faktoren der ersten Analyse (Dynamik/Passivität, Soziabilität/Egozentrik und Steuerung/Hingabe) verdeutlichen noch einmal, was diese Werte der amerikanischen Stichprobe bedeuten. Zugleich fordern die Ballungen bzw. Lücken dieses dreidimensionalen Wert-Raumes besondere Beachtung. Wertvorstellungen des „guten Lebens", das egozentrisch und wenig gesteuert gelebt wird, fehlen ganz. „Narzißmus" und „Anarchie" als Extrem-„Werte" der Sozialisations- und der Steuerungs-Dimension scheinen nach dieser Erhebung keine Werte im psychologischen Sinne möglicher „Lebensweisen" zu sein.

Die „Lebenswege“

1. Erhaltung der Besten
2. Selbstgenügsamkeit
3. Nächstenliebe
4. Sinnliche Hingabe
5. Gruppenhandeln
6. Fortschritt durch Realismus
7. Integration
8. Einfache Behaglichkeit
9. Stille Hinnahme
10. Selbstbeherrschung
11. Versenkung
12. Auseinandersetzung
13. Demütige Einordnung

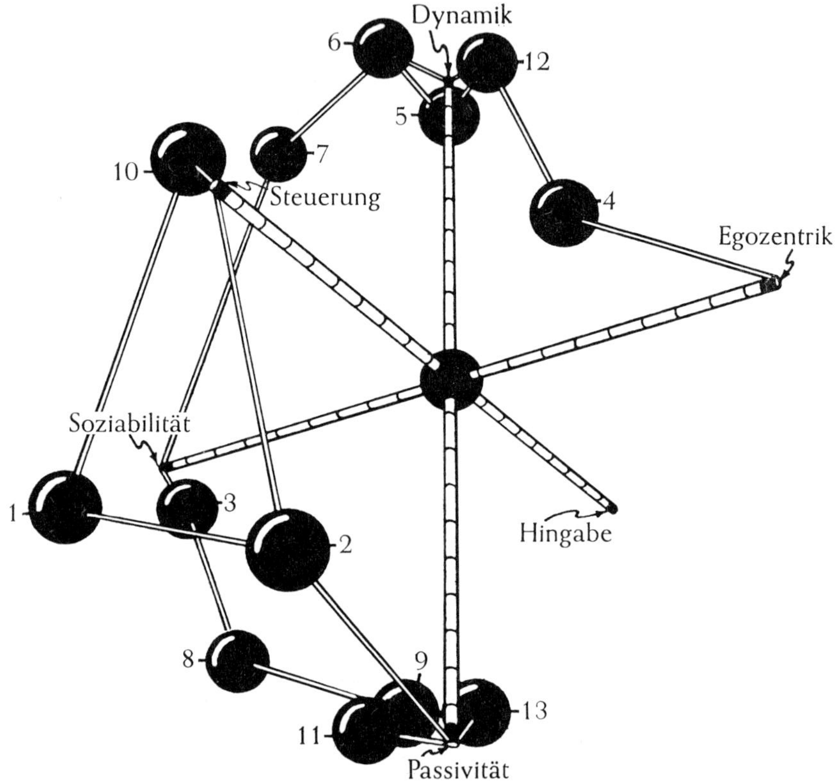

Abb. 1: Dreidimensionale Darstellung universeller Lebenswerte („Lebenswege“ nach Morris 1956) aufgrund ihrer Bedeutungs-Analyse im semantischen Differential (Osgood et al., 1961, 71).

Ein Vergleich der Morrisschen „Lebenswege“ mit den durch Allport und Vernon verobjektivierten Sprangerschen „Lebensformen“ durch eine empirische Studie liegt nahe, obgleich die Intentionen beider Verfahren nicht ganz zusammenfallen: Während hinter letzterem die Idee universeller „Leitmotive“ (Spranger, 1921, 31) steht, zielen erstere auf individuelle „Vorstellungen vom guten Leben" ab, die freilich – und darin gleichen sich die beiden Ansätze wiederum – überwiegend nicht normativ-ethisch, sondern fast durchgängig ganz im Sinne der Morrisschen Wertkonzeption (s. o., S. 323) präferentiell verstanden werden. Die *Ways to Live* sind ebenso wie die *Study of Values* nahezu ausschließlich an Studenten standardisiert worden, was allerdings hier noch weniger verwundern kann, denn der Test offeriert sehr vielschichtige, fast literarische Charakterisierungen allgemeiner Lebenshaltung, die mit gängigen Items wenig gemein haben. Methodische Schwierigkeiten, wie etwa die der Item-Homogenität, werden von Winthrop (1959), Gorlow & Barocas (1965) und Dempsey & Dukes (1966) eingehend erörtert. Eine abschließende Beurteilung des Verfahrens wird redlicherweise die bedauerliche Tatsache in Rechnung stellen müssen, daß dessen Validität durch die Ergebnisse transkultureller (Kilby, 1971) und diachroner (Morris & Small, 1971) Studien*), durch die semantische Analyse (Osgood, Ware & Morris, 1961) und durch die Unmenge statistischer Aufbereitungen (Morris & Jones, 1955) bislang noch nicht genügend unter Beweis gestellt worden ist; das Verfahren wäre durchaus einer Weiterentwicklung würdig.

Rokeachs Bemühungen um die empirische Erfassung von Werthaltungen fußen nicht auf einer vorgängigen Werttheorie, sondern vielmehr auf einer Anzahl unverbundener, überwiegend plausibler „basic assumptions", die er anhand vorliegender sozialwissenschaftlicher Literatur erläutert (Rokeach, 1973, Kap. 1).

„(1) Die Zahl der Werte, die eine Person besitzt, ist relativ klein, (2) alle Menschen verfügen über die gleichen Werte in unterschiedlichem Ausmaß, (3) Werte liegen zu Wertsystemen organisiert vor, (4) die Antezedentien menschlicher Werte können in der Kultur, in der Gesellschaft und ihren Institutionen und in der Persönlichkeit nachgewiesen werden, (5) die Konsequenzen menschlicher Werte gelangen in virtuell allen Erscheinungen zum Ausdruck, die ein Sozialwissenschaftler einer Untersuchung wert befinden könnte" (Rokeach, 1973, 3).

Diesen Annahmen läßt sich eine weitere hinzufügen, die aus der Wertdefinition des Autors (s. o., S. 328 ff.) direkt hervorgeht. Die dort angesprochene doppelte Bezogenheit von Werthaltungen auf Weisen des Sich-Benehmens und auf ‚end-states of existence' erlaubt ihm, dichotom zu unterscheiden zwischen instrumentellen und terminalen Werten. „Our first problem was to find a way to measure value systems" so Rokeach (1968, 168), „and our approach to this problem was extremely simple": Zunächst sammelte Rokeach Stichwörter und Eigenschaftswörter wie etwa „Freiheit", „Weisheit", „Genuß", „Erlösung" bzw. „beherrscht", „mutig", „tolerant", „ehrlich" etc. (Beispiele nach der deutschen Übersetzung von Guenther, 1975), von denen er annahm, daß sie sich von Probanden zu Werthierarchien aufordnen ließen. Die Grundannahme einer

*) Methodisch akzeptable diachrone Untersuchungen sind in der Wertforschung selten zu finden; zur Methodik vgl. Schaie & Parham 1974, von mehr inhaltlichem Interesse ist Bengston & Lovejoy (1973).

Eine vierte Kategorie von Studien*), die mit dem *Value Survey* durchgeführt worden sind, geht von folgender Annahme aus:

„It may be assumed that in every person's value-attitude system there already exist inherent contradictions of which he is unaware for one reason or another – compartmentalization due to ego-defense, conformity, intellectual limitations, or an uncritical internalization of the contradictory values and attitudes of his reference groups. In other words, feelings of inconsistency may be induced not only by creating it but also by exposing to self-awareness inconsistencies already existing within the system below the threshold of awareness" (Rokeach, 1968, 167 f.).

Das Treatment einer der ersten Untersuchungen von Rokeach (vgl. 1968, 173 ff.) bestand darin, Probanden auf gewisse Inkonsistenzen ihrer Wertsysteme aufmerksam zu machen, was bei etlichen „Unzufriedenheit" auslöste.

„Diese intervenierenden Zustände der Zufriedenheit/Unzufriedenheit, die am Ende der experimentellen Sitzung erhoben wurden, sagten in signifikanter Weise die Veränderungen der Werte voraus, die wir nach drei Wochen und nach drei bis fünf Monaten beobachten konnten" (1968, 178).

In diesem Zusammenhang möchten wir noch auf eine Studie von Stiksrud (1976) hinweisen, die in Deutschland mit 297 Personen, deren durchschnittliches Alter 23 Jahre ($s = 6{,}7$) betrug, in starker Anlehnung an Rokeachs Vorgehen durchgeführt wurde. Stiksrud befragte die Probanden in einer Voruntersuchung nach Werten und unterzog die erhaltenen Antworten einer Inhaltsanalyse; Angaben zur Inter-rater-Reliabilität liegen leider nicht vor. Anhand dieser Befunde entwarf Stiksrud eine 17stufige Wertskala, die folgende Wertbegriffe umfaßt:

1. Gesundheit 10
2. Liebe 12
3. Freundschaft 2
4. Familienleben 8
5. Beruf 3
6. Menschlichkeit 5
7. Ausgeglichenheit 6
8. Ausbildung 16
9. Persönlichkeitsentfaltung 1
10. Unabhängigkeit 9
11. Frieden 11
12. Sicherheit 13
13. Freizeit 4
14. Kinder 15
15. Abwechslung 17
16. Natur 14
17. Wohlstand 7

Die vor der Vokabel stehende Zahl gibt den durchschnittlichen Rangplatz, die dahinter stehende den Häufigkeitsrangplatz der Nennung wieder; die Rangreihen korrelieren niedrig ($r = .258$) miteinander. Stiksrud unterzog anschließend die mit seiner Skala erhaltenen Daten einer faktorenanalytischen und einer clusteranalytischen Untersuchung.

„Das Ergebnis der faktoriellen Validierung sind drei bipolare orthogonale Faktoren, welche die Werte auf der Grundlage ihrer über Rangkorrelationen errechneten Ähnlichkeiten in einem dreidimensionalen Raum anordnen. Folgendermaßen wurden die drei Dimensionen bezeichnet:

*) Rokeach, 1971 (b); Rokeach & Cochrane, 1972; zusammenfassend: Rokeach, 1978.

I: Streben nach sozialer Gebundenheit vs. Ungebundenheit;
II: Streben nach persönlichem Wohlstand vs. Wohlergehen anderer;
III. Streben nach Leistung für Sicherheit vs. Vergnügen" (Stiksrud, 1976, 245). Da leider Angaben zum Ausmaß der erklärten Varianz fehlen, fällt die Beurteilung der Untersuchungsergebnisse schwer. Resultate der faktorenanalytischen und die der clusteranalytischen Untersuchung überlappen nur mäßig, was angesichts des unterschiedlichen Rationale beider Verfahren nicht weiter verwundert. Statistisch signifikante Zusammenhänge konnten zwischen Geschlecht, Bildung und Alter einerseits und der Rangplazierung bestimmter Werte andererseits eruiert werden (a. a. O., 231 ff.).

Ein Vergleich dieses Verfahrens mit Rokeachs ergibt eine gewisse Übereinstimmung: „Freundschaft" korrespondiert mit „true friendship", „Liebe" mit „mature love" und „Abwechslung (viel sehen und erleben)" mit „an exciting live". Abgesehen von einigen wenigen weiteren Ähnlichkeiten unterscheiden sich aber die beiden Instrumente in einem bedeutsamen Punkt: Während Rokeach „Zielprojektionen menschlicher Existenz" (Kmieciak) und Eigenschaften zu realisierenden werthaften Handelns (hilfreich, ehrlich, mutig, etc.) anspricht, thematisiert Stiksrud fast ausschließlich begehrenswerte Objekte oder Zustände („Wohlstand" erläutert er durch „Geld, Haus, Auto, Stereoanlagen" und „Familienleben" durch „harmonisches Zuhause, Angehörige"). Der Grund hierfür ist in seiner allzu bedenkenlosen Definition von Wert zu suchen, die die lange, und, wie wir meinen, fruchtbare Diskussion um diesen Begriff (vgl. Kluckhohn, 1962; Rudolph, 1959; Rescher, 1969; Smith, 1969; Baier, 1969; Davis, 1972; Kujpers, 1972) ignorieren zu dürfen glaubt*). Ob Stiksruds krude Wertskala, die wohl besser als Motivkatalog anzusprechen ist, sich tatsächlich zur Diagnose und zur psychologischen Exploration individueller Werthierarchien eignet oder ob sie hauptsächlich von demoskopischem Interesse ist, wird noch gezeigt werden müssen. Die kritischen Anmerkungen, die im folgenden zu Rokeachs *Value Survey* getroffen werden, gelten aufgrund der weitgehenden formalen Ähnlichkeit beider Instrumente auch für Stiksruds Skala.

Daß es Rokeach nicht gelungen ist, eine universelle Werttaxonomie vorzulegen, sieht er selbst, denn er schreibt: „... there is no reason to think that others working independently would have come up with precisely the same list of 18 terminal and 18 instrumental values" (Rokeach, 1973, 30). So rangiert beispielsweise in Stiksruds Studie „Gesundheit" im Durchschnitt an erster Stelle, während dieser Wert in Rokeachs Skala überhaupt nicht enthalten ist. Außer der zugegebenermaßen willkürlichen Auswahl der Werte und der rein pragmatischen Festlegung ihrer Anzahl wird man die allzu bündige Unterteilung in instrumentelle und terminale Werte, die Rokeach unter Berufung auf Lovejoy (1950) vornimmt, in Frage stellen müssen. „Gleichheit" – nach Rokeach ein terminaler Wert – könnte für manchen Probanden als conditio sine qua non des Weltfriedens gelten und umgekehrt könnte „Weltfrieden" – ebenfalls nach Rokeach ein terminaler Wert – als Vorbedingung von Freude („cheerful") angesetzt werden, „cheerful" jedoch rangiert unter den instrumentellen Werten. Viele Probanden beklagen, daß die Aufgabe des hierarchischen

*) Zur Begriffsanalyse von „Wert" vgl. S. 314 ff.

Anordnens – gegen allen Anschein – eine sehr diffizile sei, „one they have little confidence in having completed in a reliable manner and one they are often sure th‹y had completed more or less randomly" (Rokeach, 1973, 28). Man mag dies als Hinweis darauf deuten, daß Ziel-Mittel-Relationen nicht nur für den philosophischen Diskurs ein vielschichtiges Problem darstellen (Campbell, 1963; König, 1975; Groeben & Scheele, 1977, 140 ff.) bzw. darauf, daß zwei eindimensionale Werthierarchien nicht hinreichen, die vermutlich beziehungsreichere Struktur alltäglicher Werthaltungen wiederzugeben. Zwar stellt „jede Werthierarchie ... ein Wertsystem dar, aber nicht jedes Wertsystem ist eine Werthierarchie, da auch andere Systeme vorstellbar sind, mittels derer Werte subjektiv organisiert und strukturiert werden können (vgl. beispielsweise das Wertequadrat von Helwig, 1952)" (Stiksrud 1976, 66). Tatsächlich konnten Heath und Fogel (1978) anhand einer empirischen Studie nachweisen, daß die a priori getroffene Zuordnung von amerikanischen Probanden nur teilweise akzeptiert wird.

Mit der gelegentlich als Zumutung empfundenen Hierarchisierungstätigkeit (vgl. Stiksrud, 1976, 78) gelangen wir zum Problem der Methodik der Befragung: Können mit Hilfe des *Value Survey* subjektive Werte erfragt und deren Bewertung gemessen werden, oder erhält man durch das direkte Vorgehen lediglich unverbindliche Lippenbekenntnisse? Mit Rokeachs Verweis auf die niedrige Korrelation (–.09) seines Instruments mit der *Marlowe-Crowne Social Desirability-Scale* ist diese Frage allein nicht zu beantworten. Und wie steht es mit den für *selbstverständlich* erachteten, als kulturell *gesichert* geltenden Werten? Rokeach bemerkt an einer Stelle (1973, 327) dazu:

„In contrast (to poor people; die Ref.), the affluent and educated typically regard values reflecting safety and security needs as relatively unimportant, not so much because they are not valued but because they are taken for granted".

Würde Rokeach diesen Gedanken weiterverfolgen, so hätte dies für die Interpretation seiner Daten weitreichende Folgen. Um den wirklichen Grad der subjektiven Verbindlichkeit (commitment, ego-involvement) von Werthaltungen, wie sie durch den *Value Survey* erfaßt wird, zu überprüfen, sind jedenfalls weitere behaviorale Dependenzanalysen (vgl. Rokeach, 1973; 1978) angezeigt.

Untersuchungen solcher Art stoßen immer wieder auf die Schwierigkeit variabler Bedeutungen der Wertvokabeln für Probanden mit unterschiedlichem sozio-kulturellem Hintergrund; die „Freiheit, die *ich* meine", kann bekanntlich von der meines Gegenüber erheblich differieren und damit natürlich auch die Handlungen, zu denen sie ihn oder mich motiviert. Rokeachs Interpretationshilfe, daß „die psychologische Bedeutung, die ein bestimmter Wert für eine bestimmte Person besitzt, aus der Beobachtung der Art, wie sie ihn zu anderen Werten im Wertsystem in Verbindung setzt, abgeleitet werden muß" (1973, 51) vermag die angesprochene Schwierigkeit ebensowenig zu lösen wie der Hinweis darauf, daß der *Value Survey* im Grunde die gleiche Art von Bedeutung mißt wie die durch Osgoods evaluativen Faktor erhobene (Rokeach, 1973, 50). Eine Präzisierung seiner Konzeptionalisierung von Werten legt auch eine empirische

Untersuchung von Bolt (1978) nahe: Durch Variation der Instruktion konnte gezeigt werden, daß der *Survey* eher Überzeugungen bezüglich dessen, was vorzuziehen ist, erfaßt, als tatsächlich präferierte „modes of conduct", was aus Rokeachs Wertdefinition und deren Operationalisierung nicht ganz deutlich hervorgeht.

Mit diesen kritischen Bemerkungen wollen wir die Darstellung der empirischen Ermittlung von Werthaltungen abschließen. Es dürfte deutlich geworden sein, daß die Werthaltungsforschung die Motivationspsychologie in eben dem Maße bereichert, wie sie den Fehler vermeidet, von den drei Momenten: breit gefächerte Empirie, raffinierte Methodik und begrifflich-theoretische Arbeit eines zu Lasten der beiden anderen zu verabsolutieren.

3. Lernen und Werte

Befaßt man sich unter motivationstheoretischen Gesichtspunkten mit Werten, so darf man die hedonistischen Theorien nicht aussparen; sie „gehören zu den ältesten Interpretationen des menschlichen Verhaltens" (Hilgard & Bower, 1971, 330). Zum einen deshalb nicht, weil die übliche Abwertung des Hedonismus von anderen werttheoretischen Positionen aus – etwa von der der formalen Ethik – mit dem wissenschaftlichen Bemühen um Wertneutralität unvereinbar ist; zweitens, weil nach Ansicht vieler Soziologen (z. B. Weber, Riesman, Wolfenstein) ein differenzierter Hedonismus das in modernen Gesellschaften dominierende Wertbewußtsein kennzeichnet, und schließlich, weil der Behaviorismus als eine wissenschaftliche Interpretation des Hedonismus für mehr als ein halbes Jahrhundert das Gesicht der Psychologie geprägt hat. Tatsächlich haben sich alle namhaften Lerntheoretiker mehr oder minder ausführlich mit dem Problem wertbezogenen Verhaltens auseinandergesetzt (Thorndike, 1936; Hull, 1944; 1945; Tolman, 1962; Skinner, 1961; 1971). Diese Tatsache scheint durchaus bemerkenswert, wenn man sich daran erinnert, daß es nicht zuletzt der sich an Begriffen wie Wille, Bewußtsein, Absicht, Gefühl usw. entzündende Antimentalismus war, der die behavioristische Bewegung in Gang brachte.

Die zentrale Gemeinsamkeit von ethischem Hedonismus und Verhaltenstheorie liegt in der Rolle, die beide den Effekten/Konsequenzen des Verhaltens zuschreiben: Aufsuchen von Lust und Vermeiden von Unlust – gleichwohl ob vermittelt durch direkte körperliche Bestrafung oder Belohnung, durch Lob oder Tadel (soziale Anerkennung) oder durch monetäre oder andere Tauschwerte – sind die elementaren Motive des Verhaltens. Die Übereinstimmung von Benthams vier handlungsmotivierenden Affekten – Lust und Freiheit von Leid, Leid und Fehlen von Lust – mit der derzeit gängigen Klassifikation von Verstärkern ist in der Tat unübersehbar: Das Anbieten eines „angenehmen"

Verstärkers (positive reward) bereitet Lust, dessen Entzug (positive punishment) bedeutet Freudlosigkeit. Ein aversiver Stimulus bereitet „Schmerz" (negative punishment), dessen Absetzen (negative reward) führt zu Freiheit von Leid (Kanfer & Philipps, 1970; Mahoney & Thoresen, 1974). Weitergehend unterschied Bentham vier Variablen von Lust- bzw. Unlustereignissen, die erst ungefähr 150 Jahre später in psychologischen Laboratorien systematisch auf ihre motivierenden Effekte hin untersucht werden sollten (s. u.): Nach ihm lassen sich Lust- bzw. Leiderfahrungen beschreiben nach a) Intensität, b) Dauer, ferner nach c) Wahrscheinlichkeit und d) zeitlicher Entfernung ihres Eintreffens; das Produkt aus dem Wert und der Wahrscheinlichkeit des Erreichens/Eintretens eines bestimmten Gegenstands/Ereignisses bildet den sogenannten „Hoffnungswert" (vgl. Scholl-Schaaf, 1975, 21).

Zwischen dem Hedonismus Benthamscher Prägung und dem der Verhaltenstheorie bestehen allerdings auch unüberbrückbare Unterschiede: Während bei ersterem Moralität definiert wird als „das größte Glück der größten Zahl" steht bei letzterem die *individuelle* Orientierung an Lust bzw. Unlust im Vordergrund. Während Bentham die Person als zweckrational handelnde versteht, sieht die Verhaltenstheorie zunächst den durch Verstärkungswerte in seinem Verhalten determinierten Organismus. Deshalb ist Bentham besser als Vorläufer der aus der Verbindung von behavioristischer Lerntheorie und Nationalökonomie entstandenen soziologischen Verhaltenstheorie (e. g. Homans, 1974) zu nennen.

Werte erscheinen in den Lerntheorien in drei unterscheidbaren Konzeptionen und Zusammenhängen:

– Unter Wert wird zunächst die verstärkende Eigenschaft eines Objekts für einen Organismus verstanden. Unter dieser Perspektive gelten Werte als notwendige *Bedingungen des Lernens* (Hull, Skinner) bzw. als motivierende Momente der Performanz (Tolman, Bandura)*).

– Seit Ablösung des älteren Reflexbogenmodells von Reiz und Reaktion durch das kybernetische TOTE-Modell können *Werte qua Leistungs- und/oder Verhaltensstandards* („Sollwerte") lerntheoretisch behandelt werden (vgl. Miller, Galanter & Pribram, 1973, 60 ff.).

– Werte werden drittens gefaßt als Bezeichnung für Klassen von Handlungsweisen, die sozial als wertvoll definiert sind, wie etwa Ehrlichkeit oder Altruismus. In diesem Zusammenhang stellt sich die Frage, *wie werthaftes Verhalten gelernt wird.*

*) Vor drei Jahren wurde wieder ein Entwurf einer „kognitiv-hedonistischen Theorie menschlichen Verhaltens" der sich als Kombination und Fortentwicklung Tolmanscher und Lewinscher Vorstellungen begreift, vorgelegt (Kaufmann-Mall, 1978); er soll hier allerdings nicht weiter berücksichtigt werden.

3.1 Lerntheoretische Beiträge zur Wertforschung

Für Skinner ist der Unterschied zwischen Werten und Tatsachen nicht prinzipieller, sondern rein kontingenter Natur. Tatsachen werden dann und nur dann zu Werten bzw. wertvoll, wenn sie in bezug auf ein bestimmtes Verhalten bzw. eine Verhaltensklasse Bekräftigungsfunktion übernehmen. Oder mit seinen eigenen Worten: „Was einen Wert anbelangt, so ist ein Wert, soweit ich sehen kann, einfach eine Beschreibungsmöglichkeit dessen, was entweder unmittelbar oder später den Menschen unterstützt" (Skinner, 1961, 576).

Entsprechend kann
- ein Verhalten dann wertbezogen genannt werden, wenn es bekräftigende Tatsachen zur Folge hat,
- ein Urteil ein Werturteil genannt werden, wenn es sich auf bekräftigende Kontingenzen bezieht,
- ein Gefühl dafür entstehen, welche Dinge gut (richtig) und schlecht (falsch) sind. Nicht diese Gefühle jedoch sind bestimmend für das entsprechende Verhalten, sondern ausschließlich der Bekräftigungswert der Dinge.

Berücksichtigt man bei voller Kenntnis des Skinnerschen Ansatzes, daß danach alles Verhalten, soweit überhaupt erworben, im Kontext von Bekräftigungskontingenzen geformt wird, dann kann es nicht verwundern, daß eine entsprechend konzipierte Verhaltenswissenschaft „in dem Maße, wie sie sich mit operanter Bekräftigung befaßt, eine *Wertwissenschaft* (a science of value) ist" (1971, 104; unsere Hervorhebung).

In nicht minder dezidierter Weise konstatiert Hull, „daß jede einigermaßen detaillierte und vernünftige dynamische Theorie des Verhaltens ... notwendigerweise eine Werttheorie enthalten muß, egal ob der Begriff ‚Wert' in dem System nun erscheint oder nicht" (1944, 128). Hull rekonstruiert wertbezogenes Verhalten als „Streben" (striving) zu oder „Zugehen" auf Reizobjekte, welches er als eine Funktion der Höhe des Anreizwertes K, eines primären oder sekundären Antriebs D und schließlich der Gewohnheitsstärke $_sH_R$ darstellt. Für Hull gibt es Reizobjekte, denen gegenüber „adient behavior" und solche, denen gegenüber „abient behavior" registriert wird, auch wenn der den beiden Verhaltensrichtungen entsprechenden Anreizwert (K) keine perzeptive (oder gar kognitive) Größe ist, sondern eine ansteigende negativ beschleunigte Funktion der Bekräftigungsmenge (w) (Hull, 1952, 7). Mit Hilfe seines selbstverständlich weitaus differenzierteren Modells glaubt Hull, Werte, ‚Wissen und Zweckhaftigkeit als Gewohnheitsmechanismen' interpretieren zu können. Dabei stößt er auf das für jede Werttheorie kritische „paradox of the locus of value", auf die ontologische Frage, wo und wie Werte zu lokalisieren seien: im Reizobjekt, das einen Anreiz auf den Organismus ausübt, oder in letzterem selbst. Hierzu äußert sich Hull in verhaltenstheoretisch konsequenter Weise:

„In a certain sense the question is a false one in that it implies that the locus must lie exclusively in one or the other... The habit strength ($_sH_R$) *resides* in the state of the nervous system of the organism. This, in turn, *results* from a certain historical relationship between the organism and the object, situation, or state of affairs which has value such that the former has learned through reinforcement to strive for the latter. The actual striving results from the joint action of this internal condition and the stimulation arising in the situation" (Hull, 1944, 131 f.).

Hulls Betrachtung von ‚Wert und Wertung im Rahmen einer wissenschaftlichen Methodologie' (1944) hat kaum Aufmerksamkeit auf sich gezogen, vermutlich aus dem Grunde, weil in ihr die distinktiven Merkmale menschlichen wertbezogenen Handelns (s. u.) schwerlich wiederzufinden sind: Wert wird unversehens auf den Aspekt der Valenz, auf das verstärkende Moment von Organismus-Umwelt-Interaktionen reduziert, wodurch wertbezogenes Handeln von anderen Formen habituellen Verhaltens sich nicht mehr unterscheiden läßt.

Für die Annahme, daß zudem die quasi-physiologische Begrifflichkeit die Rezeption erschwert hat, spricht der Umstand, daß die unter *rein* formalen Gesichtspunkten nicht unähnlichen, auf Tolman und Lewin zurückgehenden Wert-Erwartungstheorien (z. B. MacCorquodale & Meehl, 1953; Rotter, 1954; Atkinson, 1964) erheblich einflußreicher geworden sind. Ihnen zufolge wird von verschiedenen Verhaltensmöglichkeiten diejenige vorgezogen und ausgeführt, allerdings nicht notwendigerweise bewußt ausgewählt, die das höchste Produkt aus der subjektiven Wahrscheinlichkeit des Eintretens eines Ereignisses (expectancy hypothesis) und dem subjektiven Wert eben dieses Ereignisses erzielt (vgl. hierzu Heckhausen, 1980).

Tolman selbst unterscheidet zwischen dem Wert eines Zielobjekts, der sich, qua unabhängige Variable, nach der Stärke des Hinstrebens eines Organismus einer bestimmten Gattung bemißt, und dem Begriff der Valenz, der, als intervenierende Variable, das bezeichnet, was ein Lebewesen in einer bestimmten Antriebslage an Aufzusuchendem (‚Gutem') oder zu Vermeidendem (‚Schlechtem') „erwartet".

In dem von Parsons und Shils im Jahr 1951 (1962^5) herausgegebenen Band, in welchem führende Wissenschaftler der amerikanischen Sozialforschung zu einer allgemeinen Theorie des Handelns beigetragen haben (z. B. Parsons, Kluckhohn, Allport, Murray) führte Tolman sein psychologisches Modell wertorientierten Handelns weiter aus, wobei seine Vorstellung von a) „Überzeugungswertematrizen" und b) „Wert-Normen" eine zentrale Stelle einnehmen.

a) Die Überzeugungs-Werte-Matrix (belief-value matrix) wird von Tolman nicht definiert, sondern nur illustriert, jedoch so, daß sich verallgemeinerte Aussagen daraus gewinnen lassen. Der Ausdruck „belief" ist im großen und ganzen bedeutungsgleich mit dem, was Tolman früher als „means-end readiness" (1932) bezeichnet hat. „Operational" definiert er „belief" „als eine Verbindung, die von einer Bereitschaft, hinsichtlich eines bestimmten Gegenstands-Typus (als Ziel) wahrzunehmen und zu handeln, auf eine

(andere) Bereitschaft verweist, hinsichtlich anderer Gegenstands-Typen (als Mittel) wahrzunehmen und zu handeln" (1962, 293). „Wert" bezieht sich entsprechend auf diejenigen Gegenstände oder Situationen, denen sich der Handelnde in Hinblick auf die jeweilige Bedürfnis-Aktivation und auf seine entsprechenden Überzeugungen nähert bzw. von ihnen entfernt.
b) Wert-Normen. – Zu den Grundbedürfnissen, die bei der Aktivation verschiedener Bedürfnisse mit ins Spiel treten, zählt Tolman ein Bedürfnis nach Ortsbestimmung i. w. S. (placing need, exploratory need). Zu diesem Bedürfnis, den Dingen einen „Platz" zuzuweisen bzw. diesen auszumachen, entwickeln sich Überzeugungs-Werte-Matrizen und Verhaltens-Räume, „in denen Befriedigung durch die bloße Platzanweisung (placing) von Gegenständen nach ihren Qualitäten, Richtungen und Entfernungen zu erlangen ist" (a. a. O. 343). Unter kognitiven Wert-Normen versteht Tolman nun solche „placing matrices", die den Gegenständen in bestimmten Hinsichten ihren topos zuweisen. (Der übertragene Sinn der Ortsbestimmung wird durch Tolmans Verwendung von „location" deutlich, das in der Art der topologischen Terminologie Lewins meint: „räumliche, mechanische, mathematische, logische, soziale u. ä. Richtungen und Entfernungen zwischen Objekten bzw. zwischen Objekten und dem Handelnden selbst" (ebda.).

Zu dem rein kognitiven Ortsbestimmungs-Bedürfnis treten entsprechende „ästhetische" und „moralische" mit ihren jeweiligen Matrizen. Im einen Fall werden die Gegenstände hinsichtlich ihrer Genießbarkeit, Annehmlichkeit, nach dem von ihnen zu erwartenden „Lustgewinn" eingeschätzt; im anderen Fall werden sie auf die zu gewärtigende Zustimmung, auf die Billigung durch andere Handelnde hin beurteilt. Die Befriedigungen, so meint Tolman (344), sind dabei durchaus vergleichbar, gleich ob sich die Überzeugungen auf die Schönheit oder Häßlichkeit, die Tugendhaftigkeit oder Sündhaftigkeit bzw. die Wahrheit oder Falschheit der betreffenden Sachverhalte beziehen. Der Tendenz als solcher, Dingen und Personen ihren Ort in kognitiver, ästhetischer und moralischer Hinsicht zuzuweisen, kommt Bedürfnis-Charakter zu.

Für solche Ortsbestimmungen hält nun die jeweilige Kultur ihre Anweisungen in Form von Normen bereit, die wir von klein auf lernen. Zwei Faktoren sind dabei von besonderer Wichtigkeit. Der eine ist die *Sprache.* Jede Kultur verfügt dadurch, daß sie den Dingen Namen gibt, über „symbolische Möglichkeiten, die Aufmerksamkeit ihrer Angehörigen auf von ihr bevorzugte Unterscheidungs- und Generalisations-Einheiten zu lenken" (345). „Was" einer sieht, „wie" er es von anderem unterscheidet und auf welche anderen „was" es verweist, wird rein durch die Häufigkeit der Benennung „placiert". Zweitens hält jede Kultur *Sanktionen* bereit, die alle Unterscheidungen, Verallgemeinerungen und Überzeugungen, die in ihrem Sinne sind, „belohnt" und davon abweichende durch Mißbilligung zu unterdrücken sucht. Daraus folgt, daß das Ausmaß des Erwerbs von Wert-Normen einer Kultur-Gemeinschaft sehr stark von der Größe des Bedürfnisses des Handelnden nach sozialer Billigung und damit von seiner Empfindlichkeit für Sanktionen abhängt (ebda.).

Eine noch so gute Kenntnis der Wert-Normen führt nicht eo ipso zu entsprechendem Handeln: die Wahrheit wissen und sie aussprechen, das Gute kennen und es tun ist in der alltäglichen Regel zweierlei. „Utilitäre" Bedürfnisse stehen dagegen. „Um zu handeln, bedarf der Handelnde nicht nur der Wert-*Normen,* sondern auch der hier und jetzt aktivierten Werte. Seine utilitären wie seine Placierungs-Bedürfnisse müssen geweckt sein", faßt Tolman die Rolle der Werte und Wert-Normen in der Motivation des Handelns noch einmal zusammen (346). Vergleicht man die psychologische Wert-Theorie Tolmans mit der allgemeineren der Parsons und Kluckhohns, dann hat Tolman das Werten wohl am tiefsten im menschlichen Handeln dadurch verwurzelt, daß er der Zuweisung kognitiver, ästhetischer und moralischer topoi bereits Bedürfnis-Charakter zugesprochen hat. Daß es ein „place learning" schon bei infrahumanen Lebewesen gibt, das „latent" auch außerhalb einer „utilitären" Situation erfolgt, hat Tolman wohl ursprünglich – wie später Harlow, Berlyne u.a. – zum Ansatz einer bedürfnisartigen Orientierung (exploratory need) geführt. Daß diese Orientierung sich beim Menschen immer nach Hinsichten vollzieht, die sich in Form von Überzeugungen von der Verschiedenwertigkeit der Befriedigung versprechenden Gegenstände realisieren, hat das Modell des „belief-value matrix" entstehen lassen. Die Tatsache schließlich, daß das menschliche Lernen wesentlich sprachliches bzw. sprachlich vermitteltes Lernen von Unterscheidungen und Verallgemeinerungen ist, macht die vielbemühte Übernahme von kultur-spezifischen Wert-Normen zu einem rein lernpsychologisch zwingenden Prozeß. Deshalb vermag auch Hill (1960) die verschiedenen Bezeichnungen, die für den Erwerb von Werten und Werthaltungen Verwendung finden (Identifikation, Introjektion, Internalisierung), durch die sinnvolle Bemühung lerntheoretischer Kategorien zu ersetzen.

Durch den im Laufe der Entwicklung sich vollziehenden Erwerb von Werthaltungen werden „Wert-Systeme", die einzelne Interessen und Einstellungen umgreifen, zu wesentlichen Zügen der sozialisierten Persönlichkeit. Neuere Einstellungs-Theorien setzen sich mit diesem Struktur-Problem immer intensiver auseinander.

Obgleich Tolmans Entwurf und die darauf teilweise aufbauenden Wert-Erwartungstheorien (expectancy × value theories) eher als die von Hull ausgehenden „drive × habit"-Theorien geeignet sind, das antizipatorisch-propositionale Moment wertbezogenen Handelns theoretisch zu erfassen, sind auch diese als reine Werttheorie fragmentär geblieben. Den Hauptgrund hierfür sehen wir in der behavioristisch motivierten Beschränkung auf das beobachtete Appetenz- bzw. Präferenzverhalten, aus dem allein Werte und Valenzen erschlossen werden sollen.

Der Rekurs auf ein prinzipiell artikulierbares Wertbewußtsein und Werterleben unterbleibt, selbst die „Erwartung" des „Guten" oder „Schlechten" ist noch kein i.e.S. kognitionstheoretisches Konstrukt. So ergeben sich für diese Werttheorie zwei gravierende Schwierigkeiten:
a) Wertorientiertes Handeln wird im gegebenen Rahmen, der nicht mehr klassisch verhaltens- und noch nicht konsequent handlungstheoretisch konzipiert ist, primär über schlichtes Begehren und Präferieren, d.h. ohne von Erlebnisdeskriptionen Gebrauch zu machen, operationalisiert. Der ganze Bereich moralischen Räsonierens, wie etwa Rechtfertigungen liefern, Absichten äußern, Intentionen zuschreiben oder Reue ausdrücken (z.B. Klass, 1978), wird somit aus methodologischen Erwägungen ausgeklammert. Bedenklicher ist jedoch, daß die von Dewey (1939, 30ff.) und Kluckhohn (1962[5]) getroffene wichtige Unterscheidung von Gewünschtem und Wünschenswertem oder, wie

man auch sagen darf, zwischen „Präferenzen ersten" und „Präferenzen zweiten Grades" bzw. „höherer Ordnung" nicht mehr *systematisch* berücksichtigt werden kann.

„R. Jeffrey hat kürzlich den interessanten Versuch unternommen, die rationale Entscheidungstheorie durch Hinzunahme solcher Präferenzen höherer Ordnung weiterzuentwickeln. Da es sich hierbei vermutlich *um die wichtigste Komponente des Personbegriffs handelt,* die außerdem für die Analyse rationaler menschlicher Entscheidungen von fundamentaler Bedeutung ist, dürften genauere Untersuchungen über Präferenzen höherer Ordnung... Bemühungen zum Thema ‚Verstehen und Erklären' nicht nur befruchten, sondern sich darüber hinaus für deren Erfolg als unentbehrlich erweisen" (Stegmüller, 1975, 141; Hervorhebg. durch die Ref.).

Das aber bedeutet, daß die behavioristische Werttheorie *den* Bereich „wertrationalen Handelns" (Weber) und damit das, was den Menschen zu einer virtuell *moralischen* Person macht, angemessen zu erklären nicht in der Lage ist.

b) Während Tolman das Verdienst zukommt, das Problem der Antizipation lerntheoretisch thematisiert zu haben, hat er das nah verwandte der Reflexivität, der Rückwendung auf das eigene Verhalten, weitgehend unberücksichtigt gelassen. Die sich verhaltende Person ist auch bei ihm ein lineares input-output-System, ein zwar „kognitivierter", aber dennoch mechanischer Apparat, der von den Folgen seines Verhaltens zwar systematisch beeinflußt, aber nicht über sie *informiert* ist.

Selbstreflexivität im engeren Sinne des selbstkontrollierten, an Sollwerten sich messenden Verhaltens, konnte erst nach der kybernetischen Wende in das Blickfeld der Lerntheorie gelangen (s. u.). So gelangt Hilgard (1963, 277) zu einem skeptischen Resümee über den Beitrag der ‚großen' Lerntheorien zum Bereich Wert und Motiv: „Our learning-theories have been particularly weak in dealing with hierarchies of value, with overlapping motives (of both short-range and long-range significance), the kinds of motives that characterize the human individual with continuous memories, with the capacity to bind the past through the present with the future."

3.2 Selbstkontrolliertes Verhalten als wertbezogenes Handeln

Humanpsychologisch relevante lerntheoretische Beiträge zum Problem wertorientierten Handelns sind erst ab Ende der sechziger Jahre vorgelegt worden. Mittelpunkt dieser Arbeiten bildet die Vorstellung von der Selbstregulation des Verhaltens, die dem *klassisch* behavioristischen Paradigma rigoroser Umweltkontrolle diametral entgegengesetzt ist.

Sorgfältig kontrollierte Beobachtungen an Kindern legen nahe, daß selbst diese „weit entfernt davon sind, sich rein hedonistisch zu verhalten, sondern ebenso wie Erwachsene *Ansprüche an sich stellen und komplexe und oftmals auch strenge Kontingenzen ihrem eigenen Verhalten auferlegen*" (Mischel & Mischel, 1976, 92, Hervorhebg. durch die Ref.; vgl. auch Bandura & Walters, 1963; Mischel & Liebert, 1966).

Selbstreguliertes Verhalten wird in diesem Zusammenhang verstanden als solches, das gerade nicht durch die bloße Kontingenz von Reizsituationen, Bedürfnisdruck und Gewohnheit determiniert ist (s. o.), sondern umgekehrt als solches, „das in der Annäherung an oder im Ertragen einer unmittelbar aversiven Situation besteht, um zeitlich entfernte Vorteile zu genießen, oder einen Verzicht auf eine unmittelbar belohnende Situation beinhaltet, um zeitlich entfernten Nachteilen (negative outcomes) zu entgehen" (Kanfer & Karoly, 1972, 408). Es ist unschwer zu erkennen, daß unter dieser Umschreibung auch ältere (moral-)psychologische Untersuchungsbereiche wie „ego-strength" (William James, 1890), „resistance to temptation" (z.B. MacKinnon, 1938, Grinder, 1962; Mischel & Gilligan, 1964) und „delay of reward" (z. B. Maller, 1934; Brock & Delgiudice, 1963) neu zur Geltung gelangen.

Um Verhaltensmuster der genannten Art lerntheoretisch angehen zu können, legten Kanfer & Karoly (1972) ein außerordentlich „expandiertes behaviorales Modell" vor, das in bewußt enger Anlehnung an kybernetische Kategorien entwickelt wurde. Es besteht im wesentlichen aus drei Komponenten:

Selbstbeobachtung: Die Person nimmt ihre eigenen vorausgegangenen Handlungen als Rückmeldung (response feedback) retrospektiv und selbstreflexiv wahr.

Selbstbewertung: Sie bemißt ihre Handlungen an Sollwerten (performance standards, comparison criteria) und beurteilt, ob sie den gegebenen subjektiven Standards entsprechen oder nicht.

Selbstbekräftigung: Das getroffene Urteil fungiert sodann als Diskriminationsreiz für Selbstbelohnung bzw. Selbstbestrafung, wodurch ihre weiteren Aktivitäten ausgerichtet werden: Im erfolgreichen Fall beendet die Person die Verhaltenskette, im erfolglosen wiederholt sie die vorausgegangene Reaktion. Sie ist Sanktionsobjekt und Sanktionssubjekt in einem.

Statt auf die Details des Selbstregulationsmodells näher einzugehen, ziehen wir es vor, gleich der Frage nachzugehen, welche faktische und virtuelle Bedeutung ihm für eine psychologische Werttheorie zukommt, wobei vielleicht anzumerken ist, daß deren Beantwortung durch die ziemlich undisziplinierte Verwendung von Begriffen wie (Leistungs-)Standards, (Vergleichs-)Maßstab (comparison criterion), Regel, (Bezugs-)Norm etc. unnötig erschwert wird.

Zwei Möglichkeiten der Verortung der Wertproblematik in der Selbstregulationsforschung bieten sich an: Die eine, von Mischel im vagen Rekurs auf von Wright (1963) angedeutete, besteht in der bündigen Gleichsetzung von selbstreguliertem mit moralisch wertvollem Handeln („all virtues are forms of self-control", Mischel & Mischel, 1976, 92). Dem ist allerdings nur bedingt zuzustimmen: Selbstregulation stellt eine notwendige, aber keine hinreichende Bedingung werthaften Handelns dar, denn der, der sein Verhalten/Benehmen selbst an einem rigorosen subjektiven Wertmaßstab ausrichtet, kann trotzdem „infolge absurder Ansichten über das moralisch Richtige ein für alle Betroffenen höchst unheilvolles Handeln an den Tag legen" (Stegmüller, 1969, 510). So betrachtet, kann das reine Selbstregulationsmodell allenfalls eine Version des ethischen Solipsismus beschreiben, ein Gedanke, der hier nicht weiter verfolgt werden soll.

Die zweite, u. E. sinnvollere Möglichkeit besteht darin, die Wertproblematik konkreter an den Standards festzumachen, anhand derer die „Güte" der eigenen Reaktionen „bewertet" wird.

Zwar werden die „selbstauferlegten Kriterien" (Mischel & Mischel) als Angelpunkte der Selbstregulation herausgestrichen, allein die theoretische Ausführung und empirische Bearbeitung bleiben rudimentär; über ihre psychologische Gegebenheitsweise (Erlebnisqualitäten, Kognitivität etc.), über deren ontologischen und wissenschaftslogischen Status erfahren wir sehr wenig.

Kanfer & Karoly (1972) heben den unabdingbaren, motivierenden Effekt eines „Leistungsversprechens" (performance promise) für das Gelingen der Therapie hervor, innerhalb dessen die Standards zur Erleichterung der Selbstbewertung und Methoden zum Erreichen des gewünschten Ziels festgelegt werden. Exemplarisch werden Standards eingeführt durch Ziele wie etwa Aufgabe des Rauchens, ein bestimmtes, gesundheitsförderndes Körpergewicht oder als zeitlich definierte Arbeitsdisziplin. Mischel & Mischel (1976) vermerken lediglich, Standards würden von bedeutsamen Modellen geprägt und resultierten aus der Sozialisationsgeschichte des Individuums, unterlassen es jedoch, die hier naheliegende Verbindung zu den vielfältigen Befunden der Sozialisationsforschung und Entwicklungspsychologie (z. B. Hoffman, 1976; Duska & Whelan, 1977; Portele, 1978) herzustellen. Angesichts dieser vagen und oberflächlichen Beschreibung von Standards drängt sich die Frage auf, woher solche Maßstäbe ihre motivierende und richtende Kraft beziehen (vgl. Halisch et al., 1976, 155 ff.). Daß ein Blick auf den Zeigerausschlag einer Waage und ein in foro interno ausgerufenes „weiter so" bzw. eine manifeste Gratifikation allein einen notorisch Übergewichtigen dazu veranlassen könnten, eingeschliffene Gewohnheiten aufzugeben, wirkt trotz nachgewiesener Effizienz dieser Verhaltensänderungstechnik (Hartig, 1973) sehr unwahrscheinlich. Es liegt daher die Idee nahe, in diesen Standards mehr, nämlich „Operationalisierungen" vorweggenommener abstrakter Handlungsfolgen bzw. konkrete Motive, die auf globale, aber „höhere" Werte wie etwa Gesundheit, Schönheit oder soziale Anerkennung verweisen, zu sehen. Diese Interpretation erfährt eine gewisse Bestätigung in der Formulierung Kanfer & Karolys, wonach Selbstregulation erfolgt bzw. Standards eingehalten werden „in order to achieve a long-range positive outcome" oder „in order to avoid long-term negative outcomes".

Aus dieser Perspektive imponieren Standards als symbolische Mittel, persönlich oder gesellschaftlich vorgegebene und schon anerkannte Ziele (Werte) zu erreichen, und die Technik der Selbstregulation als Methode, den Hiatus zwischen abstrakten, persönlichkeitsfernen Wertvorstellungen und hic et nunc aversiven Situationen oder Handlungen zu überwinden. Für diese Vermutung spricht der Umstand, daß die Implementierung von allgemeinen Wertvorstellungen über Mechanismen erfolgt, die sich von denen der Einübung in Selbstregulation ganz erheblich unterscheiden (vgl. Lewin & Grabbe, 1945), ebenso wie die leidige Erfahrung der Kluft zwischen moralischer Rede und wertorientiertem Handeln (vgl. Mischel & Mischel, 1976, 101 ff.). Betrachtet man also Einübung in Selbstkontrolle als Erweiterung oder Wiedererlernen eines Sprachspiels, dessen Kernbegriffe – gesellschaftliche Werte – bereits bekannt sind, so muß man der Selbstkontrollforschung das Verdienst zusprechen,

- mit Erfolg darauf aufmerksam gemacht zu haben, daß Werte nur dann motivierend und regulierend handlungsrelevant werden können, wenn sie in einer konkreten, bewußt erfahrenen Situation in konkretisierter Weise symbolisch präsent sind (vgl. auch Lindsay, 1977),
- entsprechende Self-management-Techniken hervorgebracht zu haben,
- die alte Kontroverse zwischen „Situationisten" und Persönlichkeitstheoretikern (Charakterologen) konstruktiv fortgeführt zu haben (vgl. Mischel, 1973; Mischel & Mischel, 1976): Die von ersteren betonte Situationsspezifität des Verhaltens läßt sich in gewissem Maße durch In-Rechnung-Stellen der „idiosynkratischen Organisation" (Mischel & Mischel) subjektiver Standards und Werte als zeitlich und situativ *subjektiv konsistent* verstehen, eine Tatsache, auf die schon Kelly (1955) hingewiesen hatte.

Ein berechtigtes Unbehagen an der Selbstkontrollforschung ergibt sich aus der ebenso vagen wie orthodox-behavioristischen Bestimmung der Natur der hypostasierten intervenierenden Prozeßvariablen Selbstbeobachtung, Selbstbewertung und interne Selbstbekräftigung; denn diese werden nach dem Beispiel der älteren Mediationstheorien umstandslos als in den Organismus verlegte Reiz-Reaktionsereignisse angesetzt, für die die gleichen Lerngesetze gelten sollen wie für manifestes Verhalten (vgl. Kanfer & Karoly, 1972). Dieser Lapsus ist unnötig und bedenklich, denn er beweist einmal mehr, mit welcher Hartnäckigkeit lerntheoretische Anomalien ignoriert werden (Palermo, 1971; Weimer & Palermo, 1974; Breger & McGaugh, 1965). Mehr noch: Es drängt sich die Frage auf, ob intentionale Bewußtseinsakte („ich will den Sollwert x erreichen", „ich werde mich jetzt verstärken") nicht notwendigerweise erst sprachlich konstituiert (vgl. Wittgenstein, Phil. Gram., Abschnitt VII, VIII;

Peters, 1958), d. h., ob sich selbstgesetzte Standards (self generated motivations and standards), Urteile (judgements) und Selbstkritik (self-laceration) sprachfrei überhaupt denken lassen. Falls diese Frage negativ zu beantworten ist, wird man bedenken müssen, daß man von einer behavioristischen Sprachtheorie, die etwas Licht in die black box bringen könnte, entfernter ist denn je (Chomsky, 1977).

Eine der gravierenderen Folgen des „szientistischen Selbstmißverständnisses" der Selbstkontrollforschung ist darin zu sehen, daß die in letzter Zeit immer häufiger beklagte Unverbundenheit psychologischer Forschungsergebnisse unnötig aufrechterhalten wird: Würde von den behavioristisch sich verstehenden Autoren nicht bloß ein „inner life" (Kanfer & Karoly, a. a. O., 406), ein „subjektiver Behaviorismus" (vgl. Graumann, 1965 b), sondern weitergehend ein „mental life" (James, 1890; vgl. McClelland, 1951; G. A. Miller, 1966) methodologisch akzeptiert werden können, so ließe sich nahezu bruchlos eine Verbindung herstellen zu den motivationstheoretisch überaus fruchtbaren, „mentalistischen" Arbeiten zur Leistungsmotivation und Attribution (Jones et al., 1972; Harvey, Ickes & Kidd, 1976), zum Problem der persönlichen Verursachung (DeCharms, 1968; DeCharms & Shea, 1976) und schließlich zu dem Bereich Selbstwertgefühl und Identität (Turner, 1968; Weston, 1975; Groeben & Scheele, 1977, 223 ff.). Mit anderen Worten: Eine kognitionstheoretisch konzipierte Selbstregulationsforschung könnte nicht allein die motivationale Bedeutung von Standards und Wertkonzepten, sondern darüber hinaus die Gesamtheit kognitiver „personaler Konstrukte" (Kelly) in ihrem Zusammenspiel analysieren. Erste Ansätze zu einer Synopse einiger dieser unter Motivationsgesichtspunkten eng verbundenen Fragestellung finden sich bei Görlitz (1974), Halisch et al. (1976) und Rokeach (1978).

Abschließend möchten wir noch auf einen weiteren Aspekt eingehen, in dem sich die bisher ungelöste Kernproblematik der Selbstkontrollforschung fokussiert. Wir meinen die bloß noch allegorische Verwendung ursprünglich unterscheidungskräftiger verhaltenstheoretischer Terme, die allmähliche, inexplizite Verkehrung alter behavioristischer Vorstellungen in deren Gegenteil: So interessieren nicht mehr die unabhängigen und intervenierenden Variablen, die das Verhalten des Organismus determinieren, sondern vielmehr wie die Person „gelehrt" werden kann, selbst „die Variablen zu kontrollieren, die ihr eigenes Verhalten ändern", damit sie in die Lage versetzt wird, aus eigener Kraft „Verhaltensketten zu durchbrechen" und „unmittelbar aversiven Kontingenzen zuwiderzuhandeln". Hierzu „initiiert" das Individuum kontrollierende Reaktionen und entwickelt gegebenenfalls „selbstgenerierte Motivationen und Standards" bzw. führt „selbstgenerierte Verstärkungsereignisse" herbei (vgl. Kanfer & Karoly, 1972). In solcher Begriffsverwirrung und -vielfalt rächt sich das Beharren auf der behavioristischen Doktrin bei gleichzeitiger, halbherziger Anwendung auf eine Domäne, die in der natürlichen Sprache als kognitiv-voluntativer Komplex imponiert, weil einige der „indisponiblen Kernannahmen" (vgl. T. Herrmann, 1976) der Verhaltenstheorie – z. B. universelles Kausalitätsprinzip, materieller Monismus – mit den den Forschungsbereich

Selbstkontrolle/Autonomie konstituierenden Annahmen – z. B., daß es möglich sei, einen Kausalprozeß willentlich in Gang zu setzen*) – logisch unverträglich sind.

Secord (1977) hat den zentralen Widerspruch der verhaltenswissenschaftlichen Selbstkontrollforschung prägnant formuliert: „The incorrect syllogism reads as follows: 1. All behavior is a function of reinforcement contingencies. 2. Clients are free to arrange their own reinforcement contingencies. 3. Therefore, clients can change their behavior by changing reinforcement contingencies. Obviously, the first and second premises contradict each other, and therein lies the paradox. If all behavior is a function of reinforcement contingencies, then clients are not free to rearrange their reinforcement contingencies."

Alles dies heißt freilich nicht, daß eine verhaltenstheoretische Erklärung „selbstgeregelten" Verhaltens, die kybernetische Ideen verwendet, *prinzipiell* unvorstellbar sei, sondern lediglich,

- daß die kausalanalytische Betrachtungsweise nicht über den deus ex machina selbstgenerierter Prozesse willkürlich abgebrochen werden und damit der alte mentalistische „Geist" in der Regression auf Descartes *heimlich* in die „Maschine" zurückgeholt werden darf (Ryle; vgl. Popper & Eccles, 1977, 104 ff.)
- daß in dem Maße, wie es rigoros lerntheoretischer Forschung tatsächlich gelingt, „scheinbar" selbstgeregeltes Verhalten („Autonomie") gesetzmäßig („nomothetisch") zu erklären, der Forschungsgegenstand aufgelöst, als Illusion erkannt wird (Skinner, 1971).

Die Erfolgschance einer rein verhaltenstheoretischen Untersuchung des behavioristischen Äquivalents wertbezogenen bzw. an Regeln oder Standards orientierten Handelns schätzen wir indessen gering ein, da

- der verhaltenstheoretische Ansatz selbst einer „degenerativen Problemverschiebung" (Lakatos) unterliegt (Groeben & Scheele, 1977).
- die Frage der Übersetzbarkeit intentionalen Handelns in eine verhaltenstheoretisch akzeptable Sprache („Behaviorese") noch weitgehend ungelöst ist (Chisholm & Sellars, 1958; Giegel, 1969; von Wright, 1974).
- die lerntheoretische Bearbeitung von Wertphänomenen genau dann anfing, humanpsychologisch bedeutsam zu werden, als sie ihre methodologischen Grenzen unbewußt überschritt.

In Reaktion auf die restringierenden Effekte behavioristischer Methodologie haben eine Reihe von Autoren, die im Bereich Selbstregulation, Wert- und Moralpsychologie vornehmlich arbeiten (z. B. Hogan, 1973; Wright, 1971; Mischel & Mischel, 1976), den Begriff der Regel in ihre theoretischen Entwürfe aufgenommen. Da aber erst in diesen Jahren im Rückgriff auf verstreute Bemerkungen Wittgensteins versucht wird, systematischer zu explizieren, was es heißt, „einer Regel folgen" (Peters, 1958; Toulmin, 1974; Heringer, 1974; Colett, 1977), und welche methodologischen Konsequenzen die Einführung von „Regel" als sozialwissenschaftlichem Grundbegriff mit sich bringt, bleiben

*) vgl.: „. . . so schafft sich die Vernunft die Idee von einer Spontaneität, die von selbst anheben könne zu handeln" (Kant, KdrV, Werke Bd. 2, 489).

jene Entwürfe in ihrem Eklektizismus theoretisch unbefriedigend, auch wenn sich in ihnen neue, fruchtbare Perspektiven ankündigen.

Zu dem perennierenden Methodenstreit der Psychologie meinte Skinner (1964, 79) einmal:

„If psychology is a science of mental life – of the mind, of conscious experience – than it must develop and defend a special methodology, which it has not yet done successfully. If it is, on the other hand, a science of the behavior of organisms, human or otherwise, than it is a part of biology, a natural science for which tested and highly successful methods are available".

Diese programmatische Feststellung behält dann ihre Richtigkeit, wenn man nicht vergißt, daß die an den Naturwissenschaften orientierte Wissenschaftslehre, von der hier zuletzt die Rede war, ihre Leistungsfähigkeit bisher weitgehend außerhalb der Psychologie unter Beweis gestellt hat, und wenn man das wachsende Bemühen um eine Methodologie, die denkende, wertende und handelnde Personen – und nicht bloß Organismen – zum Gegenstand erklärt, nicht übersieht (Taylor, 1964; Harré & Secord, 1972; von Wright, 1974; Groeben & Scheele, 1977).

3.3 Das Lernen werthaften Handelns

Innerhalb der Lerntheorien wurden Wertphänomene zuerst lediglich qua Analogiebildung zwischen tierischen und menschlichen Verhaltensweisen angesprochen (Holt, 1931; Miller & Dollard, 1941). Danach begann die Beziehung zwischen Ehrlichkeit und bestimmten Erziehungsmomenten, insbesondere dem der mütterlichen Wärme, zu interessieren (Sears, Maccoby & Levin, 1957; Grinder, 1962; Sears, Rau & Alpert, 1965); ein Umstand, der sich vermutlich dem Antagonismus zwischen den in der Entwicklungspsychologie lange dominierenden psychoanalytischen Grundvorstellungen einerseits und den Ergebnissen der klassischen, behavioralen Studie von Hartshorne & May 1928 andererseits verdankt. Die Ergebnisse solcher Untersuchungen erbrachten jedoch kein einheitliches Bild (vgl. Burton, 1976, 187 ff.), sondern gaben vielmehr zu der Vermutung Anlaß, daß spezifischere lerngeschichtliche Erfahrungen zur Erklärung werthaften Handelns in Rechnung gestellt werden müßten. In diesem Zusammenhang wurde dann genauer geprüft, welche Wirkungen zeitliche Modalitäten von Bestrafung auf die Fähigkeit ausüben, sich Versuchungen zu widersetzen (resistance to temptation), und wie sie mit der Genese von Schuld- und Angstgefühlen zusammenhängen. In Tierexperimenten konnte nämlich gezeigt werden, daß Bestrafung kurz vor einem Verstoß gegen experimentell gesetzte „Normen" zu hohem Widerstand gegen Übertretung führte und im Übertretungsfall schwache „Schuldgefühle" nach sich zog, wohingegen dann, wenn Bestrafung nach dem Vollzug des „schlechten" Verhaltens erfolgte, genau der gegenteilige Effekt auftrat (Solomon, Turner &

Lessac, 1968). Entsprechend angelegte Experimente mit Kindern erbrachten allerdings keine so eindeutigen Resultate. Der Grund hierfür wurde meist in den unter experimentellen Gesichtspunkten störenden Begründungen gesehen, die im Erziehungsalltag Sanktionen zu begleiten pflegen.

Wenn beispielsweise „eine Mutter während des Bestrafens die Handlung des Kindes als schlimm bezeichnet, erklärt, was sie mit dem Ausdruck meint und Gründe dafür angibt, weshalb Stehlen schlecht sei, dann wird für das Kind der Begriff (notion) Stehlen und insbesonders die Idee ‚ich stehle' mit Angst assoziiert werden ... Später, wenn das Kind allein ist und in Versuchung gerät zu stehlen, dann ist es das unentrinnbare Wissen, daß die Handlung einen Diebstahl bedeutet, das die hemmende Angst auslöst. Daraus folgt, daß der Zeitpunkt des Bestrafens etwas weniger wichtig wird, wenn auch nicht ganz unwichtig; die Frage ist jetzt aber, welche der beiden Ideen ‚ich bin im Begriff zu stehlen' und ‚ich habe gestohlen' stärker mit Angst assoziiert ist" (Wright, 1971, 41).

In der hier gebrauchten Rede von „Ideen", „Begriff von Stehlen" und „unentrinnbarem Wissen" zeigt sich erneut die Schwierigkeit, wenn nicht die Unmöglichkeit, werthaftes Handeln ohne Bezugnahme auf interne symbolische Repräsentation und „internalisierte Kontrollinstanzen des Benehmens" (Aronfreed) zu erfassen.

Von Bandura stammt der wohl umfassendste Versuch, innerhalb des lerntheoretischen Rahmens, speziell über das von ihm entwickelte Paradigma „Lernen am Modell", das bekanntlich von der alten Unterscheidung zwischen Kompetenz und Performanz Gebrauch macht, aber auch differenzierte Verstärkungsmechanismen vorsieht (Bandura, 1969, 128 ff.; 1971) zu erklären, wie gütekriterienbezogenes und werthaftes Handeln gelernt werden kann (Bandura & Walters, 1963; Bandura & Perloff, 1967; Bandura, 1969). Eine in diesem Zusammenhang oft benutzte Versuchsanordnung sieht vor, daß ein erwachsenes Modell Kindern bestimmte Verhaltensweisen demonstriert und sich selbst, bestimmten Richtlinien folgend, verstärkt. Anhand solcher Experimente konnte wiederholt gezeigt werden, wie Kinder beobachtend gütekriterienbezogene Verhaltensmuster latent erlernen und wie sie hierbei die vom Modell eingesetzten Standards übernehmen. In einer Vielzahl von Untersuchungen wurden eine ganze Reihe von Variablen des Beobachtungslernens, wie etwa diverse Modell- oder Beobachtereigenschaften, weiterer Analyse unterzogen, worauf in diesem Zusammenhang nicht näher eingegangen werden soll (vgl. hierzu Bandura & Walters, 1963; Bandura, 1969). Hier sei lediglich das erziehungspraktisch bedeutsame Ergebnis eines Experiments von Mischel & Liebert (1966) genannt, in dem die Wirkungen pharisäerhafter Erziehungsgewohnheiten beleuchtet wurden. Die Autoren konnten nachweisen, daß Kinder nur dann Standards übernehmen und hohe Ansprüche an ihr eigenes Verhalten richten, wenn die Modelle rigorose Verhaltensstandards den Kindern und dieselben sich selbst ebenfalls auferlegen; wenn dagegen eine Kluft bestand zwischen den von den Modellen praktizierten und den von ihnen propagierten Standards, so neigten die Beobachtenden dazu, die weniger strengen Richtlinien zu übernehmen.

Das von Bandura angebotene theoretische Rationale des Beobachtungslernens besagt, Menschen verfügten über zwei interne Repräsentationssysteme, mittels derer sie Abbilder (blue-prints) beobachteter Ereignisse aufzeichnen, welche später dann unter gegebenen motivierenden Umständen abgerufen und in manifestes Verhalten umgesetzt werden können (Bandura, 1969, 126 ff.). Diese „Kontiguitäts-Mediations-Konzeption" des Lernens erlaubt nun zweifellos, die Übernahme bestimmter Verhaltensweisen und „beobachtbarer" Gütekriterien, wie etwa eine kritische Marke in einem Geschicklichkeitsspiel, theoretisch zu erfassen. Sie gerät jedoch sogleich in Schwierigkeiten bei der Frage, wie aus einer begrenzten Anzahl von Beobachtungen werthaften Handelns auf neue und andere Situationen, Konflikte, Rollenträger usw. verallgemeinert werden kann, denn es erscheint ebenso unwahrscheinlich, daß es einem Kind im Laufe seiner Entwicklung möglich sein soll, alle sozial geforderten werthaften Verhaltensweisen zu beobachten, wie es unmöglich erscheint, das Problem der Verallgemeinerung mit den klassischen, asemantischen Konzepten der Reiz- bzw. Reaktionsgeneralisierung zu lösen.

Zwar bestätigen Bandura (1969, 136; 1971) und Mischel & Mischel (1976) den generativen Charakter von Verhaltensweisen, wenn sie beispielsweise betonen, „daß die Ergebnisse des Beobachtungslernens eher eine *neue Organisation der Information* durch den Beobachter und *regelgeleitete Performanz* implizieren, als daß sie bloß beobachtete Reaktionen widerspiegelten" (Mischel & Mischel, 1976, 86); es bleibt jedoch im Dunkeln, wie die vernünftige Transformation eines beobachteten Inputs in situationsadäquates neues Handeln theoretisch nun zu denken sei. Obgleich Mischel in seinen diesbezüglichen Arbeiten (vgl. 1973; Mischel & Mischel, 1976) sehr oft von „competence", „performance", von „cognitive and behavioral construction competencies" und vom „Generieren" von Verhaltensweisen spricht, und somit Kernbegriffe der generativen Transformationsgrammatik gebraucht, vollzieht er nicht den naheliegenden Schritt zu einer „grammar of values" (von Mering) bzw. einer „grammar of morals" (R. Brown; vgl. Portele, 1971). Diese wäre dann nicht mehr als das in Banduras Theorie implizierte Verhaltensrepertoire zu verstehen, in dem eine Vielzahl modellierter Verhaltensmuster gleichsam unverbunden gespeichert vorliegen, sondern eher als basales Regel- und Wertsystem, aus dem sich situationsspezifische Verhaltensrichtlinien konstruktiv ableiten lassen. Ansätze zu einer Theorie der moralischen und/oder Interaktionskompetenz, die der Idee einer universellen Pragmatik nahekommen, finden sich bei Kohlberg (1976) und Cicourel (1973).

Ein weiteres Bedenken gegen die Erklärungskraft des Banduraschen Lernmodells stellt sich bei der Frage ein, ob ein Kind durch bloße *Beobachtung* von Modellverhalten, die Lob und Tadel, Selbstgefälligkeit und Scham bedingenden ethischen Prinzipien, wie etwa Absichtlichkeit, Zurechnungsfähigkeit etc., erlernen kann. Um von elterlicher Fremdverstärkung zur Selbstverstärkung fortschreiten zu können, muß ja das Kind die Prinzipien, die das elterliche Sanktions- und Gratifikationsverhalten anleiten (contingency rules) sich bereits angeeignet haben. Da die ethischen Prinzipien, welche die Bewertung von Handlungen bestimmen, jedoch von weit höherer Komplexität sind als die eindimensionalen Gütekriterien, von denen in den meisten Experimenten Gebrauch gemacht wird, dürfte es unumgänglich werden, dem Lernen moralischer Begriffe weit größere Beachtung zu schenken (Flavell, 1974; Secord & Peevers, 1974; Kohlberg, 1976).

Trotz der unbezweifelten Verdienste, die sich Bandura und seine Mitarbeiter dadurch erworben haben, daß sie die Leistungsfähigkeit laborexperimenteller und lerntheoretischer Ansätze durchaus kreativ unter Beweis gestellt haben, sehen wir uns angesichts der kurz angerissenen prinzipiellen Unzulänglichkeiten gezwungen, den Wert lerntheoretischer Erklärungsmodelle in dem hier zur Diskussion stehenden Bereich mit Aronfreed eher pessimistisch einzuschätzen:

„Although these learning-theoretical approaches generally assume that their mechanisms of learning will cope with the transmission of values from socializing agents to children, they do not specify any developmental analysis of either the cognitive or affective dimensions of values.

Social-learning theories, even in their most sophisticated extensions, restrict values to the role of an inferred cognitive mediator of overt behavior. They do not really address the question of how values gain control over the child's actions. And since these theories also do not examine the nature of representational thought, they can hardly be expected to illuminate the contribution that moral judgment makes to the development of conscience" (1976, 55).

4. Werte in der sozialen Interaktion

4.1 Wertung und Wahrnehmung

Seit den Anfängen sozialwissenschaftlicher Handlungstheorie gehört die Wertkategorie zu den Bestimmungsstücken sozialen Handelns. Relativ spät demgegenüber hat sich die empirische Sozialpsychologie mit den Wertaspekten sozialer Interaktion auseinandergesetzt. Einer der Hauptgründe für das lange Außerachtlassen der Wertphänomene dürfte darin zu sehen sein, daß die Sozialpsychologie ihren Begriff des Sozialverhaltens aus dem des behavioristisch verkürzten Verhaltens, also S-R-theoretisch, herleitete*) und nicht den 1908 von McDougall gewiesenen Weg einer psychologischen Handlungstheorie ging (McDougall, 1967[31], bes. 303 ff.).

Als schließlich um die Mitte des Jahrhunderts auch in der Sozialpsychologie der Wertcharakter menschlicher Erfahrung erkannt und für auch wissenschaftlich untersuchbar angesehen wurde, geschah dies in gleich sehr fundamentaler Weise. Werten wurde nicht als eine Aktivität oder Verhaltensmodalität unter anderen, sondern als ein Element menschlicher Erfahrung überhaupt konzipiert. Charakteristisch für die neue Sichtweise die programmatische Schrift von Hadley Cantril „The ‚Why' of Man's Experience" von 1950:

*) Prototypisch F. H. Allport (1924, 148) „Social behavior may be defined as behavior in which the responses either serve as social stimuli or are evoked by social stimuli".

„Ein herausragendes Merkmal des Menschen ist seine Fähigkeit, in der Qualität seines Erlebens**) den Wert zu spüren. Wir wollen [diesen] Wert... das ‚Wertattribut' des Erlebens nennen. Dieses erlebte Wertattribut ist ein durchgehender und untrennbarer Aspekt allen Erlebens" (a. a. O., 22 f.).

Diese Durchgängigkeit und Untrennbarkeit wird allerdings dadurch geschaffen, daß Cantril jede Befriedigung bzw. Enttäuschung, jedes Gefallen bzw. Mißfallen, jede Lust bzw. Unlust, die wir erleben, in dieser Kategorie des „Wertattributs" zusammenfaßt, wodurch sie dem gleichkommt, was andere Sozialpsychologen als die „affektive" = „evaluative" Komponente etwa von Einstellungen bezeichnen, nur daß bei Cantril der Erlebnisvollzug schlechthin charakterisiert wird. Die Gleichsetzung oder doch faktische Gleichbehandlung von Fühlen und Werten, von Wert und Gefühlsqualität hat eine verzweigte historische Wurzel, die hier nicht weiter freigelegt werden kann. Für Cantril (1965) bedeutet die Übernahme der hedonistischen Grundannahme, daß alle Lust nach mehr Lust strebt, auch für das Werterleben:

„Die Fähigkeit des Menschen, Wertbefriedigungen (value satisfactions) zu erleben, treibt ihn dazu, neue Verhaltensweisen zu lernen und zu erfinden, die ihn in die Lage versetzen, sowohl die Reichweite und die Qualität der Wertbefriedigungen zu verbessern als auch die Wiederholbarkeit bereits erlebter Wertbefriedigungen sicherzustellen" (a. a. O., 10).

Diese Konzeption menschlichen Strebens, die Cantril bei seiner Stichproben aus 12 Nationen erfassenden Untersuchung über „patterns of human concern" leitete, steht in bewußtem Gegensatz zu den noch heute beliebten homöostatischen Motivationskonzepten (von der Art der Gleichgewichtstheorie Heiders oder der Dissonanztheorie Festingers). Wenn nämlich ein Motiv angenommen wird, Werterfahrungen anzureichern und auszuweiten, dann gehört dazu die Bereitschaft und Fähigkeit, auch Spannungen, Unruhen, Konflikte auf sich zu nehmen, zu ertragen und aktiv zu überwinden – ein eher „heterostatisches" Konzept, dem „Homöostase" nur für begrenzte Phasen menschlichen Erlebens und Verhaltens – quasi komplementär – zuzuordnen ist (ebda.).

Ebenfalls um 1950 herum wurde von seiten einer Forschungsrichtung, der mit dem damaliger Damenmode entlehnten, aber wissenschaftlich-ernst gemeinten Spitznamen „New Look" eine neue Sichtweise bescheinigt wurde (vgl. G. W. Allport, 1955; Graumann, 1956), der Nachweis geführt, daß *vor* allen Werturteilen bereits unsere Wahrnehmung wert- (und motiv-)bezogen funktioniert. Im Rahmen empiristischer und – speziell – funktionalistischer Wahrnehmungstheorien haben vor allem J. S. Bruner & L. Postman (1948; 1949; 1951; Bruner & Goodman, 1947; Postman, 1953; vgl. Graumann, 1956, und Lilli, 1975, mit ausführlichen Bibliographien) „Funktionen" des Wahrnehmens als

**) Die Rechtfertigung, „experience" hier mit „Erleben" zu übersetzen, entnehmen wir den a. a. O., S. 12 f., ausgeführten zehn Merkmalen von „experience".

auch im Dienste von Motivationslagen, Werthaltungen, Erwartungen, Einstellungen „fungierend“ darstellen. Von den vier angesetzten Funktionen der Selektion, Organisation, Akzentuierung und Fixation haben bei der experimentellen Analyse wertbezogener Wahrnehmungen vor allem die organisierende oder strukturierende und die akzentuierende Funktion nachhaltiges Forschungsinteresse gefunden. Nur um die Akzentuierung als einer motiv- bzw. wertspezifischen Vergrößerung (enhancement) ist jedoch eine bis heute anhaltende und durchaus noch (in Teilfragen) offene theoretische und experimentelle Kontroverse ausgebrochen, über deren Stand Lilli (1975) in angemessener Ausführlichkeit berichtet hat.

Wie auch bei anderen psychologischen Theorien läßt sich heute mit Bestimmtheit sagen, daß die ursprüngliche Annahme einer direkten Beeinflussung des Wahrnehmungsprozesses durch die Wertigkeit oder Valenz eines Wahrnehmungsgegenstandes so nicht haltbar ist. Sowohl für die Akzentuierung selbst wie für ihre Genese liegen heute, vor allem durch die Arbeiten aus dem Tajfel- und aus dem Holzkamp-Kreis (vgl. hierzu Lilli a. a. O.), differenziertere Vorstellungen vor, die jedoch die Ausgangsbeobachtung einer Kovarianz zwischen dem Ausmaß der Werthaftigkeit von Dingen und dem der Einschätzung von damit biographisch verknüpften Dimensionen nach wie vor bestätigen. Da es sich bei der wertspezifischen Akzentuierung, sei es von Einzelreizen oder von Reizdifferenzen, durchweg um die Überschätzung, Verzerrung etc. von Reizklassen handelt, ist Autoren wie Tajfel (1956; 1959), Eiser & Stroebe (1972) und Lilli (1975) zuzustimmen, wenn sie die wertspezifische Akzentuierung nicht nur als ein perzeptives, sondern allgemein kognitives Phänomen auffassen, wodurch die Theoreme der sozialen Wahrnehmung und des sozialen Urteils, zumindest in diesem Punkte, konvergieren.

Im Streit der Akzentuierungstheorien war es vor allem Holzkamp, der auf die Bedeutung von Lernprozessen verwies, in denen die Verknüpfung von Valenzen und physischen Dimensionen erworben und u. U. derartig habitualisiert wird, daß „quasi-automatisch“ perzeptiv gewertet wird (Holzkamp & Keiler, 1967). In einem noch allgemeineren Kontext und Sinn akzeptiert auch Tajfel (1969), ansonsten Antipode der Holzkampschen absoluten Akzentuierungstheorie, daß wir Werthaftes unmittelbar und unreflektiert wahrnehmen können. Noch der Experimentalpsychologe bleibt Phänomenologe, wenn er den Satz übernimmt: „Beauty is in the eye of the beholder“. Aber als Sozialpsychologe muß er hinzufügen:

„Der Eindruck der Schönheit spiegelt den tiefwurzelnden Erwerb des Wertsystems einer Gesellschaft wider. Diese Wertsysteme spielen eine wesentliche Rolle beim Studium des sozialen Kontextes der Wahrnehmung“ (1969, 320).

Diese Schlußfolgerung ernstnehmen, impliziert ein noch wenig praktiziertes Zusammenwirken von Wahrnehmungs-, Motivations- und Sozialforschung. Denn noch bleibt offen, was „tiefwurzelnd“ eigentlich heißt, wenn man es in die

Sprache wissenschaftlicher Psychologie übersetzt; die sozialwissenschaftlich üblichen Begriffe der Internalisierung, der Sozialisierung etc. verweisen bislang nur auf sehr unterschiedliche Theorien.

Als ebenso offen sollte gelten der noch wenig diskutierte und wenig erforschte Anteil selektiver Wahrnehmungsprozesse an dem, was heute, oft vorschnell, als *Attribution* (s. u.) etikettiert wird (vgl. hierzu Ross & Di Tecco, 1975). Denn schon in der Wahrnehmung des Fußballfans scheinen die Fouls der gegnerischen Mannschaft stärker zu figurieren als die der eigenen Mannschaft (Hastorf & Cantril, 1954), die u. U. in der Erinnerung und abschließenden Wertung „unverdient“ verloren oder „trotz allem“ gewonnen hat.

Schließlich bleibt nach wie vor zu wenig erforscht die Rolle der *Sprache*, besonders ihrer wertenden (bspw. „konnotativen“) Komponente, auf die perzeptiv-kognitive Erfassung von sozialen Sachverhalten. Der politische und der kaufmännische Propagandist wissen, welche Sprache sie wählen müssen, um andere entsprechend zu motivieren:

„So wie der gleiche Geruch Duft oder Gestank genannt werden kann, je nachdem wie man möchte, daß der Zuhörer empfindet, so können dieselben Guerilleros Freiheitskämpfer, Rebellen oder Terroristen genannt werden, je nachdem wie man möchte, daß der Zuhörer empfindet“ (Osgood, 1971, 105).

Aber auch selbst wird man, je nachdem wie man über eine Sache oder Person zu reden gelernt hat, sie anders sehen (Whorf, 1963), sicher aber anders bewerten, anders ihr gegenüber attribuieren (Kanouse, 1972) und entsprechend anders motiviert sein, sich ihr gegenüber zu verhalten (vgl. Ross & Di Tecco a. a. O.).

4.2 Werten und Gewertetwerden

Seit den Anfängen der von Kurt Lewin inaugurierten Kleingruppenforschung (group dynamics) wurden die gruppendynamischen Prozesse immer auch als motivationale verstanden (Cartwright & Zander, 1968; Lewin, 1939; 1982): Individuen schließen sich zu Gruppen zusammen bzw. verbleiben in ihnen, weil die Gruppe das Erreichen von Zielen und die Befriedigung von Bedürfnissen eher gestattet, als es dem einzelnen möglich ist. Läßt sich das Finden oder Setzen von Gruppenzielen aus den Motiven individueller Mitglieder verständlich machen, dann wird auch klar, daß mit der Setzung eines Gruppenziels die Grundlage geschaffen ist, sowohl den Erfolg der Gruppe im ganzen wie den Beitrag jedes einzelnen zu diesem Erfolg zu bewerten (Cartwright & Zander, 1968, 366).

Wir werden mit dieser Gruppenkonzeption zweifach auf Wertphänomene verwiesen. Einmal hat die Gruppe als ganzes einen Wert bzw. eine Valenz für den einzelnen, der in den verschiedenen Maßen der Gruppenattraktivität und -kohäsion indizierbar wird. Zum anderen finden zwischen den Mitgliedern einer Gruppe, je nach deren Beitrag zum Erreichen des jeweiligen Gruppenziels, Prozesse des Bewertens statt, deren Ausgang nicht ohne Einfluß auf die soziale Rangordnung innerhalb der Gruppe sein dürfte und eventuell deren Führungsstruktur mitbestimmt. Relativ früh erkannten aber die Kleingruppenforscher der Lewin-Schule, daß die Herausbildung eines gruppenziel-bezogenen Leistungsstandards sich unmittelbar auch auf die *Selbstbewertung* von Gruppenangehörigen auswirkt, vor allem bei denjenigen, die sich mit der Zielsetzung ihrer Gruppe so stark identifizieren, daß die entsprechenden Gruppenstandards zu ihrem persönlichen Anspruchniveau werden.

Festinger, interessiert an den Motiven informeller Kommunikation innerhalb von Gruppen (1950), sieht in seiner Theorie sozialer Vergleichsprozesse von 1954 (Festinger, 1962) ein wesentliches Motiv informeller sozialer Kommunikation im Vergleich mit anderen zum Zweck der Selbstbewertung.

Entsprechend lautet die Ausgangshypothese dieser Theorie: „Im Menschen besteht ein Antrieb, seine Meinungen und seine Fähigkeiten zu bewerten." In dem Maße, wie ein unmittelbarer sachlicher Test an der physikalischen Wirklichkeit nicht möglich ist, neigen Menschen dazu, ihre Meinungen und Fähigkeiten an denen anderer zu vergleichen. Da ein großer Teil der Überzeugungen, die wir hegen, nicht aus der eigenen unmittelbaren Erfahrung resultiert, sondern vermittelt ist, können wir den Wert unserer Überzeugung nur dadurch überprüfen, daß wir uns wiederum an den Meinungen oder Überzeugungen anderer orientieren. Dasselbe gilt für Leistungen, deren Güte nur oder vorwiegend durch den Vergleich mit den Leistungen anderer (d. h. mit einer „sozialen Bezugsnorm", Heckhausen, 1974; 1980) bestimmt wird.

Die Theorie besagt dann in weiteren Hypothesen, daß die Tendenz, sich an anderen zu „messen" in dem Maße abnimmt, wie der Unterschied zwischen Eigen- und Fremdmeinung bzw. -leistung zunimmt. Für die Selbstbewertung eignet sich demnach nur der Vergleich mit ähnlich Denkenden und ähnlich Tüchtigen; Situationen, die einen Vergleich mit allzu andersartigen Meinungen und Leistungen nahelegten, werden eher gemieden. Die Festingersche Theorie der sozialen Vergleichsprozesse, die bereits Elemente der späteren Theorie der kognitiven Dissonanz enthält (und mit dieser eine bisher noch nicht ausgearbeitete Einheit darstellt), braucht im vorliegenden Kontext nicht im einzelnen dargestellt zu werden. Wichtig ist allerdings, daß ihre Kernannahme besagt, daß Menschen aus dem Bedürfnis heraus, sich selbst (d. h. ihre Kognitionen von sich selbst und von ihrer Umwelt) zu bewerten, auf andere angewiesen und damit zur sozialen Kommunikation angehalten sind: „it seems clear that the drive for self evaluation is an important factor contributing to making the human being ‚gregarious' " (Festinger, 1954, 183). Der eigene „Wert", um den es in dieser Selbstbewertungskonzeption geht, kann insofern „realistisch" genannt werden, als es in den Vergleichsprozessen immer darum geht, das eigene Wissen und Können gegen die Realität zu „testen" und, falls dieser Test nicht möglich ist, den Standard der (vergleichbaren) anderen anstelle der Realität oder als zweite, d. h. soziale Realität zu setzen. Der „Wert“ der anderen besteht dann wesentlich darin, dem einzelnen die Ungewißheit über seine eigenen Kognitionen von sich, seiner Umwelt und – nicht zuletzt – seiner Stellung in seiner Umwelt zu nehmen. Daß aus Ungewißheit über die eigene Situation und Verfassung der Kontakt und Vergleich mit ähnlichen anderen gesucht wird, liegt auch der einzigen systematischen Weiterentwicklung der Festingerschen Theorie zugrunde: Schachters (1959) Gefühlstheorie. Auch hier dient in Situationen der Ungewißheit der andere zur Bewertung der eigenen Zuständlichkeit (Schachter & Singer, 1962).

Im übrigen ist die Festingersche Theorie der sozialen Vergleichsprozesse (ähnlich der ursprünglichen Fassung der Dissonanztheorie von 1957) noch zu wenig differenziert. So sollte man mit Singer (1966) unterscheiden zwischen solchen Referenzpersonen, an denen man – wie an einem opinion leader (Katz & Lazarsfeld, 1962) – lediglich die Richtigkeit der eigenen Meinung über irgend etwas „testet“, und solchen, an denen man sein Selbstwertgefühl prüft. Ebenso dürfte es nach Untersuchungen von Hakmiller (1966), Thornton & Arrowood (1966) und Wheeler (1966) zu unterschiedlichen Ähnlichkeitspräferenzen kommen, je nachdem, ob das zu vergleichende Merkmal ein positiv oder negativ bewertetes ist (vgl. auch Pettigrew, 1967).

Seit Osgood und andere (1957) feststellten, daß alle menschlichen Urteile einen evaluativen Faktor aufweisen und daß diese „attitudinale“ Variable, „based as it is on the bedrock of rewards and punishments both achieved and anticipated“ (a. a. O., 72), als für das Denken grundlegend anzusehen sei, gilt die Bewertung von Dingen, Personen und Ereignissen als eine primordiale menschliche Tätigkeit. Werten und Gewertetwerden und die Wertungsdispositionen, genannt soziale Einstellungen oder Attitüden, stehen deshalb im Mittelpunkt des Interesses an der Regulation zwischenmenschlichen Verhaltens und zwischenmenschlicher Beziehungen.

Die Grundannahme, daß Menschen – wenn auch kulturspezifisch unterschiedlich – in der Regel Wert darauf legen, vor anderen „gut dazustehen“, in „gutem Lichte“ oder sonstwie positiv zu erscheinen, zumindest ihnen abträgliche Eindrücke bei ihren Bezugspersonen tunlichst zu vermeiden, hat zu einer Reihe von motivations- und sozialpsychologischen Konzepten geführt, die unmittelbar das *Problem des Bewertetwerdens als Sorge* betreffen. Psychologiehistorisch ist hierbei von Interesse, daß es vorweg methodologische Bedenken waren, die zu einem genaueren Studium der fraglichen Bewertungsphänomene führten.

Es waren Edwards (1953; 1957), Crowne & Marlowe (1960; 1964; Marlowe & Crowne, 1961), die wohl als erste systematisch der Frage nachgingen, wie sich Menschen in einer Testsituation verhalten, wenn ihnen das vorgelegte Testmaterial die Gelegenheit gibt, einen günstigen Eindruck zu machen. Edwards (1953) ließ von Unabhängigen die „soziale Erwünschtheit" von Persönlichkeitseigenschaften bzw. -test-Items beurteilen und korrelierte diese ratings mit der Häufigkeit, in der die Items bejaht wurden. Die Korrelation von .87 gab ihm die (später mehrfach bestätigte) Grundlage für die Annahme: „The social desirability continuum appears to me to be the most important single dimension on which to locate personality statements" (Edwards, 1957, 3). Offen blieb dabei noch die Frage, ob die Tendenz, sich in sozial erwünschter Weise zu verhalten, ein Charakteristikum entsprechender Bewertungssituationen (wie Tests, Prüfungen, Vorstellungen bei Bewerbung etc.) ist oder ob es sich dabei um eine Persönlichkeitsdisposition handelt. Crowne & Marlowe haben das ursprünglich persönlichkeitsdiagnostische zu einem motivations- und persönlichkeitspsychologischen Problem insofern generalisiert, als sie ein *Anerkennungsmotiv* (approval motive) ansetzten und in den Konzepten der Theorie des sozialen Lernens (Rotter, 1954; 1960) definierten. Die Zielsetzung und die subjektive Erwartung der Realisierbarkeit eines Ziels werden damit Bestimmungsstücke des Anerkennungsbedürfnisses. Anerkennungs-motivierte Verhaltensweisen werden in der Erwartung aktualisiert, daß bestimmte Bekräftigungen auf dieses Verhalten folgen, und weil diese Bekräftigungen positiv gewertet werden (reinforcement value). Der Anerkennungsmotivierte reagiert dadurch auf sein Bedürfnis, akzeptiert zu werden, Anerkennung oder Status zu gewinnen, daß er in bestimmten (evaluativen) Situationen durch positive Selbstdarstellung und durch Verleugnung von Insuffizienzen Anerkennung sucht. Individuelle Differenzen in der Ausprägung des Anerkennungsbedürfnisses gestatten es, von verschiedenen Graden der *Bewertungsabhängigkeit* (evaluative dependence) zu sprechen.

Es liegt nahe, ein Angewiesensein auf positive Bewertung mit Phänomen und Konstrukten der Angst bzw. Ängstlichkeit in Beziehung zu bringen. Untersuchungen jedoch, die Skalen für soziale Erwünschtheit mit Angstskalen korrelieren, widersprechen dieser Nahelegung (Abbott, 1972; Millimet, 1970). Statt dessen hat sich – wiederum aus einer methodologischen Reflexion heraus – in der experimentellen Sozialpsychologie, speziell in der Sozialpsychologie des Experiments, die These Aufmerksamkeit verschafft, daß die typische Versuchsperson im Experiment eine *Bewertungsbefürchtung* (evaluative apprehension) überkommt (Rosenberg, 1965). Wiederum wird für die experimentelle (wie für die diagnostische) Situation angesetzt, daß eine Versuchsperson mit der Erwartung ins Experiment geht, daß der Versuchsleiter ihre sei es seelische Gesundheit, emotionale Stabilität oder Reife, sei es Persönlichkeit einschätze. Wird diese Erwartung durch irgendwelche Hinweise subjektiv bestätigt, dann setzt nach dieser These die Befürchtung, bewertet zu werden, ein, „d. h., eine aktive, angstgetönte Sorge, vom Versuchsleiter eine positive Bewertung zu bekommen, zumindest aber keinen Grund für eine negative zu liefern" (a. a. O., 29). Schon Riecken (1962) hatte in der Sorge von Vpn, sich „von der besten Seite" zu zeigen, und dem daraus resultierenden Verhalten eine bislang unkontrollierte (Fehler-)Varianzquelle gesehen.

Ähnlich postulierte Orne 1962, daß Vpn vor allem „gute Vpn" sein wollen und entsprechend kooperativ zu sein bemüht sind. Auch hier wird ein Bewertungsmotiv unterstellt, wenn es heißt: „Subjects are concerned about their performance in terms of reinforcing their self-image; nonetheless, they seem even more concerned with the utility of their performances" (1972, 237).

Welche der drei postulierten Bewertungserwartungen der experimentellen Realität entspricht und welcher die Gültigkeit einer potentiell kontrollierbaren Variablen zuzusprechen ist, bleibe hier offen (vgl. Sigall et al., 1970; Weber & Cook, 1972; Mertens, 1975). Die Erwartung und damit verbunden die Sorge, bewertet zu werden, ist ein Phänomen, mit dem wir in allen sozialen Situationen rechnen müssen, die für wenigstens einen der Interaktanten Prüfungs- oder Bewährungscharakter hat.

Daß die Befürchtung, bewertet zu werden, ihrerseits wieder Modalitäten sozialer Interaktion beeinflußt, ist aus Untersuchungen zum *prosozialen Verhalten* bekannt (Berkowitz, 1972). So haben Brehm & Cole (1966) und Mitarbeiter von Berkowitz (1972) bei ihren Vpn „evaluation-generated self-concern" induziert und damit deren Hilfsbereitschaft vermindert. Nur wenn eigens an die Hilfsbereitschaft der Versuchsteilnehmer appelliert wurde, waren die Selbstunsicheren hilfreicher als die anderen; vielleicht, so interpretiert Berkowitz (a. a. O, 92), weil sie dann erkennen, daß sie, wenn sie helfen, von anderen anerkannt und in ihrem Selbstwertgefühl bestätigt werden. Gerade beim prosozialen Verhalten scheinen zwei Werte und entsprechend zwei Haltungen im Spiel zu sein, nämlich (a) das Rechte zu tun, also das, was von allen als richtig oder rechtens angesehen wird, (b) dem anderen zu helfen (Staub, 1974, 300). Es ist offenkundig, daß beide Werte miteinander in Konflikt treten können.

4.3 Werte im sozialen Austausch: Gleichheit, Ausgleich und Gerechtigkeit

Gleich ob man das Werten als konstitutives Element menschlicher noetischer wie praktischer Tätigkeit ansetzt oder ob man Werthaltungen als zentrale Persönlichkeitsdispositionen auffaßt, man vergißt leicht über der Behandlung solch fundamentaler Sachverhalte, daß das deutsche Wort „Wert" ursprünglich nur und auch heute noch weitgehend soviel wie Preis, Lohn oder (besonders kostbare) Ware bedeutet (Kuhn, 1975, 343). Ähnliches gilt für französisch *valeur* und englisch *value*. Die Herkunft des heutigen Wertbegriffes aus dem Tauschen und Wirtschaften steht außer Frage. Folgt man Kuhn, der Werte eine „Urgegebenheit" nennt, macht bereits die Reflektion auf das Wesen des Tauschs deutlich, daß Wert zweierlei meint. Ein Ding ist nicht als solches werthaft („wertig"); vielmehr setzt es, wenn es in den Tausch gerät, zwei verschiedene „wertstiftende Relationen":

„Der Tausch nämlich setzt beides voraus: Gleichwertigkeit und Ungleichwertigkeit. Wenn ich meinen Partner nicht betrügen, d. h. den Begriff des Tausches nicht umstürzen will, darf ich nur Gleichwertiges gegen Gleichwertiges eintauschen. Wiederum aber wird der Tausch nur durch ein Wertgefälle sinnvoll: Für mich, den Empfänger, muß das Eingetauschte wertvoller sein als das von mir Hergegebene, und dasselbe muß für den Tauschpartner gelten. Die Möglichkeit des Tausches liegt in der Gleichheit, das Interesse des Tausches in der Ungleichheit" (a. a. O., 346).

Der notwendigen Gleichheitsrelation entspricht der *Preis* des Dings (als Ware), der ebenso notwendigen Ungleichheitsrelation das *Interesse* (die „Valenz"), das das Ding zu einem bestimmten Zeitpunkt (des Bedarfs) für mich hat.

Löst man – wiederum mit Kuhn (a. a. O., 347) – die „Zweiwertigkeit" des Werts aus der konkreten wirtschaftlichen Situation, so bleibt das Konzept der „Gleichwertigkeit des Ungleichartigen innerhalb eines Systems", ein allgemeinerer Gedanke, der zumindest in verschiedenen Konzeptionen sozialer Interaktion wiederkehrt, in denen die Herstellung bzw. Erhaltung eines wie immer definierten „Gleichgewichts" sich letztlich auf ein „Gewicht" bezieht und das heißt auf einen „das Verschiedene vergleichbar machenden Wert" (ebda.).

In einigen der einflußreichsten Theorien sozialen Verhaltens wird nun *soziale Interaktion als sozialer Austausch* konzipiert (Thibaut & Kelley, 1959; Homans, 1961; 1974; Blau, 1964; vgl. Chadwick-Jones, 1976). Da Austausch aber irgendeine Form der Gleichwertigkeit/Ungleichartigkeit voraussetzt, sind in psychologischer Perspektive Prozesse des Bewertens desjenigen impliziert, was als mehr oder minder gleichwertig in den sozialen Austausch einbezogen werden soll. So gesehen, müßten für die genannten Theorien sozialer Interaktion die Kategorien des Wertes und des Wertens zentrale Bedeutung haben; tatsächlich tritt die Wertkategorie selbst da, wo sie – wie bei Homans (1974, 25 ff.) – explizit eingeführt wird, hinter der Bedeutung des lerntheoretischen Paars Lohn/Strafe und der ökonomischen Nutzen-Kosten-Relation zurück. Die Herkunft zentraler Sätze der Interaktions-Austauschtheorien aus der Lerntheorie, bes. der Bekräftigungstheorie, ist gut belegt.

Vor allem Homans geht davon aus, daß die Wahrscheinlichkeit, daß jemand ein bestimmtes Verhalten wiederholt aktualisiert, davon abhängt, daß dieses Verhalten „belohnt" wird. Das Ausmaß oder der Grad solcher Belohnung wird dann *Wert* genannt. Daraus ergibt sich der allgemeine Satz: „Je wertvoller für jemanden das Ergebnis seines Handelns ist, desto eher wird er die Handlung ausführen" (a. a. O., 25). Diese auch als „Wertsatz" (value proposition) bezeichnete Aussage projiziert demnach die Wahrscheinlichkeit allen Verhaltens auf eine bipolar konzipierte Dimension der Werthaftigkeit (des eigenen Tuns) mit dem positiven Zweig der „Belohnung" und dem negativen der „Bestrafung", getrennt durch einen Nullpunkt der Wertindifferenz. Entsprechend lerntheoretischer, speziell Skinnerscher Gepflogenheit, wird also nicht nur zwischen positivem Belohnungs- und negativem Bestrafungswert unterschieden. Es gibt sowohl zwei Belohnungsklassen, „intrinsische Belohnung" und „Vermeidung von Bestrafung", wie zwei Bestrafungsklassen, „intrinsische Bestrafung" und das „Vorenthalten von Belohnung" (a. a. O., 26). Was immer sonst Homans über angeborene, erworbene und generalisierte Werte sagt, ist anderswo über Bekräftigung gesagt worden; charakteristisch für dieses wie andere Austauschkonzepte sind vielmehr Aussagen über die potentiell unterschiedliche Wertigkeit ein und derselben Belohnung bzw. Bestrafung. Sie findet beispielsweise (grenznutzen-theoretischen) Ausdruck im „Deprivations-Sättigungs-Satz":

„Je häufiger jemand in der jüngsten Vergangenheit eine bestimmte Belohnung erhalten hat, desto weniger wertvoll wird jede weitere Einheit dieser Belohnung für ihn sein" (a. a. O., 29).

Aus dieser Relativierung der Belohnungen durch unterschiedliche Wertigkeit glaubt Homans schließlich auch, auf psychologischem Wege eine *Wertordnung* oder Werthierarchie herleiten zu können (a. a. O., 30).

Von größerem Interesse für die Analyse sozialer Interaktionen – zugleich die engste Berührung mit dem Ansatz von Thibaut & Kelley (1959) – ist die Überlegung, daß angesichts der obigen Begriffsbestimmung „Belohnungen" fast immer mit „Bestrafungen" einhergehen, immer aber, wenn bei Entscheidungen alternative Belohnungen ins Spiel kommen. Die Belohnung, auf die durch eine Entscheidung zugunsten der Aktivität A_1 faktisch verzichtet wird (der potentielle Lohn für A_2), wird zu den „*Kosten*" für A_1 gerechnet; das, was nach Abzug dieser „Kosten" vom „Lohn" bleibt, wird „*Nutzen*" oder „Nettobelohnung" genannt (vgl. auch Thibaut & Kelley: „comparison level for alternatives", a. a. O., 100 ff.).

Wenn man also auch im Sinne dieser Theorie sagen kann, daß Menschen ihr Handeln von Werten bestimmen lassen, dann nicht von absoluten, sondern nur von dem jeweils Wertvolleren. Genauer formuliert die Bedingungen der Wahl, zwischen zwei Möglichkeiten zu handeln, der „Rationalitäts-Satz" (Homans a. a. O., 43).

„Bei der Wahl zwischen alternativen Handlungen wird jemand diejenigen wählen, für die – so wie er es im Augenblick wahrnimmt – der Wert V des Ergebnisses, multipliziert mit der Wahrscheinlichkeit p, das Ergebnis zu erzielen, der größere ist."

Mit dieser (multiplikativen) Kombination zwischen der Wahrnehmung einer Wertausprägung und der (subjektiven) Wahrscheinlichkeit eines auf den Wert gerichteten Handlungserfolgs rückt diese Theorie des sozialen Austauschs in die engste Nachbarschaft zu den neueren Motivationstheorien vom Typus Erwartung × Wert (z. B. Atkinson, Heckhausen) (s. o. S. 348 ff.).

Wenn in den angesprochenen Interaktionstheorien soziales Verhalten als Austausch verstanden wird, dann heißt dies also Geben und Nehmen von Werthaftem, wobei das Getauschte gleichwertig oder jedenfalls von vergleichbarem Wert sein muß. Soziale Interaktionen werden danach aufgesucht und beibehalten ob Gleiches mit Vergleichbarem *vergolten* wird; „Ein Mann, der mit einem anderen in einer Austauschbeziehung steht, wird erwarten, daß für jeden von ihnen die Belohnungen den Kosten proportional sind: je größer die Belohnungen, desto größer die Kosten – und daß der Nettolohn oder Nutzen jedes einzelnen seiner Investition proportional ist: je größer die Investitionen, desto größer der Nutzen" (Homans, 1961, 75). Wenn diese Proportionalität gewahrt ist, herrscht eine gerechte Verteilung oder austeilende Gerechtigkeit.

Das *Prinzip der austeilenden Gerechtigkeit,* das die faire Gewichtung der Tauschwerte im sozialen Austausch fordert, übernimmt Homans aus der Nikomachischen Ethik des Aristoteles (1956). Dieser setzte zwei Grundformen der Gerechtigkeit an: (a) eine *austeilende,* die „wirksam (wird) bei der Verteilung von öffentlichen Anerkennungen, von Geld und sonstigen Werten, die Bürgern eines geordneten Gemeinwesens zustehen" (a.a.O., Buch V, 1130b); (b) eine *ausgleichende* Gerechtigkeit, „welche dafür sorgt, daß die vertraglichen Beziehungen von Mensch zu Mensch rechtens sind" (a.a.O., 1131a).

Von diesen beiden Formen interessiert sich Homans nur für die erste, in der Sprache der Scholastik *iustitia distributiva* genannte (Homans, 1974, 248). Sie ist „etwas Proportionales... nämlich Gleichheit der Verhältnisse und setzt mindestens vier Glieder voraus" (Aristoteles, a.a.O., 1131a), nämlich – jetzt mit Homans formalisierend – zwei Personen P_1 und P_2, die gleich oder ungleich sein können, und zwei Anteilen, lerntheoretisch rewards, R_1 und R_2, die wiederum unterschiedlich sein können. Der austeilenden Gerechtigkeit ist Genüge getan, wenn

$$\frac{P_1}{P_2} = \frac{R_1}{R_2}$$

Während Aristoteles (ebda.) die (austeilende) Gerechtigkeit gewahrt sah, wenn „ungleiche" Personen auch ungleiche Anteile erhalten (wobei, was hier als „angemessen" gilt, von den Vertretern der Aristokratie anders gesehen wird als von Vertretern des oligarchischen oder des demokratischen Prinzips), faßt sie Homans (a.a.O., 249ff.) ökonomischer, wenn er universell ansetzt, daß der Wert der Belohnung, die jemand erhält, in konsensuell akzeptierter Proportion zu dem Wert stehen muß, den der Betreffende in eine Interaktion (Beziehung, Gruppe, Gemeinschaft) als seinen Beitrag, seine „Investition" eingebracht hat. Dies setzt nicht nur Bewertungen des einen und der anderen voraus, sondern vor allem ein Einverständnis des Betroffenen, nach welchem Standard die letztlich reziproken Bewertungen vorgenommen werden sollen. Dies zu erreichen, „wird für diejenigen leichter sein, die durch ähnliche Erfahrungen, widergespiegelt in ähnlicher Herkunft, auch ähnliche Werte erworben haben; doch selbst hier läuft das Einverständnis immer Gefahr zusammenzubrechen" (a. a. O., 251).

Soziale Aggregate von der Dyade bis zur Gesamtgesellschaft müssen deshalb immer wieder bemüht sein, diesen Konsensus über letztlich und im Wortsinne verbindende Werte zu wahren bzw. wiederherzustellen. Um der distributiven Gerechtigkeit willen werden die einzelnen Mitglieder einer sozialen Gruppe sich mit anderen – vor allem solchen ähnlicher Werthaltungen – vergleichen (vgl. oben S. 364 ff.), und wird die Gruppe als ganzes Anstrengungen unternehmen, die eventuell konfligierenden Interessen von (einander unähnlichen) Mitgliedern zur Abstimmung zu bringen. Solche Bemühungen sind ein wichtiges Thema der in den letzten Jahren entwickelten *Ausgleichs- oder Gerechtigkeitstheorie (equity theory)**) (Adams, 1965; Berkowitz & Walster, 1976; Mikula, 1980).

Adams (1965), auf den diese Theorie zurückgeht, knüpfte an der durch Homans formalisierten aristotelischen Proportion an und setzte lediglich den Ertrag O (für outcome = reward minus cost) als Zähler und die Investition I (für input) als Nenner ein, wodurch eine soziale Beziehung zwischen A und B, in der ausgeglichene „Gerechtigkeit" herrscht =

$$\frac{O_A}{I_A} = \frac{O_B}{I_B}$$

Weil Adams übersah, daß Ausgeglichenheit nach dieser Formel nur bei positivem input herrscht, änderten Walster et al. (1976, 4) die Formel in

$$\frac{O_A - I_A}{(/I_A/)^{K_A}} = \frac{O_B - I_B}{(/I_B/)^{K_B}}$$

wobei, jetzt präziser, O die Wahrnehmung bzw. Einschätzung des Ertrages von A bzw. B, I die Einschätzung des Aufwands von A bzw. B und /I/ der ***absolute Wert*** von A's und B's Aufwand (Die Exponenten K_A und K_B regulieren die Verrechnung je nach den Vorzeichen der I- und der (O-I)-Werte). Vorzeichen und Größe dieses Maßes zeigen dann, wie „einträglich" eine Beziehung für jeden der beiden Partner war (ebda.).

In unserem motivationspsychologischen Zusammenhang interessiert an der „Theorie des Ausgleichs", daß sie für Individuum und Gruppe unterschiedliche Grundmotive ansetzt, die gegeneinander ins Spiel gebracht werden. Für den einzelnen gilt das hedonistische Prinzip, das seit der Antike als „Motivationslehre" diente, 1898 über Thorndikes „pleasure stamps in; pain stamps out" und über Freuds „Lustprinzip" (1911) in das neuere psychologische Denken kam und zu den diversen Bekräftigungstheorien führte. Entsprechend lautet der 1. Satz auch der Equity Theory: „Individuen werden versuchen, ihre Erträge (wobei Ertrag = Lohn minus Kosten) zu maximieren." Da dies aber zum

*) Zum Problem der adäquaten Übersetzung von *equity* vgl. Mikula & Stroebe, 1977, 193, die „Ausgewogenheit" vorziehen.

unerträglichen Kampf aller gegen alle um die Ressourcen des „Lustgewinns" führen würde, lautet der für die Sozialpsychologie der Interaktion gedachte 2. Satz:

a) „Gruppen können kollektive Belohnung maximieren, indem sie akzeptierte Systeme zur ‚gerechten' Austeilung von Belohnung und Kosten an ihre Mitglieder entwickeln. Es werden also (Gruppen-)Mitglieder derartige Ausgleichssysteme entwickeln und den Versuch machen, Mitglieder dazu zu bringen, solche Systeme zu akzeptieren und respektieren."

b) „Im allgemeinen werden Gruppen diejenigen Mitglieder, die andere gerecht (equitably) behandeln, belohnen und solche, die andere ungerecht (inequitably) behandeln, bestrafen (d. h., deren Kosten heraufsetzen)" (Walster et al., 1976, 2).

Pointiert gesagt, wird also der nach Lust strebenden „Selbstsucht" des Individuums die nach Gerechtigkeit strebende Macht der Gruppe entgegengesetzt – mit über dreihundertjähriger Tradition die wissenschaftliche Neuauflage des „Leviathan". Denn auch Hobbes ([1651] 1966) sah in der Gleichheit einen Wert, der durch eine entsprechend machtvolle Gerechtigkeit zu realisieren ist. „Denn es gibt gewöhnlich kein besseres Zeichen der gleichmäßigen Verteilung eines Dings, als daß jedermann mit seinem Anteil zufrieden ist" (a. a. O., 94). Wenn aber die Ressourcen so knapp verteilt sind, daß zwei oder mehr nach einem entsprechend hoch bewerteten, begehrten Gut streben, das sie nicht gemeinsam genießen können, entsteht das Mißtrauen dem anderen gegenüber, gegen das letztlich nur die Machtstruktur der Gruppe hilft (zur Sozialpsychologie des Vertrauens und Mißtrauens aus soziologischer Perspektive: Luhmann, 1973). In dieser Sicht, die nur in der Tönung pessimistischer ist als die Equity Theory von 1976 und im übrigen noch das Bewertungstheorem einer Theorie sozialer Vergleichsprozesse enthält,

„empfinden die Menschen am Zusammenleben kein Vergnügen, sondern im Gegenteil großen Verdruß, wenn es keine Macht gibt, die dazu in der Lage ist, sie alle einzuschüchtern. Denn jedermann sieht darauf, daß ihn sein Nebenmann ebenso schätzt, wie er sich selbst einschätzt, und auf alle Zeichen von Verachtung oder Unterschätzung hin ist er von Natur aus bestrebt, soweit er es sich getraut..., seinen Verächtern durch Schädigung und den anderen Menschen durch das Exempel größere Wertschätzung abzunötigen" (Hobbes, a. a. O., 95).

Gerade am Beispiel der Wertproblematik wird deutlich, wie geringfügig Erkenntnisfortschritte ausfallen, wenn – wie in der Psychologie heute weithin üblich – geschichtslos Theorien konstruiert werden. Auch von der bei Hobbes angelegten Synthese von *equity* – und *social comparison*-Theoremen ist die heutige Sozialpsychologie noch um einiges entfernt (vgl. etwa Pettigrew, 1967).

Immerhin sind in der letzten Zeit Ansätze zu erkennen, die Ausgeglichenheit und sozialen Vergleich als analytisch wichtige Kategorien auf weitere Bereiche sozialer Interaktion anwenden. Das gilt für den Bereich der *interpersonalen Anziehung* (vgl. hierzu Lerner, 1974; Mikula & Stroebe, 1977), speziell – wie in der „Stimulus-Werthaltungs-Rollentheorie" von Murstein (1977) – für das Problem der Partnerwahl; es gilt für die Phänomene des *prosozialen Verhaltens* und des Altruismus (vgl. Lerner, Miller & Holmes, 1976) und den weiteren Bereich der *Verteilung von Gütern* (reward allocation) und den damit zusammenhängenden Verhandlungs- und Entscheidungsproblemen (vgl. Leventhal, 1976 a).

Der motivationspsychologische Kern der sonst recht unterschiedlichen Konzeptionen liegt in der Annahme eines Sinnes für „Fairneß in sozialen Beziehungen" (Leventhal, 1976 b); die motivationstheoretische Auflösung dieser Kernannahme steht jedoch noch aus. Ist die Tendenz, eine „distributive Fairneß" zu wahren oder gewahrt zu sehen, selbst ein Motiv? Oder liegen ihr andere Motive zugrunde wie die Tendenz zu kognitiver Konsistenz (Adams, 1965) oder eine Tendenz, von anderen für faires Verhalten belohnt zu werden (Walster et al., 1976)? Oder steigert der fair Handelnde damit sein Selbstwertgefühl (Lerner, 1974)? Leventhal (1976 b, 212) glaubt diese und evtl. noch andere Motive trügen zur Wahrung von Fairneß bei, nur sei es schwierig zu entscheiden, welcher motivationale Faktor der entscheidende sei. Uns scheint dagegen die Frage vorgeordnet zu sein, ob es sich überhaupt um voneinander unterscheidbare Einzelmotive handelt, die zusammen das Gerechtigkeits- oder Fairneß-Motiv konstituieren, das alle anzusetzen bereit sind, oder ob hier nicht lediglich ein Theoriedefizit zu einem Verlegenheitspluralismus geführt hat?

4.4 Attribution als Wertung und Zuschreibung von Verantwortung

Austausch- und equity-theoretisch ginge es in der Welt gerecht zu, wenn die Menschen bekämen, was sie verdienen, und wenn sie es auch verdienten, was sie tatsächlich bekommen. Auch wenn es diese Welt nicht gibt, so sind die Menschen nach der Auffassung von Lerner (1970; 1977; Lerner, Miller & Holmes, 1976) zumindest motiviert, den *Glauben an eine gerechte Welt* aufrechtzuerhalten, um sich in ihrer Welt überhaupt zurechtzufinden. Von klein auf lernen die in der westlichen Welt Aufwachsenden, daß sich der vorübergehende Aufschub von Belohnung und das Aufsichnehmen von Entbehrung, Anstrengung und Mühe letztlich lohnen, und noch Gott wird als jemand verstanden, der einem spätestens im Himmel lohnt, was einem auf Erde vorenthalten bleiben möchte (Lerner et al., 137).

Zwar ist der „Glaube an eine gerechte Welt" nur eine Art Arbeitshypothese, doch wird nach Auffassung von Lerner jeder Hinweis darauf, daß es in der Welt nicht gerecht zugeht, als eine (motivierende) Bedrohung aufgefaßt, die in der Regel zu einer von zwei Klassen von Aktivitäten führt. Entweder wird der Versuch gemacht, die wahrgenommene Ungerechtigkeit, etwa an einem ihrer

Opfer, auszugleichen. Oder aber: Wenn dies – wie wohl zumeist – nicht gut möglich oder auch nur inopportun ist, so setzen kognitive Prozesse ein, die den Eindruck entstandener Ungerechtigkeit mildern und die Annahme einer gerechten Welt wiederherstellen. Diese Prozesse implizieren unterschiedliche Attributionen der Verantwortlichkeit. Der *Attribution von Verantwortlichkeit* hat die Sozialpsychologie der vergangenen Jahre besondere Aufmerksamkeit geschenkt, und ihr – als einer interaktional besonders wirksamen Form der Bewertung von Mitmenschen – seien die abschließenden Ausführungen gewidmet.

Seit Heider (1958; 1977) die ersten Kerngedanken der späteren Attributionstheorien formuliert hat, war eigentlich evident, daß in der naiven Wahrnehmung und Beurteilung von Mitmenschen die Zuschreibung von Ursächlichkeit (eines Handlungseffekts) immer dann, wenn sie auf Personen geht, die Frage der Verantwortlichkeit einschließt. Auch wenn Heider selbst stark von der Brunswik-Tolmanschen Konzeption des Kausalnetzes als lebensnotwendiger Annahme (Tolman & Brunswik, 1935) beeindruckt war, sah er doch deutlicher als manche späteren Attributionsforscher, daß mit der kognitiven Zuweisung von Ursachen ein *evaluatives Zuschreiben von persönlicher Verantwortung* einhergeht. Dabei kann offenbleiben, was für das soziale Verhalten entscheidender ist, das Feststellen einer Ursache oder das Zusprechen der Verantwortung für ein Ereignis – die „naive Psychologie" wird in der Regel eher an letzterem interessiert sein, und phylo- wie ontogenetisch dürfte im Verstehen mitmenschlichen Verhaltens *„Schuld" früher als „Ursache" attribuiert* werden. Selbst Dingen geben Kinder und „animistisch" Denkende eher die Schuld an einem Effekt, als daß sie sie als Ursache erfassen (können). Sicher ist, daß je nach der Schwere der Folgen eines Ereignisses die Attribution der Ursache ein entsprechendes wertendes Zumessen von (verdienstvoller oder schuldhafter) Verantwortung zur Folge hat. Wie bei aller Attribution ist hierbei entscheidend, welcher Varianzanteil an Verantwortung der Person und wieviel „Mitverantwortung" der Umwelt (den „Umständen", „Verhältnissen") zugeschrieben wird. Heider (a. a. O., 137f.) selbst hat hier fünf Stufen unterschieden, „bei denen die Attribution zur Person abnimmt und die Attribution zur Umwelt zunimmt". Shaw & Sulzer (1964; ferner Fincham & Jaspars, 1979) haben diese Stufen benannt und empirisch überprüft; ihre Problematik diskutiert Shaver (1975).

(1) *Verantwortlichkeit durch Assoziation:* Einer wird für das verantwortlich gemacht und entsprechend moralisch bewertet, zu dem er irgendwie zu gehören scheint. „So kann eine Person z. B. wegen der angeblich schlechten Taten ihrer Kirche oder ihres Landes sogar noch Jahrhunderte später beschuldigt werden", lautet Heiders Beispiel (a. a. O., 137).

(2) *Verantwortlichkeit durch Kausalität:* Was einer – im Sinne einer notwendigen aber nicht zureichenden Bedingung – verursacht, macht ihn verantwortlich,

also auch wenn er es unabsichtlich bewirkt hat. Die hier sich manifestierende „Erfolgsethik" impliziert: „Eine schlechte Tat hat immer so etwas wie eine verunreinigende Wirkung, sogar wenn sie nicht beabsichtigt ist, eine gute Tat hat eine erhebende Wirkung" (ebda.).

(3) *Verantwortlichkeit durch Vorhersehbarkeit:* Einer wird für das verantwortlich gemacht, was er zwar nicht verursacht und vielleicht auch nicht gewollt hat, aber hätte voraussehen können. Begriffe wie Fahrlässigkeit, Gedankenlosigkeit, Indolenz charakterisieren die Art der moralischen Bewertung in solchen Fällen des sich „mitschuldig" Machens.

(4) *Verantwortlichkeit durch Absichtlichkeit:* Hier wird jemand als die Haupt- oder gar alleinige Ursache einer Wirkung angesehen, wenn er – nach dem Urteil anderer – etwas vorsätzlich zu tun verursacht und es ausführt (= „persönliche Kausalität").

(5) *Verantwortlichkeit durch rechtfertigende Umstände:* In diesem Fall werden dem „Täter" vom „Beobachter" nicht einmal die eigenen Motive vollständig zugeschrieben, „sondern so gesehen . . ., daß sie ihren Ursprung in der Umwelt haben" (Heider a. a. O., 138). Nicht der Mörder, die Verhältnisse oder gar der Ermordete sind schuld, sagt hier paradigmatisch die exkulpierende Wertung.

So weit die von Heider für eine „naive Psychologie" des Handelns angesetzten Bedingungen der Zuschreibung von Verantwortlichkeit. Doch wäre es, sogar im Sinne der Heiderschen Konzepte der Attribution, naiv anzunehmen, daß sich die Verantwortlichkeitsattribution rein nach dem angenommenen Ausmaß „persönlicher Kausalität" richte. So scheint es nicht gleichgültig zu sein, ob ein Erfolg oder ein Mißerfolg auf die Fähigkeit oder auf die Motivation (Anstrengung) des anderen attribuiert wird. Während in der Selbstattribution *Stolz* auf eigenen Erfolg und *Scham* über einen Mißerfolg sich nicht eindeutig nach Fähigkeit und Motivation zu verteilen scheinen (Nicholls, 1976; Sohn, 1977; aber Weiner et al., 1972; Weiner, 1977), ist die Bereitschaft, Anstrengung im „evaluativen feedback" eher zu belohnen als Fähigkeit, im Rahmen der Leistungsmotivationsforschung verhältnismäßig gut belegt (z. B. Eswara, 1972; Kaplan & Swant, 1973; Rest et al., 1973). Weiner (1977, 508) führt für diese Bewertungsdifferenz zwei mutmaßliche Gründe an:

(1) Anstrengungsattributionen rufen eher „moralische Gefühle" hervor; denn das Bemühen, ein sozial positiv bewertetes Ziel zu erreichen, ist etwas, das man tun „sollte".
(2) Anstrengung zu belohnen bzw. zu bestrafen ist deshalb der Verhaltensänderung dienlich, „weil Anstrengung willentlicher Steuerung unterworfen sein soll" (ebda.). Fähigkeit gilt dagegen als etwas relativ Stabiles und weder willentlich noch von außen Steuerbares.

Beide Gründe weisen die nötige Plausibilität auf, um in der „naiven Psychologie" ihren Platz zu finden; um als Bedingungen in der wissenschaftlichen Psychologie figurieren zu können, bedarf es noch eingehender Untersuchungen (vgl. hierzu Heckhausen, 1980).

Die anderen Faktoren, die die Verantwortlichkeitsattribution komplexer gestalten, als es das Heidersche 5-Stufen-Konzept nahelegt, liegen in der Person des Beobachters, d. h. in dessen Motivation und Lerngeschichte. Differentialpsychologisch unterschieden bereits Jones & Thibaut (1958) drei allgemeine Einstellungen bzw. „Strategien" der Personwahrnehmung und -beurteilung: eine „kausal-genetische", d. h. quasi objektive, die, kaum wertend, konstatiert, eine auf mögliche Sanktionen gerichtete Einstellung *(situation matching set)* und schließlich eine, *value-maintenance* genannte Einstellung, aus der heraus der Beobachter mit stärkstem subjektiven Engagement das Verhalten der anderen danach beurteilt, inwieweit es seinen eigenen Werten und Zielsetzungen entspricht oder widerspricht.

Außerdem – und damit greifen wir auf den „Glauben an eine gerechte Welt" (Lerner) zurück – ruft der Anblick eines *Opfers,* dem der Beobachter nicht helfen kann oder mag, zwei mögliche Attributionen hervor: Das Opfer wird entweder als verantwortlich für sein Mißgeschick angesehen, z. B.: Wenn er sich rausgehalten hätte, wäre ihm nichts passiert. Damit salviert sich der Beobachter, dem so etwas nicht passiert wäre. Oder aber: Dem Opfer, das zwar gar nichts getan hat, geschieht (moralisch) ganz recht (Shaver a. a. O., 106). Die *Schmälerung des Opfers* scheint Regelfall zu sein, wenn der Beobachter selbst der das Opfer Schädigende ist; die Abwertung des Geschädigten wie die Verharmlosung des Schadens werden von der equity theory vorausgesagt (vgl. Walster et al., 1976, 10 ff.).

Schließlich hängen die Zuweisung von Verantwortlichkeit und die Schwere einer Beschuldigung offenkundig von der *Schwere der Folgen* ab, die ein bestimmtes Verhalten hat. Eine ganze Reihe von Untersuchungen geht auf das Paradigma zurück, das Elaine Walster (1966) zu dieser Fragestellung eingeführt hat: Ein Unfall, der als Zufall attributionstheoretisch an sich unergiebig sein sollte, da ja keine Absichtlichkeit im Spiel ist, wird im Experiment als unterschiedlich folgenschwer (vom leichten Blechschaden bis zum Totalschaden mit Körperverletzung) geschildert und Versuchspersonen zur Beurteilung vorgelegt mit dem Ergebnis, daß dem Kfz-Besitzer (der beim Unfall nicht zugegen war) um so größere Verantwortung zugeschrieben wurde, je schwerwiegender der Schaden war. Walster selbst führte ihren Befund, der in dieser Form nicht durchgängig repliziert werden konnte (Walster, 1967; Shaver, 1970; Shaw & Skolnick, 1971), auf die Befürchtung des Beobachters zurück, bei einem unkontrollierten = unverantworteten Unglück selber Opfer zu werden.

Der Ansatz, der durch Shaver (1970) zum Theorem der *defensiven Attribution* differenziert wurde, konvergiert in der Suche nach einem Schuldigen mit dem in der Soziologie und Sozialpsychologie des Vorurteils vieldiskutierten Theorem des *scapegoating,* der Suche nach einem Sündenbock oder Prügelknaben, um sich selbst und andere von eigenen Mängeln, Fehlern oder Minderwertigkeiten abzulenken (Wortman a. a. O., 25 f.). Leider sind beide Konzeptionen bisher nicht so weit entwickelt worden, daß sie über Plausibilitätsbekräftigungen hinaus bereits empirischer Überprüfung unterworfen werden konnten. Die ihnen zugrundeliegenden Attributionsphänomene legen jedoch nahe, daß Situationen interpersonalen Konflikts als Wertkonflikte besonders attributionsträchtig sind.

Die hier zu diskutierende Beziehung von Attribution und Evaluation läßt sich nach dem heutigen Wissensstand am besten in die (von Orvis et al., 1976, 379, formulierte) These bringen: „*Attributionen sind ein integrierender Bestandteil des interpersonalen Bewertungsprozesses*".

Noch einmal und abschließend sei der Gedanke geäußert, daß so unterschiedlich entstandene und in so unterschiedlicher Sprache formulierte Theorien wie die des sozialen Austauschs, der *equity*, der sozialen Vergleichsprozesse, der Attraktion, des Verhandelns, der Attribution von Ursache und Verantwortung, des moralischen Urteils und der sozialen Wahrnehmung sich in ihrem Geltungsanspruch und -bereich wohl deswegen so auffällig überlappen, weil sie alle der Funktion des Wertens in der sozialen Interaktion gerecht zu werden versuchen, ohne sich auf eine sozialpsychologische Theorie des Wertens stützen zu können.

5. Psychologie der Werte – Werte in der Psychologie

Die Synopse der Behandlung von Werten und Werthaltungen durch die Psychologie hat vermutlich mehr Probleme aufgeworfen als Fragen beantwortet: Ein einheitliches theoretisches Gefüge, eine geschlossene Begrifflichkeit, ein Korpus unanfechtbarer empirischer Daten konnte nicht vorgestellt werden. „Nur eines ist im Grunde gewiß", stellte G. W. Allport (1958) einmal resigniert fest, „Psychologen werden fortwährend durch die Natur ihres Fachs von Wertproblemen heimgesucht." Soviel Skepsis scheint uns indessen nicht mehr gerechtfertigt, denn die Psychologie schickt sich an, ihre „Wertallergie" (Scriven) zu überwinden, d.h. Wertforschung nicht länger als unheimliches Grenzgebiet zu betrachten und sich der vielfältigen, wechselseitig sich bedingenden Berührungspunkte von Psychologie und Wertsystemen bewußt zu werden:

- *Die Psychologie handelt von Werten:* Dies hat die Beschreibung psychologischer Wertforschung gezeigt, die unversehens in einer tour d'horizon von der Akzentuierungs- bis zur Attributionstheorie von rigoroser Verhaltenstheorie bis zur Theorie der kognitiven Dissonanz, von methodologischen Erwägungen bis zur Demographie resultierte.

  Der gegenwärtig vorherrschende Trend zur „Kognitivierung" und „Sozialisierung" vormals quasi-biologisch gefaßter Konstrukte (vgl. die Triebkonzeption der Motivation), der durch a) das kybernetische Modell des Informationsverarbeitenden, die Resultate seiner Handlungen bewertenden Organismus und b) durch das naiv-psychologische Modell der sich ihre Umwelt attribuierend erschließenden Person ausgelöst wurde, läßt die Vermutung zu, daß Wertkonzepte und Werthaltungen in der künftigen Motivationspsychologie eine bedeutende Rolle spielen werden.

- *Im psychologischen Experiment wird werthaft bzw. nichtwerthaft gehandelt,* denn Untersucher und Untersuchungsgegenstand begegnen sich in den Humanwissenschaften als Subjekte innerhalb einer „Matrix von Werten" (Vallance, 1972). Wie in Untersuchungen zur sozialen Erwünschtheit und zum approval motive gezeigt werden konnte (s. o., S. 366), neigen Versuchspersonen dazu, sozial hoch bewertete Eigenschaften hervorzukehren bzw. Unzulänglichkeiten zu verbergen, so daß der Experimentator häufig gezwungen ist, Probanden durch eine ‚cover story' über den eigentlichen Sinn seiner Studie zu täuschen. Durch diese Praxis könnte er allerdings langfristig Gefahr laufen, sich seines bevorzugten Gegenstandes zu berauben: der kooperativen Versuchsperson in relativ natürlicher Einstellung (Sigall, Aronson & Van Hoose, 1970).

Den methodischen und methodologischen Problemen, die das Moment der Kenntnis/des Verschweigens von Untersuchungszielen mit sich bringt, wendet sich die Psychologie neuerdings im Rahmen der Sozialpsychologie des Experiments reflexiv zu. Diese kann zwar die Bedeutung der Ethik des Experimentierens als Rahmenbedingung psychologischer Studien herausarbeiten (Resnick & Schwartz, 1973), die ethischen und rechtlichen Implikationen der (Wert-)Forschung sollten jedoch von Psychologen *gemeinsam* mit Juristen und Moralphilosophen überdacht werden (Solomon, 1970; Kruse, 1980; Schuler, 1980; Kruse & Kumpf, 1981).

- *Psychologische Forschung unterliegt wissenschaftsinterner und -externer Bewertung.* Wissenschaftstheorie grenzt – etwa durch die Präskription eines Sprachsystems – mögliche Gegenstände von Wissenschaft aus und liefert Standards und Kriterien dafür, wie diese anzugehen sind. Es läßt sich kaum bezweifeln, daß die Analyse von Werten u. a. wegen der Überbewertung von Präzision, Kontrolle, Prognose etc. in Verbindung mit Fehlinterpretationen des Wertfreiheitspostulats für längere Zeit vernachlässigt wurde.

Des weiteren steht Psychologie wie jede Wissenschaft im Wertkonflikt zwischen „reiner Theorie" und anwendungsbezogener Arbeit (vgl. Ring, 1967; McGuire, 1969). Es würde sich lohnen, der Vermutung nachzugehen, daß eine von einem breiten Interesse an „Voraussicht und Verstehen" (Toulmin) geleitete Wertforschung im besonderen Maße die Möglichkeit bietet, theoretische und praktische Relevanz, praktische und technische Vernunft einander näher zu bringen.

- *Die Ergebnisse der Psychologie wirken auf gesellschaftliche (Be-)Wertungen zurück,* sei es durch den harmlosen band-waggon-Effekt, der sich einstellt, wenn Meinungs- und Moralstatistiken veröffentlicht werden, sei es durch deren vorschnelle und selektiv tendenziöse Rezeption (vgl. die Abwertung des restricted code, die Jensen-Kontroverse etc.). In wiederum anderer Weise hat die Popularisierung der Psychoanalyse durch Auflösung kultureller Selbstverständlichkeiten alte ethische Probleme liquidiert und neue geschaffen. Die von Psychologen üblicherweise angestrebte Beschränkung auf Deskription und Explikation mag zwar exkulpieren, verhindert aber nicht, daß ihre Aussagen, soweit sich diese auf deskriptive Anteile von Wertsystemen beziehen, bestehende Werturteile „bestätigen" bzw. „korrigieren".

Dies führt uns zu der kritischen Frage

- *ob psychologische Wertforschung selbst Werturteile treffen darf* (ob sie im aristotelischen Sinne „praktisch" werden kann) oder ob sie sich mit der Produktion technischen Wissens begnügen darf. Dies und nur dies bildet den Gegenstand der Wertfreiheitsdebatte, alle zuvor genannten Wertprobleme betreffen Fragen einer empirischen Wissenschaftswissenschaft (vgl. Albert & Topitsch, 1971). Hier muß der Hinweis darauf genügen, daß auch zu dieser Frage eine provokante Antwort aus den Reihen der Psychologen kam: „From is to ought. How to commit the naturalistic fallacy and get away with it in the study of moral development" (Kohlberg, 1971).

Wir vermuten, daß die empirische und theoretische Analyse von Werthaltungen (einschließlich Genese, Wandel und Funktion) als spezifischer Form menschlicher Motivation bei der Lösung einiger drängender Probleme unserer Zeit ebenso wie bei der Klärung einiger Grundfragen unseres Fachs (Eberlein & Pieper, 1978) von Nutzen sein kann.

Literatur

Abel, T. The operation called ‚verstehen'. In: H. Albert (ed.) Theorie und Realität. Tübingen: Mohr, 1978, 177–188.

Abelson, R. P. Are attitudes necessary? In: B. T. King; & E. McGuinnies (eds.): Attitude, conflict and social change. New York: Academic Press, 1972, 19–32.

Abbott, R. D. On the confounding of the Repression–Sensitization and Manifest Anxiety Scales. Psychological Report, 1972, **30**, 392–394.

Adair, J. G. The human subject – The social psychology of the psychological experiment. Boston: Little, Brown, 1973.

Adams, J. S. Inequity in social exchange. In: L. Berkowitz (ed.) Advances in experimental social psychology. Vol. 2. New York: Academic Press, 1965, 267–299.

Adler, F. The value concept in sociology. American Journal of Sociology, 1956, **62**, 272–279.

Aiken, H. D. Evaluation and obligation: Two functions of judgements in the language of conduct. Journal of Philosophy, 1950, **47,** 5–22.

Albert, H., & Topitsch, E. (eds.) Werturteilsstreit. Darmstadt: Wissenschaftl. Buchgesellschaft, 1971.

Albrecht, M. C. Does literature reflect common values? Annual Sociological Review, 1956, **21,** 722–729.

Allport, F. H. Social psychology. Boston: Houghton-Mifflin, 1924.

Allport, F. H. Theories of perception and the concept of structure. New York: Wiley, 1955.

Allport, G. W. Becoming. New Haven, Conn.: Yale University Press, 1955.

Allport, G. W. The nature of prejudice. Garden City: Doubleday, 1958.

Allport, G. W., & Vernon, P. A Study of Values. Boston: Mifflin, 1931.

Allport, G. W., Vernon, P., & Lindzey, G. Study of Values. Test booklet and manual. Boston: Mifflin, 1960^3.

Anderson, N. H. Likeableness ratings of 555 personality traits words. Journal of Personality and Social Psychology, 1968, **9,** 272–279.

Aronfreed, J. Moral development from the standpoint of a general psychological theory. In: T. Lickona, 1976, 54–69.

Aristoteles. Nikomachische Ethik. Werke (ed. von E. Grumach). Band 6. Darmstadt: Wissenschaftliche Buchgesellschaft, 1956.

Asch, S. E. Social psychology. Englewood Cliffs: Prentice-Hall, 1952.

Aschenbrenner, K. The concepts of value. Foundations of value theory. Dordrecht, Holland: Reidel, 1971.

Atkinson, J. W. An introduction to motivation. Princeton: Nostrand, 1964.

Baier, K. What is a value? An analysis of the concept. In: K. Baier, & N. Rescher (eds.) Values and the future. New York: Free Press, 1969, 33–67.

Baier, K. & Rescher, N. (eds.) Values and the Future. New York: Free Press, 1969.

Bandura, A. Principles of behavior modification. New York: Holt, Rinehart & Winston, 1969.

Bandura, A. Vicarious and self-reinforcement processes. In: R. Glaser (ed.) The nature of reinforcement. New York: Academic Press, 1971.

Bandura, H., & Walters, R. H. Social learning and personality development. New York: Holt, Rinehart & Winston, 1963.

Bandura, A., & Perloff, B. Relative efficacy of self-monitored and externaly imposed reinforcement systems. Journal of Personality and Social Psychology, 1967, **7,** 111–116.

Becker, R. G. M., & McClintock, C. G. Value: behavioral decision theory. In: Annual Review of Psychology, 1967, **18,** Palo Alto, Calif.: Annual Reviews, Inc.

Bengston, V. L., & Lovejoy, M. C. Values, personality, and social structure: An intergenerational analysis. American Behavioral Scientist, 1973, **16,** 880–912.

Berkowitz, L. Social norms, feelings, and other factors affecting helping and altruism. In: L. Berkowitz (ed.) Advances in experimental social psychology. Vol. 6. New York: Academic Press, 1972, 63–108.

Berkowitz, L., & Walster, E. (eds.) Equity theory: towards a general theory of social interaction (Advances in experimental social psychology. Vol. 9). New York, London: Academic Press, 1976.

Berrien, F. K. Japanese vs. American values. Journal of Social Psychology, 1965, **65,** 181–192.

Berrien, F. K. Japanese and American values. International Journal of Psychology, 1966, **1,** 129–142.
Bills, R. E. The effect of a value on learning. Journal of Personality, 1952, **21,** 217–222.
Blau, P. M. Exchange and power in social life. New York: Wiley, 1964.
Bolt, M. The Rokeach Value Survey: Preferred or preferable? Perceptual and Motor Skills, 1978, **47,** 322.
Borger, R., & Cioffi, F. (eds.) Explanation in the behavioral sciences. Cambridge, Mass.: Cambridge University Press, 1970.
Breger, L., & McGaugh, J. L. Critique and reformulation of ‚learning theory' approaches to psychotherapy and neurosis. Psychological Bulletin, 1965, **5,** 338–358.
Brehm, J. W., & Cole, A. H. Effect of a favor which reduces freedom. Journal of Personality and Social Psychology, 1966, **3,** 420–426.
Brock, T. C., & Delgiudice, C. Stealing and temporal orientation. Journal of Abnormal and Social Psychology, 1963, **66,** 93–94.
Brogden, H. E. The primary personal values measured by the Allport-Vernon Test ‚A Study of Values'. Psychological Monograph, 1952, **66,** Nr. 348.
Brown, S. C. (ed.) Philosophy of psychology. London: Macmillan, 1974.
Bruner, J. S., & Goodman, C. C. Value and need as organizing factors in perception. Journal of Abnormal and Social Psychology, 1947, **42,** 33–44.
Bruner, J. S., & Postman, L. Symbolic value as an organizing factor in perception. Journal of Social Psychology, 1948, **27,** 203–208.
Bruner, J. & Postman, L. Perception, cognition and behavior. Journal of Personality, 1949, **18,** 206–223.
Bruner, J. S., & Postman, L. An approach to social perception. In: W. Dennis (ed.) Current trends in social psychology. Pittsburgh: University of Pittsburgh Press, 1951, 71–118.
Bühler, K. Die Krise der Psychologie. Stuttgart: G. Fischer, [1927] 1965.
Buros, O. The Sixth Mental Measurement Yearbook. Highland Park, N. J.: The Gryphon Press, 1965.
Buros, O. The Seventh Mental Measurement Yearbook. Highland Park, N. J.: The Gryphon Press, 1972.
Burton, R. V. Honesty and dishonesty. In: T. Lickona, 1976, 173–197.
Campbell, D. T. Social attitudes and other acquired behavioral dispositions. In: S. Koch (ed.), Psychology: A study of a science. Vol. 6. New York: McGraw-Hill, 1963, 94–172.
Campbell, A., & Converse, Ph. (eds.) The human meaning of social change. New York: Russell Sage Foundation, 1972.
Cantril, H. The ‚why' of man's experience. New York: Macmillan, 1950.
Cantril, H. The pattern of human concerns. New Brunswick: Rutgers University Press, 1965.
Cantril, H., & Allport, G. Recent applications of the Study of Values. Journal of Abnormal and Social Psychology, 1933, **28,** 259–273.
Cartwright, D., & Zander, A. (eds.) Group dynamics – Research and theory. New York: Harper & Row, [1953] 1968[3].
Castaneda, H. N. The structure of morality. Springfield, Ill.: Carles C. Thomas, 1974.
Catton, W. R. Exploring techniques for measuring human values. American Sociological Review, 1954, **19,** 49–55.

Chadwick-Jones, J. K. Social exchange theory: Its structure and influence in social psychology. London, New York: Academic Press, 1976.
Cicourel, A. V. Methode und Messung in der Soziologie. Frankfurt: Suhrkamp, 1970.
Cicourel, A. V. Basisregeln und normative Regeln im Prozeß des Aushandelns von Status und Rolle. In: Arbeitsgruppe Bielefelder Soziologen (eds.) Alltagswissen, Interaktion und gesellschaftliche Wirklichkeit. Reinbek: Rowohlt, 1973.
Chisholm, R. M., & Sellars, W. Intentionality and the mental. In: H. Feigl; M. Scriven; & G. Maxwell (eds.) Minnesota Studies in the Philosophy of Science. Band II. Minnesota: University Press, 1958.
Chomsky, N. Reflexionen über die Sprache. Frankfurt: Suhrkamp, 1977.
Colett, P. (ed.) Social rules and social behavior. Oxford: B. Blackwell, 1977.
Cranach, M. von, Irle, M., & Vetter, H. Zur Analyse des Bumerang-Effektes. Größe und Richtung der Änderung sozialer Einstellungen als Funktion ihrer Verankerung in Wertsystemen. In: M. Irle (ed.) Texte aus der experimentellen Sozialpsychologie. Neuwied: Luchterhand, 1973^2, 343–377.
Crowne, D. P., & Marlowe, D. A new scale of social desirability independent of psychopathology. Journal of Consulting Psychology, 1960, **24,** 349–354.
Crowne, D. P., & Marlowe, D. The approval motive – Studies in evaluative dependence. New York: Wiley, 1964.
Davis, J. W. (ed.) Value and valuation: Axiological essays in honor of Robert S. Hartmann. Knoxville, Tennessee: Clarendon Press, 1972.
DeCharms, R. Personal causation: The internal affective determinants of behavior. Part IV. New York: Academic Press, 1968.
DeCharms, R., & Moeller, G. Values expressed in American children readers, 1800–1950. Journal of Abnormal and Social Psychology, 1962, **64,** 136–142.
DeCharms, R., & Shea, D. J. Beyond attribution theory. The human conception of motivation and causality. In: L. H. Strickland; F. E. Aboud; & K. J. Gergen (eds.) Social psychology in transition. New York, London: Plenum Press, 1976, 253–267.
Dember, W. N. Motivation and the cognitive revolution. American Psychologist, 1974, **29,** 161–168.
Dempsey, P., & Dukes, W. F. Judging complex value stimuli: An examination and revision of Morris's Paths of Life. Educational and Psychological Measurement, 1966, **26,** 871–882.
Dewey, J., Theory of valuation. Chicago: The University of Chicago Press, 1939.
Dillman, D. A., & Christenson, J. A. Toward the assessment of public values. Public Opinion Quarterly, 1974, **38,** 206–221.
Draguns, J. G., & Kennedy, R. E. Bibliographie der psychologischen Beiträge zu den Grenzgebieten der Philosophie und Psychologie (unveröffentlicht), 1975.
Duffy, E. A critical review of investigations employing the Allport-Vernon Study of Values and other tests of evaluative attitudes. Psychological Bulletin, 1940, **37,** 597–612.
Dukes, W. F. Psychological studies of values. Psychological Bulletin, 1955, **52,** 24–50.
Duncker, K. Zur Psychologie des produktiven Denkens. Berlin: Springer, [1935] 1966.
Duska, R., & Whelan, M. Moral development. Dublin: Gill and Macmillan, 1977.
Eberlein, G. & Pieper, R. Psychologie – Wissenschaft ohne Gegenstand? Frankfurt: Campus, 1976.
Edwards, A. L. The social desirability variable in personality assessment and research. New York: Holt, Rinehart & Winston, 1957.

Edwards, A. L. The relationship between the judged desirability of a trait and the probability that the trait will be endorsed. Journal of Applied Psychology, 1953, **37,** 90–93.
Eisenstadt, Sh. N. Einige Überlegungen zur ‚Krise' der Soziologie. Kölner Zeitschrift für Soziologie und Sozialpsychologie, 1974, **26,** 473–491.
Eiser, J. R., & Stroebe, W. Categorization and social judgment. London, New York: Academic Press, 1972.
Ellis, A. Reason and emotion in psychotherapy. New York: Lyle, 1967.
Eswara, H. S. Administration of reward and punishment in relation to ability, effort, and performance. Journal of Social Psychology, 1972, **87,** 139–140.
Ewell, A. H. The relationship between the rigidity of moral values and the severity of functional psychological illness. Doctoral dissertation, New York University, 1954.
Eysenck, H. J. The biology of morality. In: T. Lickona, 1976, 108–123.
Feather, N. T. Value systems in state and church schools. Australian Journal of Psychology, 1970, **22,** 299–313.
Feather, N. T. Value differences in relation to ethnocentrism, intolerance of ambiguity, and dogmatism. Personality, 1971, **2,** 349–366.
Feather, N. T. Value correlates of conservativism. Journal of Personality and Social Psychology, 1979, **37,** 1617–1630.
Feldman, K. A., & Newcomb, T. M. The impact of college on students. San Francisco: Jossey-Bass, 1969.
Festinger, L. Informal social communication. Psychological Review, 1950, **57,** 271–282.
Festinger, L. A theory of social comparison processes. Human Relations, 1954, **7,** 117–140; sowie in: A. P. Hare; E. F. Borgatta; & R. F. Bales (eds.) Small groups – Studies in social interaction. New York: Knopf, 1954, 163–187.
Fincham, F., & Jaspars J. Attribution of responsibility to the self and other in children and adults. Journal of Personality and Social Psychology, 1979, **37,** 1589–1602.
Fisher, W. R. Toward a logic of good reasons. Quaterly Journal of Speech, 1978, **64,** 376–384.
Flavell, J. H. The development of inferences about others. In: T. Mischel (ed.), 1974, 66–116.
Freud, S. Formulierungen über die zwei Prinzipien des psychologischen Geschehens [1911]. In: Gesammelte Werke, Bd. 8. London: Imago, 1944–1952, 229–238.
Friedrichs, J. Werte und soziales Handeln. Tübingen: Mohr, 1968.
Friedrichs, J.; & Lüdtke, H. Teilnehmende Beobachtung. Zur Grundlegung einer wissenschaftlichen Methode empirischer Feldforschung. Weinheim: Beltz, 1971.
Giegel, H. J. Die Logik der seelischen Ereignisse. Zu Theorien von Wittgenstein und Sellars. Frankfurt: Suhrkamp, 1969.
Görlitz, D. Motivationshypothesen in der Alltagskommunikation. Kölner Zeitschrift für Soziologie und Sozialpsychologie, 1974, **26,** 538–567.
Gordon, L. V., & Kikuchi, A. American personality tests in cross-cultural research: A caution. Journal of Social Psychology, 1966, **69,** 179–184.
Gordon, L. V., & Kikuchi, A. Response sets of Japanese and American students. Journal of Social Psychology, 1970, **82,** 143–148.
Gorlow, L., & Barocas, R. Value preferences and interpersonal behavior. Journal of Social Psychology, 1965, **66,** 271–280.

Gouldner, A. W. Die westliche Soziologie in der Krise. Bd. 1 und 2. Reinbek: Rowohlt, 1974.
Graumann, C. F. ‚Social perception': Die Motivation der Wahrnehmung in neueren amerikanischen Untersuchungen. Zeitschrift für experimentelle und angewandte Psychologie, 1956, **3**, 605–661.
Graumann, C. F. Zur Psychologie des kritischen Verhaltens. Studium Generale, 1959, 12, 694–716.
Graumann, C. F. Grundlagen einer Phänomenologie und Psychologie der Perspektivität. Berlin: de Gruyter, 1960.
Graumann, C. F. Phänomenologie und deskriptive Psychologie des Denkens. In: R. Bergius (ed.) Handbuch der Psychologie, Bd. 1: Lernen und Denken. Göttingen: Hogrefe, 1964, 493–518.
Graumann, C. F. Die Dynamik von Interessen, Wertungen und Einstellungen. In: H. Thomae (ed.) Handbuch der Psychologie. Bd. 2: Motivation. Göttingen: Hogrefe, 1965(a), 272–302.
Graumann, C. F. Subjektiver Behaviorismus? Archiv für die gesamte Psychologie, 1965(b), **117**, 237–249.
Graumann, C. F. Die Scheu des Psychologen vor der Interaktion – ein Schisma und seine Geschichte. Zeitschrift für Sozialpsychologie, 1979, **10**, 284–304.
Grewendorf, G., & Meggle, G. (eds.) Sprache und Ethik. Frankfurt: Suhrkamp, 1974.
Grinder, R. E. Parental childrearing practices, conscience and resistence to temptation of sixth-grade children. Child Development, 1962, **33**, 803–820.
Groeben, N., & Scheele, B. Argumente für eine Psychologie des reflexiven Subjekts. Darmstadt: Steinkopff, 1977.
Guenther, H. V. Ein Versuch der Anwendung der ‚Rokeach Value Scale' in der Bestimmung von Werthaltungen deutscher Austauschschüler. Psychologische Beiträge, 1975, **17**, 304–320.
Habermas, J. Zur Logik der Sozialwissenschaften. Frankfurt: Suhrkamp, 1971².
Habermas, J. Moralentwicklung und Ich-Identität. In: J. Habermas: Zur Rekonstruktion des Historischen Materialismus. Frankfurt: Suhrkamp, 1976, 63–91.
Hake, B. J. Values, technology and futurology. In: Analysen und Prognosen, 1973, **25**, 14 ff.
Hakmiller, K. L. Need for self-evaluation, perceived similarity and comparison choice. Journal of Experimental Social Psychology, 1966, **2** (Suppl. 1), 49–54.
Halisch, F. Die Selbstregulation leistungsbezogenen Verhaltens: Das Leistungsmotiv als Selbstbekräftigungssystem. In: H. D. Schmalt; & W. V. Meyer (eds.) Leistungsmotivation und Verhalten. Stuttgart: Klett, 1976, 137–164.
Hamid, P. N., & Flay, B. R. Changes in locus of control as a function of value modification. British Journal of Social and Clinical Psychology, 1974, **13**, 143–150.
Handy, R. Value theory and the behavioral sciences. Springfield, Ill.: C. C. Thomas, 1969.
Handy, R. The measurement of values. St. Louis: Green, 1970.
Harlow, H. F. Learning and satiation of response in intrinsically motivated complex puzzle performance by monkeys. Journal of Comparative and Physiological Psychology, 1950, **43**, 289–294.
Harré, R.; & Secord, P. F. The explanation of social behaviour. Oxford: B. Blackwell, 1972.

Hartig, M. (ed.) Selbstkontrolle. München: Urban & Schwarzenberg, 1973.
Hartmann, N. Ethik. Berlin: deGruyter, 1962.
Hartshorne, H., & May, N. Studies in the nature of character. Vol. I: Studies in deceit. New York: Macmillan, 1928.
Harvey, J. H., Ickes, W. J.; & Kidd, R. F. (eds.) New directions in attribution research. Vol. I. Hillsdale, N. J.: Lawrence Erlbaum Ass., 1976.
Harvey, J. H., & Smith, W. P. Social psychology: An attributional approach. St. Louis: Mosby, 1977.
Hastorf, A. H., & Cantril, H. They saw a game: A case study. Journal of Abnormal and Social Psychology, 1954, **49,** 129–134.
Heath, R. L., & Fogel, D. S. Terminal and instrumental? An inquiry into Rokeach's Value Survey. Psychological Reports, 1978, **42,** 1147–1154.
Heckhausen, H. Leistung und Chancengleichheit. Göttingen: Hogrefe, 1974.
Heckhausen, H. Motivation und Handeln. Berlin: Springer, 1980.
Heider, F. The psychology of interpersonal relations. New York: Wiley, 1958. Deutsch: Psychologie der interpersonalen Beziehungen. Stuttgart: Klett, 1977.
Helwig, P. Charakterologie. Stuttgart: Klett, 1952.
Hempel, C. G. Aspects of scientific explanation. New York: The Free Press, 1965.
Heringer, H. J. (ed.) Seminar: Der Regelbegriff in der praktischen Semantik. Frankfurt: Suhrkamp, 1974.
Herrmann, T. Die Psychologie und ihre Forschungsprogramme. Göttingen: Hogrefe, 1976.
Herrmann, T. Psychologie und das kritisch-pluralistische Wissenschaftsprogramm. In: K. A. Schneewind (ed.) Wissenschaftstheoretische Grundlagen der Psychologie. München, Basel: Reinhardt, 1977, 55–69.
Herrmann, T. Wertorientierung und Wertwandel. Eine konzeptuelle Analyse aus dem Blickwinkel der Psychologie. In: H. Stachowiak, & Th. Ellwein (eds.), Bedürfnisse, Werte und Normen im Wandel. Bd. II: Methoden und Analysen, im Druck.
Hilgard, E. R., & Bower, G. H. (eds.) Theorien des Lernens, Bd. 1 und 2. Stuttgart: Klett, 1971.
Hill, W. F. Learning theory and the acquisition of values. Psychological Review, 1960, **67,** 317–331.
Hillmann, K. H. Die Wachstumskrise als Wertproblem. Gegenwartskunde, 1975, **1,** 19–31.
Hobbes, Th. Leviathan oder Stoff, Form und Gewalt eines bürgerlichen und kirchlichen Staates. Neuwied: Luchterhand, [1651] 1966.
Höffe, O. (ed.) Lexikon der Ethik. München: Beck, 1977.
Hörmann, H. Theoretische Grundlagen der projektiven Tests. In: Handbuch der Psychologie (ed. H. Thomae), Bd. 6, Göttingen: Hogrefe, 1964, 71–112.
Hoffman, M. L. Empathy, role-taking, guilt and development of altruistic motives. In: T. Lickona (ed.), 1976, 124–143.
Hogan, R. Moral conduct and moral character: A psychological perspective. Psychological Bulletin, 1973, **79,** 217–232.
Hoge, D. R., & Bender, J. E. Factors influencing value change among college graduates in adult life. Journal of Personality and Social Psychology, 1974, **29,** 572–585.
Holt, E. B. Animal drive and the learning process. Vol. I. New York: Holt, 1931.
Holzkamp, K. Die Überwindung der wissenschaftlichen Beliebigkeit psychologischer

Theorien durch die kritische Psychologie (Teil 1). Zeitschrift für Sozialpsychologie, 1977, **8,** 1–22.
Homans, G. C. Social behavior: Its elementary forms. New York: Routledge & Paul, [1961], 1974².
Hook, S. (ed.) Human values and economic policy – a symposion. New York: University Press, 1967.
Hull, C. L. Value, valuation and natural-science methodology. Philosophy of Science, 1944, **11,** 125–141.
Hull, C. L. Moral values, behaviorism, and the world crises. Transactions of the New York Academy of Sciences VII, 1945, 80–84.
Hull, C. L. A behavior system: An introduction to behavior theory concerning the individual organism. New York: Yale University Press, 1952.
Hunt, J. M. V. Intrinsic motivation and its role in psychological development. In: D. Levine (ed.) Nebraska Symposium on Motivation. Lincoln, Nebr.: University of Nebraska Press, 1965, 189–282.
International Congress of Philosophy. Ethics and the philosophy of values. Wien: Herder, 1969.
Israel, J., & Tajfel, H. (eds.) The context of social psychology. A critical assessment. London: Academic Press, 1972.
Iwin, A. A. Grundlagen der Logik von Wertungen. Berlin: Akademie-Verlag, 1975.
James, W. Principles of psychology. New York: Dover Publ., 1890.
Jeffrey, R. Preference among preferences. (Im Druck).
Johns-Heine, P., & Geerth, H. H. Values in mass periodical fiction, 1921–1940. Publications of Opinion Quarterly, 1949, **13,** 105–113.
Johnson, S. M., & Bolstad, O. D. Methodological issues in naturalistic observation: Some problems and solutions for field research. In: L. A. Hamerlynch; L. C. Handy; & E. J. Mash (eds.) Behavior change: Methodology, concepts, and practice. Champaign, Ill.: Research Press, 1973.
Jones, E. E., & Thibaut, J. W. Interaction goals as bases of inference in person perception. In: R. Tagiuri; & L. Petrullo (eds.) Person perception and interpersonal behavior. Stanford: Stanford University Press, 1958.
Jones, E. E., & Gerard, H. B. Foundations of social psychology. New York: Wiley, 1967.
Jones, E. E., Kanouse, D. E., Kelley, H. H., Nisbett, R. E., Valins, S., & Weiner, B. (eds.) Attribution: Perceiving the causes of behavior. Morristown, N. J.: General Learning Press, 1972.
Jones, L., & Morris, C. Relations of temperament to the choice of values. Journal of Abnormal and Social Psychology, 1956, **53,** 346–349.
Kanfer, F. H., & Phillips, J. S. Learning foundations of behavior therapy. New York: Wiley, 1970.
Kanfer, F. H., & Karoly, P. Self-control: A behavioristic excursion into the lion's den. Behavior Therapy, 1972, **3,** 398–416.
Kanouse, D. E. Language, labeling, and attribution. In: Jones et al. (ed.), 1972, 121–135.
Kaplan, R. M., & Swant, S. G. Reward characteristics of appraisal of achievement behavior. Representative Research in Social Psychology, 1973, **4,** 11–17.
Katz, E. W. A content analytic method for studying themes in interpersonal behavior. Psychological Bulletin, 1966, **66,** 419–422.

Katz, E. & Lazarsfeld, P. F. Persönlicher Einfluß und Meinungsbildung. Wien: Verlag für Geschichte und Politik, 1962.
Kaufmann-Mall, K. Kognitiv-hedonistische Theorie menschlichen Verhaltens. Bern: Huber, 1978.
Kelley, H. H. Moral evaluation. American Psychologist, 1971, **26**, 293–300.
Kelley, H. H. Attribution in social interaction. In: Jones et al. (eds.), 1972, 1–26.
Kelly, G. A. The psychology of personal constructs. Vols. I + II. New York: Norton, 1955.
Kelvin, D. The basis of social behavior. An approach in terms of order and value. London: Holt, Rinehart & Winston, 1969.
Kemmler, L. Gruppenanwendung von ‚Piaget'-Geschichten zum moralischen Urteil bei 8- bis 9jährigen Jungen im Vergleich mit einigen anderen Variablen. Zeitschrift für Entwicklungspsychologie und Pädagogische Psychologie, 1970, **67**, 110–122.
Kikuchi, A.; & Gordon, L. V. Japanese and American personal values. Some cross-cultural findings. International Journal of Psychology, 1970, **5**, 183–187.
Kilby, R. W. Values of Indian, American and Japanese university students. Psychologia, 1971, **14**, 53–66.
King, B. T., & McGinnies, E. Attitudes, conflict and social change. New York: Academic Press, 1972.
Klass, E. T. Psychological effects of immoral actions: the experimental evidence. Psychological Bulletin, 1978, **85**, 756–771.
Kluckhohn, C. Values and value orientations in the theory of action. In: T. Parsons; & E. A. Shils (eds.), [1951] 1962[5], 388–433.
Kluckhohn, F. F., & Strodbeck, F. Variations in value orientations. Evanston, Ill.: Row & Peterson, 1961.
Kmieciak, P. Wertstrukturen und Wertwandel in der Bundesrepublik Deutschland. Göttingen: O. Schwartz, 1976.
Kmieciak, P. Plädoyer für die Wertforschung als dringend erforderliche neue interdisziplinäre Forschungsrichtung. Analysen und Prognosen, 1977, 19–22.
Köhler, W. The place of value in a world of facts. New York: Liveright, 1938; dt. 1968.
König, E. Theorie der Erziehungswissenschaften. Bd. 2. Normen und ihre Rechtfertigung. München: Fink, 1975.
Kohl, H. Zur Frage des Wandels von sozialen Strukturen und Werten bei sich abschwächendem Wachstum. Analysen und Prognosen, 1976, **44**, 21–23.
Kohlberg, L. From is to ought: How to commit the naturalistic fallacy and get away with it in the study of moral development. In: T. Mischel (ed.), 1971, 151–235.
Kohlberg, L. Moral stages and motivation: The cognitive-developmental approach. In: T. Lickona (ed.), 1976, 31–53.
Kruglanski, A. The human subject in the psychology experiment: Fact and artefact. In: L. Berkowitz (ed.) Advances in experimental psychology, Vol. 8, New York: Academic Press, 1975.
Krus, J. D., & Krus, P. H. Contributions to psychohistory: III. Measuring value systems as related to societal change. Psychological Reports, 1978, **43**, 3–9.
Kruse, L. Privatheit als Problem und Gegenstand der Psychologie. Bern: Huber, 1980.
Kruse, L., & Kumpf, M. (eds.) Psychologische Grundlagenforschung: Ethik und Recht. Bern: Huber, 1981.
Kuhn, H. Werte – Eine Urgegebenheit. In: H. C. Gadamer; & P. Vogler (eds.) Neue

Anthropologie. Bd. 7. Philosophische Anthropologie (2. Teil). Stuttgart: G. Thieme, 1975, 343–373.
Kuypers, K. (ed.) Human sciences and the problem of values. The Hague: Nijhoff, 1972.
Laszlo, E., & Wilbur, J. B. Value theory in philosophy and social science. New York: Gordon & Breach Science Publ., 1973.
Lautmann, R. Wert und Norm. Opladen: Westdeutscher Verlag, 1971².
Lenk, H. Werte und Handlungsanalysen. Zur praktischen Bedeutsamkeit werttheoretischer Modellansätze. In: S. Moser, & A. Huning (eds.), 1975, 129–182.
Lerner, M. J. The desire of justice and reactions to victims. In: J. Macaulay; & L. Berkowitz (eds.) Altruism and helping behavior. New York: Academic Press, 1970, 355–360.
Lerner, M. J. Social psychology of justice and interpersonal attraction. In: T. Huston (ed.) Perspectives on interpersonal attraction. New York: Academic Press, 1974.
Lerner, M. J. The justice motive: Some hypotheses as to its origins and forms. Journal of Personality, 1977, **45**, 1–52.
Lerner, M. J.; & Miller, D. T.; & Holmes, J. G. Deserving and the emergence of forms of justice. In: L. Berkowitz & E. Walster (eds.) 1976, 133–162.
Leventhal, G. S. The distribution of rewards and resources in groups and organizations. In: Berkowitz, L., & Walster, E. (eds.), 1976, 91–131.
Leventhal, G. S. Fairness in social relationships. In: J. Thibaut; J. T. Spence; & R. C. Carson (eds.) Contemporary topics in social psychology. Morristown, N. J.: General Learning Press, 1976, 211–239.
Levitin, T. Values. In: J. P. Robinson; & Ph. R. Shaver (eds.) Measures of social psychological attitudes. Ann Arbor, Mich.: Inst. for Social Research, 1975³, 489–585.
Levy, J. Readability level and differential test performance: A language revision of the Study of Values. Journal of Educational Psychology, 1958, **49**, 6–12.
Lewin, K. Vorsatz, Wille und Bedürfnis. Mit Vorbemerkungen über die psychischen Kräfte und Energien und die Struktur der Seele. Berlin: Springer, 1926 (Kurt-Lewin-Werkausgabe, Bd. 5, im Druck.).
Lewin, K. Der Übergang von der aristotelischen zur galileischen Denkweise in Biologie und Psychologie. Erkenntnis, 1930/31, **1**, 421–466 (auch in: A. Métraux (ed.) Kurt-Lewin-Werkausgabe, Bd. 1, Bern/Stuttgart: Huber/Klett-Cotta, 1981, 233–278.).
Lewin, K. The conceptual representation and measurement of psychological forces. Durham: Duke University Press, 1938 (dt: Begriffliche Darstellung und die Messung psychischer Kräfte. Kurt-Lewin-Werkausgabe, Bd. 3, im Druck.).
Lewin, K. Feldtheorie in den Sozialwissenschaften. Bern: Huber, 1963.
Lewin, K. Feldtheorie. In: C. F. Graumann (ed.) Kurt-Lewin-Werkausgabe, Band 4, Bern/Stuttgart: Huber/Klett-Cotta, 1982.
Lewin, K., & Grabbe, P. Conduct, knowledge, and acceptance of new values. Journal of Social Issues, 1945, **1**, 53–63 (Kurt-Lewin-Werkausgabe, Bd. 7, im Druck.).
Lewis, C. I. An analysis of knowledge and valuation. La Salle, Ill.: Open Court, 1962.
Lickona, T. (ed.) Moral development and behavior. New York: Holt, Rinehart & Winston, 1976.
Lilli, W. Soziale Akzentuierung. Stuttgart: Kohlhammer, 1975.
Lindsay, R. Rules as a bridge between speech and action. In: P. Colett (ed.), 1977, 150–173.
Liska, A. E. The consistency controversy. New York: Wiley, 1975.

Lorenzen, P., & Schwemmer, O. Konstruktive Logik, Ethik und Wissenschaftstheorie. Mannheim: Bibliograph. Institut, 1975².
Lovejoy, A. O. Terminal and adjectival values. Journal of Philosophy, 1950, **47**, 593–608.
Luhmann, N. Normen in soziologischer Perspektive. Soziale Welt, 1969, **20**, 28–48.
Luhmann, N. Vertrauen – ein Mechanismus der Reduktion sozialer Komplexität. Stuttgart: Enke, 1973.
Luhmann, N. Soziologie der Moral. In: N. Luhmann, & St. Pfürtner (eds.): Theorietechnik und Moral. Frankfurt: Suhrkamp, 1978, 8–116.
Lurie, W. A. A study of Spranger's value types by the method of factor analysis. Journal of Social Psychology, 1937, **8**, 17–37.
MacKinnon, D. W. Violation of prohibitions. In: H. A. Murray (ed.) Explorations in Personality, New York: Oxford, 1938, 491–501.
Mahoney, M. J., & Thoresen, L. E. (eds.) Self-control. Power to the person. Monterey, Cal.: Brooks, Cole, 1974.
Maller, J. B. General and specific factors in character. Journal of Social Psychology, 1934, **5**, 97–102.
Margolis, J. Values and conduct. Oxford: Clarendon Press, 1971.
Margolis, J. Conceptual problems regarding persons, values, and psychotherapy, International Mental Health Research Newsletter, 1973, **15**, 7–8, 12–13.
Marlowe, D., & Crowne, D. P. Social desirability and response to perceived situational demands. Journal of Consulting Psychology, 1961, **25**, 109–115.
Maschewsky, W. Das Experiment in der Psychologie. Frankfurt: Campus, 1977.
McClelland, D. C. The psychology of mental content reconsidered. Psychological Review, 1955, **62**, 297–302.
McCorquodale, K., & Meehl, P. E. On a distinction between hypothetical constructs and intervening variables. Psychological Review, 1948, **55**, 95–107.
McCorquodale, K., & Meehl, P. E. Preliminary suggestions as to a formalization of expectancy theory. Psychological Review, 1953, **60**, 55–63.
McDougall, W. Introduction to social psychology. London: Methuen, 1908 (1967³¹).
McGuire, W. J. Theory oriented research in natural settings: The best of both worlds for social psychology. In: M. Sherif, & C. Sherif (eds.) Interdisciplinary relationships in the social sciences. Chicago: Aldine, 1969, 21–51.
McLaughlin, B. Values in behavioral science. Journal of Religion and Health, 1965, **4**, 258–279.
Mering, O. von. A grammar of human values. Pittsburgh: University of Pittsburgh Press, 1961.
Mertens, W. Sozialpsychologie des Experiments: Das Experiment als soziale Interaktion. Hamburg: Hoffmann & Campe, 1975.
Merz, F. Über den Einfluß von Bekenntnisschulen auf die Werthaltungen Jugendlicher. Zeitschrift für experimentelle und angewandte Psychologie, 1967, **14**, 262–275.
Mikula, G. (ed.) Gerechtigkeit und soziale Interaktion. Bern: Huber, 1980.
Mikula, G., & Stroebe, W. (eds.) Sympathie, Freundschaft und Ehe – Psychologische Grundlagen zwischenmenschlicher Beziehungen. Bern: Huber, 1977.
Miller, G. A. Psychology – The science of mental life. Harmondsworth: Harper & Row, [1962] 1966.
Miller, G. A.; Galanter, E., & Pribram, K. Strategien des Handelns. Pläne und Strukturen des Verhaltens. Stuttgart: Klett, [1960] 1973.

Miller, N. E., & Dollard, J. Social learning and imitation. New Haven, Conn.: Yale University Press, 1941.
Millimet, C. R. Manifest anxiety – defensiveness scale: First factor of the MMPI revisited. Psychological Report, 1970, **27**, 603–616.
Mischel, T. H. (ed.) Human action. Conceptual and empirical issues. New York: Academic Press, 1969.
Mischel, T. H. (ed.) Cognitive development and epistemology. New York: Academic Press, 1971.
Mischel, T. H. (ed.) Understanding other persons. Oxford: B. Blackwell, 1974.
Mischel, T. H. (ed.) The self. Psychological and philosophical issues. Oxford: B. Blackwell, 1977.
Mischel, W. Toward a cognitive social learning reconceptualization of personality. Psychological Review, 1973, **80**, 252–283.
Mischel, W., & Gilligan, C. Delay of gratification, motivation for the prohibited gratification, and response to temptation. Journal of Abnormal and Social Psychology, 1964, **69**, 411–417.
Mischel, W., & Liebert, R. M. Effects of discrepancies between observed and imposed reward criteria on their acquisition and transmission. Journal of Personality and Social Psychology, 1966, **3**, 45–53.
Mischel, W., & Mischel, H. N. A cognitive social-learning approach to morality and self-regulation. In: T. Lickona, 1976, 84–107.
Moritz, M. Axiology and analysis. In: K. Kuypers (ed.) Human sciences and the problem of values. Den Haag: Nijhoff, 1972, 33–46.
Morris, C. Paths of Life. New York: Harper, [1942] 1956(a).
Morris, C. Axiology as the science of preferential behavior. In: R. Lepley (ed.) Value: A cooperative inquiry. Westport, Conn.: Queenwood Press, 1949, 211–222.
Morris, C. Varieties of human value. Chicago: University of Chicago Press, 1956(b).
Morris, C. Zeichen, Wert, Ästhetik. Frankfurt: Suhrkamp, 1975.
Morris, C., & Jones, L. V. Value scales and dimensions. Journal of Abnormal and Social Psychology, 1955, **51**, 523–535.
Morris, C., & Small, L. Changes in conceptions of the good life by American college students from 1950 to 1970. Journal of Personality and Social Psychology, 1971, **20**, 254–260.
Moser, S., & Huning, A. (eds.) Werte und Wertordnungen in Technik und Gesellschaft. Düsseldorf: VDI, 1975.
Münch, R. Mentales System und Verhalten. Tübingen: Mohr, 1972.
Murstein, B. J. Die Stimulus-Werthaltungs-Rollentheorie der Ehepartnerwahl. In: Mikula & Stroebe (eds.), 1977, 166–192.
Najder, Z. Values and evaluations. Oxford: Clarendon Press, 1975.
Nelson, C. E., & Kenneberg, P. H. Social psychology in crisis: A study of the references in the HB of social psychology. Personality and Social Psychology Bulletin, 1976, **2**, 14–21.
Newcomb, T. M.; Turner, R. H.; & Converse, P. E. Social psychology. London: Tavistock Publications Ltd., 1965.
Newcomb, T. M., & Feldman, K. The impacts of colleges upon their students. Ann Arbor, Mich.: University of Michigan, Inst. for Social Research, 1968.
Nicholls, J. G. Effort is virtous, but it's better to have ability. Evaluative responses to

perceptions of effort and ability. Journal of Research in Personality, 1976, **10**, 306–315.
Nuttin, J. The illusion of attitude change. London: Academic Press, 1975.
Oerter, R. Die Entwicklung von Werthaltungen während der Reifezeit. München, Basel: Reinhardt, 1966.
Oerter, R. Struktur und Wandlungen von Werthaltungen. München: Oldenbourg, 1970.
Orne, M. T. On the social psychology of the psychological experiment – with particular reference to demand characteristics and their implications. In: A. R. Miller (ed.) The social psychology of psychological research. New York: The Free Press, [1962] 1972, 233–246.
Orne, M. T. Demand characteristics and the concepts of quasi-controls. In: R. Rosenthal, & R. L. Rosnow (eds.) Artefact in behavioral research. New York: Wiley,1969, 147–179.
Orvis, B. R.; Kelley, H. H.; & Butler, D. Attributional conflict in young couples. In: J. H. Harvey et al. (eds.), 1976, 353–386.
Osgood, C. E. Conservative roots and radical sentences in the semantics of international politics. In: G. Abcarian, & J. W. Soule (eds.) Social psychology and political behavior: Problems and prospects. Columbus: Merrill, 1971.
Osgood, C. E.; Suci, G. J., & Tannenbaum, P. H. The measurement of meaning. Urbana, Ill.: University of Illinois Press, 1957.
Osgood, C. E.; Ware, E. E., & Morris, C. Analysis of the connotative meanings of a variety of human values as expressed by American college students. Journal of Abnormal and Social Psychology, 1961, **62**, 62–73.
Ossorio, P. G., & Davis, K. E. The self, intentionality and reaction to evaluations. In: C. Gordon, & K. Gergen (eds.) The self in social interaction. New York: Wiley, 1968, 355–370.
Palermo, D. S. Is a scientific revolution taking place in psychology? Science Studies, 1971, **1**, 135–155.
Parsons, T. An outline of the social system. In: T. Parsons (ed.) Theories of Society. Glencoe: The Free Press, 1961, 30–79.
Parsons, T., & Shils, E. Towards a general theory of action. Cambridge, Mass.: Harvard University Press, [1951] 1962^5.
Parsons, T., & Shils, E. Values, motives and systems of action. In: Parsons, T., & Shils, E. (eds.), 1962^5, 47–275.
Peters, R. S. The concept of motivation. London: Routledge and Kegan Paul, 1958.
Pettigrew, T. F. Social evaluation theory: Convergences and applications. In: D. Levine (ed.) Nebraska Symposium on Motivation. Lincoln, Nebr.: University of Nebraska Press, 1967, 241–311.
Piaget, J. Das moralische Urteil beim Kinde. Zürich: Rascher, 1954.
Pittel, S. M., & Mendelsohn, G. A. Measurement of moral values. A review and critique. Psychological Bulletin, 1966, **66**, 22–35.
Polin, R. La création des valeurs. Paris: P.U.F., 1944.
Polin, R. La compréhension des valeurs. Paris: P.U.F., 1945.
Popper, K. R., & Eccles, J. C. The self and its brain. Berlin: Springer, 1977.
Portele, G. Zur „Grammatik der Moral". Sprachliche Vermittlung von Anwendungsregeln und Urteilsänderungen durch Manipulation der Anwendungsregeln. Zeitschrift für Sozialpsychologie, 1971, **2**, 277–284.

Portele, G. (ed.) Sozialisation und Moral. Weinheim: Beltz, 1978.
Postman, L. The experimental analysis of motivational factors in perception. In: J. S. Brown et al. (eds.) Current theory and research in motivation. Lincoln: University of Nebraska Press, 1953, 59–108.
Reich, B., & Adcock, C. Values, attitudes and behavior change. London: Penguin, 1976.
Rescher, N. Introduction to value theory. Englewood Cliffs, N. J.: Prentice Hall, 1969.
Resnick, J. H., & Schwartz, T. Ethical standards as an independent variable in psychological research. American Psychologist, 1973, **28,** 134–139.
Rest, S.; Nierenberg, R.; Weiner, B.; & Heckhausen, H. Further evidence concerning the effects of perceptions of effort and ability on achievement evaluation. Journal of Personality and Social Psychology, 1973, **28,** 187–191.
Rettig, S.; & Pasamanick, B. Changes in moral values over 3 decades, 1929–1958. Social Problems, 1959, **6,** 320–328.
Riecken, H. W. A program for research on experiments in social psychology. In: N. F. Washburne (ed.) Decision, values, and groups. Vol. II. Oxfrod: Pergamon, 1962, 25–41.
Ring, K. Experimental social psychology: Some sober questions about some frivolous values. Journal of Experimental Social Psychology, 1967, **3,** 113–123.
Ritsert, J. (ed.) Gründe und Ursachen gesellschaftlichen Handelns. Frankfurt, New York: Campus, 1975.
Rokeach, M. Beliefs, attitudes, and values. San Francisco: Jossey-Bass, 1968.
Rokeach, M. The measurement of values and value systems. In: G. Abcarian; & W. Soule (eds.) Social policy and political behavior, 1971(a), 21–39.
Rokeach, M. Long-range experimental modification of values, attitudes, and behavior. American Psychologist, 1971(b), **26,** 453–459.
Rokeach, M. The nature of human values. New York: The Free Press, 1973.
Rokeach, M. Change and stability in American value systems. Public Opinion Quarterly, 1974, **28,** 228–238.
Rokeach, M. Value theory and communication research. In: D. Nimo (ed.) International Communications Association Yearbook, Vol. 3, 1978.
Rokeach, M. Some unresolved issues in theories of beliefs, attitudes and values. Paper presented on March 15, 1979, at the 1978–79 Nebraska Symposion on Motivation on the „Social Psychology of beliefs, attitudes and values."
Rokeach, M.; Miller, H. G.; & Snyder, J. A. The value gap between police and the policed. Journal of Social Issues, 1971, **27,** 155–171.
Rokeach, M.; & Cochrane, R. Self-confrontation and confrontation with another as determinants of long-term value change. Journal of Applied Social Psychology, 1972, **2,** 283–292.
Rosenberg, M. J. When dissonance fails: On eliminating evaluation apprehension from attitude measurement. Journal of Personality and Social Psychology, 1965, **1,** 28–42.
Ross, L. The intuitive psychologist and his short-comings: Distinctions in the attribution process. In: L. Berkowitz (ed.) Advances in experimental social psychology. Vol. X. New York: Academic Press, 1977, 174–220.
Ross, M.; & DiTecco, D. An atributional analysis of moral judgments. Journal of Social Issues, 1975, **31,** 91–109.
Roth, E. Der Werteinstellungstest: Eine Skala zur Messung dominanter Interessen der Persönlichkeit. Bern: Huber, 1972.

Rotter, J. B. Social learning and clinical psychology. Englewood Cliffs: Prentice Hall, 1954.

Rotter, J. B. Some implications of a social learning theory for the prediction of goal-directed behavior from testing procedures. Psychological Review, 1960, **67**, 301–316.

Rudolph, W. Die amerikanische ‚Cultural Anthropology' und das Wertproblem. Berlin: Duncker & Humblot, 1959.

Sartre, J. P. Das Sein und das Nichts. Hamburg: Rowohlt, 1962.

Schachter, S. The psychology of affiliation. Stanford: Stanford University Press, 1959.

Schachter, S., & Singer, J. E. Cognitive, social, and physiological determinants of emotional state. Psychological Review, 1962, **69**, 379–399.

Schaefer, B. R. The validity and utility of the Allport-Vernon Study of Values test. Journal of Abnormal and Social Psychology, 1936, **30**, 419–422.

Schaie, K.; & Parham, J. A. Social responsibility in adulthood: Ontogenetic and sociocultural change. Journal of Personality and Social Psychology, 1974, **30**, 483–492.

Scheler, M. Gesammelte Werke. Bern: Francke, 1954 ff.

Scholl-Schaaf, M. Werthaltung und Wertsystem. Ein Plädoyer für die Verwendung des Wertkonzepts in der Sozialpsychologie. Bonn: Bouvier, 1975.

Schuler, H. Ethische Probleme psychologischer Forschung. Göttingen: Hogrefe, 1980.

Schwanenberg, E. Soziales Handeln. Die Theorie und ihre Probleme. Bern: Huber, 1970.

Sciortino, R. Allport-Vernon-Lindzey Study of Values: Factor structure for a combined sample of male and female college students. Psychological Reports, 1970, **27**, 955–958.

Scott, W. A. Empirical assessment of values and ideologies. American Sociological Review, 1959, **24**, 299–309.

Scott, W. A. Social desirability and individual conceptions of the desirable. Journal of Abnormal and Social Psychology, 1963, **67**, 574–585.

Scott, W. A. Values and organizations. Chicago: Rand McNally, 1965.

Sears, R.; Maccoby, E.; & Levin, H. Patterns of child rearing. New York: Row, Peterson, 1957.

Sears, R., Rau, L., & Allpert, C. Identification and child rearing. Stanford, Cal.: Tavistock Publications Ltd., 1965.

Secord, P. F. Social psychology in search of a paradigm. Personality and Social Psychology Bulletin, 1977, **3**, 41–50.

Secord, P. F.; & Peevers, B. H. The development and attribution of person concepts. In: T. Mischel (ed.) 1974, 117–142.

Seeman, M. Alienation and engagement. In: A. Campbell; & Ph. Converse (eds.) 1972, 467–527.

Shaver, K. G. Defensive attribution: Effects of severity and relevance on the responsibility assigned for an accident. Journal of Personality and Social Psychology, 1970, **14**, 101–113.

Shaver, K. G. An introduction to attribution processes. Cambridge, Mass.: Winthrop Publications, 1975.

Shaw, M. E.; & Sulzer, J. L. An empirical test of Heider's levels in attribution of responsibility. Journal of Abnormal and Social Psychology, 1964, **69**, 39–46.

Shaw, J. I.; & Skolnich, P. Attribution of responsibility for a happy accident. Journal of Personality and Social Psychology, 1971, **18,** 380–383.
Sherif, M. The psychology of social norms. New York: Harper Row, 1936.
Sigall, H.; Aronson, E.; & Van Hoose, T. The cooperative subject: Myth or reality? Journal of Experimental and Social Psychology, 1970, **6,** 1–10.
Silbermann, A. Systematische Inhaltsanalyse. In: R. König (ed.) Handbuch der empirischen Sozialforschung. Stuttgart: Enke, 1964, 570–600.
Singer, J. E. Social comparison – programm and issues. Journal of Experimental Social Psychology, 1966, 2, (suppl. 1), 109–110.
Skinner, B. F. Evolution and man's progress. Daedalus, 1961.
Skinner, B. F. Behaviorism at fifty. In: T. Wann (ed.) Behaviorism and phenomenology. Chicago: University of Chicago Press, 1964, 79–96.
Skinner, B. F. Beyond freedom and dignity. New York: Knopf, 1971.
Smith, M. B. Social psychology and human values. Selected essays. Chicago: Aldine, 1969.
Sohn, D. Affect-generating powers of effort and ability. Self-attributions of academic success and failure. Journal of Educational Psychology, 1977, **69,** 500–505.
Solla Price, D. J. de. Little science, big science. Frankfurt: Suhrkamp, 1974.
Solomon, L. N. A note on the ethical implications of value research. Journal of Humanistic Psychology, 1970, **10,** 30–32.
Solomon, R. L.; Turner, L. H.; & Lessac, M. S. Some effects of delay of punishment on resistence to temptation in dogs. Journal of Personality and Social Psychology, 1968, **8,** 233–238.
Spindler, G. D. (ed.) Education and culture. New York: Holt, Rinehart & Winston, 1963.
Spranger, E. Lebensformen. Halle: Niemeyer, 1921.
Staub, E. Helping a distressed person: Social, personality and stimulus determinants. In: L. Berkowitz (ed.) Advances in experimental social psychology. Vol. VII. New York: Academic Press, 1974, 293–341.
Stegmüller, W. Hauptströmungen der Gegenwartsphilosophie. 2. Bde. Stuttgart: Kröner, 1969 und 1975.
Stiksrud, H. A. Diagnose und Bedeutung individueller Werthierarchien. Frankfurt, Bern: Lang, 1976.
Strickland, B. R. Approval motivation. In: Th. Blass (ed.) Personality variables in social behavior. Hillsdale, N. Y.: Halsted Press, 1977, 315–356.
Strickland, L.; Aboud, F.; & Gergen, K. Social psychology in transition. New York: Plenum Press, 1976.
Tajfel, H. The role of value in the formation of a scale of judgements. British Journal of Psychology, 1956, **29,** 14.
Tajfel, H. The anchoring effect of value in a scale of judgements. British Journal of Psychology, 1959, **50,** 294–304.
Tajfel, H. Social and cultural factors in perception. In: G. Lindzey; & E. Aronson (eds.) The Handbook of Social Psychology, Vol. III. Reading, Mass.: Addison-Wesley Publications, 1969, 315–394.
Taylor, Ch. The explanation of behavior. London: Routledge Kegan Paul, 1964.
Thibaut, J.; & Kelley, H. H. The social psychology of groups. New York: Wiley, 1959.
Thorndike, E. L. Animal intelligence: An experimental study of the association process in animals. Psychological Review, Monograph Supplement 2, VIII, 1898.

Thorndike, E. L. Science and values. Science, 1936, **83,** 2–14.
Thornton, D. A., & Arrowood, A. J. Self-evaluation, self-enhancement, and the locus of social comparison. Journal of Experimental Social Psychology, 1966, **2,** Supplement 1, 40–48.
Thurstone, L. L. The measurement of values. Chicago: The University of Chicago Press, 1959, Midway reprint, 1974.
Timaeus, E. Experiment und Psychologie. Zur Sozialpsychologie psychologischen Experimentierens. Göttingen: Hogrefe, 1974.
Tiselius, A.; & Nilsson, S. (eds.) The place of value in a world of facts. Stockholm: Nobel Symposium 14, 1970.
Tolman, E. C. Purpusive behavior in animals and men. New York: Appleton-Century Crofts., 1932.
Tolman, E. C. A psychological model. In: T. Parsons; & E. Shils (eds.) 1962[5], 279–361.
Tolman, E. C.; & Brunswik, E. The organism and the causal texture of the environment. Psychological Review, 1935, **42,** 43–77.
Toulmin, S. E. Rules and their relevance for understanding human behavior. In: Th. Mischel (ed.) 1974, 185–215.
Turner, R. H. The self-conception in social interaction. In: C. Gordon ; & K. J. Gergen (eds.) The self in social interaction. New York: Wiley, 1968, 93–106.
Vallance, T. R. Social science and social policy: Amoral methodology in a matrix of values. American Psychologist, 1972, **27,** 107–113.
Vaughan, G. N.; & Mangan, G. L. Conformity to group pressure in relation to the value of the task material. Journal of Abnormal and Social Psychology, 1963, **66,** 179–183.
Vernon, P.; &Allport, G. W. A test for personal values. Journal of Abnormal and Social Psychology, 1931, **26,** 231–248.
Walster, E. Assignement of responsibility for an accident. Journal of Personality and Social Psychology, 1966, **3,** 73–79.
Walster, E. „Second guessing" important events. Human Relations, 1967, **20,** 239–250.
Walster, E.; Berscheid, E.; & Walster, G. W. New directions in equity research. In: L. Berkowitz; & E. Walster (eds.) 1976, 1–42.
Walster, E.; Utne, M. K.; & Traupman, J. Equity – Theorie und intime Sozialbeziehungen. In: G. Mikula; & W. Stroebe (eds.) 1978, 193–220.
Waterhouse, A. Die Reaktion der Bewohner auf die äußere Veränderung der Städte. Berlin: DeGruyter, 1972.
Watson, G. Social Psychology: Issues and insights. Philadelphia: Lipincott, 1966.
Weber, S. J.; & Cook, T. D. Subject effects in laboratory research: An examination of subject roles, demand characteristics, and valid inference. Psychological Bulletin, 1972, **77,** 273–295.
Weimer, W.; & Palermo, D. S. Cognition and the symbolic processes. New York: Wiley, 1974.
Weiner, B. Attribution and affect: Comments on Sohn's critique. Journal of Educational Psychology, 1977, **69,** 506–511.
Weiner, B.; Frieze, E.; Kukla, A.; Reed, L.; Rest, S.; & Rosenbaum, R. M. Perceiving the causes of success and failure. In: E. E. Jones et al. (eds.) 1972, 95–120.
Wertheimer, M. Some problems in the theory of ethics. Social Research, 1935, **2,** 253–267.
Weston, M. Morality and the self. Oxford: B. Blackwell, 1975.

Wheeler, L. Motivation as a determinant of upward comparison. Journal of Experimental Social Psychology, 1966, 2, Supplement 1, 27–31.

White, R. Value Analysis: A quantitative method for describing qualitative date. Journal of Social Psychology, 1944, **19**, 351–358.

White, R. Value analysis: The nature and use of methods. Glenn Gardner, N. J.: Libertarian Press, 1951.

White, R. K. Contrasting approaches to the measurement of values. Public Opinion Quaterly, 1972, **36**, 424–425.

Whorf, B. L. Sprache, Denken, Wirklichkeit. Reinbek: Rowohlt, [1956] 1963.

Williams, R. M. Change and stability in values and value systems: A sociological perspective. In: M. Rokeach (ed.) Understanding human values: Individual and societal. New York: Free Press, 1979.

Winthrop, H. Psychology and value: A critique of Morris's approach to evaluation as behavior. Journal of General Psychology, 1959, **61**, 13–37.

Wittgenstein, L. Philosophische Grammatik. (R. Rhees, ed.), Frankfurt: Suhrkamp, 1973.

Wortman, C. Causal attributions and personal control. In: J. H. Harvey et al. (eds.) 1976, 23–52.

Wright, D. The psychology of moral behavior. London: Pelican Books, 1971.

Wright, G. H. von. The varieties of goodness. London: Routledge & Kegan, 1963.

Wright, G. H. von. Erklären und Verstehen. Frankfurt: Athenäum, 1974.

Literaturnachtrag

Holzkamp, K., & Keiler, P. Soziale und dimensionale Bedingungen des Lernens der Größenakzentuierung: Eine experimentelle Studie zur sozialen Wahrnehmung. Zeitschrift für experimentelle und angewandte Psychologie, 1967, **14**, 407–441.

Lewin, K. Experiments in social space. Harvard Educational Review, 1939, **9**, 21–32.

7. Kapitel

Ergebnisse und Probleme der Emotionsforschung

Otto Ewert

Die Frage, was ein Gefühl sei, vor 100 Jahren von W. James (1884) gestellt, ist bis heute aktuell und unbeantwortet. Die Komplexität des Gegenstands, nämlich Gefühl als Erlebnis, Gefühl als (Ausdrucks-)Verhalten und Gefühl als Kovariat von neurophysiologischen Strukturen und Prozessen erschwert aus naheliegenden Gründen eine übergreifende Theorienbildung. Wenn Probleme der Gefühlspsychologie behandelt werden, so geschieht dies in der Regel im Zusammenhang mit übergreifenden Aspekten, etwa im Rahmen der Motivationsforschung (z. B. bei D. McClelland, 1953); und zwar so, daß jeweils einzelne Emotionen, wie etwa Angst, Gegenstand extensiver Forschungsaktivität werden.

Obwohl insgesamt von einer gewissen Vernachlässigung der Gefühlspsychologie gesprochen werden muß, läßt sich in den letzten Jahren eine deutliche Belebung des Forschungsinteresses auf bestimmten Teilgebieten erkennen. Der in den 60er Jahren einsetzende Trend zu kognitiven Theorien in der Allgemeinen Psychologie hat Forschungen über die handlungssteuernde und -bewertende Funktion von Emotionen angeregt. Als Beispiel sei hier die Emotionstheorie von Lazarus genannt. Auch im Bereich der Entwicklungspsychologie kann von einem verstärkten Forschungsinteresse gesprochen werden. Das Auftreten von Lächeln, Furcht, Bindung und Abhängigkeit, negative Reaktionen auf Fremde sind Leitthemen für Untersuchungen zur Genese von Emotionen – ein Forschungsgebiet, von dem Haith und Campos (1977) feststellen, es handele sich um „the single most studied topic in infancy". Trotz dieser Anstöße, die etwa seit Mitte der sechziger Jahre neue Forschungsaktivitäten ins Leben gerufen haben, spielt die Gefühlspsychologie neben Wahrnehmung, Denken oder Lernen nur eine untergeordnete Rolle in klassischen Lehrbüchern. In seiner streitbaren Schrift „That whale among the fishes – the theory of emotion" sagte Meyer (1933) das Aussterben des Begriffs „emotion" voraus und nahm an, daß man schon 1950 darüber als eine „curiosity of the past" lächeln werde. Duffy (1941) bezieht wenig später die gleiche Position und schlägt vor, emotionale Phänomene ohne den Begriff der Emotion zu erklären, wobei sie emotional und Emotion in Redezeichen setzt. Andererseits ist nicht zu verkennen, daß das Interesse an Gefühlstheorien anscheinend immer wieder neu erwacht; mehr als die Hälfte der zwanzig Gefühlstheorien, die Strongman (1973) in Auswahl darstellt, sind in den letzten 20 Jahren neu entwickelt worden.

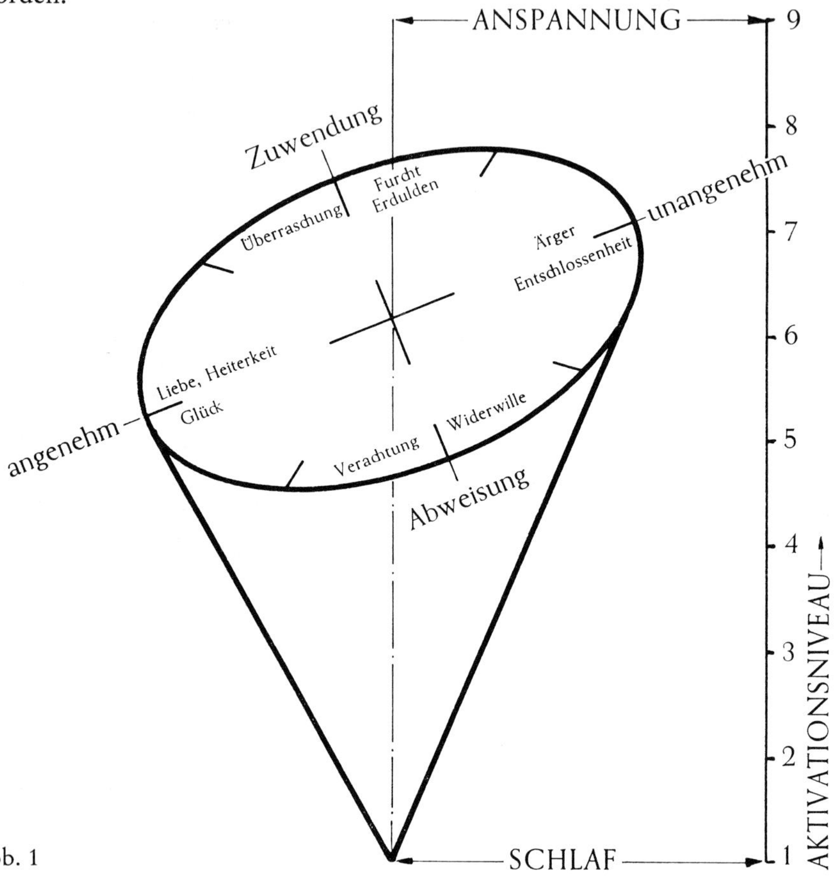

Abb. 1

1. *Gefühl als Erlebnis*

Allen Kritikern einer Psychologie des Gefühls ist zuzustimmen, wenn sie sich gegen den uneinheitlichen und ungenauen Gebrauch des Begriffs „Gefühl" wenden; dies gilt ebenso für die in der anglo-amerikanischen Literatur häufig promiscue verwendeten Begriffe „feeling" und „emotion". Auch Jaspers moniert diese Unklarheit und stellt fest, daß „bezüglich des Wortes und des Begriffs ‚Gefühl' eine Unklarheit schon oft darüber (herrsche), was im einzelnen Falle eigentlich gemeint ist" (Jaspers, 1946, S. 90). Ähnlich urteilt Rapaport

(1961, S. 6 f.), wenn er feststellt: „There was an indiscriminate application of the words ‚emotion' and ‚affect', and their adjectival forms, to almost every thing that is not apparently rational or lawful ..."

Es ist nicht unsere Absicht, die bestehende Terminologie durch eigene Vorschläge zu vermehren; aber auch dem Versuch, die bestehende Terminologie zu vereinfachen und einheitlicher zu gestalten, sind enge Grenzen gesetzt. Mit Gefühl, Emotion, Affekt und anderen Termini werden in den verschiedenen Theorien keineswegs einheitliche Sachverhalte bezeichnet. Wir beschränken uns deshalb im folgenden darauf, verschiedene Zugänge zu einer Theorie der Gefühle darzustellen, ohne eine Integration dieser teilweise recht unterschiedlichen Ansätze zu versuchen.

Trotz aller Verschiedenheiten in der Theorienbildung sehen wir eine gewisse Einheitlichkeit im Ausgangspunkt, nämlich der umgangssprachlichen Verwendung des Begriffs Gefühl, der einen erlebten Zustand bezeichnet. Zur besseren Unterscheidung des Geltungsbereiches von Gefühlstheorien schlagen wir deshalb zunächst eine Aufgliederung von Gefühlserlebnissen vor, und zwar unter dem pragmatischen Aspekt, daß sich Ergebnisse der empirischen Forschung häufig nur auf eine bestimmte Klasse von Gefühlserlebnissen beziehen.

1.1 Stimmungen

Stimmungen sind Gefühlserlebnisse von diffusem Charakter, in denen sich die Gesamtbefindlichkeit eines Menschen ausdrückt. In Stimmungen erlebt der Mensch, wie ihm zumute ist, und Bollnow (1943) weist darauf hin, daß häufig die Namen für Stimmungen mit den annähernd gleichbedeutenden Bestandteilen -mut und -sinn gebildet werden; also Trübsinn, Frohsinn, Leichtsinn, Übermut, Schwermut, Wehmut, Gleichmut, Mißmut (Bollnow, 1943, S. 20). Überträgt man die Figur-Grundunterscheidung auf Gefühlserlebnisse, so bilden Stimmungen den Grund, von dem sich klarer umschriebene Erlebnisse als „Figur" abheben. Von anderen Gefühlsarten unterscheiden sich Stimmungen dadurch, daß sie eine größere zeitliche Erstreckung haben und über Stunden, sogar Tage hinweg andauern. Sie werden, einer Unterscheidung von Nowlis (1970) zufolge, durch aktuelle Erlebnisse wie Bedrohung oder Versagung, durch innerorganismische Veränderungen und durch überdauernde Umwelteinwirkungen von anregender oder einschränkender Qualität bestimmt. Umgekehrt üben Stimmungen einen selektiven Einfluß auf Erlebnisse und Erfahrungen aus. Einmal, indem sie als relativ überdauernder emotionaler Hintergrund den aktuellen Erfahrungen eine bestimmte Färbung geben, zum anderen, indem sie eine Vorauswahl unter möglichen Verhaltensweisen nahelegen.

Die wichtigsten Beschreibungsmerkmale, mit denen Stimmungen von Gefühlserlebnissen anderer Art unterschieden werden, fassen wir nachfolgend in 9 Punkten zusammen.

1) In Erlebnisbeschreibungen werden Stimmungen als atmosphärisch-diffus und ungegliedert beschrieben. Sie bilden als eine Art Dauertönung des Erlebnisfeldes den „Grund", von dem sich mehr oder weniger scharf umrissen andere Erlebnisgegebenheiten als „Figur" abheben. Es gibt sowohl Beispiele für die Veränderung von Stimmungen durch aktuelle Erlebnisinhalte (Stimmungswandel, Stimmungsumschlag) als auch umgekehrt für die Beeinflussung von Erlebnisinhalten durch Stimmungen.

2) Im Unterschied zu anderen Gefühlserlebnissen beziehen sie sich nicht auf Personen, Dinge oder Ereignisse. Stimmungen sind nicht intentional gerichtet. Es sind Zustandserlebnisse.

3) Als charakteristisch für Zustandserlebnisse von der Art der Stimmungen gilt, daß eine Differenzierung von erlebtem Ich und erlebter Welt nicht beobachtet wird. Ähnlich wie bei Wahrnehmungsakten spannen Stimmungen ein atmosphärisch diffuses Feld auf, von dem sich Erlebnisse erst abheben, und zwar immer schon unter dem Aspekt und der Färbung einer jeweils vorherrschenden Stimmung.

4) Obwohl Stimmungen und diffuse Organempfindungen erlebnismäßig nicht zusammenfallen, ist die Verwurzelung von Stimmungen in der vitalen Gesamtverfassung eines Organismus als sehr wahrscheinlich anzunehmen. So können Art und Verlaufsform von Stimmungen für den Internisten und Psychopathologen von differentialdiagnostischem Wert sein, weil sich in ihnen mitunter tiefgreifende organische Veränderungen spiegeln. Umgekehrt lassen sich Stimmungen pharmakologisch und in Grenzen auch neurochirurgisch beeinflussen. Den deutlichsten Hinweis auf die somatische Verwurzelung von Stimmungen liefert das durch psychotrope Pharmaka veränderte Erleben. Nowlis und Nowlis (1956) haben in mehreren Experimenten den Einfluß von Dramamin, Benzedrin und Seconal auf Stimmungsänderungen und Verhalten von Vpn untersucht, die in Vierergruppen zusammenarbeiteten.

Im Unterschied zu Organempfindungen sind Stimmungen Erlebnisse eines Zumuteseins, das nicht über sich hinausweist. Das Stimmungserleben ist nicht gleichzusetzen mit dem Wahrnehmen beschleunigter Herztätigkeit, verlangsamter Atmung oder einer funktionellen Hyperämie. Physiologische Veränderungen bleiben zwar nicht ohne Einfluß auf Eigenart und Verlauf von Stimmungen, doch werden solche Veränderungen nicht notwendig als solche in Stimmungen erlebt.

5) Daß Stimmungen als relativ überdauerndes Zumutesein für alle anderen Erlebnisse einen Bezugsrahmen abgeben, von dem her diese interpretiert werden, zeigt sich deutlicher an Formen gesteigerten Stimmungserlebens, etwa bei ängstlicher Stimmung, diffuser Traurigkeit oder freudiger Gehobenheit.

Alltägliche Vorkommnisse, zufällige Begebenheiten werden in solchen Stimmungen zu Kristallisationskernen für die konkrete Ausgestaltung von Stimmungen. Am deutlichsten wird dieser Zusammenhang in der Psychopathologie der Wahnerlebnisse. Jaspers (1948, S. 82) gibt von der Wahnstimmung folgende Schilderung: „Alles hat eine neue Bedeutsamkeit. Die Umgebung ist anders, nicht etwa grobsinnlich – die Wahrnehmungen sind der sinnlichen Seite nach unverändert –, vielmehr besteht eine feine, alles durchdringende und in eine ungewisse, unheimliche Beleuchtung rückende Veränderung. Ein früher indifferenter oder freundlicher Wohnraum wird jetzt von einer undefinierbaren Stimmung beherrscht."

6) Neben der landläufigen Unterscheidung von Stimmungen in gehobene und gedrückte hat vor allem Ph. Lersch (1954) eine detaillierte Klassifikation der Stimmungen vorgelegt. Er spricht von habituell vorherrschenden Stimmungen, die er als „Lebensgrundstimmungen" beschreibt. Im einzelnen unterscheidet er Heiterkeit, Lustigkeit (Vergnügtheit), Traurigkeit (Schwermut) und Mißmut (Verdrossenheit) als Arten der Lebensgrundstimmung vom Stimmungsverlauf und den Erregungsformen des Lebensgefühls (Angst und Ekstase).

Vom Lebensgefühl hebt Lersch als weitere Form von Zumutesein das Selbstgefühl ab, das er in „das Eigenmachtgefühl, das Selbstwertgefühl und die Gestimmtheiten der Zufriedenheit und Unzufriedenheit" (l.c., S. 279) aufgliedert.

Die „Durchstimmtheit des Gemütes" schließlich, „mit der wir schon je auf die Welt als Sinnbestand bezogen sind" (l.c., S. 296), bildet eine dritte Gruppe von Gestimmtheiten, die Lersch als Weltgefühl bezeichnet. Als besondere Formen dieses Zumuteseins unterscheidet Lersch den Ernst, Optimismus und Pessimismus, das nihilistische Weltgefühl und das Weltgefühl des Humors.

(7) Einen Versuch, die Dimensionen sprachlicher Äußerungen über Stimmungen zu bestimmen, haben V. und H. Nowlis (1956) unternommen. 329 Studenten wählten aus einer umfangreichen Liste (130 Adjektive) solche Beschreibungsmerkmale aus, die auf ihre Stimmung zur Zeit des Versuchs am ehesten zutrafen. Eine Faktorenanalyse ergab nach Orthogonalrotation 8 Faktoren, die von Nowlis folgendermaßen benannt werden:

Faktor A: Concentration,
Faktor B: Aggression,
Faktor C: Pleasantness
Faktor D: Activation – Deactivation (bipolar)
Faktor E: Egotism,
Faktor F: Social Affection,
Faktor G: Depression,
Faktor H: Anxiety.

Bei vier anderen Faktorenanalysen erschienen jedesmal die Faktoren A, B, D und F. Faktor H erschien nur in 3 Analysen und die Faktoren C, E und G nur in zwei Analysen. Für den deutschsprachigen Raum hat Hampel (1977) Adjektivskalen zur Einschätzung der Stimmung (SES) entwickelt: 1. Gehobene Stimmung; 2. Gedrückte Stimmung; 3. Mißstimmung; 4. Ausgeglichene Stimmung; 5. Trägheit; 6. Müdigkeit.

Ein endgültiges Bild über die möglichen Dimensionen von Stimmungen kann aus diesen Befunden nicht abgeleitet werden, doch zeigt sich deutlich, daß Stimmungen erlebnismäßig in einer Vielzahl voneinander unabhängiger Dimensionen repräsentiert sind; nach Nowlis (1970) ist es nicht ungewöhnlich, daß Stimmungen Anteile von mehreren Dimensionen enthalten. Gut gesichert sind individuell bedeutsame Stimmungsveränderungen unter Drogenbedingungen und Beziehungen zwischen Stimmungsänderungen und körperlichen Beschwerden oder Wetterbedingungen (Kuhn, 1972).

Kritisch ist einzuwenden, daß der interindividuelle Vergleich von Stimmungsänderungen wichtige Aspekte des Stimmungserlebens außer acht lassen muß, so vor allem intraindividuell charakteristische Konstanten und individual-typische zeitliche Verläufe von Stimmungen.

8) Einige charakteristische Entfaltungsformen von Stimmungen werden von E. Kretschmer (1955) im Zusammenhang mit seinen Konstitutionstypen beschrieben.

So schwingt die Stimmung des Zyklothymikers zwischen den Polen gehoben (heiter) und depressiv (traurig), die Stimmungsproportion des Schizothymikers verschiebt sich mit wechselnden Anteilen von Hyperästhesie (Empfindlichkeit) und Anästhesie (Kühle), und die Stimmungen des Viskösen werden durch die Dimension explosiv-phlegmatisch beschrieben.

9) Während Kretschmer die Pole angibt, zwischen denen Stimmungen bei seinen Konstitutionstypen schwanken, haben Flügel (1925), Johnson (1937), Wessman et al. (1959, 1960) die zeitliche Entfaltung von Stimmungen untersucht.

Flügel ließ 9 Vpn über 30 Tage lang introspektive Berichte über ihre tägliche Stimmung anfertigen und gab eine „Lust-Unlust"-Skala vor, auf der die Vpn ihr Befinden eintrugen. Er kommt zu der Feststellung, daß angenehm getönte Stimmungen vor unangenehm getönten überwiegen und daß intensivere Stimmungen (gleichgültig ob angenehm oder unangenehm gefärbt) in ihrer zeitlichen Erstreckung von weniger intensiven Stimmungen übertroffen werden.

Johnson (1937) ließ gleichfalls introspektive Berichte über die tägliche Stimmung anfertigen. 30 Studentinnen berichteten über eine zusammenhängende Zeit von 65 bis zu 90 Tagen täglich über ihre Stimmungen. Auch sie fand, daß gehobene Stimmungen vor gedrückten überwiegen und auch über längere Zeitstrecken andauern. Bei gedrückter Stimmung berichteten die Vpn gleichzeitig über ein vermindertes Gefühl körperlicher Energie, über das Gefühl, Macht und Fähigkeiten eingebüßt zu haben, über Unentschlossenheit u. a. m.

Stimmungsschwankungen treten eher in M- als in W-Form auf; d. h., auf eine länger anhaltende Periode gehobener Stimmungslage folgt abrupt eine depressive Stimmungslage von kürzerer Dauer. Johnson konnte bei ihren Vpn keinen Zusammenhang zwischen Menstruationszyklus und Stimmungsschwankungen feststellen, was im Widerspruch zu anderen, gut dokumentierten Untersuchungen steht.

Wessman (1959) entwickelte eine Reihe von Skalen zur Beurteilung von Stimmungen und ließ 17 Studentinnen und 21 Studenten 6 Wochen lang jeden Abend diese Beurteilungsskalen ausfüllen; und zwar jeweils für den niedrigsten, höchsten und den durchschnittlichen Stimmungswert des Tages. Die Vpn nahmen während der 6wöchigen Beobachtungszeit je einmal bei besonders gehobener und besonders gedrückter Stimmung an einer Untersuchung teil. Das durchschnittliche Stimmungsniveau männlicher Vpn – sozusagen das Tagesmittel – korreliert mit einer unabhängigen Schätzung von „Happiness" mit $r = 0.68$ und mit dem Wert für „Depression" im MMPI mit $r = -0.81$.

Die Interkorrelationen aller Beurteilungen über die gesamte Beobachtungszeit wurden für jede Vpn ermittelt und faktoranalytisch verarbeitet. Stimmungsänderungen während der Beobachtungszeit konnten bei Vpn mit überwiegend gehobener Stimmungslage mit Hilfe von 2–3 Faktoren beschrieben werden, während bei Vpn mit überwiegend gedrückter Stimmungslage 4–6 Faktoren erforderlich waren, um deren Stimmungsvariationen zu beschreiben.

An einer Stichprobe von 25 Studentinnen stellte Wessmann (1960) mit der gleichen Methode fest, daß diejenigen Vpn, welche am häufigsten über gedrückte Stimmungen berichteten, ebenfalls am häufigsten über gehobene Stimmungen berichteten. Der Einfluß des Menstruationszyklus auf die Stimmungslage war bei den Vpn von Wessman deutlich nachweisbar; und zwar so, daß etwa 2 Tage vor Eintritt der Menstruation ein Tiefpunkt der Gestimmtheit erreicht wurde.

Mit Stimmungsschwankungen gehen, wie Wessman zeigen konnte, Schwankungen des Selbstgefühls einher. Während das Ich-Ideal weniger stimmungsabhängig ist, wechseln das Selbstgefühl und der erlebte Abstand vom Ich-Ideal mit Stimmungsänderungen (Wessman und Ricks, 1960).

1.2 Die Erlebnistönungen

Die Mehrzahl der älteren Arbeiten zur Gefühlspsychologie bezieht sich auf eine Klasse von Erlebnissen, die wir als „Erlebnistönungen" sowohl gegen Stimmungen als auch gegen Gefühle im engeren Sinne abgrenzen wollen.

Schon Wundt (1913, S. 91) spricht vom „Gefühlston der Empfindung" und meint damit die qualitative Mannigfaltigkeit von Gefühlen, die zusammen mit Empfindungsinhalten gegeben sind. Obwohl er einfache und zusammengesetzte Gefühle in der Theorie unterscheidet, weist er nachdrücklich darauf hin, daß auch zusammengesetzte Gefühle subjektiv unzerlegbar sind. „So gibt es z. B. nicht bloß ein einfaches Angstgefühl, welches sich mit der Höhe und Intensität der Töne ändert, sondern ein Harmoniegefühl, das als Gefühl betrachtet durchaus ebenso unzerlegbar ist und nach dem Charakter der Zusammenhänge wechselt" (l.c. S. 41).

Für Wundt ist es ein Charakteristikum der von ihm beschriebenen Gefühlserlebnisse, „daß in einem gegebenen Moment stets nur ein Totalgefühl möglich ist oder, wie wir es auch ausdrücken können, daß alle in einem gegebenen Moment vorhandenen Partialgefühle zu einem einzigen Totalgefühl verbunden sind" (l.c. S. 202). Das Prinzip, wonach mehrere gleichzeitig auftretende sogenannte Partialgefühle zu einem Totalgefühl integriert werden, nennt Wundt die Einheit der Gefühlslage, die sich als Resultante einer Mannigfaltigkeit von Partialgefühlen herausbildet. Es erhellt ohne weiteres, daß sich im zeitlichen Verlauf aus der simultan gegebenen einheitlichen Gefühlslage Totalgefühle höherer Ordnung bilden können, so daß die Mannigfaltigkeit möglicher Gefühle im Wundtschen Sinne die Mannigfaltigkeit möglicher Empfindungen (sensu Wundt) bei weitem übersteigen muß, wenn man von der Frage der Ebenmerklichkeitsstufen und der Unterschiedsempfindlichkeit für Gefühle einmal absieht.

Wundt bedauert den Mangel der Umgangssprache, die nicht Worte genug hat, um den Reichtum an Gefühlserlebnissen zu benennen, verzichtet aber auch seinerseits aus naheliegenden Gründen darauf, eine „unabsehbar große Mannigfaltigkeit" durch bloße Benennung übersichtlich machen zu wollen. Er schlägt statt dessen ein Beschreibungssystem vor, das sich an „Gefühlsgegensätzen von dominierendem Charakter" (l.c. S. 99) orientiert. Wundt stellt drei Hauptrichtungen fest, nach denen sich die Mannigfaltigkeit der Gefühle ordnen läßt (l.c. S. 366). Die Gegensatzpaare Lust–Unlust, Spannung–Lösung, Erregung–Beruhigung (stellenweise von Wundt auch nicht völlig gleichbedeutend als Exzitation-Depression bezeichnet) bilden ein dreidimensionales Koordinatensystem, mit dem ein individuelles Gefühl beschrieben werden kann. Dabei ist selbstverständlich, daß bei manchen Gefühlen die Projektion auf eine oder auch zwei von drei Achsen den Wert Null haben kann.

Wundt unterscheidet klar seine Beschreibungsgesichtspunkte von der zu beschreibenden Sache; konkret: Die von Wundt benannten Dimensionen sind nicht Aufbauelemente der Gefühle selbst – ein Gesichtspunkt, auf den nachdrücklich Sander (1937), der letzte Assistent Wundts, aufmerksam gemacht hat. Nachdrücklich wendet Wundt sich auch gegen Psychologen, die „Lust und Unlust nicht als Kollektivbegriffe für eine große Mannigfaltigkeit einzelner

Gefühle, sondern als völlig uniforme konkrete Zustände angesehen (haben), so daß z. B. die Unlust des Zahnschmerzes, eines intellektuellen Mißerfolgs, eines tragischen Erlebnisses usw. ihrem Gefühlsinhalt nach identisch sein sollten" (l.c. S. 102).

Wundt verkennt also in seinem Beschreibungsmodell nicht die Mannigfaltigkeit von Gefühlstönen, von denen niemals zwei verschiedene streng gleichzeitig erlebt werden, ohne daß sie durch ein Totalgefühl zu einer Einheit von bestimmter Qualität und Stärke verbunden würden.

Wofür stehen nun solche Totalgefühle, worauf beziehen sie sich? Im Gegensatz zu „Empfindungen", welche über Dinge und Ereignisse in der Wahrnehmungswelt des Menschen informieren, beziehen sich Gefühle nach Wundt „auf einen Zustand des fühlenden Wesens selber, auf ein Leiden oder Tätigkeit des Ich" (Wundt, 1922, S. 230).

Beim Kosten von Zuckerlösungen verschieden hoher Konzentration läßt sich die Empfindung „süß" von dem Gefühl „angenehm" unterscheiden, das bei höherer Konzentration in „unangenehm" umschlägt. Im Gefühl kommt somit zum Audruck, wie der Wahrnehmende selbst vom Wahrgenommenen berührt wird. Gefühl, so formuliert Wundt es an anderer Stelle, ist „eine Reaktion der Apperzeption auf den einzelnen Bewußtseinsinhalt" (Wundt, 1911, S. 367).

Damit sind die wichtigsten Bestimmungsstücke für eine Charakterisierung von Gefühlen als Erlebnistönungen im Sinne Wundts gegeben.

1. Gefühle lassen sich in einer theoretischen Abstraktion als einfache und zusammengesetzte unterscheiden. Für das Erleben sind sie einheitlich und unzerlegbar.

2. Die qualitative Mannigfaltigkeit der Gefühle ist unabsehbar groß und übersteigt die der Empfindungen, da eine Empfindung mehreren Gefühlsdimensionen angehören kann.

3. Die Mannigfaltigkeit der Gefühle läßt sich nach drei Hauptrichtungen beschreiben, die durch folgende Gegensatzpaare charakterisiert werden:
Lust – Unlust
Spannung – Lösung
Erregung – Beruhigung.

4. Gleichzeitig auftretende (Partial-)Gefühle bilden eine Resultante, das Totalgefühl, welches als Einheit erlebt wird.

5. Gefühle beziehen sich auf einen Zustand des fühlenden Wesens selber und sind eine Reaktion auf Bewußtseinsinhalte.

Die von Wundt angegebenen Gesichtspunkte sind, wie ausführlich bei Sander (1937) dargestellt, von Cornelius, Lipps, besonders aber von Krueger weitergeführt und teilweise umgebildet worden.

Mit Rückgriff auf die erstmals von v. Ehrenfels beschriebenen Gestaltqualitäten (1890) kann Cornelius (1897) „Gefühle als Gestaltqualitäten des jeweiligen Gesamtbewußtseinsinhaltes" definieren. Diese sind, ganz analog dem Wundtschen Totalgefühl, „nicht Teilinhalte unter anderen, sondern Prädikate der jeweiligen Gesamterlebnisse". Cornelius lehnt aber auch die Idee von zumindest abstraktiv unterscheidbaren Gefühlstönen, die sich bei Wundt als Partialgefühl auf Teilinhalte des Bewußtseins beziehen, ab und betont, stärker als Wundt, die das Gesamtbewußtsein umgreifende Einheit der Gefühle.

Der Beitrag von Lipps zur Fortentwicklung der Gefühlslehre liegt vorab in dem Versuch, die Eigenart dessen, was sich als Gefühl abzeichnet, deutlicher zu formulieren. Während Wundt von einer Reaktion der „Apperzeption" spricht, macht Lipps geltend, daß Gefühlserlebnisse nicht Reaktionen eines Bewußtseins auf Inhalte sein können. Dies um so weniger, als Wundt Bewußtsein im wesentlichen aus Bewußtseinsinhalten definiert. Gefühle sind für Lipps vielmehr nur erlebte Symptome, in denen sich bewußtseinsjenseitige „konstante Bedingungen, Kräfte, Vermögen" (Lipps, 1883, S. 445) äußern, deren Inbegriff er das reale Ich nennt. Das „reale Ich, die Psyche, ist das an sich unbekannte Etwas, das wir dem unmittelbar erlebten Ich denkend zugrundelegen müssen, als ein, wenn auch nicht Unveränderliches, so doch Dauerndes, ein ruhendes Sein" (Lipps, 1897, S. 9, zit. nach Sander, 1962, S. 131). Gefühle werden für Lipps also der Ausgangspunkt für die hypothetische Konstruktion eines transphänomenalen seelischen Seins.

Felix Krueger, von Wundt, dessen Nachfolger er wurde, ebenso beeinflußt wie von seinen Münchener Lehrern Cornelius und Lipps, erweiterte die Gefühlstheorie sowohl hinsichtlich der Phänomenbeschreibung als auch hinsichtlich der Rückbeziehung des Gefühls auf nicht bewußte Gegebenheiten. Neu tritt bei ihm die genetische Betrachtungsweise der Gefühle hinzu (Eine ausführliche Darstellung findet sich bei Wellek, 1950).

Auch Krueger meint, im Sinne unserer Unterscheidung, Erlebnistönungen, wenn er ähnlich wie Wundt, Cornelius und Lipps von der „bewußtseinserfüllenden Breite" der Gefühle spricht. Es handelt sich um charakteristische Tönungen des jeweils gegebenen Gesamtbewußtseinsinhaltes, die er wegen ihrer nicht gestalthaften Diffusität im Gegensatz zu Cornelius auch als „Komplexqualitäten" bezeichnet (siehe hierzu Krueger, 1918, 1928, 1937). Die übergreifende Tönung aller gleichzeitig gegebenen Bewußtseinsinhalte, die durch das Gefühl als Erlebniseinheit zusammengefaßt wird, nennt Krueger (1928) „Universalität der Gefühle". Die funktionale Bedeutung dieser Universalität versteht er genauer so: „Ändert sich an einem Erlebnis etwas überhaupt, so ändert sich jederzeit auch das Gefühl" (Krueger, 1928, zit. nach Heuss 1953, S. 209).

In Untersuchungen über die Bedeutung des Gefühls für das Behalten und Erinnern konnte er mit seinem Schüler Würdemann (1926) zeigen, daß

„Erinnerungen an Einzel- oder Teilerlebnisse vielfach nur durch Anklingen von Erinnerungen an Gesamthaltungen oder diffuse Gesamtsituationen, die wir als gefühlsartig erkannt haben, möglich sind" (l.c. S. 568). Bedeutsame Untersuchungen zum gleichen Thema hatte vordem W. Peters (1914) vorgelegt.

Ebenso wie Wundt erwähnt Krueger den Qualitätenreichtum der Gefühle. Da Gefühle als Erlebnistönungen jeder Variation des Gesamtbewußtseins folgen, ergibt sich die Wandelbarkeit und Labilität der Gefühle, welche sich gerade deshalb der introspektiven Beobachtung entziehen, weil schon die Absicht der Beobachtung eine neue Bewußtseinslage schafft.

Die schon von Lipps vorgetragene Überlegung, daß Gefühle auf psychische Gegebenheiten von größerer zeitlicher Erstreckung verweisen, wird von Krueger (1924) aufgenommen (s. hierzu Wellek, 1953) und bildet ein Kernstück seiner „Strukturtheorie". In sogenannten Tiefenerlebnissen, die durch besondere Gegensätzlichkeit und Spannungshaltigkeit charakterisiert werden und die zumeist in Konfliktsituationen auftauchen, erfährt der Mensch individuell-charakteristische Wertordnungen seines Handelns, die der bewußten Reflexion sonst nicht zugänglich sind, ja mitunter im Gegensatz zu bewußt übernommenen Wertordnungen stehen. Solche Tiefenerlebnisse bilden eine „Erfahrungsbrücke" zum Erlebnis des überdauernden Soseins eines Menschen, zur Struktur im Sinne Kruegers. Für die Beschreibung von Gefühlserlebnissen ergibt sich daraus die weitere Dimension „tief" versus „flach", die von seinem Schüler Wellek (1950) als „Intensität" versus „Tiefe" weiterentwickelt worden ist.

Auf die Problematik eines Rückschlusses von Erfahrungstatsachen auf „denkend zugrundegelegte" Bedingungszusammenhänge, die sich bei tiefenpsychologischen Postulaten in analoger Weise stellt, kann hier nicht eingegangen werden. Zur Kenntnis der Gefühlstheorie genügt der Hinweis, daß den Gefühlen eine Doppelfunktion zugeschrieben wird. Einmal integrieren sie alle gleichzeitig gegebenen Erlebnisinhalte zu einem einheitlichen, in sich aber nicht deutlich gegliederten Gefühl; zum andern sieht Krueger in Gefühlen einen Verweis über die augenblickliche Zuständlichkeit eines Erlebnisichs hinaus auf überdauernde Konstanten des Erlebens.

Aus dem Beschreibungsmerkmal der bewußtseinserfüllenden Breite ergibt sich, daß jeder Erlebnisinhalt um so stärkere Gefühlstönungen erhält, gefühlsartiger wird, je größer sein Anteil am Gesamterlebnisbestand ist. Es läßt sich auf diese Weise eine Dimension „emotional–nicht emotional" denken, auf der jeder Erlebnisinhalt nach Maßgabe seines Anteils am jeweiligen Erlebnisbestand eingeordnet werden kann.

Auf die Ontogenese angewendet charakterisiert Krueger alle genetisch frühen Stadien als stärker emotional durchtönt und sieht die zunehmende Differenzierung psychischer Funktionen von „Entemotionalisierung" begleitet. Vor aller Differenzierung steht nach Krueger das Gefühl als „der mütterliche Ursprung der übrigen Erlebnisarten und ihrer aller ergiebigster Nährboden“ (Krueger, 1928, zit. nach Heuss, 1953, S. 208).

Das von Wundt über Cornelius, Lipps und Krueger durchgehaltene Grundkonzept, daß Gefühle als Erlebnistönungen eine Reaktion des Wahrnehmenden auf Erlebnisinhalte sind, wird auch, mit einigen Variationen, für das in Anspruch genommen, was Arnold (1960) „feeling“ nennt. Sie definiert feeling als „conscious reaction to our experience of things (including our body) and reflects the effect of such experience on us“ (l.c. S. 70, Bd. I).

Magda Arnold macht mit der Wundtschen Reaktion der „Apperzeption auf Bewußtseinsinhalte“ Ernst, indem sie die Eigenart einer solchen Reaktion als „appraisal“, also als Bewertung, definiert. Sie folgt damit im Prinzip einer klassischen Vorstellung, die in der Gefühlstheorie außer bei Wundt bei vielen Autoren in ähnlicher Form ausgesprochen wird, bis hin zu C. G. Jung (1921), der Gefühle zu den rationalen (weil bewertenden) Funktionen rechnet. Bewertungen erfolgen nach Magda Arnold direkt, unmittelbar und intuitiv. Gefühle sind eine positive oder negative Reaktion auf Erlebnisse. Positive Reaktionen werden (l.c. S. 74) definiert als „a welcoming of something sensed that is appraised as beneficial and indicates enhanced functioning“. Negative Reaktionen werden definiert als „a resistance to something sensed that is appraised as harmful and indicates impaired functioning“. Bewertungen dieser Art beziehen sich auf Sinnesqualitäten, Bewertungsqualitäten, psychische Abläufe und gesteigerte oder behinderte Organfunktionen. Überall da, wo Erlebnisgegebenheiten als förderlich, steigernd, glatt im Ablauf erlebt werden, folgt nach Magda Arnold die Bewertung gut, und die Gefühlsqualität „angenehm“ stellt sich ein.

Aus dem Konzept des „appraisal“ folgt, daß andere Gefühlsdimensionen als die von „angenehm – unangenehm“ schwer untergebracht werden können. Spannung – Lösung etwa entzieht sich einer Bewertung, und jeder Punkt auf dieser Dimension könnte zusätzlich unter den von Arnold angegebenen Kriterien einen angenehmen oder unangenehmen Gefühlston enthalten.

Verhaltensbeobachtungen zeigen, daß mit dem Auftreten bestimmter Erlebnistönungen implicite eine „Wertung“ von der Art „hin zu“ (etwa im Sinne Lewinscher Valenzen) beobachtet werden kann. Motorische Äquivalente solcher Erlebnistönungen wurden u. a. von Beebe-Center (1932), Carr (1925), Corwin (1921), Klages (1913), Münsterberg (1892), Remmers und Thompson jr. (1925), Young (1922) beschrieben.

Nicht umsonst haben sich die meisten der in diesem Abschnitt referierten Autoren vorwiegend introspektiver Methoden bedient. Dies vor allem deshalb, weil es bilang kaum befriedigend gelungen ist, Erlebnistönungen als abhängige Variable streng zu definieren.

Eine gewisse Ausnahme bilden Untersuchungen über Auswahl und Bevorzugung von Nahrungsmitteln, über die Beebe-Center (1951) berichtet. So konnten Pearl und Fairchild (1921) zeigen, daß Küken mit selbstgewählter Nahrung besser aufwachsen als beim vom Züchter geregelter Fütterung. Davis (1939) ließ Kinder ihr Essen aus 34 natürlichen Nahrungsmitteln (keine fertig gekochten Mahlzeiten) zusammenstellen und fand, daß sie sich normal entwickelten. Harris, Clay, Hargreaves and Ward (1933) zeigten, daß Ratten durch Nahrungsauswahl einen Mangel an Vitamin B ausgleichen können.

Dem Gefühlston von „angenehm", „schmackhaft" entspricht ceteris paribus die aufgenommene Nahrungsmenge, die sich auf diesem Weg als operationale Definition der Erlebnistönung anbietet. Richter (1936, 1938, 1942), der Nahrungsauswahl bei Ratten untersuchte, kommt zu dem Ergebnis, daß die Annehmlichkeit von Nahrungsmitteln homöostatischen Gesetzen folgt; und zwar so, daß die Tiere solche Nahrungsmittel aufsuchen, die zur Lebenserhaltung erforderlich sind. Er nimmt Chemotropismen an (Richter, 1938), die das Tier benötigte Substanzen aufsuchen lassen. So entnehmen etwa adrenalectomisierte Ratten, die wegen hoher NaCl-Verluste nur eine Lebenserwartung von 10–15 Tagen haben, solche Salzmengen auf, daß sie über längere Zeit symptomfrei blieben. Young (1946, 1947, 1948, 1973) der mit ähnlichen Versuchsanordnungen arbeitete, hat in einer Reihe von Experimenten die Variable „Schmackhaftigkeit" (palatability) untersucht, die für ihn ein Modellfall von Erlebnistönungen (feeling) ist, und ihre funktionale Abhängigkeit von unabhängigen Variablen bestimmt. Beebe-Center (1951), selbst ein Klassiker auf dem Gebiet der Gefühlspsychologie, betont sehr nachdrücklich, daß die Untersuchungen von Richter und Young in einem umschriebenen Ausschnitt für den Gesamtbereich experimenteller Gefühlspsychologie sprechen und vom Methodischen her auf alle Gefühlserlebnisse von der Art der Erlebnistönungen anwendbar sind.

Zusammenfassend können für die von uns als Erlebnistönungen unterschiedenen Gefühlserlebnisse folgende Beschreibungsmerkmale angegeben werden:

1. Erlebnistönungen sind – für einen gegebenen Moment der Betrachtung – einheitlich. Es sind niemals streng gleichzeitig mehrere Erlebnistönungen zugleich gegeben (Wundt, Cornelius, Krueger).

2. Erlebnistönungen haben, in dieser Hinsicht den Stimmungen verwandt, „Grund"-Charakter, von dem sich Bewußtseinsinhalte abheben.

3. Mit wechselnden Bewußtseinsinhalten wandeln sich die Erlebnistönungen; und zwar im Gegensatz zu Stimmungen, die über längere Zeit hinweg persistieren.

4. Während Wahrnehmungen über Personen, Dinge oder Ereignisse informieren, zeigt sich in Erlebnistönungen die Reaktion auf Wahrgenommenes (Wundt, Arnold). Erlebnistönungen werden deshalb von Lipps und Krueger als Ausdruck von Persönlichkeitskonstanten gesehen.

5. Erlebnistönungen werden von motorischen Korrelaten begleitet, die als Aufsuchen oder Meiden von Reizquellen interpretiert werden können.

6. Die Zahl qualitativ verschiedener Erlebnistönungen wird einzig durch die mögliche Zahl verschiedenartiger Gesamtbewußtseinszustände, deren jeweilige Integration sie darstellen, begrenzt.

7. Als Ordnungsdimension zur Beschreibung von Erlebnistönungen wird durchgängig nur das Gegensatzpaar „Lust–Unlust" bzw. „angenehm" – „unangenehm" verwendet. Wundt verwendet zusätzlich die Hauptrichtung „Spannung–Lösung", „Erregung–Beruhigung"; Krueger unterscheidet „tiefe" und „flache" Gefühle. (Die charakterologischen Ausprägungsformen und Grade von Erlebnistönungen, wie sie etwa in den Persönlichkeitstheorien von Lersch und Wellek dargestellt werden, müssen hier unberücksichtigt bleiben.)

8. Die experimentelle Forschung hat mit Erfolg versucht, Erlebnistönungen als Wahlreaktionen zu definieren und die abhängigen Variablen für bestimmte Bevorzugungen durch Bedingungsvariation zu ermitteln (z. B. Schmackhaftigkeit von Nahrungsmitteln, Bevorzugung von wäßrigen Lösungen mit Geschmackszusätzen, Bevorzugung von bestimmten Farben oder Tönen. Zusammenfassende Darstellung bei Beebe-Center, 1951).

1.3 Gefühle im engeren Sinne

Mit dem Vorschlag, Gefühle im engeren Sinne von Stimmungen und Erlebnistönungen zu unterscheiden, berufen wir uns zunächst auf die Erfahrung, daß Gefühlsregungen wie Verachtung, Zorn, Liebe, Trauer u. a. m. auf dem Hintergrund verschiedener Stimmungen und Erlebnistönungen möglich sind. Ein Depressiver, der an einer vitalen Traurigkeit von „bewußtseinsfüllender Breite" (Krueger) leidet, kann gleichwohl als davon abgehoben die Trauer um den Verlust eines Freundes fühlen. Das In-Zorn-Geraten kann als befreiend, geradezu entspannend erlebt werden oder auch als unangemessen, beschämend, unwürdig und sich so von ganz verschiedenen Erlebnistönungen abheben.

Für Gefühle im engeren Sinne gilt also nicht, daß sie in diffuser Art den „Grund" für andere Erlebnisinhalte abgeben. Sie lassen sich vielmehr als „Figuren" gegen einen „Grund" von Stimmungen und Erlebnistönungen abheben.

Auch der erlebte Zeitcharakter ist bei Gefühlen anders als bei Erlebnistönungen. Als „Komplexqualitäten eines jeweils gegebenen Erlebnistotals" (Krueger) oder als „Totalgefühle" (Wundt) sind Erlebnistöne von allen gleichzeitig gegebenen Erlebnisinhalten mit Notwendigkeit abhängig, da sie deren Integration darstellen. Mit dem Wandel von Erlebnisinhalten verändern sich die Erlebnistönungen. Daraus folgt, daß Erlebnistönungen, von Ein- und Ausschwingungscharakteristiken abgesehen, keine eigene zeitliche Entfaltung kennen. Ihr Zeitcharakter läßt sich am ehesten als Dauer beschreiben, d. h., sie persistieren, bis neue Erlebnisinhalte eine Veränderung einleiten. Im Gegensatz dazu entfalten sich Gefühle auf eine jeweils charakteristische Art in der Zeit, was musikalisch zur Darstellung der „Affekte“ vor allem in der Barockmusik genutzt wird. Während Erlebnistöne („Universalität“ bei Krueger) grundsätzlich immer gegeben sind, haben Gefühle einen „Einsatz“, entfalten sich und verklingen.

Daß im Erleben auch die zeitlichen Verläufe von Gefühlen im engeren Sinne zusammen mit anderen, gleichzeitig gegebenen Erlebnisinhalten von einer den Gesamterlebnisinhalt umgreifenden Erlebnistönung umschlossen sind, hat unseres Erachtens eine klare Unterscheidung von Gefühlen verhindert. Zwar haben Erlebnistönungen und Gefühle ihre gemeinsame Wurzel in der Erregbarkeit von Gefühlserlebnissen überhaupt, doch darf diese genetische Verwandtschaft Artunterschiede nicht verdecken.

Die Annahme, es handle sich im Falle der Erlebnistönungen lediglich um weniger differenzierte Gefühlserlebnisse, im Falle der Gefühle im engeren Sinne um stärker differenzierte Gefühlserlebnisse, wird den tatsächlichen Unterschieden nicht ganz gerecht. Um beim Figur-Grund-Modell zu bleiben, so ist „Grund“ vorab als Folie definiert, von der sich „Inhomogenitäten“ abheben; verschiedene Grade von Figur-Differenzierung lassen sich leicht auch zwischen Figuren nachweisen, so daß Differenzierung allein für das Figur-Grund-Verhältnis nicht konstitutiv ist.

Offensichtlich ist die Vorstellung einer durchgehend zusammenhängenden Variationsreihe von Gefühlsregungen mit aufsteigendem Differenzierungsgrad ein Erbe der Wundtschen Gefühlstheorie, welche aus „einfachen“ Gefühlen zusammengesetzte Gefühle und Affekte entstehen läßt; und zwar so, daß einfache Gefühle die grundsätzlich gleichen Merkmale wie zusammengesetzte haben.

Aber nicht nur der „Grund“-charakter von Erlebnistönungen, der „Figur“-charakter von Gefühlen, die Zeitform der Dauer bei Erlebnistönungen, die zeitliche Entfaltungscharakteristik von Gefühlen sind Hinweis auf die Verschiedenheit dieser Erlebnisarten; auch das, was in Erlebnistönungen und in Gefühlen erlebt wird, kann grundsätzlich unterschieden werden.

Gefühle beziehen sich in der Regel auf Personen und Situationen (s. hierzu auch Magda Arnold, 1960); anders gesagt: Gefühle sind ein soziales Phänomen und beziehen sich auf die erlebte Mitwelt. Die mit jedem Gefühl verbundene motorische Komponente kann als eine Art Handlungsentwurf angesehen werden, der bestimmte Formen der Begegnung mit der Umwelt nahelegt. Nicht zuletzt darauf beruht die Möglichkeit, im Ausdrucksverhalten des Menschen Gefühle zu erkennen und zu unterscheiden.

Aus der Umweltbezogenheit von Gefühlen folgt, daß Gefühle zwar keine Ursache, wohl aber einen Anlaß haben. Sie beziehen sich in der Regel auf Personen und personrelevante Ereignisse und setzen ein Erfassen von Situationen und Bedeutungen voraus. Diese kognitive Komponente der Gefühle macht es, daß ein mit erhobenen Vorderpfoten auf uns zukommender Bär im Zoo andere Gefühle auslöst als das gleiche Tier in gleicher Pose, würde es uns bei einem Waldspaziergang begegnen.

Obwohl Gefühl und Denken häufig und mit guten Gründen als Antipoden gesehen werden, sind Gefühle ohne das kognitive Erfassen von Situationen nicht möglich. Mit zunehmender seelischer Differenzierung wächst die Zahl möglicher Anlässe, und die Variationsbreite von Gefühlen wächst mit steigender Komplexität der sozialen Umwelt. Erlebnistönungen hingegen stehen am Anfang der Entwicklung und sind von hoher biologischer, nicht sozialer Bedeutung.

Es ist hier nicht der Ort, auf eine Sozialgeschichte der Gefühle einzugehen, doch genügt ein Blick auf die von Kultur zu Kultur variierenden Stilformen der Gefühle (Birdwhistell, LaBavre, Mead u. a. in Ekman, P., 1977; Eibl-Eibesfeld, I., 1971; Klineberg, 1966), um zu zeigen, daß Gefühle als auf soziale Situationen bezogene Erlebnisse von der Eigenart eben dieser Sozietät geformt werden. Kulturelle Einflüsse erweitern den Bereich emotional relevanter Einflüsse und variieren den Ausdruck von Gefühlen, so daß bisweilen von kulturell geprägter Ritualisierung (z. B. von Trauer) gesprochen werden kann (so bei Hebb und Thompson, 1954, und Lazarus, 1966, 1968; Lazarus et al. 1970).

Auch die soziale Formung und Normung von Gefühlen im engeren Sinne macht ihre Unterscheidung von Erlebnistönungen notwendig, welch letztere weder sozialen Anlaß noch soziale Formung erkennen lassen. Um dies zu veranschaulichen, ist es nicht einmal erforderlich, Beispiele aus fremden Kulturen zu bemühen; man denke vielmehr nur an die Trauer der Helden Homers, an das trauernde Frankenheer, das bei der Nachricht von Rolands Tod unisono in Tränen ausbricht, oder an Krimhilds Liebe zu Siegfried, den sie nie gesehen hat und liebt, weil er der Mächtigste und Kühnste ist. Die Annahme einer sozialen Formung von Gefühlen steht nicht notwendig im Widerspruch zu der seit Darwin (1872) vertretenen These von der Universalität der Gefühle. Obwohl Darwins Annahme bislang weder beweisbar noch widerlegbar ist, kann zu ihren Gunsten angenommen werden, daß sich eine soziale Formung vorab nur auf gesellschaftlich vermittelte Normen zur Beurteilung von sozialen Situationen bezieht und darauf, in welchem Ausmaß welche Gefühle überhaupt zur Schau gestellt werden dürfen. Ekman (1972) diskutiert den letzteren Gesichtspunkt unter dem Aspekt von „display norms“.

Die Versuche, Gefühle in klassifikatorischer Ordnung zu beschreiben, führen übereinstimmend zur Unterscheidung von Bezugswendungen zur sozialen Umwelt. Kafka (1950) macht darauf aufmerksam, daß Karl Bühler mit der

Prägung des Begriffs „Bezugswendungen" den ersten Schritt zu einer „natürlichen" Klassifikation getan hat. Kafka führt seine Klassifikation von „Uraffekten" so ein: „Eine Klassifikation der Bewegungen, in denen sich die ‚Stellungnahme' des Organismus zu seinen Umweltgegenständen ausdrückt, wird daher zweckmäßig mit einer Unterscheidung zwischen idiokinetischen und heterokinetischen Bewegungen beginnen" (l.c., S. 260). Sein Grundschema der Ausdrucksbewegungen enthält folgende Bewegungsrichtungen: 1. Her mit dir zu mir (Gier); 2. Fort mit dir von mir (Widerwille, auch als Abscheu oder Wut); 3. Fort mit mir von dir (Furcht); 4. Hin mit mir zu dir (Liebe).

Woodworth (1938) ließ nach dem Vorgang von Hulin und Katz (1935) eine große Zahl von Porträts (Material von Feleky 1914, 1922) sortieren, und zwar so, daß Bilder mit gleichem Gefühlsausdruck zusammengelegt werden sollten. Dabei ließen sich im Ganzen 6 Klassen von Gefühlsausdruck unterscheiden, nämlich I. Liebe, Glück, Heiterkeit, II. Überraschung, III. Furcht, Erdulden, IV. Ärger, Entschlossenheit, V. Widerwille, VI. Verachtung.

Schlosberg (1941, 1952, 1954, 1955) machte die Beobachtung, daß die Klassen I und VI häufiger als andere verwechselt wurden (zum Problem des minimum separabile s. Ewert, 1964). Er ordnete daher die Woodworthsche Skala kreisförmig an und legte durch diese neugebildete Skala 2 Achsen, nämlich „Pleasantness – Unpleasantness" und „Attention – Rejection". Nach weiteren Untersuchungen (1953) fügte er eine Intensitätsskala (Schlaf versus Anspannung) hinzu (s. Abb. 1).

Einen anderen Ausgangspunkt zur Klassifikation von Gefühlen wählte Ekman (1954), indem er 23 schwedische Worte, die Gefühle bezeichnen, nach der Ähnlichkeit der Gefühlszustände beurteilen ließ. Seine 168 Vpn stimmten in ihren Urteilen sehr gut überein, und die Reliabilität der Urteile wird von Ekman als sehr hoch bezeichnet. Er behandelt den Grad der Ähnlichkeit zwischen zwei Gefühlsausdrücken als Korrelationsmaß und kann 11 Faktoren extrahieren (darunter: pleasure, discomfort, agitation, longing, animation, fear, affection, disgust und anger).

Traxel (1960, 1963) ließ 8 Gefühlserlebnisse nach ihrer Ähnlichkeit beurteilen und kommt zu dem Ergebnis, daß die beurteilten Gefühlserlebnisse ein Kontinuum bilden, das als kreisförmige Skala dargestellt werden kann. Zur Interpretation (s. hierzu die zusammenfassende Darstellung bei Traxel, 1963) zieht er zwei Dimensionen heran, nämlich „angenehm – unangenehm" und „Unterwerfung – Überhebung". Werden nun Gefühlserlebnisse nach ihren Anteilen an den beiden Dimensionen beurteilt, so ist nicht nur eine Rekonstruktion der kreisförmigen Ausgangsskala möglich, sondern auch die Einordnung neuer Gefühlsqualitäten (s. Abb. 2).

Die bisher vorliegenden Versuche zu einer empirischen Klassifikation von Gefühlen zeigen auffällige Übereinstimmungen. Wiederholungen mit anderem Ausgangsmaterial, anderen Vpn-Gruppen oder unterschiedlichen mathematischen Verfahren (etwa bei Hofstätter, 1956, Triandis und Lambert, 1968) legen immer wieder sehr eng verwandte oder gar die gleichen Ordnungsgesichtspunkte nahe. Dies gilt in Grenzen auch für das von Plutchik (1962, 1970) vorgeschlagene Ordnungssystem nach den Dimensionen Intensität, Ähnlichkeit und Polarität.

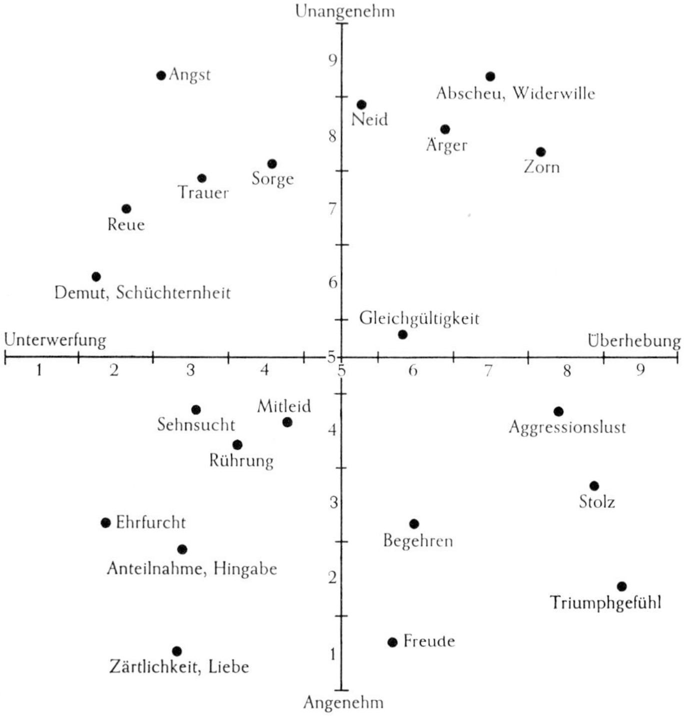

Abb. 2

Zusammenfassend kann folgendes festgelegt werden:

1. Gefühle im engeren Sinne lassen sich von Erlebnistönungen und Stimmungen abheben und müssen von diesen unterschieden werden. Sie geben nicht, wie Erlebnistönungen, den „Grund“ für andere Erlebnisinhalte ab, sondern sind selbst abgehoben und haben einen, wenn oft auch wenig gegliederten, Figurcharakter.

2. Während Erlebnistönungen immer gegeben sind, haben Gefühle einen „Einsatz“ und eine charakteristische zeitliche Entfaltung.

3. Gefühle beziehen sich als Zuwendung oder Abweisung (Traxel), als positive oder negative Zuwendung (Hofstätter), als Bezugswendung (Bühler, Kafka) auf die erlebte Mitwelt oder auf das Verhältnis des Erlebenden selbst als Person (Arnold) auf Situationen oder Dinge.

4. Gefühle im engeren Sinne unterliegen im Gegensatz zu Erlebnistönungen sozialer Formung und Normung.

2. *Gefühlstheorien*

2.1 Psychophysiologische Theorien

In der Geschichte der Gefühlstheorien spielt seit Aristoteles „De anima" der Doppelaspekt der Gefühle, „d'une part un bouleversement affectif de l'autre part un bouleversement organique" (Fraisse, 1963, S. 82) eine bedeutsame Rolle. Sowohl die Ansicht, daß Gefühle nur Epiphänomene organischer Veränderungen seien, ist vertreten worden, insbesondere von den Materialisten des 18. Jahrhunderts, wie auch die gegenteilige Ansicht, daß nämlich organische Veränderungen als Folge psychischer Ereignisse zu verstehen seien, so etwa bei Herbart. (Eine ausführliche historische Darstellung von Gefühlstheorien geben Gardiner et al., 1937.)

Die Frage nach dem Zusammenhang von Erleben und Verhalten mit Prozessen und Strukturen des autonomen und zentralen Nervensystems ist immer auch eine wissenschaftstheoretische Frage. Dem naheliegenden Ansatz des theoretischen Reduktionismus, also der Rückführung von Erlebnisgegebenheiten auf physiologische Erkenntnisse, sind enge Grenzen gesetzt, und zwar deshalb, weil die zur Erklärung herangezogenen „Voraussetzungswissenschaften" ihrerseits einer Erklärung durch wieder andere bedürfen. Praktisch ist freilich immer nur ein finiter Regreß auf Voraussetzungswissenschaften möglich, d. h., diese bleiben unerklärt und die resultierenden Schlußfolgerungen gelten nicht allgemein und sind logisch widersprüchlich. Wenn Sherringtons Hund auch nach Sympathectomie, Cannons Katze Nr. 106 nach analoger Operation Ausdrucksverhalten zeigen, so ist damit nichts darüber gesagt, ob sie dabei Aggression, Furcht oder Freude erleben. Goldstein (1968) ist zuzustimmen, wenn er den Schluß vom Verhalten auf Erleben als nicht korrekt bezeichnet, doch löst sein Vorschlag, Gefühlserleben über verbale Berichte zu untersuchen, nicht das methodische Problem der Reduktionismus. Generell läßt der Forschungsstand erkennen, daß eine Erklärung von Gefühlen durch physiologische Prozesse und Strukturen nicht möglich ist, daß die psychophysiologische Forschung aber andererseits sehr differenziert Auskunft gibt über Kovariate und notwendige Bedingungen von Gefühlserlebnissen.

Am Anfang der empirischen Forschung stehen die Gefühlstheorien von William James (1884) und Carl Lange (1885), die von peripheren physiologischen Veränderungen als den eigentlichen Trägern von Gefühlserlebnissen ausgehen. In einem gewissen Gegensatz dazu stehen Autoren, die in der Nachfolge von Cannon in zentralnervösen Prozessen das notwendige Substrat von Gefühlserlebnissen sehen.

Periphere physiologische Prozesse als Träger von Gefühlserlebnissen

Die Gefühlstheorie von William James, die sich hinsichtlich der Subtilität von Phänomenbeschreibungen stellenweise mit den Romanen und Novellen seines Bruders Henry messen kann, läßt sich mit den Stichworten umreißen: Erkennen einer Situation – Veränderung peripherer physiologischer Prozesse – Gefühlserlebnis.

James begründet seine Gefühlstheorie damit, „daß bestimmte Wahrnehmungen aufgrund einer Art von unmittelbarem physischen Einfluß ausgedehnte körperliche Wirkungen hervorrufen, die dem Entstehen einer Gemütsbewegung oder einer emotionalen Vorstellung vorangehen“ (James, 1920, S. 377).

Hautschauer, Herzklopfen, Tränen folgen nach James als körperliche Veränderungen direkt auf die Wahrnehmung der erregenden Tatsache und „das Bewußtsein vom Eintreten eben dieser Veränderungen (ist) die Gemütsbewegung“ (l.c. S. 376). „Der gesunde Menschenverstand sagt: Wir verlieren unser Vermögen, sind betrübt und weinen; wir treffen einen Bären, erschrecken und laufen davon; wir werden von einem Gegner beleidigt, geraten in Zorn und schlagen zu. Die hier vertretene Hypothese aber behauptet, daß diese Reihenfolge nicht richtig ist, daß der eine psychische Zustand nicht unmittelbar durch den andern herbeigeführt wird; daß erst die körperlichen Äußerungen dazwischentreten müssen und daß man infolgedessen behaupten muß, wir sind traurig, weil wir weinen, zornig, weil wir zuschlagen, erschrocken, weil wir zittern“ (l.c. S. 376).

Die Kritik an der James-Langeschen Gefühlstheorie beruft sich im wesentlichen auf die klinische Beobachtung, daß ein Unterbrechen afferenter Bahnen aus dem autonomen Nervensystem nicht zum Verlöschen emotionaler Reaktionen führt. So berichtet Dana (1921) über eine Patientin mit gebrochener Halswirbelsäule, die noch fast ein Jahr lebte und Emotionen wie Trauer und Freude zeigte. Cannon (1927) stützt sich in seiner Argumentation auf Sherrington (1900), der zeigen konnte, daß Hunde, bei denen Rückenmark und Vagus durchtrennt worden waren, auf entsprechende Reize mit „zornigem“ Bellen und Schnappen reagierten wie vor der Operation. Cannon selbst durchtrennte bei Katzen die Sympathicusganglienkette, ohne daß die Verhaltensmuster von Furcht und Zorn beeinträchtigt worden wären. De Somer und Haymans (1912) gelang es sogar, zwei Hundeköpfe, die kreislaufmäßig durch andere Versuchstiere versorgt wurden, lebensfähig zu erhalten und emotionale Reaktionen (Widerwille, Wut) hervorzurufen. Mit diesen Befunden ist die Theorie von James/Lange freilich nicht eindeutig widerlegt. Fehr und Stern (1970) zeigen, daß nach James Ausdrucksverhalten ohne begleitende Emotionen möglich sein kann, etwa beim pathologischen Lachen oder Weinen. Mandler (1962) gibt zu bedenken, daß Emotionen auf externe Reize konditioniert werden, nachdem sich entsprechende Muster im Sinne der Theorie von James/Lange gebildet haben.

Da vegetative Veränderungen für James eine grundlegende Bedeutung haben, hat sich die Kritik den Möglichkeiten künstlicher Veränderungen von Prozessen im vegetativen System zugewendet. Cannon behauptet: künstliche Veränderungen führen nicht zu Emotionen und widerlegen somit James. Als „klassischer“ Beleg gelten die häufig mit vergleichbarem Ergebnis reproduzierten Experimente von Marañon (1924). Die überwiegende Mehrzahl seiner 210 Vpn berichtete unter der Einwirkung von Adrenalin nur über körperliche Symptome ohne „emotional overtones“, während andere (etwa 30 % der Vpn) angaben, daß sie sich fühlen, *als ob* sie Angst hätten, was Marañon als *cold* emotion bezeichnet. Diese „Widerlegung“ berücksichtigt allerdings nicht, daß für James Prozesse im ANS nur Glieder einer Wirkungskette sind, die nicht isoliert für sich Emotionen hervorbringen. Hinzu kommt, daß nach Fehr und Stern (1965, 1970), Gellhorn (1943), Hunt (1941) u. a. die sympathicomimetische Wirkung von Adrenalin nicht geeignet ist, den Zusammenhang von peripheren Veränderungen und Gefühl zu repräsentieren, wenn parasympathische Prozesse völlig außer Ansatz bleiben.

Ein anderer kritischer Einwand bezieht sich auf die Diffusität viszeraler Prozesse, aus denen sich nach Cannon nicht die Vielfalt von Gefühlserlebnisse ableiten läßt. Lacey (1959, 1967) hat über das Problem viszeraler Antwortmuster zusammenfassend berichtet und kann sich dabei auf zahlreiche eigene Untersuchungen stützen. Die Befunde, die er unter den Kategorien „intra“- und „interstressor stereotypy“ zusammenfaßt, entsprechen der Behauptung von Cannon. Die Reaktionen des Individuums auf einen Stressor lassen ein reproduzierbares Muster erkennen; Reaktionen auf verschiedene Stressoren werden mit dem gleichen Muster physiologischer Reaktionen beantwortet. Einschränkend ist anzumerken, daß „stimulus conditions considered to demonstrate intersterotypy of response may be more psychologically and physiologically equivalent than different“ (Fehr und Stern, 1970, S. 416). In der Kategorie „Situational Stereotypy“ findet Lacey zahlreiche Belege für situationsspezifische physiologische Antwortmuster. So unterscheiden sich Reaktionen auf kognitive und wahrnehmungsbetonte Aufgaben (Lacey et al., 1963; Lacey und Lacey, 1970), und vorhersagbare Variationen physiologischer Veränderungen lassen sich durch Veränderung der Einstellung von Vpn erzielen (Stern et al., 1961). Daß einigen Emotionen deutlich verschiedene viszerale Reaktionsmuster entsprechen, wird von Lacey et al. (1963) anhand von eigenen Forschungsergebnissen dargelegt. Ax, der unterschiedliche Reaktionsmuster von Furcht und Angst nachweisen konnte (Ax, 1953), stimmt Lacey mit dem Bemerken zu: „The autonomic nervous system is highly differentiated both within the sympathetic and within the parasympathetic systems ... all types, qualities and degrees of emotion probably can be described and measured through the functioning of physiological processes.“ Die von Cannon und anderen vorgebrachten Argumente führen also, gerade wenn man neuere Forschungsergebnisse heranzieht, nicht zu einer Widerlegung der James/

Langeschen Gefühlstheorie. Dies bedeutet freilich nicht, daß mit dem Rückgriff auf periphere physiologische Prozesse die Gesamtheit notwendiger und hinreichender Bedingungen für das Auftreten von Gefühlserlebnissen umschrieben sei und daß auf eine Analyse des Beitrages von ZNS-Funktionen verzichtet werden könne.

Daß die von Cannon vorgetragenen Argumente nicht zu einer strikten Widerlegung der James/Langeschen Gefühlstheorie ausreichen, ist teilweise auch in der „weiten" Fassung dieser Theorie begründet. James behauptet nur, daß Gefühlserlebnisse ein Erleben körperlicher Veränderungen seien, nicht aber, daß jede körperliche Veränderung als Gefühl erlebt werden müsse. Da Gefühle nach James eine Folge körperlicher Veränderungen sind, widerlegen die Verhaltensweisen chirurgisch behandelter Tiere die Theorie nicht. Solche Verhaltensweisen (z. B. Bellen, Schnappen, Fellsträuben) sind nach James nicht Ausdruck für schon entfaltete Gefühle, Gefühlserlebnisse sind vielmehr eine Folge von „Ausdrucksbewegungen". Solange also bei einem operierten Versuchstier z. B. ein Bellen möglich ist, kann nicht ausgeschlossen werden, daß eben dieses Bellen für Gefühlserlebnisse verantwortlich ist; ein Schluß auf die Effekte der Operation läßt sich aber nicht ziehen, da die koordinierte Ausdruckshandlung beweist, daß eine (potentiell gefühlserregende) Rückmeldung im Organismus vorliegt. Da sich James nie auf eine exakte Definition der peripheren physiologischen Ereignisse festlegte, die für das Entstehen von Gefühlserlebnissen verantwortlich sind, führt jede operative Durchtrennung von Bahnen in ein logisches Dilemma, überlebt ein Hund die komplizierte Operation und reagiert er überhaupt auf Reize, so bellt er für James, was auch immer die Intentionen des Untersuchers gewesen sein mögen.

Diese Überlegung ist recht sophistisch, und wie andere Theorien auch ist die James/Langesche Gefühlstheorie nicht durch Widerlegung, sondern durch das Aufkommen umfassenderer, auf mehr Tatsachenmaterial fußender Theorien abgelöst worden.

Zentrale physiologische Prozesse als Korrelate von Gefühlserlebnissen

Cannon sieht, anders als James und Lange, in der Wechselwirkung von Cortex und Thalamus das eigentliche Korrelat von Gefühlserlebnissen. Der Thalamus dient als Speicher für emotionale Verhaltensmuster, und jeder sensorische Reiz, der den Thalamus durchläuft, erhält eine emotionale Qualität. „The peculiar quality of emotion is added to simple sensation, when the thalamic processes are aroused" (Cannon, 1927, S. 120). Cannon nimmt an, daß vom Thalamus her einmal das Ausdrucksverhalten als motorische, vasomotorische etc. Aktivität gesteuert wird. Gleichzeitig führt eine zentripetale Bahn zum Cortex und vermittelt ein Gefühlserlebnis. Thalamische Prozesse werden aber nach Cannon nur dann freigesetzt, wenn corticale Hemmungen zurücktreten. Im Regelfall des angepaßten Verhaltens in vertrauter Situation wirkt der Cortex in seinem

Verhältnis zum Thalamus als Hemmungszentrum, welches das Ansprechen emotionaler Reaktionen unterdrückt. Plötzlich auftretende oder unvorhergesehene Situationen beseitigen die corticale Hemmung und geben den Weg für Emotionen frei.

Die empirischen Belege für Cannons Gefühlstheorie wurden in erster Linie von Bard (1928, 1934, 1950) beigebracht. Dieser beobachtete an dezerebrierten Katzen gesteigerte Wutreaktionen, was er als ein cortical nicht mehr gehemmtes Ablaufen thalamischer Prozesse interpretierte. Beim Menschen wird im Zusammenhang mit Tumoren, aber auch schon beim Erwachen aus Narkose (mit cortical angreifenden Pharmaka) eine Steigerung des Gefühlsausdrucks bis zu hemmungslosem Lachen und Weinen beobachtet.

Kritisch ist vor allem eingewendet worden, daß der Thalamus zumindest nicht das einzige Hirnzentrum ist, das mit Erleben und Ausdruck von Gefühlen im engen Zusammenhang steht. So können „Wut"-reaktionen bei Tieren auch durch elektrische Reizung von Hypothalamus oder auch Cerebellum hervorgerufen werden. Das operative Abtragen des Thalamus führt andererseits nicht zu einer permanenten Wutreaktion (Strongman, 1973).

In einem Sammelreferat über Physiologische Psychologie kommt Rosvold (1959) zu der Feststellung, daß z. B. die Auswirkungen von Hirnverletzungen auf sexuelles Verhalten bei verschiedenen Geschlechtern und verschiedenen Arten nicht identisch sind. Nach Rosvold (1959, S. 437) ist es „not yet certain for any one species which specific structures are critical in producing the effects". Trotz dieser Einschränkung haben sich zahlreiche Zusammenhänge zwischen psychischen Vorgängen, insbesondere Gefühlserlebnissen und subkortikalen Hirnabschnitten nachweisen lassen. Dies gilt für Wut und Furcht, obwohl die Experimente von Miller (1957) und anderen die Frage nahelegen, ob die im Experiment zentral ausgelösten Verhaltensweisen mit exterozeptiv ausgelösten voll identisch sind. Das zuerst von Klüver und Bucy (1939) bei Affen beschriebene Phänomen einer gesteigerten Sexualität mit gleichzeitigem Verlust von Furcht und Angstreaktionen nach bilateraler Abtragung der Temporallappen ist inzwischen auch bei Menschen beschrieben worden (Terzian und Ore, 1955). Olds und Milner (1954) ist es gelungen, bei Ratten eine Art zentralen „Lustzentrums" im Hypothalamus nachzuweisen. Die von Hess (1932) angegebene „Methodik der lokalisierten Reizung und Ausschaltung subkortikaler Hirnabschnitte" hat zu einer erheblichen Differenzierung von Hypothesen über das neurologische Substrat von Gefühlserlebnissen und -ausdruck geführt (vgl. Hess, 1956). Die Cannonsche Theorie muß von daher als überholt, weil zu generell und unspezifisch, angesehen werden.

Im übrigen haben schon sehr früh Newman nebst Mitarbeitern (1930) und Lashley (1938) bezweifelt, ob der Thalamus als eine Art Mädchen für alles den Gefühlsausdruck kontrollieren und gleichzeitig die gesamte Spielbreite affektiver Zustände ermöglichen kann.

Auch die Rolle des Cortex als einer Hemmungsinstanz ist bei Cannon zu einfach gesehen, worauf besonders Magda Arnold (1960) aufmerksam macht. Die Abtragung des Cortex als eines hypothetischen Hemmungszentrums entfaltet bei Versuchstieren keineswegs eine breite Skala emotionaler Reaktionen, bei dekapitierten Katzen z. B. wird vielmehr außer Wut nur noch eine explosive Schreckreaktion beobachtet, während Furcht, Widerwille, Freude und andere emotionale Reaktionen nicht erweckt werden können.

Für die James/Langesche Gefühlstheorie ebenso wie für die von Cannon gilt, daß ihre Autoren auf dem jeweils zeitgenössischen Stand neuroanatomischen und -physiologischen Wissens fußen und ihre Theorien das Schicksal aller wissenschaftlichen Hypothesen teilen, nämlich mit fortschreitendem Wissensstand revisionsbedürftig zu werden. Aufgrund der bisher vorliegenden Forschungsergebnisse steht fest, daß subkortikale und kortikale Anteile des ZNS am Zustandekommen und der Kontrolle von Gefühlen beteiligt sind. Trotz wichtiger Fortschritte über die Cannonsche Theorie hinaus, etwa bei Papez (1937), Arnold (1970) und MacLean (1970), läßt sich der Anteil einzelner Strukturen und deren Funktion nicht mit Sicherheit bestimmen, was den Versuch einer theoretischen Synthese, etwa bei Gellhorn (1968) oder Böcher (1976), nicht ausschließt.

Aktivationstheorie

Cannon hatte schon 1915 Furcht und Wut, überhaupt alle heftigen Gefühlsregungen als „Notfallsfunktionen" beschrieben, welche den Organismus auf verstärkte Anstrengungen vorbereiten. Während der parasympathische Anteil des autonomen Nervensystems die normalen Stoffwechselfunktionen leitet, sorgt der Sympathicus als „Notfallsystem" für rasche Energiezufuhr im „Kriegsfall".

Diese in wesentlichen Einzelheiten von Arnold (1954) kritisierte Vorstellung eines Mobilisierungssystems ist unter den Begriffen „activation", „arousal", „energy mobilization", „excitation", „energetics of behavior" bekannt geworden; wir werden im folgenden von Aktivation sprechen. Duffy betont in ihrer zusammenfassenden Arbeit über Aktivation und Verhalten (1962, S. 3f.), daß sie bereits mehrfach vorgeschlagen habe, nicht mehr von „emotion" zu sprechen, weil jede Gefühlsregung objektiv als Aktivationsgrad definiert werden kann. „Some of the phenomena covered by these terms (activation u. a. m.) have been traditionally described by the concepts of „drives", „motives", and „emotions" – though it is no fault of the authors that terms of this sort were not abandoned long ago" (Duffy, 1934, 1941a, b, 1948, 1951, 1957). Der Begriff „emotion" bezeichnet nach Duffy nichts anderes als einen Zustand, in dem die Aktivation ungewöhnlich hoch (Erregung) oder ungewöhnlich niedrig ist (nicht agitierte Depressionen), wobei das Verhalten auf etwas hin oder von etwas weg gerichtet ist.

Nach Malmo (1959) waren es drei Forschungsrichtungen, die unabhängig voneinander zur Definition des Aktivationsbegriffs geführt haben, nämlich: a) Elektroenzephalographie und Neurophysiologie, b) physiologische Messungen von Energieumsetzungen im Verhalten, c) lerntheoretische Bemühungen um die Messung von Triebstärke.

Eine völlige Übereinstimmung verschiedener Definitionen von Aktivation ist gegenwärtig noch nicht erreicht, doch lassen sich die meisten Definitionen ineinander überführen.

Lindsley (1951), der erstmalig eine zusammenfassende Aktivationstheorie vortrug, bezieht sich im wesentlichen auf elektro-enzephalographische Befunde. Emotionales Verhalten wird in der Regel von einem „Aktivationsmuster" begleitet, das durch Reduktion des synchronen α-Rhythmus und das Auftreten von rascheren Wellen mit geringerer Amplitude charakterisiert wird (sog. Desynchronisationsphänomen).

Die Entdeckung des aufsteigenden reticularen Aktivationssystems (ARAS) beschleunigte die Theorienbildung, da sich Zusammenhänge zwischen ARAS und dem Desynchronisationsphänomen nachweisen lassen.

Das aus EEG-Befunden bekannte Aktivationsmuster kann durch elektrische Reizung des ARAS reproduziert werden, und Fuster (1958) führte den Nachweis, daß Schnelligkeit und Güte der Leistungen eines Affen bei einem Unterscheidungsexperiment durch elektrische Reizung des ARAS gesteigert werden können.

Eine Zerstörung des ARAS bringt das Aktivationsmuster zum Verschwinden und führt zur Wiederherstellung synchroner rhythmischer Entladungen. Als Begleiterscheinungen werden im Verhalten Apathie, Lethargie, Somnolenz, Katalepsie oder Hypokinese beobachtet. Starke Grade von Aktivation führen andererseits nicht notwendig zu gesteigerter motorischer Unruhe. Höchste Grade von Erregung können mit fast völliger Bewegungslosigkeit einhergehen, etwa bei „Schrecklähmung".

Aus physiologischen Messungen der Energieumsetzung im Verhalten kommt Duffy (1962, S. 17) zu einer etwas anderen Fassung des Aktivationsbegriffs. Mit Aktivation meint sie das Ausmaß potentieller Energie, die in den Geweben des Organismus durch Stoffwechseltätigkeit bereitgestellt wird. Messungen des Aktivationsniveaus, die von dem Gesichtspunkt der Energiebereitstellung ausgehen, können sich auf eine größere Reichweite von möglichen Maßen berufen (EEG, EKG, HGR, Blutdruck, Atem- und Pulsfrequenz), doch sind interindividuelle Vergleiche schwierig. Ein Ausmitteln des allgemeinen Aktivationsniveaus aus verschiedenen physiologischen Indices ist in jedem Fall problematisch (vgl. Woodworth u. Schlosberg, 1955, S. 181) und ein unmittelbares Registrieren der Entladung von Erregungen des ARAS in den Cortex wäre als Idealmaß vorzuziehen.

Nach Prüfung verschiedener Ansätze kommt Malmo (1959, S. 384) zu folgender definitorischen Festlegung (ins Deutsche übersetzt): „Das sich von tiefem Schlaf bei niedriger Aktivation zu ‚Erregungszuständen' bei hoher Aktivation erstrekkende Kontinuum ist eine Funktion des Ausmaßes, mit dem das ARAS den Cortex ‚bombardiert'. Je stärker das Bombardement, um so höher die Aktivation."

Zur näheren Bestimmung gibt er noch folgende Charakteristika an (übersetzt aus Malmo, 1959, S. 385): a) Aktivation hat keine das Verhalten steuernde Funktion; b) Aktivation ist beträchtlich breiter als Gefühl; c) Aktivation kann nicht von vorausgehenden Bedingungen allein erschlossen werden, da es sich um eine Wechselwirkung von inneren Bedingungen wie Hunger und Durst und äußeren Hinweisreizen handelt; d) Aktivation fügt sich nicht sehr gut in ein Reiz-Reaktionsschema ein. Es ist ein Phänomen mit langsamen Veränderungen und Niveauverschiebungen in einer Zeitordnung von Minuten (sogar Stunden), nicht von Sekunden oder Sekundenbruchteilen; e) Aktivation ist eine quantifizierbare Dimension, und es hat sich gezeigt, daß physiologische Maße eine hinreichend hohe intraindividuelle Konkordanz haben, um diese Dimension zu quantifizieren.

Gefühle werden in der Aktivationstheorie, insbesondere bei Duffy und Lindsley, ähnlich wie schon bei Cannon, als eine Funktion der Wechselwirkung zwischen Cortex und Stammhirnstrukturen beschrieben. Als Aktivationszentrum reguliert das ARAS das Aktivationsniveau des Großhirns, bahnt oder hemmt die Bahnen, auf denen Sinneserregungen weitergeleitet werden, und beeinflußt auch motorische Bahnen. Je intensiver oder unerwarteter Reize auftreten, um so stärker wird der Cortex auf dem Wege über die diffusen Projektionen der formatio reticularis erregt und um so eher kommt es zum motorischen Ausdruck (i.e.S.) von Gefühlen.

Daß das Aktivationsniveau mit der Intensität von Gefühlserlebnissen korreliert, wurde schon früh vermutet und z. B. von Jung und Riklin (1904) in Assoziationsexperimenten genutzt. Neben physiologischen Maßen für Kreislauf, Atmung und muskuläre Spannung wurden vor allem hautgalvanische Widerstandsänderungen verwendet. McCurdy (1950) kommt zu dem Ergebnis, daß sich in zahlreichen Untersuchungen eine durchgehend hohe Korrelation zwischen der Intensität von Gefühlen (definiert durch Schätzskalen) und hautgalvanischer Reaktion nachweisen läßt. Traxel (1960a), der mit Timner (1960) zusammenfassend über die Persönlichkeitskorrelate des psychogalvanischen Phänomens berichtet, hat eine Funktionsgleichung für die Beziehung von Gefühlsintensität und Stärke der hautgalvanischen Widerstandsänderung angegeben. Wie hervorzuheben ist, bezieht sich der Aktivationsbegriff freilich nur auf Intensitätsgrade von Verhalten bzw. von Energiebereitstellungen, die nicht notwendig in „offenes" Verhalten umgesetzt werden müssen. Die Richtung von Verhalten, die nicht weniger stark mit der Qualität von Gefühlserlebnissen zusammenhängt, bleibt unberücksichtigt. Sehr klar bringt Lindsley selbst die notwendige Beschränkung der Aktivationstheorie zum Ausdruck, wenn er feststellt: „It is not profitable on the basis of present experimental evidence to attempt to account for all the varieties of emotional expression ... In short, the activation theory appears to account for the extremes, but leaves intermediate and mixed states relatively unexplained as yet" (Lindsley, 1960[3], S. 509).

2.2 Psychologische Theorien im engeren Sinne

Fast jeder Entwurf einer Persönlichkeitstheorie, fast jeder Abriß der Allgemeinen Psychologie und fast jedes Modell der psychischen Entwicklung enthält, meist unausgesprochen, zugleich auch einen Beitrag zur Gefühlstheorie. Wir beschränken uns im folgenden auf die Charakterisierung von häufiger wiederkehrenden Ansätzen, wobei wir nur auf solche eingehen, in denen Gefühlserlebnisse thematisiert werden.

Psychoanalytische Gefühlstheorie

Obwohl Freud keine eigentliche Gefühlstheorie entwickelt hat, bezieht er an mehreren Stellen in seiner Theorie vom Unbewußten und seiner Neurosenlehre eigene Hypothesen über die Rolle der Gefühle ein. Er nimmt eine urtümliche Schicht von Affekten an, die sich über angeborene Kanäle entladen können. „Ein Affekt", schreibt Freud 1920, „umschließt erstens bestimmte motorische Innervationen oder Abfuhren, zweitens gewisse Empfindungen, und zwar von zweierlei Art, die Wahrnehmungen der stattgehabten motorischen Aktionen und die direkten Lust- und Unlustempfindungen, die dem Affekt, wie man sagt, den Grundton geben. Ich glaube aber nicht, daß mit dieser Aufzählung das Wesen des Affekts getroffen ist. Bei einigen Affekten glaubt man tiefer zu blicken und zu erkennen, daß der Kern, welcher das genannte Ensemble zusammenhält, die Wiederholung eines bestimmten bedeutungsvollen Erlebnisses ist. Dies Erlebnis könnte nur ein sehr frühzeitiger Eindruck von sehr allgemeiner Natur sein, der in die Vorgeschichte nicht des Individuums, sondern der Art zu verlegen ist. Um mich verständlicher zu machen, der Affektzustand wäre ebenso gebaut wie ein hysterischer Anfall, wie dieser der Niederschlag einer Reminiszenz. Der hysterische Anfall ist also vergleichbar einem neugebildeten individuellen Affekt, der normale Affekt dem Ausdruck einer generellen, zur Erbschaft gewordenen Hysterie". (Freud, Ges. W. XI, S. 410 f.)

Der Affekt ist also nicht notwendig an eine Vorstellung geknüpft. Freud spricht bei von Vorstellungen unabhängigen Affekten von Erregungssumme oder Affektbetrag, die als Quantität wirksam werden.

Funktional werden Gefühle bei Freud als Indikatoren für Triebspannungen, aber auch als deren Sicherheitsventil angesehen (vgl. auch Rapaport, 1961). Mit steigender Triebspannung entsteht eine Affektladung, die sich über Motorik und inkretorisches System qua Gefühlsausdruck entlädt und im Bewußtsein als Gefühl erlebt wird.

Daß Gefühle nicht nur als Entladungsphänomene triebhafter Energie auftreten, sondern im Gegenteil in anderen Fällen geeignet sind, solche Entladungen zu dämpfen, wird bei Rapaport (1961) ausgeführt. Dieser nimmt an, daß sich über den von Freud beschriebenen „ungezähmten" Affekten mit fortschreitender sozialer Überformung des Menschen eine Hierarchie von Gefühlen aufbaut, welche immer klarer den Einfluß kultureller und konventioneller Muster erkennen läßt.

Konflikttheorie der Gefühle

Im Gegensatz zu James, Lange, Cannon und später Leeper (1948), die von der energiemobilisierenden Anpassungsleistung der Gefühle ausgehen, behauptet die Konflikttheorie, daß Gefühle Ausdruck und/oder Ursache einer nicht bewältigten Situation seien. Schon Dewey (1895) definierte Gefühle als Ausdruck des Ringens zwischen Ideal und Gewohnheit (habit), genauer als Ringen zwischen einer in einer konkreten Situation als ideal erscheinenden Handlungsweise und bestimmten durch die Vergangenheit geprägten Verhaltensmustern.

Gefühle sind nach der Konflikttheorie immer dann zu erwarten, wenn ein solches Ringen um Anpassung auftritt, d. h., wenn ein Organismus den Forderungen in der Situation nicht so gewachsen ist, daß er durch unmittelbares, durch Gefühle nicht unterbrochenes Handeln eine Auflösung findet. Hodge (1932) behauptet sogar, das emotionale Reaktionen umgekehrt proportional der Kapazität höherer Hirnzentren seien, mit einer gegebenen Lage fertig zu werden. Ein Mensch, der fliehen kann, sagt Claparède (1928, S. 127) im gleichen Sinne, hat nicht das Gefühl der Angst. Janet (1928) geht noch einen Schritt weiter, indem er Gefühle nicht als Ausdruck, sondern als Ursache von Anpassungsschwierigkeiten heraushebt. Nach ihm scheinen Gefühle mit einer das Handeln zersetzenden Kraft begabt zu sein und werden als „puissance désorganisatrice" bezeichnet. Gefühle unterdrücken nicht nur angepaßtes Handeln, sondern auch das Streben nach Adaptation und unterscheiden sich so aufs deutlichste von anderen Regulationsmechanismen. Piéron (1928) macht eine unangemessen starke Entladung nervöser Energie für die unangepaßten emotionalen Reaktionen verantwortlich, zumal solche Entladungen auch dann auftreten, wenn eine angepaßte Reaktion mit viel weniger Energie auskäme oder wenn die Situation keine sinnvolle Reaktion zuläßt. Bottenberg (1972) behandelt ähnliche Theorieansätze als „Disruptionsschemata". Dem entspricht die Auffassung von Young (1973), der emotionales Verhalten als disorganisiertes von organisiertem Verhalten unterscheidet. Emotionen wären demzufolge am ehesten dann zu erwarten, wenn hohe Motivation und ein niedriger

Organisationsgrad zugleich gegeben sind, d. h. in neuartigen Situationen oder solchen, für die habituelle Handlungspläne noch nicht bestehen. Nach Bindra (1955) gehen solche Zustände in organisiertes Verhalten über, was einer zunehmenden Entemotionalisierung des Verhaltens im Verlaufe der Entwicklung von Verhalten entspräche.

Zu den Konflikttheoretikern des Gefühls sind, obwohl er selbst eine Gefühlstheorie nicht ausdrücklich formuliert, Lewin und sein Schülerkreis zu rechnen. Treten im Lebensraum eines Organismus einander widerstrebende Kräfte auf, so kommt es zu einer Konfliktsituation, die je nach Stärke der widerstrebenden Kräfte als emotionale Spannung erlebt wird. Im Verhalten zeigt sich dann bei stärkeren Spannungsgraden Unangepaßtheit als Schwierigkeit, die gegebene Situation umzustrukturieren bis hin zu sinnlosen Ausbrüchen, die als Primitivierung bzw. Regression des Verhaltens beschrieben werden können.

Unter dem Gesichtspunkt der Lewinschen und an Lewin orientierten Konflikttheorie wird einleuchtend, daß nicht jeder Konflikt zu „emotionalen" Reaktionen führen muß. So ist, wie Arnold (1960) bemerkt, unwahrscheinlich, daß bei Hinzu–Hinzu-Konflikten emotionale Reaktionen der oben beschriebenen Art regelmäßig auftreten werden.

Überhaupt wird nicht recht deutlich, ob die Konflikttheorie des Gefühls nicht implicite stärker auf über-mittlere Grade von Aktivation abstellt als auf Konflikte selbst. Dadurch würde verständlich, daß sich die Konflikttheorie der Gefühle im wesentlichen nur auf betonte Formen von Flucht, Angriff oder Oszillieren zwischen beiden anwenden läßt, während sich andere Gefühlsregungen nicht ohne komplizierte Hilfsannahmen aus Konfliktsituationen ableiten lassen. Für die Annahme, daß es sich bei Konflikttheorien im wesentlichen um nichts anderes als die ein angepaßtes Verhalten störenden Folgen erhöhter Aktivation handelt, spricht auch die einigermaßen apodiktische Feststellung von Fraisse (1963, V-96), „emotion c'est la peur, la colère, la douleur, parfois (!) la joie, surtout l'excès de joie".

Lerntheoretische Beiträge zur Psychologie des Gefühls

Eine explicite Gefühlstheorie ist im Rahmen der Lerntheorien nicht entwickelt worden; dennoch werden in verschiedenen lerntheoretischen Systemen Aussagen entweder über „emotionales Verhalten" oder aber über Gefühle als intervenierende Variable gemacht, die sich als Bereitschaft (readiness) zum Vollzug bestimmter Verhaltensweisen zu erkennen geben.

Gefühle als bestimmte, von anderen unterscheidbare Verhaltensformen werden schon von Watson (1914, 1919) beschrieben. Solche emotionalen Verhaltensmuster sind Reaktionsmuster, die in annähernd gleicher Art und Reihenfolge auftreten, wenn auslösende Reize dargeboten werden. Die Annahme einer engen Verwandtschaft von Gefühlen zu Instinkten, die ausdrücklich etwa von McDougall (1933) behauptet worden ist, wird in dieser Formulierung deutlich. Watson unterscheidet aufgrund von Beobachtungen an Säuglingen Wut, Angst und Lust, geht aber über die Annahme vorgegebener, ererbter Verbindungen von Reaktionen und auslösender Situation hinaus, indem er zeigt, daß emotionale Reaktionen an vorher neutrale Reize konditioniert werden können. Seine Experimente mit dem kleinen Albert (Watson u. Rayner, 1920) richteten sich auf die äußeren Ursachen von emotionalem Verhalten und waren richtungsweisend für die CER (conditioned emotional response-)Forschung von Estes und Skinner (1941), Hunt und Brady (1951, 1955), Brady (1970). Eine unmittelbare Fortsetzung der Ansätze von Watson ist die Gefühlstheorie von Millenson (1967), der Wut, Angst und Lust als Gefühlsdimensionen auffaßt, die zur Ordnung von Gefühlen dienen; und zwar so, daß Gefühle unterschiedliche Ausprägungsgrade auf einer Dimension haben oder aus Anteilen mehrerer Dimensionen bestehen. Gefühle werden im Sinne des CER-Paradigmas durch beliebige neutrale Reize ausgelöst, wenn diese mit anderen emotionsauslösenden Reizen gepaart werden. Reize, die mit dem Aufheben einer negativen Situation verbunden sind, wecken Gefühle der Dimension Lust und Reize, die eine positive Situation aufheben, führen zu Ärger oder Wut. Millenson bezieht seine Analysen freilich nicht auf emotionale Zustände, sondern auf emotionales Verhalten, das durch konditionierte Reize ausgelöst und gesteuert wird. Emotionales Verhalten kann als Sonderfall motivierten Verhaltens gesehen werden. Der Unterschied liegt für den behavioristischen Ansatz in erster Linie in den auslösenden Reizen. Während motiviertes Verhalten in der Regel durch Deprivation in Gang kommt, geht emotionalem Verhalten ein abrupter Reizwechsel (Einführung bzw. Entzug positiver oder negativer Reize) voraus.

Der Beitrag der lerntheoretischen Forschung liegt fast ausschließlich in der experimentellen Analyse bestimmter Klassen von emotionalen Verhaltensweisen wie Angst, Aggression und Reaktionen auf Frustration, über die zusammenfassend an anderer Stelle in diesem Handbuch berichtet wird.

Kognitive Theorie des Gefühls

Ruckmick (1936) und andere haben, wie Schachter und Singer (1962) ausführen, die These vertreten, daß die Eigenart von Gefühlen aus dem Zusammenwirken von physiologischer Erregung, Aktivation und kognitiven Faktoren zu verstehen ist. Ein und derselbe physiologische Erregungszustand kann in Abhängigkeit von der vorausgehenden Situation als Ärger, Freude, Furcht usw. erlebt werden. Schachter (1959) hat die Ansicht vertreten, daß sich „evaluative needs" einstellen, wenn körpernahe Erlebnistöne auftreten, ohne von einem Wissen über ihren Anlaß begleitet zu sein. Die emotionale Erregung wird dann von der Situation her interpretiert, in der sich ein Mensch befindet.

Schachter und Singer (1962) formulierten zur Prüfung der kognitiven Gefühlstheorie folgende Ausgangshypothesen:

1. Hat ein Individuum keine unmittelbare Erklärung für einen physiologischen Erregungszustand, so wird es sein Erleben von den kognitiven Aspekten der Situation her einordnen und beschreiben. Der gleiche physiologische Erregungszustand kann als „Freude", „Wut", „Eifersucht" usw. eingeordnet werden, je nachdem, welche kognitiven Aspekte durch eine Situation nahegelegt werden.

2. Hat ein Individuum eine vollständig angemessene Erklärung für eine physiologische Erregung (z. B. Wissen um Adrenalininjektion und deren Wirkung), so wird das Erleben nicht in Hinsicht auf andere kognitive Aspekte der Situation eingeordnet und beschrieben.

3. Ein Individuum verhält sich nur in dem Maß emotional oder beschreibt Gefühle, in dem es einen Zustand physiologischer Erregung erlebt.

Zur Prüfung dieser Hypothesen erhielt ein Teil der Vpn eine Placeboinjektion, ein anderer Teil eine Adrenalininjektion. Die Vpn der letzteren Gruppe wurden entweder über die Wirkung von Adrenalin belehrt oder aber falsch informiert (z. B.: Ihre Füße werden sich taub anfühlen) oder schließlich gar nicht belehrt.

Ein Mitarbeiter, der als Vp ausgegeben wurde, hatte sich darin geübt, sich euphorisch oder ärgerlich zu geben und so den emotionalen Zustand der „vorbehandelten" Vp zu beeinflussen. Die emotionale Befindlichkeit der Vp wurde durch Verhaltensbeobachtung und einen Fragebogen über Gefühlszustand und Körperempfindungen festgehalten.

Die Ergebnisse zeigen, daß solche Vpn, die keine Erklärung für ihr verändertes Körperempfinden haben, je nach Versuchsanordnung über Euphorie oder Ärger berichten. Waren die Vpn über die Wirkung von Adrenalin informiert, so blieben sie gegen die Versuche, ihren Gefühlszustand zu manipulieren, relativ immun. Auch die Abhängigkeit der emotionalen Befindlichkeit vom Grad physiologischer Erregung (Placebo-Gruppe) wurde nachgewiesen.

Schachter und Wheeler (1962) führten das Experiment mit im Prinzip gleicher Versuchsanordnung so aus, daß der Grad sympathischer Aktivation durch (a) Adrenalin, (b) Placebo oder (c) ein Sympatholyticum (Chlorpromazin) beeinflußt wurde. Vpn der Gruppe (a) wurden von der Komik eines Lustspielfilms am meisten angesteckt, Vpn der Gruppe (c) am wenigsten.

Schachter und Singer (1962, S. 396) fassen ihre Ergebnisse so zusammen: Wenn ein Zustand von Sympathicus-Aktivation auftritt, für den es keine unmittelbare, angemessene Erklärung gibt, so können Menschen durch Manipulation leicht in den Zustand der Euphorie, des Ärgers oder der Vergnügtheit versetzt werden.

Schachter überträgt diese Überlegungen auf die Analyse von Eßgewohnheiten bei Übergewichtigen und kann zeigen, daß diese durch situative Hinweisreize gesteuert sind (1971 a,b). Für Übergewichtige in den Experimenten ist Appetit – weitgehend unabhängig vom Sättigungszustand – durch situative Hinweisreize wie Tischzeit oder verlockendes Angebot definiert.

Zusammen mit Latané (Schachter und Latané, 1964) untersuchte er Vpn in einer „Versuchssituation", in der man scheinbar unbemerkt mogeln konnte. Vpn, die ein Beruhigungsmittel (Chlorpromazin) erhalten hatten, übertraten die Regeln weit häufiger als andere. Bei „Übertretern" waren interne Hinweisreize, die als Angst vor Regelverletzung oder Furcht vor Bestrafung hätten interpretiert werden können, durch das Beruhigungsmittel gedämpft worden. Eine Fortsetzung dieser Untersuchungen durch Dienstbier (1972), Dienstbier und Munter (1971) und Dienstbier (1975) zeigt, daß Vpn unter dem Einfluß von Placebo mit der Instruktion, daß einige emotionale Nebenwirkungen auftreten würden, signifikant häufiger die gesetzten Regeln übertraten und auftretende Erregung dem Medikament und nicht der Übertretung zuschrieben.

Schachters Emotionstheorie ist zugleich eine Attribuierungstheorie; die Vpn erleben physiologische Erregung und schreiben diese Veränderung äußeren Reizen oder emotionalem Verhalten zu. Bem (1972, S. 2) erweitert diesen attributionstheoretischen Ansatz zu einer Theorie der Selbstwahrnehmung, die er folgendermaßen charakterisiert: „Individuals come to ‚know' their own attitudes, emotions, and other internal states partially by inferring them from observations of their own overt behavior and/or the circumstances in which this behavior occurs. Thus, to the extent that internal cues are weak, ambiguous, or uninterpretable, the individual is functionally in the same position as an outside observer, an observer who must necessarily rely upon those same external cues to infer the individual's inner states". (Eine Diskussion dieses Ansatzes findet sich bei H. London und B. E. Nisbett, 1974.)

In der Kritik an Schachters Theorie wurden einmal methodische Mängel (insbesondere bezogen auf Schachter und Singer, 1962) diskutiert (Plutchik und Ax, 1967; Erdmann und Janke, 1978).

Neben der Frage, ob die im Experiment verabreichten Pharmaka geeignet waren, autonome Reaktionen auszulösen, die mit den bei Emotionen auftretenden isomorph sind, stößt Schachters Voraussetzung, daß nämlich die Vp autonome Reaktionen erlebt, diese unterscheidet und situativ interpretiert, auf Kritik (Shapiro und Crider, 1969; Shapiro und Schwarz, 1970). Erdmann und Janke (1978) konnten zwar die wesentlichen Ergebnisse von Schachter und Singer (1962) replizieren, stellen aber fest, daß Angst auch bei niedriger physiologischer Erregung auftrat und sich mit ansteigender Erregung nicht erhöhte.

Nach Nisbett und Wilson (1977) erleben Vpn bisweilen weder verhaltensrelevante Reize noch Reaktionen, noch den Zusammenhang bestimmter Reize mit bestimmten Reaktionen. Unveröffentlichte Protokolle von Experimenten von

Nisbett und Schachter (1966) und Storms und Nisbett (1970) zeigen, daß Vpn, deren Verhalten ganz der Schachterschen Theorie entspricht, gleichwohl weit von sich weisen, daß kognitive Prozesse dieser Art bei ihnen abgelaufen seien. Daß Valins (1966) schließlich mit vorgespiegelten autonomen Reaktionen (z. B. über ein präpariertes Tonband eingespielter Herzschlag) Verhaltensänderungen im Sinne einer kognitiven Gefühlstheorie erzielte, legt die Vermutung nahe, daß der Zusammenhang zwischen autonomen Reaktionen, situationsbezogenen Benennungen und Verhalten weniger eng ist als angenommen; etwa als „multiple concurrent responses functionally related to environmental conditions but not necessarily to each other" (Shapiro und Schwarz, 1970, S. 103).

Ein zweiter Ansatz kognitiver Gefühlstheorien stellt die bewertende Funktion von Gefühlen in den Vordergrund. Magda Arnold (1970) ist die Hauptvertreterin dieser Theorie. Gefühl ist für sie „eine Antwort auf eine Begegnung mit der Außenwelt... eine dynamische Disposition, die den Übergang zur Handlung möglich macht. Diese Einschätzung ist intuitiv, d. h., sie ist weder bedacht noch gewollt. Sie ist so ungesucht und direkt wie etwa die Art und Weise, mit der man die Schnelligkeit eines Tennisballs und die eigene Schnelligkeit abschätzt, um den Ball sofort zu parieren." Nach Arnold erfolgt die gefühlsmäßige Bewertung über kortikale Felder des limbischen Systems, die Nervenimpulse von motorischen und Sinnesfeldern empfangen. „Die resultierende Handlungstendenz wird durch Impulse vermittelt, die vom limbischen System über den Handlungsbogen zum Vorderlappen ziehen. Ein Gefühl wird bewußt erlebt, wenn diese Impulse in den präfrontalen Feldern anlangen" (alle Zitate aus Arnold, 1970b).

Der Zusammenhang zwischen Einschätzung einer Situation und emotionalen Reaktionen ist auch für Lazarus (1970) Ausgangspunkt einer kognitiven Gefühlstheorie. Im Unterschied zu Schachters Theorie bestreitet er, daß das kognitive Element von Gefühlen in der situationsspezifischen Interpretation von erlebter physiologischer Erregung besteht. Er verweist auf Forschungsergebnisse (Averill, 1969; Ax, 1953; Funkenstein et al., 1957; Lacey, 1967), in denen meßbare physiologische Muster für verschiedene Gefühle nachgewiesen werden. Vom Arnoldschen Begriff der Einschätzung unterscheidet sich Lazarus vor allem durch die differenzierte Aufgliederung des Einschätzungsvorgangs.

Ausgangspunkt der Lazarusschen Theorie sind Untersuchungen zur Streßforschung (s. hierzu Laux, S. 453ff.). Dabei kann er nachweisen, daß es von der kognitiven Verarbeitung abhängt, ob ein bestimmter Reiz als Stressor für ein Individuum wirksam wird (Speisman et al., 1964). In zahlreichen Untersuchungen wurde der Nachweis geführt, daß die emotionalen Reaktionen eines Individuums im Zusammenhang mit der kognitiven Einschätzung einer Situation variieren und daß dieser Zusammenhang experimentell manipuliert werden kann (Lazarus, 1964; Lazarus u. Alfert, 1964; Lazarus, Speisman, Mordkoff und Davison, 1962). Einschätzung (appraisal) bedeutet in den

Experimenten von Lazarus das Bewerten von Hinweisreizen, die eine Bedrohung anzeigen. Die Bewertung wird von zwei Faktorenbündeln gespeist (Lazarus, 1966). Einmal von Faktoren, die in der Situation liegen (Mehrdeutigkeit des Reizes, Unmittelbarkeit einer gefährlichen Konfrontation usw.), und solchen, die in der psychischen Struktur begründet sind (Motivstärke, spez. Erfahrungen usw.). Wird eine Situation als „nicht bösartig" eingeschätzt, so sind positive Emotionen zu erwarten, die sich als Erleichterung, Hochstimmung oder Liebe dann äußern, wenn bedrohliche Situationen überwunden wurden. Wird eine Situation hingegen als bedrohlich eingeschätzt, so setzen (Coping-)Prozesse ein, die den zu erwartenden Schaden mindern oder ganz abwehren sollen. Diese Coping-Prozesse werden durch sekundäre Einschätzungen (secondary appraisal) bestimmt, in denen es um die für ein Individuum optimale Abwehr von bedrohlichen Situationen geht. Primäre und sekundäre Einschätzungen wechseln im Laufe einer Handlungskette ab. Reaktionen des Individuums im Sinne von unmittelbarem Handeln verändern die Situation, d. h. führen wieder zu primären Einschätzungen, die von sekundären gefolgt werden. Sogar ein Vorauslaufen sekundärer Einschätzungen ist möglich, etwa wenn ein Kraftfahrer schon geeignete Gegenreaktionen bei Aquaplaning wählt, ehe eine akute Gefährdungssituation auftritt. Da Lazarus seine Theorie im Rahmen der Streßforschung entwickelte, werden in seinen Experimenten ausnahmslos stark negative Emotionen untersucht. Die Übertragung des Ansatzes auf anders geartete Emotionen ist naheliegend, doch steht hier, wie auch bei Schachter und Arnold, die experimentelle Analyse des als Erklärung bemühten Konstrukts „Einschätzung" an, da unterschiedliches Verhalten und unterschiedliche physiologische Reaktionen auf objektiv gleiche Situationen keinen sicheren Schluß auf kognitive Prozesse erlauben.

Dies ist auch die Ansicht von Lazarus selbst, der als beste Forschungsstrategie ideographische Längsschnittuntersuchungen vorschlägt, um die „natural ecology of emotions" beim Individuum zu analysieren (Lazarus, 1975). Als wesentlichen Ertrag solchen Vorgehens verspricht er sich eine empirisch gesicherte Einsicht in die Wirksamkeit von Selbstregulationsprozessen, die geeignet sind, im Zusammenhang mit Coping die Qualität von Emotionen zu ändern, Emotionen zu dämpfen oder sie zu eliminieren. Emotionen sind, so die These von Lazarus (1975) kausal abhängig von Selbstregulationsprozessen; und zwar so, daß „Ebbe und Flut" von Gefühlen der Kontrolle von „potentially disruptive, and even positive emotional states" (l.c., S. 47) dienen.

3. *Entwicklungspsychologie des Gefühls*

Die Erforschung der Ontogenese von Gefühlserlebnissen stößt methodisch auf erhebliche Schwierigkeiten. Obwohl ein Registrieren körperlicher Begleiterscheinungen durchaus möglich ist, fehlt beim Kind, insonderheit beim

Kleinkind, ein interpretatives Bezugssystem, auf das Veränderungen physiologischer Prozesse mit Gewißheit bezogen werden könnten. Wie bereits im Kapitel „Aktivationsniveau“ ausgeführt, können ein und demselben Aktivationsgrad verschiedenartige Gefühle, aber auch ein relativ gefühlsfreier Grad von Anstrengungsbereitschaft entsprechen.

Ekman und Oster (1979) berichten zusammenfassend über psycho-physiologische Korrelate von Gesichtsausdruck. Trotz bedeutsamer Befunde über Akzeleration und Dezeleration des Herzschlags und über individuelle Differenzen der Ansprechbarkeit des ANS stehen die relativ globalen physiologischen Maße anscheinend in keinem sehr engen Zusammenhang zu der Fülle von unterscheidbaren Formen des Gesichtsausdrucks.

Das Arbeiten mit Konstanzannahmen von der Art, daß eine bestimmte Situation beim Kind oder Kleinkind gleiche oder auch nur analoge Gefühle wie beim Erwachsenen auslösen müsse, kann sich nicht auf Beobachtungen an Kindern berufen, die nur zu oft das Gegenteil zeigen. Daß schließlich Erlebnisberichte von Kleinkindern nicht zu erhalten oder doch kaum zu interpretieren sind, versteht sich von selbst. Auch der Wortschatz älterer Kinder ist, was das Benennen und Beschreiben von Gefühlserlebnissen angeht, meist recht gering (vgl. hierzu G. Ries, 1958; U. Undeutsch, 1958), und manche übernommenen Vokabeln bezeichnen, wie etwa Hansen (1952) sehr anschaulich zeigt, andere Erlebnisse als die von Erwachsenen gemeinten.

Das Beobachten und Registrieren von Ausdrucksverhalten schließlich kann auch nicht als zuverlässiger Ausweg aus dem methodischen Dilemma gelten. Wie Untersuchungen von Sherman (1927) zeigen, wird Ausdrucksverhalten sehr verschiedenartig interpretiert, wenn die Situation, in der ein bestimmtes Ausdrucksverhalten gefilmt bzw. auf Tonband genommen wurde, nicht mitgezeigt wird. Daraus folgt, daß in die Interpretation von Ausdrucksgegebenheiten ein „Wissen“ darum eingeht, wie einem Kleinkind in der betreffenden Situation zumute sein wird. Neuere Untersuchungen (zusammenfassend Ekman und Oster, 1979) kommen im Prinzip zu gleichen Ergebnissen, weisen aber zusätzliche Einflußgrößen nach, die bei der Interpretation von Ausdrucksverhalten wirksam werden. So untersuchen Scherer et al. (1977) und Ekman et al. (1980) den Effekt unterschiedlicher Kommunikationskanäle (Mimik, Sprache, Körperbewegung) auf das Urteil über Persönlichkeit und Gefühle.

In der Praxis der Forschung werden meist mehrere Methoden kombiniert, doch krankt jeder theoretische Ansatz zu einer Entwicklungspsychologie der Gefühlserlebnisse am Mangel eines zuverlässigen und gültigen Verfahrens zum Erfassen eben dieser Gefühlserlebnisse.

3.1 Der genetische Ort von Gefühlserlebnissen

In der älteren deutschsprachigen Entwicklungspsychologie werden Gefühlserlebnisse als genetisch früh beschrieben; und zwar so, daß Gefühle selbst als Ursprung und Vorform anderer, mithin genetisch späterer Erlebnisarten gelten. Am deutlichsten kommt dies in dem Satz von F. Krueger (1928, zit. nach Heuss, 1953, S. 208) zum Ausdruck, „daß Gefühl der mütterliche Ursprung der übrigen Erlebnisarten und ihrer aller ergiebigster Nährboden“ sei.

In die gleiche Richtung weist die Theorie einer physiognomischen, vorwiegend gefühlsbestimmten Wahrnehmung bei O. Kroh (1935), E. Jaensch (1923) H. Werner (1959) u. a. Bei diesen Autoren geht die Annahme eines primär gefühlsbestimmten frühkindlichen Seelenlebens so weit, daß man übertreibend von einer „Sündenfalltheorie“ (Ewert, 1964) sprechen kann, da mit dem Einbruch der Ratio die bestimmende Kraft des Gefühls zurücktreten soll. Ähnlich sprach schon F. Krueger von einer Gefühlsverkargung im Zuge fortschreitender Rationalisierung der Lebensbezüge.

Andererseits zeigen empirische Untersuchungen, daß das Verständnis für Gefühlsregungen und gefühlsartige Anmutungsqualitäten eine deutliche Entwicklung erkennen läßt und erst mit Eintritt in die Pubertät einen gewissen Abschluß zeigt.

Eine Auflösung dieses Dilemmas gelingt, wenn wir die von uns vorgeschlagene Unterscheidung von Erlebnistönen und Gefühlen im engeren Sinne einführen. Erlebnistöne als gesamtseelische „Stellungnahmen“ zur Annehmlichkeit oder Unannehmlichkeit von unmittelbar gegebenen Sinneseindrücken und konditionierten Signalen lassen sich bereits in frühester Kindheit beobachten. Schon das Neugeborene reagiert mit motorischer Abwehr oder auch Zuwendung auf Geschmacks-, Geruchs- und Tastreize. Die biologische Bedeutsamkeit von Erlebnistönen (etwa bei Appetit oder Ekel) ist einsichtig und steht im Vordergrund, solange das sich entwickelnde Individuum in erster Linie ein biologisch zentrierter Organismus ist; mit zunehmender Sozialisation tritt der das Erleben und Handeln bestimmende Einfluß von Erlebnistönen zurück, ohne sich je ganz zu verlieren. Die erlebte Umwelt des Menschen gliedert sich in ihren kognitiven und affektiven Aspekten immer reicher aus. Zu dem sich ständig vermehrenden Wissen um Gegebenheiten gesellt sich ein Geflecht von interindividuellen Bezugssystemen, die als Gefühle im engeren Sinne durch Gegliedertheit und Situationsbezug wettmachen, was ihnen an der „primitiven“ Wucht und Betroffenheit undifferenzierter Erlebnistönungen fehlt.

Ein genetischer Ort des Gefühls läßt sich also nicht angeben, vor allem nicht als bestimmte genetische „Schicht“, die späterhin von anderen, verstandesnäheren „Schichten“ überlagert würde. Zwar sind die von uns als Erlebnistönungen bezeichneten Gefühlserlebnisse genetisch früh, schon wegen ihrer biologischen Bedeutung, doch sind Erlebnistönungen in einem genetischen Sinne des Wortes nicht „ursprünglicher" als z. B. erste (Vor-)Formen der sensumotorischen Intelligenz.

Das mit zunehmender Reife und Sozialisation des Organismus verbundene Auftreten von Gefühlen im engeren Sinne läßt sich durchaus der Differenzierung anderer psychischer und psychophysischer Funktionen vergleichen und nimmt u. E. keine Sonderstellung ein.

Nach Hebb und Thompson (1954, S. 553) ist der Mensch zugleich „the most emotional as well as the most rational animal". Mit zunehmender intellektueller Kompetenz nimmt die Menge gefühlsauslösender Situationen zu und die Manifestationsformen von Gefühlen im engeren Sinne erweitern sich im Verlauf der individuellen Sozialisation.

3.2 Die Differenzierung von Gefühlserlebnissen

Modifikation des Erlebens und Verhaltens

Gefühlstheorien schreiben den Gefühlserlebnissen eine Antriebskomponente zu (so ausdrücklich Leeper, 1970; Tomkins, 1970; Izard, 1977), die sich auch im konkreten Handeln oder Ausdrucksgebaren eines Individuums verwirklicht.

Schon beim Neugeborenen lassen sich mit Hilfe eines von Oster und Ekman (1978) beschriebenen Analysesystems mit einer Ausnahme alle Gesichtsmuskelaktionen nachweisen, über die der Erwachsene verfügt.

Es liegt nahe, aus Verhaltensbeobachtungen in Längs- und Querschnitten Rückschlüsse auf die am Handeln und Ausdrucksgebaren beteiligten Gefühlserlebnisse zu ziehen, um so Aufschluß über deren Differenzierung mit fortschreitender Entwicklung zu erhalten. C. und W. Stern (1927) können schon beim wenige Wochen alten Säugling verschiedene Weisen eines unlustbetonten Schreiens unterscheiden, je nachdem, ob der Säugling hungrig ist oder in nassen Windeln liegt, woraus auf die Differenzierung eines allgemeinen „Mißbehagens" in verschiedenartige Unlusterlebnisse geschlossen werden könnte. Einen Überblick über experimentell kontrollierte Untersuchungen der auslösenden Bedingungen für Schreilaute geben Scherer (1979) und Wolff (1969).

Eine ausführliche empirische Erhebung über die Differenzierung von Gefühlserlebnissen beim Säugling und Kleinkind findet sich bei Katharine Bridges (1932). Wie aus Abb. 3 ersichtlich wird, stellt sich ihr die Differenzierung der Gefühle so dar, daß sich aus einer undifferenzierten affektiven Erregung im Laufe der ersten beiden Lebensjahre 11 verschiedenartige Gefühlsformen ausgliedern.

Die von Bridges beschriebene ursprüngliche Form von Gefühlserlebnissen als undifferenzierte Erregung äußert sich zunächst in ebenso wenig differenzierten motorischen Entladungen. Stoeffels (1940) stellte an Kindern fest, die jünger als

10 Tage waren, daß eine Erregung die spontanen Bewegungen des Kindes verstärkt, ohne daß verschiedenartigen Erregungen ein jeweils spezifisches Bewegungsmuster entspräche. Die Korrelation zwischen spontanen Bewegungen und solchen, die durch Erregungen provoziert wurden, betrug r = 0.85. Für die Korrelation von Bewegungen, die durch Festhalten des Kopfes ausgelöst wurden, mit solchen, die durch Hunger ausgelöst wurden, betrug r = 0.82; die Korrelation mit Bewegungen, die durch die kalte Schale der Babywaage ausgelöst wurden betrug r = 0.72.

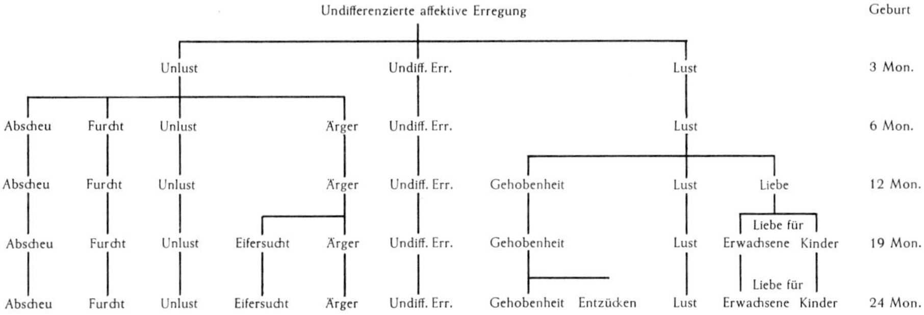

Abb. 3

Nicht nur vom Handeln und Ausdrucksgebaren her, sondern auch von der Differenziertheit des Ausdrucksverstehens aus sind Rückschlüsse auf die Ontogenese von Gefühlserlebnissen gezogen worden. Am deutlichsten lassen sich solche Reifevorgänge beim Lächeln des Säuglings verfolgen. R. Ahrens (1953, 1954), Charlotte Bühler (1928), R. Spitz (1946) und E. Kaila (1932) haben in empirischen Untersuchungen das Auftreten des Lächelns mit Reifevorgängen in Beziehung gebracht und gezeigt, wie das Auslöseschema für Lächeln mit zunehmendem Alter des Kindes differenzierter wird. Eine übersichtliche Darstellung der Entwicklung des Mienenspiels gibt schon A. Peiper (1935, 1961). Neuere Untersuchungen über Lächeln und Fremdeln im Rahmen von sozialen Interaktionen finden sich bei Lewis (1975), Papousek (1977) und Sroufe und Waters (1976).

Die Entwicklung des Verstehens von Gefühlsausdruck wurde von Georgia Gates (1923, 1927), Dashiell (1927), Kellog und Eagleson (1931), Ahrens (1954), Sylvia Honkavaara (1961) u. a. untersucht.

Die Untersuchungen stimmen, wenn man einmal von den verschiedenartigen Untersuchungsverfahren absieht, darin überein, daß zunächst „einfache alte Sozialmienen“ (K. Leonhard, 1949) verstanden werden. So verstanden fast alle jugendlichen Vpn von Gates (1923) den Ausdruck von Freude, Wut, Schmerz und Furcht richtig, aber nur ein Teil der 14jährigen erfaßte Erstaunen und Verachtung. Schon Darwin (1872) kam aufgrund eigener Erhebungen zu der Annahme, daß Grundformen des mimischen Ausdrucks beim Menschen universal verständlich sind und auf angeborenen Verhaltensmustern beruhen. In neuerer Zeit wird diese Auffassung von Ekman (1973), Ekman und Friesen (1971), Tomkins (1962, 1963, 1970) und Izard (1971, 1972, 1977) vertreten. Nach Izard ist das Gesicht so eingerichtet, daß es eine Reihe von Grundemotionen wiedergeben kann; und zwar so, daß die propriozeptive Rückmeldung von Gesichtsausdruck Grundlage für das Erleben von Gefühlen ist.

Zentrale Fragen der Entwicklung von Gefühlen sind bislang noch ungeklärt. Trotz der Differenzierungshypothese von Bridges, die sich im übrigen nicht auf Längsschnittdaten von Familienkindern stützen kann, ist zu fragen, ob neben Differenzierungsprozessen nicht auch solche der Integration genetisch früher Muster von emotionalem Verhalten angenommen werden müssen. Auch ob es sich bei der Entwicklung von Gefühlen um kontinuierlich oder diskontinuierlich verlaufende Prozesse handelt, ist ungeklärt. Schon früh hatte A. Busemann (1925) auf emotionale Phasen hingewiesen, die einen neuen Schritt in der menschlichen Entwicklung einleiten. Robert Emde et al. (1976) finden in ihren Längs- und Querschnittuntersuchungen im 1. Lebensjahr, daß emotionale Verhaltensweisen eine Indikatorfunktion für rasch verlaufende Entwicklungsphasen haben. Daraus ergibt sich für die Autoren das Modell einer diskontinuierlichen, in Perioden verlaufenden Entwicklung emotionalen Verhaltens. Die einzelnen Perioden werden durch Schreiweinen (bis zum 2. Lebensmonat), soziales Lächeln (vom 3. Lebensmonat ab) und Fremdeln (zwischen 8. und 9. Lebensmonat) charakterisiert. Es ist unverkennbar, daß die von Emde et al. angegebene Periode an organismische Reifungsvorgänge anknüpft, die aber zugleich mit Entwicklungsfortschritten in der Informationsverarbeitung verbunden sind.

Von Untersuchungen über die Ontogenese von Lächeln und Lachen ausgehend (Sroufe und Waters, 1976), hat Sroufe (1978) eine Entwicklungspsychologie der Emotionen vorgestellt. Die Angelpunkte dieser Theorie sind einmal Verlaufseigenschaften von Aktivationsprozessen und zum anderen die Bewertung von Situationen, die bei der Interaktion von Organismus und Umwelt Anlaß von Aktivation werden. Sroufes Theorie ist insoweit eine kognitive, als Bewertungsreaktionen hier für emotionales Verhalten konstitutiv sind. Da beim Kleinkind Fortschritt und Qualität von Interaktionen mit der Umwelt durch die kognitive und soziale Entwicklung bestimmt werden, steht die emotionale Entwicklung in einem engen Zusammenhang mit der sensumotorischen Entwicklung sensu Piaget (eine synoptische Tabelle der kognitiven, emotionalen und sozialen Entwicklung findet sich bei Scherer 1979, S. 232/33).

Generell stimmen die Differenzierungshypothesen der emotionalen Entwicklung darin überein, daß mit zunehmender Entwicklungshöhe des Organismus differenziertere emotionale Reaktionen angetroffen werden. Die Differenzierungsprozesse haben zur Voraussetzung, daß bestimmte Erfahrungen im Gedächtnis gespeichert werden können und daß das Niveau der Organismus-Umwelt Interaktionen an Komplexität ebenso zunimmt wie die Bildung von

Schemata zur Assimilation und Akkomodation von Reizen. Wegen der erheblichen Schwierigkeit der Befundsicherung, nicht zuletzt auch deshalb, weil ein Rückschluß von Verhalten auf zugrundeliegende Emotionen mit der Problematik von Induktionsschlüssen behaftet ist, kommt den genannten Theorieentwürfen vorerst der Charakter von Hypothesen zu.

Freilich legen auch tierpsychologische und ethologische Untersuchungen die Annahme einer mit der Entwicklung fortschreitenden Differenzierung nahe; und zwar so, daß von einem bestimmten Differenzierungsgrad ab Informationsverarbeitungsprozesse und Erfahrungsbildung eine tragende Rolle spielen. Hebb (1949, S. 24 f.) machte an Schimpansen die Beobachtung, daß es eine Reihe von Reizen gibt, die zu nicht gelernten emotionalen Reaktionen führen. Er entdeckte zufällig, daß Tiere einer Schimpansenstation beim Anblick eines vom Körper abgelösten Modells eines Menschen bzw. Schimpansenkopfes in panischen Schrecken gerieten. Systematische Variationen des Versuchs zeigten, daß solche Reize zunächst eher eine tiefgreifende Erregung als Furcht auslösten. Erst wenn die Tiere mehrfach der gleichen Situation ausgesetzt wurden, entwickelten sie spezifische emotionale Verhaltensmuster. Hebb (1946) konnte diese exemplarisch an einem unter „Kaspar Hauser"-Bedingungen aufgezogenen Schimpansen nachweisen. Melzack (1954), ein Schüler Hebbs, zog Hunde in einer künstlich eingeschränkten Umwelt auf. Einige Wochen nach Freilassung der Tiere wurden sie mit harmlosen, aber gefühlserregenden Reizen konfrontiert. Während normale Hunde gleichen Alters Vermeidungsreaktionen zeigten, herrschte bei der experimentellen Gruppe diffuse Erregung vor. Bei einer Wiederholung des Versuchs nach 10–12 Monaten zeigten die Hunde der experimentellen und der Kontrollgruppe zwar gleich viele Vermeidungsreaktionen, doch wurde bei der experimentellen Gruppe diffuse Erregung dort beobachtet, wo die Kontrollgruppe aggressives Verhalten zeigte. Mahut (1954) verglich frei aufgewachsene Hunde mit solchen, die im Zwinger und im Labor unter starken Einschränkungen aufgezogen worden waren. Die letzte Gruppe zeigte überwiegend diffuse Erregung, die „Zwinger"-Gruppe mehr Vermeidungsreaktionen und weniger spielerischen Angriff als die frei aufgewachsene Gruppe. Bindra (1957, S. 410) stellt, die Hebbschen Überlegungen zusammenfassend, in seinem Referat über Vergleichende Psychologie fest: „In general terms we know that with repeated exposure to essentially the same ‚emotional situation', general excitement is gradually displaced by organized (goal directed or stereotyped) response patterns."

Über die Eigenart emotionsauslösender Reize ist allerdings noch wenig bekannt. Es steht jedoch fest, daß die Zahl möglicher Affektauslöser mit zunehmender intellektueller Entwicklung wächst. Erst in der zweiten Hälfte des ersten Lebensjahres zeigt das Kleinkind Furcht vor Fremden, und erst später treten Angst vor Dunkelheit und spezifischere Ängste auf. Für Ratten, Hunde und Schimpansen zählen Hebb und Thompson (1956) eine ständig wachsende Reihe von furchtauslösenden Reizen auf.

Die Forschung hat sich in den letzten Jahren zunehmend stärker mit Problemen frühkindlicher Erfahrungsbildung, den Effekten gelungener und gestörter Bindung des Kleinkindes an Mutter und Pflegepersonen und mit den Folgen einer vorübergehenden oder dauernden Trennung beschäftigt (Ainsworth, 1969; Sroufe, 1978).
Obwohl diese Untersuchungen wertvolle Einsichten in Detailprobleme der Gefühlsentwicklung gebracht haben, kann eine Synopse dieser Befunde unter dem Aspekt einer Entwicklungspsychologie der Emotionen hier nicht geleistet werden (vgl. hierzu Scherer, 1979).

Das Entstehen affektiver Schemata

Die Betrachtung der Entwicklung von Gefühlserlebnissen unter dem Gesichtspunkt der Differenzierung stellt in erster Linie auf autochthone Entfaltungsprozesse ab. So findet Gates (1923) etwa, daß der Durchschnitt der 12jährigen den Ausdruck der Verachtung richtig deuten kann, oder Bridges gibt für das erste Auftreten von Eifersucht das Lebensalter 19 Monate an. Dabei werden die besonderen Lebenserfahrungen nicht berücksichtigt, etwa ob es sich um Einzelkinder handelt oder nicht, wie es um das häusliche Erziehungsklima bestellt ist, ob eine gleichbleibende Pflegeperson da ist, an die Gefühlsbindungen sich knüpfen können u. a. m. Zahlreiche Arbeiten über den Vorgang der Sozialisation zeigen aber, daß Entfaltungsvorgänge ohne Kenntnis der jeweils vorgegebenen „Soziomatrix" (Boesch, 1960) nicht beschrieben werden können.

Piaget, der zwar keine Gefühlstheorie entwickelt, knüpft mit seinem Begriff des affektiven Schemas an solche frühkindlichen Erfahrungen an, die innerhalb einer Kultur bestimmte vergleichbare Züge haben (u. a. bedingt durch die Struktur der Primärgruppe, in die das Kind hineingeboren wird). Der Begriff „Schema" wird von Piaget (1951) als Bezeichnung einer elementaren Struktur, insonderheit am Beginn seelischen Lebens gebraucht. So bildet das Kind am Ende des ersten Lebensjahres das Schema des überdauernden Gegenstandes, der auch dann noch „vorhanden" ist und gegebenenfalls gesucht wird, wenn er sich nicht mehr im Greif- und Blickraum des Kindes befindet. Später bildet das Kind neben vielen anderen das teilweise richtige Schema der Größen-Gewichtsproportion, das dann vom Begriff der Dichte abgelöst wird. Ganz analog lassen die Erfahrungen, die das Kind im Umgang mit den Personen seiner Umwelt macht, Schemata entstehen, die er affektive nennt. Affektive Schemata sind eine Art Integration von Gefühlsbeziehungen, die sich in der frühkindlichen Umwelt aus dem Kontakt mit Eltern und Geschwistern ergeben. Affektive Schemata sind nach Ansicht Piagets weniger konkret und sind außerdem einer kontinuierlichen Entwicklung unterworfen. In vergleichbaren Situationen begegnet so der Erwachsene einer Autoritätsperson, ähnlich, wie es dem am Vater gebildeten affektiven Schema entspricht, ohne daß irgendwelche unbewußten Vorstellungen aus der frühen Kindheit gegeben sein müßten, die etwa eine Identifikation von Vaterimago und Autoritätsperson mit sich brächten. Piaget macht diesen

Punkt sehr deutlich, indem er auf die Analogie mit kognitiven Schemata verweist. Wenn das Kleinkind den „freien Fall" entdeckt, indem es immer wieder einen Gegenstand aus seinem Gitterbett wirft, so muß es später nicht alle fallenden Dinge mit diesem Gegenstand identifizieren – es genügt vielmehr ein kognitives Schema, welches eine allgemeine Regel über das Verhalten von festen Körpern unter den Bedingungen des freien Falls enthält.

Ebenso wie die kognitiven Schemata sind auch die affektiven einer Entwicklung unterworfen. Neue zwischenmenschliche Erfahrungen werden mit Hilfe schon bestehender affektiver Schemata bewältigt, gleichzeitig kommt es durch neue Erfahrungen zur Erweiterung und Umbildung eines affektiven Schemas. Der Erfahrungserwerb hat wiederum auch eine kognitive Seite, und die Entwicklung kognitiver und affektiver Schemata ist ein und derselbe Vorgang, nur unter einem jeweils anderen Aspekt gesehen. So formuliert Piaget (1951, S. 205) zusammenfassend:

„Affective life, like intellectual life, is a continual adaptation, and the two are not only parallel but interdependent, since feelings express the interest and the value given to actions of which intelligence provides the structure. Since affective life is adaptation, it also implies continual assimilation of present situations to earlier ones – assimilation which gives use to affective schemas or relatively stable modes of feeling or reacting and continual accommodation of these schemas to the present situation."

Dieser Begriff eines affektiven Schemas, das sich in zwischenmenschlichen Beziehungen bildet, durch diese Beziehungen ständig geformt wird und rückwirkend diese Beziehungen formt, ist ein notwendiges Korrelat zu der Vorstellung einer entwicklungsimmanenten Entfaltungsgesetzlichkeit. Gefühle, so stellt auch Malrieux (1952, 1960) aufgrund seiner Untersuchungen an Säuglingen und Kleinkindern fest, sind Ursache und zugleich Wirkung von Verhaltensfortschritten. Die Bindung affektiver Schemata an konkrete Erlebnisse, vorab der frühen Kindheit, macht es möglich, das reiche tiefenpsychologische Erfahrungsmaterial in die Entwicklungspsychologie zu übernehmen, ohne auf empirisch nachprüfbare Hypothesen verzichten zu müssen. Es liegt freilich in der Natur des Ansatzes selbst, daß kein Katalog von affektiven Schemata angegeben werden kann, der für jeden Entwicklungsgang verbindlich wäre.

Gefühlsansprechbarkeit als Persönlichkeitszug

Mary Shirley (1931) fand, daß schon bei Neugeborenen deutliche Unterschiede der Irritabilität festzustellen sind. Obwohl die Gefühlserregbarkeit mit zunehmendem Alter nachläßt, bleibt die relative Erregbarkeit der Vpn im Vergleich zueinander dieselbe, und Persönlichkeitsskizzen, die aufgrund von Beobachtungen in den ersten beiden Lebensjahren angefertigt worden waren, konnten mit einer den Zufall übersteigenden Sicherheit anderen Persönlichkeitsskizzen zugeordnet werden, die erst 15 Jahre später angefertigt worden waren (Neilson, 1948). Ähnliche Beobachtungen über Irritabilität als Persönlichkeitskonstante wurden von Gottschaldt (1960, S. 241), McFarlane (1954), Meili (1957, 1961), Meili und Wild-Missong (1959), Pulver (1959), Pulver und Lang (1961), Lang (1962) und Lohr (1960) mitgeteilt.

Aus der Vergleichenden Psychologie liegen eine Reihe von Untersuchungen vor, die gleichfalls für relativ konstante Grade von Erregbarkeit und Aktivität sprechen, worüber zusammenfassend S. Hall (1951) berichtet.

Daß genetische Faktoren an der Ausbildung von Erregbarkeit wesentlich beteiligt sind, wurde von Rundquist (1933), Brody (1942), Yerkes (1913), Stone (1932), C. S. Hall (1941), W. M. Dawson (1932) und P. L. Broadhurst (1958) an Ratten bzw. Mäusen nachgewiesen.

Konstitutionelle Faktoren im emotionalen Verhalten von Hunden wurden u. a. von W. T. James (1941, 1953), Mahut (1954) und Melzack (1954) beschrieben. Während Mahut und Melzack die unterschiedliche Störbarkeit verschiedener Hunderassen durch furchterregende, aber harmlose Reize studierten, untersuchten Stockard und James das Verhalten von „lethargischen" und „erregbaren" Hunden im Konditionierungsexperiment. Erregbare Hunde brauchten mehr Vorübung, bis sie sich an die Versuchssituation gewöhnten, reagierten schon auf schwache Reize, und zwar mit starken gesamtkörperlichen Bewegungen. Sie zeigten nach einem Schock extensive, nur langsam abklingende Aktivität, Vermeidungsreaktionen ließen sich sehr schnell konditionieren.

Daß auch Umwelteinflüsse modifizierend auf die emotionale Erregbarkeit einwirken, wurde in den schon zitierten Arbeiten von Hebb (1949), Mahut (1954) und Melzack (1954) an Schimpansen und Hunden durch isolierte Aufzucht nachgewiesen. Hall und Whiteman (1951), Luchins und Forgus (1955) und Campbell und Candland (1961) kommen an Ratten zu vergleichbaren Ergebnissen. Je stimulierender die Umwelt des Organismus, um so weniger „emotionale" Reaktionen im Sinne unspezifischer Erregungen treten auf und um so leichter werden Umwegprobleme gelöst. Eine durch Störreize oder Isolation beeinflußte Aufzucht führt andererseits zu „emotionalem" Verhalten in problematischen Situationen. Thompson und Hockman (1956) konnten sogar wahrscheinlich machen, daß bereits pränatale Umwelteinflüsse wirksam sein können.

Die zahlreichen tier- und humanpsychologischen Befunde lassen keinen Zweifel an der genetischen Verwurzelung und gleichzeitig der Möglichkeit peristatischer Einflüsse auf die Ausprägung der Gefühlsansprechbarkeit. Auch in faktorenanalytischen Untersuchungen wurde Gefühlserregbarkeit mehrfach als Faktor isoliert. So findet Burt (1948) bei einer Faktoranalyse des emotionalen Verhaltens von Kindern folgende Faktoren:

I. ein Generalfaktor für Gefühlsansprechbarkeit, die bei einzelnen Vpn durchgehend hoch oder durchgehend niedrig ist,

II. starke versus schwache Aktivität,
III. angenehm versus unangenehm.

In weiteren Untersuchungen (Burt, 1950) benennt er folgende Faktoren:
I. einen Generalfaktor für Gefühlsansprechbarkeit (40 bis 50 % der Gesamtvarianz!),
II. einen bipolaren Faktor für die Dimension sthenisch-asthenisch (etwa 13 % der Varianz),
III. einen weiteren bipolaren Faktor für die Dimension euphorische versus dysphorische Reaktionen.

Auch der von Cattell (1950) beschriebene bipolare Faktor C mit der Dimension stabile Affektivität versus neurotische „Emotionalität" bezieht sich auf das Phänomen der Gefühlserregbarkeit. Die sehr viel differenziertere Faktorenmatrix von 15 Temperamentsfaktoren bei Guilford (1964) zeigt allerdings, daß sich „Gefühlsansprechbarkeit" bei entsprechender Konkretisierung des Ausgangsmaterials in eine Vielzahl verschiedenartiger Faktoren zerlegt, die untereinander nicht sehr eng verbunden sein müssen.

Literatur

Ahrens, R. Zur Ontogenese des Physiognomie- und Mimikerkennens. Dissertation, Göttingen, 1953.
Ahrens, R. Beitrag zur Entwicklung des Physiognomie- und Mimikerkennens. Zeitschrift für experimentelle und angewandte Psychologie, 1954, **2,** 412–494.
Ainsworth, M. Object relations, dependency, and attachment: A theoretical review of the mother infant relationship. Child Development, 1969, **40,** 969–1025.
Arnold, M. B. Physiological differentiation of emotional states. Psychological Review, 1945, **52,** 35–48.
Arnold, M. B. Emotion and Personality. New York: Columbia University Press, 1960.
Arnold, M. B. (Ed.), Feelings and emotions. The Loyola Symposium. New York: Academic Press, 1970 (b).
Arnold, M. B. „Gefühl". In: Lexikon der Pädagogik. Freiburg: Herder, 1970, 76–79 (a).
Arnold, M. B. Brain function in emotions: a phenomenological analysis. In: P. Black (Ed.), Physiological correlates of emotion. New York: Academic Press, 1971.
Averill, J. R. Autonomic response patterns during sadness and mirth. Psychophysiology, 1969, **5,** 399–414.
Ax, A. F. Physiological differentiation of emotional states. Psychosomatic Medicine, 1953, **15,** 433–442.
Bard, P. A diencephalic mechanism for the expression of rage with specific references to the sympathic nervous system. American Journal of Physiology, 1928, **84,** 490–515.
Bard, P. On emotional expression after decortication with some remarks on certain theoretical views. Psychological Review, 1934, **41,** 424–449.
Bard, P. Central nervous mechanisms for the expression of anger in animals. In: Reymert (Ed.), Feelings and emotions. New York: Hafner Publication Company, 1967.

Beebe-Center, J. G. The psychology of pleasantness and unpleasantness. New York: Van Nostrand, 1932.
Beebe-Center, J. G. Feelings and emotions. In: H. Helson (Ed.), Theoretical foundations of psychology. Toronto: Van Nostrand, 1951.
Bem, D. J. Self-Perception Theory. In: L. Berkowitz (Ed.), Advances in Experimental Social Psychology, Vol. 6. New York: Academic Press, 1972.
Bindra, D. Organization in emotional and motivated behavior. Canadian Journal of Psychology, 1955, **9,** 161–167.
Bindra, D. Comparative Psychology. Annual Review, 1957, **8,** 399–414.
Böcher, W. Zur physiologischen Psychologie menschlicher Gefühle. Psychologische Beiträge, 1976, **18,** 143–173.
Boesch, E. Jugend in Asien. In: Bericht 16. Internationaler Kongreß in Bonn. Amsterdam: North-Holland Publishing Company, 1962, 281–286.
Bollnow, O. F. Das Wesen der Stimmungen. Frankfurt: Klostermann, 1943.
Bottenberg, E. H. Emotionspsychologie. Ein Beitrag zur empirischen Dimensionierung emotionaler Vorgänge. München: Goldmann, 1972.
Brady, J. V. Emotion: some conceptual problems and psychophysiological experiments. In: M. B. Arnold (Ed.), Feelings and emotions: The Loyola symposium. New York: Academic Press, 1970, 69–100.
Bridges, K. M. B. Emotional development in early infancy. Child Development, 1932, **3,** 324–341.
Broadhurst, P. L. Determinants of emotionality in the rat: III. Strain differences. Journal of Comperative Physiological Psychology, 1958, **51,** 55–59.
Brody, E. G. Genetic basis of spontaneous activity in the albino rat. Comparative Psychological Monographs, 1942, **17,** 1–24.
Bühler, Ch. und Hetzer, H. Das erste Verständnis für Ausdruck im 1. Lebensjahr. Zeitschrift für Psychologie, 1928, **107,** 50–61.
Bugelski, B. R. An introduction to the principles of psychology. New York: Holt, Rinehart and Winston, 1960.
Burt, C. Factorial study of temperamental traits. British Journal of Psychology, 1948, **1,** 178–203.
Burt, C. The factorial study of emotions. In: Reymert (Ed.), Feelings and emotions. New York: Hafner Publishing Company, 1967, 531–551.
Busemann, A. Die Erregungsphasen der Jugend. Zeitschrift Kinderforschung, 1927, **33.**
Campbell, B. A. & Candland, D. K. Effects of prior shock on the emotionality of young rats in an open field. Canadian Journal of Psychology, 1961, **15,** 1–5.
Cannon, W. B. Bodily changes in pain, hunger, fear, and rage; an account of recent researches into the functions of emotional excitement. New York: Appleton, 1915.
Cannon, W. B. The James–Lange theory of emotions. A critical examination and an alternative theory. American Journal of Psychology, 1927, **39,** 106–124.
Claparède, E. Feelings and emotions. In: Reymert (Ed.), Feelings and emotions, Worcester, Mass.: Clark University Press, 1928, 124–139.
Carr, H. A. Psychology. New York: Longmans Green, 1925.
Cattell, R. B. Personality: A systematic theoretical and factual study. New York: McGraw-Hill, 1950.
Cornelius, H. Psychologie als Erfahrungswissenschaft. Leipzig: B. T. Teubner, 1897.
Corwin, C. H. The involuntary response to pleasantness. American Journal of Psychology, 1921, **32,** 563–570.

Dana, C. L. The anatomic seat of the emotions: a discussion of the James–Lange theory. Archiv of Neurological Psychiatry 1921, **6,** 634–639.

Darwin, Ch. The expression of the emotions in man and animals. London: John Murray, 1872.

Dashiell, J. F. A new method of measuring reactions to facial expression of emotion. Psychological Bulletin, 1927, **24.**

Davis, C. H. Results of selfselection of diets by young children. Canadian Medicine Ass. Journal, 1939, **41,** 257–261.

Dawson, W. M. Inheritance of wildness and tameness in mice. Genetics, 1932, **17,** 296–326.

Dewey, J. The theory of emotions. I. Emotional attitudes. Psychological Review, 1894, **1,** 553–569.

Dewey, J. The theory of emotions. II. The significance of emotions. Psychological Review, 1895, **2,** 13–32.

Duffy, E. Emotion: An example of the need for reorientation in psychology. Psychological Review, 1934, **41,** 184–198.

Duffy, E. An explanation of „emotional" phenomena without the use of the concept „emotion". Journal of Genetical Psychology, 1941, **25,** 283–293.

Duffy, E. The conceptual categories of Psychology: a suggestion for revision. Psychological Review, 1941a, **48,** 177–203.

Duffy, E. Leeper's „motivational theory of emotion". Psychological Review, 1948, **55,** 324–328.

Duffy, E. A systematic framework for the description of personality. Journal of Abnormal Social Psychology, 1949, **44,** 175–190.

Duffy, E. The concept of energy mobilization. Psychological Review, 1951, **58,** 30–40.

Duffy, E. The psychological significance of the concept of „arousal" or „activation". Psychological Review, 1957, **64,** 265–275.

Duffy, E. Activation and behavior. New York: Wiley and Sons, 1962.

Ehrenfels, Chr. v. Über Gestaltsqualitäten. Vierteljahresschrift für wissenschaftliche Philosophie 14, Leipzig, 1890.

Eibl-Eibesfeldt, I. Similarities and differences between cultures in expressive movements. In R. A. Hinde (Ed.), Nonverbal communication. Cambridge, England: Cambridge University Press, 1971, 297–312.

Ekman, G. Dimensions of emotion. Report form the Psychological Laboratory University Stockholm, 1954, **11.**

Ekman, G. Dimensions of emotion. Acta Psychologica, 1955, **11,** 279–288.

Ekman, P. Universals and cultural differences in facial expressions of emotion. Nebraska Symposion on Motivation 1971, 1972, 207–283.

Ekman, P. Darwin and cross-cultural studies of facial expression. In: P. Ekman (Ed.), Darwin and facial expression. New York: Academic Press, 1973.

Ekman, P. Biological and cultural contributions to body and facial movement. In: J. Blacking (Ed.), The anthropology of the body. London: Academic Press, 1977.

Ekman, P. & Friesen, W. V. Constants across cultures in the face and emotion. Journal of Personality and Social Psychology, 1971, **17,** 124–129.

Ekman, P., Friesen, W. V., O'Sullivan, M. & Scherer, K. Relative importance of face, body and speech in judgements of personality and affect. Journal of Personality and Social Psychology, 1980, **38,** 270–277.

Ekman, P., Friesen, W. V. & Ellsworth, P. Emotions in the face: Guidelines for Research and an integration of findings. New York: Pergamon Press, 1972.
Ekman, P. & Oster, H. Facial expressions of emotion. Annual Review of Psychology, 1979, **30,** 527–554.
Erdmann, G. & Jahnke, W. Interaction between physiological and cognitive determinants of emotions: experimental studies on Schachter's theory of emotions. Biological Psychology, 1978, **6,** 61–74.
Estes, W. K. & Skinner, B. F. Some quantitative properties of anxiety. Journal of Experimental Psychology, 1941, **29,** 390–400.
Ewert, O. Sematologie des Ausdrucks. In: R. Kirchoff (Hrsg.), Handbuch der Psychologie, Band 5, Ausdruckskunde. Göttingen: Hogrefe, 1964, 220–254.
Ewert, O. Ontogenese des Ausdrucksverstehens. In: R. Kirchhoff (Hrsg.), Handbuch der Psychologie, Band 5, Ausdruckskunde. Göttingen: Hogrefe, 1964, 289–308.
Fehr, F. S. & Stern, J. A. Heartrate conditioning in the albino rat. Journal of Psychosomatic Research, 1965, **8,** 441–453.
Fehr, F. S. & Stern, J. A. Peripheral physiological variables and emotion: the James/Lange theory revisited. Psychological Bulletin, 1970, **74,** 411–424.
Feleky, A. The expression of the emotions. Psychological Bulletin, 1914, **21,** 33–41.
Feleky, A. Feelings and emotions. New York: Pioneer Press, 1922.
Flügel, J. C. A quantitative study of feelings and emotion in everyday life. British Journal of Psychology, 1925, **15,** 318–355.
Fraisse, P. Les émotions. In: P. Fraisse & J. Piaget (Eds.), Traité de psychologie experimentale, Bd. V, Motivation, Emotion et Personnalité. Paris: Press universitaire de France, 1963.
Freud, S. Vorlesungen zur Einführung in die Psychoanalyse. In: Gesammelte Werke XI, London: Imago Publishing, 1948.
Funkenstein, D. H., King, S. H. & Drolette, M. E. Mastery of stress. Cambridge Mass.: Harvard University Press, 1957.
Fuster, J. M. Effects of stimulation of brainstem on tachistoscopic perception. Science, 1958, **127,** 150.
Gardiner, H. M., Metcolf, R. C. & Beebe-Center, J. G. Feelings and emotions: A history of theories. New York: American Book Company, 1937.
Gates, G. St. An experimental study of the growth of social Perception. Journal of Educational Psychology, 1923, **14,** 449–461.
Gates, G. St. A test for ability to interpret facial expressions. Psychological Bulletin, 1925, **22,** 120.
Gellhorn, E. Autonomic regulations. New York, 1943.
Goldstein, M. L. Physiological theories of emotion: A critical historical review from the standpoint of behavior theory. Psychological Bulletin, 1968, **69,** 23–40.
Gottschaldt, K. Das Problem der Phänogenetik der Persönlichkeit. In: P. Lersch & H. Thomae (Hrsg.), Handbuch der Psychologie, Band 4, Persönlichkeitsforschung. Göttingen: Hogrefe, 1960, 222–280.
Guilford, S. P. Persönlichkeit. Weinheim: Beltz, 1964.
Haith, M. M. & Campos, J. J. Human infancy. Annual Review of Psychology, 1977, **28,** 251–293.
Hall, C. S. Temperament: a survey of animal studies. Psychological Bulletin, 1941, **38,** 909–943.

Hall, C. S. The genetics of behavior. In: S. S. Stevens (Ed.), Handbook of Experimental Psychology, New York: Wiley and Sons, 1951.
Hall, C. S. & Whiteman, P. H. Effects of infantile stimulation upon later emotional stability in the mouse. Journal of Comparative Physiological Psychology, 1951, **44,** 61–66.
Hampel, R. Adjektiv-Skalen zur Einschätzung der Stimmung (SES). Diagnostica, 1977, **23,** 43–59.
Hansen, W. Die Entwicklung des kindlichen Weltbildes. München: Kösel, 1965.
Harris, L. J., Clay, J., Hargreaves, F. J. & Ward, A. Appetite and choice of diet. The ability of the vitamin B deficient rat to discriminate between diets combining and lacking the vitamin. Proc. Roy. Soc. Serie B., 1933, **113,** 161–190.
Hebb, D. O. Emotion in man and animal: An analysis of the intuitive processes of recognition. Psychological Review, 1946, **53,** 88–106.
Hebb, D. O. On the nature of fear. Psychological Review, 1946, **53,** 259–276.
Hebb, D. O. The organization of behavior; a neurophysiological theory. New York: Science Edition, 1961, XIX.
Hebb, D. O. & Thompson, W. R. The social significance of animal studies. In: G. Lindzey (Ed.), Handbook of Social Psychology. Cambridge, Mass.: Addison-Wesley, 1954, 532–563.
Hess, W. R. Beiträge zur Physiologie des Hirnstammes. I. Die Methodik der lokalisierten Reizung und Ausschaltung subkortikaler Hirnabschnitte, Leipzig: Georg Thieme, 1932.
Hess, W. R. Beziehungen zwischen psychischen Vorgängen und Organisation des Gehirns. Stud. Generale, 1956, **9,** 467–479.
Heuss, E. (Ed.), Felix Krueger: Zur Philosophie und Psychologie der Ganzheit. Berlin: Springer, 1953.
Hodge, F. A. The emotions in a new role. Psychological Review, 1935, **42,** 555–565.
Hofstätter, P. R. Dimensionen des mimischen Ausdrucks. Zeitschrift für experimentelle und angewandte Psychologie, 1956, **3,** 505–529.
Honkavaara, S. The psychology of expression. British Journal of Psychological Monographs, Suppl. **32,** 1961, 965.
Hulin, W. S. & Katz, D. The Frois-Wittmann pictures of facial expression. Journal of Experimental Psychology, 1935, **18,** 482–498.
Hunt, W. A. Recent developments in the field of emotion. Psychological Bulletin, 1941, **38,** 249–276.
Hunt, H. F. & Brady, J. V. Some effects of electro-convulsive shock on a conditioned emotional response („anxiety"). Journal of Comparative Physiological Psychology, 1951, **44,** 88–98.
Hunt, H. F. & Brady, J. V. Some effects of punishment and intercurrent anxiety on a simple operant. Journal of Comparative Physiological Psychology, 1955, **48,** 305–310.
Izard, C. E. The face of emotion. New York: Meredith Corporation, 1971.
Izard, C. E. Patterns of emotions. A new analysis of anxiety and depression. New York: Academic Press, 1972.
Izard, C. E. Human Emotions. New York: Plenum Press, 1977.
Jaensch, E. R. Über den Aufbau der Wahrnehmungswelt und ihre Struktur im Jugendalter. Leipzig: Ambrosius Barth, 1923.
James, W. Psychologie. Leipzig: Quelle u. Meyer, 1920.

James, W. T. Morphologic form and its relation to behavior. In: C. R. Stockard (Ed.), The genetic and endocrine basis for differences in form and behavior. Philadelphia, 1941.
James, W. T. Morphological and constitutional factors in conditioning. Annual New York Academic Science, 1953, **56,** 171–183.
Janet, P. De l'angoisse a l'extase. Paris: Maloine, 1928.
Jaspers, K. Allgemeine Psychopathologie, Berlin: Springer, 1946.
Johnson, W. B. Euphoric and depressed moods in normal subjects. Character and Personality, 1937, **6,** 79–80; 188–202.
Jung, C. G. Psychologische Typen, Zürich: Rascher, 1921.
Jung, C. G. & Riklin, F. Experimentelle Untersuchungen über die Assoziationen Gesunder. In: C. G. Jung, Gesammelte Werke II, Zürich: Rascher, 1904/06.
Kafka, G. Über Uraffekte. Acta Psychologica, 1950, **7,** 256–278.
Kaila, E. Die Reaktionen des Säuglings auf das menschliche Gesicht. Annual University Aboensis, 1932, Series B, Tom. XVII, Urku.
Kellog, W. N. and Eagleson, B. M. The growth of social perception in different racial groups. Journal of Educational Psychology, 1931, **22,** 367–375.
Klages, L. Ausdrucksbewegung und Gestaltungskraft. Leipzig: Ambrosius Barth, 1913.
Klineberg, O. Social psychology, New York: Holt, Rinehart & Winston, 1966.
Klüver, H. & Bucy, P. C. Preliminary analysis of functions of the temporal lobes in monkeys. Archiv of Neurological Psychiatry, 1939, **42,** 979–1000.
Kretschmer, E. Körperbau und Charakter. Berlin: Springer, 1955.
Kroh, O. Entwicklungspsychologie des Grundschulkindes. Langensalza: Herrmann Beyer & Söhne, 1935.
Krueger, F. Die Tiefendimension und die Gegensätzlichkeit des Gefühlslebens. In: Festschrift Johannes Volkelt. München: Beck'sche Verlagsbuchhandlung, 1918.
Krueger, F. Der Strukturbegriff in der Psychologie. Bericht zum 8. Kongreß für experimentelle Psychologie. Jena: Gustav Fischer, 1924.
Krueger, F. Das Wesen der Gefühle. Entwurf einer systematischen Theorie. Leipzig: Akademische Verlagsgesellschaft, 1928.
Krueger, F. Gefühlsartiges im tierischen Verhalten. Zeitschrift für Tierpsychologie, 1937, **1,** 97–128.
Kuhn, M. Entwicklung einer psychophysiologischen Testbatterie für Längsschnittstudien. Philosophische Dissertation, Freiburg, 1972.
Lacey, J. I. Psychophysiological approaches to the evaluation of psychotherapeutic processes and outcomes. In: E. Rubinstein & M. B. Parloff (Eds.), Research in psychotherapy, Washington: National Publishing Company, 1959.
Lacey, J. I. Somatic response patterning and stress: some revisions of activation theory. In: M. A. Appley & R. Trumbull (Eds.), Psychological stress. New York: Appleton Century, 1967.
Lacey, J. I. & Lacey, B. C. Some autonomic-central nervous system interrelationships. In: P. Black (Ed.), Physiological correlates of emotion. New York: Academic Press, 1970.
Lacey, J. I., Kagan, J., Lacey, B. C. & Moss, H. A. The visceral level: situational determinants and behavioral correlates of autonomic response patterns. In: P. H. Knapp (Ed.), Expressions of the emotions in man. New York: International Universities Press, Inc., 1963, 161–196.

Lang, A. Von der „Störbarkeit" zur „Schüchternheit" in der Entwicklung des Kindes. II. Konstanz vom ersten ins achte Jahr. Schweizer Zeitschrift für Psychologie, 1962, **21,** 113–125.
Lange, C. G. Über Gemütsbewegungen. 1855.
Lashley, K. S. The thalamus and emotion. Psychological Review, 1938, **45,** 42–61.
Laux, L. Psychologische Streßkonzeptionen. In: H. Thomae (Hrsg.), Theorien und Formen der Motivation. Motivation und Emotion, Band 1. Enzyklopädie der Psychologie. Göttingen: Hogrefe, 1982.
Lazarus, R. S. A laboratory approach to the dynamics of psychological stress. American Psychologist, 1964, **19,** 400–411.
Lazarus, R. S. Psychological stress and the coping process. New York: McGraw-Hill, 1966.
Lazarus, R. S. Emotions and adaptation: Conceptual and empirical relations. In: W. J. Arnold (Ed.), Nebraska symposium on motivation. Lincoln: University of Nebraska Press, 1968, 175–270.
Lazarus, R. S. The self-regulation of emotion. In: L. Levi. (Ed.), Emotions – their parameters and measurement. New York: Raven Press, 1975, 47–67.
Lazarus, R. S. & Alfert, E. The short-circuiting of threat by experimentally altering cognitive appraisal. Journal of Abnormal and Social Psychology, 1964, **69,** 195–205.
Lazarus, R. S., Averill, J. R. & Opton, E. M. Jr. Towards a cognitive theory of emotion. In: M. B. Arnold (Ed.), Feelings and emotions. The Loyola Symposium. New York: Academic Press, 1970, 207–232.
Lazarus, R. S. & Opton, E. M. Jr. The study of psychological stress: summary of theoretical formulations and experimental findings. In: Ch. D. Spielberger (Ed.), Anxiety and Behavior, New York: Academic Press, 1971, 225–262.
Lazarus, R. S., Speisman, J. C., Mordkoff, A. M. & Davison, L. A. A laboratory study of psychological stress produced by a motion picture film. Psychological Monographs, 1962, **76,** No. 34.
Leeper, R. W. A motivational theory of emotion to replace „emotion as disorganized response". Psychological Review, 1948, **55,** 5–21.
Leeper, R. W. The motivational and perceptual properties of emotions as indicating their fundamental character and role. In: M. B. Arnold (Ed.), Feelings and emotions. The Loyola Symposium. New York: Academie Press, 1970, 151–168.
Leonhard, K. Ausdruckssprache der Seele. Berlin: Karl F. Hang, 1949.
Lersch, Ph. Aufbau der Person. München: Barth, 1956.
Lewis, M. (Ed.), The origins of intelligence. New York: Wiley & Sons, 1976.
Lindsley, D. B. Emotion. In: S. S. Stevens (Ed.), Handbook of Experimental Psychology. New York: Wiley and Sons, 1951, 473–516.
Lipps, Th. Grundtatsachen des Seelenlebens. Bonn: Max Cohen & Sohn, 1883.
Lipps, Th. Der Begriff des Unbewußten in der Psychologie. In: 3. Internationaler Kongreß für Psychologie. München: Barth, 1897.
Lohr, W. Verhalten und Spannungszustände bei Säuglingen im Alter von 10 bis 18 Wochen in einer Wahrnehmungssituation. Zeitschrift für experimentelle und angewandte Psychologie, 1960, **7,** 493–531.
London, H. & Nisbett, R. E. (Eds.), Thought and feeling. Chicago: Aldine, 1974.
Luchins, A. S. & Forgus, R. H. The effect of differential postweaning environment on the rigidity of an animals behavior. Journal of Genetic Psychology, 1955, **86,** 51–58.
Lundin, R. W. Personality. A Behavioral Analysis. London: Collier-Macmillan, 1969.

Mahut, H. Breed Differences in the dog's emotional behavior. Canadian Journal of Psychology, 1958, **12,** 35–44.

Malmo, R. B. Activation: A neuropsychological dimension. Psychological Review, 1959, **66,** 367–385.

Malrieu, P. Les émotions et la personnalité de l'enfant. Paris: Librairie de Philosophique J. Urin, 1952.

Malrieu, P. Evolution et fonction des émotions dans la premiére année de l'enfant. Rev. Suisse de Psychologie, 1960, **19,** 132–151.

Mandler, G. Emotion. In: New Directions in Psychology 1, New York: Holt, Rinehart & Winston, 1962, 269–353.

Marañon, G. Contribution à l'étude de l'action émotive de l'adrénaline. Rev. française d'endocrinologie, 1924, **2,** 301–325.

Martin, B. The assessment of anxiety by physiological behavior measures. Psychological Bulletin, 1961, **58,** 234–255.

McClelland, D. C. The achievement motive. New York: Appleton-Cent.-Croft, 1953.

McCurdy, G. Consciousness and the galvanometer. Psychological Review, 1950, **57,** 322–327.

McDougall, W. The energies of man. A study of the fundamentals of dynamic psychology. London: Methuen & Co. Ltd., 1933.

McFarlane, J. W., Allen, L. & Honzik, M. P. A developmental study of the behavior problems of normal children between twenty-one months and fourteen years. Berkeley, Cal.: University California Publishing, 1954.

McLean, P. D. The limbic brain in relation to the psychoses. In: P. D. Black (Ed.), Physiological correlates of emotion. New York: Academic Press, 1971.

Meili, R. Anfänge der Charakterentwicklung (Methoden und Ergebnisse einer Längsschnitt-Untersuchung). Bern: Huber, 1957.

Meili, R. & Wild-Missong, A. Konstanz von Verhaltensweisen bei Kleinkindern. Schweizer Zeitschrift für Psychologie, 1959, **18,** 3–17.

Meili, R. Untersuchungen zur Ätiologie frühester persönlichkeitsrelevanter Eigenschaften. Zeitschrift für Psychologie, 1961, **165,** 214–226.

Melzack, R. The genesis of emotional behavior. An experimental study of the dog. Journal of Comperative Physiological Psychology, 1954, **47,** 166–168.

Meyer, M. F. That whale among the fishes – the theory of emotion. Psychological Review, 1933, **40,** 292–300.

Millenson, J. R. Principles of behavioral analysis. New York: McMillan, 1967.

Miller, N. E. Experiments on Motivation. Studies Combining Psychological, Physiological, and Pharmacological Techniques. Science, 1957, **126,** 1271–1278.

Miller, N. E. & Dollard, J. Social learning and imitation. New Haven: Yale University Press, 1941.

Münsterberg, H. Die psychophysische Grundlage der Gefühle. In: Internationaler Kongreß für experimentelle Psychologie, London, 1892, **132.**

Neilson, P. Shirley's babies after fifteen years. Journal of Genetic Psychology, 1948, **73,** 175–186.

Newman, E. B., Perkins, F. T. & Wheeler, R. H. Cannon's theory of emotion: a critique. Psychological Review, 1930, **37,** 305–326.

Nisbett, R. E. & Schachter, S. Cognitive manipulation of pain. Journal of Éxperimental Social Psychology, 1966, **2,** 227–236.

Nisbett, R. E. & Wilson, T. D. Telling more than we can know: verbal reports on mental processes. Psychological Review, 1977, **84,** 231–259.
Nowlis, V. Mood: Behavior and experience. In: M. B. Arnold (Ed.), Feelings and emotions. The Loyola Symposium. New York: Academic Press, 1970, 261–272.
Nowlis, V. & Nowlis. H. H. The description and analysis of mood. Annual New York Academic Science, 1956, **65,** 345–355.
Olds, B. & Milner, P. Positive reinforcement produced by electrical stimulation of septal area and other regions of rat brain. Journal of Comparative Physiological Psychologie, 1954, **47,** 419–427.
Oster, H. & Ekman, P. Facial behavior in child development. Minnesota Symposion on Child Psychology, 1978, **11,** 231–276.
Papez, J. W. A proposed mechanism of emotion. Archiv of Neurological Psychiatry, 1937, **38,** 725–743.
Papousek, H. Die ersten sozialen Beziehungen: Entwicklungschance oder pathogene Situation? Praxis der Psychotherapie, 1977, **12,** 97–108.
Pearl, R. & Fairchild, T. E. On the influence of free choice of food materials on winter egg production and body weight. American Journal of Hygiene, 1921, **1,** 253–377.
Peiper, A. Die Entwicklung des Mienenspiels. Monatsschrift für Kinderheilkunde, 1935, **63,** 39.
Peiper, A. Die Eigenart der kindlichen Hirntätigkeit. Leipzig: VEB G. Thieme, 1961.
Peters, W. Gefühl und Erinnerung. Psychologische Arbeiten, 1914, **6.**
Piaget, J. La formation du symbole chez l'enfant. Imitation, jeu et rêve – Image et représentation. 1959 Delachaux et Niestle, S.A., Neuchatel/Schweiz. Deutsch: Nachahmung, Spiel und Traum, Stuttgart: Klett, 1969.
Pieron, H. Emotions in animals and man. In: M. L. Reymert (Ed.), Feelings and emotions. New York: Hafner Publishing Company, 1928.
Plutchik, P. The emotions: facts, theories and a new model. New York: Random House, 1962.
Plutchik, R. Emotions, evolution and adaptive processes. In: M. B. Arnold (Ed.), Feelings and emotions. The Loyola Symposium. New York: Academic Press, 1970, 3–24.
Plutchik, R. & Ax, A. F. A critique of „determinants of emotional state". Psychophysiology, 1967, **4,** 79–82.
Pulver, U. Untersuchungen über Irritierbarkeit bei Säuglingen. Schweizer Zeitschrift für Psychologische Anw., 1959, **18,** 18–33.
Pulver, U. & Lang, A. Von der „Störbarkeit" zur „Schüchternheit" in der Entwicklung des Kindes. I. Verhaltensweisen der Erstklässler. Schweizer Zeitschrift für Psychologische Anw., 1961, **20,** 329–344.
Rapaport, D. Emotions and Memory. New York: Science Editions Inc., 1961.
Remmers, H. H. & Thompson, L. A. Jr. A note on motor activity as conditioned by emotional states. Journal of Applied Psychology, 1925, **9,** 417–423.
Reymert, M. L. (Ed.), Feelings and emotions. The Mooseheart Symposium. New York: Hafner Publishing Company, 1950.
Richter, C. P. Increased salt appetite in adrenal-ectomized rats. American Journal of Physiology, 1936, **115,** 155–161.
Richter, C. P. Physiological Psychology. Annual Review of Physiology, 1942, **4,** 561–574.
Richter, C. P., Holt, L. E. & Barelare, B. J. Nutritional requirements for normal growth

and reproduction in rats studied by self-selection method. American Journal of Physiology, 1938, **122,** 734–744.
Ries, G. Die Erweiterung und Vertiefung des Erlebens im Jugendalter, untersucht anhand eines sprachfreien Films. Dissertation, Köln, 1958.
Rosvold, H. E. Physiological Psychology. Psychological Review, 1959, **10,** 1415–1454.
Ruckmick, C. A. The psychology of feeling and emotion. New York: McGraw-Hill, 1936.
Rundquist, E. A. Inheritance of spontaneous activity in rats. Journal of Comparative Psychology, 1933, **16,** 415–438.
Sander, F. Zur neueren Gefühlslehre. Bericht 15. Kongreß der Deutschen Gesellschaft für Psychologie in Jena vom 5.–8. 7. 36. Jena: Gustav Fischer, 1937, **23.**
Sander, F. & Volkelt, H. Ganzheitspsychologie, Grundlagen, Ergebnisse, Anwendungen. München: Beck'sche Verlagsbuchhandlung, 1962.
Schachter, S. & Latané, B. Crime, cognition, and the autonomic nervous system. In: D. Levine (Ed.), Nebraska symposium on motivation. Lincoln: University of Nebraska Press, 1964, 221–273.
Schachter, S. & Singer, J. E. Cognitive, social and physiological determinants of emotional state. Psychological Review, 1962, **69,** 379–399.
Schachter, S. & Wheeler, L. Epinephrine, chlorpromazine and amusement. Journal of abnormal and social Psychology, 1962, **65,** 121–128.
Scherer, K. Entwicklung der Emotionen. In: H. Hetzer, E. Todt, J. Seiffge-Krenke & R. Arbinger, Angewandte Entwicklungspsychologie des Kindes- und Jugendalters. Heidelberg: Quelle & Meyer, 1979.
Scherer, K. R., Scherer, U., Hall, J. A. & Rosenthal, R. Differential attribution of personality based on multichannel presentation of verbal and nonverbal cues. Psychological Research, 1977, **39,** 221–247.
Schlosberg, H. A scale for judgement of facial expressions. Journal of Experimental Psychology, 1941, **29,** 497–510.
Schlosberg, H. The description of facial expressions in terms of two dimensions. Journal of Experimental Psychology, 1952, **44,** 229–237.
Schlosberg, H. Three dimension of emotion. Psychological Review, 1954, **61,** 81–88.
Sears, R. R., Maccoby, E. E., Levin, H. Patterns of child rearing. New York: Harper and Row, 1957.
Shapiro, D. & Crider, A. Psychophysiological approaches in social psychology. In: G. Lindzey & E. Aronson (Eds.), Handbook of Social Psychology III, Meading, Mass.: Addison-Wesley, 1969, 1–49.
Shapiro, D. & Schwartz, G. E. Psychophysiological contributions to social psychology. Annual Review of Psychology 1970, **21,** 87–112.
Sherman, M. The differentiation of emotional responses in infants, I. Journal of Comparative Psychology, 1927, **7,** 265–284; II. Journal of Comparative Psychology, 1927, **7,** 335–351; III. Journal of Comparative Psychology, 1928, **8,** 385–394.
Sherrington, C. S. Experiments on the value of vascular and visceral factors for the genesis of emotion. Proc. Royal. Social, 1900, **66,** 390–403.
Shirley, M. M. The first two years. A study of twenty-five babies. Minneapolis: University of Minnesota Press, 1931.
Skinner, B. F. The behavior of organisms. New York: Appleton-Century, 1938.
Skinner, B. F. The control of human behavior. Trans. NY. Acad. Science, 1955, **17,** 547–551.

Skinner, B. F. Walden Two. New York: McMillan, 1948.
Skinner, B. F. Science and human behavior. New York: Free Press, 1953.
Somer, E. de & Haymans, S. F. Méthode pour conserver à l'état de survie la tête isolée des animaux mammifères. Journal de Physiologique, 1912, **14**, 1138–1142.
Speisman, J. C., Lazarus, R. S., Mordkoff, A. & Davison, L. Experimental reduction of stress based on ego-defense theory. Journal of Abnormal and Social Psychology, 1964, **68**, 367–380.
Spitz, R. A. & Wolf, K. M. The smiling response: a contribution to the ontogenesis of social relations. Genetic Psychological Monographs, 1946, **34**, 57–125.
Sroufe, L. A. & Waters, E. The ontogenesis of smiling and laughter: a perspective on the organization of development in infancy. Psychological Review, 1976, **83**, 173–189.
Stennett, R. G. The relationship of performance level to level of arousal. Journal of Experimental Psychology, 1957, **54**, 54–61.
Stern, C. & Stern, W. Die Kindersprache. Leipzig: Barth, 1907.
Stern, J. A., Winokur, G., Graham, D. T. & Graham, F. K. Alternations in physiological measures during experimentally induced attitudes. Journal of Psychosomatic Research, 1961, **5**, 73–82.
Stoeffels, M. J. La réaction dite de colère chez les nouveaunés. Journal Psychol. norm. et path., 1940, **41**, 37–38; 92–148.
Storms, M. D. & Nisbett, R. E. Insomnia and the attribution process. Journal of Personality and Social Psychology, 1970, **2**, 319–328.
Stone, C. P. Wildness and savageness in rats of different strains. In: K. S. Lashley (Ed.), Studies in the dynamics of behavior. Chicago, 1932, 3–55.
Strongman, K. T. The Psychology of emotion. London: Wiley & Sons, 1973.
Terzian, H. & Ore, G. D. Syndroms of Klüver and Bucy reproduced in man by bilateral removal of the temporal lobes. Neurology, 1955, **5**, 373–380.
Thomae, H. Das Problem der Konstanz und Variabilität der Eigenschaften. In: P. Lersch & H. Thomae (Hrsg.), Handbuch der Psychologie, Band 4, Persönlichkeitsforschung. Göttingen: Hogrefe, 1960.
Thompson, W. R. & Hockman, C. H. Influence of prenatal maternal anxiety on emotional behavior in rats. Eastern Psychological Ass. Meeting. New York, 1956.
Tolman, E. C. A behavioristic account of the emotions. Psychological Review, 1923, **30**, 217–227.
Tomkins, S. S. Affect, Imagery, Consciousness. New York: Springer, 1962, 1963.
Tomkins, S. S. Affect and the psychology of knowledge. In: S. S. Tomkins & C. E. Izard (Eds.), Affect, Cognition and Personality, New York: Springer, 1965, 72–97.
Tomkins, S. S. Affect as the primary motivational system. In: M. B. Arnold (Ed.), Feelings and emotions. The Loyola Symposium, New York: Academic Press, 1970, 101–110.
Traxel, W. Empirische Untersuchungen zur Einteilung von Gefühlsqualitäten. Bericht zum 22. Kongreß der Deutschen Gesellschaft für Psychologie. Göttingen: Hogrefe, 1960, 290–294.
Traxel, W. & Timner, D. Psychogalvanische Reaktion und Persönlichkeit. Ein Überblick über die vorliegenden Untersuchungen. Psychologische Beiträge, 1960, **5**, 469–503.
Traxel, W. Die Möglichkeit einer objektiven Messung der Stärke von Gefühlen. Psychologische Forschung, 1960, **26**, 75–90.
Traxel, W. Gefühl und Gefühlsausdruck. In: Lehrbuch der experimentellen Psychologie. Bern: Huber, 1963.

Triandis, H. C. & Lambert, W. W. A restatement and test of Schlosberg's theory of emotion with two kinds of subjects from Greece. Journal of Abnormal and Social Psychology, 1958, **56**, 321–328.

Undeutsch, U. Das Verhältnis von körperlicher und seelischer Entwicklung. In: H. Thomae (Hrsg), Handbuch der Psychologie, Band 3, Entwicklungspsychologie, Göttingen: Hogrefe, 1958.

Valins, S. Cognitive effects of false heart-rate feedback. Journal of Personality and Social Psychology, 1966, **4**, 400–408.

Watson, J. B. Behavior: An introduction to comparative psychology, New York, Rinehart & Winston, Holt: 1914.

Watson, J. B. Psychology from the standpoint of a behaviorist. Philadelphia: Lippincott, 1919.

Watson, J. B. & Rayner, R. Conditional emotional reactions. Journal of Experimental Psychology, 1920, **3**, 1–14.

Wellek, A. Die Wiederherstellung der Seelenwissenschaft im Lebenswerk Felix Kruegers. Hamburg: F. Meiner, 1950.

Wellek, A. Das Problem des seelischen Seins. Meisenheim: Hain, 1953.

Werner, H. Einführung in die Entwicklungspsychologie. München: Ambrosius Barth, 1959.

Wessman, A. E. & Ricks, D. F. Temporal covariation of affective states in male and female subjects. Kongreß-Bericht APA, Cincinatti, Ohio, 1959.

Wessman, A. E., Ricks, D. F. & McIlvaine Tyl, M. Characteristics and concomitants of mood fluctuation in college women. Journal of Abnormal and Social Psychology, 1960, **60**, 117–126.

Wolff, P. H. The natural history of crying and other vocalizations in early infancy. In: B. M. Foss. (Ed.), Determinants of infant behavior IV. London, 1969, 81–109.

Woodworth, R. S. Experimental Psychology, New York: Holt, Rinehart & Winston, 1938.

Woodworth, R. S. & Schlosberg, H. Experimental Psychology. New York: Holt, Rinehart & Winston, 1955.

Wright, M. E. Abnormalities of behavior. Annual Review of Psychology, 1957, **8**, 269–308.

Würdemann, W. Über die Bedeutung des Gefühls für das Behalten und Erinnern. Neue Psychologische Studien, 1926, **1**, 507–572.

Wundt, W. Grundzüge der physiologischen Psychologie, Bd. II, Leipzig: Wilhelm Engelmann, 1911.

Wundt, W. Grundzüge der Psychologie, Leipzig: Wilhelm Engelmann, 1913.

Wundt, W. Vorlesungen über die Menschen- und Tierseele. Leipzig: Leopold Voss, 1922.

Yerkes, R. M. The heredity of wildness and savageness in rats. Journal of Animal Behavior, 1913, **3**, 286–296.

Young, P. T. Movement of pursuit and avoidance as expressions of simple feeling. American Journal of Psychology, 1922, **33**, 511–525.

Young, P. T. Habit, palatability and the diet as factors regulating the selection of food by the rat. Journal of Comparative Psychology, 1946, **39**, 139–176.

Young, P. T. Palatability in relation to learning and performance. Journal of Comparative Physiological Psychology, 1947, **40**, 37–72.

Young, P. T. Studies of food preference, appetite, and dietory habit. Journal of Comparative Physiological Psychology, 1948, **41**, 269–300.
Young, P. T. Appetite, palatability and feeding habit: a critical review. Psychological Bulletin, 1948, **45**, 289–320.
Young, P. T. Emotion as disorganized response – a reply to Professor Leeper. Psychological Review, 1949, **56**, 184–191.
Young, P. T. Feeling and Emotion. In: B. Wolman (Ed.), Handbook of General Psychology. Englewood Cliffs, N. J.: Prentice Hall, 1973, 749–771.

Literaturnachtrag

Dienstbier, R. A.: The role of anxiety and arousal attribution in cheating. J. Experimental Social Psychology, 1972, **8**, 168–179.
Dienstbier, R. A. & Munter, P. O.: Cheating as a function of natural arousal. J. Personality & Social Psychology, 1971, **17**, 208–213.
Emde, R. N., Gaensbauer, T. I. & Harmon, R. I. Emotional Expression in Infancy. Psychological Issues, Monograph Series 10, Monograph **37**, 1976.

8. Kapitel

Psychologische Streßkonzeptionen*)

Lothar Laux

Einleitung

In diesem Beitrag wird kein repräsentativer Überblick über die Forschungsresultate jener vielen heterogenen Arbeitsansätze, die sich des psychologischen Streßbegriffs bedienen, angestrebt. Berücksichtigt man den zur Verfügung stehenden Raum, wäre nur eine oberflächliche Bestandsaufnahme möglich. In zahlreichen Buchpublikationen neueren Datums ist zudem versucht worden, die unübersehbare Menge von Einzelbefunden zusammenfassend darzustellen (z. B. Bösel, 1978 b; Cox, 1978; Folinsbee, Wagner, Borgia, Drinkwater, Gliner & Bedi, 1978; Hamilton & Warburton, 1979; Krohne & Laux, 1982; Monat & Lazarus, 1977; Sarason & Spielberger, 1975, 1976, 1979, 1980; Schwarzer, 1981; Spielberger & Sarason, 1975, 1977, 1978; Spielberger, Sarason & Milgram, 1982. Eine breit angelegte und differenzierte Darstellung der Streßforschung, die die Vielfalt von Arbeitsansätzen und Ergebnissen überschaubar macht, findet sich in dem Sammelband von Nitsch [1981].**).

Dieser Artikel kann sich daher weitgehend auf die Erörterung des begrifflich-theoretischen Hintergrunds der Streßforschung und auf die Darstellung einiger paradigmatischer Forschungsresultate konzentrieren. Eine solche Beschränkung ermöglicht es, der neuesten Version der Streßkonzeption von Lazarus, die von erheblicher motivationspsychologischer Relevanz ist, besondere Beachtung zu schenken. In jüngster Zeit nämlich hat Lazarus die von ihm entwickelte Streß- und Bewältigungstheorie (Lazarus, 1966) erweitert und Vorschläge für eine konzeptuelle und methodische Neuorientierung der Streßforschung gemacht, die aus einer kritischen Sichtung „konventioneller Ansätze" hervorge-

*) Der Autor dankt Herrn Prof. Dr. J. Fahrenberg, Herrn Prof. Dr. W. Janke und Herrn Dr. G. Vossel für die vielen Anregungen, die sich aus ihrer Durchsicht des Manuskripts ergaben.

**) In vorliegendem Artikel konnten die einzelnen Beiträge dieses Buches nicht mehr berücksichtigt werden.

gangen sind (vgl. Folkman, Schaefer & Lazarus, 1979; Lazarus & Cohen, 1978; Lazarus & Launier, 1978; Roskies & Lazarus, 1979). Da zu erwarten ist, daß die Auseinandersetzung mit den theoretischen und methodischen Impulsen der Lazarus-Gruppe die zukünftige Streßforschung in entscheidender Weise prägen wird, nimmt die Darstellung und Diskussion der erweiterten Streß- und Bewältigungstheorie von Lazarus breiten Raum ein (vgl. Abschnitt 5).

Strategien im Umgang mit dem Streßbegriff

In Hinblick auf Vieldeutigkeit, Vagheit und Umfang kommt dem Begriff Streß zweifellos eine Sonderstellung unter den Begriffen der Motivationsforschung zu. Streß als Modewort (Janke, 1974) saugt eine Vielzahl psychologischer Begriffe auf, mit denen unterschiedliche Einzelphänomene bezeichnet werden. Auch in anderen wissenschaftlichen Disziplinen wie etwa in der Medizin (z. B. von Eiff, 1976, 1978, 1980; Halhuber, 1977, 1978; Kielholz, 1977; Schaefer & Blohmke, 1977) erfreut sich das Streßkonzept großer Popularität. Zur Unbestimmtheit und Aspektfülle des Streßbegriffs trägt auch dessen umgangssprachliche Verwendung bei, die durch eine Flut populärwissenschaftlicher Darstellungen forciert wird (z. B. Birkenbihl, 1977; Lindemann, 1974; Ruthe, 1977; Tanner, 1977; Thorwarth, 1977; Vester, 1976).

Verschiedene Autoren sprechen sich gegen die bisherige breite Verwendung des Streßkonzepts aus und schlagen einen Gebrauch des Begriffs in präziser engumschriebener Bedeutung vor. So haben Cofer und Appley (1964) im Rahmen eines Schwellenmodells Kriterien für die Abgrenzung des Streßbegriffs von anderen Konzepten der Motivationsforschung wie Frustration, Konflikt und Hilflosigkeit entwickelt (siehe Abschnitt 7). Gestützt auf faktorenanalytische Methoden hat Cattell versucht, die Zustände Streß, Angst, Müdigkeit und Depression voneinander zu differenzieren (Cattell & Scheier, 1961; Cattel & Nesselroade, 1976).

Demgegenüber verwendet eine zweite Gruppe von Autoren Streß als Sammelbegriff, dem heuristischer Wert im Sinne einer Verbindung vieler unterschiedlicher Forschungsgebiete zukommen soll (vgl. Lazarus, 1966; Lazarus & Launier, 1978; McGrath, 1970). Wie Cofer und Appley beklagt auch Lazarus die semantische Konfusion, die durch den uneinheitlichen und widersprüchlichen Gebrauch der Begriffe Streß, Frustration, Konflikt und Angst entstanden ist. Er schlägt jedoch im Gegensatz zu Cofer und Appley keine Einengung des Begriffes Streß vor, die eine Abhebung von anderen motivationalen und emotionalen Zuständen erlauben würde, sondern benutzt ihn als Sammelbegriff, der den gesamten Bereich negativer unlustbetonter Emotionen umspannen soll (siehe ebenso Janis & Leventhal, 1968). In der neuesten Version der Theorie diskutiert Lazarus auch das Auftreten positiver Emotionen bei streßbezogenen Person-Umwelt-Beziehungen (vgl. Lazarus & Launier, 1978). Indem Lazarus den Streßbegriff auf Personen (psychologisches System), Organismen (physiologisches System) und Organisationen (soziales System) bezieht, unterstreicht er die integrierende, unterschiedlichste Forschungsansätze verbindende Funktion des Streßkonzepts (vgl. Abschnitt 5).

Eine dritte Gruppe von Autoren stellt die weitere Verwendung des Begriffs in Frage oder plädiert sogar für eine Liquidierung des Konzepts (vgl. die Diskussion bei Arnold, 1967; Cassel, 1974; Dührssen, Jores & Schwidder, 1965; Fahrenberg, 1979; Hinkle, 1974; Kiritz & Moos, 1974; Lader, 1975; Mason, 1975 c; Moss, 1973; Stäcker, 1975). Häufig wird kritisiert, daß die Subsumierung bestimmter Prozesse oder Zustände unter den Globalbegriff Streß deren detaillierte Analyse erschwere oder als unnötig erscheinen lasse (vgl. Kiritz & Moos, 1974; Moss, 1973). Auch wegen der inflatorischen Tendenz im Gebrauch des Begriffs wird von seiner weiteren wissenschaftlichen Verwendung abgeraten:

„Im noch weiter gedehnten Begriff von Streß als Gegenregulation einer stärkeren Homöostaseabweichung verblaßt das Konzept zu einem verschwommenen ‚irgendein Zuviel' (Plügge in Dührssen et al., 1965), zu einer Beeinträchtigung des durchschnittlichen, körperlichen, psychischen und sozialen Wohlbefindens, für das allein subjektive Normen vorhanden sind, und wird zur Leerformel" (Fahrenberg, 1975, S. 125).

Ohne nähere Begründung benutzen wiederum andere Autoren den Begriff gar nicht, obwohl sie in ihren Ansätzen Problemstellungen behandeln, die von zentraler Bedeutung in vielen Streßtheorien sind. Als Beispiel sei die Theorie der „Gelernten Hilflosigkeit" von Seligman (1975) erwähnt, die sich auf die fehlende Kontrollierbarkeit von Ereignissen bezieht. Unkontrollierbarkeit wird aber in vielen Streßkonzeptionen als eine der wichtigsten Variablen bei der Entstehung von Streß aufgefaßt (vgl. Averill, 1973; Chan, 1977; Houston, 1972; Lazarus, 1966; Sells, 1970).

Versuche zur Liquidierung des Streßbegriffs blieben bisher jedoch erfolglos. Seine (fragwürdige) Beliebtheit läßt sich u. a. durch das Register der *Psychological Abstracts* dokumentieren, in denen ab 1973 zwischen *Stress, Environmental Stress, Occupational Stress, Physiological Stress, Psychological Stress, Social Stress* und *Stress Reactions* unterschieden wird. Die durchschnittliche jährliche Anzahl von Publikationen belief sich in den Jahren 1973–1977 auf insgesamt 252, während sich z. B. nur 57 Publikationen auf den Begriff *Frustration* bezogen.

Auch in den Massenmedien und in der Umgangssprache fällt die starke Verbreitung des Streßbegriffs auf. Wie Kowalski (1980) in einer Inhaltsanalyse von Publikumszeitschriften aufzeigt, weist der Begriff, der in den von ihr erfaßten Artikeln nur äußerst selten definiert oder umschrieben wird, alle Merkmale des Modewortes auf (u. a. häufiger Gebrauch und damit verbundene

Verschleißerscheinungen, Unschärfe im Bedeutungsinhalt, Fehleinsatz). Weit entfernt von einer differenzierten Darstellung des Streßgeschehens wird der Streßbegriff häufig in Schlagwortkürze in beliebigen Zusammenhängen verwendet.

Einige Autoren haben die oft stark vereinfachte Darstellung der Ergebnisse der Streßforschung in den Massenmedien zum Anlaß genommen, die Möglichkeit einer schädlichen Auswirkung der bisherigen Popularisierung des Streßbegriffs zu diskutieren (vgl. die Kontroverse zwischen von Holst und Vester in Halhuber, 1977; zusammenfassend Kowalski, 1980). Gestützt auf die Aussage von Herzinfarktpatienten, die primär psycho-sozialen Streß als Ursache für ihren Infarkt angaben, vertritt Myrtek (1981) die These, daß die Verbreitung des Streßkonzepts bequeme Krankheitserklärungen nahelegt, die von der Verantwortung des Patienten für die Ausprägung anderer Risikofaktoren (Rauchen, Übergewicht usw.) ablenken (vgl. die Kontroverse mit Ernst, 1980; siehe auch Koslowsky, Croog & La Voie, 1978).

Herkunft des Begriffs

Physikalisch-technische Streßterminologie

Bei dem Versuch, die Streßterminologie in der biologischen, medizinischen und psychologischen Literatur zu präzisieren, wird häufig auf die Bedeutung von Streß in der Mechanik verwiesen (vgl. Fröhlich, 1978; Hinkle, 1974; Horvath, 1959). Dort wird der Begriff im Zusammenhang mit dem klassischen Hookeschen Gesetz bei der Beschreibung der Elastizität von festen Körpern gebraucht (vgl. Laurson, 1964, S. 559 ff.). Als Streß (S) bezeichnet man diejenige Kraft innerhalb eines Festkörpers, die von einer externen Kraft (Load) hervorgerufen wird. Durch Streß werden Formveränderungen ausgelöst (Deformation oder Strain, D), die bis zu einer bestimmten Grenze dem Streß proportional sind. Unter Einbeziehung des sogenannten Elastizitätsmoduls (E, Widerstand des Festkörpers gegenüber Formveränderung) lautet das Hookesche Gesetz dann: $S = E \times D$.

Eine direkte Übertragung des Hookeschen Gesetzes auf Fragestellungen der Angst- und Streßforschung nehmen Savage und Eysenck (1964; siehe auch Eysenck, 1975) vor, wobei der Elastizitätsmodul mit dispositionellen Faktoren wie Emotionalität oder Furchtsamkeit gleichgesetzt wird (zur Problematik solcher Übertragungen vgl. Fröhlich, 1978).

Physiologisch-endokrinologischer Streßbegriff

Im Gegensatz zum tradierten Gebrauch des Begriffs in der Physik definiert Selye *Streß* als einen Organismuszustand, der sich als ein bestimmtes Syndrom körperlicher Veränderungen manifestiert (Allgemeines Adaptationssyndrom). Diejenigen Reize, die Streß induzieren, werden von ihm als *Stressoren* bezeichnet. Der noch ausführlich darzustellende Kerngedanke der Streßkonzeption von Selye ist, daß das Syndrom körperlicher Veränderungen unabhängig von der Qualität des jeweiligen Stressors hervorgerufen wird (Selye, 1976 b). Die zustandsbezogene Verwendung des Streßbegriffs stellt aber nur den Abschluß einer definitorischen Entwicklung dar, die kurioserweise damit eingeleitet wurde, daß Selye den Begriff in seiner ersten Veröffentlichung, in der er unter dem Titel „A syndrome produced by various nocuous agents" von seiner wissenschaftlichen Pionierleistung berichtete (Selye, 1936), gar nicht benutzte, obwohl er in Vorlesungen schon früher von biologischem Streß als Ursache dieses Syndroms körperlicher Veränderungen gesprochen hatte. In Beiträgen neueren Datums begründet er seine damalige Zurückhaltung damit, daß die auf körperliche Reaktionen bezogene Verwendung des Streßbegriffs zu viel Kritik herausgefordert habe, weil nämlich Streß im Alltagsenglisch „nervöse Anspannung" bedeute (Selye, 1976 b). In einer der wichtigsten wissenschaftlichen Veröffentlichungen zum Allgemeinen Adaptationssyndrom wird der Begriff Streß eher beiläufig und in reizbezogener Bedeutung verwendet (Selye, 1946). Erst ab 1950 erfolgt die beschriebene Festlegung auf den unspezifisch hervorgerufenen Organismuszustand (vgl. Mason, 1975 b).

Unbestreitbar ist die Popularisierung des Begriffs Streß mit dem Namen von Selye verknüpft. Jedoch taucht der Begriff schon lange vor der Veröffentlichung der Arbeiten von Selye in der physiologischen Literatur der angloamerikanischen Länder auf (zusammenfassend Hinkle, 1974; Mason, 1975 b). So verwendet der amerikanische Physiologe Cannon den Begriff in mehreren Publikationen (z. B. Cannon, 1914, 1935). In einem Essay mit dem Titel „Stresses and strains of homeostasis" dient er zur Bezeichnung von physikalischen oder emotionalen Reizen exzessiver Ausprägung, mit denen die Grenzen homöostatischer Regulation untersucht werden (Cannon, 1935).

1. Streßtheorie von Selye

Allgemeines Adaptationssyndrom

Im Mittelpunkt der Streßtheorie von Selye steht das Allgemeine Adaptationssyndrom (AAS), dessen Auftreten zur Operationalisierung von Streß dient: „Streß ist der Zustand, der sich als spezifisches Syndrom manifestiert, das aus allen unspezifisch induzierten Veränderungen innerhalb eines biologischen Systems besteht" (Selye, 1976 b, S. 64). Mit *unspezifisch* ist in diesem Zusammenhang gemeint, daß unabhängig von der Qualität des jeweiligen Stressors (z. B. Hitze, Kälte, Muskelarbeit, Intoxikationen, Beschränkung der Bewegungsfreiheit) das Syndrom körperlicher Veränderungen auftritt. Neben dieser unspezifischen Wirkung können Stressoren natürlich auch spezifische Effekte hervorrufen; zum Beispiel führt Hitze zu Gefäßerweiterung, Kälte zu Gefäßverengung. Das resultierende Syndrom der unspezifischen Beeinflussung wird schließlich als *spezifisch* bezeichnet, da es sich um eine genau festgelegte Konfiguration körperlicher Veränderungen handelt. Zusammengefaßt ergibt sich, daß Streß in der Konzeption von Selye durch eine charakteristische Erscheinungsform gekennzeichnet ist, aber auf unterschiedlichste Ursachen zurückgeführt werden kann. Die zeitliche Entwicklung des AAS verläuft in drei aufeinanderfolgenden Phasen: der Alarmreaktion, der Widerstandsphase und der Erschöpfungsphase.

Alarmreaktion: Bei plötzlicher Darbietung von Stressoren, an die sich der Organismus weder in qualitativer noch in quantitativer Hinsicht adaptiert hat, tritt die Alarmreaktion auf (Selye, 1946), die als ein Syndrom von morphologischen und biochemischen Veränderungen beschrieben wird, für das besonders die Vergrößerung der Nebennierenrinden, die Atrophie lymphatischer Organe und die Geschwürbildung im Magen-Darm-Trakt charakteristisch sind. In komprimierten Fassungen seiner Theorie beschränkt sich Selye bei der Darstellung der Alarmreaktion auf die Beschreibung dieses Syndroms von körperlichen Veränderungen, dessen Entdeckung seinen wissenschaftlichen Ruhm begründete. In ausführlicheren Darstellungen (vgl. Selye, 1946; 1950) wird die Alarmreaktion in eine Schockphase und eine darauffolgende Gegenschockphase gegliedert.
In der *Schockphase* lassen sich u. a. folgende Veränderungen feststellen: Eine Senkung der Körpertemperatur und des Muskeltonus tritt ein. Im Anschluß an eine kurzzeitige Erhöhung des Blutdrucks infolge von Adrenalinausschüttung (Notfallreaktion nach Cannon, 1932) kommt es zu einer Senkung des Blutdrucks. Den gleichen Verlauf nimmt die Blutzuckerkonzentration. Als auffälliges Symptom in der Schockphase wird von Selye weiterhin die Geschwürbildung im Magen-Darm-Bereich genannt. In diesen und anderen Veränderungen drückt sich nach Selye die Passivität und herabgesetzte Adaptationsfähigkeit des Organismus in der Schockphase aus. In Abhängigkeit von der Intensität des Stressors variiert die Dauer dieser Phase zwischen wenigen Minuten und 24 Stunden.

Wenn die fortgesetzte Applikation des jeweiligen Stressors nicht zum Tode des Organismus führt, geht die Schockphase in die *Gegenschockphase* über. In dieser durch die Ankurbelung aktiver Verteidigungsmaßnahmen des Organismus gekennzeichneten Phase kommt es zur Vergrößerung der Nebennierenrinden und zu einer damit verbundenen vermehrten Ausschüttung der Nebennierenrindenhormone, zur Zerstörung von lymphatischen Geweben und zu vielen anderen Veränderungen, die auf eine Reversion der Effekte in der Schockphase hinweisen. So nehmen Blutdruck und Blutzuckerkonzentration wieder zu und erreichen überdurchschnittliche Werte.

Widerstandsphase: Die Widerstandsphase, die der Alarmreaktion folgt, läßt sich als Summe aller unspezifisch hervorgerufenen Reaktionen auffassen, die bei weiterer fortgesetzter Darbietung von Reizen ausgelöst werden, an die sich der Organismus als Resultat der kontinuierlichen Darbietung adaptiert hat. Besonders charakteristisch für diese Phase ist die gesteigerte Widerstandsfähigkeit des Organismus gegenüber dem spezifischen Stressor, dem er ausgesetzt ist, und die reduzierte Widerstandsfähigkeit gegenüber anderen Stressoren. So entsteht der Eindruck, daß die erhöhte Widerstandsfähigkeit „auf Kosten" der Widerstandsfähigkeit gegenüber anderen Stressoren erworben wird. Die meisten morphologischen und biochemischen Veränderungen der Alarmreaktionsphase gehen in der Widerstandsphase zurück. Insgesamt läßt sich diese Phase dadurch kennzeichnen, daß der Organismus wieder einen – unter den gegebenen Umständen maximalen – Adaptationszustand erreicht hat.

Erschöpfungsphase: Die Erschöpfungsphase stellt die Summe aller unspezifischen Reaktionen des Organismus als Folge anhaltender Einwirkung eines Stressors dar, an den sich der Organismus adaptiert hat, dem er jedoch nicht länger standhalten kann. Hauptmerkmal dieser Phase ist der Kollaps der Anpassungsmechanismen und das erneute Auftreten verschiedener, nun aber irreversibler Symptome der Alarmreaktion.

In dieser zusammengedrängten Darstellung muß auf die Erörterung von Abweichungen vom idealtypischen Drei-Stadien-Verlauf verzichtet werden. Erwähnt sei nur, daß das AAS bei großer Intensität des Stressors „kurzgeschlossen" werden kann, so daß die Gegenschockphase und die Widerstandsphase übersprungen werden.

Hervorzuheben ist, daß diese stereotyp ablaufenden körperlichen Veränderungen nicht nur als Reaktion auf physikalische Stressoren auftreten, sondern ebenso bei *psychischen* Stressoren wie z. B. beim bloßen Anblick eines dominanten Artgenossen. Über gut abgesicherte Ergebnisse für diese Kategorie von Stressoren im Bereich tierexperimenteller Forschung berichtet von Holst (1969; 1975).

Bei der Beschreibung der Ursachen für die Konfiguration von Einzelreaktionen mißt Selye der sog. „Hypothalamus-Hypophysen-Nebennierenrinden-Achse" besondere Bedeutung bei: Die Applikation eines Stressors (z. B. die Injektion einer giftigen Substanz) führt nicht nur zu lokalen adaptiven Veränderungen im Zielbereich (z. B. zu reaktiven Entzündungen), sondern bewirkt auch eine Alarmierung hypothalamischer Gebiete. Es ist bisher unbekannt, welchen Weg der „primäre Mediator der Streßreaktion" (Selye, 1975 a) nimmt, ob also der Hypothalamus von dem direkt betroffenen Gebiet aus auf chemischem Weg oder über nervöse Impulse alarmiert wird. Als gesichert gilt dagegen, daß der Hypothalamus über „releasing"-Hormone den Hypophysenvorderlappen stimuliert, in erhöhtem Maße das sog. Adrenocorticotrope Hormon (ACTH) zu sezernieren. Die ACTH-Ausschüttung markiert den Übergang von der „passiven“ Schockphase zur „aktiven“ Gegenschockphase. Das ACTH als übergeordnetes Hormon veranlaßt seinerseits die Sekretion von Hormonen der Nebennierenrinde (Corticoide). Eine Gruppe dieser Corticoide, die sog. Glukocorticoide (z. B. Cortisol und Corticosteron), ruft schließlich eine Vielzahl physiologischer Veränderungen hervor, u. a. Blutzuckererhöhung und Schrumpfung lymphatischen Gewebes. Noch nicht hinreichend aufgeklärt ist die Pathogenese der Geschwüre im Magen-Darm-Bereich. Die primäre Funktion der Sekretion von Glukocorticoiden und anderer hormoneller Reaktionen wie Freisetzung von Mineralcorticoiden und Catecholaminen sieht Selye in einer Erhöhung der Kapazität des Organismus, den Anforderungen wirkungsvoller begegnen zu können. Daher lasse sich die Streßreaktion als „natürlich, adaptiv und nützlich“ bewerten (Taché & Selye, 1978, S. 6).

Obwohl die empirische Grundlage für die Streßkonzeption von Selye fast ausschließlich im Tierversuch unter Einsatz äußerst intensiver und/oder lang andauernder Stressoren gewonnen wurde (vgl. Taché & Selye, 1978), hat Selye viele Erkenntnisse auf den Humanbereich übertragen. Ausgehend von der Formulierung, daß Streß die unspezifische Reaktion des Körpers auf jede Anforderung sei, die an ihn gestellt werde, betrachtet Selye auch freudige Ereignisse als potentielle Stressoren (Taché & Selye, 1978; Selye, 1974). Wenn eine Mutter die Nachricht erhält, daß ihr einziger Sohn an der Front gefallen sei, erleidet sie einen furchtbaren Schock. Stellt sich die Nachricht später als falsch heraus, überfällt sie eine gewaltige Freude. Die spezifischen Wirkungen dieser Ereignisse, Trauer und Freude, sind einander entgegengesetzt, ihr Streßeffekt – die unspezifische Forderung an die Mutter, sich einer neuen Situation anzupassen – ist nach Selye (1976 a, S. 16) in beiden Fällen derselbe.

Auch jede normale Beschäftigung wie Schachspielen oder leidenschaftliches Umarmen kann nach Selye Streß erzeugen, ohne jedoch schädliche Wirkungen zu verursachen. Diesen sog. nützlichen Streß oder Eustreß bezeichnet er als die „Würze unseres Lebens“ (Selye, 1974). Nur die Auswirkungen von übermäßigem Streß (sog. Distreß) sieht Selye als schädlich an. Wenn er weiterhin feststellt – und nicht nur in populärwissenschaftlichen Darstellungen – Streß sei mit jeder menschlichen Aktivität verbunden und nur der Todeszustand bedeute die absolute Abwesenheit von Streß (vgl. Selye, 1976 a, S. 15), muß allerdings kritisch auf die Diskrepanz zwischen einer solchen großzügigen Verwendung des Streßbegriffs und der experimentell fundierten Lehre vom Allgemeinen Adaptationssyndrom hingewiesen werden.

Bei dieser komprimierten Darstellung der Streßtheorie von Selye müssen notwendigerweise verschiedene wichtige Details unerwähnt bleiben. Auf die Erörterung von Lebensweisheiten, die Selye von seiner Streßtheorie ableitet, muß ebenfalls verzichtet werden. Der Hinweis auf das Prinzip des „altruistischen Egoismus“ (Verdiene dir die Liebe deines Nächsten!), das Selye als wissenschaftlich fundierte Ethik ausgibt (vgl. Selye, 1974; Selye, 1975 b), möge genügen. Statt dessen soll die Streßkonzeption des amerikanischen Psychiaters und Endokrinologen J. W. Mason dargestellt werden. Seine Revision der Streßtheorie von Selye hat auch in der psychologischen Streßforschung große Beachtung gefunden, da sie die Bedeutung höherer psychischer Integrationsprozesse bei der Auslösung des von Selye beschriebenen Reaktionsmusters betont.

Masons Revision der Streßtheorie von Selye

Die Kritik von Mason (1971; 1974; 1975 a, b, c) entzündet sich vor allem an der Aussage von Selye, daß unabhängig von der Qualität des jeweiligen Stressors das Adaptationssyndrom auftreten soll. Mason leitet aus seinen eigenen Untersuchungen die Schlußfolgerung ab, daß das von Selye verbreitete Konzept der Unspezifität Konsequenz einer Konfundierung von physikalischen und psychischen Stressoren sei. Nach seiner Auffassung hat Selye mit der beabsichtigten Manipulation von physikalischen Stressoren unbeabsichtigt auch emotionale Reaktionen beträchtlicher Intensität ausgelöst. Die etablierten Strategien zur Erzeugung von Streß im Tierversuch (Kälte, Hitze, Muskelarbeit, Nahrungsentzug usw.) rufen nach Mason sehr oft auch in beträchtlichem Ausmaß „emotional disturbance, discomfort, or even pain" hervor (Mason, 1975 c, S. 24). Es ist nach Masons Konzept primär die *emotionale Erregung* (emotional arousal), die die Unspezifität des Streß-Syndroms bedingt. Nur wenn physikalisch definierte Stressoren im Hinblick auf ihre Intensität oder Dauer in der Lage sind, emotionale Erregung auszulösen, soll es zu den von Selye beschriebenen hormonalen Veränderungen kommen.

Um nachzuweisen, daß psychische Prozesse die entscheidende Mediatorfunktion zwischen Stressor und Ausschüttung der Hypophysen- und Nebennierenrindenhormone einnehmen, haben Mason und Mitarbeiter mehrere Experimente durchgeführt, die darauf abzielten, die Wirkung psychischer Faktoren bei der Applikation eines physikalischen Stressors auszuschalten bzw. zu kontrollieren (Mason, 1971; 1974). Als abhängige Variable diente in diesen Experimenten die Veränderung des 17-Hydroxycorticoid-Wertes (17-OHCS), eines Stoffwechselproduktes des Cortisols. Die Bestimmung des 17-OHCS-Niveaus hat sich nach Mason in den letzten Jahren als die sensiblere Methode zur Erfassung der Nebennierenrindenaktivität als Reaktion auf Stressoren erwiesen als die Heranziehung vergleichsweise grober morphologischer Indikatoren.

In einem dieser Experimente konnte Mason zeigen, daß eine abrupte Erhöhung der Raumtemperatur von 22° C auf 30° C bei Affen den 17-OHCS-Wert ansteigen ließ, während eine graduelle Temperaturerhöhung (0,5° C pro Stunde) ein Absinken des 17-OHCS-Niveaus bewirkte, das sich auch in späteren

Abschnitten des mehrwöchigen Versuchs nicht erhöhte. Wahrscheinlich – so folgert Mason – ruft die plötzliche Temperaturerhöhung im Gegensatz zur graduellen emotionale Erregung hervor (Mason, 1971). In Untersuchungen mit einigen anderen physikalischen Stressoren konnte Mason zunächst die Unspezifitätsthese von Selye eindrucksvoll belegen. Wurde jedoch versucht, die emotionale Reaktionen hervorrufenden situativen Gegebenheiten auszuklammern, ergaben sich in Abhängigkeit vom jeweiligen Stressor Erhöhungen, Senkungen oder keine Veränderungen des 17-OHCS-Niveaus (siehe auch Yuwiler, 1976).

Auf der Grundlage dieser und anderer, zum Teil auch in Humanexperimenten gewonnener Ergebnisse lehnt Mason die Unspezifitätskonzeption in der Formulierung von Selye ebenso ab wie dessen Spekulation über die primären Mediatoren von Streß. Statt dessen nimmt er an, daß den unspezifischen körperlichen Veränderungen als Reaktion auf die Stressoreinwirkung komplexere Prozesse zugrundeliegen:

„... the view shifts from that of a relatively simple ‚physiological' arc, involving efferent inputs directly into the final common neuroendocrine pathways in the diencephalon, to that involving the higher, more complex, ‚psychological' processes determining emotional arousal. In making such a distinction between ‚psychological' versus ‚physiological' integrative levels, of course, it should be made clear that this is not to imply that psychological processes are not physiological, nor that there is any fundamental biological distinction between psychological and *other* physiological functions, but is only to call attention to the important question of the general *levels within the central nervous system* at which neuroendocrine responses to diverse stressors are integrated" (Mason, 1975 c, S. 26).

In seiner Erwiderung weist Selye darauf hin, daß nicht nur in Organismen mit hochentwickelten Nervensystemen Streßreaktionen beobachtet wurden, sondern auch bei Tieren mit primitiven Nervensystemen und sogar bei Pflanzen. Außerdem träten Streßreaktionen auch im Zustand der Narkose auf und ebenso nach chirurgischer Ausschaltung sämtlicher Afferenzen zum Hypothalamus (vgl. Selye, 1975 a; Taché & Selye, 1978). Die Ergebnisse der Experimente von Mason erkennt Selye dagegen als valide an. Daß sich der 17-OHCS-Anstieg nicht als Reaktion auf alle von Mason applizierten Stressoren zeigte, führt Selye auf die Existenz sog. konditionierender Faktoren zurück (Selye, 1975 a, S. 42). So bezeichnet er jene *internen* (z. B. genetische Prädispositionen, Alter, Geschlecht) oder *externen* (z. B. situative Bedingungen) Faktoren, die die Manifestation der Streßreaktion erheblich modifizieren können.

Als ebenso bedeutsam für die psychologische Streßforschung erweist sich die Homöostasekonzeption von Mason. Wie zahlreiche Physiologen nach ihm hatte bereits Cannon (vgl. Mason, 1975 c, S. 26; Selye, 1976 b, S. 280) die Lehre vom AAS kritisiert mit dem Argument, daß er den adaptiven Wert des von Selye postulierten unspezifischen Streß-Syndroms nicht erkennen könne. Als Hauptprinzip homöostatischer Regulation gilt nach Cannon, daß adaptive Reaktionen *selektiv* und ökonomisch organisiert sind, um den spezifischen körperlichen Veränderungen, die sie auslösen, entgegenwirken zu können. Von der Argumentation Cannons ausgehend schlägt Mason (1975 c) vor, die durch bedrohliche Reize ausgelöste emotionale Erregung als für den Organismus adäquate homöostatische Reaktion zu interpretieren, deren adaptive Funktion darin bestehe, den Organismus für notwendige *Verhaltensveränderungen* vorzubereiten:

„Since the best explanation we have at present for the marked hormonal responses during emotional arousal is that they are oriented, as Cannon postulated, largely in terms of mobilizing energy resources in anticipation of muscular exertion for struggle, flight or other coping activities, the logical sequence becomes clearer" (Mason, 1975 c, S. 27).

Der Organismus reagiert – der Homöostasekonzeption von Cannon entsprechend – auf physikalische Reize mit spezifischen adaptiven Regulationen. In kalter Umgebung z. B. sorgen diese Mechanismen für die Aufrechterhaltung der Körpertemperatur. Bewertet der Organismus die Kältedarbietung als bedrohlich, kommt es zu emotionaler Erregung und zur Auslösung der von Selye beschriebenen körperlichen Veränderungen, die die spezifischen, auf den physikalischen Anteil des Reizes zurückgehenden Reaktionen, überlagern.

Hervorzuheben ist, daß Mason mit der Annahme eines komplexen Bewertungsprozesses, der zentralen Mediatorfunktion emotionaler Erregung und der Verhaltensrelevanz der unspezifischen Streßreaktion eine Brücke zu psychologischen Streßtheorien geschlagen hat. Es bleibt abzuwarten, ob sich in künftigen Untersuchungen eher Belege für die ursprüngliche Unspezifitätsthese von Selye oder aber für den Revisionsvorschlag von Mason finden lassen. Man wird jedenfalls die Befunde der Experimente von Mason nur als erste Anzeichen für die Stichhaltigkeit seiner Argumentation ansehen dürfen. Auch bei weitgehender Bestätigung des Ansatzes von Mason wird die wissenschaftliche Pionierleistung von Selye kaum geschmälert werden, da schließlich nicht das Auftreten des Allgemeinen Adaptationssyndroms strittig ist, sondern der Mechanismus des primären Vermittlers dieses Syndroms, dessen Erforschung nicht im Zentrum der umfangreichen Forschungstätigkeit von Selye stand. Wie auch Lazarus (1974 b, S. 324) kritisch feststellt, hat sich Selye weit mehr der Untersuchung der Abwehrreaktionen des Organismus gewidmet, *nachdem* sie durch Stressoren ausgelöst worden waren, als den physiologischen oder psychologischen Mechanismen, die schädliche Reize „erkennen" und sie von harmlosen Ereignissen unterscheiden.

2. *Definitionsrichtungen*

Situationsbezogene Streßdefinitionen

Die physikalisch-technische Streßterminologie ist von arbeitswissenschaftlichen, aber auch von vielen psychologischen und psychiatrischen Forschungsansätzen (z. B. Langner & Michael, 1963) übernommen worden. Ungeachtet der in der Formulierung des Hookeschen Gesetzes vorgenommenen Differenzierung zwischen „Load" und „Streß" dient der Begriff Streß in diesen Ansätzen meistens zur Kennzeichnung der äußeren Reizgegebenheiten.

Streß und *Strain* stellen zentrale Begriffe in solchen Arbeiten dar, die sich der Erforschung von organisationsspezifischem Streß widmen (z. B. French & Caplan, 1973). Berufsspezifische Stresse wie z. B. Rollenambiguität oder Überlastung werden von French und Caplan zusammen mit Persönlichkeitseigenschaften als Determinanten von Strains aufgefaßt, die sich z. B. als Arbeitsunzufriedenheit, Unzulänglichkeitsgefühl oder erhöhter physiologischer Erregung manifestieren (siehe zusammenfassend Beehr & Newman, 1978).

Eine explizite begriffliche Analyse und Zuordnung von Streß und Strain stammt von Kahn (1970). Bezogen auf Organisationen wie auf Einzelpersonen schlägt er vor, die objektiven Anforderungen der äußeren Umwelt als Streß, die wahrgenommenen Anforderungen dagegen als Strain zu bezeichnen. Erschlossen werden sollen diese wahrgenommenen Anforderungen mit Hilfe emotionaler, physiologischer oder verhaltensbezogener Reaktionen. Von diesen unmittelbaren Reaktionen werden die fortdauernden längerfristigen Effekte unterschieden. Die Berücksichtigung dieser aus vier Phasen bestehenden Sequenz von Ereignissen hält Kahn für wesentlich bedeutsamer als die definitorische Frage, welcher Teil der Sequenz als Streß bezeichnet werden soll. Auf der Terminologie von Kahn basiert das dynamische Adaptationsmodell von Wild und Hanes (1976).

Streß/Strain-Beziehungen werden auch in arbeitswissenschaftlichen Disziplinen wie Arbeitspsychologie, Arbeitsmedizin und Ergonomie untersucht. Dem Begriffsgebrauch in diesen Disziplinen liegt meistens die „engineering convention" (Singleton, 1971, S. 21) zugrunde, wobei der Begriff Streß im Sinne von Stressor verwendet wird, während das Gegenstück Strain zur Bezeichnung der Reaktionen auf Streß dient (vgl. auch Parrot, 1971; Wyon, 1970).

In deutschsprachigen Veröffentlichungen aus dem Bereich der Arbeitsphysiologie wird Streß mit Belastung, Strain mit Beanspruchung übersetzt (z. B. Strasser, 1974). Die Unterteilung von Belastung und Beanspruchung ist in den Arbeitswissenschaften gebräuchlich (vgl. Bartenwerfer, 1973; Hoyos, 1974; Rohmert, 1973). Unter *psychischer Belastung* soll die Summe aller auf den Menschen von außen einwirkenden Größen (Aufgabe und äußere Arbeitsbedingungen) verstanden werden. Zur Belastung gehören auch meteorologische, familiäre und gesellschaftliche Einflüsse. Unter *psychischer Beanspruchung* wird demgegenüber ein im Menschen ablaufender Prozeß verstanden, der nicht nur von den Belastungsfaktoren, sondern auch von Variablen wie der individuellen, habituellen Motiviertheit oder der aktuellen physiologischen Disposition abhängt (vgl. Bartenwerfer, 1973; Normenausschuß Ergonomie, 1981). Beanspruchung erweist sich damit als Relationsbegriff, da er sich auf das Verhältnis von externen Größen (Belastungen) zum Leistungspotential der betroffenen Personen bezieht (vgl. Hoyos, 1974).

Die Hoffnung von Hoyos, der Sprachgebrauch der Arbeitswissenschaften möge sich normierend auf den Bereich der Streßforschung auswirken, hat sich bisher nicht erfüllt. Hoyos (1974, S. 125) selbst hat versucht, die Streßkonzeption von Lazarus (1966) in Begriffen von Belastung und Beanspruchung zu formulieren. In seinem Modell bezieht sich der Begriff der Belastung auf Umgebungs- und Situationsvariablen, während der Begriff der Beanspruchung als Oberbegriff für Bedrohung und Bewältigung fungiert. Auf die damit verbundene Überstrapazierung des Beanspruchungsbegriffes weisen Weyer, Hodapp & Neuhäuser (1979) hin. Sie ziehen den Begriff der „subjektiven Belastung" vor, weil er den emotionalen und wertenden Aspekt des Streßerlebnisses besser zum Ausdruck bringe.

Unter Beibehaltung einer reizbezogenen Streßdefinition tritt in einer weiteren Gruppe von theoretischen Ansätzen die emotionale Reaktion *Angst* an die Stelle von Strain. So bezeichnen die Autoren einer häufig in der einschlägigen Literatur zitierten Monographie über Angst und Streß (Basowitz, Persky, Korchin & Grinker, 1955) Streß als Klasse von Reizen, die wahrscheinlich bei vielen Personen Angst hervorrufen. Dieser Definition liegt die Annahme eines Kontinuums von Reizen zugrunde, die sich in ihrer Bedeutung für den Organismus und in ihren angsterzeugenden Konsequenzen unterscheiden. An einem Ende befinden sich solche, oft symbolisch verschlüsselte Reize oder Hinweise, die nur Bedeutung haben für eine einzige oder eine begrenzte Zahl von Personen und die dem Außenstehenden harmlos oder unbedeutend erscheinen, während am anderen Ende solche Reize lokalisiert werden, deren Intensität und Bedrohlichkeit wahrscheinlich die dem Organismus zur Verfügung stehenden Bewältigungsmechanismen überfordern. Diese Reize werden allein aufgrund ihrer angenommenen oder potentiellen Effekte Streß genannt, mithin ohne Berücksichtigung der tatsächlich durch sie ausgelösten Reaktionen.

In gleicher Weise definiert Spielberger (1972) Streß als äußere Reizbedingungen oder Situationen, die durch einen gewissen Grad „objektiver Gefahr" gekennzeichnet sind. Objektive Gefahr wird operationalisiert durch die Urteilskonvergenz von zwei oder mehreren Beobachtern. Notwendige Voraussetzung für das Auslösen der Streßreaktion (= Angst) ist nach Spielberger die subjektive Einschätzung der Streß-Situation als bedrohlich. Ob nun eine bestimmte

Situation als bedrohlich bewertet wird, soll in besonderem Maße von Fähigkeiten, Persönlichkeitseigenschaften und von persönlichen Erfahrungen mit ähnlichen Situationen in der Vergangenheit abhängen (Spielberger, Lushene & McAdoo, 1977). Nach der hier vorgeschlagenen Verwendung des Streßbegriffs muß demnach nicht jeder Streß eine Streßreaktion hervorrufen. Eine (objektiv) gefährliche Situation (= Streß) wird von einer bestimmten Person, die die situationsinhärente Gefahr nicht erkennt oder die über die notwendige Bewältigungsstrategie verfügt, nicht als bedrohlich wahrgenommen. Umgekehrt können (objektiv) neutrale Situationen von bestimmten Personen als bedrohlich eingeschätzt werden und eine Angstreaktion hervorrufen (vgl. Spielberger, Gonzales, Taylor, Algaze & Anton, 1978).

Eine andere Variante einer situationsbezogenen Streßdefinition hat Chan (1977) vorgelegt. Reize, Ereignisse oder Situationen werden zu Streß, wenn die betroffene Person wahrnimmt, daß ihr keine Bewältigungsmöglichkeit zur Verfügung steht oder daß ihre Bewältigungsreserven erschöpft sind. Bei diesem Ansatz wird demnach nicht die objektive Situation, sondern die wahrgenommene und im Hinblick auf die Bewältigungsmöglichkeiten beurteilte Situation als Streß bezeichnet. Bereits früher hatte Pascal (1951) Streß in Begriffen einer wahrgenommenen Situation definiert.

Auch in anderen situationsbezogenen Streßkonzeptionen neueren Datums wird die Bedeutung kognitiver Bewertungsprozesse hervorgehoben. Die Annahme solcher Mediationsvorgänge, die in Abhängigkeit von Persönlichkeitseigenschaften und früheren Erfahrungen das Entstehen von Bedrohtheitserlebnissen und Bewältigungsprozessen beeinflussen sollen, wird als notwendig angesehen, um die große interindividuelle Variabilität der Reaktionen auf die (objektiv) gleiche Streß-Situation zu erklären. Diese Reaktionen können Leistungsverbesserungen ebenso umfassen wie Leistungsverschlechterungen, extreme Reaktionen im subjektiven und im physiologischen Bereich ebenso wie das Ausbleiben jeglicher Veränderungen auf leistungsmäßiger, erlebnisdeskriptiver und physiologischer Meßebene (Mason, 1975 c; McGrath, 1970). Streß kann daher nicht ausschließlich auf der Grundlage von Reizcharakteristika bestimmt werden, da man alle möglichen Effekte als Reaktion auf Streß akzeptieren müßte. Die häufig zitierte Feststellung, daß mit Ausnahme von extremen und plötzlich auftretenden lebensbedrohlichen Situationen (z. B. Unterbrechung der Luftzufuhr) kein Reiz für jede der mit ihm konfrontierten Personen die Qualität eines Stressors besitzt, unterstreicht die Bedeutsamkeit von personspezifischen Bewertungsprozessen speziell im Bereich von Streß-Situationen geringer und mittlerer Intensität (vgl. Appley & Trumbull, 1967 a; Lazarus, 1966).

Reizzentrierte Konzeptionen von Streß ohne Einbeziehung psychischer Mediationsvorgänge sind kennzeichnend für weite Bereiche der sog. *Life Stress*-Forschung. Life Stress wird meist erfaßt auf der Basis von Berichten über einschneidende Lebensereignisse, die eine Neuanpassung der betroffenen Person an die veränderten Lebensumstände erforderlich machen. Das am häufigsten verwendete Verfahren zur Erfassung von Life Stress ist das „Schedule of Recent Experience“ (SRE), in dem 43 einschneidende Lebensereignisse, wie z. B. Tod des Ehegatten, Heirat, Schwierigkeiten mit Vorgesetzten aufgeführt sind (vgl. Holmes & Rahe, 1967). Die Probanden sollen diejenigen Ereignisse nennen, die bei ihnen während eines definierten Zeitraums in der Vergangenheit aufgetreten sind. In einer Eichuntersuchung zur Bestimmung der Gewichtung sämtlicher 43 Lebensveränderungen mußten die Probanden das erforderliche Ausmaß an sozialer Neuanpassung (social readjustment) für jedes Ereignis angeben (vgl. Holmes & Rahe, 1967). Die so gewonnenen Standardwerte (Life Change Units) werden pro Person zu einem Life Stress-Wert summiert.

In vielen Untersuchungen konnte eine positive – wenn auch geringe – Beziehung zwischen hohen Life Stress-Werten und dem Auftreten von körperlichen Erkrankungen sowie psychischen Störungen nachgewiesen werden (siehe zusammenfassend Holmes & Masuda, 1974; Masuda & Holmes, 1978; Rahe & Arthur, 1978). Im Ansatz von Holmes und Rahe ist kritisiert worden, daß nicht zwischen den Auswirkungen positiver und negativer Lebensveränderungen unterschieden werde (Lundberg, Theorell & Lind, 1975; Mechanic, 1975; Paykel, 1976; Sarason, Johnson & Siegel, 1978; Vossel & Fröhlich, 1979). Auch die der Verwendung gruppenbezogener, standardisierter Werte zugrundeliegende Auffassung, daß Personen in gleicher Weise von den verschiedenen Lebensveränderungen beeinflußt werden, hat viel Kritik hervorgerufen, da solch eine Streßkonzeption die Bedeutung kognitiver Bewertungsprozesse ignoriert (Hurst, Jenkins & Rose, 1978; Lazarus & Cohen, 1978; Lazarus & Launier, 1978; Lundberg & Theorell, 1976; Vossel & Fröhlich, 1979). Lundberg et al. (1975) konnten zeigen, daß die Unterschiede im Ausmaß an Life Stress zwischen einer Patienten- und Kontrollgruppe um so deutlicher waren, je stärker die individuellen Bewertungen der einzelnen Ereignisse berücksichtigt wurden. Die zentrale Rolle subjektiver Bewertungsprozesse ist in den letzten Jahren von Rahe erkannt worden und hat zu Revisionen des ursprünglichen Ansatzes geführt (vgl. Rahe, 1975; Rahe & Arthur, 1978).

Im Vordergrund neuerer Arbeiten zur Life Stress-Forschung stehen Versuche, das Theoriedefizit des traditionellen Ansatzes von Holmes und Rahe (1967) zu überwinden (zusammenfassend Katschnig, 1980; Rabkin & Struening, 1976; Sarason & Spielberger, 1979; Stegie, 1980). Die Berücksichtigung verschiedener Bewertungs- und Bewältigungskonzepte hat dabei die Entwicklung neuer Instrumente zur Einstufung von Lebensereignissen erforderlich gemacht: z. B. *Impact of event scale* (Horowitz, Wilner & Alvarez, 1979), *Life Experience Survey* (Sarason et al., 1978), *Inventar zur Belastungswirkung lebensverändernder Ereignisse* (Siegrist, Dittmann, Rittner & Weber, 1980).

Als eine Abkehr von der bisherigen Life Stress-Forschung versteht R. S. Lazarus seinen neuen Forschungsansatz, in dem der Häufigkeit alltäglicher banaler Belastungen (“daily hassles”) größere Bedeutung für die Ätiologie von

Krankheiten und psychischen Störungen beigemessen wird als der Häufigkeit einschneidender Lebensereignisse (vgl. DeLongis, Coyne & Lazarus, im Druck; Kanner, Coyne, Schaefer & Lazarus, im Druck). In diesem Ansatz wird auch die mögliche kompensatorische Funktion alltäglicher positiver Ereignisse ("uplifts") hervorgehoben (vgl. McLean, 1976). Für die Erfassung beider Arten von Ereignissen sind entsprechende Skalen entwickelt worden (Kanner et al., im Druck).

Reaktionsbezogene Streßdefinitionen

Reaktionsbezogene Definitionen von Streß beziehen sich auf die Bestimmung von beobachtbaren Reaktionsgrößen, die es erlauben, auf das Vorhandensein von Streß zu schließen. Ein typisches Beispiel für eine reaktionsbezogene Definition stellt die Charakterisierung von Streß als ein bestimmtes Syndrom unspezifisch hervorgerufener körperlicher Veränderungen dar. Das Auftreten von morphologischen und biochemischen Veränderungen wie die Vergrößerung der Nebennierenrinden, die Atrophie lymphatischer Organe und die Geschwürbildung im Magen-Darm-Trakt dient hierbei zur Operationalisierung des Konstruktes „Streß" (vgl. Selye, 1976 b). Im Bereich psychologischer Streßforschung sind viele reaktions- oder zustandsbezogene Streßdefinitionen vorgeschlagen worden (z. B. Appley & Trumbull, 1967; Cofer & Appley, 1964; Dohrenwend, 1961; Fröhlich, 1978; Horvath, 1959; Howard & Scott, 1965; Janke, 1974). Einige lassen deutliche Beziehungen zur Streßdefinition von Selye erkennen.

In enger Anlehnung an die von Selye vorgeschlagene Konzeptualisierung von Streß hat Dohrenwend (1961; vgl. auch Dohrenwend & Dohrenwend, 1970) ein Modell entwickelt, dessen Thesen einen Rahmen abgeben für die Einordnung von Befunden aus der Life Stress-Forschung. Soziale Stressoren wie z. B. wirtschaftliche Krisen, Tod oder Krankheit von Familienmitgliedern rufen modifiziert durch externe und interne vermittelnde Faktoren (als Substitut für Selyes externe und interne konditionierende Faktoren) das (psychologische) Adaptationssyndrom hervor, in dem sich der Streßzustand des Organismus im zeitlichen Verlauf manifestiert. Als interne Faktoren werden z. B. Fähigkeiten, Triebe und Überzeugungen angesehen, als externe gelten z. B. Ersparnisse und Unterstützung durch Primärgruppen. Das Adaptationssyndrom, das sich aus affektiven, konnotativen und kognitiven Veränderungen zusammensetzt, kann sowohl zu adaptiven Reaktionen als auch bei „Entgleisung" der dem Adaptationssyndrom zugrundeliegenden Mechanismen zu unangepaßten, schädigenden Reaktionen führen (vgl. Anpassungskrankheiten, Selye, 1976 b).

Auch die reaktions- und organismuszentrierte Streßkonzeption von Janke (1974) weist Beziehungen zur Streßtheorie von Selye auf. Janke nämlich betrachtet wie Selye Streß als emotionsunspezifisch, d. h. die Qualität der beteiligten Emotionen wird nicht als Definitionsmerkmal berücksichtigt. Da lediglich die Intensität der Emotionen entscheidend ist, können auch lustbetonte Emotionen (Freude, Begeisterung) mit Streß verbunden sein. In einer zur Meßbarkeit hinleitenden Form definiert Janke Streß als psychisches oder somatisches Geschehen, das hinsichtlich seiner *Intensität* und/oder *Dauer* von der intraindividuellen Normallage abweicht. In Abhebung von anderen reaktionszentrierten Ansätzen schlägt Janke vor, nur dann von Streß zu sprechen, wenn die organismische Mobilisierung längere Zeit (Stunden bis Tage) andauert, entweder weil der Stimulus so lange anhält oder weil die Reaktion von langer Dauer ist.

In der Mehrzahl reaktionszentrierter Ansätze wird der Streßbegriff jedoch für negative unlustbetonte Zustände, die sich als Resultat einer Bedrohlichkeitsbewertung ergeben, reserviert. Eine Einengung auf einen negativ akzentuierten Zustand kennzeichnet die häufig zitierte Streßdefinition von Cofer & Appley (1964, S. 453):

„Streß ist der Zustand eines Organismus, in dem er sein Wohlergehen (oder seine Integrität) als gefährdet wahrnimmt und glaubt, alle seine Kräfte für den Schutz dieses Wohlergehens (oder dieser Integrität) einsetzen zu müssen."
Unter Wahrnehmung wird in dieser Definition ein Interpretations- und Evaluationsprozeß verstanden, durch den die Bedeutsamkeit der betreffenden Situation im Hinblick auf das personspezifische Wertsystem überprüft wird. Einstellungen, Erwartungen und Persönlichkeitseigenschaften nehmen Einfluß auf diesen Prozeß der Bedeutungsverleihung.

Reaktionsbezogene Streßkonzeptionen, die sich nicht auf solche Interpretationsprozesse stützen, sehen sich mit dem Problem der relativen Unspezifität der gebräuchlichen Reaktionsvariablen konfrontiert. So argumentiert z. B. McGrath (1970), daß sich nicht jede erlebnisdeskriptiv oder physiologisch erfaßte Erregungserhöhung zwangsläufig als Streßreaktion auffassen lasse, wenn man nicht körperliche Arbeit, Überraschung, Freude usw. als streßerzeugend betrachten wolle.

Zur Legitimierung reaktionszentrierter Streßdefinitionen wird häufig auf Basowitz et al. (1955) hingewiesen, die zu Beginn ihrer Studie über Angst und Streß bei Fallschirmspringern von einer situationsbezogenen Streßdefinition ausgingen (vgl. S. 25), aber beeindruckt durch die überaus große interindividuelle Variation der Reaktionen auf eine genau festgelegte Situation hin im letzten Kapitel ihres Buches für eine reaktionsbezogene Definition von Streß eintreten.

Interaktionistische und transaktionale Streßdefinitionen

Diejenigen aufgeführten situationsbezogenen und reaktionsbezogenen Ansätze, die kognitive Bewertungsprozesse postulieren, beziehen sich immer auch auf Person-Umwelt-Interaktionen, denn ihr gemeinsamer Nenner ist die

Annahme, daß Eigenschaften der Person Einfluß nehmen auf die Wahrnehmung und kognitive Strukturierung der Situation (z. B. Cofer & Appley, 1964; Spielberger, 1972). Besonders deutlich werden Person-Umwelt-Interaktionen thematisiert in sog. Ungleichgewichtskonzeptionen von Streß, in denen Aussagen über das Verhältnis zwischen Anforderungen der Umgebung und Reaktionskapazitäten der betroffenen Person gemacht werden.

So beginnt McGrath (1970, S. 18) seine Umschreibung mit der Feststellung, daß Streß auftritt, wenn ein beträchtliches Ungleichgewicht zwischen den Anforderungen der Umgebung und der Reaktionskapazität des Organismus besteht. In der Erläuterung dieser Aussage hebt McGrath hervor, daß sich Streß nach seiner Konzeption als Konsequenz des Ungleichgewichts zwischen *wahrgenommenen* Anforderungen und *wahrgenommener* Reaktionskapazität ergibt. Dieses Ungleichgewicht, das demnach die Folge eines subjektiven Beurteilungsprozesses darstellt, ist für McGrath die zentrale Bedingung für „threat“ oder „psychological stress“. Vorausgesetzt werden muß dabei aber ferner, daß nach Einschätzung des betroffenen Individuums die Nichtbeachtung der Anforderungen ernste Konsequenzen nach sich zieht. Andernfalls könnte das wahrgenommene Ungleichgewicht zwischen Anforderungen und Kapazität ignoriert werden. Zusammenfassend bietet McGrath (1970, S. 20) folgende Umschreibung von Streß an: „... stress has to do with a (perceived) substantial imbalance between demand and response capability, under conditions where failure to meet demand has important (perceived) consequences“ (vgl. auch die in Begriffen von Lohn und Kosten abgefaßte neuere Version bei McGrath, 1976).

Als Ungleichgewichtskonzeption erweist sich auch ein kürzlich von Schulz und Schönpflug (1982) entwickeltes Modell der Streßentstehung in Leistungssituationen. Streß liegt nach Schulz und Schönpflug dann vor, wenn eine emotional belastende Diskrepanz zwischen Leistungsanforderung und Leistungsmöglichkeit aufgrund fehlregulatorischer Bewältigungsmaßnahmen nicht reduziert werden kann. Im Gegensatz zur Streßkonzeption von McGrath wird in dem Modell von Schönpflug und Schulz die bloße Diskrepanz zwischen Leistungsanforderung und Leistungsmöglichkeit nicht als entscheidendes Definitionsmerkmal von Streß angesehen. Ob diese Diskrepanz zu Streß führt, soll von der Effektivität der eingesetzten Bewältigungsmaßnahmen abhängen. Dieses Prozeßmodell berücksichtigt Annahmen der Kausalattributionstheorie, da inadäquate oder fehlregulative Bewältigungsmaßnahmen durch eine fehlerhafte Attribuierung von Belastungswirkungen verursacht werden sollen.

Ebenfalls auf einer Ungleichgewichtskonzeption basiert sowohl die ursprüngliche als auch die kürzlich erweiterte Streßtheorie von Lazarus. Im Anschluß an eine kritische Erörterung von Definitionsversuchen, die sich entweder ausschließlich auf die Reizseite oder auf die Reaktionsseite beziehen, schlagen Lazarus und Launier (1978, S. 296) vor, Streß als eine spezielle Form von Transaktionen zwischen zwei Systemen, der Person und der Umgebung, anzusehen. Nach dieser Konzeption soll die Bedeutungssphäre des Streßbegriffs jedes Ereignis umfassen, bei dem Umgebungsanforderungen oder innere Anforderungen (oder beide) die adaptiven Mittel eines psychologischen, sozialen oder physiologischen Systems beanspruchen oder übersteigen. Unter *Umgebungsanforderungen* verstehen die Autoren äußere Ereignisse, die adaptive Prozesse notwendig machen und bei Versagen geeigneter Aktionen zu negativen Konsequenzen führen. *Interne Anforderungen* sollen sich demgegenüber auf erwünschte Ziele, Werte, Verpflichtungen, Programme und Aufgaben der drei Systeme beziehen, deren Nichterfüllung oder Aufschiebung negative Konsequenzen hervorruft. *Adaptive Mittel* schließlich werden als die Gesamtheit aller Eigenschaften des Systems beschrieben, die es befähigen, den Anforderungen gerecht zu werden und die negativen Konsequenzen bei Versagen geeigneter Aktionen zu verhindern.

Für den Bereich des psychologischen Systems unterscheiden Lazarus und Launier (1978) mehrere streßrelevante Person-Umwelt-Bezüge, die sich auf die Relation von situativen Anforderungen und den der Person zur Verfügung stehenden adaptiven Mitteln beziehen. Ein zentrales relationales Konzept, das die separaten Person- und Umweltvariablen transzendiert, stellt das der Bedrohung dar. Bedrohung kann nach Lazarus und Launier weder ausschließlich in Begriffen von Person- noch ausschließlich in Begriffen von Umweltfaktoren definiert werden, denn entscheidend für die Auslösung eines Bedrohtheitserlebnisses ist das Kräfteverhältnis zwischen beiden. Ein Bedrohtheitserlebnis kann sich nicht nur bei extremen äußeren Anforderungen ergeben, sondern auch bei (objektiv) geringen Anforderungen, wenn bei der betroffenen Person die anforderungsrelevante Reaktionskapazität nur gering ausgeprägt ist.

In der Mehrzahl interaktionistischer Streßdefinitionen bezieht sich der Begriff Interaktion auf die unabhängigen Variablen Person und Situation, deren Interaktion als verhaltensdeterminierend angesehen wird (vgl. Appley & Trumbull, 1967). Von solch einem unidirektionalen Ursache-Wirkungs-Modell muß die reziproke Interaktionsform unterschieden werden, nach der nicht nur die Umwelt auf das Verhalten von Personen einwirkt, sondern auch die Umwelt durch die aktiv handelnden Personen beeinflußt und verändert wird. Im Rahmen der Person-Situation-Debatte ist vorgeschlagen worden, nur im ersten Fall von *Interaktion,* im zweiten dagegen von *Transaktion* zu sprechen (siehe zusammenfassend Endler & Magnusson, 1976 a). Diese Unterscheidung, die keineswegs in allen neueren Streßkonzeptionen berücksichtigt wird (vgl. etwa Cox, 1978), übernimmt Lazarus, der sein transaktionales Modell von interaktionistischen Streßkonzeptionen abhebt. Die Kritik von Lazarus am interaktionistischen Ansatz sowie seine Vorschläge zur konzeptuellen und methodischen Neuorientierung auf der Basis eines transaktionalen Ansatzes sind von großer Bedeutsamkeit für die zukünftige Entwicklung der Streßforschung (vgl. Laux & Vossel, 1979). Eine ausführliche Beschäftigung mit den Argumenten von Lazarus soll im Zusammenhang mit der Darstellung seiner Streßtheorie erfolgen (vgl. Abschnitt 5).

Diskussion

Unabhängig von der jeweiligen Definitionsrichtung wird in vielen neueren Streßkonzeptionen die Notwendigkeit der Annahme kognitiver Bewertungsprozesse hervorgehoben. So wird z. B. sowohl in dem situationszentrierten Ansatz von Spielberger als auch in dem reaktionsbezogenen von Cofer und Appley ein kognitiver Prozeß der Bedeutungsanalyse von Reizkonfigurationen postuliert, dessen mögliches Resultat die Bedrohungseinschätzung darstellt. Wie in neueren kognitiven Theorien aus anderen Bereichen (z. B. Lernen, Sozialisation) wird bei aller sonstigen Divergenz vorausgesetzt, daß die erste Phase in der durch die Reizsituation ausgelösten und durch die Reaktion beendeten Ereigniskette in der Bildung einer kognitiven Repräsentation der Umgebung besteht, die motivationale und emotionale Veränderungen bewirkt (vgl. Thomae, 1977).

Es erweist sich dabei als zweitrangiges Problem, ob nun der Situation, dem resultierenden Organismuszustand oder irgendeinem Abschnitt des zwischen Situation und Reaktion ablaufenden Prozesses die Bezeichnung Streß zugeordnet wird. Diese relativierende Schlußfolgerung steht keineswegs im Widerspruch zu der schroffen Ablehnung reiz- und reaktionszentrierter Streßdefinitionen durch andere Autoren (vgl. Lazarus & Launier, 1978; McGrath, 1970; Mason, 1975 c), da in ihren Sichtungen von Definitionsversuchen unter Streß als Reiz oder Streß als Reaktion Definitionen auf der alleinigen Basis von Reizparametern oder Reaktionsparametern verstanden werden. Wie aber die Zusammenstellung von Definitionen gezeigt hat, schließen reiz- und reaktionsbezogene Definitionsversuche die z. B. von Lazarus so nachdrücklich geforderte Einbeziehung von Bewertungsprozessen keineswegs aus.

3. Klassifikation von Streß-Situationen

Wie für andere Bereiche der Psychologie gilt auch für die Streßforschung, daß die Aufstellung von Situationstaxonomien verglichen mit der differentiellen Deskription und Analyse von Persönlichkeitskonstrukten lange Zeit vernachlässigt worden ist. Mit dem Aufkommen „moderner“ interaktionistischer Ansätze in der Angst- und Streßforschung hat jedoch das Interesse an der Beschreibung und Klassifikation von Streß-Situationen deutlich zugenommen (vgl. Ekehammar, Schalling & Magnusson, 1975). Generelles Ziel solcher taxonomischer Ansätze ist die Differenzierung umschriebener Teilbereiche von Stressoren, für die möglicherweise unterschiedliche Gesetzmäßigkeiten gelten – zumindest für Personen mit unterschiedlichen Merkmalsausprägungen (vgl. Lazarus, Deese & Osler, 1952; McGrath, 1982; Saltz, 1970, 1971; Spielberger, 1972).

A-priori-Klassifikationen

Viele Untersuchungen, in denen die Auswirkung unterschiedlicher Streß-Situationen erfaßt wird, beziehen sich lediglich auf zwei, meist sehr umfassend definierte Kategorien von Streß-Situationen. Eine seit langem gebräuchliche Unterteilung stammt von Lazarus, Deese und Osler (1952), die Streßinduktion durch *Versagen* (failure induced stress) abheben von Streßinduktion durch *aufgabenspezifische Merkmale* (tasked induced stress). Eine andere Einteilung, die von Lazarus und seinen Mitarbeitern vorgeschlagen wurde (vgl. Lazarus & Opton, 1966), ist die nach *stellvertretenden* (z. B. Darbietung von Filmen bedrohlichen Inhalts) und *direkten Streß-Situationen* (z. B. Schockapplikation). Die interaktionistisch orientierte Angst- und Streßforschung (vgl. Abschnitt 7)

Tabelle 1: Klassifikation von Stressoren (Janke, 1974)

1. *Äußere Stressoren*
   Veränderungen des „sensorischen Inputs" im Sinne von:
   a) Überflutung (Lärm, Licht, Vibration)
   b) Entzug sensorischer Informationen
      (sensorische Deprivation bzw. Restriktion)
   Schmerzreize (elektrische, thermische, chemische oder mechanische Reizung oder Läsionen)
   Reale oder simulierte Gefahrensituationen (z. B. Fallschirmabsprünge, Unfälle, Operationen, Kampfsituationen)

2. *Reize, die zu Deprivation primärer Bedürfnisse führen*
   a) Nahrung
   b) Wasser
   c) Schlaf
   d) Bewegung und Aktivität
   e) Temperaturkonstanz

3. *Leistungsstressoren*
   Leistungsüberforderung (Zeitdruck, Mehrfacharbeit, Ablenkung)
   Leistungsunterforderung (monotone, gleichförmige Aufgaben)
   Versagen in Leistungssituationen, Kritik an der Arbeit
   Prüfungen

4. *Soziale Stressoren*
   Soziale Isolation
   Interpersonale Konflikte
   Änderung von Lebensgewohnheiten
   Verlust von Verwandten
   Isolierung von Eltern

5. *Andere Stressoren*
   Konflikt (Entscheidung zwischen mehreren Alternativen)
   Ungewißheit über zukünftige Ereignisse (Uncertainty, Unpredictability)

berücksichtigt besonders zwei umfassende Kategorien von Streß-Situationen: *ich-involvierende* (oder selbstwertbezogene) *Streß-Situationen* und *physische Gefährdungssituationen* (Saltz, 1970, 1971; Shedletzky & Endler, 1974; Spielberger, 1972).

Differenzierte Klassifikationen sind u. a. von Berkhout (1970), Cofer und Appley (1964), Janke (1969, 1974, siehe Tab. 1), Lazarus & Cohen (1978) sowie McGrath (1970, 1982) vorgeschlagen worden. Auf der Basis einer umfassenden Analyse von Labor- und Felduntersuchungen unterscheidet McGrath (1982) *physikalische* (z. B. Schock), *psychische* (z. B. Versagen bei einer Aufgabe) und *soziale* Stressoren (z. B. Ablehnung durch andere). Sie können tatsächlich auftreten oder nur antizipiert werden. Außerdem läßt sich nach McGrath Streß auf allen drei Ebenen durch die Deprivation von Bedürfnissen hervorrufen.

Im Rahmen einer kritischen Sichtung von Klassifikationsversuchen schlägt Prystav (1979) vor, an Stelle von physikalischen oder inhaltlichen Charakteristiken möglichst generelle Merkmale zur Klassifikation von Streß-Situationen heranzuziehen. Dementsprechend basiert das von ihm entwickelte Klassifikationssystem auf den in vielen Streß-Situationen vorkommenden Variablen Kontrollierbarkeit, Vorhersagbarkeit und zeitliche Nähe des Stressors (vgl. Abschnitt 6).

Empirisch begründete Klassifikationen

Bei der empirisch begründeten Aufstellung von Situationstaxonomien läßt sich zwischen wahrnehmungs- und reaktionsbezogenen Ansätzen unterscheiden (siehe zusammenfassend Magnusson & Stattin, 1982).

Beim *wahrnehmungsbezogenen* Ansatz wird von der individuellen Wahrnehmung und Interpretation (meist vorgestellter) Streß-Situationen ausgegangen. Bei einer Methode soll der Proband z. B. den Grad der Ähnlichkeit von jeweils zwei Situationen aus einer größeren Anzahl von Situationen angeben. Die Ähnlichkeitsurteile werden mit Verfahren der multidimensionalen Skalierung analysiert (vgl. Magnusson, 1971). Gestützt auf diese Methode der Ähnlichkeitsurteile konnten Ekehammar und Magnusson (1973) Streß-Situationen von neutralen Situationen und physische Gefährdungssituationen von ich-involvierenden Streß-Situationen isolieren.

Eine andere Methode besteht darin, Fragebogenitems vorzugeben, die sich auf die Wahrnehmung und Interpretation von einzelnen Situationen beziehen (situation perception inventory). Weyer und Hodapp (1975) entwickelten 14 Skalen zur Erfassung subjektiv wahrgenommener Belastung und Unzufriedenheit in verschiedenen Lebensbereichen (Berufsarbeit, Hausfrauenarbeit, Ehe, Kindererziehung). Für die Bereiche Berufsarbeit und Hausfrauenarbeit liegen inzwischen revidierte und teilweise weiterentwickelte Skalenversionen vor (Hodapp & Weyer, 1980; Weyer et al. 1980). Durch Anwendung der Methoden der Kovarianzselektion (Wermuth, 1978) und der Pfadanalyse konnte gezeigt werden, daß die Berücksichtigung der Bewertung der Arbeits- und Berufssituation im Rahmen eines Gesamtmodells zu besseren Vorhersagen von Streßreaktionen als der traditionelle persönlichkeitsorientierte Ansatz führt (Weyer & Hodapp, 1980).

Beim *reaktionsbezogenen* Ansatz werden Streß-Situationen beschrieben und klassifiziert nach den von ihnen ausgelösten Reaktionen. Dabei können sowohl kognitiv-erlebnismäßige als auch physiologische und verhaltensbezogene Reaktionen herangezogen werden. Am häufigsten wurden jedoch bisher situative Reaktionsfragebogen eingesetzt, bei denen für jede kurz charakterisierte Streß-Situation die Intensität einer oder mehrerer Reaktionsweisen angegeben werden soll (vgl. Becker, Schneider & Schuhmann, 1975; Ekehammar, Magnusson & Ricklander, 1974; Endler, Hunt & Rosenstein, 1962; Hodges & Felling, 1970; Mack & Schröder, 1977; Seidenstücker & Weinberger, 1978). Hodges und Felling z. B. legten Studenten 40 Beschreibungen von einzelnen Streß-Situationen (Stressful Situation Questionnaire) vor und ließen sie den Grad der Befürchtung oder Sorge einschätzen, die sie in diesen Situationen empfanden. Drei von vier ermittelten Faktoren bezogen sich auf selbstwertrelevante Streß-Situationen (Redesituationen sowie versagensbezogene Situationen des akademischen und sozialen Bereichs). Der vierte Faktor umfaßte Situationen, die eine physische Gefährdung oder Schädigung beinhalten.

In den bisherigen Arbeiten zur Aufstellung von Situationstaxonomien wurden fast ausschließlich vorgestellte Streß-Situationen und häufig nur Reaktionen auf kognitiv-erlebnismäßiger Ebene berücksichtigt. Weiterführende Untersuchungen sollten ein umfassenderes Reaktionsspektrum in vorgestellten und realen Situationen zur Grundlage von Klassifikationen machen (vgl. Prystav, 1979).

4. Erfassung von Streß, Streßanfälligkeit und Streßbewältigung

Die Möglichkeiten und die Problematik der Erfassung von Streßreaktionen können hier nur kurz skizziert werden. Ausführliche Darstellungen finden sich u. a. bei Averill und Opton (1968), Berkhout (1970), Bridges (1964), Cox (1978), Fahrenberg (1982), Hodges (1976), Janke (1974), Lazarus (1966), Lazarus et al. (1974) sowie Mc Grath (1970, 1982). Detaillierter soll dagegen über erst kürzlich entwickelte Fragebogen zur Erfassung von Streßanfälligkeit und habituellen Formen der Streßbewältigung berichtet werden (zusammenfassend Prystav, 1981).

Streßreaktionen

In einer neueren Übersicht unterscheiden Lazarus und Cohen (1978) somatische, verhaltensbezogene und subjektive Streßreaktionen:

1. *Somatische* Streßreaktionen lassen sich wiederum unterteilen in physiologische (wie z. B. EEG-Veränderungen, Erhöhung der Hautleitfähigkeit und der Herzfrequenz) und in biochemische Reaktionen wie Erhöhung der Konzentration von Catecholaminen und Corticoiden (Frankenhaeuser, 1975; Levi, 1967, 1972; Mason, 1975 a; Yuwiler, 1976). Schwierigkeiten bei der Verwendung somatischer Reaktionen als Streßindikatoren bereitet besonders die Abgrenzung von anderen Konstrukten und Varianzquellen (vgl. Fahrenberg, 1979).

2. *Verhaltensbezogene* Streßreaktionen können eingeteilt werden in Bewältigungsverhalten (vgl. Abschnitt 5), Veränderungen im Leistungsbereich und Ausdrucksverhalten.

Veränderungen im Leistungsbereich: Eine häufige Folge von Streß sind Leistungsbeeinträchtigungen. Untersuchungen über die Auswirkungen von Angst auf Leistungen in Prüfungssituationen liefern hierfür viele Beispiele (Heinrich & Spielberger, 1982; Krohne, 1977; Sarason, 1980; Wine, 1982). Literaturübersichten zum Thema Streß und Leistung finden sich bei Berkhout (1970), Broadbent (1971), Hackman (1970), Horvath (1959), Krohne und Laux (1982), Lipowski (1975), Poulton (1971) und Welford (1974). Als Hauptproblem dieser Indikatorengruppe erweist sich die Konfundierung der Intensität des Streßzustands mit der Effizienz der Bewältigungsversuche. Jemand kann eine nur geringe Leistungsbeeinträchtigung oder sogar eine Leistungsverbesserung aufweisen, nicht etwa, weil das Ausmaß seines Streßzustandes im Vergleich zu dem anderer Personen geringer ist, sondern weil er über wirksamere Bewältigungsstrategien verfügt. Als wenig sinnvoll erweist sich daher der Vorschlag von Horvath (1959), als Streßreaktion auf der Leistungsebene nur Verschlechterungen zu akzeptieren (vgl. Kahn, 1970; McGrath, 1970).

Ausdrucksverhalten: Es besteht ein wachsendes Interesse an der Beurteilung von Emotionsqualitäten aus dem Gesichtsausdruck und aus der Körperhaltung (vgl. Ekman & Oster, 1979; Izard, 1977). Mit der Facial Affect Scoring Technique (FAST) soll die Diskrimination von Streß- und angenehm-positiven Zuständen möglich sein (Ekman, Friesen & Ellsworth, 1974). Als Indikatoren von Streß finden auch Bewegungsstereotypien (Asendorpf, 1980) sowie Merkmale der Stimme und der Sprechweise zunehmende Beachtung (vgl. Scherer, 1982; Walschburger & Broda, 1981).

3. *Subjektive Streßreaktionen:* Zu den wichtigsten und meist benutzten Verfahren zur Erfassung von Streß gehören ein- oder mehrdimensionale Befindlichkeitsskalen. Zu den *eindimensionalen* Verfahren zählt die *Subjektive*

Streß-Skala (Berkun, Bialek, Kern & Yagi, 1962; Neufeld & Davison, 1972). Jeweils ein (wenn auch sehr globaler) Befindlichkeitsaspekt wird durch Verfahren wie die Zustandsangstskala des „State-Trait Anxiety Inventory" (Spielberger, Gorsuch & Lushene, 1970) oder die Skala allgemeiner zentraler Aktiviertheit (Bartenwerfer, 1963) erfaßt.

Beispiele für *mehrdimensional* angelegte Verfahren stellen die viel eingesetzten Adjektivlisten dar, die auf die Erfassung unterschiedlicher Befindlichkeitsaspekte bzw. unterschiedlicher emotionaler Qualitäten abzielen. Die bekanntesten Verfahren sind die „Multiple Affect Adjective Check List" (MAACL) von Zuckerman und Lubin (1965), die „Nowlis Adjective Check List" (NACL) von Nowlis und Nowlis (1956) sowie im deutschsprachigen Bereich die „Eigenschaftswörterliste" (EWL) von Janke und Debus (1978). Eine eindimensional konzipierte Eigenschaftswörterliste zur Erfassung der momentanen Befindlichkeit hat von Zerssen (1976) entwickelt.

Als ein wenig abgeklärtes theoretisches und methodisches Problem erweist sich die geringe Übereinstimmung von Streßreaktionen aus dem somatischen, verhaltensbezogenen und erlebnisdeskriptiven Bereich. Selbst bei Anwendung adäquater Registrier- und Analysetechniken ist die Kovariation verschiedener Streßindikatoren gering (zusammenfassend Fahrenberg, 1979; Laux, 1976). Lazarus (1966, 1967), der sich gegen die Auffassung wendet, geringe Übereinstimmung zwischen verschiedenen Streßmaßen ausschließlich den Unzulänglichkeiten bisheriger Methodik anzulasten, hat vorgeschlagen, Indikatorendivergenz als Informationsquelle über die Art der Bewältigungsstrategien anzusehen. Nach Lazarus, Averill und Opton (1971) läßt sich z. B. die Diskrepanz zwischen physiologischen und subjektiven Streßindikatoren teilweise auf die Bewältigungsdisposition „Repression-Sensitization" (vgl. Byrne, 1964) zurückführen. So konnten Weinstein, Averill, Opton und Lazarus (1968) zeigen, daß das Ausmaß subjektiver Streßreaktionen bei Repressern geringer war als man aufgrund ihrer physiologischen Erregungswerte hätte erwarten können. Bei Sensibilisierern ergab sich das entgegengesetzte Reaktionsmuster. (Zur Problematik von Diskrepanzwerten zwischen subjektiven und physiologischen Streßindikatoren vgl. Bösel & Otto, 1981; Otto & Bösel, 1978; Walschburger, 1981).

Als weitere Variablen, die mögliche Erklärungen für Indikatorendiskrepanzen liefern, da durch sie subjektive Streßreaktionen verfälscht werden können, lassen sich aufführen: Individuelle Unterschiede in der Wahrnehmung und Interpretation autonomer Reaktionen (Mandler, Mandler, Kremen & Sholiton, 1961) sowie in der Zustimmungstendenz und in der Sozialen Erwünschtheit (vgl. Clark, Kurlander, Bieber & Glassman, 1978; Neufeld, 1975; Velden, 1977).

Streßanfälligkeit und habituelle Formen der Streßbewältigung

Zur Beschreibung und Erklärung von zeitlich stabilen interindividuellen Unterschieden im Ausmaß oder in der Art von Streßreaktionen sind Konstrukte wie *Streßtoleranz* (Stopol, 1954), *Streßresistenz* (Parsons, Phillips & Lane, 1954), *Streßanfälligkeit* (Bösel, 1978 a; Cofer & Appley, 1964; Knobloch, Behrmann & Bauer, 1973) oder *Belastbarkeit* (Hoyos, 1970) verwendet worden. Die Frage nach der Generalität solcher Persönlichkeitsmerkmale wurde u. a. von Stopol (1954) aufgeworfen. Generalität von Streßtoleranz meint, daß dieses Merkmal in verschiedenen Streß-Situationen gleiches oder zumindest ähnliches Verhalten bewirkt, während für die Spezifitätsannahme die Verschiedenheit des Verhaltens je nach Situation spricht.

Während die Ergebnisse der Korrelationsuntersuchungen von Parsons et al. (1954) sowie von Stopol (1954) für die Spezifitätsannahme sprechen, glaubt Alfert (1966), ihre Befunde im Sinne der Generalitätsthese interpretieren zu können. Alfert befaßte sich mit dem Zuammenhang von Streßreaktionen auf *stellvertretende* (vicarious) und *direkte* Bedrohung. Als stellvertretender Stressor diente ihr der häufig von Lazarus und seinen Mitarbeitern benutzte Film über Unfälle in einem Sägewerk mit dem Titel „It didn't have to happen". In einer Szene wird z. B. gezeigt, wie ein Arbeiter aufgrund seines Leichtsinns mit den Händen in eine Fräsmaschine gerät. Der direkte Stressor bestand in der Ankündigung eines elektrischen Schocks. Als physiologische Indikatoren verwendete Alfert Pulsfrequenz und Hautleitfähigkeit, als subjektive Indikatoren wurden die Nowlis-Adjektivliste sowie eine Schätzskala über den Grad der erlebten Spannung benutzt. Streß wurde operationalisiert als Differenz zwischen den Werten der Ruhephase und den während der Behandlungsphase erfaßten Werten. Für jeden Indikator wurden die aus beiden Situationen stammenden Differenzwerte miteinander korreliert. Die erzielten mittelhohen Korrelationen für beide Indikatorengruppen lassen sich aber keinesfalls als gesicherter Beleg für die Generalitätsthese interpretieren, da die Werte möglicherweise auch durch den in beiden Situationen jeweils identischen Indikator bestimmt werden. So läßt sich z. B. die Korrelation zwischen der Variablen Herzfrequenz in der Filmsituation und der gleichen Variablen in der Schocksituation nicht nur auf Merkmalsvarianz zurückführen, sondern kann auch als Ausdruck der beiden Variablen gemeinsamen Methodenvarianz interpretiert werden. Eine Aussage über die Anteile beider Varianzquellen kann mit Hilfe der Multitrait-Multimethod-Analyse von Campbell und Fiske (1959) gemacht werden (vgl. Laux, 1976; McGrath, 1970, 1982).

Wie besonders auch die interaktionistisch orientierte Angstforschung gezeigt hat, ist das Ausmaß der individuellen Streßreaktion je nach Art der Streß-Situation unterschiedlich (vgl. Endler & Magnusson, 1976 a; Shedletzky & Endler, 1974; Spielberger, 1972). Die Konzeption einer generellen Streßanfälligkeit muß daher zugunsten einer Spezifitätsannahme abgelehnt werden.

Auf einer Spezifitätskonzeption der Streßanfälligkeit beruht auch der von Boucsein, Erdmann, Janke und Albrecht (1978) entwickelte *Belastungsfragebogen BELA*. Der Fragebogen enthält 87 Feststellungen, die sich auf 11 Belastungsbereiche beziehen (siehe Tabelle 2). Auf einer fünfstufigen Skala soll der Proband angeben, wie stark er innerlich reagieren würde, wenn er sich in der jeweiligen Situation befände.

Tabelle 2: Belastungsbereiche des Fragebogens BELA

Skalen Nr.	Skalenbezeichnung	Beispielitems
	Belastung durch:	*ich reagiere innerlich:*
1	Schmerzreize	– wenn ich mir den Finger geklemmt habe
2	Konfrontation mit körperl. Verletzungen	– wenn ich bei anderen offene Wunden sehe
3	ekelerregende Reize oder Situationen	– wenn es in einem Raum nach Schweiß riecht
4	akustische Gefahrensignale	– wenn ein Feuerwehreinsatz an mir vorüberfährt
5	Hitze und Kälte	– wenn ich starker Hitze ausgesetzt bin
6	Schlafentzug	– wenn ich mehrere Nächte hintereinander jeweils nur wenige Stunden schlafen kann
7	Nahrungs- und Wasserentzug	– wenn ich keine Gelegenheit oder keine Zeit habe, Mittag zu essen
8	Lärm bei Tätigkeiten	– wenn ich arbeiten muß und mein Nachbar sein Radio laut spielen läßt
9	überhöhte Arbeitsanforderungen	– wenn ich ständig mehrere Dinge im Kopf haben muß
10	Versagen in Leistungssituationen	– wenn ich merke, daß ich eine Aufgabe, die man mir stellt, nicht lösen kann
11	Versagen in sozialen Situationen	– wenn ich in meiner Umwelt nicht die Rolle spielen kann, die ich gerne spielen würde

Die mittlere Interkorrelation der Subskalen beträgt $r = .36$, was auf die relative Unabhängigkeit der durch die Skalen operationalisierten Streßanfälligkeiten hinweist. In einer Faktorenanalyse konnten die 11 Belastungsbereiche 4 Faktoren zugeordnet werden: Belastung durch physisch wirksame Reize und Situationen (körperliche Gefahr), Versagen im Leistungs- und Sozialbereich, Störung des innerorganismischen Gleichgewichts, Nahrungs- und Wasserentzug. Die ersten beiden Faktoren kennzeichnen Dispositionsbereiche, die im Mittelpunkt der interaktionistisch orientierten Angstforschung stehen (zusammenfassend Endler & Magnusson, 1976 a; Saltz, 1970, 1971; Spielberger, 1972) und dort als Anfälligkeit gegenüber physischen Gefährdungssituationen bzw. als Anfälligkeit gegenüber selbstwertrelevanten Streß-Situationen (Trait-Angst oder Angstneigung in enger Bedeutung; vgl. Abschnitt 7) bezeichnet werden. Im Vergleich zu den Verfahren, die in amerikanischen Untersuchungen zur Überprüfung der Unabhängigkeit beider Anfälligkeitsbereiche eingesetzt wurden (Blankstein, 1976; Endler & Magnusson, 1976 b), ist beim BELA besonders die differenzierte Erfassung von Reizen und Situationen, die sich auf physische Gefährdung beziehen, hervorzuheben.

Während sich der BELA-Fragebogen auf eine Reaktionsart, nämlich auf den Aspekt psychischer Reaktionen im Sinne subjektiv erlebter Erregung, beschränkt, werden im *situativen Reaktionsfragebogen* (SR-Fragebogen) auch unterschiedliche Reaktionsarten einbezogen (vgl. Erdmann & Janke, 1978). Der Test basiert auf dem Konstruktionsprinzip, das Endler et al. (1962) in die Angstforschung eingeführt haben. Es ist kennzeichnend für die Position des „modernen" Interaktionismus von Person und Situation (vgl. Endler & Magnusson, 1976 a; Graumann, 1975; Magnusson & Endler, 1977; Olweus, 1976). Die Kurzform des SR-Fragebogens enthält 10 Belastungssituationen (siehe Abb. 1). Die Aufgabe des Probanden besteht darin, sich die aufgeführte Situation vorzustellen und dann anzugeben, in welchem Maße er in dieser Situation zu 7 psychischen und somatischen Reaktionsweisen neigt (siehe Abb. 1). Die Reaktionsintensität wird auf einer achtstufigen Skala erfaßt.

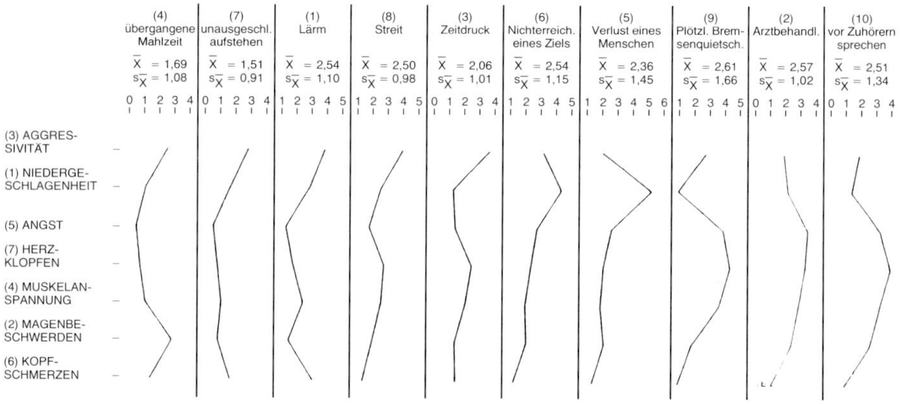

Abb. 1: Mittlere Reaktionsintensitäten der 7 Reaktionsweisen für die 10 Situationen bei 98 Studenten (Erdmann & Janke, 1978)

In Abhängigkeit vom Untersuchungsziel lassen sich folgende Testpunkte berechnen:
1. Gesamtwert (Summierung über alle Situationen und Reaktionsweisen) als Maß der „allgemeinen Streßreagibilität".

2. Situationswert (Summierung über alle Reaktionsweisen, getrennt für jede Situation) als „Maß für die individuelle Neigung, auf bestimmte Situationen mit ‚Streß' zu reagieren".

3. Reaktionswert (Summierung über alle Situationen, getrennt für jede Reaktionsweise) als „Maß für die generalisierte individuelle Neigung, auf Belastung mit ganz bestimmten psychischen und physischen Reaktionsweisen zu antworten".

4. Spezifische Reaktionswerte für spezifische Situationen: Das differenzierteste Maß der individuellen Streßreaktion liefert die Betrachtung einzelner Reaktionsweisen innerhalb einzelner Situationen sowie das jeweilige Reaktionsmuster. Aus der Abbildung geht deutlich hervor, daß die Reaktionsmuster für verschiedene Situationen unterschiedlich sind.

Ziel der Autoren ist es, das Verfahren zur Vorhersage von Reaktionsweisen auf physiologischer, verhaltensbezogener und erlebnismäßiger Ebene für verschiedene Arten akuter Belastungssituationen einzusetzen.

Besondere Beachtung verdient der *Streßverarbeitungsfragebogen (SVF)* der Düsseldorfer Arbeitsgruppe (Janke, Erdmann & Boucsein, 1978), mit dem die individuellen Ausprägungsgrade von 16 als habituell angenommenen Streßbewältigungsstrategien erfaßt werden können. Zu Recht konstatieren die Autoren, daß die wenigen bisher vorliegenden Verfahren in ihrer Anwendung sehr kompliziert sind (z. B. Gleser & Ihilevich, 1969; Haan, 1977) oder sich nur auf eine grundlegende Bewältigungsdimension wie z. B. Repression und Sensitization (Byrne, 1964; Krohne, 1974) beschränken. Krohne (1978) macht außerdem auf die Konfundierung von Ängstlichkeit und Angstverarbeitungsstilen in der Repression-Sensitization-Skala von Byrne aufmerksam.

Der SVF enthält 128 Items, die 16 Subskalen zugeordnet sind (vgl. Tab. 3). Die Aufgabe der Probanden besteht darin, bei jeder der 128 Bewältigungsformen zu entscheiden, wie wahrscheinlich sie seiner eigenen Art, auf eine (verallgemeinerte) Belastungsreaktion zu reagieren, entsprechen. Streßverarbeitungsfragebogen, die unterschiedliche Belastungssituationen (SVF-S) oder unterschiedliche Reaktionen auf Belastungssituationen (SVF-R) berücksichtigen, werden von der Düsseldorfer Streßforschungsgruppe zur Zeit entwickelt. Somit können drei SVF-Varianten unterschieden werden:

SVF: „Wenn ich durch irgend etwas oder irgend jemanden beeinträchtigt, innerlich erregt oder aus dem Gleichgewicht gebracht worden bin ..." (128 Bewältigungsformen).

SVF-S: „Wenn ich, weil ich mich mehrere Stunden in einem Raum mit dröhnendem Lärm aufhalten muß, beeinträchtigt, innerlich erregt oder aus dem Gleichgewicht gebracht worden bin, ..." (insgesamt 14 solcher Situationen mit jeweils 16 Bewältigungsformen).

Tabelle 3: Subskalen des Streßverarbeitungsfragebogens (SVF)

Sub-skalen Nr.	Subskalenbezeichnung	Beispielitems
1	Bagatellisierung	... sage ich mir, alles ist halb so schlimm
2	Vermeidung und Flucht	... nehme ich mir vor, solchen Situationen in Zukunft aus dem Wege zu gehen
3	Selbstbeschuldigung	... mache ich mir Vorwürfe
4	Aggression nach außen	... gerate ich mit allen möglichen Leuten aneinander
5	Gedankliche Weiterbeschäftigung	... denke ich hinterher immer wieder darüber nach
6	Selbstbemitleidung	... frage ich mich, warum das gerade mir passieren mußte
7	Resignation	... neige ich dazu, zu resignieren
8	Soziale Abkapselung	... schließe ich mich von meiner Umgebung ab
9	Ersatzbefriedigung	... suche ich nach etwas, das mir Freude machen könnte
10	Ablenkung	... beschäftige ich mich intensiv mit etwas anderem
11	Körperliche Symptome	... bekomme ich Magenschmerzen
12	Bedürfnis nach Aussprache	... muß ich mich einfach mit jemandem aussprechen
13	Projektion	... berührt mich das nicht so sehr wie andere
14	Intellektualisierung	... versuche ich die Gründe die zur Situation geführt haben, genau zu analysieren
15	Einnahme von Pharmaka und Genußmitteln	... tendiere ich dazu, mich zu betrinken
16	Selbstaufwertung	... stelle ich meine guten Seiten besonders heraus

SVF-R: „Wenn ich durch eine Belastungssituation niedergeschlagen oder deprimiert bin,..." (insgesamt 7 solcher Streßreaktionen mit jeweils 16 Bewältigungsformen).

Ein anderer in Entwicklung befindlicher Streßverarbeitungsfragebogen der Düsseldorfer Arbeitsgruppe zielt auf die Erfassung aktueller Bewältigungsstrategien ab (SVF-akt.). Die Deskription solcher aktuell ablaufender Prozesse ist kennzeichnend für die transaktionale Streßkonzeption von Lazarus, die im Abschnitt 5 diskutiert wird.

5. *Kognitive Prozesse bei der Entstehung und Bewältigung von Streß*

Unter den theoretischen Ansätzen in der Streßforschung dominiert zweifellos die Streßtheorie von R. S. Lazarus. Seine Konzeptualisierungen von Streß und Streßbewältigung haben nicht nur zu einer intensiven und fruchtbaren Forschungsaktivität geführt, sondern auch die Theorienansätze anderer Autoren erheblich beeinflußt (z. B. Cox, 1978; Glass & Singer, 1972; McGrath, 1970, 1982; Spielberger, 1972). Nach der ersten systematischen Darstellung (Lazarus, 1966) ist diese Theorie mehrmals von Lazarus und seinen Mitarbeitern modifiziert und zu einer allgemeinen Emotionstheorie erweitert worden (vgl. Averill, Opton & Lazarus, 1971; Lazarus, 1968 a, 1974 a, 1975; Lazarus & Averill, 1972; Lazarus et al., 1971, 1974; Lazarus, Kanner & Folkman, 1980). In jüngster Zeit haben Lazarus und seine Mitarbeiter besonders den Teil der Theorie, der sich mit Bewältigungsprozessen befaßt, erheblich umstrukturiert und ausgedehnt. Besondere Beachtung verdienen ihre programmatischen Vorschläge für eine methodische Neuorientierung der Streßforschung, die aus einer kritischen Sichtung „konventioneller" Ansätze hervorgegangen sind (Folkman et al., 1979; Lazarus & Cohen, 1978; Lazarus, Cohen, Folkman, Kanner & Schaefer, im Druck; Lazarus & Launier, 1978; Roskies & Lazarus, 1979).

Die transaktionale Streßkonzeption von Lazarus läßt sich auf psychologische, physiologische und soziale Systeme anwenden. Auf jeder der drei Analyseebenen bezieht sich Streß auf eine Transaktion, bei der externe oder interne Anforderungen die adaptiven Mittel des Systems beanspruchen oder übersteigen (vgl. Lazarus & Launier, 1978). Das Hauptmerkmal einer genuin psychologischen Streßauffassung, das eine Unterscheidung von Streß auf sozialer und physiologischer Ebene gestattet, ist die Annahme, daß die Interpretation und Steuerung der Wechselwirkung mit der Umwelt auf kognitiven Prozessen, d. h. auf *bewertenden* Wahrnehmungen, Gedanken und Schlußfolgerungen, beruht. Das Konzept der *Bewertung* oder *Einschätzung* (appraisal), das in systematischer Weise von Arnold (1960) in die Streß- und

Emotionsforschung eingeführt worden ist (vgl. Averill, 1979; Lazarus, 1966), steht im Mittelpunkt der Streßtheorie von Lazarus. In älteren wie in neueren Fassungen seiner Theorie unterscheidet Lazarus drei Kategorien von Bewertungsprozessen: primäre Bewertungen, sekundäre Bewertungen und Neubewertungen.

Bewertungsprozesse

Primäre Bewertungen

Während in der ersten Fassung der Theorie (Lazarus, 1966) die Funktion primärer Bewertungsprozesse nur in der Einschätzung einer Situation als bedrohlich oder nicht bedrohlich gesehen wurde, umfaßt die erweiterte Systematik drei Kategorien von primären Bewertungen (vgl. Lazarus & Launier, 1978): *irrelevante, angenehm-positive* und *streßbezogene.* Die streßbezogenen Bewertungen von Person-Umwelt-Transaktionen werden weiter unterteilt in *Bedrohung* (threat), *Schaden–Verlust* (harm-loss) und *Herausforderung* (challenge). Um von Streß in psychologischer Bedeutung sprechen zu können, muß eine dieser drei speziellen Transaktionen vorliegen.

Wie die Erwähnung der angenehm-positiven Bewertungen, die hier nicht näher beschrieben werden, zeigt, befaßt sich Lazarus nicht nur mit kognitionstheoretischen Erklärungen von „negativen" Emotionen wie z. B. Furcht, Angst, Ärger, Depression (stress emotions, vgl. Lazarus & Launier, 1978), sondern versucht, eine allgemeine, sich auch auf Emotionen mit positiver Valenz erstreckende, kognitive Emotionstheorie zu formulieren (Lazarus, Kanner & Folkman, 1980).

Bedrohung bezieht sich auf die Antizipation von Schaden (harm). Sie wird hervorgerufen durch bestimmte Hinweise in der Stimuluskonfiguration, die der betroffenen Person ankündigen, daß eine Schädigung bevorsteht. Das tatsächliche Auftreten des schädlichen Ereignisses wird dagegen als Konfrontation bezeichnet. Der Begriff Schaden soll physische Verletzungen ebenso umfassen wie die Vereitelung einer Bedürfnisbefriedigung, das Nichterreichen von Zielen oder die Beeinträchtigung des Selbstwertes (Lazarus, 1966, 1968 b). Mit dieser Gleichsetzung von „harm" und „motive thwarting" wird die motivationspsychologische Relevanz der Streßtheorie deutlich. Notwendige Voraussetzung für eine Bedrohungsbewertung ist somit immer die erwartete Vereitelung eines zentralen Motivs. Bedrohung kann daher auch als Ergebnis der Bedeutungsanalyse von Stimuluskonfigurationen im Hinblick auf das personspezifische Motivsystem umschrieben werden. In der Untersuchung von Vogel, Raymond und Lazarus (1959) konnte gezeigt werden, daß der Grad der Bedrohung unter anderem von der Kongruenz zwischen Stressor und Motiv abhängt. Eine Gruppe von Versuchspersonen, die ein stark ausgeprägtes Leistungsmotiv und ein gering ausgeprägtes Anschlußmotiv aufwiesen, und eine andere Gruppe von Versuchspersonen, die durch das entgegengesetzte Motivmuster gekennzeichnet waren, wurden sowohl einer leistungsorientierten als auch einer anschlußorientierten Bedrohungsbedingung ausgesetzt. Es ergab sich, daß das Ausmaß der (physiologischen) Streßreaktion dann am stärksten war, wenn sich die Bedrohungsmanipulation auf das dominierende Motiv bezog.

Die ausdrückliche Differenzierung zwischen der Antizipation eines schädigenden Ereignisses und seinem aktuellen Auftreten ist in Streßuntersuchungen aus verschiedensten inhaltlichen Bereichen vorgenommen worden. Eine besondere Bedeutung der antizipatorischen Komponente findet sich in Arbeiten über Katastrophensituationen. Im Mittelpunkt solcher Untersuchungen steht die Erfassung der Reaktionen in der Warnperiode, in der das Individuum die Konfrontation (impact) mit dem verheerenden Naturereignis antizipiert (vgl. Breznitz, 1976; Fritz & Marks, 1954; Grosser, Wechsler & Greenblatt, 1964; Janis, 1962; Janis & Mann, 1977; Whitey, 1962). Als weitere Beispiele für natürliche Streß-Situationen, in denen die Antizipation der Schädigung oder Beeinträchtigung untersucht wurde, seien erwähnt: Chirurgische Eingriffe (Cohen & Lazarus, 1973; Davies-Osterkamp, 1977; Janis, 1958), akademische Prüfungen (Becker, 1979; Becker & Schneider, 1976; Fisch, 1970; Mechanic, 1962) und Fallschirmspringen (Fenz, 1975; Ursin, Baade & Levine, 1978).

Schaden–Verlust (harm-loss) bezieht sich im Gegensatz zu den antizipierten Konfrontationen (Bedrohung) auf gegenwärtige oder bereits vergangene Ereignisse, z. B. Nichterlangen einer angestrebten beruflichen Position, Selbstwertverlust, Verlust eines Angehörigen oder körperliche Beeinträchtigungen durch Unfälle oder Krankheiten. Wie sich am Beispiel schwerkranker oder schwerbeschädigter Patienten verdeutlichen läßt, können Bewertungen der Kategorie „Schaden–Verlust“ einhergehen mit Bedrohungsbewertungen (Hamburg, Hamburg & de Goza, 1953; Visotsky, Hamburg, Gross & Lebovits, 1961). Patienten mit schweren Verbrennungen sehen sich nicht nur mit dem Verlust ihres Berufes und der Einbuße ihrer normalen Funktionstüchtigkeit konfrontiert, sondern müssen sich auch mit den antizipierten zukünftigen Implikationen ihres Zustandes auseinandersetzen. Analoge Aussagen gelten beim Verlust naher Angehöriger.

Als weitere streßbezogene Person-Umwelt-Transaktion führt Lazarus die *Herausforderung* (challenge) auf, bei der im Unterschied zur Bedrohung vor allem die Chance der erfolgreichen Bewältigung einer schwierigen oder riskanten Situation gesehen wird. Damit verbunden ist die Möglichkeit, Kompetenz und Selbständigkeit zu entwickeln oder zu steigern. Da die Herausforderung positive Erlebnisqualitäten aufweisen soll, bleibt auch für Lazarus der Streßbegriff nicht mehr länger für unlustbetonte Emotionen reserviert (vgl. die emotionsunspezifischen Streßkonzeptionen von Janke, 1974 sowie Taché & Selye, 1978). Als bisher ungeklärt erweist sich das Problem, in welchem Ausmaß die Einschätzung einer Situation als herausfordernd mit der Abwehr bedrohlicher Informationen einhergeht oder als Konsequenz dieser Abwehr zu betrachten ist (vgl. Lazarus & Launier, 1978). Von solch einem Abwehrvorgang zu unterscheiden ist der Versuch, eine zweifellos als negativ erlebte Situation positiv zu bewerten. In der Untersuchung von Houston, Bloom, Burish & Cummings (1978) wurde durch die angekündigte Variation von Schockintensitäten eine wenig und eine sehr bedrohliche Bedingung geschaffen. Die unterschiedliche Bedrohlichkeit beider Bedingungen konnte sowohl auf physiologischer als auch auf subjektiver Ebene nachgewiesen werden. Hauptergebnis war, daß die Versuchspersonen, die mit der sehr bedrohlichen Bedingung konfrontiert worden waren, das Experiment als lohnender und interessanter einstuften als die Versuchspersonen der wenig bedrohlichen Bedingung. Als Strategie zur Bewältigung von negativen Erfahrungen wurden positive Bewertungen auch im Bereich nichtexperimenteller Streßforschung, z. B. bei Patienten mit schweren Leiden, beobachtet (vgl. Bulman & Wortman, 1977; Copp, 1974).

Lazarus und Launier (1978) verstehen Schaden–Verlust, Bedrohung und Herausforderung als umfassende Kategorien primärer Bewertungsprozesse, die weiter unterteilt werden können. So läßt sich z. B. die Bedrohung auf den somatischen Bereich (physische Gefährdungssituationen) oder auf Merkmale des Selbstkonzepts beziehen (ich-involvierende oder selbstwertrelevante Streß-Situationen). Die Untersuchung des Zusammenhangs von Angstneigung und der unterschiedlichen Bewertung von Streß-Situationen beider Kategorien als bedrohlich steht im Mittelpunkt des Ansatzes von Spielberger (1972, 1975).

Die Einbeziehung von Schaden–Verlust als weitere streßbezogene primäre Bewertung stellt ohne Frage eine ebenso wichtige wie naheliegende Erweiterung der Streßtheorie von Lazarus dar, die – fixiert auf die Antizipation einer zukünftigen Konfrontation – in ihrer ursprünglichen Fassung die Behandlung der aktuellen oder bereits abgeschlossenen Konfrontation vernachlässigte. Die Subsumierung von Herausforderung unter streßbezogene Person-Umwelt-Beziehungen ist kennzeichnend für die zunehmende Tendenz in der neueren Literatur, Streß auch als Bedingung für die Entwicklung von Kompetenz und Selbstwertgefühl herauszustellen (siehe ebenfalls Mechanic, 1976).

Sekundäre Bewertungen

Liegt nach einem primären Bewertungsprozeß eine der streßbezogenen Transaktionen Bedrohung, Herausforderung oder Schaden–Verlust vor, werden Bewältigungsstrategien initiiert. Die Auswahl der Bewältigungsstrategien soll ebenfalls auf einem kognitiven Prozeß beruhen, dem sog. sekundären Bewertungsprozeß. Ohne eine solche zweite Bewertungsstufe müßte man eine starre Verbindung z. B. zwischen Bedrohung und Bewältigungsstrategien annehmen. Das würde die Frage aufwerfen, warum und unter welchen

Bedingungen z. B. Zorn an Stelle von Furcht oder intrapsychische Bewältigungsformen an Stelle von direkten Handlungen hervorgerufen werden.

„Sekundär" soll nicht bedeuten, daß dieser Bewertungsprozeß notwendigerweise dem primären folgen muß oder weniger wichtig ist. Lazarus sähe daher die von ihm eingeführten Bezeichnungen „primäre" und „sekundäre" Bewertung inzwischen gern ersetzt durch die Charakterisierung „appraisal of well-being" und „appraisal of coping resources" (vgl. Lazarus & Launier, 1978). Die beiden Bewertungsprozesse können sich zeitlich überlappen oder zusammenfallen. Kognitionen über die Auswahl von Bewältigungsformen werden auch häufig ausgelöst und gespeichert, bevor eine primäre Bewertung von Bedrohung erfolgt. Die Erwartung, bestimmte potentiell gefährliche Situationen bewältigen zu können, kann sogar die Einschätzung der Situation als bedrohlich ganz verhindern. Die sekundäre Bewertung bestimmt daher nicht nur die Art des Bewältigungsprozesses, sondern beeinflußt auch die primäre Bewertung. Andererseits wirkt sich natürlich die primäre Bewertung auf die sekundäre aus – im Regelfall schon allein durch ihren mobilisierenden Effekt.

Neubewertungen

Neubewertungen bewirken eine Änderung der ursprünglichen Bewertung. Sie basieren auf neuen Hinweisen aus der Umgebung, auf Rückmeldungen hinsichtlich der eigenen Reaktionen oder der Konsequenzen dieser Reaktionen sowie auf neuen Überlegungen. In dieser Weise wird ein Rückmeldungssystem geschaffen, das der kontinuierlichen Veränderung des Person-Umwelt-Bezugs Rechnung trägt und selbst an dieser Veränderung aktiv beteiligt ist (vgl. ähnliche Konzeptionen bei Cox, 1978; McGrath, 1982). Im Einklang mit der Annahme von Lazarus, daß über Neubewertungen die Stufen des komplexen Mediationsvorgangs wiederholt durchlaufen werden können, steht die Streßkonzeption von Janke (1974), der Streß als zeitlichen Prozeß mit wechselseitig voneinander abhängigen psycho-physiologischen Reaktionen und Verarbeitungsvorgängen betrachtet.

Von der Neubewertung als Resultat einer Rückmeldung unterscheidet Lazarus sog. *defensive* Neubewertungen (Lazarus, 1966; Lazarus & Launier, 1978). In diesem Falle wird versucht, mit der Bedrohung durch intrapsychische Manöver wie Verneinung oder Intellektualisierung fertigzuwerden. Durch eine solche selbstgenerierte Neubewertung kann eine ursprünglich bedrohliche Situation als neutral oder sogar als angenehm bewertet werden. Defensive Neubewertungen stellen eine Gruppe von Bewältigungsformen dar.

Streßbewältigung

Das Konzept der Bewältigung

Als Bewältigung (coping) bezeichnet Lazarus Anstrengungen mit externen und internen Anforderungen (sowie mit Konflikten zwischen ihnen), die die Mittel einer Person beanspruchen oder überfordern, fertig zu werden (Lazarus & Launier, 1978). Der Hinweis auf die Beanspruchung oder Überforderung von Mitteln macht deutlich, daß sich in der Auffassung von Lazarus der Begriff Bewältigung nur auf streßbezogene Transaktionen beziehen und nicht synonym mit einem umfassenden Adaptationsbegriff gebraucht werden sollte (siehe ebenso Murphy, 1974; White, 1974). Verglichen mit der von Lazarus früher zugrundegelegten Bewältigungsdefinition (Lazarus, 1966), die sich lediglich auf das Fertigwerden mit dem negativ akzentuierten Bedrohungszustand bezog, schließt die neue Definition auch Anstrengungen ein, die auf die Bewältigung einer durch positive Erlebnisqualität gekennzeichneten Transaktion (Herausforderung) abzielen.

In älteren Darstellungen meist nur als „Fußnote zur Streßtheorie" (Roskies & Lazarus, 1979) behandelt, nimmt das Bewältigungskonzept in gegenwärtigen theoretischen Ansätzen einen zentralen Platz ein. Die Art und Weise, wie jemand Streß bewältigt, scheint für die soziale Funktionstüchtigkeit und für das Entstehen von Krankheiten wichtiger zu sein als die Häufigkeit und Intensität von Streßepisoden.

In der älteren wie in der neueren Begriffsfassung wird nicht nur das flexible realitätsbezogene Problemlösen unter Bewältigung subsumiert, sondern auch der Einsatz von realitätsverzerrenden Abwehrmechanismen. Beide Prozesse müssen nach Lazarus im gleichen theoretisch-begrifflichen Kontext untersucht werden (Lazarus et al., 1974). Andere Autoren, die das begriffliche Zueinander analysieren, unterscheiden dagegen explizit zwischen Bewältigung und Abwehr (vgl. White, 1974; zusammenfassend Prystav, 1981).

Klassifikation von Bewältigungsprozessen

Mit der Unterscheidung von *direkten Handlungen* und *intrapsychischen Bewältigungsformen* hat Lazarus in früheren Darstellungen der Theorie die Modalität von Bewältigungsprozessen als Haupteinteilungskriterium gewählt. In dem neuen Klassifikationssystem von Bewältigungsprozessen (vgl. Lazarus & Launier, 1978) verlagert sich der Schwerpunkt auf zwei *Funktionen:* Änderung der gestörten Transaktion und Regulierung von Emotionen (vgl. Mechanic, 1962).

Die erste Funktion bezieht sich auf den *instrumentellen* oder *Problemlösungsaspekt* der Transaktion zwischen Person und Umwelt. Der intendierte Effekt der Bewältigungsbemühungen ist die Änderung dieser Transaktion (z. B. durch

Einwirkung auf die Umwelt). Bei der zweiten Funktion steht die Regulierung und Kontrolle der aus der Transaktion resultierenden somatischen und subjektiven Komponente der emotionalen Reaktionen im Vordergrund. Lazarus und Launier (1978) sprechen auch vom *palliativen* Aspekt. Berücksichtigt man die negative unlustbetonte Erlebnisqualität von Streßemotionen wie z. B. Angst, Furcht, Zorn, Depression, den damit verbundenen Erregungs- und Spannungszustand sowie die möglichen leistungsbeeinträchtigenden Auswirkungen, wird deutlich, welches Gewicht der Kontrolle oder Reduktion des emotionalen Zustands als Bewältigungskategorie zukommt.

Palliative Arten der Bewältigung von Streß wie Verneinung und Intellektualisierung oder Einnahme von Psychopharmaka können durchaus von adaptivem Wert sein, obwohl sie die aktuelle Beziehung zwischen Person und Umwelt nicht verändern. So ergab sich z. B. in einer Untersuchung von Cohen und Lazarus (1973) an chirurgischen Patienten, daß eine vermeidend-verleugnende Bewältigungsstrategie zu besserem Befinden in der postoperativen Phase führte als eine vigilante Bewältigungsstrategie (vgl. zusammenfassend Davies-Osterkamp, 1977). Andererseits kann palliatives Bewältigen instrumentelles Bewältigen wie das Aufsuchen eines Arztes verhindern oder verzögern. Katz, Weiner, Gallagher & Hellman (1970) ermittelten, daß bei Frauen eine vermeidend-verleugnende Bewältigungsstrategie die häufigste Reaktion auf Knoten in der Brust als Vorboten von Krebs darstellte.

Als weitere Faktoren und Unterscheidungen werden aufgeführt: *zeitliche Orientierung, thematisches Merkmal, instrumenteller Fokus* und *Bewältigungsarten* (siehe Tab. 4).

Zeitliche Orientierung und *thematisches Merkmal:* Das Bewältigen von vergangenen oder gegenwärtigen schädigenden Ereignissen (harm-loss) unterscheidet sich thematisch vom Bewältigen zukünftiger schädigender Ereignisse (threat). So müssen Schaden und Verlust überwunden und toleriert werden, während antizipierte Schädigungen Maßnahmen zur Beibehaltung des Status quo oder präventive Maßnahmen zur Abwendung oder Neutralisierung des schädigenden Ereignisses erforderlich machen. Mit der Bewertung zukünftiger Ereignisse als herausfordernd, sollen dagegen Bewältigungsprozesse verbunden sein, die zur Weiterentwicklung und Kompetenzerhöhung führen (z. B. die Ablösung Jugendlicher von ihren Eltern).

Eine weitere Unterscheidung betrifft den *instrumentellen Fokus:* Bewältigungsbemühungen können sich auf die Umgebung und/oder auf die Merkmale des Selbst (z. B. Ziele, Überzeugungen oder Gewohnheiten) richten, denn nur ein Bereich oder beide Bereiche können als verantwortlich für das gestörte Person-Umwelt-Verhältnis von der betroffenen Person interpretiert werden.

Schließlich werden als *Bewältigungsarten* (coping modes) Informationssuche, direkte Handlungen, Unterlassen von Handlungen und intrapsychisches Bewältigen aufgeführt.

Informationssuche kann dazu dienen, Hinweise für die Veränderung der Transaktion durch Handlungen zu gewinnen (instrumenteller Aspekt). Sie kann aber auch in der Absicht erfolgen, sich selbst zu beruhigen (palliativer Aspekt), wenn etwa nach einer schwierigen Entscheidung nur nach solchen Informationen gesucht wird, die die getroffene Entscheidung rechtfertigen (Janis, 1968; Janis & Mann, 1977). Die Bedeutung von Informationen für die Auslösung und Bewältigung von Streß wird in dem Sammelreferat von Averill (1979) diskutiert.

Direkte Handlungen können sich nicht nur auf die instrumentelle Funktion beziehen (z. B. Errichten eines Unterstandes als Schutz gegen Sturm), sondern auch auf die emotionsregulatorische (z. B. Entspannungsübungen, Biofeedback, Einnahme von Tranquilizern). Sie dienen der Überwindung vergangener Ereignisse (Eingehen neuer Beziehungen nach dem Verlust des Ehepartners) oder der Prävention antizipierter Schädigungen (Ausarbeitung von Plänen für das Verhalten in Katastrophensituationen).

Wirksames Bewältigen macht häufig das *Unterlassen von Handlungen* erforderlich, wenn diese etwa im Widerspruch zu gesellschaftlichen Normvorstellungen stehen. So müssen z. B. die mit Angst und Ärger einhergehenden starken Handlungsimpulse zugunsten solcher Normvorstellungen oft unterdrückt werden.

Unter die Rubrik *intrapsychische Bewältigungsformen* fallen alle kognitiven Prozesse, die darauf abzielen, emotionale Prozesse zu regulieren oder zu kontrollieren. Hierzu zählen die bekannten Abwehrmechanismen wie z. B. Verneinung, Isolierung, Intellektualisierung (vgl. Tucker, 1970). Intrapsychische Bewältigungsformen können auch eine instrumentelle Funktion ausüben, wenn z. B. mit Hilfe von Selbstinstruktionen (vgl. Meichenbaum, 1977) die Angst während eines öffentlichen Vortrags reduziert wird. Gerade in jüngster Zeit konnten Verhaltenstherapeuten gestützt auf sog. kognitive Methoden der Verhaltensänderung demonstrieren, daß die Modifikation von Selbstaussagen eine besonders effektive Form der Streßbewältigung darstellt (z. B. Holroyd, 1976; Goldfried & Goldfried, 1975; Goldfried, Linehan & Smith, 1978).

Wie in Tabelle 4 dargestellt, sind die vier Bewältigungsarten mit jedem der bisher aufgeführten Klassifikationsmerkmale faktoriell verbunden, d. h. sie können instrumentell oder emotionsregulatorisch (palliativ) bei vergangenen und gegenwärtigen oder zukünftigen Ereignissen eingesetzt werden und dabei auf die Merkmale des Selbst oder der Umgebung gerichtet sein.

Tabelle 4: Klassifikation von Bewältigungsprozessen

Zeitliche Orientierung	Vergangenheit – Gegenwart		Zukunft	
	Instrumentell	*Palliativ*	*Instrumentell*	*Palliativ*
Instrumenteller Fokus: Selbst	1. Informationssuche 2. Direkte Handlung 3. Unterlassen der Handlung 4. Intrapsychisch	1. Informationssuche 2. Direkte Handlung 3. Unterlassen der Handlung 4. Intrapsychisch	1. Informationssuche 2. Direkte Handlung 3. Unterlassen der Handlung 4. Intrapsychisch	1. Informationssuche 2. Direkte Handlung 3. Unterlassen der Handlung 4. Intrapsychisch
Instrumenteller Fokus: Umgebung	1. Informationssuche 2. Direkte Handlung 3. Unterlassen der Handlung 4. Intrapsychisch	1. Informationssuche 2. Direkte Handlung 3. Unterlassen der Handlung 4. Intrapsychisch	1. Informationssuche 2. Direkte Handlung 3. Unterlassen der Handlung 4. Intrapsychisch	1. Informationssuche 2. Direkte Handlung 3. Unterlassen der Handlung 4. Intrapsychisch
Bewertung	Schaden-Verlust		Bedrohung oder Herausforderung	
Thematisches Merkmal	Überwinden, Tolerieren		Präventive oder entwicklungsbezogene Prozesse	

Person- und Umweltfaktoren als Antezedenzbedingungen

Auf Bewertungsprozesse basierende Streßkonzeptionen wie der Ansatz von Lazarus sehen sich häufig dem Vorwurf des Zirkelschlusses ausgesetzt:

„One of the criticisms of this cognitive-phenomenological approach is that it is circular; that is, we cannot predict the appraised relationship before the fact. If all we do is *describe* the appraisal after the fact, say, by asking the person or inferring the appraisal from the stress response, this is a valid criticism. In speaking of harm-loss or threat, for example, we are only attempting to describe the hypothetical psychological relationship that underlies the observed pattern of reaction, not explain or predict it" (Lazarus & Launier, 1978, S. 288).

Die deskriptive Analyse (als frühes Forschungsstadium) soll nach Lazarus jedoch die Basis darstellen für die Auswahl beobachtbarer antezedenter oder kausaler Variablen, von denen Bewertungsprozesse abhängen (vgl. die Diskussion bei Wichman, 1978). Die Spezifizierung von antezedenten Person- und Umweltvariablen (bzw. von Aussagen über deren Interaktion) gehört somit ebenso zu den Zielen des theoretischen Ansatzes von Lazarus wie die Beschreibung von kognitiven Prozessen.

In der 1966 erschienenen Buchmonographie und in neueren Darstellungen seiner Theorie gibt Lazarus an, welche antezedenten Bedingungen die Vorhersage einer Bedrohungsbewertung gestatten sollen. In bezug auf die Stimuluskonfiguration führt er z. B. Unmittelbarkeit der bevorstehenden Konfrontation (Epstein, 1962; Monat, 1976), Mehrdeutigkeit von Hinweisreizen (Folkman et al., 1979) und Kontrollierbarkeit bzw. Hilflosigkeit (Glass & Singer, 1972; Houston, 1972) an. Auf der Personenseite nennt er u. a. Stärke und Muster von Motiven (Vogel et al., 1959) sowie generalisierte Erwartungen über das Verhältnis zur Umwelt (Bandura, 1977; Ellis, 1962; Lefcourt, 1976; Rotter, 1966, 1978; Sarason, 1975).

Welche einzelnen situativen und personbezogenen Faktoren Einfluß nehmen auf die Bewertung einer Person-Umwelt-Transaktion als *bedrohlich* oder *herausfordernd*, hat Lazarus in der neuesten Darstellung seiner Theorie bisher nicht spezifiziert (vgl.Lazarus & Launier, 1978). Besondere Bedeutung auf der Personseite soll den schon erwähnten generalisierten Erwartungen über sich selbst und über die Umwelt zukommen.

Auch die der Auswahl von Bewältigungsstrategien zugrundeliegende sekundäre Bewertung soll von Faktoren der Stimuluskonfiguration und personspezifischen Faktoren beeinflußt werden. Drei aus der Stimuluskonfiguration stammende Faktoren zählt Lazarus (1966) auf: die Lokalisierbarkeit der Gefahrenquelle, die Effizienz der zur Verfügung stehenden Bewältigungsmaßnahmen in bezug auf die Bedrohungsreduzierung sowie situative Zwänge. Als wichtige Persönlichkeitsvariablen werden genannt: Motivmuster, Ichstärke, Bewältigungsdispositionen und generalisierte Erwartungen über die Umwelt und über die eigenen Bewältigungsmöglichkeiten.

In der neuesten Theorieversion erwähnen Lazarus und Launier (1978) vier aus der Umgebung stammende Faktoren, von denen angenommen wird, daß sie die Auswahl der Bewältigungsarten beeinflussen: Grad der Ungewißheit (Monat, 1976; Monat, Averill & Lazarus, 1972), Grad der Bedrohung (Folkins, 1970), Vorliegen eines Konflikts und Grad der Hilf- bzw. Hoffnungslosigkeit (Beck, 1976; Seligman, 1975). Die Autoren heben hervor, daß diese vier Faktoren als Resultat von Bewertungsprozessen anzusehen sind, wobei die Übereinstimmung zwischen Bewertung und Realität für die meisten Personen recht groß sein soll. Bei der Diskussion von Persönlichkeitsvariablen, die Einfluß auf den sekundären Bewertungsprozeß nehmen, wird besonders die Bedeutung allgemeiner und spezifischer Überzeugungen (vgl. Folkman et al., 1979) betont.

Die Auflistung wichtiger antezedenter Faktoren auf den vorangegangenen Seiten soll im nächsten Abschnitt durch eine Darstellung theoretisch bedeutsamer Untersuchungen zu einzelnen der genannten Faktoren ergänzt werden.

Experimentelle Untersuchungen

Besonders vier Forschungsstrategien sind zur Untersuchung der Auswirkung von Bewertungsprozessen eingesetzt worden (vgl. Lazarus et al., 1971; 1974): 1. indirekte Manipulation von Bewertungsprozessen, 2. direkte Manipulation von Bewertungsprozessen, 3. Verwendung von erlebnisdeskriptiven Angaben als Indikatoren für Bewertungsprozesse, 4. Selektion dispositioneller Variablen, von denen Bewertungsprozesse abhängen. In den folgenden Untersuchungen werden die unter Punkt 3 und 4 aufgeführten Forschungsstrategien im Rahmen der ersten beiden eingesetzt.

Indirekte Manipulation von Bewertungsprozessen

Bei dieser Forschungsstrategie werden Umweltfaktoren manipuliert, von denen vermutet wird, daß sie kausalen Einfluß auf Bewertungsprozesse nehmen. Die von Lazarus theoretisch privilegierten antezedenten Umweltfaktoren sind im vorangehenden Kapitel genannt worden.

Die nachfolgenden Untersuchungen beziehen sich auf die Entstehungsbedingungen von *antizipatorischen* Streßreaktionen, d. h. auf Reaktionen, die vor der Konfrontation mit dem Stressor auftreten. Sie werden nach Lazarus als Funktion von in der Antizipationsphase ablaufenden Bedrohungsbewertungen und darauf bezogenen Bewältigungsprozessen aufgefaßt, die wiederum von bestimmten Merkmalen der Stimuluskonfiguration abhängen wie z. B. der *Ungewißheit über den Zeitpunkt der Konfrontation*, der *Ungewißheit über die Wahrscheinlichkeit der Konfrontation* und der *Antizipationsdauer* (siehe Abschnitt 6). Den im folgenden dargestellten Experimenten ist gemeinsam, daß direkte Bewältigungsformen wie z. B. Angriff oder Flucht durch die Versuchsanordnung praktisch ausgeschlossen waren, so daß die Versuchspersonen auf intrapsychische Bewältigungsprozesse wie z. B. Vigilanz und Vermeidung ausweichen mußten.

Ungewißheit über den Zeitpunkt und die Wahrscheinlichkeit der Konfrontation: Die Auswirkung beider Arten von Ungewißheit wurde von Monat et al. (1972) untersucht. Die erste Fragestellung des Experiments war, ob Unsicherheit über den Auftretenszeitpunkt des schädigenden Reizes zu anderen Reaktionen führt als zeitliche Gewißheit. Eine zweite Fragestellung betraf die Abhängigkeit der antizipatorischen Streßreaktionen von der Auftretenswahrscheinlichkeit des schädigenden Reizes bei Bekanntheit des Auftretenszeitpunktes. Unter einer Bedingung wurden die Versuchspersonen instruiert, daß ein Schock am Ende eines Drei-Minuten-Intervalls mit einer Wahrscheinlichkeit von 100 % auftreten würde (zeitliche Gewißheit und Ereignisgewißheit). Unter einer zweiten Bedingung wurden die Versuchspersonen darüber informiert, daß ihnen am Ende des Intervalls mit 50 % Wahrscheinlichkeit ein Schock dargeboten würde (zeitliche Gewißheit/Ereignisungewißheit). Die Versuchspersonen unter der dritten Bedingung wurden instruiert, daß ein Schock irgendwann innerhalb von 0–6 Minuten auftreten würde (zeitliche Ungewißheit/Ereignisgewißheit). Tatsächlich wurde der Schock nach drei Minuten appliziert.

Bei den physiologischen Indikatoren (Pulsfrequenz und galvanische Hautreaktion) ergab sich für sämtliche Bedingungen mit zeitlicher Gewißheit ein u-förmiger Verlauf: Auf einen Anstieg zu Beginn der Antizipationsperiode folgte ein allmähliches Absinken der Werte, an das sich eine Erhöhung kurz vor dem erwarteten Schock anschloß. Dagegen wurde unter der Bedingung „Zeitliche Ungewißheit/Ereignisgewißheit“ ein kontinuierlicher Erregungsabfall beobachtet. Die mit Hilfe einer Eigenschaftswörterliste erfaßten Werte auf der Dimension „Entspannung–Spannung“ wiesen für die Bedingungen mit zeitlicher Gewißheit ein ähnliches Verlaufsmuster wie bei den physiologischen Variablen auf. Bei der Bedingung „Zeitliche Ungewißheit/Ereignisgewißheit“ ergab sich im ersten Drittel des Drei-Minuten-Intervalls ein höherer Wert, im letzten Drittel ein niedrigerer Wert als bei den übrigen Bedingungen. Die Erfassung intrapsychischer Bewältigungsprozesse im Rahmen einer Nachbefragung konzentrierte sich auf die Kategorien Vermeidung (z. B. „Ich habe an Dinge gedacht, die nichts mit dem Experiment zu tun haben.“) und Vigilanz (z. B. „Ich dachte daran, wann der Schock auftreten würde.“). Die Bedingungen, bei denen die Versuchspersonen wußten, wann der Schock auftreten würde, bewirkten mit zunehmender zeitlicher Annäherung an die Schockdarbietung eine häufigere Verwendung vigilanzbezogener Bewältigungsreaktionen. Dagegen führte die Ungewißheit über den Zeitpunkt der Schockdarbietung im Laufe der Antizipationsperiode zu einer Zunahme vermeidungsbezogener Bewältigungsreaktionen.

Aus dieser Konstellation von Ereignissen folgern die Autoren, daß Ungewißheit über den Auftretenszeitpunkt des schädigenden Ereignisses zu Beginn der Antizipationsperiode als bedrohlicher beurteilt wird als Gewißheit. Die zeitliche Ungewißheit soll jedoch den Einsatz vermeidensbezogener Bewältigungsprozesse fördern, die schließlich eine Reduzierung der Streßreaktionen bewirken. Umgekehrt soll gelten, daß die genaue Kenntnis des Zeitpunkts der Schockdarbietung – unabhängig von der Wahrscheinlichkeit der Darbietung – im Laufe der Zeit zu einer Zunahme vigilanter Bewältigungsreaktionen führt, die eine Erhöhung der Streßreaktionen bewirken. Die in dieser Interpretation zum Ausdruck gebrachte kausale Beziehung zwischen dem Modus der Bewältigungsstrategie und der Intensität der Streßreaktion stellt allerdings nur eine Möglichkeit dar, die ermittelten Ergebnisse zu erklären (vgl. Krohne, 1976;

Monat, 1976). Houston und Holmes (1974) weisen auf folgende alternative Interpretation hin: Versuchspersonen, die aus irgendwelchen Gründen wenig erregt sind, können sich eher auf nicht gefahrbezogene gedankliche Inhalte konzentrieren, weil ihre geringe Erregung es ihnen erlaubt, sich anderen als den für sie weniger bedeutsamen gefahrbezogenen Themen zuzuwenden.

Eine Schwierigkeit stellt auch die Abhängigkeit der Ergebnisse solcher Untersuchungen von der Operationalisierung vigilanter und vermeidender Bewältigungsprozesse dar. Anstelle erlebnisdeskriptiver Indikatoren für Vigilanz und Vermeiden benutzten Averill und Rosen (1972) einen Verhaltensindikator. In ihrer Untersuchung konnten die Versuchspersonen während der Wartezeit auf einen zeitlich ungewissen Schock zwischen der Möglichkeit wählen, einige Sekunden vor der Schockdarbietung ein Warnsignal zu erhalten (Vigilanz), und der Möglichkeit, statt dessen Musik zu hören (nonvigilance). Im Gegensatz zu den Ergebnissen von Monat et al. (1972) ging nichtvigilante Bewältigung mit physiologischen Reaktionen stärkerer Intensität einher.

Antizipationsdauer: Aufbauend auf der Untersuchung von Monat et al. (1972) hat Monat (1976) ein Experiment durchgeführt, bei dem sowohl die zeitliche Ungewißheit als auch die Antizipationsdauer (1, 3, 12 Minuten) variiert wurden. In bezug auf die Bedingung der zeitlichen Ungewißheit entsprechen die Befunde für die physiologischen Indikatoren und für die Selbstbeurteilung der Erregung weitgehend denjenigen der ersten Untersuchung. Es ergab sich allerdings eine Abhängigkeit der Ergebnisse von der Dauer der Antizipationsperiode. Die dargestellten Unterschiede zwischen den Verläufen beider physiologischen Variablen für zeitliche Gewißheit (u-förmiger Verlauf) und für zeitliche Ungewißheit (kontinuierliche Abnahme) manifestierten sich bei einer Antizipationsdauer von 3 und von 12 Minuten, nicht jedoch bei 1 Minute. Außerdem zeigte der Haupteffekt für die Antizipationsdauer, daß die physiologischen und subjektiven Streßreaktionen mit zunehmender Antizipationsdauer abnahmen. Seiner kognitiven Bewältigungsinterpretation folgend nimmt Monat an, daß die unterschiedlichen Antizipationsperioden verschiedene Bewältigungsprozesse hervorrufen, die ihrerseits die Streßreaktionen beeinflussen. Zur Stützung dieser Annahme läßt sich das Ergebnis heranziehen, daß die Häufigkeit schockbezogener Gedanken mit zunehmender Antizipationsdauer den Berichten der Versuchspersonen zufolge abnahm.

Die Ergebnisse der Untersuchung von Monat (1976) in bezug auf die Bedingung der zeitlichen Gewißheit befinden sich in genereller Übereinstimmung mit den Befunden von Folkins (1970), der bei einer Antizipationsdauer von einer Minute intensivere Reaktionen auf eine Schockankündigung bei den Variablen Hautleitfähigkeit und Pulsfrequenz beobachtete als bei kürzeren (5 Sekunden) und längeren (3 und 5 Minuten) Intervallen. Bei dem 20-Minuten-Intervall ergab sich wieder eine Erhöhung der Hautleitfähigkeit (nicht jedoch der Pulsfrequenz). Der gleiche kubische Trend zeigte sich – wenn auch weniger deutlich – bei den subjektiven Streßreaktionen (Selbsteinschätzung von Angst und Angespanntheit). Außerdem kovariierte die Intensität der physiologischen Streßreaktionen mit der Güte der Bewältigungsprozesse, die aufgrund einer postexperimentellen Befragung erschlossen wurden. So ließen sich bei Antizipationsintervallen, die nur vergleichsweise geringe Streßreaktionen hervorriefen (5 Sekunden, 3 und 5 Minuten) häufiger flexible, realitätsbezogene Bewältigungsmechanismen nachweisen als bei den Intervallen von 30 Sekunden und 20 Minuten, die häufiger zum Einsatz nichteffizienter Mechanismen führten. Lazarus und Launier (1978) sehen in diesem Ergebnis eine Entsprechung zu dem im klinischen Bereich beobachteten Zusammenhang zwischen dem Grad der Bedrohung und der Primitivität der Bewältigungsversuche.

Wie Folkins (1970) und Lazarus (1968) ausführen, wird bei den vorgegebenen Antizipationsperioden geringer Dauer die Bedrohlichkeit des angekündigten aversiven Reizes vermutlich nicht erkannt. Schon bei etwas längeren Intervallen (zwischen 30 und 60 Sekunden) wird die Bedrohlichkeit voll realisiert, ohne daß genug Zeit für adäquate Bewältigungsmaßnahmen zur Verfügung steht (vgl. ebenfalls Nomikos, Opton, Averill & Lazarus, 1968). Daher führt diese Bedingung zu besonders intensiven Streßreaktionen. Bei längeren Intervallen (3 und 5 Minuten) sind die Versuchspersonen dagegen in der Lage, die Situation *neu zu bewerten.* So kann sich etwa die Versuchsperson selbst versichern, daß der zu erwartende Schock nicht allzu schmerzhaft sein könne, z. B. weil es Universitätsangehörigen nicht erlaubt sei, Schocks hoher Intensität zu applizieren. Bei einer Antizipationsdauer von 20 Minuten schließlich mag sich die Versuchsperson u. a. mit dem Gedanken beschäftigen, ob ein Ereignis, auf das man so lange wartet, wirklich harmlos sein könne (vgl. Folkins, 1970).

Die experimentell gewonnenen Resultate lassen sich mit jenen einer Reihe von Felduntersuchungen vergleichen, in denen die Streß- und Bewältigungsreaktionen vor der aktuellen Konfrontation mit den unterschiedlichsten Stressoren erfaßt wurden. Als Voraussetzung für den Einsatz wirksamer Bewältigungsstrategien erwies sich auch in diesen Untersuchungen eine bestimmte Wartezeit zwischen Ankündigung und Eintreffen des schädigenden Ereignisses. So berichteten Fritz und Marks (1954), daß Tornadowarnungen, die in einem Zeitraum von weniger als einer Minute vor dessen Einsetzen erfolgten, größere Störungen effektiven Verhaltens bewirkten als gar keine oder früher eingetroffene Warnungen. Die in der Absicht, sich zu schützen, durchgeführten Handlungen unmittelbar vor dem Einbruch des Tornados erwiesen sich als vollkommen ungeeignet und gefahrerhöhend. Im Rahmen ihres Konfliktmodells der Entscheidung in Katastrophensituationen betrachten Janis und Mann (1977) dieses von hoher Erregung begleitete Panikverhalten als Konsequenz eines hypervigilanten Bewältigungsprozesses, der typischerweise ausgelöst wird, wenn zu wenig Zeit für die Auswahl wirksamer Gegenmaßnahmen zur Verfügung steht.

Manipulation von Bewältigungsstrategien: Der Einwand, daß durch die Anlage der Experimente von Folkins (1970) sowie Monat et al. (1972) eine Beziehung zwischen Bewältigungsstrategie als unabhängiger Variable und Ausmaß der Streßreaktion als abhängiger Variable bei der Interpretation der Befunde nicht vorausgesetzt werden könne, diente Houston und Holmes (1974) als Anlaß, eine Untersuchung durchzuführen, in der angestrebt wurde, Bewältigungsstrategien in der Antizipationsperiode experimentell zu manipulieren. Unter einer Bedingung wurden die Versuchspersonen zunächst instruiert, daß irgendwann innerhalb einer Zwei-Minuten-Periode ein oder mehrere Schocks appliziert werden würden. Die Hälfte der Versuchspersonen mußte dann in diesem Zeitraum eine Kurzgeschichte lesen (avoidant-thinking), während die andere Hälfte lediglich gebeten wurde, in dem Zwei-Minuten-Zeitraum ruhig sitzen zu bleiben (nonavoidant-thinking). Hauptergebnis war, daß die Bedingung „avoidant thinking" zu intensiveren Streßreaktionen führte als die Kontrollbedingung. Die Autoren führen die Streßreduktion der Kontrollbedingung auf die Möglichkeit zurück, die Situation in der Wartezeit neu zu bewerten, während die starke kognitive Inanspruchnahme beim Lesen der Geschichte Neubewertungen im Falle der avoidant thinking-Bedingung ausschloß.

Auf die im Vergleich zur Untersuchung von Monat et al. (1972) gegensätzlichen Befunde eingehend, heben Houston und Holmes hervor, daß möglicherweise die Manipulation der kognitiven Aktivität nicht den gleichen Zustand hervorruft wie die von den Versuchspersonen selbstgenerierten vermeidensbezogenen Kognitionen.

In einem auf der Untersuchung von Houston und Holmes (1974) aufbauenden Experiment von Bloom, Houston, Holmes und Burish (1977) wurden den Versuchspersonen nach der Ankündigung, daß sie im Laufe des Experiments mehrere schmerzhafte Schocks erhalten würden, ein Probeschock appliziert, wodurch eine *eindeutige* (nonambiguous) bedrohliche Situation geschaffen werden sollte. Dagegen war in der früheren Untersuchung von Houston und Holmes (1974) keine Probeschockvergabe erfolgt, wodurch eine *nicht eindeutige* bedrohliche Situation etabliert worden war. Zwei Bewältigungsstrategien wurden vorgegeben: Neubewertung der Streß-Situation als nicht streßinduzierend (= situative Redefinition) und Fokussieren der Aufmerksamkeit auf neutrale oder angenehme Reize (= Aufmerksamkeitsablenkung, in früheren Untersuchungen auch als avoidant thinking bezeichnet). Unter der Bedingung „situative Redefinition" mußten die Versuchspersonen während der Wartezeit die Gründe niederschreiben, warum sie die Schockvergabe nicht als beunruhigend und bedrohlich empfänden. Unter der Bedingung der Aufmerksamkeitsablenkung lasen die Versuchspersonen während der Wartezeit eine Geschichte, wobei ihnen angekündigt wurde, daß sie später die Geschichte im Hinblick auf ihre Unterhaltsamkeit zu beurteilen und zu modifizieren hätten. Aufmerksamkeitsablenkung führte zu niedrigeren physiologischen Streßreaktionen als die Bedingung „situative Redefinition" und die Kontrollbedingung, bei der keine

Bewältigungsstrategie induziert worden war. Den streßreduzierenden Effekt der Aufmerksamkeitsablenkung, den Houston und Holmes (1974) nicht nachweisen konnten, führen Bloom et al. (1977) auf aktivere Involvierung der Versuchspersonen, die lesen und bewerten mußten, und auf die Eindeutigkeit der bedrohlichen Situation zurück. Redefinition oder Neubewerten scheint dagegen eher bei bedrohlichen Situationen mit mehrdeutigem Charakter eine wirksame Bewältigungsstrategie darzustellen, wie die Untersuchungen von Holmes und Houston (1974) zeigen.

Direkte Manipulation von Bewertungsprozessen

Bei dieser Forschungsstrategie wird versucht, durch verbale Hinweise (Instruktion, Kommentare etc.) Bewertungsprozesse direkt zu beeinflussen. Ein großer Teil der berühmt gewordenen Untersuchungen von Lazarus und seiner Arbeitsgruppe, in denen Filme bedrohlichen Inhalts (Beschneidungsriten, Unfälle im Sägewerk) zur Streßinduktion eingesetzt wurden, basiert auf dieser Methode.

Eine der wichtigsten Arbeiten stammt von Speisman, Lazarus, Mordkoff & Davison (1964). Der Film, der den Versuchspersonen vorgeführt wurde, hatte die Darstellung eines Beschneidungsritus bei australischen Ureinwohnern zum Inhalt. Dabei wurden mit einem Steinmesser Penis und Skrotum jugendlicher Stammesmitglieder eingeschnitten. Die Bewertung dieser Filmereignisse wurde manipuliert durch drei unterschiedliche Filmkommentare: Betonung der bedrohlichen Filmelemente (Traumabedingung), Charakterisierung der Vorgänge als harmlos und Hervorhebung der für die Jugendlichen positiven Aspekte des Rituals (Verneinung; genau genommen: Verneinung und Reaktionsbildung), Kommentierung der Ereignisse in distanzierter wissenschaftlicher Manier (Intellektualisierung). Es ergab sich, daß die Traumabedingung im Vergleich zu einer Kontrollbedingung (Stummfilm) eine Erhöhung physiologischer und subjektiver Streßreaktionen bewirkte, während Verneinung und Intellektualisierung zu einer Reduzierung der Streßreaktionen führten. Das Ausmaß der Streßreduktion war dabei abhängig von Persönlichkeitsmerkmalen. Bei Versuchspersonen, die als habituelle „Verneiner" klassifiziert worden waren, erwies sich die Streßreduktion in der Intellektualisierungsbedingung als geringer als in der Verneinungsbedingung. Ein analoges Reaktionsmuster ergab sich bei den „Intellektualisierern".

In einer nachfolgenden Untersuchung (Lazarus & Alfert, 1964) wurde ermittelt, daß eine vor der Filmdarbietung gegebene Instruktion vom Typus Verneinung die Streßreaktionen stärker herabsetzte als der von Speisman et al. (1964) dargebotene Filmkommentar gleichen Inhalts. Die Bedrohung erscheint in diesem Experiment durch die Instruktion „kurzgeschlossen". Anders als der filmbegleitende Kommentar erlaubt die dem Film vorangehende Instruktion eine Vorbereitung auf den Film, die das Entstehen einer Bedrohungsbewertung verhindert. Wie in der Untersuchung von Speisman et al. (1964) ergab sich eine Abhängigkeit der streßreduzierenden Behandlung von dispositionellen Bewältigungsstilen. Weitere Arbeiten zum Thema „short-circuiting of threat" stammen von Folkins, Lawson, Opton & Lazarus (1968) sowie von Lazarus, Opton, Nomikos & Rankin (1965).

Ohne Zweifel machen die zitierten Untersuchungen plausibel, daß Bewertungsprozesse das Ausmaß von Streßreaktionen bestimmen. Unklar bleibt jedoch, inwieweit die Ergebnisse auf primäre Bedrohungsbewertungen oder auf defensive Neubewertungen (wie Verneinung und Intellektualisierung) zurückgeführt werden können. Holmes & Houston (1974) kritisieren zu Recht, daß die Verneinungsbedingung in der Untersuchung von Speisman et al. (1964) eine Bedrohungsbewertung von Anfang an verhindert, da der Filminhalt als harmlos hingestellt und die Freude der betroffenen Jugendlichen über das Ritual hervorgehoben werde: „... rather than presenting the subjects in the denial condition with a stressful situation and determining whether by reappraising the situation the subjects could reduce stress, the investigators merely presented the subjects in the denial condition with a less stressful situation" (Holmes & Houston, 1974, S. 212).

Die Untersuchung der Auswirkung von defensiven Neubewertungen setzt demnach die Herstellung eines bedrohlichen Zustands voraus. Ähnlich lautet die Kritik im Falle der Intellektualisierungsbedingung.

Kritik am Laborexperiment

Die dargestellten Experimente lassen eine Reihe methodischer Probleme erkennen, die typischerweise mit der Überprüfung kognitiver Streßtheorien verbunden sind. Als besonders gravierendes Problem erweist sich die Überprüfung der im Modell von Lazarus angenommenen zeitlichen Abfolge von Bewertungsprozessen, Bewältigungsstrategien und Streßreaktionen. Berücksichtigt man zudem die Gegensätzlichkeit einiger Befunde als Folge unterschiedlicher Operationalisierungstechniken, so wird deutlich, wie weit das Ziel der angestrebten Vorhersage von Streßreaktionen auf der Grundlage variierter Antezedenzbedingungen selbst unter den günstigen Bedingungen des Labors noch entfernt liegt.

Die von Lazarus und seinen Mitarbeitern eingesetzten laborexperimentellen Forschungsstrategien sind von anderen Autoren modifiziert worden und haben eine Reihe methodisch sehr sorgfältig angelegter Experimente stimuliert (z. B. Neufeld, 1975, 1976). Orientiert an ökologisch-psychologischen Forschungsprogrammen (vgl. Willems & Raush, 1969) sieht Lazarus, der auf eine intensive und theoretisch fruchtbare Forschungsaktivität im Labor zurückblickt, den möglichen Ertrag laborexperimenteller Streßforschung inzwischen als gering an. Die im folgenden komprimiert dargestellten vier Schwächen laborexperimenteller Streßforschung (vgl. Lazarus & Launier, 1978) unterstreichen für

Lazarus die Notwendigkeit des Einsatzes naturalistischer Feldforschungstechniken:

1. Laborexperimente erlauben es nicht, Informationen über die Ursachen von Streß und den Einsatz von Bewältigungsstrategien im täglichen Leben zu gewinnen. Nicht nur einschneidende dramatische Ereignisse entziehen sich einer experimentellen Realisierung, sondern auch die wesentlich häufiger vorkommenden Streßepisoden geringer Intensität, die in ihrer Banalität kennzeichnend für den normalen Alltag sind („Mikrostressoren", McLean, 1976).

2. Laborexperimente gestatten keine Aussagen über längerfristige Effekte von Streß und Streßbewältigung im somatischen, psychischen oder sozialen Bereich. Gestützt auf die nur kurzzeitig eingesetzten experimentellen Stressoren ist es z. B. nicht möglich, krankheitsverursachende Auswirkungen von Streß zu analysieren. Das Entstehen von Fehlregulationen oder Krankheiten kann nur mit Hilfe von längere Zeiträume umfassenden Feldstudien verfolgt werden, wobei die somatischen Veränderungen gleichzeitig mit den kausalen psychischen und sozialen Prozessen untersucht werden.

3. Das vielgerühmte Kriterium des Laborexperiments, die präzise Kontrolle von Störvariablen, wird in der experimentellen Realität häufig nicht erreicht, wie sich an Vl-Effekten und Aufforderungscharakteristiken demonstrieren läßt.

4. Praktische und ethische Gründe verbieten das Herstellen von experimentellen Streß-Situationen, die in Qualität und Intensität dem realen Leben entsprechen. Die üblichen Laboratoriumsstressoren stellen „blasse Schatten" von „real life"-Stressoren dar, so daß die externe Validität experimenteller Befunde als sehr gering eingeschätzt werden muß.

Zumindest im Hinblick auf Punkt 3 und 4 erweist sich die Argumentation von Lazarus als überzogen. Wie die Diskussion um Forschungsartefakte im Experiment gezeigt hat (vgl. Gniech, 1976; Rosenthal, 1976), rechtfertigt das mögliche Auftreten von Vl-Effekten, Aufforderungscharakteristiken, reaktiven Effekten etc. keinesfalls den Verzicht auf die Methode des Laborexperiments in der Streßforschung (vgl. McGrath, 1970, 1982).

Das unter Punkt 4 angesprochene Problem der „Lebensnähe" experimenteller Streß-Situationen kann nur bei Berücksichtigung der spezifischen Gegebenheiten unterschiedlicher Stressorenbereiche behandelt werden. Ohne Frage ist es z. B. möglich, im Labor Streß-Situationen zu erzeugen, die selbst bei Berücksichtigung forschungsethischer Prinzipien gelungene Entsprechungen ihrer Vorbilder in natürlichen Situationen darstellen. Hier wäre besonders auf die Kategorie ich-involvierender oder selbstwertrelevanter Streß-Situationen (z. B. „freies Sprechen", vgl. Lamb, 1973) hinzuweisen. Wie die Befunde der von der „Trait-State Anxiety Theory" (Spielberger, 1972, 1975) angeregten Untersuchungen zeigen, können künstliche Untersuchungsmilieus natürlichen Settings durchaus im selbstwertbezogenen Anregungsgrad entsprechen.

Transaktionale Streßkonzeption und methodische Neuorientierung

Mit der kürzlich begonnenen Ausarbeitung einer transaktionalen Streßkonzeption und der damit verbundenen Kritik „konventioneller" Streßforschung hat Lazarus Prinzipien für die zukünftige Streßforschung aufgestellt, die nur zum Teil eine Weiterentwicklung von bisher vertretenen Auffassungen darstellen. Besonders die Kritik am interaktionistischen Ansatz und an laborexperimentell orientierten Forschungsstrategien weist auf ein deutliches Abrücken von früher eingenommenen theoretischen und methodischen Prinzipien hin (vgl. Lazarus, 1980; Lazarus & Launier, 1978).

Reziprokes Verursachungsmodell

Der Mehrzahl interaktionistischer Streß- und Angstkonzeptionen liegt zweifellos ein an der Methode der Varianzanalyse orientiertes unidirektionales Ursache-Wirkung-Modell zugrunde, bei dem die Interaktion von Situation und Disposition als verhaltensbestimmend aufgefaßt wird. Als angemessener für eine Streßkonzeption, die sich besonders auf natürliche Streß-Situationen beziehen soll, betrachtet Lazarus ein reziprokes Verursachungsmodell, nach dem nicht nur die Umwelt auf das Verhalten der Person einwirkt, sondern auch die Umwelt durch die aktiv handelnden Personen beeinflußt und verändert wird. Fast alle Person-Umwelt-Relationen ließen sich als solche gegenseitigen Beeinflussungen von Person und Umwelt auffassen:

„... most or perhaps even all adaptive transactions involve two way cause-and-effect relationships via a complex set of feedback processes. The environment is perceived and interpreted – or as we would put it, appraised – leading to adaptive or coping processes arising out of the person's own personal agendas; the effects of these processes on the environment are also appraised and reacted to in an interplay whose status is constantly changing in a continuous flow" (Lazarus & Cohen, 1978, S. 114).

Lazarus übernimmt die Terminologie von Pervin (1968), der vorschlägt, nur beim ersten Modell von *Interaktion*, beim zweiten dagegen von *Transaktion* zu sprechen. In der einschlägigen Literatur über Analysemethoden ist die Gegenüberstellung von *rekursiven* und *nichtrekursiven* Modellen üblich (vgl. Namboodiri, Carter & Blalock, 1975). Über die Anwendung von Analysemethoden für nichtrekursive Modelle und reziproke Verursachungen in der Angst- und Streßforschung berichtet Hodapp (1982).

Prozeßerfassung

Als weiteres Kennzeichen der transaktionalen Streßkonzeption von Lazarus erweist sich die kritische Distanz zu dispositionsorientierten Ansätzen und die damit verbundene Bevorzugung der Deskription aktuell ablaufender Prozesse an Stelle der Untersuchungen statischer Person-Umwelt-Beziehungen. So kritisiert Lazarus am Modell des Interaktionismus, daß es den aktuellen Prozeß der Person-Umwelt-Beziehung nicht berücksichtige, da nur statische oder strukturelle Variablen (z. B. ein einziges Maß für eine als stabil aufgefaßte Eigenschaft der Person oder der Situation) erfaßt würden. Eine nachgewiesene (statistische) Interaktion werde dann, ohne daß entsprechende Beobachtungen vorlägen, gleichgesetzt mit einem faktischen Interaktionsprozeß.

Die Überlegenheit einer an Prozessen orientierten Forschungsstrategie illustriert Lazarus anhand der Ergebnisse einer eigenen Untersuchung (Cohen & Lazarus, 1973), in der bei chirurgischen Patienten die Beziehung zwischen Bewältigungsstrategien und postoperativem Befinden ermittelt wurde. Die Bewältigungsstrategien *Vermeidung* und *Vigilanz* wurden sowohl dispositions- als auch prozeßbezogen erfaßt. Als dispositionelle Variable diente u. a. eine modifizierte Repression-Sensitization-Skala (vgl. Byrne, 1964; Krohne, 1975, 1978). Das Prozeßmaß für die vigilante bzw. vermeidende Bewältigungsstrategie wurde dagegen auf der Basis eines präoperativen Interviews gewonnen. Die eingesetzte Bewältigungsstrategie wurde als *vermeidend* klassifiziert, wenn der Patient wenig über seine Krankheit sowie über die Art des bevorstehenden Eingriffs wußte und nicht bereit war, über diese Themen zu diskutieren. Als *vigilante* Bewältigungsstrategie wurden z. B. die Suche nach Information über die Art des Eingriffs und die Bereitschaft, über die Operation zu diskutieren, definiert. Es ergab sich weder ein Zusammenhang zwischen dem habituellen und dem aktuellen Bewältigungsstil, noch konnte eine Beziehung zwischen dem habituellen Bewältigungsstil und postoperativen Variablen (wie z. B. Dauer des Krankenhausaufenthaltes oder Auftreten von Komplikationen) nachgewiesen werden. Dagegen zeigten sich konsistente Zusammenhänge zwischen dem aktuellen Bewältigungsstil und postoperativen Variablen: Die als vigilant klassifizierten Patienten wiesen in allen postoperativen Variablen einen schlechteren Verlauf auf als die Vergleichsgruppe der Patienten mit einem vermeidenden Bewältigungsstil.

Besonders die prozessuale Betrachtungsweise trägt der Tatsache Rechnung, daß die Relation von situativen Anforderungen und adaptiven Mitteln bei ein und derselben Person im zeitlichen Verlauf einem ständigen Wechsel unterliegt. Eine solche Folge sich ändernder Person-Umwelt-Transaktionen findet ihren Niederschlag in einer Sequenz emotionaler und motivationaler Veränderungen, die besonders von Cofer und Appley (1964), von Klinger (1975) sowie von Seligman (1975) beschrieben wurden.

Zur Erfassung von Bewältigungsprozessen haben Folkman und Lazarus (1980) eine „Ways of Coping"-Skala entwickelt, in der 24 *problemlösezentrierte* (z. B. „Einen Plan gemacht und ihn durchgeführt.") und 40 *emotionszentrierte* (z. B. „Versucht, die ganze Sache zu vergessen.") Bewältigungsarten aufgelistet sind. Bei der Situation, deren Bewältigung durch die Skala erfaßt werden soll, handelt es sich jeweils um diejenige Situation, die nach der Einschätzung des Probanden im letzten Monat am „streßreichsten" gewesen ist. Die neue Skala ist unter anderem bei der Untersuchung des Einflusses von Situation, Alter, Geschlecht und Depressionsneigung auf Bewältigungsarten eingesetzt worden, wobei die Skala von denselben Personen mehrmals in jeweils vierwöchigem Abstand ausgefüllt wurde (vgl. Coyne, Aldwin & Lazarus, 1981; Folkman & Lazarus, 1980). Besondere Beachtung verdient die Schlußfolgerung von Folkman und Lazarus (1980), daß die Bewältigungsmuster ihrer untersuchten Personen durch mehr Variabilität als Konsistenz charakterisiert waren.

Problematik des Paradigmenwechsels

Mit seinen Vorschlägen für eine konzeptuelle und methodische Neuorientierung der Streßforschung distanziert sich Lazarus in einer erstaunlichen Radikalität von den Prinzipien bisheriger Streßforschung: „We are certain that only a radical change in outlook, research paradigm, and conceptual language, will allow us to escape the doldrums into which research and theory on psychodynamics and adaptation have lapsed using the research models and language of the recent past" (Lazarus & Launier, 1978, S. 321). Die Notwendigkeit eines solchen „Paradigmenwechsels" wird von Laux und Vossel (1982) in Frage gestellt, indem sie auf Beispiele für die „Koexistenz" bisheriger und transaktionaler Forschungsprinzipien hinweisen.

So haben z. B. Endler & Edwards (1978) ein Forschungsprogramm vorgeschlagen, in dem Ergebnisse mechanistischer Interaktionsanalysen als Bezugsrahmen für die Untersuchung dynamischer multidirektionaler Interaktionen dienen. Übertriebene Gegenüberstellungen lassen sich auch vermeiden, wenn man z. B. das mechanistische Modell als Spezialfall des dynamischen (transaktionalen) Modells auffaßt (vgl. Howard, 1979; Pervin & Lewis, 1978).

Auch fragt sich, ob Lazarus bei seiner scharfen Kritik des Laborexperiments die vielfältigen Möglichkeiten des Zusammenspiels zwischen Laborexperiment, Feldexperiment und Feldstudie nicht unterschätzt (Laux & Vossel, 1982; Stapf, 1976). Feldexperimente und Feldstudien können Hypothesen liefern, die unter exakten Bedingungen im Labor überprüft werden. Ebenso können die aus laborexperimentellen Studien stammenden Vorhersagen unter natürlichen Feldbedingungen getestet werden (vgl. Glass & Singer, 1972 und Abschnitt 6 dieses Beitrags). Eine Illustration für solch ein Zusammenspiel stellt der von Schönpflug (1979) beschriebene *Untersuchungszyklus* dar, in dem sich Feld- und Laboratoriumsphasen abwechseln: Konzept-/Hypothesenbildung – Feldüberprüfung – Laboratoriumsexperiment – Konzept-/Hypothesenkritik. Dieser Zyklus kann mehrmals durchlaufen werden, bis zunehmende Konvergenz das Ende der Untersuchung nahelegt:

„So wurde in einem Projekt die Mehrfachbelastung durch eine Aufgabe und die sie begleitenden Arbeitsbedingungen (Lärm, Zeitdruck u. a.) als Fragestellung gewählt. Zu diesem Thema lagen Erfahrungen aus der Literatur vor. Anhand dieser Erfahrungen, aber auch über diese Erfahrungen hinaus wurde die Mehrfachbelastung und ihre Auswirkung in einem Industriebetrieb untersucht. Der Bestand an Konzepten und Hypothesen wurde dadurch bereichert. Doch wären in der betrieblichen Situation sowohl Variationen von Arbeitsbedingungen (z. B. Einführung unterschiedlicher Akkordsätze für gleiche Arbeiter) als auch ausgedehnte Messungen (z. B. physiologische Registrationen) auf unüberwindliche ökonomische und sozialpolitische Widerstände gestoßen. Es wurde daher – und zwar in Kontakt mit Angehörigen der untersuchten Betriebsabteilung – die Arbeitssituation in wesentlich erscheinenden Anteilen im Laboratorium des Instituts für Psychologie rekonstruiert. Es folgte ein Laborexperiment mit Technikern und Verwaltungsangestellten als Probanden. Aufgrund der Ergebnisse der experimentellen Untersuchung wurde eine weitere Interviewstudie in dem vorher besuchten Industriebetrieb durchgeführt. Die Ergebnisse dieser Studien bildeten zusammen mit den vorher gewonnenen experimentellen Befunden die Grundlage für einen neuen experimentellen Ansatz. (Über diesen wird im nächsten Beitrag dieser Reihe zu berichten sein). Während dieses zweifachen Wechsels von der Felderhebung zur Laboruntersuchung war die Theoriebildung so weit fortgeschritten, daß die Frage nach der Generalisierbarkeit sich aufdrängte. In diesem Stadium beginnt nun der Versuch einer Anwendung und weiteren Ausarbeitung der Theorie in einer neuen Feldsituation, nämlich im Schulunterricht“ (Schönpflug, 1979, S. 197).

In der von Schönpflug und seinen Mitarbeitern (vgl. Krenauer & Schönpflug, 1980; Schönpflug, 1979; Schulz, 1979, 1980; Schulz & Schönpflug, 1982; Wieland & Schönpflug, 1980) geschaffenen Laborsituation werden wesentliche Komponenten der Anwendungssituation rekonstruiert. Dadurch unterscheiden sie sich fundamental von solchen typischen Laborsituationen, in denen Elektroschocks angekündigt (z. B. Monat, 1976) oder Filme bedrohlichen Inhalts (z. B. Lazarus & Opton, 1966) dargeboten werden. (Zum Paradigma des Laborexperiments in der Stressforschung, vgl. Laux & Vossel, 1982.)

Ohne Frage liefert der transaktionale Ansatz von Lazarus eine Reihe von wichtigen Impulsen für die Weiterentwicklung der Streßforschung. Bei der gegenwärtigen Faszination, die dieser Ansatz ausübt, sollte aber nicht übersehen werden, daß einige der von Lazarus vertretenen methodischen Prinzipien seit langem im Rahmen idiographisch orientierter Persönlichkeitstheorien berücksichtigt werden und im biographischen Ansatz von Thomae (1968) als Grundlage eines weitgespannten Forschungsprogramms dienen. Die Bedeutung der vielfältigen Erkenntnisse und Schlußfolgerungen des Ansatzes von Thomae für die Streß- und Copingforschung ist allerdings bisher noch nicht systematisch untersucht worden.

Kognitions-Motivations-Sequenz

Kognitive Motivationstheorien betonen die Abhängigkeit emotionaler und motivationaler Veränderungen von kognitiven Prozessen (vgl. Bolles, 1974; Lazarus, 1974 a; Lazarus, Kanner & Folkman, 1980). Wie die Zusammenstellung von Streßdefinitionen gezeigt hat (vgl. Abschnitt 2), ist der Mehrzahl neuerer Angst- und Streßkonzeptionen die Annahme einer kognitiven Bedeutungsanalyse von Situationen gemeinsam, die emotionale und motivationale Veränderungen bewirken sollen (siehe auch Sarason, 1975). In einer Kritik kognitiver Motivationstheorien erinnert Thomae (1974, 1977) daran, daß die verschiedenen Sichtweisen einer Situation ihrerseits wieder von bestimmten Motivationen abhängig sein können.

Auch im theoretischen Ansatz von Lazarus wird auf die Abhängigkeit kognitiver Prozesse von Motivationen hingewiesen, wenn etwa als Voraussetzung für eine Bedrohungsbewertung die erwartete Vereitelung eines zentralen Motivs genannt wird (vgl. Hermann, 1966; Lazarus, Kanner & Folkman, 1980; Vogel et al., 1959). In einer neueren Arbeit erwähnt Lazarus explizit die mögliche Abhängigkeit kognitiver Prozesse von motivationalen und emotionalen Faktoren, begründet aber ebenso, warum die umgekehrte Sequenz theoretisch favorisiert werden sollte:

„Our emphasis on the causal influences of cognitive processes on stress and emotion does not mean that stress and emotion, in turn, do not affect cognition. We are convinced, in fact, that the relations among cognition, emotion (or affect) and motivation are exceedingly complex two-way streets, with emotion often disrupting or interfering with cognitive activity, motivation (we prefer the term commitment to suggest long-term, stable goals and values) influencing the appraisal of harm or threat... However, the theoretical route from cognitive activity to emotion as a reaction has been underemphasized, indeed deemphasized, in psychology for many decades." (Lazarus & Launier, 1978, S. 303).

Dieser theoretischen Position entsprechend betrachtet Lazarus die Qualität jeder emotionalen Reaktion als Resultat einer bestimmten Bewertung. Der Angst ist demnach eine bestimmte Bewertung zugeordnet, dem Ärger oder der Freude wieder eine andere usw. In seiner Emotionsdefinition stellen Bewertungsprozesse eine integrale Komponente von Emotionen dar: „Emotions are complex, organized states... consisting of cognitive appraisals, action impulses, and patterned somatic reactions" (Lazarus, Kanner & Folkman, 1980). Wie Fahrenberg (1979) verlangt auch Lazarus eine dreifache Bestimmung einer Emotion durch Erlebnisdeskription, Verhalten und physiologischer Aktivierung.

In der Emotionsdefinition wird von Handlungsimpulsen und nicht von Handlungen gesprochen, da solche Impulse nicht notwendigerweise ausgeführt werden müssen, sondern unterdrückt oder in vielfältiger Weise transformiert werden können (siehe auch Arnold, 1960). Die Auffassung von Lazarus, daß jede Emotion durch ein für sie spezifisches Muster physiologischer Reaktionen charakterisiert sein soll, ist kennzeichnend für die These von der Spezifität physiologischer Aktivierungsmuster (vgl. Ax, 1953; Mason, 1975 c) und befindet sich im Gegensatz zu solchen theoretischen Ansätzen, die ein und denselben Aktivierungszustand bei unterschiedlichen Emotionen postulieren (vgl. Duffy, 1962; Holmes & Masuda, 1974; Schachter & Singer, 1962; Selye, 1976 b). Wie andere kognitive Emotionstheoretiker scheint Lazarus die Möglichkeit zu ignorieren, daß emotionale Reaktionen ohne kognitive Mediationsvorgänge auf spezifische Reize konditioniert werden können (vgl. Buck, 1976).

Auch in den theoretischen Ansätzen der *kognitiven Verhaltensmodifikation* wird explizit von einer Kognitions-Emotions-Sequenz ausgegangen (z. B. Beck, 1976; Kendall & Hollon, im Druck; Meichenbaum, 1977; Mahoney, 1977). Gemeinsamer Ausgangspunkt zur Zeit viel diskutierter Verfahren wie der „Systematischen kognitiven Umstrukturierungstherapie" (Goldfried & Goldfried, 1975), der „Selbstinstruktionstherapie" (Meichenbaum, 1977) und der „Kognitiven Therapie" (Beck, 1976) ist die Grundannahme von Ellis (1962), daß emotionale Erregung und unangepaßtes Verhalten durch irrationale Kognitionen vermittelt werden. Auf die theoretischen und experimentellen Arbeiten von Lazarus und seinen Mitarbeitern greift besonders Meichenbaum zurück, der die Prinzipien seines „stress inoculation"-Trainings von den Ergebnissen kognitiv orientierter Streßforschung abgeleitet hat (Meichenbaum, 1975; Meichenbaum & Novaco, 1978; Meichenbaum, Turk & Burstein, 1975).

Als kognitive Verhaltenstherapie erweist sich auch die *Programmtherapie* von Grossarth-Maticek (1979), die bisher besonders bei Zigarettenabhängigkeit, Übergewicht und „emotionalem Streß" eingesetzt wurde. Als Programme bezeichnet Grossarth-Maticek spezifische internalisierte Bewertungsregeln und Regeln über angenommene Wirkungszusammenhänge, die Verhaltensweisen steuern, erlernt sind und verhaltenstherapeutisch verändert werden können. Im Zustand hypnotischer Entspannung werden unerwünschte Verhaltensprogramme inaktiviert und erwünschte neu vermittelt.

6. *Vorhersagbarkeit und Kontrollierbarkeit von Stressoren*

Überblick

Kaum ein anderes Thema der neueren Streßforschung hat so viel Aufmerksamkeit gefunden wie das der Vorhersagbarkeit und Kontrollierbarkeit von Stressoren. Vorhersagbarkeit und Kontrollierbarkeit gelten in vielen theoretischen Ansätzen als Merkmale der Stimuluskonfiguration, die in besonderem Ausmaß die Entstehung oder die Intensität des Streßzustandes bestimmen (z. B. Averill, 1973; Lazarus, 1966; Miller, 1979; Prystav, 1979, 1980; Sells, 1970).

Sowohl begrifflich als auch operational ist die Abgrenzung von Vorhersagbarkeit und Kontrollierbarkeit sehr unterschiedlich vorgenommen worden. Die Mehrzahl der Autoren vertritt allerdings die Auffassung, daß es sich nicht um Faktoren handelt, die unabhängig voneinander manipuliert werden könnten. Mineka und Kihlstrom (1978) heben z. B. hervor, daß kontrollierbare Ereignisse notwendigerweise ein gewisses Maß an Vorhersagbarkeit involvieren, während vorhersagbare Ereignisse nicht notwendigerweise kontrollierbar sein müssen (vgl. die Diskussion bei Glass & Singer, 1972, Kap. 5; Prindaville & Stein, 1978; Seligman, 1975, Kap. 6; Staub, Tursky & Schwartz, 1971).

Averill (1973), der in seinem Übersichtsreferat die These von der streßreduzierenden Funktion persönlicher Kontrolle diskutiert, unterscheidet drei Grundtypen von Kontrolle: behaviorale, kognitive und entscheidungsbezogene. Vorhersagbarkeit wird in seiner Systematik unter den Grundtypus der kognitiven Kontrolle subsumiert.

1. *Behaviorale Kontrolle* wird definiert als die Verfügbarkeit einer Reaktion, mit der sich in direkter Weise die objektiven Merkmale eines bedrohlichen Ereignisses beeinflussen oder modifizieren lassen. Eine Unterform der behavioralen Kontrolle ist die *regulierte Darbietung*, bei der die Möglichkeit besteht, Kontrolle darüber auszuüben, wer den aversiven Reiz appliziert und wie und wann er dargeboten wird (z. B. Ball & Vogler, 1971; Pervin, 1963; Staub et al., 1971; zusammenfassend Tunner, 1978).

Die meisten Untersuchungen, denen das Kontrollprinzip der behavioralen Kontrolle zugrundeliegt, machen jedoch von der Technik der *Stimulusmodifikation* Gebrauch. Dabei können die Versuchspersonen (oder glauben, es zu können) die Darbietung des Reizes durch eine bestimmte Handlung vermeiden, frühzeitig beenden oder sonstwie beeinflussen (z. B. Averill & Rosenn, 1972; Averill, O'Brien & DeWitt, 1977; Bandler, Madaras & Bem, 1968; DeGood, 1975; Geer, Davison & Gatchel, 1970; Glass & Singer, 1972; Hokanson, DeGood, Forrest & Brittain, 1971; Houston, 1972; Seligman, 1975).

2. *Kognitive Kontrolle* soll sich auf die Art und Weise beziehen, in der ein Ereignis interpretiert, bewertet oder in einen kognitiven „Plan" integriert wird (siehe auch Averill, 1979). Als eine Unterform kognitiver Kontrolle wird *Informationsgewinn* oder *Kontrolle durch Information* (Furedy, 1975) aufgeführt. Eine häufig benutzte experimentelle Realisation dieses Kontrollprinzips besteht in der Darbietung eines Signals, das dem aversiven Reiz vorausgeht (z. B. Averill & Rosenn, 1972; Averill et al., 1977; Furedy & Biederman, 1976; Harsh, 1978; Seligman, 1975; Weiss, 1970).

Anstelle von Kontrolle durch Information wird häufig auch von *Vorhersagbar-*

keit gesprochen (vgl. Glass & Singer, 1972). Lazarus und seine Arbeitsgruppe (Monat, 1976; Monat et al., 1972) verwenden dagegen den Begriff *Gewißheit* bzw. *Ungewißheit* und unterscheiden zwischen zeitlicher und Ereignisungewißheit (siehe Abschnitt 5). Nach Prystav (1979) sieht sich das Individuum bei der Antizipation aversiver Reize im ungünstigsten Fall mit einer dreifachen Unsicherheit konfrontiert: Es weiß nicht, *ob* ein Stressor dargeboten wird (generelle Vorhersagbarkeit), *wann* dies sein wird (zeitliche Vorhersagbarkeit) und um *welchen* Stressor es sich handelt (inhaltliche Vorhersagbarkeit).

Eine zweite Form kognitiver Kontrolle bezeichnet Averill (1973) als *Bewertung,* worunter die Ausübung von Kontrolle durch den Einsatz von Abwehrmechanismen wie etwa „Sensitization" verstanden wird (vgl. Goldstein, 1973; Janis, 1958).

3. *Entscheidungsbezogene Kontrolle* beinhaltet die Gelegenheit, sich zwischen zwei oder mehreren Alternativen entscheiden zu können. In einigen Untersuchungen, die sich auf dieses Kontrollprinzip beziehen, wird es den Probanden freigestellt, die Darbietung des aversiven Reizes zu beenden (vgl. Corah & Boffa, 1970; Glass & Singer, 1972, Kap. 5).

Nachwirkungen unvorhersagbarer und unkontrollierbarer Stressoren

In einer Reihe von originell angelegten Labor- und Feldexperimenten haben Glass und Singer (1972) die Frage nach den „Kosten" der Adaptation an unvorhersagbare und unkontrollierbare Stressoren systematisch untersucht. Glass und Singer verwendeten in den meisten ihrer Untersuchungen Lärm als Stressor, da Lärm neben seiner leichten Manipulierbarkeit im Laboratorium auch dadurch gekennzeichnet ist, daß er zu den Stressoren des täglichen Lebens gehört und in zunehmendem Maße als Beeinträchtigung der Lebensqualität in den Städten der Industrienationen betrachtet wird. Glass und Singer betonen, daß im Gegensatz zu einem weit verbreiteten vorwissenschaftlichen Urteil die nachgewiesenen Auswirkungen von Lärm auf Leistungen gering sind. Die Autoren verweisen auf die Monographie von Kryter (1970), der nach einer Bewertung vieler Einzeluntersuchungen resümiert, daß Lärm keine Auswirkungen habe, die die psychischen oder motorischen Leistungen beeinträchtigten (Kryter, 1970). Die von Glass und Singer diskutierten Ausnahmen werden von ihnen als Beleg dafür interpretiert, daß nicht der Lärm selbst, sondern mit ihm verbundene Merkmale wie z. B. Unvorhersagbarkeit oder Überbelastung leistungsmindernd wirken. Damit wird die Bedeutung von kognitiven Faktoren als vermittelnde Größen zwischen Lärm und Verhalten unterstrichen (vgl. hierzu die ausführliche Erörterung von Hörmann, 1974; Schönpflug und Heckhausen, 1976).

Ausgangshypothese der eigenen Untersuchungen von Glass und Singer war, daß Adaptation an Lärm zu negativen Nacheffekten führt. In Anlehnung an Selye (1976 b) sagten sie voraus, daß das Aufbrauchen „psychischer Energie" im Verlaufe des Adaptationsprozesses die Fähigkeit reduziere, mit den Anforderungen der post-adaptiven Phase fertig zu werden. Wegen der vermuteten größeren Aversivität unvorhersagbaren Lärms im Vergleich zu vorhersagbarem nahmen sie an, daß Adaptation an unvorhersagbaren Lärm mit höheren Kosten für den Organismus verbunden sei und daher zu größerer Beeinträchtigung der Leistung in einem Konzentrationstest und zu größerer Senkung der Frustrationstoleranz in der Phase nach der Lärmbehandlung führe.

Zur Überprüfung dieser Hypothesen führten sie mehrere Experimente durch, bei denen die Versuchspersonen während des Bearbeitens von standardisierten Tests (z. B. Rechenaufgaben) 23 Minuten lang Lärm ausgesetzt waren, der entweder regelmäßig (am Ende jeder Minute für 9 Sekunden) oder zufällig hinsichtlich der Länge der Belärmungsphasen und des Abstands zwischen ihnen dargeboten wurde. Es zeigte sich, daß Ausmaß und Schnelligkeit der Adaptation der Hautleitfähigkeit an die wiederholte Lärmdarbietung sich bei zufälliger (unvorhersagbarer) und regelmäßiger (vorhersagbarer) Bedingung nicht unterschieden. Auch die Abnahme der Fehlerzahl von der ersten zur zweiten Hälfte war für beide Gruppen nicht unterschiedlich. Nach der Lärmdarbietung sollten die Probanden versuchen, mehrere Puzzles zu lösen, von denen einige unlösbar waren. Die Zahl der Versuche, die unlösbaren Puzzles zu lösen, diente als Operationalisierung von Persistenz bzw. von Frustrationstoleranz. Die zweite Aufgabe bestand im Korrekturlesen, d. h. im Entdecken von Fehlern in einem fortlaufenden Text. Hauptergebnis war, daß unvorhersagbarer Lärm zu größeren Beeinträchtigungen bei beiden Aufgaben führte als vorhersagbarer Lärm. Obwohl sich also keine Veränderungen in der Adaptation an Lärm unter den beiden Lärmdarbietungsbedingungen ergeben hatten, kam es bei unvorhersagbarem Lärm zu negativen Nacheffekten. Im Vergleich zur Lärmintensität erwies sich Unvorhersagbarkeit als die wesentlich wichtigere Variable bei der Erzeugung von Nacheffekten. Die Generalität des Phänomens „behavioral aftereffects" konnte in verschiedenen Replikationsuntersuchungen belegt werden (Glass & Singer, 1972).

Bei der Interpretation der dargestellten experimentellen Befunde vermuten Glass und Singer, daß unvorhersagbarer Lärm bei den Probanden den Eindruck erzeugt, bestimmte Merkmale der Streß-Situation wie Auftreten, Beginn und Ende der Streßdarbietung seien nicht kontrollierbar. Die Information darüber, wann der Lärm erwartet werden kann, bedeutet demgegenüber eine Kontrolle über den Stressor (vgl. informational control, Furedy, 1975), die zur Reduzierung der negativen Nacheffekte von Unvorhersagbarkeit führt. Wenn dem Faktor der Kontrollierbarkeit eine solche Bedeutung zukommt, müßte sich der gleiche Effekt – so folgern Glass und Singer – auch dann einstellen, wenn die Versuchspersonen wissen, daß sie die Möglichkeit haben, den Lärm zu beenden, ohne von dieser Möglichkeit Gebrauch zu machen. Die Stichhaltigkeit dieser Überlegung wurde in einer weiteren Serie von Experimenten überprüft. Der Prototyp dieser Experimente umfaßte zwei Gruppen von Versuchspersonen, die beide unvorhersagbarem Lärm (108 dbA) ausgesetzt wurden. Eine Gruppe hatte die Möglichkeit, Kontrolle über den Stressor auszuüben, denn ihnen wurde gesagt, daß sie den Lärm durch Knopfdruck abstellen könnten. Der Experimentator sähe es aber lieber, wenn sie den Knopf nicht betätigten; dennoch sei es ganz allein ihre Entscheidung. (Nur wenige Versuchspersonen machten von der angebotenen Möglichkeit im Laufe des Experiments Gebrauch.) Unter beiden Bedingungen wiesen die Werte der Hautleitfähigkeit und die Fehlerzahl auf eine deutliche Adaptation an den Lärm hin. Bei den Ergebnissen in der post-adaptiven Phase zeigten sich jedoch deutliche Unterschiede. Die Kontrolle über die Beendigung des Lärms bewirkte eine Erhöhung der Frustrationstoleranz und eine Abnahme der Fehler bei der Korrekturaufgabe im Vergleich zu der Bedingung ohne Kontrolle. Das Wissen um die Kontrollmöglichkeit reduziert demnach den leistungsmindernden Einfluß unvorhersagbaren Lärms auf die post-adaptive Phase.

Folgt man der Interpretation von Glass und Singer, induziert unvorhersagbarer Lärm bei Probanden ein Gefühl des Ausgeliefertseins an die Umwelt, das sich auch als Zustand der *Hilflosigkeit* beschreiben läßt. Auf die Lärmstimulation folgende Handlungen werden in einer Weise betroffen, die konsistent ist mit der vorausgegangenen Erfahrung, als keine Kontrolle über den Lärm möglich war. Versuchspersonen indes, denen eine solche Kontrollierbarkeit des Stressors zur Verfügung stand, haben nur die Aversivität des Lärms erfahren und nicht zusätzlich die „Angst“, die mit der Einsicht in die Unfähigkeit, irgendwelche Maßnahmen zu ergreifen, verbunden ist. Wohlwill (1975) betont zu Recht, daß diese Interpretation nicht plausibel macht, warum der Hilflosigkeitszustand zu den beobachteten Nacheffekten führt, ohne in irgendeiner Beeinträchtigung der aktuellen Leistung während der Lärmdarbietung zu resultieren.

Glass und Singer vergleichen ihre Hilflosigkeitsinterpretation mit der Theorie der „erworbenen Hilflosigkeit“ von Seligman (1975). Sie weisen darauf hin, daß Seligman Kontrolle in Begriffen der objektiven Reizmanipulation definiert, während es ihnen auf die von der Person subjektiv wahrgenommene Kontrolle (perceived control) ankommt.

Um Aussagen über die externe Validität der bisherigen bei Lärmstimulation erhaltenen Befunde machen zu können, führten Glass und Singer (1972) mehrere Felduntersuchungen durch. In einer Untersuchung (vgl. Cohen, Glass & Singer, 1973) diente Verkehr auf einer Schnellstraße als Quelle von intermittierendem Lärm, über den die Schüler keine Kontrolle ausüben konnten. Als Maß für die Intensität des Lärms wurde die Stockwerkshöhe der Wohnungen eines Hochhauses herangezogen, das über einer verkehrsreichen Schnellstraße errichtet worden war. Die Untersuchung führte zum Nachweis einer umgekehrten Beziehung zwischen den verbalen Fähigkeiten der Kinder und der Intensität des Lärms in ihren Wohnungen. Als die zwischen Lärm und Leseschwäche vermittelnde Variable erwies sich die akustische Diskriminationsfähigkeit. Cohen et al. (1973) interpretieren dieses Ergebnis nach dem Ausschluß anderer Erklärungen als negativen Nacheffekt lang anhaltender Darbietung von Lärm trotz Adaptation an den Lärm.

Es ist das besondere Verdienst beider Autoren, sich in ihrem Ansatz nicht nur auf einen spezifischen Stressorenbereich beschränkt zu haben. Um eine Vergleichbarkeit zu den vielen für die Streßtheorie häufig sehr bedeutsamen Experimenten mit elektrischen Schocks herzustellen, untersuchten sie auch die Auswirkung von unvorhersagbaren und unkontrollierbaren Schocks auf die post-adaptive Phase (Glass & Singer, 1972, Kap. 7). Die Ergebnisse decken sich im wesentlichen mit denen, die bei Lärmstimulation erhalten wurden.

Nicht unerwähnt bleiben dürfen auch die Experimente mit sozialen Stressoren. Das sog. „Bürokratismus"-Experiment stellt eine geeignete Illustration für den Versuch der Autoren dar, die im Labor gewonnenen Erkenntnisse auf die soziale Realität zu übertragen. Die Teilnehmer an der Untersuchung wurden in der Art eines Frustrationsexperiments mit übertriebenem bürokratischen Verhalten eines Angestellten konfrontiert, das ihnen unter einer Bedingung als Ausdruck der Verordnungen einer unbeweglichen Behörde erscheinen mußte, über die sie keine Kontrolle ausüben konnten (Regulations Responsible – Bedingung), während sie es unter einer anderen Bedingung als in der persönlichen Verantwortung des Angestellten liegend betrachten mußten (Personally Responsible – Bedingung). Als genereller Nacheffekt für beide Gruppen von Versuchspersonen ergab sich im Vergleich zu der Kontrollgruppe eine erhöhte Fehlerzahl in der Korrekturleseaufgabe. Als spezifische Nacheffekte wurden ermittelt, daß sich die Versuchspersonen der „Regulations Responsible"-Bedingung gefügig und nachgiebig bei den im Anschluß an die Frustrationsphase durchzuführenden Aufgaben verhielten, während die Versuchspersonen der „Personally Responsible"-Bedingung eine negativistische Einstellung erkennen ließen. Diese unterschiedlichen Nacheffekte in den beiden Gruppen von Versuchspersonen führen Glass und Singer auf das unterschiedliche Ausmaß in der subjektiv wahrgenommenen Kontrolle zurück, das bei persönlicher Verantwortlichkeit des Angestellten größer war als bei Verantwortlichkeit der Behörde. Wie Glass und Singer selbst betonen, ist allerdings schon eine weit ausholende Interpretation erforderlich, um nahezulegen, daß in diesem Experiment subjektiv wahrgenommene Kontrolle manipuliert worden ist.

Ein großes theoretisches Problem (vgl. Hörmann, 1974) diskutierten die Autoren am Ende ihrer Monographie unter dem Stichwort „Psychische Kosten von Streß". Als Ausgangshypothese hatten sie formuliert, daß Nacheffekt-Phänomene den „Preis" darstellen, den ein Individuum für die Adaptation an

Stressoren bezahlt. Es ist jedoch ebenso möglich, daß Nacheffekte ein „post-stressor"-Phänomen darstellen. Mit anderen Worten: Treten Nacheffekte wegen der Adaption auf oder trotz Adaptation? Da sich in weiterführenden Untersuchungen gezeigt hatte, daß das Ausmaß der Adaptation nicht mit dem Grad der Leistungsbeeinträchtigung in der post-adaptiven Phase korreliert, geben die Autoren inzwischen (Glass & Singer, 1975) der zweiten Alternative den Vorzug. Nacheffekte von Streß interpretieren sie als Beispiel für „verzögerte Reaktionen", wie sie in einer Reihe von Felduntersuchungen beobachtet wurden (Grinker & Spiegel, 1945; Basowitz et al., 1955). Die Tatsache, daß während der aktuellen Konfrontation mit dem Stressor Adaptation stattfindet, läßt darauf schließen, daß das Individuum gelernt hat, trotz Streß in optimaler Weise Leistungen zu vollbringen. Eine fortgesetzte Darbietung des Stressors kann jedoch zu kumulativen Effekten führen, die sich erst nach Beendigung der Streßdarbietung manifestieren, wenn ein effektiver Leistungsvollzug nicht mehr gefordert wird (weitere Erklärungsansätze, vgl. Cohen, 1980; Cohen & Spacapan, 1978; Wohlwill, Nasar, DeJoy & Foruzani, 1976).

7. Abgrenzung von verwandten Konstrukten

Streß, Bedrohung, Frustration und Konflikt

Schwellenmodell von Cofer und Appley

Ausgangspunkt für die definitorischen Bemühungen von Cofer und Appley (1964) war die Feststellung, daß die bisherige breite Verwendung des Streßkonzepts keine Abgrenzung gegenüber Phänomenen wie Frustration und Konflikt erlaube. Zur Präzisierung der Terminologie entwickelten Cofer und Appley (vgl. auch Appley „Invited commentary" in Lazarus, 1967) ein Prozeßmodell, in dem u. a. Streß und Frustation als unterschiedliche Stadien auf einem Kontinuum lokalisiert werden. Große Bedeutung messen Cofer und Appley der Annahme von kritischen Zonen (sog. Schwellen) zwischen den einzelnen Stadien bei:

1. Eine problematische Situation, mit der man nicht fertig wird, ruft zunächst noch keinen Streßzustand hervor. Vielmehr werden leicht verfügbare, angeborene oder erworbene Verhaltensweisen zur Bewältigung der Situation eingesetzt. Das Versagen der habituellen Bewältigungsreaktionen führt zu einem Erregungsanstieg und regt an, neue Reaktionsformen auszuprobieren. Die sog. *Anreizschwelle* (instigation threshold) definiert den Wechsel von gewohnten zu neuen Bewältigungsreaktionen.

2. Eine zweite Schwelle, die sog. *Frustrationsschwelle,* wird bei Störung oder antizipierter Störung des zielgerichteten Verhaltens erreicht. Zu diesem Zeitpunkt wird wahrgenommen, daß die Anforderung der Situation wahr-

scheinlich die Kapazität des Organismus an schnell verfügbaren Bewältigungsreaktionen übersteigen. Das Überschreiten der Frustrationsschwelle ist mit der Wahrnehmung von Bedrohung verbunden und ruft Angst hervor. Als Folge der erhöhten Motivation kommt es zu einer Intensivierung der Bewältigungsreaktionen. Das Verhalten ist nicht mehr ausschließlich aufgabenorientiert wie bisher, sondern subjektbezogene Maßnahmen treten hinzu.

3. Wenn weder aufgaben- noch subjektbezogenes Verhalten eine entscheidende Veränderung der Situation bewirken, wird eine dritte Schwelle, die *Streß-Schwelle,* erreicht. An die Stelle aufgabenbezogener Verhaltensweisen treten nun ausschließlich Selbstschutzreaktionen. Diese Schwelle ist gekennzeichnet durch die Wahrnehmung von Gefahr und durch eine weitere Intensivierung subjektbezogener Abwehrtendenzen.

4. Die Vergeblichkeit oder antizipierte Vergeblichkeit der Selbstschutzmaßnahmen führt schließlich zur sog. *Erschöpfungsschwelle.* Im Erlebnisbereich ist der sich anschließende Abschnitt durch Hilf- und Hoffnungslosigkeit gekennzeichnet. Die Kumulation von Ermüdung und Hemmung in der vorausgehenden Phase übersteigerter Reaktionstätigkeit bewirkt nun einen Abfall der Aktivitätskurve.

Auf der Grundlage des vorgeschlagenen Modells der Schwellenhierarchie bieten Cofer und Appley folgende Streßdefinition an: „Streß ist der Zustand eines Organismus, in dem er sein Wohlergehen (oder seine Integrität) als gefährdet empfindet und glaubt, alle seine Kräfte für den Schutz dieses Wohlergehens (oder dieser Integrität) einsetzen zu müssen" (Cofer & Appley, 1964, S. 453). Mit dieser Definition hat der Begriff Streß die von Cofer und Appley angestrebte engumschriebene Bedeutung gewonnen. Insbesondere ist eine Abgrenzung gegenüber Frustration sowie gegenüber Konflikt erreicht worden. *Konflikt* wird als Spezialfall von Frustration aufgefaßt, bei dem die Ursache der Vereitelung in einer Unvereinbarkeit von Reaktionen, Motiven oder Zielen besteht (vgl. Cofer & Appley, 1964, S. 464). An die Stelle der Vielfalt bisheriger Verwendungen des Streßbegriffs ist die Zuordnung zu einem bestimmten Stadium des Erregungskontinuums gerückt. Dieses Stadium bezieht sich auf einen Extremzustand des Organismus, der durch den Ausfall jeglichen aufgabenorientierten Verhaltens charakterisiert wird.

Die Kennzeichnung des Streßzustands in dieser extremen Form verweist darauf, daß nur noch in wenigen Untersuchungen der heutigen Streßforschung der Begriff Streß in legitimer Weise benutzt werden dürfte. Um bei der Sichtung der Literatur nicht ständig einen semantischen Drahtseilakt aufführen zu müssen, verwenden Cofer und Appley daher den Streßbegriff auch zur Kennzeichnung der ersten Stadien des Schwellenmodells.

Der Vorschlag, Frustration und Streß als zwei voneinander unterscheidbare Organismuszustände aufzufassen, die durch verschiedene Bewältigungsreaktionen und Erregungsniveaus gekennzeichnet sind, ist in der Literatur bisher nicht weiter verfolgt worden. Da der Frustrationsbegriff seine Faszination – zumindest im Bereich der Streßforschung – immer mehr einzubüßen scheint, erübrigt sich auch solch ein Abgrenzungsversuch.

Wie in allen neueren Streßtheorien kommt der subjektiven Bewertung der Situation bei Cofer und Appley entscheidende Bedeutung bei der Auslösung der in Phasen aufeinanderfolgenden Organismuszustände zu. So werden die vier unterschiedlichen Schwellen als Resultat eines kognitiven Einschätzungsprozesses aufgefaßt. Nicht die objektive Beschaffenheit der Reizgegebenheiten entscheidet demnach primär über das Entstehen von Frustration, Streß oder Hilflosigkeit, sondern die Bewertung dieser Reizgegebenheiten in Abhängigkeit von Einstellung, Prädispositionen, Erwartungen und anderen Faktoren.

Das Schwellenmodell berücksichtigt auch interindividuelle Unterschiede. Cofer und Appley gehen davon aus, daß die Geschwindigkeit, mit der die Frustrations- oder Streß-Schwelle erreicht wird, von Person zu Person variiert. Ob eine bestimmte experimentelle Manipulation zu Frustration oder Streß führt, erweist sich als abhängig von den Reizgegebenheiten, den Anfälligkeiten des Individuums und dem Potential an Bewältigungsstrategien. Personen sind demnach nicht in gleichem Maße anfällig gegenüber allen möglichen Stressoren (Spezifitätsthese der Streßanfälligkeit). Die Vorstellung einer generellen Frustrations- oder Streßanfälligkeit sollte daher von der Konzeption eines personspezifischen Profils von Anfälligkeiten abgelöst werden (vgl. Boucsein et al., 1978).

Die von Cofer und Appley postulierte Sequenz motivationaler und emotionaler Veränderungen weist Ähnlichkeiten mit der Abfolge von Reaktionen auf, die Seligman (1975) in seinem *learned helplessness-Ansatz* postuliert. Unmittelbare Konsequenz der Unkontrollierbarkeit soll ein Zustand erhöhter Emotionalität sein, der durch Furcht und Frustration gekennzeichnet ist. Erst bei Fortdauer der unkontrollierbaren Situation werde dagegen Depression hervorgerufen. Als Funktion von Furcht und Frustration wird die Mobilisierung von Verhalten angesehen, das den Organismus wieder Kontrolle über die Situation gewinnen läßt. Die wahrgenommene Aussichtslosigkeit dieser Bemühungen soll die Bereitschaft reduzieren, instrumentelle Reaktionen zu initiieren, und die stärker depressiv getönte Stimmungslage hervorrufen.

Klinger (1975) hat eine ähnliche Abfolge als *incentive-disengagement-Zyklus* interpretiert. Auf anhaltende Frustration reagiert der Organismus danach mit motivationalen und emotionalen Veränderungen, die sich in fünf Phasen unterteilen lassen: Intensivierung des Verhaltens (häufigere, schnellere oder stärkere Reaktionen), Aggression, Abgleiten in die Depression, Depression und Wiederherstellung. Im Unterschied zu Cofer und Appley wird der Streßbegriff bei Klinger und Seligman nicht verwendet.

Andere Abgrenzungsversuche

Lazarus definiert *Frustration* als Blockierung oder Verzögerung einer zielgerichteten Handlung (Lazarus, 1976; Monat & Lazarus, 1977). Im Gegensatz zum zukunftsperspektivischen Konzept der *Bedrohung* bezieht sich Frustration auf einen gegenwärtigen oder vergangenen Zustand, denn bei der Bedrohung wird ein motivgefährdendes Ereignis antizipiert, das im Falle der Frustration bereits eingetreten ist. Die unterschiedliche zeitliche Orientierung ist von zentraler Bedeutung für den Einsatz von Bewältigungsstrategien, da die Bedrohung präventive Maßnahmen gestattet, während die Frustration überwunden oder toleriert werden muß.

Der von Lazarus festgelegte Gegenwarts- und Zukunftsbezug der Frustration kontrastiert mit den Definitionsmerkmalen von Cofer und Appley sowie mit der Klassifikation frustrierender Ereignisse von Stäcker (1975), der u. a. zwischen *konfrontativer* und antizipatorischer Frustrierung unterscheidet. In neueren Abhandlungen von Lazarus und seinen Mitarbeitern kommt der Begriff Frustration nicht mehr vor (vgl. Lazarus & Launier, 1978). Vielmehr nimmt das breiter definierte Konzept *Schaden–Verlust* dessen Stelle ein. Auch in anderen neueren Streßkonzeptionen wird auf die Erörterung oder Einbeziehung des Frustrationskonzepts verzichtet (z. B. Cox, 1978; McGrath, 1976, 1982). Von frustrationstheoretischer Basis aus kritisiert dagegen Stäcker (1975) die breite Verwendung des Streßbegriffs und schlägt statt dessen vor, die Anwendung des „Terms“ auf das Allgemeine Adaptationssyndrom zu beschränken.

Konflikte stellen in der Auffassung von Lazarus antezedente Bedingungen von Bedrohung und Frustration dar (vgl. Lazarus, 1976; Monat & Lazarus, 1977). Wenn Konflikte auftreten, ist Bedrohung oder Frustration unvermeidbar, denn das Verfolgen des einen Zieles führt zur Bedrohung oder Frustration in bezug auf das andere.

Streß und Angst

Die Abgrenzung von Streß und Angst wird sehr unterschiedlich vorgenommen. In der zur Zeit viel diskutierten *Trait-State-Anxiety-Theorie* von Spielberger (1972) wird Streß gleichgesetzt mit Streß-Situation (vgl. Abschnitt 2). Während Streß als Bezeichnung für die gesamte Situation dient, werden die einzelnen Aspekte der Reizkonstellation *Stressoren* genannt.

Die Trait-State-Anxiety-Theorie basiert auf der Unterscheidung von *Angst als Zustand* (state anxiety) und *Angst als Eigenschaft* (trait anxiety). Spielberger, Gorsuch und Lushene (1970) definieren Zustandsangst als einen emotionalen Zustand, der durch ein „subjektives, bewußt wahrgenommenes Gefühl der Spannung und Befürchtung (apprehension) und erhöhter Aktivität des autonomen Nervensystems charakterisiert ist" (S. 3). In neueren Darstellungen wird zusätzlich noch die Besorgtheit (worry) als kognitive Komponente des Angstzustands aufgeführt (vgl. Spielberger et al., 1978). Angst als vorübergehender emotionaler Zustand variiert in der Intensität über Zeit und Situationen, während sich *Angst als Eigenschaft* (Ängstlichkeit, Angstneigung) auf individuelle Unterschiede in der Neigung zu Angstreaktionen bezieht. Spielberger schreibt damit der Trait-Angst den Status einer latenten Variablen zu, die der situativen Anregung bedarf, um verhaltenswirksam zu werden.

Ziel der Trait-State-Anxiety-Theorie ist die Beschreibung der Beziehung zwischen beiden Angstkonstrukten unter Berücksichtigung verschiedener Kategorien von Streß-Situationen, deren Wahrnehmung und Verarbeitung ein unterschiedliches Ausmaß an State-Angst bei Personen, die sich im Ausprägungsgrad der Ängstlichkeit unterscheiden, hervorrufen sollen.

Der Prozeß der Angstentstehung wird eingeleitet mit der (subjektiven) Einschätzung der (objektiven) Streß-Situation als bedrohlich (vgl. Abschnitt 2). Die Bedrohlichkeitsbewertung ruft die (Zustands-)Angstreaktion hervor (Streß → Threat → A-State-reaction), deren Intensität dem Grad der erlebten Bedrohung entspricht und die so lange anhält, wie die Situation als bedrohlich interpretiert wird. Aber auch interne „Reizgegebenheiten" wie z. B. die Antizipation einer gefährlichen Situation können die Angstreaktion auslösen.

Die häufige Konfrontation mit Streß-Situationen kann zur Entstehung von Bewältigungsstrategien führen, die das Auftreten von Angst verhindern oder zumindest die Intensität des Angstzustandes reduzieren. Die Abnahme der Angst kann auch durch Neubewertung der Situation erreicht werden (vgl. Lazarus, 1966).

Neben den internen und externen Reizgegebenheiten hat die Persönlichkeitsvariable Trait-Angst einen wesentlichen Einfluß auf das Entstehen von Bedrohlichkeitserlebnissen. Personen mit hohen Trait-Angst-Werten schätzen ichinvolvierende Streß-Situationen, in denen ein Versagen oder die Möglichkeit des Versagens erlebt wird, im allgemeinen als bedrohlicher ein als Personen mit niedrigen Trait-Angst-Werten. Diese Stressorkategorie umfaßt eine außerordentliche Fülle verschiedener selbstwertrelevanter Situationen, deren experimentelle Realisierung von der Ankündigung eines auszuführenden Intelligenztests (IQ-Orientierung) bis hin zur massiven Mißerfolgsinduktion z. B. mit Hilfe falscher Leistungsrückmeldungen reicht. Streß-Situationen, die durch physische Gefährdung gekennzeichnet sind (z. B. die tatsächliche oder angekündigte Darbietung eines elektrischen Schlags), sollen dagegen von Hochängstlichen und Niedrigängstlichen nicht als unterschiedlich bedrohlich eingeschätzt werden.

Diesen zentralen Aussagen zufolge muß erwartet werden, daß der Anstieg in der Zustandsangst bei Konfrontation mit selbstwertrelevanten Streß-Situationen für Hochängstliche größer ist als für Niedrigängstliche, während sich kein unterschiedlicher Anstieg in der Zustandsangst als Reaktion auf Streß-Situationen der Kategorie „Physische Gefährdung" ergibt. Das Auftreten der Angstemotion in physischen Gefährdungssituationen wird demnach als abhängig vom Ausprägungsgrad der Trait-Angst betrachtet.

Die Annahmen der Trait-State-Anxiety-Theorie sind in vielen experimentellen Untersuchungen bestätigt worden (zusammenfassend Smith & Lay, 1974; Heinrich & Spielberger, 1982). Außerhalb des psychologischen Laboratoriums konzentrierte sich die Forschung besonders auf die Angstentstehung in ichinvolvierenden Bewährungssituationen des Schul- und Hochschulbereichs (z. B. Gaudry & Spielberger, 1971; King, Heinrich, Stephenson & Spielberger, 1976) sowie vor und nach chirurgischen Eingriffen (z. B. Spielberger, Auerbach, Wadsworth & Taulbee, 1973). Zur Zeit stellt die Prophylaxe und Therapie von Prüfungsängstlichkeit einen Forschungsschwerpunkt dar (Spielberger, Anton & Bedell, 1976; Spielberger et al., 1978).

Ein Vergleich der Annahme der Trait-State-Anxiety-Theorie mit denjenigen der Streßtheorie von Lazarus würde zum Nachweis zahlreicher Übereinstimmungen führen. Wichtiger scheint im gegenwärtigen Kontext die Bedeutung eines Hauptunterschiedes zu sein: Der Konzeption von Lazarus zufolge stellt die Angstreaktion nur eine unter mehreren qualitativ unterschiedlichen emotionalen Reaktionen dar, die in einer als bedrohlich eingeschätzten Situation ausgelöst werden. Es ist zwar zunächst naheliegend, daß der Angstforscher sich auf die Untersuchung „seiner" Angstemotion beschränkt („only emotion"-Hypothese, vgl. Hodges, 1976), jedoch darf er die triviale Tatsache nicht übersehen, daß Veränderungen auf anderen emotionalen Dimensionen möglicherweise in Abhängigkeit von situativen und dispositionellen Faktoren entscheidender an der Determinierung des Verhaltens in Streß-Situationen beteiligt sind. Neuere Untersuchungen über den Zusammenhang von Ängstlichkeit, Zustandsangst und Leistung lassen vermuten, daß Leistungsverschlechterungen in Streß-Situationen nicht notwendigerweise auf die Moderatorvariable Zustandsangst zurückgeführt werden müssen (vgl. Laux & Spielberger, 1982). Es wird im Kontext von Angsttheorien leicht übersehen, daß Ärger (und die damit verbundene nachlassende Leistungsbereitschaft) eine ebenso „legitime" Reaktion auf die Androhung oder Applikation eines Schocks darstellt wie die theoretisch favorisierte Angstreaktion.

Auch das simultane Auftreten von zwei emotionalen Reaktionen wie Angst und Ärger (vgl. Hodges, 1976) und die Annahme einer Sequenz emotionaler Veränderungen, die von Angst bis Depression reicht (Cofer & Appley, 1964), unterstreichen die Bedeutung von Emotions- oder Streßtheorien, die sich mit den Entstehungs- und Manifestationsbedingungen des gesamten Spektrums „negativer" Emotionen befassen.

Schlußbemerkung zur Verwendung des Streßbegriffs

Auf die schillernde Vielfalt heutiger Verwendungen des Streßbegriffs ist gerade in jüngster Zeit sehr unterschiedlich reagiert worden. Während es McGrath (1982) bei seiner Darstellung von Problemen der Streßforschung neuerdings vorzieht, Streß gar nicht zu definieren, schlägt Fahrenberg (1979, S. 125) vor, „künftig schärfer zwischen der primär endokrinologisch definierten, vielleicht weitgehend unspezifischen und u. U. pathogenen *Streß-Reaktion* (Selye) bzw. *multihormonalen Belastungsreaktion* (Mason) einerseits und *allgemeinen psychophysischen Aktivierungsprozessen* und/oder *Emotionen* bzw. bestimmten *negativen Emotionen* wie Angst und Furcht andererseits" zu unterscheiden. Mit diesem Unterscheidungsvorschlag wird die Überflüssigkeit des Streßbegriffs als neuer Name für den oberen Bereich der Intensitätsdimension der Aktivierung und als populärer Sammelbegriff für eine „negative, schädlich-erregende Emotion" unterstrichen. Mit dem Zurückdrängen des Streßbegriffs in den physiologisch-endokrinologischen Bereich verbindet Fahrenberg die Forderung nach einer allgemeinen Theorie der Aktivierungsprozesse, die Arousal, Aktivierung, Streßreaktionen und besondere Emotionen umfassen soll (vgl. auch Fahrenberg, Walschburger, Foerster, Myrtek & Müller, 1979).

Als Kernstück einer allgemeinen Emotionstheorie betrachtet Lazarus dagegen seine kürzlich erweiterte transaktionale Streßkonzeption (vgl. Lazarus & Launier, 1978). Dieser Konzeption entsprechend sollen negative Emotionen bei streßbezogenen Transaktionen, in denen externe oder interne Anforderungen die adaptiven Mittel einer Person beanspruchen oder übersteigen, entstehen (vgl. Abschnitt 5). Es bleibt zu hoffen, daß die Neuformulierung und Elaboration der Streß- und Bewältigungstheorie von Lazarus zu einer überzeugenden Vereinheitlichung der Terminologie führt.

Literatur

Alfert, E. Comparison of responses to a vicarious and a direct threat. Journal of Experimental Research in Personality, 1966, **1**, 179–186.

Appley, M. H. & Trumbull, R. On the concept of psychological stress. In M. H. Appley & R. Trumbull (Eds.), Psychological stress: Issues in research. New York: Appleton-Century-Crofts, 1967.

Arnold, M. B. Emotion and personality (2 vols.). New York: Columbia University Press, 1960.

Arnold, M. B. Stress and emotion. In M. H. Appley & R. Trumbull (Eds.), Psychological stress. New York: Appleton-Century-Crofts, 1967.

Asendorpf, J. Nichtreaktive Streßmessung: Bewegungsstereotypien als Aktivierungsindikatoren. Zeitschrift für experimentelle und angewandte Psychologie, 1980, **27**, 44–58.

Averill, J. R. Personal control over aversive stimuli and its relationship to stress. Psychological Bulletin, 1973, **80**, 286–303.

Averill, J. R. A selective review of cognitive and behavioral factors involved in the regulation of stress. In R. A. Depue (Ed.), The psychobiology of depressive disorders: Implications for the effects of stress. New York: Academic Press, 1979.

Averill, J. R., O'Brien, L. & DeWitt, G. W. The influence of response effectiveness on the preference for warning and on psychophysiological stress reactions. Journal of Personality, 1977, **45**, 395–418.

Averill, J. R. & Opton, E. M. Psychophysiological assessment: Rationale and problems. In P. McReynolds (Ed.), Advances in psychological assessment (Vol. 1). Palo Alto: Science and Behavior Books, 1968.

Averill, J. R., Opton, E. M. & Lazarus, R. S. Cross-cultural studies of psychophysiological responses during stress and emotion. In L. Levi (Ed.), Society, stress & disease (Vol. 1). London: Oxford University Press, 1971.

Averill, J. R. & Rosenn, M. Vigilant and nonvigilant coping strategies and psychophysiological stress reactions during the anticipation of electric shock. Journal of Personality and Social Psychology, 1972, **23**, 128–141.

Ax, A. F. The physiological differentiation between fear and anger in humans. Psychosomatic Medicine, 1953, **15**, 433–442.

Ball, T. S. & Vogler, R. E. Uncertain pain and the pain of uncertainty. Perceptual and Motor Skills, 1971, **33**, 1195–1203.

Bandler, R. J., Madaras, G. R. & Bem, D. J. Self-observation as a source of pain perception. Journal of Personality and Social Psychology, 1968, **9**, 205–209.

Bandura, A. Self-efficacy: Toward a unifying theory of behavioral change. Psychological Review, 1977, **84**, 191–215.

Bartenwerfer, H. Über Art und Bedeutung der Beziehung zwischen Pulsfrequenz und skalierter psychischer Anspannung. Zeitschrift für Experimentelle und Angewandte Psychologie, 1963, **10**, 455–470.

Bartenwerfer, H. Begriffliche Übersicht über Fragen der mentalen Belastung und Beanspruchung. In H. G. Wenzel & F. J. Tentrup (Eds.), Problematik von Arbeitsplätzen und mentaler Belastung. Pathogene Stäube mit ihren Auswirkungen auf den Menschen. Verhandlungen der Deutschen Gesellschaft für Arbeitsmedizin e. V. Stuttgart: Gentner, 1973.

Basowitz, H. Persky, H., Korchin, S. J. & Grinker, R. R. Anxiety and stress. New York: McGraw-Hill, 1955.

Beck, A. T. Cognitive therapy and the emotional disorders. New York: International Universities Press, 1976.

Becker, P. Fear reactions and achievement behavior of students approaching an examination. In H. W. Krohne & L. Laux (Eds.), Achievement, stress and anxiety. Washington: Hemisphere/McGraw-Hill, 1982.

Becker, P. und Schneider, E. Persönlichkeitsspezifische Reaktionen auf eine Streßsituation: Studenten vor der Prüfung. Zeitschrift für Experimentelle und Angewandte Psychologie, 1976, **23**, 1–29.

Becker, P., Schneider, J. & Schumann, C. Über die Bereichsspezifität der Angstneigung. Psychologische Beiträge, 1975, **17**, 112–132.

Beehr, T. A. & Newman, J. E. Job stress, employee health, and organizational effectiveness: A facet analysis, model, and literature review. Personnel Psychology, 1978, **31**, 665–699.

Berkhout, J. Psychophysiological stress: Environmental factors leading to degraded performance. In K. B. DeGreene (Ed.), System psychology. New York: McGraw-Hill, 1970.
Berkun, M. M., Bialek, H. M., Kern, R. P. & Yagi, K. Experimental studies of psychological stress in man. Psychological Monographs, 1962, **76,** (15, Whole No. 534).
Birkenbihl, V. F. Streß im Griff. München: Goldmann, 1977.
Blankstein, K. R. Relationships between Spielberger Trait Anxiety and Lykken Social and Physical Trait Anxiety. Journal of Clinical Psychology, 1976, **32,** 781–782.
Bloom, L. J., Houston, B. K., Holmes, D. S. & Burish, T. G. The effectiveness of attentional diversion and situation redefinition for reducing stress due to a nonambiguous threat. Journal of Research in Personality, 1977, **11,** 83–94.
Bolles, R. C. Cognition and motivation: Some historical trends. In B. Weiner (Ed.), Cognitive views of human motivation. New York: Academic Press, 1974.
Bösel, R. Gibt es den Streßanfälligen? In R. Bösel (Ed.), Streß. Einführung in die psychosomatische Belastungsforschung. Hamburg: Hoffmann & Campe, 1978. (a)
Bösel, R. (Ed.). Streß. Einführung in die psychosomatische Belastungsforschung. Hamburg: Hoffmann und Campe, 1978. (b)
Bösel, R. & Otto, J. Können Diskrepanzwerte zwischen subjektiven und psychologischen Belastungsindikatoren psychologisch-diagnostische Informationen liefern? Schweizerische Zeitschrift für Psychologie, 1981, **40,** 68–72.
Boucsein, W., Erdmann, G., Janke, W. & Albrecht, D. Der Belastungsfragebogen BELA. Ärztliche Praxis, 1978, **30,** 1172–1173.
Breznitz, S. False alarms: Their effects on fear and adjustment. In I. G. Sarason & C. D. Spielberger (Eds.), Stress and anxiety (Vol. 3). Washington: Hemisphere/Wiley, 1976.
Bridges, P. K. Recent physiological studies of stress and anxiety in man. Biological Psychiatry, 1974, **8,** 95–112.
Broadbent, D. E. Decision and stress. London: Academic Press, 1971.
Buck, R. Human motivation and emotion. New York: Wiley, 1976.
Bulman, R. J. & Wortman, C. B. Attributions of blame and coping in the „real world": Severe accident victims react to their lot. Journal of Personality and Social Psychology, 1977, **35,** 351–363.
Byrne, D. Repression-sensitization as a dimension of personality. In B. A. Maher (Ed.), Progress in experimental personality research (Vol. 1). New York: Academic Press, 1964.
Campbell, D. T. & Fiske, D. W. Convergent and discriminant validation by the multitrait-multimethod matrix. Psychological Bulletin, 1959, **56,** 81–105.
Cannon, W. B. The interrelations of emotions as suggested by recent physiological researches. American Journal of Psychology, 1914, **25,** 256–282.
Cannon, W. B. The wisdom of the body. New York: W. W. Norton, 1932.
Cannon, W. B. Stresses and strains of homeostasis. American Journal of the Medical Sciences, 1935, **189,** 1–14.
Cassel, J. Psychosocial processes and „stress": Theoretical formulation. International Journal of Health Services, 1974, **4,** 471–482.
Cattell, R. B. & Nesselroade, J. R. The discovery of the anxiety state pattern in Q-data, and its distinction, in the LM model, from depression, effort stress, and fatigue. Multivariate Behavioral Research, 1976, **11,** 27–46.

Cattell, R. B. & Scheier, J. H. The meaning and measurement of neuroticism and anxiety. New York: Ronald Press, 1961.
Chan, K. B. Individual differences in reactions to stress and their personality and situational determinants: Some implications for community mental health. Social Science and Medicine, 1977, **11,** 89–103.
Clark, W. C., Kurlander, K., Bieber, R. & Glassman, A. H. Signal detection theory treatment of response set in mood questionnaires. In C. D. Spielberger & I. G. Sarason (Eds.), Stress and anxiety (Vol. 4). Washington: Hemisphere/Wiley, 1977.
Cofer, C. N. & Appley, M. H. Motivation: Theory and research. New York: Wiley, 1964.
Cohen, F. & Lazarus, R. S. Active coping processes, coping dispositions, and recovery from surgery. Psychosomatic Medicine, 1973, **35,** 375–389.
Cohen, S. Aftereffects of stress on human performance and social behavior: A review of research and theory. Psychological Bulletin, 1980, **88,** 82–108.
Cohen, S., Glass, D. C. & Singer, J. E. Apartment noise, auditory discrimination, and reading ability in children. Journal of Experimental Social Psychology, 1973, **9,** 407–422.
Cohen, S. & Spacapan, S. The aftereffects of stress: An attentional interpretation. Environmental Psychology and Nonverbal Behavior, 1978, **3,** 43–57.
Copp, L. A. The spectrum of suffering. American Journal of Nursing, 1974, **74,** 491–495.
Corah, N. L. & Boffa, J. Perceived control, self-observation, and response to aversive stimulation. Journal of Personality and Social Psychology, 1970, **16,** 1–4.
Cox, T. Stress. London: McMillan Press, 1978
Coyne, J. C., Aldwin, C. & Lazarus, R. S. Depression and coping in stressful episodes. Journal of Abnormal Psychology, 1981, im Druck.
Davies-Osterkamp, S. Angst und Angstbewältigung bei chirurgischen Patienten. Medizinische Psychologie, 1977, **3,** 169–184.
DeGood, D. E. Cognitive control factors in vascular stress responses. Psychophysiology, 1975, **12,** 399–401.
DeLongis, A. M., Coyne, J. C. & Lazarus, R. S. Daily hassles, uplifts, and major life events in the prediction of health status. Psychosomatic Medicine (im Druck).
Dohrenwend, B. P. The social psychological nature of stress: A framework for causal inquiry. Journal of Abnormal and Social Psychology, 1961, **62,** 294–302.
Dohrenwend, B. S. & Dohrenwend, B. P. Class and race as status related sources of stress. In S. Levine & N. A. Scotch (Eds.), Social stress. Chicago: Aldine, 1970.
Duffy, E. Activation and behavior. New York: Columbia University Press, 1962.
Dührssen, A., Jores, A. & Schwidder, W. Zum Streßbegriff in der psychosomatischen Medizin. Begriffskritik und Arbeitshypothese. Ergebnis einer Umfrage. Zeitschrift für Psychosomatische Medizin, 1965, **11,** 234–263.
Eiff, A. W. v. (Ed.). Seelische und körperliche Störungen durch Streß. Stuttgart: Gustav Fischer, 1976.
Eiff, A. W. v. (Ed.). Streß – unser Schicksal. Stuttgart: Fischer, 1978.
Eiff, A. W. v. (Ed.). Streß. Phänomenologie, Diagnose und Therapie in den verschiedenen Lebensabschnitten. Stuttgart: Thieme, 1980.
Ekehammar, B. & Magnusson, D. A method to study stressful situations. Journal of Personality and Social Psychology, 1973, **27,** 176–179.
Ekehammar, B., Magnusson, D. & Ricklander, L. An interactionist approach to the study of anxiety. Scandinavian Journal of Psychology, 1974, **15,** 4–14.

Ekehammar, B., Schalling, D. & Magnusson, D. Dimensions of stressful situations: A comparison between response analytical and a stimulus analytical approach. Multivariate Behavioral Research, 1975, **10**, 155–164.
Ekman, P., Friesen, W. V. & Ellsworth, P. Gesichtssprache: Wege zur Objektivierung menschlicher Emotionen. Wien: Böhlau, 1974.
Ekman, P. & Oster, H. Facial expressions of emotion. Annual Review of Psychology, 1979, **30**, 527–554.
Ellis, A. Reason and emotion in psychotherapy. New York: Lyle Stuart, 1962.
Endler, N. S. & Edwards, J. Person by treatment interactions in personality research. In L. A. Pervin & M. Lewis (Eds.), Perspectives in interactional psychology. New York: Plenum, 1978.
Endler, N. S., Hunt, J. M. & Rosenstein, A. J. An S-R inventory of anxiousness. Psychological Monographs, 1962, **76**, (17, Whole No. 536).
Endler, N. S. & Magnusson, D. (Eds.). Interactional Psychology and Personality. Washington: Hemisphere/Wiley, 1976. (a)
Endler, N. S. & Magnusson, D. Multidimensional aspects of State and Trait Anxiety: A cross-cultural study of Canadian and Swedish college students. In C. D. Spielberger & R. Diaz-Guerrero (Eds.), Cross-cultural anxiety. Washington: Hemisphere/Wiley, 1976. (b)
Epstein, S. The measurement of drive and conflict in humans: Theory and experiment. In M. R. Jones (Ed.), Nebraska Symposium on Motivation. Lincoln: University of Nebraska Press, 1962.
Erdmann, G. & Janke, W. Der situative Reaktionsfragebogen. Ärztliche Praxis, 1978, **30**, pp. 1240–1241; 1271–1274.
Ernst, H. Mit Volldampf in den Herzinfarkt. Psychologie heute, 1980, **7**, 22–29.
Eysenck, H. J. A genetic model of anxiety. In I. G. Sarason & C. D. Spielberger (Eds.), Stress and anxiety (Vol. 2). Washington: Hemisphere/Wiley, 1975.
Fahrenberg, J. Psychophysiologie. In K. P. Kisker, J.-E. Meyer, C. Müller & E. Strömgen (Eds.), Psychiatrie der Gegenwart (Bd. I/1; 2. Aufl.). Berlin: Springer, 1979.
Fahrenberg, J. Psychophysiologische Methodik. In K. J. Groffmann & L. Michel (Eds.), Psychologische Diagnostik. Handbuch der Psychologie (Bd. 6.). Göttingen: Hogrefe, 1982.
Fahrenberg, J., Walschburger, P., Foerster, F., Myrtek, M. & Müller, W. Psychophysiologische Aktivierungsforschung. Ein Beitrag zu den Grundlagen der multivariaten Emotions- und Stress-Theorie. München: Minerva, 1979.
Fenz, W. D. Strategies for coping with stress. In I. G. Sarason & C. D. Spielberger (Eds.), Stress and anxiety (Vol. 2). Washington: Hemisphere/Wiley, 1975.
Fisch, R. Konfliktmotivation und Examen. Meisenheim: Hain, 1970.
Folinsbee, L. J., Wagner, J. A., Borgia, J. F., Drinkwater, B. L., Gliner, J. A. & Bedi, J. F. Environmental stress. Individual human adaptations. New York: Academic Press, 1978.
Folkins, C. H. Temporal factors and the cognitive mediators of stress reaction. Journal of Personality and Social Psychology, 1970, **14**, 173–184.
Folkins, C. H., Lawson, K. D., Opton, E. M. & Lazarus, R. S. Desensitization and the experimental reduction of threat. Journal of Abnormal Psychology, 1968, **73**, 100–113.
Folkman, S. & Lazarus, R. S. An analysis of coping in a middle-aged community sample. Journal of Health and Social Behavior, 1980, **21**, 219–239.

Folkman, S., Schaefer, C. & Lazarus, R. S. Cognitive processes as mediators of stress and coping. In V. Hamilton & D. M. Warburton (Eds.), Human stress and cognition: An information-processing approach. London: Wiley, 1979.
Frankenhaeuser, M. Experimental approaches to the study of catecholamines and emotion. In L. Levi (Ed.), Emotions – their parameters and measurement. New York: Raven Press, 1975.
French, J. R. P. & Caplan, R. D. Organizational stress and individual strain. In A. J. Marrow (Ed.), The failure of success. New York: Amacon, 1973.
Fritz, C. E. & Marks, E. S. The NORC studies of human behavior in disaster. Journal of Social Issues, 1954, **10,** 26–41.
Fröhlich, W. D. Stress, anxiety, and the control of attention. In C. D. Spielberger & I. G. Sarason (Eds.), Stress and anxiety (Vol. 5). Washington: Hemisphere/Wiley, 1978.
Furedy, J. J. An integrative progress report on informational control in humans: Some laboratory findings and methodological claims. Australian Journal of Psychology, 1975, **27,** 61–83.
Furedy, J. J. & Biederman, G. B. The preference-for-signalled-shock phenomenon: A taxonomy of signal type and signal content. Australian Journal of Psychology, 1976, **28,** 167–179.
Gaudry, E. & Spielberger, C. D. Anxiety and educational achievement. Sydney: Wiley, 1971.
Geer, J. H., Davison, G. C. & Gatchel, R. I. Reduction of stress in humans through nonveridical perceived control of aversive stimulation. Journal of Personality and Social Psychology, 1970, **16,** 731–738.
Glass, D. C. & Singer, J. E. Urban stress: Experiments on noise and social stressors. New York: Academic Press, 1972.
Glass, D. C. & Singer, J. E. Effects of noise on human performance. In A. Damon (Ed.), Physiological Anthropology. New York: Oxford University Press, 1975.
Gleser, G. & Ihilevich, D. An objective instrument for measuring defense mechanisms. Journal of Consulting and Clinical Psychology, 1969, **33,** 51–60.
Gniech, G. Störeffekte in psychologischen Experimenten. Stuttgart: Kohlhammer, 1976.
Goldfried, M. & Goldfried, A. Cognitive change methods. In F. Kanfer & A. Goldstein (Eds.), Helping people change. New York: Pergamon Press, 1975.
Goldfried, M. R., Linehan, M. M. & Smith, J. L. Reduction of test anxiety through cognitive restructuring. Journal of Consulting and Clinical Psychology, 1978, **46,** 32–39.
Goldstein, M. J. Individual differences in response to stress. American Journal of Community Psychology, 1973, **1,** 113–137.
Graumann, C. F. Person und Situation. In U. Lehr & F. Weinert (Eds.), Entwicklung und Persönlichkeit. Stuttgart: Kohlhammer, 1975.
Grinker, R. R. & Spiegel, J. P. Men under stress. New York: McGraw-Hill, 1945.
Grosser, G. H., Wechsler, H. & Greenblatt, M. (Eds.). The threat of impending disaster. Contributions to the psychology of stress. Cambridge, Mass.: The Massachusetts Institute of Technology Press, 1964.
Haan, N. Coping and defending. New York: Academic Press, 1977.
Hackman, J. R. Task and task performance in research on stress. In J. E. McGrath (Ed.), Social and psychological factors in stress. New York: Holt, Rinehart & Winston, 1970.

Halhuber, M. J. (Ed.). Psychosozialer „Streß“ und koronare Herzkrankheit (Bd. 1). Berlin: Springer, 1977.
Halhuber, M. J. (Ed.). Psychosozialer „Streß“ und koronare Herzkrankheit (Bd. 2). Therapie und Prävention. Berlin: Springer, 1978.
Hamburg, D. A., Hamburg, B. & deGoza, S. Adaptive problems and mechanisms in severely burned patients. Psychiatry, 1953, **16**, 1–20.
Hamilton, V. & Warburton, M. (Eds.). Human stress and cognition: An information-processing approach. London: Wiley, 1979.
Harsh, J. Preference for signalled shock: A well established and reliable phenomenon. The Psychological Record, 1978, **28**, 281–289.
Heinrich, D. L. & Spielberger, C. D. Anxiety and complex learning. In H. W. Krohne & L. Laux (Eds.), Achievement, stress, and anxiety. Washington: Hemisphere/ McGraw-Hill 1982.
Hermann, M. G. Testing a model of psychological stress. Journal of Personality, 1966.
Hinkle, L. E. The concept of „stress“ in the biological and social sciences. International Journal of Psychiatry in Medicine, 1974, **5**, 335–357.
Hodapp, V. Causal inference from non-experimental research on anxiety and educational achievement. In H. W. Krohne & L. Laux (Eds.), Achievement, stress, and anxiety. Washington: Hemisphere/McGraw-Hill, 1982.
Hodapp, V. & Weyer, G. Weiterentwicklung von Fragebogenskalen zur Erfassung der subjektiven Belastung und Unzufriedenheit von Hausfrauen (SBUS-H). Psychologische Beiträge, 1980, **22**, 322–334.
Hodges, W. F. The psychophysiology of anxiety. In M. Zuckerman & C. D. Spielberger (Eds.), Emotions and anxiety. New concepts, methods, and applications. Hillsdale, New Jersey: Erlbaum, 1976.
Hodges, W. F. & Felling, J. P. Types of stressful situations and their relation to trait anxiety and stress. Journal of Consulting and Clinical Psychology, 1970, **34**, 333–337.
Hokanson, J. E., DeGood, D. E., Forrest, M. S. & Brittain, T. M. Availability of avoidance behaviors in modulating vascular-stress responses. Journal of Personality and Social Psychology, 1971, **19**, 60–68.
Holmes, D. S. & Houston, B. K. Effectiveness of situation redefinition and affective isolation for reducing stress. Journal of Personality and Social Psychology, 1974, **29**, 212–218.
Holmes, T. H. & Masuda, M. Life change and illness susceptibility. In B. S. Dohrenwend & B. P. Dohrenwend (Eds.), Stressful life events: Their nature and effects. New York: Wiley, 1974.
Holmes, T. H. & Rahe, R. H. The Social Readjustment Scale. Journal of Psychosomatic Research, 1967, **11**, 213–218.
Holroyd, K. A. Cognition and desensitization in the group treatment of test anxiety. Journal of Consulting and Clinical Psychology, 1976, **44**, 991–1001.
Holst, D. v. Sozialer Streß bei Tupajas (Tupaia belangeri). Die Aktivierung des sympathischen Nervensystems und ihre Beziehung zu hormonal ausgelösten ethologischen und physiologischen Veränderungen. Zeitschrift für Vergleichende Physiologie, 1969, **63**, 1–58.
Holst, D. v. Sozialer Streß bei Tier und Mensch. Rheinisch-Westfälische Akademie der Wissenschaften (Ed.). Opladen: Westdeutscher Verlag, 1975.

Hörmann, H. Der Begriff der Anpassung in der Lärmforschung. Psychologische Beiträge, 1974, **16**, 152–167.
Horowitz, M., Wilner, N. & Alvarez, W. Impact of event scale. A measure of subjective stress. Psychosomatic Medicine, 1979, **41**, 209-218.
Horvath, F. E. Psychological stress: a review of definitions and experimental research. In L. von Bertalanffy & A. Rapaport (Eds.), General systems (Vol. 4). Ann Arbor, Michigan: Society for General Systems Research, 1959.
Houston, B. K., Bloom, L. J., Burish, T. G. & Cummings, E. M. Positive evaluation of stressful experiences. Journal of Personality, 1978, **46**, 205–214.
Houston, B. K. & Holmes, D. S. Effect of avoidant thinking and reappraisal for coping with threat involving temporal uncertainty. Journal of Personality and Social Psychology, 1974, **30**, 382–388.
Howard, A. & Scott, R. A. A proposed framework for the analysis of stress in the human organism. Behavioral Science, 1965, **10**, 141–160.
Howard, J. A. Person-situation interaction models. Personality and Social Psychology Bulletin, 1979, **5**, 191–195.
Hoyos, C. Graf. Die psychophysische Belastbarkeit als diagnostische Kategorie der Kraftfahrtauglichkeit. Zeitschrift für Experimentelle und Angewandte Psychologie, 1960, **7**, 226–243.
Hoyos, C. Graf. Arbeitspsychologie. Stuttgart: Kohlhammer, 1974.
Hurst, M. W., Jenkins, C. D. & Rose, R. M. The assessment of life change stress: A comparative and methodological inquiry. Psychosomatic Medicine, 1978, **40**, 126–141.
Izard, C. Human emotions. New York: Plenum, 1977.
Janis, I. L. Psychological stress. New York: Wiley, 1958.
Janis, I. L. Psychological effects of warnings. In G. W. Baker & D. W. Chapman (Eds.). Man and society in disaster. New York: Basic Books, 1962.
Janis, I. Stages in the decision-making process. In R. Abelson, E. Aronson, W. McGuire, T. Newcomb, M. J. Rosenberg & P. Tannenbaum (Eds.), Theories of cognitive consistency: A sourcebook. Chicago: Rand McNally, 1968.
Janis, I. L. & Leventhal, H. Human reactions to stress. In E. F. Borgatta & W. W. Lambert (Eds.), Handbook of personality theory and research. Chicago: Rand McNally, 1968.
Janis, I. L. & Mann, L. Emergency decision warning: A theoretical analysis of responses to disaster warnings. Journal of Human Stress, 1977, **3**, 35–48.
Janke, W. Methoden der Induktion von Aktiviertheit. In W. Schönpflug (Ed.), Methoden der Aktivierungsforschung. Bern: Huber, 1969.
Janke, W. Psychophysiologische Grundlagen des Verhaltens. In M. v. Kerekjarto (Ed.), Medizinische Psychologie. Berlin: Springer, 1974.
Janke, W. & Debus, G. Die Eigenschaftswörterliste (EWL). Eine mehrdimensionale Methode zur Beschreibung von Aspekten des Befindens. Göttingen: Hogrefe, 1978.
Janke, W., Erdmann, G. & Boucsein, W. Der Streßverarbeitungsfragebogen. Ärztliche Praxis, 1978, **30**, 1208–1210.
Kahn, R. L. Some propositions toward a researchable conceptualization of stress. In J. E. McGrath (Ed.), Social and psychological factors in stress. New York: Holt, Rinehart & Winston, 1970.

Kanner, A. D., Coyne, J. C., Schaefer, C. & Lazarus, R. S. Comparison of two models of stress measurement: Daily hassles and uplifts versus major life events. Journal of Behavioral Medicine (im Druck).

Katschnig, H. Sozialer Streß und psychische Erkrankung. Lebensverändernde Ereignisse als Ursachen seelischer Störungen. München: Urban & Schwarzenberg, 1980.

Katz, J. L., Weiner, H., Gallagher, T. G. & Hellman, L. Stress, distress, and ego defenses. Archives of General Psychiatry, 1970, **23**, 131–142.

Kendall, T. C. & Hollon, S. D. (Eds.). Cognitive-behavioral interventions: Theory, research and procedures. New York: Academic Press, 1981.

Kielholz, P. (Ed.). Beta-blockers and the central nervous system. Bern: Huber, 1977.

King, F. J., Heinrich, D. L., Stephenson, R. S. & Spielberger, C. D. An investigation of the causal influence of trait and state anxiety on academic achievement. Journal of Educational Psychology, 1976, **68**, 330–334.

Kiritz, S. & Moos, R. Physiological effects of social environments. Psychosomatic Medicine, 1974, **36**, 96–114.

Klinger, E. Consequences of commitment to and disengagement from incentives. Psychological Review, 1975, **82**, 1–25.

Knobloch, J., Behrmann, H. & Bauer, W. Eine psychophysiologische Untersuchung zur Streßanfälligkeit. Zeitschrift für Experimentelle und Angewandte Psychologie, 1973, **20**, 591–613.

Koslowski, M., Croog, S. H. & La Voie, L. Perception of the etiology of illnes: Causal attributions in a heart patient population. Perceptual and Motor Skills, 1978, **47**, 475–485.

Kowalski, H. Bedeutungsanalyse des Stressbegriffs in Publikumszeitschriften und psychologischer Fachliteratur. Unveröffentlichte Hauptdiplomarbeit, Universität Mainz, 1980.

Krenauer, M. & Schönpflug, W. Regulation und Fehlregulation im Verhalten III: Zielsetzung und Ursachenbeschreibung unter Belastung. Psychologische Beiträge, 1980, **22**, 414–431.

Krohne, H. W. Untersuchungen mit einer deutschen Form der Repression-Sensitization-Skala. Zeitschrift für Klinische Psychologie, 1974, **3**, 238–260.

Krohne, H. W. Angst und Angstverarbeitung. Stuttgart: Kohlhammer, 1975.

Krohne, H. W. Theorien zur Angst. Stuttgart: Kohlhammer, 1981.

Krohne, H. W. (Ed.), Angst bei Schülern und Studenten. Entstehungsbedingungen, Konsequenzen, präventive und therapeutische Maßnahmen. Hamburg: Hoffmann und Campe, 1977.

Krohne, H. W. Individual differences in coping with stress and anxiety. In C. D. Spielberger & I. G. Sarason (Eds.), Stress and anxiety (Vol. 5). Washington: Hemisphere/Wiley, 1978.

Krohne, H. W. & Laux, L. (Eds.), Achievement, stress, and anxiety. Washington: Hemisphere/Wiley, 1979.

Kryter, K. D. The effects of noise on man. New York: Academic Press, 1970.

Lader, M. H. The psychophysiology of mental illness. London: Routledge & Kegan Paul, 1975.

Lamb, D. H. The effect of two stressors on state anxiety for students who differ in trait anxiety. Journal of Research in Personality, 1973, **7**, 116–126.

Langner, T. S. & Michael, S. T. Life stress and mental health. London: The Free Press of Glencoe, 1963.

Laurson, P. G. Strength of materials. In Collier's Encyclopedia. New York: Crowell-Collier Publishing Company, 1964.

Laux, L. The multitrait-multimethod rationale in stress research. In I. G. Sarason & C. D. Spielberger (Eds.), Stress and anxiety (Vol. 3). Washington: Hemisphere/Wiley, 1976.

Laux, L. & Spielberger, C. D. Stress, Trait-State anxiety, and learning: Two competing models. In C. D. Spielberger & R. Diaz-Guerrero (Eds.), Cross-cultural anxiety (Vol. 2). Washington: Hemisphere/McGraw-Hill, 1982.

Laux, L. & Vossel, G. Neuere Konzeptionen in der Streßtheorie. In L. H. Eckensberger (Ed.), Bericht über den 31. Kongreß der Deutschen Gesellschaft für Psychologie in Mannheim 1978. Göttingen: Hogrefe, 1979.

Laux, L. & Vossel, G. Paradigms in stress research: Laboratory versus field and traits versus processes. In L. Goldberger & S. Breznitz (Eds.), Handbook of stress: Theoretical and clinical aspects. New York: The Free Press, 1982.

Lazarus, R. S. Psychological stress and the coping process. New York: McGraw-Hill, 1966.

Lazarus, R. S. Cognitive and personality factors underlying threat and coping. In M. H. Appley & R. Trumbull (Eds.), Psychological stress: Issues and research. New York: Appleton-Century-Crofts, 1967.

Lazarus, R. S. Emotions and adaptation: Conceptual and empirical relations. In W. J. Arnold (Ed.), Nebraska Symposium on Motivation. Lincoln: University of Nebraska Press, 1968. (a)

Lazarus, R. S. Stress. In: International Encyclopedia of the Social Sciences. New York: Macmillan Company and the Free Press, 1968. (b)

Lazarus, R. S. Cognitive and coping processes in emotion. In: B. Weiner (Ed.), Cognitive views of human motivation. New York: Academic Press, 1974. (a)

Lazarus, R. S. Psychological stress and coping in adaptation and illness. International Journal of Psychiatry in Medicine, 1974, **5**, 321–333. (b)

Lazarus, R. S. The self-regulation of emotion. In: L. Levi (Ed.), Emotions – their parameters and measurement. New York: Raven Press, 1975.

Lazarus, R. S. Patterns of adjustment. New York: McGraw-Hill, 1976.

Lazarus, R. S. The stress and coping paradigm. In C. Eisdorfer, D. Cohen & A. Kleinman (Eds.), Theoretical bases for psychopathology. New York: Spectrum, 1980.

Lazarus, R. S. & Alfert, E. Short-circuiting of threat by experimentally altering cognitive appraisal. Journal of Abnormal and Social Psychology, 1964, **69**, 195–205.

Lazarus, R. S. & Averill, J. R. Emotion and cognition: With special reference to anxiety. In C. D. Spielberger (Ed.), Anxiety: Current trends in theory and research (Vol. 2). New York: Academic Press, 1972.

Lazarus, R. S., Averill, J. R. & Opton, E. M. Towards a cognitive theory of emotion. In: L. Levi (Ed.), Society, stress and disease (Vol. 1). The psychosocial environment and psychosomatic diseases. London: Oxford University Press, 1971.

Lazarus, R. S., Averill, J. R. & Opton, E. M. The psychology of coping: Issues of research and assessment. In: G. V. Coelho, D. A. Hamburg & J. E. Adams (Eds.), Coping and adaptation. New York: Basic Books, 1974.

Lazarus, R. S. & Cohen, J. B. Environmental stress. In J. Altman & J. F. Wohlwill (Eds.), Human behavior and the environment. New York: Plenum, 1978.

Lazarus, R. S., Cohen, J. B., Folkman, S., Kanner, A. & Schaefer, C. Psychological stress and adaptation: Some unresolved issues. In H. Selye (Ed.), Guide to stress research. New York: Van Nostrand, 1980.
Lazarus, R. S., Deese, J. & Osler, S. F. The effects of psychological stress upon performance. Psychological Bulletin, 1952, **49,** 293–317.
Lazarus, R. S., Kanner, A. D. & Folkman, S. Emotions: A cognitive-phenomenological analysis. In R. Plutchik & H. Kellermann (Eds.), Theories of emotion. New York: Academic Press, 1980.
Lazarus, R. S. & Launier, R. Stress-related transactions between person and environment. In L. A. Pervin & M. Lewis (Eds.), Perspectives in interactional psychology. New York: Plenum, 1978.
Lazarus, R. S. & Opton, E. M. The study of psychological stress: A summary of theoretical formulations and experimental findings. In C. D. Spielberger (Ed.), Anxiety and behavior. New York: Academic Press, 1966.
Lazarus, R. S., Opton, E. M., Nomikos, M. S. & Rankin, N. D. The principle of short-circuiting of threat: Further evidence. Journal of Personality, 1965, **33,** 622–635.
Lefcourt, H. M. Locus of control. Hillsdale, N. J.: Erlbaum, 1976.
Levi, L. (Ed.). Emotional stress. Basel: Karger, 1967.
Levi, L. (Ed.). Stress and distress in response to psychological stimuli. Oxford: Pergamon Press, 1972.
Lindemann, H. Anti-Streßprogramm. München: Heyne, 1974.
Lipowski, Z. J. Sensory and information inputs overload: Behavioral effects. Comprehensive Psychiatry, 1975, **16,** 199–221.
Lundberg, V. & Theorell, T. Scaling of life changes: Differences between three diagnostic groups and between recently experienced and non-experienced events. Journal of Human Stress, 1976, **2**(2), 7–17.
Lundberg, V., Theorell, T. & Lind, E. Life changes and myocardial infarction: Individual differences in life change scaling. Journal of Psychosomatic Research, 1975, **19,** 27–32.
Mack, B. & Schröder, G. Entwicklung ökonomischer Angst-Symptom-Listen für die klinische Diagnostik. Psychologische Beiträge, 1977, **19,** 426–445.
Magnusson, D. An analysis of situational dimensions. Perceptual and Motor Skills, 1971, **31,** 851–867.
Magnusson, D. & Endler, N. S. (Eds.). Personality at the crossroads: Current issues in interactional psychology. Hillsdale, N. J.: Erlbaum, 1977.
Magnusson, D. & Stattin, H. Methods for studying stressful situations. In H. W. Krohne and L. Laux (Eds.), Achievement, stress, and anxiety. Washington: Hemisphere/McGraw-Hill, 1982.
Mandler, G., Mandler, J. M., Kremen, J. & Sholiton, R. D. The response to threat: Relations among verbal and physiological indices. Psychological Monographs, 1961, **75** (9, Whole No. 513).
Mason, J. W. A reevaluation of the concept of „non-specificity" in stress theory. Journal of Psychiatric Research, 1971, **8,** 323–333.
Mason, J. W. Specificity in the organization of neuroendocrine response profiles. In P. Seeman & G. Brown (Eds.), Frontiers in neurology and neuroscience research. Toronto: University of Toronto, 1974.
Mason, J. W. Emotion as reflected in patterns of endocrine integration. In L. Levi (Ed.), Emotions – their parameters and measurement. New York: Raven Press, 1975. (a)

Mason, J. W. A historical view of the stress field. Part I. Journal of Human Stress Research, 1975, **1**(1), 7–12. (b)
Mason, J. W. A historical view of the stress field. Part II. Journal of Human Stress Research, 1975, **1**(2), 22–36. (c)
Masuda, M. & Holmes, T. H. Life events: Perceptions and frequencies. Psychosomatic Medicine, 1978, **40**, 236–261.
McGrath, J. E. (Ed.). Social and psychological factors in stress. New York: Holt, Rinehart & Winston, 1970.
McGrath, J. E. Stress and behavior in organizations. In: M. D. Dunnette (Ed.), Handbook of industrial and organizational psychology. Chicago: Rand McNally, 1976.
McGrath, J. E. Methodological problems in research on stress. In: H. W. Krohne & L. Laux (Eds.), Achievement, stress, and anxiety. Washington: Hemisphere/McGraw-Hill 1982.
McLean, P. D. Depression as a specific response to stress. In I. G. Sarason & C. D. Spielberger (Eds.), Stress and anxiety (Vol. 3). Washington: Hemisphere/Wiley, 1976.
Mechanic, D. Students under stress. New York: The Free Press of Glencoe, 1962.
Mechanic, D. Some problems in the measurement of stress and social readjustment. Journal of Human Stress, 1975, **1**(3), 43–48.
Mechanic, D. Stress, illness, and illness behavior. Journal of Human Stress, 1976, **2**(2), 2–6.
Meichenbaum, D. A self-instructional approach to stress management: A proposal for stress inoculation training. In: C. D. Spielberger & I. G. Sarason (Eds.), Stress and anxiety (Vol. 1). Washington: Hemisphere/Wiley, 1975.
Meichenbaum, D. Cognitive – behavior modification: An integrative approach. New York: Plenum, 1977.
Meichenbaum, D. & Novaco, R. Stress inoculation: A preventive approach. In: C. D. Spielberger & I. G. Sarason (Eds.), Stress and anxiety (Vol. 5). Washington: Hemisphere/Wiley, 1978.
Meichenbaum, D., Turk, D. & Burstein, S. The nature of coping with stress. In: I. G. Sarason & C. D. Spielberger (Eds.), Stress and anxiety (Vol. 2). Washington: Hemisphere/Wiley, 1975.
Miller, S. Controllability and human stress: Theory, method, and evidence. In: M. E. P. Seligman & J. Garber (Eds.), Human Helplessness: Theory and evidence. New York: Academic Press, 1979.
Mineka, S. & Kihlstrom, J. F. Unpredictable and uncontrollable events: A new perspective on experimental neurosis. Journal of Abnormal Psychology, 1978, **87**, 256–271.
Monat, A. Temporal uncertainty, anticipation time, and cognitive coping under threat. Journal of Human Stress, 1976, **2**, 32–43.
Monat, A., Averill, J. R. & Lazarus, R. S. Anticipatory stress and coping reactions under various conditions of uncertainty. Journal of Personality and Social Psychology, 1972, **24**, 237–253.
Monat, A. & Lazarus, R. S. (Eds.). Stress and coping. New York: Columbia University Press, 1977.
Moss, G. E. Illness, immunity, and social interaction. New York:

Murphy, L. B. Coping, vulnerability, and resilience in childhood. In G. V. Coelho, D. A. Hamburg & J. E. Adams (Eds.), Coping and adaptation. New York: Basic Books, 1974.

Myrtek, M. Das Gerede vom „Streß": Eine Gefahr für die Gesundheit. Psychologie heute, 1981, **8,** 76–77.

Namboodiri, N. K., Carter, L. F. & Blalock, H. M. Applied multivariate analysis and experimental designs. New York: McGraw-Hill, 1975.

Neufeld, R. W. J. Effect of cognitive appraisal on d' and response bias to experimental stress. Journal of Personality and Social Psychology, 1975, **31,** 735–743.

Neufeld, R. W. J. Evidence of stress as a function of experimentally altered appraisal of stimulus aversiveness and coping adequacy. Journal of Personality and Social Psychology, 1976, **33,** 632–646.

Neufeld, R. W. J. & Davison, P. D. Scaling of the Subjective Stress Scale with a sample of university undergraduates. Psychological Reports, 1972, **31,** 821–822.

Nitsch, J. R. (Ed.), Stress. Theorien, Untersuchungen, Maßnahmen. Bern: Huber, 1981.

Nomikos, M. S., Opton, E., Averill, J. R. & Lazarus, R. S. Surprise versus suspense in the production of stress reaction. Journal of Personality and Social Psychology, 1968, **8,** 204–208.

Normenausschuß Ergonomie. Psychische Belastung und Beanspruchung. Allgemeines, Begriffe. Berlin: Beuth, 1981.

Nowlis, V. & Nowlis, H. H. The description and analysis of mood. Annals of the New York Academy of Sciences, 1956, **65,** 345–355.

Olweus, D. Der „moderne" Interaktionismus von Person und Situation und seine varianzanalytische Sackgasse. Zeitschrift für Entwicklungspsychologie und Pädagogische Psychologie, 1976, **8,** 171–185.

Otto, J. & Bösel, R. Angstverarbeitung und die Diskrepanz zwischen Selfreport und physiologischem Streßindikator: Eine gelungene Replikation der Weinstein-Analyse. Schweizerische Zeitschrift für Psychologie, 1978, **37,** 321–330.

Parrot, J. The measurement of stress and strain. In: W. T. Singleton, R. S. Easterby & D. C. Whitfield (Eds.), The human operator in complex systems. London: Taylor & Francis, 1971.

Parsons, O. A., Phillips, L. & Lane, J. E. Performance on the same psychomotor task under different stressful conditions. Journal of Psychology, 1954, **38,** 457–466.

Pascal, G. R. Psychological deficit as a function of stress and constitution. Journal of Personality, 1951, **20,** 175–187.

Paykel, E. S. Life stress, depression, and attempted suicide. Journal of Human Stress, 1976, **2**(3), 3–12.

Pervin, L. A. The need to predict and control under conditions of threat. Journal of Personality, 1963, **31,** 570–587.

Pervin, L. A. Performance and satisfaction as a function of individual-environment fit. Psychological Bulletin, 1968, **69,** 56–68.

Pervin, L. A. & Lewis, L. Overview of the internal-external issue. In L. A. Pervin & M. Lewis (Eds.), Perspectives in interactional psychology. New York: Plenum, 1978.

Poulton, C. Skilled performance and stress. In: P. B. Warr (Ed.), Psychology at work. Harmondsworth, Engl.: Penguin Books, 1971.

Prindaville, P. & Stein, N. Predictability, controllability, and inoculation against learned helplessness. Behavior Research and Therapy, 1978, **16,** 263–271.

Prystav, G. Die Bedeutung der Vorhersagbarkeit und Kontrollierbarkeit von Stressoren für Klassifikationen von Belastungssituationen. Zeitschrift für klinische Psychologie, 1979, **8**, 283–301.

Prystav, G. Vorhersagbarkeit und Kontrollierbarkeit aversiver Reize als belastungsinduzierende Variablen. Archiv für Psychologie, 1980, **132**, 121–138.

Prystav, G. Psychologische Copingforschung: Konzeptbildungen, Operationalisierungen und Meßinstrumente. Diagnostica, 1981, **27**, **189–214**.

Rabkin, J. G. & Struening, E. L. Life events, stress and illness. Science, 1976, **194**, 1013–1020.

Rahe, R. H. Life changes and near-future illness reports. In: L. Levi (Ed.), Emotions – their parameters and measurement. New York: Raven Press, 1975.

Rahe, R. H. & Arthur, R. J. Life change and illness studies: Past history and future directions. Journal of Human Stress, 1978, **4**(1), 3–15.

Rohmert, W. Psycho-physische Belastung und Beanspruchung von Fluglotsen. Berlin: Beuth-Vertrieb, 1973.

Rosenthal, R. Experimental effects in behavioral research. New York: Appleton-Century-Crofts, 1976.

Roskies, E. & Lazarus, R. S. Coping theory and the teaching of coping skills. In: P. Davidson (Ed.), Behavioral medicine: Changing health life styles. New York: Brunner/Mazel, 1979.

Rotter, J. B. Generalized expectancies for internal versus external control of reinforcement. Psychological Monographs, 1966, **80** (1, Whole No. 609).

Rotter, J. B. Generalized expectancies for problem solving and psychotherapy. Cognitive Therapy and Research, 1978, **2**, 1–10.

Ruthe, R. Streß muß sein. Freiburg i. Br.: Herder, 1977.

Saltz, E. Manifest anxiety: Have we misread the data? Psychological Review, 1970, **77**, 568–573.

Saltz, E. The cognitive bases of human learning. Homewood, Ill.: Dorsey, 1971.

Sarason, I. G. Anxiety and self-preoccupation. In: I. G. Sarason & C. D. Spielberger (Eds.), Stress and anxiety (Vol. 2). Washington: Hemisphere/Wiley, 1975.

Sarason, I. G. (Ed.). Test anxiety: Theory, research, and application. Hillsdale, N. J.: Erlbaum, 1980.

Sarason, I. G., Johnson, J. H. & Siegel, J. M. Assessing the impact of life changes: Development of the life experiences survey. Journal of Consulting and Clinical Psychology, 1978, **46**, 932–946.

Sarason, I. G. & Spielberger, C. D. (Eds.). Stress and anxiety (Vol. 2). Washington: Hemisphere/Wiley, 1975.

Sarason, I. G. & Spielberger, C. D. (Eds.). Stress and anxiety (Vol. 3). Washington: Hemisphere/Wiley, 1976.

Sarason, I. G. & Spielberger, C. D. (Eds.). Stress and anxiety (Vol. 6). Washington: Hemisphere/Wiley, 1979.

Sarason, I. G. & Spielberger, C. D. (Eds.). Stress and anxiety (Vol. 7). Washington: Hemisphere/Wiley, 1980.

Savage, R. D. & Eysenck, H. J. The definition and measurement of emotionality. In: H. J. Eysenck (Ed.), Experiments in motivation. London: Pergamon Press, 1964.

Schachter, S. & Singer, J. E. Cognitive, social and physiological determinants of emotional state. Psychological Review, 1962, **69**, 379–399.

Schaefer, H. & Blohmke, M. Herzkrank durch psychosozialen Streß. Heidelberg: Hüthig, 1977.
Scherer, K. R. Vocal indicators of stress. In J. Darby (Ed.), The evaluation of speech in psychiatry, New York: Grune & Stratton, in press.
Schönpflug, W. Regulation und Fehlregulation im Verhalten I: Verhaltensstruktur, Effizienz und Belastung – theoretische Grundlagen eines Untersuchungsprogramms. Psychologische Beiträge, 1979, **21**, 174–202.
Schönpflug, W. & Heckhausen, H. Lärm und Motivation. Opladen: Westdeutscher Verlag, 1976.
Schulz, P. Regulation und Fehlregulation im Verhalten II: Stress durch Fehlregulation. Psychologische Beiträge, 1979, **21**, 597–621.
Schulz, P. Regulation und Fehlregulation im Verhalten V: Die wechselseitige Beeinflussung von mentaler und emotionaler Beanspruchung. Psychologische Beiträge, 1980, **22**, 633–656.
Schulz, P. & Schönpflug, W. Regulatory activity during states of stress. In: H. W. Krohne & L. Laux (Eds.), Achievement, stress, and anxiety. Washington: Hemisphere/McGraw-Hill, 1982.
Schwarzer, R. Streß, Angst und Hilflosigkeit. Stuttgart, Kohlhammer, 1981.
Seidenstücker, G. & Weinberger, L. Entwicklung einer Angstliste. Diagnostica, 1978, **24**, 78–88.
Seligman, M. E. P. Helplessness. San Francisco: W. H. Freeman, 1975.
Sells, S. B. On the nature of stress. In: J. E. McGrath (Ed.), Social and psychological factors in stress. New York: Holt, Rinehart & Winston, 1970.
Selye, H. A syndrome produced by diverse nocuous agents. Nature, 1936, **138**, 32.
Selye, H. The general adaptation syndrome and the diseases of adaptation. Journal of Clinical Endocrinology, 1946, **6**, 117–230.
Selye, H. The physiology and pathology of exposure to stress. Montreal: Acta, Inc., 1950.
Selye, H. Stress. Bewältigung und Lebensgewinn. München: Piper, 1974.
Selye, H. Confusion and controversy in the stress field. Journal of Human Stress Research, 1975, **1**(2), 37–44. (a)
Selye, H. The stress concept. Its philosophical and psychosocial implications. Biosciences Communications, 1975, **1**, 131–145. (b)
Selye, H. Stress in health and disease. Boston, Mass.: Butterworth, 1976. (a)
Selye, H. The stress of life (rev. ed.). New York: McGraw-Hill, 1976. (b)
Shedletsky, R. & Endler, N. S. Anxiety: The state-trait model and the interaction model. Journal of Personality, 1974, **42**, 511–527.
Siegrist, J., Dittmann, K., Rittner, K. & Weber, I. Lebensverändernde Ereignisse, psychosoziale Disposition und Herzinfarkt. Unveröffentlichtes Manuskript, Universität Marburg, 1980.
Singleton, W. T. The measurement of man at work with particular reference to arousal. In: W. T. Singleton, R. S. Easterby & D. C. Whitfield (Eds.), The human operator in complex systems. London: Taylor & Francis, 1971.
Smith, R. C. & Lay, C. D. State and Trait anxiety: An annotated bibliography. Psychological Reports, 1974, **34**, 519–594.
Speisman, J. C., Lazarus, R. S., Mordkoff, A. & Davison, L. Experimental reduction of stress based on ego-defense theory. Journal of Abnormal and Social Psychology, 1964, **68**, 367-380.

Spielberger, C. D. Anxiety as an emotional state. In: C. D. Spielberger (Ed.), Anxiety: Current trends in theory and research (Vol. 1). New York: Academic Press, 1972.
Spielberger, C. D. Anxiety: State-Trait-process. In: C. D. Spielberger & I. G. Sarason (Eds.), Stress and anxiety (Vol. 1). Washington: Hemisphere/Wiley, 1975.
Spielberger, C. D., Anton, W. D. & Bedell, J. The nature and treatment of test anxiety. In: M. Zuckerman & C. D. Spielberger (Eds.), Emotions and anxiety. New concepts, methods, and applications. Hillsdale, N. J.: Erlbaum, 1976.
Spielberger, C. D., Auerbach, S. M., Wadsworth, A. P., Dunn, T. M. & Taulbee, E. S. Emotional reactions to surgery. Journal of Consulting and Clinical Psychology, 1973, **40**, 33–38.
Spielberger, C. D., Gonzalez, H. P., Taylor, C. J., Algaze, B. & Anton, W. D. Examination stress and test anxiety. In: C. D. Spielberger & I. G. Sarason (Eds.), Stress and anxiety (Vol. 5). Washington: Hemisphere/Wiley, 1978.
Spielberger, C. D., Gorsuch, R. L. & Lushene, R. E. Manual for the State-Trait Anxiety Inventory. Palo Alto, Calif.: Consulting Psychologists Press, 1970.
Spielberger, C. D., Lushene, R. E. & McAdoo, W. G. Theory and measurement of anxiety states. In: R. B. Cattell & R. M. Dreger (Eds.), Handbook of modern personality theory. Washington: Hemisphere/Wiley, 1977.
Spielberger, C. D. & Sarason, I. G. (Eds.). Stress and anxiety (Vol. 1). Washington: Hemisphere/Wiley, 1975.
Spielberger, C. D. & Sarason, I. G. (Eds.). Stress and anxiety (Vol. 4). Washington: Hemisphere/Wiley, 1977.
Spielberger, C. D. & Sarason, I. G. (Eds.). Stress and anxiety (Vol. 5). Washington: Hemisphere/Wiley, 1978.
Spielberger, C. D., Sarason, I. G. & Milgram, N. A. Stress and anxiety (Vol. 8). Washington: Hemisphere/McGraw-Hill, 1982.
Stäcker, K. H. Frustration. Stuttgart: Kohlhammer, 1977.
Stapf, K. H. Bemerkungen zur Gegenstands- und Methodendiskussion in der Umweltpsychologie. In: G. Kaminski (Ed.), Umweltpsychologie. Stuttgart: Klett, 1976.
Staub, E., Tursky, B. & Schwartz, G. E. Self-control and predictability: Their effects on reactions to aversive stimulation. Journal of Personality and Social Psychology, 1971, **18**, 157–162.
Stegie, R. Emotionale Belastung und ihre Verarbeitung. Probleme der Life Event-Forschung. Emotionspsychologie im medizinischen Bereich. Göttingen: Vandenhoeck & Ruprecht, 1980.
Stopol, M. S. The consistency of stress tolerance. Journal of Personality, 1954, **23**, 13–29.
Strasser, H. Technisch-physiologische Aspekte der Beziehung Streß–Strain. Eine modelltheoretische Betrachtung. Arbeitsmedizin, Sozialmedizin, Präventivmedizin, 1974, **9**, 212–217.
Taché, J. & Selye, H. On stress and coping mechanisms. In: C. D. Spielberger & I. G. Sarason (Eds.), Stress and anxiety (Vol. 5). Washington: Hemisphere/Wiley, 1978.
Tanner, O. Stress. Amsterdam: Time-Life International, 1976.
Thomae, H. Das Individuum und seine Welt. Göttingen: Hogrefe, 1968.
Thomae, H. Konflikt, Entscheidung, Verantwortung. Stuttgart: Kohlhammer, 1974.
Thomae, H. Kognition und Motivation. Moderne Aspekte eines alten Problems. In: K. D. Hartmann & K. Koeppler (Eds.), Fortschritte der Marktpsychologie (Band 1). Frankfurt a. M.: Fachbuchhandlung für Psychologie Verlagsabteilung, 1977.

Thorwath, A. Stop dem Streß. Stuttgart: Seewald, 1977.
Tucker, J. F. Adjustment: Models and mechanism. New York: Academic Press, 1970.
Tunner, W. Angst, Angstabwehr und ihre therapeutische Veränderung. In: L. J. Pongratz (Eds.), Handbuch der Psychologie. Klinische Psychologie (2. Halbband). Göttingen: Hogrefe, 1978.
Ursin, H., Baade, E. & Levine, S. Psychology of stress: A study of coping men. New York: Academic Press, 1978.
Velden, M. Zur Isolierung des response set bei der Messung von Empfindungen und Emotionen mittels TSD-Technik. Archiv für Psychologie, 1977, **129**, 120–130.
Vester, F. Phänomen Streß. Stuttgart: Deutsche Verlags-Anstalt, 1976.
Visotsky, H. M., Hamburg, D. A., Goss, M. E. & Lebovits, B. Z. Coping behavior under extreme stress. Archives of General Psychiatry, 1961, **5**, 27–52.
Vogel, W., Raymond, S. & Lazarus, R. S. Intrinsic motivation and psychological stress. Journal of Abnormal and Social Psychology, 1959, **58**, 225–233.
Vossel, G. & Fröhlich, W. D. Life stress, job tension, and subjective reports of task performance effectiveness: A cross-lagged correlational analysis. In: I. G. Sarason & C. D. Spielberger (Eds.), Stress and anxiety (Vol. 6). Washington: Hemisphere/ Wiley, 1979.
Walschburger, P. Die Diskrepanz zwischen subjektiven und physiologischen Belastungsreaktionen: Ein informativer Indikator des individuellen Bewältigungsstils? Schweizerische Zeitschrift für Psychologie, 1981, **40**, 55–67.
Walschburger, P. & Broda, M. Sprechweise und Aktivierung in einer freien Redesituation. Psychologische Beiträge, 1980, **22**, 304–321.
Weinstein, J., Averill, J. R., Opton, E. M. & Lazarus, R. S. Defensive style and discrepancy between self-report and physiological indices of stress. Journal of Personality and Social Psychology, 1968, **10**, 406–413.
Welford, A. T. (Ed.). Man under stress. London: Taylor & Francis, 1974.
Wermuth, N. Zusammenhangsanalysen medizinischer Daten. Berlin: Springer, 1978.
Weyer, G. & Hodapp, V. Entwicklung von Fragebogenskalen zur Erfassung der subjektiven Belastung. Archiv für Psychologie, 1975, **127**, 161–188.
Weyer, G. & Hodapp, V. Job stress and essential hypertension. In I. G. Sarason & C. D. Spielberger (Eds.), Stress and anxiety (Vol. 6). Washington: Hemisphere/Wiley, 1979.
Weyer, G., Hodapp, V. & Neuhäuser, S. Weiterentwicklung von Fragebogenskalen zur Erfassung der subjektiven Belastung und Unzufriedenheit im beruflichen Bereich (SBUS-B). Psychologische Beiträge, 1980, **22**, 335–355.
White, R. W. Strategies of adaptation: An attempt at systematic description. In: G. V. Coelho, D. A. Hamburg & J. E. Adams (Eds.), Coping and adaptation. New York: Basic Books, 1974.
Whitey, S. B. Reactions to uncertain threat. In: G. W. Baker & D. W. Chapman (Eds.), Man and society in disaster. New York: Basic Books, 1962.
Wichmann, V. Streßforschung: Konzepte in einem interdisziplinären Problemfeld. In: R. Bösel (Ed.), Streß. Einführung in die psychosomatische Belastungsforschung. Hamburg: Hoffmann und Campe, 1978.
Wieland, R. & Schönpflug, W. Regulation und Fehlregulation im Verhalten IV: Entspannung bei Angst und Lärmbelastung. Psychologische Beiträge, 1980, **22**, 521–536.

Wild, B. S. & Hanes, C. A dynamic conceptual framework of generalized adaptation to stressful stimuli. Psychological Reports, 1976, **38,** 319–334.

Willems, E. P. & Raush, H. L. Naturalistic viewpoints in psychological research. New York: Holt, Rinehart and Winston, 1969.

Wine, J. D. Evaluation anxiety: A cognitive-attentional construct. In: H. W. Krohne & L. Laux (Eds.), Achievement, stress, and anxiety. Washington: Hemisphere/ McGraw-Hill, 1982.

Wohlwill, J. F. Adapting to a noisy world. (Review of Under stress: Experiments on noise and social stressors by D. C. Glass & J. E. Singer). Contemporary Psychology, 1975, **20,** 385–387.

Wohlwill, J. F., Nasar, J. L., DeJoy, D. M. & Foruzani, H. H. Behavioral effects of a noisy environment: Task involvement versus passive exposure. Journal of Applied Psychology, 1976, **61,** 67–74.

Wolff, C. T., Friedman, S. B., Hofer, M. A. & Mason, J. W. Relationship between psychological defenses and mean urinary 17-hydroxycorticosteroid excretion rates. Psychosomatic Medicine, 1964, **26,** 576–591.

Wyon, D. P. Studies of children under imposed noise and heat stress. Ergonomics, 1970, **13,** 598–612.

Yuwiler, A. Stress, anxiety, and endocrine function. In: R. G. Grenell & S. Galay (Eds.), Biological foundations of psychiatry. New York: Raven Press, 1976.

Zerssen, D. v. Die Befindlichkeitsskala. Weinheim: Beltz, 1976.

Zuckerman, M. & Lubin, B. Manual for the Multiple Affect Adjective Check List. San Diego: Educational and Industrial Testing Service, 1965.

9. Kapitel

Konflikt und Entscheidung

Hubert Feger und *Volker Sorembe*

I. Übersicht und geschichtlicher Rückblick

Die beiden vergangenen Jahrzehnte haben in der Entscheidungsforschung wie in fast allen Bereichen der Psychologie eine Fülle von Publikationen und auch eine Weiterentwicklung der Forschung gebracht. Der begriffliche Apparat, der für die theoretische Analyse des Geschehens in Konflikt und Entscheidung verfügbar ist, ist differenzierter und umfassender geworden. Die Anzahl empirischer, vor allem experimenteller Untersuchungen ist stark gewachsen; die uns bekannten Studien können selbst in einem Handbuchbeitrag dieses Umfanges nicht mehr vollständig dargestellt werden. Ob die vorliegende Auswahl repräsentativ ist, hängt u. a. vom Vorverständnis ab, mit dem man den Bereich von Konflikt und Entscheidung eingrenzt. Die Anzahl unterschiedlicher Paradigmen hat ebenfalls zugenommen, wobei jedes Paradigma meist eine Einheit von theoretischen Konzepten und Vorschriften für die Datenerhebung und -auswertung darstellt. Einige größere Forschungsschwerpunkte zeichnen sich deutlich ab, gestützt auf relativ weitentwickelten Theorien, wie die spieltheoretische Entscheidungsforschung, das Gradientenmodell und die Präferenztheorien. Eine aktuelle Verbindung zu den Schulen der Psychologie aus der Zeit vor dem Zweiten Weltkrieg besteht nicht; hier wie in allen Bereichen der wissenschaftlichen Psychologie ist orthodoxe Schulnachfolge obsolet geworden. Ein wesentlicher Gesichtspunkt für die Gliederung des früheren Handbuchartikels nach Schulen (Feger, 1965) entfällt daher. Vielmehr liegt eine Gliederung nahe, die sich an den besonders intensiv untersuchten theoretischen Ansätzen und inhaltlichen Fragestellungen orientiert. Zuvor werden wir uns bemühen, den Gegenstandsbereich der Forschung über Konflikt und Entscheidung – wir gebrauchen beide Begriffe synonym – zu bestimmen.

1. Abgrenzung und Bestimmung des Gegenstandsbereiches

Wir versuchen, die Entscheidungsforschung sowohl negativ, durch Angabe der nicht eingeschlossenen Themen, als auch positiv zu bestimmen, durch Hinweise auf Definitionen und auf Konfliktvariablen. Bei der Ausgrenzung ist zunächst zu erwähnen, daß Konflikte *zwischen* Menschen, Gruppen und Institutionen, also interindividuelle Konflikte als Gegenstand der Sozialpsychologie, hier nicht behandelt werden, sondern nur intraindividuelle Konflikte und Entscheidungen einer Instanz, die nicht aus mehreren Personen besteht. Auch Arbeiten zum moralischen Konflikt, meist bei Kindern und Jugendlichen (z. B. Rothman, 1976) werden hier nicht besprochen, weil in der typischerweise entwicklungspsychologischen Forschung in diesem Zusammenhang insbesondere Fragen der moralischen Entwicklung interessieren; eine entscheidungstheoretische Analyse dieses Bereiches wäre jedoch zweifellos reizvoll. Ausgeklammert werden auch die zahlreichen Untersuchungen zur Wahl-Reaktionszeit (choice oder complex reaction time), in denen man einen Bezug auf ein Präferenzsystem des Wählenden nicht erkennen kann, vielmehr Merkmale des Reizangebotes sowie des sensorischen und motorischen Systems analysiert werden. Eine Arbeit wie die von Berlyne (1957) mit dem Titel „Conflict and choice time“ stellt einen Grenzfall dar; in ihr werden von den Vpn Reaktionen auf Lichtsignale verlangt, die u. a. durch die Instruktion teilweise inkompatibel gemacht wurden. Wir wollen uns in diesem Beitrag auf psychologische Entscheidungs- und Konfliktforschung beschränken, in der die Entwicklung theoretischer Vorstellungen mit ständiger empirischer Rückkoppelung auf hinreichendem methodischen Niveau parallel lief. Damit müssen wir auf die meisten psychoanalytischen Arbeiten verzichten, die für die Begründung ihrer Aussagen häufig persönliche klinische Erfahrungen als Evidenz in Anspruch nehmen. Dieser Verzicht fällt uns umso leichter, als wir auf die Bände „Klinische Psychologie“ im Handbuch der Psychologie verweisen können (Pongratz, 1977). Aus dem gleichen Grund möchten wir nicht auf existentialphilosophische Ansätze eingehen, auch wenn einige u. a. in der Diskussion über therapeutische Verfahren eine Rolle gespielt haben (z. B. Frankl, 1949; van Kaam, 1961; May, 1961). Einige Themen und Methoden müssen wir gegen unseren Willen vernachlässigen, weil kaum Literatur dazu vorliegt, z. B. die Strukturierung der Entscheidungssituation und die Bemühungen des Sich-Entscheidenden, Handlungsalternativen zu finden und herzustellen. Zu den relativ selten gewordenen Methoden gehört die Simulation (erfolgreich z. B. für die Vorhersage von Investitionsentscheidungen von Managern im Bankgewerbe: Clarkson, 1962). Für mehr oder minder von unseren Auffassungen abweichende Konzeptionen im deutschsprachigen Bereich sei auf Thomae (1960, 1974), Pongratz (1961), Langenheder (1975) und Grunwald (1976) verwiesen.

Bei der positiven Abgrenzung des Gegenstandsbereiches kann man vom

Gebrauch des Begriffes Konflikt ausgehen, wie Lehr & Thomae (1965) ihn in der Lebenslaufforschung verwendet haben. Konflikt, Krise und Belastungssituation sind in den biographischen Berichten der Vpn nur schwer voneinander abzuheben. Die Bewältigung von Aufgaben, die sich in und durch den Verlauf der biographischen Entwicklung stellen, kann, muß aber nicht zu intraindividuellen Konflikten führen. Lebenslaufschilderungen werden oft spontan gegliedert, wobei Zäsuren nur zu einem geringen Teil aufgrund biologisch bedingter Sachverhalte oder des (sozialen) Rollenwechsel gesetzt werden. Vielmehr stellen mit gut 38 % persönliche Erlebnisse und Erfahrungen neben zeitgeschichtlichen Ereignissen einen beachtlichen Teil der subjektiven Markierungspunkte dar. Lehr (1978) weist die These zurück, in bestimmten Lebensaltern könne man geradezu gesetzmäßig das Eintreten von Krisenphasen erwarten. Das Datenmaterial von Lehr & Thomae (1965) belegt, daß verhältnismäßig viele (Männer im Durchschnitt 32,5; Frauen 51,7) Konfliktsituationen im Interview bewußt und für wichtig genug gehalten werden, um sie als Stationen und Probleme des eigenen Lebens in freier Exploration zu erwähnen. Die hier zugrundeliegende Konfliktdefinition betont die Schwierigkeit der Situation, die persönliche Betroffenheit und den Lösungsdruck.

Insbesondere die persönliche Betroffenheit durch die Situation und durch die erwarteten Folgen dürfte eine Konfliktsituation von einer Situation unterscheiden, in der eine Beurteilung abzugeben ist. Eine Beurteilung bezieht sich auf subjektive Gegebenheiten, die oft mit physikalischen oder objektiven Gegebenheiten kovariieren; nach der Aufgabendefinition müssen Werte der beurteilenden Person nicht involviert sein. Hofstee (1970) spricht von Beurteilung (judgment), wenn die Reize oder Alternativen eindimensional variieren und diskriminierbar weit voneinander auf der Variationsdimension entfernt liegen. Er spricht von Wahl (choice) bei mehrdimensionalen und nahe beieinander liegenden Reizen. Bush et al. (1963, S. 79) definieren *Wahl:* „Whenever an organism, either in its natural environment or in the laboratory, is confronted with a set of two or more mutually exclusive courses of action – responses – and it selects or performs one of them, we say that a choice has occured." Die Autoren weisen auf den strikt behavioristischen Charakter dieser Definition hin. Die Festlegung des Vl, was er beobachten möchte, bestimmt wenigstens teilweise, ob eine Wahl stattfindet oder nicht. Hier entscheidet nicht die Wahrnehmung der Vp oder des Vt darüber, ob Reize ein- oder mehrdimensional sind und ob Alternativen vorhanden sind oder nicht, sondern die Auffassung des Vl.

Für Autoren, die tierpsychologische Forschung in ihrer Umschreibung nicht berücksichtigen, können eher kognitive Sachverhalte in die Abgrenzung von anderen Phänomenen eingehen. So schreibt Toda (1964, S. 90): „I hesitate to use only this informational aspect, that is, the raised and the lowered threshold to problem-perception, for the definition of decision making and decision suspension respectively." Er bleibt jedoch dabei, die Hebung und Senkung der

Schwelle der Problemwahrnehmung als die besten Parameter zur Identifikation von Prozessen vor und nach dem Entschluß zu bezeichnen. Der Abgrenzungsversuch von Janis & Mann (1968, S. 329) weist mit dem von Toda zwei Übereinstimmungen auf; er gliedert den Entscheidungsprozeß aus dem übrigen Geschehen aus, indem ein Anfangs- und Endpunkt angegeben wird, und betont die kognitive Aktivität: „The decision-making process begins when the individual is exposed to persuasive information that challenges his current course of action or inaction by calling attention to important losses that will ensue if he does not change." Das Ende des Entscheidungs-Prozesses oder der Übergang zur Nachentscheidungsphase tritt ein, wenn „the person announces or reveals his intended course of actions to others". Diese Definition wäre operational, wenn nicht Angaben darüber fehlten, wie von der betroffenen Person Auskünfte über wesentliche Bestimmungsstücke wie die Richtung ihrer Aufmerksamkeit zu erhalten wären. Dies gilt auch für die folgende, subjektivistische Definition von Feger (1968, S. 70). Nach ihr soll „unter einer Entscheidungssituation der Abschnitt auf dem biographischen Kontinuum eines Individuums verstanden werden, der in dem Augenblick beginnt, in dem sich für ein Individuum mindestens zwei Möglichkeiten des Sich-Verhaltens eröffnen und der in dem Augenblick einen (durchaus nicht endgültigen und vollständigen) Abschluß findet, in dem das Individuum sich entschließt, einer der sich bietenden Alternativen den Vorzug zu geben." (vgl. auch Schmidt, 1966, S. 27). Hier ist nicht auf den Prozeß wie bei Janis & Mann, sondern auf die Situation abgehoben. In beiden Umschreibungen ist Konflikt implizit als das gleichzeitige Anlaufen von mindestens zwei miteinander wenigstens teilweise nicht zu vereinbarenden Verhaltenstendenzen (vgl. Hofstätter, 1957) aufgefaßt. Damit wird von einer Fülle von Situationen abstrahiert. Es liegt nur wenig systematische Forschung zu der Frage vor, welche Art von Situation Konflikt wahrscheinlich auslöst. Klauer weist darauf hin, daß Erleben und Verhalten in Überlastungssituationen als „Konflikt zwischen Lösungsversuchen und Ausweichversuchen, Bewältigungswillen und Entlastungstendenz" analysiert werden kann (Klauer, 1961, S. 208), wobei die Art der Aufgabe für Entstehen und Verlauf des Konfliktes besonders in der Hinsicht relevant ist, wieviel Spielraum sie für „Ausweichaktionen" u. ä. läßt. Leistungssituationen (s. u.) sind ebenfalls konflikttheoretisch untersucht worden.

Thomae (1974, S. 14) analysiert verschiedene Ansätze der Konflikt- und Entscheidungsforschung auf ein möglicherweise gemeinsames Vorverständnis hin. Er stellt folgende Komponenten dieses „Vorbegriffes" fest:

(1) das Gewahrwerden mehrerer Möglichkeiten des Handelns,
(2) Reaktionen auf diese Mehrdeutigkeit (Multivalenz) der Situation.

Eine der Reaktionen sei die „Unterbrechung des bisherigen Handlungsvollzuges", und insbesondere homöostatische Motivationstheorien sehen diese Unterbrechung, die sich oft als verlängerte Reaktionszeit zeigt, als Lähmung verschiedener Aktivitäten und als Störung an, oder – wie Thomae (1974, S. 64) nach einer Diskussion dieses Aspektes resümiert – als „... eine mehr oder minder extreme Abweichung der Situation des Handelnden von dessen ‚Normallage'. Normal wäre die eindeutige Zuordnung von Reiz und Reaktion."

Thomae (1960, S 51 ff.) arbeitete aus umfangreichem Niederschriftenmaterial folgende Gemeinsamkeiten der Reaktionen auf „multivalente Situationen" heraus:

(1) den Bezug der Geschehnisse auf ein „ich", die Person selbst fühlt sich betroffen;
(2) den Zukunftsbezug;
(3) die Ungeklärtheit der Situation, und
(4) die Bemühungen um Klärung der Situation.

Der Zukunftsbezug wird auch von Roby (1964, S. 24) als entscheidendes Kriterium betont. Er äußert sich in zweifacher Weise, als „action commitment that extends well into the future" und als „the fact that the reaction is to an inferred or constructed environmental situation rather than to immediately present stimulus cues." Schmidt (1966, S. 18 f.) versucht u. a. Konflikt dadurch zu bestimmen, daß er typische Erscheinungen und Auftretensbedingungen zusammenstellt:

„1. Phänomene wie Zögern, Unentschlossenheit, Ratlosigkeit, Hemmung, die sich insgesamt in einer Verlängerung der Entscheidungszeit niederschlagen;
2. Oszillationen zwischen den möglichen Zielen;
3. Ausweichhandlungen und irrelevante Bewegungen (wie regressive und aggressive Handlungen, Ersatzhandlungen, Übersprungbewegungen);
4. Vegetative „Notfallsfunktionen" (CANNON) wie Erröten, Erhöhung der Pulsfrequenz, Harndrang, Defäkationsneigung, Erbrechen, Konfliktschlaf;
5. Unvereinbare Handlungsimpulse (von daher Kampf der Motive),
6. Die unvereinbaren Handlungstendenzen sind gleich stark, befinden sich also in einem stabilen Gleichgewicht; sie hemmen sich gegenseitig."

Die Belege für die besonders schweren Konfliktphänomene (Punkte 3 und 4) findet Schmidt überwiegend in experimentellen Tierstudien (Finger, 1944; Tinbergen, 1952; Bastock et al., 1953; Iwanow-Smolenski, 1954). Vlek & Wagenaar (1976, S. 449) stellen folgende Bedingungen heraus:

„Ein Entscheidungsproblem ergibt sich, wenn eine Entscheidungs-Instanz (a) eine Diskrepanz wahrnimmt zwischen einem bestehenden Zustand – dem status quo – und einem gewünschten, sie (b) motiviert ist und (c) über die Möglichkeiten verfügt, diese Diskrepanz aufzuheben, wobei (d) die Verwirklichung der zu wählenden Handlung eine nichtumkehrbare Investition aus ihrem Handlungspotential erfordert, und (e) die Folgen jeder Wahlalternative ganz oder teilweise unsicher sind."* Von *Problemlösen* heben Vlek & Wagenaar

* Unsere Übersetzung

Entscheidung ab mit den Hinweisen, beim Entscheiden seien die Unsicherheit über die Folgen und die Bedeutung der Folgen relativ groß, ein Testen oder Durchprobieren der Alternativen in der Realität sei nicht möglich, und bei der Bewertung der Alternativen müsse man mit dem Konzept der Erwartung arbeiten.

Die erwähnten Listen von Phänomenen, Kriterien und Bedingungen enthalten Punkte, für deren Prüfung introspektive, selbstbeschreibende Information nötig ist. Die empirische Forschung ist fast nie so vorgegangen, daß sie bei jedem Versuchsteilnehmer anhand einer solchen Liste geprüft hätte, ob Konflikt oder ein Entscheidungsprozeß eingetreten ist, ob also das Phänomen experimentell realisiert wurde, das man untersuchen wollte. An anderer Stelle (Feger, 1978, S. 16 ff.) haben wir die Folgen für die interne und externe Validität angesprochen, die sich ergeben könnten, wenn man nach diesen Listen nachträglich Vpn ausscheiden würde. Jedoch halten wir auch unter diesem Gesichtspunkt ein Vorgehen für besonders sinnvoll, bei dem eine größere Zahl gezielt ausgewählter Einzelfallstudien systematisch später integriert wird.
Bei der Umschreibung von Konflikt und Entscheidung kann man den Akzent auf die Person, die Situation oder das prozeßhafte Geschehen legen. Den Akzent auf die Person legen u. a. die differentialpsychologischen Theorien, z. B. von Cattell und seinen Mitarbeitern, die wir im letzten Abschnitt dieses Kapitels behandeln. Die Situation der Entscheidungsinstanz, die in diesem Kapitel immer aus einer, nicht aus mehreren Personen besteht, wird durchgängig so charakterisiert, daß sie objektiv mehrere Verhaltensmöglichkeiten erlaube, oder – in der voraussetzungsvolleren Anforderung – daß sie so von der Person erlebt werde. Die Situation sei ungeklärt in dem Sinne, daß der Person Informationen über sie selbst oder über ihre Umwelt fehlen, die sie für die Auswahl zwischen Alternativen benötige. Die Situation werde als Belastung, seltener als Chance erlebt (Thomae, 1960). Sie löst gleichzeitig zwei oder mehr unvereinbare Verhaltenstendenzen aus (behavioristische Konzeption) oder führe zum Gewahrwerden nicht gleichzeitig realisierbarer Handlungsmöglichkeiten (kognitive Auffassung). Damit – um jetzt Merkmale des Verhaltensprozesses zu akzentuieren – beginnen relativ konfliktspezifische Reaktionen, zu deren wichtigsten die Auseinandersetzung mit den erwarteten Folgen (Zukunftsbezug), das Informationsverhalten und der Bezug auf das Präferenzsystem des Sich-Entscheidenden gehören. Typische Konfliktreaktionen lassen sich dabei beobachten, wie Unsicherheit, Oszillationen und Zögern. Auf einige dieser Reaktionen wollen wir im folgenden nach der Besprechung der Gliederungsschemata näher eingehen.

2. Gliederung des Konfliktablaufes

In der Entscheidungsforschung sind zahlreiche Gliederungsschemata für den Prozeß vorgelegt worden, die oft nur den didaktischen Zweck haben, die Fülle des Materials zu gliedern. Allgemein akzeptiert scheint die mehr oder minder scharfe Unterteilung in eine Vor- und eine Nachentscheidungsphase zu sein, wobei der realisierte Entschluß als beobachtbare Wahl zwischen den Alternativen den Trennpunkt ausmacht. Diese Konzipierung ist nicht die einzig mögliche. Ein mehr oder minder kontinuierliches Hinübergleiten nach Teilfestlegungen und impliziten Entscheidungen bei wachsender Bindung an die innere, vielleicht noch nicht gegenüber anderen signalisierte Festlegung könnte zumindest bei einigen Entscheidungen eine angemessenere Auffassung des Geschehens sein. Die „overt expression of choice“ (Mann et al., 1969, S. 15) wäre dann kein deutlicherer qualitativer Sprung als eine implizite Entscheidung oder eine im Konfliktverlauf frühe Mitteilung ihrer vorläufigen Präferenz, die eine Vp dem Vl zu Beginn eines Versuches gibt.

Frey & Ochsmann (1978) diskutieren ausführlich sequentielle Unterteilungen sowohl intra- wie interindividueller Entscheidungen. Die Einteilung des Prozesses in Phasen, die teilweise auch wiederholt durchlaufen werden können und in die man je nach den Ergebnissen voraufgegangener Phasen zurückkehren kann, wird hier ausdrücklich nicht als Entscheidungstheorie und auch nicht als normatives Modell verstanden, sondern als Ordnungsschema, das allerdings auf Gemeinsamkeiten in der Struktur aufmerksam macht. Im einzelnen gliedern die Autoren den Prozeß folgendermaßen: „Jede Entscheidung erfordert zunächst eine Identifizierung des Problems: Der Entscheider muß sich über die Aufgabe klar werden. Dann ist er gezwungen, Alternativen zur Lösung des Problems zu generieren. Diese Alternativen können auch vorgegeben sein. Die selbst generierten oder vorgegebenen Alternativen werden hinsichtlich verschiedener Entscheidungskriterien bewertet. Als Konsequenz dieser Bewertung kann der Entscheider bestimmte Alternativen eliminieren und/oder neue Alternativen suchen. Nach der Elimination und/oder dem Hinzufügen neuer Alternativen werden die Alternativen erneut bewertet. Der Entscheider muß dann zwischen den vorhandenen Alternativen wählen. Nach der Entscheidung werden implizit oder explizit die gewählte und die nicht gewählte(n) Alternative(n) bewertet.“

Der Prozeß wird also durch Zeitpunkte oder Intervalle geteilt, in denen Alternativen bewertet werden. Wenn man Annahmen über Zusammenhänge trifft, z. B. der zeitlichen Abfolge oder der Einwirkung, beginnt man, eine Theorie zu entwickeln. Abschließend sei noch auf das Phasenschema von Brim et al. (1962) in Tab. 1 hingewiesen.

Tab. 1 Phasenschema nach Brim et al. (1962)

(1) identification of the problem	Problemerfassen
(2) obtaining necessary information	Erwerb notwendiger Information
(3) production of possible solutions	Herstellen von Lösungsmöglichkeiten
(4) evaluation of such solutions	Bewerten dieser Lösungsmöglichkeiten
(5) selection of a strategy of performance	Auswahl einer Verhaltensstrategie
(6) actual performance – subsequent learning and revision	tatsächliche Ausführung der Wahl – späteres Lernen und Revision

3. Einige Variablen der Konfliktforschung

Wenn man versucht, Konflikt und Entscheidung als Situationen und psychische Prozesse von anderem psychischen Geschehen abzugrenzen, könnte man nach Variablen suchen, die für diesen Forschungsbereich typisch sind. Wir unterscheiden zunächst zwischen hypothetischen Konstrukten, die z. Z. in der Regel nicht operationalisiert werden, und prinzipiell als meßbar angesehenen Variablen. Von den hypothetischen Konstrukten diskutieren wir kurz die Folgen einer Alternativenwahl und die Festlegung der Absicht (commitment). Die der Manipulation oder Messung zugänglichen Variablen unterteilen wir in verhaltensdeskriptive und erlebnisdeskriptive. Von den verhaltensbeschreibenden gehen wir hier auf Entschluß und Entscheidungszeit ein, an erlebnisbeschreibenden erwähnen wir die Wichtigkeit der Entscheidung, die Stärke des Konfliktes und die subjektive Sicherheit oder Konfidenz.

Obwohl das Konzept der *Folgen* implizit und explizit in nahezu allen auf menschliches Verhalten bezogenen Entscheidungstheorien verwendet wird, wird es nur von wenigen Autoren ausdrücklich erörtert. Meistens geht man davon aus, daß Folgen mit Alternativen verbunden sind oder diese definieren, daß die Entscheidungsinstanz bei der Wahl einer bestimmten Alternative spezifische Folgen erwartet, sich über diese Folgen informiert und die Folgen bewertet (s. u. Konfliktmodell der Folgenantizipationen). Fishburn (1964, S. 25) gibt eine ausführliche Definition einer Folge: „A *consequence* is a set of things which may be done by the individual and, perhaps, by others working with or for him, and of things which may happen to the individual, or to other people, or to entities with which he is concerned in one way or another. It is relative to a given decision maker in a given decision situation. The statement of a consequence is, in the ideal, a complete description of the individual's future insofar as it is affected by or concerned with the decision situation at hand." Damit eine Gegebenheit als Folge aufgefaßt werden kann, muß sie wenigstens im Zusammenhang mit einer Handlungsstrategie des Wählenden auftreten können. Aus den Bewertungen von Folgen kann nach Fishburn ebenso wie aus bereits gefällten Entscheidungen auf die Wertstruktur des Sich-Entscheidenden geschlossen werden.

Die kognitiven und motivationalen Aktivitäten während eines Konfliktes führen, so verbreitete Annahmen über den Verlauf menschlicher Entscheidungen, zu Vorentschlüssen und Teilentscheidungen, die eine innere, bisweilen auch gegenüber anderen Personen geäußerte *Festlegung* oder *Bindung* an eine der wählbaren Alternativen bewirken. Vermutlich ist die Vorhersagbarkeit von Entschlüssen auch auf diese meist eher allmähliche, seltener plötzliche Festlegung zurückzuführen. Die endgültige Festlegung dürfte oft mit dem Entschluß zusammenfallen; streng genommen beziehen sich beide Begriffe auf nicht beobachtbares Verhalten, und wir schließen, daß es stattgefunden hat, wenn wir Verhalten beobachten, das man als Verwirklichung eines Entschlusses deuten kann. Die Festigkeit der inneren Bindung wurde in jüngster Zeit insbesondere von Roby (1960) untersucht. Von der Festlegung heben wir zwei andere Konzepte ab, die Stabilität eines Entschlusses (s. Festinger & Walster, 1964) und die Kennzeichnung einer Entscheidung als vorläufig, revidierbar oder reversibel gegenüber endgültig und irreversibel (vgl. Feger 1975, 1978).

Der *Entschluß* als im nachfolgenden Verhalten beobachtbare Wahl einer Alternative ist eine der Lösungsmöglichkeiten eines Konfliktes oder der Beendigung eines Entscheidungsprozesses. Viele der in diesem Kapitel zu schildernden theoretischen Ansätze versuchen, den Entschluß vorherzusagen. Einige Modelle sagen vorher, wie groß der Prozentsatz der Wahlen einer Personengruppe ist, der auf jede Alternative entfällt, oder wie groß der Prozentsatz für die beiden Alternativen ist, wenn nur zwei in einem Paarvergleich einander gegenübergestellt werden (Thurstone, 1945; Shepard, 1964; MacCrimmon, 1968; Srinivasan & Shocker, 1973; Ahrens, 1974). Hier sind auch die später ausführlicher behandelten Modelle zu nennen, die als Thurstones Gesetz des komparativen Urteils und als Wahlaxiom von Luce bekannt wurden. Ferner behandeln einige Modelle die Fragen, wie sich die Wahlprozentsätze ändern, wenn in die Menge der Alternativen neue Wahlmöglichkeiten aufgenommen oder aus ihr alte entfernt werden, oder wie sich die Wahlen verteilen, wenn die erste Wahl für den Sich-Entscheidenden nicht (mehr) verfügbar ist (ausführlich bei Bock & Jones, 1968). Die Entschlußvorhersage kann sich auch auf die Aufgabe beziehen, eine Serie von miteinander inhaltlich zusammenhängenden Wahlen der gleichen Person vorherzusagen. Lerntheoretische Modelle, z. B. Mosteller & Tatsuoka (1960) wenden sich bisweilen dieser Aufgabe zu. Wir (Feger 1970, 1978, insbesondere Kap. V; Feger & Sorembe, 1973) haben uns mit der Frage befaßt, wie der Entschluß einer bestimmten konkreten Person sich in einer Situation vorhersagen läßt, die nicht wiederholbar ist – in der man also den Entschluß nicht dadurch vorhersagen kann, daß man asymptotisches, stabiles Verhalten herbeiführt oder extrapoliert.

Die *Entscheidungszeit* wird in Laborexperimenten meistens operationalisiert als Zeit zwischen der Darbietung des Entscheidungsproblems und einem Verhalten der Vp, das einen Entschluß anzeigt. In nichtexperimentellen Studien ist es schwieriger, die Entscheidungszeit zu erfassen, wenn man Zeit für Aktivitäten nicht berücksichtigen möchte, die anderen Zielen als der Entscheidungsfindung dienen. In der gegenwärtigen Forschung geht die Tendenz dahin, die Gesamtzeit zu zerlegen, und entweder Zeiten für die einzelnen Prozeßkomponenten zu bestimmen (vgl. Arbeitskreis um Lanzetta, s. u.) oder die Gesamtzeit als Zuwendungszeit zu den einzelnen Alternativen aufzufassen (Feger, 1978; s. a. Forschungen zu den Entscheidungsregeln). Entscheidungszeit ist häufiger als Indikator für Konfliktstärke interpretiert worden. Dafür sprechen vor allem Belege, daß sie eine Funktion der relativen Stärke der widerstreitenden Tendenzen ist (Berlyne). Auch Hörmann (1960, S. 46) faßt die Entscheidungslatenz als die Zeit auf, „welche die Vp benötigt, um die gegenläufigen Tendenzen so zu ordnen, zu organisieren, daß das Gegeneinander überwunden wird und die Aktion erfolgt". Ob Entscheidungszeit auch mit der absoluten Stärke der widerstreitenden Tendenzen zunimmt, gilt als ungeklärt (Worell, 1962). Bei relativ komplexen Entscheidungen wird der Entschluß bisweilen überraschend schnell, impulsiv, gefällt (Thomae, 1960; Festinger, 1964; Kiesler, 1966; Hendrick et al., 1968); für diese Erscheinung hat Pollay (1970) ein mathematisches Modell vorgelegt.

Die *Konfidenz* als vom Sich-Entscheidenden eingestufte Sicherheit, sich richtig (vorläufig oder endgültig) entschieden zu haben, stellt vermutlich die älteste erlebnisdeskriptive Konfliktvariable dar – schon Fullerton & Cattell (1892) erhoben so die subjektive Sicherheit von Urteilen u. ä. Untersuchungen zur Reliabilität (interne Konsistenz) der Konfidenz – wie auch der Wichtigkeit und Konfliktstärke – finden sich bei Feger (1978). Um über Vpn-Gruppenmittelwerte schlußfolgern zu können, erscheint die Reproduzierbarkeit der Ergebnisse gut genug. Die Schätzurteile sind oft J-förmig verteilt; am häufigsten sind Urteile großer Sicherheit, sich richtig entschieden zu haben. Schaefer (1976) sowie Schaefer & Borcherding (1973, 1978) befassen sich mit Problemen bei der Messung von subjektiver Sicherheit. In der Literatur gibt es mehrere Annahmen darüber, wie die Konfidenzeinschätzungen zu deuten seien, worauf man ihre Varianz zurückführen könnte. Sauter (1978) führt aus, Unsicherheit zeige an, daß zum Zeitpunkt der Entscheidung die Information für den Sich-Entscheidenden über seine entscheidungsrelevante Umwelt oder über sich – seine Präferenzen, Fähigkeiten u. ä. – nicht eindeutig, vollständig, oder für die Auswahl hinreichend seien. Feger & Sorembe (1973) deuten hohe Konfidenz als Hinweis auf die Stabilität des Entschlusses und der Eindeutigkeit der Festgelegtheit auf eine der Alternativen. Läßt man das Konfidenzurteil sich auf jede einzelne Alternative und nicht die Gesamtsituation beziehen, dann kann man diese Konfidenzeinschätzungen – ähnlich wie Sorembes (1977) „subjektive Wahrscheinlichkeit" – als Indikator für die Wahlwahrscheinlichkeit ansehen

(Tversky, 1972). Lanzetta & Sieber (1964, S. 139) betrachten Unsicherheit funktional und bezeichnen sie als „... intervening state mediating information acquisition and processing".

In einigen neueren Arbeiten wird Konfidenz, oft an den gleichen Vpn, mehrmals während des Prozeßablaufes erhoben. Dann variiert der Inhalt, auf den sich das Sicherheitsurteil bezieht, vermutlich mit dem Meßzeitpunkt. Unmittelbar nach dem Problemerfassen kann es sich auf die Frage beziehen, ob man überhaupt eine Entscheidung fällen könne – oder müsse. Vor und nach einer oder mehreren Informationssuchen und Informationsverarbeitungsprozessen, vor Teilentscheidungen und endgültigem Entschluß und kurz danach sind inhaltliche Nuancen wahrscheinlich, etwa nach dem Entschluß der mögliche Übergang in Bedauern oder Reue. Zu diesen Varianten fehlen gezielte vergleichende Untersuchungen. Korrelationen zwischen Konfidenz und Entscheidungszeit sind typischerweise signifikant, allerdings nur schwach bis mittelstark. Je länger der Konflikt dauert, desto unsicherer sind die Vpn, es sei denn, die Vpn können entscheidungsrelevante Information während des Entscheidungsprozesses erhalten – für diesen Fall berichten Irwin et al. (1956) mehr Sicherheit bei längerer Entscheidungsdauer. Möglicherweise ist der Zusammenhang nicht monoton (Schneider, 1974). Geller & Pitz (1968) schließen aus ihren Befunden, die meist von den Vpn unbemerkt gemessene Entscheidungszeit könnte Veränderungen in den Annahmen der Vpn über die Alternativen widerspiegeln, welche sich in ihren Konfidenzurteilen nicht ausdrücken. Als bewußte Beurteilungen sind Konfidenzratings Einflüssen ausgesetzt, die auf Latenzzeiten kaum wirken können – wenn beispielsweise eine Vp annimmt, es sei sozial erwünscht, konsistente Urteile abzugeben.

Ähnliche Probleme ergeben sich bei der durch Schätzskalen erfaßten subjektiven, erlebten *Konfliktstärke*. Während das Verhalten, das die Dauer des Konfliktes anzeigt, meist nicht bewußt gesteuert wird, dürfte dies bei Einstufungen eher naheliegen. Andererseits muß erst erschlossen werden, was Variation in der Konfliktdauer anzeigt – möglicherweise den Aufwand zur Klärung der Situation, was nicht identisch sein muß mit den Erfahrungen in Konfliktlagen, wie sie aus inhaltsanalytischen Studien bekannt sind und die beschrieben werden als innere Spannung, als Gefühl des Hin- und Hergerissen-Seins u. ä. (vgl. Thomae, 1960, 1974). Die erlebnisdeskriptiven Variablen beruhen in der Regel auf einer rückschauenden Bewertung, so daß hier andere interindividuelle Unterschiede in die Varianz eingehen dürften als bei verhaltensbeschreibenden Variablen.

Wie auch die Variablen Konfidenz und Konfliktstärke bezieht sich *Wichtigkeit* in der Regel auf die Situation als Ganze oder auf die Entscheidung. Ihre Rolle wird in zahlreichen Untersuchungen betont (Thomae 1960, 1974; Schmidt 1966, S. 27). Man kann sie als unabhängige, zu manipulierende Variable auffassen oder als abhängige, dann meistens von den Vpn auf Schätzskalen einzustufende. Der

Gebrauch des Begriffes, im Englischen importance oder personal relevance, ist uneinheitlich. Pepitone (1966) kritisiert an einigen Studien insbesondere zur Dissonanztheorie, daß Wichtigkeit weder definiert noch gemessen werde, vielmehr würden post hoc vermutete Unterschiede in der Entscheidungswichtigkeit zur Erklärung uneinheitlicher Befunde vermutet (so z. B. Lowe & Steiner, 1968). Brehm & Cohen (1962) berichten eine Anzahl experimenteller Manipulationen, durch die meist dissonanztheoretisch orientierte Forscher die Wichtigkeit einer Situation variieren wollen: (1) Eine unangenehme Aufgabe durchzuführen soll um so wichtiger sein, je höher sie belohnt wird. (2) Die Wichtigkeit wird variiert, indem man durch entsprechende Instruktion darauf hinweist, das (Test-)Verhalten der Vp sei aufschlußreich für ihre Persönlichkeit o. ä. (3) Eine Situation wird wichtiger, wenn die Vp annehmen muß, ihr Verhalten werde einem (bestimmten) Publikum bekannt. (4) Wenn Verhaltensweisen in Gegenwart eines geschätzten Menschen ausgeführt werden, erscheinen sie wichtiger, als wenn sie in Anwesenheit eines weniger beliebten Partners vollzogen werden. (5) Wichtigkeit wird manipuliert, indem in unterschiedlicher Stärke ein Zusammenhang zwischen der Leistung einer Vp und ihrem Selbstwertgefühl hergestellt wird.

Man kann diese Manipulationen so deuten, daß sie alle erhöhte Wichtigkeit durch mehr oder schwerwiegendere Folgen für die Vp herbeiführen. Das stünde in Übereinstimmung mit Jones & De Charms (1957), die personal relevance mit allem gleichsetzen, was für eine Person Folgen für das Erreichen ihrer Ziele und die Verwirklichung ihrer Werte hat. Auch der wiederholt bestätigte Befund (Feger 1978, Kap. IV), daß reale gegenüber fiktiven Entscheidungen als wichtiger eingestuft werden, ebenfalls Situationen, in denen man von den Entscheidungsfolgen direkt (versus nicht erkennbar direkt) betroffen ist, spricht für einen engen Zusammenhang zwischen Wichtigkeit und erwarteten Folgen. Ungeklärt scheint noch, welche Merkmale der Entschlußfolgen – z. B. ihre Dauer, der Zeitpunkt und die Wahrscheinlichkeit ihres Eintretens oder die Reversibilität der Entscheidung – die erhöhte Wichtigkeit bewirken.

4. Skizze der historischen Entwicklung der Forschung

Die deutsche Willenspsychologie zu Beginn dieses Jahrhunderts (Ach, 1905, 1935, Lindworsky, 1923) thematisierte zwar nicht Konflikt und Entscheidung, behandelte jedoch Wille, Wahl und Wahlakt und dazu u. a. Themen wie: Gibt es Willensfreiheit, wie setzt sich der Wahlakt zusammen, was ist davon dem Bewußtsein zugänglich, unter welchen Bedingungen tritt „Ichbewußtsein" auf, sind Wahlakt und Willensakt identisch. Oft wurde mit Selbstbeobachtungsmethoden gearbeitet, die Schilderungen der Vpn wurden dann frei interpretiert (kritische Übersicht bei Thomae, 1960). Von den zahlreichen Experimenten seien nur die von Prautzsch (1931) und von Galle (1942) erwähnt, die ersten wegen ihrer einfallsreichen Versuchsanordnungen, die zweiten wegen ihrer Hinweise darauf, daß es nicht die objektiv vorhandenen, sondern die subjektiv erlebten Verhaltensmöglichkeiten sind, die einer Situation den Konfliktcharakter geben, daß also objektiv vorhandene Alternativen nur unter bestimmten situativen und persönlichkeitsspezifischen Bedingungen auch als solche erfahren werden. Rohrachers (1932) Serie von Experimenten stellen, wenn auch nicht zeitlich, so doch was Methodik und Umfang der Untersuchungen angeht, eine Art Abschluß dar; die neu aufkommenden Paradigmen (s. u.) einerseits, die fast vollständige Beseitigung der Psychologie in Deutschland durch die Nationalsozialisten andererseits führten zum Erliegen dieser Forschungstradition.

Freuds Wirkung auf die experimentell orientierte Grundlagenforschung über Konflikt und Entscheidung ist indirekt; Anregungen wurden von der Yale-Schule aufgegriffen, von Cattell (s. u.) bei der Interpretation seiner Faktoren, in zahlreichen Arbeiten zur Wahrnehmungsabwehr u. ä. Nahezu gleichzeitig und praktisch ebenfalls ohne Beziehung zu Psychoanalyse und Willenspsychologie entstand die phänomenologische Tradition in diesem Bereich, wofür die Namen Krauss (1933), Salber (1953/1954) und Thomae (1960) genannt seien. Und schließlich sei als vierte der frühen, voneinander weitgehend isolierten Strömungen die Arbeitsrichtung Pawlows genannt, die Untersuchungen zur „experimentellen Neurose" und heutige klinische Grundlagenforschung direkt angeregt hat. Als Bedingung des Entstehens einer größeren Zahl von Verhaltensauffälligkeiten – fast immer im Tierexperiment – wird auf einen meist wiederholt erzeugten Reaktionskonflikt hingewiesen, der bei uneindeutiger Reizvorlage in einer Situation hervorgerufen wird, aus der der Organismus nicht entkommen kann (Sammelreferate: Finger, 1944; Russell, 1950; s. a. Maier, 1949). Konflikt wurde nicht nur durch fehlende Differenzierungsmöglichkeit zwischen Reizen erzeugt, sondern auch durch Veränderung der Reizstärke; ein zuvor schwacher konditionierter Reiz nimmt plötzlich an Stärke zu; bei schmerzhaften Reizen (Pawlow, 1932), durch geringe zeitliche Verzögerung der Bekräftigung (Schmidt, 1956) oder beim Lernen von Reaktionen, mit denen zuvor auf entgegengesetzte Reize reagiert werden mußte (Carmichael, 1938). Es gibt mehrere Studien, in denen bei höheren Säugetieren – Katzen, verschiedenen Affenarten – durch einen über einen längeren Zeitraum wiederholt herbeigeführten Appetenz-Aversionskonflikt experimentelle Neurosen erzeugt wurden. Typisch sind Studien, in denen hungrige Tiere durch Schocks von der Futterbox zurückgeschreckt wurden (Masserman & Siever, 1944; Masserman & Yum, 1946; Masserman & Pechtel, 1952; Watson, 1954; Jacobsen & Skaarup, 1955). Die oft symptomreichen Verhaltensstörungen dauerten bisweilen Monate. Verschiedene „Therapien" wurden erprobt (Masserman, 1946; Maier, 1949; Pechtel, Masserman & Aarons, 1960), wobei der Vl meistens zuvor die objektiven Konfliktbedingungen entfernte und dann Umlernens- und Löschungsprozesse einleitete (zur Übertragbarkeit auf Therapie an Menschen s. Russell, 1950). Wenn man so will, setzte in einer zweiten

Welle vor und im zweiten Weltkrieg die Forschung über Konflikt und Entscheidung neu an, mit der spieltheoretischen Entscheidungsforschung, die später ausführlich dargestellt wird, und der Konflikttheorie Lewins, ohne die die Modelle von Miller, Atkinson und Festinger nicht zu denken sind. Lewins Theorie sei daher an dieser Stelle geschildert.

Lewin (z. B. 1954) faßt Verhalten als Funktion der Gesamtsituation auf, die er als psychologisches Feld mit darin wirksamen Kräften definiert. Diese Ansicht hat er in seiner bekannt gewordenen Gleichung V = f(P,U) ausgedrückt: zu einem bestimmten Zeitpunkt wird das Verhalten (V) determiniert durch die Eigenschaften einer Person (P) und ihre augenblickliche psychologische Umwelt (U). P und U zusammen ergeben den *Lebensraum* eines Individuums. Verhalten wird nach Lewin also bestimmt durch die psychologische Umwelt, die die Handlungsalternativen enthält, und ist auf etwas *gerichtet.* Mit diesem Richtungsbegriff bezeichnet Lewin den Wechsel von einer Region des Lebensraumes zu einer anderen, was einer Veränderung der Aktivität entspricht. Die für unsere Betrachtung des Konflikts wesentliche Klassifikation teilt die möglichen Verhaltensrichtungen in zwei große Kategorien ein: Aktivität in der *Richtung auf ein Ziel hin* (entweder auf ein entferntes Ziel oder im Sinne der Beibehaltung einer Aktivität) und Aktivität in der *Richtung von einer Region weg* (von einer gegenwärtigen oder entfernteren Region im Sinne des Vermeidens). Die Frage nach der Motivation des Verhaltens beantwortet Lewin durch die Darstellung von Wünschen und Absichten eines Individuums als *psychologische Kraft* (K) – veranschaulicht als Vektor im psychologischen Feld –, die direkt durch die *Valenz* (Va) als positive oder negative Attraktivität eines Ziels (Z) und die *psychologische Distanz* (D) bestimmt wird. Diese Beziehung läßt sich ausdrücken in der Gleichung $K_{P,Z} = f(Va\ [Z]) \times \frac{1}{D_{P,Z}}$. Da die psychologische Distanz umgekehrt proportional in diese Beziehung eingeht, ist die psychologische Kraft um so stärker, je größer die Valenz und je geringer die psychologische Distanz des Zieles ist. Als indirekte Determinante für die Kraft kommt nach Lewins Auffassung noch die Spannung zwischen Subsystemen einer Person hinzu, die aufgrund einer Strukturannahme an einer Person unterschieden werden können.

Mit diesen hier nur ganz knapp dargestellten Grundbegriffen hat Lewin versucht, das Geschehen bei Konflikten und ihre Lösung darzustellen, indem er Konflikte zwischen unvereinbaren Kräften als sich überschneidende Felder von Kräften oder sich überschneidende Situationen im Lebensraum aufgefaßt hat. Die Lösung eines Konfliktes wird mit der Resultante der Kräfte der sich überschneidenden Felder an einem bestimmten Punkt gleichgesetzt. Dabei gilt, daß die Richtung der Resultante der Kräfte der Richtung der dominierenden Kraft entspricht. Bereits hier muß also die physikalische Analogie aufgegeben werden, da die Resultante nicht durch Addieren der zugrundeliegenden Vektoren bestimmt werden kann, sondern (insbesondere bei mehr als zwei psychologisch wirksamen Kräften) durch einen Prozeß des sukzessiven Vergleichens.

Zur Kennzeichnung der verschiedenen *Konfliktarten* geht Lewin von der Annahme aus, daß die in einer Konfliktsituation auf eine Person wirkenden Kräfte von ungefähr gleicher Stärke in ihrer Richtung entgegengesetzt sind. Danach ergeben sich zunächst drei Grundsituationen:

1. Appetenz-Appetenz-Konflikt
Zwei Ziele ungefähr gleicher Attraktivität und psychologischer Distanz sind miteinander nicht vereinbar. Das im Zustand des Konflikts angenommene Gleichgewicht wird als *instabil* bezeichnet, da eine geringe (psychologische) Distanzänderung zu der Festlegung der betreffenden Richtung führen kann. Während Konflikte dieser Art offensichtlich leicht zu lösen sind, bereiten Konflikte mit *stabilem Gleichgewicht* – der aus der Konfliktregion wegführenden Kraft entspricht eine sofort wirksam werdende entgegengerichtete Kraft – oft erheblichen Lösungsaufwand.

2. Aversions-Aversions-Konflikt
Das Individuum befindet sich zwischen zwei negativen Valenzen, wobei ein gleich weites Sichentfernen von Lewin als „Aus-dem-Felde-gehen“ auch hinsichtlich der Flucht aus der Realität bezeichnet wird.

3. Appetenz-Aversions-Konflikt
Eine Person befindet sich in einer bestimmten Distanz von einer Region mit sowohl positiver als auch negativer Valenz. Dabei gilt: die Stärke der aversiven Kraft nimmt mit der psychologischen Distanz mehr ab als die Stärke einer annähernden Kraft. Das stabile Gleichgewicht des Aversions-Aversions- und des Appetenz-Aversions-Konflikts kann nur durch eine wesentliche Änderung der Gesamtsituation aufgehoben werden.

Da die Aufgabe der Wissenschaft nicht nur darin besteht, ein kohärentes Denkmodell mit genau definierten und integrierten Begriffen zu entwickeln, wurde der Konzeption Lewins größeres Gewicht verliehen, als es gelang, die angenommenen Kräfte zu messen. Vorschläge dafür finden sich in den Theorien und empirischen Studien von Miller, Atkinson und Festinger, die später in diesem Kapitel dargestellt werden.

II. Das Gradientenmodell des Konflikts (Neal E. Miller)

Miller ist bei seinen experimentellen Konfliktstudien, die er in den 30er und 40er Jahren vorgelegt hat, von den feldtheoretischen Begriffen Lewins (1931) ausgegangen (vgl. Miller, 1971). Konflikt wird seiner Ansicht nach generell hervorgerufen durch die Konkurrenz zwischen unverträglichen Reaktionen. Um verschiedenartige Konkurrenzarten mit unterschiedlicher Konfliktwahrscheinlichkeit zu verdeutlichen – erkennbar an Zögern, Gespanntheit,

Unschlüssigsein oder vollständigem Blockieren – greift Miller die Unterscheidung von Smith & Gutherie (1921) zwischen stabilem und instabilem Gleichgewicht auf (s. o.). Bei *instabilem* Gleichgewicht verstärkt sich die einmal ausgelöste Reaktion selbst durch entsprechende zusätzliche Effekte oder sie schwächt die Stärke anderer konkurrierender Reaktionen ab. Daher nimmt die zuerst ausgelöste Reaktion immer mehr an relativer Stärke zu und bleibt vollkommen dominant. Bei *stabilem* Gleichgewicht verhält es sich umgekehrt: eine einmal ausgelöste Reaktion bringt Effekte mit sich, die entweder ihre eigene Stärke vermindern oder die ihrer Konkurrenten erhöhen. In der Regel verliert die erste Reaktion ihre Dominanz noch bevor sie vollständig ausgeführt werden konnte. So sind auch nach Miller Annäherung-Meidungs-Situationen und Meidungs-Meidungs-Situationen durch stabiles, Annäherungs-Annäherungs-Situationen durch instabiles Gleichgewicht gekennzeichnet. C. I. Hovland und R. R. Sears (1938) haben diese Einteilung um einen vierten Typ erweitert: Situationen mit doppelter Appetenz-Aversion.

Auf der Grundlage seiner Zielgradiententheorie hat N. E. Miller folgende Fundamentalannahmen für das Verständnis des Zusammenwirkens von Annäherungs- und Vermeidungstendenzen in Konflikten aufgestellt:

1. Der Appetenzgradient als Ausdruck der Tendenz, sich dem Ziel anzunähern, wird mit der Zielnähe immer stärker.
2. Der Aversionsgradient als Ausdruck der Tendenz, sich von einem zu meidenden „Ziel" oder Objekt zu entfernen, wird mit zunehmender Nähe ebenfalls stärker.
3. Die Stärke der Aversion nimmt mit der Nähe des Zieles in höherem Maße zu als die Stärke der Appetenz.
4. Die Stärke der Appetenz- und der Aversionstendenz variieren mit der Stärke des ihnen jeweils zugrundeliegenden Triebes. Zunehmende Triebstärke erhöht also die Lage des ganzen Gradienten.

Diese Prinzipien sind durch eine große Anzahl von Untersuchungen auf ihre Gültigkeit hin zu prüfen versucht worden (vgl. auch Feger, 1964), insbesondere durch die Experimente von Brown (1942, 1948). Buchwald (1953) hat als Voraussetzung für die Berechtigung der ersten Annahme das Vorhandensein einer bestimmten Triebstärke aufgewiesen. Sie kann bei verschiedenen Trieben als Appetenzgrundlage als bestätigt angesehen werden (z. B. für Durst: N. E. Miller, 1937). Ähnliches kann für die zweite Grundannahme behauptet werden. Die dritte Fundamentalannahme ist wohl die bedeutendste im Millerschen Konfliktmodell. Sie bietet für die Überprüfung die meisten Probleme (vgl. auch die generelle Kritik weiter unten), denn mehrere Überprüfungsversuche weisen erhebliche methodische Mängel auf. So kritisiert z. B. L. Katz (1958) an der Arbeit von N. E. Miller und E. J. Murray (1952) das Fehlen einer Kontrollgruppe, die ohne Vortraining geschockt wurde. N. E. Miller (1959) erklärt die größere Steilheit des Aversionsgradienten mit der Annahme, Furcht sei als „gelernter Trieb“ von Situationsbedingungen (wie cues für Zielnähe) stärker abhängig als der primäre, eher von physiologischen Gegebenheiten abhängende Trieb Hunger. L. Katz (1956) und A. M. Buchwald (1953) haben aufgrund der Ergebnisse ihrer Experimente, die mit dieser Auffassung vereinbar erscheinen, vorgeschlagen, die dritte Fundamentalannahme so abzuändern, daß der stärkere Zielgradient dem gelernten, sekundären Trieb entspricht. (Zu einer umfassenderen Diskussion der Problematik „primärer“ und „sekundärer“ Antriebe vgl. z. B. auch Irle, 1975, insbesondere S. 158). Für die Richtigkeit der vierten Grundannahme zumindest bei primären Trieben scheinen Ergebnisse von Brown und von Buchwald zu sprechen.

Bevor wir uns nun weiteren empirischen Arbeiten zuwenden, die auf dem Hintergrund des Gradientenmodells von Miller durchgeführt worden sind oder interpretiert werden können, sollen noch einige grundsätzliche *kritische Überlegungen* zu diesem Modell erörtert werden, die bei der Bewertung dieser Arbeiten berücksichtigt werden sollten.

Miller geht bei der Erstellung der Gradienten von nur zwei Messungen der Zugstärke der hinlaufenden und der weglaufenden Ratten auf der Strecke zu dem Punkt, an dem sie gefüttert bzw. elektrisch geschockt worden sind, in einer Entfernung von 30 und 170 cm aus (1971, S. 6; vgl. Abb. 1).

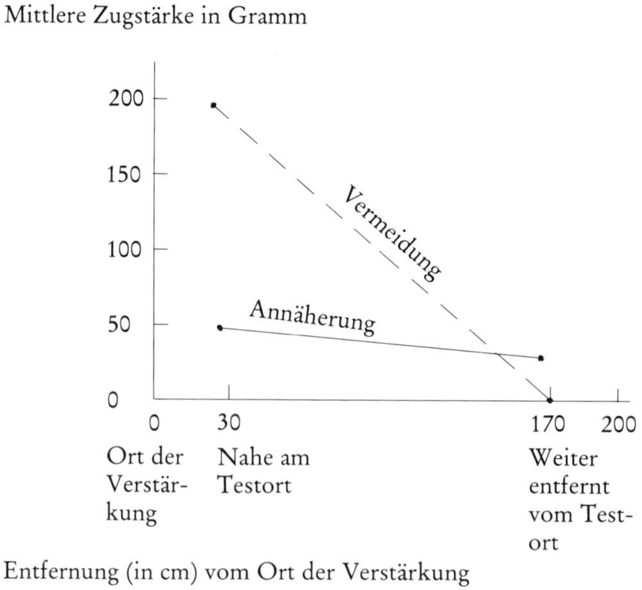

Abb. 1: Die Gradienten der Annäherung und Vermeidung (aus Miller, 1971, S. 6)

Diese beiden Mittelwerte werden linear verbunden – zu Veranschaulichungszwecken, wie Miller meint, da (nach Dollard und Miller, 1950) die Deduktionen erhalten bleiben, auch wenn man nicht-lineare, in ihrem Abfall negativ beschleunigte Gradienten zugrunde legt. Hofstätter meint, daß man über die Form der Gradienten „in Anbetracht der mäßigen Qualität der dafür zur Verfügung stehenden Daten" nicht entscheiden könne (1977, S. 245). Neben Maher (1966) und Solomon (1964) hat auch Tucker die Brownschen Experimente mit einer umfassenden Kritik bedacht (1970, S. 171). Geht man von Karshs (1962) Ansicht aus, daß die Gradienten wahrscheinlich am zutreffendsten als kurvilineare Funktionen (von Zielnähe und Triebstärke) dargestellt werden können, käme dies immerhin hinsichtlich des Ortes unschlüssigen Verharrens z. B. der Funktion eines erhöhten Triebes im Sinne der vierten Grundannahme Millers ähnlich.

Auch die Problematik des Schlüsselkonzepts selbst, der Tendenzen, die sich gegenseitig hemmen oder überwinden, ist in der Literatur verschiedentlich diskutiert worden (vgl. z. B. Hofstätter, 1977, S. 240; Sorembe, 1977, S. 31ff.). Kantowitz (1973) hat in einer Untersuchung an 24 weiblichen Vpn versucht, dieses Schlüsselkonzept einer Reaktionstendenz im Konflikt besser abzusichern durch die Verwendung der Reaktionsstärke (response force) anstelle bzw. zusätzlich zu der Reaktions- oder Latenzzeit. Eine irreführende Auffassungsmöglichkeit des Konstrukts Latenzzeit in motivationalen Fragestellungen hat auch Atkinson (1975, S. 479ff.) ausführlich diskutiert.

Weitere Probleme werden deutlich, wenn man sich hinsichtlich der dritten Grundannahme, die den eigentlichen Kern der Millerschen Konflikttheorie enthält, Fragen nach möglichen *Interaktionen* stellt. Dazu muß man sich vergegenwärtigen, daß Brown (1940) in seinen Experimenten von allen Versuchstieren Rohdaten jeweils nur für Appetenz *oder* Aversion erhoben hat. Champion (1961, S. 357) hat ausführlich auf die Komplikationen aufmerksam gemacht, die sich aus diesem methodischen Vorgehen ergeben. Fraglich bleibt damit, ob bei gleichzeitigem Vorhandensein mehrerer Verhaltenstendenzen diese sich gegenseitig beeinflussen, d. h. ob das resultierende Verhalten als algebraische Summe bzw. als Resultante der isoliert gemessenen Tendenzen aufgefaßt werden kann. Millers Arbeiten müssen wohl in diesem Sinne interpretiert werden.

Unter der Voraussetzung der Unabhängigkeit der Gradienten hat Anderson (1962) einen Versuch vorgelegt, ihre Stärke mathematisch zu bestimmen. Jeweils eigene Parameter der Belohnung bzw. Bestrafung definieren unabhängig voneinander den Appetenz- und Aversionsgradienten (S. 401). Im Gegensatz dazu hat Champion (1961, S. 355) aufgewiesen, daß bereits Postulat 7 in Hulls „Principles of Behavior" (1943) dieser Annahme widerspricht, wenn er folgert: „Thus it would seem improper for Hull to assume or deduce that an increase in the fear drive affects only the avoidance gradient." Diese theoretische

Inkonsistenz hat Hull und auch Miller schließlich veranlaßt, ihre Annahmen entsprechend abzuändern (Champion, 1961, S. 356).

Auch bei der Meßprozedur selbst, die Brown (1940) verwendete, um Annäherungs- und Entscheidungstendenzen unabhängig voneinander zu messen, und die Miller als Bestätigung für die entsprechenden Gradienten ansieht, bleibt eine Interaktionswirkung zwischen dem Meßvorgang – dem damit verbundenen Festhalten – und der von den Ratten wahrgenommenen Zielnähe nicht auszuschließen. Miller meint, sein Vorgehen durch die zusätzliche Annahme rechtfertigen zu können, „that the stronger the subject's tendency to respond, the harder he will pull against a temporary restraint" (1971, S. 7). Dem könnte entgegengehalten werden, daß die Annäherung gleichmäßig stark erfolge (vgl. auch Katz, 1956) und nur die Reaktion auf eine Behinderung in Abhängigkeit von der Zielnähe variiere. Für die aversive Tendenz wäre auch ein Konzept von qualitativ unterschiedlichen Stufen oder Schwellen plausibel (vgl. Lewins Regionen im Lebensraum), wie es die Überlegungen Mahers (1964, S. 289) oder die Ergebnisse Yelens (1976) nahelegen.

Von den erwähnten *Konflikttypen* – der Versuch La Faves (1969), diese undifferenziert aufgrund ihrer fomalen Eigenschaft auf einen einzigen Typ, den n-Stufen-Konflikt, zurückzuführen, erscheint wenig fruchtbar – sollen hier nur zwei aufgegriffen und an ihnen exemplarisch einige weitere Schwierigkeiten gezeigt werden, auf die die Forschungsarbeit mit ihnen gestoßen ist. Einfache Ableitungen aus Millers Modell für den *Appetenz-Aversions-Konflikt* betreffen den Ort des unschlüssigen Verharrens von Tieren, die zunächst gefüttert und später während der Fütterung elektrisch geschockt worden sind (Abb. 1 gibt diese Situation wieder). Die Beobachtungen von Miller, Brown und Lipofsky (1943) werden von Miller offensichtlich mit diesen einfachen Ableitungen als übereinstimmend angesehen (1971, S. 8f.). Streng nach den Postulaten des Millerschen Modells ergeben sich folgende Konsequenzen:

1. Das stabile Gleichgewicht dieses Konflikttyps läßt den Organismus von nun an am Ort verharren, der durch den Schnittpunkt der Gradienten bestimmt wird.
2. Konflikt impliziert den Schnittpunkt der Gradienten und damit ein Nichterreichen des Zieles.
3. Ein Erreichen des Zieles kann nicht erklärt werden.

Zur Erklärung des zunehmenden Zögerns um den Haltepunkt, der als Kreuzungspunkt der Gradienten definiert ist, und des Zurück- und Vorgehens führt Miller demzufolge zusätzliche Stimulierung durch antizipatorische Zielreaktionen und aus den Propriozeptoren der Muskeln an, die diese Oszillationen um den Haltepunkt bedingen. Die Gültigkeit seines Modells scheint auch stark eingeschränkt zu sein durch die große Zahl von empirischen Berichten über das Konfliktverhalten von Ratten, die sich ohne Zurückweichen stufenweise dem Ziel annäherten oder derartig unregelmäßige Oszillationen zeigten, daß keine konsistenten Muster gefunden werden konnten (Miller, 1971, S. 11).

Entsprechend Millers Annahmen über die Abhängigkeit des Konfliktausmaßes einschließlich seines Auftretens überhaupt von der Stärke der konkurrierenden Tendenzen konnte experimentell gezeigt werden, daß bei mittlerer Schockstärke die meisten Verzögerungen auftraten und daß die Schockstärke für Tiere mit höherem Triebniveau entsprechend stärker sein mußte als für solche mit niedrigerem Triebniveau. Im Appetenz-Aversions-Konflikt betrachtet Miller nur die Situation, daß die beiden Gradienten sich schneiden, wenn er von „paradoxen Effekten" der Veränderungen der Tendenzstärken spricht (1971, S. 13; vgl. Abb. 2): Mit einem Anwachsen der Annäherungstendenzen wird der Schnittpunkt nicht nur näher ans Ziel herangerückt, sondern liegt auch auf einem höheren Niveau des Vermeidungsgradienten. Vergleicht man zwei unterschiedlich starke Vermeidungsgradienten und ihre Schnittpunkte mit dem Annäherungsgradienten, so bedeutet eine Verminderung der Vermeidungsstärke eine Erhöhung des Schnittpunktes. In beiden Fällen wird also der tatsächlich freigesetzte Betrag an Vermeidung erhöht – so Millers Modell. Insofern gilt es also nur für Individuen, die das Ziel *nicht* erreichen, wie Miller explizit feststellt (1971, S. 12): „... it applies only to conditions of approach-avoidance conflict ... in which avoidance is strong enough to intersect approach and prevent the subject from completely reaching the goal. Such conditions are frequently met in the life situation." Es erhebt sich hier die Frage, ob eine solche Beschränkung sinnvoll gefordert werden kann, mit dem Auftreten von gewöhnlich als Konfliktverhalten betrachteten Reaktionen wie Zögern, Gespanntheit, Schwanken oder vollständigem Blockieren (Miller, 1971, S. 3) sei das Nichterreichen des Zieles notwendig verbunden.

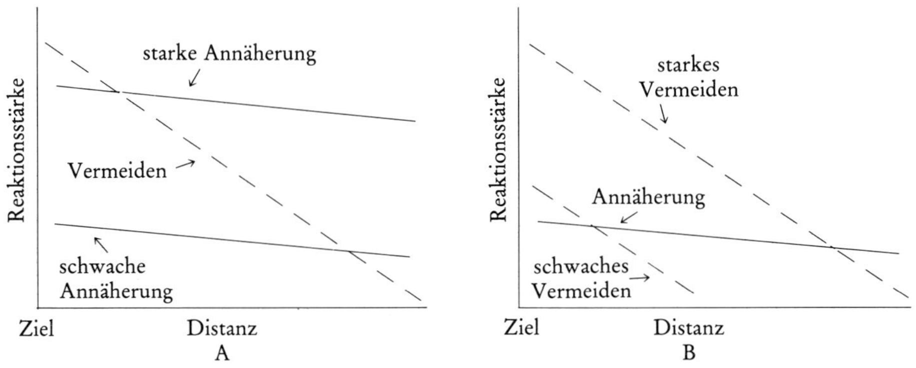

Abb. 2: Paradoxe Effekte der Veränderung der Tendenzstärke (aus Miller, 1971, S. 13)

Verzichtet man auf die Heraushebung solcher Situationen, die durch die o. a. Verhaltensweisen gewöhnlich als konflikthaft bezeichnet werden, und betrachtet statt dessen solche Situationen, die keine Überschneidung der Gradienten aufweisen (hier ist entweder die Annäherungs- oder die Meidungstendenz durchgehend stärker), dann wird die Konfliktdefinition Millers derart vage, daß sie allen Verhaltensweisen unterlegt werden könnte: „Conflict is produced by competition between incompatible responses“ (1971, S. 3).

Eine wichtige Differenzierung des Vermeidungsverhaltens stammt von Yelen (1976), der nach Mowrer (1960) aktives und passives Vermeiden unterscheidet (im Appetenz-Aversions-Konflikt). In zwei Experimenten mit insgesamt 26 Ratten geht er von der Annahme aus, daß beide Arten von Vermeidungslernen auf den Erwerb von Furcht zurückgehen. Der Unterschied wird in den Reizen gesehen, an die sie gebunden ist: beim passiven Vermeiden wird sie durch cues hervorgerufen, die durch die Reaktion (z. B. Laufen) bedingt sind, beim aktiven Vermeiden ist die Furcht an Umweltreize gebunden. Yelen erhielt als Ergebnis mit seiner Versuchsanordnung, in der die Tiere bei der Vermeidungsreaktion sich vom Futternapf entfernen mußten, daß sie mit zunehmender Anzahl an Vermeidungstrials sich der Konfliktzone immer mehr annäherten. Dies widerspricht eindeutig den sonst erhaltenen Befunden (z. B. von Kaufmann und Miller, 1949), daß mit einer Zunahme des Vermeidungstrainings ein Anhalten der Tiere immer weiter vom Ziel entfernt verbunden ist. Yelen bemüht sich auf der Grundlage von Mowrers Ideen um eine Integration dieser Ergebnisse. Danach kann mit Millers Theorie der Konflikt mit aktiver Vermeidung erklärt werden: Furcht geht von Umweltreizen aus, die auch aus der Ferne wahrgenommen Furcht auslösen. Diese wird dann aber nicht durch Schock o. ä. verstärkt – also wird sie an diesem Punkt ausgelöscht. Sie verschiebt sich auf die Zone näher dem Ziel; damit wird der Vermeidungsgradient steiler, und infolgedessen rückt der Schnittpunkt der Gradienten näher ans Ziel. Dies wiederholt sich schrittweise bis zur Konfliktregion. Die andersartigen Ergebnisse hinsichtlich des immer weiter entfernten Anhaltens der Tiere können durch Mowrers Annahme für passives Vermeiden erklärt werden. Furcht wird durch cues aus der Lauf-Reaktion hervorgerufen, daher erfolgt bei stärkerer Furcht eine frühere Unterbrechung der Annäherungsreaktion.

Bei *doppelten Vermeidenskonflikten* läßt sich ebenfalls wieder die Frage stellen, ob eine solche Kodierung von Situationen nicht eine stark eingeschränkte Auffassung und Bewertung der Verhaltensmöglichkeiten eines Organismus darstellt, die aufgrund der bezogenen theoretischen Position vorgenommen wird. So wird nicht berücksichtigt, daß es für einen Organismus durchaus sinnvoll oder „richtig“ sein kann, in einer bestimmten Situation „nichts“ zu tun, nicht zu reagieren mit einer vorgegebenen oder erlernten Reaktion bzw. in einem bestimmten Zustand zu verharren, der selbst weder negativ bewertet wird, noch einen anderen negativ bewerteten Zustand herbeiführt (für den dann konsequenterweise wiederum eine Annäherungstendenz postuliert werden müßte!).

Auf diesem Hintergrund läßt sich das Experiment von Hovland & Sears (1938) kritisieren, das von Miller als Beispiel der Bestätigung seiner Ableitungen für diesen Konflikttyp angeführt wird (1971, S. 17). Diese Ableitungen besagen, daß ein Individuum im Konflikt zwischen zwei Quellen von Meidungsverhalten zwischen ihnen gleichsam gefangen bleibt (das Verhalten wird blockiert) und dort oszilliert, wobei der Ort des Oszillierens von der Stärke der beiden Meidungstendenzen bestimmt wird – der Quelle mit der schwächeren Tendenz nähert sich das Individuum weiter an.

In dem genannten Experiment hatten die Vpn von einer markierten Stelle auf einem quadratischen Papier eine Linie diagonal zu einer der gegenüberliegenden Ecken zu ziehen, an der sich jeweils eine Lichtquelle befand. In den 20 Übungsdurchgängen leuchtete jeweils das Licht an einer Ecke auf, wobei die Hälfte der Vpn (Gruppe 1) lernte, die Linie zu der Ecke zu ziehen, an der das Licht aufleuchtete, die andere Hälfte der Vpn (Gruppe 2) hatte die Linie zu der Ecke zu ziehen, an der das Licht nicht aufleuchtete. Im kritischen Konfliktversuch wurden beide Ecken gleichzeitig erleuchtet.

Miller berichtet, daß nur 9 % der Vpn aus Gruppe 1 blockiert wurden, jedoch 46 % aus Gruppe 2. „This difference is in line with theoretical expectations" (Miller, 1971, S. 17). Miller faßt den Vermeidungs-Vermeidungs-Konflikt und das darin auftretende Blockieren als Gleichgewicht zweier aktiver Reaktionstendenzen, nämlich des Vermeidens, auf. Daher kann das geschilderte Experiment nicht als Beleg für die Gültigkeit dieses Modells herangezogen werden, denn: Die Vpn der ersten Gruppe lernten, auf Licht mit einer bestimmten Reaktion zu antworten; dies genügt an sich schon, um den Reaktionskonflikt zu erklären. Wahrscheinlich lernten sie aber auch, Nicht-Licht mit keiner Reaktion zu verbinden. In der Testsituation waren dann für diese Vpn zwei Alternativen gleichzeitig vorhanden (beide Ecken erleuchtet), mit denen die Reaktion des Linienziehens verbunden worden war. Für sie besteht der Konflikt also nicht darin, mit einer Linie zu reagieren oder nicht – fraglich ist nur der Ort, denn zu beiden Ecken hin ist ein gleichzeitiges Linienziehen nicht möglich. Ganz anders dürfte es für die Vpn der zweiten Gruppe aussehen. Sie haben gelernt, Nicht-Licht mit einer Linie zu beantworten – wahrscheinlich haben sie auch gelernt, Licht *nicht* mit einer Linie zu beantworten. Nun sind im kritischen Konfliktversuch beide Ecken erleuchtet. Das muß für die Vpn nun doch bedeuten, daß *zweimal* die Bedingung dafür auftritt, mit *keiner* Reaktion zu antworten (daher der höhere Prozentsatz an Blockierungen), und keinesfalls die Situation, daß ein Konflikt zwischen zwei Vermeidungstendenzen vorliegt (vgl. dazu auch die o. g. Unterscheidung von Yelen, 1976 bzgl. aktiven und passiven Vermeidens). Denn das würde doch bedeuten, daß die Vpn, die gelernt haben, auf Licht nicht zu reagieren, beim Auftreten von zweimal Licht in Konflikt darüber wären, auf welche Ecke sie mit „Nicht-Reagieren" antworten sollten und es deshalb zu einer Blockierung ihres Verhaltens käme – offensichtlich nicht gerade plausibel!

Die teilweise Detailliertheit dieser Ausführungen sollte ermöglichen, die Begründung der folgenden zusammengefaßten Kritik am Millerschen Gradientenmodell nachzuvollziehen. Nicht eindeutig beantwortbar bleibt in der neobehavioristischen Konfliktforschung die Frage nach einem Kriterium, ob Konflikt vorliegt: handelt es sich bei Angst, Erregung, erhöhter Motivation u. ä. um Bedingungen für das Entstehen von Konflikten oder um notwendige Kennzeichen für Konfliktverhalten? Auch J. S. Browns Ansicht, ein Experiment erfasse immer dann Konfliktverhalten, „wenn es eine Verhaltensstudie in Situationen ist, in denen eine Reaktionstendenz mindestens einer anderen entgegengesetzt ist, die so stark ist, daß durch sie erkennbare Veränderungen des Verhaltens eintreten" (1957, S. 135), dürfte die Schwierigkeiten nicht lösen, weil ein Kriterium für die Erkennbarkeit von den verwendeten Forschungsmethoden abhängt und für die Rückführbarkeit erkennbarer Verhaltensänderungen auf widerstreitende Tendenzen bislang fehlt.

Ein weiterer Aspekt kritischer Stellungnahme wendet sich der Frage zu, ob das Millersche Konfliktmodell in der Lage ist, das *gesamte* beobachtbare Konfliktverhalten zu erfassen. Erinnert sei hier nur an das vielfältige Oszillieren der Ratten um den angenommenen Haltepunkt, das nur durch über das Modell hinausgehende Zusatzannahmen erklärbar war.

Dem wichtigen Problemkreis der Übertragbarkeit dieser fast ausschließlich im Tierexperiment gewonnenen Ergebnisse auf menschliches Verhalten haben sich mehrere, auch neuere, Arbeiten zugewendet. So lassen die Arbeiten von H. D. Schmidt (1956, 1964), J. Helm (1959), M. Hanek (1961) und R. G. Murney (1953) die Frage nach der Übertragbarkeit eigentlich offen, wenngleich sich einige – vorwiegend formale – Analogien zwischen den Annahmen aus Millers Modell und menschlichem Konfliktverhalten ziehen lassen dürften. Miller ist der Ansicht, daß diese Entsprechung direkt gegeben sei (1971, S. 282): „It is assumed that the basic mechanisms of learning and conflict are similar enough in man and the other mammals so that work on the latter will often generalize to man..." Die Frage der Übertragbarkeit des Millerschen Konfliktmodells scheint sich auch nicht trennen zu lassen von dem Problem, den Aversionsgradienten als den steileren anzusehen, da er auf einen erlernten Trieb zurückgeführt wird. Diese und weitergehende Kritikpunkte sind bei Grunwald dargestellt (1976, insbesondere S. 35ff.), der von der hier besprochenen experimentellen Konfliktforschung eine Fundierung der Gesprächspsychotherapie versucht. Bevor wir uns weiteren Arbeiten im Humanbereich zuwenden, wollen wir zum besseren Verständnis einige Modifikationsversuche des Millerschen Konfliktmodells vorstellen.

Als erstes ließe sich das als Integrationsversuch aufzufassende Konflikt-Verschiebungs-Modell von J. E. Murray und M. Berkun (1955) nennen. Miller hat das psychoanalytische Konzept der „Verschiebung" mit dem lerntheoretischen Begriff der „Generalisierung" zu verbinden versucht (1948, 1950), wobei nach Grunwald (1976, S. 43) das Konfliktmodell als Bezugssystem dient, in dem Konflikt als unabhängige und Verschiebung bzw. Generalisierung als abhängige Variable angesehen werden. Verschiebung wird von Miller als Reaktion auf einen möglichst ähnlichen Reiz definiert, wenn die Reaktion auf den Reiz, mit dem die Reaktion durch einen vorhergegangenen Lernprozeß verbunden war, nicht möglich ist. Dieses oft beobachtete Phänomen entsteht nach Miller (1952) aufgrund eines Appetenz-Aversions-Konfliktes, in dem die Appetenz über einem Kontinuum möglicher Objekte stärker generalisiert als die Aversion, oder auch als Folge eines Aversions-Aversions-Konfliktes (H. B. Gewirtz, 1959). Mehrere Untersuchungen (z. B. N. E. Miller und D. Draeling, 1952; E. J. Murray und N. E. Miller, 1952; L. Katz, 1956) wurden als Beleg für die Übertragbarkeit des Konfliktmodelles und für die Vorhersagemöglichkeit aufgrund der Gradiententheorie interpretiert; Kritik daran ist von verschiedenen Seiten geübt worden, z. B. von Irle (1975, S. 143 f.; vgl. auch Grunwald, 1976, S. 43 ff.). Elder, Nobin and Maher (1961) konnten in einer Untersuchung mit 24 weißen Ratten im Appetenz-Aversions-Konflikt das Verschiebungsmodell Millers nicht unterstützen. Murray und Berkun (1955) integrieren Konflikt und Verschiebung (als Konfliktlösung) in ihrem dreidimensionalen Modell insofern, als sie abgesehen von der absoluten Stärke der Tendenzen Konfliktverhalten im Hinblick auf die Stärke der Tendenzen in bezug zur Zielnähe und bezogen auf die Ähnlichkeit mit dem Ziel beschreiben (vgl. Abb. 3).

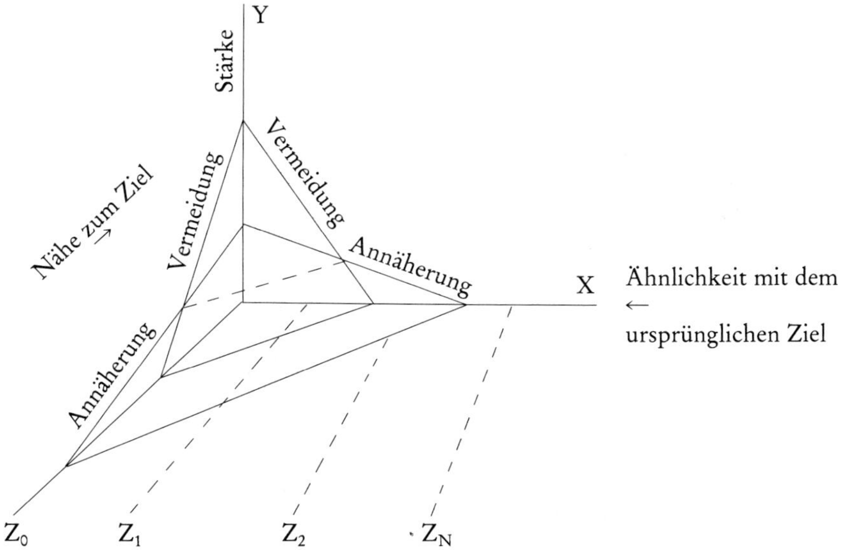

Abb. 3: Das dreidimensionale Konflikt-Modell von Murray/Berkun (1955)

Aufgrund der experimentellen Befunde insgesamt – einige sind zwar widersprüchlicher Art; individuelle Abweichungen vom erwarteten Verhalten konnten nicht erklärt werden – kann das Modell als bestätigt angesehen werden (vgl. auch Grunwald, 1976, S. 53). Von Herkner (1975) stammt eine Modifikation des Millerschen Konfliktmodells, deren Geltungsbereich durch die Beschränkung auf die folgenden drei Postulate wesentlich erweitert werden sollte:

„1. Es gibt einen Appetenzgradienten.
2. Es gibt einen Aversionsgradienten.
3. Das Verhalten in Appetenz-Aversions-Konflikten entspricht der jeweiligen Differenz zwischen den Reaktionsstärken des Appetenz- und des Aversionsgradienten" (Herkner, 1975, S. 53; zitiert nach Grunwald, 1976, S. 56).

Implikationen und Schwierigkeiten dieser Konzeption (z. B. die Frage der Unabhängigkeit der beiden Gradienten, der Notwendigkeit ihres Schnittpunktes etc.) sollen hier nicht diskutiert werden (vgl. z. B. Grunwald, 1976, S. 57 ff.).

Ebenfalls Kritik an wesentlichen Bestandteilen des Millerschen Modells (s. o.: Z. B. isolierte Messung von Appetenz/Aversion und anschließende Kombination; größere Steilheit des Aversionsgradienten; Annahme der Linearität der Gradienten aufgrund von nur zwei Messungen; Übertragung des räumlichen Gradientenkonzepts auf zeitliche oder Reizähnlichkeitsverhältnisse bzw. fehlende saubere Trennung zwischen diesen Aspekten; Determination des Gradientenverlaufs durch die Zieldistanz) haben Maher und seine Mitarbeiter geübt (Maher et al. 1961, 1962, 1964; Maher, 1964, 1965–70, 1966). Die Kritik Mahers (1966, S. 153) gibt Grunwald folgendermaßen wieder (1976, S. 64):

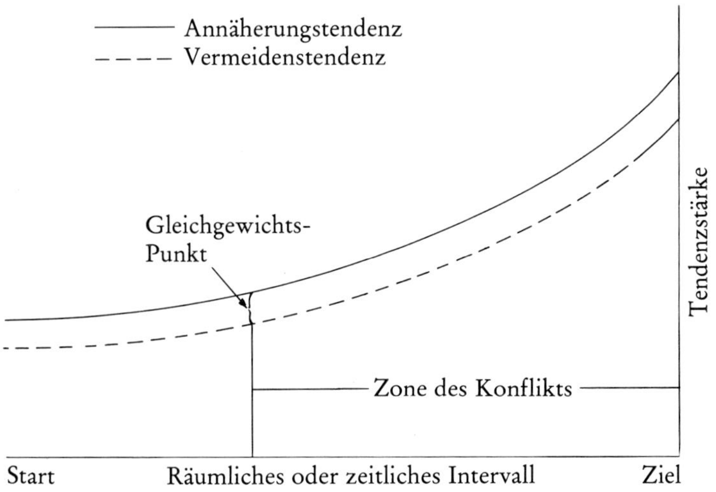

Abb. 4: Mahers Modell paralleler Gradienten der Annäherung und Vermeidung (aus Maher, 1964, S. 289)

„1. Diverse Experimente haben gezeigt, daß der negative Gradient nicht steiler verlaufen muß als der positive Gradient. Häufig verliefen die positiven Gradienten steiler als die negativen Gradienten, oder beide Gradienten verliefen parallel.
2. Die Annahme der Summierbarkeit der positiven und negativen Gradienten konnte in der Arbeit von Rigby (1954) nicht gestützt werden.
3. Die analoge Beziehung zwischen räumlichem und zeitlichem Abstand vom Ziel wurde in einigen Experimenten nicht gestützt.
4. Wenn in einer Konfliktsituation der Abstand vom Ziel gemessen wurde, zeigte es sich, daß positive Reaktionen einen bedeutsamen Einfluß auf negative Reaktionen ausübten."

Maher hat sich um eine Neufassung der Millerschen Konflikttheorie bemüht, in der er von der Parallelität der Gradienten ausgeht, von denen der stärkere verhaltenswirksam wird (vgl. Abb. 4). Um aber auch mit dieser Konzeption die vielfach in Konfliktsituationen festgestellten Oszillationen erklären zu können, formuliert Maher (1964): „Die stärkere von zwei Reaktionstendenzen ermöglicht Verhalten nur dann, wenn ihre absolute momentane Stärke die schwächere Reaktionstendenz mit einem Betrag übersteigt, der in einem konstanten Verhältnis zur schwächeren Reaktionstendenz steht" (nach Grunwald, 1976, S. 65). Diese Annahme kommt einem Schwellen-Modell der Differenz zwischen den Gradienten für die Reaktionsauslösung gleich (Maher, 1964, S. 289), läßt sich aber auch als Verallgemeinerung des Millerschen Schnittpunktmodells auffassen, das die verschiedenen empirischen Arbeiten in seiner ursprünglichen Form als zu restriktiv ausgewiesen haben dürften.

Eine direkte Anwendung des Millerschen Modells ist im Rahmen von zwei sehr bekannt gewordenen Forschungsarbeiten versucht worden: Von Epstein und Fenz bei Sport-Fallschirmspringern und von Fisch bei Examenskandidaten. Epstein und Fenz (1962 a und b, 1965, 1967, 1975) verwenden Fallschirmspringer, da sie in einem starken Appetenz-Aversions-Konflikt stehen vor dem Sprung (der attraktiv ist aufgrund seines Abenteuers, Prestige etc., aber mit dem auch Meidenstendenzen verbunden sein dürften aufgrund des Verletzungsrisikos). Die Autoren stützen sich auf die Antriebstheorie von Miller (vgl. Dollard & Miller, 1950, S. 32), die hier nicht dargestellt werden soll (vgl. Grunwald, 1976, S. 84). Anstelle der Variable Entfernung zum Ziel wird geringe bis hohe Bedeutsamkeit von Hinweisreizen benutzt. Von den abhängigen Konfliktvariablen bezieht sich eine auf die Richtungskomponente des Antriebs (gemessen über Hinweisreize), die beiden anderen auf die Aktivierungskomponente (durch die Appetenz-Aversions-Gradienten erfaßt). Für das Zusammenwirken der Gradienten nehmen die Autoren algebraische Summierung an. Diese Vorstellungen haben Epstein und Fenz mit dem dreidimensionalen Konfliktmodell von Murray und Berkun (s. o.) verbunden. Daraus ergibt sich für die antriebsinduzierende Aktivation beim Fallschirmsprung, daß je näher der Zeitpunkt des Sprunges, desto stärker wird die Aktivation: die Gradienten nehmen immer mehr die Form positiv beschleunigter Kurven an in Abhängigkeit von der Reiz- und Zeitdimension. Eine Vorhersage des Netto-Annäherungs-Verlaufes gestaltet sich aufgrund dieses komplexen Sachverhaltes schwierig. Beim Vergleich der empirischen Gradientenverläufe (Einschätzung ihrer Annäherungs- und Vermeidungsgefühle durch die Springer selbst auf einer 10-Punkte-Skala zu 14 verschiedenen Zeitpunkten vor und nach dem Sprung) erfahrener (100–500 Sprünge) und unerfahrener (1–5 Sprünge) Springer ergab sich für die erfahrenen ein steilerer Appetenz-Gradient, für die unerfahrenen ein steilerer Aversions-Gradient. Epstein und Fenz interpretieren diesen überraschenden Befund als Vorwegnahme der Furcht oder Angst durch die erfahrenen Springer, die in der Lage seien, diese Vermeidungsgefühle bis zum Zeitpunkt nach dem Sprung zu unterdrücken bzw. zu hemmen. Auch in dieser Arbeit zeigte sich keine gesicherte Unabhängigkeit der Einschätzung für die beiden (einander entgegengerichteten) Tendenzen, deren Problematik von den Autoren diskutiert (1965) und dahingehend zusammengefaßt wird, daß Annäherung und Vermeidung lediglich zwei Wege darstellen, denselben Gefühlszustand auszudrücken.

Fisch hat in seiner Untersuchung (1970) wieder das dreidimensionale Modell von Murray und Berkun (1955; s. o.) und die Arbeiten von Epstein und Fenz (s. o.; Fenz, 1964) zugrundegelegt. Er verwendete 18 Studenten, die sich aufgrund der bevorstehenden Prüfung in einem Annäherungs-Vermeidungs-Konflikt befanden, und 18 Studenten als Kontrollgruppe, deren Examen erst in einem Jahr anstand. Die Untersuchung der Experimentalgruppe erfolgte zur Hälfte drei Wochen vor bzw. nach dem Examen und jeweils am Prüfungstage. Zeitliche Distanz zur Prüfung und Ähnlichkeitsgrad bzw. Antizipation der Prüfung (gemessen durch einen speziell zusammengestellten Wortassoziationsversuch und TAT) bildeten die unabhängigen Variablen (Abszissen des Modells), als abhängige Variable (Ordinate) wurden drei Korrelate der Leistungsmotivierung als Konfliktindikatoren erfaßt: allgemeine Aktivierung (PGR, EMG, EKG), Richtung (Erfolgszuversicht und Mißerfolgsbefürchtungen) als Netto-Annäherungstendenz und Beeinträchtigung der kognitiven Funktionstüchtigkeit (Fisch, 1970, S. 8 ff.).

Insgesamt bestätigen die Befunde nach Ansicht Fischs (S. 102 f.) das Konfliktmodell sowohl in bezug auf die Aktivierungs- wie auf die Richtungskorrelate. „Bei den Vpn mit Examenskonflikt steigt die Netto-Aufsuchen-Tendenz (Resultante von Aufsuchen- und Meiden-Tendenzen) nur bis zu mittleren Anregungsgraden des Materials und fällt bei hoher Anregung (d. h. bei unmißverständlicher Darstellung des bedrohlichen Ereignisses Examen) wieder ab. Dagegen zeigen Vpn ohne Examenskonflikt (Studenten in etwa einjähriger Distanz von ihrem Examen) eine monoton steigende Netto-Aufsuchen-Tendenz mit wachsendem Anregungsgrad des Materials.

Damit werden zwei wichtige Voraussetzungen des konflikttheoretischen

Zielgradientenmodells bestätigt: Erstens, die Aufsuchen-Tendenz kann als größer angenommen werden als die Meiden-Tendenz und zweitens, die Meiden-Tendenz hat den steileren Gradienten."

Auch diese Arbeit bringt keine Klärung für das Problem der Unabhängigkeit der (gemessenen) Tendenzen: Entspricht die von den Vpn angegebene Annäherung der Netto-Annäherungstendenz in dem Sinne, daß eine Berücksichtigung der Vermeidungstendenz in die Urteile über die Annäherung bereits mit einfließt? Fisch nennt als weiterführende Fragestellung die Notwendigkeit der Untersuchung von Wechselwirkungen zwischen zeitlicher Distanz und zielrelevanter Antizipation – also die Frage nach der Unabhängigkeit der Dimensionen des Konfliktmodells.

Hinsichtlich der *Konfliktlösung* und der *Konfliktnachwirkungen* sind verschiedene Aspekte untersucht worden. Große Bedeutung kommt für die Wiederaufnahme eines bestimmten Verhaltens sicherlich der Dimension Ähnlichkeit zur Konfliktumgebung zu (Berkun, 1957; Maher et al, 1962), scheint aber für die meist verwendeten Vte von der Variablen räumliche Distanz noch übertroffen zu werden (vgl. J. A. Taylor und B. Reunies, 1961; J. A. Taylor und B. A. Maher, 1959; Elder et al., 1961). Als weitere wichtige Variable nach einer traumatischen Erfahrung ist auch die verstrichene Zeit erkannt worden (z. B. Noblin und Maher, 1962). Miller (1961) stellte mit Ratten als Vtn fest, daß nicht die Zeit als solche den Hauptfaktor dafür darstellte, ob sich die Furcht verstärkt oder eher abklingt, sondern die verändernde oder wiederherstellende Wirkung der Zeit auf die cues, die unmittelbar vor dem traumatisierenden elektrischen Schock vorhanden waren.

Minor, Miller, L. und Ditrichs (1968) stellten fest, daß wider Erwarten eine Unentschiedenheitsalternative als Möglichkeit, „aus-dem-Felde-zu-gehen", Aversions-Aversions-Konflikte bei Studenten hinsichtlich der Lösungszeit nicht verkürzte. Murray (1975) interpretiert seine Ergebnisse dahingehend, daß die Lösung komplexer Konflikte – die durch die Verwendung der Doppelformen gegeben sein sollte – vom Grade des Vermeidens abhänge: doppelte Appetenz-Appetenz-Konflikte werden schneller gelöst als doppelte Appetenz-Aversions- und diese wiederum schneller als doppelte Aversions-Aversions-Konflikte. Kritisch bleibt aber hier bzgl. der externen Validität zu bemerken, daß von Murray „vorstellungsmäßige Konflikte" in Form von Wahlen verwendet wurden, mehr oder weniger von bestimmten Persönlichkeitseigenschaften zu besitzen. Hearst (1963) schließt aus seinen Ergebnissen bei Ratten, daß das Entkommen selbst aus einer Konfliktsituation positiv verstärkend sein könnte (im Sinne der „conflict-induced drives" in Miller, 1959).

Aus Raumgründen soll eine von Hofstätter bereits 1953 vorgenommene *Übertragung der Millerschen Konflikt- und Verschiebungstheorie* auf den psychotherapeutischen Prozeß nur in dieser Form Erwähnung finden (vgl. dazu auch Grunwald, 1976, S. 96 ff.), desgleichen die bereits in anderem Zusammenhang genannten Arbeiten von Dollard & Miller (1950), Maher (1966), hinsichtlich der Gesprächspsychotherapie von Martin (1972), Grunwald (1976) und bzgl. der Verhaltenstherapie von Herkner (1975).

Versucht man eine *zusammenfassende* Betrachtung des Millerschen Konfliktparadigmas, so muß sein großer heuristischer Wert hervorgehoben werden, der in der Literatur immer wieder betont wird und der in der großen Anzahl empirischer Arbeiten seine Operationalisierung findet. Insgesamt scheint dieses Modell jedoch eine Reihe von – auch grundsätzlichen – Problemen und Schwierigkeiten zu beinhalten, deren Darlegung hier versucht worden ist, und die u. E. durchaus noch nicht als gelöst betrachtet werden können. Von mehreren Autoren ist in diesem Zusammenhang z. B. eine stärkere Beachtung der Konflikt-Vorerfahrungen des Organismus gefordert worden. Dies stellt einmal mehr die Frage nach der Zulänglichkeit des Millerschen Modells, Konfliktverhalten insgesamt zu erfassen, und führt über zu der Notwendigkeit, Konflikt in seinen prozeßhaften Eigenschaften zu analysieren (s. u.). Neben den Befunden aus bereits erwähnten Arbeiten hat z. B. Innes (1969) bei Schulkindern des ersten Schuljahres zeigen können, daß ein Entkommen aus einem Konflikt und sein Vermeiden als Reaktionen auf einen spezifischen konfliktproduzierten Trieb gelernt werden. Diese Verhaltensmöglichkeiten wurden im Appetenz-Aversions-Konflikt generalisiert. Schill und Boor (1967) meinen, in der Frage der Wirkung vorhergegangener Konflikterfahrung auf nachfolgendes Konfliktverhalten durch ihre Ergebnisse eher die „competing-response" Hypothese unterstützen zu können, die von der Annahme ausgeht, daß durch die Konflikterfahrung spezifische Reaktionen gelernt und auf ähnliche Situationen generalisiert werden; sie ist neben der „dynamogenic" Hypothese von Worell (1962) zur Erklärung vorgeschlagen worden, die auf Hulls Triebauffassung zurückgeht und dem Konflikt motivationale Eigenschaften zuschreibt, so daß er als Triebquelle dienen kann.

Ein Bereich verdient vielleicht nochmals besondere Erwähnung, den auch Maher (1964, S. 287) hervorhebt: „While the model is derived mainly from animal experimentation, it has been applied uncritically to many instances of human conflict." Aus diesem Grunde hat er sein Modell paralleler Gradienten ausgearbeitet, das er für den Humanbereich als adäquater ansieht, da der Annäherungsgradient im menschlichen Verhalten im Gegensatz zum Verhalten von Tieren nicht hauptsächlich von internen physiologischen Faktoren abhängen, sondern ebenfalls auf Lernprozesse zurückzuführen sein dürfte.

Wesentlich dürfte Millers Aufweis bleiben, daß sich die Struktur (auch komplexer) menschlicher Entscheidungshandlungen mit zunehmender Nähe der Entscheidung zu ändern scheint. Zur Bedeutung der Erfassung dieses Prozesses meint Maher (1964, S. 290): „A proper understanding of the determinants of indecision is crucial to the study of human conflict; this understanding may be aided materially by a careful analysis of these psychological models that have seemed most fruitful in the laboratory." Externe Validität scheint dem Millerschen Konfliktmodell dann noch am ehesten zuzukommen, wenn die Reaktionsmöglichkeiten des (menschlichen) Organismus derart eingeschränkt und seine Orientierungsmöglichkeiten so stark behindert sind, daß das zu erfassende (Konflikt-)Verhalten in der Metapher zweier sich entgegenlaufender Tendenzen ausgedrückt werden kann.

III. Zur Konflikttheorie der Leistungsmotivation

Atkinson hat mit seinen Mitarbeitern eine Theorie zum *leistungsorientierten Handeln* ausgearbeitet (vgl. Atkinson, 1975, S. 391 ff.), also für den Fall, daß eine Person gewärtig sein muß, daß ihr Verhalten anhand von Leistungsstandards bewertet wird: entweder als Erfolg oder als Mißerfolg. Die Ausführung einer leistungsbezogenen Aufgabe entspricht einer Situation eines Appetenz-Aversions-Konflikts, denn Atkinson nimmt an, daß jeder Mensch sowohl ein Motiv des Erfolgsstrebens (M_E) als auch ein Motiv zur Vermeidung von Mißerfolg (M_{VM}) besitzt. Zu diesen relativ stabilen und situationsübergreifenden Merkmalen der Person kommen zwei spezifische, situationsbedingte Einflußgrößen hinzu, um die Tendenz, durch die Ausführung bestimmter Handlungen Erfolg zu suchen (T_E) bzw. Mißerfolg zu vermeiden (T_{-M}): die subjektive Erfolgswahrscheinlichkeit des Individuums (P_E) als Stärke der Erfolgserwartung bzw. die Mißerfolgserwartung (P_M) und der Anreizwert des Erfolges (I_E) bzw. des Mißerfolges (I_M). Dabei gilt $I_E = 1 - P_M$ bzw. $I_M = -P_E$ und $P_E + P_M = 1.00$: der Anreizwert des Erfolges entspricht der Schwierigkeit einer Aufgabe, die sich zur subjektiven Erfolgswahrscheinlichkeit komplementär verhält, der der Anreizwert des Mißerfolges gleichkommt, jedoch mit negativer Gewichtung. Für die beiden Tendenzen ergeben sich dann nach Atkinson folgende Beziehungen: $T_E = M_E \times P_E \times I_E$ und $T_{-M} = M_{VM} \times P_M \times I_M$.

Betrachten wir diese Beziehung genauer, so können wir darin die bekannte Lewinsche Grundformel erkennen: M_E entspricht der relativ generalisierten und stabilen Persönlichkeitsdisposition P, der Umwelteinfluß U wird als Produkt der Erwartung, daß die Handlung zum Erfolg führt (P_E), und des Wertes des Erfolges (I_E) gefaßt. Eine Umstellung dieser Faktoren zeigt die Ähnlichkeit dieser Konzeption mit den „Erwartung × Wert"-Vorstellungen von Tolman oder der Entscheidungstheoretiker: $T_E = P_E \times (M_E \times I_E)$. Der subjektive Wert des Erfolgs, bei Tolman „Verlangen nach Erfolg", bei Lewin „Erfolgsvalenz" und der „Nutzwert" der Entscheidungstheorie, kommt als multiplikative Funktion von M_E und I_E zum Ausdruck (vgl. Atkinson, 1975, S. 414 f.).

Als wichtigste Implikationen dieser Konzeptionen des Erfolgsstrebens bzw. des Mißerfolgsvermeidens lassen sich nennen:

1. Bei mittleren Schwierigkeitsgraden sollte das Streben nach Erfolg (T_E) am stärksten sein, da dann das Produkt $P_E \times I_E$ maximal wird.
2. Das Erfolgsstreben (T_E) müßte bei starkem M_E stärker sein als bei schwachem M_E (immer bei gleichbleibender Aufgabenschwierigkeit).
3. Das Mißerfolgsvermeiden (T_{-M}) sollte bei mittlerem Schwierigkeitsgrad am stärksten sein.
4. Entsprechendes wie unter 2. gilt für das Mißerfolgsvermeiden.
5. Da Atkinson die Tendenz zur Vermeidung von Mißerfolg (T_{-VM}) als Hemmungstendenz auffaßt, wird der Konflikt zwischen dieser Tendenz und derjenigen der Erfolgssuche *algebraisch* gelöst: $T_E + T_{-M}$ ergibt die resultierende Tendenz.
6. Kommt es im Falle von $M_{VM} > M_E$ zu leistungsbezogenen Handlungen, ist der Rückgriff auf extrinsische Motive erforderlich.

Die Problematik des Ansatzes von Atkinson liegt in der Güte der Messung der einzelnen Bestandteile, aus denen er die Tendenzen zusammensetzt: zur Messung des Motivs Leistungsstreben (M_E) wurde von Atkinson ein TAT-Verfahren entwickelt, zur Messung des Motivs zur Vermeidung von Mißerfolg (M_{VM}) ein Fragebogen für Testangst. Wir wollen uns den *empirischen* Untersuchungen zur Überprüfung der Konflikttheorie der Leistungsmotivation zuwenden.

Atkinson & Litwin (1960) konnten in einer Untersuchung an College-Studenten zeigen – wobei die Voraussetzung der Unabhängigkeit von Leistungsmotiv- und Testangstwerten auch aufgrund der Untersuchungen anderer Autoren gegeben zu sein scheint –, daß Personen mit hohen Leistungsmotiv- und niedrigen Testangstwerten bedeutend häufiger ein mittleres Schwierigkeitsniveau bei Aufgaben wählen als Personen mit der umgekehrten Konstellation. Dies entspricht den Vorhersagen der Theorie und wurde von mehreren Autoren gefunden (vgl. Atkinson, 1975, S. 406), auch hinsichtlich der Präferenz von (mittleren) Gewinnwahrscheinlichkeiten im Glücksspiel. Nicht anwendbar scheint die Leistungsmotivationstheorie dann zu sein, wenn das Ergebnis für die Personen erkennbar nicht durch die eigenen Fähigkeiten beeinflußt werden kann, sondern ausschließlich vom Zufall bestimmt wird (vgl. Littig, 1959).

Atkinson hat ausgeführt, daß sich die Annahme $I_E = 1 - P_E$ der Leistungsmotivationstheorie auch im Hinblick auf die Berufsrangordnung bestätigen ließ (je schwieriger die erfolgreiche Bewältigung, desto größer das soziale Prestige) und sieht dies als Beleg für die Allgemeingültigkeit seiner Theorie an (1975, S. 407 ff., S. 415).

Auch für die oben angegebene Konzeption der „Erfolgsvalenz" als Produkt aus Erfolgsmotiv und Anreizwert des Erfolges fanden sich damit übereinstimmende empirische Ergebnisse in mehreren Untersuchungen (vgl. Litwin und Strodtbeck et al., zit. nach Atkinson, 1975, S. 416 ff.): Personen mit höheren Leistungsmotivwerten (erfaßt als need-Achievement-Werte) schreiben der erfolgreichen Bewältigung einen höheren Wert zu als Personen mit niedrigeren Leistungsmotivwerten.

Aufschlußreich sind die Implikationen der Theorie der Leistungsmotivation für die Situationen der Veränderung des Anspruchsniveaus, wenn sich die Person also zwischen Aufgaben unterschiedlichen Schwierigkeitsgrades entscheiden kann bzw. zwischen ihnen wählen muß. Präzise Vorhersagen sind nur möglich, wenn man spezifizieren kann, ob das Motiv des Erfolgsstrebens oder dasjenige des Vermeidens von Mißerfolg dominant ist. Im Falle des dominanten M_E läßt sich sehr einfach die Common Sense Annahme aus der Theorie ableiten, daß nach Erfolg eine schwierigere Aufgabe und nach Mißerfolg eine leichtere Aufgabe gewählt wird. Im Falle dominanter Versagensangst ($M_{VM}>M_E$) jedoch (wieder unter Rückgriff auf extrinsische Faktoren einer positiven Handlungsmotivation) kommt es nach Erfolg bei einer schwierigen Aufgabe (diese wird von solchen Personen eher gewählt als eine Aufgabe mit mittlerem Schwierigkeitsniveau) zu dem paradoxen Effekt, daß die Motivation zur Vermeidung dieser Aufgabe ebenfalls zunimmt! Wahrscheinlicher ist bei der schwierigen Aufgabe jedoch ein Mißerfolg, wodurch P_E weiter reduziert wird, P_M zunimmt und die zur Vermeidung von Mißerfolg aktivierte Motivation abnimmt. Das ist gleichbedeutend mit einer Abnahme der Angst vor Mißerfolg bei anhaltendem Mißerfolg, die von einer schwierigen Aufgabe hervorgerufen wurde. Daher wird die Person dieses Schwierigkeitsniveau weiterhin wählen. Geringfügige Anspruchsniveauveränderungen in dieser Situation führt Atkinson auf mangelnde Unterscheidungsfähigkeit hinsichtlich des (hohen) Schwierigkeitsgrades der Aufgaben zurück (vgl. 1975, S. 420 f.). In diesem Sinne kann man es als „Selbstschutz"-Technik auffassen, sowohl ein extrem niedriges Anspruchsniveau zu wählen wie auch ein extrem hohes, was landläufig eher fälschlich als Anzeichen von Ehrgeiz o. ä. gewertet wird. Weitere wichtige Arbeiten zum Gegenstandsbereich der Erfolgserwartung im Rahmen leistungsorientierter Aktivitäten hat Feather durchgeführt (1960, 1961, 1962), der sozusagen den komplementären Aspekt dieses Entscheidungsgeschehens betrachtet und nach dem Zusammenhang von Leistungsmotiven mit dem Ausharren bei einer Tätigkeit fragt, wobei er auch die anfängliche subjektive Erfolgserwartung berücksichtigt. Er hat bei männlichen College-Studenten, von denen er nur die beiden Extremgruppen mit $M_E>M_{VM}$ und $M_{VM}>M_E$ (erfaßt mit TAT n-Ach-Werten und Mandler-Sarason-Testangstwerten) verwendete, zeigen können, daß eine starke Interaktion besteht zwischen der Motivstruktur, der Erfolgserwartung und dem Ausharren bei einer Aufgabe. Probanden mit hohen n-Ach-Werten und niedrigen Testangstwerten erwiesen sich bei geringer (angeblicher) Aufgabenschwierigkeit persistenter als bei hoher (angeblicher) Aufgabenschwierigkeit – bei entgegengesetzter Motivationsstruktur ergab sich eine umgekehrte Tendenz. Kritisch bleibt zu der von Feather verwendeten

Versuchsanordnung jedoch zu bemerken, daß der Faktor der Täuschung der Probanden – tatsächlich nicht lösbare Puzzle-Aufgaben wurden als unterschiedlich schwierig lösbar bezeichnet – auf die Bildung ihrer Erfolgserwartung nicht kontrolliert wurde. Insgesamt wertet Atkinson (1975, S. 429) diese Arbeiten Feathers als wichtigen Beleg für Lewins Auffassung V = f (P, U) (s. o.). Die für diesen Ansatz wichtige Messung der Erfolgserwartung (der subjektiven Wahrscheinlichkeit eines Ergebnisses in der Sprache der Entscheidungstheoretiker) scheint sich nicht problemlos zu gestalten: verschiedene empirische Arbeiten haben Belege dafür erbracht, daß die Erfolgserwartung nicht unabhängig vom Leistungsmotiv zu sein scheint – je stärker dieses ausgeprägt ist, desto höher die Erfolgserwartung – und außerdem auch mit dem Anreizwert des Zieles in positiver Beziehung stehen dürfte. Diese Ansicht entspricht der Erkenntnis der Entscheidungstheoretiker, daß subjektiver Wert bzw. Nutzen eines Ergebnisses und seine subjektive Wahrscheinlichkeit nicht unabhängig voneinander sein dürften (nach Atkinson, 1975, S. 430 f.; vgl. auch die Ausführungen im entsprechenden Abschnitt weiter unten).

Atkinson hat seine Motivationskonzeption in einer Form ausgestaltet (1975, S. 477 ff.), die auch für die Betrachtung von Konfliktgeschehen neue Impulse enthalten dürfte. Grundlage seiner Überlegungen ist die Annahme eines ständig aktivierten Organismus, so daß im Rahmen einer allgemeinen Verhaltenstheorie der Aspekt der Aufnahme einer neuen Tätigkeit und ihre Latenz auch unter dem Aspekt der Persistenz bei einer vorhergehenden Aktivität gesehen werden muß. Für die Entscheidungsanalyse bedeutet diese Auffassung, daß nicht ungeprüft bisher von der Vp nicht beachtete Verhaltensalternativen außer acht gelassen werden sollten, da sich die Wahlwahrscheinlichkeiten aller Alternativen im Verlauf des Prozesses deutlich ändern können.

Kürzlich hat Kukla (1975) einen Revisionsvorschlag für Atkinsons Wahltheorie vorgelegt, in dem er dessen Postulate $I_E = 1 - P_E$ und $I_M = -P_E$ verändert hat zu $I_E = 1 - F$ und $I_M = -F$, wobei F die wahrgenommene Schwierigkeit einer Aufgabe darstellt (perceived facility). Damit kann er experimentelle Ergebnisse erklären, die inkonsistent mit Atkinsons leistungsbezogener Wahltheorie sind: sowohl Vpn mit hoher als auch mit niedriger resultierender Leistungsmotivation wählen mit konsistenten Präferenzmustern

1. bei sicherem Versagen ($P_E = 0$) von unlösbar schwierigen Aufgaben diejenige, bei der 1 von 100 Personen Erfolg hat gegenüber derjenigen, bei der 1 von 50 Personen erfolgreich ist,
2. bei sicherem Erfolg ($P_E = 1$) von nichtssagend leichten Aufgaben diejenige, bei der 1 von 50 Personen versagt gegenüber derjenigen, bei der 1 von 100 Personen versagt.

Eine weitere Differenzierung des Ansatzes Atkinsons und seiner Weiterentwicklungen soll an dieser Stelle nicht vorgenommen werden (siehe dazu z. B. Heckhausen, 1977, und vor allem den Beitrag Heckhausens in diesem Band).

IV. Konsistenztheoretische Beiträge zur Entscheidungsanalyse

Nur wenige psychologische Theorien haben sich als so einflußreich erwiesen wie die Theorie der kognitiven Dissonanz. Sie hat inzwischen mehr als 900 Veröffentlichungen hervorgebracht, wie Frey kürzlich feststellte (1978). Ihr gilt daher der meiste Raum der folgenden Darstellung, die von Festingers Beitrag ausgehend, sich um eine Wiedergabe einiger Modifikationsversuche bemüht, deren Probleme anhand einer – verständlicherweise – begrenzten Auswahl aus der vorliegenden Literatur aufgezeigt werden sollen. Daran anschließend werden kurz die Beiträge der Reaktanztheorie und des Bilanzbogen-Modells gestreift. Eine detailliertere Darstellung des Forschungsstandes zur Dissonanztheorie ist z. B. dem Beitrag Freys (1978) zu entnehmen, zur Reaktanztheorie dem Beitrag von Gniech & Grabitz (1978).

1. Die Theorie der kognitiven Dissonanz (Festinger)

Auch Festinger (1964) geht von der Annahme aus, Konflikt bestehe aufgrund zweier unverträglicher Reaktionstendenzen: „The conflict exists, presumably, because of the simultaneous presence of at least two mutually incompatible response tendencies" (S. 3). In seiner Betrachtung der Vorentscheidungsphase nimmt er auf die Arbeiten Lewins (1935) und Millers (1944) Bezug. Festinger interessieren in seinem Ansatz die Tendenzen jedoch nicht nur bis zu dem Zeitpunkt, an dem die Entscheidung gefällt wird, sondern er fragt auch danach, was mit ihnen nach dem Entschluß geschieht bzw. welche psychologischen Konsequenzen ihr weiteres Wirken hat. Damit wird die Bestimmung des Entschlußzeitpunktes ein theoretisch sehr wichtiger Aspekt, da er Vor- und Nachentscheidungsphase trennt, für die Festinger ein grundsätzlich unterschiedliches psychologisches Geschehen annimmt.

Selten ist von einem Forscher der Zusammenhang zwischen Nachentscheidungs- und Vorentscheidungsprozessen untersucht worden, abgesehen von Lewin, der der Auffassung war, daß das bloße Treffen einer Entscheidung selbst einen stabilisierenden Effekt auf die Situation hat (1951, S. 233). Je stärker der Vorentscheidungskonflikt, desto größer ist nach Lewin die Tendenz, nach der Entscheidung ihr entsprechend zu handeln. Obwohl die Nachentscheidungssituation eng mit der Vorentscheidungssituation verbunden ist, unterscheidet sie sich dynamisch von ihr (Festinger, 1964, S. 5). Die Entscheidungsfindung wird als Prozeß der Bewertung der Alternativen gesehen, so daß diese schließlich mehr und mehr hinsichtlich ihrer Attraktivität divergieren. Diese Gedanken hat Festinger in seiner Theorie der kognitiven Dissonanz weiter ausgeführt (1957; eine zusammengefaßte Darstellung findet sich auch in Irle, 1975, S. 310 ff.): Die Stärke der kognitiven Dissonanz nach der Entscheidung wird aufgefaßt als „direkte Funktion der Anzahl an Dingen, von denen die Person weiß, daß sie mit der spezifischen Entscheidung nicht übereinstimmen" (Festinger, 1964, S. 5) oder als von der Wichtigkeit der betreffenden Kognitionen abhängig. Daraus folgt: je größer der Konflikt vor der Entscheidung, desto größer die Dissonanz nachher, und je größer die Entscheidungsschwierigkeiten, desto größer die Rechtfertigungstendenz (Dissonanzreduktion). Festinger (1964, S. 6) sieht an Möglichkeiten der Dissonanzreduktion vor allem das „spreading apart" der Attraktivität der Alternativen: die gewählte Alternative erscheint zunehmend attraktiver, die nicht gewählte weniger attraktiv.

Das grundlegende Postulat der Theorie der kognitiven Dissonanz lautet also dahingehend, daß nach nahezu allen Entscheidungen kognitive Dissonanz entstehe. Die eben erwähnte Möglichkeit sieht eine Änderung der Kognitionen über die Attraktivität der Alternativen – insbesondere, wenn eine Revision der Entscheidung ausscheidet – in dem Sinne vor, daß die Kognitionen der Entscheidung angepaßt werden. Besonders in Untersuchungen innerhalb des Marketingsbereiches konnte der „spreading apart"-Effekt repliziert werden (Literatur bei Frey, 1978).

Obwohl auch experimentelle Daten vorliegen, die diese Auffassung über das „spreading apart" zu stützen scheinen, bleibt dieses Problem in gewissem Sinne ungeklärt. Denn Festingers theoretische Position impliziert nach seinen eigenen Aussagen (vgl. Festinger, 1964, S. 6 f.), daß das „spreading apart" *nur* nach der Entscheidung auftritt – ebensogut sind aber andere theoretische Positionen möglich, die Vor- und Nachentscheidungsprozesse *nicht* als dynamisch verschieden ansehen: dann wäre das „spreading apart" im Vorentscheidungsprozeß ein Mittel, um die Entscheidung zu ermöglichen, die im wesentlichen dann nur im Akt der Bindung (commitment) an eine Handlungsalternative bestünde. Außerdem liegen Hinweise dafür vor, daß sich nach Entscheidungen neben der Attraktivität der Alternativen auch die Sicherheit über die Richtigkeit der Entscheidung verändert. Insgesamt dürfte die Forschung Festingers von der Vorstellung getragen worden sein, daß die Unterscheidung von Dissonanz und Konflikt haltbar sei. Auch wenn also experimentelle Daten andererseits im Sinne einer Bestätigung dafür interpretiert werden können, daß Dissonanz-Reduktion in Form des „spreading apart" als Phänomen des Nachentscheidungskonflikts anzusehen ist (z. B. das Experiment von Jecker in Festinger, 1964, S. 21 ff.), bleibt die Gültigkeit einer „conflict-resolution" Hypothese für eine unterschiedliche Alternativenbewertung und damit eine unterschiedliche Informationsverarbeitung auch schon im Vorentscheidungsprozeß durch andere, eher zweideutig anmutende experimentelle Evidenz erhalten. Als Hauptprobleme der Forschungsmethodik erweisen sich also: Wann präzise befindet sich die Person in einer Entscheidungssituation, d. h., beschäftigt sie sich nicht mehr bloß mit Informationsverarbeitung? Wann genau wird die Entscheidung gefällt?

Diese Problematik wird durch die folgenden Überlegungen und Befunde näher beleuchtet. Entsprechend den Annahmen der Dissonanztheorie produziert das Treffen einer Entscheidung Dissonanz, diese müßte also *unmittelbar nach* der Entscheidung einsetzen. Das war aber z. B. in Jeckers Experiment nicht der Fall: offensichtlich war nicht die Entscheidung selbst ausschlaggebend, sondern die Kenntnis, ob der Person beide Alternativen erhalten blieben (ob sie beide Schallplatten behalten konnte oder nur eine). Es ist daher eine genauere Analyse notwendig, was das Wesen der Entscheidung ausmacht und durch welche Bedingungen der Dissonanzreduktionsprozeß ausgelöst wird. Festinger (1964, S. 33 f.) schlägt mehrere Erklärungsmöglichkeiten vor: zur Auslösung von Dissonanzreduktionsprozessen sei es notwendig, daß sich die Person bindet oder verpflichtet (das bereits erwähnte commitment), etwas aufzugeben bzw. auf etwas zu verzichten. Weiter meint er, diese Prozesse setzen nicht ein, bevor nicht die Unsicherheiten (uncertainties) über das Ergebnis ausgeräumt sind. In einem Experiment, das eine Variation des Faktors Unsicherheit vorsah, zeigte sich nicht diese als bedeutsam, sondern der Sachverhalt, ob beide Alternativen zugänglich waren. Gab es sie nicht, konnte Dissonanzreduktion beobachtet werden. Die Entscheidung muß also den Effekt haben, die Person zu binden. So lange aber, wie nicht sicher ist, daß die nicht gewählte Alternative definitiv verworfen wird, hat die Entscheidung die Person nicht gebunden.

Für die Dissonanzreduktion wichtig scheint auch der Umstand der Vertrautheit mit möglicherweise relevanten Aspekten der Alternativen zu sein. So wurde in einem Experiment von Davidson (in Festinger, 1964, S. 45 ff.) geprüft, ob das Nachdenken über Details, die für die künftige Dissonanzreduktion von Bedeutung sein können, diese erleichtern, und zwar auch dann, wenn dieses Nachdenken bereits stattgefunden hatte, bevor irgendeine Dissonanz eingeführt oder antizipiert worden war. Die Ergebnisse sprechen dafür, daß zunehmende Vertrautheit auch vor der Einführung einer Dissonanzbedingung die spätere Dissonanzreduktion tatsächlich zu erleichtern scheint.

Hinsichtlich der Hypothese zur selektiven Informationsaufnahme – *vor* der Entscheidung sowohl pro wie contra (auch objektive oder unparteiische Informationsverarbeitung genannt), *nach* der Entscheidung hauptsächlich die gewählte Alternative stützende – läßt sich der Einwand vorbringen, daß die Faktoren Nützlichkeit konsonanter Information (i. S. der Wahl) und das Zutrauen, sich mit widersprechender Information erfolgreich auseinanderzusetzen, nicht berücksichtigt worden seien. Diese Variablen hat z. B. Canon in einem Experiment untersucht (vgl. Festinger, 1964, S. 95 ff.) und gefolgert, daß die nur schwachen Beziehungen in den bisherigen Experimenten, die für die Gültigkeit dieser Hypothese sprechen, durch den von ihm nachgewiesenen Einfluß der beiden Faktoren erklärt werden können. Ähnliche Ergebnisse lieferten auch Arbeiten von Freedman (1965), Lowin (1967, 1969) und Kleinhesselink & Edwards (1975). Mit der eigenen Entscheidung dissonante Information kann also durchaus präferiert werden, wenn die Person sie als nützlich einschätzt – etwa, um über Gegenargumente zu verfügen – und sich selbst als erfolgreich in einer solchen Auseinandersetzung. Festinger interpretiert diese Befunde so, daß selektive Exposition gegenüber neuer Information im Dienste der Dissonanzreduktion stattfinde (1964, S. 95 f.). Sieht man aufgrund der experimentellen Evidenz den Befund als gesichert an, daß der Entscheidungspunkt eine qualitative Veränderung des kognitiven Prozesses kennzeichnet, erhebt sich die Frage, in welcher Form dies erfolgt, unmittelbar und plötzlich oder aber allmählich. Anhand gezielter und sorgfältiger Experimente haben Festinger und seine Mitarbeiter festgestellt, daß sich der Nachentscheidungsprozeß in der Weise charakterisieren läßt, daß sich die Person unmittelbar nach der Entscheidung mit voller Aufmerksamkeit den negativen Aspekten der gewählten und den positiven der nicht gewählten Alternative zuwendet. Diese Vorgänge der Dissonanzreduktion waren schon von Brehm & Cohen (1962) als „immediate post-decision salience of dissonance" hervorgehoben worden. Phänomenal kann diese „salience" als Gefühl des Bedauerns (regret) zum Ausdruck kommen. Der Nachweis dieses Sachverhalts (anhand unmittelbar nach der Entscheidung auftretender Entscheidungsumkehrungen) führte zu einer genaueren Analyse der Abfolge von Bedauerns- und Dissonanzreduktionsprozessen. Walster fand in einem Experiment (vgl. Festinger, 1964, S. 112 ff.), daß unmittelbar nach der Entscheidung die gewählte Alternative als weniger und die nicht gewählte Alternative als stärker attraktiv beurteilt wurden als Ausdruck des Bedauerns. Diese „regret"-Phase wurde gefolgt von dem üblichen Dissonanzreduktionsprozeß in Form des „spreading apart" der Alternativen. Die Daten zeigten dabei eine zeitliche Struktur in der Weise an, daß vier Minuten nach der Entscheidung Bedauern vorzuliegen schien, 15 min danach Dissonanzreduktion, diese jedoch wider Erwarten bei einer Prüfung 90 min nach der Entscheidung nicht mehr festzustellen war. Im Sinne des „regret"-Effektes lassen sich auch die Ergebnisse von Brehm & Wicklund (1970) interpretieren. Im Gegensatz dazu stehen die Befunde von Irle, Gniech, Frey & Kumpf (1976), daß bei revidierbaren Entscheidungen der „spreading apart"-Effekt mit der Zeit abnahm, während er bei nicht revidierbaren Entscheidungen zunahm. Insgesamt bleiben (nach Frey, 1978) die experimentellen Ergebnisse zur Überprüfung des „regret"-Effektes widersprüchlich.

Über den Vorentscheidungsprozeß war bisher nur festgestellt worden, daß er objektives, unparteiisches Informationssammeln und -bewerten enthält. Dies kann nach Festingers Ansicht jedoch keine erschöpfende Kennzeichnung sein, da der Vorentscheidungsprozeß dann nach einer ganz bestimmten Ordnung verliefe, etwa der Erstellung einer rationalen Präferenzstruktur und einer entsprechenden Informationsverarbeitung, bis keine Änderung mehr zu erwarten sei. So scheint es eine Grenze zu geben für die sog. unparteiische Informationsverarbeitung – denn sie erfordert die genaue Kenntnis der möglichen Alternativen einer Entscheidungssituation. Während das für manche Laborsituationen zutreffen mag, dürfte beim Treffen von Entscheidungen im alltäglichen Leben ein Teil der Zeit auf Alternativensuche aufgewendet werden, etwa zur Entdeckung neuer oder zum Überdenken nicht erreichbarer Alternativen. Experimentelle Evidenz scheint so interpretiert werden zu können (vgl. das Experiment von Walster und Festinger in Festinger, 1964, S. 131 ff.), daß Personen in einer Entscheidungssituation eine „ideale" unerreichbare Alternative erst aus ihrem Vorstellungsbereich entfernen müssen, um ihre Entscheidung treffen zu können. Festinger ist also der Ansicht, mit der Annahme dieses hypostasierten Prozesses – bei einer Entscheidung zwischen unvollkommenen (imperfect) Alternativen verwendet die Person Zeit und Anstrengung darauf, bessere Alternativen zu suchen und Möglichkeiten in Erwägung zu ziehen, obwohl sie weiß, daß sie nicht erreichbar sind – bestimmte experimentelle Beobachtungen erklären zu können. Darüber hinaus gibt er zu bedenken, daß (insbesondere) das *Vor*entscheidungsgeschehen nicht, wie es bisher oft erfolgt ist, in einem zu engen Rahmen betrachtet und analysiert werden darf, sondern äußere Einflußfaktoren und die Möglichkeit der Antizipation von Dissonanz durch die Person berücksichtigt werden müssen (vgl. Festinger, 1964, S. 144 ff.).

2. Modifikationen, Forschungsparadigmen und weitere empirische Arbeiten

Irle (1975, Kap. 6.5) hat sich u. a. um eine Weiterentwicklung der Theorie der kognitiven Dissonanz bemüht, die von Frey als allgemeiner als die übrigen in der Literatur vorliegenden Modifikationsansätze angesehen wird (vgl. Frey, 1978). Darin hat Irle auf (subjektive) Hypothesen aufmerksam gemacht, die als Voraussetzung für die Beurteilung dissonanter oder konsonanter Beziehungen zwischen Kognitionen vorhanden sein müssen. Grundlage seiner Reformulierung bilden die Hypothesentheorie der Wahrnehmung und Poppers Logik der Forschung. Irle definiert diese Hypothesen als „dritte Kognitionen theoretischer, abstrakter Realitäten in einer Beziehung von je zwei Kognitionen konkreter Realitäten. Hypothesen generieren als Kognitionen Beziehungen zwischen anderen Kognitionen" (1975, S. 312; vgl. dazu auch Frey, 1978). Zudem nimmt Irle in seiner Weiterentwicklung an, daß das Konzept des „Selbst" insofern von Bedeutung und also einzuführen sei, als nur dann kognitive Dissonanz produziert wird, wenn das zugrundeliegende Ereignis einer Hypothese widerspricht, welche von der Person als zu ihrem Selbst zugehörig betrachtet wird. Dies entspricht in etwa der Auffassung Aronsons (1968, 1969) über Situationen mit kognitiver Dissonanz, daß dazu feste Erwartungen enttäuscht werden müssen. Die Erwartungen über das eigene Selbst, über das eigene Verhalten z. B., seien am festesten. Weiter führt Irle aus: „Das Auftreten kognitiver Dissonanz/Konsonanz ist eine Funktion der aktuell kognizierten kognitiven Einheit" (1975, S. 313). Irle setzt sich kritisch mit der Bestimmung der Stärke kognitiver Dissonanz auseinander, wobei er aufweist, daß ihre Definition in Abhängigkeit von der Wichtigkeit sehr problematisch ist, insbesondere bezüglich empirischer Überprüfungsmöglichkeiten. Infolgedessen ist die Stärke kognitiver Dissonanz in der empirischen Forschung meist im Hinblick auf die Anzahl dissonanter Beziehungen zu dritten bzw. weiteren Kognitionen variiert worden. Um aber die Abgrenzung von der theoretischen Variablen „Veränderungswiderstand" zu gewährleisten, die u. a. auch durch die Glaubwürdigkeit des Kommunikators bestimmt wird (Aronson, Turner & Carlsmith, 1963; Bochner & Insko, 1966), definiert Irle die Stärke kognitiver Dissonanz als abhängig von der subjektiven Wahrscheinlichkeit einer Hypothese des Selbst der Person, daß diese Hypothese wahr ist (1975, S. 314). Diese subjektive Wahrscheinlichkeit der Wahrheit läßt sich wiederum auf verschiedene Faktoren zurückführen. Daraus läßt sich folgern, daß eine Person kognitive Dissonanz dadurch vermeiden kann, daß sie Hypothesen besitzt, deren Falsifikations-Risiko nach Null geht (nach Irle, a. a. O., S. 314). Durch seine Erweiterung der Theorie der kognitiven Dissonanz macht Irle die o. g. viel untersuchte „selective exposure to new information" zwangsläufig zu einer abhängigen Variablen des Widerstandes gegen Änderungen einer kognitiven Einheit.

In einer dissonanten kognitiven Einheit kann nach Irle (a. a. O., S. 316) nicht nur eine der beiden dissonanten Kognitionen geändert werden, sondern auch die subjektive Hypothese der Person. Irle wirft der ursprünglichen Theorie der kognitiven Dissonanz vor, daß sie nicht präzise angebe, welche Kognition in welcher Form geändert werde. In seiner Neuformulierung der Theorie gibt Irle das Prinzip der Responsivität von Kognitionen zur Realität auf und bestimmt statt dessen die Änderungsresistenz von Kognitionen als Grad der (positiven bzw. negativen) Verflechtung mit dritten Kognitionen. Unabhängig von der Stärke kognitiver Dissonanz wird diejenige Kognition zu ihrer Reduktion geändert, deren Änderung den geringsten Aufwand mit sich bringt. Mit diesem Ansatz kann Irle auch Dissonanztoleranz aus der relativen Stärke der Änderungsresistenzen aller relevanten Kognitionen ableiten (ohne zu einer differentiellen Persönlichkeitseigenschaft Zuflucht nehmen zu müssen).

Den Arbeiten im Problembereich der *selektiven Zuwendung zu Informationen* liegt die bereits erwähnte Annahme zugrunde, daß nach einer Entscheidung kognitive Dissonanz auftreten muß. Sie wurde z. B. in dem Feld-Experiment von Ehrlich, Guttman, Schönbach & Mills (1957) nachzuweisen versucht: Autokäufer, bei denen der Autokauf unterschiedlich lange zurücklag, wurden entsprechend der Annahme verglichen, daß sie sich dem Werbematerial über die eigene und fremde Automarken unterschiedlich stark zuwenden müßten. Die Ergebnisse erbrachten keine eindeutige Bestätigung der Ausgangshypothese. Gemäß seinen oben wiedergegebenen Ausführungen über die Möglichkeiten, welche Kognition zur Dissonanzreduktion geändert wird, und der davon abhängenden Klassifikation von Informationen als „supportive" im Sinne der Wahl oder im Sinne der geänderten Kognition(en), bezeichnet Irle die experimentelle Literatur zur „selective exposure to information" als „Makulatur" (Irle, 1975, S. 319); Frey (1978) nennt sie ein Beispiel für „Sackgassenforschung"; er stellt als einen ihrer wesentlichen Mängel heraus, daß in den meisten Experimenten dieses Forschungsgebietes Variablen wie Neugierde, Nützlichkeit (s. o.), Ambiguitäts- und Inkongruitätstoleranz (vgl. dazu z. B. die Untersuchung von Martindale, Abrams & Hines, 1974), Fairneßnormen etc. mit Dissonanz konfundiert sind. Außerdem waren diese Untersuchungen nicht geeignet, die von Irle postulierte kurvilineare Beziehung zwischen Stärke der Dissonanz und Grad der Zu- bzw. Abwendung zu überprüfen, da sie nur jeweils auf zwei Stufen die Dissonanzstärke realisierten. Eine Ausnahme stellt die Untersuchung von Rhine (1967) dar, dem bei sechs Stufen der Dissonanzstärke ein entsprechender Nachweis einer umgekehrt u-förmigen Beziehung gelingt.

Festinger (1964) und seine Mitarbeiter hatten widersprüchliche Ergebnisse in ihren Experimenten hinsichtlich der objektiven und unparteiischen Informationsverarbeitung *vor* und einer deformierenden zur Rechtfertigung des Entschlusses *nach* der Entscheidung erzielt. Weiter war von ihnen „commitment" als notwendige Bedingung für das Auftreten kognitiver Dissonanz herausgestellt worden (s. o.). Zum commitment soll an dieser Stelle ergänzend bemerkt werden, daß Irle darunter „die Aufnahme einer Hypothese in das Selbst" versteht, indem eine Person annimmt, daß eine Hypothese wahr ist (a. a. O., S. 321). Zur weiteren Spezifizierung des commitment-Begriffes zitiert Irle Brehm & Cohen (1962), die den klaren Bezug zu einer Handlung herausheben, wenn man von den psychologischen Implikationen dieses Begriffes der Gebundenheit – oder nach Irle: Ergebenheit – spricht (Irle, 1975, S. 336).

Grabitz & Grabitz-Gniech (1973) haben einen systematischen Überblick über die theoretischen und empirischen Arbeiten gegeben, die über kognitive Prozesse *vor* Entscheidungen durchgeführt worden sind. Nur erwähnt werden soll in diesem Zusammenhang der in vielen Untersuchungen gefundene, als Inertia-Effekt bezeichnete Sachverhalt, daß der diagnostische Wert von Informationen unterschätzt wird, wenn sie einer Hypothese widersprechen, für die bei der Person ein commitment besteht – und umgekehrt: Überschätzung, wenn die Informationen einer verfolgten Hypothese entsprechen. Zu möglichen Erklärungen, etwa in Form der „Commitment"- oder der „expectancy"-Hypothese, sei hier nur verwiesen auf Irle und die dort angegebene Literatur (1975, S. 327) oder Sorembe (1977, S. 43). Irle faßt die Forschungsbefunde dahingehend zusammen, „daß auch vor Handlungs-Entscheidungen und, wenn man so will, nach Erkenntnis-Entscheidungen beziehungsweise nach Aufnahme einer Hypothese in das Selbst innerhalb des kognitiven Feldes Deformation von Information stattfindet, die durch die Theorie der kognitiven Dissonanz erklärbar ist" (a. a. O., S. 327).

Bei der Untersuchung *forcierter Einwilligung* („forced compliance"; s. auch das Sammelreferat von Frey, 1971) wird eine Person z. B. veranlaßt, ein bestimmtes verbales Verhalten zu zeigen, das ihrer diesbezüglichen Einstellung widerspricht (zur Verdeutlichung sei nur nochmals daran erinnert, daß in dem „diesbezüglich" der größte Teil der Problematik der Theorie kognitiver Dissonanz verborgen liegt; es entspricht dem „follow from" in Festingers Definition einer dissonanten Beziehung (1957, S. 13): „These two elements are in a dissonant relation if, considering these two alone, the obverse of one element would follow from the other", das auch von ihm nicht präziser bestimmt wird; vgl. dazu auch Frey, 1978). Dabei beobachtete man in der Regel eine Meinungsänderung in Richtung auf das attitüdendiskrepante Verhalten. Man hat diesen Sachverhalt sowohl dissonanztheoretisch als auch lerntheoretisch (im Sinne einer Verstärkerwirkung) zu erklären versucht. Rosenberg (1965) argumentiert konsistenztheoretisch bei der Erklärung seiner Ergebnisse, daß eine Person durch das Abfassen eines attitüdendiskrepanten Essays ihre Attitüde direkt porportional zur Höhe der Belohnung ändert, und zieht die dissonanztheoretische Interpretation der entsprechenden Befunde in Frage, die er auf die Wirkung kontaminierender Störfaktoren zurückführen kann. Auch Gerard (1967) meint, seine Befunde seien am besten im Sinne eines Inzentiv-Effektes zu erklären, obwohl sich auch Hinweise für eine Stärkung der Dissonanztheorie erkennen ließen. Verschiedene Experimente (z. B. Janis & King, 1954; King & Janis, 1956; Festinger & Carlsmith, 1959; v. Cranach, 1965) lassen jedoch ernsthafte Zweifel aufkommen, daß eine Inzentivtheorie in der Lage ist, Attitüdenänderungen durch attitüdendiskrepantes Verhalten zu erklären (vgl. auch die Würdigung der betreffenden Kontroverse bei Irle, 1975, S. 327 ff.; Helmreich & Collins, 1968; Ashmore & Collins, 1968; Rossomands & Weiss, 1970, die weder der Dissonanz- noch der Inzentivtheorie Erklärungskraft für die vorliegenden Daten zusprechen; Holmes & Strickland, 1970). Frey (1978) stellt zur Frage der Effizienz von hohen oder niedrigen Belohnungen nach attitüdendiskrepantem Verhalten zur Änderung von Attitüden fest, daß die entscheidenden Variablen ein hoher Grad an Selbstverpflichtung und Entscheidungsfreiheit seien. Unter diesen Bedingungen gelte die von der Dissonanztheorie vorhergesagte Beziehung zwischen Belohnung und Attitüdenänderung: die Attraktivität einer Handlung wächst mit abnehmender Belohnung. Auf die neueren Klärungsversuche unter attributionstheoretischen Gesichtspunkten von Calder, Ross & Insko (1973) kann an dieser Stelle nur hingewiesen werden. Nuttin (1966) hat in seiner kritischen Replikation des Festinger & Carlsmith-Experimentes (1959) mit drei Stufen sowohl der Belohnung wie auch der forcierten Einwilligung nachdrücklich sowohl die Bedeutung des „forciert" in Frage gestellt wie auch – u. E. noch weit wichtiger – die unkontrollierte Komplexität solcher Experimente betont (vgl. dazu auch die noch weit schärfere Kritik an der Forschung zur Theorie der kognitiven Dissonanz von Chapanis & Chapanis, die allerdings bereits aus dem Jahr 1964 stammt). Damit berührt auch Nuttin die von uns diskutierte Problematik der Dimensionen der (abhängigen *und* unabhängigen) Variablen (s. u.), indem er nach der dynamischen Beziehung zwischen Belohnungsauffassung und Dissonanz fragt.

Wirkungen unterschiedlicher Bestrafungen bei forcierter Einwilligung sind oft anhand des sog. „forbidden toy"-Paradigmas untersucht worden. Dabei scheint eine geradezu willkürliche Aspektverschiebung im Rahmen der Dissonanztheorie vorgenommen worden zu sein, wenn aus einer Reihe von Arbeiten gefolgert wird, „geringere Strafandrohungen scheinen also unter bestimmten Bedingungen zur Verinnerlichung von Werten bzw. zur Veränderung von Attitüden effektiver zu sein" (Frey, 1978; dort auch einige Literaturangaben). Damit wird offensichtlich der Bedingungszusammenhang zwischen Strafandrohung und Übertretung bzw. Nichtübertretung des betreffenden Gebots aufgelöst. Nicht einsichtig bleibt aber dann, wieso ein Verhalten (wie Nichtübertretung), das durch außerhalb des theoretischen Ansatzes liegende Faktoren bedingt sein dürfte, dann hinsichtlich der Höhe der Strafandrohung rechtfertigt werden müßte (in Form der Auf- oder Abwertung einer Alternative). Auf dieses Problem der abhängigen Variable(n) kommen wir noch zurück.

Weitere Möglichkeiten der Dissonanzreduktion sind in der Extremisierung einer Attitüde bei attitüdendiskrepanter Kommunikation zu sehen, dem sog. Bumerang-Effekt (Hovland et al., 1957) oder Kontrast-Effekt (nach Sherif & Hovland, 1961), und in der Verfestigung („bolstering") der ursprünglichen Einstellung. In diesem Rahmem sind von Festinger (1957) und Festinger et al. (1956) Missionsbestrebungen als Mittel zur Reduktion kognitiver Dissonanz erklärt worden.

Zusammenfassend wollen wir mit Frey (1978) die Bedingungen herausstellen, die zur Entstehung kognitiver Dissonanz notwendig sein dürften:
1. Die Person muß mindestens eine tentative Handlungs- oder Erkenntnisentscheidung getroffen haben.
2. Ein hoher Grad an Entscheidungsfreiheit (bei Erkenntnisentscheidungen wohl immer maximal gegeben).
3. Informationen, die einer Entscheidung (subjektive Hypothese) widersprechen, erzeugen nur dann Dissonanz, wenn die Person sich selbst in irgendeiner Form als Ursache kogniziert oder wenn (nach Deutsch, Krauss & Rosenau, 1962) hoch bewertete Attribute des Selbst berührt werden.
4. Kausalität wird meist nur dann wahrgenommen, wenn die Entscheidung freiwillig ist.

Für die Dissonanzreduktionsmechanismen sei nur nochmals die Bedeutung der unterschiedlichen Änderungsresistenz von Kognitionen betont und auf den Umstand verwiesen, daß diese Dissonanzreduktionsmechanismen unter bestimmten Bedingungen von situativen und normativen Beschränkungen abhängig sind, wie Frey aus den Experimenten von Walster et al. (1967), Götz-Marchand, Götz & Irle (1974) und Frey (1975) schlußfolgert.

Zwei Problembereiche innerhalb der Theorie der kognitiven Dissonanz bleiben trotz aller Erfolge des Reformulierungsansatzes von Irle zur Präzisierung dieser Theorie u. E. ungelöst, auf die im folgenden noch kurz hingewiesen werden soll.

Das erste Problem betrifft die zentrale Frage – wie sie bereits von Festinger (1964) ausführlich diskutiert wurde (s. o.) – ob kognitive Dissonanz ein Sachverhalt ist, der nur *nach* Entscheidungen auftritt. Irle ist der Ansicht: „Prozesse der Informationsverarbeitung rufen eine kontinuierliche Folge von Entscheidungen, und zwar von Erkenntnisentscheidungen hervor." Es ist „dann nur noch eine Frage des Standpunktes des Beobachters, ob sich eine Person vor, zwischen oder nach Entscheidungen befindet" (Irle, 1975, S. 319). Irle wendet sich gegen eine zu enge Auffassung der Prozesse der Informationsgewinnung und -verarbeitung und dagegen, nur den realitätsverändernden Einfluß von Handlungs- und nicht den oft weit stärkeren von Erkenntnisentscheidungen anzuerkennen. Entsprechend vertritt auch Frey (1978) die Ansicht, daß die Theorie der kognitiven Dissonanz nicht nur auf Prozesse nach vollzogenen, endgültigen Entscheidungen anwendbar ist, sondern auch auf vorläufige (tentative) Entscheidungen. Der Vorteil einer beachtlichen Erweiterung des Geltungsbereichs der Theorie durch diese Einführung der Erkenntnisentscheidung zusätzlich zur konventionellerweise betrachteten Handlungsentscheidung birgt offensichtlich aber auch den Nachteil – insbesondere für den methodischen Zugriff – einer Inflation des Entscheidungsbegriffes durch den nun theoretisch möglichen nahezu beliebigen Regress (auf jeweils vorhergegangene Erkenntnisentscheidungen).

Der zweite Problembereich betrifft die Frage der abhängigen Variable(n) – in welchen kognitiven Dimensionen/Einheiten erfolgt eine Veränderung als Ausdruck der Dissonanzreduktion –, die Irle mit seinen Mitarbeitern in neueren Arbeiten zu klären versucht hat. Diesen Mangel einer funktionalen Beziehung zwischen den betrachteten Variablen der Dissonanztheorie stellt auch Oshikawa (1970) heraus, der sie mit Lewins Theorie vergleicht. Hinweise auf die Notwendigkeit einer mehrdimensionalen Betrachtungsweise (mehrere kognitive Einheiten oder subjektive Hypothesen) der beteiligten Prozesse ergeben sich bereits aus einer sorgfältigen Analyse des Experiments von Festinger & Carlsmith (1959; vgl. dazu auch den Beitrag von Insko, Worchel, Folger & Kutkus (1975), die in einer balancetheoretischen Interpretation der Dissonanz im Sinne der hier geführten Diskussion die Dimension der Verantwortlichkeit der Person einführen). Aus seiner Arbeit zusammen mit Frey (Frey & Irle, 1972), die ebenfalls dem Paradigma der „forced compliance" (s. o.) zuzuordnen ist, zieht Irle folgenden Schluß: „Die Annahmen darüber, welche an einem kognitiv dissonanten Ereignis beteiligte Kognition den relativ geringsten Widerstand gegen Änderungen habe, sind in der ursprünglichen Theorie kognitiver Dissonanz viel zu vage, um zu erlauben, daß ausschließlich Änderungen dieser einen Kognition als AV gemessen werden" (Irle, 1975, S. 333). Während mit Ausnahme der Arbeit von Aronson & Carlsmith (1962) bis Mitte der 60er Jahre in der Frage der Reduktion kognitiver Dissonanz nur die Annäherung der Selbsteinschätzung an das Verhalten als AV gemessen wurde, begann man dann, mehrere Alternativen in den Experimenten zur

Reduktion kognitiver Dissonanz als AV anzubieten. So auch Irle & Krolage (1973), die nachweisen konnten, daß der Grad der Diskrepanz zwischen ursprünglicher Selbsteinschätzung (X) und daraus folgender Leistung (Y) nur die Änderungen der Kognitionen X und NON-Y bestimmt, nicht aber die Änderungen der Z-Kognitionen, die über „Zweit-Hypothesen" mit den X- oder Y-Kognitionen verbunden sind (nach Irle, a. a. O., S. 341). Damit wird die Bestimmung der kognitiven Struktur der Kognitionen bzw. subjektiven Hypothesen relevant. Wann handelt es sich um Zweit-Hypothesen, die offensichtlich eine größere Änderungsresistenz haben? Irle verweist in diesem Zusammenhang auf die Dringlichkeit einer „theoretischen Neufassung der Theorie der kognitiven Dissonanz, besonders unter einer Beziehung auf die Resistenz von Kognitionen gegen Änderungen" (a. a. O., S. 341).

Schließlich gehört zu diesem Problembereich auch noch die von Irle aufgeworfene Frage nach den Eigenschaften des Motivs nach Reduktion kognitiver Dissonanz. Aus einem Experiment von Götz-Marchand, Götz & Irle (1974) ergaben sich Hinweise, daß eine einfache Analogie zur Beschaffenheit primärer Antriebe nicht gegeben zu sein scheint. Irle folgert aus den Ergebnissen dieses Experiments, „daß die Definition der Resistenz von Kognitionen gegen Änderungen aus der Menge neuer Dissonanzen mit Dritt-Kognitionen (Z) empirisch brauchbar ist. Damit verbietet sich aber jede intuitive Spekulation in empirischer Forschung zur Theorie der kognitiven Dissonanz, wie die AV konstituiert werden sollte oder wie die Reihenfolge mehr als einer AV – fixiert oder rotierend – konstituiert werden sollte" (a. a. O., S. 343).

Hinsichtlich der motivationalen Effekte kognitiver Dissonanz nennt Frey (1978) verschiedene Arbeiten, die gezeigt haben, daß kognitive Dissonanz einen Erregungszustand hervorruft, der z. B. zu besseren Leistungen beim Paarassoziationslernen führt. Die motivationale Eigenschaft kognitiver Dissonanz wird auch durch eine Reihe unterschiedlicher Arbeiten belegt, die mit einer Variation der Erregungsattribuierung verschiedener Quellen operiert haben (vgl. Frey, 1978). Zama, Higgins & Taves (1976) haben in einer Studie zeigen können, daß Dissonanz als aversiver Zustand aufgefaßt werden kann und Vpn dazu tendieren, diesen Zustand durch eine externe Attribuierung zu erklären.

Auf weitere Modifikationen der Theorie der kognitiven Dissonanz, etwa von Bramel (1968), nach dessen Ansicht zur Dissonanzentstehung nicht nur die Verletzung von Erwartungen, sondern auch Kognitionen impliziert sein müssen, daß man inkompetent oder unmoralisch entschieden habe, oder von Wicklund & Brehm (1976) und von anderen, soll hier nicht näher eingegangen werden, da sie beispielsweise von Frey (1978) dargestellt werden.

3. Die Reaktanztheorie

Diese Theorie geht von einer Situation aus, in der einer Person in ihrem subjektiven Erleben mehrere Möglichkeiten gegeben sind, sich zu verhalten, bzw. ihr mehrere Entscheidungsalternativen zur Verfügung stehen. Für den Fall, daß eine oder mehrere dieser Entscheidungsalternativen der Person genommen werden oder eine solche Entwicklung droht, formuliert die Theorie Annahmen über die Folgen für Erleben und Verhalten. Sie befaßt sich also mit den „Folgen einer angedrohten oder tatsächlichen Einengung des Freiheitsspielraumes einer Person. Mit Freiheitsspielraum oder Freiheit ist das Vorhandensein einer Reihe relevanter, potentiell realisierbarer Entscheidungsalternativen gemeint" (Grabitz-Gniech & Grabitz, 1973, S. 19). Wird der Freiheitsspielraum einer Person eingeengt, so entsteht in dieser eine Motivation, sich die ursprünglichen Verhaltensmöglichkeiten wieder zugänglich zu machen und weitere Einengungen zu vermeiden. Diese Motivation bezeichnet man als *Reaktanz.* Brehm, der die Theorie der psychologischen Reaktanz 1966 formuliert hat, nimmt an (S. 4): „Given that a person has a set of free behaviors, he will experience reactance whenever any of these behaviors is eliminated or threatened with elimination." Damit ist auch eine Unterscheidung von dem mit Frustration Gemeinten insofern möglich, als bei dieser im allgemeinen die Haupthandlungsrichtung blockiert erscheint, also das wichtigste oder attraktivste Ziel nicht erreicht werden kann.

Zur Verdeutlichung sei an das Beispiel von Brehm erinnert: ein Mann, der sonntags gewöhnlich entweder Golf spielt, oder im Garten arbeitet, oder sich TV-Sportsendungen ansieht, „kann also selbst frei entscheiden, was er tun möchte. Diesem Mann sagt seine Frau eines Tages, er müsse am kommenden Sonntag Golf spielen gehen, da sie einige Freundinnen eingeladen habe und er deshalb nicht im Haus und im Garten sein könne. Der Mann erlebt Reaktanz und besteht darauf, z. B. im Garten arbeiten zu wollen, obwohl er für sich vorher schon den Plan gefaßt haben mag, Golf spielen zu gehen" (Grabitz-Gniech & Grabitz, 1973, S. 19).

Nach Jones & Brehm (1970) fassen Grabitz-Gniech & Grabitz die für das Entstehen von Reaktanz notwendigen Bedingungen folgendermaßen zusammen:

„(a) daß eine Person die Vorstellung hat, frei zwischen gegebenen Alternativen wählen zu können,
(b) daß die Person diese Freiheit für wichtig hält, und
(c) die Wahrnehmung, daß diese Freiheit bedroht ist" (a. a. O.).

Dabei hängt die Stärke der auftretenden Reaktanz ab
1. von der Wichtigkeit des Bereiches, innerhalb dessen der Freiheitsspielraum beschränkt wird,

2. vom Ausmaß der Begrenzung des Freiheitsspielraumes, d. h. wieviele Alternativen eliminiert werden (vgl. hierzu Grabitz-Gniech et al., 1975) und
3. falls die Verminderung der Alternativen nicht tatsächlich stattfindet, sondern nur angedroht wird, von der Stärke der Bedrohung.

Entsprechend der Reaktanz-Theorie hat die Motivation, den ursprünglichen Freiheitsspielraum wiederherzustellen, vielfältige Auswirkungen auf das Verhalten einer Person, von denen im Anschluß an Brehm (1966) nur einige Beispiele genannt werden sollen: „ein Abnehmen der sozialen Orientierung der Person zugunsten einer Ausrichtung auf die eigenen Interessen, eine Zunahme feindlicher und aggressiver Gefühle sowie ein wachsendes Verlangen zur Realisierung des bedrohten oder ausgeschlossenen Verhaltens bzw. erhöhte Attraktivität eliminierter Alternativen bei der Beurteilung der Wahlmöglichkeiten" (Grabitz-Gniech & Grabitz, 1973, S. 20).

Einige der Vorhersagen aus der Reaktanztheorie stehen im Widerspruch zu den entsprechenden Ableitungen aus anderen Theorien. So müßte die Eliminierung einer Alternative nach der Reaktanztheorie zu einer höheren Attraktivität bzw. Valenz dieser Alternative führen, als sie vor ihrer Eliminierung bestand. Demgegenüber sagt Festinger in seiner Dissonanztheorie (s. o.) vorher, nach Ablehnung einer Alternative (also auch nach Eliminierung aus dem eigenen Verhaltensrepertoire) verliere diese an Attraktivität. Da im Alltagsleben wie in Laborexperimenten beides beobachtet worden ist, schließen Grabitz-Gniech & Grabitz, daß hier nicht ein experimentum crucis weiterhelfe – da es sich vermutlich nicht um echte theoretische Widersprüche handelt –, sondern die Suche nach Moderator-Variablen, die bestimmen, „unter welchen Bedingungen welche Theorie jeweils Anwendung finden kann" (a. a. O., S. 20).

Ein Überblick über zur Reaktanztheorie durchgeführte Experimente und deren Ergebnisse kann der Arbeit von Grabitz-Gniech & Grabitz (1973, S. 20 ff.) entnommen werden, die übersichtlich nach der jeweils untersuchten unabhängigen Variablen gegliedert ist, zum Teil auch den Ausführungen Irles (1975, S. 372 ff.). Als Beispiel für die experimentelle Forschung im Rahmen der Reaktanztheorie kann auf die Arbeit von Linder & Crane über die Analyse kognitiver Vorentscheidungsprozesse aufmerksam gemacht werden (1970).

Hannah et al. (1975) haben bei der Untersuchung ästhetischer Wahlen, die durch einen „Persönlichkeitstest" mit unterschiedlicher angegebener Genauigkeit vorhergesagt wurden, zeigen können, daß die Verhaltensvorhersage bei dem betroffenen Individuum zur Entstehung psychologischer Reaktanz führt als Folge dieser Vorhersage.

Auch in Feldexperimenten, insbesondere auf dem Gebiet des Konsumverhaltens (vgl. z. B. Reibstein et al., 1975), konnte die Gültigkeit reaktanztheoretischer Ableitungen aufgewiesen werden. So hat Mazis (1975) in einem Feldexperiment mit Hausfrauen zeigen können, daß Einstellungsänderungen im Rahmen einer Antiphosphat-Verordnung für Reinigungsmittel reaktanztheoretisch erklärt werden können. West (1975) diskutiert seine Ergebnisse über die Zunahme der Attraktivität der College Cafeteria-Verpflegung im Rahmen der widersprüchlichen Hypothesen von Brehms Reaktanztheorie und Wicklunds Konzept der „prior exercise of behavioral freedom."

Auf einige Probleme mit dem theoretischen Konzept der Reaktanz soll im Sinne der Erörterungen von Grabitz-Gniech & Grabitz (1973, S. 32 f.) hingewiesen werden. In Situationen, in denen Reaktanz entstehen kann, dürften sehr oft auch noch andere Motivationen wirksam werden. Eine der häufig auftretenden Formen der Einengung des persönlichen Freiheitsspielraumes dürfte in irgendeiner Art und Weise sozialer Beeinflussung bestehen. Nach den Annahmen der Reaktanztheorie müßte diese soziale Einflußnahme Widerstand hervorrufen und damit ein der Beeinflussungsrichtung entgegengesetztes Verhalten. Einschlägige Forschungsergebnisse – etwa zum Konformitätsverhalten (vgl. auch Irle, 1975, S. 375) – zeigen aber nun, daß häufig Anpassung der sozialen Beeinflussung folgt.

Für unsere konflikt- und entscheidungstheoretischen Betrachtungen ist nun von Belang, wie man sich das Zusammenwirken der beiden entgegengesetzten Tendenzen (opposing forces nach Grabitz-Gniech & Grabitz, a. a. O., S. 32; vgl. dazu auch die Ausführungen zu Lewin oben) vorzustellen hat. Nach diesen beiden Autoren sind zumindest drei Vorstellungen möglich:

1. Widerstandsverhalten und konformes Verhalten schließen sich gegenseitig aus, ihr jeweiliges Auftreten muß durch zusätzliche Bedingungen erklärt werden.
2. Motivationale Tendenzen einer sozialen oder egoistischen Orientierung bestehen als komplementär variierende, aber stets gleichzeitig vorhandene Größen, deren jeweiliges Überwiegen Anpassung bzw. Widerstand hervorbringt, das wiederum durch zusätzliche Bedingungen erklärt werden müßte.
3. Die beiden Motivationen schließen sich weder gegenseitig aus, noch variieren sie komplementär, sondern gleichsinnig. „Es ist z. B. denkbar, daß das Zusammenwirken der beiden Tendenzen in ähnlicher Weise vor sich geht, wie es das MILLERsche (1944) Konfliktmodell für „approach"- und „avoidance"-Tendenzen eines Konfliktes beschreibt" (vgl. oben). „Man könnte davon ausgehen, daß beim Einsetzen eines sozialen Einflusses zunächst nur die Motivation vorhanden ist, dem Einfluß nachzugeben. Diese Tendenz des Nachgebens wächst mit der Stärke des Einflusses. Überschreitet die Stärke des Einflusses einen bestimmten Wert, dann entsteht eine zweite Motivation, die sich in der Tendenz äußert, dem Einfluß Widerstand entgegenzusetzen. Diese zweite Tendenz wächst ebenfalls mit der Stärke des Einflusses, und zwar schneller als die Tendenz des Nachgebens, d. h., daß bei weiterem Zunehmen des einengenden Einflusses die Tendenz, Widerstand zu leisten, irgendwann die Tendenz des Nachgebens überwiegt.

Da die beiden Tendenzen gegenläufig sind, kann in einer einzelnen Messung nur die jeweils überwiegende Tendenz erfaßt werden. Durch mehrere Messungen (bei unterschiedlicher Stärke des einengenden Einflusses) könnte jedoch aus dem Verlauf der Werte die beschriebene Vorstellung überprüft werden. Bei wachsender Stärke des sozialen Einflusses müßte sich zunächst zunehmendes Nachgeben zeigen, anschließend, nach dem Entstehen der Tendenz, Widerstand zu leisten, ein Abnehmen des Nachgebens (relative Reaktanz) und schließlich, wenn die Tendenz, sich zu widersetzen, die Tendenz nachzugeben übersteigt, müßte zunehmender Widerstand (absolute Reaktanz) feststellbar sein" (Grabitz-Gniech & Grabitz, 1973, S. 33). Zur Problematik entsprechender empirischer Untersuchungen soll hier nur auf den bereits erwähnten Beitrag von Gniech & Grabitz in Frey (1978) verwiesen werden.

4. Das Bilanzbogen-Modell

Unzufrieden mit theoretischen Modellen, die auf Forschung an Studenten bei Laborspielen basieren, haben Janis und Mann und ihre Mitarbeiter nach einem Bezugsrahmen gesucht, der es gestattet, auch motivationale und emotionale Faktoren einzubeziehen, die mit kognitiven Prozessen in der Entscheidung zusammenwirken. Diesen theoretischen Rahmen nennen sie „conflict theory" (vgl. Janis & Mann, 1968, S. 328), der den Entscheidungsprozeß als Sequenz von Stufen begreift, und zwar folgender:

1. Auffassen einer Herausforderung
2. Bewertung der Alternativen
3. Auswahl der besten Alternative
4. Bindung an die neue Strategie
5. Festhalten an der neuen Strategie trotz negativer Rückmeldung.

Das Bilanzbogen-Modell ist hauptsächlich auf die Stufe 3 anwendbar, für die es eine „Mikroanalyse" der positiven und negativen Gewichtungen der Vorentscheidungswahl vorsieht. Nach Janis (1959) lassen sich die Betrachtungen, die jeder Entscheidungskonflikt aufweist, in vier Hauptkategorien zusammenfassen:

1. Antizipierte Nutzengewinne oder -verluste für den Betreffenden selbst
2. Antizipierte Nutzengewinne oder -verluste für bedeutsame andere
3. Antizipierte Achtung oder Mißbilligung von bedeutsamen anderen
4. Antizipierte Selbstachtung oder -mißbilligung.

Janis & Mann sind der Ansicht, daß bei den meisten bedeutenden Entscheidungen, die jemand während seines Lebens trifft, alle vier Arten von Betrachtungen in gewissem Maße relevant werden und daß das Ergebnis wahrscheinlich durch die relative Stärke dieser Gewichtungen bestimmt wird. Die beiden Autoren versuchen, Entscheidungskonflikte in Form eines Bilanzbogens (balance sheet) darzustellen, der entsprechend den möglichen Gewinnen (positive incentives) und den möglichen Verlusten (negative incentives) gewichtete positive und negative Werte enthält. Bei der Bewertung der für ihn offen stehenden Alternativen antizipiert der Sich-Entscheidende die möglichen Gewinne bzw. Verluste. Die Schwierigkeit dieses Ansatzes liegt auch nach der von Janis & Mann geäußerten Auffassung (1968, S. 326) in der präzisen quantitativen Erhebung der positiven und negativen Anreizwerte, die in einen Entscheidungskonflikt eingehen. Daher scheint sich das Modell weniger zur Vorhersage der endgültigen Wahl einer Person zu eignen als vielmehr andere Aspekte des Nachentscheidungsverhaltens zu beschreiben, wie z. B. die Techniken der Konfliktlösung usw.

Um den Ansatz in dem genannten Sinne insgesamt zu veranschaulichen, soll das Schema eines Bilanzbogens ausschnittweise wiedergegeben werden, wie es sich bei Janis & Mann in ihrer Tabelle 2 findet (1968, S. 338 f.). Die Angaben stammen aus Interview-Daten eines starken Rauchers, der an einem der Vorbereitungsexperimente der Autoren teilnahm, die zur Veränderung von Rauchereinstellungen und -gewohnheiten durchgeführt wurden. Jede positive Zelle zeigt potentiellen Gewinn an, der durch das Beibehalten der ursprünglichen Aktivität oder durch das Einschwenken auf eine der alternativen neuen Handlungsweisen erwartet wird. Entsprechend zeigen die negativen Zellen Erwartungen potentieller Verluste an. Dabei stehen Plus-Zellen für ein bestimmtes Maß an Annäherungsmotivation, entsprechend Minus-Zellen für ein bestimmtes Maß an Vermeidungsmotivation.

Janis & Mann haben das Bilanzbogen-Modell auch als Vorhersagemodell für die Anfälligkeit einer Person gegenüber attitüdenkonträren Kommunikationen verwendet (1968, S 340 ff.). Dabei formulieren sie als Hauptannahme ihres konflikttheoretischen Bezugsrahmens, daß die Anfälligkeit des Sich-Entscheidenden für das Nachentscheidungs-Feedback abhängig sei von den Lücken in seinem Denken während der Vorentscheidungsstufen.

Weinreich hat den Versuch vorgelegt (1969), Entscheidungen vorherzusagen, indem er von dissonanztheoretischen Überlegungen ausging und diese in eine Art von Bilanzbogen-Modell einbezog. Durch die Übertragung des Prinzips der Dissonanzreduktion auf Prozesse vor dem Entschluß soll dieser vorhersagbar gemacht werden. Dabei geht Weinreich von der Grundannahme aus, die Entscheidung für oder gegen eine von mehreren Alternativen sei abhängig von der Dissonanz, die während des Vorentscheidungsprozesses durch diese Alternative erregt wird. Die Dissonanz besteht zwischen Elementen oder Aspekten einer Alternative, wenn diese Aspekte bezogen werden auf die Folgen ihrer Wahl für die Ziele und Absichten des Sich-Entscheidenden. Auch Weinreich geht also davon aus, daß *vor* dem eigentlichen Entscheidungsprozeß beim Sich-Entscheidenden Ziele und Intentionen – etwa als Ausdruck einer relativ festen Wertestruktur – vorhanden sind. Wichtig für die Vorhersagbarkeit von Erleben und Verhalten ist auch hier, an irgendeiner Stelle in den Zusammenhang zwischen Wertestruktur und Entscheidung eingreifen zu können. Weinreich formuliert diesen Zusammenhang folgendermaßen (1969, S. 2): „It is assumed further that the decision to be taken will depend on the appraisal of possible effects and outcomes in relation to these intentions that would result from following one course of action rather than another."

Weinreich läßt in seiner Studie die Vpn – Studenten der Sozialwissenschaften – die einzelnen Intentionen auf 15stufigen Ratingskalen beurteilen (von 0 = nicht wünschenswert bis 15 = sehr wünschenswert) und interpretiert diese Einschätzungen als „desirability of ego-involvement in the respective intentions". Man könnte nun versuchen, aus diesen Einstufungen direkt die Entscheidung eines Studenten vorherzusagen (es handelte sich um die Wahl zwischen drei didaktischen Möglichkeiten, mit drei Theorien eines bestimmten inhaltlichen Gebietes innerhalb eines Seminars bekannt zu werden): Die Intention mit der höchsten Einstufung wird zur gewählten Alternative. Weinreich geht jedoch weiter davon aus, daß jede Intention aus mehreren Komponenten besteht und daß diese Komponenten in die Entscheidung eingehen. Auch diese Komponenten läßt Weinreich mit einer Ratingskala einschätzen, von 0 = unwichtig (für die Vp) bis 15 = sehr wichtig. Über das Skalenniveau finden sich keine Ausführungen, obwohl die verwendeten mathematischen Kombinationsregeln mindestens Intervallskalenniveau erfordern. Aus den bisherigen Ausführungen kann auch entnommen werden, daß die Vorhersageleistung des Modells davon abhängt, ob der Forscher im Vorhinein weiß, welche die wesentlichen – für die Vp relevanten – Intentionen und Komponenten sind. Dies dürfte für viele alltägliche Entscheidungssituationen nicht einfach sein.

Erst nach diesem zweiten Rating (der Wichtigkeit der Komponenten) wurden die Vpn in die Entscheidungssituation geführt, in der sie eine der gebotenen Alternativen ankreuzen sollten. In einem nächsten Schritt entwickelt Weinreich die Kombinationsregeln. Dazu nimmt er an, daß die Stärke der Dissonanz (einer Alternative) von folgenden Größen abhängt:

1. sie steht in direkter Beziehung zur Stärke des „ego-involvement", das die entsprechende Intention auslöst.

Hypothetischer Bilanzbogen auf der Stufe einer tentativen Entscheidung (nach Janis & Mann, 1968, S. 338 f.; ausschnittweise für die beiden ersten Alternativen). Beispiele für konfligierende Kognitionen, die von einem durchschnittlichen Raucher geäußert wurden, dessen selbstgefällige Einstellung durch die Publizierung des Allgemeinen Gesundheitsreports über Rauchen und Lungenkrebs erschüttert wurde

		Art der Kognition				
		Antizipierte Nutzenkonsequenzen		*Antizipierte Billigung oder Mißbilligung*		
Alternative Handlungsverläufe (policies)	Positiver od. negativer Anreizwert	Für ihn selbst	Für bedeutsame andere (Ehegatte, Freunde, Familie, Referenzgruppe)	Von sich selbst	Von bedeutsamen anderen	Endbeurteilung
1. Ursprüngliche Verhaltensweise (ca. eine Packung pro Tag weiterhin rauchen)	+	Bedeutet tägliches Vergnügen; reduziert manchmal emotionale Spannungen.	Durch die Spannungsreduktion ermöglicht es ein besseres Auskommen mit meiner Familie und meinen Mitarbeitern.	Ich brüste mich damit, mir nicht schnell einen Schrecken einjagen zu lassen.	Mein Freund, der Statistiker, dem gegenüber ich Betroffenheit über den Gesundheitsreport erkennen ließ, wird erfreut darüber sein, daß ich Korrelation nicht als Beweis für Kausalität akzeptiere.	Unbefriedigend – Wunsch nach Veränderung, wenn eine zufriedenstellende Alternative erreichbar ist, die einen Nettogewinn (od. einen geringeren Nettoverlust) bringt.
	–	Möglichkeit, daß ich Lungenkrebs bekomme; dürfte gewöhnliche Erkrankungen der Atemwege verschlimmern; kostet Geld.	Die Familie müßte ebenfalls sehr leiden, wenn ich ein Opfer des Krebses werden sollte.	Wenn ich nicht nach meinen selbstgewählten Grundsätzen lebe, werde ich mich als unglaubwürdiger, schwacher Charakter fühlen; wenn ich jemals eine ernste Erkrankung der Atemwege bekomme, werde ich mich schuldig fühlen, die medizinische Evidenz mißachtet zu haben.	Verschiedene Freunde werden die Achtung vor mir verlieren, da ich mich verpflichtet habe, als ich ihnen erzählte, daß ich meine Rauchgewohnheiten ändern würde; mein Hausarzt und andere nicht-rauchende Freunde werden mit ihrer Mißbilligung fortfahren.	

2. Neue empfohlene Verhaltensweise (aufhören zu rauchen)	+	Chancen, Lungenkrebs zu bekommen, werden stark reduziert; Krankheit der Atemwege wird unproblematischer; Geld könnte für besseren Zweck verwendet werden.	Die Familie wird besser gesichert, wenn ich die Chancen des Lungenkrebses und anderer Erkrankungen der Atemwege verringere; meine Abstinenz könnte auch auf die Kinder einen guten Einfluß ausüben, um zu verhindern, daß sie Raucher werden.	Ich werde mit mir selbst zufrieden sein, wenn ich nach meinen Grundsätzen lebe; außerdem zeigt man, wenn man eine andere Verhaltensweise wählt aufgrund neuer Evidenz, daß man reif, realistisch und intelligent ist.	Meine Freunde werden sehen, daß ich nach meinen Grundsätzen lebe; mein Hausarzt und einige wenige nichtrauchende Freunde werden stark zustimmen.	Gemischte Einstellung – zieht eine weniger konfliktvolle Alternative vor, wenn sie erreichbar wäre.
	–	Unbefriedigtes Sich-Sehnen wird unerfreulich sein; ich werde irritierbarer und schlechter gelaunt sein; könnte ernste Angstsymptome entwickeln; könnte Übergewicht bekommen, was genauso ungesund wie rauchen wäre.	Ich verursache meiner Ehefrau schon genug Sorgen, ohne reizbarer und gespannter zu sein; das könnte der letzte Tropfen sein, der das Faß zum Überlaufen bringt.	Ich würde öfter in Wut geraten, was mir das Gefühl geben würde, wie ein Lump zu handeln.	Mein Freund, der Statistiker, würde mich für dumm halten.	
⋮	⋮	⋮	⋮	⋮	⋮	⋮

2. sie steht in direkter Beziehung zur wahrgenommenen Relevanz der Intention.
3. sie steht in direkter Beziehung zur Anzahl und Stärke der in bezug auf die Intention dissonanten Elemente.
4. sie steht in umgekehrter Beziehung zur Anzahl und Stärke der konsonanten Elemente.

Diese Einflußgrößen ergeben den Dissonanzwert einer Alternative D(p), der durch Addition und Subtraktion gewichteter Ratings zustandekommt und folgendermaßen formalisiert wird:

D(p) = G(p) Q(p). Somit ließe sich D(p) auch als eine Art Netto-Wert für die Attraktivität einer Alternative auffassen. G(p) bezieht sich auf das erste Rating, das der Intention. R(p) bezieht sich auf die (subjektiv) wahrgenommene Relevanz der Intention. Weinreich berücksichtigt also auch, daß nicht jede Intention, die eine Vp während eines Entscheidungsprozesses hat, für den anstehenden Entschluß in gleicher Weise relevant sein muß. In der vorliegenden Studie wurden jedoch alle als in gleichem Maße relevant angesehen und somit stets R(p) = 1 gesetzt. Q(p) bezeichnet das Verhältnis der dissonanten zu den konsonanten Komponenten.

Nicht nur für die „Attraktivität" einer jeden Alternative wird eine solche formale Beziehung von Weinreich erstellt, sondern analog auch für ihren „Zurückweisungswert":

$$D(-p) = G(p)\,R(p)\,\frac{1}{Q(p)}.$$

Aus dem Attraktivitäts- und dem Zurückweisungswert aller Alternativen wird nun ein Nettowert für jede Alternative kombiniert (im vorliegenden Beispielsfall etwa für die erste Alternative: D(p, –q, –r) = D(p) + D(–q) + D(–r); analog für die beiden anderen Alternativen). Auf die Alternative mit dem höchsten D fällt die Wahl des Individuums.

Von den empirischen Arbeiten, die ein Bilanzbogen-Modell verwenden, soll stellvertretend nur noch das Feld-Experiment von Hoyt & Janis (1975) als neuere Studie erwähnt werden, die als Beleg für die Brauchbarkeit dieses Modells angesehen wird. Die Autoren ließen ihre Vpn, Frauen, die sich für einen Turnübungskursus eingeschrieben hatten, einen motivationalen Bilanzbogen ausfüllen, der die sorgfältige Betrachtung der Konsequenzen einer persönlichen Entscheidung anregte. Experimental- und Kontrollgruppe unterschieden sich dadurch, daß der Bilanzbogen im ersten Fall relevant war (den Besuch des Turnkursus betraf), im zweiten Fall irrelevant (er betraf den Zigarettenkonsum). Alle Vpn hörten darauf ein kurzes Tonband, auf dem nachdrücklich empfohlen wurde, den Übungskurs regelmäßig und häufig zu besuchen. Wie vorhergesagt war der darauffolgende Besuch der Vpn mit relevantem Bilanzbogen (erhoben für eine siebenwöchige Periode) erheblich größer als der Besuch der Vpn mit irrelevantem Bilanzbogen, deren Besuchsstärke sich nicht von einer

Kontrollgruppe (baseline) unterschied, die keinerlei experimentelle Behandlung erfahren hatte.

V. Das Konfliktmodell der Folgenantizipationen

Dieses noch nicht formalisierte Modell des Entscheidungsgeschehens wurde von Feger und seinen Mitarbeitern (z. B. Feger & Sorembe, 1972) entwickelt und kürzlich in einer Monographie vorgestellt (Feger, 1978). Es soll in erster Linie als Arbeitsgrundlage verstanden werden, um Annahmen über eine größere Zahl von Konfliktvariablen zu formulieren und zu überprüfen, die Feger in seinem Ansatz der Erforschung des intraindividuellen Entscheidungsprozesses verwendet hat (vgl. Feger, 1968 a und b, 1970, 1971). Verschiedene Anregungen wurden den Arbeiten Audleys (1960) und La Berges (1962) entnommen. Zunächst sollen die Konfliktvariablen dargestellt werden, anschließend das Modell und erste Überprüfungsversuche beschrieben werden. An verhaltensdeskriptiven Variablen sind zu nennen: der Entschluß, gleichbedeutend mit der Festlegung des Sich-Entscheidenden auf eine der zur Wahl stehenden Alternativen und erkennbar an entsprechendem Verhalten; die Entscheidungszeit, deren Interpretation problematisch ist, da sie in dem Sinne nicht „rein“ erfaßt werden kann, als aus ihr die Dauer von Prozessen nicht herausgenommen werden kann, die für die Entscheidungsfindung nicht unmittelbar relevant sind; die objektiv beobachtete Informationssuche (information search). An erlebnisdeskriptiven Variablen wurden verwendet: die Konfidenz oder subjektive Sicherheit, sich richtig entschieden zu haben; die erlebte Konfliktstärke; die subjektive Wichtigkeit der Entscheidung; der Informationswunsch. Die untersuchten Entscheidungssituationen waren durchweg in der Hinsicht alltäglich, als sie dem natürlichen Lebensvollzug der Vpn entstammten, wie z. B. für Studenten die Entscheidung zwischen unterschiedlichen Formen der Durchführung einer Lehrveranstaltung. Jede Entscheidungssituation bot zwei sich gegenseitig ausschließende und erschöpfende Alternativen. Entsprechend liegt die Variable Entschluß in dichotomer Form vor. Die Entscheidungszeit wurde, fast ausnahmslos von den Vpn unbemerkt, in sec gemessen. Die erlebnisdeskriptiven Variablen und auch die in einigen Experimenten erhobenen Präferenzurteile zu den Alternativen wurden durch neunstufige Ratingskalen erfaßt, deren Extreme verbal gekennzeichnet waren (z. B. „nicht wichtig = 1 2 3 4 . . . 8 9 = sehr wichtig“ für die Frage nach der erlebten Wichtigkeit). Insgesamt stützen sich die Überprüfungen auf 31 Experimente bzw. Untersuchungen, die unter verschiedenen Gesichtspunkten ausgewertet wurden.

Nach der Art der Untersuchungssituationen und weil die Daten Ratingurteile darstellen, läßt sich herleiten, daß zur *Reliabilitätsprüfung* der erlebnisdeskriptiven Variablen nur Konsistenzanalysen und Generalisierbarkeitsstudien u. ä. in Betracht kommen. Aus einem Experiment, das z. B. den Vergleich von acht

Entscheidungssituationen erlaubte, ergaben sich aus den Konsistenzanalysen gute Zuverlässigkeitswerte für die Skalen Wichtigkeit und Konfliktstärke, geringere für die Konfidenz (zu Einzelheiten vgl. Feger, 1978, S. 44 ff.). Insgesamt läßt sich aus der Zusammenfassung aller Reproduzierbarkeitsuntersuchungen festhalten, „daß für den Vergleich von Mittelwerten, aggregiert über mehrere Vpn oder über intraindividuelle Replikationen, die beobachtete Reproduzierbarkeit ausreicht" (Feger, 1978, S. 58 f.).

Mit den Daten zweier bereits im Rahmen der Generalisierbarkeitsstudien verwendeter Experimente wurden Versuche zu einer konvergierenden und diskriminierenden *Validierung* der Selbstbeobachtungsdaten im Sinne von Campbell & Fiske (1959) unternommen. Soweit sich dies an den vorliegenden multitrait-multimethod-Matrizen der Daten überprüfen ließ, dürften konvergierende und diskriminierende Validität für die Konstrukte Wichtigkeit und Konfliktstärke in zufriedenstellendem Ausmaß, für die Konfidenz mit gewissen Einschränkungen gegeben sein. Der Validitätsaspekt wird durch Faktorenanalysen der gleichen Daten weiter unterstützt, die eindeutig zeigen konnten, daß ein unabhängiger Wichtigkeitsfaktor sowie zwei nicht vollständig voneinander unabhängige, als Konfliktstärke und Konfidenz zu bezeichnende Faktoren die Datenstruktur angemessen beschreiben. Anzeichen für einen Halo-Faktor aufgrund der verwendeten gleichen Methoden (Ratingskalen) ließen sich nicht aufweisen. Da den durchgeführten Analysen ein lineares Modell zugrunde liegt, dessen Angemessenheit nicht belegt werden konnte, wurden zur weiteren Stützung des Validitätsaspektes auch nichtmetrische Faktorenanalysen gerechnet. Diese unterstrichen in noch stärkerem Maße die Validität der Skalen, und zwar relativ unabhängig von der Dimensionalität des Raumes (1 bis 4), die für die Analyse zugrunde gelegt wird, und sowohl für die Annahmen der intra- wie der interindividuellen Vergleichbarkeit der Schätzurteile zwischen und innerhalb der Ratingskalen.

Wir kommen nun zu den *Annahmen des Modells* (vgl. Feger, 1978, S. 87 ff.). Grundlegend ist die Vorstellung, beim Erfassen einer Konfliktlage setze das Individuum zwei Werte fest: einen für die Wichtigkeit der Entscheidung und einen für die Stärke der Tendenz, die eine Alternative der anderen vorzuziehen, hier als vorläufige Präferenzstärke bezeichnet. Für typische alltägliche Konflikte soll die Vereinfachung gelten, der Wichtigkeitswert behalte die einmal festgelegte Größe während des ganzen Ablaufes, wenn Informationsvorgänge nicht verändernd einwirken können. Je ähnlicher die Präferenzstärken für die Alternativen eingeschätzt werden, desto leichter kommt es zu dem subjektiven Erleben eines Konfliktes, bis hin zu dem Grenzbereich, in dem (aufgrund des nicht unbegrenzt feinen Differenzierungsvermögens des Sich-Entscheidenden) die Präferenzen als nahezu gleich anmuten und spezifische Konfliktreaktionen ausgelöst werden.

Die Auseinandersetzung mit der Konfliktsituation, die gewöhnlich zu einem

Entschluß führen soll, enthält zu einem wesentlichen Teil Reaktionen auf die Konfliktlage, die Audley (1960) „implicit responses“ genannt hat. Diese impliziten, d. h. in der Regel nicht offen beobachtbaren Reaktionen bilden das theoretische Kernstück des hier vorliegenden Konfliktmodells. Sie werden als *Antizipationen von Folgen* aufgefaßt, die erwartungsgemäß mit dem Ergreifen der einen bzw. anderen Alternative verbunden sind. Damit wird der Entscheidungsprozeß vereinfachend als eine Serie von Folgenantizipationen betrachtet, deren wesentliche Merkmale durch den Wichtigkeitswert und die Präferenzstärke bestimmt werden. Als Vorstellungsgrundlage für den Ablauf dieser Antizipationenfolgen dient mangels präziserer Kenntnisse die wohl einfachste Annahme einer stochastischen Sequenz. Dabei gilt: je stärker die Präferenz für eine Alternative ausgeprägt ist, desto wahrscheinlicher treten Antizipationen positiv bewerteter Folgen für diese Möglichkeit auf. Wichtigkeitswert und Präferenzstärke bestimmen gemeinsam die Länge der Serie von Antizipationen. – Über diese und einige der folgenden Beziehungen und Annahmen sind von Sorembe abweichende theoretische Vorstellungen entwickelt worden (vgl. Sorembe, 1975, 1977), in deren Verlauf z. T. unterschiedliche Operationalisierungen theoretischer Konzepte vorgeschlagen und ihre Problematik im Rahmen eines Entscheidungsmodells diskutiert worden ist. Aus Raumgründen soll hier – abgesehen von gelegentlichen Bezugnahmen auf die Ergebnisse als zusätzliche Evidenzquelle – nur in dieser pauschalen Form darauf verwiesen werden. – Dem Wichtigkeitswert in diesem Modell kommt die Funktion zu, einen Kriteriumswert (K) für die Länge der Antizipationenfolge festzusetzen, die zu einer Entscheidung notwendig ist. Diese Vorstellung ist der Arbeit Audleys (1960) entlehnt, der definiert (S. 2): „... eine endgültige Wahl wird getroffen, wenn eine Serie von K impliziten Reaktionen einer bestimmten Art auftritt, die nicht von impliziten Reaktionen anderer Art unterbrochen wird.“ * Im Gegensatz dazu ist La Berges Index r rein summativ definiert: gezählt werden zum Erreichen des Kriteriumswertes alle von Beginn an aufgetretenen Antizipationen für eine bestimmte Alternative, auch wenn ihre Sequenz durch Antizipationen der anderen Art (Alternative) unterbrochen worden ist. Der Wichtigkeitswert legt also fest, welchen Aufwand in Form der Antizipationenlänge der Sich-Entscheidende für diese Situation zu betreiben gewillt ist.

Das Modell der Folgenantizipationen sieht weiter vor, daß die Parameter der Präferenzstärken die Wahrscheinlichkeit des Auftretens der Antizipationen (sequenzen) bestimmen. Zusammen mit dem Wichtigkeitskriterium K legen die Präferenzparameter das Eintreten des Entschlusses fest.

Jeder Wechsel in der (zufallsmäßigen) Abfolge der Antizipationen, also von inhaltlich positiven Vorstellungen für die eine Alternative zu solchen für die andere Alternative, führt zur Unsicherheit des Sich-Entscheidenden. Dies schlägt sich bei sehr häufigen Wechseln in der Serie der Antizipationen in der

*) Unsere Übersetzung

abschließenden zusammenfassenden Beurteilung der *Konfidenz* in einer geringen subjektiven Sicherheit nieder, sich richtig entschieden zu haben, und umgekehrt: hohe Sicherheitseinschätzungen bei einer geringen Anzahl an Wechseln. Angenommen wird, daß die Anzahl der Wechsel, auch als Oszillationen oder nach Audley (1960) als VTEs (vicarious trial and error) bezeichnet, gemeinsam von Wichtigkeitswert und Präferenzstärke bestimmt werden.

Zur Veranschaulichung läßt sich das Modell in vorläufiger Form und um die Variablen Informationssuche und Informationswunsch erweitert als Flußdiagramm des intrapsychischen Konfliktprozesses darstellen (siehe Abb. 5).

Zur detaillierten Schilderung dieses Modells s. Feger (1978, S. 90 ff.), auch zu den Vorstellungen über den Zusammenhang zwischen der Erzeugung von Antizipationensequenzen und erfolgreicher bzw. erfolgloser innerer (im Gedächtnis) und äußerer Informationssuche (in der Umwelt). Als Voraussetzung für den Informationswunsch wird auch eine voraufgegangene erfolglose Informationssuche angenommen.

Im Modell fehlt ein eigener Zähler für die *Konfliktstärke.* Es wird davon ausgegangen, daß eine Person ihren Konflikt um so stärker erlebt, je häufiger die Antizipationstypen wechseln (Gefühle der inneren Zerrissenheit, des fortdauernden Hin und Her) und je länger der Konflikt insgesamt dauert. Da zumindest die objektive Dauer der Entscheidung nach dem Modell abhängt von der Wichtigkeit und der Ähnlichkeit der Präferenzstärken, hängt die erlebte Konfliktstärke von der Anzahl der Oszillationen, der relativen Stärke der Präferenzen und der Wichtigkeit ab.

Zur vorläufigen Vereinfachung wird im Modell weiter angenommen, daß alle Folgenantizipationen gleich gewichtet werden. Modellgemäß wird der *Entschluß* dann für diejenige Alternative getroffen, für welche die Anzahl der Antizipationen positiver Folgen am größten ist (bzw. bei negativen Folgen die Anzahl ungünstiger Erwartungen am kleinsten).

Verhaltensdeskriptive Variablen sind in irgendeiner Form meß- bzw. registrierbar, prinzipiell auch ohne Wissen der Vp; für die Erfassung der erlebnisdeskriptiven Variablen wird im Rahmen des Modells angenommen, die Person sei grundsätzlich jederzeit während des Entscheidungsprozesses fähig, ihre „inneren Zustände" zu beschreiben, wobei das Modell die Analogie nahelegt, sie lese „Zähler" ab.

Im folgenden sollen aus den Annahmen des Modells die *Zusammenhänge zwischen den Variablen* der Entscheidungsforschung abgeleitet und mit den wichtigsten Überprüfungsergebnissen dargestellt werden. Zunächst werden die Beziehungen zwischen je zwei Variablen betrachtet, insgesamt 36 Beziehungen für die folgenden neun Konfliktvariablen:

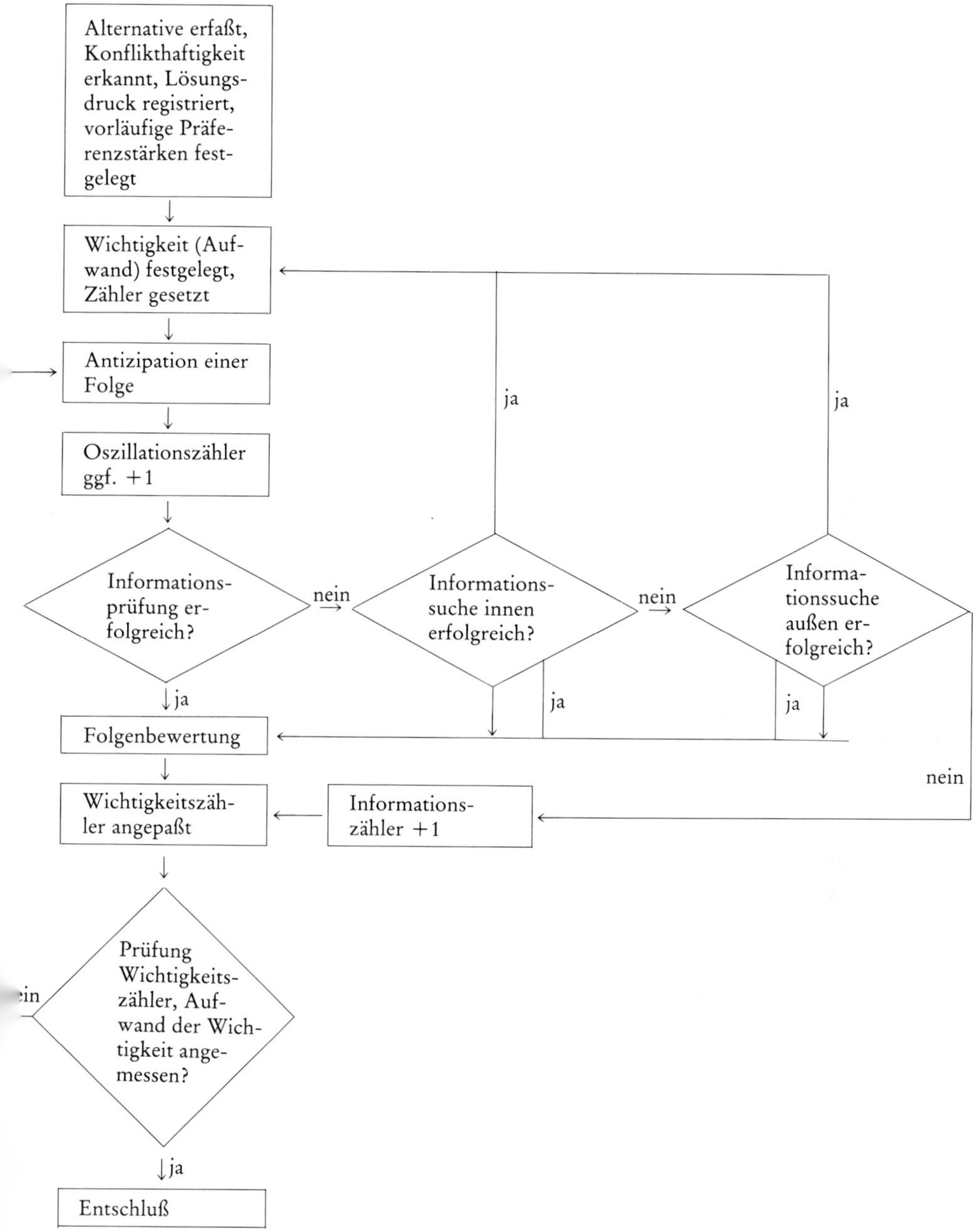

Abb. 5: Modell des Vorentscheidungsprozesses (aus: Feger, 1978, S. 91).

1. die *absolute Präferenzstärke* (AS), definiert als Summe der Stärkemessungen der Präferenzen für die beiden Wahlmöglichkeiten
2. die *relative Präferenzstärke* (RS), berechnet als absolute Differenz dieser Präferenzstärken
3. die *Wichtigkeit* (W)
4. die *Entscheidungszeit* (EZ)
5. der *Entschluß* (E)
6. die *Informationssuche* (IS)
7. der *Informationswunsch* (IW)
8. die *Konfidenz* (C)
9. die *Konfliktstärke* (KS).

Ausgegangen wird in der Regel von der Annahme eines *linearen* Zusammenhanges. Für einige der 36 Beziehungen gibt es keine Herleitung aus dem Modell; sie sollen deshalb hier auch unerwähnt bleiben. Einige Beziehungen sind modellgemäß komplex oder in dem Sinne indirekt, daß sie nur über eine weitere Variable erschlossen werden können. Zu ihrer Überprüfung werden pfadanalytische Ansätze versucht. Evidenz für die Gültigkeit der aufgestellten Beziehungen wurde aus mehreren verschiedenen Experimenten gewonnen.

Für den *Zusammenhang zwischen Präferenzstärke (RS) und Entschluß* wird angenommen, daß diejenige Alternative gewählt wird, für die zu Beginn des Konfliktes die stärkere Präferenz bestand. Diese Annahme ist in zweifacher Hinsicht nicht trivial: erstens wird die Abfolge der Antizipationen als Zufallsprozeß aufgefaßt, zweitens sind zwischen Erhebung der Präferenzen und Entschluß unvorhersagbare Ergebnisse infolge der inneren und äußeren Informationssuche möglich. Die Überprüfung dieser wie auch weiterer Annahmen stützt sich hauptsächlich auf ein Experiment mit 140 studentischen Vpn, in dem die insgesamt acht Alternativen jeweils paarweise kombiniert und jeder Vp vier solcher Entscheidungssituationen vorgelegt wurden. Anschließend bewerteten alle Vpn alle acht Alternativen hinsichtlich ihrer Präferenz. Die Auswertung kann sich also auf insgesamt 560 Entscheidungen stützen. In 80 von diesen war keine Vorhersage möglich, da die Präferenzen als gleich stark eingestuft wurden. Von den verbleibenden 480 Fällen konnten 423 (= 88 %) richtig und 57 (= 12 %) falsch vorhergesagt werden. Dabei gilt als Tendenz: je größer die Differenz zwischen den Präferenzen angegeben wird, desto größer erweist sich der Prozentsatz der Entscheidungen für die vorhergesagte Alternative. Dies entspricht den aus dem Modell abgeleiteten Einschränkungen für eine perfekte Beziehung. Relative Präferenzstärke und die Wahl einer Alternative hängen somit deutlich zusammen. Mit diesen Ergebnissen übereinstimmende Befunde konnten auch von Sorembe (1975, 1977) in seiner Untersuchung des Entscheidungsprozesses gezeigt werden, in der die den Präferenzurteilen vergleichbare und als *subjektive Wahrscheinlichkeit* bezeichnete Variable anhand einer Schätzskala mit der Frage erhoben wurde: „Welche Wahrscheinlichkeit hat zum gegenwärtigen Zeitpunkt für Sie die von Ihnen bevorzugte Alternative?" Die für die sechs Vpn-Gruppen errechneten punktbiseriellen Korrelationswerte zwischen 0,78 und 0,91 sprechen für einen offensichtlichen Zusammenhang zwischen dem Entschluß und der für die tatsächlich gewählte Alternative geäußerten Wahrscheinlichkeit.

Der *Einfluß der Präferenzen auf die Entscheidungszeit* kann in zweifacher Form konzipiert und überprüft werden. Wie auch von Audley (1960, S. 11) wird angenommen, daß erstens bei konstanter Wichtigkeit die Entscheidungszeit um so kürzer werden müßte, je größer die Differenz zwischen den Präferenzwerten (RS) von zwei Alternativen ausfällt. Denn mit zunehmender Differenz wächst die Wahrscheinlichkeit, daß in dem durch die Wichtigkeit vorgegebenen Zeitintervall relativ früh eine Serie solcher Antizipationen auftritt, die zu einem Entschluß führt. Zweitens müßte bei konstanter Wichtigkeit und Differenz die Entscheidung um so schneller erfolgen, je größer die absolute Stärke der Tendenzen (AS) ist, bestimmt als Summe der Präferenzwerte. Dies ergibt sich aus der Annahme, mit zunehmender absoluter Stärke wachse der Anteil an Antizipationen mit positiven Folgen bei der Wahl der jeweiligen Alternative. Zur Überprüfung wurden zwischen den Konfliktvariablen Produkt-Moment-Korrelationen für die Daten des bereits erwähnten Experiments berechnet und über die verschiedenen Situationen gemittelt, wie sie in der folgenden Tabelle wiedergegeben sind:

Tabelle 1: Gemittelte Korrelationen der Variablen (aus: Feger, 1978, S. 105)

	AS	RS	W	KS	C	EZ
RS	–0,514	–				
W	0,170	0,071	–			
KS	0,197	–0,302	–0,079	–		
C	–0,164	0,258	–0,204	–0,535	–	
EZ	0,163	–0,146	–0,020	0,457	–0,317	–
IW	–0,164	0,064	–0,106	–0,217	0,220	–0,198

AS = absolute Stärke = Summe der Präferenzeinstufungen
RS = relative Stärke = Differenz der Präferenzeinstufungen
W = Wichtigkeit, 1 = unwichtig
KS = Konfliktstärke, 1 = sehr schwach
C = Konfidenz, 1 = sehr unsicher
EZ = Entscheidungszeit in sec
IW = Informationswunsch, 1 = weitere Information sehr begrüßt

Der Tabelle ist zu entnehmen, daß die Entscheidungszeit erwartungsgemäß um so kürzer ausfällt, je größer die Differenz zwischen den Präferenzeinstufungen und je geringer die absolute Stärke der Präferenzen ist. Diese Zusammenhänge sind aber nur sehr schwach ausgeprägt. Denkbare Gründe und Konsequenzen sollen an dieser Stelle nicht weiter diskutiert werden, doch sei erwähnt, daß ein für das individuelle Entscheidungsgeschehen konzipiertes Modell mit über den Vpn aggregierten Daten geprüft wurde (vgl. Feger, 1978, S. 104 f.). Auch Sorembe fand in seiner Analyse, in der die Daten nicht über alle Vpn zusammengefaßt wurden, nur einen schwachen, insignifikanten Zusammenhang zwischen Entscheidungszeit und subjektiver Wahrscheinlichkeit (1975, 1977).

Von den *Beziehungen zwischen den Präferenzen und den übrigen Variablen* läßt sich ein direkter Zusammenhang zu beobachtbarer Informationssuche nicht prüfen, da entsprechende Labordaten fehlen. Aus dem Modell läßt sich herleiten: je kleiner die Differenz der Präferenzen (RS), desto öfter muß der Zyklus der Antizipationenerzeugung und -bewertung durchlaufen werden (vgl. Abb. 5), desto wahrscheinlicher wird auch eine Zunahme der Informationssuche (IS). Je kleiner RS, desto wahrscheinlicher müßte auch der Informationswunsch (IW) zunehmen. Ein solcher Zusammenhang läßt sich den Daten der Tab. 1 nicht entnehmen ($r_{RS,\ IW} = 0{,}064$). Für die Beziehung zwischen der absoluten Stärke der Präferenzen (AS) zum Informationswunsch läßt sich ein positiver Zusammenhang herleiten: ist nämlich die Stärke der widerstreitenden Tendenzen hoch und damit auch die Wahrscheinlichkeit vieler Folgenantizipationen, wächst auch die Wahrscheinlichkeit, daß der Sich-Entscheidende auf Lücken in seinen Informationen stößt. Dies führt zu einer Zunahme des Informationswunsches. Unter Berücksichtigung der Skalenpolung bestätigt der entsprechende Korrelationskoeffizient diese Annahme ($r = -0{,}164$). Aber auch er ist nicht substantiell. Zwischen IS und IW müßte modellgemäß ein deutlicher Zusammenhang bestehen, da der Informationswunsch nur dann wächst, wenn die Informationssuche erfolglos war. Evidenz für diese Beziehung läßt sich aus einem weiteren Experiment gewinnen, bei dem die Vpn in einer Versuchsbedingung selbst bestimmen konnten, wieviel weitere Information sie bis zum Entschluß erhielten. Es ergab sich erwartungsgemäß zwischen IS und IW ein überzufälliger, wenn auch schwacher Zusammenhang von $r = 0{,}28$.

Nach den Vorstellungen dieses Modells gehen Folgenantizipationen sowohl in die Festlegung der *Wichtigkeit* der Gesamtsituation ein als auch in die Präferenzen für die Alternativen. Es müßte also eine deutliche positive Beziehung zwischen diesen beiden Variablen bestehen. Den Koeffizienten der Tab. 1 ist zu entnehmen, daß keine Beziehung zwischen der relativen Stärke der Präferenzen (RS) und nur eine schwache zwischen ihrer absoluten Stärke (AS) und der Wichtigkeit anzunehmen ist. Auch Sorembe (1975, 1977) fand keine gesicherte Beziehung zwischen subjektiver Wahrscheinlichkeit und Wichtigkeit. Auch andere Verknüpfungsarten der Wichtigkeits- und Präferenzdaten, um im Sinne Einhorns (1970) die größere Angemessenheit eines kompensatorischen (linearen Regressions-), disjunktiven oder konjunktiven Modells zu überprüfen, erbrachten nur unwesentliche, jedoch gesicherte und in der erwarteten Richtung liegende Steigerungen.

Da für die erlebte *Konfliktstärke* (KS) das Verhältnis der verschiedenen Antizipationsarten ausschlaggebend sein dürfte, müßte ein – eventuell über die Entscheidungszeit vermittelter – Zusammenhang zur selektiven Präferenzstärke bestehen: je kleiner RS, desto größer KS. Die Ergebnisse in Tab. 1 bestätigen die erwartete Korrelation zwischen RS und KS, jedoch nicht ausgeprägt: je größer die Differenz zwischen den Präferenzratings, desto schwächer wird der Konflikt erlebt. Auch Sorembe (1975, 1977) berichtet einen mittelstarken, signifikanten linearen Zusammenhang zwischen Konfliktstärke und subjektiver Wahrscheinlichkeit: je höher die Wahrscheinlichkeit, eine der beiden Alternativen zu wählen, desto geringer der subjektive Konflikt.

Zwischen den Präferenzen und der *Konfidenz* (C) wird in Anlehnung an Audleys Modell ein deutlicher direkter Zusammenhang erwartet, da die Wahrscheinlichkeit von Oszillationen zunimmt, wenn RS klein ist, die Präferenzen also sehr ähnlich sind. Tab. 1 gibt einen schwachen Zusammenhang in der abgeleiteten Richtung an: je größer die Differenz zwischen den Präferenzratings, desto sicherer ist die Vp, sich richtig entschlossen zu haben. Sorembe (1975, 1977) fand einen mittleren bis starken, statistisch gesicherten linearen Zusammenhang zwischen Konfidenz und subjektiver Wahrscheinlichkeit. Da die öfter gewählte Alternative deshalb häufiger vorgezogen wird, weil sie nach diesem Modell durchschnittlich eher so viele positive Folgenantizipationen auslöst, wie zum Entschluß erforderlich sind, wird vermutet, daß mit ihr die kürzere Entscheidungszeit verbunden ist. Diese Annahme wurde durch die Daten nicht bestätigt.

Für den Zusammenhang zwischen *Entschlußart und Konfliktstärke* können unter Bezug auf Audley folgende Überlegungen formuliert werden. Da die Anzahl der impliziten Reaktionen für die dominante Alternative geringer veranschlagt wird, dürften bei einer Wahl der nicht so oft gewählten Alternative insgesamt mehr Reaktionen ablaufen. Die Konfliktstärke ist also für die dominante Wahlreaktion geringer, weil mit diesem Entschluß die kürzere Dauer und die geringere Gesamtzahl der Antizipationen verbunden sind und weil im Verhältnis der Antizipationen eine Art, und zwar die zugunsten der dominanten Alternative, deutlicher überwiegt. Verschiedene Analyseverfahren bei weiteren Untersuchungen führten in ihrer Gesamttendenz zu einer – zwar schwachen – Bestätigung der Annahme, mit der Entscheidung für die seltener gewählte Alternative gehe stärkerer Konflikt einher. Eine sozialpsychologische Interpretation liegt nahe (vgl. Feger, 1978, S. 113).

Auch nach Audley (1960, S. 5) läßt sich folgender Zusammenhang zwischen der *Art des Entschlusses und der Konfidenz* herleiten: mit der häufiger gewählten Alternative sind weniger Oszillationen (VTEs) und somit größere subjektive Sicherheit verbunden. Dies konnte bereits in einer früheren Arbeit (Feger & Sorembe, 1972) gezeigt und inzwischen durch weitere andersgeartete Analysen bestätigt werden.

Die Beziehung der *Entscheidungszeit zur Wichtigkeit* müßte modellgemäß positiv sein, da es bei sonst gleichen Bedingungen um so länger dauert, bis das Kriterium K erreicht wird, je größer K vorher von der Person gewählt wurde. Ein schwacher, aber signifikanter Zusammenhang in der erwarteten Richtung findet sich bei Feger & Sorembe (1972), r = 0,18 gemittelt über fünf Untersuchungen. Dieser Befund stimmt mit den Ergebnissen von Sorembe (1975, 1977) überein. *Entscheidungszeit und Konfliktstärke* korrelieren nach Feger & Sorembe (1972) erwartungsgemäß gesichert positiv: r = 0,35. Je länger eine Entscheidungssituation dauert, als desto konfliktstärker wird sie beschrieben. Auch Sorembe (1975, 1977) berichtet für mehrere Vpn-Gruppen schwache, allenfalls mittelstarke, meist gesicherte Zusammenhänge in dieser Richtung (siehe auch Tab. 1). *Entscheidungszeit und Konfidenz* sollen negativ zusammenhängen; mit schwacher Ausprägung (r = –0,128) konnten Feger & Sorembe (1972) sowie Sorembe (1975, 1977) dies stützen. Je kürzer also der Entscheidungsprozeß, desto sicherer fühlt sich die Vp, sich richtig entschieden zu haben.

Modellgemäß kann man eine deutliche negative Beziehung zwischen den *erlebnisdeskriptiven Variablen Konfliktstärke und Konfidenz* aufgrund zweier unterschiedlicher Beziehungsketten erwarten: erstens ergeben die negative Relation zwischen Konfidenz und Entscheidungszeit und die positive Beziehung zwischen dieser und der Konfliktstärke eine negative Relation zwischen KS und C. Zweitens hängt KS von RS ab, dasselbe gilt von C. Feger & Sorembe (1972) berichten einen über 44 Studien gemittelten Wert r = –0,41; je stärker der Konflikt, desto unsicherer ist sich also die Vp, ob sie sich richtig entschieden hat. Der Schluß scheint hinreichend begründet und über eine Vielzahl von Vpn-Gruppen und Entscheidungssituationen verallgemeinerbar zu sein (so auch Sorembe, 1975, 1977), daß ein Zusammenhang etwa mittlerer Stärke in der erwarteten Richtung besteht.

Da *Wichtigkeit und Konfliktstärke* beide von der Anzahl der Antizipationen bis zum Entschluß abhängen, wird eine positive Relation zwischen ihnen erwartet. Feger & Sorembe (1972) berichten einen sehr schwachen Zusammenhang in der erwähnten Richtung, r = 0,12; ähnliche Ergebnisse erhielt auch Sorembe (1975, 1977). Aufgrund weiterer experimenteller Evidenz kann man folgern, daß in den Schätzwerten der Vpn nur die zwar konsistente, jedoch sehr schwache Tendenz besteht, bei wichtigen Entscheidungen den erlebten Konflikt als relativ stärker zu bezeichnen.

Wichtigkeit und Konfidenz sollen erwartungsgemäß negativ korrelieren, denn mit wachsendem Kriterium K werden immer mehr Oszillationen möglich, wenngleich auch nicht notwendig. Gefunden werden konnten jedoch nur Zusammenhangswerte, die praktisch nicht von Null verschieden sind.

Entsprechend dem Konfliktmodell der Folgenantizipationen müßten *Konfidenz und Informationswunsch* sowie *Konfliktstärke und Informationswunsch* schwach und indirekt zusammenhängen. Tab. 1 zeigt $r_{C,\,IW} = 0{,}22$: je sicherer sich eine Vp ihres Entschlusses ist, desto weniger Informationswunsch berichtet sie. In der gleichen Tabelle lautet $r_{KS, IW} = -0{,}22$: je stärker der Konflikt, desto mehr Information hätte man gewünscht.

Bisher ist nur geprüft worden, ob zwischen den Konfliktvariablen die vom Antizipationen-Modell konzipierten Zusammenhänge bestehen. Das Modell ist jedoch insofern anspruchsvoller, als es die Existenz *kausaler Beziehungen* behauptet: Präferenz und Wichtigkeit bewirken eine bestimmte Konfliktstärke, Konfidenz usw. Ihre Überprüfung ist weder mit Hilfe einzelner Korrelationskoeffizienten möglich, noch durch eine streng experimentelle Versuchsanordnung aufgrund der Beschaffenheit des Forschungsgegenstandes, die die direkte Manipulation der unabhängigen Variablen gewöhnlich nicht zuläßt. In dieser Situation kann man folgende zwei Verfahren versuchen: die Analyse längsschnittlicher zeitversetzter Korrelationen (cross-lagged panel correlation) und eine Variante der Pfadanalyse (path analysis). Für diese beiden Verfahren sollen hier nur die Ergebnisse und ihre Modellimplikationen wiedergegeben werden, die Diskussion ihrer Voraussetzungen, ihre Eigenschaften und Durchführung usw. sind Feger (1978, S. 151 ff.) zu entnehmen.

Die Analyse zeitverschobener Korrelationen, über sukzessive vorläufige Entscheidungen verschiedener Zeitspannen zusammengefaßt, führte zu folgenden Ergebnissen: Der Wichtigkeit wird – wie aus dem Konfliktmodell der Folgenantizipationen abgeleitet – der Status einer bedingenden Variablen zugewiesen, bezogen auf die Variablen innere Sicherheit (Konfidenz) und Konfliktstärke. Der Wirkzusammenhang zwischen Wichtigkeit und Konfliktstärke ist schwach, die Richtung negativ. Das erste war zu erwarten, das zweite widerspricht dem Konfliktmodell. Es widerspricht auch den oben berichteten zwar schwachen, aber konsistent positiven Korrelationen zwischen Wichtigkeit und Konfliktstärke in mehreren anderen Untersuchungen. Zur angebotenen Erklärung muß von Ergebnissen Gebrauch gemacht werden, die hier aus Raumgründen nicht dargestellt werden können (vgl. Feger, 1978, S. 305 ff.). Diese zeigen, daß innerhalb ein und derselben Entscheidungssituation sich verschiedene Typen des Konflikterlebens statistisch überzufällig voneinander abheben lassen. Zu diesen Typen gehört einer, bei dem die Vpn ihre Entscheidung simultan als wichtig, konfliktstark und entschlußunsicher beschreiben. Aber es ließ sich auch eine Konfiguration nachweisen, bei der die Wahl als konfliktlos, wichtig und zu konfidentem Urteil führend geschildert wurde, wie auch ein weiterer Typ, den man als unwichtige, jedoch konfliktstarke, zu Unsicherheit führende Entscheidung zu bezeichnen hat. Unterschiede in der Präferenzstruktur der Vpn werden als maßgeblich vermutet dafür, welcher Typus der Konfliktschilderung sich ergibt. Dann hängt es vom Mischungsverhältnis der Vpn mit verschiedenen Präferenzstrukturen ab, ob sich in einem Experiment ein (überwiegend) positiver oder negativer Zusammenhang zwischen Wichtigkeit und Konfliktstärke und somit eine Bestätigung der aus dem Modell abgeleiteten Richtung des Zusammenhanges ergibt (ähnlich könnte hinsichtlich des Zusammenhanges zwischen Wichtigkeit und Konfidenz argumentiert werden). Das Modell selbst müßte in diesem Punkt also differenzierter konzipiert werden.

Die Richtung des Zusammenhanges zwischen Konfliktstärke und Konfidenz aus dieser Analyse entspricht den Erwartungen, die sich ergebende kausale Priorität der Konfliktstärke hatte das Modell nicht gefordert. In weiteren Analysen wurde der Informationswunsch hinzugenommen. Wie in den vorhergegangenen Analysen ließ sich sichern, daß höhere Wichtigkeit eine geringere Konfliktstärke bewirkt. Außerdem zeigte sich, dem Modell entsprechend, daß höhere Wichtigkeit einen stärkeren Informationswunsch bewirkt. Wiederum unerwartet, wenn auch nicht unplausibel, zeigte sich eine kausale Priorität der Konfliktstärke: wenn sie zunimmt, bewirkt sie auch ein Ansteigen des Informationswunsches. Wiederholt fand sich die kausale Wirkung der Wichtigkeit auf die Konfidenz bestätigt.

Will man Annahmen über kausale Beziehungen zwischen mehreren Variablen gleichzeitig prüfen, bedient man sich pfadanalytischer Verfahren. Solche sind hier im Rahmen der Modellprüfung auf die Beziehungen zwischen Wichtigkeit, Konfliktstärke, Konfidenz, Informationswunsch und Entscheidungszeit angewendet worden. Dabei ergab sich die Wichtigkeit durchgängig als die am besten erklärte Variable, was ausschließlich auf ihre zeitliche Stabilität zurückgeführt werden kann. Für die Konfliktstärke wurde die Vermutung nahegelegt, daß sich ihre vom Konfliktmodell der Folgenantizipationen geforderte Beeinflussung durch die Wichtigkeit nicht sogleich, sondern erst im Verlauf des Konfliktprozesses voll zeigt. Weiter sollte nach dem Konfliktmodell die Entscheidungszeit durch Präferenz und Wichtigkeit bestimmt werden. Die Wichtigkeit spielt hier jedoch in allen dazu durchgeführten Pfadanalysen so gut wie keine Rolle. Für die Beziehungen des Informationswunsches konnte festgestellt werden: je wichtiger die Entscheidung, desto mehr Information wird gewünscht; und je stärker der Konflikt, desto größer der Informationswunsch.

Zum Abschluß dieser Darstellung soll noch kurz ein Aspekt berührt werden, der *Aspekt der Vorhersage* des Entschlusses in einmaligen, im Sinne von nicht beliebig wiederholbaren, Entscheidungssituationen und der Vorhersage des Konflikterlebens und -verhaltens in solchen Situationen (vgl. Feger, 1978, S. 239 ff.). Dies soll anhand einer in Kanada durchgeführten Replikation erfolgen (Davenport & Middleton, 1974), die den von Feger entwickelten Ansatz und die entsprechenden erlebnisdeskriptiven Variablen des Interesses an der Teilnahme, der Wichtigkeit, der Konfliktstärke, der Konfidenz und des Informationswunsches verwendete. Die meisten dieser Variablen wurden zweimal erhoben: das erste Mal, nachdem die Vpn gebeten worden waren, sich lediglich in die Lage eines Studenten zu versetzen, über die Teilnahme an einem Experiment zu entscheiden, und das zweite Mal eine Woche später, nachdem sie tatsächlich mit dieser Entscheidungssituation für die eigene Person konfrontiert worden waren. Für die teilnehmenden wie die nichtteilnehmenden Personen wurden für beide Zeitpunkte anhand unterschiedlicher Kombinationen der Variablen Diskriminanzanalysen gerechnet. Mit ihnen war eine erfolgreiche Klassifikation der beiden Vpn-Gruppen möglich, die sich zwischen 71,25 % und 97,50 % bewegte. Die Hauptvorhersageleistung entfiel dabei jeweils auf die Variable Interesse. Dieser Befund deckt sich mit den Ergebnissen von Feger, der diese Variable deshalb als *Präferenzrating* (für eine Teilnahme am Experiment) auffaßt.

VI. Präferenztheorie und Entscheidungen

1. Übersicht

In den folgenden Kapiteln wird die sog. decision theory besprochen, die stark von der Spieltheorie (theory of games), insbesondere durch von Neumann & Morgenstern (1944), angeregt wurde und zu der in den Wirtschaftswissenschaften maßgebliche Forschung geleistet wurde. Wenn im angelsächsichen Sprachbereich von decision theory gesprochen wird, ist eindeutig diese formale, statistisch weit entwickelte Theorie gemeint; im deutschen Sprachraum scheint es uns nicht genügend genau, nur von Entscheidungstheorie zu sprechen. Wir werden vielmehr im folgenden, wenn wir decision theory meinen, von spieltheoretischer Entscheidungstheorie sprechen, auch wenn diese Theorie insbesondere nach ihrer Einführung in die Psychologie vornehmlich durch Edwards (1954, 1961) auch andere Konzepte als die der theory of games aufgenommen hat und nicht nur an Wettspielen oder „Lotterien“ überprüft wurde.

Die spieltheoretische Entscheidungsforschung unterscheidet zwischen Wahlen ohne Risiko (oder mit Sicherheit, riskless choice), Wahlen mit Risiko (risky choice) und Wahlen mit Unsicherheit (choice with uncertainty oder ignorance). Bei risikofreien Wahlen kennt der Sich-Entscheidende die mit den Alternativen verbundenen Folgen vollständig. Bei riskanten Wahlen kennt der Sich-Entscheidende die Wahrscheinlichkeiten, mit denen Folgen der Alternativen eintreten würden. Bei unsicheren Wahlen sind auch diese Wahrscheinlichkeiten nicht bekannt. Diese Unterscheidung vermag zwar die große Stoffmenge der Entscheidungsforschung zu gliedern, muß jedoch nicht als fundamental angesehen werden. Die Trennung zwischen riskanten und unsicheren Wahlen wird in der einschlägigen Literatur nicht durchgehalten. Yates & Zukowski (1976) fassen Wahlen mit Risiko einerseits, mit Unsicherheit andererseits als Pole auf einer Dimension auf, die die Ambiguität von Wahlsituationen quantitativ beschreibt. Die Unterscheidung zwischen riskanten und risikofreien Wahlen läßt sich als Beschreibung des Versuchsplanes eindeutig vornehmen, nicht unbedingt jedoch, wenn man den Entscheidungsprozeß analysiert. Eine typische Wahl ohne Risiko wäre z. B. eine Kaufentscheidung zwischen zwei Autos: In aller Regel kann man sicher sein, das Auto zu bekommen, das man gewählt hat – lassen sich aber die erwarteten Folgen dieser Wahl auf den Erhalt des gewählten Wagens begrenzen? Risikofreie Wahlen wären demnach solche, in denen die vom Vl vorgegebenen, mit den Alternativen verbundenen Folgen dann sicher eintreten werden, wenn eine Alternative gewählt wird (Lee, 1971, S. 24 f.), sofern der Untersucher ein vorgegebenes Analyseniveau beibehält. Die Zuordnung einer Entscheidungssituation zu den Klassen der risikofreien oder risikohaften Entscheidungen setzt prinzipiell voraus, daß der Forscher weiß, welche Erfahrungen der Sich-Entscheidende mit einer Situation gemacht hat und wie er sie zum Zeitpunkt der Entscheidung interpretiert.

Wenn weder Unsicherheit noch Risiko bestehen, können Entscheidungsprozesse dann einsetzen, wenn das Informationsangebot in den Alternativen kognitive und evaluative Aktivitäten verlangt, weil die Anzahl der Alternativen relativ groß ist und wenigstens einige Alternativen auf mehr als einer Dimension variieren. Läßt sich eine Alternative durch einen Vektor von Kennwerten über mehrere Merkmale charakterisieren, so wie ein Auto nach Höchstgeschwindigkeit, Preis, Farbe etc., dann sprechen wir von *multiattributiven Alternativen.* Solche Alternativen können in riskanten wie in risikofreien Wahlen zur Entscheidung stehen und werden deshalb sowohl in diesem Abschnitt als auch im folgenden behandelt. Dies gilt auch für die Unterscheidung zwischen einstufigen und mehrstufigen Entscheidungen. Bei einstufigen Entscheidungen werden Analysemodell und Versuchsplan so gewählt, daß keine Untergliederung des Geschehens zum Thema wird. Bei mehrstufigen Entscheidungen unterscheidet man zwischen sequentiellen und dynamischen. Bei sequentiellen Entscheidungen beziehen sich die Schritte auf das gleiche Problem, sind jedoch unabhängig voneinander. So lassen sich bei einem Hauskauf beispielsweise Informationen über die Lage einholen, Gespräche mit den Nachbarn und dem Besitzer führen. Bei dynamischen Entscheidungen hängen die Schritte voneinander ab; wählt man z. B. einen Weg durch eine Stadt, so hat die erste Teilentscheidung Folgen für die weiteren, usf.

Selbst wenn bei risikofreien Wahlen die Alternativen nicht multiattributiv sind – selbstverständlich jedoch auch bei multiattributiven Alternativen – muß der Wahlprozeß keine gewohnheitsmäßige Reaktion sein, und zwar dann nicht, wenn die Präferenzen nicht stabil und konsistent sind, sondern variieren. Aus dieser Perspektive kann man dann Thurstones (1927) Gesetz des komparativen Urteils als Entscheidungsmodell auffassen: Eine Alternative hat einen perzipierten Wert, der über Replikationen variiert, was zu einer Werte-Verteilung führt. Thurstone nimmt an, diese Verteilung sei durch eine normalverteilte Zufallsvariable darstellbar. Die Wahrscheinlichkeit, die erste Alternative einer anderen vorzuziehen, entspricht der Wahrscheinlichkeit, daß der gerade der Zufallsverteilung entnommene Wert für die erste Alternative größer ist als der gleichzeitig gezogene Wert für die andere Alternative.

Bock & Jones (1968) behandeln Probleme der statistischen Schätzung der Skalenwerte für Alternativen, wenn man von inter- und intraindividuell wiederholten Präferenzbeobachtungen ausgeht, die mit verschiedenen Erhebungsmethoden gewonnen werden können (Methode des konstanten Reizes, Paarvergleich, Rangordnen, sukzessive Intervalle). Die statistische Vorhersage aufgrund der Skalenwerte stellt sich dabei eine doppelte Aufgabe: Bei gegebenem Auswahlverhalten soll das künftige Wahlverhalten der gleichen Vpn vorhergesagt werden, und bei einer Vpn-Stichprobe soll auf das Wahlverhalten der Population geschlossen werden. Die Vorhersage einzelner Wahlen einzelner Vpn wird also nicht beabsichtigt. Für die hier behandelten Fragen ist insbesondere Kap. 9 in Bock & Jones von Interesse, das Modelle in der Thurstone-Tradition vorstellt, um (1) die Häufigkeiten abzuleiten, mit denen eine bestimmte Alternative einer von mehreren anderen vorgezogen wird, und um (2) die Wahlhäufigkeiten vorherzusagen, mit denen Alternativen präferiert werden, die als Objektbündel (compound objects, commodity bundles, z. B. Camping sets, Kandidatenlisten) definiert sind, und bei denen die Präferenzen für die einzelnen Komponenten bekannt sind. Die Modelle sind somit in zweifacher Hinsicht allgemeiner als das Gesetz des komparativen Urteils von Thurstone. Es lassen sich nicht nur „erste Wahlen" ableiten, z. B. der Prozentsatz der Käufe, der auf Waren eines Sortiments entfällt, sondern auch „zweite Wahlen" etc., also z. B. Entscheidungen für ein Menü, wenn das erstgewählte ausgegangen ist – zweifellos sind damit vertiefte theoretische Aussagen und schärfere empirische Prüfmöglichkeiten verbunden. Zweitens kann man auch Wahlen für zusammengesetzte Alternativen ableiten. In diesen allgemeineren Modellen genügt es nicht, nur die Präferenz-Skalenwerte zu kennen, vielmehr müssen auch die Dispersionen und Korrelationen zwischen den Präferenzen für die Alternativen berücksichtigt werden (s. Thurstone, 1945, 1959).

2. Entscheidungen bei fluktuierenden Präferenzen

Das eben erwähnte Gesetz des komparativen Urteils, angewandt auf unsichere, fluktuierende Präferenzen, dürfte die früheste probabilistische Entscheidungstheorie darstellen. Coombs, Dawes & Tversky (1970) unterteilen *probabilistische Entscheidungstheorien* – nach der Stelle im psychologischen System, an der der Zufallsfaktor wirksam wird – in Modelle mit konstantem Nutzen und solche mit zufällig variierendem Nutzen. Im ersten Fall hat jede Alternative einen konstanten Nutzenwert, und die Wahrscheinlichkeit, eine Alternative der anderen vorzuziehen, ist eine Funktion der Distanz zwischen deren Nutzenwerten. Das Entscheidungsproblem entspricht einem Diskriminationsproblem; allerdings statt wie in der Psychophysik, wo die Vp z. B. zwischen verschiedenen Grautönen unterscheiden soll, steht sie hier vor der Aufgabe, zwischen meist geringen Wertunterschieden zu diskriminieren. Dieser Diskriminationsprozeß hängt von zahlreichen Bedingungen ab und weist deshalb eine Zufallskomponente auf. Bei Modellen mit zufällig variierenden Nutzenwerten nimmt man an, der Sich-Entscheidende wähle zwar immer die Alternative mit dem höchsten Nutzen, aber der Nutzen selbst variiere (so z. B. Hull, 1952).

Von den probabilistischen Entscheidungstheorien, die konstanten Nutzen annehmen, ist das *Wahlaxiom von Luce* (1959) wohl die bekannteste und empirisch am häufigsten geprüfte. Luce trifft keine – schwer zu rechtfertigenden – Annahmen über die Verteilungsform der Ergebnisse des Zufallsprozesses, im Gegensatz zu Thurstone, der Normalverteilung postuliert, sondern formuliert ein Axiom über die Proportionen, welche die relativen Wahrscheinlichkeiten für die Alternativen x, y . . ., beschreiben: Die Wahrscheinlichkeit, x aus der Gesamtmenge der Alternativen (T) zu wählen, ist gleich der Wahrscheinlichkeit, daß x aus einer Teilmenge R gewählt wird, multipliziert mit der Wahrscheinlichkeit, daß R aus der Gesamtmenge T gewählt wird:

$$p\,(x \mid T) = p\,(x \mid R) \quad p\,(R \mid T) \qquad \text{für } R \subset T.$$

Das Wahlaxiom besagt zweierlei: (1) Wenn die Menge der Alternativen T zwei, a und b, enthält, so daß a immer gegenüber b bevorzugt wird, wenn die Wahl nur a und b enthält, dann kann a aus T entfernt werden, ohne daß sich die Wahlwahrscheinlichkeiten für die Alternativen ändern. (2) Wenn alle in (1) beschriebenen Eliminierungen durchgeführt wurden, dann gilt für R als Teilmenge von T: Die Wahlwahrscheinlichkeiten p für die Alternativen in R entsprechen den Wahlwahrscheinlichkeiten für die Alternativen T konditional zu R, für a also:

$$p_R(a) = p_T(a \mid R).$$

Hieraus folgt die „constant ratio rule“:

$$p_R(a) \,/\, p_R(b) = \text{konstant},$$

welche die Unabhängigkeit dieses Verhältnisses von den Wahrscheinlichkeiten der anderen Alternativen aussagt. Ferner folgt die „product rule“:

$$p(a,b)\, p(b,c)\, p(c,a) = p(a,c)\, p(c,b)\, p(b,a),$$

wobei p(a,b) die Wahrscheinlichkeit bedeutet, a gegenüber b vorzuziehen. Drittens folgt die Existenz einer Verhältnisskala mit Skalenwerten v für alle a in

$$R: p_R(a) = \frac{v\,(a)}{\sum_{b \text{ in } R} v\,(b)},$$

wobei v (a) als Reaktionsstärke (response strength) von a gedeutet werden kann.

Die diesem Axiom implizite psychologische Deutung des Entscheidungsprozesses spielt für die heutige Entscheidungsforschung eine große Rolle (s. u.). Bei Entscheidungen mit einer relativ großen Anzahl von Alternativen werden diese unterteilt, eine Teilmenge wird vernachlässigt, und zwar ohne daß dies sich auf die Wahlwahrscheinlichkeiten der verbleibenden Alternativen auswirkt. Die empirische Prüfung des Wahlaxioms, die Luce (1977) berichtet, erbrachte teils positive, teils negative Evidenz (s. a. Morgan, 1974). Verstöße gegen das Axiom fanden sich insbesondere dann, wenn die Menge der Alternativen einige enthält, die als substantiell relativ gleich angesehen werden können – bei der Wahl zwischen Schallplatten beispielsweise zwei Aufnahmen von Beethovens Fünfter, einmal von Klemperer, einmal von Böhm dirigiert. Hieran knüpft Tversky (1969) an (s. u.). Auch andere Axiome, die über Wahlwahrscheinlichkeiten bei dem Versuch, empirische Regelmäßigkeiten für sie zu finden, formuliert wurden, konnten empirisch nicht durchgängig bestätigt werden, mit Ausnahme einer Eigenschaft, die Regularität genannt wird: Eine Verminderung der Zahl wählbarer Alternativen führt nicht zu einer Abnahme der Wahlwahrscheinlichkeiten der verbleibenden Alternativen (Luce, 1977; für ein eingeschränktes Gegenbeispiel zur Regularität s. jedoch Corbin & Marley, 1974). Das Wahlaxiom ist als Modell des Entscheidungsverhaltens eines einzelnen Individuums konzipiert worden. Shapira & Venezia (1977) behandeln die Aufgabe, wie man aus individuellen Wahlmodellen Parameter für das Entscheidungsverhalten einer Population von Individuen ableiten kann.

Statt hier auf weitere Variablen probabilistischer Entscheidungstheorien einzugehen, etwa auf die ebenfalls von Luce (1959) vorgelegte Rangordnungstheorie, die den Zusammenhang zwischen Auswählen und Rangordnen von Alternativen beschreibt (s. a. Thorson & Stever, 1974) oder auf den Vergleich der Modelle von Luce und Restle durch Rumelhart & Greeno (1971), reflektieren wir den Stellenwert der bis hier skizzierten Forschung für die psychologische Motivationstheorie. Die spieltheoretische Entscheidungstheorie hat die in der Motivationsforschung ältere Annahme aufgegeben, es gäbe eine mehr oder weniger vollständige Liste von Motiven, Antrieben etc., und Handlungen ließen sich vorhersagen, wenn man wüßte, welche Meßwerte eine Person hinsichtlich dieser Motive aufweist. Die Entscheidungstheorie nimmt einen anderen Standpunkt ein und geht nicht mehr von motivationalen Zuständen einer Person aus, sondern von ihren Handlungsmöglichkeiten, so, wie sie selbst oder ein Vl in einer bestimmten Situation diese als Alternativen sehen. Weiter nimmt man an, gegenüber jeder Handlungsmöglichkeit bestehe eine Präferenz, eine evaluative Orientierung, und die zu kennen sei (u. a.) notwendig, um Handeln vorherzusagen, das als Auswahl unter Reaktionen verstanden wird.

Man kann den Themenbereich von Präferenztheorien so gliedern, daß sich ihnen zwei Aufgaben stellen: Etwas auszusagen über (1) die Wahl der Kriterien, nach denen die Präferenzen für Gegebenheiten bestimmt werden, und (2) über die Wahl der Prinzipien, nach denen diese Kriterien selbst geordnet, gewichtet werden. Fjellmann (1976, S. 88) geht einen Schritt weiter und definiert Präferenz inhaltlich durch diese beiden Wahlen: „Preference consists of criteria and choice of principles for ordering the criteria". Ein Kriterium für die erste Wahl wäre z. B. bei der Berufssuche das erwartete Einkommen, ein anderes die Art der

Arbeitszeit. Ein Kriterium für die zweite Wahl wäre z. B., jedes Kriterium der ersten Wahl gleich zu gewichten, oder nur ein Kriterium der ersten Wahl zu benutzen, und zwar so, daß die Urteile über die Präferenzgegenstände transitiv sind.

Präferenztheorien werden getrennt von anderen Theorien behandelt, um die Analyse zu vereinfachen, obwohl fundamentale empirische und logische Zusammenhänge mit anderen psychologischen Forschungsbereichen bestehen. Auf einen wesentlichen logischen Zusammenhang zwischen Präferenz und Diskrimination weisen Irwin (1958) und Luce & Suppes (1965) hin. Damit ein Organismus zeigen kann, daß er in der Lage ist, zwischen Alternative x und y zu unterscheiden, muß er unterschiedliche Folgenpräferenzen für x und y zeigen; und eine Präferenz für x gegenüber y kann er nur demonstrieren, wenn er zwischen x und y zu diskriminieren vermag. Psychologische Experimente werden in der Regel so angelegt, daß der Forscher eindeutig schlußfolgern kann, ob Reaktionsinkonsistenzen auf fehlende Diskriminationsfähigkeit oder auf Ambivalenz oder Unklarheit der Präferenzen zurückgeführt werden kann. Entscheidungssituationen außerhalb des Labors dürften jedoch häufig nicht genügend geordnete Präferenzen mit unscharf definierten und damit nicht hinlänglich unterscheidbaren Alternativen verbinden.

Die oben erwähnten motivationspsychologischen Annahmen liegen einer Gruppe von Theorien zugrunde, die man unterschiedlich bezeichnet, und die sich im Detail tatsächlich unterscheiden. Man nennt sie response strength, preference, general choice und auch utility Theorien. Gemeinsam ist ihnen die Annahme, den beobachtbaren Reaktionen, seien es nun Wahlen zwischen Alternativen, Vorzugsrangordnungen oder Nutzeneinstufungen, läge eine, meistens nur eine Dimension latent zugrunde, ein hypothetisches Konstrukt, dessen verschiedene quantitative Ausprägungen – etwa als Skalenwerte – aus den Beobachtungen zu schätzen seien (vgl. Greeno, 1968). Luce & Suppes (1965) weisen darauf hin, daß es nicht nur Präferenzen für Folgen und Ergebnisse geben kann, sondern auch für Reaktionen, so z. B. position habits von Ratten im Labyrinth oder Zeit- und Positionsfehler in psychophysikalischen Experimenten. Neuere Modelle tragen dieser Tatsache Rechnung, indem sie eigene Parameter für systematische Reaktionsfehler (biased responses) vorsehen (z. B. Bock & Jones, 1968; Bechtel, 1968).

3. Das Problem intransitiver Wahlen

Wahlen sind prinzipiell beobachtbar, Präferenzen erschlossen oder „latent“. Die Wahlmodelle postulieren die Existenz von Präferenzen, führen „Präferenz“ meist als undefinierten Grundbegriff ein und fordern, bisweilen implizit, daß die Präferenzbeziehung ein bestimmtes Axiomsystem erfüllt. Zwei Axiome werden in der Regel postuliert: Vollständigkeit und Transitivität. Vollständigkeit bedeutet, daß der Sich-Entscheidende für jedes Alternativenpaar x,y angeben können muß, ob er x oder y oder keine von beiden (Indifferenz) vorzieht. Es ist fraglich, ob dieses Vollständigkeitsaxiom empirisch direkt überprüft werden kann. Das Transitivitätsaxiom bezieht sich auf drei Alternativen x, y, z. Zieht der Sich-Entscheidende x gegenüber y, und y gegenüber z vor, so muß er x vor z wählen, um transitiv zu urteilen. Die Literatur bringt zahlreiche Belege, daß Vpn gegen dieses Axiom verstoßen, also zirkuläre Triaden auftreten (vgl. Sixtl, 1967). Dies ist gravierend, weil keine Entscheidung zustandekommt, wenn alle paarweisen Präferenzen zugleich betrachtet werden. Wesentliche Entwicklungen der neueren Präferenz- und Entscheidungsforschung werden verständlich, wenn man die Behandlung der Intransitivitäten betrachtet.

Will man trotz dieser Inkonsistenzen der Präferenzrelation Transitivität zuschreiben, kann man den Ausweg wählen, probabilistische Entscheidungsmodelle zu konstruieren, wie etwa Thurstone's Gesetz des komparativen Urteils oder das Wahlaxiom von Luce. Präferenz wird dann definiert durch Wahlwahrscheinlichkeiten; im einfachsten Fall besteht demnach erste Präferenz für die Alternative mit der höchsten Wahlwahrscheinlichkeit, oft geschätzt als relative Wahlhäufigkeit (zur formalen Struktur dieser Theorien s. Halff, 1976). Für die Entscheidungsforschung bedeutet dieser Ausweg die Notwendigkeit, Wahlsituationen so häufig präsentieren zu können, daß sich stabile Vorzugs-Proportionen bestimmen lassen. Für manche menschliche Entscheidungssituation dürfte dies nicht sinnvoll sein (Thomae, 1960; Feger, 1978).

Van Acker (1977) betont nun, daß diese von den besprochenen probabilistischen Entscheidungsmodellen praktizierte Lösung insbesondere dann unzureichend ist, wenn man wiederholungsstabile, reliable Intransitivitäten nachweisen kann. Probabilistische Entscheidungsmodelle erlauben nur, den Prozentsatz intransitiver Wahlen vorherzusagen, wenn die paarweisen Wahlwahrscheinlichkeiten bekannt sind. Sie erlauben keine gezielte Vorhersage, ob eine bestimmte oder welche Wahl transitiv oder intransitiv sein wird. Nach diesen Modellen besteht jede Wahl aus zwei Komponenten, einer systematischen und einer zufälligen, und die Intransitivität einer Triade ist das Zufallsprodukt der Zufallskomponente in den paarweisen Wahlwahrscheinlichkeiten und somit nicht vorhersagbar. Auch wenn Inkonsistenzen gehäuft auftreten, muß dies nicht bedeuten, daß Wahlen zwischen Alternativenpaaren völlig zufällig sind. Um Ordnungsstrukturen in Wahlwahrscheinlichkeiten zu beschreiben, hat man probabilistische Konsistenzregeln formuliert und empirisch geprüft. Von den zahlreichen probabilistischen Konsistenzregeln sind die der schwachen, mäßigen und starken stochastischen Transitivität am bekanntesten geworden (s. Coombs, 1964). Diese Konsistenzbedingungen sind deshalb interessant, weil man zeigen kann, daß zwischen ihnen und bestimmten Axiomatisierungen des Präferenzkonzeptes enge Beziehungen bestehen. So setzen z. B. Thurstone's Fall V und das Wahlaxiom von Luce starke stochastische Transitivität voraus.

Coombs' (1964) berühmtes Amsterdamer Experiment prüft die aus der Entfaltungstheorie abgeleiteten Vorhersagen über stochastische Transitivität. Diese u. ä. Modelle charakterisieren die Alternativen durch Skalenwerte, aus denen die relative Wahlhäufigkeit erschlossen werden kann. Will man jedoch Art und Ort der Intransitivitäten vorhersagen, dann scheint es erforderlich, Alternativen explizit als multiattributiv aufzufassen (zur vertieften Behandlung axiomatischer Ansätze s. a. Tversky & Russo, 1969; Smith, 1976).

4. Präferenzmodelle für multiattributive Alternativen

Wir gehen im folgenden davon aus, Alternativen seien für den Sich-Entscheidenden durch Kennwerte auf mehr als einem Attribut charakterisiert, die Alternativen seien hinsichtlich der Attribute untereinander vollständig vergleichbar (z. B. „Wartungskosten" bedeutet für Schreibmaschinen das gleiche wie für Kopiergeräte, sie können lediglich in ihrer Höhe variieren), und der Sich-Entscheidende verfüge über eine Kombinationsregel, die sich auf die Kennwerte bezieht und festlegt, unter welchen Bedingungen eine Alternative einer anderen vorzuziehen sei (Übersicht z. B. bei Huber, 1974; V. Winterfeld & Fischer, 1975; Humphreys, 1977). Entscheidungsforscher haben in der jüngsten Vergangenheit mehrere solcher Kombinationsregeln vorgeschlagen und rudimentär empirisch geprüft; die Kombinationsregeln lassen sich als Präferenzmodelle für multiattributive Alternativen auffassen. Die Attribute müssen entscheidungsrelevant sein, d. h. mit Folgen für den Sich-Entscheidenden assoziiert sein. Multiattributive Modelle werden dann gewählt, wenn die mit den Alternativen verbundenen Folgen nicht durch eine einzige Variable, sondern durch mehrere beschrieben werden, z. B. beim Kauf eines Rettungshubschraubers nicht nur Kosten, sondern auch Überlebenschancen, Schmerzdauer u. v. m.

a) Das additive-Differenzen-Modell von Tversky

Schon May (1954) wies auf eine formale Äquivalenz zwischen der von Arrow (1951) untersuchten Situation hin, in der *n* Personen *m* Alternativen ordnen müssen, und der intraindividuellen Entscheidung, die man so deuten kann, daß eine Person *m* Alternativen hinsichtlich *k* verschiedenen Kriterien oder Attributen präferenzordnen muß. May zeigte, daß sich stabile intransitive Wahlen ergeben können, wenn der Sich-Entscheidende die Alternativen hinsichtlich der Attribute in bestimmter Weise ordnet. Morrison (1962) entwickelte diese Argumentationslinie weiter, wir gehen hier jedoch auf das ähnliche Modell von Tversky (1969) ein, das relativ bekannt wurde.

Tversky's additives-Differenzen-Modell geht von zwei Grundannahmen aus: (1) Die Differenz der von dem Sich-Entscheidenden geschätzten Kennwerte zweier Alternativen auf dem gleichen Attribut nimmt monoton mit der algebraischen Differenz zwischen den subjektiven Werten zu, die den Kennwerten entsprechen. (2) Die so erhaltenen algebraischen Differenzen werden über alle Attribute summiert; die Alternative mit der positiven Summe wird gewählt. Im folgenden Beispiel stehen subjektive Werte in den Zellen der Tab.; je höher diese Werte, desto günstiger seien sie; A wird gewählt.

Tabelle 2: Beispiel zum additiven Differenzen-Modell

	Kriterium			Differenz			
	a	b	c	a	b	c	
Alternative A	1	2	3	−1	+1	+2	+2
Alternative B	2	1	1	+1	−1	−2	−2

Ein erläuterndes Beispiel: Jemand will einen Mitarbeiter einstellen und sich dabei nach Intelligenz und Erfahrung richten. Intelligenz ist ihm wichtiger, er weiß jedoch auch, daß seine Informationen über die Intelligenz- und Erfahrungskennwerte nur begrenzt verläßlich sind. Er führt deshalb folgende Entscheidungsregel ein: Wenn der Unterschied zwischen den Bewerbern auf der Intelligenzdimension größer als ein bestimmter Wert ε ist, dann wähle den Bewerber mit der höheren Intelligenz, sonst beachte das Attribut Erfahrung und wähle den mit der größeren Erfahrung. Wie Tversky zeigt, folgt bei drei oder mehr Attributen aus dem additiven-Differenzen-Modell nur dann Transitivität, wenn alle Differenzfunktionen linear sind. Jede Differenzfunktion über ein Attribut *i*

$$\Phi_i\,(x_i, y_i) = \Phi_i\,[f_i(x_i) - f_i(y_i)]$$

für die Alternativen x und y entspricht einer ansteigenden kontinuierlichen Funktion der Differenz von zwei subjektiven Werten. Bei zwei Attributen folgt Transitivität nur, wenn

$$\Phi_1\,(\delta) = \Phi_2\,(t\delta), \quad \delta = \text{Differenz},$$

für positives *t*, d. h. nur wenn die Differenzfunktion für das eine Attribut durch eine positive Konstante in die Differenzfunktion des zweiten Attributes überführt werden kann. Bezieht sich die Vp bei ihren Entscheidungen nur auf ein Attribut, so muß sich stets Transitivität ergeben. In zwei Experimenten wies Tversky (1969) nach, daß Verstöße gegen Transitivität genau dort auftraten, wo sein Modell sie vorhersagt. Van Acker (1977, S. 45*) gibt folgende Deutung des psychologischen Geschehens: „... wenn sich die Vp auf ein Attribut konzentriert, wählt sie vielleicht x über y und y über z (wobei sie kleine Unterschiede zwischen diesen Alternativen auf dem zweiten Attribut vernachlässigt). Aber die Differenz zwischen x und z könnte auf dem zweiten Attribut wichtiger sein als auf dem ersten, was zu einer Wahl von z über x führt, entgegen der Transitivitätsannahme. Wenn die Alternativen also komplex sind, kann es

*) Übersetzt von uns

möglich sein, zyklische Wahlen herzustellen, indem man ‚kleine' Differenzen auf einem Attribut mit ‚großen' auf einem anderen zusammenspannt.“ Van Acker zeigt, daß sowohl die Annahme der interdimensionalen Additivität als auch der intradimensionalen Subtraktivität durch eine Anzahl anderer Annahmen ersetzt werden können, und entwickelt selbst mehrere Präferenzmodelle, die diese Annahmen teils ersetzen, teils abschwächen.

Als Kontrast zum additiven Differenzen-Modell sei auf Überlegungen von Ng (1977) hingewiesen, dessen Modell man als Verallgemeinerung von Luce's Wahlaxiom auf den multiattributiven Fall ansehen kann. Die älteren nicht-probabilistischen, d. h. algebraischen nehmen an, sowohl Präferenzen als auch Indifferenzen seien transitiv. Wenn man auch für Indifferenzurteile Transitivität fordert, nimmt man an, der Sich-Entscheidende könne unbegrenzt fein diskriminieren, und das widerspricht der Alltagsbeobachtung ebenso wie experimentellen Befunden. Bei multiattributiven Alternativen genügt es, unvollkommene Unterscheidungsfähigkeit anzunehmen, um intransitive Präferenzen ableiten zu können. Bei nur zwei Attributen oder Dimensionen und gleichem Gewicht für die Dimensionen kann man $x > y$, $y > z$, aber x indifferent z beobachten. Zirkuläre Triaden lassen sich ableiten, wenn entweder drei und mehr Attribute vorliegen, oder ungleiche Gewichte oder beides, wenn man wieder unvollständiges Diskriminationsvermögen annimmt. Ng unterscheidet zwei Arten unvollständiger Präferenz-Diskrimination: (1) Der Sich-Entscheidende weiß z. Z. über die Alternativen noch nicht genug; er kennt z. B. die zum Kauf stehenden Häuser nicht und weiß nicht, wie er sich in ihnen fühlen wird. Mit der Zeit steht mehr Information zur Verfügung, und diese Unterscheidung wird leichter. Georgescu-Roegen (1958) beschreibt dieses Phänomen mit dem Konzept der *Wahlschwelle,* die in der Regel um so geringer werde, je mehr Zeit für eine Entscheidung verfügbar sei. Dieses Konzept ist gut zu vereinbaren mit Entscheidungsmodellen der Informationsverarbeitung und der Antizipationsfolgen, in denen mit dem Verlauf der Zeit plausiblerweise ebenfalls die Entscheidung zunehmend eher möglich wird. Als zweiten Grund für unvollständige Unterscheidbarkeit nennt Ng „finite sensibility“, eine fundamentale Begrenzung der menschlichen Fähigkeit, gefühlsmäßig zu differenzieren, analog der perzeptiven Kapazitätsgrenzen.

b) Übersicht über Entscheidungsregeln

Das soeben skizzierte additive-Differenzen-Modell sollte einen ersten Eindruck geben, welchen Stellenwert Entscheidungs- oder Kombinationsregeln für die Analyse von Entscheidungen haben. Bevor wir weitere Modelle detaillierter besprechen, geben wir eine Übersicht, die wir von Montgomery & Svenson (1976) übernehmen. Diese Autoren ordnen die Regeln nach ihrer Komplexität, die durch zwei Kriterien bestimmt wird: Das *Skalenniveau,* auf dem Präferenzwerte erforderlich sind, und die *Vergleichbarkeit* (commensurability) der Präferenz über verschiedene Attribute hinweg. Die sukzessive Veränderung, meist Erhöhung des Skalenniveaus wird am Verhalten einer Hausfrau geschildert, die zwischen zwei Marmeladenmarken, x und y, zu wählen hat. Zunächst glaubt sie, daß die Preisinformation auf Ordinalniveau (teurer als) hinreichend ist für die Entscheidung, die billigere Marke x zu kaufen. Aber als sie sich vergegenwärtigt, daß y qualitätsmäßig besser ist, hält sie es auch für angebracht, die *Unterschiede* zwischen den beiden Produkten in der Attraktivität des Preises und der Qualität in eine Rangordnung zu bringen. Dann hätte die Wahl auf jene Marmelade fallen können, die hinsichtlich des Attributes attraktiver schien, auf dem sich die Alternativen am stärksten unterschieden (z. B. es besteht kaum ein Qualitätsunterschied, jedoch ein großer Preisunterschied). Aber dann stellt die Käuferin noch fest, daß in den Gläsern verschiedene Mengen enthalten sind. Das bringt sie dazu, Intervallskalen der Attraktivität von Preis, Menge und Qualität heranzuziehen, um zu einer endgültigen Entscheidung zu kommen. – Dies ist keine Schilderung eines konkreten Entscheidungsprozesses, sondern ein Beispiel für die sich aus der Situation ergebende Notwendigkeit, höhere Skalenniveaus für die Präferenz zu benutzen.

Es folgen nun Komplexitätsniveaus für die Entscheidungsregeln (A) bis (F) mit Beispielen (1) bis (13):

(A) *Ordinale Präferenzmessung, keine Vergleichbarkeit.*
„Keine Vergleichbarkeit“ bedeutet, es gibt keine Modellannahme, wie verschiedene Attribute miteinander zu vergleichen, gegeneinander aufzurechnen seien.

(1) *Die Dominanz-Regel:* Wenn Alternative x wenigstens hinsichtlich eines Attributes besser ist als y, und x nicht schlechter ist als y hinsichtlich jedes anderen Attributes, dann wird x gewählt. Vorausgesetzt wird also für jedes Attribut eine ideale oder optimale Ausprägung, die nicht mit der maximalen identisch sein muß (Green & Wind, 1973, geben eine gute Übersicht über die Anwendung dieser und der folgenden Regeln im Marketing).

(2) *Die konjunktive Regel:* Die Präferenz für jedes Attribut der gewählten Alternative muß ein attributspezifisches Kriterium für jedes Attribut übersteigen, und wenigstens hinsichtlich eines Attributes fallen die anderen Alternativen unter das Präferenzkriterium. Diese Regel stellt eine multidimensionale Verallgemeinerung des „satisficing principle“ von Simon (1955) dar. Die Regel sieht mehrere Trennpunkte (multiple cutting points) vor; eine Alternative wird nur dann akzeptiert, wenn sie bei jedem Attribut eine Schwelle der Mindestausprägung überschreitet.

(3) *Die disjunktive Regel:* Die Präferenz für wenigstens ein Attribut der gewählten Alternative muß ein für dieses Attribut spezifisches Kriterium übersteigen, und alle Attribute der anderen Alternative bleiben unter einem attributspezifischen Kriterium. Coombs (1964, Kap. 12) hat beide

Regeln systematisch analysiert. Wie für die meisten Entscheidungsregeln gibt es auch für die disjunktive und die konjunktive empirische Belege, daß sie von einigen Vpn in bestimmten Situationen benutzt werden (Dawes, 1964; Einhorn, 1970, 1971). Als nächstes wäre also zu klären, unter welchen individuellen und situativen Bedingungen welche Regeln verwendet werden.

(B) *Ordinale Präferenzmessung, lexikographische Ordnung, keine Vergleichbarkeit.*
Wir sprechen dann von einer lexikographischen Ordnung, wenn die Attribute nach ihrer subjektiven Wichtigkeit gerangordnet sind. Sayeki (1972) hat ein Axiomsystem für die Zuteilung von Gewichten zu Attributen bzw. Dimensionen vorgelegt.

(4) *Lexikographische Regel:* Gewählt wird die Alternative, für die hinsichtlich des wichtigsten Attributes die größere Präferenz besteht (axiomatisiert durch Fishburn, 1974). Lexikographische Modelle nehmen separate und unabhängige Nutzenfunktionen an, je eine für ein Attribut, und eine Präferenzordnung über die Attribute.

(5) *Attributweise Aussonderung* (elimination by aspects; Tversky, 1972): In diesem Modell, das wir wegen seiner größeren Bedeutung noch wiederholt erwähnen werden, verbindet Tversky die lexikographische Regel mit der konjunktiven. Zunächst wird das wichtigste Attribut herangezogen und alle Alternativen werden eliminiert, die das konjunktive Kriterium für dieses Attribut nicht übertreffen. Verbleiben Alternativen, so wird die Eliminierungsprozedur mit einem neuen Attribut wiederholt, in der Reihenfolge der Wichtigkeit nach und nach herangezogen, bis alle Alternativen mit Ausnahme der letzten ausgesondert sind.

(C) *Rangordnung von Präferenzunterschieden, lexikographische Ordnung, keine Vergleichbarkeit.*

(6) *Lexikographische Teilordnung:* Die lexikographische Regel wird mit der Annahme verbunden, es gebe einen erforderlichen Mindestunterschied Δ, der vorhanden sein muß, damit unter Beachtung des wichtigsten Attributes gewählt wird (vorgeschlagen von Tversky, 1969; empirische Evidenz bei Montgomery, 1975, und 1977 mit einer „Denken Sie laut"-Technik).

(7) *Lexikographische Regel mit Mindestdifferenzen:* Sie stellt eine Verallgemeinerung von (6) dar, indem für jedes Attribut i ein Δ_i angenommen wird, das man psychologisch als Auswirkung der attributspezifischen Unreliabilität der verfügbaren Information oder als mangelndes Differenzierungsvermögen interpretieren kann.

(D) *Ordinale Präferenzmessung und Vergleichbarkeit.*
Von Vergleichbarkeit auszugehen heißt anzunehmen, der Sich-Entscheidende könne mit Kennwerten von Alternativen auf verschiedenen Attributen qualitativ gleichartige Präferenzen verbinden.

(8) *Maximierung der Attributezahl mit größerer Präferenz:* Es wird die Alternative gewählt, auf die die größere Anzahl günstiger Attribute entfällt. May (1954) hat die Verwendung dieser Regel nachgewiesen.

(9) *Aussondern nach dem am wenigsten präferierten Attribut:* Der Sich-Entscheidende wählt jene Alternative, die nicht mit dem am geringsten attraktiven Aspekt verbunden ist.

(10) *Wahl nach dem günstigsten Attribut:* Es sollte die Alternative gewählt werden, die mit dem attraktivsten Attribut verbunden ist.

(E) *Rangordnung von Präferenzunterschieden und Vergleichbarkeit.*

(11) *Wahl nach der größten Präferenzdifferenz:* Der Sich-Entscheidende stellt zuerst jenes Attribut fest, für das die größte Differenz zwischen Präferenzen für Kennwerte besteht. Dann wählt er die Alternative, die hinsichtlich dieses Attributes am attraktivsten ist, ohne die übrigen Attribute zu beachten.

(F) *Präferenzmessung auf Intervallskala und Vergleichbarkeit.*
Intervallskalierte Präferenz wird häufig als Nutzen bezeichnet, insbeson-

Tabelle 3: Schema zur Ordnung einiger Entscheidungsregeln*)

Skalenniveau der Präferenzmessung	Vergleichbarkeit über Attribute	Wichtigkeits-Rangordnung der Attribute	Beispiele
ordinal	nein	nein	(1), (2), (3)
,,	,,	ja	(4), (5)
Rangordnung über Präferenzunterschiede	,,	,,	(6), (7)
ordinal	ja	nein*)	(8), (9), (10)
Rangordnung über Präferenzunterschiede	,,	,,	(11)
Intervallskala	,,	,,	(12), (13)

*) Dieses „nein“ ist einzuschränken, da oft implizit angenommen wird, alle Attribute seien gleich wichtig, oder ihre Wichtigkeit entspreche der Varianz der Präferenzen für die Kennwerte auf dem jeweiligen Attribut. Die Beispiele tragen die im Text angegebene Nummer.

dere wenn damit der subjektive und nicht der objektive Wert einer Alternative für den Sich-Entscheidenden gemeint ist (s. u. Abschnitt VIII).

(12) *Addition von Nutzenwerten:* Eine Alternative wird dann einer anderen vorgezogen, wenn die Summe der Nutzenwerte für ihre Kennwerte auf den Attributen größer ist. Dies ist der Spezialfall des linearen Modells, wenn alle Gewichte (Regressionskoeffizienten) gleich 1 sind.

(13) *Das additive Differenzen-Modell,* das bereits vorgestellt wurde und dessen Kernannahme in der Addition von Nutzendifferenzen über alle Attribute pro Alternative besteht.

Montgomery & Svenson (1976) betrachten die Entscheidungsregeln als Beschreibungen des Geschehens; was als logische Sukzession aufgefaßt werden kann, deuten sie als zeitliche Abfolge, während der jene Information verarbeitet wird, die in den Alternativen vorhanden ist – zu unterscheiden von Informationen, die während des Entscheidungsprozesses verfügbar werden, und die sich nicht auf Kennwerte der Alternativen beziehen müssen. Die Verfahren, Information aus den Alternativen zu extrahieren, werden von Montgomery & Svenson wie in der Problemlöseforschung (Newell & Simon, 1972) unterteilt in „breadth first" und „depth first" Verfahren. Bei den in die Breite gehenden Techniken werden Alternativen zunächst hinsichtlich eines Attributes betrachtet, bevor ein weiteres Attribut herangezogen wird. Bei den in die Tiefe gehenden Techniken wird eine Alternative hinsichtlich mehrerer Attribute bewertet, bevor die nächste Alternative beurteilt wird. Breite-Techniken seien dann angemessen, wenn man Entscheidungsregeln benutzt, die intraattributive Vergleiche erfordern, z. B. die Regeln (1), (4) bis (7), (11) und (13). Montgomery & Svenson berichten starke interindividuelle Unterschiede beim Gebrauch von Entscheidungsregeln. Ferner dürften Charakteristika der Entscheidungssituation eine Rolle spielen, besonders die Größe der Unterschiede zwischen Alternativen auf dem gleichen Attribut. Wir vermuten auch einen Einfluß auf die Regelwahl vom Verhältnis „Anzahl der Alternativen zu Anzahl der Attribute" (diese u. U. gewichtet nach Varianz der Präferenzen auf den einzelnen Attributen). Nach Montgomery & Svenson werden in komplizierteren Entscheidungsprozessen verschiedene Regeln hintereinander geschaltet, oder auch die gleiche Regel wiederholt angewendet, z. B. bei Senkung des oder der Vergleichskriterien Δ_i, weil im ersten Durchgang keine Entscheidung zustande kam, die Konfidenz nicht hinreichend ausgeprägt war oder neue Information verfügbar wurde. Je komplexer (definiert nach Skalenniveau der Präferenzmessung und interattributiver Vergleichbarkeit) die Regel, desto höher der psychische Aufwand, desto seltener oder später werde sie im Entscheidungsprozeß genutzt.

Eine wesentliche Unterscheidung zwischen den Regeln ist die in *kompensatorische* und nichtkompensatorische. Bei kompensatorischen Modellen können

Unterschiede zwischen Alternativen auf einem Attribut ausgeglichen werden durch entsprechende (größerer, kleinere, gleiche) Unterschiede auf einem anderen Attribut. Nichtkompensatorische Regeln erlauben keinen Austausch (trade off) zwischen Attributen; Vergleiche werden ausschließlich intraattributiv vorgenommen, und die mehrdimensionalen Profile werden in der Regel nicht zu je einem Nutzenwert zusammengefaßt. Dominanz-, konjunktive und disjunktive sowie lexikographische Regel sind nichtkompensatorisch, das additive und das additive-Differenzen-Modell sind kompensatorisch. Diese Modelle setzen voraus, daß man verschiedene Attribute als hinsichtlich ihrer Metrik miteinander vereinbar behandeln kann; beim Hauskauf gäbe es also z. B. eine Entsprechungsfunktion zwischen Preis in DM und Wohnfläche in qm. Gewichte für die Attribute kann man so deuten, daß sie die Variationsweite eines jeden Attributes so dehnen oder stauchen, daß jedes Attribut entsprechend seiner subjektiven Bedeutung relativ zu den übrigen Attributen zum Gesamtnutzen einer Alternative beiträgt. Und um die Ähnlichkeit mit Gewichten in einer multiplen Regressionsgleichung noch weiter zu betonen: das Vorzeichen drückt aus, ob mit Anwachsen des Attributes der Nutzen zu- oder abnimmt, und will man Konfigurationseffekte berücksichtigen, so kann man Attributwerte multiplikativ kombinieren und auch diesen „Interaktionstermen" ein Gewicht zuerkennen. Freilich werden die Gewichte oft von den Vpn erfragt und nicht wie bei der Regressionsanalyse so berechnet, daß die Varianzerklärung maximal ist.

Allgemein kann zu diesem Ansatz in der Entscheidungsforschung gesagt werden: 1. Er setzt schon die subjektive Repräsentation der Alternativen als Bündel von Attributen voraus, und diese Repräsentation erfordert in der Regel schon vorangegangene kognitive Arbeit. Man sollte nicht die Möglichkeit ausschließen, daß Alternativen mit globalen Anmutungsqualitäten auftreten, z. B. als riskant, als starke Ambivalenz auslösend etc. 2. Der Ansatz nimmt an, es gäbe Entscheidungsregeln, die so allgemein sind, daß sie in vielen Situationen angewendet werden können, um die beste Alternative zu suchen. 3. Die Entscheidungsregeln sind im wesentlichen Techniken, wie man alternativengebundene Information verarbeitet. 4. Sinnvoll scheint dieser Ansatz nur, wenn man Prinzipien finden kann, unter welchen Umständen die verschiedenen Regeln eingesetzt werden. 5. Ansätze und auch Entscheidungsregeln, die mit Dimensionsgewichten arbeiten, sind prinzipiell in der Lage, Kontexteffekte auszudrücken und damit einen wesentlichen Grund für instabile Präferenzordnungen zu berücksichtigen. Die Entscheidung zwischen einem Glas Wein oder Orangensaft wird morgens im Dienst oft anders ausfallen als abends am Kamin. Theorien über Beziehungen zwischen Kontexten und Präferenzstrukturen sind uns nicht bekannt. 6. Die Regeln scheinen zu implizieren, daß die Alternativen irgendwie simultan präsent, vielleicht sogar dem Sich-Entscheidenden bewußt sind. Dies anzunehmen ist für viele nichtexperimentelle Situationen unrealistisch; der Arbeitssuchende kann mit jeder Wochenendausgabe der Zeitungen ein neues Angebot erwarten. Er kann jedoch nicht Vollständigkeit abwarten, hat allerdings – wenn auch vermutlich nur begrenzt – die Option, seine Entscheidung zu verschieben. Corbin & Marley (1974) schlagen für diese Situationen ein Modell vor, das sich vom Modell der attributweisen Aussonderung dadurch unterscheidet, daß der Sich-Entscheidende nicht nach der Betrachtung eines Attributes Alternativen verwirft, sondern beibehält.

Es gibt einige *empirische Beiträge* zur Grundlagenforschung über Entscheidungsregeln. Slovic (1975) ließ zwischen paarweise angebotenen Alternativen wählen; eine Alternative überragte die andere auf einer wichtigen Dimension, war jedoch auf einem weniger wichtigen Attribut so unterlegen, daß insgesamt beide Alternativen gleichwertig waren. Die meisten Vpn wählten konsistent jene Alternative, die auf der wichtigeren Dimension überlegen war. Soelbergs (1966) Längsschnittstudie, die mit Interviews und Protokollanalysen studentische Berufswahlen verfolgte, führte u. a. zu folgenden Ergebnissen: Alternativen wurden von den Vpn als multiattributiv beschrieben; zugleich wurde ausgesagt, einige Attribute seien nicht vergleichbar. Jedenfalls gewichteten die Vpn die Attribute nicht so, wie es ein kompensatorisches Modell fordern würde. Unsicherheiten über Folgen wurden nicht wie Verteilungen objektiver oder subjektiver Wahrscheinlichkeiten (s. Abschnitt VII) behandelt, sondern als Wertebereiche (ranges) auf den verschiedenen Attributen, z. B. Gehalt zwischen x und y DM. Informationssuche und Alternativenbewertung verliefen nicht sukzessiv, sondern geschahen gleichzeitig. Es gab Hinweise auf Anwendungen eines konjunktiven Wahlmodells, aber auch, wenn Alternativen gefunden waren, die nach diesem Modell akzeptierbar schienen, ging der Suchprozeß u. U. weiter. Bei der endgültigen Bewertung schienen die Personen ihre Kriterien und die Kennwerte der Alternativen auf den Attributen so zu modifizieren, daß eine – die gewählte – Alternative hinsichtlich aller relevanten Attribute dominierte (vgl. für Berufswahlvorhersage auch Swinth, 1976; für Fragestellungen im Bereich der Politikwissenschaft Thorson, 1976).

Russo & Rosen (1975) untersuchten mit Hilfe von Blickbewegungsanalysen und verbalen Versuchsprotokollen den Eliminationsprozeß. Während die attributweise Aussonderung nach Tversky (1972) annimmt, eine Alternative werde gegen ein Eliminierungskriterium geprüft, konzipieren Russo & Rosen den Prozeß als eine Serie von Paarvergleichen zwischen den Alternativen, in denen jeweils die beste Alternative beibehalten werde. Die Autoren konnten tatsächlich sehr viele Paarvergleiche, hingegen praktisch keine Triadenvergleiche nachweisen, wobei Vergleiche vor allem anfangs besonders zwischen Paaren mit ähnlichen Elementen stattfanden. Russo & Dosher (1975) beobachteten einfache Strategien wie Abzählen der Anzahl Dimensionen, die eine Alternative begünstigten, Ignorieren kleiner Unterschiede auf bestimmten Attributen und die Tendenz, die Alternative zu wählen, die auf der wichtigeren Dimension besser war. Slovic et al. (1977) halten für relativ gesichert: Eine typische Entscheidung durchläuft in der Regel mehrere Stadien, wobei an verschiedenen

Entscheidungspunkten unterschiedliche Regeln benutzt werden. In frühen Phasen des Prozesses tendieren Vpn dazu, eine gewisse Anzahl Alternativen hinsichtlich des gleichen Attributes zu vergleichen und konjunktive Regeln zu benutzen, um einige Alternativen von der weiteren Beachtung auszuschließen. Kompensatorische Regeln werden u. U. später auf die reduzierte Alternativenmenge angewandt. Aufgabenmerkmale, die eine Entscheidung komplizieren – wie unvollständige Information, als unvergleichbar angesehene Dimensionen, zuviel Information, Zeitdruck, eine große Alternativenzahl – scheinen den Gebrauch von „strain-reducing", nichtkompensatorischen Bewertungsstrategien zu fördern. Payne (1976) ließ seine Vpn fiktive Entscheidungen über Wohnungen fällen und variierte dabei die Anzahl der Alternativen und die Anzahl der Attribute zur Beschreibung aller Alternativen. Nach Payne implizieren die Entscheidungsregeln verschiedenartige Prozesse der Informationssuche, und er glaubt, aus der Beobachtung des tatsächlichen Informationssuchverhaltens und aus Protokollanalysen (zu dieser Methode in der Entscheidungsforschung s. a. Clarkson, 1962; Soelberg, 1965; Montgomery, 1977) auf die verwendete Regel schließen zu können. Payne unterscheidet nach intraattributiven und interattributiven Suchstrategien sowie nach konstantem gegenüber variablem Prozentsatz der verfügbaren Information, die für jede Alternative aufgesucht wird, und kommt zu der in Tab. 4 zusammengestellten Zuordnung. Payne stellte fest, daß Vpn bei Entscheidungen zwischen nur zwei Alternativen Suchstrategien einsetzen, die einem kompensatorischen Modell entsprechen. Bei mehr als zwei Alternativen werden zunächst einige Wahlmöglichkeiten eliminiert, und zwar so schnell wie möglich und gestützt auf nur wenig Informationssuche und Informationsbewertung. Starke interindividuelle Unterschiede führt Payne tentativ auf die Art und Weise zurück, wie der Sich-Entscheidende sein Wissen über die Alternativen organisiert.

Tabelle 4: Zuordnung von Entscheidungsregeln zu Suchstrategien

Prozentsatz gesuchter Information	interattributive Suchstrategie	intraattributive Suchstrategie
konstant	Addition von Nutzenwerten	additives Differenzen-Modell
variabel	konjunktive Regel	attributweise Aussonderung

Berl, Lewis & Morrison (1976) untersuchten Entscheidungsregeln, die Studenten bei der Wahl ihrer Universität anwenden, indem sie den mehrmonatigen Entscheidungsprozeß durch Interviews verfolgten und Einschätzungen und Rangordnungen der für eine bestimmte Vp relevanten Attribute erhoben, sofern die Vp glaubte, darüber Information zu haben. Typisch sind die Probleme, die sich bei der Übertragung der Entscheidungsmodelle auf eine nicht-laborexperimentelle Situation ergaben: Keines der Modelle spezifiziert, wie man dann die Wahl einer Alternative ableiten und vorhersagen soll, wenn das Modell Information erfordert, diese Information (z. B. Rangordnung der Attribute) nicht oder nicht vollständig vorhanden ist. In der untersuchten Situation zeigte sich, daß die Informationen tatsächlich sehr unvollständig waren, d. h. es gab viele Vpn, die über zahlreiche Alternativen keine Information hinsichtlich der Kriterien besaßen, die sie selbst als relevant ansahen, und das gilt sogar auch für die Alternativen, die nach dem Selektionsprozeß noch zur endgültigen Entscheidung anstanden. Eine weitere Schwierigkeit liegt in der Unvollständigkeit der Information beim Datenanalytiker. Wenn eine Entscheidungsregel mehrere Alternativen als gleichwertig ausweist, kann die sich-entscheidende Person z. B. eine feinere Differenzierung der Kennwerte für die Alternativen vornehmen oder neue Kriterien für die Bewertung einführen. Der Datenanalytiker kann das nicht; er muß von dem Wissen ausgehen, das er bis zu seiner letzten Erhebung gesammelt hat. – Für die empirische Forschung in diesem Bereich stehen Probleme im Vordergrund, wie man die theoretischen Annahmen prüfbar machen kann (vgl. dazu auch Fischer, 1976, s. u.), und wie man für die hier keineswegs vollständig wiedergegebene Fülle an Modellen angeben kann, unter welchen Bedingungen sie in der Realität anzutreffen sind.

c) Anmerkungen zu Methodik und Anwendungen

Nicht immer werden der Forscher oder der Sich-Entscheidende eine vollständige Liste der entscheidungsrelevanten Attribute angeben können. Bei den anspruchsvolleren Modellen kommt hinzu, daß die Attribute bzw. Dimensionen in dem formalen Sinne voneinander unabhängig sein sollen, daß die Kenntnis der Werte auf einer Dimension keine Vorhersage der Werte der Alternativen auf einer anderen Dimension gestatten (zur vertieften Behandlung des Problems der Unabhängigkeit in multiattributiven Nutzenmodellen s. Fishburn & Keeney, 1974). Eine systematische, routinemäßig anwendbare Lösung für das Problem, unbekannte Dimensionen zu finden, gibt es z. Z. nicht. Bei hinreichend vielen Alternativen, die möglichst repräsentativ für die Handlungsmöglichkeiten des Sich-Entscheidenden sind, bietet es sich an, statt von vorgegebenen Attributen von den Dimensionen eines Ähnlichkeitsraumes der Alternativen auszugehen, wie er durch Verfahren der multidimensionalen Skalierung aufgewiesen wird. In diesem „kognitiven" Raum werden dann die Präferenzen eingebettet, und zwar so, daß die Wahlen des Sich-Entscheidenden aus dieser Repräsentation abgeleitet werden können. Karl (1969) hat dieses Vorgehen empirisch an individuellen Entscheidungen von Mitgliedern eines College-Zulassungsgremiums über Bewerber untersucht. Er konnte eine sehr gute Übereinstimmung zwischen den aus dem Ähnlichkeitsraum abgeleiteten Wahlen und unabhängig gewonnenen Präferenzen finden. Weiterführende Analysen dieser Art könnten berücksichtigen, daß es verschiedene Modelle über den Zusammenhang von Ähnlichkeitsräumen und Präferenzen gibt. Gemeinsam nehmen diese Modelle an, Vpn kämen zu Präferenzurteilen, indem sie Reizmerkmale auf mehreren Dimensionen berücksichtigen. Die Modelle differieren in den Annahmen, wie die Vpn Reizinformationen kombinieren, und wie somit interindividuelle Unterschiede zu formalisieren seien (z. B. Tucker, 1960; Coombs, 1964; Carroll & Chang, 1967; Srinivasan & Shocker, 1973; Davison, 1976). Aus der Perspektive der Entscheidungsforschung wird man festhalten dürfen: (1) Diese Modelle müssen Annahmen treffen, die über Entscheidungsregeln und eine Präferenztheorie i. e. S. hinausgehen – in einem Entfaltungsmodell beispielsweise, daß die Attraktivität einer Alternative eine Funktion der Distanz zur „idealen Alternative" im subjektiven Raum ist. (2) Um zu Ähnlichkeits- und Präferenzurteilen zu gelangen, muß der Forscher seinen Vpn – in der Regel wiederholt und in Kombinationen – die Alternativen vorlegen. Dabei wird vermutlich schon ein Teil der Konfliktarbeit geleistet, der selbst dann nicht Gegenstand der Modellaussagen wird. Man wird weiter einräumen müssen, daß die kognitive Struktur, in der Vpn ihre Präferenzen organisieren, nicht jenen räumlichen Strukturen entsprechen muß, die den typischen Verfahren der multidimensionalen Skalierung zugrunde liegen, sondern z. B. hierarchisch organisiert sein können (vgl. Carroll, 1976). Schließlich gehört zu keiner der erwähnten Entscheidungsregeln eine Fehlertheorie. Dies führt insbesondere beim Vergleich verschiedener Regeln nach ihrer Gültigkeit bei unreliablen Beobachtungen zu Schwierigkeiten.

Bei der praktischen Anwendung hat sich häufig ergeben, daß das lineare Modell – Addition der Nutzenwerte über die Attribute mit attributspezifischen Gewichten – besser in der Lage schien als die anderen Modelle, die gewählte Alternative vorherzusagen. Doch führt dieser Befund in der Entscheidungsforschung nicht weiter, und zwar aus methodischen Gründen, die Dawes & Corrigan (1974) und ähnlich auch Einhorn & Hogarth (1975) untersucht haben. Es gibt Merkmale der Anwendungssituation, die das lineare Modell für Vorhersagen geeignet machen, ohne daß zwischen formalen Merkmalen des Modells und psychologischen Aussagen über den Gegenstandsbereich der Anwendung Entsprechungen bestehen müssen. Diese Situationsmerkmale sind: (1) Es besteht ein monotoner Zusammenhang zwischen Prädiktor und Kriterium, und dieser Zusammenhang hängt nicht von anderen Variablen ab. Eingipflige Beziehungen lassen sich gegebenenfalls leicht in monotone transformieren. Dem entspricht im Paradigma des Entscheidungsprozesses: Zwischen Kennwerten auf einem Attribut und der Entscheidung für eine Alternative besteht ein monotoner Zusammenhang – z. B. je billiger, desto besser, und der bleibt auch erhalten, wenn sich z. B. die Anzahl der Alternativen ändert. (2) das Kriterium ist meßfehlerbelastet. In der Entscheidungssituation: Der Entschluß ist nicht eindeutig, oder mit anderen Entscheidungen nicht konsistent, oder zeitlich instabil. (3) Meßfehler in den Prädiktoren glätten die optimale Trennfunktion; je größer der Meßfehler, desto stärker linear wird der Zusammenhang. Auch diese Bedingung dürfte in Entscheidungssituationen typischerweise gegeben sein: Die Urteile über die Attribute sind unreliabel, was für die in Abschnitt VII behandelten und linear kombinierten Nutzen- und Wahrscheinlichkeitsschätzungen ebenfalls gelten dürfte.

Schließlich ist das lineare Modell recht unempfindlich, robust, gegenüber Fehlbestimmungen der Regressionskoeffizienten. Dies kommt dem Modell besonders in jenen Untersuchungen zugute, in denen die Vpn selbst Bedeutsamkeitsgewichte für die Attribute schätzen. Deshalb können psychologische Interpretationen solcher Gewichte nicht nur auf gute Datenanpassung gestützt werden. Die Information, die in der guten empirischen Bewährung des linearen Modells enthalten ist, besagt hauptsächlich, daß in den Anwendungen entscheidungsrelevante Attribute der Alternativen gefunden wurden, und daß man die Richtung des monotonen Zusammenhangs zwischen Attribut und Wahl der Alternativen zutreffend spezifiziert hat.

Ähnliche Bedenken gelten u. E. auch für die Anwendung von Fishbein's bekanntem Modell zur Vorhersage von Verhaltensintentionen durch Ajzen & Fishbein (1969), um Wahlen zwischen zwei oder mehr Alternativen vorauszusagen. Die Modellgleichung lautet:

$$B \sim BI = [A - act]\, w_o + [NB_p]\, w_1 + [(NB_s)\,(Mc_s)]\, w_2,$$

wobei

B = beobachtbares Verhalten,

BI = Verhaltensintention,

A-act = Einstellung zum Verhalten in einer gegebenen Situation,

NB_p = normative Annahmen des Sich-Entscheidenden,

NB_s = vom Sich-Entscheidenden vermutete Erwartungen anderer Personen,

Mc_s = Motivation, mit den sozialen normativen Annahmen konform zu gehen;

w_o, w_1 und w_2 sind empirisch zu bestimmende Gewichte. Ferner gilt, daß

$$A - act = B_i a_i, \text{ wobei}$$

B_i = Annahmen über Konsequenzen, wenn B_i tatsächlich vollzogen wird,

a_i = subjektive Bewertung dieser Konsequenzen.

Die von Ajzen & Fishbein belegte recht gute Vorhersageleistung ihres Modells ist deshalb stark zu relativieren, weil vier zu messende Variablen und drei aus den Beobachtungen zu schätzende Gewichte nach den Erwägungen von Corrigan und Dawes dieses Ergebnis nahelegen. Nur ein gezielter Vergleich mit konkurrierenden Modellen wäre hier aussagekräftig. Eine Übersicht über andere außer dem linear additiven, und zwar über das quasi-additive, das multiplikative, das allgemeine polynomiale und das lineare additive Modell geben Ford et al. (1978), die auch Techniken zur Schätzung von Parametern dieser Modelle berichten. Dabei können die Wichtigkeitsgewichte für die Attribute intra- und interindividuell variieren.

VII. Entscheidungen mit riskanten und ungewissen Folgen

1. Theorie des subjektiven erwarteten Nutzens

Zunächst sei einige Übersichtsliteratur zu der in diesem Abschnitt behandelten spieltheoretischen Entscheidungsforschung angegeben; dieses Gebiet gehört zu den Kernbereichen intensiver psychologischer Grundlagenforschung, die sich hier mit den Wirtschaftswissenschaften und der mathematischen Statistik eng berührt.

Übersichtsreferate: Edwards (1954, 1961), Feger (1965), Taylor (1965), Luce & Suppes (1965), Becker & McClintock (1967), Coombs, Dawes & Tversky (1970, Kap. 5), Rapoport & Wallsten (1972), Vlek & Wagenaar (1976), Jungermann (1977), Slovic, Fischhoff & Lichtenstein (1977).

Monographien und Sammelbände: Thrall, Coombs & Davis (1954), Edwards & Tversky (1967), Lee (1971, Deutsch 1977), Bowen & White (1975).

Tagungsberichte: deZeeuw et al. (1970), Wendt & Vlek (1975) sowie Jungermann & deZeeuw (1977).

In der Monographie von Keeney & Raiffa (1976) steht die Anwendungsabsicht im Vordergrund, die Bände von Kirsch (Bd. 1 1970, Bd. 2 und 3 1971) sind aus wirtschaftswissenschaftlicher Sicht geschrieben. In der Arbeit von Luce & Raiffa (1957) liegt das Schwergewicht der Analyse auf der mathematischen Struktur der Probleme, im Buch von Fishburn (1964) stehen normative Erwägungen im Vordergrund. Kritische und systematische Abhandlungen zur Theorie des erwarteten Nutzens finden sich u. a. in Adams (1960), Arrow (1963), Fishburn (1964, 1970) und Raiffa (1968). Formale Analysen, die mit dem Konzept der unscharfen Menge arbeiten, werden in Zadeh et al. (1975) vorgestellt, insbesondere die Arbeiten von Chang, von Fung & Fu sowie von Asai et al. sind hier zu erwähnen. Eine gute Übersicht zu den Querverbindungen mit den Wirtschaftswissenschaften gibt Wossidlo (1975); der Autor weist darauf hin, daß in den Wirtschaftswissenschaften zunehmend die Tatsache berücksichtigt wird, daß nicht eine, sondern mehrere Personen Entscheidungsträger sind und deshalb die sozialpsychologische Forschung über Gruppenentscheidungen beachtet wird. Zugleich wird die Pluralität von Zielen betont; nicht einmal ein industrielles Unternehmen ist ausschließlich an Zielen interessiert, die sich unmittelbar in finanziellen Rechnungseinheiten ausdrücken lassen (zur Analyse von Entscheidungszielen in diesem Bereich s. Hauschildt, 1977).

a) Grundannahmen der Theorie

An die Stelle des glatten, ungestörten Handlungsverlaufes bei gewohnheitsmäßigem Reagieren traten bei den im vorigen Abschnitt behandelten Situationen deshalb Konflikt und Entscheidungsprozesse, weil der Sich-Entscheidende seine Präferenz klären und die dafür interessante Information den anscheinend vorhandenen Alternativen entnehmen mußte. In diesem Abschnitt besprechen wir Situationen, in denen eine weitere Unsicherheitsquelle hinzukommt: Ungewißheit über das Eintreten von Folgen, die mit Alternativen verbunden sind, weil Ereignisse das Eintreten der Folgen bestimmen, auf die der Sich-Entscheidende keinen oder nur begrenzten Einfluß hat. Spieltheoretische Entscheidungsmodelle gehen davon aus, daß jede Alternative durch zwei Meßwerte gekennzeichnet werden kann, und daß diese beiden Meßwerte ausreichen für eine Bewertung jeder Alternative. Der eine Meßwert charakterisiert die Bewertung der Folgen, die mit einer Alternative verbunden sind. Der andere Meßwert beschreibt die Wahrscheinlichkeit von Ereignissen oder Zuständen in der entscheidungsrelevanten Umwelt des Sich-Entscheidenden, die über das Eintreten der Folgen bestimmen. Vier Grundvarianten dieses Modells zur Bewertung von Alternativen sind in der Psychologie wiederholt untersucht worden. Sie unterscheiden sich darin, ob die Zustandswahrscheinlichkeiten und die Folgenwerte objektiv oder subjektiv bestimmt werden. Bei subjektiver Bestimmung wird der Sich-Entscheidende befragt, für wie wahrscheinlich er die Folgen hält und wie er sie bewertet. Objektive Folgenwerte drückt man gern in fiskalischen Einheiten oder Gütermengen aus, objektive Wahrscheinlichkeiten nach statistischer Analyse von Zufallsmechanismen, wie z. B. ungezinkten, idealen Würfeln. Tab. 5 gibt eine Übersicht und berichtet die Namen und Abkürzungen für die Modelle.

Tabelle 5: Vier Grundvarianten des spieltheoretischen Entscheidungsmodells

		Wahrscheinlichkeit des Zustandes, bestimmt: objektiv	subjektiv
Wert der Folgen, bestimmt:	objektiv	erwarteter Wert (EV, expected value)	subjektiver erwarteteter Wert (SEV, subjectively expected value)
	subjektiv	erwarteter Nutzen (EU, expected utility)	subjektiver erwarteter Nutzen (SEU, subjectively expected utility)

Das Wort „erwartet“ zur Charakterisierung des Nutzens oder Wertes einer Alternative bezieht sich nicht auf Hoffnungen oder Befürchtungen des Sich-Entscheidenden, vielmehr auf den statistischen Erwartungsbegriff: Da das Eintreten der Folgen unsicher ist und somit vermutlich bei Wiederholungen der gleichen Entscheidungssituation und Wahl der gleichen Alternative variieren wird, soll die Alternative durch den Wert oder den Nutzen gekennzeichnet werden, den man „in the long run“, im Prinzip also bei einer gegen Unendlich gehenden Zahl von Wiederholungen als charakteristischen Zahlenwert erwarten kann.

Typisch für die formale Repräsentation von Entscheidungen mit unvollständiger Kenntnis der Umweltzustände ist die *Auszahlungsmatrix* (auch Ergebnismatrix, payoff- oder outcome matrix), ein sehr einfaches Beispiel entnehmen wir Coombs et al. (1970) in Tab. 6. In den Zeilen sind die Alternativen, in den Spalten die Zustände, in den Zellen die Folgen eingetragen, die sich ergeben, wenn das Individuum Alternative a wählt und „die Natur" Zustand s eintreten läßt. Möglicherweise lassen sich nicht alle Entscheidungsprobleme so repräsentieren, obwohl man diese Frage weder generell noch vorab a priori entscheiden kann. Hilfreich für die Abgrenzung des Anwendungsbereiches ist der Begriff des „wohlumschriebenen Entscheidungsproblems", in dem Vlek & Wagenaar (1976, S. 450) einige Voraussetzungen der SEU-Variante zusammenfassen:

1. Die Menge der Alternativen ist dem Sich-Entscheidenden vollständig bekannt.
2. Für jede Alternative sind ihm, bis zu einem bestimmten Zeithorizont, alle relevanten Folgen bekannt.
3. Die Wahrscheinlichkeit von folgenbestimmenden Umweltzuständen und der subjektive Nutzen der Folgen können durch die Entscheidungsinstanz quantifiziert werden.
4. Diese Instanz hat ein zuvor festgelegtes Ziel vor Augen, das auf eine Vergrößerung der Attraktivität des Zustandes hinausläuft, in dem sie sich gerade befindet.

In einer solchen Situation – so schreibt es die präskriptive Interpretation der spieltheoretischen Entscheidungstheorie vor und sagt ihre deskriptive Interpretation voraus – wählt man die Alternative mit dem höchsten erwarteten Wert. Der erwartete Wert berechnet sich als Summe der Folgenwerte, nachdem zuvor jede Folge mit der Wahrscheinlichkeit ihres Eintretens gewichtet (multipliziert) wurde. Das Prinzip, den erwarteten Nutzen zu maximieren, geht u. a. auf D. Bernoulli (1738) zurück.

Tabelle 6: Beispiel einer Auszahlungsmatrix

	Umweltzustände	
	s_1 = Regen	s_2 = kein Regen
Alternativen		
a_1 = Schirm mitnehmen	O_{11} trocken bleiben und Schirm tragen	O_{12} trocken bleiben und Schirm tragen
a_2 = Schirm nicht mitnehmen	O_{21} naß werden und keinen Schirm tragen	O_{22} trocken bleiben und keinen Schirm tragen

Bei der Übertragung der spieltheoretischen Entscheidungsforschung in die Psychologie zeigte sich bald (Edwards, 1954, 1961), daß Modellvorhersagen und Beobachtungen für die Variante „erwarteter Wert" und auch „subjektiv erwarteter Wert" nicht hinreichend gut übereinstimmten. Ohne das als „rational" geschätzte Erwartungsprinzip aufgeben zu müssen, konnte man einen Grund für die mangelnde Übereinstimmung in einer nichtlinearen Beziehung zwischen objektivem Wert und als subjektiv definiertem Nutzen sehen. Daß eine zusätzliche Mark für eine Person, die bereits 1000 DM besitzt, weniger zu bedeuten scheint als eine zusätzliche Mark für eine Person, die nur über eine Mark verfügt, war in den Wirtschaftswissenschaften schon lange als „Hypothese des abnehmenden Grenznutzens" Gemeingut. Geht man von dieser Hypothese aus, so kommt man zu einem negativ akzelerierten, vielleicht z. B. logarithmischen Zusammenhang zwischen objektivem Wert und Nutzen.

Wesentlich ist als nächstes die Einsicht, daß in Entscheidungsmodellen mit ungewissen Folgen keine Wahltheorie Entscheidungen ableiten kann, die von Präferenzen ausgehen möchte, welche nur auf ordinalem Meßniveau erfaßt wurden. Luce & Suppes (1965) erläutern dies am Beispiel einer Person, die überlegt, ob sie 5 DM verwetten soll. Falls sie wettet und der Würfel zeigt 1 oder 3, gewinnt sie 9 DM, sonst verliert sie ihre 5 DM. Natürlich schätzt die Person es höher, 9 DM zu gewinnen als 5 DM zu verlieren, aber sie muß die Wahrscheinlichkeiten ins Kalkül ziehen, und das Problem läßt sich für intervallskalierte Nutzenwerte z. B. nach dem Prinzip des erwarteten Nutzens lösen. Luce & Suppes (1965, S. 282 f.) betonen, es sei nicht bewiesen, daß die Nutzenmessungen Intervallskalenniveau aufweisen müßten. Jedoch scheint noch nicht geklärt, welches Skalenniveau zwischen Ordinal- und Intervallskala unter welchen Randbedingungen mindestens erforderlich ist.

Die Entwicklung der spieltheoretischen Entscheidungsforschung wäre somit dann einen wesentlichen Schritt vorangebracht, wenn es gelänge, prüfbare Bedingungen dafür anzugeben, wann das Entscheidungsverhalten einer Person als Maximierung des erwarteten Nutzens beschrieben werden kann. Genau dies leisteten von Neumann & Morgenstern (1944), als sie in Form eines Axiomsystems Bedingungen spezifizierten, die sich auf Wettspiele (Wette, Glücksspiel, gambles oder lotteries) und auf Präferenzen für und Indifferenzen zwischen diesen Wettspielen beziehen. Eine beliebte Schreibweise einer solchen Wette ist (x,p,y), wobei x und y Folgen oder „Ergebnisse" der Wette sind und p eine Ereigniswahrscheinlichkeit darstellt. (x,p,y) bedeutet: Die Folge x tritt mit Wahrscheinlichkeit p, y mit 1–p (oft = q) ein. Die Person kann entscheiden, ob sie diese Wette akzeptiert oder vielleicht eine andere, oder aber in ihrem jetzigen Zustand bleibt und die Wettoption ablehnt.

Nach Coombs, Dawes & Tversky (1970, S. 122 ff.) läßt sich das Axiomsystem von v. Neumann & Morgenstern folgendermaßen beschreiben, wobei x, y Ergebnisse von Wetten und Elemente der Menge A und p sowie q Wahrscheinlichkeiten darstellen:

Axiom 1: (x,p,y) ist in A.
Axiom 2: $\gtrsim$ stellt eine schwache Ordnung über A dar, $>$ bedeutet strikte Präferenz, $\sim$ bedeutet Indifferenz.
Axiom 3: $[(x,p,y), q, y] \sim (x, \Phi\, q,y)$.
Axiom 4: Wenn $x \sim y$, dann $(x,p,z) \sim (y,p,z)$.
Axiom 5: Wenn $x > y$, dann $x > (x,p,y) > y$.
Axiom 6: Wenn $x > y > z$, dann gibt es ein p so, daß $y \sim (x,p,z)$.

Wir erläutern – nach Coombs et al. (1970) – die Axiome 2, 3 und 4, aufgefaßt als Annahmen über menschliches Entscheidungsverhalten. Axiom 2 fordert von der Präferenz-Indifferenz-Beziehung, sie müsse reflexiv, verbunden und insbesondere transitiv sein. Axiom 3 enthält als erstes Glied eine zusammengesetzte Wette, deren Ergebnis selbst Wetten sind. Eine zusammengesetzte Wette gliedert logisch den Prozeß, der zum Ergebnis führt, in mindestens zwei Schritte: im ersten fällt die Entscheidung, welche Wette zu spielen sei, im zweiten die Entscheidung über das Ergebnis. Axiom 3 besagt, Präferenzen würden ausschließlich durch die Ergebnisse und die Wahrscheinlichkeiten bestimmt, nicht durch die Art des Prozesses, der die Wette ausmacht. Axiom 4 schließt die Möglichkeit aus, daß $(x,p,z) > (y,p,z)$, obwohl x und y alleine betrachtet äquivalent sind. Wenn alle Axiome das Präferenzverhalten beschreiben, so konnten von Neumann & Morgenstern zeigen, besteht eine Nutzenfunktion, die jedem Ergebnis x einen Nutzenmeßwert auf Intervallskalenniveau zuschreibt. Diese Nutzenfunktion verstößt nicht gegen die beobachtete Präferenzordnung und entspricht dem Erwartungsprinzip, da der Nutzen einer Wette dem erwarteten Nutzen ihrer Ergebnisse gleichkommt (zur Interpretation der Axiome s. a. MacCrimmon, 1968, b).

Nachdem die spieltheoretische Entscheidungsforschung durch von Neumann & Morgenstern nachhaltig angeregt worden war, konzentrierte sich das psychologisch relevante Forschungsinteresse auf die Fragen, wie man Präferenzen oder subjektiven Nutzen und Ereigniswahrscheinlichkeiten so erheben könnte, daß sie dem Axiomsystem entsprechen, oder das Axiomsystem so ändern, d. h. abschwächen könnte, daß es mit dem beobachteten Verhalten vereinbar wurde. Von hierher wird verständlich, daß in den meisten Übersichtsreferaten zur spieltheoretischen Entscheidungsforschung an dieser Stelle ausführlich Methoden und Auswertungstechniken geschildert werden, wie Äußerungen über Präferenzen und Ereigniswahrscheinlichkeiten gewonnen und statistisch analysiert werden können (siehe z. B. Luce & Suppes, 1965; Lee, 1971; Keeney & Raiffa, 1976, S. 140 ff.; Vlek & Wagenaar, 1976). Diese Forschung hat jedoch inzwischen eine gewisse Eigenständigkeit gewonnen und schließt z. B. das Erlernen von Wahrscheinlichkeiten und die Änderung von Wahrscheinlichkeiten nach neuen Informationen mit ein. Erwähnt seien exemplarisch die Studien von Kahneman & Tversky (1972, 1973) und Tversky & Kahneman (1974), welche sich mit den Anhaltspunkten und Urteilsregeln (sog. Heuristiken) befassen, die Personen benutzen, wenn sie die Wahrscheinlichkeit unsicherer Ereignisse abschätzen sollen. Die Autoren konnten eine Reihe systematischer Fehler nachweisen, die typischerweise beim Abschätzen von Ereigniswahrscheinlichkeiten auftreten (s. a. Slovic et al., 1977). Eine ausführliche Darstellung der axiomatischen Ansätze zur Messung subjektiver Wahrscheinlichkeiten findet sich in Krantz et al. (1971, Kap. 5); die Autoren nennen die logischen Bedingungen, die empirisch erhobene Urteile über Wahrscheinlichkeiten zu erfüllen haben, damit sie als Wahrscheinlichkeitsmessungen repräsentiert werden können.

Die bis Ende des letzten Jahrzehnts vorgenommenen Prüfungen der Erwartungsmodelle litten unter dem Handicap, daß Nutzenangaben und Wahrscheinlichkeiten sozusagen außerhalb des eigentlichen Entscheidungsmodells gemessen werden mußten und somit die Modellprüfung mit allen Unzulänglichkeiten der Messung und mit allen den Messungen impliziten theoretischen Annahmen belastet wurde. Stimmten Modell und Daten nicht überein, so konnte dies auch an diesen modellexternen Bedingungen liegen, die sogar eine scheinbare Übereinstimmung bewirken könnten. Es darf deshalb als wesentlicher Durchbruch bei der Modellprüfung bezeichnet werden, als sog. meßfreie Tests (measurement-free) durch den Einsatz der verbundenen Messung (Luce & Tukey, 1964) vorgenommen werden konnten. Zu erwähnen sind hier die Arbeiten von Coombs, Bezembinder & Goode (1967), Tversky (1967) und Wallsten (1971), auf deren Ergebnisse wir im folgenden Abschnitt eingehen.

Zuvor möchten wir noch die Aufmerksamkeit auf Grundbegriffe dieses Bereiches der Entscheidungsforschung lenken, auf Nutzen, Präferenz, Attraktivität und Wert einer Alternative. Alle Begriffe werden nach Inhalt und Umfang uneinheitlich gebraucht, ein wenig vom Konsens ist in den folgenden Unterscheidungen berücksichtigt (s. a. Feger, 1978, S. 329 ff.). Zu unterscheiden wäre zunächst zwischen beobachtbarem Verhalten wie verbalen Präferenzäußerungen, Wahlen – einzelnen Entschlüssen und relativen Wahlhäufigkeiten – einerseits, hypothetischen Konstrukten andererseits. Von diesen scheint das Präferenzkonstrukt konnotativ am wenigsten festgelegt; es ist fundamental in dem Sinne, als es als unerklärter Grundbegriff in den Axiomsystemen erscheint. Präferenz ist eine evaluative Beziehung zwischen einer Person und einer situativen Gegebenheit. Aufgabe der inhaltlichen Motivationsforschung ist es, die Bedingungskombinationen an Person und Situation aufzufinden, die zu spezifischen Präferenzreaktionen der Zuwendung oder Abwendung führen. Man kann bei der Analyse dieses Zusammenhangs den Akzent mehr auf Bedingungen der Person oder auf situative Gegebenheiten legen. Setzt man Präferenz mit response strength gleich (Greeno, 1968), so betont man die Lerngeschichte des Individuums. Betont man den Zusammenhang zwischen Werten und Entscheidungen (Thomae, 1960; Sen, 1970, S. 61), dann verweist man u. a. insbesondere auf Fundierungsstrukturen im kognitiven System einer Person. Nutzen und Attraktivität (Bollinger-Hellingrath et al., 1978) werden im Erleben und als Ziel der Intention von der Person den Gegebenheiten, in der

Entscheidungssituation also den Alternativen zugeschrieben. Präferenztheorien werden in der Entscheidungsforschung unter dem Gesichtspunkt betrachtet, wie man aus Präferenzen Entscheidungen ableitet, und zwar aufgrund empirisch bewährter Annahmen über die Präferenzstruktur, beschrieben durch Axiome.

Diese Auffassungen stimmen überein mit der außerordentlich abstrakten, inhaltlich nicht spezifizierten Verwendung des Nutzenbegriffs in der spieltheoretischen Entscheidungsforschung. Im Jahr der französischen Revolution definierte J. Bentham: „Mit Nutzen ist jene Eigenschaft eines beliebigen Objektes gemeint, durch die es Güter, Vorteil, Lust, Gutes oder Glück zu erzeugen tendiert (das alles läuft im vorliegenden Fall auf das gleiche hinaus) oder (und auch das läuft wieder auf das gleiche heraus) durch die es Mißgeschick, Schmerz, Übel oder Unglück verhindert für die Partei, deren Interesse betrachtet wird. Wenn diese Partei die Gesellschaft im allgemeinen ist, dann handelt es sich um das Glück der Gesellschaft, wenn es ein bestimmtes Individuum ist, dann um das Glück dieses Individuums."*) Es versteht sich aus dieser Akzentuierung und der historischen Situation, daß diese Konzipierung zu Untersuchungen unter Beachtung des materiellen Substrates anregte, zum Mißverständnis führte, die Nutzentheorie beschreibe die Motivationsstruktur eines raffgierigen Geizhalses, und daß erst die heutige Entscheidungsforschung den Nutzenbegriff so abstrakt-formal benutzt, wie er ursprünglich gemeint war. So konnte dann auch Erickson (1973) den Versuch vorlegen, Maslows Theorie der fundamentalen Bedürfnisse so zu formulieren, daß sich Axiome ergeben, die mit Ansätzen in der spieltheoretischen Entscheidungsforschung vereinbar sind.

b) Empirische Prüfungen und Kritik der Annahmen der spieltheoretischen Entscheidungsforschung

Das spieltheoretische Entscheidungsmodell und seine Varianten beruhen explizit auf einer Reihe von Annahmen, und weitere empirisch prüfbare Annahmen lassen sich aus ihnen ableiten. Von vorneherein wird man nicht erwarten, daß bei empirischen Prüfungen alle Annahmen beibehalten werden können oder daß alle widerlegt werden, vielmehr wird man heterogene Befunde erwarten müssen, und diese werden denn auch in Übersichten wie denen von Becker & McClintock (1967), Coombs, Dawes & Tversky (1970, Kap. 7) und Slovic et al. (1977) berichtet. Man wird auch nicht erwarten dürfen, daß die Überprüfungen selbst von Anfang an so angelegt werden, daß sie von theoretischer und methodischer Kritik verschont bleiben. Vielmehr kann man davon ausgehen, daß die empirische Interpretation der Modelle selbst teilweise umstritten ist und daß spezielle Schwierigkeiten bei der Überprüfung dieser Theorie auftreten. Die folgende unvollständige Auflistung hat auch den Zweck, Erwägungen und Befunde zu referieren, die für künftige Theorieentwicklungen

*) Unsere Übersetzung

zu beachten wären und – etwa für die Risikotheorie (s. u.) – schon berücksichtigt worden sind (zur grundsätzlichen Kritik aus anthropologischer Sicht s. Fjellman, 1976).

In den meisten experimentellen Situationen sagt insbesondere das Modell des subjektiven erwarteten Nutzens die Entscheidungen der Vpn gut voraus, hinreichend jedenfalls, wenn man die vermutliche Unreliabilität der Beobachtungen mitveranschlagt. Ein solches Urteil läßt sich allerdings nur mit Plausibilitätserwägungen stützen, weil zu den Modellen keine Fehlertheorie gehört, was als gravierender Nachteil des gesamten Ansatzes kritisiert worden ist. Will man einzelne Annahmen der Modelle gezielt überprüfen, so scheint es erforderlich, die Situationen dazu eigens auszusuchen oder herzustellen. So konnte Tversky (1969) zeigen, daß unter bestimmten Bedingungen (vgl. Abschnitt VII) durchgängig gegen die Transitivitätsannahme verstoßen wurde (z. B. auch van der Meer, 1963: Verstöße gegen Transitivität sind abhängig von der Größe der Gewinnchancen, dem erwarteten Wert – ob er positiv oder negativ war – und der Größe der Varianz).

Es gibt Präferenzmuster, die sich nicht ohne weiteres aus den spieltheoretischen Modellen ableiten lassen, z. B. Präferenzen für bestimmte Wahrscheinlichkeitswerte (Edwards, 1954, a, b), Präferenzen für bestimmte Werte der Varianz und der Schiefe (skewness) für die Verteilung der Gewinn- und Verlustmöglichkeiten in den Wetten (s. u., Edwards, 1954 c; Coombs & Pruitt, 1960; Coombs & Meyers, 1969; Pollatsek, 1971) und Präferenzen, in denen sich „utility for gambling“ zeigt, also daß eine Wette zu spielen für den Sich-Entscheidenden wie für einen passionierten Spieler selbst einen Nutzen hat (Tversky, 1967). Dieses Eingehen von Wetten unabhängig von den Gewinnmöglichkeiten wurde z. B. von Burish (1970) auch unter „natürlichen“ Bedingungen, bei Pferderennen, in Kasinos und auf Jahrmärkten beobachtet. Hier wären auch alle die Befunde zu erwähnen, welche die im vorigen Abschnitt beschriebenen Entscheidungsregeln empirisch stützen, und die auf eine Umstrukturierung der Entscheidungssituation hinauslaufen. Diese Umstrukturierung, bei der in den meisten Fällen irgendwelche Information nicht beachtet wird, spricht eben deshalb gegen die spieltheoretischen Ansätze, die auch in dem Sinne „rational“ sind, als sie vom Sich-Entscheidenden vollständige Informiertheit und vollständige Berücksichtigung der Information erwarten.

Nach den spieltheoretischen Modellen hat eine bestimmte Folge einen festgelegten Nutzen, unabhängig davon, mit welcher Alternative oder mit welchem Wettspiel die Folge verknüpft ist. Gleichermaßen hat ein Ereignis eine fixierte Wahrscheinlichkeit des Eintretens, unabhängig davon, mit welcher Folge es verbunden ist. Der Regen in unserem Beispiel (s. Tab. 6) fällt, ob die Person durchnäßt wird oder nicht, und das Trockenbleiben „an sich“ hat seinen Nutzen, ob es nun durch Zuhausebleiben oder Schirm erreicht wurde. In diesem Sinne sind Nutzen und Wahrscheinlichkeit in den spieltheoretischen Modellen *unabhängig.* Wären sie nicht voneinander unabhängig, so könnte man zwar die Modelle beibehalten, müßte dann jedoch die Mühe aufzuwenden bereit sein, Nutzen und Wahrscheinlichkeit für jede Alternative eigens zu messen, was die theoretische Eleganz und die praktische Anwendbarkeit dieses Ansatzes stark beeinträchtigen würde. Lee (1971, S. 123 ff.) berichtet über mehrere Experimente, deren Ergebnisse gegen eine Unabhängigkeit von Nutzen und Wahrscheinlichkeit sprechen. Die Art der Abhängigkeit variiert von Experiment zu Experiment und ist nicht einmal in qualitativer Hinsicht konstant. Zwar überwiegt eine optimistische Verknüpfung, die höherem Nutzen größere Wahrscheinlichkeit zuordnet, jedoch berichten einige Untersuchungen auch pessimistische Verknüpfungen (s. a. Cromdall et al., 1955; Morlock & Hertz, 1964; Pruitt & Hoge, 1965; Slovic, 1966; Rothbart, 1970).

Die Unabhängigkeit von Nutzen und Wahrscheinlichkeit hat Tversky (1967) als *Dekompositionshypothese* formuliert: Der Wert einer Alternative kann in unabhängige Komponenten zerlegt werden, der Wert eines Wettspiels in die Komponenten Nutzen und Wahrscheinlichkeit. Diese Komponenten können, in gewissen Grenzen, einander kompensieren. So kann z. B. der erwartete Nutzen einer Wette konstant bleiben, auch wenn sich der Wert einer ihrer Folgen ändert, sofern sich die Ereigniswahrscheinlichkeiten entsprechend ändern, und sofern – wie erforderlich – diese Änderung die Wahrscheinlichkeiten noch zwischen 0 und 1 variieren läßt. Unabhängigkeit ist dann gegeben, wenn jede Komponente zum Gesamtwert additiv beiträgt, also ohne in statistischer Wechselbeziehung mit der anderen Komponente zu stehen. Die Anwendung der verbundenen Messung führt nun nicht nur zu einem meßfreien Test, sondern zugleich zu einer Prüfung der Additivitätsannahme, ohne von den Beobachtungen mehr als Rangskalenniveau zu fordern. Da die spieltheoretischen Entscheidungsmodelle im Prinzip für das Verhalten *einer* Entscheidungsinstanz formuliert sind, sollte die Prüfung pro Vp geschehen. Insgesamt und für die meisten Vpn schnitt das SEU-Modell im Vergleich zu SEV, EU und EV besser ab, d. h., Additivität war am häufigsten gegeben.

Tversky (1967), der an den gleichen Vpn in unterschiedlichem Versuchskontext wiederholt Nutzenwerte für die gleichen Gegebenheiten erhob, konnte anhand dieser Beobachtungen auch die Invarianz der Nutzenwerte und die Komplementarität der subjektiven Wahrscheinlichkeiten prüfen. Unter Invarianz der Nutzenwerte ist hier ihre Konstanz auch bei unterschiedlichen Risikobedingungen gemeint. Mit Komplementarität der subjektiven Wahrscheinlichkeiten ist die Forderung gemeint, daß sich die von einer Vp berichteten Wahrscheinlichkeiten komplementärer Ereignisse (es regnet = p oder nicht = p–1) zu eins addieren:

$$p + (1-p) = 1.$$

Tversky's diffizile Auswertung ergab u. a.: Nur für einige Vpn stimmten subjektive und objektive Wahrscheinlichkeiten überein. Andere Vpn überschätzten niedrige und unterschätzten hohe Wahrscheinlichkeiten, was in der Literatur (z. B. Martin, 1969) zu dem Schluß geführt hat, der Mensch sei ein konservativer Wahrscheinlichkeits-Verarbeiter. – Nutzenwerte aus riskanten und risikofreien Wahlen unterschieden sich deutlich, was sich zweifach erklären läßt: Entweder man nimmt an, die subjektiven Wahrscheinlichkeiten addierten sich zu eins, dann hätten die Folgen unter Risiko mehr Wert als die gleichen Folgen, wenn sie sich aus risikofreien Wahlen ergeben. (Wofür man nichts riskieren muß, ist nicht so viel wert.) Oder man nimmt an, die Nutzenwerte seien eigentlich identisch, dann muß man einräumen, daß die subjektiven Wahrscheinlichkeiten komplementärer Ereignisse sich nicht zu eins aufaddieren. (Vpn behandeln Wahrscheinlichkeiten nicht so wie Mathematiker.) Beides läßt sich nicht mit dem SEU-Modell vereinbaren. Während dieses Modell also für jeden Datensatz getrennt betrachtet gut den Daten angepaßt war, vermochte es nicht die generelle Präferenzstruktur der Vpn zu beschreiben. Vor dem Hintergrund dieser Ergebnisse scheint es nicht uninteressant, den Ansatz von Jeffrey (1965) zu erwähnen, der davon ausgeht, Nutzen und Wahrscheinlichkeit kämen ein und derselben Gegebenheit (proposition) zu und seien nicht voneinander zu trennen. Auch andere Theorien (z. B. Atkinson, 1964) nehmen im Gegensatz zu spieltheoretischen Modellen an, Nutzen und Wahrscheinlichkeit seien voneinander abhängig: Je schwieriger ein Ziel zu erreichen sei, desto größer sei die Befriedigung, wenn man es erreiche, und je leichter es zu erreichen sei, desto größer sei die Enttäuschung bei Mißerfolg.

In der Regel schneidet das von Savage (1954) eingeführte SEU-Modell besser ab als die anderen Varianten des spieltheoretischen Ansatzes (s. a. Coombs, Bezembinder & Goode, 1967). Man kann dies nicht ohne Qualifikation konstatieren. Zur Prüfung des SEU-Modells werden für jede Vp je eine Skala für den Nutzen und eine für die subjektive Wahrscheinlichkeit hergestellt oder – z. B. durch verbundene Messung abgeleitet. In den übrigen Modellen ist mindestens eine Menge von Skalenwerten nicht subjektiv begründet, sondern besteht aus objektiven Wahrscheinlichkeiten oder monetären Werten, m.a.W.: Selbst bei krassen, sogar die Rangordnung der objektiven Werte und Wahrscheinlichkeiten mißachtenden interindividuellen Unterschieden kann jede Vp das SEU-Modell mit ihren idiosynkratischen Skalenwerten erfüllen, und die Computerprogramme, welche die SEU-optimalen Skalenwerte bestimmen, können auch Meßfehler „optimalisieren", was beim EV-Modell in der Weise nicht möglich ist.

Kritik am SEU-Modell wird auch vom Informations-Integrations-Ansatz (s. z. B. Anderson, 1974) vorgebracht, der selbst auch auf die Analyse von Entscheidungen übertragen wurde, beispielsweise von Lopez (1976) auf eine Pokerspiel-Variante. Shanteau (1975) gibt eine systematische Darstellung. Bei Übertragungen dieses Ansatzes auf riskante Entscheidungen interpretiert er folgendermaßen: Jede Komponente der Information wird gewichtet, alle gewichteten Komponenten werden summiert und bestimmen so die Reaktion,

d. h. hier: die Wahl einer Alternative. Die Informationskomponente wird mit dem subjektiven Wert einer Folge gleichgesetzt, das Gewicht entspricht der subjektiven Eintretenswahrscheinlichkeit der Folge. Zwischen Gewicht und Komponente ergibt sich somit eine multiplikative, zwischen allen gewichteten Komponenten eine additive Beziehung. Die multiplikative „Regel" hat nach Shanteau wiederholt empirische Stützung erhalten, ob die Alternativenmengen nun aus Wettspielen bestanden oder Partner waren, mit denen man ausgehen konnte, bei verschiedenen Reaktionsmodi wie Rating, Geldangeboten und Vorzugswahlen, und zwar sowohl auf Gruppen- wie Individualniveau der Datenanalyse.

Die Additionsbeziehung wurde nach Shanteau ebenso eindeutig und breit nicht bestätigt, statt dessen wurde „Subadditivität" beobachtet. Während man mit der Hypothese des abnehmenden Grenznutzens (s. o.) das Phänomen meint, daß bei der gleichen Güterart deren Nutzenanstieg bei gleichem Mengenzuwachs um so geringer wird, je mehr man schon hat, bezieht sich Subadditivität auf das gleiche Phänomen, wenn man den Zuwachs qualitativ verschiedener Gütermengen betrachtet. Nach Shanteau wären demnach sowohl das SEU-Modell als auch der Informations-Integrations-Ansatz als empirisch nicht bestätigt anzusehen. Slovic et al. (1977) fassen die Kritik an diesem letzteren Ansatz dahingehend zusammen, er liefere zwar eine gute „Oberflächenbeschreibung", das entspreche jedoch nicht notwendig einer zutreffenden Beschreibung der zugrundeliegenden kognitiven Prozesse. Slovic et al. (1977) beziehen sich dabei auch auf die Kritik, die Dawes & Corrigan (1974, s. o.) geäußert haben.

Die Aussage Shanteaus über die Additivität bezieht sich wohlgemerkt auf gewichtete Komponenten. Damit steht sie nicht im Widerspruch zu den Ergebnissen von Adams & Fagot (1959), die die Additivitätsannahme bei hypothetischen Wahlen zwischen Bewerbern prüften, die hinsichtlich ihrer Intelligenz variierten und in ihrer Fähigkeit, mit Menschen umzugehen. Gesteht man geringfügige Unaufmerksamkeit (bis zu drei Fehler von 77 Vergleichen) zu, dann war Additivität zwischen den beiden Attributen für die Wahl zwischen den Bewerbern gegeben. Fischer (1976) untersuchte Additivität für risikofreie und riskante Wahlen, leider ebenfalls an fiktiven Wahlen zwischen hypothetischen Beschreibungen von beruflichen Möglichkeiten, variierend nach Art der zu leistenden Arbeit, Gehalt und Stadt, in der die Tätigkeit auszuüben sei. Mit Hilfe der Axiome der verbundenen Messung (s. Krantz et al., 1971; Orth, 1974) prüfte er, ob sich die drei Merkmale additiv zur Gesamtwertschätzung verbinden. Er untersuchte die Axiome der einfachen (simple) und der gemeinsamen Unabhängigkeit (joint independence) und der Doppelaufhebung (double cancellation). Einfache Unabhängigkeit bedeutet: Die Präferenzen für die verschiedenen Ausprägungen eines Attributes müssen, wenn man die übrigen Attribute fixiert, konstant bleiben. Gemeinsame Unabhängigkeit bedeutet: Die Präferenzen für Kombinationen von Ausprägungen zweier Attribute müssen, wenn man das dritte Attribut fixiert, konstant bleiben. Für riskante Entscheidungen untersuchte Fischer folgendes Modell, für das Raiffa (1969) und Keeney (1972, 1974) Axiomatisierungen vorgelegt haben:

$$EU(A_i) = p_{i1}\, U(X_1) + p_{i2}\, U(X_2) + \ldots + p_{im}\, U(X_m),$$

wobei EU (A_i) dem erwarteten Nutzen der Alternative A_i entspricht, $X_1, \ldots, X_m$ stellt die Menge der möglichen Folgen, U deren Nutzen dar und $p_i, \ldots, p_m$ die subjektiven Wahrscheinlichkeiten. Bei der Prüfung der einfachen Unabhängigkeit ergab sich eine Anzahl Verstöße, was zunächst als um so gravierender erscheint, als dieses Axiom in allen Dekompositionsmodellen erfüllt sein muß, in Modellen also, die die Präferenz für eine Alternative in Präferenzen für einzelne Attribute zerlegen. Nun zeigte sich jedoch, daß ein Entscheidungsmodell nicht nur Implikationen für eine mit ihm kompatible Präferenztheorie hat, sondern auch Annahmen über das Zustandekommen von Meßfehlern, also eine Fehlertheorie erfordert. Inhaltlich bedeutet dies, daß Annahmen über das Zustandekommen von Präferenz*urteilen* zu treffen sind. Verstöße gegen das Axiom der einfachen Unabhängigkeit legen nahe anzunehmen, bei Attributen, die relativ unwichtig für die Gesamtpräferenz sind, kämen Fehler relativ häufig vor, denn die Vp würde einer solchen Dimension nur wenig Aufmerksamkeit zuwenden. Die empirische Prüfung bestätigte, daß viele Verstöße zu lasten solcher Dimensionen gingen, die von den Vpn zuvor als unwichtig eingestuft worden waren. Eine statistische Sensitivitätsanlayse ergab, daß Zufallsfehler und die Existenz von relativ unwichtigen Dimensionen zu substantiellen Verstößen gegen das Axiom der einfachen Unabhängigkeit selbst dann führen kann, wenn der datenerzeugende Prozeß selbst strikt additiv ist. Für einige Vpn in Fischers Analyse galt das additive Modell weder für risikolose noch riskante Entscheidungen, und zwar obwohl ein regressionsanalytischer Ansatz sehr hohe multiple Korrelationskoeffizienten ergab.

Slovic et al. (1977) referieren die in den letzten Jahren umfangreich und facettenreich gewordene Kritik an den spieltheoretischen Entscheidungsmodellen. Gegenbeispiele zu fundamentalen Axiomen wurden entwickelt (Allais, 1953; Ellsberg, 1961), Verstöße bei der praktischen Anwendung, z. B. auf den Abschluß von Versicherungen, wurden festgestellt (Kunreuther, 1976) wie auch der Einfluß des Kontextes auf Nutzenurteile (Zagorski, 1975; weitere Angaben s. Slovic et al., 1977, S. 9ff.; s. a. Hommers, 1975; Richter, 1975) und Kontexteinflüsse auf Varianzpräferenz (Fryback et al., 1973). Eine Stoßrichtung der Kritik ging seit langem gegen die spieltheoretische Annahme, Nutzen und Wahrscheinlichkeit seien *die* und die *einzigen Eigenschaften* der Alternativen. Insbesondere wird als alternativer Grundbegriff der des Risikos eingeführt, was in einem späteren Abschnitt weiterverfolgt werden soll. Man kann die klassischen Modelle zu retten versuchen, indem man sie erweitert. Barron & Mackenzie (1973) fügen zwei neue Komponenten hinzu: den für eine Person noch akzeptierbaren erwarteten Verlust (T) und die höchste Wahrscheinlichkeit, daß die Vp Alternativen wählt, die zu einem höheren erwarteten Verlust führen könnten als T. Empirische Evidenz zu diesem und ähnlichen Ansätzen fehlt noch; für ein Berücksichtigen von erwartetem Verlust oder Bedauern (regret) sprechen jedoch auch Experimente von Suydam (1965) und Myers et al. (1966).

Bei der experimentellen Prüfung des spieltheoretischen Modells sind Schwierigkeiten aufgetaucht, die nicht direkt, vielleicht jedoch mittelbar mit diesem theoretischen Ansatz zusammenhängen. Um überhaupt und um hinreichend stabile Schätzungen der Nutzen- und Wahrscheinlichkeitswerte zu erhalten, müssen Wettspiele gleichen Typs oft bis zu mehreren hundert Mal *wiederholt* werden. Dabei auftretende carry-over-Effekte werden in der Theorie nicht berücksichtigt und bei der Auswertung dem Fehler zugeschlagen. Weiter ist es meist schon aus Kostengründen nicht möglich, gewonnene Belohnungen auszuzahlen, und größere Verluste kann der Vl u. a. aus moralischen Gründen nicht einbehalten. Durch fehlende reale Konsequenzen nehmen die Entscheidungen in unbekanntem Ausmaß einen fiktiven, hypothetischen Charakter an und unterscheiden sich von realen Entscheidungen (Feger, 1968, 1978). Slovic et al. (1965) stellten fest, daß fiktive Belohnungen, z. B. Punktgewinne, dazu führten, daß Vpn einfachere Entscheidungsstrategien benutzten als bei realen Belohnungen, z. B. mit Pfennigbeträgen. Slovic (1969) zeigte, daß Vpn bei fiktiven Wahlen nach Gewinnmaximierung strebten und Verlust vernachlässigten, sich bei Wahlen mit realen Folgen jedoch deutlich vorsichtiger entschieden. Zwei Auswege aus diesen Schwierigkeiten wurden erprobt: (1) die Konsequenzen sind bei jeder Entscheidung real. Dann ändert sich von Durchgang zu Durchgang der finanzielle Status der Vpn, und wohl nicht nur der, und das Verhalten ist dann auch abhängig von Bedingungen, die der Vl möglicherweise nicht mehr direkt kontrollieren kann. (2) Coombs, Bezembinder & Goode (1967), Tversky (1967) u. a. informierten die Vpn vor Beginn der Serie, einige Wahlen würden nach Ende des Versuchs mit realen Folgen, Geld, nachgespielt, und die Resultate dieser Spiele seien zu zahlender Verlust oder tatsächlicher Gewinn. Man kann nur vermuten, daß sich so die fiktiven Wahlen realen Entscheidungen annähern. Auch von Details und Schwierigkeiten der experimentellen Durchführung her bleibt die Frage nach dem Bereich der Situationen offen, auf den spieltheoretische Entscheidungsmodelle sich anwenden lassen.

Vielleicht sollte man sich bei einer abschließenden Bewertung der spieltheoretischen Entscheidungsforschung vergegenwärtigen, daß die Darstellung einer Entscheidungssituation durch eine Auszahlungsmatrix eine Abstraktion darstellt, die nicht primär als psychologisches Modell gedacht war, sondern als Ausgangspunkt für normative Aussagen. Aitchinson & Moore (1976, S. 53) behaupten, diese Abstraktion „was never intended as a sufficient description of the situation itself". Dann wäre der Ausgangspunkt der spieltheoretischen Entscheidungsforschung eine unvollständige, abstrahierende Beschreibung einiger Aspekte der Situation, nicht des Prozesses oder des Sich-Entscheidenden, also im wesentlichen ein stark forschungsanregender Vorschlag zur Strukturierung der Entscheidungsumwelt.

c) Anwendungen spieltheoretischer Modelle

Während Anwendungen der Entscheidungstheorie zunächst nur im Nachhinein erfolgten, ohne die tatsächlichen Entscheidungen zu beeinflussen und mit dem Ziel, die spieltheoretischen Modelle an realen, nicht im Laboratorium hergestellten Entscheidungen zu prüfen, hat sich im letzten Jahrzehnt ein grundlegender Wandel vollzogen. Der Psychologe tritt jetzt – und offensichtlich erfolgreich – als professioneller Entscheidungshelfer auf (für erste systematische Ansätze s. Edwards, Lindman & Phillips, 1965). Er bietet Klienten ein Schema an, wie „optimale" oder „rationale" Entscheidungen zu fällen seien, und dieses Schema ist in der Regel das SEU-Modell. Er bietet Anleitung und Techniken, wie die Klienten zu konsistenten, elaborierten Präferenzurteilen und zu Urteilen über Ereigniswahrscheinlichkeiten gelangen können. Die Monographie von Keeney & Raiffa (1976) kann als Lehrbuch für diese Praxis angesehen werden. Keeney & Raiffa berichten, teils mit ausführli-

Tabelle 7: Einige Beispiele zur Anwendung spieltheoretischer Entscheidungsmodelle

Anwendungsbereich	Beispiele
Wirtschaft und Industrie, insbesondere Management	Raiffa, 1968; Lindley, 1971; Brown, Kahr & Peterson, 1974; Berg, 1974
Abschluß von Versicherungen	Kunreuther, 1976
im landwirtschaftlichen Kontext	Dillon, 1971
in der Medizin	Gustafson, 1969; Aitchison & Kay, 1975
Entscheidungen von Lehrern	Shulman & Elstein, 1975
gesellschaftliche Entscheidungsfindung	Gardiner & Edwards, 1975 (als Kontrast: Kaminski, 1975)
Kaufverhalten von Verbrauchern	Jacoby, 1976; Peter & Tarpey, 1975
Industrie- und Berufspsychologie (Arbeitszufriedenheit, Berufswahl)	Wahba & House, 1974; Sheridan et al., 1975; Jepsen & Dilley, 1974; Davidshofer, 1976; Mitchell, 1975 (Restle's Modell)
Familienplanung	Beach et al., 1976; Townes et al., 1977

cher Dokumentation, u. a. folgende bisher erfolgte Anwendungen: Kraftwerkbau vs. Umweltschutz, Lage eines Flughafens, Behandlung von Heroinsüchtigen, Entscheidungen bei medizinischen Diagnosen und Therapien, Entscheidungen in Firmen, Entscheidungen über die Menge des Vorrates in einer Blutbank, Entscheidungen bei der Suche nach Erdöl, Organisationsplan einer Großstadt-Feuerwehr, Probleme der Berufswahl, beim Transport gefährlicher Substanzen u. ä. m. Weitere Beispiele, eine keineswegs erschöpfende Liste, finden sich in Tab. 7.

Um das Vorgehen in seinen Grundzügen zu erläutern, bietet sich die Arbeit von Beach et al. (1976) an, in der Psychologen ihren Klienten Hilfe bei der Entscheidung anboten, ob sie ein (weiteres) Kind haben wollten. Zuerst wurde aus der einschlägigen Literatur eine Liste von Werten zusammengestellt, Werte, zu deren Erfüllung ein Kind den Eltern zu verhelfen vermag (z. B. „Ein Kind bietet die Gelegenheit, sich als gute Eltern zu bewähren.“). Danach wirkten sieben Ehepaare an einer schrittweisen Umformung der Liste zu einer hierarchischen Wertstruktur mit. Dann testeten 40 männliche und 40 weibliche College-Studenten diese Hierarchie daraufhin, ob sie auch für andere Personen als die an der Konstruktion beteiligten als sinnvoll erschien. Schließlich benutzten weitere Ehepaare die Hierarchie, um ihre Entscheidung in der Familienplanung in überschaubare Teile zu gliedern, dann diesen Teilen einen relativen Nutzen zuzuschreiben und um die subjektiven Wahrscheinlichkeiten zu bestimmen, mit denen jeder Teil der Werthierarchie vermutlich befriedigt würde, wenn man sich für ein Kind entschiede. Die Untersucher berechneten dann den subjektiven erwarteten Nutzen für die Wahl der beiden Möglichkeiten, ein Kind zu haben oder nicht. Die Nutzenwerte vermochten die Familienplanung in der Vergangenheit zu erklären und in einer weiteren Studie auch die künftigen Entscheidungen vorherzusagen (Townes et al., 1977; für ein alternatives Modell s. Hass, 1974).

Bei der Anwendung können Probleme in den Vordergrund treten, die sich im Labor ausschalten ließen. Erwähnt werden soll hier die längere Zeit, in der Präferenzen, Folgen und Unsicherheiten beachtet werden müssen. Mit den Alternativen können Konsequenzen verbunden sein, die nicht unmittelbar nach dem Entschluß eintreten, sondern einzeln oder gemeinsam in der Zukunft. Dann ergeben sich für die entscheidende Person mehrere Fragen: Wie weit sollte der *Zeithorizont* in die Zukunft hinein verlegt werden, über eine wie lange Zeitspanne Folgen berücksichtigt werden? Der Entscheidungshelfer kann in einer sog. Sensitivitätsanalyse prüfen, ob verschiedene Zeithorizonte zu unterschiedlichen Präferenzen für Alternativen führen. Der Horizont kann zeitlich fixiert und bekannt sein, aber auch unsicher, wie z. B. eine Entscheidung über eine Lebensversicherung von der erwarteten Länge des Lebens abhängen dürfte. Weiter können sich, je nach Entschluß für eine der Alternativen, unterschiedliche Zeitpunkte ergeben, an denen die Unsicherheit riskanter Entscheidungen aufgelöst wird. Somit können Präferenzen für Alternativen mitbedingt werden durch die Zeitpunkte, an denen Information zu erwarten ist, und die zeitliche Dauer einer vielleicht quälenden Unsicherheit. Schließlich muß man insbesondere bei langer Folgendauer damit rechnen, daß sich inzwischen die Präferenzstruktur des Sich-Entscheidenden ändern mag. Diese u. ä. Fragen stehen z. Z. im Mittelpunkt des anwendungsorientierten Forschungsinteresses (s. Keeney & Raiffa, 1976).

Wer sich dieser professionellen Entscheidungshilfe bedient, akzeptiert die Anforderungen an sein Präferenzsystem, es müsse in sich konsistent, widerspruchsfrei sein, da sonst eine nutzentheoretische Auflösung nicht möglich ist. Wie man den Erlebnisschilderungen insbesondere schwieriger Entscheidungen entnehmen kann (s. Thomae, 1960, 1974), geschieht auch ohne psychologische Hilfe eine Auseinandersetzung mit der eigenen Wertstruktur, in „echten Entscheidungen" i. S. Thomae's eine Umstrukturierung, Differenzierung und Weiterentwicklung. Damit wird eine Funktion von Konfliktsituationen über den eigentlichen Entscheidungsanlaß hinaus deutlich: Sie bereiten Entscheidungen mit ähnlichen Fragestellungen vor, erleichtern diese, verringern den kognitiven Aufwand in ihnen und beschleunigen sie. Für die Diagnostik von Wertstrukturen bietet es sich somit an, echte oder fiktive Konfliktsituationen zu untersuchen (zur Methodik der empirischen Validierung von Werturteilen im Rahmen multiattributiver Entscheidungsmodelle s. Pearl, 1977).

2. Risiko und Entscheidungen

Betrachtet man die in Tab. 8 wiedergegebenen Wettspiele mit gleichem erwarteten Wert (nach Van der Meer, 1963), dann zeigt sich, daß man die Eigenschaften von Wettspielen unterschiedlich beschreiben kann. Nach der älteren spieltheoretischen Entscheidungsforschung genügte es, die Höhe von Gewinn und Verlust und ihre Wahrscheinlichkeiten anzugeben. Aber möglicherweise bezieht sich die Entscheidungsinstanz nicht direkt oder ausschließlich auf diese Merkmale, sondern auf Eigenschaften, die sie aus den Ertragshöhen und aus den Wahrscheinlichkeiten erschließt, z. B. auf die Varianz eines Wettspiels. Schon bei der Kritik der spieltheoretischen Entscheidungsforschung hatten wir auf die Existenz von Phänomenen wie Varianzpräferenzen hingewiesen.

Das fundamentale Konzept, das in der Grundlagenforschung mit dem spieltheoretischen Ansatz am stärksten konkurriert, ist das des Risikos. *Risiko* geht in die im folgenden geschilderten Theorien und Untersuchungen meistens als undefinierter Grundbegriff ein. Einen der wenigen Definitionsansätze fanden wir bei Rowe (1977, S. 24): „Risiko umfaßt auf einem allgemeinen Niveau zwei wesentliche Komponenten: (1) die Existenz einer möglichen, ungewünschten Folge oder eines Verlustes, und (2) eine Unsicherheit über das

Auftreten dieser Konsequenz, die als eine Auftretenswahrscheinlichkeit ausgedrückt werden kann. Die Konsequenz schließt einen negativen Wert für denjenigen ein, der das Risiko übernimmt."*) „Risk is the potential for realization of unwanted, negative consequences of an event."

Tabelle 8: Eigenschaften von Wetten, demonstriert an den von Van der Meer (1963) verwendeten Spielen (nach Vlek & Wagenaar, 1976, S. 471, f = niederländische Gulden). Der Erwartungswert des ersten Spiels (1.00, 0.2, 0.25) berechnet sich $0.2 \times 1.0 - 0.8 \times 0.25 = 0$; die Varianz $0.2 \times 0.8 \times (1.0 - 0.25)^2 = 0.25$.

Gewinn chance	Gewinn-höhe	Verlust chance	Verlust-betrag	Erwartungs-wert	Varianz
0.2	f 1.00	0.8	f 0.25	0	0.25
0.2	f 2.00	0.8	f 0.50	0	1.00
0.2	f 5.00	0.8	f 1.25	0	6.25
0.2	f 10.00	0.8	f 2.50	0	25.00
0.2	f 20.00	0.8	f 5.00	0	100.00
0.5	f 0.50	0.5	f 0.50	0	0.25
0.5	f 1.00	0.5	f 1.00	0	1.00
0.5	f 2.50	0.5	f 2.50	0	6.25
0.5	f 5.00	0.5	f 5.00	0	25.00
0.5	f 10.00	0.5	f 10.00	0	100.00
0.8	f 0.25	0.2	f 1.00	0	0.25
0.8	f 0.50	0.2	f 2.00	0	1.00
0.8	f 1.25	0.2	f 5.00	0	6.25
0.8	f 2.50	0.2	f 10.00	0	25.00
0.8	f 5.00	0.2	f 20.00	0	100.00

Riskantheit ist eine Eigenschaft von Wettspielen, Optionen und vermutlich allgemein von Alternativen bei Ereigniswahrscheinlichkeiten zwischen Null und Eins. Der Sich-Entscheidende entnimmt den Optionen aus deren Merkmalen das mit ihnen für ihn als Entscheidungsträger verbundene Risiko. Er kann, so nehmen die folgenden Theorien an, Wahlmöglichkeiten nach ihrem Risiko ordnen. Merkmale der Optionen, die nach Rapoport & Wallsten (1972) wahrscheinlich mit der Riskantheit oder Riskanz einer Wette zusammenhängen, sind ihr erwarteter Wert, ihre Varianz, die Anzahl unabhängiger Wiederholungen der Wette und Gewinn- und Verlustwahrscheinlichkeiten.

Risiko ist zunächst ein vorwissenschaftlicher Begriff, und es gibt in der Psychologie keine allgemein akzeptierte operationale Methode, Risiko, und nur dies, zu messen. Es fragt sich, ob eine deskriptive Theorie des Risikos möglich und nützlich ist. Ein Versuch, eine solche Theorie zu entwickeln, stellt die *Portfolio-Theorie* dar (Coombs, 1967, 1973, 1976; van Santen, 1978). Die

*) Übersetzt von uns

Theorie bezieht sich auf das Präferenzverhalten gegenüber Wettspielen, in denen Geldbeträge und Gewinn- oder Verlustwahrscheinlichkeiten ausdrücklich angegeben sind. Diese Wettspiele werden eingeschätzt nach ihrem erwarteten Wert und nach ihrer Riskantheit (riskiness), d.h. dem mit ihnen verbundenen Risiko für den Spieler. Zu dieser Annahme treten noch zwei weitere (s.a. Coombs & Huang, 1968): Eine Person verfügt über eine eingipflige Präferenzfunktion für Risiko (single-peaked preference function), wenn der erwartete Wert von Lotterien konstant gehalten wird. Bei gegebenem erwarteten Wert gibt es also ein interindividuell möglicherweise verschiedenes optimales Risiko, mehr oder weniger Risiko würde weniger bevorzugt. Schließlich wird angenommen, daß bei Wahlen zwischen Wetten, die gleichweit vom idealen Risikoniveau entfernt liegen, die Wette mit dem höchsten erwarteten Wert bevorzugt werde.

Diese drei Annahmen sind notwendig und hinreichend, um einen sogenannten Präferenzraum existieren zu lassen, wie er in Abb. 6 wiedergegeben ist (nach van Santen, 1978, S. 14). Jeder Punkt in diesem Raum entspricht einem Wettspiel. Die v-förmigen Kurven stellen Indifferenzkurven dar; alle Spiele auf einer Kurve werden nach dem Ergebnis der Kombination von Risiko und erwartetem Wert gleich stark bevorzugt. Durch die v-förmigen Kurven zieht sich ein Grat (ideal crest), der dem idealen Risikoniveau entspricht. Über und unter diesem Risikoniveau muß die Abweichung vom idealen Risiko kompensiert werden durch ansteigenden erwarteten Wert einer Wette. Die Portfoliotheorie ist eine deterministische Theorie, die Rangordnungen über riskante Alternativen

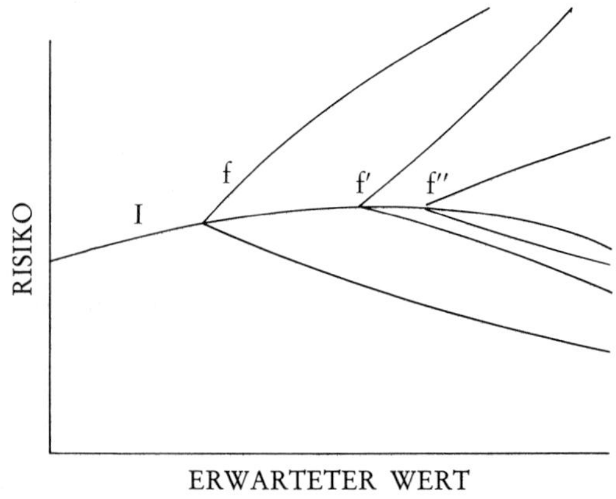

Abb. 6: Indifferenzkurven (f, f' und f'') und ideales Risikoniveau (I) nach der Portfoliotheorie.

vorhersagt. Risiko ist ein unerklärter Grundbegriff dieser Theorie; es gibt eigene Risikotheorien, axiomatisiert z. B. bei Pollatsek & Tversky (1970), die wir hier jedoch nicht weiter verfolgen (s. a. Berger, 1977).

Die psychologische Plausibilität einer eingipfligen Risikopräferenzfunktion läßt sich so verdeutlichen (Coombs, 1975): Will man die Riskantheit einer Wette steigern, so muß man die Höhe des Verlustes, seine Wahrscheinlichkeit oder beides erhöhen. Soll sich gleichzeitig der erwartete Wert der Wette nicht verändern, müssen Höhe und Wahrscheinlichkeit des Gewinns entsprechend kompensiert ansteigen. Bei konstantem erwarteten Wert entspricht also eine Wette einem Appetenz-Aversions-Konflikt zwischen Habsucht und Furcht. Für eine Vp gibt es nun einen Balancepunkt, an dem Habsucht sie genauso stark zu höherem Risiko treibt wie Furcht sie abhält, und somit ist die Präferenz für jede Wette mit höherem oder geringerem Risiko geringer. In der Akzentuierung von Coombs, Donnell & Kirk (1977) besteht der Konflikt zwischen dem Ziel, mehr zu gewinnen, und dem, ein geringeres Risiko einzugehen. Die eingipflige Präferenzfunktion beschreibt eine Lösung dieses Konfliktes unter bestimmten, bei Coombs & Avrunin (1977) angegebenen Bedingungen.

Empirische Stützungen für die Annahmen der Portfoliotheorie finden sich in mehreren Arbeiten, für Wetten mit einem Erwartungswert gleich Null z. B. bei Coombs & Meyer (1969), für Spiele mit positivem erwartetem Wert bei Coombs & Huang (1970, b; s. a. Coombs & Bowen, 1971 a, b). Coombs & Huang (1976) weisen darauf hin, daß Wetten, die in bestimmter Weise zusammengesetzt sind, nach dem Modell des erwarteten Nutzens wie auch des subjektiven Nutzens in angebbarer Weise einander vorgezogen werden müßten. Eine Wette, die man als Wahrscheinlichkeitsmischung (probability mixture) zweier anderer Wettspiele konstruiert, muß hinsichtlich der von Vpn eingestuften Präferenz zwischen den beiden Wetten liegen, aus denen sie abgeleitet wurde. In mehreren Experimenten zeigen Coombs & Huang, daß dieses Postulat empirisch nicht erfüllt ist. Da dieses Postulat aus der Portfoliotheorie nicht folgt, spricht der Befund gegen die EU- und SEU-Modelle, jedoch für die Portfoliotheorie. Experimentelle Prüfungen an verschiedenen Arten von Wettspielen (Coombs et al., 1977) ergaben bei konstantem erwartetem Wert nahezu ausschließlich eindimensionale, eingipflige Präferenzfunktionen. D. h.: Positive und negative Komponenten der Wettspiele, die nicht mit dem erwarteten Wert identisch sind, werden von den Vpn zu einer Variablen kombiniert, die bei gegebenem Erwartungswert das Präferenzverhalten beeinflußt. Diese Variable wird von Coombs et al. Risiko genannt, also aus dem Präferenzverhalten erschlossen, nicht direkt von den Vpn erfragt, womit nicht nur verfälschende Effekte semantischer Ambivalenzen entfallen, sondern zugleich auch die Verhaltensrelevanz des so erfaßten Risikos gewährleistet ist. Die Verlustwahrscheinlichkeit, so stellen die gleichen Autoren fest, beeinflußt das Risiko stärker als die Höhe der auf dem Spiel stehenden Geldbeträge. Theoretisch irrelevante Kontexteffekte waren empirisch weitgehend unwirksam. Hommers (1976, 1977) hat für das Entscheidungsverhalten von Schulkindern Ableitungen aus der Portfoliotheorie experimentell bestätigen können (s. u.).

Ohne an die Portfoliotheorie gebunden zu sein, hat das Risikokonzept in der Entscheidungsforschung Beachtung gefunden: Wahrgenommenes Risiko beeinflußt die Entscheidung; das wahrgenommene Risiko hängt von Eigenschaften der multidimensional konzipierten Alternativen ab (so Payne, 1975; Pollatsek & Tversky, 1970; Slovic, 1967, 1975; Slovic & Lichtenstein, 1971). Die Frage, welche Merkmale der Alternativen die wahrgenommene Risikohöhe beeinflussen, wurde bisher, z. B. von Payne, überwiegend an Wettspielen untersucht. Vermutlich gibt es im alltäglichen Leben jedoch zahlreiche Entscheidungssituationen, die als riskant erlebt werden, deren Alternativen jedoch zumindest nicht erlebnismäßig spontan mit Merkmalen wie Gewinn- und Verlustwahrscheinlichkeiten oder -beträgen, Erwartungswerten und Varianzen verbunden werden. Ebbesen, Parker & Konečni (1977) weisen auf Situationen im Straßenverkehr hin, und untersuchten das Überfahren einer Kreuzung bei gelber Ampel und ob ein Linksabbieger auf eine Vorfahrtsstraße fährt, wenn sich von links ein Auto nähert. Das Entscheidungsmodell wurde zunächst so formuliert: Es gibt eine subjektive Risikodimension und darauf einen Trennpunkt; wird dieser überschritten, dann wartet der Verkehrsteilnehmer das andere Auto ab. Das wahrgenommene Risiko sei eine gewichtete Summe der wahrgenommenen Geschwindigkeit des anderen Autos und des Kehrwertes der wahrgenommenen Entfernung dieses Autos. Dieses Modell wurde zunächst im Laborexperiment überprüft und bestätigt. Es zeigte sich jedoch, daß das subjektive Risiko einerseits, die Wahrscheinlichkeit einer Überkreuzung der Straße vor dem fremden Auto andererseits nicht in gleicher Weise von der wahrgenommenen Entfernung und Geschwindigkeit abhingen. Vielmehr scheinen die Risikoeinschätzung und die Entscheidung aufgrund unterschiedlicher Strategien zustandegekommen zu sein, was nicht dafür spräche, dem Risiko die Rolle einer Mediator-Variablen zuzuweisen. Geringfügige Variationen in der Aufgabenstellung bei der Aufgabe, das Risiko zu schätzen, gegenüber der Aufgabe, die Überkreuzungsentscheidung zu fällen, mögen zu den unterschiedlichen Strategien geführt haben. Demnach könnte es zu den Schwächen zahlreicher bisher vorgelegter Entscheidungsmodelle gehören, nicht die Aufgabenmerkmale spezifiziert zu haben, die für die Modellgültigkeit wesentlich oder unwesentlich sind. Ebbesen et al. (1977) führten auch eine Feldstudie durch, in der die gleiche Verkehrssituation des Linkseinbiegers untersucht wurde. Nach deren Ergebnissen scheint die Einbiegeentscheidung im wesentlichen von der geschätzten Zeitdauer des fremden Autos bis zur Kreuzungsmitte abzuhängen. Die Entscheidung bezöge sich dann im Gegensatz zum Laborexperiment nur auf eine einzige, physikalische oder psychologische Dimension, in die mehrere andere Dimensionen eingehen; diese Entscheidungen könnten einfacher und vor allem auch schneller sein – gewiß nicht unwichtig für Entscheidungen unter Zeitstreß. Die Autoren erwägen die Verallgemeinerung, eindimensionale Entscheidungsstrategien würden in allen Situationen angewandt, in denen wichtige Folgen unter Zeitdruck zu beachten seien. Sie stützen diese Vermutung mit dem Hinweis auf Arbeiten von Konečni & Sargent-Pollock (1976) und Wright (1974), nach denen Zeitdruck sowie gesteigerte Erregung die Anzahl der Dimensionen oder Hinweisreize reduzieren, die in einen Entscheidungsprozeß eingehen. Auch in einer anderen, für die jeweiligen Sich-Entscheidenden alltäglichen Situation, bei juristischen Entscheidungen durch Richter, fanden Ebbesen & Konečni (1975), daß 90 % der Varianz der Entscheidungen durch eine Dimension erklärt werden konnte, obwohl die Richter selbst glaubten, mehrere Dimensionen bei ihrer Urteilsstrategie zu berücksichtigen.

Die unterschiedlichen Ergebnisse des Laborexperimentes gegenüber der Feldstudie können durch mehrere Gründe erklärt werden; einige haben über Besonderheiten dieses Versuchs hinausgehende allgemeine Bedeutung. Wie für Laborexperimente typisch wurden die Vpn einem vollständigen faktoriellen Versuchsplan mit allen Stufen der Bedingungen „Geschwindigkeit" und „Entfernung" ausgesetzt, und beide Bedingungen variierten unabhängig voneinander. Dies ist wahrscheinlich nicht im Sinne Brunswiks ökologisch valide. Für eine untypische Situation könnte das Laborexperiment eine Entscheidungsstrategie geschaffen statt die ökologisch typische untersucht haben.

3. Entscheidungskriterien bei unzureichender Information über Ereigniswahrscheinlichkeiten

Wenn die Entscheidungsinstanz keine oder unzureichende Information über die Ereigniswahrscheinlichkeiten hat, oder die Anzahl der Alternativen zu groß oder die Struktur der Auszahlungsmatrix zu verzwickt ist, aber dennoch eine Entscheidung bei vergleichbaren Nutzenangaben gefällt werden soll, kann sie auf Kriterien zurückgreifen für „decisions under ignorance". Diese Kriterien sind durchweg präskriptiv, sagen dem Sich-Entscheidenden also, was er tun soll; über ihren deskriptiven, die Empirie beschreibenden Charakter ist wenig bekannt. Wir geben hier lediglich eine kurze Übersicht über einige in der Literatur diskutierte Kriterien (s. a. Milnor, 1954; Coombs et al., 1970; Vlek & Wagenaar, 1976).

Das in Tab 9 als zweites aufgeführte *maximin*-Kriterium schreibt vor, die Alternative zu wählen, die verglichen mit allen anderen verfügbaren Alternativen den höchsten Mindestgewinn verspricht. Dies ist Alternative a_2, denn gleichgültig, welches Ereignis s_1, s_2 oder s_3 eintritt, ein Minimum von 5 Nutzeneinheiten ist garantiert. Auch wenn das Schlimmste in der Umwelt eintritt, man erhält dann das Bestmögliche. Das Kriterium scheint für

Situationen besonders geeignet, in denen äußerste Vorsicht geraten ist. Hingegen ist das *maximax*-Kriterium sehr optimistisch. Es rät: Wähle die Alternative, deren höchster Wert der überhaupt vorkommende höchste Wert ist. Das *Optimismus/Pessimismus*-Kriterium versucht – unter Verallgemeinerung der beiden ersten Kriterien – eine Balance zwischen den beiden Einschätzungstendenzen zu finden. Es geht auf Hurwicz (1951) zurück. Für jede Alternative a_i sei v_i' der Mindestwert und v_i'' der Höchstwert. Für den Pessimismusindex α gelte $0 \leqq \alpha \leqq 1$; dieser Index wird von der Entscheidungsinstanz festgelegt. Berechne dann für jede Alternative $\alpha v_i' + (1-\alpha) v_i''$ und wähle die Alternative mit dem so berechneten höchsten Wert. Wenn $\alpha = 1$, erhält man das maximin-Kriterium, bei $\alpha = 0$ das maximax-Kriterium. In Tab. 9 wurde $\alpha = 0{,}5$ gesetzt.

Tabelle 9: Kriterien für Entscheidungen ohne Information über Ereigniswahrscheinlichkeiten (nach Coombs et al., 1970, S. 142 und Vlek & Wagenaar, 1976, S. 459). Im linken Teil der Matrix findet sich die Auszahlungsmatrix, in Klammern der Wert für das Bedauern (regret, berechnet als absolute Differenz zwischen dem höchsten Wert in der Spalte der Auszahlungsmatrix und dem Wert in der jeweiligen Zelle). Im rechten Teil der Matrix finden sich die Kriteriumswerte nach den fünf Kriterien, umzirkelt ist der Wert für die jeweils zu wählende Alternative.

Alter-nativen	Ergebnisse beim Eintreten d. Zustände			maxi-max	maxi-min	Optimismus/ Pessimismus	minimax Bedauern	höchster gemittelter Wert
	s_1	s_2	s_3					
a_1	10 (0)	0 (5)	0 (8)	(10)	0	5	8	3.3
a_2	5 (5)	5 (0)	5 (3)	5	(5)	5	5	5.0
a_3	9 (1)	2 (3)	2 (6)	9	2	(5.5)	6	4.3
a_4	6 (4)	1 (4)	4 (4)	6	1	3.5	(4)	3.7
a_5	8 (2)	0 (5)	8 (0)	8	0	4	5	(5.3)

Besonders umstritten in der Literatur ist das *Prinzip des unzureichenden Grundes,* das argumentiert, wenn keine Information über die Ereigniswahrscheinlichkeiten vorhanden sei, gebe es keinen Grund, den Ereignissen unterschiedliche Wahrscheinlichkeiten zuzuweisen. Dies läuft darauf hinaus, über die Nutzenwerte der aufgelisteten Zustände zu mitteln und die Alternative mit dem höchsten gemittelten Wert zu wählen. Das Kriterium ist um so unzulänglicher, je willkürlicher die Auflistung der Zustände ist. Bekannt geworden ist auch das Kriterium, das größtmögliche Bedauern zu minimieren (minimax regret, nach Savage, 1951). Man sucht für jeden Zustand s_j den höchsten Nutzen u_j. Dann berechnet man für jede Alternative das Bedauern r_{ij}:

$$r_{ij} = u_j - u_{ij}.$$

Jeder Bedauern-Wert ist also die Differenz zwischen dem erhaltenen Nutzen, wenn s_j eingetreten wäre, und dem Nutzen, den man hätte erhalten können, hätte man vorher gewußt, welcher Zustand eintreten würde. Savage rät weiter: Finde für jede Alternative a_i den maximalen Bedauern-Wert, und wähle die Alternative, deren höchster Bedauern-Wert am geringsten ist.

Vergleicht man diese Kriterien mit den in Abschnitt VI geschilderten Entscheidungsregeln, so kann zweierlei hervorgehoben werden: Die Kriterien sind in erster Linie als präskriptiv gedacht, und sie setzen nicht eine multiattributive Struktur der Alternativen voraus. Sie sind unterschiedlich voraussetzungsvoll; die drei letzterwähnten Kriterien setzten Nutzenmessung auf Intervallskalenniveau voraus. – In diesem Zusammenhang sollte auch ein bisweilen eher deskriptiv gemeintes Kriterium von Simon (1957) erwähnt werden: das *Prinzip der zufriedenstellenden Alternative* (satisficing principle). Dieses Prinzip beschreibt einen anderen Ausweg aus einer unübersichtlichen Entscheidungssituation. Die Entscheidungsinstanz bewertet die Folgen von Alternativen bezüglich relevanter Attribute, und die als erste aufgefundene Alternative wird gewählt, die dem eigenen Anspruchsniveau hinsichtlich der relevanten Attribute genügt. Dann wird die Suche abgebrochen, weil sie zu kostspielig oder aus anderen Gründen zu aufwendig ist – und nur dann wäre es auch gerechtfertigt, das Suchen nach weiteren Alternativen aufzugeben. Eine erfolgreiche Überprüfung dieses Ansatzes in einer Simulationsstudie findet sich bei Clarkson (1962). De Brabander (1972) stellte allerdings fest, daß das Suchen nach Alternativen auch dann fortgesetzt wird, wenn schon zufriedenstellende vorhanden sind.

Die hier geschilderten Kriterien verdeutlichen vielleicht stärker als andere Ansätze den *normativen* Charakter, der weite Bereiche der Entscheidungsforschung kennzeichnet, und von dem auch eine Übersicht nicht völlig absehen kann, die sich auf theoretische, methodische und empirische Fragen konzentriert. Coombs, Dawes & Tversky (1970) sehen mehrere Zusammenhänge zwischen deskriptiver und normativer Perspektive: Normative Vorstellungen wirken verhaltenssteuernd; in manchen Situationen, insbesondere solchen mit ökonomischen Aspekten, versuchen Menschen sich so zu verhalten, wie es die normativen Aussagen als optimal oder „rational“ bestimmen. Wenn Vpn mit Abweichungen ihres eigenen Verhaltens von normativen Aussagen im Experiment konfrontiert werden, betrachten sie häufig ihr Verhalten als Irrtum, den sie korrigieren möchten. Umgekehrt: Damit eine normative Vorschrift über Entscheidungen anwendbar ist, muß eine deskriptive Analyse der intendierten Ziele vorausgehen.

4. Mehrstufige Entscheidungen

Unter mehrstufigen Entscheidungen (multistage decisions) faßt man sowohl sequentielle als auch dynamische Entscheidungsreihungen zusammen. Wie erwähnt beziehen sich sequentielle Entscheidungen auf das gleiche Problem, die

Teile der Sequenz sind unabhängige Teilentscheidungen. Im Gegensatz zu einer Serie von hunderten Replikationen von Wettspielen, wie es in spieltheoretischen Experimenten bisweilen vorkommt, setzt man bei sequentiellen Entscheidungen eine alle Schritte übergreifende Intention des Sich-Entscheidenden explizit voraus. Dies trifft auch auf dynamische Entscheidungen zu, bei denen die Schritte voneinander nicht unabhängig sind. Hier muß die Entscheidungsinstanz erwägen, welche Folgen ihre jetzige Entscheidung für künftige Zustände des Systems hat und somit auch für ihre eigenen künftigen Entscheidungen. Die Anzahl der Schritte oder die zeitliche Dauer dieses Prozesses, die der Sich-Entscheidende berücksichtigt, nennt man seinen Planungshorizont (dazu Kleiter, 1975).

Für die aus Gründen der Übersichtlichkeit notwendige Untergliederung dieses Themenbereiches scheint es günstig, die Untersuchungen um drei häufiger verwendete Paradigmen zu gruppieren. Wir nennen sie das Paradigma des Informationskaufes, das der Steuerungsentscheidungen und das des Wettspieles in mehreren Schritten. Beim Paradigma des Informationskaufes befindet sich die Vp in einer Lage, in der sie wiederholt entscheiden kann, ob sie (weitere) meist entscheidungsrelevante Information suchen oder erwerben will oder ob sie jetzt die eigentliche, abschließende Entscheidung fällen möchte. Die Anzahl der Gelegenheiten, bei der ihr diese Teilentscheidung offensteht, kann fixiert oder vor Beginn des Prozesses nicht festgelegt sein. Im zweiten Fall ergibt sich die Frage, wieviel Information gesammelt werden soll, die in der Literatur unter dem Stichwort „optional stopping" oder „deferred decision making" angesprochen wird. Weiter ergeben sich in diesem Bereich u. a. folgende Fragen: Nach welchen Kriterien handeln Personen bei Entscheidungen über Informationssuche und Informationskauf, bezogen auf Menge und Art der Information? Nach welchen Kriterien entscheiden sie über eine Beendigung der Informationssuche? Gibt es Gesichtspunkte, die konsistent über die gesamte Sequenz beachtet werden, z. B. Nutzenmaximierung? Verhalten sich Vpn optimal, d. h. verwenden sie fehlerfrei solche Strategien, die ein vorgegebenes oder selbstgewähltes Kriterium erfüllen, z. B. höchstmöglichen Nutzen zu erreichen? Alle diese Fragen könnten auch im Abschnitt über Informationsverhalten (s. u.) behandelt werden, wir stellen sie jedoch wegen ihrer engen Verbindung zur spieltheoretischen Entscheidungsforschung an dieser Stelle dar.

Auf der Suche nach Modellen, die Informationsverhalten in Entscheidungen beschreiben könnten, bietet sich als eines der frühesten das inferenzstatistische Vorgehen bei der sequentiellen Analyse (Wald, 1947) an. Da Informationssammeln in der Regel kostspielig und aufwendig ist, sollte nur soviel Information gesucht werden, wie für die Entscheidung erforderlich ist, und nicht – wie in der üblicherweise nichtsequentiellen Inferenzstatistik – die Anzahl der zu beobachtenden Einheiten, d. h. die Menge der zu erwerbenden Information, vor Beginn des Entscheidungsprozesses festgelegt werden. Vor der Entscheidung wird lediglich bestimmt, wie sicher die Entscheidungsinstanz sein will, sich richtig zu entscheiden, wie groß also die Evidenz zugunsten der gewählten und gegen die abgelehnte Alternative nach Betrachten von Informationseinheiten oder Suchschritten sein muß. Angenommen wird meistens, daß dieses Konfidenzniveau während des Entscheidungsprozesses konstant bleibt. – Vor diesem theoretischen Hintergrund untersuchte Becker (1958) sequentielles Entscheiden und folgerte aus seinen Ergebnissen, Walds Modell stelle eine gute erste Annäherung an das beobachtete Verhalten dar. Abweichungen zeigten sich darin, daß das Konfidenzniveau bei mehreren Wiederholungen des gleichen Entscheidungsproblems nicht konstant zu bleiben schien, und deutliche interindividuelle Unterschiede wurden ebenfalls festgestellt. Auch die Ergebnisse der Untersuchung von Irwin et al. (1957) können als qualitative Evidenz für Walds Modell gewertet werden.

Walds 1947-Modell wurde im Zusammenhang mit der klassischen Inferenztheorie der Statistik entwickelt und gibt daher Anweisungen, wie man zu einer zutreffenden *Schlußfolgerung* kommen sollte. Wenn man, wie Lee (1971, S. 259 f.) betont, zu einer Entscheidung gehöre es auch, die Konsequenzen nach Art und Ausmaß zu berücksichtigen, dann ist diese Analyse unvollständig. Wald (1950) erweiterte seinen sequentiellen Ansatz um die Ideen von v. Neumann & Morgenstern (1944) und berücksichtigte die Auszahlungsmatrix. Damit hat sich, was die Motivation für eine Informationssuche angeht, der Akzent verschoben: Im ersten Modell (Wald, 1947) suchte der Sich-Entscheidende mehr Information, weil er sicherer sein wollte, sich richtig zu entscheiden; im zweiten Modell (Wald, 1950), weil die Kosten der Informationssuche relativ zum möglichen Gewinn bei der Entscheidung noch zu vernachlässigen waren. Die meisten Experimente bestätigen, daß Vpn Strategien wählen, die sich quantitativ nicht stark von den nach dem Modell optimalen unterscheiden, auch daß sie in der zu erwartenden Weise Kosten der Information und Größe des entscheidungsabhängigen Einsatzes veranschlagen (Pruitt, 1961; Irwin et. al., 1957; Smith, 1964).

Die Grundannahmen zum Informationserwerb im Rahmen der spieltheoretischen Entscheidungsforschung, wie sie insbesondere von Edwards (1965) und Edwards & Slovic (1965) eingeführt wurden, lassen sich folgendermaßen auflisten:

(1) Information erhöht die Sicherheit oder vermindert das Risiko der Entscheidungsinstanz.
(2) Information kostet z. B. Geld, Verarbeitungszeit u. ä.
(3) Die Entscheidung, Information zu erwerben, sollte somit abhängen von dem derzeitigen Wissensstand des Sich-Entscheidenden, im Bayes'schen Ansatz als a-priori-Wahrscheinlichkeiten quantifiziert, den Kosten der Information in Beziehung gesetzt zu Gewinn und Verlust bei der eigentlichen Entscheidung und dem erwarteten diagnostischen Wert der Information.
(4) Sofern man die Information stück- oder teilweise bekommt oder kaufen kann, ist es nicht optimal, im vorab und nur einmal zu beschließen, wie oft und

wieviel Information man erwerben will, sofern und weil nicht im voraus bekannt ist, wie die Information ausfällt, die man pro Schritt erhält, und die Kaufentscheidungen selbst kaum Kosten verursachen.
(5) Unter diesen Umständen gilt die einfache Anweisung: Kaufe neue Information, wenn der erwartete (zusätzliche) Nutzen dieser Information größer ist als die anfallenden Kosten.

Demgemäß fallen folgende Probleme an: Erstens, wie bestimmt man den Nutzen von weiterer Information; zweitens, nach welchen Entscheidungsregeln soll Information gesucht werden? Zum ersten Problem hat Wendt (1969) eine charakteristische Untersuchung durchgeführt. Information konnten die Vpn gewinnen, indem sie aus Urnen Kugeln zogen. Die eigentliche Entscheidung bezog sich auf die Zusammensetzung der Urneninhalte nach Kugelfarben. Das Ziehen von Kugeln kostete Geld; mit einer richtigen abschließenden Entscheidung waren Gewinnmöglichkeiten verbunden. Die Vpn hatten die Aufgabe, einen fairen Preis für die Information zu nennen, was Wendts abhängige Variable ausmachte. Wendt variierte als unabhängige Variablen: Die a-priori-Wahrscheinlichkeiten der Urnen, den diagnostischen Wert der Stichprobe und die Größe von Gewinn und Verlust bei der eigentlichen Entscheidung. Die Vpn reagierten im allgemeinen auf diese Variablen in der theoretisch zu erwartenden Weise, jedoch nicht in so starkem Ausmaß, daß sie völlig optimal reagierten.

Die zweite Frage, nach welcher Entscheidungsregel Information gesucht werden sollte, läßt sich als das statistisch schwierige Problem des sequentiellen Stichprobenziehens formulieren (dazu De Groot, 1970; Rapoport & Burkheimer, 1971). Edwards (1965) führte näherungsweise optimale Methoden vor. In den experimentellen Prüfungen muß die Vp typischerweise entscheiden, ob sie Information suchen will oder nicht, oder wieviel sie für Informationen bezahlen will, und wird dann bei richtigen Entscheidungen belohnt und bei falschen durch Geldverlust bestraft. Eine „richtige" Entscheidung besteht in der zutreffenden Einschätzung einer vom Vl kontrollierten Gegebenheit, z. B. dem Urneninhalt, wozu Information verarbeitet werden muß. Irwin et al. (1957) haben eine der frühesten, hier einschlägigen Untersuchungen durchgeführt. Ihre Vpn suchten mehr Information, d. h. kauften häufiger Information, wenn der Gewinn höher war, wenn die Information billig war und wenn die Information wenig aufschlußreich war. Letzteres wurde durch eine größere Varianz der Werte in den Informationsteilen erreicht und durch eine geringere Differenz zwischen „richtiger" Entscheidung und dem Informationsgehalt (s. hierzu auch: Wendt, 1966; Pitz et al. 1969; Sanders & Ter Linden, 1967; Levine & Samet, 1973; Snapper & Peterson, 1971). Vpn folgen offenbar häufig nicht den aus statistischen Erwägungen abgeleiteten optimalen, meist komplizierten Strategien, sondern einfacheren, die jedoch meistens fast genauso effizient sind wie die optimalen Strategien. Dieser Befund ist deshalb schwer zu bewerten, weil zum einen die optimalen Strategien selbst nicht immer einfach abzuleiten sind, zum anderen, weil die Modellvoraussetzungen für die Vpn möglicherweise nicht gelten und damit auch nicht mehr die Aussage zutrifft, eine Strategie sei optimal, zumindest nicht relativ zu den subjektiven Bedingungen der Vpn. So fand man z. B. Hinweise darauf, daß subjektive Kosten von Information trotz gleichbleibender objektiver Kosten anstiegen, je später sie im Entscheidungsprozeß zu zahlen sind (zum gesamten Themenbereich s. Vlek & Wagenaar, 1976). Larsson (1968) berichtet bei einer Überprüfung des Edward'schen Modells (1965) nur wenig Übereinstimmung zwischen dem Verhalten seiner Vpn und dem als normativ konzipierten Modell.

In einigen Experimenten wurde das Informationsverhalten von Vpn bei „optional stopping“ mit dem Verhalten bei „fixed stopping“ verglichen. Fixed stopping bezieht sich auf eine Situation, in der die Informationssuche begrenzt ist. Die Begrenzung wird bisweilen vom Vl gesetzt, der den Vpn vorschreibt, wieviel Information sie erwerben dürfen, häufig werden jedoch die Vpn vor Beginn des Entscheidungsprozesses aufgefordert, sich festzulegen, wieviel Information sie kaufen wollen. Bei optional stopping ist der Informationserwerb variabel, d. h. die Vpn entscheiden im Rahmen der experimentellen Möglichkeiten selbst, wieviel Information sie suchen wollen. Es scheint nicht einfach zu sein, aus dem alltäglichen Leben zahlreiche Situationen mit fixiertem Informationserwerb zu finden. Wir vermuten, daß Personen versuchen, eine solche Situationsgestaltung zu vermeiden, denn variabler Informationserwerb ist leicht erkennbar prinzipiell günstiger. Der Diagnostiker, der seinen Probanden nicht beliebig oft einbestellen kann, begibt sich dann in eine Entscheidungssituation mit fixiertem Informationserwerb, wenn er erst alle Tests durchführt und dann auswertet, statt nach jeder Auswertung eines Tests über den nächsten diagnostischen Schritt zu entscheiden.

Die Forschung bemüht sich zum einen, formale Modelle für optimalen Informationserwerb zu entwickeln (z. B. Blackwell & Girshick, 1954; Raiffa & Schlaifer, 1961; Edwards, 1965), zum anderen, das tatsächliche Informationsverhalten zu beschreiben (z. B. Rapoport, 1968; Weinstein & Lewinsohn, 1968; Fried & Peterson, 1969; Brinckman, 1972; Corbin et al. 1975; Ölander, 1975). Relativ übereinstimmend wird, wie erwähnt, berichtet, daß die Vpn sich nach den Kriterien richten, welche die formalen Modelle als ausschlaggebend für optimalen Informationserwerb ansehen, z. B. Höhe des Betrages, der bei der abschließenden Entscheidung auf dem Spiel steht. Green et al. (1964) stellten fest, daß ihre Vpn hingegen bei fixiertem Informationserwerb lediglich auf die Ereigniswahrscheinlichkeiten, nicht aber auf Variation der Auszahlungsmatrix für die abschließende Entscheidung und nicht auf den diagnostischen Wert der Information reagierten. Davon weichen die Ergebnisse von Fried & Peterson (1969) ab, die allerdings eine andere Versuchssituation benutzten. Fried & Peterson vermuten bei den Vpn eine Tendenz, bei geringem diagnostischem Wert größere Mengen Information zu erwerben (zum Begriff und zur Messung der Informationsmenge s. Feger, 1972), eine Tendenz, die die Autoren als

Übergeneralisation aus nichtexperimentellen Alltagssituationen ansehen, in denen Information relativ zur Auszahlungsmatrix vergleichsweise billig sei. Eine solche Tendenz hätte sich in den Experimenten von Green et al. einerseits, Fried & Peterson andererseits unterschiedlich auswirken müssen.

Pitz (1969), der wie auch etliche andere Autoren fiktive Situationen untersuchte, in denen Vpn in diesem Fall entscheiden mußten, ob eine Rakete erfolgreich starten oder der Start mißlingen werde, und in denen geringfügige Geldgewinne möglich waren, geht von eindeutigen, reliablen, unabhängigen und gleichviel kostenden Informations-Items aus. Die Aufgabe für die Vp besteht dann darin, die mit Informationskauf wachsende Wahrscheinlichkeit einer richtigen Entscheidung auszubalancieren gegenüber den wachsenden Informationskosten. Unter den angegebenen Bedingungen besteht die optimale Strategie darin, die Informationssuche dann zu beenden, wenn die Differenz zwischen der Anzahl Items, die für die eine Alternative (z. B. fehlerfreier Start) sprechen, und der Anzahl Items zugunsten der anderen Alternative einen kritischen Wert erreicht. Pitz (1969) stellte fest, daß Vpn diese Strategie des kritischen Wertes fast nie benutzten; er prüfte daher andere Strategien, z. B. fixierten Informationserwerb in einer Situation, die variables Suchen erlaubt hätte, oder Festlegen einer absoluten Anzahl von Items zugunsten einer Alternative. Die Wahl der Strategie scheint in noch nicht völlig aufgeklärter Weise von mehreren Situationsbedingungen abzuhängen, wobei sich zugleich deutliche interindividuelle Unterschiede beobachten lassen (s. a. Geller & Pitz, 1968; Pitz, 1968; Pitz et al. 1969).

Mit der Vermutung, entscheidungsrelevante Information sei im Alltag relativ preiswerter, wurde schon eine mögliche Grenze der Generalisierbarkeit der Ergebnisse dieser Forschungsrichtung angesprochen. Andere Grenzen könnten darin liegen, daß Vpn in Laborexperimenten weniger Zeit haben, keine anderen Tätigkeiten in den Entscheidungsprozeß einbetten können und meist keinen Zugang zu Hilfsmitteln haben oder zu anderen Personen, die ihnen helfen könnten. Die Laborsituationen sind i. S. von Vlek & Wagenaar wohlstrukturiert, was eine Übertragung von Erfahrungen aus dem Alltag erschweren könnte, z. B. den dort als typisch vermuteten Umgang mit redundanter und unreliabler Information. Dies dürfte auch Aussagen über die Optimalität von Verhalten auf die Experimentalsituation beschränken. Die Häufigkeit, mit der auch bei alltäglichen Entscheidungen Information gesucht wird (Feger & Feger, 1969 a, b; Kastner, 1977), macht auf eine weitere Funktion von Konflikt- und Entscheidungssituationen aufmerksam: Sie motivieren zu kognitiven Aktivitäten.

Das *Paradigma der Steuerungsentscheidungen* bezieht sich auf eine Situation, in der eines oder mehrere Kriterien optimiert werden oder bleiben sollen, während sich die Bedingungen im Kontext, unter denen optimiert wird, ohne Zutun oder als Folge früherer Entscheidungen der Entscheidungsinstanz ändern können. Nach einer Situation x_i wird eine Entscheidung y_i gefällt, woraufhin sich die

Situation x_{i+1} einstellt usf. Diese Situation kann auch durch eine Zufallsvariable e beeinflußt werden; nimmt man die Existenz einer solchen Variablen an, dann formuliert man stochastische Modelle für dynamische Entscheidungen. Allgemein gilt dann (nach Vlek & Wagenaar, 1976, S. 481):

$$x_i = t(x_{i+1}, y_{i+1}, e_{i+1}),$$

wobei rückwärts gezählt wird. Die Funktion t nennt man Transformationsregel; sie legt fest, wie die frühere Situation, der Entschluß in ihr und gegebenenfalls eine Zufallsvariable die spätere Lage bestimmen. Der Gesamtgewinn über mehrere aufeinanderfolgende Entscheidungssituationen läßt sich berechnen nach einer sog. Kriteriumsfunktion R (s. u.); meist besteht die Aufgabe der Vp darin, R zu maximieren. Eine optimale Strategie bestimmt y als Funktion von x unter der Bedingung R = max.

Neben der schon erwähnten Unterscheidung zwischen stochastischen und deterministischen Problemen werden solche mit einer endlichen von solchen mit einer unbegrenzt großen Zahl von Schritten abgehoben. Weiter wird zwischen adaptiven und nicht-adaptiven Problemen unterschieden; bei adaptiven Problemen muß der Sich-Entscheidende Transformationsregel, Kriteriumsfunktion und/oder die Wirkung der Zufallsvariablen erst erlernen. Bekannt wurde Todas (1962) „fungus eater game“, in dem ein pilzfressender Roboter auf einem fiktiven Planeten Uran sammelt. Während des Fressens kann er nicht sammeln, aber frißt er nicht, so brechen seine Funktionen zusammen, und es soll soviel Uran wie möglich gesammelt werden. Vlek & Wagenaar berichten, die meisten Vpn wählten eine Strategie, den Roboter dann fressen zu lassen, wenn sein Pilzvorrat auf ein Minimum gesunken ist, eine Strategie, die fast so effizient ist wie die nach statistischen Erwägungen optimale. – Bekannt wurde auch das von Thomas (1962) entworfene „reader's control problem“, wobei die Transformationsregel

$$x_{i-1} = ax_i - by_i$$

lautet und die Kriteriumsfunktion

$$R_i = -(x_i^2 + y_i^2).$$

Vlek & Wagenaar erläutern dies am Beispiel der Entscheidung über eine Vergrößerung der Stellenzahl für Polizisten bei zunehmender Kriminalität. Die Verbrechensanzahl x_{11} wächst im Beispiel um den jährlichen Faktor a, wenn keine zusätzliche Bekämpfung stattfindet. Die präventive Wirkung eines Polizisten beträgt b Einheiten pro Jahr, und y_i ist die Stärke des schon bestehenden Polizeikorps. Wenn der Schaden für die Gemeinschaft mit dem Quadrat der Verbrechensanzahl steigt und die Kosten ebenfalls mit der Anzahl Polizisten, dann lautet die Kriteriumsfunktion

$$R_i = -(cs_i^2 + dy_i^2),$$

wobei die Konstanten c und d die mittleren Kosten beschreiben, die durch ein Verbrechen bzw. durch einen Polizisten verursacht werden. Empirische Untersuchungen von Ray (1963) und Rapoport (1966 a) zeigen, daß es den Vpn bei Problemen dieser Art oft nicht gelingt, die optimale Strategie zu finden, möglicherweise weil sie ihren Planungshorizont zu kurz wählen (s. a. Rapoport, 1967; Kleiter, 1970, 1975; für die Auswirkung nicht exakter, sondern „mit Unsicherheit" behafteter Information z. B. Laios, 1976, und für den Nachweis von Kontexteffekten s. Corbin et al., 1975).

Auf spezifische Schwierigkeiten bei der Prüfung dynamischer Entscheidungsmodelle weisen Toda (1968) und Rapoport (1975) hin. Auch für die psychologische Einordnung dieser Untersuchung ergeben sich Schwierigkeiten: Die Situationen scheinen typischerweise außerordentliche kognitive Bemühungen zu erfordern, so daß Problemlösestrategien (s. z. B. Lüer, 1973) eher untersucht worden sein dürften als Motivkonflikte, zumal die verschiedenen Kriterien bei meist fiktiven oder geringen Gewinnmöglichkeiten des Sich-Entscheidenden wohl kaum die Rolle von widerstreitenden motivationalen Tendenzen übernommen haben dürften.

Schließlich erwähnen wir das *Paradigma des Wettspiels in mehreren Schritten.* In der Regel beginnt eine Vp die Entscheidungsserie mit einem Startkapital, entscheidet, wieviel sie bei der ersten Wette auf welche Alternative oder welche Alternativen setzt, wartet das Ergebnis der Wette ab und geht dann die zweite Wette ein usw. Als Ziel wird Gewinn- oder Nutzenmaximierung angenommen. Auch in diesem Paradigma kann, wenn die Gewinne sogleich ausgezahlt werden, die Vp Leistungen der Steuerung, Kontrolle und Anpassung zeigen und aus ihrem eigenen Verhalten und den Folgen etwas für die Gesamtsequenz direkt Verwertbares lernen – im Gegensatz zu den einstufigen, auch statisch genannten Entscheidungen. Die praktische Anwendung dieses Paradigmas läßt sich leicht im Bereich des Kapital- und Arbeitskräfteeinsatzes in der Wirtschaft finden (s. Berg, 1974; Berg & Kirsch, 1975, legen ein Simulationsmodell vor), wobei eine spätere Teilentscheidung voraufgegangene in mehr oder minder großem Umfang revidieren kann. Von hierher erscheinen „vorläufig versus endgültig" und „reversibel versus irreversibel" weniger als Dichotomie, vielmehr als Pole auf einem Kontinuum zur Beschreibung von Entscheidungssituationen.

Rapoport et al. (1977, S. 169) haben mehrstufige Entscheidungsprozesse dieser Art durch folgende fünf Merkmale charakterisiert: „(1) Die Entscheidungen werden nacheinander in der Zeit gefällt, eine in jedem Stadium des Prozesses; (2) die Aufgabenspezifikation, oder – allgemeiner – die Umweltbedingungen können sich von einem Stadium zum nächsten ändern; (3) das Eintreten von Umweltänderungen kann probabilistisch oder deterministisch bestimmt sein, und unabhängig von oder als Funktion von vorausgegangenen Entscheidungen; (4) die Entscheidungen unterliegen bestimmten physischen oder psychologischen Begrenzungen, z. B. Begrenzungen durch die Informationsverarbeitung des Sich-Entscheidenden; und (5), da die Information, die bei späteren Entscheidungen verfügbar ist, von den Ergebnissen früherer Entscheidungen abhängig sein kann, können die Implikationen jeder Entscheidung weit in die Zukunft reichen."*) Bei den Experimenten (z.B. Rapoport & Jones, 1970; Rapoport & Tversky, 1970; Rapoport et al., 1970; Rapoport & Stein, 1974) handelt es sich durchweg um wiederholt gespielte Wetten, in denen Vpn meist reale, wenn auch geringe Gewinnmöglichkeiten haben. Vom Vl variiert werden dabei zum einen die gleichen unabhängigen Variablen wie bei statischen Entscheidungen – z. B. Anzahl der Alternativen, die mit ihnen verbundenen Wahrscheinlichkeiten etc., zum anderen Variablen, die für dynamische Entscheidungen typisch sind wie z. B. Informiertheit der Vp über die Anzahl der Stadien. Wichtiges, wenn auch nicht ausschließliches Ziel vieler Arbeiten ist es, das oder die Kriterien zu bestimmen, nach denen der Sich-Entscheidende sich richtet, wenn er in jeder Runde seine Einsatzbeschlüsse fällt. Kriterien können beispielsweise sein: Maximierung des erwarteten Nutzens, Minimierung des Risikos oder der Spieldauer. In der Studie von Rapoport et al. (1977) an 6 Vpn über jeweils mehrere Hunderte von Durchgängen zeigten sich markante interindividuelle Unterschiede, und ergaben sich Auswirkungen von Gewinnchance, Höhe des Startkapitals sowie der Abfolgen von Gewinnen und Verlusten auf das Entscheidungsverhalten. Die Autoren stellen fest, daß ein Modell, das bei einer modifizierten logarithmischen Nutzenfunktion von einer Maximierung des erwarteten Nutzens ausgeht, ihre Daten am besten beschreibt.

Die drei vorgestellten Paradigmen wenden sich jeweils einem bestimmten Problemaspekt bei mehrstufigen Entscheidungen zu, und schließen einander insofern auch nicht aus. Ihre Verknüpfung zur realistischen Beschreibung alltäglicher Entscheidungen durch eine oder mehrere Personen würde zu einem Komplexitätsgrad der Modelle führen, den man z. Z. noch nicht bewältigen kann. Doch vermuten wir, daß gerade die theoretische und experimentelle Analyse mehrstufiger Entscheidungsprozesse künftig intensiv fortgeführt und auch für Anwendungen verstärkt Interesse finden wird.

VIII. Der Konflikt als Prozeß

Schon in den voraufgegangenen Abschnitten – besonders deutlich bei der Behandlung der Entscheidungsregeln und der mehrstufigen Entscheidungen – war deutlich geworden, daß Konflikt und Entscheidung ein prozeßliches Geschehen darstellen. In diesem Abschnitt soll der Prozeßcharakter selbst zum Thema werden, wie er in Modellen oft lerntheoretischer Herkunft dargestellt

*) Übersetzt von uns

Unterschied zwischen den Appetenzwahrscheinlichkeiten p_1 und p_2 sich aufschaukelnd vergrößert.

Um die Übergangswahrscheinlichkeiten zu bestimmen, sind in der Regel intra- oder interindividuelle Replikationen nötig, was die Art der Situationen auf identisch replizierbare eingrenzt, für die eine solche Interpretation der Modelle möglich ist. Die Modelle sind jedoch durchweg für den Prozeß im einzelnen Individuum konzipiert. Die Wahrscheinlichkeiten p_i lassen sich deuten als „net attraction of stimulus S_i when the subject orients to it" (Atkinson et al., 1965, S. 162). Bei dieser Deutung ist – anders als beim VTE – Verhalten der Ratte im Wahlpunkt – das Verhalten nicht mehr direkt beobachtbar, und die p_i müssen erschlossen werden. Dies ist z. B. nach einem Vorschlag Audleys (1960) möglich, indem man die Anzahl der VTE (=L) nach der Formel

$$C = \frac{h}{L + 1}$$

aus der Konfidenz C und einer Proportionalitätskonstanten h erschließt. Für k Alternativen sehen die Modelle A und B k Annäherungswahrscheinlichkeiten vor, die stabil sind und von der Anzahl der Alternativen nicht abhängen. Wenn die Orientierungswahrscheinlichkeiten o_j alle gleich ($= \frac{1}{R}$) sind, läßt sich das Wahlaxiom von Luce als Spezialfall dieser Modelle verstehen. Die eigentlichen Lernannahmen setzen z. B. bei Bower (1959) bei diesen Orientierungswahrscheinlichkeiten an, die bei Verstärkung wachsen und bei Nicht-Verstärkung abnehmen. Ausgearbeitete Modelle finden sich z. B. bei Atkinson (1960) und Myers & Atkinson (1964). Insgesamt gibt es noch relativ wenig experimentelle Evidenz zu diesen Modellen, sofern man sie auf menschliches Entscheidungsverhalten bezieht.

Mosteller & Tatsuoka (1960) konzipieren ein Wahlmodell für häufig wiederholte Annäherungskonflikte, in denen also alle Alternativen eine positive Valenz haben. Die Information nach einer Wahl hat Verstärkungscharakter, und über mehrere Wahlen hin geschehen Lernprozesse. Das Modell setzt Kenntnis der Ausgangswahrscheinlichkeiten voraus, sowie der Belohnungswahrscheinlichkeiten für beide Alternativen und der Lernraten, die sich aus dem beobachteten Wahlverhalten berechnen lassen. In einer solchen Annäherungs-Situation pendelt der Organismus anfangs zwischen den Alternativen hin und her, später stabilisiert sich das Verhalten auf die Wahl nur einer Möglichkeit, wenn in Versuchsdurchgängen ohne positives Reinforcement die Wahrscheinlichkeit der gewählten Alternative entweder erhöht wird oder konstant bleibt. Wird diese Wahrscheinlichkeit jedoch bei ausbleibender positiver Bekräftigung vermindert, dann läßt sich keine asymptotisch stabile Präferenz für eine der Alternativen beobachten – man kann sagen, das Modell besitze dann in den

Alternativen reflektierende und nicht absorbierende Barrieren (zur Einführung in stochastische Lernmodelle s. Tack, 1976).

Ohne hier auf die Erforschung einfacher und komplexer Reaktionszeiten eingehen zu können, die möglicherweise interessante Modelle für die Analyse von Konflikten und Entscheidungen bereitgestellt hat, seien hier nur kurz einige Gedanken der Modelle von Kintsch (1963), Audley (1960) und Pollay (1970) skizziert. Wie viele Modelle der Reaktionszeit nimmt Kintschs random-walk-Modell an, daß der Reagierende in einer Wahlsituation mit zwei Alternativen sich zunächst orientiert, bevor er reagiert, und daß der Übergang von einem neutralen Zustand zu verschiedenen Orientierungsreaktionen und schließlich zum beobachtbaren Wahlverhalten mit Hilfe von stabilen Übergangswahrscheinlichkeiten beschrieben werden kann. Die Verteilung der Entscheidungszeiten wird dann abgeleitet aus weiteren Annahmen über die konstante oder variierende Dauer der einzelnen nichtbeobachtbaren Schritte und deren Anzahl. Kintsch setzt die Zeiten pro Schritt als Zufallsvariable an und sagt wie auch Audley vorher, daß man schneller reagiert, wenn man die häufiger (bezogen auf alle untersuchten Replikationen) gewählte Alternative wählt. Audley konnte dies für relativ einfache Wahlsituationen bestätigen, Feger (1978, S. 111 f.) nur der Tendenz nach bei alltäglichen Entscheidungen.

Audleys (1960) Modell kommt mit zwei Grundannahmen aus: Als erstes wird postuliert, für gegebene Reiz- und Organismusbedingungen sei mit jeder möglichen Wahlreaktion (Alternative) ein einziger Parameter verbunden. Dieser Parameter bestimme die Wahrscheinlichkeit, daß in einem kurzen Zeitintervall eine „implizite Reaktion" derjenigen Art auftritt, mit der dieser Parameter verbunden ist.

Was „implicit responses" inhaltlich bedeuten, wird bewußt offengelassen. Es können VTEs sein, oder Tendenzen, eine bestimmte Wahlreaktion auszuführen, oder physiologische Prozesse. Feger & Sorembe (1972) deuten sie als bewertende Antizipationen von Entscheidungsfolgen. In Audleys Formulierung der ersten Annahme sind weitere Annahmen enthalten. Zum einen, daß die impliziten Reaktionen in jedem Zeitintervall fixierter Länge gleich häufig sind. Statt dessen könnte man annehmen, zu Beginn des Entscheidungsprozesses träten implizite Reaktionen häufiger auf als gegen Ende. Zum anderen, daß die verschiedenen Reaktionen zu den zwei oder mehr Alternativen unabhängig voneinander auftreten.

Aus diesen Annahmen lassen sich zusammen mit der zweiten Grundannahme zahlreiche Hypothesen über Mittelwerte, Verteilungen und Kovariation vieler erlebnis- und verhaltensdeskriptiver Konfliktvariablen gewinnen. Die zweite Grundannahme lautet: Ein Entschluß wird getroffen, wenn eine Serie von k impliziten Reaktionen einer bestimmten Art (z. B. zugunsten von Alternative B) auftritt, ohne daß diese Serie unterbrochen wird durch das Auftreten von impliziten Reaktionen einer anderen Art. Der Index k ist wie ein Zähler, der jedesmal auf Null zurückspringt, wenn eine andersartige, z. B. für Alternative A sprechende implizite Reaktion auftritt. Man könnte *k* auch als kumulativen Zähler, der nicht zurückspringt, konzipieren, wie dies LaBerge (1962) getan hat. Der Zähler *k* könnte mit den Kosten zusammenhängen, die eine Person in eine Entscheidung investieren möchte. Je größer *k* gesetzt wird, desto länger dauert in der Regel die Entscheidung, desto größer wäre also wahrscheinlich auch der psychische Aufwand, was wiederum mit der Wichtigkeit der Entscheidung kovariieren könnte. Audley bringt einige empirische Evidenz für seine Ableitungen, die allerdings meist aus Gruppenuntersuchungen stammen, während sein Modell für individuelle Entscheidungsprozesse entwickelt wurde.

Pollays (1970) Modell ist insbesondere für schwierige Entscheidungssituationen mit mehr als zwei Alternativen gedacht und bezieht sich primär auf die Entscheidungszeit in solchen Situationen. Schon Thomae (1960) beobachtete, daß schwierige Entscheidungen, selbst wenn sie wichtig waren, bisweilen überraschend schnell getroffen wurden (vergl. Festinger, 1964). Kiesler (1966) und Hendrick et al. (1968) brachten dann experimentelle Evidenz dafür, daß Vpn weniger Entscheidungszeit benötigen, wenn alle vier verfügbaren Alternativen gleich attraktiv waren, als wenn zwei der vier Wahlmöglichkeiten deutlich weniger attraktiv waren und somit hätten leicht eliminiert werden können, was zu einer kürzeren Entscheidungszeit hätte führen müssen. Um dieses Phänomen zu klären, nimmt Pollay an, die kognitive Analyse der Entscheidungsumstände lasse sich durch ihren Nutzen und ihre Kosten charakterisieren. Er erwartet dann von den meisten Entscheidungsträgern, sie seien rational in dem Sinne, daß sie den Aufwand für die Entscheidungsanalyse nur so lange zu erbringen bereit sind, wie der erwartete Nutzen dieses Aufwandes seine Kosten nicht übersteigt. Die Kosten des Aufwandes seien eine lineare Funktion der Zeit für die Analyse. Weiter nimmt Pollay an, die Vp führe Buch darüber, wie viele Alternativen sie bereits ausgeschieden habe und wieviel Zeit sie dafür benötige. Sie kalkuliere, welchen Aufwand sie dann für die vollständige Analyse noch zu leisten habe und vergleicht diesen Aufwand mit dem Nutzen, die richtige Alternative zu wählen. Pollays Daten stützen die qualitativen Ableitungen aus seinem Modell.

Feger (1978, S. 189 ff.) untersuchte den Prozeß der Festlegung auf eine Alternative, indem das Konfliktgeschehen wiederholt durch eine Informationsgabe unterbrochen wurde und bei jeder Unterbrechung u. a. die von den Vpn eingestufte Tendenz zugunsten der einen oder anderen Alternative erhoben wurde. In einem Experiment standen die Vpn vor der Wahl, entweder ihr Abschneiden beim MPI oder beim d 2 vom Vl zu erfahren. In einer anderen Untersuchung, die von Sorembe (1975, 1977) durchgeführt wurde, konnten sich die Vpn entscheiden, ob sie an einer Wiederholung des bekannten Gehorsamsexperimentes von Milgram (1963) als Vl teilnehmen wollten. Bartsch (1978) und Plum (1978) ließen ihre Vpn einen von zwei möglichen Partnern für ein gemeinsames Spiel wählen. In allen Arbeiten wurde geprüft, ob die erlebte

Tendenz zur Festlegung auf eine Alternative im Entscheidungsprozeß sich als Markoff-Kette darstellen läßt. Die Zustände des Prozesses waren die Festlegung auf die eine oder die andere Alternative oder Unentschiedenheit. Als Stadien des Prozesses wurden die Unterbrechungen angesehen, die durch eine neue Informationsmitteilung geschaffen wurden. Die Informationstexte waren zuvor von anderen Vpn daraufhin eingestuft worden, wie sehr sie zugunsten der einen oder der anderen Alternative sprachen. Sorembe konnte nachweisen, daß die Informationen in der Weise die Entschlußabsichten der Vpn veränderten, wie sie als in ihrer Wirksamkeit gerichtet vorher skaliert worden waren. In allen Studien konnte gezeigt werden, daß sich die Festlegungstendenzen als Markoffprozeß beschreiben lassen. Dies bedeutet, daß sich die erlebte Festlegung in einem späteren Durchgang überzufällig gut aus der im voraufgehenden Versuchsdurchgang berichteten Festlegung vorhersagen läßt. Wäre dies nicht der Fall, dann wäre die voraufgegangene Konfliktlösungsarbeit insofern umsonst gewesen, als sie nicht zu einer Bindung an eine Alternative geführt hätte. Die Vpn wären dann unvorhersagbar während des Entscheidungsablaufes von einer Alternative zur nächsten gewechselt. Allerdings konnte nur in den zuerst erwähnten, nicht aber bei dem Partnerwahl-Experiment statistisch gesichert werden, daß der Prozeß auch als Markoff-Kette, also als Markoff-Prozeß mit stationären Übergangswahrscheinlichkeiten aufzufassen sei. Stationäre Übergangswahrscheinlichkeiten sind dann plausibel, wenn sich die meisten Vpn vor oder während des ersten Versuchsdurchganges festgelegt haben (die Varianz wäre dann möglicherweise ausschließlich Fehlervarianz) und entgegengerichtete Informationen nicht sonderlich wirksam sind; unstabile Übergangswahrscheinlichkeiten wird man u. a. dann erwarten dürfen, wenn die Entscheidungslage relativ neuartig ist, die Informationen wirksam oder der Konflikt unwichtig erscheint. In Markoffketten-Modellen ist die Chance einer Veränderung unabhängig vom Zeitpunkt ihres Auftretens. Diese Annahme wird unwahrscheinlich, wenn man davon ausgeht, die zur Konfliktlösung geleistete psychische Arbeit führe zu einer wachsenden Festlegung auf eine Alternative, also zu einer im Prozeßablauf zunehmend geringer werdenden Wahrscheinlichkeit eines Wechsels von einem Zustand in einen anderen.

Meeker (1971) legt ein Markoffprozeßmodell für die Situation eines Wertkonfliktes vor, das von van der Sanden (1973) wieder aufgegriffen wurde. Als Wertkonflikt definiert Meeker den Prozeß, in dem eine Person eine Entscheidung in einer Situation treffen muß, in der sie sich gleichzeitig an zwei oder mehr Werte gebunden fühlt und diese Werte zu miteinander unvereinbaren Verhaltensvorschriften führen, wenn sie auf die der Person verfügbaren Handlungsalternativen bezogen werden. Meekers Modell ist anwendbar auf eine Person, die wiederholt Entscheidungen gleichen Inhalts treffen muß. Der Inhalt ist bei Meeker noch recht spezifisch und festgelegt: Die Vp muß entscheiden, ob sie die Hilfe, die ihr eine andere Person gegeben hat, erwidern will, oder ob sie ihren eigenen Gewinn in der Gefangenen-Dilemma-ähnlichen Situation (s. dazu

Feger, 1972, a) maximieren möchte. Jedoch scheint das Modell leicht auf inhaltlich anders definierte Situationen übertragbar.

Das Modell geht von folgenden psychologischen Annahmen aus: In einer Situation können verschiedene Handlungsbereitschaften bestehen, die von den Wertzuständen der Person abhängen. Ein Wertzustand (value state) läßt sich beispielsweise durch – in dieser spezifischen Situation gleichsinnig wirkende – Motive wie Altruismus, Kooperationswunsch und die Norm der Verhaltensreziprozität umschreiben. Mit diesem altruistischen Wertzustand ist die Handlungsweise „Helfen“ konsistent, nicht zu helfen wäre inkonsistent. Zu den Leistungen des Modells gehört es, den Zusammenhang zwischen Handlungsbereitschaft oder Wertzustand als hypothetischem Konstrukt einerseits und Wahlverhalten andererseits zu formalisieren. Handelt man konsistent, so ändert sich der Wertzustand nicht.

Inkonsistentes Verhalten führt jedoch – mit einer bestimmten Wahrscheinlichkeit – von einem Wertzustand in einen anderen. Werte bestimmen also Verhalten, aber Entscheidungsverhalten ändert unter angebbaren Bedingungen auch die Werte. – Das Markoff-Modell bezieht sich auf eine Matrix von Übergangswahrscheinlichkeiten, deren vier Zeilen bzw. Spalten den Kombinationen der beiden Handlungen helfen/nicht helfen mit den beiden Wertzuständen altruistisch/nichtaltruistisch entsprechen. Die Übergangswahrscheinlichkeiten werden auf vier Parameter zurückgeführt, und deren psychologische Bedeutung wird von Meeker an seinen Daten geprüft. In unserem Zusammenhang bleibt festzuhalten, daß diese Parameter Unterschiede in dem intraindividuellen Wertkonflikt der Person in dieser Situation minimaler sozialer Interaktion beschreiben. Die Situation wird durch folgende vier Parameter erfaßt:

(1) die Wahrscheinlichkeit zu helfen, wenn man im altruistischen Wertzustand ist,
(2) die Wahrscheinlichkeit nicht zu helfen, wenn man im individualistischen Wertzustand ist,
(3) die Wahrscheinlichkeit, vom altruistischen zum individualistischen Wertzustand nach einem „Nicht-helfen“ zu wechseln,
(4) die Wahrscheinlichkeit, vom individualistischen zum altruistischen Wertzustand nach einem „Helfen“ zu wechseln.

Diese Parameter sind in der theoretisch begründeten Weise empfindlich für Merkmale der Situation: Im altruistischen Zustand ist die Person empfänglich für jene Aspekte der Situation, die mit der sozialen Beziehung zwischen dem anderen und ihr selbst zu tun haben; bei individualistischem Wertzustand ist sie sensibel für die kompetitiven Aspekte der sozialen Situation. Erste empirische Überprüfungen stützen das Modell.

2. Systematische und methodische Fragen bei der Untersuchung von Entscheidungsprozessen

Bezembinder & Roskam (1976) unterscheiden Prozeßmodelle allgemein danach, wie sie Veränderungen als Funktion der Zeit (oder, und dann Zeitverlauf implizierend, als Funktion von Wiederholungen) beschreiben. Die Modelle schildern die Veränderung mit Hilfe diskreter oder kontinuierlicher Variablen, und fassen sie auf als deterministisch oder stochastisch. Kontinuierliche Variablen treten in den Modellen des Entscheidungsprozesses auf, die sich mit der Stärke und Intensität von Reaktionen oder Auftretenswahrscheinlichkeiten befassen (s. u. a. Atkinson et al., 1965). Diskrete Variablen finden wir in den Markoff-Modellen; alle besprochenen behandeln die Zustände als diskrete Gegebenheiten. In einigen Fällen sind die Zustände manifest, d. h. sie sind der Beobachtung direkt zugänglich, wie z. B. die Zustände in Fegers Anwendung, die aufgrund der Äußerungen der Vpn eindeutig identifiziert sind. Die Zustände in Meekers Markoffmodell hingegen sind latent und müssen aus den Reaktionsweisen der Vpn erschlossen werden. In fast allen besprochenen Modellen, den random-walk-Modellen, haben die Zustände eine natürliche Ordnung, so. z. B. jene bei Atkinson et al. geschilderten Modelle, in denen eine Tendenz zur einen Alternative sich nur in eine Tendenz zugunsten der anderen Alternative verwandeln kann, wenn zuvor ein Zustand der Neutralität o. ä. durchlaufen wurde. Geordnete Zustände entsprechen Strukturannahmen, deren Prüfbarkeit z. Z. noch als problematisch anzusehen ist.

Bezembinder & Roskam unterscheiden Prozeßmodelle auch danach, ob die zeitbedingten Veränderungen an den abhängigen Variablen *autogenerativ* oder *exogen* sind. Autogenerativ sind solche Veränderungen, die durch Wirkungen zwischen den abhängigen Systemvariablen zustande kommen, also ohne Einwirkungen von außen in einem geschlossenen System. Exogene Veränderungen werden durch Variablen herbeigeführt, die außerhalb des betrachteten Systems liegen.

Autogenerative Modelle setzten in der Regel die Umwelt als konstant an, so sahen auch die Modelle z. B. von Audley oder La Berge keine Einwirkungen der Umwelt vor, sobald der Prozeß erst einmal begonnen hat. Einige Modelle beziehen sich, wie z. B. das von Aitchison & Moore (1976) sowie das von Mosteller & Tatsuoka (1960), auf eine Serie von Einzelentscheidungen, die allerdings sehr ähnlich sind, oft objektiv identisch. Die Grundannahme dieser Modelle ist: Die Ähnlichkeit der Einzelentscheidungen induziert einen Prozeß über die gesamte Serie, der inhaltlich z. B. als Optimierung, Routinisierung oder Stabilisierung (beispielsweise die asymptotische Festlegung auf die Bevorzugung einer Alternative) beschrieben wird. Vielleicht läßt sich die Unterscheidung zwischen Modellen für Serien unabhängiger Entscheidungen und Modellen für eine einzelne Entscheidung nicht uneingeschränkt durchhalten. Einige Modelle für eine einzelne Entscheidung (z. B. Estes, 1960) gliedern den

Tabelle 10: Situationen

Autor	Was wird vorhergesagt?	Konstante im Sich-Entscheiden	Bedingungen in der Umwelt	Variable im Sich-Entscheiden	Bedingungen in der Umwelt	Exogene Einwirkungen	Aktivität des Sich-Entscheiden	Ziel dieser Aktivität
Wald, 1947	Wahl einer Alternative	Mindest-Konfidenzniveau	Alternativenart und -zahl	Hypothesen über Ereigniswahrscheinlichkeiten	keine	durch Ergebnis der Informationssuche	Informationssuche und -bewertung	Konfidenz erhöhen
Edwards, 1965	Umfang des Informationserwerbs	Bewertungskriterien	Verteilungsparameter für das Informationsangebot	Hypothesen über Ereigniswahrscheinlichkeiten	z. B. diagnostischer Wert der Information	durch Ergebnis der Informationssuche	s. o., sowie Einschätzen von Infokosten und Gewinnhöhe	Konfidenz erhöhen
Tversky, 1972	Wahl einer Alternative	Charekterisierung der Alternativen nach Kriterien, die selbst bewertet werden	Anzahl der Alternativen	Anzahl der betrachteten Alternativen	keine	keine	eliminieren von Alternativen durch Bewerten	Zahl der Alternativen vermindern
Audley, 1960	Entschluß, Entscheidungszeit, VTE, Konfidenz u. a.	Verteilung der „implicit responses“	Anzahl der Alternativen	Bewertung der Alternativen, Stand des Zählers *k*	keine	keine	generieren und reagieren auf „implicit responses“	Präferenzunterschied ermitteln
Mosteller und Tatsuoka, 1960	Festlegung auf eine Alternative (bei absorbierenden Barrieren)	alternativenbezogene Motivation	Belohnungswahrscheinlichkeit der Alternativen	Präferenz für Alternativen	keine	durch Reinforcement	Lernprozesse	Stabilisierung der Präferenz

Prozeß in relativ unabhängige Teilentscheidungen, die dann allerdings als latent aufgefaßt werden.
Wie aus Tab. 10 hervorgeht, unterscheiden sich die dort auswahlweise und nicht vollständig beschriebenen Prozeßmodelle in vielen psychologisch wesentlichen Punkten. Es variieren der Aussagegegenstand, welches Verhalten aus welchen Variablen vorhergesagt werden soll, ebenso wie die Annahmen über konstante und variable Bedingungen im Sich-Entscheidenden und seiner Entscheidungslage. Die Untergliederung des Prozesses in Segmente geschieht ebenfalls nach unterschiedlichen Kriterien. Die Unterteilung hängt entweder von offen beobachtbaren Ereignissen ab wie die Informationssuche durch die Vp oder ein Informationsangebot oder ein Lernangebot (meist beides gleichzeitig) durch den Vl. Oder die Segmentierung wird aus theoretischen Gründen postuliert und ist dann oft latent. Was an und zwischen den Einschnitten geschieht, umfaßt alle Bereiche, die in der Allgemeinen Psychologie behandelt werden – Lernprozesse z. B. in den Modellen von Estes oder Atkinson, Bower und Crothers, kognitive Prozesse der Informationsverarbeitung bei Edwards (1965), evaluative Aktivitäten z. B. bei Tversky (1972). Als Folgen dieser Konfliktarbeit werden u. a. Erhöhen der subjektiven Sicherheit, Veränderungen in den Ansichten über Auftretenswahrscheinlichkeiten von Ereignissen, das Aussondern von Alternativen oder die Elaboration der Präferenzstruktur angenommen. Integrierungen der heute noch größtenteils beziehungslos nebeneinanderstehenden Modelle und vergleichende empirische Prüfungen wären zu wünschen.

Die ausdrückliche *Untersuchung* des Prozesses *als Prozeß* verdeutlicht vielleicht besonders gut einige methodische Probleme der Konfliktforschung. Nur die wenigsten Studien erheben ausschließlich verhaltensdeskriptive Variablen in solchen Situationen, die den Vpn nicht als Untersuchung bekannt sind. Jede der Vp bewußte Messung vor und während des Prozesses und jeder erlebte Eingriff in den Verlauf kann zu reaktiven Effekten führen, deren Auftreten im hier behandelten Forschungsbereich noch kaum untersucht wurde. Eine Gefahr ist allerdings bei Prozeßanalysen relativ früh gesehen worden, die *impliziter Entschlüsse*. Damit ist die Möglichkeit einer Vp gemeint, sich schon endgültig für die Wahl einer Alternative zu entscheiden, ohne daß der Vl dies feststellen kann (vgl. Mann et al., 1969) – der Vl mag der Vp z. B. noch neue Information zuführen, obwohl diese sich längst festgelegt hat. Selbst wenn die Vp in der Lage wäre, ihre vollzogene Wahl unmittelbar zu signalisieren, kann doch die objektiv erhobene Entscheidungszeit nicht einfach mit der Prozeßdauer gleichgesetzt werden. Man kann ja nicht die Möglichkeit ausschließen, daß ein Entschluß zwar rasch, aber doch nicht so abrupt gefällt wird, daß nicht inter- und intraindividuelle Variationsmöglichkeiten blieben, wann der Vollzug mitgeteilt würde. Und diese Variabilität dürfte auch von Bedingungen abhängen, die mit den Konfliktgeschehen nichts zu tun haben, etwa von Reaktionsgewohnheiten.

Um impliziten Entschlüssen zuvorzukommen, wiesen Mann et al. (1969) die Vp in der Instruktion ausdrücklich an, keinen vorzeitigen Entschluß zu fassen.

Linder & Crane (1970) bezweifeln, ob damit der gewünschte Erfolg erreicht wurde. Sie selbst versuchten Sensitivierungseffekte dadurch zu vermeiden, daß sie jede Vp nur eine Entscheidung fällen ließen und nur um eine Präferenzeinstufung baten – Vorzugswahlen noch vor dem eigentlichen Entscheidungsexperiment dürften häufig Entscheidungsprozesse anlaufen lassen (s. Feger, 1978, Kap. 5). Linder & Crane teilten ihren Vpn mit, wann die „committing decision" zu fällen sei, und das war bei verschiedenen Experimentalgruppen zu unterschiedlichen Zeitpunkten der Fall. Erwarten die Vpn während der gesamten Zeit noch entscheidungsrelevante Information, und wird ihnen der kognitive Aufwand nicht zuviel, dann strecken sie ihren Prozeß vielleicht tatsächlich so lange wie der Vl es wünscht. Feger (1978, S. 183 ff.) fand keine Effekte von (1) Unterbrechung des Entscheidungsverlaufes durch wiederholte Messung versus nicht unterbrochenem Verlauf, (2) Selbstselektion der Vpn, wenn ihnen der Zeitpunkt freistand, an dem sie die Informationsaufnahme beenden wollten, und (3) erzwungener versus freiwilliger Informationsaufnahme auf die erlebnisdeskriptiven Variablen Wichtigkeit, Konfliktstärke, Konfidenz und Informationswunsch. Verglichen wurden drei Versuchsbedingungen: Eine Vp entscheidet selbst, wie viele Teilinformationen sie bekommt; alle Vpn bekommen alle Informationen, nach jedem Text wird gemessen; und ohne Unterbrechung erhalten verschiedene Vpn unterschiedliche Anzahlen der Texte. Eine einzige Untersuchung wie diese kann jedoch lediglich auf die Problematik hinweisen, nicht sie lösen.

IX. Informationsverhalten in Entscheidungssituationen

Wenn auch in früheren Abschnitten, wie z. B. bei der Behandlung der neueren spieltheoretischen Entscheidungsforschung, schon Informationsverhalten in Entscheidungen behandelt wurde, soll dieser Abschnitt sich doch gezielt diesem Thema zuwenden, da es in der Literatur der letzten beiden Jahrzehnte intensiv und aus unterschiedlichem Blickwinkel analysiert wurde. Die Tendenz geht – in der Terminologie von Berg & Kirsch (1975) – von geschlossenen zu offenen Modellen, in denen berücksichtigt wird, „wie Entscheidungsprobleme entstehen, Informationen gewonnen werden und wie die Umwelt den Prozeßablauf beeinflußt". Wir werden hier jedoch nicht jene Studien darstellen, die untersuchen, wie sich subjektive Ereigniswahrscheinlichkeiten ändern, wenn im Verlauf des Prozesses mehr oder minder ereignisrelevante Informationen verfügbar werden. Dieser Bereich stellt einen eigenen, umfangreichen und theoretisch fortgeschrittenen Forschungsschwerpunkt dar (s. z. B. Wallsten, 1972). In den meisten dieser Untersuchungen fehlt ein Schritt, der die revidierten Wahrscheinlichkeitsschätzungen direkt mit einer Wahl oder einem Entschluß verbindet.

Wenn auch die Sprachregelung in der Literatur noch nicht einheitlich ist, scheint uns folgende Differenzierung doch sinnvoll: Wir unterscheiden (1) den Informationswunsch als subjektiven Zustand des Sich-Entscheidenden, der von ihm direkt oder indirekt erfragt werden kann; (2) die manifeste Informationssuche (search), die als beobachtbare von der oft postulierten latenten abzuheben wäre; Frey et al. (1976) wiesen nach, daß einige Effekte der Informationssuche wie Konfidenzerhöhung schon dann auftreten, wenn die Vp lediglich den Wunsch nach Information äußert, aber sie noch nicht erhält – vermutlich wirkt schon die Erwartung entscheidungsrelevanter Information; (3) die Informationsaufnahme (acquisition) und (4) Informationsverarbeitung (processing). Diese vier Aspekte des Informationsverhaltens stellen Variablen oder Variablenbündel dar, die meistens zu abhängigen Variablen in den Experimenten werden. Die unabhängigen Variablen lassen sich grob unterteilen in Merkmale des Sich-Entscheidenden, Merkmale der Situation oder der Aufgabe und in die besonders häufig untersuchten Merkmale der Information selbst.
Wenn wir die Frage nach den Gründen stellen, warum überhaupt Information gesucht wird, legen die bereits geschilderten Studien u. a. diese Antworten nahe: Information sucht der Sich-Entscheidende, wenn das Eintreten entscheidungsrelevanter Umweltereignisse unsicher ist und Information verfügbar scheint, die diese Unsicherheit reduzieren könnte, wenn neue Alternativen beim Suchen auftauchen könnten, die günstiger als die bereits bekannten sind, und wenn die Eigenschaften von Alternativen nicht völlig bekannt sind und weitere Information über die Eigenschaften die Bewertung der Alternativen maßgeblich bestimmen könnte. Freier & Schmidt (1972/73) nehmen an, der Ausgangszustand bei einem Entscheidungsprozeß sei gekennzeichnet durch „... das Vorhandensein widersprüchlicher oder einander ausschließender Informationen und Verhaltensanforderungen" und aus dem resultierenden Konflikt ergäben sich Reaktionen mit dem Ziel, Entscheidungsunsicherheit zu überwinden, eben auch die Reaktion, Information aufzunehmen. Sehr dezidiert formulieren sie (S. 341): „Die Aufnahme der Information (einschließlich ihrer Verarbeitung) ist das letztlich ausschlaggebende dynamische Element in einer Entscheidungshandlung, d. h. dasjenige Element, das es dem Dezidenten ermöglicht, den konflikthaften Ausgangszustand in einen konfliktbereinigten Endzustand zu überführen." Dies wird verständlich, wenn man die Ausgangslage als gleichzeitigen kognitiven und motivationalen Konflikt beschreibt. Im *kognitiven Konflikt* passen die Informationen über Zustände innerhalb der Umwelt, der Umwelt und dem Wahrnehmenden selbst, oder innerhalb der Person selbst nach jeweils näher zu bestimmenden Kriterien nicht zueinander; sie sind widersprüchlich. Deshalb liefern sie auch keine eindeutige Verhaltensanweisung, und besonders wenn die Wahl unaufschiebbar ist, führt kognitiver zu motivationalem Konflikt. Auch der umgekehrte Zusammenhang ist, auch gleichzeitig, als Rückkoppelungsschleife möglich: Da die Handlungsabsichten nicht eindeutig sind, erscheint die Information über Selbst und Umwelt ambivalent.

Welche *Funktion* Informationsaufnahme vor der Entscheidung hat, kann man unterschiedlich akzentuieren. Freier & Schmidt (S. 343) schreiben dieser Tätigkeit den Zweck zu, „... die anfangs unvollständige oder ungenügende hierarchische Gliederung der einzelnen Alternativen zu vervollständigen und die subjektiv am günstigsten erscheinende Alternative herauszufinden". Dann würde die Informationsaufnahme abgeschlossen, wenn „die damit verbundene Präferenzbildung möglich bzw. abgeschlossen ist". Diese Annahme ist nicht identisch mit und u. U. im Widerspruch zu der von Edwards (1965), wonach Kosten–Nutzen–Erwägungen den Ausschlag geben. Nach Lanzetta & Discroll (1966) besteht ein Informationsbedürfnis auch in solchen Situationen, in denen der Ausgang der Situation vom Sich-Entscheidenden nicht beeinflußt werden kann, was dafür spricht, als Funktion der Informationssuche eine Minderung der subjektiven Unsicherheit anzunehmen. Verwandt, wenn auch nicht gleich ist Festingers Annahme, Informationssuche verfolge den Zweck, Dissonanz zu reduzieren (s. u.). Mills & Ross (1964) stellen fest, das Interesse an Information sei abhängig von dem Wunsch, die eigene Sicherheit zu erhöhen, und der Erwartung, in welcher Weise die Information das Sicherheitsniveau beeinflussen werde.

Feathers (1967) Ansatz ist eine allgemeine Theorie der Informationssuche, nicht nur bezogen auf Informationsverhalten in Konfliktsituationen. Dabei wird Informationssuche sehr weit gefaßt und umfaßt auch die Verhaltensweise, zuzulassen, daß man neue Information erfährt, was vermutlich in der Regel weniger Aktivität erfordert als selbst Situationen herbeizuführen mit dem Ziel, neue Information aufzunehmen. Einige theoretische Überlegungen scheinen davon auszugehen, daß Vpn erwarten, häufig sogar befürchten, neue Information werde ihre Einstellung und ihr Verhalten ändern, oder zu Inkonsistenzen führen, oder aber hoffen, durch neue Information Inkonsistenzen abbauen zu können. So nimmt Festinger (1957, S. 128) an, eine Person werde sich solcher Information aussetzen, von der sie erwartet, sie werde die Konsonanz ihrer Kognitionen erhöhen, und solche Informationen meiden, von der sie ein Anwachsen der Dissonanz befürchtet. Empirische Untersuchungen zeigten jedoch, daß diese einfache Formel nicht ausreicht, um Informationsverhalten zu beschreiben (z. B. Studien zum selective exposure, Freedman & Sears, 1965). Festinger (1964) führte deshalb zwei zusätzliche Variablen ein: Eine Person setzt sich dissonanzerzeugender Information dann aus, wenn sie sich sicher fühlt, sie könne mit dieser Information so fertig werden, daß ihre Dissonanz letztlich doch reduziert wird, und wenn solche Information für die Person nützlich erscheint. Damit wird die Frage angesprochen, der sich Feathers Theorie ausdrücklich zuwendet. Wenn es möglich ist, zwischen verschiedenen Informationen zu wählen (und nicht bloß zu entscheiden, ob man Information überhaupt erhalten will oder nicht), welcher Information wird sich eine Person dann zuwenden? Feather nimmt an, die Tendenz, sich einer Information zuzuwenden, ließe sich in mehrere teils fördernde, teils hemmende Komponenten zerlegen, und zu diesen Komponenten gehörten u. a. auch eine Tendenz, Information aufzusuchen, um Konsistenz herbeizuführen, und Information nicht zu suchen, um Inkonsistenz zu meiden. Darüber hinaus wird die Instrumentalität des Informationsverhaltens betont. Solche Information wird gesucht, die den Zielen einer Person dient, solche gemieden, die in der Situation zu negativen Konsequenzen führt.

Zu den *Merkmalen der Situation der Entscheidungsaufgabe,* deren Auswirkungen auf Informationsverhalten untersucht wurden, gehört die *objektive Unsicherheit* (uncertainty) einer Entscheidungssituation. Sie ist nicht zu verwechseln mit der subjektiven Konfidenz. Die meist informationstheoretischen Maße zu ihrer Berechnung beziehen sich auf die Anzahl der Alternativen und den Grad, in dem es gleich wahrscheinlich ist, daß sie gewählt werden; viele Alternativen, von denen keine gegenüber einer anderen bevorzugt wird, stellen hohe objektive Unsicherheit dar (s. u. den Ansatz von Lanzetta und Mitarbeitern). Die subjektive Konfidenz korreliert mit objektiver Unsicherheit, wenn man Daten über Vpn zusammenfaßt. Bei Daten einer beliebigen einzelnen Vp kann man jedoch nicht unbedingt von einem deutlichen Zusammenhang ausgehen (vgl. Wendt, 1967). Objektive Unsicherheit verstärke die Informationssuche (Freier & Schmidt, 1972/73).

Weitere Aussagen über Informationsverhalten lassen sich aus der *Komplexitätstheorie* und ihrer Prüfung gewinnen (z. B. Streufert et al., 1965; Streufert et al., 1967; Schroder et al., 1967; Streufert & Castore, 1971). Die Komplexitätstheorie ist eine allgemeine Verhaltenstheorie und schließt Aussagen über Verhalten in intraindividuellen Konfliktsituationen als Sonderfall mit ein. Sie befaßt sich mit der Auswirkung von Komplexität auch auf Informationssuche und Verarbeitung, und zwar sowohl der Komplexität der Umwelt, in der Verhalten stattfindet, als auch stabilen interindividuellen Unterschieden in der Komplexität der kognitiven Struktur der handelnden Person. Die Theorie berücksichtigt somit Merkmale von Entscheidungssituationen und Merkmale von Entscheidungsträgern. Die Komplexität der Umwelt setzt sich aus folgenden Komponenten zusammen: Menge der Information, die eine Person pro Zeiteinheit erhält (information load), dem proportionalen Anteil in der Information, der die Person über ihre Mißerfolge informiert, und dem proportionalen Anteil Erfolgsinformation. Interindividuell unterschiedliche Komplexität variiert als Persönlichkeitsmerkmal von einfach – die Person differenziert ihre Konzepte nicht und integriert sie auch nicht – über Zwischenstufen zur maximalen Komplexität, der Differenzierung auf hohem Integrationsniveau.

Die Theorie nimmt an, daß komplexe Personen im allgemeinen stärker nach Information suchen, und zwar besonders dann, wenn die gesuchte und erhaltene Information mit bestehenden Einstellungen nicht übereinstimmt, für das unmittelbar erforderliche Verhalten nicht relevant ist oder nicht direkt ersichtliche Implikationen hat. In einer erweiterten Fassung nehmen Streufert et al. (1965) an, einfache im Gegensatz zu komplexen Personen suchten mehr Information für direktes, unmittelbares, ad-hoc-Reagieren (one-to-one responding) und wenn die Informationssuche sie nicht in aktiven Kontakt brächte mit möglicherweise inkongruenten oder in ihren Implikationen nicht sich unmittelbar erschließenden Kognitionen. Zunehmende Umwelt-Komplexität sollte zu abnehmender Informationssuche führen, und zwar ausgeprägter für einfache als für komplexere Personen. Von komplexeren Personen erwartet die Theorie, daß sie die Informationen stärker nach Relevanz für ihre gegenwärtigen Absichten filtern und ihnen somit mehr Zeit bliebe für Informationssuche. In der Informationsverarbeitung zeigen komplexe Personen mehr integrative (strategische) Informationsnutzung; das Nutzungsoptimum liege bei einem mittleren Komplexitätsgrad der Umwelt.

Die empirischen Befunde stützen diese und andere Ableitungen aus der Komplexitätstheorie nur teilweise. Die experimentelle Evidenz ist – bezogen auf die intraindividuelle Konfliktforschung – u. a. auch deshalb schwer zu bewerten, weil das Informationsverhalten häufig im interpersonalen Kontakt bei Simulationsspielen o. ä. untersucht wurde.

Stärker auf Informationsverhalten speziell in Entscheidungssituationen zielen die Experimente, die aus dem Arbeitskreis von Lanzetta stammen (z. B.: Lanzetta, 1963; Lanzetta & Discroll, 1966, 1968; Lanzetta & Kanareff, 1962; Lanzetta & Sieber, 1964; Discroll et al. 1966, 1967; Hawkins & Lanzetta, 1965). U. E. untersuchen diese Beiträge eher Problemlöseverhalten bei fiktiven Aufgaben. So soll die Vp z. B. als Frachtmeister die Menge der Ladungen verschiedener Güter bestimmen, wobei Informationen über deren Absatzmöglichkeiten sukzessiv verfügbar werden. Bei jedem Problem können beispielsweise 10 c gewonnen werden, eine Informationseinheit kostet 1 c. – In mehreren Arbeiten konnte gezeigt werden, daß die objektive Unsicherheit der Situation sich auf das Informationsverhalten auswirkt. Discroll & Lanzetta (1964) konnten zeigen, daß die Entscheidungszeit – die Zeit für die Informationssammlung nicht eingeschlossen – eine lineare Funktion der durchschnittlichen objektiven Unsicherheit ist. Sie nehmen an, daß diese Zeit zur Informations-Integration benötigt wird.

Bei diesen wie allen anderen experimentellen Untersuchungen kann man sich vergegenwärtigen, daß ein Teil der Information vom Vl vorgegeben werden muß, die Vp also nicht alle Information selbst suchen kann. Im Paradigma von Lanzetta und Mitarbeitern informiert der Vl über Art und Anzahl der Alternativen, über die möglichen Folgen eines Entschlusses, und über die meist probabilistischen Beziehungen zwischen Alternativen und Folgen. Man könnte dies so deuten, als habe der Vl für die Vp diese Information gesucht und biete sein Ergebnis nun der Vp an. Dann wird deutlich, daß dieses Paradigma – wie andere auch – ein Segment aus dem biographischen Kontinuum herausschneidet und so Konfliktarbeit verkürzt oder eliminiert, die vor der Entscheidung von der Person hätte geleistet werden können, und die Versuchsanlage unterbindet häufig – schon aus ethischen Gründen – einen folgenbedingten Bezug in die weitere Zukunft des Individuums. Hier deuten sich Grenzen der Generalisierbarkeit aller Ergebnisse an, die mit diesem experimentellen Paradigma gewonnen werden. Zugleich kann interindividuelle Variation sich nicht auswirken, die zu Unterschieden in der Ausgangslage hätte führen können.

Lanzetta & Kanareff (1962) manipulieren die *Informationskosten* und die Auszahlungsmatrix. Je geringer die Kosten und je höher die Gewinnmöglichkeiten, desto mehr Information wird erworben. Doch ist die Informationssuche der Vpn suboptimal, d. h. sie suchen weniger Information als nach den Erwartungen der Nutzentheorie (s. o.) nützlich wäre. Frey et al. (1976) weisen darauf hin, daß möglicherweise der monotone Zusammenhang zwischen Informationsnachfrage und Informationskosten nur für einen bestimmten Bereich gilt. Dieser Bereich könnte durch den Nutzen der Information (s. u.) bestimmt werden: Ist der Informationsnutzen sehr hoch, wird Information auf jeden Fall gesucht, ist der Nutzen gering, wird auch bei niedrigen Kosten nicht gesucht. Der Gültigkeitsbereich könnte auch durch die Wichtigkeit der Situation insgesamt begrenzt werden. Steht viel auf dem Spiel, so sind die Kosten nahezu irrelevant. Frey et al. (1976) weisen darauf hin, daß die Nachfrage–Kosten Hypothese keineswegs trivial ist, da es wenigstens eine plausible andere Hypothese gibt: Kosten-Unelastizität könnte sich dadurch ergeben, „... daß die Entscheidungssubjekte von der Vorstellung einer ‚Mindestinformationsmenge' ausgehen, die weitgehend unabhängig von den jeweiligen Informationskosten für eine ausreichend gute Entscheidung als erforderlich angesehen wird. Dies hätte zur Folge, daß bei geringen oder keinen Informationskosten keine wesentlich höhere Informationsnachfrage auftritt als bei höheren Kosten" (S. 572). Für den Informationserwerb wird um so weniger Zeit aufgewendet, je mehr Information bereits vorliegt, wobei der Zeitpunkt, an dem die Informationssuche aufgegeben wird, eine Funktion der Schwierigkeit ist, die Information zu verarbeiten: je schwieriger, desto früher wird abgebrochen.

Lanzetta und Mitarbeiter erfaßten nicht nur die gesamte, bis zum Entschluß benötigte Zeit, sondern differenzierten in (1) Problemzeit, d. i. die Zeit von der Darbietung der Aufgabe bis zur ersten Frage nach Information, (2) Informationszeit, d. i. die Zeit, die für alle Informationsfragen insgesamt investiert wurde, und (3) Entscheidungszeit, d. i. die Zeit von der letzten Informationsfrage bis zur Lösung. Verschiedene experimentelle Variationen wirkten unterschiedlich auf diese Zeiten ein. Sequenzeffekte über verschiedene Aufgaben zeigten sich am deutlichsten bei der Verkürzung der Informationszeit: Routine wirkt sich auf Informationssuche besonders zeitsparend aus. Auch Zeitdruck verkürzt die Informationszeit; die Vpn scheinen hier am ehesten einsparen zu können oder zu wollen. Bei allem zeigten sich immer wieder deutliche interindividuelle Unterschiede. Korreliert man die verschiedenen

Zeiten und weitere Variablen über die Vpn, dann findet man: Die Anzahl der erfragten Informationen korreliert negativ mit der Entscheidungszeit; die Problemzeit korreliert hoch negativ mit der Fragenzahl, jedoch positiv mit der Entscheidungszeit. Die Gesamtentscheidungszeit – Summe aus (1), (2) und (3) – korreliert hoch mit der Verarbeitungsdauer pro Informationseinheit, mit Problemzeit und Entscheidungszeit i. e. S. Man kann auf interindividuelle Unterschiede in der Fähigkeit schließen, Information zu verarbeiten. Es liegt nahe, einen Zusammenhang mit der kognitiven Komplexität als Persönlichkeitsmerkmal (s. o.) zu vermuten. Sieber & Lanzetta (1964) konnten eine solche Beziehung nachweisen: Vpn mit hoher Komplexität benötigen insgesamt mehr Zeit, suchten mehr Information und äußerten geringere subjektive Konfidenz. Sieber & Lanzetta (1966) erreichten durch gezieltes Training, daß Vpn mehr Information suchten, längere Entscheidungszeiten in Anspruch nahmen, mehr subjektive Unsicherheit berichteten und mehr richtige Problemlösungen erreichten.

Crawford (1974) knüpft an diese Tradition an und variiert objektive Unsicherheit, Wichtigkeit der Entscheidung und Verstärkung durch Gruppenmitglieder in der Entscheidungssituation. Die Wichtigkeit wurde erhöht, indem die Beträge in der Auszahlungsmatrix erhöht wurden. Bei der varianzanalytischen Auswertung ergab sich, daß der Zeitpunkt der ersten Informationsnachfrage von einer additiven Kombination von objektiver Unsicherheit und Wichtigkeit abhing. Ob hingegen eine Vp ihre Informationssuche beibehielt, hing von der Interaktion ab zwischen objektiver Unsicherheit und dem Bekräftigungswert der erhaltenen Information, der dann hoch war, wenn die Information oft zu richtigen Entscheidungen führte. Wenn die Information nicht dazu dienen konnte, die Reaktionen auf die Alternativen zu ordnen, wurde nicht dauerhaft gesucht. Wenn sich Vpn dem Einfluß von Gruppenmitgliedern aussetzten, gaben sie diesem Einfluß in der Regel auch nach, ob allerdings in stärkerem Maße als bei unfreiwilliger Exposition zur Einflußquelle, ist noch ungeklärt.

Eine weitere Situationseigenschaft untersuchten Frey et al. (1976) mit der *Reversibilität der Entscheidung*. Vpn suchten in irreversiblen Entscheidungen mehr Information, insbesondere bei niedrigen Informationskosten. Nach Meinung der Autoren hätten in dieser Lage die Vpn deshalb mehr Information erstrebt, weil sie höhere Verluste befürchteten, wenn sie zuvor nicht ausreichend Information gesucht hätten. Der Befund wird auch dissonanztheoretisch begründet. Nach einem irreversiblen Entschluß muß die Person mit stärkeren Dissonanzen rechnen, wenn die Wahl sich als falsch herausstellt, sofern sie vorher weitere Information hätte einholen können. Vpn sind sich bei niedrigen Informationskosten sicherer, sich gut entscheiden zu können, als bei hohen Kosten (vgl. Irwin et al., 1957, die die subjektive Sicherheit allerdings nach der Kenntnisnahme der abgerufenen Information einschätzen ließen). Die Reversibilitätsbedingung zeigte bei Frey et al. keinen Einfluß auf die Konfidenzurteile. Diese korrelierten positiv mit der Informationssuche, je mehr Information abgerufen wurde, desto sicherer zeigten sich im Mittel die Vpn. Von den *Eigenschaften der Information* wurde besonders ihre Gerichtetheit untersucht. Mit *Gerichtetheit* ist ihr Bezug auf die Alternativen gemeint: positiv gerichtete Information ist solche, die nach Meinung der Vp oder des Vl für die Alternative spricht, die gerade präferiert wird, negative Information also solche, die der gegenwärtig dominierenden Verhaltenstendenz zuwider läuft. Pitz & Geller (1970) analysierten als unabhängige Variablen die Übermittlung positiver oder negativer Information und die Art der Entscheidung im voraufgegangenen Teilversuch, als abhängige Variablen die Bevorzugung der Alternativen, insbesondere die abschließende Entscheidung und die Entscheidungszeit. Wieviel Information sie suchen sollten, konnten die Vpn selbst bestimmen. Es ergab sich: Je größer die Differenz zwischen den Häufigkeiten, mit denen positive gegenüber negativen Informationen dargeboten wurden, desto kürzer war die Entscheidungszeit. Pitz & Geller interpretieren: Die Entscheidungszeit sei um so kürzer, je leichter die Entscheidung sei. Die Zeit fiel relativ länger aus, wenn die Bevorzugung der Alternativen im Prozeßverlauf geändert wurde und auch, wenn die voraufgegangene Information die erste negative in einer Reihe von weiteren negativen Informationen war. Bei ihrer theoretischen Interpretation gehen Pitz & Geller von einem Zustandsmodell aus. Die Person befindet sich in einem von vier Zuständen: Sicher, daß Alternative A zutrifft, teilweise sicher für A, teilweise sicher für B, sicher für B.

Mit der Erwähnung der Gerichtetheit von Information ist die Frage angesprochen, ob Vpn Informationen *verzerrt (biased)* bewerten, sich insbesondere bei ihrer bewertenden Reaktion auf Information von ihrer gegenwärtigen Präferenz für eine Alternative beeinflussen lassen. Hinweise auf eine solche Verzerrungsmöglichkeit fand man schon bei der Analyse subjektiver Ereigniswahrscheinlichkeiten. Vpn verzögerten die Revision subjektiver Wahrscheinlichkeiten im Vergleich zu dem Ausmaß an Revision, das zu einem bestimmten Zeitpunkt nach Bayes' Theorem erforderlich gewesen wäre (z. B. Peterson & DuCharme, 1967). Grabitz & Haisch (1972) fanden Belege dafür, daß Informationen, die gegen die favorisierten Hypothesen sprachen, verzerrt wurden – weniger oft als „gesehen" bezeichnet wurde. Es gab im übrigen auch Hinweise auf eine positive Verzerrung favorisierender Information. Pitz et al. (1967) fanden, daß die Wirkung negativer Information relativ zu positiver unterschätzt wird. Dieses Phänomen wird als ‚inertia effect" bezeichnet. Zwei Erklärungsmöglichkeiten werden in der Literatur für dieses Phänomen erwähnt: (1) die Vp habe sich auf ein einmal erreichtes Wahrscheinlichkeitsniveau innerlich festgelegt und sei nun schwer davon abzubringen; (2) die Vp erwartet nach einer Anzahl schon gegebener Informationsteile auch solche, die negativ sind, und ist somit dagegen gefeit. Die empirische Evidenz ist nicht ganz eindeutig, scheint aber eher für (1) zu sprechen (Pitz, 1969). Grabitz (1971) sowie Grabitz & Grabitz-Gniech (1972) interpretieren ihre Ergebnisse als Stützung der Annahme, der Inertia-Effekt sei bewirkt durch Dissonanzreduktion. Wenn Information vom Vl als unzuverlässig bezeichnet wird, und er die Vp fragt, welcher Teil der Information „richtig" oder „falsch" sei, wird ein beträchtlicher Teil der negativen Information als falsch eingestuft, positive Information hingegen meist als richtig oder wahr, und entsprechend werden die subjektiven Wahrscheinlichkeiten angepaßt oder nicht (so Kozielecki, 1966; für Details s. Grabitz & Grabitz-Gniech, 1973).

Von den kognitiven Prozessen im Vorentscheidungskonflikt haben wir das Sammeln von Informationen behandelt, und schon die *Bewertung dieser Information,* die zugleich mit der Bewertung der Alternativen (dazu an anderer Stelle Festingers Dissonanztheorie, Janis' Bilanzbogenmodell und Brehms Reaktanztheorie) zu leisten ist. Informationssammlung und Informationsbewertung scheinen nicht unabhängig voneinander. Die Art dieses Zusammenhanges haben z. B. Mills & Ross (1964) in der choice-certainty Theorie formuliert. Ihre These: Das Interesse an Information hängt ab von dem Wunsch, die Sicherheit zu erhöhen, später die beste Alternative gewählt zu haben, und von der Erwartung darüber, wie weitere Information diese Sicherheit beeinflussen wird. Sicherheitsreduzierende Information werde vermieden. Mit dem Sicherheitsbezug wird ein weiteres, stark vom Sich-Entscheidenden abhängiges Merkmal der Information in die Debatte eingeführt. Je geringer die Sicherheit einer Person, die sich schon auf die Wahl einer Alternative festgelegt hat, desto stärker sei der Wunsch nach positiver Information. Ist die Person noch nicht festgelegt, werde sie um so mehr positive Information bevorzugen, je größer ihre Sicherheit ist. Commitment während des Entscheidungsprozesses wird also als Moderatorvariable eingeführt. Mills & Ross fanden wie vorhergesagt bei hohem commitment eine negative Korrelation zwischen subjektiver Konfidenz und Präferenz für positive Information, und eine positive Korrelation bei schwacher Festgelegtheit. Erwähnenswert in der weiteren Entwicklung dieser Fragerichtung scheint insbesondere die Arbeit von Behling (1971). Sie zeigte, daß positive, unterstützende Information unter allen Bedingungen als *nützlicher* eingestuft wurde als widersprechende. Mit dem Nutzen wird ein weiteres Informationsmerkmal eingeführt, das nach Behlings Meinung hinreichend ist, um die Befunde zur Information zu erklären. Allgemein darf kritisch zu den Experimenten in diesem Bereich angemerkt werden, daß dem Problem der durch Attraktivitätseinstufungen nahegelegten impliziten Entscheidungen zu wenig Aufmerksamkeit gewidmet wird. Die Reliabilität der Attraktivitätseinstufungen wird nicht berücksichtigt. Schließlich wird die Attraktivität nicht i. e. S. gemessen, die Schätzdaten jedoch wie Intervallmessungen behandelt (weitere Kritik bei Grabitz & Grabitz-Gniech, 1973).

In alltäglichen Entscheidungssituationen ist es nicht untypisch, daß mehr als eine *Informationsquelle* verfügbar ist. Dann ergibt sich die Frage, nach welchen Merkmalen der Quelle sich Vpn bei der Wahl der Quelle richten. Schon Edwards (1956) stellte fest, daß Vpn nicht die Quellen angehen, die am häufigsten richtig informieren, sondern jene, deren Aufsuchen mit der größten Wahrscheinlichkeit in irgendeiner Weise belohnt wird, z. B. durch Vermittlung interessanter, jedoch nicht entscheidungsrelevanter Zusatzinformation. Wenn mehrere Informationsquellen fließen, kann die Information *widersprüchlich* sein. Natürlich kann auch eine einzige Quelle widersprüchliche Information liefern, jedoch hat Widersprüchlichkeit von Informationen aus mehreren Quellen eine besondere Plausibilität. Levine (1973) untersuchte an einer fiktiven „taktischen" Entscheidung aus dem Militärbereich, bei der richtige, d. h. auch rechtzeitige Entschlüsse durch Geldgewinn belohnt wurden, die Folgen von Unterschieden in der *Informationsrelevanz* und ihrer Widersprüchlichkeit. Beide Informationsmerkmale wirkten sich insbesondere auf die endgültige Entscheidung aus, so daß Levine vermutet, Menschen seien sehr geschickt bei der Integration von Information, unabhängig von deren Widersprüchlichkeit, Relevanz oder Variabilität. Außerdem, so wurde aus den Konfidenzschätzungen gefolgert, scheinen Vpn Vorstellungen darüber zu entwickeln, wieviel Information man sammeln sollte, und sie stützen dann ihr Konfidenzurteil auf die Menge der verfügbaren Daten, nicht auf deren Wert für eine Vorhersage (zur Informationsrelevanz s. a. Streufert, 1973).

Bei wiederkehrenden und hinreichend wichtigen Entscheidungen, z. B. in der Wirtschaft, im militärischen Bereich und in der Diagnostik, muß der Sich-Entscheidende oft nicht von sich aus Informationsquellen aufsuchen oder gar solche Quellen erst herstellen, vielmehr ist die Situation so institutionalisiert, daß mehrere Quellen ihre Mitteilungen anbieten. Führen dann überlappende und redundante Mitteilungen zu einem einheitlichen Informationsangebot, so wird dies in der Regel die Entscheidung erleichtern, Widersprüchlichkeiten müssen jedoch besonders verarbeitet werden. Dieses Verarbeiten kann nach Naylor (1964) geschehen, indem die Entscheidungsinstanz lernt, zwischen Informationsquellen nach deren Qualität zu unterscheiden. Da die Qualität einer Informationsquelle davon abhänge, wie oft sie korrekte Information bereitstelle, wie groß ihre Fehler seien und wie hoch die Kosten richtiger und falscher Entscheidungen ausfielen, die von diesen Informationen ausgehen, müsse der Sich-Entscheidende lernen, (a) welche Quelle am wahrscheinlichsten zutreffende Information abgibt, (b) welche eher große Fehler liefert, (c) diese beiden Faktoren hinsichtlich ihrer Kosten zu gewichten, und (d) die beste Quelle für seine Entscheidung zu wählen. Naylor spezifiziert also einige kognitive Aktivitäten in einer solchen Entscheidungssituation und bettet in sie wenigstens eine weitere Entscheidung ein, und zwar die über die geeignete Informationsquelle. Im Prinzip setzten hier schon Irwin, Smith & Mayfield (1956) an, als sie für die Situation des „expanded judgment" zeigten, daß Vpn gut zwischen Mittelwerts- und Varianzunterschieden von Verteilungen unterscheiden können, also das zu leisten vermögen, was Edwards (1961) als „intuitive statistics" bezeichnet hat. Naylor geht insofern über die Experimente von Irwin und Mitarbeitern hinaus, als er die *relative* Diskriminationsfähigkeit zwischen Unterschieden in der zentralen Tendenz gegenüber Unterschieden in der Variabilität untersucht. Die fiktiven Entscheidungslagen waren so gestaltet, daß die Vpn entweder die eine oder die andere Quelle zu wählen hatten, also nicht integrieren konnte. Es zeigte sich, daß Mittelwertsunterschiede in der Korrektheit der Quellen rasch gelernt wurden, Varianzunterschiede dagegen relativ langsam. D. h. es würden einige Erfahrungen benötigt, bis eine Entscheidungsinstanz von zwei im Durchschnitt gleich korrekten Quellen die zu wählen gelernt hat, die mit geringerer Wahrscheinlichkeit extremere Fehler macht.

In Situationen, in denen es richtige und falsche Entscheidungen geben kann, ist man am Informationsverhalten auch aus der Perspektive interessiert, wie es sich zur Güte von Entscheidungen verhält. Wossidlo (1975) berichtet Befunde, die einen positiven Zusammenhang zwischen Entscheidungsqualität und *Menge der nachgefragten Informationen* belegen, und verweist auf Techniken, wie Entscheidungsinstanzen veranlaßt werden können, mehr Information nachzufragen. Art und Menge der angebotenen Information scheinen die Strategien zu beeinflussen, wie und wieviel Information aufgenommen wird; Belege dafür bei Konsumentenverhalten (Payne, 1975) und fiktiven Wahlen zwischen Appartements (Payne, 1976). Nach Staelin & Payne (1976) suchen Vpn bei steigender Alternativenanzahl, wenn die Informationsmenge pro Alternative konstant bleibt, absolut mehr Information. Sie suchen auch mehr Information, wenn die Zahl der Alternativen konstant bleibt, jedoch die Anzahl der Attribute pro Alternative steigt, wobei die Zunahme der Alternativenzahl zu mehr Informationssuche führt als das Anwachsen der Attributezahl. Die relative Informationssuche nimmt hingegen bei wachsender Attributezahl monoton ab, in der Regel auch bei steigender Alternativenzahl. Die Vpn verteilen ihre Suchaktivitäten ungleichmäßig auf die Alternativen (Details bei Staelin & Payne, 1976).

Verschiedene formale Modelle für das Verhalten bei Informationssuche wurden vorgelegt, insbesondere von Pitz (1967, 1968), Wendt (1967, 1969) sowie Schmidt, Sydow und Rittmeister (Schmidt, 1970; Schmidt et al., 1969). Eine kritische Diskussion dieser Modelle, die ihre unzureichende empirische Stützung aufweist, findet sich in Freier & Schmidt (1972/73). Dort findet sich auch eine Darstellung des Einflusses von Persönlichkeitsvariablen auf Informationssuche, die wir im letzten Abschnitt dieses Artikels erwähnen.

Das bisher besprochene Informationsverhalten bezog sich auf den Zeitraum vor dem Entschluß. Informationssuche und -bewertung geschehen jedoch auch im *Nachentscheidungskonflikt* und auch die Umwelt hört nicht nach dem Entschluß abrupt auf, Information anzubieten (siehe auch die Besprechung der dissonanztheoretischen Entscheidungsforschung). Mills et al. (1959) berichten, daß positive Information über die gewählte Alternative – gegenüber Information zur nicht gewählten Alternativen – bevorzugt wird, jedoch keine unterschiedliche Präferenz besteht, wenn die Vpn erwarten, die Information über alle Alternativen sei vermutlich negativ. Die Autoren nehmen eine allgemeine Tendenz an, sich über die gewählte Alternative zu informieren. Rosens (1961) Arbeit stützt die Befunde von Mills et al. (1959). Rosen stellt die Frage, welcher Funktion die verschiedenen Informationstendenzen dienen, insbesondere die Tendenz, mehr Information über die gewählte Alternative zu suchen, selbst wenn man negative Information erwartet. Er diskutiert u. a. ein Interesse daran, für künftige Entscheidungen zu lernen. Solche über die einzelne Entscheidungssituation hinausgreifende Lerntendenz wird man vermuten dürfen, doch sind uns keine empirischen Untersuchungen bekannt, die Entscheidungssequenzen auf Lernabsichten und Lernerfolg explizit analysiert hätten. Mills (1965) zeigt, daß das Interesse an Information (Produktwerbung) über die gewählte Alternative auch dann noch stärker ist als das Interesse an Information über nichtgewählte Alternativen, wenn die Präferenz für die Alternativen statistisch kontrolliert wird. Also kann das unterschiedliche Interesse für die Informationen nicht nur durch unterschiedliche Präferenz für die Alternativen erklärt werden.

Die von Festinger (1964) aus dissonanztheoretischen Gründen erwartete allgemeine Bevorzugung konsonanter Information hat sich in Laborexperimenten nicht nachweisen lassen (Freedman & Sears, 1965). Lowe & Steiner (1968) suchten daher nach Moderatorvariablen, die bestimmen, welche Art Information nach einer Entscheidung gesucht wird. Sie prüfen den Einfluß von Reversibilität der Entscheidung und Beeinflußbarkeit der Entschlußfolgen. Die Art der Information wird in diesem Forschungsansatz folgendermaßen klassifiziert:

Information	günstige	ungünstige
über gewählte Alternative	a	b
über nichtgewählte Alternative	c	d

Dabei stellt a und d konsonante, b und c dissonante Information dar. Lowe & Steiners Hypothesen: Falls der Sich-Entscheidende glaubt, sein Entschluß sei reversibel, dann sollte er a, b, c und d wünschen, denn – so die Nützlichkeitserwägung – vollständige Information würde der Person am besten zu beurteilen erlauben, ob sie ihre Entscheidung ändern sollte. Wir fügen hinzu: falls kein Widerstand gegen Änderungen überhaupt besteht. Wenn der Sich-Entscheidende seinen Entschluß für irreversibel hält, sollte er a und b wünschen. Diese Information würde es der Person ermöglichen, die günstigen Folgen des Entschlusses zu maximieren, während die Informationen c und d wertlos seien, weil sie in dieser Situation nicht zu verwerten wären. Scheinen der Entschluß und die Folgen unbeeinflußbar, so wird – Festinger folgend – Präferenz für a und d vorhergesagt. Bei der empirischen Prüfung zeigte sich, daß die Vpn konsonante Information bevorzugten, wenn sie glaubten, ihre Entscheidung sei ohne wichtige Folgen. Werden wichtige Folgen erwartet, besteht eine solche Bevorzugung nicht. Die Reversibilität hatte keinen Einfluß auf Informationsbevorzugung.

X. Differenzierende Ansätze

In diesem abschließenden Teil sollen einige der Arbeiten erwähnt werden, die die immer wieder festgestellte große inter- und intraindividuelle Variabilität des Konflikterlebens und Konfliktverhaltens aus entwicklungs- oder differentialpsychologischer Perspektive zu ordnen versuchen.

1. Entwicklungspsychologische Aspekte

Die ersten systematischen entwicklungspsychologischen Experimente wurden vermutlich im Lewinschen Arbeitskreis zum Gradientenmodell durchgeführt. Barker (1942) ließ zehnjährige Jungen zwischen je zwei beliebten, neutralen oder abgelehnten Flüssigkeiten zum Trinken wählen. Die Ergebnisse stützen Lewins Annahmen über die Unterschiede zwischen den Konflikttypen; bei Aversions-Aversions-Konflikten zeigte sich die Tendenz, die unangenehme Situation irgendwie, und sei es durch einen impulsiven Entschluß, zu beenden (vgl. Pollay). Steward (1958) verglich vier- und zehnjährige Jungen und Mädchen bei Wahlen zwischen unterschiedlich beliebten Spielzeugen. Die geäußerten Präferenzen waren bei den jüngeren Kindern weniger zeitlich stabil und bestimmten nicht so deutlich den Ausgang der Wahl; sie wählten langsamer als die Zehnjährigen. Die Autorin wies weitere altersbedingte Unterschiede in verschiedenen, nach Lewin klassifizierten Konflikttypen nach.

Die folgenden Arbeiten entstanden im Kontext des spieltheoretischen Paradigmas, gehen z. T. jedoch erheblich darüber hinaus. Schon früh wurde festgestellt, daß Kinder erst lernen müssen, Wert und Eintretenswahrscheinlichkeit zu verrechnen; in frühen Entwicklungsstadien fällen sie ihre Entscheidungen ausschließlich nach Nutzen oder Wert der Alternativen (Schmidt, 1964). Vierjährige verwenden, allerdings nur bei optimaler Motivation, Ereigniswahrscheinlichkeiten (Siegel & Andrews, 1962; neuere Arbeiten s. Sydow, 1976). Schmidt (1966) entwirft eine Stufentheorie der Entwicklung des Entscheidungsverhaltens, für die er auch empirische Evidenz aus eigenen Untersuchungen und denen anderer Forscher vorlegt. Postuliert wird für Kinder zwischen Kindergarten und Pubertät folgende idealtypische Entwicklungsreihe:

(1) nutzenbestimmte Entscheidung, d. h. der subjektive Wert, die Valenz der Alternativen gibt für die Wahl den Ausschlag;
(2) Aufbau der Zeitperspektive;
(3) Berücksichtigung der Handlungskonsequenzen bei der Entscheidung;

(4) Berücksichtigung der chance- oder fähigkeitsabhängigen Realisierungswahrscheinlichkeiten;
(5) Aufbau lageabhängiger Entscheidungen, d. h. „... es kommt zu einem Zusammenspiel von Valenzen und Realisierungserwartungen" (S. 28).

Schubring (1970) untersuchte die kognitiven Voraussetzungen für diese Genese des Entscheidungsverhaltens. Ihre Experimente ergaben, daß „... die Korrelation zwischen Intelligenz und dem jeweiligen Kriterium des Entscheidungsverhaltens höher ist als die zwischen Altersposition und Entscheidungskriterium" (S. 275), „... daß Jüngere und weniger Intelligente eher über die *Bekräftigung* zu einer Verhaltensanpassung kommen ... und daß im Gegensatz dazu die Älteren und Intelligenteren eher dazu neigen, die Versuchssituation kognitiv-rational zu verarbeiten und bewußt über eine *längere Folge von Entscheidungen im voraus zu kalkulieren*" (S. 280). Alter und IQ wirken gleichsinnig auf alle abgeleiteten Entscheidungsparameter. Auch Kleber (1970) stellt fest, Schwachbegabte seien in ihrem Entscheidungsverhalten um eine Stufe in der ontogenetischen Entwicklung zurück. Wesentlich in der Entwicklung des einzelnen ist auch nach Sydow die Ausbildung des Wahrscheinlichkeitsbegriffes, der „Risikokalkulation" über eine längere Serie inhaltlich gleichartiger Entscheidungssituationen.

Hommers (1976) schließt aus den Ergebnissen seiner Experimente, daß bei einer bestimmten Art der Risikomessung sich die Portfolio-Theorie (s. o.) bei Schulkindern bestätigen lasse. Er unterscheidet drei Aspekte der Entwicklung des Entscheidungsverhaltens bei Risiko: (1) die Entwicklung des idealen Risikos, (2) die Entwicklung der Tendenz, die Differenz zwischen Risiko der Wette und idealem Risiko zu minimieren, und (3) die Entwicklung der Tendenz, den erwarteten Wert zu maximieren. Hommers (1977, S. 85) geht davon aus, daß die Wahl einer Vp in einer Entscheidungssituation „... sowohl eine Funktion der durch die Alternativen gegebenen Situation s_i als auch einer latenten Eigenschaft x_v der Vp ist." Um die Wahrscheinlichkeit der Wahl einer von drei Alternativen zu bestimmen, zieht Hommers das probabilistische Rasch-Modell heran. Frühere Arbeiten legen nach Hommers (1977, S. 85) die Annahme nahe, „... daß die Entwicklung des Entscheidungsverhaltens durch drei Personenvariablen, Wertorientierung (W), Sicherheitsorientierung (S) und Erwartungsmaximierungsorientierung (E), beschrieben werden kann, wobei diese Personenvariablen mit fortschreitendem Alter zwischen 8 und 11 Jahren in der angegebenen Reihenfolge das Entscheidungsverhalten kontrollieren." Hommers schlägt statt dessen vor, zwei Personenvariablen zu erfassen, Wahrscheinlichkeitsorientierung und Erwartungswertorientierung, die sich nach Rasch skalieren lassen. Aus den multiplen Korrelationen zwischen Parametern des Raschmodelles und Eigenschaften der Situationen wird eine Bestätigung der Portfolio-Theorie abgeleitet.

Die Konfliktforschung im Arbeitskreis von L. Mann hat immer betont, auch

Entscheidungen einer Einzelperson seien sozial eingebunden, eine Entscheidung sei auch als bindende Festlegung des eigenen Verhaltens zu verstehen, die man anderen Menschen gegenüber vornimmt. Wird diese Festlegung und Unwiderruflichkeit vom Vl betont, so verlängert sich die Entscheidungszeit (Mann & Taylor, 1970). In diesem Kontext ist es konsequent, wenn Mann (1971, S. 74) die Sozialisation des Konfliktverhaltens anspricht: „Es ist anzunehmen, daß Eltern, wenn sie das Kind auf die Aufgabe vorbereiten, stimmige Entscheidungen zu fällen, und auch andere Sozialisationsagenten zur Unabhängigkeit erziehen, die Nichtausführung von Entschlüssen bestrafen und versuchen, selbst Vorbilder konsistenten Verhaltens zu sein."*)

2. Interindividuelle Unterschiede und die Rolle von Persönlichkeitsvariablen

In nahezu allen Untersuchungen, die der Frage nachgingen, fanden sich deutliche, d. h. einen großen Anteil der erklärten Varianz auf sich vereinigende interindividuelle Unterschiede. Dies gilt für fast alle Variablen des Konflikterlebens und -verhaltens (s. Feger, 1978, insbes. Kap. VI). Dies gilt auch für das Informationsverhalten und die Art der Reduzierung der Alternativenzahl (z. B. Biasio, 1969). Es gibt sogar den Versuch, eine „decision making ability" durch die Reaktionen auf 49 fiktive, risikohafte Entscheidungssituationen zu erfassen (Gibby et al., 1967). Als nächstes stellt sich die Frage, ob diese interindividuellen Unterschiede über verschiedene Konfliktsituationen hinweg stabil sind. Hierzu gibt es weniger empirische Evidenz. Feger (1978) konnte transsituative Stabilität für Entscheidungszeit und mehrere erlebnisdeskriptive Variablen nachweisen. Zu dem ausgeprägten Haupteffekt „Vpn" tritt in den Generalisierbarkeitsstudien jedoch stets auch ein sehr starker Interaktionseffekt „Vpn × Situationen", der von den erklärten Effekten oft der stärkste ist. Für andere Situationen, in denen z. T. Urteilsaufgaben oder komplexe Reaktionsaufgaben zu lösen waren, konnte Ringuette (1976) situationsstabile interindividuelle Unterschiede in den Latenzzeiten nachweisen. Nun schließt sich die Frage an, wie diese stabilen Unterschiede zu erklären seien. Auf entwicklungspsychologische Erklärungsmöglichkeiten hatten wir schon hingewiesen. Sehr häufig sind in der Literatur Studien, in denen Persönlichkeitseigenschaften i. e. S. mit Entscheidungsvariablen in Beziehung gesetzt werden, um so die interindividuelle Varianz des Konfliktverhaltens zu erklären.

Korrelationen zwischen Persönlichkeitsmerkmalen der Sich-Entscheidenden und ihrem Konfliktverhalten fallen typischerweise schwach, wenn auch überzufällig aus. In nur wenigen Studien wurden die Vpn in mehr als einer Entscheidungssituation untersucht und geprüft, ob die gleiche Art des

*) Übersetzt von uns

Zusammenhangs zwischen den erwähnten Variablen besteht. Rim & Cohen (1968) kamen zu negativem Ergebnis. Untersuchungen, die die mangelnde Reliabilität beider Variablengruppen systematisch berücksichtigen, sind uns nicht bekannt. Auch wenn der ad-hoc-Charakter mancher Studien nur zu deutlich ist, sollen im folgenden wenigstens einige Untersuchungen erwähnt werden. Graves (1959) gibt einen Überblick über die früheren Arbeiten. Brody (1961) stellte Unterschiede im individuellen Sicherheitsbedürfnis fest (vgl. Sheth & Venkatesan, 1968); sie beeinflussen den Zeitpunkt, an dem die Entscheidung gefällt wird. Der Sicherheitsbedarf selbst hängt davon ab, wie stark die Person motiviert ist. Nach Block & Petersen (1955) korrelieren Konfidenz und Informationsbedarf signifikant, wenn auch nicht substantiell mit einer Reihe unterschiedlicher Persönlichkeitsvariablen. Liverant & Scodel (1960) berichten Unterschiede im Entscheidungsverhalten zwischen Personen, die sich von gerade zuvor Erfahrenem beeinflussen lassen im Vergleich zu Personen, die eher überschauend planen. Levine (1955) stellte keinen Zusammenhang zwischen Entscheidungszeit und Problemlöse-Rigidität fest. Strelau & Maciejczyk (1977) simulierten Flugentscheidungen bei Piloten in normalen Situationen und unter Streß, und erhoben psychophysiologische Merkmale. Sie fanden eine Wechselwirkung zwischen Persönlichkeitsmerkmalen und Streß auf Qualität und Geschwindigkeit der Entscheidung.

Zu den wenigen Teil-Replikationen gehört die Arbeit von Gentile & Schipper (1966). Sie fanden im Gegensatz zu Kogan & Wallach (1964), Block & Petersen (1955) und Scodel et al. (1959) keinen *konsistenten* Einfluß von Werten für Leistungsmotivation und Angst auf Wahrscheinlichkeitslernen, Vorhersageentscheidungen und Verhalten bei Wetten. Fragebogen wie die „repression-sensitization-scale" von Byrne (1961) sollen Meßwerte darüber liefern, wie sehr Personen bereit sind, „conflictful impulses" (Byrne, 1961, S. 201) zu äußern. Konflikt bezieht sich hier in erster Linie auf Informationen über für die Personen relevante Aspekte ihrer Umwelt oder ihrer selbst, die mit ihrer Vorstellungswelt, insbesondere ihrem Selbstbild, inkonsistent sind. Man kann vermuten, daß Vpn, die sich in diesem Persönlichkeitsmerkmal unterscheiden, sich insbesondere auch beim Erkennen und Akzeptieren von Konfliktlagen unterscheiden. Personen mit hohen Testwerten für repressive Angstabwehr reduzieren anscheinend die Konflikthaftigkeit der Situation durch Abwerten der Bedeutung der Situation oder einer der zur Wahl stehenden – oft der nicht gewählten – Alternativen (Glass et al., 1968; Gordon & Glass, 1970). Freier & Schmidt (1972/73) geben eine Übersicht über Einflüsse von Persönlichkeitsvariablen auf Informationssuche. Die Ergebnisse zum Zusammenhang mit Intelligenz sind inkonsistent – kein Wunder bei der Vielfalt der benutzten Maße und Situationen (für eine grundsätzliche Kritik s. Guilford, 1969). Freier & Schmidt betonen, es erscheine theoretisch und nach den empirischen Befunden angemessener, nicht eine einzelne kognitive oder nichtkognitive Persönlichkeitsvariable isoliert in ihrem Zusammenhang mit Informationsverhalten zu betrachten, sondern „eine komplexe Konfiguration von Persönlichkeitsvariablen“ (S. 352) und die spezifische Art eines Entscheidungsproblems aufeinander zu beziehen. Diese Forderung ist beispielsweise in einigen Arbeiten über Informationsverarbeitung und kognitive Komplexität des Sich-Entscheidenden erfüllt (z. B. Bieri, 1955; Karlins & Lamm, 1967; Streufert & Suedfeld, 1965). Die Forderung ist auch in den Arbeiten von Hörmann (1960) und Goldsmith (1968) über Interferenzneigung und Konfliktverhalten erfüllt. Personen mit hoher Interferenzneigung (längere Reaktionszeiten im Stroop-Test) ziehen niedrige Erfolgswahrscheinlichkeiten bei Entscheidungen unter Risiko vor. Goldsmith deutet: Personen mit hoher Interferenz sind „long samplers“; sie haben im Gegensatz zu „short samplers“ die Neigung, Information aus einem räumlich, zeitlich oder inhaltlich relativ großen Bereich zu berücksichtigen. Personen mit hoher Interferenzneigung zeigten weniger intransitive Wahlen bei Entscheidungen, die sowohl einen stark als auch einen wenig beachteten Aspekt enthielten.

Westhoff (1977) setzte sich aufgrund zahlreicher empirischer Studien systematisch mit dem Zusammenhang zwischen Neurotizismus und den erlebnisdeskriptiven Konfliktvariablen Wichtigkeit, Konfidenz und Konfliktstärke sowie Entscheidungszeit auseinander. Fand er Zusammenhänge, so waren sie gering, jedoch in der vorhergesagten Richtung: Personen mit hohen Neurotizismus-Kennwerten stufen Entscheidungen als wichtiger ein, berichten stärkere Konflikte und weniger Sicherheit und benötigen mehr Entscheidungszeit. Gleichsinnige Ergebnisse berichtet Feger (1978, Kap. VI) beim Vergleich zwischen psychiatrisch als „Neurotiker“ diagnostizierten Personen und unauffälligen „Normalen“ in mehreren Situationen. Erwähnt sei noch die Fragebogenstudie von Volans (1976): Nachdem Neurotizismus-Unterschiede durch partielle Korrelation statistisch kontrolliert waren, unterschieden sich Phobiker, Zwanghafte und Normale hinsichtlich der Evidenzmenge, die sie für eine Entscheidung benötigten; die Zwanghaften benötigten am meisten (vgl. Milner et al., 1971).

In der faktoranalytischen Tradition der Cattellschen Persönlichkeitsforschung legt Delhees (1968) ein „objektives“ Verfahren vor, mit dem Konfliktstärke nicht aufgrund von Selbsteinschätzungen der Vpn, sondern durch Tests und Fragebogen gemessen wird. In diesem Ansatz geht es nicht um die Untersuchung einer akut vorliegenden Konfliktsituation, sondern um das Aufdecken von Strukturen in Interessen, Werten und Motiven, die konflikthaft sind, und zwar in dem Sinn, daß in einem Individuum einander entgegengesetzte Handlungstendenzen vorliegen, die zum Konflikt führen, sobald eine geeignete Situation gleichzeitig die widerstreitenden Bestrebungen anspricht. So kann auch die Idee von Kemnitzer (1973) verstanden werden, Wertkonflikt als die Diskrepanz zwischen zwei Q-sorts zu operationalisieren. Das eine Q-sort bezog sich auf eine ideale Wertehierarchie, das andere auf die als Umweltanforderung erlebte. Ähnlich erfaßt auch Lauterbach (1975) Konflikt als Indexwert, der die innere Stimmigkeit (i. S. von Heiders Balancetheorie) der Meinungen und Einstellungen des Sich-Entscheidenden beschreibt. Während also die übrige in diesem Artikel berichtete Konfliktforschung zwar solche widerstreitenden Tendenzen voraussetzt – und nicht fragt, woher sie kommen – aber sich auf eine konkrete Situation bezieht, zielt der Ansatz von Cattell, wie übrigens auch zahlreiche Äußerungen Freuds über die Beziehungen zwischen Es, Ich und Überich, auf strukturelle Konfliktneigung, auf die innere Widerspruchsfreiheit der Organisation von Werten, Motiven und Einstellungen (Cattell, 1957; Cattell & Sweney, 1964). Delhees bringt das in Abb. 8 wiedergegebene Schema. Nach diesen Vorstellungen beginnt Konflikt mit einer von außen gesetzten Frustration, die in verschiedenen Stadien der Reiz-Reaktions-Sequenz (Ansprechen eines Bedürfnisses, Auswahl eines bestimmten Zielobjekts, irgendeine Form konsumatorischen Verhaltens) eintreten kann. Diesen Annahmen und dem Schema in Abb. 8 folgend spricht Delhees von Konflikt, wenn (1) der gleiche Antrieb (drive oder erg) gleichzeitig zu unvereinbaren Zielen führt –

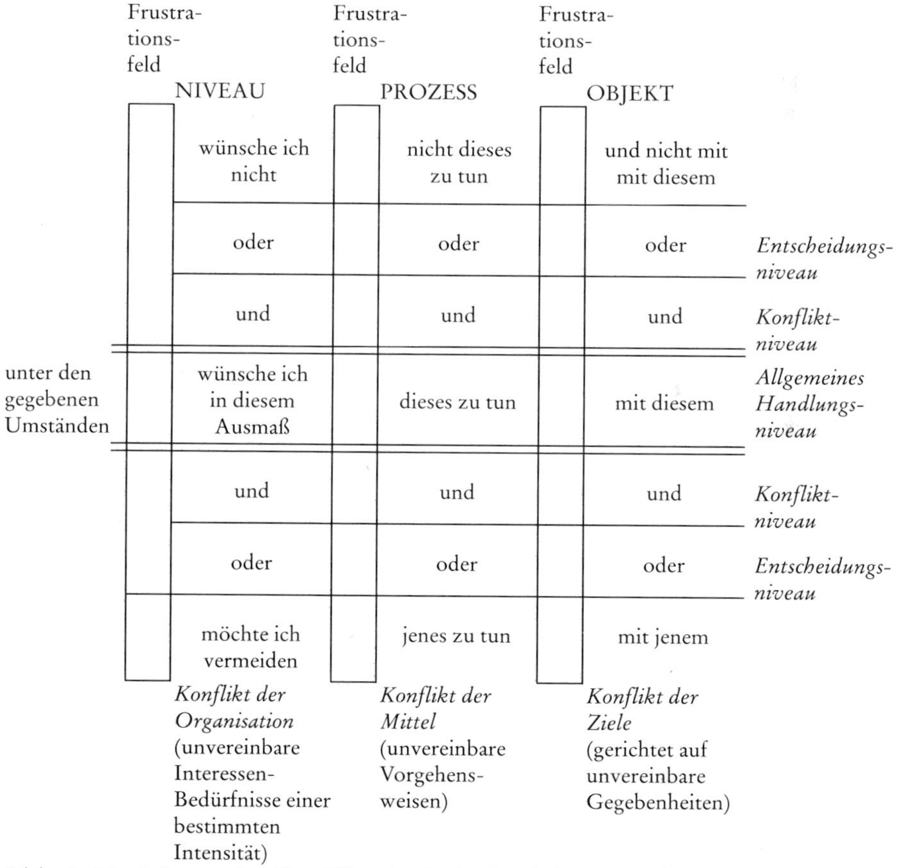

Abb. 8: Drei Arten des Konflikts im Reiz-Reaktionsparadigma (nach Delhees, 1968, S. 78).

Geldgier zu Sparwunsch und Spekulationsneigung; (2) verschiedene und unvereinbare Antriebe gleichzeitig sich auf denselben Zweck richten – Haß und Liebe auf die gleiche Person gerichtet sind; (3) verschiedene und unvereinbare Antriebe sich so auf verschiedene Objekte richten, daß die resultierenden Handlungstendenzen gegenüber zwei oder mehr Objekten sich wechselseitig ausschließen – Angst vor öffentlichem Auftreten und Wunsch, seine Ideen einem breiten Publikum mitzuteilen; und (4) wenn Prozesse auf verschiedenen Niveaus der psychischen Organisation bestehen – z. B. hohes Dominanzbedürfnis und zugleich starkes Bedürfnis nach Unterordnung.

Um die Konflikthaftigkeit der Organisation von Interessen und Werten zu bestimmen, wurde zunächst von Cattell & Sweney (1964) das „volle Spektrum vermuteter Manifestationen menschlichen Konfliktes“ tabelliert, interkorreliert und faktoranalysiert. Die folgende Tabelle referiert die Benennung der acht Konfliktfaktoren:

Tabelle 11: Konfliktfaktoren nach Cattell & Sweney, 1964

	Titel bei Cattell & Sweney	*Übersetzungsvorschlag*
C_1	Suppressive action with cognitive disturbance	Unterdrücken bei kognitiver Verwirrung
C_2	Restriction, by self, of provocation versus heightened responsiveness to conflict possibilities	Selbstauferlegte Provokationshemmung gegenüber erhöhter Reagibilität in Bezug auf Konfliktmöglichkeiten
C_3	Secure or hysteroid explanatory behavior versus cautions rigidity in severe conflict	Sicheres oder hysteroides Erklärungsverhalten gegenüber vorsichtiger Rigidität bei schweren Konflikten
C_4	Fantasy from perflexity or totality of frustration versus confident unconcern in chosen solution	Perflexitäts- oder frustrationsbedingtes Ausweichen in Fantasie gegenüber selbstsicherem Vertrauen in die gewählte Lösung
C_5	Integrative ego action versus ignoring and neglecting conflict	Integratives Verhalten des Ich gegenüber Ignorieren und Vernachlässigen des Konfliktes
C_6	Expression in tension and impulsivity	Ausdruck in Spannung und Impulsivität
C_7	Displacement into motor overactivity versus passive acceptance of deprivation	Verschiebung in motorische Überaktivität gegenüber passiver Hinnahme der Deprivation
C_8	Repression with discrepant memory reactions	Verdrängen von abweichenden Gedächtnisreaktionen

Der Faktor C_1 z. B. wird von Delhees (S. 88) aufgrund hoher Ladungen auf entsprechenden Tests folgendermaßen umschrieben: „Hier zeigt die Person Fehler beim Leistungsverhalten (beim Durchstreichen bestimmter Buchstaben), während sie sich in einem Konfliktzustand befindet. Sie bleibt fest bei ihren unterdrückenden Verhaltensweisen (kein Schwanken der Entscheidung – hierzu fand sich eine Beziehung zum Faktor „Ichschwäche" C – des 16 P. F.). Sie zeigt Konflikt, indem sie seine Auswirkungen verschiebt in Fehler beim motorischen Verhalten (Anzahl der vollzogenen Durchstreichungen) und die Interferenz zwischen Aufmerksamkeit und Gedächtnis."*)

Delhees berichtet über den Einsatz der faktoranalytischen Konfliktidentifikationstechniken im klinischen Bereich mit dem Ziel, die Hauptbereiche des Konfliktes in einer Person objektiv zu bestimmen, zu quantifizieren, welche Antriebe in welche Konflikte einbezogen sind, und das Gesamtausmaß des Konfliktes in einer Person festzustellen.

3. Typologien

In der Konfliktpsychologie gibt es zahlreiche typologische Ordnungsversuche, über die u. a. Pongratz (1961), Lehr (1965) und Feger (1978, Kap. VII) berichten. Wir unterscheiden nach den Schwerpunkten in der Literatur nach (1) Typologien der Konfliktgenese und des Konfliktverlaufes, (2) Typologien der Konfliktsituationen und (3) Typologien der Reaktionssyndrome; die Grenzen sind nicht immer scharf zu ziehen und Kombinationen der Typarten treten in der Literatur auf.

Klassifikationen nach Konfliktverlauf und -genese, mit möglicher Relevanz für die klinische Psychologie, wurden u. a. von Schultz (1952), Horney (1951, 1954), Alexander (1951) und Pongratz (1961) vorgelegt. Auch Nesswethas (1964) Befunde einer längsschnittlichen Analyse langdauernder Konflikte, über ihre Akzeptierung, Verdrängung und Vermeidung, seien hier erwähnt. An die entwicklungspsychologisch orientierten Versuche, für bestimmte Lebensalter typische Konflikte aufzuweisen, darf an dieser Stelle ebenfalls erinnert werden (s. Lehr 1978). Auf Typologien der Konfliktsituationen sind wir schon bei der Besprechung des jeweiligen theoretischen Ansatzes eingegangen, so auf die Varianten des Gradientenmodells und der spieltheoretischen Entscheidungsforschung. Die phänomenologische Forschungstradition hat nicht nur Reaktionssyndrome (s. u.) herausgearbeitet, sondern auch zur Situationsklassifikation beigetragen. Thomae (1960, 1974) betont die wesentliche Rolle, die die Bedeutsamkeit der Situation für das gesamte Erleben und Verhalten im Konflikt spielt. Ferner weist er auf Unterschiede zwischen Entscheidungsarten hin, die

*) Übersetzt von uns

durch den Inhalt des Konfliktes (z. B. Partnerwahl, Konsumentscheidung) bedingt werden. Bei der Betrachtung des Informationsverhaltens zeigten sich weitere, taxonomisch vermutlich wesentliche Unterschiede zwischen Situationen, in denen externe Informationssuche möglich ist und solchen, in denen sie nicht möglich ist oder scheint. In Situationen mit externer Informationssuche kann unterschieden werden nach Art und Grad der Kontrolle, die die Person über diesen Prozeß hat. Schmidt (1966) und Thomae (1974, S. 138 ff.) weisen auf den Versuch einer Klassifizierung formaler Varianten der Entscheidung hin, der schon auf W. James (1899) zurückgeht. James unterscheidet z. B. den Verlauf danach, ob verstandesmäßige Erwägungen angestellt werden und die Lösung bestimmen, oder die lästige Situation abrupt beendet wird, und welche Veränderungen der Person für den Verlauf ausschlaggebend werden.

Die Übergänge zwischen Situationsklassifikationen und Beschreibungen von Reaktionssyndromen sind insbesondere dann fließend, wenn aus dem subjektiven Erleben heraus Situationsmerkmale definiert werden. Ein Beispiel dafür ist die modern anmutende Differenzierung verschiedener Formen der Reaktionen auf eine multivalente Situation von Martin (1922). Er wertete Introspektionsprotokolle und Verhaltensbeobachtungen aus und unterschied vier Reaktionstypen: (1) „judgment" – eine ohne Gefühlston, ohne innere Beteiligung oder Anteilnahme getroffene Beurteilung, der intellektuellen Behandlung eines Problems ähnlich; (2) „preference" – eine Alternative wird eindeutig bevorzugt, die Alternativen werden klar nach ihrem Wert differenziert, z. T. wird eine Alternative impulsiv gewählt, ohne daß andere Alternativen beachtet werden; (3) „conflict" – die Vp wechselt von einer Alternative zur anderen, was eher auftritt, wenn die Vp beide Alternativen ablehnt, als wenn sie beiden zustimmen kann; (4) „indifferent decisions" – ein nicht emotional getönter Vorgang, keine spontane Bevorzugung einer Alternative, die Vp erscheint distanziert, und die Entscheidung ist leicht umzustoßen (vgl. hierzu auch Salber, 1953, an reichhaltigem Material). Auf die bei mehreren Autoren erwähnten Unterschiede in der Auseinandersetzung mit einer Konfliktsituation – spielerischer, kühl distanzierter und souveräner Umgang gegenüber Betroffensein, Ausgesetztheit und erlebter Bedrängtheit – hat Lehr (1965) hingewiesen.

Die phänomenologische Entscheidungsforschung (Thomae, 1960, 1974) hat sich insbesondere mit existentiellen Konflikten befaßt. Man kann sie als solche Entscheidungen umschreiben, in denen die zu realisierenden Alternativen mit schwerwiegenden, weitreichenden, u. U. auch zahlreichen Konsequenzen verbunden sind. Sie erfordern, eine Rangordnung über fundamentale Werte zu erstellen, die im bisherigen Leben des Sich-Entscheidenden noch nicht gegeneinander abgewogen werden mußten. Als fundamental seien in diesem Zusammenhang solche Werte bezeichnet, deren Änderung zu relativ vielen und starken Änderungen anderer Werte führt. Einige existentielle Konflikte erfordern, Teile einer Wertstruktur weiterzuentwickeln, neue Wertvorstellungen zu schaffen. Experimentelle Untersuchungen, die diese Vorstellungen prüfen, z. B. in Anlehnung an Maslows (1954) Konzeption einer hierarchischen Bedürfnisstruktur, sind uns nicht bekannt (zur Wertproblematik vgl. Graumann in diesem Band).

Reaktionssyndrome wurden in jüngster Zeit von Kastner (1977) und Feger (1978) untersucht, und zwar mit Hilfe der Konfigurationsfrequenzanalyse (KFA) von Krauth & Lienert (1973). Die KFA geht von einem statistisch definierten Typenbegriff aus: „Typen sollen nicht dadurch definiert sein, daß bestimmte Merkmalskonfigurationen häufiger als andere auftreten, wie in der intuitiven Typenkonzeption impliziert, sondern dadurch, daß sie häufiger auftreten als aufgrund der Häufigkeit der Einzelmerkmale unter der Nullhypothese ihrer totalen Unabhängigkeit zu erwarten ist, wie in der konfiguralen Typenkonzeption impliziert" (Krauth & Lienert, 1973, S. 30 f.). Weist man mit der KFA Typen inferenzstatistisch nach, so kann man sie theoretisch nicht erklären, indem man auf die Auftretenshäufigkeiten der typenkonstituierenden Merkmale verweist, man muß vielmehr theoretisch erklären, warum einige Merkmale überzufällig oft oder selten miteinander vorkommen. Feger (1978) hat in diesem Sinn Typen von Variablen des Konflikterlebens nachgewiesen, die in verschiedenartigen Entscheidungssituationen immer wieder auftreten. Außerdem konnten in jeder analysierten Situation Typen dieser Art nachgewiesen werden. Ein Typus wurde z. B. als „echter Konflikt" bezeichnet; dieses Erlebenssyndrom ist gekennzeichnet als eine Entscheidung, die zugleich als relativ wichtig und konfliktstark beschrieben wird, und die Vp fühlt sich außerdem entschlußunsicher. Die nachgewiesenen verschiedenen Typen werden mit dem Konfliktmodell der Folgenantizipation in Beziehung gesetzt.

Schlußbemerkung

Die psychologische Konfliktforschung hat ein Entwicklungsstadium erreicht, in dem nicht mehr ausschließlich Grundlagenforschung betrieben wird. Vielmehr werden nicht nur Ergebnisse, wie etwa in der klinischen Psychologie, herangezogen, auch Ansätze, Problemauffassungen, der spieltheoretischen Entscheidungsforschung werden direkt zur Strukturierung von Konfliktsituationen angewandt. Dabei werden diese Situationen nicht lediglich im nachhinein so gedeutet, wie es die spieltheoretisch orientierte Forschung in ihrem Paradigma vorsieht, die Situationen werden auch schon von vorneherein so gestaltet, daß sie der spieltheoretischen Analyse zugänglich werden. Damit geschehen Eingriffe in die Entscheidungsprozesse und die Ökologie von Entscheidungssituationen von einzelnen Personen, aber auch Gruppen und Institutionen, die nach Art und Ausmaß ethischer Verantwortung bedürfen – worauf aus anderer Perspektive auch Thomae (1974) hingewiesen hat.

Wenn auch das Problem der Willensfreiheit im Gegensatz zur frühen deutschen Willenspsychologie in der heutigen Konfliktforschung keine Rolle mehr spielt, so ist doch mit den Problemen der Vorhersage und Vorhersagbarkeit von Entscheidungen eine Fragestellung aktuell geblieben, deren Beantwortung weitreichende Folgen haben kann. Die *Vorhersage* von Entscheidungen wurde schon früh versucht, in experimentellen Situationen vermutlich erstmals von N. Ach (1935). Er betonte, daß er mit der von ihm entwickelten Vorhersagemethode zu einer hundertprozent richtigen Vorhersage des Wahlverhaltens seiner Vpn (= Operationen an sinnlosen Silben, z. B. gänos zu gänot abgeändert) kommt – obwohl die Vpn z. T. von ihrem Bewußtsein der Willensfreiheit berichteten. Die Vorphase der Beobachtung und unwissentlichen Beeinflussung der Vpn dauerte fünf bis sechs Tage. Pistohl (1959) replizierte soweit möglich Achs Versuchsplan und gelangte zu 70 % richtiger Vorhersagen. R. Ach (1944) erreichte hohe Trefferquoten bei der Vorhersage, welches Objekt Vpn gestalten und mit welchem Material sie es gestalten würden. Seine Aufzählung der Motive, die zu den Wahlen führten, ist vage und theoretisch nicht integriert (vergleichbare Ergebnisse: Schulz, 1934, sowie Stoller, 1937). Bei diesen Vorhersagen kommt es nicht darauf an, die Prozentsätze abzuleiten, wie eine größere Zahl von Vpn ihre Wahlen auf die Alternativen verteilt; erforderlich ist die Vorhersage des Entschlusses jeder einzelnen Vp. Dies wird dann besonders schwierig, wenn die Konfliktsituation, oder wenigstens ähnliche Situationen, nicht so oft wiederholt werden können, daß die Entschlußvorhersage aufgrund der über die Replikationen beobachteten Verhaltenstrends möglich wird. Feger (1978) hat für diesen Fall ein Verfahren entwickelt, mit dem Vorhersagen aufgrund von Attribuierungsprozessen möglich sind. Außerdem scheint sich die Möglichkeit zu ergeben, Reaktionen auch für Konflikte vorherzusagen, wenn man für Alternativen einige Kennwerte wie ihr Konfliktstärkepotential aus Untersuchungen gewonnen hat, in denen diese Alternativen noch gar nicht einander gegenübergestellt waren, die später zum neuen Konflikt führen. Auf Details dieser Untersuchungen kommt es hier weniger an als auf die sich anbahnende Möglichkeit, auch in jenen Bereichen Verhalten vorherzusagen und schließlich zu beeinflussen, in denen die „freie Entscheidung" für eine Person eine wesentliche Voraussetzung ihrer Selbstverwirklichung zu sein scheint.

Literatur

Ach, N. Über den Willen. Leipzig: Quelle und Meyer, 1905.

Ach, N. Analyse des Willens. In: E. Abderhalden (Hrsg.), Handbuch der biologischen Arbeitsmethoden. Abt. VI: Methoden der experimentellen Psychologie, Teil E. Berlin: Urban und Schwarzenberg, 1935.

Ach, R. Über die Vorhersage von Wahlentscheidungen. Archiv für die gesamte Psychologie, 1944, **112,** 83–152.

van Acker, P. Models for intransitive choice. Diss. Fakultät für Psychologie, Univ. Nijmegen (NL), 1977.
Adams, E. W. Survey of Bernoullian utility theory. In: H. Solomon (Ed.), Mathematical thinking in the measurement of behavior. Glencoe, Ill.: The Free Press, 1960, 151–268.
Adams, E. & Fagot, R. F. A model of riskless choice. Behavioral Science, 1959, **4,** 1–10.
Ahrens, H. J. Multidimensionale Skalierung. Weinheim: Beltz, 1974.
Aitchison, J. & Kay, J. W. Principles, practice and performance in decision-making in clinical medicine. In: K. C. Bowen & D. J. White (Eds.), The role and effectiveness of decision theories in practice. London: English Universities Press, 1975.
Aitchison, J. & Moore, M. F. The analysis of decision-making performance. British Journal of Mathematical and Statistical Psychology, 1976, **29,** 53–65.
Ajzen, I. & Fishbein, M. The prediction of behavioral intentions in a choice situation. Journal of Experimental Social Psychology, 1969, **5,** 400–416.
Alexander, F. Psychosomatische Medizin. Berlin: de Gruyter, 1951.
Allais, P. M. The behavior of rational man in risk situations – a critique of the axioms and postulates of the American School. Econometrika, 1953, **21,** 503–546.
Anderson, N. H. On the quantification of Miller's conflict theory. Psychological Review, 1962, **69,** 400–414.
Anderson, N. H. Information integration theory: A brief survey. In: D. H. Krantz, R. C. Atkinson, R. D. Luce & P. Suppes (Eds.), Measurement, psychophysics, and neural information processing. San Francisco: Freeman, 1974, 236–305.
Aronson, E. Dissonance theory: Progress problems. In: R. P. Abelson et al. (Eds.): Theories of cognitive consistency, A sourcebook. Chicago: Rand McNally, 1968.
Aronson, E. The theory of cognitive dissonance: A current perspective. In: L. Berkowitz (Ed.), Advances in experimental social psychology, Vol. 4. New York: Academic Press, 1969.
Aronson, E. & Carlsmith, J. M. Performance expectancy as a determinant of actual performance. Journal of Abnormal and Soial Psychology, 1962, **65,** 178–182.
Aronson, E., Turner, J. & Carlsmith, J. Communicator credibility and communication discrepancy as determinants of opinion change. Journal of Abnormal and Social Psychology, 1963, **67,** 31–36.
Arrow, K. J. Social choice and individual values. New York: Wiley, 1951.
Arrow, K. J. Utility and expectation in economic behavior. In: S. Koch (Ed.): Psychology: A study of a science. New York: McGraw-Hill, 1963, 724–752.
Atkinson, J. W. An introduction to motivation. New York: Van Nostrand Reinhold, 1964.
Atkinson, J. W. Einführung in die Motivationsforschung. Stuttgart: Ernst Klett Verlag, 1975.
Atkinson, J. W. & Litwin, G. H. Achievement motive and test anxiety conceived as a motive to approach success and motive to avoid failure. Journal of Abnormal and Social Psychology, 1960, **60,** 52–63.
Atkinson, R. C. The use of models in experimental psychology. Synthese, 1960, **12,** 162–171.
Atkinson, R. C., Bower, G. H. & Crothers, E. J. An introduction to mathematical learning theory. New York: Wiley, 1965.
Audley, R. J. A stochastic model for individual choice behavior. Psychological Review, 1960, **67,** 1–15.

Barker, R. G. An experimental study of the resolution of conflict by children. In: Q. McNemar & M. A. Merrill (Eds.), Studies in personality. New York: McGraw-Hill, 1942.

Barron, F. H. & Mackenzie, K. D. A constrained optimization model of risky decisions. Journal of Mathematical Psychology, 1973, **10**, 60–72.

Bartsch, D. Informationsverarbeitung und subjektive Wahrscheinlichkeit im Entscheidungsprozeß. VD-Arbeit, Inst. f. Psychol., RWTH Aachen, 1978.

Bastock, M., Morris, D. & Moynihan, M. Some comments on conflict and thwarting in animals. Behaviour, 1953, **6.**

Beach, L. R., Townes, B. D., Campbell, F. L. & Keating, G. W. Developing and testing a decision aid for birth planning decisions. Organizational Behavior & Human Performance, 1976, **15**, 99–116.

Becker, G. M. Sequential decision making: Wald's model and estimates of parameters. Journal of Experimental Psychology, 1958, **55**, 628–636.

Becker, G. B. & McClintock, C. G. Value: Behavioral decision theory. Annual Review of Psychology, 1967, **18**, 239–286.

Behling, C. F. Effects of commitment and certainty upon exposure to supportive and nonsupportive information. Journal of Personality and Social Psychology, 1971, **19**, 152–159.

Berg, C. C. Individual decisions concerning the allocation of resources for projects with uncertain consequences. Management Science, 1974, **21**, 98–105.

Berg, C. C. & Kirsch, W. Der Informationsverarbeitungs-Ansatz. Methodische Konzeption und Modelle. In: H. Brandstätter & B. Gahlen (Hrsg.), Entscheidungsforschung. Tübingen: Mohr, 1975, 138–157.

Berger, T. A. A polynomial theory of risk. Acta Psychologica, 1977, **41**, 87–99.

Berkun, M. Factors in the recovery from approach-avoidance conflict. Journal of experimental Psychology, 1957, **56**, 65–73.

Berl, J., Lewis, G. & Morrison, R. S. Applying models of choice to the problem of college selection. In: J. S. Carroll & J. W. Payne (Eds.), Cognition and social behavior. Hillsdale: Erlbaum, 1976, 203–219.

Berlyne, D. E. Conflict and choice time. British Journal of Psychology, 1957, **48**, 106–118.

Bernoulli, D. Specimen theoriae novae de mensura sortis. Comentarii academiae scientiarum imperales petropolitanae, 1738, **5**, 175–192.

Bezembinder, T. G. und Roskam, E. E. Theorieën en modellen. In: J. A. Michon, E. G. J. Eijkman & L. F. W. de Klerk (Eds.): Handboek der Psychonomie. Deventer: Van Loghum Slaterus, 1976.

Biasio, S. Entscheidung als Prozeß. Bern: Huber, 1969.

Bieri, J. Cognitive complexity-simplicity and predictive behavior. Journal of Abnormal Social Psychology, 1955, **51**, 263–268.

Blackwell, D. & Girshick, A. Theory of games and statistical decisions. New York: Wiley, 1954.

Block, J. & Petersen, P. Some personality correlates of confidence, caution and speed in a decision situation. Journal of Abnormal and Social Psychology, 1955, **51**, 34–41.

Bochner, S. & Insko, C. Communicator discrepancy, source credibility, and influence. Journal of Personality and Social Psychology, 1966, **4**, 614–621.

Bock, R. D. & Jones, L. V. The measurement and prediction of judgment and choice. San Francisco: Holden-Day, 1968.

Bollinger-Hellingrath, C., Gniech, G. & Rost-Schaude, E. Das Attraktivitätskonzept. In: M. Irle (Hrsg.), Attraktivität von Entscheidungsalternativen und Urteilssicherheit. Bern: Huber, 1978.

Bowen, K. C. & White, D. J. (Eds.). The role and effectiveness of decision theories in practice. London: English Universities Press, 1975.

Bower, G. H. Choice-point behavior. In: R. R. Bush & W. K. Estes (Eds.), Studies in mathematical learning theory. Stanford: Stanford Univ. Press, 1959, 109–124.

Bramel, D. Dissonance, expectation, and the self. In: R. Abelson et al. (Eds.), Theories of cognitive consistency, A Sourcebook. Chicago: Rand McNally, 1968.

Brehm, J. W. A theory of psychological reactance. New York: Academic Press, 1966.

Brehm, J. W. & Cohen, A. R. Explorations in cognitive dissonance. New York: Wiley, 1962.

Brehm, J. W. & Wicklund, R. A. Regret and dissonance reduction as a function of postdecision salience of dissonant information. Journal of Personality and Social Psychology, 1970, **14,** 1–7.

Brickman, P. Optional stopping on ascending and descending series. Organizational Behavior and Human Performance, 1972, **7,** 53–62.

Brim, O. G. Jr., Glass, D. C., Lavin, D. E. & Goodman, N. Personality decision processes. Stanford: Univ. Press, 1962.

Brody, N. Demand for certainty, motivation, and the decision process. Dissertation Abstracts, 1961, **21,** 3842.

Brown, J. S. Generalized approach and avoidance responses in relation to conflict behavior. New Haven: Dissertation, Yale University, 1940 (Unpublished).

Brown, J. S. Factors determining conflict reactions in difficult discriminations. Journal of Experimental Psychology, 1942, **31,** 272–292.

Brown, J. S. The generalization of approach responses as a function of stimulus intensity and strength of motivation. Journal of Comparative Psychology, 1942, **33,** 209–226.

Brown, J. S. Gradients of approach and avoidance responses and their relation to level of motivation. Journal of Comparative and Physiological Psychology, 1948, **41,** 450–465.

Brown, J. S. Principles of intrapersonal conflict. Journal of Conflict Resolution, 1957, **1,** 135–154.

Brown, R. V., Kahr, A. S. & Peterson, C. R. Decision analysis for the manager. New York: Holt, Rinehart & Winston, 1974.

Buchwald, A. M. Studies in motivation and conflict in the rat. Dissertation Abstracts, 1953, **13,** 255.

Burish, M. An attempt to demonstrate utility of gambling. Acta Psychologica, 1970, **34,** 367–374.

Bush, R. R., Galanter, E. & Luce, R. D. Characterization and classification of choice experiments. In: R. D. Luce, R. R. Bush & E. Galanter (Eds.), Handbook of Mathematical Psychology, Vol. 1, New York: Wiley, 1963, 77–102.

Byrne, D. The repression-sensitization scale: rationale, reliability and validity. Journal of Personality, 1961, **29,** 334–349.

Calder, B. J., Ross, M. & Insko, C. A. Attitude change and attitude attribution: effects of incentive, choice, and consequences. Journal of Personality and Social Psychology, 1973, **25,** 84–99.

Campbell, D. T. & Fiske, D. Convergent and discriminant validation by the multitrait-multimethod matrix. Psychological Bulletin, 1959, **56,** 81–105.

Carmichael, L. Learning which modifies an animals subsequent capacity for learning. Journal of General Psychology, 1938, **52,** 159–163.
Carroll, J. D. Spatial, non-spatial and hybrid models for scaling. Psychometrika, 1976, **41,** 439–463.
Carroll, J. D. & Chang, J. J. Relating preference data to multidimensional scaling solutions via a generalization of Coombs' unfolding model. Paper presented at the meeting of the Psychometric Society, Madison, Wisconsin, April 1967.
Cattell, R. B. Personality and motivation, structure and measurement. New York: World Book, 1957.
Cattell, R. B. & Sweney, A. B. Components measurable in manifestations of mental conflict. Journal of Abnormal and Social Psychology, 1964, **68,** 479–490.
Champion, R. A. Motivational effects in approach-avoidance conflict. Psychological Review, 1961, **68,** 354–358.
Chapanis, N. P. & Chapanis, A. Cognitive dissonance: Five years later. Psychological Bulletin, 1964, **61,** 1–22.
Clarkson, G. P. E. Portfolio selection: A simulation of trust investment. Englewood Cliffs, N. J.: Prentice-Hall, 1962.
Coombs, C. H. A theory of data. New York: Wiley, 1964.
Coombs, C. H. Portfolio theory: a theory of risky decision making. La Decision. Paris, Centre National de la Recherche Scientifique, 1969 / Report of a conference held at Aix-en-Provence, July, 1967.
Coombs, C. H. The mathematical psychology of risk and a theory of risky decision making. MMPP 1972–6 (revised). Univ. of Michigan, November, 1973.
Coombs, C. H. Portfolio theory and the measurement of risk. In: M. F. Kaplan & S. Schwartz (Eds.): Human judgment and decision processes. New York: Academic Press, 1975.
Coombs, C. H. & Avrunin, G. S. Single-peaked functions and the theory of preference. Psychological Review, 1977, **84,** 216–230.
Coombs, C. H. & Bowen, J. N. A test of VE-theories of risk and the effect of the central limit theorem. Acta Psychologica, 1971 (a), **35,** 15–28.
Coombs, C. H. & Bowen, J. N. Additivity of risk in portfolios. Perception and Psychophysics, 1971 (b), **10,** 43–46.
Coombs, C. H. & Huang, L. C. A portfolio theory of risk preference. Michigan Mathematical Psychology Program, MMPP 68–5, 1968.
Coombs, C. H. & Huang, L. C. Polynomial psychophysics of risk. Journal of Mathematical Psychology, 1970, **7,** 317–338 (a).
Coombs, C. H. & Huang, L. C. Test of a portfolio theory of risk preference. Journal of Experimental Psychology, 1970, **85,** 23–29 (b).
Coombs, C. H. & Huang, L. C. Tests of the betweenness property of expected utility. Journal of Mathematical Psychology, 1976, **13,** 323–337.
Coombs, C. H. & Meyers, D. E. Risk-preference in coin-toss games. Journal of Mathematical Psychology, 1969, **6,** 514–527.
Coombs, C. H. & Pruitt, D. G. Components of risk and decision making: probability and variance preferences. Journal of Experimental Psychology, 1960, **60,** 265–277.
Coombs, C. H., Bezembinder, T. G. & Goode, F. H. Testing expectation theories of decision making without measuring utility or subjective probability. Journal of Mathematical Psychology, 1967, **4,** 72–103.

Coombs, C. H., Dawes, R. M. & Tversky, A. Mathematical Psychology. Englewood Cliffs, N. J.: Prentice-Hall, 1970.

Coombs, C. H., Donnell, M. L. & Kirk, D. B. An experimental study of risk preference in lotteries. Michigan Mathematical Psychology Program, MMPP 77–6, Oktober 1977.

Corbin, R. & Marley, A. A. J. Random utility models with equality: An apparent, but not actual, generalization of random utility models. Journal of Mathematical Psychology, 1974, **11**, 274–293.

Corbin, R. M., Olson, C. L. & Abbondanza, M. Context effects in optional stopping decisions. Organizational Behavior and Human Performance, 1975, **14**, 207–216.

Cranach, M. L. v. Meinungsänderung durch eigenes Handeln – Die Rückwirkung einstellungskonträrer Agitation. Psychologische Forschung, 1965, **28**, 89–151.

Crandall, V. J., Solomon, D. & Kellaway, R. Expectancy statements and decision times as functions of objective probabilities and reinforcement values. Journal of Personality, 1955, **24**, 192–203.

Crawford, J. L. Task uncertainty, decision importance, and group reinforcement as determinants of communication processes in groups. Journal of Personality and Social Psychology, 1974, **29**, 619–627.

Crawford, J. L. & Haaland, G. A. Predecisional information seeking and subsequent conformity in the social influence process. Journal of Personality and Social Psychology, 1972, **23**, 112–119.

Davenport, W. G. & Middleton, M. A. A model for the prediction of non repeatable decisions. Journal of General Psychology, 1974, **91**, 201–207.

Davidshofer, C. O. Risk taking and vocational choice: A re-evaluation. Journal of Counseling Psychology, 1976, **23**, 151–154.

Davison, M. L. Fitting and testing Carroll's weighted unfolding model for preferences. Psychometrika, 1976, **41**, 233–247.

Dawes, R. M. Social selection based on multidimensional criteria. Journal of abnormal and social Psychology, 1964, **68**, 104–109.

Dawes, R. M. & Corrigan, B. Linear models in decision making. Psychological Bulletin, 1974, **81**, 95–106.

De Braber, B. A dynamic model of the innovativeness of search in organizational decision making. Tijdschrift voor Sociale Wetenschappen, 1972, **17**, 331–341.

De Groot, M. H. Optimal statistical decisions. New York: McGraw-Hill, 1970.

Delhees, K. H. Conflict measurement by the dynamic calculus model, and its applicability in clinical practice. Multivariate Behavioral Research, 1968, Special Issue, 73–96.

Deutsch, M., Krauss, R. & Rosenau, N. Dissonance or defensiveness? Journal of Personality, 1962, **30**, 16–28.

Dillon, J. L. An expository review of Bernoullian decision theory. Review of Marketing and Agricultural Economies, 1971, **39**, 3–80.

Discroll, J. M. & Lanzetta, J. T. Effects of problem uncertainty and prior arousal on pre-decisional information search. Psychological Reports, 1964, **14**, 975–988.

Discroll, J. M., Tognoli, J. T. & Lanzetta, J. T. Choice conflict and subjective uncertainty in decision making, Psychological Reports, 1966, **18**, 427–432.

Discroll, J. M., Lanzetta, J. T. & McMichael, J. S. Preference for information under varying conditions of outcome uncertainty, intensity and delay. Psychological Reports, 1967, **21**, 473–479.

Dollard, J. & Miller, N. E. Personality and Psychotherapy: An Analysis in Terms of Learning, Thinking, and Culture. New York: McGraw-Hill, 1950.

Ebbesen, E. B. & Konečni, V. J. Decision making and information integration in the courts: The setting of bail. Journal of Personality and Social Psychology, 1975, **32,** 805–821.

Ebbesen, E. B., Parker, S. & Konečni, V. J. Laboratory and field analyses of decisions involving risk. Journal of Experimental Psychology: Human Perception Performance, 1977, **3,** 576–589.

Edwards, W. The theory of decision making. Psychological Bulletin, 1954, **51,** 380–417.

Edwards, W. Probability preferences among bets with differing expected values. American Journal of Psychology, 1954, **67,** 56–67 (a).

Edwards, W. The reliability of probability preferences. American Journal of Psychology, 1954, **67,** 68–95 (b).

Edwards, W. Variance preferences in gambling. American Journal of Psychology, 1954, **67,** 441–452 (c).

Edwards, W. The prediction of decisions among bets. Journal of Experimental Psychology, 1955, **50,** 201–214.

Edwards, W. Reward probability, amount and information as determiners of sequential two-alternative decisions. Journal of Experimental Psychology, 1956, **52,** 177–188.

Edwards, W. Behavioral decision theory. Annual Review of Psychology, 1961, **12,** 473–498.

Edwards, W. Dynamic decision theory and probabilistic information processing. Human Factors, 1962, **4,** 59–73.

Edwards, W. Optimal strategies for seeking information: Models for statistics, choice reaction times, and human information processing. Journal of Mathematical Psychology, 1965, **2,** 312–329.

Edwards, W. & Slovic, P. Seeking information to reduce the risk of decisions. American Journal of Psychology, 1965, **78,** 188–197.

Edwards, W. & Tversky, A. (Eds.), Decision making. Harmondsworth: Penguin Books, 1967.

Edwards, W., Lindman, H. & Phillips, L. D. Emerging technologies for making decisions. In: New directions in psychology, Vol. III. New York: Holt, Rinehart and Winston, 1965, 261–325.

Ehrlich, D., Guttman, I., Schönbach, P. & Mills, J. Postdecision exposure to relevant information. Journal of Abnormal and Social Psychology, 1957, **54,** 98–102.

Einhorn, H. J. The use of nonlinear, noncompensatory models in decision making. Psychological Bulletin, 1970, **73,** 221–230.

Einhorn, H. J. The use of nonlinear, noncompensatory models as a function of task and amount of information. Organizational Behavior and Human Performance, 1971, **6,** 1–27.

Einhorn, H. J. & Hogarth, R. M. Unit weighting schemes for decision making. Organizational Behavior and Human Performance, 1975, **13,** 171–192.

Elder, T., Noblin, C. D. & Maher, B. A. The extinction of fear as a function of distance versus dissimilarity from the original conflict situation. Journal of Abnormal and Social Psychology, 1961, **63,** 530–533.

Ellsberg, D. Risk, ambiguity, and the Savage axioms. Quarterly Journal of Economy, 1961, **75,** 643–649.

Epstein, S. & Fenz, W. D. Theory and experiment on the measurement of approach-avoidance conflict. Journal of Abnormal and Social Psychology, 1962, **64,** 97–112.

Epstein, S. & Fenz, W. D. Steepness of approach and avoidance gradients in humans as a function of experience: theory and experiment. Journal of Experimental Psychology, 1965, **70,** 1–12.

Erickson, G. M. Maslow's basic needs theory and decision theory. Behavioral Science, 1973, **18,** 210–211.

Estes, W. K. A random walk model for choice behavior. In: K. J. Arrow, S. Karlin & P. Suppes (Eds.), Mathematical methods in the social sciences. Stanford: Stanford Univ. Press, 1960, 265–276.

Feather, N. T. Persistence in relation to achievement motivation, anxiety about failure, and task difficulty. Unveröffentlichte Dissertation, Michigan Universität, 1960.

Feather, N. T. The relationship of persistence at a task to expectation of success and achievement related motives. Journal of Abnormal and Social Psychology, 1961, **63,** 552–561.

Feather, N. T. The study of persistence. Psychological Bulletin, 1962, **59,** 94–114.

Feather, N. T. An expectancy-value model of information-seeking behavior. Psychological Review, 1967, **74,** 342–360.

Feger, H. Neobehavioristische Konfliktforschung. Archiv für die gesamte Psychologie, 1964, **116,** 424–449.

Feger, H. Beiträge zur experimentellen Analyse des Konflikts. In: H. Thomae (Hrsg.), Handbuch der Psychologie, Bd. 2, Motivationslehre. Göttingen: Hogrefe, 1965, 332–412.

Feger, H. Untersuchungen zur Bedeutsamkeit von Entscheidungssituationen – ein experimenteller Beitrag. Phil. Diss. Bonn, 1968 (a).

Feger, H. Untersuchungen über Bedeutsamkeit und Konfliktstärke in Entscheidungssituationen. Zeitschrift für experimentelle und angewandte Psychologie, 1968, **15,** 70–87 (b).

Feger, H. Untersuchungen über die Vorhersage von Entscheidungen. Zeitschrift für experimentelle und angewandte Psychologie, 1970, **17,** 21–36.

Feger, H. Probleme der Reliabilität und einer konvergierenden und diskriminierenden Validierung von Selbstbeobachtungsdaten. Archiv für Psychologie, 1971, **123,** 1–16.

Feger, H. Skalierte Informationsmenge und Eindrucksurteil. Bern: Huber, 1972.

Feger, H. Gruppensolidarität und Konflikt. In: C. F. Graumann (Hrsg.), Handbuch der Psychologie, Bd. 7, 2. Halbband: Sozialpsychologie. Göttingen: Hogrefe, 1972 (a), 1594–1653.

Feger, H. Zum gegenwärtigen Stand der psychologischen Entscheidungsforschung. In: H. Brandstätter & B. Gahlen (Hrsg.), Entscheidungsforschung. Tübingen: Mohr, 1975, 15–50.

Feger, H. Konflikterleben und Konfliktverhalten. Bern: Huber, 1978.

Feger, H. & Feger, B. Beiträge zur inhaltsanalytischen Untersuchung von Entscheidungen. Teil I: Methode und Vergleich der Materialstichproben. Archiv für die gesamte Psychologie, 1969 (a), **121,** 205–232.

Feger, H. & Feger, B. Beiträge zur inhaltsanalytischen Untersuchung von Entscheidungen. Teil II: Kontingenzanalyse und Paralleluntersuchung. Archiv für die gesamte Psychologie, 1969 (b), **121,** 233–254.

Feger, H. & Sorembe, V. Zusammenhänge von Reaktionsvariablen bei Entscheidungs-

function of their order, familiarity and reversibility. European Journal of Social Psychology, 1974, **4,** 201–228.

Goldsmith, R. W. Persönlichkeitsspezifische Komponenten des Entscheidungsverhaltens. Psychologische Forschung, 1968, **32,** 135–168.

Gordon, A. & Glass, D. C. Choice ambiguity, dissonance and defensiveness. Journal of Personality, 1970, **38,** 265–272.

Grabitz, H.-J. Zur Beziehung von Inertia Effekt und sequentieller Position widersprechender Ereignisse bei der Revision subjektiver Wahrscheinlichkeiten. Psychologische Forschung, 1971, **35,** 35–45.

Grabitz, H.-J. & Grabitz-Gniech, G. Der Inertia Effekt in Abhängigkeit vom diagnostischen Wert einer Information. Zeitschrift für experimentelle und angewandte Psychologie, 1972, **19,** 364–375.

Grabitz-Gniech, G. & Grabitz, H.-J. Psychologische Reaktanz: Theoretisches Konzept und experimentelle Untersuchungen. Zeitschrift für Sozialpsychologie, 1973, **4,** 19–35.

Grabitz, H.-J. & Grabitz-Gniech, G. Der kognitive Prozeß vor Entscheidungen: Theoretische Ansätze und experimentelle Untersuchungen. Psychologische Beiträge, 1973, **15,** 522–549.

Grabitz-Gniech, G., Auslitz, K. & Grabitz, H.-J. Die Stärke des Reaktanz-Effektes als Funktion der absoluten Größe und der relativen Reduktion des Freiheitsspielraumes. Zeitschrift für Sozialpsychologie, 1975, **6,** 122–128.

Grabitz, H.-J. & Haisch, J. Umbewertung von unterstützender und widersprechender Information vor Entscheidungen. Archiv für Psychologie, 1972, **124,** 133–144.

Graves, B. C. Interrelationship between some personality and decision-making variables. Dissertation Abstracts, 1959, **19,** 4729.

Green, P. E. & Wind, Y. Multiattribute decisions in marketing. Hinsdale, Ill.: Dryden, 1973.

Green, P. E., Halbert, M. H. & Minas, J. S. An experiment in information buying. Journal of Advertising Research, 1964, **4,** 17–23.

Greeno, J. G. Elementary theoretical psychology. Reading, Mass.: Addison-Wesley, 1968.

Grunwald, W. Psychotherapie und experimentelle Konfliktforschung. München: UTB Reinhardt, 1976.

Guilford, J. P. Psychometric methods. New York: McGraw-Hill, 1954 (2. Aufl.).

Guilford, J. P. Intellectual aspects of decision making. In: A. T. Welford & J. E. Birren (Eds.), Decision making and age. Basel: Karger, 1969.

Gustafson, D. H. Evaluation of probabilistic information processing in medical decision making. Organizational Behavior and Human Performance, 1969, **4,** 20–34.

Halff, H. M. Choice theories for differentially comparable alternatives. Journal of Mathematical Psychology, 1976, **14,** 244–246.

Hanek, M. An experimentally induced approach-avoidance conflict and the measurement of elected fear by an operant response. Dissertation Abstracts, 1961, **21,** 2797.

Hannah, T. E., Hannah, E. R. & Wattie, B. Arousal of psychological reactance as a consequence of predicting an individual's behavior. Psychological Reports, 1975, **37,** 411–420.

Hass, P. H. Wanted and unwanted pregnancies: A fertility decision-making model. Journal of Social Issues, 1974, **30,** 125–165.

Hauschildt, J. Entscheidungsziele. Zielbildung in innovativen Entscheidungsprozessen: theoretische Ansätze und empirische Prüfung. Tübingen: Mohr, 1977.

Hawkins, C. K. & Lanzetta, J. T. Uncertainty, importance, and arousal as determinants of predecisional information search. Psychological Reports, 1965, **17**, 791–800.

Hearst, E. Escape from a stimulus associated with both reward and punishment. Journal of Comparative and Physiological Psychology, 1963, **56**, 1027–1031.

Heckhausen, H. Motiv und Motivation. In: T. Herrmann et al. (Hrsg.), Handbuch psychologischer Grundbegriffe. München: Kösel-Verlag, 1977, 296–313.

Helm, J. Zum Problem der konditionalgenetischen Verwandtschaft einiger konflikttypischer Verhaltensweisen bei Mensch und Tier. Zeitschrift für Psychologie, 1959, **163**, 109–125.

Helmreich, R. & Collins, B. E. Studies in forced compliance: Commitment and magnitude of inducement to comply as determinants of opinion change. Journal of Personality and Social Psychology, 1968, **10**, 75–81.

Hendrick, D., Mills, J. & Kiesler, C. A. Decision time as a function of the number and complexity of equally attractive alternatives. Journal of Personality and Social Psychology, 1968, **8**, 313–318.

Herrmann, T., Hofstätter, P., Huber, H. & Weinert, F. (Hrsg.), Handbuch psychologischer Grundbegriffe. München: Kösel, 1977.

Herkner, W. H. Ein erweitertes Modell des Appetenz-Aversions-Konflikts. Zeitschrift für Klinische Psychologie, 1975, **4**, 50–60.

Hörmann, H. Konflikt und Entscheidung. Experimentelle Untersuchung über das Interferenzphänomen. Göttingen: Hogrefe, 1960.

Hofstätter, P. R. Psychotherapie und die Theorie der Lernvorgänge. Psyche, 1953, **7**, 321–341.

Hofstätter, P. R. Psychologie. (Fischer Lexikon) Frankfurt: Fischer, 1957.

Hofstee, W. K. B. Comparative vs. absolute judgments of trait desirability. Educational and Psychological Measurement, 1970, **30**, 639–646.

Hogarth, R. M. Decision time as a function of task complexity. In: D. Wendt & C. A. J. Vlek (Eds.), Utility, probability, and human decision making. Dordrecht: Reidel, 1975, 321–338.

Holmes, J. G. & Strickland, L. H. Choice freedom and confirmation of incentive expectancy as determinants of attitude change. Journal of Personality and Social Psychology, 1970, **14**, 39–45.

Hommers, W. Zur Gültigkeit des objektiven Erwartungsmaximierungsmodells beim Entscheidungsverhalten von Schulkindern. Zeitschrift für Psychologie, 1975, **183**, 69–81.

Hommers, W. Zur Validität der Portfolio-Theorie im Entscheidungsverhalten von Schulkindern. Zeitschrift für Psychologie, 1976, **184**, 604–618.

Hommers, W. Zur Psychometrie des Entscheidungsverhaltens von Schulkindern bei Risiko. Psychologische Beiträge, 1977, **19**, 84–99.

Horney, K. Der neurotische Mensch unserer Zeit. München: Kindler, 1951.

Horney, K. Unsere inneren Konflikte. München: Kindler, 1954.

Hovland, C. I. & Sears, R. R. Experiments on motor conflict: I. Types of conflict and their modes of resolution. Journal of experimental Psychology, 1938, **23**, 477–493.

Hovland, C. I. & Pritzler, H. A. Extent of opinion change as a function of amount of change advocated. Journal of Abnormal and Social Psychology, 1957, **54**, 257–261.

Hoyt, M. F. & Janis, I. L. Increasing adherance to a stressful decision via a motivational

Miller, N. E., Brown, J. S. & Lipofsky, H. A theoretical and experimental analysis of conflict behavior: III. Approach-avoidance conflict as a function of strength of drive and strength of shock. (Unpublished) 1943.

Miller, N. E. & Kraeling, D. Displacement: Greater generalization of approach than avoidance in a generalized approach-avoidance conflict. Journal of Experimental Psychology, 1952, **43,** 217–221.

Miller, N. E. & Murray, E. J. Displacement: Steeper gradient of generalization of avoidance than of approach with age of habit controlled. Journal of Experimental Psychology, 1952, **43,** 222–226.

Mills, J. Effect of certainty about a decision upon post-decision exposure to consonant and dissonant information. Journal of Personality and Social Psychology, 1965, **2,** 749–752.

Mills, J. & Ross, A. Effects of commitment and certainty upon interest in supporting information. Journal of Abnormal and Social Psychology, 1964, **68,** 552–555.

Mills, J., Aronson, E. & Robinson, J. Selectivity in exposure to information. Journal of Abnormal and Social Psychology, 1959, **59,** 250–253.

Milner, A. D., Beech, H. R. & Walker, V. J. Decision processes and obsessional behaviour. British Journal of Social and Clinical Psychology, 1971, **10,** 88–89.

Milnor, J. Games against nature. In: R. M. Thrall, C. H. Coombs & R. L. Davis (Eds.), Decision processes. New York: Wiley, 1954, 49–60.

Minor, J., Miller, L. & Ditrichs, R. The effects of an undecided alternative on resolution of approach-approach and avoidance-avoidance conflict situations. Psychonomic Science, 1968, **12,** 375.

Mitchell, W. D. Restle's choice model: A reconceptualization for a special case. Journal of Vacational Behavior, 1975, **6,** 315–330.

Montgomery, H. A study of intransitive preferences using a think aloud procedure. Göteborg Psychological Reports, 1975, **5,** No. 28 (auch in: H. Jungermann & G. de Zeeuw (Eds.), Decision making and change in human affairs. Dordrecht: Reidel, 1977, S. 347–362).

Montgomery, H. A study of intransitive preferences using a think aloud procedure. In: H. Jungermann & G. de Zeeuw (Eds.), Decision making and change in human affairs. Dordrecht: Reidel, 1977, 347–362.

Montgomery, H. & Svenson, O. On decision rules and information processing strategies for choices among multiattribute alternatives. Scandinavian Journal of Psychology, 1976, **17,** 283–291.

Morgan, B. J. T. On Luce's choice axiom. Journal of Mathematical Psychology, 1974, **11,** 107–123.

Morlock, H. C. & Hertz, K. J. Effects of the desirability of outcomes on decision making. Psychological Reports, 1964, **14,** 11–17.

Morrison, H. W. Intransitivity of paired comparison choices. Unpub. Doc. Diss., Univ. of Michigan, 1962.

Mosteller, F. & Tatsuoka, M. Ultimate choice between two attractive goals: Predictions from a model. Psychometrika, 1960, **25,** 1–18.

Mowrer, O. H. Learning theory and behavior. New York: Wiley, 1960.

Murney, R. G. An application of the principle of stimulus generalization to the prediction of object displacement in human subjects. Doctor Dissertation, Cath. University of America, 1953.

Murray, E. J. Resolution of complex decisional conflicts as a function of degree of avoidance. Journal of Research in Personality, 1975, **9**, 177–190.
Murray, E. J. & Berkun, M. M. Displacement as a function of conflict. Journal of Abnormal and Social Psychology, 1955, **51**, 47–56.
Myers, J. L. & Atkinson, R. C. Choice behavior and reward structure. Journal of Mathematical Psychology, 1964, **1**, 170–203.
Myers, J. L., Suydam, M. M. & Henckeroth, O. Choice behavior and reward structure: Differential payoff. Journal of Mathematical Psychology, 1966, **3**, 458–469.
Naylor, J. C. Accuracy and variability of information sources as determinants of performance and source preference of decision makers. Journal of Applied Psychology, 1964, **48**, 43–49.
Nesswetha, W. Formen der Reaktion auf Konflikte. Phil. Diss., Univ. Bonn, 1964.
Neumann, J. v. & Morgenstern, O. Theory of games and economic behavior. Princeton: Princeton Univ. Press, 1944.
Newell, A. & Simon, H. A. Human problem solving. Englewood Cliffs: Prentice Hall, 1972.
Ng, Y.-K. Sub-semiorder: A model of multidimensional choice with preference intransitivity. Journal of Mathematical Psychology, 1977, **16**, 51–59.
Noblin, Ch. D. & Maher, B. A. Temporal and physical factors in avoidance reduction. Journal of Comparative and Physiological Psychology, 1962, **55**, 62–65.
Nuttin, J. M., Jr. Attitude change after rewarded dissonant and consonant „forced compliance". A critical replication of the Festinger and Carlsmith experiment. International Journal of Psychology, 1966, **1**, 39–57.
Ölander, F. Search behavior in non-simultaneous choice situations: Satisficing or maximizing. In: D. Wendt & C. A. J. Vlek (Eds.), Utility, probability, and human decision making. Dordrecht: Reidel, 1975, 297–320.
Orth, B. Einführung in die Theorie des Messens. Stuttgart: Kohlhammer, 1974.
Oshikawa, S. Consumer pre-decision conflict and post-decision dissonance. Behavioral Science, 1970, **15**, 132–140.
Pawlow, I. P. Experimentelle Neurosen, P. Z. Nervenheilkunde, 1932, **124**, 137–139.
Payne, J. W. Relation of perceived risk to preferences among gambles. Journal of Experimental Psychology: Human Perception and Performance, 1975, **1**, 86–94.
Payne, J. W. Task complexity and contingent processing in decision making: An information search and protocol analysis. Organizational Behavior and Human Performance, 1976, **16**, 366–387.
Pearl, J. A framework for processing value judgments. IEEE Transactions on Systems, Man & Cybernetics, 1977, **7**, 349–354.
Pechtel, C., Masserman, J. & Aarons, L. Differential responses in young vs. old animals to training, conflict, drugs, and brain lesions. American Journal of Psychiatry, 1960, **116**, 1018–1020.
Pepitone, A. Some conceptual and empirical problems of consistency models. In: S. Feldman (Ed.), Cognitive consistency. New York: Academic Press, 1966, 257–297.
Peter, J. P. & Tarpey, L. X., Sr. A comparative analysis of three consumer decision strategies. Journal of Consumer Research, 1975, **2**, 29–37.
Peterson, C. R. & DuCharme, W. M. A primacy effect in subjective probability revision. Journal of Experimental Psychology, 1967, **73**, 61–65.
Pistohl, W. Die Vorhersage einer Wahl. Unver. VD-Arbeit, Erlangen, 1959.
Pitz, G. F. Sample size, likelihood, and confidence in a decision. Psychonomic Science, 1967, **8**, 257–258.

Pitz, G. F. Information seeking when available information is limited. Journal of Experimental Psychology, 1968, **76,** 25–34.
Pitz, G. F. Use of response times to evaluate information seeking. Journal of Experimental Psychology, 1969, **80,** 553–557.
Pitz, G. F. & Geller, E. S. Revision of opinion and decision times in an information-seeking task. Journal of Experimental Psychology, 1970, **83,** 400–405.
Pitz, G. F., Downing, L. & Reinhold, H. Sequential effects in the revision of subjective probabilities. Canadian Journal of Psychology, 1967, **21,** 381–393.
Pitz, G. F., Reinhold, H. & Geller, E. S. Strategies of information seeking in deferred decision making. Organizational Behavior and Human Performance, 1969, **4,** 1–19.
Plum, R. Informationsverarbeitung und subjektive Wahrscheinlichkeit im Entscheidungsprozeß. VD-Arbeit, Inst. f. Psychol., RWTH Aachen, 1978.
Pollatsek, A. The inconsistency of expected utility theory with certain classes of single-peaked preference functions. Journal of Mathematical Psychology, 1971, **8,** 225–234.
Pollatsek, A. & Tversky, A. A theory of risk. Journal of Mathematical Psychology, 1970, **7,** 540–553.
Pollay, R. W. A model of decision times in difficult decision situations. Psychological Review, 1970, **77,** 274–281.
Pongratz, L. J. Psychologie menschlicher Konflikte – Phänomenologie und Theorie. Göttingen: Hogrefe, 1961.
Pongratz, L. (Hrsg.). Handbuch der Psychologie, Bd. 8, 1. und 2. Halbband: Klinische Psychologie. Göttingen: Hogrefe, 1977.
Prautzsch, K. Beiträge zur experimentellen Untersuchung der Motivationsgesetze des Willensvorganges bei Normalen und Schwachsinnigen. Phil. Diss. Halle/Wittenberg, 1931.
Pruitt, D. G. Informational requirements in making decisions. American Journal of Psychology, 1961, **74,** 433–439.
Pruitt, D. G. & Hoge, R. D. Strength of the relationship between the value of an event and its subjective probability as a function of method of measurement. Journal of Experimental Psychology, 1965, **69,** 483–489.
Raiffa, H. Decision analysis. Reading, Mass.: Addison-Wesley, 1968.
Raiffa, H. Preferences for multi-attributed alternatives. The Rand Corporation, RM-5868-DOT/RC, April, 1969.
Raiffa, H. & Schlaifer, R. Applied statistical decision theory. Boston: Harvard Business School, Division of Research, 1961.
Rapoport, A. A study of human control in a stochastic multistage decision task. Behavioral Science, 1966 (a), **11,** 18–32.
Rapoport, A. A study of multi-stage decision-making task with an unknown duration. Human Factors, 1966 (b), **8,** 54–61.
Rapoport, A. Dynamic programming model for multi-stage decision-making tasks. Journal of Mathematical Psychology, 1967, **4,** 48–71.
Rapoport, A. Choice behavior in a Markovian decision task. Journal of Mathematical Psychology, 1968, **5,** 163–181.
Rapoport, A. Research paradigms for studying dynamic decision behavior. In: D. Wendt & C. A. J. Vlek (Eds.), Utility, probability, and human decision making. Dordrecht: Reidel, 1975, 349–369.

Rapoport, A. & Burkheimer, G. J. Models for deferred decision making. Journal of Mathematical Psychology, 1971, **8,** 508–538.

Rapoport, A. & Jones, L. V. Gambling behavior in two-choice multistage betting games. Journal of Mathematical Psychology, 1970, **7,** 163–187.

Rapoport, A. & Stein, W. E. Decision policies minimizing risk in a multistage betting game. Journal for Mathematical Psychology, 1974, **11,** 42–58.

Rapoport, A. & Tversky, A. Choice behavior in an optimal stopping task. Organizational Behavior and Human Performance, 1970, **5,** 105–120.

Rapoport, A. & Wallsten, T. S. Individual decision behavior. Annual Review of Psychology, 1972, **23,** 131–176.

Rapoport, A., Funk, S. G., Levinsohn, J. R. & Jones, L. V. How one gambles if one must: Effects of differing return rates on multistage betting decisions. Journal of Mathematical Psychology, 1977, **15,** 169–198.

Rapoport, A., Jones, L. V. & Kahan, J. P. Gambling behavior in multiple-choice multistage betting games. Journal of Mathematical Psychology, 1970, **7,** 12–36.

Ray, H. W. The application of dynamic programming to the study of multistage decision processes in the individual. Diss. Ohio State Univ., Columbus, 1963.

Reibstein, D. J., Youngblood, St. A. & Fromkin, H. L. Number of choices and perceived decision freedom as a determinant of satisfaction and consumer behavior. Journal of Applied Psychology, 1975, **60,** 434–437.

Rhine, R. J. Some problems in dissonance theory research on information selectivity. Psychological Bulletin, 1967, **68,** 21–28.

Richter, M. K. Rational choice and polynomial measurement models. Journal of Mathematical Psychology, 1975, **12,** 99–113.

Rigby, W. K. Approach-avoidance gradients and conflict behavior in a predominantly temporal situation. Journal of Comparative and Physiological Psychology, 1954, **47,** 83–89.

Rim, Y. & Cohen, N. Personality variables in making a choice. Psychologica, 1968, **11,** 191–197.

Ringuette, E. L. The stability of individual differences in behavior across experimental conflict situations. Journal of Research in Personality, 1976, **10,** 177–182.

Roby, T. B. Commitment. Behavioral Science, 1960, **5,** 253–264.

Roby, T. B. Belief states, evidence, and action. In: P. D. Hunt (Ed.), Predecisional processes in decision making: Proceedings of a symposium. Aerospace Medical Research Lab., Wright-Patterson Air Force Base, Ohio, 1964, 27–46.

Rohracher, H. Theorie des Willens auf experimenteller Grundlage. Zeitschrift für Psychologie, Erg.-Bd. 21, Leipzig, 1932, 1–189.

Rosen, S. Post-decision affinity for incompatible information. Journal of Abnormal and Social Psychology, 1961, **63,** 188–190.

Rosenberg, M. J. When dissonance fails: On eliminating evaluation apprehension from attitude measurement. Journal of Personality and Social Psychology, 1965, **1,** 28–42.

Rossomands, N. P. & Weiss, W. Attitude change effects of timing and amount of payment for counter attitudinal behavior. Journal of Personality and Social Psychology, 1970, **14,** 32–38.

Rothbart, M. Assessing the likelihood of a threatening event: English Canadians' evaluation of the Quebec separatist movement. Journal of Personality and Social Psychology, 1970, **15,** 109–117.

Rothman, G. R. The influence of moral reasoning on behavioral choices. Child Development, 1976, **47,** 397–406.
Rowe, W. D. An anatomy of risk. New York: Wiley, 1977.
Rumelhart, D. L. & Greeno, J. G. Similarity between stimuli: An experimental test of the Luce and Restle choice models. Journal of Mathematical Psychology, 1971, **8,** 370–381.
Russell, R. W. The comparative study of „conflict" and „experimental neurosis". British Journal of Psychology, 1950, **41,** 95–108.
Russo, J. E. & Dosher, B. A. Dimensional evaluation: A heuristic for binary choice. Unpubl., Univ. of California, Santa Barbara, 1975.
Russo, J. E. & Rosen, L. D. An eye fixation analysis of multi-alternative choice. Memory and Cognition, 1975, **3,** 267–276.
Salber, W. Urteil, Entschluß und Entscheidung. Psychologische Beiträge, 1953/54, **1,** 435–469.
Sanden, van der, T. Reward structure as a determinant of a value conflict in decision making. Report 73, MA 16, Dept. of Psychol., Univ. of Nijmegen, 1973.
Sanders, A. F. & Ter Linden, W. Decision making during paced arrival of probabilistic information. In: A. F. Sanders (Ed.), Attention and performance. Amsterdam: Noord-Hollandse Uitgeversmaatschappij, 1967.
Santen, van, J. P. H. A new axiomatization of Portfolio Theory. Journal of Mathematical Psychology, 1978, **17,** 14–20.
Sauter, B. Quellen subjektiver Unsicherheit. In: M. Irle (Hrsg.), Attraktivität von Entscheidungsalternativen und Urteilssicherheit. Bern: Huber, 1978.
Savage, C. J. The theory of statistical decision. Journal of the American Statistical Association, 1951, **46,** 55–67.
Savage, L. J. The foundation of statistics. New York: Wiley, 1954.
Sayeki, Y. Allocation of importance: An axiom system. Journal of Mathematical Psychology, 1972, **9,** 55–65.
Schaefer, R. E. Probabilistische Informationsverarbeitung: Theorie, Methoden und ein Experiment. Bern: Huber, 1976.
Schaefer, R. E. & Borcherding, K. The assessment of subjective probability distributions: A training experiment. Acta Psychologica, 1973, **37,** 117–129.
Schaefer, R. E. & Borcherding, K. Probleme bei der Messung von subjektiver Sicherheit. In M. Irle (Hrsg.), Attraktivität von Entscheidungsalternativen und Urteilssicherheit. Bern: Huber, 1978.
Schill, T. & Boor, M. Effects of threat of shock on conflict resolution and conflict generalization. Psychological Reports, 1967, **21,** 377–383.
Schmidt, H. D. Das Verhalten von Haushunden in Konfliktsituationen. Zeitschrift für Psychologie, 1956, **159,** 162–245.
Schmidt, H. D. Zum Problem der experimentellen Verifikation von Entscheidungsmodellen. Zeitschrift für Psychologie, 1964, **169,** 1–17.
Schmidt, H. D. Leistungschance, Erfolgserwartung und Entscheidung. Berlin: VEB Deutscher Verlag der Wissenschaften, 1966.
Schmidt, H. D. Zur Psychodiagnostik von Entscheidungsvariablen. In: H.-D. Rösler, H. D. Schmidt & H. Szewczyk (Hrsg.), Persönlichkeitsdiagnostik. Berlin: VEB Deutscher Verlag der Wissenschaften, 1970.

Schmidt, H. D., Dydow, H. & Rittmeister, M. Some experiences with a method of measuring information seeking. Symposium „Decision making", XIX. Intern. Congr. Psychol., London, 1969.

Schneider, K. Subjektive Unsicherheit und Aufgabenwahl. Archiv für Psychologie, 1974, **126,** 147–169.

Schroder, H. M., Driver, M. J. & Streufert, S. Human information processing. New York: Holt, Rinehart, and Winston, 1967.

Schubring, M. Zur Konditionalanalyse des kindlichen Entscheidungsverhaltens. Zeitschrift für Psychologie, 1970, **177,** 250–285.

Schultz, I. H. Die seelische Krankenbehandlung. Stuttgart: Piscator, 6. Aufl. 1952.

Schulz, O. Experimentelle Untersuchungen über Lüge und Charakter. Unters. Psychol., Phil. Päd., Bamberg, 1934, B. 8, Heft 4.

Scodel, A., Minas, J. S., Ratoosh, P. & Lipetz, M. Some descriptive aspects of two-person non-zero-sum games. Journal of Conflict Resolution, 1959, **3,** 114–119.

Sen, A. K. Collective choice and social welfare. San Francisco: Holden-Day, 1970.

Shanteau, J. An information-integration analysis of risky decision making. In: M. F. Kaplan & S. Schwartzer (Eds.), Human judgment and decision processes. New York: Academic Press, 1975, 109–137.

Shapira, Z. & Venezia, I. On the aggregation across subjects in analyzing individual choice behavior. Journal of Mathematical Psychology, 1977, **16,** 60–67.

Shepard, R. N. On subjectively optimum selections among multi-attribute alternatives. In: M. W. Shelley & G. L. Bryan (Eds.), Human judgment and optimality. New York: Wiley, 1964.

Sheridan, J. E., Richards, M. D. & Slocum, J. W., Jr. Comparative analysis of expectancy and heuristic models of decision behavior. Journal of Applied Psychology, 1975, **60,** 361–368.

Sherif, M. & Hovland, C. I. Social Judgment. New Haven, Connect. Yale University Press, 1961.

Sheth, J. N. & Venkatesan, A. Risk-reduction processes in repetitive consumer behavior. Journal of Marketing Research, 1968, **5,** 307–310.

Shulman, L. S. & Elstein, A. S. Studies of problem solving, judgment, and decision making: Implications for educational research. In: F. N. Kerlinger (Ed.), Review of Research in Education, 1975, **3,** 3–42.

Sieber, J. E. & Lanzetta, J. T. Conflict and conceptual structure as determinants of decision-making behavior. Journal of Personality, 1964, **4,** 622–641.

Sieber, J. E. & Lanzetta, J. T. Some determinants of individual differences in predecision information-processing behavior. Journal of Personality and Social Psychology, 1966, **4,** 561–571.

Siegel, S. & Andrews, J. M. Magnitude of reinforcement and choice behavior in children. Journal of Experimental Psychology, 1962, **63,** 337–341.

Simon, H. A. A behavioral model of rational choice. Quarterly Journal of Economy, 1955, **69,** 99–118.

Simon, H. A. Models of man. New York: Wiley, 1957.

Sixtl, F. Meßmethoden der Psychologie. Weinheim: Beltz, 1967.

Slovic, P. Value as a determiner of subjective probability. IEEE Transactions on human factors in electronics, 1966, **7,** 22–28.

Slovic, P. The relative influence of probabilities and pay-offs upon perceived risk of a gamble. Psychonomic Science, 1967, **9,** 223–224.

Slovic, P. Differential effects of real versus hypothetical payoffs on choices among gambles. Journal of Experimental Psychology, 1969, **80**, 434–437.
Slovic, P. Manipulating the attractiveness of a gamble without changing its expected value. Journal of Experimental Psychology, 1969, **79**, 139–145.
Slovic, P. Choice between equally valued alternatives. Journal of Experimental Psychology: Human Perception and Performance, 1975, **1**, 280–287.
Slovic, P. & Lichtenstein, S. C. Comparison of Bayesian and regression approaches to the study of information processing in judgment. Organizational Behavior and Human Performance, 1971, **6**, 649–744.
Slovic, P, Fischhoff, B. & Lichtenstein, S. Behavioral decision theory. Annual Review of Psychology, 1977, **28**, 1–39.
Slovic, P., Lichtenstein, S. & Edwards, W. Boredom-induced changes in preferences among bets. American Journal of Psychology, 1965, **78**, 208–217.
Smith, S. & Guthrie, E. E. General psychology in terms of behavior. New York: Appleton-Century, 1921.
Smith, T. E. Scalable choice models. Journal of Mathematical Psychology, 1976, **14**, 239–243.
Smith, W. A. S. Effects of differential instructions on value and cost as determiners of decision. Perceptual and Motor Skills, 1964, **18**, 321–324.
Snapper, K. J. & Peterson, C. R. Information seeking and data diagnosticity. Journal of Experimental Psychology, 1971, **87**, 429–433.
Soelberg, P. O. A study of decision making: Job choice. Cambridge, Mass.: MIT-Press, 1966.
Solomon, R. L. Punishment. In: R. H. Walters et al. (Eds.), Punishment. Harmondsworth: Penguin Books, 1972, 39–52.
Sorembe, V. Informationsverarbeitung und subjektive Wahrscheinlichkeit im Entscheidungsprozeß. Phil. Diss. RWTH Aachen, 1975.
Sorembe, V. Informationsverarbeitung und subjektive Wahrscheinlichkeit im Entscheidungsprozeß. In: H. Feger (Hrsg.), Studien zur intraindividuellen Konfliktforschung. Bern: Huber, 1977, 11–147.
Spence, K. W. Conceptual models of spatial and non-spatial selective learning. In: K. W. Spence (Ed.), Behavior theory and learning. Englewood Cliffs, N. J.: Prentice-Hall, 1960.
Srinivasan, V. & Shocker, A. D. Estimating the weights for multiple attributes in a composite criterion using pairwise judgments. Psychometrika, 1973, **38**, 473–493.
Staelin, R. & Payne, J. W. Studies of the information-seeking behavior of consumers. In: J. S. Carroll and J. W. Payne (Eds.), Cognition and social behavior. Hillsdale: Erlbaum, 1976, 185–202.
Steward, B. R. Developmental differences in the stability of object preferences and conflict behavior. Child Development, 1958, **29**, 9–18.
Stoller, W. Wahlentscheidungen und nicht realisierte Determination. Unters. Psychol., Phil. Päd., Bamberg, 1937, Bd. 11, Heft 4.
Strelau, J. & Maciejczyk, J. Reactivity and decision making in stress situations in pilots. In: Ch. D. Spielberger & I. G. Sarason (Eds.), Stress and anxiety. Vol. 4. New York: Wiley, 1977, 29–42.
Streufert, S. C. Effects of information relevance on decision making in complex environments. Memory and Cognition, 1973, **1**, 224–228.

Streufert, S. & Castore, C. H. Information search and the effects of failure: A test of complexity theory. Journal of Experimental Social Psychology, 1971, **7**, 125–143.

Streufert, S., Driver, M. J. & Haun, K. W. Components of response rate in complex decision making. Journal of Experimental Social Psychology, 1967, **3**, 286–295.

Streufert, S., Suedfeld, P. & Driver, M. J. Conceptual structure, information search, and information utilization. Journal of Personality and Social Psychology, 1965, **2**, 736–740.

Suydam, M. M. Effects of cost and gain ratios, and probability of outcome on ratings of alternative choices. Journal of Mathematical Psychology, 1965, **2**, 171–179.

Svenson, O. A unifying interpretation on different models for the integration of information when evaluating gambles. Scandinavian Journal of Psychology, 1975, **16**, 187–192.

Swinth, R. L. A decision process model for predicting job preferences. Journal of Applied Psychology, 1976, **61**, 242–245.

Sydow, U. Zur Bedingungsanalyse der subjektiven Wahrscheinlichkeit in der Ontogenese. Zeitschrift für Psychologie, 1976, **184**, 171–190.

Tack, W. H. Stochastische Lernmodelle. Stuttgart: Kohlhammer, 1976.

Taylor, D. W. Decision making and problem solving. In: J. G. March (Ed.), Handbook of organizations. New York: Rand McNally, 1965, 48–86.

Taylor, J. A. & Maher, B. A. Escape and displacement experience as variables in the recovery from an approach-avoidance conflict. Journal of Comparative and Physiological Psychology, 1959, **52**, 586–590.

Taylor, J. A. & Rennie, B. Recovery from approach-avoidance conflict as a function of escape and displacement experiences. Journal of Comparative and Physiological Psychology, 1961, **54**, 275–278.

Thomae, H. Der Mensch in der Entscheidung. München: Barth, 1960.

Thomae, H. Konflikt, Entscheidung, Verantwortung. Stuttgart: Kohlhammer, 1974.

Thomas, R. E. Development of new techniques for analysis of human controller dynamics. AMRL-TDR-62-65, Wright-Patterson AFB, Ohio, 1962.

Thorson, S. J. Axiomatic theories of preference-based choice behavior. American Behavioral Scientist, 1976, **20**, 65–92.

Thorson, S. J. & Stever, J. Classes of models for selected axiomatic theories of choice. Journal of Mathematical Psychology, 1974, **11**, 15–32.

Thrall, R. M., Coombs, C. H. & Davis, R. L. (Eds.). Decision processes. New York: Wiley, 1954.

Thurstone, L. L. A law of comparative judgment. Psychological Review, 1927, **34**, 278–286.

Thurstone, L. L. The prediction of choice. Psychometrika, 1945, **10**, 236–253.

Thurstone, L. L. The measurement of values. Chicago: The University of Chicago Press, 1959.

Tinbergen, N. Instinktlehre. Berlin: Parey, 1952.

Toda, M. The design of a fungus eater: a model of human behavior in an unsophisticated environment. Behavioral Science, 1962, **7**, 164–183.

Toda, M. Pre- and postdecisional processes of the „fungus-eater". In: P. D. Hunt (Ed.), Predecisional processes in decision making: Proceedings of a symposium. Aerospace Medical Research Lab., Wright-Patterson Air Force Base, Ohio, 1964.

Toda, M. Algebraic models in dynamic decision theory. In: C. A. J. Vlek (Ed.), Algebraic models in psychology. Proceedings of the NUFFIC International Summer Session in Science, The Hague, 1968, 105–160 (Hrsg. vom Psychologisch Instituut, Rijksuniv. Leiden).

Tolman, E. C. Prediction of vicarious trial-and-error by means of the schematic sowbug. Psychological Review, 1939, **46,** 318–336.

Townes, B. D., Beach, L. R., Campbell, F. L. & Martin, D. C. Birth planning values and decisions: The prediction of fertility. Journal of Applied Social Psychology, 1977, **7,** 73–88.

Tucker, I. F. Adjustment, models and mechanism. New York: Academic Press, 1970.

Tucker, L. R. Intra-individual and inter-individual multidimensionality. In: H. Gulliksen and S. Messick (Eds.), Psychological Scaling: Theory and applications. New York: Wiley, 1960, 155–167.

Tversky, A. Additivity, utility and subjective probability. Journal of Mathematical Psychology, 1967, **4,** 175–201.

Tversky, A. Intransitivity of preferences. Psychological Review, 1969, **76,** 31–48.

Tversky, A. Elimination by aspects: A theory of choice. Psychological Review, 1972, **79,** 281–299.

Tversky, A. & Kahneman, D. Judgment under uncertainty: Heuristics and biases. Science, 1974, **185,** 1124–1131.

Tversky, A. & Russo, J. E. Substitutability and similarity in binary choices. Journal of Mathematical Psychology, 1969, **6,** 1–12.

Vlek, C. A. J. & Wagenaar, W. A. Oordelen en beslissen in onzekerheid. In: J. A. Michon, E. G. J. Eijkman & L. F. W. de Klerk (Eds.), Handboek der Psychonomie. Deventer: Van Loghum Slaterus, 1976.

Volans, P. J. Styles of decision-making and probability appraisal in selected obsessional and phobic patiens. British Journal of Social and Clinical Psychology, 1976, **15,** 305–317.

Wahba, M. A. & House, R. J. Expectancy theory in work and motivation: Some logical and methodological issues. Human Relations, 1974, **27,** 121–147.

Wald, A. Sequential analysis. New York: Wiley, 1947.

Wald, A. Statistical decision functions. New York: Wiley, 1950.

Wallsten, T. S. Subjects probability estimates and subjectively expected utility theory: Their relationship and some limitations. Psychonom. Lab. Report 85, Univ. of North Carolina, Chapel Hill, 1970.

Wallsten, T. S. Subjectively expected utility theory and subjects' probability estimates: use of measurement-free techniques. Journal of Experimental Psychology, 1971, **88,** 31–40.

Wallsten, T. S. Conjoint-measurement framework for the study of probabilistic information processing. Psychological Review, 1972, **79,** 245–260.

Walster, E., Berscheid, E. & Barclay, A. M. A determinant of preference among modes of dissonance reduction. Journal of Personality and Social Psychology, 1967, **7,** 211–216.

Watson, R. Experimentally induced conflict in cats. Psychosomatic Medicine, 1954, **16,** 340–347.

Weinreich, P. Extension of dissonance theory to the prediction of decisions. Unveröff. Manuskript eines Vortrages auf dem 19. International Congress of Psychology, London, 1969.

Weinstein, M. S. & Lewinsohn, P. M. Optional stopping and decision latency as a function of repression-sensitization. Journal of Experimental Research in Personality, 1968, **3**, 60–64.
Wendt, D. Versuche zur Erfassung eines subjektiven Verläßlichkeitsniveaus. Zeitschrift für Psychologie, 1966, **172**, 40–81.
Wendt, D. Zur Schätzung subjektiver Irrtumswahrscheinlichkeiten. In: F. Merz (Hrsg.), Bericht über den 25. Kongreß der Deutschen Gesellschaft für Psychologie, Göttingen: Hogrefe, 1967, 302–307.
Wendt, D. Stichprobengröße und subjektives Verläßlichkeitsniveau. Zeitschrift für Psychologie, 1969, **176**, 247–258.
Wendt, D. Value of information for decisions. Journal of Mathematical Psychology, 1969, **6**, 430–443.
Wendt, D. & Vlek, Ch. (Eds.), Utility, probability, and human decision making. Dordrecht: Reidel, 1975.
West, S. G. Increasing the attractiveness of college cafeteria food: A reactance theory perspective. Journal of Applied Psychology, 1975, **60**, 656–658.
Westhoff, K. Beziehungen zwischen Neurotizismus und Merkmalen intraindividueller Konflikte. In: H. Feger (Hrsg.), Studien zur intraindividuellen Konfliktforschung. Bern: Huber, 1977, 149–204.
Wicklund, R. A. & Brehm, J. W. Perspectives on cognitive dissonance. Hillsdale, New Jersey: Erlbaum, 1976.
v. Winterfeld, D. & Fischer, G. W. Multi-attribute utility theory: Models and assessment procedures. In: D. Wendt and Ch. Vlek (Eds.), Utility, probability, and human decision making. Dordrecht: Reidel, 1975, 47–86.
Worell, L. Response to conflict as determined by prior exposure to conflict. Journal of Abnormal and Social Psychology, 1962, **64**, 438–445.
Worell, L. Conflict experience and conflict tolerance. American Psychologist, 1962, **17**, 300–301.
Wossidlo, P. R. Zum gegenwärtigen Stand der empirischen Entscheidungstheorie aus mikroökonomischer Sicht. In: H. Brandstätter & B. Gahlen (Hrsg.), Entscheidungsforschung. Tübingen: Mohr, 1975, 98–133.
Wright, P. The harassed decision maker: Time pressures, distractions and the use of evidence. Journal of Applied Psychology, 1974, **59**, 555–561.
Yates, J. F. & Zukowski, L. G. Characterization of ambiguity in decision making. Behavioral Science, 1976, **21**, 19–25.
Yelen, D. R. Conflict defined by approach/active avoidance procedures. Bulletin of the Psychonomic Society, 1976, **7**, 263–266.
Zadeh, L. A., Fu, K.-S., Tanaka, K. & Shimura, M. (Eds.), Fuzzy sets and their applications to cognitive and decision processes. New York: Academic Press, 1975.
Zagorski, M. A. Risky decision: Attention effects or masking effects? Acta Psychologica, 1975, **39**, 487–494.
Zanna, M. P., Higgins, E. T. & Taves, P. A. Is Dissonance Phenomenologically Aversive? Journal of Experimental Social Psychology, 1976, **12**, 530–538.
de Zeeuw, G., Vlek, C. A. J. & Wagenaar, W. A. (Eds.). Subjective probability-theory, experiments, applications. Acta Psychologica, 1970, **34**, No. 2/3.

Autoren-Register

Hinweis: Die *kursiv* gesetzten Zahlen weisen auf die Angaben im Literaturverzeichnis hin.

Sach-Register

ENZYKLOPÄDIE DER PSYCHOLOGIE

Herausgegeben von Prof. Dr. Carl-Friedrich Graumann, Prof. Dr. Theo Herrmann, Prof. Dr. Hans Hörmann, Prof. Dr. Martin Irle, Prof. Dr. Dr. Hans Thomae, Prof. Dr. Franz Weinert.

THEMENBEREICH A GESCHICHTE UND STELLUNG DER PSYCHOLOGIE INNERHALB DER WISSENSCHAFTEN

Serie I. Geschichte der Psychologie

Bd. 1. Geschichte der Psychologie I (bis zur Mitte des 19. Jahrhunderts)
Bd. 2. Geschichte der Psychologie II (bis zum frühen 20. Jahrhundert)
Bd. 3. Geschichte der Psychologie III (im 20. Jahrhundert)

Serie II. Die Psychologie innerhalb der Wissenschaften

Bd. 1. Psychologie und Philosophie
Bd. 2. Psychologie und biologische Wissenschaften
Bd. 3. Psychologie und Sozialwissenschaften

Serie III. Begriffswörterbuch der Psychologie (3—4 Bände)

THEMENBEREICH B METHODOLOGIE UND METHODEN

Serie I. Forschungsmethoden der Psychologie

Bd. 1. Methodologische Grundlagen der Psychologie
Bd. 2. Datenerhebung
Bd. 3. Messen und Testen
Bd. 4. Strukturierung und Reduzierung von Daten
Bd. 5. Hypothesenprüfung

Serie II. Psychologische Diagnostik

Bd. 1. Grundlagen psychologischer Diagnostik
Bd. 2. Intelligenz- und Leistungsdiagnostik
Bd. 3. Persönlichkeitsdiagnostik
Bd. 4. Verhaltensdiagnostik

Serie III. Psychologische Interventionsmethoden

Bd. 1. Pädagogisch-psychologische Interventionsmethoden
Bd. 2. Psychotherapeutische Methoden I
Bd. 3. Psychotherapeutische Methoden II
Bd. 4. Rehabilitationsmethoden

Serie IV. Evaluationsforschung

Bd. 1. Evaluationsforschung: Modelle und Methoden
Bd. 2. Evaluationsforschung: Anwendungen

THEMENBEREICH C THEORIE UND FORSCHUNG

Serie I. Physiologische Psychologie

Bd. 1. Psychophysiologie der Wahrnehmung I: Gesichtssinn
Bd. 2. Psychophysiologie der Wahrnehmung II: andere Sinnesgebiete
Bd. 3. Psychophysiologie des Lernens und des Gedächtnisses
Bd. 4. Biopsychologie der Emotion
Bd. 5. Psychophysiologie des Sprechens und der Sprache
Bd. 6. Psychophysiologie der Motorik

Serie II. Kognition

Bd. 1. Bewußtsein und Aufmerksamkeit
Bd. 2. Wahrnehmung als Informationsverarbeitung
Bd. 3. Gedächtnis (Erwerb, Speicherung und Nutzung von Informationen)
Bd. 4. Denken und Problemlösen
Bd. 5. Lernen und Üben
Bd. 6. Kognitiver Konflikt und Entscheidung

Serie III. Sprache

Bd. 1. Psychologie der Sprachproduktion
Bd. 2. Psychologie der Sprachrezeption
Bd. 3. Psychologie des Lesens und Schreibens
Bd. 4. Gesprächs- und Textanalyse
Bd. 5. Sprachentwicklung und Spracherwerb
Bd. 6. Psychologie der Sprachanomalien

Serie IV. Motivation und Emotion

Bd. 1. Theorien und Formen der Motivation
Bd. 2. Psychologie der Motive
Bd. 3. Psychologie der Emotion
Bd. 4. Kognition, Motivation und Handlung

Serie V. Entwicklung

Bd. 1. Allgemeine Entwicklungspsychologie
Bd. 2. Frühkindliche Entwicklung
Bd. 3. Entwicklung im Kindes- und Jugendalter
Bd. 4. Psychologie der Lebensspanne
Bd. 5. Psychogerontologie
Bd. 6. Entwicklung und Sozialisation
Bd. 7. Angewandte Entwicklungspsychologie

Serie VI. Sozialpsychologie

Bd. 1. Soziale Urteilsbildung
Bd. 2. Einstellungen und Vorurteile
Bd. 3. Soziale Interaktionen
Bd. 4. Soziale Beziehungen
Bd. 5. Soziale Kommunikation
Bd. 6. Gruppendynamik
Bd. 7. Kollektives Verhalten

Serie VII. Kulturvergleichende Psychologie

Bd. 1. Theorien und Methoden kulturvergleichender Psychologie
Bd. 2. Kulturelle Determinanten des Erlebens und Verhaltens

Serie VIII. Differentielle Psychologie und Persönlichkeitsforschung

Bd. 1. Psychologie interindividueller Differenzen I
Bd. 2. Psychologie interindividueller Differenzen II
Bd. 3. Persönlichkeitstheorien I
Bd. 4. Persönlichkeitstheorien II

Serie IX. Ökologische Psychologie

Bd. 1. Allgemeine Ökologische Psychologie
Bd. 2. Spezifische Umwelten und Umweltprobleme

THEMENBEREICH D
PRAXISGEBIETE

Serie I. Pädagogische Psychologie

Bd. 1. Psychologie des Unterrichts
Bd. 2. Psychologie der Erziehung
Bd. 3. Heilpädagogische Psychologie
Bd. 4. Psychologie der Erwachsenenbildung

Serie II. Klinische Psychologie

Bd. 1. Experimentelle Klinische Psychologie
Bd. 2. Handlungsorientierte Klinische Psychologie
Bd. 3. Psychologie in der Klinik
Bd. 4. Klinische Beratung und Psychotherapie
Bd. 5. Kinderpsychotherapie und Erziehungsberatung

Serie III. Wirtschafts-, Organisations- und Arbeitspsychologie

Bd. 1. Arbeitspsychologie
Bd. 2. Ingenieurpsychologie
Bd. 3. Organisationspsychologie
Bd. 4. Marktpsychologie als Sozialwissenschaft
Bd. 5. Methoden und Anwendungen in der Marktpsychologie

Serie IV. Psychologie im Rechtswesen

Bd. 1. Forensische Begutachtung
Bd. 2. Psychologie des delinquenten Verhaltens

Serie V. Sportpsychologie

Bd. 1. Sportpsychologie I: Sportliche Fähigkeiten und ihre Entwicklung
Bd. 2. Sportpsychologie II: Sportliche Leistung und ihre Bedingungen

Serie VI. Verkehrspsychologie

Bd. 1. Verkehrspsychologie I: Grundlagenforschung
Bd. 2. Verkehrspsychologie II: Begutachtung und Intervention

VERLAG FÜR PSYCHOLOGIE · DR. C. J. HOGREFE
GÖTTINGEN · TORONTO · ZÜRICH